国家方志馆馆藏文献目录丛书

国家方志馆馆藏年鉴总目

初编

国家方志馆馆藏部　编

方志出版社
Publishing House of Local Records

图书在版编目（CIP）数据

国家方志馆馆藏年鉴总目 . 初编 / 国家方志馆馆藏部编 . -- 北京 : 方志出版社 , 2024. 10. -- ISBN 978-7-5144-6398-9

Ⅰ . Z88 : Z52

中国国家版本馆 CIP 数据核字第 20240EB898 号

责任编辑：李静
责任校对：张玉霞
责任印制：梅中英
出 版 者：方志出版社
地　　址：北京市朝阳区潘家园东里 9 号（国家方志馆 4 层）
邮　　编：100021
网　　址：http://www.zgfzcb.cn
发　　行：方志出版社图书营销中心（010-67110500）
印　　刷：北京中科印刷有限公司
开　　本：889 毫米 ×1194 毫米　　1/16
印　　张：81.25
字　　数：2401 千字
版　　次：2024 年 10 月第 1 版
印　　次：2024 年 10 月第 1 次印刷
定　　价：388.00 元

国家方志馆馆藏文献目录丛书

总 主 编：陈文学
副总主编：邱新立

国家方志馆馆藏年鉴总目·初编

主　　编：陈文学
执行主编：和卫国　谷春侠
顾　　问：赵嘉朱
编　　校：谷春侠　吴　涵　武　斌　宋立冬　王　璇　曹煜琪　毛阿莹　李文静
编　　务：朱文清　隋　钺　刘云锋　韦海波　常馨月

编辑说明

一、本书由中国地方志工作办公室主持、国家方志馆馆藏部负责编纂，收录国家方志馆2021年以前入藏的各级各类年鉴共计10748种。

二、本书中的条目拟定以年鉴种数为单位，分册出版的年鉴仅列一条。

三、本书中的条目依次著录年鉴书名、主管单位、主办单位、编纂单位、总编、总编辑、主编、执行主编、总纂、出版单位或印厂、出版或印刷时间、页数、装帧形式、长度、书号、刊号或准印证号、馆藏号等内容。如无总编、主编等著者信息，则著录编辑部主任或编委会主任。少数民族文字版年鉴，因编译人员较多，只著录主审。

四、本书中的年鉴书名和编纂、出版信息等以严格遵照原书为原则，一般不作改动。个别信息若原书缺如，则保留现状，不依据其他文献补充。封面、扉页、版权页、著者页、前言、编辑说明或封底信息不一致的，一般以版权页为准。出版时间以本次印刷时间为准。

五、内部印刷资料有印厂的著录印厂，没有印厂的标明内部印刷。准印证号完全按照原书标注的文字，不作统一规范处理。

六、本书中的年鉴排列以全国性年鉴居首。全国性年鉴包括记述范围覆盖全国的年鉴和未覆盖全国但涉及多个省区市的年鉴。各地年鉴依据《中华人民共和国行政区划简册（2016）》中各省、区、市及下属区、市、县的次序排列，新疆生产建设兵团年鉴排在新疆维吾尔自治区年鉴之后，乡镇、街道、社区年鉴按所属地排列；专业年鉴先参照属地附在综合年鉴之后，再大体按照《国民经济行业分类》（GB/T 4754—2017）排列。

七、港澳台年鉴2021年前国家方志馆未有收藏，因此没有收录。

总 目 录

目　　录

全国性年鉴

北京市

天津市

河北省

山西省

内蒙古自治区

辽宁省

吉林省

黑龙江省

上海市

江苏省

浙江省

安徽省

福建省

江西省

山东省

河南省

湖北省

湖南省

广东省

广西壮族自治区

海南省

重庆市

四川省

贵州省

云南省

西藏自治区

陕西省

甘肃省

青海省

宁夏回族自治区

新疆维吾尔自治区

新疆生产建设兵团

全国性年鉴

中华人民共和国年鉴·2007
新华通讯社主办　中华人民共和国年鉴编辑部编
总编辑卢仲云　主编米春改、秦小玮
中华人民共和国年鉴社　2007 年 12 月
1286 页　精装　29cm
ISSN1000-9647
馆藏号：Guojiafz-8600002003221

中国城市经济社会年鉴·1991
中国城市经济社会发展研究会、中国行政管理学会主办《中国城市经济社会年鉴》编辑部编
主编陈俊生、刘国光
中国城市出版社　1991 年 12 月
1251 页　精装　27cm
ISBN7-5074-0648-2
馆藏号：Guojiafz-8600002004803

中国教育事业统计年鉴·1993
中华人民共和国国家教育委员会计划建设司编
人民教育出版社　1994 年 8 月
336 页　精装　27cm
ISBN7-107-11215-5
馆藏号：Guojiafz-8600002005072

中国教育事业统计年鉴·1995
中华人民共和国国家教育委员会计划建设司编
人民教育出版社　1996 年 8 月
350 页　精装　27cm
ISBN7-107-11811-0
馆藏号：Guojiafz-8600002005064

中国钢铁工业年鉴·1998
中华人民共和国冶金工业部主办《中国钢铁工业年鉴》编辑委员会编
中国人民警官大学印刷厂印刷　1998 年 10 月
499 页　平装　27cm
ISSN1003-9368
馆藏号：Guojiafz-8600002004309

中国信息产业年鉴·2016
工业和信息化部主管　工业和信息化部电子科学技术情报研究所、中国电子信息行业联合会主办《中国信息产业年鉴》编委会编　主编尹丽波、高素梅、陶少华　执行主编杨志维、李琳琳
电子工业出版社　2016 年 12 月
632 页　精装　29cm
ISBN978-7-121-30554-2
馆藏号：Guojiafz-8600002014861

中国财政年鉴·2016
中华人民共和国财政部主管　中国财政年鉴编辑委员会编　总编辑何杰平
中国财政杂志社　2016 年 12 月
734 页　精装　29cm
ISSN1004-5740
馆藏号：Guojiafz-8600002013970

中国会计年鉴增刊·资产评估卷·2015
中华人民共和国财政部主管　中国会计年鉴编辑委员会编　执行主编江正银、卞荣华
中国财政杂志社　2015 年 10 月
197 页　精装　29cm

ISSN1007-645X
馆藏号：Guojiafz-8600002013972

中国会计年鉴·2016
中华人民共和国财政部主管　中国会计年鉴编辑委员会编　总编辑何杰平
中国财政杂志社　2016年12月
674页　精装　29cm
ISSN1007-645X
馆藏号：Guojiafz-8600002013971

中国劳动和社会保障年鉴·2000
中国劳动和社会保障部编　主编刘永富
中国劳动社会保障出版社　2001年4月
696页　精装　29cm
ISBN7-5045-3129-4
馆藏号：Guojiafz-8600002007335

中国国土资源年鉴·2009
中国国土资源年鉴编辑部编　主编冀文林
北京大地印刷厂印刷　2009年4月
1241页　精装　27cm
ISSN1009-3168
馆藏号：Guojiafz-8600002006263

中国建筑业年鉴·1992—1993
《中国建筑业年鉴》编委会编　主编张青林
中国建筑工业出版社　1994年3月
757页　精装　27cm
ISBN7-112-02230-4
馆藏号：Guojiafz-8600002006547

中国建筑业年鉴·1994
《中国建筑业年鉴》编委会编　主编姚兵
中国建筑工业出版社　1995年1月
546页　精装　27cm
ISBN7-112-02490-0
馆藏号：Guojiafz-8600002003676

中国建筑业年鉴·1995
《中国建筑业年鉴》编委会编　主编姚兵
中国建筑工业出版社　1995年12月
704页　精装　27cm
ISBN7-112-02726-8
馆藏号：Guojiafz-8600002006540

中国建筑业年鉴·1996
中华人民共和国建设部主办《中国建筑业年鉴》编委会编　主编姚兵
中国建筑工业出版社　1996年12月
981页　精装　27cm
ISBN7-112-03041-2
馆藏号：Guojiafz-8600002005028

中国建筑业年鉴·1997
中华人民共和国建设部主办《中国建筑业年鉴》编委会编　主编姚兵
中国建筑工业出版社　1998年1月
722页　精装　27cm
ISBN7-112-01812-9
馆藏号：Guojiafz-8600002005416

中国建筑业年鉴·2002
中国建筑业协会主办《中国建筑业年鉴》编委会编　主编徐义屏
中国建筑业年鉴社　2003年10月
937页　精装　29cm
ISSN1671-1858
馆藏号：Guojiafz-8600002005252

中国建筑业年鉴·2009
中华人民共和国住房和城乡建设部主管　中国建筑业协会主办《中国建筑业年鉴》编委会编
主编吴涛
《中国建筑业年鉴》杂志有限公司　2010年3月
695页　精装　29cm
ISSN1671-1858
馆藏号：Guojiafz-8600002010414

中国建筑业年鉴·2011
中华人民共和国住房和城乡建设部主管　中国建筑业协会主办《中国建筑业年鉴》编委会编

主编吴涛
《中国建筑业年鉴》杂志有限公司　2012年3月
816页　精装　30cm
ISSN1671-1858
馆藏号：Guojiafz-8600002003391

中国建筑业年鉴·2012
中华人民共和国住房和城乡建设部主管　中国建筑业协会主办　《中国建筑业年鉴》编委会编　主编吴涛
《中国建筑业年鉴》杂志有限公司　2013年2月
686页　精装　30cm
ISSN1671-1858
馆藏号：Guojiafz-8600002010785

中国建筑业年鉴·2013
中华人民共和国住房和城乡建设部主管　中国建筑业协会主办　《中国建筑业年鉴》编委会编　主编吴涛
《中国建筑业年鉴》杂志有限公司　2014年2月
553页　精装　30cm
ISSN1671-1858
馆藏号：Guojiafz-8600002010656

中国建筑业年鉴·2016
中华人民共和国住房和城乡建设部主管　中国建筑业协会主办　《中国建筑业年鉴》编委会编　主编吴涛
《中国建筑业年鉴》杂志有限公司　2016年12月
396页　精装　29cm
ISSN1671-1858
馆藏号：Guojiafz-8600002014894

中国铁道年鉴·2007
中华人民共和国铁道部主管　铁道部档案史志中心主办　《中国铁道年鉴》编辑部编　主编韩江平
中国铁道出版社　2007年12月
590页　精装　27cm
ISSN1009-6957
馆藏号：Guojiafz-8600002001430

中国水利年鉴·2016
中华人民共和国水利部主管　中国水利水电出版社主办　《中国水利年鉴》编纂委员会编　主编李训喜
中国水利水电出版社　2016年12月
533页　精装　27cm
ISSN1009-7376
馆藏号：Guojiafz-8600002014867

中国水利水电建设集团公司年鉴·2009
中国水利水电建设集团公司主办　中国水利水电建设集团公司年鉴编辑委员会编　主编郭志
中国电力出版社　2009年12月
700页　精装　29cm
ISBN978-7-5083-9748-1
馆藏号：Guojiafz-8600002002470

长江年鉴·1993
水利部长江水利委员会主办　长江年鉴编纂委员会编　总编辑王家柱
长江年鉴社　1995年3月
650页　精装　27cm
ISSN1006-3706
馆藏号：Guojiafz-8600002003477

长江年鉴·1994—1995
中华人民共和国水利部主管　水利部长江水利委员会主办　长江年鉴编纂委员会编　总编辑王家柱
长江年鉴社　1996年10月
780页　精装　27cm
ISSN1006-3706
馆藏号：Guojiafz-8600002004244

长江年鉴·1996
水利部长江水利委员会、中国长江三峡工程开发总公司主办　长江年鉴编纂委员会编　总编辑王家柱
长江年鉴社　1997年8月
496页　精装　27cm
ISSN1006-3706
馆藏号：Guojiafz-8600002007783

长江年鉴·1997
水利部长江水利委员会、中国长江三峡工程开发总公司主办　长江年鉴编纂委员会编　总编辑王家柱
长江年鉴社　1998年4月
592页　精装　27cm
ISSN1006-3706
馆藏号：Guojiafz-8600002004905

长江年鉴·1998
水利部长江水利委员会、中国长江三峡工程开发总公司主办　长江年鉴编纂委员会编　总编辑王家柱
长江年鉴社　1998年12月
684页　精装　27cm
ISSN1006-3706
馆藏号：Guojiafz-8600002005044

长江年鉴·2009
中华人民共和国水利部主管　水利部长江水利委员会、中国长江三峡集团公司、交通运输部长江航务管理局主办　长江年鉴编纂委员会编　总编辑马建华
长江年鉴社　2010年1月
556页　精装　29cm
ISSN1006-3706
馆藏号：Guojiafz-8600002013439

长江年鉴·2016
中华人民共和国水利部主管　水利部长江水利委员会、中国长江三峡集团公司、交通运输部长江航务管理局主办　长江年鉴编纂委员会编　总编辑马建华　执行主编王宏
长江年鉴社　2016年12月
491页　精装　29cm
ISSN1006-3706
馆藏号：Guojiafz-8600002014885

黄河年鉴·1995
水利部黄河水利委员会主办　黄河年鉴社编　总编辑林观海
黄河年鉴社　1995年12月
527页　精装　27cm
ISSN1007-0788
馆藏号：Guojiafz-8600002007472

黄河年鉴·1996
水利部黄河水利委员会主办　黄河年鉴社编　总编辑林观海
黄河年鉴社　1996年12月
477页　精装　27cm
ISSN1007-0788
馆藏号：Guojiafz-8600002005404

黄河年鉴·1997
水利部黄河水利委员会主办　黄河年鉴社编　总编辑林观海
黄河年鉴社　1997年12月
502页　精装　27cm
ISSN1007-0788
馆藏号：Guojiafz-8600002000974

黄河年鉴·1998
水利部黄河水利委员会主办　黄河年鉴社编　总编辑林观海
黄河年鉴社　1998年12月
507页　精装　27cm
ISSN1007-0788
馆藏号：Guojiafz-8600002003266

海河年鉴·2005
水利部海河水利委员会编　主编邵文砚
天津市云海科贸开发公司照排印刷　2006年10月
275页　精装　30cm
准印证号：津内部资料性出版物准印证第06119号
馆藏号：Guojiafz-8600002010949

海河年鉴·2007
水利部海河水利委员会编　主编邵文砚
方志出版社　2008年2月
297页　精装　30cm

ISBN978-7-80238-264-0
馆藏号：Guojiafz-8600002004834

海河年鉴·2008
水利部海河水利委员会编　主编邵文砚
方志出版社　2009 年 2 月
275 页　精装　30cm
ISBN978-7-80238-499-6
馆藏号：Guojiafz-8600002004800

海河年鉴·2009
水利部海河水利委员会编　主编邵文砚
方志出版社　2010 年 1 月
271 页　精装　30cm
ISBN978-7-80238-708-9
馆藏号：Guojiafz-8600002000847

海河年鉴·2010
水利部海河水利委员会编　主编邵文砚
方志出版社　2011 年 1 月
274 页　精装　30cm
ISBN978-7-5144-0086-1
馆藏号：Guojiafz-8600002006127

海河年鉴·2011
水利部海河水利委员会编　主编邵文砚
方志出版社　2011 年 12 月
255 页　精装　30cm
ISBN978-7-5144-0285-8
馆藏号：Guojiafz-8600002002119

海河年鉴·2012
水利部海河水利委员会编　主编邵文砚
方志出版社　2012 年 11 月
235 页　精装　30cm
ISBN978-7-5144-0677-1
馆藏号：Guojiafz-8600002006928

海河年鉴·2013
水利部海河水利委员会编　主编韩瑞光
天津科学技术出版社　2013 年 12 月
194 页　精装　30cm
ISBN978-7-5308-8540-6
馆藏号：Guojiafz-8600002013247

治淮汇刊年鉴·1998
水利部淮河水利委员会主办 《治淮汇刊（年鉴）》编纂委员会编　主任李开绪
水利部淮河水利委员会印刷厂印刷　1998 年 10 月
365 页　精装　28cm
ISSN1007-0427
馆藏号：Guojiafz-8600002003588

治江年鉴·1992
水利部长江水利委员会主办　水利部长江水利委员会编　总编辑王家柱
长江水利委员会航空摄影测量大队印刷　1993 年 7 月
487 页　精装　27cm
准印证号：（1992 鄂刊）字第 1 号
馆藏号：Guojiafz-8600002006490

中国农业年鉴·1996
中国农业年鉴编辑委员会编　主编蔡盛林、陈万里
中国农业出版社　1996 年 10 月
546 页　精装　27cm
ISBN7-109-04464-5
馆藏号：Guojiafz-8600002007541

中国农业年鉴·2015
中华人民共和国农业部主管　中国农业出版社主办　中国农业年鉴编辑委员会编　主编雷刘功、袁惠民　执行主编吴洪钟
中国农业出版社　2016 年 3 月
531 页　精装　27cm
ISSN1009-6558
馆藏号：Guojiafz-8600002014863

中国农产品加工业年鉴·2015
中华人民共和国农业部主管　中国农业出版社主

办　中国农产品加工业年鉴编辑委员会编
主编宗锦耀　执行主编徐晖
中国农业出版社　2015 年 12 月
383 页　精装　27cm
ISSN2095-9974
馆藏号：Guojiafz-8600002014858

中国休闲农业年鉴·2015
农业部农产品加工局（乡镇企业局）编　主编宗锦耀、袁惠民　执行主编邵建成、徐晖、周武忠
中国农业出版社　2015 年 8 月
305 页　精装　27cm
ISBN978-7-109-20752-3
馆藏号：Guojiafz-8600002014856

中国畜牧兽医年鉴·2015
中华人民共和国农业部主管　中国农业出版社主办　中国畜牧兽医年鉴编辑委员会编
主编贠旭江、宋毅
中国农业出版社　2015 年 12 月
423 页　精装　27cm
ISSN2095-9966
馆藏号：Guojiafz-8600002014850

中国渔业年鉴·2015
农业部主管　农业部渔业渔政管理局编
主编刘增胜、李书民　执行主编张成、徐晖
中国农业出版社　2015 年 10 月
536 页　精装　27cm
ISBN978-7-109-21091-2
馆藏号：Guojiafz-8600002014879

中国品牌农业年鉴·2016
中国优质农产品开发服务协会编　主编袁惠民、张华荣
中国农业出版社　2016 年 11 月
529 页　精装　27cm
ISBN978-7-109-22314-1
馆藏号：Guojiafz-8600002014855

中国卫生和计划生育年鉴·2016
国家卫生和计划生育委员会主管　中国人口与发展研究中心主办　中国卫生和计划生育年鉴社编
主编贺丹
中国卫生和计划生育年鉴社　2016 年
848 页　精装　29cm
ISSN2095-9761
馆藏号：Guojiafz-8600002014844

中国金融年鉴·2016
中国人民银行主管　中国金融学会主办《中国金融年鉴》编辑部编　主任孙国峰
中国金融年鉴杂志社有限公司　2016 年 12 月
749 页　精装　29cm
ISSN1001-5841
馆藏号：Guojiafz-8600002014887

中国质量监督检验检疫年鉴·2016
中华人民共和国国家质量监督检验检疫总局主管　中国质检出版社主办《中国质量监督检验检疫年鉴》编辑委员会编　主编高玉潮
中国质检出版社　2016 年 10 月
292 页　精装　31cm
ISSN1671-9530
馆藏号：Guojiafz-8600002014847

中国广播电视年鉴·2006
国家广播电影电视总局主管　中国传媒大学主办　中国广播电视年鉴编辑委员会编　主编赵玉明
中国广播电视年鉴社　2006 年 1 月
631 页　精装　29cm
ISSN1671-7325
馆藏号：Guojiafz-8600002003898

中国广播电视年鉴·2013
国家新闻出版广电总局主管　国家广电总局信息中心、中国传媒大学主办　中国广播电视年鉴编辑部编　主编赵玉明
中国广播电视年鉴社　2013 年 11 月
570 页　精装　29cm

ISSN1671-7325
馆藏号：Guojiafz-8600002013344

中国纪录片年鉴·2006
中国广播电视协会纪录片委员会编　主编王敬松、贡吉玖
中国广播电视出版社　2006 年 12 月
595 页　精装　27cm
ISBN978-7-5043-5131-9
馆藏号：Guojiafz-8600002003719

中国体育年鉴·1994—1995
国家体育运动委员会编　主编伍绍祖
中国体育年鉴社　1996 年 12 月
1015 页　精装　27cm
ISSN1006-9615
馆藏号：Guojiafz-8600002004921

中国体育年鉴·1996
国家体育总局主办　中国体育年鉴编辑部编
主编伍绍祖　执行主编张纯本
中国体育年鉴社　1999 年 9 月
746 页　精装　27cm
ISSN1006-9615
馆藏号：Guojiafz-8600002012659

中国体育年鉴·1997
国家体育总局主办　中国体育年鉴编辑部编
主编袁伟民
中国体育年鉴社　2000 年 12 月
859 页　精装　27cm
ISSN1006-9615
馆藏号：Guojiafz-8600002003430

中国体育年鉴·1998
国家体育总局主办　中国体育年鉴编辑部编
主编袁伟民
中国体育年鉴社　2000 年 12 月
826 页　精装　27cm
ISSN1006-9615
馆藏号：Guojiafz-8600002007387

中国体育年鉴·1999
国家体育总局文史工作委员会主办　中国体育年鉴编辑部编　主编伍绍祖　执行主编张纯本
中国体育年鉴社　1999 年 12 月
769 页　精装　27cm
ISSN1006-9615
馆藏号：Guojiafz-8600002003406

中国体育年鉴·2000
国家体育总局主办　中国体育年鉴编辑部编
主编袁伟民
中国体育年鉴社　2000 年 12 月
1085 页　精装　27cm
ISSN1006-9615
馆藏号：Guojiafz-8600002003438

中国体育年鉴·2001
国家体育总局编　主编袁伟民
中国体育年鉴社　2001 年 12 月
824 页　精装　27cm
ISSN1006-9615
馆藏号：Guojiafz-8600002007386

中国体育年鉴·2002
国家体育总局编　主编袁伟民
中国体育年鉴社　2002 年 12 月
920 页　精装　27cm
ISSN1006-9615
馆藏号：Guojiafz-8600002007393

中国体育年鉴·2004
国家体育总局编　主编袁伟民　执行主编袁大任
中国体育年鉴社　2004 年 12 月
998 页　精装　27cm
ISSN1006-9615
馆藏号：Guojiafz-8600002003446

中国体育年鉴·2005
国家体育总局主管　国家体育总局体育文化发展中心主办　中国体育年鉴编辑部编　主编袁伟民　执行主编袁大任
中国体育年鉴社　2006年4月
1016页　精装　27cm
ISSN1006-9615
馆藏号：Guojiafz-8600002003453

中国统计年鉴·1991
国家统计局编　主编郑家亨
中国统计出版社　1991年8月
857页　精装　27cm
ISBN7-5037-0615-5
馆藏号：Guojiafz-8600002003675

中国统计年鉴·1992
国家统计局编　主编郑家亨
中国统计出版社　1992年8月
881页　精装　26cm
ISBN7-5037-0817-4
馆藏号：Guojiafz-8600002006564

中国统计年鉴·1993
国家统计局编　主编张塞
中国统计出版社　1993年8月
931页　精装　27cm
ISBN7-5037-0994-4
馆藏号：Guojiafz-8600002004705

中国标准化年鉴·2016
国家标准化管理委员会编　主编邓志勇
中国标准出版社　2016年12月
422页　精装　30cm
ISBN978-7-5066-8520-7
馆藏号：Guojiafz-8600002014842

中国期刊年鉴·2006—2007
中国大百科全书出版社、中国期刊协会主办《中国期刊年鉴》编辑部编　主编张伯海、田胜立
北京地大彩印厂印刷　2007年
644页　精装　29cm
ISSN1671-6655
馆藏号：Guojiafz-8600002003073

中国期刊年鉴·2009
新闻出版总署主管　中国期刊协会主办《中国期刊年鉴》杂志社编　主任石峰
《中国期刊年鉴》杂志社　2009年12月
701页　精装　29cm
ISSN1671-6655
馆藏号：Guojiafz-8600002010786

中国出版年鉴·1988
中国出版工作者协会、中国出版发行科学研究所合编　主编方厚枢
中国书籍出版社　1989年10月
758页　精装　27cm
ISBN7-5068-0023-3
馆藏号：Guojiafz-8600002008298

中国出版年鉴·1996
中国出版工作者协会主办　中国出版年鉴社编　主编刘菊兰
中国出版年鉴社　1996年11月
756页　精装　27cm
ISSN1001-8859
馆藏号：Guojiafz-8600002007965

中国出版年鉴·1998
国家新闻出版署主管　中国出版工作者协会主办　中国出版年鉴社编　主编刘菊兰
中国出版年鉴社　1998年9月
780页　精装　27cm
ISSN1001-8859
馆藏号：Guojiafz-8600002006360

中国社会科学院年鉴·1993
《中国社会科学院年鉴》编辑部编　主编吴介民
中国社会科学出版社　1995年6月

420 页　精装　27cm
ISBN7-5004-1727-6
馆藏号：Guojiafz-8600002009479

中国社会科学院年鉴·1994
《中国社会科学院年鉴》编辑部编　主编吴介民
中国社会科学出版社　1997 年 6 月
386 页　精装　27cm
ISBN7-5004-2097-8
馆藏号：Guojiafz-8600002003464

中国社会科学院年鉴·1995
《中国社会科学院年鉴》编辑部编　主编吴介民
中国社会科学出版社　1997 年 8 月
420 页　精装　27cm
ISBN7-5004-2148-6
馆藏号：Guojiafz-8600002003621

中国社会科学院年鉴·1996
《中国社会科学院年鉴》编辑部编　主编吴介民
中国社会科学出版社　1998 年 3 月
395 页　精装　27cm
ISBN7-5004-2233-4
馆藏号：Guojiafz-8600002008303

中国社会科学院年鉴·1997
《中国社会科学院年鉴》编辑部编　主编吴介民
中国社会科学出版社　1998 年 6 月
429 页　精装　27cm
ISBN7-5004-2280-6
馆藏号：Guojiafz-8600002009536

中国社会科学院年鉴·2000
《中国社会科学院年鉴》编辑部编　主编王洛林、龙永枢
中国社会科学出版社　2001 年 8 月
514 页　精装　27cm
ISBN7-5004-3066-3
馆藏号：Guojiafz-8600002003634

中国社会科学院年鉴·2001
《中国社会科学院年鉴》编辑部编　主编王洛林、龙永枢
中国社会科学出版社　2002 年 7 月
563 页　精装　27cm
ISBN7-5004-3461-8
馆藏号：Guojiafz-8600002007458

中国社会科学院年鉴·2002
《中国社会科学院年鉴》编辑部编　主编王洛林、龙永枢
中国社会科学出版社　2003 年 7 月
568 页　精装　27cm
ISBN7-5004-3757-9
馆藏号：Guojiafz-8600002001459

中国社会科学院年鉴·2003
《中国社会科学院年鉴》编辑部编　主编王洛林、朱锦昌
中国社会科学出版社　2004 年 2 月
599 页　精装　27cm
ISBN7-5004-3775-7
馆藏号：Guojiafz-8600002006987

中国社会科学院年鉴·2006
《中国社会科学院年鉴》编辑部编　主编冷溶、黄浩涛
中国社会科学出版社　2007 年 12 月
772 页　精装　27cm
ISBN978-7-5004-6578-2
馆藏号：Guojiafz-8600002002039

中国社会科学院年鉴·2007
《中国社会科学院年鉴》编辑部编　主编王伟光、黄浩涛
中国社会科学出版社　2008 年 8 月
811 页　精装　27cm
ISBN978-7-5004-7155-4
馆藏号：Guojiafz-8600002002014

中国社会科学院年鉴·2008
《中国社会科学院年鉴》编辑部编　主编王伟光、黄浩涛
中国社会科学出版社　2009 年 6 月
766 页　精装　27cm
ISBN978-7-5004-7803-4
馆藏号：Guojiafz-8600002010723

中国社会科学院年鉴·2009
《中国社会科学院年鉴》编辑部编　主编王伟光、黄浩涛
中国社会科学出版社　2010 年 3 月
751 页　精装　27cm
ISBN978-7-5004-8491-2
馆藏号：Guojiafz-8600002003052

中国社会科学院年鉴·2010
《中国社会科学院年鉴》编辑部编　主编王伟光、黄浩涛
中国社会科学出版社　2011 年 3 月
911 页　精装　27cm
ISBN978-7-5004-9511-6
馆藏号：Guojiafz-8600002002061

中国社会科学院年鉴·2011
《中国社会科学院年鉴》编辑部编　主编王伟光、黄浩涛
中国社会科学出版社　2012 年 4 月
878 页　精装　27cm
ISBN978-7-5161-0679-2
馆藏号：Guojiafz-8600002009928

中国社会科学院年鉴·2012
《中国社会科学院年鉴》编辑部编　主编王伟光、黄浩涛
中国社会科学出版社　2013 年 5 月
895 页　精装　27cm
ISBN978-7-5161-2578-6
馆藏号：Guojiafz-8600002010734

世界经济年鉴·1999—2000
中国社会科学院主管　中国社会科学院、世界经济与政治研究所主办　世界经济年鉴编辑委员会编　主任主编谈世中
经济科学出版社　2001 年 4 月
689 页　精装　27cm
ISSN1007-0052
馆藏号：Guojiafz-8600002007425

世界经济年鉴·2003—2004
中国社会科学院主管　中国社会科学院、世界经济与政治研究所主办　《世界经济年鉴》编辑部编　主编谈世中
经济科学出版社　2004 年 1 月
693 页　精装　27cm
ISSN1007-0052
馆藏号：Guojiafz-8600002003461

世界经济年鉴·2005—2006
中国社会科学院主管　中国社会科学院、世界经济与政治研究所主办　《世界经济年鉴》编辑部编　主编谈世中
三河市国新印装有限公司印刷　2006 年 1 月
641 页　精装　27cm
ISSN1007-0052
馆藏号：Guojiafz-8600002013423

中国人口年鉴·1999
中国社会科学院人口研究所主办　中国社会科学院人口研究所编　主编田雪原
北京斯蒂安图文制作有限公司、北京海淀区划印刷厂印刷　1999 年 12 月
453 页　平装　27cm
ISSN1009-1475
馆藏号：Guojiafz-8600002009889

中国文学年鉴·1995—1996
中国社会科学院文学研究所主办　中国社会科学院文学研究所《中国文学年鉴》编辑部编　主任陶国斌

作家出版社　1999 年 11 月
1071 页　精装　26cm
ISBN7-5063-1707-9
馆藏号：Guojiafz-8600002004577

中国新闻年鉴·1983
《中国新闻年鉴》编辑委员会编　主任安岗
中国社会科学出版社　1983 年 10 月
638 页　精装　27cm
统一书刊号：7190·014
馆藏号：Guojiafz-8600002009258

中国新闻年鉴·1984
中国社会科学院新闻研究所编　主任安岗
人民日报出版社　1984 年 10 月
736 页　精装　27cm
统一书刊号：17132·002
馆藏号：Guojiafz-8600002009257

中国新闻年鉴·1985
中国社会科学院新闻研究所编　主任安岗
中国新闻出版社　1985 年 11 月
482 页　精装　27cm
统一书刊号：精装 7363·050
馆藏号：Guojiafz-8600002009254

中国新闻年鉴·1986
中国社会科学院新闻研究所编　主任安岗
中国社会科学出版社　1986 年 12 月
442 页　精装　27cm
统一书刊号：(精) 17190·114
馆藏号：Guojiafz-8600002009256

中国考古学年鉴·1986
中国考古学会编
文物出版社　1988 年 3 月
383 页　平装　20cm
ISBN7-5010-0159-6
馆藏号：Guojiafz-8600002005005

中国考古学年鉴·1987
中国考古学会编
文物出版社　1988 年 10 月
484 页　平装　20cm
ISBN7-5010-0105-7
馆藏号：Guojiafz-8600002005002

中国考古学年鉴·1988
中国考古学会编
文物出版社　1989 年 10 月
440 页　平装　20cm
ISBN7-5010-0232-0
馆藏号：Guojiafz-8600002005006

中国考古学年鉴·1991
中国考古学会编
文物出版社　1992 年 8 月
541 页　平装　20cm
ISBN7-5010-0618-0
馆藏号：Guojiafz-8600002005007

中国考古学年鉴·1992
中国考古学会编　主编徐光冀
文物出版社　1994 年
539 页　平装　20cm
ISBN7-5010-0729-2
馆藏号：Guojiafz-8600002005010

中国考古学年鉴·1993
中国考古学会编　主编徐光冀
文物出版社　1995 年 6 月
447 页　平装　20cm
ISBN7-5010-0806-X
馆藏号：Guojiafz-8600002005004

中国考古学年鉴·2000
中国考古学会编　主编刘庆柱
文物出版社　2002 年 4 月
480 页　平装　20cm

ISBN7-5010-1307-1
馆藏号：Guojiafz-8600002005931

中国城市年鉴·1999
中国社会科学院主管　中国城市发展研究会主办　中国城市年鉴社编　主编刘国光
中国城市年鉴社　1999年11月
660页　精装　27cm
ISSN1006-9224
馆藏号：Guojiafz-8600002009961

中国城市年鉴·2005
中国社会科学院主管　中国城市发展研究会主办　中国城市年鉴社编　主编程安东
中国城市年鉴社　2005年12月
899页　精装　30cm
ISSN1006-9224
馆藏号：Guojiafz-8600002005170

中国地方志年鉴·2002
中国地方志指导小组主办《中国地方志年鉴》编辑部编　主编单天伦
北京第二新华印刷厂印刷　2002年12月
536页　精装　31cm
ISSN1671-8062
馆藏号：Guojiafz-8600002003204

中国地方志年鉴·2003
中国地方志指导小组主办《中国地方志年鉴》编辑部编　主编秦其明
北京华正印刷厂印刷　2003年12月
407页　精装　30cm
ISSN1671-8062
馆藏号：Guojiafz-8600002000486

中国地方志年鉴·2005
中国地方志指导小组主办《中国地方志年鉴》编辑部编　主编秦其明
北京华正印刷厂印刷　2005年12月
661页　精装　29cm
ISSN1671-8062
馆藏号：Guojiafz-8600002000130

中国地方志年鉴·2006
中国地方志指导小组主办《中国地方志年鉴》编辑部编　主编秦其明
北京华正印刷有限公司印刷　2006年12月
745页　精装　29cm
ISSN1671-8062
馆藏号：Guojiafz-8600002002306

中国地方志年鉴·2007
中国地方志指导小组主办《中国地方志年鉴》编辑部编　主编田嘉
北京华正印刷有限公司印刷　2007年12月
605页　精装　29cm
ISSN1671-8062
馆藏号：Guojiafz-8600002002805

中国地方志年鉴·2008
中国社会科学院主管　中国地方志指导小组主办《中国地方志年鉴》编辑部编　主编田嘉
北京华正印刷有限公司印刷　2008年11月
665页　精装　29cm
ISSN1671-8062
馆藏号：Guojiafz-8600002002085

中国地方志年鉴·2009
中国社会科学院主管　中国地方志指导小组主办《中国地方志年鉴》编辑部编　主编田嘉
北京华正印刷有限公司印刷　2009年9月
597页　精装　30cm
ISSN1671-8062
馆藏号：Guojiafz-8600002002088

中国地方志年鉴·2010
中国社会科学院主管　中国地方志指导小组主办《中国地方志年鉴》编辑部编　主编田嘉
廊坊市百花印刷有限公司印刷　2010年11月
567页　精装　29cm

ISSN1671-8062
馆藏号：Guojiafz-8600002000527

中国地方志年鉴·2011
中国社会科学院主管　中国地方志指导小组办公室主办《中国地方志年鉴》编辑部编　主编田嘉
北京北邮印刷有限公司印刷　2011 年 10 月
599 页　精装　29cm
ISSN1671-8062
馆藏号：Guojiafz-8600002003386

中国地方志年鉴·2012
中国社会科学院主管　中国地方志指导小组办公室主办《中国地方志年鉴》编辑部编　主编田嘉
廊坊市百花印刷有限公司印刷　2012 年 12 月
608 页　精装　29cm
ISSN1671-8062
馆藏号：Guojiafz-8600002007302

中国地方志年鉴·2013
中国社会科学院主管　中国地方志指导小组办公室主办《中国地方志年鉴》编辑部编　主编田嘉、李富强
中国社会科学出版社　2013 年 11 月
661 页　精装　27cm
ISSN1671-8062
馆藏号：Guojiafz-8600002013238

中国地方志年鉴·2014
中国社会科学院主管　中国地方志指导小组办公室主办《中国地方志年鉴》编辑部编　主编赵芮
中国社会科学出版社　2014 年 11 月
573 页　精装　29cm
ISSN1671-8062
馆藏号：Guojiafz-8600002010742

中国地方志年鉴·2015
中国地方志指导小组办公室主办《中国地方志年鉴》编辑部编　主编赵芮
中国社会科学出版社　2015 年 12 月
569 页　平装　29cm
ISSN1671-8062
馆藏号：Guojiafz-8600002013963

中国中央电视台年鉴·2006
《中国中央电视台年鉴》编辑部编　主编赵化勇
中国广播电视出版社　2006 年 9 月
514 页　精装　26cm
ISBN7-5043-4937-2
馆藏号：Guojiafz-8600002003891

中国气象年鉴·1986
《中国气象年鉴》编辑部编　主任骆继宾
气象出版社　1986 年 12 月
303 页　精装　27cm
统一书号：13194·0400
馆藏号：Guojiafz-8600002009296

中国气象年鉴·1987
《中国气象年鉴》编辑部编　主任骆继宾
气象出版社　1987 年 10 月
366 页　精装　27cm
ISBN7-5029-0064-0
馆藏号：Guojiafz-8600002006572

中国气象年鉴·1988
《中国气象年鉴》编辑部编　总编辑毛耀顺
气象出版社　1988 年 12 月
389 页　精装　27cm
ISBN7-5029-0196-5
馆藏号：Guojiafz-8600002009506

中国气象年鉴·1991
中国气象局主办《中国气象年鉴》编辑部编
主任温克刚
气象出版社　1991 年 11 月
379 页　精装　26cm
ISBN7-5029-0875-7
馆藏号：Guojiafz-8600002003445

中国气象年鉴·1993
《中国气象年鉴》编辑委员会编　主编毛耀顺
气象出版社　1993 年 11 月
337 页　精装　27cm
ISSN1004-7514
馆藏号：Guojiafz-8600002005810

中国气象年鉴·1995
《中国气象年鉴》编辑委员会编　主编季本峰
气象出版社　1995 年 11 月
355 页　精装　27cm
ISSN1004-7514
馆藏号：Guojiafz-8600002005811

中国气象年鉴·1996
《中国气象年鉴》编辑委员会编　主任温克刚
气象出版社　1996 年 11 月
373 页　精装　27cm
ISSN1004-7514
馆藏号：Guojiafz-8600002008270

中国气象年鉴·1997
《中国气象年鉴》编辑委员会编　主任温克刚
气象出版社　1997 年 11 月
375 页　精装　26cm
ISSN1004-7514
馆藏号：Guojiafz-8600002004528

中国气象年鉴·1998
中国气象局主管　《中国气象年鉴》编辑部编
主任温克刚
气象出版社　1998 年 11 月
304 页　精装　27cm
ISSN1004-7514
馆藏号：Guojiafz-8600002007912

中国气象年鉴·2003
中国气象局主办　中国气象年鉴编辑部编
主编毛耀顺
气象出版社　2003 年 11 月
518 页　精装　27cm
ISSN1004-7514
馆藏号：Guojiafz-8600002009401

中国气象年鉴·2011
中国气象局主管　中国气象局办公室主办　中国气象年鉴编辑部编　主任刘燕辉
气象出版社　2011 年 12 月
668 页　精装　27cm
ISSN1004-7514
馆藏号：Guojiafz-8600002008398

中国气象年鉴·2016
中国气象局主管　中国气象局办公室主办　中国气象年鉴编辑部编　主编许小峰
气象出版社　2016 年 11 月
649 页　精装　27cm
ISSN1004-7514
馆藏号：Guojiafz-8600002014881

中国气象灾害年鉴·2010
中国气象局编　主编宋连春
气象出版社　2010 年 11 月
221 页　精装　29cm
ISBN978-7-5029-5072-9
馆藏号：Guojiafz-8600002006111

暴雨年鉴·2009
中国气象局编
气象出版社　2011 年 12 月
210 页　平装　29cm
ISBN978-7-5029-5379-9
馆藏号：Guojiafz-8600002006771

中国林业年鉴·2016
国家林业局编　主任彭有冬
中国林业出版社　2016 年 12 月
707 页　精装　29cm
ISBN978-7-5038-8779-6
馆藏号：Guojiafz-8600002014892

中国邮政年鉴・2003
国家邮政局文史中心编　主编蔡文波
北京燕山出版社　2004 年 4 月
389 页　精装　29cm
ISBN7-5402-0629-2
馆藏号：Guojiafz-8600002008334

中国邮政年鉴・2006
国家邮政局邮政文史中心编　主编蔡文波
北京燕山出版社　2007 年 12 月
461 页　精装　29cm
ISBN978-7-5402-1806-5
馆藏号：Guojiafz-8600002010007

中国邮政年鉴・2007—2008
中国邮政文史中心编　主编蔡文波
北京燕山出版社　2008 年 12 月
438 页　精装　29cm
ISBN978-7-5402-1806-5
馆藏号：Guojiafz-8600002002501

中国中医药年鉴・行政卷・2016
国家中医药管理局主办 《中国中医药年鉴（行政卷）》编委会编　主编查德忠、王国辰、范吉平
中国中医药出版社　2016 年 12 月
820 页　精装　29cm
ISBN978-7-5132-3721-5
馆藏号：Guojiafz-8600002014888

中国红十字年鉴・2004—2005（创刊号）
《中国红十字年鉴》编辑部编　主编郭长江
执行主编李兰颂
台海出版社　2006 年 2 月
1083 页　精装　27cm
ISBN7-80141-442-X
馆藏号：Guojiafz-8600002015003

中国武警年鉴・1995
中国人民武装警察部队编史办公室编　主编孙瑞林
方志出版社　1996 年 4 月
359 页　精装　26cm
ISBN7-80122-068-4
馆藏号：Guojiafz-8600002006193

农民信息年鉴・2007
主编孟凡荣、王超范　执行主编夏小雨
科学出版社　2007 年 9 月
461 页　精装　27cm
ISBN7-03-016279-X
馆藏号：Guojiafz-8600002007068

中国县镇年鉴・1949—1988
《中国县镇年鉴》编辑委员会编　主编郑晓晨、姜伟
学术书刊出版社　1989 年 12 月
997 页　精装　27cm
ISBN7-80045-608-0
馆藏号：Guojiafz-8600002009387

中国百科年鉴・1992
《中国百科年鉴》编辑部编　主编何兆源
中国大百科全书出版社　1992 年 11 月
561 页　平装　26cm
CN31-1618
馆藏号：Guojiafz-8600002006592

中国糖酒年鉴・2005
中国酒类商业协会、中国副食流通协会合编
主编杨成刚
方志出版社　2005 年 10 月
747 页　精装　29cm
ISBN7-80192-668-4
馆藏号：Guojiafz-8600002005234

中国茶业年鉴・2013—2016
中国茶叶学会、中国国际茶文化研究会合编
主编江用文、程启坤　执行主编徐晖
中国农业出版社　2016 年 12 月
336 页　精装　29cm
ISBN978-7-109-22579-4
馆藏号：Guojiafz-8600002014864

北京市

北京年鉴·1990
北京市地方志编纂委员会编　主任张明义、王立行
中国城市出版社　1990年10月
758页　精装　27cm
ISBN7-5074-0497-8
馆藏号：Guojiafz-8600002008315

北京年鉴·1991
北京市地方志编纂委员会编　主任张明义、王立行
北京年鉴社　1991年9月
701页　精装　27cm
ISSN1002-3658
馆藏号：Guojiafz-8600002008316

北京年鉴·1992
北京市地方志编纂委员会编　主编张明义、王立行
北京年鉴社　1992年9月
573页　精装　27cm
ISSN1002-3658
馆藏号：Guojiafz-8600002009398

北京年鉴·1993
北京市地方志编纂委员会编　主编张明义、王立行
北京年鉴社　1993年9月
664页　精装　27cm
ISSN1002-3658
馆藏号：Guojiafz-8600002007917

北京年鉴·1994
北京市地方志编纂委员会编　主编段柄仁、张明义、王立行
北京年鉴社　1994年9月
760页　精装　27cm
ISSN1002-3658
馆藏号：Guojiafz-8600002010694

北京年鉴·1995
北京市地方志编纂委员会编　主编段柄仁、张明义、王立行
北京年鉴社　1995年9月
581页　精装　27cm
ISSN1002-3658
馆藏号：Guojiafz-8600002009399

北京年鉴·1996
北京市地方志编纂委员会编　主编段柄仁、张明义、王立行
北京年鉴社　1996年9月
572页　精装　27cm
ISSN1002-3658
馆藏号：Guojiafz-8600002010263

北京年鉴·1997
北京市地方志编纂委员会编　主编段柄仁、张明义、王立行
北京年鉴社　1997年9月
564页　精装　27cm
ISSN1002-3658
馆藏号：Guojiafz-8600002000556

北京年鉴·1998
北京市地方志编纂委员会编　主编段柄仁、张明义、

王立行
北京年鉴社　1998 年 10 月
590 页　精装　27cm
ISSN1002-3658
馆藏号：Guojiafz-8600002005414

北京年鉴·1999
北京市地方志编纂委员会编　主编段柄仁、张明义
北京年鉴社　1999 年 10 月
652 页　精装　27cm
ISSN1002-3658
馆藏号：Guojiafz-8600002009352

北京年鉴·2001
北京市地方志编纂委员会编　主编段柄仁、张明义
北京年鉴社　2001 年 10 月
614 页　精装　27cm
ISSN1002-3658
馆藏号：Guojiafz-8600002004539

北京年鉴·2003
北京市地方志编纂委员会编　主编段柄仁、张明义
北京年鉴社　2003 年 10 月
574 页　精装　27cm
ISSN1002-3658
馆藏号：Guojiafz-8600002000871

北京年鉴·2004
北京市地方志编纂委员会编　主编段柄仁、张明义
北京年鉴社　2004 年 10 月
574 页　精装　27cm
ISSN1002-3658
馆藏号：Guojiafz-8600002007647

北京年鉴·2005
北京市地方志编纂委员会编　主编段柄仁、张明义
北京年鉴社　2005 年 10 月
587 页　精装　27cm
ISSN1002-3658
馆藏号：Guojiafz-8600002008444

北京年鉴·2006
北京市地方志编纂委员会编　主编段柄仁、张明义
北京年鉴社　2006 年 10 月
648 页　精装　27cm
ISSN1002-3658
馆藏号：Guojiafz-8600002000844

北京年鉴·2007
北京市地方志编纂委员会办公室主办　北京年鉴社编　主编段柄仁、张明义
北京年鉴社　2007 年 10 月
644 页　精装　27cm
ISSN1002-3658
馆藏号：Guojiafz-8600002010865

北京年鉴·2009
北京市地方志编纂委员会办公室主办　北京年鉴社编　主编段柄仁
北京年鉴社　2009 年 10 月
698 页　精装　27cm
ISSN1002-3658
馆藏号：Guojiafz-8600002003415

北京年鉴：创刊 20 周年纪念文集·2010 年
北京市地方志编纂委员会主管　北京市地方志编纂委员会办公室主办　北京年鉴社编　主编段柄仁
北京年鉴社　2010 年 11 月
253 页　平装　30cm
ISSN1002-3658
馆藏号：Guojiafz-8600002010341

北京年鉴·2011
北京市地方志编纂委员会办公室主办　北京年鉴社编　主编段柄仁
北京年鉴社　2011 年 10 月
534 页　精装　29cm
ISSN1002-3658
馆藏号：Guojiafz-8600002010674

北京年鉴·2013
北京市地方志编纂委员会办公室主办　北京年鉴社编　主编段柄仁
北京年鉴社　2013年10月
610页　精装　29cm
ISSN1002-3658
馆藏号：Guojiafz-8600002010790

北京年鉴·2015
北京市地方志编纂委员会办公室主办　《北京年鉴》编辑部编　主编段柄仁
北京年鉴社　2015年10月
594页　精装　29cm
ISSN1002-3658
馆藏号：Guojiafz-8600002010435

北京年鉴·2016
北京市地方志编纂委员会办公室主办　北京年鉴社编　主编段柄仁
北京年鉴社　2016年10月
623页　精装　29cm
ISSN1002-3658
馆藏号：Guojiafz-8600002014943

北京年鉴·2017
北京市地方志编纂委员会办公室主办　北京年鉴社编　主编段柄仁
北京年鉴社　2017年10月
582页　精装　29cm
ISSN1002-3658
馆藏号：Guojiafz-8600002016830

北京政协年鉴·2003
中国人民政治协商会议北京市委员会编　主编李建华
内部印刷　2004年10月
550页　精装　27cm
馆藏号：Guojiafz-8600002009436

北京政协年鉴·2005
中国人民政治协商会议北京市委员会编　主编李建华
内部印刷　2006年10月
663页　精装　27cm
馆藏号：Guojiafz-8600002013341

北京政协年鉴·2010
中国人民政治协商会议北京市委员会编　主编闫仲秋
内部印刷　2011年12月
705页　精装　27cm
馆藏号：Guojiafz-8600002010893

北京政协年鉴·2012
中国人民政治协商会议北京市委员会编　主编周毓秋
内部印刷　2013年10月
555页　精装　27cm
馆藏号：Guojiafz-8600002010894

北京农村年鉴·2001
北京市农村经济研究中心编　主编张新
中国农业出版社　2001年9月
646页　精装　27cm
ISBN7-109-07142-1
馆藏号：Guojiafz-8600002017844

北京农村年鉴·2003
《北京农村年鉴》编委会编　主编焦守田　执行主编王振业
中国农业出版社　2003年10月
633页　精装　27cm
ISBN7-109-08518-X
馆藏号：Guojiafz-8600002000495

北京农村年鉴·2004
《北京农村年鉴》编委会编　主编焦守田　执行主编王振业
中国农业出版社　2004年10月
614页　精装　26cm
ISBN7-109-09200-3
馆藏号：Guojiafz-8600002005171

北京农村年鉴·2005
《北京农村年鉴》编委会编　主编焦守田
执行主编王振业
中国农业出版社　2005年11月
536页　精装　27cm
ISBN978-7-109-10257-2
馆藏号：Guojiafz-8600002013346

北京农村年鉴·2013
《北京农村年鉴》编委会编　主编郭光磊
执行主编王振业
中国农业出版社　2014年3月
429页　精装　29cm
ISBN978-7-109-18652-1
馆藏号：Guojiafz-8600002007296

北京林业年鉴·2005
北京市林业局编　主编宋希友
中国林业出版社　2006年4月
216页　平装　26cm
ISBN7-5038-4361-6
馆藏号：Guojiafz-8600002010374

北京市公园年鉴·2010
北京市公园管理中心、北京市公园绿地协会合编
主编高大伟
北京地源恒业印刷有限公司印刷　2012年3月
578页　精装　27cm
馆藏号：Guojiafz-8600002010929

北京园林年鉴·1990
北京市园林年鉴编委会编　主编徐德权
内部印刷
66页　平装　26cm
馆藏号：Guojiafz-8600002011004

北京园林年鉴·1993
北京市园林局年鉴编委会编　主编徐德权
内部印刷
292页　平装　26cm
馆藏号：Guojiafz-8600002011001

北京园林年鉴·1999
北京市园林年鉴编辑委员会编　主编刘秀晨
内部印刷
303页　精装　27cm
馆藏号：Guojiafz-8600002011003

北京园林年鉴·2000
北京市园林年鉴编辑委员会编　主编刘秀晨
内部印刷
284页　精装　27cm
馆藏号：Guojiafz-8600002010996

北京园林年鉴·2001
北京市园林年鉴编辑委员会编　主编刘秀晨
内部印刷
321页　精装　27cm
馆藏号：Guojiafz-8600002010998

北京园林绿化年鉴·2010
北京市园林绿化局编　主编董瑞龙
内部印刷
333页　精装　26cm
馆藏号：Guojiafz-8600002010941

北京园林绿化年鉴·2012
北京市园林绿化局编　主编邓乃平
内部印刷
374页　精装　27cm
馆藏号：Guojiafz-8600002010979

北京园林绿化年鉴·2017
北京市园林绿化局编纂委员会编　主编邓乃平
执行主编齐庆栓
内部印刷
427页　精装　27cm
馆藏号：Guojiafz-8600002017785

国网北京市电力公司年鉴·2013
《国网北京市电力公司年鉴》编委会编
主任越海军
中国电力出版社　2013 年 12 月
262 页　精装　29cm
ISBN978-7-5123-5226-1
馆藏号：Guojiafz-8600002015972

国华电力公司年鉴·2014
《国华电力公司年鉴》编辑工作委员会编
主编耿育
中国电力出版社　2014 年 12 月
321 页　精装　29cm
ISBN978-7-5123-6986-3
馆藏号：Guojiafz-8600002015917

北京燃气年鉴·2010
《北京市燃气集团有限责任公司年鉴》编纂委员会编　主任李广毅
内部印刷
355 页　平装　29cm
馆藏号：Guojiafz-8600002010855

北京建设年鉴·2007
北京市建设委员会编　主编黄天然
中国人口出版社　2007 年 9 月
582 页　精装　27cm
ISBN978-7-80202-661-2
馆藏号：Guojiafz-8600002013287

北京建设年鉴·2008
北京市建设委员会编　主编黄天然
中国人口出版社　2008 年 6 月
532 页　精装　27cm
ISBN978-7-80202-759-6
馆藏号：Guojiafz-8600002010391

北京建设年鉴·2013
北京市住房和城乡建设委员会主办　北京市住房和城乡建设史志鉴编纂委员会编　主编秦海翔
执行主编黄天然
北京新华印刷有限公司印刷　2013 年 8 月
452 页　精装　27cm
馆藏号：Guojiafz-8600002010868

北京交通年鉴·2011
北京市交通委员会编　执行主编王兆荣
内部印刷
261 页　精装　27cm
馆藏号：Guojiafz-8600002010873

北京工业年鉴·1997
北京市经济委员会编　主编李振兴
企业管理出版社　1997 年 7 月
586 页　精装　27cm
ISBN7-80001-870-9
馆藏号：Guojiafz-8600002013279

北京工业年鉴·1999
北京市经济委员会编　主编李振兴
北京燕山出版社　1999 年 7 月
623 页　精装　27cm
ISBN7-5402-1208-X
馆藏号：Guojiafz-8600002013280

北京工业年鉴·2000
北京市经济委员会编　主编李振兴
北京燕山出版社　2000 年 6 月
625 页　精装　27cm
ISBN7-5402-1269-1
馆藏号：Guojiafz-8600002013282

北京工业年鉴·2002
北京市经济委员会编　主编李振兴
北京燕山出版社　2002 年 6 月
548 页　精装　27cm
ISBN7-5402-1467-8
馆藏号：Guojiafz-8600002013283

北京工业年鉴·2009
北京市经济和信息化委员会主办（机构改革前由原北京市工业促进局主办） 北京市经济和信息化委员会编 主编常青、白新 执行主编杨秀珍
北京燕山出版社 2009年11月
589页 精装 27cm
ISBN978-7-5402-2170-6
馆藏号：Guojiafz-8600002002520

北京工业年鉴·2011
北京市经济和信息化委员会主办 北京市经济和信息化委员会编 主编熊梦、姜贵平、白新 执行主编杨秀珍
北京工艺美术出版社 2011年11月
600页 精装 29cm
ISBN978-7-5140-0088-7
馆藏号：Guojiafz-8600002010692

北京工业年鉴·2013
北京市经济和信息化委员会主办 北京市经济和信息化委员会编 主编姜贵平 执行主编杨秀珍
北京出版社 2013年12月
462页 精装 29cm
ISBN978-7-200-10077-8
馆藏号：Guojiafz-8600002010781

北京工业年鉴·2014
北京市经济和信息化委员会编 主编张伯旭 执行主编杨秀珍
北京出版社 2014年12月
385页 精装 29cm
ISBN978-7-200-10916-0
馆藏号：Guojiafz-8600002016086

北京工业年鉴·2016
北京市经济和信息化委员会编 主编张伯旭 执行主编杨秀珍
北京出版社 2016年12月
370页 精装 29cm
ISBN978-7-200-12518-4
馆藏号：Guojiafz-8600002017327

北京工业年鉴·2017
北京市经济和信息化委员会编 主编张伯旭 执行主编杨秀珍
北京出版社 2017年12月
419页 精装 29cm
ISBN978-7-200-13621-0
馆藏号：Guojiafz-8600002017467

北京信息化年鉴·2013
北京市经济和信息化委员会编 主编姜贵平
电子工业出版社 2013年12月
507页 精装 29cm
ISBN978-7-121-22187-3
馆藏号：Guojiafz-8600002007297

北京信息化年鉴·2014
北京市经济和信息化委员会编 主编张伯旭
方志出版社 2014年12月
407页 精装 29cm
ISBN978-7-5144-1497-4
馆藏号：Guojiafz-8600002006977

北京信息化年鉴·2015
北京市经济和信息化委员会编 主编张伯旭
方志出版社 2015年11月
486页 精装 29cm
ISBN978-7-5144-1799-9
馆藏号：Guojiafz-8600002003115

北京信息化年鉴·2016
北京市经济和信息化委员会主办 北京市经济和信息化委员会编 主编张伯旭
方志出版社 2016年11月
464页 精装 29cm
ISBN978-7-5144-2196-5
馆藏号：Guojiafz-8600002013823

北京信息化年鉴·2017
北京市经济和信息化委员会编　主编张伯旭
方志出版社　2017 年 10 月
515 页　精装　29cm
ISBN978-7-5144-2684-7
馆藏号：Guojiafz-8600002015171

北京市金融年鉴·2001
《北京市金融年鉴》编辑部编　主编韩平
中国金融出版社　2001 年 10 月
340 页　精装　27cm
ISBN7-5049-2592-6
馆藏号：Guojiafz-8600002010408

北京市金融年鉴·2002
《北京市金融年鉴》编辑部编　主编韩平
中国金融出版社　2002 年 10 月
402 页　精装　27cm
ISBN7-5049-2865-8
馆藏号：Guojiafz-8600002010404

北京市金融年鉴·2004
《北京市金融年鉴》编辑部编　主编刘春明
中国金融出版社　2004 年 11 月
506 页　精装　27cm
ISBN7-5049-3521-2
馆藏号：Guojiafz-8600002010410

北京市金融年鉴·2006
《北京市金融年鉴》编辑部编　主编单强
中国金融出版社　2006 年 12 月
545 页　精装　27cm
ISBN7-5049-4184-0
馆藏号：Guojiafz-8600002010415

北京市金融年鉴·2009
《北京市金融年鉴》编辑部编　主编姜再勇
中国金融出版社　2009 年 12 月
717 页　精装　27cm
ISBN978-7-5049-5275-2
馆藏号：Guojiafz-8600002005840

北京市金融年鉴·2010
《北京市金融年鉴》编辑部编　主编姜再勇
中国金融出版社　2010 年 12 月
743 页　精装　27cm
ISBN978-7-5049-5743-6
馆藏号：Guojiafz-8600002010477

北京市金融年鉴·2011
《北京市金融年鉴》编辑部编　主编姜再勇
中国金融出版社　2011 年 12 月
694 页　精装　27cm
ISBN978-7-5049-6192-1
馆藏号：Guojiafz-8600002010389

北京市金融年鉴·2012
《北京市金融年鉴》编辑部编　主编严宝玉
中国金融出版社　2012 年 12 月
741 页　精装　27cm
ISBN978-7-5049-6684-1
馆藏号：Guojiafz-8600002010472

北京市金融年鉴·2013
《北京市金融年鉴》编辑部编　主编严宝玉
中国金融出版社　2014 年 1 月
763 页　精装　27cm
ISBN978-7-5049-7249-1
馆藏号：Guojiafz-8600002010780

北京市金融年鉴·2014
《北京市金融年鉴》编辑部编　主编付喜国
中国金融出版社　2014 年 12 月
752 页　精装　27cm
ISBN978-7-5049-7313-9
馆藏号：Guojiafz-8600002010598

北京商务年鉴·2011
北京市商务委员会编　主任卢彦、邓洪波
华龄出版社　2011 年 9 月

240 页　精装　29cm
ISBN978-7-80178-823-8
馆藏号：Guojiafz-8600002010594

北京商务年鉴·2013
北京市商务委员会编　主编卢彦、王洪存
中国商务出版社　2013 年 12 月
355 页　精装　29cm
ISBN978-7-5103-0978-6
馆藏号：Guojiafz-8600002010456

北京区域统计年鉴·2011
北京市统计局、国家统计局北京调查总队合编
主编夏沁芳
同心出版社　2011 年 12 月
280 页　精装　30cm
ISBN978-7-5477-0300-7
馆藏号：Guojiafz-8600002007298

北京区域统计年鉴·2013
北京市统计局、国家统计局北京调查总队合编
主编夏沁芳
同心出版社　2013 年 11 月
297 页　精装　30cm
ISBN978-7-5477-0673-2
馆藏号：Guojiafz-8600002010704

北京统计年鉴·2001
北京市统计局编　总编辑于秀琴
中国统计出版社　2001 年 6 月
678 页　精装　29cm
ISBN7-5037-3495-7
馆藏号：Guojiafz-8600002005232

北京统计年鉴·2013
北京市统计局、国家统计局北京调查总队合编
总编辑夏沁芳
中国统计出版社　2013 年 8 月
579 页　精装　30cm
ISBN978-7-5037-6842-2
馆藏号：Guojiafz-8600002010754

北京统计年鉴·2014（中英文对照）
北京市统计局、国家统计局北京调查总队合编
总编辑夏沁芳
中国统计出版社　2014 年 9 月
578 页　精装　30cm
ISBN978-7-5037-7116-3
馆藏号：Guojiafz-8600002015911

北京社会经济统计年鉴·1988
北京市统计局编　主编徐亦良
中国统计出版社　1988 年 8 月
794 页　精装　27cm
ISBN7-5037-0136-6
馆藏号：Guojiafz-8600002010368

北京市国土资源年鉴·2011
北京市国土资源局编　主编曾赞荣
中国质检出版社　2011 年 11 月
419 页　精装　30cm
ISBN978-7-5026-3509-1
馆藏号：Guojiafz-8600002007299

北京市国土资源年鉴·2013
北京市国土资源局编　主编丁晓
中国社会科学出版社　2013 年 12 月
350 页　精装　30cm
ISBN978-7-5161-3747-5
馆藏号：Guojiafz-8600002010439

北京市国土资源年鉴·2014
北京市国土资源局编　主编丁晓
中国社会科学出版社　2014 年 12 月
337 页　精装　30cm
ISBN978-7-5161-5331-4
馆藏号：Guojiafz-8600002016127

北京市普通教育年鉴·1949—1991
北京市教育志编纂委员会编　主编陶西平

北京出版社　1992 年 8 月
1079 页　精装　27cm
ISBN7-200-01840-6
馆藏号：Guojiafz-8600002008302

北京市普通教育年鉴·1992
北京市教育志编纂委员会编　主编陶西平
北京出版社　1992 年 7 月
491 页　精装　27cm
ISBN978-7-200-01820-1
馆藏号：Guojiafz-8600002005806

北京教育年鉴·1998
北京市教育委员会编　主编徐锡安
航空工业出版社　1998 年 9 月
656 页　精装　27cm
ISBN7-80134-389-1
馆藏号：Guojiafz-8600002010392

北京教育年鉴·1999
北京市教育委员会编　主编徐锡安
航空工业出版社　1999 年 11 月
638 页　精装　27cm
ISBN7-80134-567-3
馆藏号：Guojiafz-8600002010390

北京教育年鉴·2000
北京市教育委员会编　主编徐锡安
朝花少年儿童出版社　2000 年 11 月
593 页　精装　27cm
ISBN7-5061-0973-5
馆藏号：Guojiafz-8600002010393

北京教育年鉴·2008
北京市教育委员会编　执行主编李晓秋
开明出版社　2008 年 12 月
734 页　精装　29cm
ISBN978-7-80205-707-4
馆藏号：Guojiafz-8600002007861

北京教育年鉴·2013
北京市教育委员会编　主编李晓秋
华艺出版社　2013 年 11 月
700 页　精装　29cm
ISBN978-7-80252-451-4
馆藏号：Guojiafz-8600002010499

北京教育年鉴·2014
北京市教育委员会编　主编李晓秋
华艺出版社　2014 年 11 月
688 页　精装　30cm
ISBN978-7-80252-506-1
馆藏号：Guojiafz-8600002015809

北京教育年鉴·2016
北京市教育委员会编　主编李晓秋
方志出版社　2017 年 4 月
670 页　精装　29cm
ISBN978-7-5144-2406-5
馆藏号：Guojiafz-8600002014964

北京教育年鉴·2017
北京市教育委员会编　主编王永刚
方志出版社　2018 年 3 月
641 页　精装　29cm
ISBN978-7-5144-3033-2
馆藏号：Guojiafz-8600002017113

北京教育年鉴·2018
北京市教育委员会编　主编王永刚
方志出版社　2019 年 2 月
631 页　精装　29cm
ISBN978-7-5144-3700-3
馆藏号：Guojiafz-8600002033232

中国人民大学年鉴·2009
《中国人民大学年鉴》编辑委员会编　主编袁卫、王利明
中国人民大学出版社　2010 年 1 月
486 页　精装　30cm

ISBN978-7-300-11346-3
馆藏号：Guojiafz-8600002006076

北京工商大学年鉴·2012
《北京工商大学年鉴》编辑委员会编　主编孙宝国
内部印刷
314 页　精装　29cm
馆藏号：Guojiafz-8600002010984

北京工业大学年鉴·2011
《北京工业大学年鉴》编委会编　主编王守法
北京工业大学出版社　2012 年 5 月
391 页　精装　27cm
ISBN978-7-5639-3071-5
馆藏号：Guojiafz-8600002010324

北京工业大学年鉴·2012
《北京工业大学年鉴》编委会编　主编王守法、郭广生　执行主编李四平
北京工业大学出版社　2013 年 3 月
432 页　精装　27cm
ISBN978-7-5639-3426-3
馆藏号：Guojiafz-8600002010471

北京工业大学年鉴·2015
《北京工业大学年鉴》编委会编　主编郑吉春
执行主编杜峰
北京工业大学出版社　2015 年 10 月
415 页　精装　27cm
ISBN978-7-5639-4460-6
馆藏号：Guojiafz-8600002014931

北京工业大学年鉴·2016
《北京工业大学年鉴》编委会编　主编沈千帆
执行主编刘幸菡、张彦军
北京工业大学出版社　2017 年 8 月
420 页　精装　27cm
ISBN978-7-5639-5601-2
馆藏号：Guojiafz-8600002016780

北京科技大学年鉴·2009
《北京科技大学年鉴》编委会编　主编周永源
中国大百科全书出版社　2009 年 11 月
406 页　精装　27cm
ISBN978-7-5000-8251-4
馆藏号：Guojiafz-8600002003155

北京科技大学年鉴·2013
《北京科技大学年鉴》编辑委员会编　主编张卫冬
中国大百科全书出版社　2013 年 12 月
484 页　精装　27cm
ISBN978-7-5000-9292-6
馆藏号：Guojiafz-8600002010422

北京信息科技大学年鉴·2017
《北京信息科技大学年鉴》编委会编　主任李华涛
方志出版社　2017 年 12 月
343 页　精装　27cm
ISBN978-7-5144-2904-6
馆藏号：Guojiafz-8600002018325

北京理工大学年鉴·2012
《北京理工大学年鉴》编纂委员会编　主编赵显利
执行主编刘晓俏、史建伟
北京理工大学出版社　2014 年 3 月
377 页　精装　29cm
ISBN978-7-5640-8932-0
馆藏号：Guojiafz-8600002015810

北京联合大学年鉴·2016
《北京联合大学年鉴》编纂委员会编　主编韩宪洲、孙楠　执行主编姜素兰、王建远、吴中平
北京大学出版社　2018 年 5 月
327 页　精装　27cm
ISBN978-7-301-28781-1
馆藏号：Guojiafz-8600002017787

北京林业大学年鉴·2010
北京林业大学编　主编吴斌、宋维明
中国林业出版社　2011 年 1 月

345 页　精装　27cm
ISBN978-7-5038-6059-1
馆藏号：Guojiafz-8600002010749

北京物资学院年鉴·2012
《北京物资学院年鉴》编委会编　主编赵凤琴
中国财富出版社　2014 年 12 月
439 页　精装　27cm
ISBN978-7-5047-5407-3
馆藏号：Guojiafz-8600002015456

首都经济贸易大学年鉴·2011
《首都经济贸易大学年鉴》编纂委员会编
主编赵凤启
首都经济贸易大学出版社　2011 年 12 月
544 页　精装　27cm
ISBN978-7-5638-1953-9
馆藏号：Guojiafz-8600002007295

首都经济贸易大学年鉴·2013
《首都经济贸易大学年鉴》编委会编
主编赵凤启
首都经济贸易大学出版社　2013 年 12 月
652 页　精装　27cm
ISBN978-7-5638-2222-5
馆藏号：Guojiafz-8600002016091

首都经济贸易大学年鉴·2015
《首都经济贸易大学年鉴》编委会编　主编徐芳
首都经济贸易大学出版社　2016 年 1 月
664 页　精装　27cm
ISBN978-7-5638-2531-8
馆藏号：Guojiafz-8600002014928

建院附中年鉴·2008
中国建筑材料科学研究院附属中学编
主编付晓洁、王秋水
内部印刷
134 页　精装　27cm
馆藏号：Guojiafz-8600002010982

北京卫生年鉴·2009
北京市卫生局主办　《北京卫生年鉴》编辑委员会编　主编邓小虹
北京科学技术出版社　2010 年 3 月
482 页　精装　27cm
ISBN978-7-5304-4588-4
馆藏号：Guojiafz-8600002008366

北京卫生年鉴·2013
北京市卫生局、《北京卫生年鉴》编辑委员会合编
主编雷海潮
北京科学技术出版社　2013 年 12 月
537 页　精装　27cm
ISBN978-7-5304-6847-0
馆藏号：Guojiafz-8600002010751

北京市人口和计划生育年鉴·2011
北京市人口和计划生育委员会编　主编刘志
中国人口出版社　2012 年 4 月
371 页　精装　27cm
ISBN978-7-5101-1104-4
馆藏号：Guojiafz-8600002010510

北京社会建设年鉴·2009
中共北京市委社会工作委员会、北京市社会建设工作办公室合编　主编宋贵伦
北京出版社　2009 年 12 月
635 页　精装　27cm
ISBN978-7-200-08062-9
馆藏号：Guojiafz-8600002010373

北京社会建设年鉴·2014
中共北京市委社会工作委员会、北京市社会建设工作办公室合编　主编宋贵伦
北京出版社　2014 年 12 月
502 页　精装　27cm
ISBN978-7-200-11041-8
馆藏号：Guojiafz-8600002016094

北京市民生活年鉴·2015
北京年鉴社编
北京年鉴社
226页　平装　21cm
馆藏号：Guojiafz-8600002017855

北京文化艺术年鉴·2005
《北京文化艺术年鉴》编辑部编　主编降巩民
执行主编徐恒进
方志出版社　2006年3月
301页　精装　27cm
ISBN978-7-80192-721-4
馆藏号：Guojiafz-8600002005424

北京文化艺术年鉴·2006
《北京文化艺术年鉴》编辑部编　主编降巩民
执行主编徐恒进
方志出版社　2007年1月
364页　精装　27cm
ISBN978-7-80192-996-9
馆藏号：Guojiafz-8600002012016

北京文化艺术年鉴·2007
《北京文化艺术年鉴》编辑部编　主编降巩民
执行主编徐恒进
方志出版社　2008年1月
362页　精装　27cm
ISBN978-7-80238-263-3
馆藏号：Guojiafz-8600002004425

北京文化艺术年鉴·2008
《北京文化艺术年鉴》编辑部编　主编降巩民
执行主编徐恒进
方志出版社　2009年2月
368页　精装　27cm
ISBN978-7-80238-502-3
馆藏号：Guojiafz-8600002004801

北京文化艺术年鉴·2009
《北京文化艺术年鉴》编辑部编　主编降巩民
执行主编徐恒进
方志出版社　2010年3月
362页　精装　27cm
ISBN978-7-80238-758-4
馆藏号：Guojiafz-8600002008335

北京文化艺术年鉴·2010
《北京文化艺术年鉴》编辑部编　主编降巩民
执行主编徐恒进
方志出版社　2010年12月
368页　精装　27cm
ISBN978-7-5144-0024-3
馆藏号：Guojiafz-8600002006775

北京文化艺术年鉴·2011
《北京文化艺术年鉴》编辑部编　主编降巩民
执行主编徐恒进
方志出版社　2012年3月
330页　精装　27cm
ISBN978-7-5144-0456-2
馆藏号：Guojiafz-8600002000646

北京文化艺术年鉴·2012
《北京文化艺术年鉴》编辑部编　主编肖培
执行主编徐恒进
方志出版社　2013年3月
342页　精装　27cm
ISBN978-7-5144-0912-3
馆藏号：Guojiafz-8600002006777

北京文化艺术年鉴·2013
《北京文化艺术年鉴》编辑部编　主编陈冬
执行主编徐恒进
方志出版社　2014年3月
332页　精装　27cm
ISBN978-7-5144-1325-0
馆藏号：Guojiafz-8600002009867

北京文化艺术年鉴·2014
《北京文化艺术年鉴》编辑部编　主编陈冬

执行主编徐恒进
方志出版社　2015 年 3 月
326 页　精装　27cm
ISBN978-7-5144-1684-8
馆藏号：Guojiafz-8600002010574

北京文化艺术年鉴·2015
《北京文化艺术年鉴》编辑部编　主编陈冬
执行主编徐恒进
方志出版社　2016 年 3 月
326 页　精装　27cm
ISBN978-7-5144-2119-4
馆藏号：Guojiafz-8600002013887

北京文化艺术年鉴·2016
《北京文化艺术年鉴》编辑部编　主编陈冬
执行主编徐恒进
方志出版社　2017 年 3 月
329 页　精装　27cm
ISBN978-7-5144-2658-8
馆藏号：Guojiafz-8600002032642

北京文化艺术年鉴·2017
《北京文化艺术年鉴》编辑部编　主编陈冬
执行主编徐恒进
方志出版社　2018 年 2 月
306 页　精装　27cm
ISBN978-7-5144-3224-4
馆藏号：Guojiafz-8600002032903

北京文艺年鉴·1981
北京市社会科学研究所、北京文艺年鉴编辑部合编
工人出版社　1982 年 2 月
660 页　平装　20cm
书号：17007·1
馆藏号：Guojiafz-8600002009207

北京文艺年鉴·1982
北京市社会科学研究所、北京文艺年鉴编辑部合编
工人出版社　1982 年 12 月
721 页　平装　20cm
书号：10007·97
馆藏号：Guojiafz-8600002005373

北京文艺年鉴·1983
北京市社会科学研究所、北京文艺年鉴编辑部合编
中国展望出版社　1984 年 1 月
766 页　平装　20cm
书号：10271·006
馆藏号：Guojiafz-8600002005374

北京社会科学年鉴·2000
北京市社会科学界联合会编　主编张文啟
北京出版社　2000 年 11 月
577 页　精装　27cm
ISBN7-200-04177-7
馆藏号：Guojiafz-8600002013318

北京社会科学年鉴·2001
北京市社会科学界联合会编　主编张文啟
北京出版社　2001 年 11 月
822 页　精装　27cm
ISBN7-200-04487-3
馆藏号：Guojiafz-8600002013319

北京社会科学年鉴·2002
北京市社会科学界联合会编　主编张文啟
北京出版社　2002 年 11 月
838 页　精装　27cm
ISBN7-200-04734-1
馆藏号：Guojiafz-8600002013320

北京社会科学年鉴·2005
北京市社会科学界联合会编　主编张文启
北京出版社　2005 年 12 月
841 页　精装　27cm
ISBN7-200-06243-X
馆藏号：Guojiafz-8600002000685

北京社会科学年鉴·2006
北京市社会科学界联合会编　主编宋贵伦、张文启
北京出版社　2006 年 12 月
881 页　精装　27cm
ISBN7-200-06670-2
馆藏号：Guojiafz-8600002001536

北京社会科学年鉴·2008
北京市社会科学界联合会编　主编史秋秋
执行主编张文启
北京出版社　2008 年 12 月
940 页　精装　27cm
ISBN978-7-200-07586-1
馆藏号：Guojiafz-8600002002319

北京社会科学年鉴·2009
北京市社会科学界联合会编　主编史秋秋
执行主编张文启
北京出版社　2009 年 12 月
888 页　精装　27cm
ISBN978-7-200-08055-1
馆藏号：Guojiafz-8600002009703

北京社会科学年鉴·2011
北京市社会科学界联合会编　主编史秋秋
执行主编张文启
北京出版社　2011 年 11 月
975 页　精装　27cm
ISBN978-7-200-08939-4
馆藏号：Guojiafz-8600002007272

北京社会科学年鉴·2012
北京市社会科学界联合会编　主编史秋秋
执行主编张文启
北京出版社　2012 年 11 月
904 页　精装　27cm
ISBN978-7-200-09446-6
馆藏号：Guojiafz-8600002007058

北京社会科学年鉴·2013
北京市社会科学界联合会编　主编韩凯
执行主编张文启
北京出版社　2013 年 11 月
989 页　精装　27cm
ISBN978-7-200-10076-1
馆藏号：Guojiafz-8600002006794

北京社会科学年鉴·2014
北京市社会科学界联合会编　主编韩凯
北京出版社　2014 年 12 月
1021 页　精装　27cm
ISBN978-7-200-11021-0
馆藏号：Guojiafz-8600002015989

北京社会科学年鉴·2018
北京市社会科学界联合会编　主编张淼
北京出版社　2018 年 12 月
1037 页　精装　29cm
ISBN978-7-200-14692-9
馆藏号：Guojiafz-8600002017827

北京档案年鉴·2011（创刊号）
北京市档案局（馆）编　主任宗文萍
中国文史出版社　2012 年 6 月
345 页　精装　29cm
ISBN978-7-5034-3839-4
馆藏号：Guojiafz-8600002010336

北京档案年鉴·2012
北京市档案局（馆）编　主任宗文萍
中国文史出版社　2014 年 3 月
350 页　精装　29cm
ISBN978-7-5034-5046-4
馆藏号：Guojiafz-8600002010708

北京电视台年鉴·2011
《北京电视台年鉴》编辑部编　主编冯平
同心出版社　2011 年 10 月
391 页　精装　27cm

ISBN978-7-5477-0172-0
馆藏号：Guojiafz-8600002010321

北京电视台年鉴·2012
《北京电视台年鉴》编辑部编　主编冯平
同心出版社　2012 年 11 月
399 页　精装　27cm
ISBN978-7-5477-0597-1
馆藏号：Guojiafz-8600002010565

北京广播影视年鉴·2005
北京广播影视年鉴编辑委员会编　主编常卫
内部印刷　2005 年 11 月
264 页　精装　27cm
馆藏号：Guojiafz-8600002013205

北京广播影视年鉴·2006
北京广播影视年鉴编辑委员会编　主编常卫
内部印刷　2006 年 12 月
378 页　精装　27cm
馆藏号：Guojiafz-8600002013352

北京广播影视年鉴·2007
北京广播影视年鉴编辑委员会编　主编常卫
中国广播电视出版社　2007 年 12 月
439 页　精装　27cm
ISBN978-7-5043-5519-5
馆藏号：Guojiafz-8600002013378

北京广播影视年鉴·2009
北京广播影视年鉴编辑委员会编　主编洪兵
中国广播电视出版社　2009 年 12 月
394 页　精装　27cm
ISBN978-7-5043-6054-0
馆藏号：Guojiafz-8600002013404

北京广播影视年鉴·2010
北京广播影视年鉴编辑委员会编　主编洪兵
中国广播电视出版社　2010 年 12 月
419 页　精装　27cm
ISBN978-7-5043-6329-9
馆藏号：Guojiafz-8600002007301

北京广播影视年鉴·2011
北京广播电影电视局主办　北京广播影视年鉴编辑委员会编　主编洪兵
中国广播电视出版社　2011 年 12 月
420 页　精装　27cm
ISBN978-7-5043-6569-9
馆藏号：Guojiafz-8600002010478

北京广播影视年鉴·2013
《北京广播影视年鉴》编辑委员会编　主编洪兵
执行主编袁正领
中国广播电视出版社　2013 年 12 月
444 页　精装　27cm
ISBN978-7-5043-7088-4
馆藏号：Guojiafz-8600002003595

北京人民广播电台年鉴·2004
北京人民广播电台编　主编马仕存、亢亚志
中国广播电视出版社　2006 年 9 月
374 页　平装　26cm
ISBN7-5043-5060-5
馆藏号：Guojiafz-8600002003901

北京人民广播电台年鉴·2008
北京人民广播电台编　主编马仕存、亢亚志
中国广播电视出版社　2010 年 12 月
347 页　平装　26cm
ISBN978-7-5043-6302-2
馆藏号：Guojiafz-8600002010784

北京体育年鉴·2010
北京市体育局编　主编刘兴忠
人民体育出版社　2011 年 9 月
641 页　精装　27cm
ISBN978-7-5009-4158-3
馆藏号：Guojiafz-8600002010671

北京财政年鉴·1998
北京财政年鉴编辑委员会编　主编陈婷、郭文杰
北京人民文学印刷厂印刷　1998 年 10 月
1290 页　精装　27cm
准印证号：Z2654-981285
馆藏号：Guojiafz-8600002010931

北京税务年鉴·1992
北京市税务局年鉴编辑组编
新华出版社　1993 年 11 月
550 页　精装　27cm
ISBN978-7-5011-2384-5
馆藏号：Guojiafz-8600002005051

北京公安年鉴·2011
北京市公安局编　主编张卫华
北京安济兴印刷厂印刷　2011 年 7 月
378 页　精装　27cm
准印证号：京内资准字 2011-Ly0015 号
馆藏号：Guojiafz-8600002010940

北京公安年鉴·2013
北京市公安局编　主编张卫华
北京安济兴印刷厂印刷　2013 年 12 月
379 页　精装　27cm
准印证号：京内资准字 2013-Y0066 号
馆藏号：Guojiafz-8600002010939

北京检察年鉴·2011
北京市人民检察院编　主编邹开红
内部印刷
570 页　精装　27cm
馆藏号：Guojiafz-8600002010888

北京检察年鉴·2013
北京市人民检察院编　主编董常青
内部印刷
434 页　精装　27cm
馆藏号：Guojiafz-8600002010995

北京司法行政年鉴·2011
北京市司法局编　主任于泓源
内部印刷
748 页　精装　27cm
馆藏号：Guojiafz-8600002010814

北京司法行政年鉴·2013
北京市司法局编　主任于泓源
内部印刷
401 页　精装　27cm
馆藏号：Guojiafz-8600002010473

北京民政年鉴·1994
北京民政年鉴编纂委员会编　主编聂志达
国家统计局印刷厂印刷　1994 年
438 页　精装　21cm
馆藏号：Guojiafz-8600002010956

北京民政年鉴·1995
北京民政年鉴编纂委员会编　主编聂志达
国家统计局印刷厂印刷　1995 年
498 页　精装　21cm
馆藏号：Guojiafz-8600002010957

北京市残疾人联合会年鉴·2012
北京市残疾人联合会办公室编　主编梁田
内部印刷
405 页　精装　27cm
馆藏号：Guojiafz-8600002010943

北京出入境检验检疫年鉴·2011
《北京出入境检验检疫年鉴》编纂委员会编
主编齐京安
内部印刷
468 页　精装　27cm
馆藏号：Guojiafz-8600002010902

北京出入境检验检疫年鉴·2013
北京出入境检验检疫年鉴编纂委员会编
主编齐京安

内部印刷
579 页　精装　30cm
馆藏号：Guojiafz-8600002011014

北京安全生产年鉴·2008
北京市安全生产监督管理局、北京煤矿安全监察分局合编　主编汪卫国
北京燕山出版社　2009 年 12 月
473 页　精装　27cm
ISBN978-7-5402-2188-1
馆藏号：Guojiafz-8600002008361

北京市药品监督管理局朝阳分局年鉴·2001—2006
北京市药品监督管理局朝阳分局编　主编闫学会、连玉明　执行主编刘建强
内部印刷
371 页　精装　29cm
馆藏号：Guojiafz-8600002010882

北京军事年鉴·2010
北京军事年鉴编纂委员会编　主编李延珂
北京天诚佳德印刷有限公司印刷　2010 年 12 月
786 页　精装　27cm
馆藏号：Guojiafz-8600002011009

北京军事年鉴·2012
北京军事年鉴编纂委员会编　主编李延珂
北京精彩科顺印刷技术有限公司印刷　2012 年 12 月
871 页　精装　27cm
馆藏号：Guojiafz-8600002011008

北京印钞厂年鉴·2004
北京印钞厂年鉴编纂委员会编　主编陈耀明、赵国旗　执行主编孙晓刚
方志出版社　2004 年 11 月
196 页　精装　29cm
ISBN7-80192-390-1
馆藏号：Guojiafz-8600002003443

北京印钞厂年鉴·2006
北京印钞厂年鉴编纂委员会编　主编陈耀明、贾铁梁
方志出版社　2006 年 9 月
169 页　精装　29cm
ISBN7-80192-868-7
馆藏号：Guojiafz-8600002005950

北京印钞厂年鉴·2007
北京印钞厂年鉴编纂委员会编　主编陈耀明、李彦生
方志出版社　2007 年 8 月
173 页　精装　29cm
ISBN978-7-80238-097-4
馆藏号：Guojiafz-8600002012506

北京印钞厂年鉴·2008
北京印钞厂年鉴编纂委员会编　主编陈耀明、李彦生
方志出版社　2008 年 9 月
179 页　精装　29cm
ISBN978-7-80238-349-4
馆藏号：Guojiafz-8600002012503

北京宣武年鉴·2003
北京市宣武区地方志编纂委员会编　主编武高山
海潮出版社　2003 年 11 月
434 页　精装　27cm
ISBN7-80151-769-5
馆藏号：Guojiafz-8600002010382

北京东城年鉴·1996（创刊号）
《北京东城年鉴》编委会编　主编刘晓晨
奥林匹克出版社　1997 年 10 月
314 页　精装　27cm
ISBN7-80067-344-8
馆藏号：Guojiafz-8600002004295

北京东城年鉴·1997
《北京东城年鉴》编委会编　主编刘晓晨

奥林匹克出版社　1998 年 9 月
356 页　精装　27cm
ISBN7-80067-366-9
馆藏号：Guojiafz-8600002004292

北京东城年鉴·1998
《北京东城年鉴》编委会编　主编刘晓晨
奥林匹克出版社　1999 年 11 月
335 页　精装　27cm
ISBN7-80067-390-1
馆藏号：Guojiafz-8600002010350

北京东城年鉴·1999
《北京东城年鉴》编委会编　主编刘晓晨
奥林匹克出版社　2000 年 10 月
404 页　精装　27cm
ISBN7-80067-112-7
馆藏号：Guojiafz-8600002010351

北京东城年鉴·2000
《北京东城年鉴》编委会编　主编陈平
人民出版社　2002 年 1 月
373 页　精装　27cm
ISBN7-01-003359-5
馆藏号：Guojiafz-8600002010346

北京东城年鉴·2006
北京市东城区地方志办公室编　主编卢彦
方志出版社　2006 年 11 月
391 页　精装　27cm
ISBN7-80192-905-5
馆藏号：Guojiafz-8600002003837

北京东城年鉴·2007
北京市东城区地方志办公室编　主编杨艺文
方志出版社　2007 年 9 月
414 页　精装　27cm
ISBN7-80238-137-7
馆藏号：Guojiafz-8600002004828

北京东城年鉴·2008
北京市东城区地方志办公室编　主编杨艺文
方志出版社　2008 年 11 月
378 页　精装　27cm
ISBN978-7-80238-397-5
馆藏号：Guojiafz-8600002000983

北京东城年鉴·2009
北京市东城区地方志办公室编　主编杨艺文
方志出版社　2009 年 12 月
449 页　精装　27cm
ISBN978-7-80238-657-0
馆藏号：Guojiafz-8600002008337

北京东城年鉴·2011
北京市东城区地方志编纂委员会编　主编牛青山
中华书局　2012 年 3 月
428 页　精装　29cm
ISBN978-7-101-08549-5
馆藏号：Guojiafz-8600002010488

北京东城年鉴·2013
中共北京市东城区委、北京市东城区人民政府主办
北京市东城区地方志编纂委员会编　主编牛青山
中华书局　2013 年 12 月
342 页　精装　29cm
ISBN978-7-101-09868-6
馆藏号：Guojiafz-8600002010605

北京东城年鉴·2014
中共北京市东城区委、北京市东城区人民政府主办
北京市东城区地方志编纂委员会编　主编张家明
同心出版社　2014 年 12 月
351 页　精装　29cm
ISBN978-7-5477-1342-6
馆藏号：Guojiafz-8600002015700

北京东城年鉴·2016
中共北京市东城区委、北京市东城区人民政府主办
北京市东城区地方志编纂委员会编　主编李先忠

北京日报出版社　2016 年 11 月
486 页　精装　29cm
ISBN978-7-5477-2368-5
馆藏号：Guojiafz-8600002017066

北京东城年鉴·2017
中共北京市东城区委、北京市东城区人民政府主办
北京市东城区地方志编纂委员会编　主编李先忠
北京日报出版社　2017 年 12 月
541 页　精装　29cm
ISBN978-7-5477-2613-6
馆藏号：Guojiafz-8600002016485

北京崇文年鉴·2002（首卷）
北京市崇文区地方志编纂委员会编　主编吉胜久
执行主编马宇光
同心出版社　2002 年 10 月
402 页　精装　27cm
ISBN7-80593-642-0
馆藏号：Guojiafz-8600002005055

北京崇文年鉴·2003
北京市崇文区地方志编纂委员会编　主编吉胜久
执行主编马宇光
中华书局　2003 年 7 月
418 页　精装　27cm
ISBN7-101-04033-0
馆藏号：Guojiafz-8600002009131

北京崇文年鉴·2004
北京市崇文区地方志编纂委员会编　主编吉胜久
执行主编马宇光
方志出版社　2004 年 10 月
473 页　精装　27cm
ISBN7-80192-354-5
馆藏号：Guojiafz-8600002003313

北京崇文年鉴·2005
北京市崇文区地方志编纂委员会编
主编吉胜久、牛青山　执行主编马宇光
方志出版社　2005 年 10 月
443 页　精装　27cm
ISBN7-80192-653-6
馆藏号：Guojiafz-8600002008629

北京崇文年鉴·2006
北京市崇文区地方志编纂委员会编　主编牛青山
执行主编马宇光
方志出版社　2006 年 10 月
406 页　精装　27cm
ISBN978-7-80192-909-8
馆藏号：Guojiafz-8600002003839

北京崇文年鉴·2007
北京市崇文区地方志编纂委员会编　主编牛青山
执行主编马宇光、李兰香
方志出版社　2007 年 10 月
426 页　精装　27cm
ISBN978-7-80238-157-5
馆藏号：Guojiafz-8600002004861

北京崇文年鉴·2009
北京市崇文区地方志编纂委员会编　主编牛青山
执行主编王秀英
中华书局　2009 年 12 月
447 页　精装　27cm
ISBN978-7-101-07122-1
馆藏号：Guojiafz-8600002002008

北京西城年鉴·2000
中共北京市西城区委、西城区人民政府主办　北京市西城区地方志编纂委员会编
中华书局　2000 年 10 月
368 页　精装　27cm
ISBN7-101-02745-8
馆藏号：Guojiafz-8600002010340

北京西城年鉴·2003
北京市西城区地方志编纂委员会编
中华书局　2003 年 10 月

410 页　精装　27cm
ISBN7-101-04098-5
馆藏号：Guojiafz-8600002000004

北京西城年鉴・2004
北京市西城区地方志编纂委员会编　主编林铎
执行主编王梓
中华书局　2004 年 9 月
398 页　精装　27cm
ISBN7-101-04437-9
馆藏号：Guojiafz-8600002003875

北京西城年鉴・2010
北京市西城区地方志办公室编　主编张建东
北京出版社　2010 年 12 月
446 页　精装　27cm
ISBN978-7-200-08460-3
馆藏号：Guojiafz-8600002010433

北京西城年鉴・2014
中共北京市西城区委、西城区人民政府主办
北京市西城区地方志编纂委员会办公室编
主编王少峰
中华书局　2014 年 12 月
443 页　精装　29cm
ISBN978-7-101-10443-1
馆藏号：Guojiafz-8600002015919

北京西城统计年鉴・2011（中英文对照）
北京市西城区统计局、北京市西城区经济社会调查队合编　总编辑李鲲鹏
内部印刷
364 页　平装　30cm
馆藏号：Guojiafz-8600002010327

国家电网公司年鉴・2016
《国家电网公司年鉴》编辑委员会编　主编王敏
中国电力出版社　2016 年 9 月
551 页　精装　27cm
ISBN978-7-5123-9142-0
馆藏号：Guojiafz-8600002014841

北京朝阳年鉴・2005
北京市朝阳区地方志编委会办公室编　主编陈刚
方志出版社　2006 年 3 月
382 页　精装　27cm
ISBN7-80192-737-0
馆藏号：Guojiafz-8600002007645

北京朝阳年鉴・2010
北京市朝阳区地方志编纂委员会编　主编程连元
中华书局　2010 年 12 月
570 页　精装　27cm
ISBN978-7-101-07698-1
馆藏号：Guojiafz-8600002010407

北京朝阳年鉴・2014
北京市朝阳区地方志编纂委员会编　主编吴桂英
中华书局　2014 年 12 月
451 页　精装　29cm
ISBN978-7-101-10633-6
馆藏号：Guojiafz-8600002016100

北京朝阳年鉴・2016
北京市朝阳区地方志编纂委员会编　主编王灏
中华书局　2016 年 12 月
451 页　精装　29cm
ISBN978-7-101-12339-5
馆藏号：Guojiafz-8600002014869

北京朝阳年鉴・2017
北京市朝阳区地方志编纂委员会编　主编王春清
执行主编王源
方志出版社　2018 年 6 月
546 页　精装　29cm
ISBN978-7-5144-3117-9
馆藏号：Guojiafz-8600002017166

北京朝阳政协年鉴・2010
中国人民政治协商会议北京市朝阳区委员会编

主编宿静美
内部印刷　2011 年 6 月
709 页　精装　27cm
馆藏号：Guojiafz-8600002010999

北京朝阳政协年鉴·2012
中国人民政治协商会议北京市朝阳区委员会编
主编王玉华
内部印刷　2013 年 7 月
780 页　精装　27cm
馆藏号：Guojiafz-8600002013202

北京市朝阳区统计年鉴·2013
北京市朝阳区统计局、国家统计局朝阳调查队、北京市朝阳区经济社会调查队合编
主任邵建云、刘方坡、张建萍
内部印刷
283 页　平装　30cm
馆藏号：Guojiafz-8600002009339

朝阳绿化年鉴·2003—2004
北京市朝阳区绿化局编　主编赵全保
内部印刷
295 页　平装　26cm
馆藏号：Guojiafz-8600002009152

朝阳绿化年鉴·2005
北京市朝阳区绿化局编　主编郝建国
廊坊市海涛印刷有限公司印刷　2006 年 6 月
245 页　平装　26cm
馆藏号：Guojiafz-8600002009153

朝阳绿化年鉴·2006
北京市朝阳区绿化局编　主编郝建国
廊坊市海涛印刷有限公司印刷　2007 年 8 月
269 页　精装　26cm
馆藏号：Guojiafz-8600002006365

朝阳绿化年鉴·2007
北京市朝阳区绿化局编　主编郝建国
廊坊市海涛印刷有限公司印刷　2008 年 12 月
310 页　平装　26cm
馆藏号：Guojiafz-8600002009114

朝阳绿化年鉴·2008
北京市朝阳区绿化局编　主编郝建国
廊坊市海涛印刷有限公司印刷　2009 年 12 月
335 页　平装　26cm
馆藏号：Guojiafz-8600002006362

朝阳绿化年鉴·2009
北京市朝阳区绿化局编　主编郝建国
廊坊市海涛印刷有限公司印刷　2010 年 3 月
362 页　平装　26cm
馆藏号：Guojiafz-8600002006363

朝阳园林绿化年鉴·2010
北京市朝阳区园林绿化局编　主编胡良森
廊坊市海涛印刷有限公司印刷　2011 年 5 月
318 页　平装　26cm
馆藏号：Guojiafz-8600002006364

北京朝阳园林绿化年鉴·2011
北京市朝阳区园林绿化局编　主编胡良森
廊坊市海涛印刷有限公司印刷　2011 年 12 月
298 页　平装　26cm
馆藏号：Guojiafz-8600002006361

北京市朝阳园林绿化年鉴·2012
北京市朝阳区园林绿化局编　主编胡良森
廊坊市海涛印刷有限公司印刷　2012 年 12 月
355 页　平装　26cm
馆藏号：Guojiafz-8600002009115

北京丰台年鉴·1991—2000
北京市丰台区地方志编纂委员会编　主编张大力
中华书局　2003 年 12 月
475 页　精装　27cm
ISBN7-101-04169-8
馆藏号：Guojiafz-8600002003240

北京丰台年鉴・2002
北京市丰台区地方志编纂委员会编　主编张大力
中华书局　2002 年 12 月
328 页　精装　27cm
ISBN7-101-03797-6
馆藏号：Guojiafz-8600002010355

北京丰台年鉴・2003
北京市丰台区地方志编纂委员会编　主编张大力
中华书局　2003 年 12 月
383 页　精装　27cm
ISBN7-101-04167-1
馆藏号：Guojiafz-8600002003245

北京丰台年鉴・2008
北京市丰台区地方志编纂委员会编　主编李超钢
中华书局　2008 年 11 月
371 页　精装　27cm
ISBN978-7-101-06368-4
馆藏号：Guojiafz-8600002008078

北京丰台年鉴・2011
北京市丰台区地方志编纂委员会编　主编崔鹏
中华书局　2011 年 12 月
369 页　精装　27cm
ISBN978-7-101-08391-0
馆藏号：Guojiafz-8600002010322

北京丰台年鉴・2013
北京市丰台区地方志编纂委员会编　主编冀岩
中华书局　2013 年 12 月
320 页　精装　27cm
ISBN978-7-101-09908-9
馆藏号：Guojiafz-8600002010344

北京石景山年鉴・1997—2005
北京市石景山区地方志办公室编　主编周茂非
中华书局　2008 年 5 月
887 页　精装　27cm
ISBN978-7-101-06034-8
馆藏号：Guojiafz-8600002005133

北京石景山年鉴・2006
北京市石景山区地方志编纂委员会编　主编侯玉兰
中华书局　2006 年 11 月
516 页　精装　27cm
ISBN7-101-05322-X
馆藏号：Guojiafz-8600002010385

北京石景山年鉴・2007
北京市石景山区地方志编纂委员会编　主编周茂非
中华书局　2007 年 9 月
397 页　精装　27cm
ISBN978-7-101-05801-7
馆藏号：Guojiafz-8600002010432

北京石景山年鉴・2009
北京市石景山区地方志办公室编　主编周茂非
中华书局　2009 年 9 月
594 页　精装　27cm
ISBN978-7-101-06953-2
馆藏号：Guojiafz-8600002003158

北京石景山年鉴・2010
北京市石景山区人民政府主办　北京市石景山区地方志办公室编　主编周茂非
中华书局　2010 年 10 月
536 页　精装　27cm
ISBN978-7-101-07559-5
馆藏号：Guojiafz-8600002006795

北京石景山年鉴・2011
北京市石景山区人民政府主办　北京市石景山区地方志办公室编　主编夏林茂
中华书局　2011 年 10 月
557 页　精装　27cm
ISBN978-7-101-08128-2
馆藏号：Guojiafz-8600002010597

北京石景山年鉴·2012
北京市石景山区人民政府主办　北京市石景山区地方志办公室编　主编夏林茂
中华书局　2012 年 12 月
436 页　精装　29cm
ISBN978-7-101-08861-8
馆藏号：Guojiafz-8600002010778

北京石景山年鉴·2013
北京市石景山区人民政府主办　北京市石景山区地方志办公室编　主编夏林茂
中华书局　2013 年 12 月
501 页　精装　29cm
ISBN978-7-101-09655-2
馆藏号：Guojiafz-8600002003552

北京石景山年鉴·2014
北京市石景山区人民政府主办　北京市石景山区地方志办公室编　主编夏林茂
中华书局　2014 年 12 月
461 页　精装　29cm
ISBN978-7-101-10399-1
馆藏号：Guojiafz-8600002015748

北京石景山年鉴·2015
北京市石景山区人民政府主办　北京市石景山区地方志办公室编　主编夏林茂
中华书局　2015 年 11 月
544 页　精装　29cm
ISBN978-7-101-11260-3
馆藏号：Guojiafz-8600002014871

北京石景山年鉴·2017
北京市石景山区人民政府主办　北京市石景山区地方志办公室编　主编文献
中华书局　2017 年 12 月
501 页　精装　29cm
ISBN978-7-101-13011-9
馆藏号：Guojiafz-8600002016526

北京海淀年鉴·2003
《北京海淀年鉴》编纂委员会编　主编申建军、孙宝启
中央文献出版社　2004 年 1 月
390 页　平装　26cm
ISBN7-5073-1538-X
馆藏号：Guojiafz-8600002004238

北京海淀年鉴·2011
《北京海淀年鉴》编纂委员会编　主编刘鸿、李彦来、穆鹏、傅首清　执行主编周玉鑫
中央文献出版社　2012 年 1 月
666 页　精装　29cm
ISBN978-7-5073-3445-6
馆藏号：Guojiafz-8600002010339

北京海淀年鉴·2013
《北京海淀年鉴》编纂委员会编　主编李彦来、穆鹏、傅首清　执行主编周玉鑫、李强
中央文献出版社　2014 年 2 月
485 页　精装　29cm
ISBN978-7-5073-4026-6
馆藏号：Guojiafz-8600002003594

北京海淀年鉴·2014
《北京海淀年鉴》编纂委员会编　主编李彦来、穆鹏　执行主编李强
方志出版社　2014 年 12 月
525 页　精装　29cm
ISBN978-7-5144-1534-6
馆藏号：Guojiafz-8600002007412

北京海淀年鉴·2015
《北京海淀年鉴》编纂委员会编　主编李强　执行主编钟冷
方志出版社　2015 年 12 月
463 页　精装　29cm
ISBN978-7-5144-1919-1
馆藏号：Guojiafz-8600002002529

北京海淀年鉴·2016
《北京海淀年鉴》编纂委员会编　主编李强
执行主编钟冷
方志出版社　2016年12月
526页　精装　29cm
ISBN978-7-5144-2328-0
馆藏号：Guojiafz-8600002014950

北京海淀年鉴·2017
《北京海淀年鉴》编纂委员会编　主编李强
执行主编钟冷
方志出版社　2017年12月
414页　精装　29cm
ISBN978-7-5144-2928-2
馆藏号：Guojiafz-8600002016770

北京海淀年鉴·2018
《北京海淀年鉴》编纂委员会编　主编李强
执行主编钟冷
方志出版社　2018年12月
440页　精装　29cm
ISBN978-7-5144-3671-6
馆藏号：Guojiafz-8600002017800

北京海淀年鉴·2019
《北京海淀年鉴》编纂委员会编　主编李强
执行主编钟冷
方志出版社　2020年3月
394页　精装　29cm
ISBN978-7-5144-4123-9
馆藏号：Guojiafz-8600002018125

中关村年鉴·2016
中关村科技园区管理委员会编　主编郭洪
北京出版社　2016年11月
561页　精装　29cm
ISBN978-7-200-12519-1
馆藏号：Guojiafz-8600002014934

中关村年鉴·2017
中关村科技园区管理委员会编　主编翟立新、郭洪
北京出版社　2017年11月
558页　精装　29cm
ISBN978-7-200-13218-2
馆藏号：Guojiafz-8600002015594

中关村国家自主创新示范区年鉴·2010
中关村科技园区管理委员会编　主编郭洪
京华出版社　2010年10月
448页　精装　27cm
ISBN978-7-5502-0037-1
馆藏号：Guojiafz-8600002010366

中关村国家自主创新示范区年鉴·2014
中关村科技园区管理委员会编　主编郭洪
北京出版社　2014年12月
571页　精装　29cm
ISBN978-7-200-10996-2
馆藏号：Guojiafz-8600002016844

中关村科技园区年鉴·2008
中关村科技园区管理委员会编　主编戴卫
京华出版社　2009年4月
520页　精装　27cm
ISBN978-7-80724-682-4
馆藏号：Guojiafz-8600002010474

中关村科技园区年鉴·2009
中关村科技园区管理委员会编　主编郭洪
京华出版社　2009年12月
417页　精装　27cm
ISBN978-7-80724-786-9
馆藏号：Guojiafz-8600002007300

中国铁道建筑总公司年鉴·2003
中国铁道建筑总公司史志编审委员会编
主编刘贤福
中国铁道出版社　2003年10月
497页　精装　27cm

ISBN7-113-05295-9
馆藏号：Guojiafz-8600002009555

中国铁建年鉴·2012
中国铁道建筑总公司史志编审委员会编
主编杨启燕
中国铁道出版社　2013年6月
670页　精装　27cm
ISBN978-7-113-16586-4
馆藏号：Guojiafz-8600002013397

中国铁建年鉴·2013
中国铁道建筑总公司地方史志编审委员会编
主编杨启燕
中国铁道出版社　2014年5月
648页　精装　27cm
ISBN978-7-113-18422-3
馆藏号：Guojiafz-8600002010325

北京门头沟年鉴·2002
北京市门头沟区志编委会编　主编张进增
同心出版社　2002年12月
285页　精装　27cm
ISBN7-80593-664-1
馆藏号：Guojiafz-8600002010376

北京门头沟年鉴·2013
北京市门头沟区地方志编纂委员会编　主编陈卫东
执行主编程浩
中共党史出版社　2013年12月
404页　精装　27cm
ISBN978-7-5098-2407-8
馆藏号：Guojiafz-8600002010562

北京房山年鉴·2000
中共房山区委史志办公室编　主编张东升
河北省廊坊市兰新雅印刷厂印刷　2000年
188页　平装　26cm
馆藏号：Guojiafz-8600002006476

北京房山年鉴·2001
北京市房山区地方志编纂委员会编　主编白宗桂
中国城市出版社　2002年12月
286页　平装　26cm
ISBN7-5074-1472-8
馆藏号：Guojiafz-8600002005224

北京房山年鉴·2002
北京市房山区地方志编纂委员会编　主编白宗桂
方志出版社　2003年12月
340页　平装　26cm
ISBN7-80192-117-8
馆藏号：Guojiafz-8600002007441

北京房山年鉴·2003
北京市房山区地方志编纂委员会编　主编刘文江
方志出版社　2005年1月
314页　平装　26cm
ISBN7-80192-461-4
馆藏号：Guojiafz-8600002004441

北京房山年鉴·2004
北京市房山区地方志编纂委员会编　主编刘文江
方志出版社　2006年4月
392页　平装　26cm
ISBN7-80192-754-0
馆藏号：Guojiafz-8600002005124

北京房山年鉴·2005
北京市房山区地方志编纂委员会编　主编刘文江
方志出版社　2006年12月
421页　平装　26cm
ISBN7-80192-952-7
馆藏号：Guojiafz-8600002003897

北京房山年鉴·2006
北京市房山区地方志编纂委员会编　主编刘文江
方志出版社　2007年9月
351页　平装　26cm

ISBN978-7-80238-136-0
馆藏号：Guojiafz-8600002003827

北京房山年鉴·2007
北京市房山区地方志编纂委员会编　主编刘文江
方志出版社　2008 年 3 月
392 页　平装　26cm
ISBN978-7-80238-268-8
馆藏号：Guojiafz-8600002000918

北京房山年鉴·2008
北京市房山区地方志编纂委员会编　主编刘文江
方志出版社　2008 年 12 月
433 页　平装　26cm
ISBN978-7-80238-448-4
馆藏号：Guojiafz-8600002004297

北京房山年鉴·2009
北京市房山区地方志编纂委员会编　主编刘文江
方志出版社　2009 年 11 月
410 页　平装　26cm
ISBN978-7-80238-651-8
馆藏号：Guojiafz-8600002000601

北京房山年鉴·2010
北京市房山区地方志编纂委员会编　主编李桂清
方志出版社　2010 年 11 月
422 页　平装　26cm
ISBN978-7-80238-958-8
馆藏号：Guojiafz-8600002000610

北京房山年鉴·2011
北京市房山区地方志编纂委员会编　主编李桂清
方志出版社　2011 年 12 月
450 页　平装　26cm
ISBN978-7-5144-0392-3
馆藏号：Guojiafz-8600002009710

北京房山年鉴·2012
北京市房山区地方志编纂委员会编　主编李桂清
方志出版社　2012 年 12 月
398 页　平装　26cm
ISBN978-7-5144-0743-3
馆藏号：Guojiafz-8600002007389

北京通州年鉴·2000
北京市通州区史志办公室编　主编张洪林
内部印刷
301 页　平装　27cm
馆藏号：Guojiafz-8600002010966

北京通州年鉴·2003
北京市通州区地方志编纂委员会编　主编张洪林
中国对外翻译出版公司　2003 年 10 月
341 页　精装　27cm
ISBN7-5001-1167-3
馆藏号：Guojiafz-8600002010352

北京通州年鉴·2005
北京市通州区党史区志办公室编　主编张洪林
方志出版社　2005 年 11 月
391 页　精装　27cm
ISBN7-80192-684-6
馆藏号：Guojiafz-8600002003494

北京通州年鉴·2006
北京市通州区党史区志办公室编　主编陈宏毅
方志出版社　2006 年 10 月
463 页　精装　27cm
ISBN7-80192-898-9
馆藏号：Guojiafz-8600002003632

北京通州年鉴·2007
北京市通州区党史区志办公室编　主编陈宏毅
方志出版社　2007 年 11 月
489 页　精装　27cm
ISBN978-7-80238-184-1
馆藏号：Guojiafz-8600002003828

北京通州年鉴·2008
北京市通州区党史区志办公室编　主编陈宏毅
方志出版社　2008年11月
436页　精装　27cm
ISBN978-7-80238-398-2
馆藏号：Guojiafz-8600002002229

北京通州年鉴·2009
北京市通州区党史区志办公室编　主编陈宏毅
方志出版社　2009年11月
438页　精装　27cm
ISBN978-7-80238-644-0
馆藏号：Guojiafz-8600002002035

北京通州年鉴·2010
北京市通州区党史区志办公室编　主编陈宏毅
方志出版社　2010年9月
448页　精装　27cm
ISBN978-7-80238-845-1
馆藏号：Guojiafz-8600002002212

北京通州年鉴·2011
北京市通州区党史区志办公室编　主编陈宏毅
方志出版社　2011年9月
462页　精装　27cm
ISBN978-7-5144-0257-5
馆藏号：Guojiafz-8600002008317

北京通州年鉴·2012
中共北京市通州区委党史工作办公室、北京市通州区地方志办公室合编　主编陈宏毅
方志出版社　2012年10月
460页　精装　27cm
ISBN978-7-5144-0660-3
馆藏号：Guojiafz-8600002000258

北京通州年鉴·2013
中共北京市通州区委党史工作办公室、北京市通州区地方志办公室合编　主编王葆刚
方志出版社　2013年10月
488页　精装　27cm
ISBN978-7-5144-1049-5
馆藏号：Guojiafz-8600002007163

北京通州年鉴·2014
中共北京市通州区委党史工作办公室、北京市通州区地方志办公室合编　主编王葆刚
方志出版社　2014年11月
497页　精装　27cm
ISBN978-7-5144-1446-2
馆藏号：Guojiafz-8600002007245

北京通州年鉴·2015
中共北京市通州区委党史工作办公室、北京市通州区地方志办公室合编　主编王葆刚
方志出版社　2015年11月
522页　精装　29cm
ISBN978-7-5144-1829-3
馆藏号：Guojiafz-8600002010554

北京通州年鉴·2016
中共北京市通州区委党史工作办公室、北京市通州区地方志办公室合编　主编王葆刚
方志出版社　2016年11月
518页　精装　29cm
ISBN978-7-5144-2229-0
馆藏号：Guojiafz-8600002032608

北京通州年鉴·2017
中共北京市通州区委党史工作办公室、北京市通州区地方志办公室合编　主编王葆刚
方志出版社　2017年10月
549页　精装　29cm
ISBN978-7-5144-2637-3
馆藏号：Guojiafz-8600002032821

北京通州年鉴·2018
中共北京市通州区委党史工作办公室、北京市通州区地方志办公室合编　主编王葆刚
方志出版社　2018年11月

536 页　精装　29cm
ISBN978-7-5144-3441-5
馆藏号：Guojiafz-8600002016967

北京通州年鉴·2019
中共北京市通州区委党史工作办公室、北京市通州区地方志办公室合编　主编王葆刚
方志出版社　2019 年 9 月
501 页　精装　29cm
ISBN978-7-5144-3849-9
馆藏号：Guojiafz-8600002018227

北京顺义年鉴·2007
北京市顺义区党史区志办公室编　主编王守明
中华书局　2008 年 12 月
539 页　精装　27cm
ISBN978-7-101-06452-0
馆藏号：Guojiafz-8600002010405

北京顺义年鉴·2011
北京市顺义区党史区志办公室编　主编王守明
中华书局　2012 年 4 月
574 页　精装　27cm
ISBN978-7-101-08598-3
馆藏号：Guojiafz-8600002010479

北京顺义统计年鉴·2011
北京市顺义区统计局、国家统计局顺义调查队、北京市顺义区经济社会调查队合编　主编解长春、张金林、张自林
北京市艺辉印刷有限公司印刷　2011 年 9 月
397 页　精装　31cm
馆藏号：Guojiafz-8600002010921

顺义教育年鉴·1995—2005
顺义区教育委员会编　主编冯义国
内部印刷
627 页　精装　27cm
馆藏号：Guojiafz-8600002010856

北京昌平年鉴·2008
中共北京市昌平区委党史办公室、北京市昌平区地方志办公室合编　主编刘建初
中共党史出版社　2008 年 9 月
584 页　精装　27cm
ISBN978-7-5098-0069-0
馆藏号：Guojiafz-8600002008079

北京昌平年鉴·2011
中共北京市昌平区委、昌平区人民政府主办　中共北京市昌平区委党史办公室、北京市昌平区地方志办公室合编　主编刘建初、朱华海
中共党史出版社　2011 年 10 月
357 页　精装　27cm
ISBN978-7-5098-1463-5
馆藏号：Guojiafz-8600002010596

北京昌平年鉴·2013
中共北京市昌平区委党史办公室、北京市昌平区地方志办公室合编　主编朱华海
中共党史出版社　2013 年 10 月
588 页　精装　27cm
ISBN978-7-5098-2232-6
馆藏号：Guojiafz-8600002006730

北京平谷年鉴·2012（创刊号）
平谷区委党史办编　主编刘云飞
柏源印刷有限公司印刷　2012 年 11 月
476 页　精装　27cm
馆藏号：Guojiafz-8600002011027

北京密云年鉴·2008（首卷）
北京市密云县地方志编纂委员会编　主编赵金祥
中共党史出版社　2008 年 10 月
486 页　精装　27cm
ISBN978-7-5098-0065-2
馆藏号：Guojiafz-8600002006856

北京密云年鉴·2013
密云县地方志编纂委员会编　主编郭生河

中共党史出版社　2013 年 8 月
463 页　精装　27cm
ISBN978-7-5098-2275-3
馆藏号：Guojiafz-8600002010323

北京延庆年鉴·2004
中共北京市延庆县委、延庆县人民政府主办　延庆县史志办公室编　主编李长拴　执行主编王亚琴
方志出版社　2004 年 11 月
387 页　平装　26cm
ISBN7-80192-408-8
馆藏号：Guojiafz-8600002003742

北京延庆年鉴·2011
延庆县史志办公室编　主编李先忠
执行主编王亚琴
北京文海彩艺印刷公司印刷　2011 年 11 月
447 页　平装　26cm
馆藏号：Guojiafz-8600002010993

北京经济技术开发区年鉴·2012
北京经济技术开发区年鉴编纂委员会编
主编张伯旭　执行主编罗向东、宋晓晖
方志出版社　2013 年 1 月
551 页　精装　27cm
ISBN978-7-5144-0816-4
馆藏号：Guojiafz-8600002010342

北京经济技术开发区年鉴·2013
北京经济技术开发区年鉴编纂委员会编
主编张伯旭　执行主编罗向东、宋晓晖
方志出版社　2013 年 12 月
561 页　精装　27cm
ISBN978-7-5144-1171-3
馆藏号：Guojiafz-8600002004619

北京经济技术开发区年鉴·2014
北京经济技术开发区年鉴编纂委员会编
主编梁胜　执行主编李继良、罗向东、宋晓晖
方志出版社　2015 年 5 月
555 页　精装　27cm
ISBN978-7-5144-1613-8
馆藏号：Guojiafz-8600002010685

北京经济技术开发区年鉴·2015
北京经济技术开发区年鉴编纂委员会编
主编梁胜　执行主编郑海涛、罗向东
方志出版社　2015 年 12 月
491 页　精装　27cm
ISBN978-7-5144-1817-0
馆藏号：Guojiafz-8600002010679

北京经济技术开发区年鉴·2016
北京经济技术开发区年鉴编纂委员会编
主编梁胜　执行主编郑海涛、罗向东
方志出版社　2016 年 12 月
567 页　精装　27cm
ISBN978-7-5144-2236-8
馆藏号：Guojiafz-8600002014901

北京经济技术开发区年鉴·2017
北京经济技术开发区年鉴编纂委员会编
主编梁胜　执行主编郑海涛、罗向东
方志出版社　2017 年 12 月
597 页　精装　27cm
ISBN978-7-5144-2823-0
馆藏号：Guojiafz-8600002016776

天津市

天津年鉴·2017
天津年鉴社主办　天津年鉴社编　总编辑张宗旺
天津年鉴社
536 页　精装　29cm
ISSN1671-2889
馆藏号：Guojiafz-8600002016817

天津区县年鉴·2000（创刊号）
天津市人民政府主办　天津市地方志办公室编
主编郭凤岐
天津古籍出版社　2001 年 1 月
585 页　精装　29cm
ISBN7-80504-768-5
馆藏号：Guojiafz-8600002000091

天津区县年鉴·2001
天津市人民政府主办　天津市地方志办公室编
主编郭凤岐
天津古籍出版社　2001 年 11 月
745 页　精装　28cm
ISBN7-80504-834-7
馆藏号：Guojiafz-8600002004428

天津区县年鉴·2002
天津市人民政府主办　天津市地方志办公室编
主编郭凤岐
方志出版社　2002 年 10 月
596 页　精装　30cm
ISBN7-80122-810-3
馆藏号：Guojiafz-8600002007655

天津区县年鉴·2003
天津市人民政府主办　天津市地方志办公室编
主编郭凤岐
天津社会科学院出版社　2003 年 12 月
568 页　精装　29cm
ISBN7-80688-073-9
馆藏号：Guojiafz-8600002006114

天津区县年鉴·2004
天津市人民政府主办　天津市地方志办公室编
主编何志英　执行主编赵继华、于棣
天津社会科学院出版社　2004 年 11 月
596 页　精装　29cm
ISBN7-80688-137-9
馆藏号：Guojiafz-8600002008460

天津区县年鉴·2005
天津市人民政府主办　天津市地方志办公室编
主编何志英　执行主编赵继华、于棣
天津社会科学院出版社　2005 年 12 月
538 页　精装　29cm
ISBN7-80688-234-0
馆藏号：Guojiafz-8600002008468

天津区县年鉴·2006
天津市人民政府主办　天津市地方志编修委员会编
主编何志英　执行主编赵继华
天津社会科学院出版社　2006 年 12 月
588 页　精装　29cm
ISBN7-80688-251-0
馆藏号：Guojiafz-8600002008462

天津区县年鉴·2007
天津市人民政府主办　天津市地方志编修委员会编
主编何志英　执行主编赵继华
天津社会科学院出版社　2007 年 10 月
654 页　精装　29cm
ISBN978-7-80688-335-8
馆藏号：Guojiafz-8600002008430

天津区县年鉴·2008
天津市人民政府主办　天津市地方志编修委员会编
主编何志英　执行主编赵继华
天津社会科学院出版社　2008 年 10 月
752 页　精装　29cm
ISBN978-7-80688-392-1
馆藏号：Guojiafz-8600002006123

天津区县年鉴·2009
天津市人民政府主办　天津市地方志编修委员会办公室编　主编何志英　执行主编赵继华、邹积浩
天津社会科学院出版社　2009 年 11 月
781 页　精装　29cm
ISBN978-7-80688-468-3
馆藏号：Guojiafz-8600002002909

天津区县年鉴·2010
天津市人民政府主办　天津市地方志编修委员会办公室编　主编苏长伟　执行主编邹积浩
天津社会科学院出版社　2010 年 12 月
828 页　精装　29cm
ISBN978-7-80688-617-5
馆藏号：Guojiafz-8600002006178

天津区县年鉴·2011
天津市人民政府主办　天津市地方志编修委员会办公室编　主编苏长伟　执行主编邹积浩
天津社会科学院出版社　2011 年 10 月
609 页　精装　29cm
ISBN978-7-80688-332-7
馆藏号：Guojiafz-8600002000161

天津区县年鉴·2014
天津市人民政府主办　天津市地方志编修委员会办公室编　主编苏长伟　执行主编邹积浩、唐旗
天津社会科学院出版社　2014 年 1 月
483 页　精装　29cm
ISBN978-7-5563-0082-2
馆藏号：Guojiafz-8600002016118

天津区县年鉴·2016
天津市人民政府主办　天津市地方志编修委员会办公室编　主编关树锋　执行主编唐旗
天津社会科学院出版社　2016 年 12 月
572 页　精装　29cm
ISBN978-7-5563-0301-4
馆藏号：Guojiafz-8600002014824

天津经济年鉴·1986
《天津经济年鉴》编辑部编　总编黎干
天津人民出版社　1986 年 8 月
763 页　精装　27cm
统一书号：4072-100
馆藏号：Guojiafz-8600002009408

天津经济年鉴·1988
《天津经济年鉴》编辑部编　总编辑段镇坤
天津人民出版社　1989 年 3 月
840 页　精装　27cm
ISBN7-201-00249-X
馆藏号：Guojiafz-8600002006992

天津经济年鉴·1989
《天津经济年鉴》编辑部编　总编辑段镇坤
天津社会科学院出版社　1989 年 10 月
879 页　精装　27cm
ISBN7-80563-004-6
馆藏号：Guojiafz-8600002009967

天津经济年鉴·1994
天津市人民政府主办《天津经济年鉴》编辑部编
总编辑魏炳坤

天津经济年鉴社　1994 年 9 月
593 页　精装　27cm
ISSN1004-339X
馆藏号：Guojiafz-8600002003635

天津经济年鉴・1995
《天津经济年鉴》编辑部编　总编辑魏炳坤
天津经济年鉴社　1995 年 9 月
619 页　精装　27cm
ISSN1004-339X
馆藏号：Guojiafz-8600002009400

天津经济年鉴・1996
天津市人民政府主办《天津经济年鉴》编辑部编
总编辑魏炳坤
天津经济年鉴社　1996 年 9 月
583 页　精装　27cm
ISSN1004-339X
馆藏号：Guojiafz-8600002000739

天津经济年鉴・1997
天津市人民政府主办《天津经济年鉴》编辑部编
总编辑魏炳坤
天津经济年鉴社　1997 年 9 月
599 页　精装　27cm
ISSN1004-339X
馆藏号：Guojiafz-8600002003497

天津石化年鉴・1994
天津石化公司史志编修委员会编　主任王波忠、崔呈佑
天津石化公司地方史志编修委员会印刷　1996 年
225 页　精装　27cm
馆藏号：Guojiafz-8600002006549

天津铁路分局年鉴・1994
天津铁路分局路史编辑委员会编　主编王润生
国家海洋信息中心印刷厂印刷　1995 年 9 月
423 页　精装　27cm
准印证号：津新出图字（95）第 001200 号
馆藏号：Guojiafz-8600002006448

天津市长途电信局年鉴・1995
《天津市长途电信局年鉴》编辑部编　主编熊昌新
内部印刷
103 页　平装　29cm
馆藏号：Guojiafz-8600002005868

天津科技年鉴・2004（创始卷）
天津市科学技术委员会主办《天津科技年鉴》编辑部编　主编李树夫
长春出版社　2004 年 9 月
577 页　精装　30cm
ISBN7-80664-434-2
馆藏号：Guojiafz-8600002002838

天津科技年鉴・2005
天津市科学技术委员会主办　天津市科技史志编修办公室编　主编李树夫
方志出版社　2006 年 2 月
444 页　精装　29cm
ISBN7-80192-724-9
馆藏号：Guojiafz-8600002005127

天津科技年鉴・2006
天津市科学技术委员会主办　天津市科技史志编修办公室编　主编李树夫
方志出版社　2006 年 12 月
390 页　精装　29cm
ISBN7-80192-966-7
馆藏号：Guojiafz-8600002003429

天津科技年鉴・2007
天津市科学技术委员会主办　天津市科技史志编修办公室编　主编李树夫
方志出版社　2007 年 11 月
398 页　精装　29cm
ISBN978-7-80238-180-3
馆藏号：Guojiafz-8600002003376

天津科技年鉴·2008
天津市科学技术委员会主办　天津市科技史志编修办公室编　主编李树夫
方志出版社　2008 年 10 月
415 页　精装　29cm
ISBN978-7-80238-383-8
馆藏号：Guojiafz-8600002010008

天津科技年鉴·2009
天津市科学技术委员会主办　天津市科技史志编修办公室编　主编李树夫
方志出版社　2009 年 12 月
430 页　精装　29cm
ISBN978-7-80238-681-5
馆藏号：Guojiafz-8600002002048

天津科技年鉴·2010
天津市科学技术委员会主办　天津市科技史志编修办公室编　主编李树夫
方志出版社　2010 年 12 月
474 页　精装　29cm
ISBN978-7-80238-979-3
馆藏号：Guojiafz-8600002010506

天津科技年鉴·2011
天津市科学技术委员会主办　天津市科技史志编修办公室编　主编李树夫
方志出版社　2011 年 12 月
478 页　精装　29cm
ISBN978-7-5144-0332-9
馆藏号：Guojiafz-8600002005855

天津科技年鉴·2012
天津市科学技术委员会主办　天津市科技史志编修办公室编　主编李树夫
方志出版社　2012 年 10 月
476 页　精装　29cm
ISBN978-7-5144-0676-4
馆藏号：Guojiafz-8600002006932

天津科技年鉴·2013
天津市科学技术委员会主办　天津市科技史志编修办公室编　主编李树夫
方志出版社　2013 年 12 月
476 页　精装　29cm
ISBN978-7-5144-1113-3
馆藏号：Guojiafz-8600002006703

天津科技年鉴·2014
天津市科学技术委员会主办　天津市科技史志编修办公室编　主编邵毅
方志出版社　2014 年 12 月
431 页　精装　29cm
ISBN978-7-5144-1469-1
馆藏号：Guojiafz-8600002007835

天津科技年鉴·2015
天津市科学技术委员会主办　天津市科技史志编修办公室编　主编邵毅
方志出版社　2015 年 12 月
490 页　精装　29cm
ISBN978-7-5144-1832-3
馆藏号：Guojiafz-8600002010428

天津科技年鉴·2016
天津市科学技术委员会主办　天津市科技史志编修办公室编　主编齐中波
方志出版社　2016 年 11 月
484 页　精装　29cm
ISBN978-7-5144-2231-3
馆藏号：Guojiafz-8600002013916

天津科技年鉴·2017
天津市科学技术委员会主办　天津市科技史志编修办公室编　主编薛景山
方志出版社　2017 年 12 月
488 页　精装　29cm
ISBN978-7-5144-2721-9
馆藏号：Guojiafz-8600002015705

天津科技年鉴·2018
天津市科学技术局主办　天津市科技史志编修办公室编　主编薛景山
方志出版社　2018 年 12 月
508 页　精装　29cm
ISBN978-7-5144-3455-2
馆藏号：Guojiafz-8600002017278

天津统计年鉴·2012（中英文对照）
天津市统计局、国家统计局天津调查总队合编
主编杜西平、董顺荣
中国统计出版社　2012 年 8 月
515 页　精装　30cm
ISBN978-7-5037-6676-3
馆藏号：Guojiafz-8600002015846

天津水利年鉴·2006
天津市水利局、天津市引滦工程管理局主管
天津水利年鉴编纂委员会编　主编金锐
天津市地图制图印刷公司印刷　2007 年 1 月
326 页　精装　29cm
准印证号：津内部资料性准印证图字第 07004 号
馆藏号：Guojiafz-8600002010844

天津教育年鉴·2003
天津市教育委员会编　主编林炎生
天津社会科学院出版社　2003 年 12 月
610 页　精装　29cm
ISBN7-80688-063-1
馆藏号：Guojiafz-8600002007639

天津教育年鉴·2009
天津市教育委员会编　主编林炎生
天津社会科学院出版社　2010 年 1 月
638 页　精装　29cm
ISBN978-7-80688-529-1
馆藏号：Guojiafz-8600002002236

天津南开中学年鉴·2013
天津市南开中学主办　天津市南开中学年鉴编辑委员会编　主编周鸿飞
天津教育出版社　2013 年 6 月
304 页　精装　29cm
ISBN978-7-5309-7254-0
馆藏号：Guojiafz-8600002013388

天津体育年鉴·1995
天津市体育运动委员会编　主编张志明
天津社会科学院出版社　1996 年 1 月
353 页　精装　21cm
ISBN7-80563-588-9
馆藏号：Guojiafz-8600002006639

天津体育年鉴·1996
天津市体育运动委员会编　主编张志明
天津古籍出版社　1996 年 11 月
401 页　精装　21cm
ISBN7-80504-557-7
馆藏号：Guojiafz-8600002006439

天津体育年鉴·1997
天津市体育运动委员会编　主编张志明
天津社会科学院出版社　1997 年 8 月
354 页　精装　21cm
ISBN7-80563-654-0
馆藏号：Guojiafz-8600002006642

天津规划年鉴·2009
天津市规划局主办　天津市规划局编　总编赵友华
天津科学技术出版社　2009 年 12 月
330 页　精装　29cm
ISBN978-7-5308-5478-5
馆藏号：Guojiafz-8600002002231

天津规划年鉴·2014
天津市规划局编　总编赵友华
天津人民出版社　2014 年 6 月
398 页　精装　29cm
ISBN978-7-5308-8851-3
馆藏号：Guojiafz-8600002016117

天津规划年鉴·2016
天津市规划局主办　天津市规划局编　主编陈忠尧
天津人民出版社　2016年11月
300页　精装　29cm
ISBN978-7-201-11121-6
馆藏号：Guojiafz-8600002014820

河西年鉴·2002
天津市河西区人民政府主办　河西区地方史志办公室河西年鉴编辑部编　主编黄永刚
河南省郑州信息工程所印刷厂印刷　2003年10月
400页　精装　29cm
准印证号：豫内资新出发通字（2003）795号
馆藏号：Guojiafz-8600002009018

天津市河西年鉴·2018
河西区人民政府主办　河西区地方志编修委员会办公室编
方志出版社　2018年9月
356页　精装　29cm
ISBN978-7-5144-3267-1
馆藏号：Guojiafz-8600002018230

和平年鉴·2014
和平年鉴编辑部编　主编杨春武
天津科学技术出版社　2014年9月
409页　精装　29cm
ISBN978-7-5308-6981-9
馆藏号：Guojiafz-8600002015725

南开区年鉴·1984
天津市南开区档案馆编
内部印刷
233页　精装　21cm
馆藏号：Guojiafz-8600002006433

南开区年鉴·1985
天津市南开区档案馆编
内部印刷
391页　精装　21cm
馆藏号：Guojiafz-8600002005379

天津市南开区年鉴·1994
天津市南开区人民政府编　主编杜鸿云
天津市南开区人民政府印刷　1996年
590页　精装　21cm
准印证号：津新图出准字（1996）第294号
馆藏号：Guojiafz-8600002006620

天津南开年鉴·2003
天津市南开区人民政府主办　《南开区年鉴》编委会编　主编韩宏范
天津武清开发区腾龙印业有限公司印刷　2004年2月
305页　精装　27cm
准印证号：津内部资料性准印证图字第03290号
馆藏号：Guojiafz-8600002009603

河北区年鉴·1997—2003（综合版）
天津市河北区人民政府主办　《河北区年鉴》编委会编　总编辑杜翔
天津市银博印刷技术发展有限公司印刷　2003年12月
405页　平装　29cm
准印证号：津内部资料性准印证图字第00289号
馆藏号：Guojiafz-8600002009246

红桥年鉴·2001—2006
红桥年鉴编辑部编　主编姬俊英
天津市兴德印刷有限公司印刷
904页　精装　30cm
准印证号：津内部资料性准印证图字第06145号
馆藏号：Guojiafz-8600002010883

天津市津南年鉴·2011（创刊卷）
天津市津南区人民政府主办　津南区地方志办公室编　主编韩永群　执行主编陈淑香
天津市侨阳印刷有限公司印刷
292页　精装　29cm
准印证号：津内部资料性准印证图字第11066号
馆藏号：Guojiafz-8600002013964

天津市津南年鉴·2012
天津市津南区人民政府主办　津南区地方志办公室编　主编韩永群　执行主编陈淑香
天津市银博印刷技术发展有限公司印刷
337 页　精装　29cm
准印证号：津内部资料性准印证图字第 12053 号
馆藏号：Guojiafz-8600002013965

天津市津南年鉴·2013
天津市津南区人民政府主办　津南区地方志办公室编　主编韩永群　执行主编陈淑香
天津市银博印刷技术发展有限公司印刷
318 页　精装　29cm
准印证号：津内部资料准印证图字第 13050 号
馆藏号：Guojiafz-8600002013966

天津市津南年鉴·2014
天津市津南区人民政府主办《津南年鉴》编辑部编　主编李庆　执行主编陈淑香
天津市银博印刷技术发展有限公司印刷
325 页　精装　29cm
准印证号：津内部资料性准印证图字第 14065 号
馆藏号：Guojiafz-8600002013967

天津市津南年鉴·2015
天津市津南区人民政府主办　津南区地方志办公室编　主编李庆　执行主编陈淑香
天津中铁物资印业有限公司印刷
325 页　精装　29cm
准印证号：津内部资料性准印证图字第 2015077 号
馆藏号：Guojiafz-8600002013968

天津市津南年鉴·2016
天津市津南区人民政府主办　津南区地方志办公室编　主编李绍虎　执行主编李仁会
天津中铁物资印业有限公司印刷
310 页　精装　29cm
准印证号：津内部资料性准印证图字第 2016042 号
馆藏号：Guojiafz-8600002013969

北辰区年鉴·1998—2002
天津市北辰区人民政府主办　天津市北辰区地方志编修委员会办公室编　主编杨光祥
方志出版社　2005 年 6 月
462 页　精装　29cm
ISBN7-80192-531-9
馆藏号：Guojiafz-8600002004498

天津市北辰年鉴·2014
天津市北辰区人民政府主办　天津市北辰区地方志编修委员会办公室编　主编霍贵兴
吉林人民出版社　2014 年 12 月
419 页　精装　29cm
ISBN978-7-206-11079-5
馆藏号：Guojiafz-8600002015494

天津市北辰年鉴·2015
天津市北辰区人民政府主办　天津市北辰区地方志编修委员会办公室编　主编霍贵兴
吉林人民出版社　2015 年 10 月
445 页　精装　29cm
ISBN978-7-206-11981-1
馆藏号：Guojiafz-8600002013203

天津市北辰年鉴·2016
北辰区人民政府主办　天津市北辰区地方志编修委员会办公室编　主编霍贵兴
吉林人民出版社　2016 年 12 月
416 页　精装　29cm
ISBN978-7-206-13460-9
馆藏号：Guojiafz-8600002014822

天津市北辰年鉴·2017
北辰区人民政府主办　天津市北辰区地方志编修委员会办公室编　主编霍贵兴
吉林人民出版社　2017 年 12 月
420 页　精装　29cm
ISBN978-7-206-14525-4
馆藏号：Guojiafz-860000201653

天津滨海高新技术产业开发区年鉴・2009
天津滨海高新技术产业开发区管理委员会主办
天津滨海高新技术产业开发区年鉴编辑委员会编
主编赵海山　执行主编李宁剑
中华书局　2009 年 10 月
225 页　精装　29cm
ISBN978-7-101-07014-9
馆藏号：Guojiafz-8600002002106

大港区年鉴・1993
天津市大港区政府地方史志办公室编　主编祁永泉
天津市大中印刷厂印刷　1996 年 12 月
226 页　平装　27cm
准印证号：津新出图字（96）第 0066870 号
馆藏号：Guojiafz-8600002010288

天津市塘沽年鉴・2009
中国共产党天津市塘沽区委员会、天津市塘沽区人民政府主办　塘沽区地方志编修委员会办公室编
主编李伟成
档案出版社　2009 年 11 月
534 页　精装　29cm
ISBN978-7-5105-0115-9
馆藏号：Guojiafz-8600002002238

天津经济技术开发区年鉴・2009
天津经济技术开发区管理委员会主办　《天津经济技术开发区年鉴》编纂委员会编　主编何树山
执行主编王迅
中华书局　2009 年 11 月
304 页　精装　29cm
ISBN978-7-101-07084-2
馆藏号：Guojiafz-8600002001263

天津经济技术开发区（南港工业区）年鉴・2014
天津经济技术开发区（南港工业区）管理委员会主办　《天津经济技术开发区年鉴》编纂委员会编
主编许红星
中华书局　2014 年 11 月
332 页　精装　29cm
ISBN978-7-101-10401-1
馆藏号：Guojiafz-8600002015956

河 北 省

河北年鉴·1991
河北年鉴编纂委员会编　主编许明辉
河北年鉴出版社　1992 年 8 月
599 页　精装　27cm
ISSN1004-6674

河北年鉴·1992
河北省人民政府主办　河北年鉴编纂委员会编
主编许明辉
河北年鉴社　1992 年 12 月
692 页　精装　27cm
ISSN1004-6674

河北年鉴·1993
河北省人民政府主办　河北年鉴编纂委员会编
主编许明辉
河北年鉴社　1993 年 11 月
764 页　精装　27cm
ISSN1004-6674

河北年鉴·1994
河北省人民政府主办　河北年鉴编纂委员会编
主编许明辉
河北年鉴社　1994 年 10 月
722 页　精装　27cm
ISSN1004-6674

河北年鉴·1995
河北省人民政府主办　河北年鉴编纂委员会编
主编许明辉
河北年鉴社　1995 年 10 月
701 页　精装　27cm
ISSN1004-6674

河北年鉴·1996
河北省人民政府主办　河北年鉴编纂委员会编
主编许明辉
河北年鉴社　1996 年 12 月
795 页　精装　27cm
ISSN1004-6674

河北年鉴·1997
河北省人民政府主办　河北年鉴编辑委员会编
主编许明辉
河北年鉴社　1997 年 12 月
730 页　精装　27cm
ISSN1004-6674

河北年鉴·1998
河北省人民政府主办　河北年鉴编辑委员会编
主编尹亚力
河北年鉴社　1998 年 12 月
582 页　精装　27cm
ISSN1004-6674

河北年鉴·1999
河北省人民政府主办　河北年鉴编辑委员会编
主编尹亚力
河北年鉴社　1999年11月
557页　精装　27cm
ISSN1004-6674
馆藏号：Guojiafz-8600002002622

河北年鉴·2000
河北省人民政府主办　河北年鉴编辑委员会编
主编尹亚力
河北年鉴社　2000年12月
656页　精装　27cm
ISSN1152-6674
馆藏号：Guojiafz-8600002002429

河北年鉴·2001
河北省人民政府主办　河北年鉴编纂委员会编
主编尹亚力
河北年鉴社　2001年10月
656页　精装　27cm
ISSN1004-6674
馆藏号：Guojiafz-8600002003164

河北年鉴·2002
河北省人民政府主办　河北年鉴编辑委员会编
主编王史源
河北省科技印刷厂印刷　2002年10月
640页　精装　27cm
ISSN1004-6674
馆藏号：Guojiafz-8600002002519

河北年鉴·2003
河北省人民政府主办　河北年鉴编辑委员会编
主编王史源
河北年鉴社　2003年10月
652页　精装　29cm
ISSN1004-6674
馆藏号：Guojiafz-8600002006038

河北年鉴·2004
河北省人民政府主办　河北年鉴编纂委员会编
主编刘印楼　执行主编许振彪
河北年鉴社　2004年11月
667页　精装　29cm
ISSN1004-6674
馆藏号：Guojiafz-8600002008555

河北年鉴·2005
河北省人民政府主办　河北年鉴编纂委员会编
主编董经纬、杨洪进
河北年鉴社　2005年10月
622页　精装　29cm
ISSN1004-6674
馆藏号：Guojiafz-8600002000606

河北年鉴·2006
河北省人民政府主办《河北年鉴》编纂委员会编
主编张绍廉　执行主编许振彪
河北年鉴社　2006年10月
579页　精装　29cm
ISSN1004-6674
馆藏号：Guojiafz-8600002008881

河北年鉴·2007
河北省人民政府主办《河北年鉴》编纂委员会编
主编张绍廉、杨洪进　执行主编许振彪
河北年鉴社　2007年10月
552页　精装　29cm
ISSN1004-6674
馆藏号：Guojiafz-8600002006820

河北年鉴·2008
河北省人民政府主办《河北年鉴》编纂委员会编
主编苏银增、杨洪进
河北年鉴社　2008年10月
602页　精装　29cm
ISSN1004-6674
馆藏号：Guojiafz-8600002008794

河北年鉴·2009
河北省人民政府主办 《河北年鉴》编纂委员会编
主编苏银增、杨洪进 执行主编曹珠珠
河北年鉴社 2009年10月
672页 精装 29cm
ISSN1004-6674
馆藏号：Guojiafz-8600002008212

河北年鉴·2010
河北省人民政府主办 《河北年鉴》编纂委员会编
主编苏银增、杨洪进 执行主编曹珠珠
河北年鉴社 2010年12月
659页 精装 29cm
ISSN1004-6674
馆藏号：Guojiafz-8600002008344

河北年鉴·2011
河北省人民政府主办 《河北年鉴》编纂委员会编
主编苏银增、杨洪进 执行主编曹珠珠
河北年鉴社 2011年10月
691页 精装 29cm
ISSN1004-6674
馆藏号：Guojiafz-8600002006039

河北年鉴·2013
河北省人民政府主办 《河北年鉴》编纂委员会编
主编王会勇、王荣环 执行主编边丽君
河北年鉴社 2013年10月
654页 精装 29cm
ISSN1004-6674
馆藏号：Guojiafz-8600002015230

河北年鉴·2014
河北省人民政府主办 《河北年鉴》编纂委员会编
主编王会勇、王荣环 执行主编边丽君
河北年鉴社 2014年10月
680页 精装 29cm
ISSN1004-6674
馆藏号：Guojiafz-8600002017492

河北年鉴·2016
河北省人民政府办公厅主管 河北省地方志编纂委员会办公室主办 《河北年鉴》编纂委员会编
主编吴晓华、殷政年 执行主编王蕾
河北年鉴社 2017年4月
666页 精装 29cm
ISSN1004-6674
馆藏号：Guojiafz-8600002014722

河北年鉴·2017
河北省人民政府办公厅主管 河北省地方志编纂委员会办公室主办 《河北年鉴》编纂委员会编
主编吴晓华、殷政年 执行主编王蕾
河北年鉴社 2018年4月
610页 精装 29cm
ISSN1004-6674
馆藏号：Guojiafz-8600002016288

河北经济年鉴·2016
河北省人民政府主办 河北省人民政府办公厅、河北省统计局、河北省社会科学院合编
主编吴晓华、孟祥云、彭建强
中国统计出版社 2016年11月
760页 精装 29cm
ISBN978-7-5037-7897-1
馆藏号：Guojiafz-8600002014784

河北经济年鉴·2017（中英文对照）
河北省人民政府主办 河北省人民政府编
主编吴晓华、王素君、彭建强
中国统计出版社 2017年11月
704页 精装 29cm
ISBN978-7-5037-8259-6
馆藏号：Guojiafz-8600002016860

河北金融年鉴·2009
《河北金融年鉴》编辑部编 主编张辰辰
河北人民出版社 2009年12月
754页 精装 29cm

ISBN978-7-202-05415-4
馆藏号：Guojiafz-8600002002210

河北科技年鉴·1990—1994
河北省科学技术委员会、《河北科技年鉴》编辑部合编　主编刘俊孝
河北省科技印刷厂印刷　1999年6月
487页　精装　27cm
准印证号：冀出内准字（1999）第A169号
馆藏号：Guojiafz-8600002009523

河北科技年鉴·1995—1998
《河北科技年鉴》编辑部编　主编刘俊孝
河北省科技印刷厂印刷
272页　精装　27cm
准印证号：冀出内准字〔1998〕第A536号
馆藏号：Guojiafz-8600002009188

河北地震年鉴·2004
河北省地震局主办　《河北地震年鉴》编纂委员会编　主编艾润飙
方志出版社　2005年6月
316页　精装　27cm
ISBN7-80192-556-4
馆藏号：Guojiafz-8600002008621

河北地震年鉴·2011
河北省地震局主办　《河北地震年鉴》编纂委员会编　主编周清良
方志出版社　2013年1月
444页　精装　27cm
ISBN978-7-5144-0811-9
馆藏号：Guojiafz-8600002009924

河北教育年鉴·2002
河北省教育厅主办　《河北教育年鉴》编纂委员会编　主编靳宝栓
中国对外翻译出版公司　2003年11月
609页　精装　29cm
ISBN7-5001-0899-0
馆藏号：Guojiafz-8600002004677

河北教育年鉴·2004
河北省教育厅主办　《河北教育年鉴》编辑委员会编　主编靳宝栓
方志出版社　2005年9月
561页　精装　29cm
ISBN7-80192-641-2
馆藏号：Guojiafz-8600002005215

河北卫生年鉴·2002
河北省卫生厅主办　《河北卫生年鉴》编辑委员会编　主编孔祥骊、赵学诚
方志出版社　2002年10月
376页　精装　27cm
ISBN978-7-80122-854-5
馆藏号：Guojiafz-8600002007789

河北卫生年鉴·2009
河北省卫生厅主办　《河北卫生年鉴》编纂委员会编　主编周志山、赵学成、刘素刚
河北人民出版社　2009年12月
467页　精装　27cm
ISBN978-7-202-05435-2
馆藏号：Guojiafz-8600002002712

河北卫生年鉴·2011
《河北卫生年鉴》编纂委员会编　主编周志山、赵学诚、刘素刚
河北科学技术出版社　2011年11月
663页　精装　27cm
ISBN978-7-5375-4489-4
馆藏号：Guojiafz-8600002017584

河北卫生年鉴·2013
河北省卫生厅主办　《河北卫生年鉴》编纂委员会编　主编周志山、赵学诚、刘素刚
河北科学技术出版社　2013年12月
656页　精装　27cm
ISBN978-7-5375-6695-7
馆藏号：Guojiafz-8600002015987

河北社会科学年鉴·2013
河北省社会科学界联合会编　主编曹保刚
河北人民出版社　2014 年 1 月
990 页　精装　29cm
ISBN978-7-202-08481-6
馆藏号：Guojiafz-8600002010649

河北省广播电视年鉴·2006
河北省广播电视年鉴编辑委员会编　主编何振虎
执行主编李文周
河北人民出版社　2006 年 12 月
372 页　精装　27cm
ISBN7-202-04481-1
馆藏号：Guojiafz-8600002009562

河北财政年鉴·2007
河北省财政厅编　主编王秋民　执行主编高国柱
河北人民出版社　2007 年 12 月
726 页　精装　27cm
ISBN978-7-202-04692-0
馆藏号：Guojiafz-8600002005660

河北财政年鉴·2013
河北省财政厅编　主编杜彦卿
河北人民出版社　2014 年 5 月
621 页　精装　27cm
ISBN978-7-202-08829-6
馆藏号：Guojiafz-8600002015383

河北法制年鉴·2012
河北省人民政府法制办公室主办　《河北法制年鉴》编纂委员会编　主编边黎明、秦博勇
中国法制出版社　2012 年 6 月
757 页　精装　29cm
ISBN978-7-5093-0856-1
馆藏号：Guojiafz-8600002015502

石家庄年鉴·2007
石家庄市人民政府主办　石家庄市地方志编纂委员会编　主编王孟新
中国国际文化出版社　2007 年 11 月
562 页　精装　29cm
ISBN988-97358-9-X
馆藏号：Guojiafz-8600002000622

石家庄年鉴·2013
石家庄市人民政府编　主编曹立波
河北人民出版社　2013 年 12 月
654 页　精装　29cm
ISBN978-7-202-08451-9
馆藏号：Guojiafz-8600002045495

石家庄年鉴·2020
石家庄市地方志编纂委员会编　主编祁军英
河北人民出版社　2020 年 9 月
555 页　精装　29cm
ISBN978-7-202-14964-5
馆藏号：Guojiafz-8600002018738

石家庄印钞厂年鉴·2004
《石家庄印钞厂年鉴》编纂委员会编　主编梁岱磊
方志出版社　2004 年 10 月
174 页　精装　29cm
ISBN7-80192-371-5
馆藏号：Guojiafz-8600002004482

石家庄市新华年鉴·2018
石家庄市新华区人民政府办公室编　主编李永杰
河北人民出版社　2020 年 9 月
303 页　精装　29cm
ISBN978-7-202-14994-2
馆藏号：Guojiafz-8600002021587-9

石家庄市新华年鉴·2019
中共石家庄市新华区委办公室编　主编刘彦伟
执行主编范志礼
河北人民出版社　2020 年 10 月
348 页　精装　29cm
ISBN978-7-202-15019-1
馆藏号：Guojiafz-8600002021581-3

石家庄市新华年鉴·2020
石家庄市新华区档案馆编　主编康毅
河北人民出版社　2020 年 12 月
275 页　精装　29cm
ISBN978-7-202-14993-5
馆藏号：Guojiafz-8600002021584-6

石家庄市裕华年鉴·2017
石家庄市裕华区人民政府编　主编赵春常
河北人民出版社　2018 年 10 月
279 页　精装　29cm
ISBN978-7-202-13464-1
馆藏号：Guojiafz-8600002018621

石家庄市裕华年鉴·2019
中共石家庄市裕华区委编　主编赵春常
河北人民出版社　2020 年 7 月
340 页　精装　29cm
ISBN978-7-202-14562-3
馆藏号：Guojiafz-8600002018620

石家庄市裕华年鉴·2020
中共石家庄市裕华区委编　主编赵春常
河北人民出版社　2020 年 9 月
280 页　精装　29cm
ISBN978-7-202-14974-4
馆藏号：Guojiafz-8600002018622

藁城年鉴·2007—2010
藁城市人民政府主办　藁城市地方志编委会办公室编　主编米志科
新华出版社　2013 年 10 月
538 页　精装　29cm
ISBN978-7-5166-0659-9
馆藏号：Guojiafz-8600002015334

石家庄市鹿泉年鉴·2018
石家庄市鹿泉区史志编纂委员会办公室编　主编齐海群、邓林峰
河北人民出版社　2019 年 8 月
418 页　精装　29cm
ISBN978-7-202-14151-9
馆藏号：Guojiafz-8600002021722

获鹿县年鉴·1993
获鹿县地方史志编纂委员会办公室编　主任杜秋亮
湖北印刷厂印刷　1994 年 10 月
362 页　精装　27cm
准印证号：冀出内准字（1994）第 054 号
馆藏号：Guojiafz-8600002010293

栾城年鉴·1998
河北省栾城县史志编纂委员会编　主编赵云丽
方志出版社　2000 年 11 月
231 页　精装　27cm
ISBN7-80122-597-X
馆藏号：Guojiafz-8600002003994

栾城年鉴·1999
中共栾城县委、县人民政府主办　河北省栾城县史志编纂委员会编　总编董维新　执行主编张俊义、赵云丽
方志出版社　2001 年 10 月
361 页　精装　27cm
ISBN7-80122-597-X
馆藏号：Guojiafz-8600002004236

栾城年鉴·2000
中共栾城县委、县人民政府主办　河北省栾城县史志编纂委员会编　主编杨胜利、赵云丽
方志出版社　2002 年 11 月
333 页　精装　27cm
ISBN7-80122-879-0
馆藏号：Guojiafz-8600002011241

栾城年鉴·2003
中共栾城县委、栾城县人民政府主办　河北省栾城县地方志编纂委员会编　主编岳彦斌
方志出版社　2004 年 9 月
357 页　精装　27cm

ISBN7-80192-332-4
馆藏号：Guojiafz-8600002004477

栾城年鉴·2006
中共栾城县委、栾城县人民政府主办　栾城县地方志编纂委员会编　主编岳彦斌
方志出版社　2006年8月
441页　精装　27cm
ISBN7-80192-332-4
馆藏号：Guojiafz-8600002000036

栾城年鉴·2009
中共栾城县委、栾城县人民政府主办　栾城县地方志编纂委员会编　主编岳彦斌
方志出版社　2009年12月
420页　精装　29cm
ISBN7-80192-332-4
馆藏号：Guojiafz-8600002013278

栾城年鉴·2017
石家庄市栾城区史志编纂委员会办公室编
主编段广平
九州出版社　2018年1月
278页　精装　29cm
ISBN978-7-5108-6512-1
馆藏号：Guojiafz-8600002024636

晋州年鉴·2008
晋州市人民政府主办　晋州市地方志编纂委员会编
主编刘永科
新华出版社　2009年3月
79页　精装　27cm
ISBN978-7-5011-7987-9
馆藏号：Guojiafz-8600002002405

井陉年鉴·2004
中共井陉县委党史县志办公室编　主编李卯槐
保定市北方胶印有限公司印刷　2004年9月
305页　精装　27cm
准印证号：冀出内准字（2004）第A126号
馆藏号：Guojiafz-8600002010116

井陉年鉴·2005
中共井陉县委党史县志办公室编　主编李卯槐
保定市北方胶印有限公司印刷　2005年7月
334页　精装　27cm
准印证号：冀出内准字（2004）第A126号
馆藏号：Guojiafz-8600002001399

井陉年鉴·2006
中共井陉县委党史县志办公室编　主编李卯槐
保定市北方胶印有限公司印刷　2006年10月
304页　精装　27cm
准印证号：冀出内准字（2006）第AB012号
馆藏号：Guojiafz-8600002001402

井陉年鉴·2007
中共井陉县委党史县志办公室编　主编李卯槐
保定市北方胶印有限公司印刷　2007年8月
336页　精装　27cm
准印证号：冀出内准字（2007）第AB012号
馆藏号：Guojiafz-8600002001755

井陉年鉴·2015
中共井陉县委、井陉县人民政府主办　中共井陉县委党史县志办公室编　主编马军山
保定市北方胶印有限公司印刷　2016年4月
320页　精装　29cm
准印证号：冀出内准字（2016）第ASJX001号
馆藏号：Guojiafz-8600002020006

井陉年鉴·2016
中共井陉县委、井陉县人民政府主办　中共井陉县委党史县志办公室编　主编马军山
保定市北方胶印有限公司印刷　2017年3月
307页　精装　29cm
准印证号：（冀Y）1117681
馆藏号：Guojiafz-8600002020005

井陉年鉴・2017
中共井陉县委、井陉县人民政府主办　中共井陉县委党史县志办公室编　主编马军山
保定市北方胶印有限公司印刷　2018 年 5 月
400 页　精装　29cm
准印证号:（冀 Y）1117681
馆藏号：Guojiafz-8600002020020

井陉年鉴・2018
井陉县档案馆编　主编马军山　执行主编朱凯荣
河北人民出版社　2019 年 5 月
315 页　精装　29cm
ISBN978-7-202-13937-0
馆藏号：Guojiafz-8600002020015

井陉年鉴・2019
井陉县档案馆编　主编马军山　执行主编朱凯荣
新华出版社　2020 年 5 月
299 页　精装　29cm
ISBN978-7-5166-5047-9
馆藏号：Guojiafz-8600002020014

井陉年鉴・2020
井陉县档案馆编　主编马军山　执行主编朱凯荣、马宁宁
新华出版社　2020 年 10 月
320 页　精装　29cm
ISBN978-7-5166-5351-7
馆藏号：Guojiafz-8600002020010

正定县年鉴・1994
正定县年鉴编纂委员会编　主编雍玉申
河北年鉴社　2002 年 12 月
175 页　精装　27cm
ISSN1004-674
馆藏号：Guojiafz-8600002009509

行唐年鉴・2012
行唐县人民政府主办　行唐县地方志办公室编
主编李蕙萍
河北人民出版社　2013 年 5 月
387 页　精装　29cm
ISBN978-7-202-07582-1
馆藏号：Guojiafz-8600002021540

行唐年鉴・2013
行唐县人民政府主办　行唐县地方志办公室编
主编李蕙萍
河北人民出版社　2014 年 8 月
340 页　精装　29cm
ISBN978-7-202-09405-1
馆藏号：Guojiafz-8600002021578-80

行唐年鉴・2014
行唐县人民政府主办　行唐县地方志办公室编
主编李蕙萍
河北人民出版社　2015 年 6 月
269 页　精装　29cm
ISBN978-7-202-10701-0
馆藏号：Guojiafz-8600002021566-8

行唐年鉴・2015
行唐县人民政府主办　行唐县地方志办公室编
主编李蕙萍
河北人民出版社　2016 年 8 月
319 页　精装　29cm
ISBN978-7-202-11341-7
馆藏号：Guojiafz-8600002014116

行唐年鉴・2016
行唐县人民政府主办　行唐县地方志办公室编
主编李蕙萍、秦淑敏
河北人民出版社　2017 年 11 月
279 页　精装　29cm
ISBN978-7-202-12532-8
馆藏号：Guojiafz-8600002021572-4

行唐年鉴・2017
行唐县人民政府主办　行唐县地方志办公室编
主编秦淑敏

河北人民出版社　2018 年 9 月
330 页　精装　29cm
ISBN978-7-202-13455-9
馆藏号：Guojiafz-8600002021575-7

行唐年鉴 · 2018
行唐县地方志办公室编　主编秦淑敏
河北人民出版社　2018 年 12 月
292 页　精装　29cm
ISBN978-7-202-13708-6
馆藏号：Guojiafz-8600002021535

行唐年鉴 · 2019
行唐县地方志办公室编　主编李蕙萍、秦淑敏
河北人民出版社　2019 年 11 月
311 页　精装　29cm
ISBN978-7-202-14491-6
馆藏号：Guojiafz-8600002020476

行唐年鉴 · 2020
行唐县地方志办公室编　主编李蕙萍
河北人民出版社　2020 年 8 月
329 页　精装　29cm
ISBN978-7-202-14596-8
馆藏号：Guojiafz-8600002021570

无极年鉴 · 2017
无极年鉴编纂委员会编　主编靳根锁
河北人民出版社　2018 年 8 月
301 页　精装　29cm
ISBN978-7-202-13067-4
馆藏号：Guojiafz-8600002019505

无极年鉴 · 2018
无极年鉴编纂委员会编　主编靳根锁
河北人民出版社　2019 年 7 月
332 页　精装　29cm
ISBN978-7-202-14089-5
馆藏号：Guojiafz-8600002019503

无极年鉴 · 2019
无极年鉴编纂委员会编　主编靳根锁
河北人民出版社　2019 年 12 月
322 页　精装　29cm
ISBN978-7-202-14689-7
馆藏号：Guojiafz-8600002019511

无极年鉴 · 2020
无极年鉴编纂委员会编　主编靳根锁
河北人民出版社　2020 年 9 月
322 页　精装　29cm
ISBN978-7-202-14958-4
馆藏号：Guojiafz-8600002019508

元氏年鉴 · 2018
元氏县人民政府编　主编袁晓磊
河北人民出版社　2019 年 6 月
276 页　精装　29cm
ISBN978-7-202-14010-9
馆藏号：Guojiafz-8600002021761

元氏年鉴 · 2019
中国共产党元氏县委员会办公室编　主编赵君杰
河北人民出版社　2019 年 12 月
340 页　精装　29cm
ISBN978-7-202-14676-7
馆藏号：Guojiafz-8600002021753

元氏年鉴 · 2020
中共元氏县委办公室编　主编刘永强
河北人民出版社　2020 年 9 月
295 页　精装　29cm
ISBN978-7-202-14968-3
馆藏号：Guojiafz-8600002021756

唐山年鉴 · 2011
唐山市人民政府主办　唐山市地方志办公室编
主编刘德山　执行主编赵鹤鸣
方志出版社　2012 年 3 月
481 页　精装　29cm

ISBN978-7-5144-0441-8
馆藏号：Guojiafz-8600002000651

唐山年鉴·2013
唐山市人民政府主办　唐山市地方志办公室编
主编果爱民　执行主编张北环
新华出版社　2013年10月
479页　精装　29cm
ISBN978-7-5166-0684-1
馆藏号：Guojiafz-8600002005038

唐山年鉴·2014
唐山市地方志办公室编　主编果爱民　执行主编张北环
新华出版社　2014年10月
383页　精装　29cm
ISBN978-7-5166-1269-9
馆藏号：Guojiafz-8600002030594

唐山年鉴·2016
唐山市人民政府主办　唐山市地方志办公室编
主编果爱民　执行主编张北环
新华出版社　2016年9月
402页　精装　29cm
ISBN978-7-5166-2803-4
馆藏号：Guojiafz-8600002014080

唐山年鉴·2017
唐山市地方志办公室编　主编果爱民　执行主编张北环
新华出版社　2017年9月
429页　精装　29cm
ISBN978-7-5166-3486-8
馆藏号：Guojiafz-8600002016670

丰南年鉴·2017
唐山市丰南区人民政府主办　丰南区地方志办公室编　主编郭百新
方志出版社　2017年12月
311页　精装　29cm
ISBN978-7-5144-2885-8
馆藏号：Guojiafz-8600002016156

新区年鉴·1991—1995
唐山市新区年鉴编纂委员会编　主编韩彦敏
方志出版社　1997年9月
176页　精装　27cm
ISBN7-80122-180-X
馆藏号：Guojiafz-8600002003449

丰润年鉴·2016
唐山市丰润区人民政府主办　丰润区年鉴编纂委员会编　主编潘贵存
中国文史出版社　2016年12月
565页　精装　29cm
ISBN978-7-5034-5823-1
馆藏号：Guojiafz-8600002014783

丰润年鉴·2017
唐山市丰润区人民政府主办　唐山市丰润区年鉴编纂委员会编　主编潘贵存
新华出版社　2017年11月
612页　精装　29cm
ISBN978-7-5166-3657-2
馆藏号：Guojiafz-8600002016627

迁安年鉴·2011
迁安市人民政府主办　迁安市地方志编纂委员会编
主编刘英椿、赵辉
河北人民出版社　2011年12月
341页　精装　29cm
ISBN978-7-202-05083-5
馆藏号：Guojiafz-8600002004079

迁安年鉴·2013
迁安市人民政府主办　迁安市地方志编纂委员会编
主编郭伟强、赵辉
方志出版社　2013年12月
396页　精装　29cm
ISBN978-7-5144-1161-4
馆藏号：Guojiafz-8600002009820

迁安年鉴·2015
迁安市人民政府主办　迁安市地方志编纂委员会编
主编郭伟强、赵辉
方志出版社　2015 年 10 月
391 页　精装　29cm
ISBN978-7-5144-1769-2
馆藏号：Guojiafz-8600002002667

迁安年鉴·2016
迁安市人民政府主办　迁安市地方志编纂委员会编
主编郭伟强、赵辉
方志出版社　2016 年 11 月
385 页　精装　29cm
ISBN978-7-5144-2193-4
馆藏号：Guojiafz-8600002013997

迁安年鉴·2017
迁安市人民政府主办　迁安市地方志编纂委员会编
主编李宏伟、赵辉、张明远
方志出版社　2018 年 3 月
404 页　精装　29cm
ISBN978-7-5144-3017-2
馆藏号：Guojiafz-8600002033277

滦县年鉴·1986—1996
滦县地方志编纂委员会编　主编耿瑞田
天津人民出版社　1997 年 12 月
685 页　精装　27cm
ISBN978-7-201-02998-3
馆藏号：Guojiafz-8600002007711

乐亭年鉴·2015
乐亭县人民政府主办　乐亭县地方志（年鉴）编纂委员会编　主编张彦光、史洪峰　执行主编赵延
中国财富出版社　2016 年 5 月
376 页　精装　29cm
ISBN978-7-5047-6128-6
馆藏号：Guojiafz-8600002014113

乐亭年鉴·2016
乐亭县地方志（年鉴）编纂委员会编　主编史洪峰
执行主编赵延
中国财富出版社　2017 年 7 月
410 页　精装　29cm
ISBN978-7-5047-6505-5
馆藏号：Guojiafz-8600002016279

秦皇岛年鉴·1987—1989
秦皇岛市年鉴编辑部编　主编郭正山
中国标准出版社　1990 年 11 月
547 页　精装　27cm
ISBN7-5066-0317-9
馆藏号：Guojiafz-8600002009204

秦皇岛年鉴·1996
秦皇岛市年鉴编纂委员会编　主编苏斐华
沈阳出版社　1996 年 12 月
418 页　精装　27cm
ISBN7-5441-0760-4
馆藏号：Guojiafz-8600002000999

秦皇岛年鉴·1998
秦皇岛市人民政府主办　秦皇岛市年鉴编纂委员会编　主编苏斐华
方志出版社　1999 年 2 月
386 页　精装　27cm
ISBN7-80122-435-3
馆藏号：Guojiafz-8600002004595

秦皇岛年鉴·2001
秦皇岛市人民政府主办　秦皇岛市年鉴编纂委员会编　主编苏斐华
中国标准出版社　2002 年 6 月
304 页　精装　30cm
ISBN7-5066-2789-2
馆藏号：Guojiafz-8600002004636

秦皇岛年鉴·2002
秦皇岛市人民政府主办　秦皇岛市地方志办公室编

主编苏斐华
河北人民出版社　2003 年 1 月
327 页　精装　30cm
ISBN7-202-03426-3
馆藏号：Guojiafz-8600002005219

秦皇岛年鉴·2004
秦皇岛市人民政府主办　秦皇岛市地方志办公室编
主编孙继胜
方志出版社　2004 年 12 月
473 页　精装　29cm
ISBN7-80192-350-2
馆藏号：Guojiafz-8600002000823

秦皇岛年鉴·2009
秦皇岛市人民政府主办　秦皇岛市人民政府地方志办公室编　主编赵怀木
方志出版社　2010 年 1 月
462 页　精装　29cm
ISBN978-7-80238-736-2
馆藏号：Guojiafz-8600002000370

秦皇岛年鉴·2010
秦皇岛市人民政府主办　秦皇岛市人民政府地方志办公室编　主编孙继胜
方志出版社　2010 年 12 月
484 页　精装　29cm
ISBN978-7-5144-0039-7
馆藏号：Guojiafz-8600002000586

秦皇岛年鉴·2011
秦皇岛市人民政府主办　秦皇岛市人民政府地方志办公室编　主编孙继胜
方志出版社　2011 年 12 月
434 页　精装　29cm
ISBN978-7-5144-0363-3
馆藏号：Guojiafz-8600002002526

秦皇岛年鉴·2012
秦皇岛市人民政府主办　秦皇岛市人民政府地方志办公室编　主编孙继胜
方志出版社　2012 年 11 月
418 页　精装　29cm
ISBN978-7-5144-0701-3
馆藏号：Guojiafz-8600002011536

秦皇岛年鉴·2013
秦皇岛市人民政府主办　秦皇岛市人民政府地方志办公室编　主编孙继胜
方志出版社　2013 年 10 月
450 页　精装　29cm
ISBN978-7-5144-1030-3
馆藏号：Guojiafz-8600002007001

秦皇岛年鉴·2014
秦皇岛市人民政府主办　秦皇岛市人民政府地方志办公室编　主编孙继胜
方志出版社　2015 年 3 月
423 页　精装　29cm
ISBN978-7-5144-1571-1
馆藏号：Guojiafz-8600002009812

秦皇岛年鉴·2015
秦皇岛市人民政府主办　秦皇岛市人民政府地方志办公室编　主编孙继胜
中国文史出版社　2015 年 12 月
420 页　精装　29cm
ISBN978-7-5034-6972-5
馆藏号：Guojiafz-8600002014275

秦皇岛金融年鉴·2011
秦皇岛市金融工作办公室主办　秦皇岛市金融工作办公室编　主编田鸿彦
中国金融出版社　2011 年 12 月
243 页　精装　29cm
ISBN978-7-5049-6154-9
馆藏号：Guojiafz-8600002000170

海港区年鉴·2007—2008
中共海港区委、海港区人民政府主办　秦皇岛市

海港区地方志年鉴编纂委员会编　主编王澍
方志出版社　2010年7月
465页　精装　29cm
ISBN978-7-80238-687-7
馆藏号：Guojiafz-8600002009662

海港区年鉴·2009—2010
中共海港区委、海港区人民政府主办　秦皇岛市海港区地方志年鉴编纂委员会编　主编王澍
执行主编董育松、王胤龙
方志出版社　2012年8月
436页　精装　30cm
ISBN978-7-5144-0516-3
馆藏号：Guojiafz-8600002005654

海港区年鉴·2012
中共海港区委、海港区人民政府主办　秦皇岛市海港区地方志年鉴编纂委员会编　主编王澍、孙毅
执行主编王胤龙
方志出版社　2013年7月
468页　精装　29cm
ISBN978-7-5144-0927-7
馆藏号：Guojiafz-8600002007311

海港区年鉴·2013
中共海港区委、海港区人民政府主办　秦皇岛市海港区地方志年鉴编纂委员会编　主编王澍、孙毅、王洪泉　执行主编王胤龙、傅宁
方志出版社　2014年4月
409页　精装　30cm
ISBN978-7-5144-1238-3
馆藏号：Guojiafz-8600002006799

海港区年鉴·2014
中共海港区委、海港区人民政府主办　秦皇岛市海港区地方志年鉴编纂委员会编　主编王洪泉
执行主编傅宁、亢学文
方志出版社　2015年4月
431页　精装　30cm
ISBN978-7-5144-1608-4
馆藏号：Guojiafz-8600002010595

海港区年鉴·2015
中共海港区委、海港区人民政府主办　秦皇岛市海港区地方志年鉴编纂委员会编　主编王洪泉
执行主编亢学文
方志出版社　2016年7月
407页　精装　30cm
ISBN978-7-5144-2045-6
馆藏号：Guojiafz-8600002013809

海港区年鉴·2016
秦皇岛市海港区地方志年鉴编纂委员会编
主编胡广设　执行主编亢学文、刘景银
方志出版社　2017年5月
438页　精装　29cm
ISBN978-7-5144-2423-2
馆藏号：Guojiafz-8600002015149

海港区年鉴·2017
秦皇岛市海港区地方志年鉴编纂委员会编
主编胡广设
方志出版社　2018年5月
430页　精装　29cm
ISBN978-7-5144-3088-2
馆藏号：Guojiafz-8600002017143

山海关年鉴·1995—1996
山海关区人民政府主办　《山海关年鉴》编纂委员会编　主编王志杰
天津人民出版社　1996年12月
199页　精装　27cm
ISBN7-201-02840-5
馆藏号：Guojiafz-8600002003286

山海关年鉴·1997—1998
《山海关年鉴》编纂委员会办公室编　主编裴耀辉
天津人民出版社　2000年12月
203页　精装　27cm
ISBN7-201-03327-1
馆藏号：Guojiafz-8600002005422

北戴河年鉴·2011
北戴河区人民政府主办　秦皇岛市北戴河区地方志编纂委员会办公室编　主编冯志远
方志出版社　2012 年 1 月
224 页　精装　30cm
ISBN978-7-5144-0412-8
馆藏号：Guojiafz-8600002002588

北戴河年鉴·2012
北戴河区人民政府主办　秦皇岛市北戴河区地方志编纂委员会办公室编　主编冯志远
方志出版社　2013 年 1 月
283 页　精装　29cm
ISBN978-7-5144-0796-9
馆藏号：Guojiafz-8600002013926

北戴河年鉴·2013
北戴河区人民政府主办　秦皇岛市北戴河区地方志编纂委员会办公室编　主编冯志远
方志出版社　2014 年 9 月
247 页　精装　29cm
ISBN978-7-5144-1381-6
馆藏号：Guojiafz-8600002014973

北戴河年鉴·2014
北戴河区人民政府主办　秦皇岛市北戴河区地方志编纂委员会办公室编　主编冯志远
方志出版社　2016 年 12 月
263 页　精装　29cm
ISBN978-7-5144-2334-1
馆藏号：Guojiafz-8600002014974

北戴河年鉴·2015
北戴河区人民政府主办　秦皇岛市北戴河区地方志编纂委员会办公室编　主编冯志远
方志出版社　2017 年 2 月
287 页　精装　29cm
ISBN978-7-5144-2368-6
馆藏号：Guojiafz-8600002015169

北戴河年鉴·2016
秦皇岛市北戴河区人民政府主办　秦皇岛市北戴河区地方志编纂委员会办公室编　主编冯志远
方志出版社　2018 年 1 月
257 页　精装　29cm
ISBN978-7-5144-2960-2
馆藏号：Guojiafz-8600002017208

北戴河年鉴·2017
秦皇岛市北戴河区人民政府主办　秦皇岛市北戴河区地方志编纂委员会办公室编　主编李洋洋
方志出版社　2019 年 1 月
224 页　精装　29cm
ISBN978-7-5144-3575-7
馆藏号：Guojiafz-8600002018034

昌黎年鉴·2013（创刊号）
昌黎县人民政府地方志办公室编　主编冯明瑜
中国文史出版社　2014 年 3 月
229 页　精装　29cm
ISBN978-7-5034-4789-1
馆藏号：Guojiafz-8600002030484

昌黎年鉴·2015
昌黎县人民政府主办　昌黎县人民政府地方志办公室编　主编冯明瑜
中国文史出版社　2015 年 12 月
239 页　精装　29cm
ISBN978-7-5034-7328-9
馆藏号：Guojiafz-8600002014781

青龙满族自治县年鉴·2011（创刊号）
青龙满族自治县人民政府主办　青龙满族自治县人民政府县志办公室编　主编何占仕
方志出版社　2012 年 2 月
251 页　精装　29cm
ISBN978-7-5144-0440-1
馆藏号：Guojiafz-8600002006185

青龙满族自治县年鉴·2012
青龙满族自治县人民政府主办　青龙满族自治县县志编纂委员会办公室编　主编何占仕
方志出版社　2013 年 7 月
313 页　精装　30cm
ISBN978-7-5144-0924-6
馆藏号：Guojiafz-8600002009884

青龙满族自治县年鉴·2013
青龙满族自治县人民政府主办　青龙满族自治县县志编纂委员会办公室编　主编何占仕
方志出版社　2014 年 8 月
273 页　精装　29cm
ISBN978-7-5144-1340-3
馆藏号：Guojiafz-8600002004614

青龙满族自治县年鉴·2014
青龙满族自治县人民政府主办　青龙满族自治县县志编纂委员会办公室编　主编何占仕
方志出版社　2015 年 7 月
288 页　精装　29cm
ISBN978-7-5144-1643-5
馆藏号：Guojiafz-8600002010620

中国·秦皇岛经济技术开发区年鉴·2005
秦皇岛经济技术开发区管理委员会主办　秦皇岛经济技术开发区地方志编纂委员会编　主编苗艺
方志出版社　2005 年 10 月
252 页　精装　24cm
ISBN7-80192-601-3
馆藏号：Guojiafz-8600002002465

中国·秦皇岛经济技术开发区年鉴·2006
秦皇岛开发区管理委员会主办　秦皇岛经济技术开发区地方志编纂委员会编　主编苗艺
方志出版社　2006 年 8 月
322 页　精装　24cm
ISBN978-7-80192-857-1
馆藏号：Guojiafz-8600002007268

中国·秦皇岛经济技术开发区年鉴·2007
秦皇岛开发区管理委员会主办　秦皇岛经济技术开发区地方志编纂委员会编　主编苗艺
方志出版社　2007 年 8 月
311 页　精装　24cm
ISBN978-7-80238-114-8
馆藏号：Guojiafz-8600002002160

中国·秦皇岛经济技术开发区年鉴·2008
秦皇岛开发区管理委员会主办　秦皇岛经济技术开发区地方志编纂委员会编　主编苗艺
方志出版社　2008 年 10 月
386 页　精装　24cm
ISBN978-7-80238-372-2
馆藏号：Guojiafz-8600002002217

中国·秦皇岛经济技术开发区年鉴·2009
秦皇岛开发区管理委员会主办　秦皇岛经济技术开发区地方志编纂委员会编　主编苗艺
方志出版社　2009 年 9 月
412 页　精装　24cm
ISBN978-7-80238-552-8
馆藏号：Guojiafz-8600002000902

中国·秦皇岛经济技术开发区年鉴·2010
秦皇岛开发区管理委员会主办　秦皇岛经济技术开发区地方志编纂委员会编　主编苗艺
方志出版社　2010 年 8 月
447 页　精装　24cm
ISBN978-7-80238-795-9
馆藏号：Guojiafz-8600002000909

中国·秦皇岛经济技术开发区年鉴·2011
秦皇岛开发区管理委员会主办　秦皇岛经济技术开发区地方志编纂委员会编　主编李惠嘉
方志出版社　2011 年 12 月
433 页　精装　24cm
ISBN978-7-5144-0397-8
馆藏号：Guojiafz-8600002002327

中国·秦皇岛经济技术开发区年鉴·2012
秦皇岛开发区管理委员会主办　秦皇岛经济技术开发区地方志编纂委员会编　主编李惠嘉
方志出版社　2012 年 11 月
418 页　精装　24cm
ISBN978-7-5144-0705-1
馆藏号：Guojiafz-8600002007457

中国·秦皇岛经济技术开发区年鉴·2013
秦皇岛经济技术开发区管理委员会主办　秦皇岛经济技术开发区地方志编纂委员会编　主编李惠嘉
方志出版社　2013 年 12 月
485 页　精装　24cm
ISBN978-7-5144-1150-8
馆藏号：Guojiafz-8600002006779

中国·秦皇岛经济技术开发区年鉴·2014
秦皇岛开发区管理委员会主办　秦皇岛经济技术开发区地方志编纂委员会编　主编李惠嘉
方志出版社　2015 年 1 月
454 页　精装　24cm
ISBN978-7-5144-1556-8
馆藏号：Guojiafz-8600002010377

中国·秦皇岛经济技术开发区年鉴·2015
秦皇岛开发区管理委员会主办　秦皇岛经济技术开发区地方志编纂委员会编　主编李惠嘉
方志出版社　2015 年 10 月
473 页　精装　24cm
ISBN978-7-5144-1788-3
馆藏号：Guojiafz-8600002014030

中国·秦皇岛经济技术开发区年鉴·2016
秦皇岛开发区管理委员会主办　秦皇岛经济技术开发区地方志编纂委员会编　主编李惠嘉
方志出版社　2016 年 11 月
451 页　精装　24cm
ISBN978-7-5144-2206-1
馆藏号：Guojiafz-8600002013924

邯郸年鉴·2002
邯郸市人民政府主办　邯郸市地方志办公室编
主编申凤鸣
方志出版社　2002 年 12 月
597 页　精装　27cm
ISBN7-80122-890-1
馆藏号：Guojiafz-8600002004457

邯郸年鉴·2003
邯郸市人民政府主办　邯郸市地方志办公室编
主编申凤鸣
方志出版社　2004 年 3 月
624 页　精装　27cm
ISBN7-80192-161-5
馆藏号：Guojiafz-8600002003637

邯郸年鉴·2010
邯郸市人民政府主办　邯郸市地方志办公室编
主编尹延奇
中国文史出版社　2011 年 1 月
508 页　精装　27cm
ISBN978-7-5034-2978-1
馆藏号：Guojiafz-8600002000074

邯郸年鉴·2012
邯郸市人民政府主办　邯郸市地方志编纂委员会办公室编　主编杨富中
中州古籍出版社　2013 年 10 月
429 页　精装　29cm
ISBN978-7-5348-4114-9
馆藏号：Guojiafz-8600002004924

邯郸统计年鉴·2009
邯郸市统计局、国家统计局邯郸调查队合编
主编王继平
中国统计出版社　2009 年 11 月
843 页　精装　30cm
ISBN978-7-5037-5840-9
馆藏号：Guojiafz-8600002002708

峰峰年鉴・2010
中共邯郸市峰峰矿区委员会、邯郸市峰峰矿区人民政府主办　邯郸市峰峰矿区党史区志办公室编
主编李春社
中隧洛阳印刷厂印刷　2011 年 8 月
470 页　精装　27cm
馆藏号：Guojiafz-8600002001994

峰峰年鉴・2011
中共邯郸市峰峰矿区委员会、邯郸市峰峰矿区人民政府主办　邯郸市峰峰矿区党史区志办公室编
主编王立新
中隧洛阳印刷厂印刷　2012 年 8 月
456 页　精装　27cm
馆藏号：Guojiafz-8600002013293

峰峰年鉴・2012
中共邯郸市峰峰矿区委员会、邯郸市峰峰矿区人民政府主办　邯郸市峰峰矿区党史区志办公室编
主编王立新
中隧洛阳印刷厂印刷　2013 年 10 月
447 页　精装　27cm
馆藏号：Guojiafz-8600002009047

武安年鉴・2017
武安市人民政府主办　武安市地方志编纂委员会编
主编孙占文
方志出版社　2017 年 12 月
326 页　精装　29cm
ISBN978-7-5144-2877-3
馆藏号：Guojiafz-8600002016872

邯郸县年鉴・2011
邯郸县年鉴编纂委员会主办　邯郸县地方志编纂委员会办公室编　总编张进合　主编贾江克
邯郸蕾兹万印务发展有限公司印刷　2011 年 12 月
288 页　精装　27cm
准印证号：冀出内准字（2011）第 AH009 号
馆藏号：Guojiafz-8600002006245

邯郸县年鉴・2012
邯郸县年鉴编纂委员会主办　邯郸县年鉴编纂委员会编　主编张书芳
河北蕾兹万印刷有限公司印刷　2012 年 12 月
278 页　精装　27cm
准印证号：冀出内准字（2012）第 AH023 号
馆藏号：Guojiafz-8600002013290

邯郸县年鉴・2013
邯郸县人民政府主办　邯郸县地方志办公室编
主编张书芳
中州古籍出版社　2013 年 12 月
245 页　精装　30cm
ISBN978-7-5348-4514-7
馆藏号：Guojiafz-8600002004276

临漳年鉴・2011—2012
临漳县人民政府主办　临漳县地方志办公室编
主编黄浩
邯郸市精美彩印有限公司印刷　2013 年 12 月
502 页　精装　29cm
准印证号：冀出内准字（2013）第 AH025 号
馆藏号：Guojiafz-8600002009343

涉县年鉴・2017
涉县地方志编纂委员会编　主编樊春楼
总纂付伟亮
河北人民出版社　2017 年 12 月
368 页　精装　29cm
ISBN978-7-202-12750-6
馆藏号：Guojiafz-8600002016621

磁县年鉴・2007—2008
磁县人民政府主办　磁县地方志办公室编
主编柳学清
中州古籍出版社　2009 年 12 月
514 页　精装　29cm
ISBN978-7-5348-3242-0
馆藏号：Guojiafz-8600002006165

肥乡年鉴·2017
邯郸市肥乡区人民政府主办　邯郸市肥乡区地方志办公室编　主编颜学燕
天津古籍出版社　2017年12月
342页　精装　29cm
ISBN978-7-5528-0609-0
馆藏号：Guojiafz-8600002016287

中共广平年鉴·2012
中共广平县委主办　中共广平县委党史研究室编　主编潘吉胜
河北省地勘局第十一地质大队印刷厂印刷　2012年8月
533页　精装　27cm
准印证号：冀出内准字（2012）第AX010号
馆藏号：Guojiafz-8600002013295

中共曲周年鉴·2011
中共曲周县委主办　中共曲周县委党史研究室编　主编张志芳
河北省地勘局第十一地质大队印刷厂印刷　2011年6月
798页　精装　27cm
准印证号：冀出内准字（2011）第AX009号
馆藏号：Guojiafz-8600002009098

曲周年鉴·2012
曲周县人民政府主办　曲周年鉴编纂委员会编　主编郭照河
郑州志鉴印务有限公司印刷
364页　精装　29cm
馆藏号：Guojiafz-8600002010299

曲周年鉴·2016
曲周县人民政府主办　曲周年鉴编纂委员会编　主编路风杰
中州古籍出版社　2016年10月
456页　精装　29cm
ISBN978-7-5348-6790-3
馆藏号：Guojiafz-8600002014115

邢台年鉴·2012
邢台市人民政府主办　邢台市人民政府地方志办公室编　主编孟朋文
九州出版社　2013年3月
410页　精装　29cm
ISBN978-7-5108-2020-5
馆藏号：Guojiafz-8600002010002

邢台年鉴·2013
邢台市人民政府主办　邢台市人民政府地方志办公室编　主编孟朋文
九州出版社　2013年11月
484页　精装　29cm
ISBN978-7-5108-2020-5
馆藏号：Guojiafz-8600002010543

邢台市桥西年鉴·2020
邢台市桥西区地方志编纂委员会编　主编贾凤岐
九州出版社　2020年8月
263页　精装　29cm
ISBN978-7-5108-9437-4
馆藏号：Guojiafz-8600002020481

南宫年鉴·2017
南宫市人民政府办公室编　主编王聚卫　执行主编赵希文
中州古籍出版社　2017年12月
306页　精装　29cm
ISBN978-7-5348-6448-3
馆藏号：Guojiafz-8600002016280

南宫年鉴·2020
南宫市人民政府办公室编　主编孔凡树　执行主编赵希文
团结出版社　2020年11月
342页　精装　29cm
ISBN978-7-5126-8230-6
馆藏号：Guojiafz-8600002020477

邢台县年鉴·2019—2020
邢台县年鉴编纂委员会编　主编陈新
河北科学技术出版社　2020 年 10 月
531 页　精装　29cm
ISBN978-7-5717-0554-1
馆藏号：Guojiafz-8600002018510

内丘年鉴·2020
内丘县地方志编纂委员会编　主编石立强　执行主编武晓慧
团结出版社　2020 年 10 月
260 页　精装　29cm
ISBN978-7-5126-8229-0
馆藏号：Guojiafz-8600002020665

任泽区年鉴·2020
邢台市任泽区人民政府地方志办公室编
主编魏亚静
团结出版社　2020 年 10 月
275 页　精装　29cm
ISBN978-7-5126-8229-0
馆藏号：Guojiafz-8600002019638

南和年鉴·2016
南和县地方志编纂委员会编　主编尤春兴
河北人民出版社　2017 年 11 月
353 页　精装　29cm
ISBN978-7-202-12543-4
馆藏号：Guojiafz-8600002018562

南和年鉴·2017
南和县地方志编纂委员会编　主编尤春兴
中州古籍出版社　2017 年 12 月
240 页　精装　29cm
ISBN978-7-5348-7536-6
馆藏号：Guojiafz-8600002018561

南和年鉴·2018
南和县地方志编纂委员会编　主编尤春兴
中州古籍出版社　2019 年 1 月
311 页　精装　29cm
ISBN978-7-5348-8293-7
馆藏号：Guojiafz-8600002018560

南和年鉴·2019
南和县地方志编纂委员会编　主编尤春兴
河北人民出版社　2019 年 12 月
330 页　精装　29cm
ISBN978-7-202-14736-8
馆藏号：Guojiafz-8600002018559

南和年鉴·2020
邢台市南和区地方志编纂委员会编　主编尤春兴
河北人民出版社　2020 年 9 月
305 页　精装　29cm
ISBN978-7-202-14979-9
馆藏号：Guojiafz-8600002018563

宁晋年鉴·2020
宁晋县人民政府地方志办公室编　主编罗立存
团结出版社　2020 年 10 月
328 页　精装　29cm
ISBN978-7-5126-8229-0
馆藏号：Guojiafz-8600002018741

新河年鉴·2020
新河县地方志编纂委员会编　主编颜泽亮
河北人民出版社　2020 年 12 月
346 页　精装　29cm
ISBN978-7-202-15078-8
馆藏号：Guojiafz-8600002018582

平乡年鉴·2019
平乡县史志办公室编　主编马计军
河北人民出版社　2019 年 12 月
333 页　精装　29cm
ISBN978-7-202-14738-2
馆藏号：Guojiafz-8600002020683

平乡年鉴·2020
中共平乡县委史志办公室编　主编孟江云
团结出版社　2020 年 10 月
381 页　精装　29cm
ISBN978-7-5126-8230-6
馆藏号：Guojiafz-8600002020678

威县年鉴·2015
威县地方志办公室编　主编耿尚斌
中国文史出版社　2016 年 5 月
377 页　精装　29cm
ISBN978-7-5034-7723-2
馆藏号：Guojiafz-8600002018795

威县年鉴·2016
威县地方志编纂委员会编　主编耿尚斌
河北人民出版社　2017 年 11 月
351 页　精装　29cm
ISBN978-7-202-12613-4
馆藏号：Guojiafz-8600002018804

威县年鉴·2017
威县地方志编纂委员会编　主编耿尚斌
河北人民出版社　2018 年 3 月
388 页　精装　29cm
ISBN978-7-202-12613-4
馆藏号：Guojiafz-8600002018801

清河年鉴·1996—2000
河北省清河年鉴编纂委员会编　主编沈世远
方志出版社　2001 年 8 月
467 页　精装　27cm
ISBN7-80122-712-3
馆藏号：Guojiafz-8600002004790

清河年鉴·2017
清河县地方志编纂委员会编　主编李靖　执行主编姜新秋
新华出版社　2017 年 12 月
505 页　精装　29cm
ISBN978-7-5166-3746-3
馆藏号：Guojiafz-8600002016 6

清河年鉴·2019
清河县地方志编纂委员会编　主编李靖　执行主编姜新秋
方志出版社　2020 年 7 月
407 页　精装　29cm
ISBN978-7-5144-4251-9
馆藏号：Guojiafz-8600002019632

清河年鉴·2020
清河县地方志编纂委员会编　主编李靖　执行主编姜新秋
新华出版社　2020 年 10 月
377 页　精装　29cm
ISBN978-7-5166-5394-4
馆藏号：Guojiafz-8600002019630

临西年鉴·2017
临西县地方志办公室编　主编崔书昌　执行主编孙晓林
中州古籍出版社　2018 年 2 月
350 页　精装　29cm
ISBN978-7-5348-7723-0
馆藏号：Guojiafz-8600002016281

临西年鉴·2020
临西县地方志办公室编　主编刘保林　执行主编孙晓林
团结出版社　2020 年 10 月
313 页　精装　29cm
ISBN978-7-5126-8229-0
馆藏号：Guojiafz-8600002018798

保定年鉴·2001—2002
保定市人民政府主办　保定市地方志办公室、《保定年鉴》编辑部合编　主编刘宝营
方志出版社　2002 年 12 月
679 页　精装　27cm

ISBN7-80122-897-9
馆藏号：Guojiafz-8600002004580

保定年鉴·2003
保定市人民政府主办　保定市地方志办公室、《保定年鉴》编辑部合编　主编张广琦
方志出版社　2003 年 12 月
500 页　精装　27cm
ISBN7-80192-106-2
馆藏号：Guojiafz-8600002007396

保定年鉴·2004—2005
保定市人民政府主办　保定市地方志办公室、保定年鉴编辑部合编　主编张广琦、郭普
方志出版社　2005 年 12 月
810 页　精装　29cm
ISBN978-7-80192-683-8
馆藏号：Guojiafz-8600002007522

保定年鉴·2009
保定市人民政府主办　保定年鉴编辑部编
主编李谦、李志刚
新华出版社　2009 年 12 月
363 页　精装　29cm
ISBN978-7-5011-9091-1
馆藏号：Guojiafz-8600002002326

保定年鉴·2011
保定市人民政府主办　保定市地方志办公室、《保定年鉴》编辑部合编　主编马誉峰
中国文史出版社　2011 年 12 月
385 页　精装　29cm
ISBN978-7-5034-3211-8
馆藏号：Guojiafz-8600002002464

保定年鉴·2013
保定市人民政府主办　保定市地方志编纂委员会办公室编　主编孙进柱
中国文史出版社　2013 年 11 月
423 页　精装　29cm
ISBN978-7-5034-4414-2
馆藏号：Guojiafz-8600002007419

保定年鉴·2017
保定市人民政府主办　保定市地方志编纂委员会办公室编　主编孙进柱
中国文史出版社　2017 年 12 月
536 页　精装　29cm
ISBN978-7-5034-9860-2
馆藏号：Guojiafz-8600002016572

保定市竞秀年鉴·2019
保定市竞秀区档案馆编　主编金家麟
河北人民出版社　2020 年 7 月
288 页　精装　29cm
ISBN978-7-202-14851-8
馆藏号：Guojiafz-8600002019978

保定市莲池区年鉴·2016—2017
保定市莲池区地方志编纂委员会编　主编秦亚军
九州出版社　2020 年 6 月
431 页　精装　29cm
ISBN978-7-5108-8172-5
馆藏号：Guojiafz-8600002020166

保定市莲池区年鉴·2018
保定市莲池区地方志编纂委员会编　主编秦亚军
九州出版社　2018 年 11 月
234 页　精装　29cm
ISBN978-7-5108-6978-5
馆藏号：Guojiafz-8600002020170

保定市莲池区年鉴·2019
保定市莲池区地方志编纂委员会编　主编秦亚军
九州出版社　2020 年 8 月
274 页　精装　29cm
ISBN978-7-5108-8173-2
馆藏号：Guojiafz-8600002020174

保定市莲池区年鉴・2020
保定市莲池区地方志编纂委员会编　主编秦亚军
九州出版社　2020年12月
280页　精装　29cm
ISBN978-7-5108-9385-8
馆藏号：Guojiafz-8600002020175

保定市满城年鉴・2018
保定市满城区地方志编纂委员会编　主编徐丽娟
河北人民出版社　2019年1月
296页　精装　29cm
ISBN978-7-202-13902-8
馆藏号：Guojiafz-8600002020164

涞水年鉴・2019
涞水县地方志编纂委员会编　主编杨志杰
齐鲁电子音像出版社
319页　精装　29cm
ISBN978-7-89382-170-7
馆藏号：Guojiafz-8600002019300

涞水年鉴・2020
涞水县地方志编纂委员会编　主编杨志杰
九州出版社　2021年3月
252页　精装　29cm
ISBN978-7-5108-9601-9
馆藏号：Guojiafz-8600002019297

容城年鉴・2018
容城县地方志编纂委员会编　主编曹宏君
河北人民出版社　2018年12月
287页　精装　29cm
ISBN978-7-202-13755-0
馆藏号：Guojiafz-8600002018861

容城年鉴・2020
容城县地方志编纂委员会编　主任黄志民
九州出版社　2020年12月
303页　精装　29cm
ISBN978-7-5108-9735-1
馆藏号：Guojiafz-8600002019966

易县年鉴・2018
易县地方志编纂委员会编　主编刘永田
河北人民出版社　2018年12月
274页　精装　29cm
ISBN978-7-202-13650-8
馆藏号：Guojiafz-8600002019822

易县年鉴・2019
易县地方志编纂委员会编　主编赵合忠
河北人民出版社　2019年12月
321页　精装　29cm
ISBN978-7-202-14744-3
馆藏号：Guojiafz-8600002019823

易县年鉴・2020
易县地方志编纂委员会编　主编赵合忠
新华出版社　2020年10月
336页　精装　29cm
ISBN978-7-5166-5372-2
馆藏号：Guojiafz-8600002019964

曲阳年鉴・2010
曲阳县人民政府编　主编赵丽英
九州出版社　2011年12月
323页　精装　27cm
ISBN978-7-5108-1284-2
馆藏号：Guojiafz-8600002019863

曲阳年鉴・2018
曲阳县地方志编纂委员会办公室编　主编赵丽英
九州出版社　2018年11月
227页　精装　29cm
ISBN978-7-5108-6991-4
馆藏号：Guojiafz-8600002019841

曲阳年鉴・2019
曲阳县地方志编纂委员会办公室编　主编赵丽英
九州出版社　2019年12月

235 页　精装　29cm
ISBN978-7-5108-8593-8
馆藏号：Guojiafz-8600002019842

曲阳年鉴·2020
曲阳县地方志编纂委员会办公室编　主编赵丽英
九州出版社　2020 年 12 月
293 页　精装　29cm
ISBN978-7-5108-9734-4
馆藏号：Guojiafz-8600002019845-7

蠡县年鉴·2018
蠡县地方志办公室编　主编鲁春芳、杨亚楠
河北人民出版社　2018 年 12 月
247 页　精装　29cm
ISBN978-7-202-13758-1
馆藏号：Guojiafz-8600002020180

蠡县年鉴·2020
蠡县地方志编纂委员会办公室编　主编鲁春芳、杨亚楠
新华出版社　2020 年 12 月
272 页　精装　29cm
ISBN978-7-5166-5566-5
馆藏号：Guojiafz-8600002020181

博野年鉴·2018
博野年鉴编纂委员会编　主编杨占恒
河北人民出版社　2018 年 12 月
343 页　精装　29cm
ISBN978-7-202-13678-2
馆藏号：Guojiafz-8600002020199

张家口年鉴·2011
张家口市人民政府编　主编方继斌
河北人民出版社　2011 年 11 月
455 页　精装　29cm
ISBN978-7-202-06016-2
馆藏号：Guojiafz-8600002005780

张家口年鉴·2012
张家口市人民政府编　主编方继斌
九州出版社　2012 年 12 月
472 页　精装　29cm
ISBN978-7-5108-1841-7
馆藏号：Guojiafz-8600002004675

张家口年鉴·2014
张家口市人民政府编　主编方继斌
九州出版社　2014 年 12 月
339 页　精装　29cm
ISBN978-7-5108-3304-5
馆藏号：Guojiafz-8600002015629

张家口经济年鉴·2017
张家口市人民政府主办　张家口市人民政府办公室、张家口市统计局合编　总编张文浩
中国统计出版社　2017 年 10 月
545 页　精装　30cm
ISBN978-7-5037-8382-1
馆藏号：Guojiafz-8600002016759

张家口财政年鉴·2008
张家口市财政局编　主编李雪荣、郭英
中国财政经济出版社　2008 年 12 月
370 页　精装　29cm
ISBN978-7-5095-1151-0
馆藏号：Guojiafz-8600002008349

张家口市桥西区年鉴·2017
张家口市桥西区人民政府编　主编郝惠敏
九州出版社　2017 年 11 月
397 页　精装　29cm
ISBN978-7-5108-6318-9
馆藏号：Guojiafz-8600002016290

张家口市宣化区年鉴·2010
张家口市宣化区人民政府主办　张家口市宣化区档案史志局编　主编韩铁
线装书局　2011 年 4 月

685 页　精装　27cm
ISBN978-7-5120-0352-1
馆藏号：Guojiafz-8600002016029

张家口市宣化区年鉴·2011
张家口市宣化区人民政府主办　张家口市宣化区档案史志局编　主编韩铁
线装书局　2011 年 11 月
152 页　精装　27cm
ISBN978-7-5120-0433-7
馆藏号：Guojiafz-8600002000597

宣化区年鉴·2016
宣化区地方志编纂委员会编　主编王金芸、李俊
方志出版社　2018 年 11 月
301 页　平装　29cm
ISBN978-7-5144-3037-0
馆藏号：Guojiafz-8600002018351

宣化县年鉴·2011
《宣化县年鉴》编辑部编　主编邱云文
线装书局　2011 年 8 月
308 页　精装　29cm
ISBN978-7-5120-0419-1
馆藏号：Guojiafz-8600002000580

宣化县年鉴·2012
宣化县档案史志局编　主编邱云文
北京天正元印务有限公司印刷　2012 年 11 月
314 页　平装　29cm
准印证号：冀出内准字（2012）第 AZ010 号
馆藏号：Guojiafz-8600002009288

怀安年鉴·2010
怀安县档案地方史志局主办《怀安年鉴》编辑部编　主编樊守春
张家口市宏伟印务有限公司印刷　2011 年 12 月
385 页　平装　26cm
准印证号：冀出内准字（2012）第 AZ001 号
馆藏号：Guojiafz-8600002009094

万全年鉴·2010
万全县年鉴编纂委员会编　主编郭玉宝
执行主编李春山
张家口市桥东新达印刷厂印刷　2011 年 12 月
229 页　精装　29cm
馆藏号：Guojiafz-8600002008959

万全年鉴·2011
万全县人民政府编　主编郭玉宝
执行主编李春山、曹莉红
张家口市桥东新达印刷厂印刷　2012 年 12 月
210 页　精装　30cm
馆藏号：Guojiafz-8600002009289

怀来年鉴·2010
怀来县档案史志局编　主编董日升
内部印刷
585 页　平装　26cm
馆藏号：Guojiafz-8600002009070

赤城年鉴·2011
赤城县档案史志局编　主编张世喜
北京旺银永泰印刷有限公司印刷　2011 年 12 月
543 页　平装　26cm
准印证号：冀出内准字（2011）第 AZC05 号
馆藏号：Guojiafz-8600002001753

赤城年鉴·2012
赤城县档案史志局编　主编张世喜
北京天正元印务有限公司印刷　2012 年 11 月
629 页　平装　26cm
准印证号：冀出内准字（2012）第 AZC06 号
馆藏号：Guojiafz-8600002005860

张家口高新区年鉴·2010
张家口市高新区党工委、管委会主办　张家口高新区年鉴编纂委员会编　主编王玉明
内部印刷
321 页　平装　26cm
馆藏号：Guojiafz-8600002009088

张家口市高新区年鉴·2012
张家口市高新区党工委、管委会主办　张家口高新区年鉴编纂委员会编　主编王玉明
内部印刷
294 页　平装　24cm
馆藏号：Guojiafz-8600002006229

承德年鉴·2008
承德年鉴编纂委员会编　主编邢燕群
华文出版社　2010 年 6 月
401 页　精装　29cm
ISBN978-7-5075-3177-0
馆藏号：Guojiafz-8600002000845

承德年鉴·2009
承德市人民政府主办　承德年鉴编纂委员会编
主编邢燕群　执行主编路海红
台海出版社　2011 年 4 月
428 页　精装　29cm
ISBN978-7-80141-816-6
馆藏号：Guojiafz-8600002000135

承德年鉴·2017
承德年鉴编纂委员会编　主编奚晓红
方志出版社　2017 年 12 月
638 页　精装　29cm
ISBN978-7-5144-2835-3
馆藏号：Guojiafz-8600002028593

承德年鉴·2018
承德年鉴编纂委员会编　主编奚晓红
方志出版社　2019 年 3 月
569 页　精装　29cm
ISBN978-7-5144-3694-5
馆藏号：Guojiafz-8600002018186

承德县年鉴·2013
中共承德县委、承德县人民政府主办　承德县年鉴编纂委员会编　主编王福明　执行主编李宝林、董全福
保定市中画美凯印刷有限公司印刷　2015 年 12 月
276 页　精装　29cm
馆藏号：Guojiafz-8600002019185-7

承德县年鉴·2015
中共承德县委、承德县人民政府主办　承德县年鉴编纂委员会编　主编王福明、徐树权
保定市中画美凯印刷有限公司印刷　2016 年 11 月
312 页　精装　29cm
馆藏号：Guojiafz-8600002019135

承德县年鉴·2016
中共承德县委、承德县人民政府主办　承德县年鉴编纂委员会编　主编徐树权、谢文民
河北人民出版社　2020 年 5 月
308 页　精装　29cm
ISBN978-7-202-14809-9
馆藏号：Guojiafz-8600002019179

承德县年鉴·2019
中共承德县委、承德县人民政府主办　承德县年鉴编纂委员会编　主编谢文民
九州出版社　2020 年 10 月
458 页　精装　29cm
ISBN978-7-5108-8522-8
馆藏号：Guojiafz-8600002019182-4

兴隆年鉴·2009
兴隆年鉴编纂委员会办公室（史志办）编　主编王庆生
郑州方志印务有限公司印刷　2011 年 7 月
261 页　平装　26cm
准印证号：冀出内准字（2011）第 AC041 号
馆藏号：Guojiafz-8600002008852

兴隆年鉴·2019
兴隆县地方志办公室编　主编吴庆钧　执行主编王庆生
河北人民出版社　2019 年 11 月
350 页　精装　29cm

ISBN978-7-202-14486-2
馆藏号：Guojiafz-8600002019903

平泉年鉴·2010
中共平泉县委、平泉县人民政府主办　平泉档案史志局编　主编冷凤泉
平泉县鸿飞印务有限公司印刷　2011年11月
401页　精装　27cm
准印证号：冀出内准字（2011）第AC025号
馆藏号：Guojiafz-8600002008720

平泉年鉴·2012
平泉年鉴编纂委员会编　主编冷凤泉
平泉县鸿飞印务有限公司印刷　2013年11月
456页　精装　29cm
准印证号：冀出内准字（2013）第AC004号
馆藏号：Guojiafz-8600002020155

平泉年鉴·2015
《平泉年鉴》编纂委员会编　主编冷凤泉
河北人民出版社　2015年12月
408页　精装　30cm
ISBN978-7-202-10966-3
馆藏号：Guojiafz-8600002020150

平泉年鉴·2017
《平泉年鉴》编纂委员会编　主编徐志友
九州出版社　2018年6月
428页　精装　29cm
ISBN978-7-5108-6877-1
馆藏号：Guojiafz-8600002020154

平泉年鉴·2018
平泉年鉴编纂委员会编　主编徐志友
平泉县鸿飞印务有限公司印刷　2019年12月
414页　精装　29cm
馆藏号：Guojiafz-8600002020157

平泉年鉴·2019
平泉年鉴编纂委员会编　主编徐志友
九州出版社　2020年8月
358页　精装　29cm
ISBN978-7-5108-9340-7
馆藏号：Guojiafz-8600002019286

滦平年鉴·2008
滦平年鉴编纂委员会编　主编计俊录
隆华县隆华印刷有限责任公司印刷　2011年4月
593页　精装　27cm
准印证号：冀出内准字（2011）第AC016号
馆藏号：Guojiafz-8600002007570

隆化年鉴·2006—2008
隆化年鉴编纂委员会编　主编王福悦
隆化县隆华印刷有限责任印刷　2011年4月
505页　精装　27cm
准印证号：冀出内准字（2011）第AC015号
馆藏号：Guojiafz-8600002006277

隆化年鉴·2009—2010
隆化年鉴编纂委员会编　主编王福悦
隆化县隆华印刷有限责任公司印刷　2012年10月
521页　精装　27cm
准印证号：冀出内准字（2012）第AC013号
馆藏号：Guojiafz-8600002020402

隆化年鉴·2011
隆化年鉴编纂委员会编　主编王福悦
隆化县隆华印刷有限责任公司印刷　2013年10月
463页　精装　27cm
准印证号：冀出内准字（2013）第AC013号
馆藏号：Guojiafz-8600002020406

隆化年鉴·2012
隆化年鉴编纂委员会编　主编王福悦
隆化县隆华印刷有限责任公司印刷　2014年4月
385页　精装　27cm
准印证号：冀出内准字（2014）第AC006号
馆藏号：Guojiafz-8600002020405

隆化年鉴·2013
隆化年鉴编纂委员会编　主编王福悦
承德金鼎彩色印刷有限公司印刷　2015 年 10 月
375 页　精装　27cm
准印证号：冀出内准字（2015）第 AC503 号
馆藏号：Guojiafz-8600002020404

隆化年鉴·2014
隆化年鉴编纂委员会编　主编王福悦
承德金鼎彩色印刷有限公司印刷　2016 年 10 月
389 页　精装　27cm
准印证号：冀出内准字（2016）第 AC501 号
馆藏号：Guojiafz-8600002020403

隆化年鉴·2015
隆化年鉴编纂委员会编　主编王福悦
河北科学技术出版社　2017 年 12 月
373 页　精装　27cm
ISBN978-7-5375-9313-7
馆藏号：Guojiafz-8600002020399

隆化年鉴·2017
隆化年鉴编纂委员会编　主编王福悦
河北科学技术出版社　2019 年 6 月
376 页　精装　27cm
ISBN978-7-5375-9965-8
馆藏号：Guojiafz-8600002020398

隆化年鉴·2018
隆化年鉴编纂委员会编　主编王福悦
河北人民出版社　2019 年 12 月
337 页　精装　27cm
ISBN978-7-202-14737-5
馆藏号：Guojiafz-8600002020397

隆化年鉴·2019
隆化年鉴编纂委员会编　主编王福悦
河北人民出版社　2019 年 12 月
359 页　精装　27cm
ISBN978-7-202-14735-1
馆藏号：Guojiafz-8600002020396

隆化年鉴·2020
隆化年鉴编纂委员会编　主编王福悦
河北人民出版社　2020 年 11 月
376 页　精装　27cm
ISBN978-7-202-15065-8
馆藏号：Guojiafz-8600002020400

丰宁满族自治县年鉴·1991—1995
丰宁满族自治县地方志编纂委员会编
主编马铁松
中国物价出版社　1998 年 2 月
534 页　精装　27cm
ISBN7-80070-789-X
馆藏号：Guojiafz-8600002007982

宽城年鉴·1988—1992
宽城满族自治县县志办公室编　主编张权
宽城满族自治县印刷厂印刷　1993 年 12 月
360 页　精装　27cm
准印证号：承市政文印字第 21 号
馆藏号：Guojiafz-8600002006326

宽城满族自治县年鉴·2016
宽城满族自治县地方史志编纂委员会编
主编王进满　执行主编谷盛林
燕山大学出版社　2019 年 12 月
487 页　精装　29cm
ISBN978-7-81142-976-3
馆藏号：Guojiafz-8600002021523

围场年鉴·2010
围场满族蒙古族自治县人民政府主办　围场满族蒙古族自治县年鉴编纂委员会编　主编孙兆岭
河北人民出版社　2011 年 6 月
592 页　精装　29cm
ISBN978-7-202-05911-1
馆藏号：Guojiafz-8600002000095

围场年鉴・2011
围场满族蒙古族自治县人民政府主办　围场满族蒙古族自治县地方志编纂委员会编　主编孙兆岭
九州出版社　2012 年 7 月
374 页　精装　29cm
ISBN978-7-5108-1554-6
馆藏号：Guojiafz-8600002025538

围场年鉴・2012
围场满族蒙古族自治县地方志编纂委员会编
主编孙兆岭
保定市中画美凯印刷有限公司印刷　2013 年 9 月
391 页　精装　29cm
馆藏号：Guojiafz-8600002019901

围场年鉴・2013
围场满族蒙古族自治县人民政府主办　围场满族蒙古族自治县地方志编纂委员会编　主编孙兆岭
保定市中画美凯印刷有限公司印刷　2014 年 10 月
360 页　精装　29cm
馆藏号：Guojiafz-8600002019287-9

围场年鉴・2014
围场满族蒙古族自治县地方志编纂委员会编
主编孙兆岭
保定市中画美凯印刷有限公司印刷　2015 年 11 月
383 页　精装　29cm
馆藏号：Guojiafz-8600002019065

围场年鉴・2015
围场满族蒙古族自治县人民政府主办　围场满族蒙古族自治县地方志编纂委员会编　主编孙兆岭
保定市中画美凯印刷有限公司印刷　2016 年 11 月
375 页　精装　29cm
馆藏号：Guojiafz-8600002019027-9

围场年鉴・2016
围场满族蒙古族自治县地方志编纂委员会编
主编孙兆岭
河北人民出版社　2018 年 4 月
385 页　精装　29cm
ISBN978-7-202-13038-4
馆藏号：Guojiafz-8600002019116

围场年鉴・2017
围场满族蒙古族自治县地方志编纂委员会编
主编孙兆岭
河北人民出版社　2018 年 4 月
398 页　精装　29cm
ISBN978-7-202-13037-7
馆藏号：Guojiafz-8600002019026

围场年鉴・2018
围场满族蒙古族自治县地方志编纂委员会编
主编孙兆岭
河北人民出版社　2018 年 11 月
395 页　精装　29cm
ISBN978-7-202-13573-0
馆藏号：Guojiafz-8600002019031

沧州年鉴・2012
沧州市人民政府主办　沧州市政府年鉴编辑部编
主编杨秀立、赵敏
九州出版社　2013 年 8 月
454 页　精装　29cm
ISBN978-7-5108-2284-1
馆藏号：Guojiafz-8600002007450

沧州年鉴・2015
沧州市人民政府地方志办公室编　主编杨秀立
九州出版社　2016 年 8 月
400 页　精装　29cm
ISBN978-7-5108-4626-7
馆藏号：Guojiafz-8600002014077

沧州年鉴・2016
沧州市人民政府地方志办公室编　主编杨秀立
九州出版社　2017 年 8 月
404 页　精装　29cm
ISBN978-7-5108-5752-2
馆藏号：Guojiafz-8600002016283

沧州烟草年鉴·1993—1997
河北省沧州市烟草专卖局年鉴编纂委员会编
主编李东庄、李志刚
沧州晚报印刷厂印刷　1998 年 10 月
264 页　平装　29cm
准印证号：冀出内准字（1998）第 A354 号
馆藏号：Guojiafz-8600002001772

沧州地区科技年鉴·1986—1989
《沧州地区科技年鉴》编辑部编　主编邵桐山
天津科学技术出版社　1992 年 12 月
355 页　精装　27cm
ISBN7-5308-1298-X
馆藏号：Guojiafz-8600002013476

沧州市科技年鉴·1990—1993
《沧州市科技年鉴》编辑部编　主编邵桐山
中国商业出版社　1994 年 3 月
263 页　精装　27cm
ISBN7-5044-0883-2
馆藏号：Guojiafz-8600002000008

沧州统计年鉴·2017
沧州市统计局编　主编于寅生
中国统计出版社　2017 年 12 月
926 页　精装　30cm
ISBN978-7-5037-8388-3
馆藏号：Guojiafz-8600002016277

沧州教育年鉴·2005
沧州市教育局编　主编李继堂
开明出版社　2006 年 8 月
399 页　精装　29cm
ISBN7-80133-973-8
馆藏号：Guojiafz-8600002005659

沧县年鉴·1998
沧县人民政府主办　河北省沧县地方志编纂委员会编　主编王振声
方志出版社　1999 年 3 月
325 页　精装　27cm
ISBN7-80122-442-6
馆藏号：Guojiafz-8600002010076

南皮年鉴·2013
中共南皮县委、南皮县人民政府主办　南皮县地方志办公室年鉴编辑部编　主编赵永生
河北大学出版社　2013 年 6 月
459 页　精装　29cm
ISBN978-7-5666-0393-7
馆藏号：Guojiafz-8600002017867

南皮年鉴·2014
中共南皮县委、南皮县人民政府主办　南皮县地方志办公室年鉴编辑部编　主编赵永生
中州古籍出版社　2014 年 12 月
641 页　精装　29cm
ISBN978-7-5348-5069-1
馆藏号：Guojiafz-8600002017862

南皮年鉴·2015
南皮县地方志办公室年鉴编辑部编　主编赵永生
中州古籍出版社　2016 年 10 月
557 页　精装　29cm
ISBN978-7-5348-6552-7
馆藏号：Guojiafz-8600002017860

南皮年鉴·2016—2017
南皮县地方志办公室编　主编赵永生　执行主编赵树森、高长生
中州古籍出版社　2018 年 1 月
542 页　精装　29cm
ISBN978-7-5348-7515-1
馆藏号：Guojiafz-8600002017864

南皮年鉴·2019
南皮县地方志办公室年鉴编辑部编　主编赵永生　执行主编赵树森、高长生
河北人民出版社　2019 年 12 月
510 页　精装　29cm

ISBN978-7-202-14740-5
馆藏号：Guojiafz-8600002018318

廊坊年鉴·2000—2001
廊坊市人民政府主办　廊坊年鉴编委会办公室编　主编曹渊
方志出版社　2002年11月
814页　精装　29cm
ISBN7-80122-885-5
馆藏号：Guojiafz-8600002003448

廊坊年鉴·2002—2003
廊坊市人民政府主办　廊坊年鉴编修委员会办公室编　主编曹渊
方志出版社　2004年8月
678页　精装　29cm
ISBN7-80192-287-5
馆藏号：Guojiafz-8600002004931

廊坊年鉴·2004—2005
廊坊市人民政府主办　廊坊市地方志办公室编　主编胡志福　执行主编黄志强
海潮出版社　2007年4月
729页　精装　29cm
ISBN7-80213-249-5
馆藏号：Guojiafz-8600002010947

廊坊年鉴·2008
《廊坊年鉴》编修委员会编　主编黄建新　执行主编黄志强
方志出版社　2009年12月
617页　精装　29cm
ISBN978-7-80238-694-5
馆藏号：Guojiafz-8600002008833

廊坊年鉴·2011
《廊坊年鉴》编修委员会编　主编张春燕　执行主编关洁莹
方志出版社　2012年12月
622页　精装　29cm
ISBN978-7-5144-0747-1
馆藏号：Guojiafz-8600002007380

廊坊年鉴·2012
《廊坊年鉴》编修委员会编　主编李冬梅　执行主编徐广庆
方志出版社　2013年12月
614页　精装　29cm
ISBN978-7-5144-1139-3
馆藏号：Guojiafz-8600002009956

廊坊年鉴·2013
《廊坊年鉴》编修委员会编　主编李冬梅　执行主编陈晓炜
方志出版社　2014年10月
568页　精装　29cm
ISBN978-7-5144-1422-6
馆藏号：Guojiafz-8600002008578

廊坊年鉴·2014
《廊坊年鉴》编修委员会编　主编李冬梅　执行主编陈晓炜
方志出版社　2015年11月
612页　精装　29cm
ISBN978-7-5144-1804-0
馆藏号：Guojiafz-8600002007631

廊坊年鉴·2015
《廊坊年鉴》编修委员会编　主编王福民
方志出版社　2016年12月
614页　精装　29cm
ISBN978-7-5144-2329-7
馆藏号：Guojiafz-8600002014959

廊坊年鉴·2017
廊坊市地方志编纂委员会编　主编王福民
方志出版社　2018年1月
642页　精装　29cm
ISBN978-7-5144-2959-6
馆藏号：Guojiafz-86000020311955

廊坊年鉴·2018
廊坊市地方志编纂委员会编　主编王福民
方志出版社　2019 年 1 月
509 页　精装　29cm
ISBN978-7-5144-3509-2
馆藏号：Guojiafz-8600002018045

霸州年鉴·2009—2010
霸州市人民政府主办　霸州市委史志办公室编
主编王志刚
内部印刷
515 页　精装　29cm
馆藏号：Guojiafz-8600002001749

霸州年鉴·2011
霸州市人民政府主办　霸州市委史志办公室编
主编王志刚
内部印刷
381 页　精装　29cm
馆藏号：Guojiafz-8600002010249

香河年鉴·2017
香河县地方志编纂委员会编　主编高景全
方志出版社　2017 年 12 月
320 页　精装　29cm
ISBN978-7-5144-2850-6
馆藏号：Guojiafz-8600002016642

香河年鉴·2018
香河县地方志编纂委员会编　主编高景全
方志出版社　2019 年 1 月
506 页　精装　29cm
ISBN978-7-5144-3563-4
馆藏号：Guojiafz-8600002033156

大厂年鉴·2005—2008
大厂回族自治县人民政府主办　大厂年鉴编修委员会编　主编李桂强　执行主编杨宝军
内部印刷
434 页　平装　30cm
馆藏号：Guojiafz-8600002009346

大厂年鉴·2009
大厂回族自治县人民政府主办　大厂年鉴编修委员会编　主编李桂强、杨宝军
《大厂年鉴》编修委员会印刷　2010 年
261 页　精装　30cm
馆藏号：Guojiafz-8600002009318

大厂年鉴·2010
大厂回族自治县人民政府主办《大厂年鉴》编修委员会编　主编康建军　执行主编杨宝军
中国文史出版社　2013 年 8 月
386 页　精装　30cm
ISBN978-7-5034-5868-8
馆藏号：Guojiafz-8600002004470

大厂年鉴·2013
大厂回族自治县人民政府主办《大厂年鉴》编修委员会编　主编杨宝军
中国文史出版社　2014 年 10 月
388 页　精装　29cm
ISBN978-7-5034-5868-8
馆藏号：Guojiafz-8600002015432

大厂年鉴·2015
大厂回族自治县人民政府主办《大厂年鉴》编修委员会编　主编杨宝军
中国文史出版社　2016 年 9 月
392 页　精装　29cm
ISBN978-7-5034-8144-4
馆藏号：Guojiafz-8600002034206

大厂年鉴·2016
大厂回族自治县人民政府主办《大厂年鉴》编修委员会编　主编杨宝军
线装书局　2017 年 11 月
359 页　精装　29cm
ISBN978-7-5120-2954-5
馆藏号：Guojiafz-8600002034216

大厂年鉴·2018
大厂回族自治县人民政府主办 《大厂年鉴》编修委员会编 主编杨宝军 执行主编周丽娟
中共党史出版社 2019年9月
384页 精装 29cm
ISBN978-7-5098-5352-8
馆藏号：Guojiafz-8600002018123

衡水年鉴·1997
衡水市人民政府主办 衡水市地方志编纂委员会编 主编武铁良
方志出版社 1997年12月
322页 精装 27cm
ISBN7-80122-220-2
馆藏号：Guojiafz-8600002012750

衡水年鉴·1998
衡水市人民政府主办 衡水市地方志编纂委员会编 主编武铁良
方志出版社 1998年12月
310页 精装 27cm
统一书号：1780122·4
馆藏号：Guojiafz-8600002012717

衡水年鉴·2001
衡水市人民政府主办 衡水市地方志编纂委员会编 主编武铁良
方志出版社 2001年10月
344页 精装 27cm
ISBN7-80122-704-2
馆藏号：Guojiafz-8600002012985

衡水年鉴·2002
衡水市人民政府主办 衡水市地方志编纂委员会编 主编崔新稳
方志出版社 2002年11月
356页 精装 27cm
ISBN7-80122-849-9
馆藏号：Guojiafz-8600002012994

衡水年鉴·2003
衡水市人民政府主办 衡水市地方志编纂委员会编 主编吴恒青
方志出版社 2003年10月
334页 精装 27cm
ISBN7-80192-055-4
馆藏号：Guojiafz-8600002003463

衡水年鉴·2004
衡水市人民政府主办 衡水市地方志编纂委员会编 主编吴恒青
方志出版社 2004年10月
370页 精装 27cm
ISBN7-80192-366-9
馆藏号：Guojiafz-8600002004232

衡水年鉴·2005
衡水市人民政府主办 衡水市地方志编纂委员会编 主编吴恒青
方志出版社 2005年11月
393页 精装 27cm
ISBN7-80192-687-0
馆藏号：Guojiafz-8600002004569

衡水年鉴·2006
衡水市人民政府主办 衡水市地方志编纂委员会编 主编吴恒青
方志出版社 2006年11月
475页 精装 27cm
ISBN7-80192-908-X
馆藏号：Guojiafz-8600002003666

衡水年鉴·2008
衡水市人民政府主办 衡水市地方志编纂委员会编 主编吴恒青
方志出版社 2008年11月
462页 精装 27cm
ISBN978-7-80238-438-5
馆藏号：Guojiafz-8600002002042

衡水年鉴·2011

衡水市人民政府主办　衡水市地方志编纂委员会编
主编吴恒青
中国国际文化出版社　2011 年 12 月
459 页　精装　27cm
ISBN978-988-15925-1-4
馆藏号：Guojiafz-8600002008455

山西省

山西年鉴・1985
《山西年鉴》编辑部编　主编李修仁
山西人民出版社　1986 年 5 月
443 页　精装　27cm
书号：17088・45
馆藏号：Guojiafz-8600002006562

山西年鉴・1986
《山西年鉴》编辑部编　主编李修仁
山西人民出版社　1987 年 5 月
418 页　精装　27cm
ISBN7-203-00020-6
馆藏号：Guojiafz-8600002007166

山西年鉴・1987
《山西年鉴》编辑部编　主编李修仁
山西人民出版社　1988 年 5 月
632 页　精装　27cm
ISBN7-203-00717-0
馆藏号：Guojiafz-8600002001133

山西年鉴・1988
《山西年鉴》编辑部编　主编李修仁
山西人民出版社　1989 年 8 月
589 页　精装　27cm
ISBN7-203-01513-0
馆藏号：Guojiafz-8600002001132

山西年鉴・1989
山西省地方志办公室主办 《山西年鉴》编辑部编
主编李修仁
山西人民出版社　1990 年 7 月
617 页　精装　27cm
ISBN7-203-01727-3
馆藏号：Guojiafz-8600002001131

山西年鉴・1990
《山西年鉴》编辑部编　主编李修仁
山西人民出版社　1991 年 7 月
580 页　精装　27cm
ISBN7-203-02095-9
馆藏号：Guojiafz-8600002003451

山西年鉴・1991
《山西年鉴》编辑部编　主编李修仁
山西人民出版社　1992 年 1 月
555 页　精装　27cm
ISBN7-203-02155-6
馆藏号：Guojiafz-8600002001504

山西年鉴・1992
《山西年鉴》编辑部编　主编李修仁
山西人民出版社　1992 年 10 月
709 页　精装　27cm
ISBN7-203-02410-5
馆藏号：Guojiafz-8600002001123

山西年鉴・1993
《山西年鉴》编辑部编　主编胡富国、孙文盛、郭裕怀
山西人民出版社　1995 年 6 月
682 页　精装　27cm

ISBN7-203-03377-5
馆藏号：Guojiafz-8600002004257

山西年鉴·1994
《山西年鉴》编辑部编　主编胡富国、孙文盛、郭裕怀
山西人民出版社　1996年2月
664页　精装　27cm
ISBN7-203-03421-6
馆藏号：Guojiafz-8600002002499

山西年鉴·1995
山西省地方志办公室主办《山西年鉴》编辑部编
主编梁志祥、侯文正
山西人民出版社　1995年12月
640页　精装　27cm
ISBN7-203-03520-4
馆藏号：Guojiafz-8600002002498

山西年鉴·1996
《山西年鉴》编辑部编　主编梁志祥、侯文正
方志出版社　1996年12月
637页　精装　27cm
ISBN7-80122-189-3
馆藏号：Guojiafz-8600002002497

山西年鉴·1997
山西省地方志办公室主办《山西年鉴》编辑部编
主编梁志祥、侯文正
方志出版社　1997年12月
669页　精装　27cm
ISBN7-80122-312-8
馆藏号：Guojiafz-8600002000842

山西年鉴·1998
《山西年鉴》编辑部编　主编梁志祥、侯文正
方志出版社　1999年2月
841页　精装　27cm
ISBN7-80122-431-0
馆藏号：Guojiafz-8600002001121

山西年鉴·1999
《山西年鉴》编辑部编　主编梁志祥、侯文正
方志出版社　2000年6月
736页　精装　27cm
ISBN7-80122-529-5
馆藏号：Guojiafz-8600002001122

山西年鉴·2000
山西省地方志办公室主办《山西年鉴》编辑部编
主编梁志祥、侯文正
方志出版社　2001年8月
650页　精装　29cm
ISBN7-80122-672-0
馆藏号：Guojiafz-8600002000816

山西年鉴·2002
《山西年鉴》编辑部编　主编梁志祥、侯文正
方志出版社　2004年3月
660页　精装　29cm
ISBN7-80192-164-X
馆藏号：Guojiafz-8600002005249

山西年鉴·2003
《山西年鉴》编纂委员会编　主编樊吉厚、张铁锁
方志出版社　2004年8月
612页　精装　29cm
ISBN7-80192-280-8
馆藏号：Guojiafz-8600002007738

山西年鉴·2004
《山西年鉴》编纂委员会编　主编樊吉厚、郭维明
方志出版社　2005年2月
632页　精装　29cm
ISBN7-80192-464-9
馆藏号：Guojiafz-8600002000817

山西年鉴·2005
《山西年鉴》编纂委员会编　主编樊吉厚、郭维明
方志出版社　2006年4月
644页　精装　29cm

ISBN7-80192-766-4
馆藏号：Guojiafz-8600002000885

山西年鉴・2006
山西省地方志办公室主办 《山西年鉴》编纂委员会编 主编樊吉厚、郭维明
方志出版社 2007 年 5 月
771 页 精装 29cm
ISBN978-7-80238-047-9
馆藏号：Guojiafz-8600002002509

山西年鉴・2007
《山西年鉴》编纂委员会编 主编樊吉厚、郭维明
山西人民出版社 2008 年 7 月
805 页 精装 29cm
ISBN978-7-203-06167-0
馆藏号：Guojiafz-8600002008189

山西年鉴・2008
《山西年鉴》编纂委员会编 主编李茂盛
方志出版社 2009 年 10 月
750 页 精装 29cm
ISBN978-7-80238-607-5
馆藏号：Guojiafz-8600002000568

山西年鉴・2009
《山西年鉴》编纂委员会编 主编李茂盛
方志出版社 2010 年 10 月
560 页 精装 29cm
ISBN978-7-80238-860-4
馆藏号：Guojiafz-8600002006016

山西年鉴・2010
《山西年鉴》编纂委员会编 总主编李茂盛
主编高生记
方志出版社 2010 年 12 月
598 页 精装 29cm
ISBN978-7-5144-0033-5
馆藏号：Guojiafz-8600002011327

山西年鉴・2011
山西省地方志办公室主办 《山西年鉴》编辑部编
总主编李茂盛 主编高生记
方志出版社 2011 年 12 月
698 页 精装 29cm
ISBN978-7-5144-0361-9
馆藏号：Guojiafz-8600002006183

山西年鉴・2012
山西省地方志办公室主办 《山西年鉴》编辑部编
总主编李茂盛 主编高生记
方志出版社 2012 年 9 月
696 页 精装 29cm
ISBN978-7-5144-0544-6
馆藏号：Guojiafz-8600002003292

山西年鉴・2013
山西省地方志办公室主办 《山西年鉴》编辑部编
总主编李茂盛 主编高生记
方志出版社 2013 年 11 月
698 页 精装 29cm
ISBN978-7-5144-1043-3
馆藏号：Guojiafz-8600002006819

山西年鉴・2014
山西省地方志办公室主办 《山西年鉴》编辑部编
总主编李茂盛 主编高生记
方志出版社 2014 年 11 月
656 页 精装 29cm
ISBN978-7-5144-1437-0
馆藏号：Guojiafz-8600002009811

山西年鉴・2015
山西省地方志办公室主办 《山西年鉴》编辑部编
总主编李茂盛 主编高生记
方志出版社 2015 年 11 月
686 页 精装 29cm
ISBN978-7-5144-1770-8
馆藏号：Guojiafz-8600002013508

山西年鉴 · 2016
山西省地方志办公室主办 《山西年鉴》编辑部编
总主编张志仁、李茂盛 主编高生记
方志出版社 2016 年 11 月
602 页 精装 29cm
ISBN978-7-5144-2256-6
馆藏号：Guojiafz-8600002014637

山西年鉴 · 2017
山西省地方志办公室编 总主编张志仁
主编高生记
方志出版社 2017 年 11 月
656 页 精装 29cm
ISBN978-7-5144-2724-0
馆藏号：Guojiafz-8600002016831

山西年鉴 · 2018
中共山西省委党史研究院（山西省地方志研究院）编 总主编张志仁 主编高生记
方志出版社 2018 年 12 月
610 页 精装 29cm
ISBN978-7-5144-3468-2
馆藏号：Guojiafz-8600002017806

迈向 21 世纪的山西政协年鉴 · 2000—2001
政协山西省委员会主办 山西省人民政协研究所编
主编何令祚
山西人民出版社 2001 年 12 月
402 页 精装 27cm
ISBN7-203-04466-1
馆藏号：Guojiafz-8600002009727

山西政协年鉴 · 2002—2003
政协山西省委员会主办 山西省人民政协研究所编
主编田喜荣
山西人民出版社 2003 年 12 月
394 页 精装 27cm
ISBN7-203-04862-4
馆藏号：Guojiafz-8600002002221

山西政协年鉴 · 2004
政协山西省委员会主办 山西省人民政协研究所编
主编田喜荣
内部印刷
349 页 精装 27cm
准印证号：山西省内部图书准印证（05）字第 223 号
馆藏号：Guojiafz-8600002001847

山西政协年鉴 · 2005—2006
山西省人民政协研究所编 主编杨临生
内部印刷 2007
374 页 精装 27cm
准印证号：山西省内部图书准印证（07）字第 79 号
馆藏号：Guojiafz-8600002008805

山西政协年鉴 · 2007—2008
主编杨临生
内部印刷 2009 年 3 月
476 页 精装 27cm
准印证号：山西省内部图书准印证（09）字第 190 号
馆藏号：Guojiafz-8600002008855

山西政协年鉴 · 2009
主编杨临生
内部印刷
322 页 精装 27cm
准印证号：山西省内部图书准印证（11）字第 12.5 号
馆藏号：Guojiafz-8600002007816

山西住房和城乡建设年鉴 · 2008—2009
山西住房和城乡建设年鉴编纂委员会编 主任王国正
方志出版社 2011 年 12 月
564 页 精装 30cm
ISBN978-7-5144-0202-5
馆藏号：Guojiafz-8600002002701

山西住房和城乡建设年鉴·2011
山西省住房和城乡建设厅主办 《山西住房和城乡建设年鉴》编纂委员会编 主任李栋梁
方志出版社 2013 年 5 月
473 页 精装 30cm
ISBN978-7-5144-0886-7
馆藏号：Guojiafz-8600002009908

山西住房和城乡建设年鉴·2013
山西省住房和城乡建设厅主办 《山西住房和城乡建设年鉴》编纂委员会编 主任李栋梁
方志出版社 2014 年 4 月
486 页 精装 30cm
ISBN978-7-5144-1236-9
馆藏号：Guojiafz-8600002006767

山西住房和城乡建设年鉴·2016
山西省住房和城乡建设厅主办 《山西住房和城乡建设年鉴》编委会编 主任边宝莲
山西人民出版社 2017 年 5 月
409 页 平装 29cm
ISBN978-7-203-09933-8
馆藏号：Guojiafz-8600002014635

山西交通年鉴·1991
山西省交通厅史志编委会编 主编秦生发
山西人民出版社 1996 年 12 月
405 页 精装 27cm
ISBN7-203-03513-1
馆藏号：Guojiafz-8600002008329

山西交通年鉴·1999
山西省交通厅编 主编杨惠芹
山西经济出版社 2000 年 7 月
586 页 精装 27cm
ISBN7-80636-456-0
馆藏号：Guojiafz-8600002006666

山西交通年鉴·2000
山西省交通厅资料信息中心编 主编杨惠芹、师国梁
山西经济出版社 2001 年 4 月
546 页 精装 27cm
ISBN7-80636-506-0
馆藏号：Guojiafz-8600002002066

山西交通年鉴·2001
山西省交通厅编 主编师国梁、张岐山
山西人民出版社 2001 年 9 月
568 页 精装 27cm
ISBN7-203-04333-9
馆藏号：Guojiafz-8600002005989

山西交通年鉴·2003
山西省交通厅编 主编师国梁、张岐山
山西人民出版社 2003 年 9 月
921 页 精装 27cm
ISBN7-203-04888-8
馆藏号：Guojiafz-8600002002012

山西交通年鉴·2004
山西省交通厅编 主编师国梁、张岐山
山西人民出版社 2004 年 10 月
990 页 精装 27cm
ISBN7-203-05136-6
馆藏号：Guojiafz-8600002002011

山西交通年鉴·2005
山西省交通厅编 主编师国梁、张岐山
山西人民出版社 2005 年 9 月
1015 页 精装 27cm
ISBN7-203-05439-X
馆藏号：Guojiafz-8600002005847

山西交通年鉴·2006
山西省交通厅编 主编师国梁、张岐山
山西人民出版社 2006 年 9 月
1081 页 精装 27cm
ISBN7-203-05723-2
馆藏号：Guojiafz-8600002009726

山西交通年鉴·2007
山西省交通厅编　主编师国梁、张岐山
山西人民出版社　2007 年 10 月
1109 页　精装　27cm
ISBN978-7-203-05952-3
馆藏号：Guojiafz-8600002008114

山西交通年鉴·2008
山西省交通厅编　主编师国梁、张岐山
山西人民出版社　2008 年 10 月
981 页　精装　27cm
ISBN978-7-203-06302-5
馆藏号：Guojiafz-8600002008090

山西交通年鉴·2009
山西省交通运输厅编　主编师国梁、张岐山
山西人民出版社　2009 年 12 月
988 页　精装　27cm
ISBN978-7-203-06701-6
馆藏号：Guojiafz-8600002002522

山西交通年鉴·2010
山西省交通运输厅编　主编师国梁
山西人民出版社　2010 年 12 月
1121 页　精装　27cm
ISBN978-7-203-07005-4
馆藏号：Guojiafz-8600002008089

山西统计年鉴·2010
山西省统计局、国家统计局山西调查总队合编
总编辑卢建明
中国统计出版社　2010 年 7 月
753 页　精装　31cm
ISBN978-7-5037-6001-3
馆藏号：Guojiafz-8600002002914

《中国环境年鉴》山西部分·2008 卷—2011 卷
山西省环保厅编
内部印刷
38 页　平装　29cm
馆藏号：Guojiafz-8600002001087

山西教育年鉴·1949—1983
山西省教育志编审委员会编
内部印刷
12 页　精装　21cm
馆藏号：Guojiafz-8600002013497

山西卫生年鉴·2008
山西卫生年鉴编委会编　主编高国顺
山西卫生报印刷厂印刷　2008 年 12 月
564 页　精装　27cm
准印证号：山西省内部图书准印证（08）字第 333 号
馆藏号：Guojiafz-8600002008679

山西省国有资产监督管理年鉴·2009
山西省国资委主管主办《山西省国有资产监督管理年鉴》编委会编　主编张崇慧　执行主编宋世华、闫文生
山西人民出版社　2010 年 6 月
556 页　精装　29cm
ISBN978-7-203-06840-2
馆藏号：Guojiafz-8600002002912

雁北年鉴·1985
中共雁北地委秘书处编
雁北日报社印刷厂印刷　1985 年
725 页　精装　27cm
馆藏号：Guojiafz-8600002008814

雁北年鉴·1987
《雁北年鉴》编辑部编　主编要子瑾
《大同日报》印刷厂印刷　1989 年 1 月
504 页　精装　27cm
准印证号：山西省出版局内部图书准印证（1988）字第 40 号
馆藏号：Guojiafz-8600002007802

太原年鉴·2016
太原市人民政府主管　太原市地方志编纂委员会主办　太原市地方志办公室编　主编安捷
三晋出版社　2016 年 11 月
529 页　精装　29cm
ISBN978-7-5457-1422-7
馆藏号：Guojiafz-8600002014122

太原年鉴·2017
太原市人民政府主管　太原市地方志编纂委员会主办　太原市地方志办公室编　主编安捷
三晋出版社　2017 年 12 月
493 页　精装　29cm
ISBN978-7-5457-1637-5
馆藏号：Guojiafz-8600002017775

太钢年鉴·2005
太钢史志鉴编辑委员会编　主编胡玉亭
山西科学技术出版社　2005 年 8 月
418 页　精装　27cm
ISBN7-5377-2534-9
馆藏号：Guojiafz-8600002001228

太钢年鉴·2012
太钢史志鉴编辑委员会编　主编周宜洲
方志出版社　2012 年 10 月
386 页　精装　29cm
ISBN978-7-5144-0526-2
馆藏号：Guojiafz-8600002000156

太钢年鉴·2013
太钢史志鉴编辑委员会编　主编周宜洲
方志出版社　2013 年 9 月
376 页　精装　29cm
ISBN978-7-5144-0994-9
馆藏号：Guojiafz-8600002007262

太钢年鉴·2014
太钢史志鉴编辑委员会编　主编周宜洲
方志出版社　2014 年 9 月
362 页　精装　29cm
ISBN978-7-5144-1399-1
馆藏号：Guojiafz-8600002007384

西山煤电集团年鉴·2009
西山煤电集团公司史志办公室编　主编田顺生、丁静萍、董居正　执行主编董居正
山西科学技术出版社　2009 年 12 月
582 页　精装　29cm
ISBN978-7-5377-3533-9
馆藏号：Guojiafz-8600002003203

小店区年鉴·2007
小店区史志办公室编　主编陈德善
内部印刷
234 页　精装　29cm
准印证号：山西省内部准印证（2009）字第 130 号
馆藏号：Guojiafz-8600002008936

太原市小店区年鉴·2008
小店区史志办公室编　主编陈德善
内部印刷
266 页　精装　29cm
准印证号：山西省内部准印证（2009）字第 223 号
馆藏号：Guojiafz-8600002001222

太原市小店区年鉴·2009
小店区史志办公室编　主编陈德善
内部印刷
369 页　精装　29cm
准印证号：山西省内部准印证（2010）字第 118 号
馆藏号：Guojiafz-8600002001216

太原市迎泽区年鉴·2015
太原市迎泽区人民政府主办　太原市迎泽区史志办公室编　主编薛凯
山西人民出版社　2016 年 6 月
478 页　精装　29cm
ISBN978-7-203-09643-6
馆藏号：Guojiafz-8600002014627

太原市迎泽区年鉴·2016
太原市迎泽区人民政府主管　太原市迎泽区史志办公室主办　太原市迎泽区史志办公室编
主编范勇
方志出版社　2017年3月
386页　精装　29cm
ISBN978-7-5144-2417-1
馆藏号：Guojiafz-8600002016941

太原市迎泽区年鉴·2017
太原市迎泽区人民政府主管　太原市迎泽区史志办公室主办　太原市迎泽区史志办公室编
主编范勇
方志出版社　2018年6月
383页　精装　29cm
ISBN978-7-5144-3113-1
馆藏号：Guojiafz-8600002017209

太原市迎泽区年鉴·2018
太原市迎泽区史志办公室编　主编范勇
方志出版社　2019年5月
403页　精装　29cm
ISBN978-7-5144-3549-8
馆藏号：Guojiafz-8600002018002

尖草坪年鉴·2015
尖草坪区委史志馆编　主编李学进
三晋出版社　2016年5月
270页　精装　29cm
ISBN978-7-5457-1297-1
馆藏号：Guojiafz-8600002016331

太原市晋源区年鉴·2009
晋源区地方志办公室编　主编阎千金
内部印刷
251页　精装　29cm
准印证号：山西省内部准印证（2010）字第216号
馆藏号：Guojiafz-8600002001292

阳曲年鉴·2017
阳曲县人民政府主办　阳曲县史志办公室编
主编崔振刚
北岳文艺出版社　2018年1月
380页　精装　29cm
ISBN978-7-5378-5584-6
馆藏号：Guojiafz-8600002016329

娄烦年鉴·2006—2008
娄烦县史志馆编　主编张宪平　执行主编高铁锁
山西慧致印业有限公司印刷　2010年12月
270页　精装　29cm
准印证号：山西省内部准印证（2011）字号第060号
馆藏号：Guojiafz-8600002008841

大同年鉴·1988
《大同年鉴》编辑部编　主编姚斌
经济日报出版社　1988年12月
680页　精装　27cm
ISBN7-80036-125-X
馆藏号：Guojiafz-8600002008371

大同年鉴·1989
《大同年鉴》编辑部编　主编姚斌
经济日报出版社　1989年11月
528页　精装　27cm
ISBN7-80036-217-5
馆藏号：Guojiafz-8600002007815

大同年鉴·1991
大同市地方志编纂委员会、《大同年鉴》编辑部合编　主编姚斌
经济日报出版社　1991年10月
519页　精装　27cm
ISBN7-80036-623-5
馆藏号：Guojiafz-8600002007935

大同年鉴·1992
大同市地方志编纂委员会、《大同年鉴》编辑部

合编　主编姚斌
山西人民出版社　1992 年 9 月
444 页　精装　27cm
ISBN7-203-02284-6
馆藏号：Guojiafz-8600002008056

大同年鉴・1993
大同市地方志办公室编　主编姚斌
山西人民出版社　1994 年 1 月
483 页　精装　27cm
ISBN7-203-03007-5
馆藏号：Guojiafz-8600002017816

大同年鉴・1994
大同市地方志办公室、《大同年鉴》编辑部合编
主编要子瑾、姚斌
山西古籍出版社　1994 年 12 月
560 页　精装　27cm
ISBN7-80598-049-7
馆藏号：Guojiafz-8600002001848

大同年鉴・1995—1996
大同市地方志办公室、《大同年鉴》编辑部合编
主编要子瑾、姚斌
山西古籍出版社　1996 年 12 月
465 页　精装　27cm
ISBN7-80598-049-7
馆藏号：Guojiafz-8600002007814

大同年鉴・1997—1998
大同市地方志办公室、《大同年鉴》编辑部合编
主编要子瑾、姚斌
山西古籍出版社　1999 年 7 月
510 页　精装　27cm
ISBN7-80598-049-7
馆藏号：Guojiafz-8600002008796

大同年鉴・2003—2004
大同市地方志办公室编　主编要子瑾
远方出版社
627 页　精装　27cm
ISBN7-80595-859-9
馆藏号：Guojiafz-8600002001660

大同年鉴・2005—2006
大同市地方志办公室编　主编要子瑾
远方出版社
611 页　精装　27cm
ISBN7-80595-859-9
馆藏号：Guojiafz-8600002001833

大同年鉴・2015
大同市地方志办公室编　主编李勇
北岳文艺出版社　2015 年 12 月
508 页　精装　29cm
ISBN978-7-5378-4620-2
馆藏号：Guojiafz-8600002017548

大同年鉴・2016
大同市地方志办公室编　主编李勇
北岳文艺出版社　2016 年 11 月
572 页　精装　29cm
ISBN978-7-5378-4939-5
馆藏号：Guojiafz-8600002014083

大同年鉴・2017
大同市地方志办公室编　主编李勇
方志出版社　2017 年 11 月
604 页　精装　29cm
ISBN978-7-5144-2656-4
馆藏号：Guojiafz-8600002015704

大同年鉴・2018
大同市地方志办公室编　主编李勇
方志出版社　2018 年 12 月
650 页　精装　29cm
ISBN978-7-5144-3325-8
馆藏号：Guojiafz-8600002017240

大同干线公路年鉴·2006
《大同干线公路年鉴》编审委员会编　主编刘美
内部印刷
322 页　平装　24cm
馆藏号：Guojiafz-8600002001455

大同干线公路年鉴·2008
《大同干线公路年鉴》编委会编　主任王德启
内部印刷
186 页　平装　24cm
馆藏号：Guojiafz-8600002008765

大同市南郊区年鉴·2016
中共大同市南郊区委党史研究室、大同市南郊区地方志编纂委员会办公室合编　主编许德合
执行主编刘立欣
北岳文艺出版社　2016 年 12 月
360 页　精装　29cm
ISBN978-7-5378-5023-0
馆藏号：Guojiafz-8600002014629

阳高年鉴·2017
中共阳高县委党史研究室、阳高县地方志编纂委员会办公室合编　主编景彦斌
北岳文艺出版社　2017 年 11 月
320 页　精装　29cm
ISBN978-7-5378-5378-1
馆藏号：Guojiafz-8600002015590

广灵年鉴·2017
中共广灵县委、广灵县人民政府主办　广灵县地方志编撰委员会办公室编　主编姜成晋
北岳文艺出版社　2017 年 12 月
380 页　精装　29cm
ISBN978-7-5378-5464-1
馆藏号：Guojiafz-8600002016325

阳泉年鉴·1989
阳泉市地方志编纂委员会主办《阳泉年鉴》编辑部编　主编李希曾、陈霈
书目文献出版社　1989 年 10 月
420 页　精装　27cm
ISBN7-5013-0797-0
馆藏号：Guojiafz-8600002001798

阳泉年鉴·1990
《阳泉年鉴》编辑部编　主编李希曾、陈霈
学苑出版社　1990 年 11 月
368 页　精装　27cm
ISBN7-5077-0180-8
馆藏号：Guojiafz-8600002003683

阳泉年鉴·1991
阳泉市地方志编纂委员会主办《阳泉年鉴》编辑部编　主编李希曾、陈霈
社会科学文献出版社　1991 年 11 月
365 页　精装　27cm
ISBN7-80050-244-9
馆藏号：Guojiafz-8600002009948

阳泉年鉴·1992
阳泉市地方志编纂委员会主办《阳泉年鉴》编辑部编　主编陈霈
山西人民出版社　1993 年 4 月
284 页　精装　27cm
ISBN7-203-02642-6
馆藏号：Guojiafz-8600002010954

阳泉年鉴·1993—2000
阳泉市地方志编纂委员会编　主编孟宏儒
方志出版社　2001 年 1 月
657 页　精装　27cm
ISBN7-80122-654-2
馆藏号：Guojiafz-8600002001007

阳泉年鉴·2001
阳泉市地方志编纂委员会编　主编孟宏儒、任佟苏
方志出版社　2002 年 2 月
359 页　精装　27cm

ISBN7-80122-622-4
馆藏号：Guojiafz-8600002005460

阳泉年鉴・2002
阳泉市地方志编纂委员会编　主编任佟苏
方志出版社　2003年2月
352页　精装　27cm
ISBN7-80122-917-7
馆藏号：Guojiafz-8600002003706

阳泉年鉴・2003
阳泉市地方志编纂委员会编　主编任佟苏
方志出版社　2004年5月
430页　精装　27cm
ISBN7-80192-197-6
馆藏号：Guojiafz-8600002009644

阳泉年鉴・2004
阳泉市地方志编纂委员会编　主编任佟苏
方志出版社　2005年4月
385页　精装　27cm
ISBN7-80192-492-4
馆藏号：Guojiafz-8600002003495

阳泉年鉴・2005
阳泉市地方志编纂委员会编　主编任佟苏
方志出版社　2005年12月
312页　精装　27cm
ISBN7-80192-686-2
馆藏号：Guojiafz-8600002007708

阳泉年鉴・2006
阳泉市地方志编纂委员会编　主编任佟苏
方志出版社　2006年12月
350页　精装　27cm
ISBN7-80192-976-4
馆藏号：Guojiafz-8600002003831

阳泉年鉴・2007
阳泉市地方志编纂委员会编　主编任佟苏
方志出版社　2007年12月
362页　精装　27cm
ISBN978-7-80238-238-1
馆藏号：Guojiafz-8600002005209

阳泉年鉴・2008
阳泉市地方志编纂委员会编　主编任佟苏
方志出版社　2009年1月
371页　精装　27cm
ISBN978-7-80238-486-6
馆藏号：Guojiafz-8600002007943

阳泉年鉴・2009
阳泉市地方志编纂委员会编　主编任佟苏
方志出版社　2009年10月
376页　精装　27cm
ISBN978-7-80238-616-7
馆藏号：Guojiafz-8600002000631

阳泉年鉴・2010
阳泉市地方志编纂委员会编　主编任佟苏
方志出版社　2010年11月
386页　精装　27cm
ISBN978-7-80238-938-0
馆藏号：Guojiafz-8600002009794

阳泉年鉴・2012
阳泉市地方志编纂委员会编　主编任佟苏
方志出版社　2012年10月
376页　精装　27cm
ISBN978-7-5144-0608-5
馆藏号：Guojiafz-8600002007410

阳泉年鉴・2014
阳泉市地方志编纂委员会编　主编任佟苏
方志出版社　2014年9月
410页　精装　27cm
ISBN978-7-5144-1394-6
馆藏号：Guojiafz-8600002009701

阳泉年鉴·2015
阳泉市地方志编纂委员会编　主编任佟苏
方志出版社　2015年11月
368页　精装　27cm
ISBN978-7-5144-1784-5
馆藏号：Guojiafz-8600002013838

阳泉年鉴·2016
阳泉市地方志编纂委员会编　主编任佟苏
方志出版社　2018年1月
387页　精装　27cm
ISBN978-7-5144-2248-1
馆藏号：Guojiafz-8600002016972

阳泉年鉴·2017
阳泉市地方志编纂委员会编　主编王刚
方志出版社　2018年4月
401页　精装　27cm
ISBN978-7-5144-3054-7
馆藏号：Guojiafz-8600002017138

阳泉年鉴·2018
阳泉市地方志办公室编　主编王刚
方志出版社　2018年11月
431页　精装　29cm
ISBN978-7-5144-3422-4
馆藏号：Guojiafz-8600002016993

阳泉交通年鉴·2010
《阳泉交通年鉴》编审委员会编　主编王九存、史晋阳
内部印刷
346页　平装　29cm
馆藏号：Guojiafz-8600002017854

阳泉市城区年鉴·1991—1995
阳泉市城区地方志编纂委员会编　主编姚培万、刘江、周宝魁
山西科学教育出版社　2001年4月
328页　精装　27cm
ISBN7-5377-1792-3
馆藏号：Guojiafz-8600002003219

阳泉市城区年鉴·1996—2000
《阳泉市城区年鉴》编辑部编　主编田秀贞、周宝魁
山西科学技术出版社　2004年12月
350页　精装　27cm
ISBN7-5377-2482-2
馆藏号：Guojiafz-8600002009797

阳泉市城区年鉴·2001—2005
阳泉市城区人民政府主办　阳泉市城区地方志编纂委员会编　主编杨红梅　执行主编史立新
方志出版社　2011年10月
327页　精装　29cm
ISBN978-7-5144-0131-8
馆藏号：Guojiafz-8600002005939

阳泉市城区年鉴·2006—2010
阳泉市城区人民政府主办　阳泉市城区地方志编纂委员会编　主编史立新
方志出版社　2013年9月
453页　精装　29cm
ISBN978-7-5144-0784-6
馆藏号：Guojiafz-8600002007961

阳泉市郊区年鉴·1994—2002
阳泉市郊区地方志编纂委员会编　主编杨济才
阳泉市正达彩色印刷有限责任公司印刷　2005年7月
716页　精装　29cm
准印证号：山西省内部图书准印证（05）字第123号
馆藏号：Guojiafz-8600002007582

阳泉市郊区年鉴·2017
阳泉市郊区地方志办公室编　主编杨济才
方志出版社　2018年7月
201页　精装　29cm
ISBN978-7-5144-3142-1
馆藏号：Guojiafz-8600002017196

平定年鉴·1994—1996
平定县志编纂委员会办公室主办　平定县地方史志办公室编　主编李利荣
山西经济出版社　1998年2月
374页　精装　27cm
ISBN7-80636-117-0
馆藏号：Guojiafz-8600002002019

平定年鉴·1997—2000
山西省平定年鉴编纂委员会编　主编刘春生、贾振芳
方志出版社　2001年11月
390页　精装　27cm
ISBN7-80122-608-9
馆藏号：Guojiafz-8600002001658

平定年鉴·2001—2003
平定县史志办公室编　主编刘春生
方志出版社　2005年3月
439页　精装　27cm
ISBN7-80192-487-8
馆藏号：Guojiafz-8600002002013

盂县年鉴·1991—1999
《盂县年鉴》编辑部编　主编郭芝华
中共党史出版社　2000年10月
521页　精装　27cm
ISBN7-80136-479-1
馆藏号：Guojiafz-8600002008390

长治年鉴·2003
长治市地方志办公室编　主编王连成
山西古籍出版社　2004年2月
584页　精装　27cm
ISBN7-80598-416-6
馆藏号：Guojiafz-8600002002248

长治年鉴·2004
长治市地方志办公室编　主编王连成　执行主编马书岐
山西古籍出版社　2005年11月
361页　精装　29cm
ISBN7-80598-704-1
馆藏号：Guojiafz-8600002002246

长治年鉴·2005
长治市地方志办公室编　主编王连成　执行主编马书岐
山西古籍出版社　2006年6月
381页　精装　29cm
ISBN7-80598-744-0
馆藏号：Guojiafz-8600002002247

长治年鉴·2006
长治市地方志办公室编　主编王连成　执行主编马书岐
山西出版集团　2007年4月
435页　精装　29cm
ISBN978-7-900434-72-2
馆藏号：Guojiafz-8600002002249

长治年鉴·2007
长治市地方志办公室编　主编王连成　执行主编马书岐
山西春秋电子音像出版社　2008年1月
451页　精装　29cm
ISBN978-7-900454-09-6
馆藏号：Guojiafz-8600002005907

长治年鉴·2008
长治市地方志办公室编　主编王连成　执行主编马书岐
山西人民出版社　2009年4月
464页　精装　29cm
ISBN978-7-203-06121-2
馆藏号：Guojiafz-8600002006017

长治年鉴·2009
长治市地方志办公室编　主编王连成　执行主编马书岐

北岳文艺出版社　2010 年 7 月
458 页　精装　29cm
ISBN978-7-5378-3399-8
馆藏号：Guojiafz-8600002002094

长治年鉴・2010
长治市人民政府主办　长治市地方志办公室编
主编马书岐
北岳文艺出版社　2011 年 5 月
465 页　精装　29cm
ISBN978-7-5378-3541-1
馆藏号：Guojiafz-8600002008414

长治年鉴・2016
长治市人民政府主办　长治市地方志办公室编
主编高峰　执行主编赵培文
北岳文艺出版社　2017 年 1 月
356 页　精装　29cm
ISBN978-7-5378-5100-8
馆藏号：Guojiafz-8600002014109

长治年鉴・2017
长治市地方志办公室编　主编刘海峰　执行主编
赵培文
方志出版社　2017 年 12 月
380 页　精装　29cm
ISBN978-7-5144-2691-5
馆藏号：Guojiafz-8600002015103

长治市城区年鉴・2008
长治市城区地方志编纂委员会编　主任唐立浩
北京花艺出版社　2010 年 1 月
471 页　精装　29cm
ISBN962-475-740-2
馆藏号：Guojiafz-8600002008921

长治市城区年鉴・2009
长治市城区地方志编纂委员会编　主编李书平
北京花艺出版社　2010 年 10 月
497 页　精装　29cm
ISBN962-475-740-2
馆藏号：Guojiafz-8600002005932

长治市城区年鉴・2018
长治市城区史志办公室编　主编栗书丽
方志出版社　2019 年 1 月
355 页　精装　29cm
ISBN978-7-5144-3497-2
馆藏号：Guojiafz-8600002018114

长治县年鉴・2001—2003
长治县人民政府主办 《长治县年鉴》编纂委员
会编　主编冯龙珍
山西人民出版社　2005 年 12 月
397 页　精装　29cm
ISBN7-203-05458-6
馆藏号：Guojiafz-8600002000515

襄垣年鉴・1985
襄垣县史志编纂委员会主办　襄垣县史志办公室编
主编郭振芳
襄垣县印刷厂印刷　1986 年 4 月
349 页　精装　27cm
馆藏号：Guojiafz-8600002009453

屯留年鉴・2000—2005
中共屯留县委、屯留县人民政府主办　屯留县史
志编委会编　主编胡志荣、孟树立
山西省屯留县史志编委会印刷
392 页　精装　29cm
准印证号:［2006］并内图书出字第 06 号
馆藏号：Guojiafz-8600002008896

屯留年鉴・2006—2007
山西省屯留县《屯留年鉴》编辑委员会编
主编胡志荣　执行主编张松斌
中国文联出版社　2008 年 6 月
304 页　精装　29cm
ISBN7-5059-2862-7
馆藏号：Guojiafz-8600002005463

屯留年鉴·2008
山西省屯留县《屯留年鉴》编辑委员会编
主编胡志荣
大众文艺出版社 2009年7月
325页 精装 29cm
ISBN978-7-80240-210-2
馆藏号：Guojiafz-8600002008492

屯留年鉴·2009
山西省屯留县《屯留年鉴》编辑委员会编
主编胡志荣
内部印刷
315页 精装 29cm
馆藏号：Guojiafz-8600002001224

平顺年鉴·2017
平顺县人民政府主办 平顺县地方志办公室编
主编张瑞波
山西人民出版社 2017年11月
452页 精装 29cm
ISBN978-7-203-10170-3
馆藏号：Guojiafz-8600002016326

黎城年鉴·2004—2006
黎城县地方志编纂委员会编 主编李亚东 执行主编王利芳
北京艺术与科学电子出版社 2009年7月
573页 精装 27cm
ISBN978-7-900763-62-4
馆藏号：Guojiafz-8600002009782

壶关年鉴·2009
壶关县史志办公室编 主编李峰松
大众文艺出版社 2010年4月
389页 精装 29cm
ISBN978-7-80240-210-2
馆藏号：Guojiafz-8600002006144

沁新集团年鉴·2001—2005
山西沁新集团企业文化部主办 沁新集团企业文化部编 主编孙宏原 执行主编史留庆
方志出版社 2006年12月
640页 精装 27cm
ISBN7-80192-018-X
馆藏号：Guojiafz-8600002004019

沁新集团年鉴·2007
沁新年鉴办公室编 主编孙宏原 执行主编史留庆
郑州市志鉴印务有限公司印刷 2008年11月
385页 精装 27cm
准印证号：豫内图字2008年第217号
馆藏号：Guojiafz-8600002001966

沁新集团年鉴·2008
沁新集团年鉴编辑部编 主编孙宏原 执行主编史留庆
内部印刷
491页 精装 27cm
馆藏号：Guojiafz-8600002001967

沁新集团年鉴·2009
沁新集团年鉴编辑部编 主编孙宏原 执行主编史留庆
内部印刷
482页 精装 27cm
馆藏号：Guojiafz-8600002001968

晋城年鉴·1999—2000
晋城年鉴编纂委员会编 主编秦海轩 执行主编马甫平
山西人民出版社 2003年9月
486页 精装 27cm
ISBN7-203-04911-6
馆藏号：Guojiafz-8600002003781

晋城年鉴·2001—2002
《晋城年鉴》编纂委员会编 主编秦海轩 执行主编马甫平
方志出版社 2005年8月
375页 精装 27cm

ISBN7-80192-580-7
馆藏号：Guojiafz-8600002005604

晋城年鉴·2003—2004
《晋城年鉴》编纂委员会编　主编秦海轩　执行主编马甫平
方志出版社　2006年9月
652页　精装　27cm
ISBN7-80192-853-9
馆藏号：Guojiafz-8600002000951

晋城年鉴·2005—2006
《晋城年鉴》编纂委员会编　主编秦海轩　执行主编李文福
山西人民出版社　2008年6月
411页　精装　27cm
ISBN978-7-203-06086-4
馆藏号：Guojiafz-8600002007767

晋城年鉴·2007—2008
《晋城年鉴》编纂委员会编　主编秦海轩　执行主编李文福
山西人民出版社　2010年8月
456页　精装　27cm
ISBN978-7-203-06862-4
馆藏号：Guojiafz-8600002001424

晋城年鉴·2016
晋城市地方志办公室编　主编邵俊生
方志出版社　2017年2月
331页　精装　29cm
ISBN978-7-5144-2344-0
馆藏号：Guojiafz-8600002014058

晋城年鉴·2017
晋城市地方志办公室编　主编邵俊生　执行主编牛晋军
方志出版社　2018年3月
333页　精装　29cm
ISBN978-7-5144-3027-1
馆藏号：Guojiafz-8600002016946

晋城年鉴·2018
晋城市地方志办公室编　主编邵俊生　执行主编宋喜俊
方志出版社　2019年5月
354页　精装　29cm
ISBN978-7-5144-3754-6
馆藏号：Guojiafz-8600002018172

晋城市城区年鉴·2009
中共晋城市城区委员会、晋城市城区人民政府主办　《晋城市城区年鉴》编纂委员会编
主编赵同善
山西人民出版社　2010年10月
525页　精装　27cm
ISBN978-7-203-06973-7
馆藏号：Guojiafz-8600002002418

晋城市城区年鉴·2017
中共晋城市城区委员会、晋城市城区人民政府主办　晋城市城区地方志办公室编　主编崔晋鹏
山西人民出版社　2017年12月
495页　精装　29cm
ISBN978-7-203-10226-7
馆藏号：Guojiafz-8600002016328

高平年鉴·2015
《高平年鉴》编纂委员会编　主编秦皓宇
山西人民出版社　2017年4月
552页　精装　29cm
ISBN978-7-203-09909-3
馆藏号：Guojiafz-8600002014630

沁水年鉴·1990
沁水县地方志办公室编　主编李新华、张勇
内部印刷　1990年7月
237页　平装　27cm
馆藏号：Guojiafz-8600002009082

沁水年鉴・1992
沁水县地方志办公室编　主编张勇
内部印刷
229 页　平装　26cm
馆藏号：Guojiafz-8600002010287

沁水年鉴・2004
沁水县地方志办公室编　主编续文琴
内部印刷
370 页　精装　22cm
馆藏号：Guojiafz-8600002013833

沁水年鉴・2005
沁水县地方志办公室编　主编续文琴
内部印刷
463 页　精装　22cm
准印证号：并（新出印）字第 451 号
馆藏号：Guojiafz-8600002013834

沁水年鉴・2007
沁水县地方志办公室编　主编侯晋林
内部印刷
418 页　精装　22cm
馆藏号：Guojiafz-8600002006529

沁水年鉴・2008
沁水县地方志办公室编　主编侯晋林　执行主编张丽霞
内部印刷
532 页　精装　22cm
馆藏号：Guojiafz-8600002006528

沁水年鉴・2009
沁水县地方志办公室编　主编侯晋林　执行主编张丽霞
内部印刷
503 页　精装　22cm
馆藏号：Guojiafz-8600002006527

沁水年鉴・2015
沁水县地方志办公室编　主编侯晋林
山西人民出版社　2016 年 12 月
546 页　精装　29cm
ISBN978-7-203-09774-7
馆藏号：Guojiafz-8600002014623

泽州年鉴・2016
泽州县史志办公室编　主编杜秋炉
方志出版社　2017 年 9 月
432 页　精装　29cm
ISBN978-7-5144-2527-7
馆藏号：Guojiafz-8600002015104

泽州年鉴・2017
泽州县史志办公室编　主编杜秋炉
方志出版社　2018 年 4 月
456 页　精装　29cm
ISBN978-7-5144-3047-9
馆藏号：Guojiafz-8600002016923

朔州年鉴・2015
朔州市地方志办公室编
三晋出版社　2016 年 11 月
508 页　精装　29cm
ISBN978-7-5457-1431-9
馆藏号：Guojiafz-8600002014652

朔州年鉴・2016
朔州市地方志办公室编
方志出版社　2017 年 5 月
614 页　精装　29cm
ISBN978-7-5144-2415-7
馆藏号：Guojiafz-8600002017959

朔州年鉴・2017
朔州市地方志办公室编
方志出版社　2018 年 9 月
463 页　精装　29cm

ISBN978-7-5144-3265-7
馆藏号：Guojiafz-8600002017976

怀仁年鉴 · 2003—2006
怀仁县地方志办公室编　主任李锦、牛志忠
河南深港彩印有限公司印刷　2007 年 3 月
256 页　精装　29cm
馆藏号：Guojiafz-8600002008773

怀仁年鉴 · 2007—2009
怀仁县地方志办公室编　主编牛志忠、王智杰
西安红魔方文化传播有限公司印刷　2010 年 8 月
350 页　精装　29cm
馆藏号：Guojiafz-8600002008880

晋中年鉴 · 2001—2002
晋中年鉴编委会编　主编李儒敏、于培楼　总纂曹成斌
中华书局　2003 年 12 月
469 页　精装　27cm
ISBN7-101-04161-2
馆藏号：Guojiafz-8600002004815

左权年鉴 · 2017
左权县志编纂委员会办公室编　主编张俊平
方志出版社　2017 年 10 月
302 页　精装　29cm
ISBN978-7-5144-2661-8
馆藏号：Guojiafz-8600002016333

左权年鉴 · 2018
左权县志编纂委员会办公室编　主编张俊平
方志出版社　2018 年 12 月
316 页　精装　29cm
ISBN978-7-5144-3538-2
馆藏号：Guojiafz-8600002017981

昔阳年鉴 · 1998—2002
《昔阳年鉴》编纂委员会编　主编李瑞华
方志出版社　2005 年 10 月
509 页　精装　27cm
ISBN7-80192-349-9
馆藏号：Guojiafz-8600002012972

昔阳年鉴 · 2018
昔阳县地方志编纂委员会办公室编　主编任立斌
方志出版社　2018 年 12 月
373 页　精装　29cm
ISBN978-7-5144-3539-9
馆藏号：Guojiafz-8600002018021

寿阳年鉴 · 1985—1987
寿阳年鉴编委会编　主编岳守荣
中国城市出版社　1991 年 4 月
283 页　精装　27cm
ISBN7-5074-0500-1
馆藏号：Guojiafz-8600002003440

太谷年鉴 · 2017
太谷县史志研究室编　主编贠建明
山西人民出版社　2017 年 12 月
407 页　精装　29cm
ISBN978-7-203-10236-6
馆藏号：Guojiafz-8600002016330

灵石年鉴 · 2016
《灵石年鉴》编纂委员会编　主编温向雄
三晋出版社　2017 年 3 月
209 页　精装　29cm
ISBN978-7-5457-1457-9
馆藏号：Guojiafz-8600002014648

运城地区年鉴 · 1998—1999
运城地区年鉴编纂委员会编　主编宁雪瑞
中华书局　2000 年 10 月
457 页　精装　27cm
ISBN7-101-02736-9
馆藏号：Guojiafz-8600002005544

运城年鉴·2000
《运城年鉴》编纂委员会编　主编宁雪瑞
中华书局　2002 年 9 月
288 页　精装　27cm
ISBN7-101-03549-3
馆藏号：Guojiafz-8600002005697

运城年鉴·2002
《运城年鉴》编纂委员会编　主编宁雪瑞
中华书局　2003 年 5 月
266 页　精装　27cm
ISBN7-101-03903-0
馆藏号：Guojiafz-8600002009758

运城年鉴·2003
《运城年鉴》编纂委员会编　主编宁雪瑞
方志出版社　2005 年 7 月
273 页　精装　27cm
ISBN7-80192-574-2
馆藏号：Guojiafz-8600002001533

运城年鉴·2004—2006
《运城年鉴》编纂委员会编　主编武建华
山西人民出版社　2008 年 12 月
805 页　精装　27cm
ISBN978-7-203-06287-5
馆藏号：Guojiafz-8600002005542

运城年鉴·2007—2009
《运城年鉴》编纂委员会编　主编孙玉莲、宁雪瑞
执行主编武建华
山西人民出版社　2010 年 3 月
956 页　精装　27cm
ISBN978-7-203-06755-9
馆藏号：Guojiafz-8600002005698

运城年鉴·2010
《运城年鉴》编纂委员会编　主编孙玉莲、宁雪瑞
执行主编武建华
山西人民出版社　2011 年 3 月
432 页　精装　27cm
ISBN978-7-203-07095-5
馆藏号：Guojiafz-8600002005543

永济年鉴·1992—1993
《永济年鉴》编辑委员会办公室编　主任石丙录
永济市印刷厂印刷　1994 年 2 月
284 页　平装　26cm
馆藏号：Guojiafz-8600002010845

永济年鉴·1994—1995
《永济年鉴》编辑委员会办公室编　主编杨伯骐、韩彦平
永济市印刷厂印刷　1995 年 12 月
254 页　平装　26cm
馆藏号：Guojiafz-8600002001398

永济年鉴·1996—1997
《永济年鉴》编纂委员会编　主编韩彦平
永济市西厢印刷厂印刷　1997 年 12 月
221 页　精装　27cm
馆藏号：Guojiafz-8600002001578

永济年鉴·1998—1999
永济市人民政府主办　永济年鉴编纂委员会编
主编韩彦平
山西古籍出版社　2000 年 4 月
311 页　精装　27cm
ISBN7-80598-401-8
馆藏号：Guojiafz-8600002005696

永济年鉴·2000—2003
永济市人民政府主办《永济年鉴》编纂委员会编
主编薛越茜
内部印刷
503 页　精装　27cm
馆藏号：Guojiafz-8600002001214

永济年鉴·2017
永济市人民政府主办　永济市志编纂委员会办公

室编　主编何蕊霞
中州古籍出版社　2017年12月
244页　精装　29cm
ISBN978-7-5348-7500-7
馆藏号：Guojiafz-8600002016504

河津年鉴·2011
河津市地方志办公室编　主编高创奇、张丽华
运城市东阜印刷厂印刷
272页　精装　27cm
准印证号：内部图书准印证（2011）字第21号
馆藏号：Guojiafz-8600002001579

河津年鉴·2016
河津市人民政府主办　河津市地方志办公室编
主编王欣　执行主编高创奇、张丽华
中州古籍出版社　2016年8月
388页　精装　29cm
ISBN978-7-5348-5486-6
馆藏号：Guojiafz-8600002014683

万荣年鉴·1996—2000
万荣年鉴编纂委员会编　主编薛文亮
万荣县国营印刷厂印刷　2001年12月
482页　精装　27cm
馆藏号：Guojiafz-8600002001562

万荣统计年鉴·2010
山西省万荣县统计局编　总编辑丁凤
西安合鑫统计资料印刷厂印刷　2010年6月
268页　精装　21cm
馆藏号：Guojiafz-8600002001747

稷山年鉴·2000—2003
稷山年鉴编纂委员会编　主编程明云
临猗现代彩印厂印刷　2003年9月
496页　平装　29cm
馆藏号：Guojiafz-8600002001907

稷山年鉴·2003—2004
稷山年鉴编纂委员会编　主编程明云
运城市凯达印刷包装有限公司印刷　2005年8月
293页　平装　29cm
馆藏号：Guojiafz-8600002001909

稷山年鉴·2005
稷山年鉴编纂委员会编　主编程明云
运城市中城凤凰特种印刷服务中心印刷　2006年12月
256页　平装　29cm
馆藏号：Guojiafz-8600002001908

稷山年鉴·2006
稷山年鉴编纂委员会编　主编程明云
运城市盐湖区五龙印刷厂印刷　2007年12月
244页　平装　29cm
馆藏号：Guojiafz-8600002001906

稷山年鉴·2007—2008
稷山年鉴编纂委员会编　主编程明云
运城市盐湖区五龙印刷厂印刷　2009年6月
295页　平装　29cm
馆藏号：Guojiafz-8600002001615

新绛年鉴·2006
新绛县县志编纂委员会办公室编　主编许隽
运城市古籍印刷厂印刷　2006年12月
337页　精装　27cm
馆藏号：Guojiafz-8600002001213

新绛年鉴·2007
新绛县县志编纂委员会办公室编　主编蔺文煌
运城市古籍印刷厂印刷　2007年12月
372页　精装　27cm
馆藏号：Guojiafz-8600002001184

新绛年鉴·2009
新绛县县志编纂委员会办公室编　主编蔺文煌
运城时代印刷设计中心印刷　2009年12月

419 页　精装　27cm
馆藏号：Guojiafz-8600002001580

新绛年鉴・2010
新绛县县志编纂委员会办公室编　主编蔺文煌
运城时代印刷设计中心印刷　2010 年 12 月
386 页　精装　27cm
馆藏号：Guojiafz-8600002001581

夏县年鉴・2017
夏县年鉴编纂委员会编　主编许毅
山西人民出版社　2017 年 12 月
231 页　精装　29cm
ISBN978-7-203-10192-5
馆藏号：Guojiafz-8600002015763

繁峙年鉴・2017
繁峙县地方志编纂委员会编　主编范吉林　执行主编冯占军
方志出版社　2018 年 1 月
585 页　精装　29cm
ISBN978-7-5144-2969-5
馆藏号：Guojiafz-8600002016996

繁峙年鉴・2018
繁峙县地方志编纂委员会办公室编　主编范吉林　执行主编冯占军
方志出版社　2018 年 8 月
311 页　精装　29cm
ISBN978-7-5144-3191-9
馆藏号：Guojiafz-8600002018041

五寨年鉴・2017
五寨县地方志编纂委员会编　主编朱和森
方志出版社　2017 年 8 月
402 页　精装　29cm
ISBN978-7-5144-2522-2
馆藏号：Guojiafz-8600002016157

临汾年鉴・2001
临汾年鉴编纂委员会编　主编邵玉义
方志出版社　2002 年 12 月
355 页　精装　29cm
ISBN7-80122-888-X
馆藏号：Guojiafz-8600002013088

临汾年鉴・2002
临汾年鉴编纂委员会编　主编邵玉义
方志出版社　2003 年 11 月
444 页　精装　29cm
ISBN7-80192-078-3
馆藏号：Guojiafz-8600002003961

临汾年鉴・2003
临汾年鉴编纂委员会编　主编邵玉义
方志出版社　2004 年 9 月
406 页　精装　29cm
ISBN7-80192-361-8
馆藏号：Guojiafz-8600002007538

临汾年鉴・2004
临汾年鉴编纂委员会编　主编邵玉义
方志出版社　2005 年 5 月
375 页　精装　29cm
ISBN7-80192-513-0
馆藏号：Guojiafz-8600002007648

临汾年鉴・2005
《临汾年鉴》编纂委员会编　主编邵玉义
方志出版社　2006 年 8 月
398 页　精装　29cm
ISBN7-80192-842-3
馆藏号：Guojiafz-8600002004123

临汾年鉴・2006
临汾年鉴编纂委员会编　主编邵玉义
内部印刷
378 页　精装　29cm

准印证号：内部图书准印证（2007）第 042 号
馆藏号：Guojiafz-8600002009026

临汾年鉴・2007
临汾年鉴编纂委员会编　主编邵玉义
内部印刷
544 页　精装　29cm
准印证号：山西省内部图书准印证（2008）L 字第 002 号
馆藏号：Guojiafz-8600002009151

临汾年鉴・2008
临汾年鉴编纂委员会编　主编张瑕
内部印刷
484 页　精装　29cm
准印证号：山西省内部图书准印证（2009）L 字第 080 号
馆藏号：Guojiafz-8600002006373

临汾年鉴・2009
临汾年鉴编纂委员会编　主编张瑕
内部印刷
502 页　精装　29cm
准印证号：山西省内部图书准印证（2010）L 字第 126 号
馆藏号：Guojiafz-8600002009022

临汾年鉴・2015
山西临汾市地方志办公室编　主编尉俊、吴茂林
方志出版社　2015 年 12 月
478 页　精装　29cm
ISBN978-7-5144-1892-7
馆藏号：Guojiafz-8600002013509

临汾年鉴・2016
山西省临汾市地方志办公室编　主编吴茂林
方志出版社　2017 年 1 月
538 页　精装　29cm
ISBN978-7-5144-2340-2
馆藏号：Guojiafz-8600002014654

临汾年鉴・2017
山西省临汾市地方志办公室编　主编吴茂林
方志出版社　2018 年 1 月
584 页　精装　29cm
ISBN978-7-5144-2925-1
馆藏号：Guojiafz-8600002017110

侯马年鉴・2007—2008
中共侯马市委、侯马市人民政府主办　侯马市志编纂委员会办公室编　主编赵建国
三门峡日报印刷厂印刷　2010 年 1 月
319 页　精装　29cm
准印证号：山西省内部图书准印证（2010）L 字第 011 号
馆藏号：Guojiafz-8600002009021

侯马年鉴・2017
中共侯马市委、侯马市人民政府主办　侯马市地方志编纂委员会办公室编　主编柳英
中州古籍出版社　2018 年 3 月
374 页　精装　29cm
ISBN978-7-5348-7778-0
馆藏号：Guojiafz-8600002016327

霍州年鉴・2016
霍州市地方志编纂委员会编　主编赵学惠
方志出版社　2016 年 11 月
457 页　精装　29cm
ISBN978-7-5144-2222-1
馆藏号：Guojiafz-8600002014991

霍州年鉴・2017
霍州市地方志编纂委员会办公室编　主编赵学惠
方志出版社　2017 年 12 月
450 页　精装　29cm
ISBN978-7-5144-2813-1
馆藏号：Guojiafz-8600002015512

霍州年鉴・2018
霍州市地方志编纂委员会办公室编　主编赵学惠

方志出版社　2018 年 8 月
417 页　精装　29cm
ISBN978-7-5144-3295-4
馆藏号：Guojiafz-8600002018046

翼城年鉴・2000—2002
中共翼城县委、翼城县人民政府主办　翼城县史志办公室编　主编赵宝金
中国人民解放军测绘学院印刷厂印刷　2003 年 12 月
295 页　精装　27cm
准印证号：山西省内部图书（2003）39 号
馆藏号：Guojiafz-8600002004063

襄汾年鉴・1991
襄汾县志编纂委员会编　总纂姜福林
内部印刷　1992 年 3 月
346 页　平装　26cm
馆藏号：Guojiafz-8600002001456

襄汾年鉴・1994
襄汾县志编纂委员会编　总编姜福林
襄汾中学印刷厂印刷　1994 年 10 月
162 页　平装　26cm
馆藏号：Guojiafz-8600002001422

襄汾年鉴・2000
《襄汾年鉴》编纂委员会编　总纂关跃明
内部印刷　2001 年 10 月
260 页　精装　27cm
馆藏号：Guojiafz-8600002001423

洪洞年鉴・2015
《洪洞年鉴》编纂委员会编　主编贾立全
北岳文艺出版社　2015 年 11 月
364 页　精装　29cm
ISBN978-7-5378-4596-0
馆藏号：Guojiafz-8600002014633

安泽年鉴・2003—2004
安泽县史志办公室编　主编闫爱萍
临汾日报社印刷厂印刷　2005 年 8 月
317 页　精装　29cm
馆藏号：Guojiafz-8600002000729

安泽年鉴・2005—2006
安泽县史志办公室编　主编闫爱萍
临汾八方印务有限公司印刷　2007 年 7 月
370 页　精装　29cm
馆藏号：Guojiafz-8600002000727

安泽年鉴・2017
安泽县史志办公室主办　安泽县史志办公室编　主编郭胜
方志出版社　2018 年 4 月
432 页　精装　29cm
ISBN978-7-5144-3057-8
馆藏号：Guojiafz-8600002016951

安泽年鉴・2018
中共安泽县委、安泽县人民政府主办　安泽县地方志编纂委员会办公室编　主编郭胜
方志出版社　2018 年 12 月
494 页　精装　29cm
ISBN978-7-5144-3547-4
馆藏号：Guojiafz-8600002017960

浮山年鉴・2006—2009
浮山县人民政府主办　浮山县地方志办公室编　主编李吉瑞
洛阳大彩印刷有限公司印刷　2011 年 7 月
474 页　精装　29cm
准印证号：山西省内部图书准印证（2011）L 字第 035 号
馆藏号：Guojiafz-8600002000728

乡宁年鉴・1985
乡宁县志编纂委员会办公室编　主编郭居明
乡宁县印刷厂印刷　1986 年 7 月

241 页　平装　26cm
馆藏号：Guojiafz-8600002010590

乡宁年鉴·1986
乡宁县志编纂委员会办公室编　主编郭居明
乡宁县印刷厂印刷　1986 年 12 月
275 页　平装　26cm
馆藏号：Guojiafz-8600002010140

乡宁年鉴·2002—2003
山西省乡宁县人民政府主办　山西省乡宁县志编纂委员会办公室编　主编杨立新
内部印刷
257 页　精装　27cm
馆藏号：Guojiafz-8600002009112

乡宁年鉴·2004—2005
乡宁县志编纂委员会办公室编　主编杨立新
山西省运城市东阜印刷厂印刷　2005 年 10 月
402 页　精装　27cm
馆藏号：Guojiafz-8600002006483

乡宁年鉴·2018
乡宁县志编纂委员会办公室编　主编成全红
方志出版社　2019 年 1 月
300 页　精装　29cm
ISBN978-7-5144-3593-1
馆藏号：Guojiafz-8600002018003

大宁政协年鉴·2009—2010
大宁县政协办公室编　主编贺炳文
内部印刷
202 页　平装　29cm
馆藏号：Guojiafz-8600002007597

隰县年鉴·1987
隰县史志编纂委员会主办　隰县史志研究室编　主编张瑞元
隰县印刷厂印刷
184 页　平装　26cm
馆藏号：Guojiafz-8600002001892

永和年鉴·2004
永和县史志办公室编　主编段忠联
永和县文昌印刷有限公司印刷　2006 年 7 月
200 页　平装　20cm
馆藏号：Guojiafz-8600002006500

蒲县年鉴·2000—2002
蒲县地方志编纂委员会编　主编张世贤
内部印刷　2006 年 3 月
367 页　精装　27cm
准印证号：豫内资新出发通字（2006）47 号
馆藏号：Guojiafz-8600002005294

蒲县年鉴·2003
蒲县年鉴编纂委员会编　主编宜晋宝
浙江锡星印刷有限公司印刷　2004 年
362 页　精装　29cm
准印证号：山西省内部图书准印证（2009）L 字第 088 号
馆藏号：Guojiafz-8600002005323

蒲县年鉴·2009
蒲县地方志编纂委员会办公室编　主编王建宏
内部印刷　2010 年 12 月
420 页　精装　29cm
准印证号：山西省内部图书准印证（2010）L 字第 134 号
馆藏号：Guojiafz-8600002005395

蒲县年鉴·2014
蒲县年鉴编纂委员会编　主编王建宏
三晋出版社　2015 年 12 月
477 页　精装　29cm
ISBN978-7-5457-1272-8
馆藏号：Guojiafz-8600002014625

汾西年鉴·2007—2008
中共汾西县委、县人民政府主办　汾西年鉴编纂

委员会、汾西县史志办公室合编　主编牛记明
内部印刷
266页　精装　29cm
馆藏号：Guojiafz-8600002001534

吕梁年鉴·1986—1988
吕梁地区地方志编纂委员会编　主编侯登彬
山西人民印刷厂印刷　1990年7月
313页　精装　27cm
准印证号：山西省新闻出版局内部图书准印证（1990）字第149号
馆藏号：Guojiafz-8600002001799

吕梁年鉴·1989—1990
吕梁地区地方志编纂委员会编　主编侯登彬
山西人民印刷厂印刷　1992年8月
345页　精装　27cm
准印证号：内部图书准印证号（92）字第10号
馆藏号：Guojiafz-8600002009684

吕梁年鉴·1991—1993
吕梁地区地方志编纂委员会编　主编苏俊旗
孝义市新义印刷厂印刷　1999年6月
338页　精装　27cm
馆藏号：Guojiafz-8600002001793

吕梁年鉴·2016
吕梁市地方志编纂委员会办公室编　主编赵秀龙
方志出版社　2017年6月
447页　精装　27cm
ISBN978-7-5144-2432-4
馆藏号：Guojiafz-8600002015163

吕梁年鉴·2017
中共吕梁市委党史研究室（市地方志研究室）编　主编赵秀龙
方志出版社　2019年3月
446页　精装　29cm
ISBN978-7-5144-3201-5
馆藏号：Guojiafz-8600002018175

孝义年鉴·1992—1993
孝义市地方志编纂委员会编　主编王有名
孝义市新义印刷厂印刷　1996年4月
190页　精装　27cm
馆藏号：Guojiafz-8600002001737

孝义年鉴·1994—1995
孝义市地方志编纂委员会编　主编王有名
孝义市新义印刷厂印刷　1997年10月
235页　精装　27cm
馆藏号：Guojiafz-8600002001738

孝义年鉴·1996—1997
孝义市地方志编纂委员会编　主编王有名
孝义市新义印刷厂印刷　1999年5月
234页　精装　27cm
馆藏号：Guojiafz-8600002001736

孝义年鉴·1998—1999
孝义市地方志编纂委员会编　主编王有名
孝义市新义印刷厂印刷　2000年12月
305页　精装　27cm
馆藏号：Guojiafz-8600002001812

孝义年鉴·2000
孝义市地方志编纂委员会编　主编王有名
孝义市新义印刷厂印刷　2002年1月
225页　精装　27cm
馆藏号：Guojiafz-8600002010700

孝义年鉴·2001—2002
孝义市地方志编纂委员会编　主编王有名
三门峡日报印刷厂印刷　2004年1月
370页　精装　27cm
馆藏号：Guojiafz-8600002001176

孝义年鉴·2007—2008
孝义市地方志编纂委员会编　主编吴晓娟
内部印刷

276 页　精装　29cm
馆藏号：Guojiafz-8600002010869

孝义年鉴·2014
孝义市地方志编纂委员会编　主编吴晓娟
山西人民出版社　2016 年 10 月
424 页　精装　29cm
ISBN978-7-203-09695-5
馆藏号：Guojiafz-8600002014124

临县年鉴·2005—2006
山西省临县县委、县政府主办　山西省临县史志办公室编　主编张海红
洛阳晟扬文化传播有限公司印刷分公司印刷
279 页　精装　27cm
馆藏号：Guojiafz-8600002000725

临县年鉴·2007—2008
山西省临县县委、县政府主办　山西省临县史志办公室编　主编张海红
洛阳晟扬文化传播有限公司印刷分公司印刷
349 页　精装　27cm
馆藏号：Guojiafz-8600002000733

柳林年鉴·2000—2004
山西省柳林县人民政府主办　山西省柳林县党史县志办公室编　主编康生指
内部印刷
262 页　精装　27cm
馆藏号：Guojiafz-8600002001586

柳林年鉴·2005—2007
山西省柳林县人民政府主办　山西省柳林县党史县志办公室编　主编张文江
洛阳晟扬文化传播有限公司印刷分公司印刷
363 页　精装　27cm
馆藏号：Guojiafz-8600002001785

石楼年鉴·2006—2010
山西省石楼县县委、县政府主办　山西省石楼县史志办公室编　主编郑凤斌
洛阳晟扬文化传播有限公司印刷分公司印刷
304 页　精装　27cm
馆藏号：Guojiafz-8600002001891

岚县年鉴·2006—2008
中共岚县县委、岚县人民政府主办　岚县史志办公室编　主编郭学民
内部印刷
276 页　精装　27cm
馆藏号：Guojiafz-8600002001735

方山年鉴·1986—1990
方山县地方志编纂委员会编　主编赵凤梅
内部印刷
304 页　平装　26cm
馆藏号：Guojiafz-8600002001794

方山年鉴·2007—2008
中共方山县委、方山县人民政府主办　山西省方山县史志办公室编　主编高海龙
洛阳晟扬文化传播有限公司印刷分公司印刷
211 页　精装　27cm
馆藏号：Guojiafz-8600002001739

中阳年鉴·2006
中阳县史志编纂委员会办公室编　主编许文彦
内部印刷
420 页　精装　29cm
馆藏号：Guojiafz-8600002001893

中阳年鉴·2008
中阳县史志编纂委员会办公室编　主编许文彦
内部印刷
400 页　精装　29cm
馆藏号：Guojiafz-8600002001894

中阳统计年鉴·1992—2004
中阳县统计局编　主编张建平
内部印刷
678 页　精装　29cm
馆藏号：Guojiafz-8600002001886

内蒙古自治区

内蒙古年鉴·1998（创刊号）
内蒙古自治区人民政府主办　内蒙古年鉴编辑部编
主编冯有恩　总纂韩志然、孙海林
方志出版社　1998年10月
849页　精装　27cm
ISBN7-80122-398-5
馆藏号：Guojiafz-8600002005427

内蒙古年鉴·1999—2000
内蒙古自治区人民政府主办　内蒙古自治区地方志办公室年鉴编辑部编　主编乌日吉图
方志出版社　2000年9月
1562页　精装　27cm
ISBN7-80122-587-2
馆藏号：Guojiafz-8600002004490

内蒙古年鉴·2001
内蒙古自治区人民政府主办　内蒙古自治区年鉴编纂委员会编　主编乌日吉图
方志出版社　2001年9月
624页　精装　29cm
ISBN7-80122-716-6
馆藏号：Guojiafz-8600002003334

内蒙古年鉴·2002
内蒙古自治区人民政府主办　内蒙古自治区年鉴编纂委员会编　主编张建功
方志出版社　2002年11月
662页　精装　29cm
ISBN7-80122-856-1
馆藏号：Guojiafz-8600002004404

内蒙古年鉴·2003
内蒙古自治区人民政府主办　内蒙古年鉴编纂委员会编　主编张建功
方志出版社　2003年11月
748页　精装　29cm
ISBN7-80192-065-1
馆藏号：Guojiafz-8600002004626

内蒙古年鉴·2004
内蒙古自治区人民政府主办　内蒙古自治区地方志办公室年鉴编辑部编　主编张建功
方志出版社　2004年12月
866页　精装　29cm
ISBN7-80192-421-5
馆藏号：Guojiafz-8600002000115

内蒙古年鉴·2005
内蒙古自治区人民政府主办　内蒙古年鉴编纂委员会编　主编张建功
方志出版社　2006年3月
602页　精装　29cm
ISBN7-80192-747-8
馆藏号：Guojiafz-8600002000697

内蒙古年鉴·2009
内蒙古自治区人民政府主办《内蒙古年鉴》编纂委员会编　主编张建功
方志出版社　2010年1月
713页　精装　30cm
ISBN978-7-80238-738-6
馆藏号：Guojiafz-8600002011260

内蒙古年鉴・2010
内蒙古自治区人民政府主办　内蒙古自治区地方志编纂委员会办公室编　主编杨泽荣
方志出版社　2010 年 10 月
696 页　精装　29cm
ISBN978-7-80238-832-1
馆藏号：Guojiafz-8600002005163

内蒙古年鉴・2016
内蒙古自治区人民政府主办　内蒙古自治区地方志编纂委员会办公室编　主编胡满达
方志出版社　2016 年 12 月
1088 页　精装　29cm
ISBN978-7-5144-2315-0
馆藏号：Guojiafz-8600002014031

内蒙古年鉴・2017
内蒙古自治区人民政府主办　内蒙古自治区地方志编纂委员会办公室编　主编胡满达
方志出版社　2017 年 12 月
1057 页　精装　29cm
ISBN978-7-5144-2883-4
馆藏号：Guojiafz-8600002017140

内蒙古电力工业年鉴・2007
内蒙古电力史志编纂委员会办公室编
主编赵振方
内蒙古文化出版社　2007 年 12 月
509 页　精装　29cm
ISBN7-80506-159-9
馆藏号：Guojiafz-8600002010006

国网内蒙古东部电力有限公司年鉴・2016
国网内蒙古东部电力有限公司年鉴史志编纂委员会编　主编李敏强
中国电力出版社　2017 年 7 月
166 页　精装　29cm
ISBN978-7-5198-0880-8
馆藏号：Guojiafz-8600002016854

内蒙古科学技术年鉴・1995
内蒙古自治区科学技术委员会编　主编谢仲元
内蒙古人民出版社　1996 年 12 月
570 页　精装　27cm
ISBN7-204-03287-X
馆藏号：Guojiafz-8600002009454

内蒙古科学技术年鉴・1996
内蒙古自治区科学技术委员会编　主编谢仲元
内蒙古人民出版社　1997 年 3 月
343 页　精装　27cm
ISBN7-204-03807-X
馆藏号：Guojiafz-8600002004720

内蒙古统计年鉴・2013
内蒙古自治区统计局编　主编胡敏谦
中国统计出版社　2013 年 9 月
789 页　精装　31cm
ISBN978-7-5037-6933-7
馆藏号：Guojiafz-8600002015403

呼和浩特年鉴・2010
呼和浩特市人民政府主办　呼和浩特市地方志办公室编　主编王珺
内蒙古大学出版社　2012 年 8 月
572 页　精装　29cm
ISBN978-7-5665-0162-2
馆藏号：Guojiafz-8600002004224

呼和浩特年鉴・2011
呼和浩特市人民政府主办　呼和浩特市地方志办公室编　主编王珺
内蒙古大学出版社　2013 年 2 月
532 页　精装　29cm
ISBN978-7-5665-0343-5
馆藏号：Guojiafz-8600002010696

呼和浩特铁路局年鉴・1997
呼和浩特铁路局年鉴编纂委员会编　主编陈向前
中国铁道出版社　1997 年 8 月

414 页　精装　27cm
ISBN7-113-02883-7
馆藏号：Guojiafz-8600002005036

呼和浩特铁路局年鉴·1998
呼和浩特铁路局史志办公室编　主编陈向前
中国铁道出版社　1998 年 10 月
388 页　精装　27cm
ISBN7-113-03147-1
馆藏号：Guojiafz-8600002008296

呼和浩特铁路局工程处年鉴·1989—1990
呼铁工程处年鉴编纂委员会编　主编陈金生
内部印刷
215 页　精装　26cm
馆藏号：Guojiafz-8600002007785

包头年鉴·1985
包头市地方志史编修办公室编
包头市第一印刷厂印刷
434 页　精装　21cm
馆藏号：Guojiafz-8600002006436

包钢年鉴·2000—2001
包头钢铁（集团）有限责任公司编　主编周茂森
内蒙古人民出版社　2001 年 12 月
334 页　精装　29cm
ISBN7-204-06068-7
馆藏号：Guojiafz-8600002004347

乌海电业局年鉴·2000—2003
《乌海电业局》年鉴编纂委员会编　主编赵振方
内蒙古文化出版社　2007 年 6 月
281 页　精装　29cm
ISBN7-80506-159-9
馆藏号：Guojiafz-8600002007109

乌海电业局年鉴·2007—2008
《乌海电业局年鉴》编纂委员会编　主编王海诚
乌海市丰华彩色印刷厂印刷　2009 年 4 月
275 页　精装　29cm
馆藏号：Guojiafz-8600002010174

乌海电业局年鉴·2009
《乌海电业局年鉴》编纂委员会编　主编郝占彪、王刚
乌海市先行印刷厂印刷　2009 年 12 月
224 页　精装　30cm
馆藏号：Guojiafz-8600002010176

乌海电业局年鉴·2010—2011
乌海电业局年鉴编纂委员会编　主编郝占彪、张宝刚
乌海市先行印刷厂印刷
252 页　精装　29cm
藏号：Guojiafz-8600002011020

乌海电业局年鉴·2012
乌海电业局年鉴编纂委员会编　主编郝占彪、张宝刚
乌海市先行印刷厂印刷
182 页　精装　29cm
馆藏号：Guojiafz-8600002010177

赤峰年鉴特刊赤峰二十年·1983—2003
赤峰市人民政府主办　赤峰市地方志办公室编
主编杨远新　执行主编唐玉茹
内蒙古文化出版社　2003 年 10 月
331 页　精装　29cm
ISBN7-80506-883-6
馆藏号：Guojiafz-8600002010811

赤峰年鉴·1998
赤峰市人民政府主办　赤峰市地方志办公室编
主编曹旺　总纂孙晓雷
方志出版社　1998 年 10 月
493 页　精装　27cm
ISBN7-80122-359-4
馆藏号：Guojiafz-8600002012734

赤峰年鉴·2011
赤峰市人民政府主办　赤峰市人民政府地方志办公室编　主编唐玉茹
内蒙古文化出版社　2012 年 11 月
306 页　精装　29cm
ISBN978-7-5521-0163-8
馆藏号：Guojiafz-8600002015470

赤峰年鉴·2016
赤峰市人民政府主办　赤峰市人民政府地方志办公室编　主编唐玉茹
内蒙古文化出版社　2017 年 7 月
294 页　精装　29cm
ISBN978-7-5521-1320-4
馆藏号：Guojiafz-8600002016190

红山年鉴·2015
红山区地方志编纂委员会办公室编　主编刘海婷
方志出版社　2018 年 9 月
209 页　精装　29cm
ISBN978-7-5144-3357-9
馆藏号：Guojiafz-8600002018337

松山年鉴·1992—1996
赤峰市松山区人民政府主办　赤峰市松山区地方志办公室编　主编李云昌　总纂鲁殿华
内蒙古人民出版社　1999 年 11 月
694 页　精装　27cm
ISBN7-204-05000-2
馆藏号：Guojiafz-8600002018619

松山年鉴·1997—2001
赤峰市松山区人民政府主办　赤峰市松山区地方志办公室编　主编鲁殿华
内蒙古人民出版社　2002 年 4 月
644 页　精装　29cm
ISBN7-204-06172-1
馆藏号：Guojiafz-8600002007290

松山年鉴·2007—2011
赤峰市松山区人民政府主办　赤峰市松山区人民政府地方志办公室编　主编鲁殿华
内蒙古文化出版社　2012 年 7 月
639 页　精装　29cm
ISBN978-7-5521-0068-6
馆藏号：Guojiafz-8600002019557

松山年鉴·2012—2013
赤峰市松山区人民政府主办　松山区地方志编纂委员会办公室编　主编宫泽显
光明日报出版社　2017 年 10 月
416 页　精装　29cm
ISBN978-7-5194-3446-5
馆藏号：Guojiafz-8600002019613

松山年鉴·2014—2017
松山区人民政府主办　松山区地方志编纂委员会办公室编　主编宫泽显
云南科技出版社　2020 年 6 月
763 页　精装　29cm
ISBN978-7-5587-2602-6
馆藏号：Guojiafz-8600002019558-60

松山年鉴·2018
松山区地方志编纂委员会办公室编　主编宫泽显
方志出版社　2019 年 10 月
206 页　平装　29cm
ISBN978-7-5144-3955-7
馆藏号：Guojiafz-8600002019555-6

松山年鉴·2019
松山区人民政府主办　松山区地方志编纂委员会办公室编　主编宫泽显
中国文史出版社　2019 年 12 月
209 页　精装　29cm
ISBN978-7-5205-1598-6
馆藏号：Guojiafz-8600002018545-7

宁城年鉴·1998
宁城县人民政府主办　宁城年鉴编写办公室编　主编李文
宁城县教育印刷厂印刷　1998年11月
219页　平装　26cm
准印证号：内新图准字（98）第91号
馆藏号：Guojiafz-8600002013472

宁城年鉴·2013
宁城县人民政府主办　宁城县地方志办公室编　主编魏利达
内蒙古文化出版社　2013年12月
171页　精装　29cm
ISBN978-7-5521-0520-9
馆藏号：Guojiafz-8600002016063

通辽年鉴·2016
中共通辽市委、通辽市人民政府主办　中共通辽市委史志办公室编　主编程志峰
内蒙古文化出版社　2016年11月
380页　精装　29cm
ISBN978-7-5521-1174-3
馆藏号：Guojiafz-8600002014724

通辽年鉴·2017
中共通辽市委史志办公室编　主编程志峰
方志出版社　2017年12月
413页　精装　29cm
ISBN978-7-5144-2886-5
馆藏号：Guojiafz-8600002016733

薛家湾供电局年鉴·2005
《薛家湾供电局年鉴》编纂委员会编　主编王济轮、董瑞
内蒙古文化出版社　2005年10月
131页　平装　26cm
ISBN7-80506-731-7
馆藏号：Guojiafz-8600002004900

薛家湾供电局年鉴·2006
《薛家湾供电局年鉴》编纂委员会编　主编王济轮、董瑞
内蒙古文化出版社　2006年6月
161页　平装　26cm
ISBN7-80506-731-7
馆藏号：Guojiafz-8600002004899

杭锦旗年鉴·2015—2016
杭锦旗史志办公室编　主编杨智凯
方志出版社　2018年9月
323页　平装　29cm
ISBN978-7-5144-3362-3
馆藏号：Guojiafz-8600002018336

呼伦贝尔年鉴·2010
中共呼伦贝尔市委、呼伦贝尔市人民政府主办
呼伦贝尔市档案史志局编　主编初建伟
内蒙古文化出版社　2010年11月
391页　精装　29cm
ISBN7-80675-084-3
馆藏号：Guojiafz-8600002013984

呼伦贝尔年鉴·2011
中共呼伦贝尔市委、呼伦贝尔市人民政府主办
呼伦贝尔市档案史志局编　主编初建伟
内蒙古文化出版社　2011年11月
379页　精装　29cm
ISBN7-80675-084-3
馆藏号：Guojiafz-8600002013985

呼伦贝尔年鉴·2012
中共呼伦贝尔市委、呼伦贝尔市政府主办
呼伦贝尔市档案史志局编　主编初建伟
内蒙古文化出版社　2015年10月
381页　精装　29cm
ISBN7-80675-084-3
馆藏号：Guojiafz-8600002013986

呼伦贝尔年鉴·2013
中共呼伦贝尔市委、呼伦贝尔市人民政府主办
呼伦贝尔市档案史志局编　主编初建伟
内蒙古文化出版社　2015年12月
388页　精装　29cm
ISBN7-80675-084-3
馆藏号：Guojiafz-8600002013987

呼伦贝尔年鉴·2014
中共呼伦贝尔市委、呼伦贝尔市人民政府主办
呼伦贝尔市档案史志局编　主编初建伟
执行主编包正清、杜春鹏
内蒙古文化出版社　2016年4月
342页　精装　29cm
ISBN7-80675-084-3
馆藏号：Guojiafz-8600002013988

呼伦贝尔年鉴·2015
中共呼伦贝尔市委、呼伦贝尔市人民政府主办
呼伦贝尔市档案史志局编　主编李兴平
执行主编杜海娇、杜春鹏
内蒙古文化出版社　2016年10月
360页　精装　29cm
ISBN7-80675-084-3
馆藏号：Guojiafz-8600002013989

呼伦贝尔年鉴·2016
中共呼伦贝尔市委、市人民政府主办　呼伦贝尔市档案史志局编　主编李兴平
执行主编杜海娇、杜春鹏
内蒙古文化出版社　2016年12月
440页　精装　29cm
ISBN7-80675-084-3
馆藏号：Guojiafz-8600002013990

呼伦贝尔年鉴·2017
中共呼伦贝尔市委、市人民政府主办　呼伦贝尔市档案史志局编　主编李兴平
执行主编杜海娇、杜春鹏
内蒙古文化出版社　2017年12月
441页　精装　29cm
ISBN978-7-5521-1395-2
馆藏号：Guojiafz-8600002015580

海拉尔年鉴·2017
中共海拉尔区委、区人民政府主办　海拉尔年鉴编纂委员会、海拉尔区档案史志局合编
主编白福君
内蒙古文化出版社　2018年2月
302页　精装　29cm
ISBN978-7-5521-1429-4
馆藏号：Guojiafz-8600002016513

海拉尔铁路分局年鉴·1989
海拉尔铁路分局年鉴编纂委员会编　主编刘电忱
中国铁道出版社　1990年9月
443页　精装　27cm
ISBN7-113-00910-7
馆藏号：Guojiafz-8600002008291

海拉尔铁路分局年鉴·1990—1991
海拉尔铁路分局年鉴编纂委员会编　主编刘电忱、毕运昌
中国铁道出版社　1992年10月
643页　精装　27cm
ISBN7-113-01356-2
馆藏号：Guojiafz-8600002007474

海拉尔铁路分局年鉴·2002
海拉尔铁路分局办公室志鉴编辑部编
主编赵志旺、范兆才　执行主编赵圣东
深圳市佳信达印务有限公司印刷　2002年12月
384页　精装　29cm
馆藏号：Guojiafz-8600002009403

海拉尔分局年鉴·2003
海拉尔铁路分局办公室志鉴编辑部编
主编赵志旺　执行主编赵圣东
深圳市佳正航印刷制版有限公司印刷　2003年
408页　精装　29cm

CN23-1482
馆藏号：Guojiafz-8600002007499

哈尔滨铁路局海拉尔分局年鉴·2004
海拉尔铁路分局办公室志鉴编辑部编
主编赵志旺　执行主编赵圣东
深圳市佳正航包装设计有限公司印刷　2004年12月
428页　精装　29cm
馆藏号：Guojiafz-8600002009538

牙克石市年鉴·1999
牙克石市史志编纂委员会编　主编李洪杰
牙克石市人民政府铅印室印刷　1999年9月
380页　平装　19cm
准印证号：内新图准字（1998）第46号
馆藏号：Guojiafz-8600002006637

扎兰屯年鉴·2015
中共扎兰屯市委、扎兰屯市人民政府主管　扎兰屯市档案史志局编　主编赵凤梅
呼伦贝尔市巍利斯印业有限责任公司印刷　2015年11月
525页　精装　29cm
准印证号：内新广图准字（2015）42号
馆藏号：Guojiafz-8600002014712

扎兰屯年鉴·2016
中共扎兰屯市委、扎兰屯市人民政府主办　扎兰屯市档案史志局编　主编赵凤梅
呼伦贝尔市巍利斯印业有限责任公司印刷　2016年12月
576页　精装　29cm
准印证号：（蒙图）2016072号
馆藏号：Guojiafz-8600002014715

额尔古纳右旗年鉴·1988
额尔古纳右旗档案馆编　主编宫桂兰
内蒙古文化出版社　1989年5月
287页　精装　21cm
ISBN7-80506-059-6
馆藏号：Guojiafz-8600002006497

额尔古纳右旗年鉴·1989
额尔古纳右旗档案馆编　主编宫桂兰
内部印刷　1991年2月
294页　精装　21cm
馆藏号：Guojiafz-8600002006496

额尔古纳右旗年鉴·1990—1991
额尔古纳右旗档案馆编　主编宫桂兰
内部印刷　1992年9月
509页　精装　21cm
馆藏号：Guojiafz-8600002013220

鄂伦春自治旗年鉴·2015
中共鄂伦春自治旗委、旗人民政府主办　鄂伦春自治旗档案史志局编　主编董明杰　总纂杜灵丽
内蒙古文化出版社　2016年10月
273页　精装　29cm
ISBN978-7-5521-1175-0
馆藏号：Guojiafz-8600002014718

巴彦淖尔年鉴·1999
巴彦淖尔盟行政公署主办　巴彦淖尔盟地方志编纂委员会办公室编　主编贺涛
内蒙古人民出版社　2000年7月
447页　精装　27cm
ISBN7-204-05312-5
馆藏号：Guojiafz-8600002003584

巴彦淖尔年鉴·2004
巴彦淖尔市人民政府主办　巴彦淖尔市地方志办公室编　主编詹耀中
内蒙古文化出版社　2005年11月
416页　精装　29cm
ISBN7-80506-922-0
馆藏号：Guojiafz-8600002004839

磴口年鉴·2016—2017
磴口年鉴编纂委员会编　主编李玉梅　总编纂庞美仙
方志出版社　2018 年 11 月
428 页　平装　29cm
ISBN978-7-5144-3358-6
馆藏号：Guojiafz-8600002018353

商都年鉴·2017
商都县史志办公室编　主编魏兆
方志出版社　2018 年 11 月
278 页　平装　29cm
ISBN978-7-5144-3785-1
馆藏号：Guojiafz-8600002018348

商都年鉴·2018
商都县史志办公室编　主编魏兆
方志出版社　2019 年 6 月
299 页　平装　29cm
ISBN978-7-5144-3770-6
馆藏号：Guojiafz-8600002018335

兴安年鉴·2007—2008（创刊号）
兴安盟行政公署主办　兴安盟地方志办公室编
主编陶特格　总编纂窦向华
内蒙古文化出版社　2008 年 12 月
485 页　精装　29cm
ISBN978-7-80675-533-4
馆藏号：Guojiafz-8600002019664

兴安年鉴·2009
兴安盟行政公署主办　兴安盟地方志办公室编
主编陶特格　总编纂窦向华
赤峰彩世印刷有限公司印刷　2009 年 12 月
367 页　精装　29cm
准印证号：内新图准字（2009）第 122 号
馆藏号：Guojiafz-8600002019654

兴安年鉴·2010
兴安盟行政公署主办　兴安盟地方志办公室编
主编陶特格
赤峰彩世印刷有限公司印刷　2010 年 11 月
390 页　精装　29cm
准印证号：内新图准字（2010）第 117 号
馆藏号：Guojiafz-8600002019649-50

兴安年鉴·2011
兴安盟行政公署主办　兴安盟地方志办公室编
主编陶特格
赤峰彩世印刷有限公司印刷　2011 年 10 月
412 页　精装　29cm
准印证号：内新图准字（2011）第 218 号
馆藏号：Guojiafz-8600002019651-3

兴安年鉴·2012
兴安盟行政公署主办　兴安盟地方志办公室编
主编陶特格　总编纂窦向华
赤峰彩世印刷有限公司印刷　2012 年 12 月
408 页　精装　29cm
准印证号：内新图准字（2012）第 99 号
馆藏号：Guojiafz-8600002019656

兴安年鉴·2013
兴安盟行政公署主办　兴安盟地方志办公室编
主编陶特格　总编纂窦向华
赤峰彩世印刷有限公司印刷　2013 年 12 月
404 页　精装　29cm
准印证号：内新图准字（2013）第 81 号
馆藏号：Guojiafz-8600002019661

兴安年鉴·2014
兴安盟行政公署主办　兴安盟地方志办公室编
主编陶特格　总编纂窦向华
赤峰彩世印刷有限公司印刷　2014 年 11 月
388 页　精装　29cm
准印证号：内新广图准字（2014）第 55 号
馆藏号：Guojiafz-8600002019660

兴安年鉴·2015
兴安盟行政公署主办　兴安盟地方志办公室编

主编陶特格　总编纂窦向华
赤峰彩世印刷有限公司印刷　2015 年 10 月
438 页　精装　29cm
准印证号：内新广图准字（2015）第 23 号
馆藏号：Guojiafz-8600002019662

兴安年鉴·2016
兴安盟行政公署主办　兴安盟地方志办公室编
主编岳晓勇　总编纂窦向华
赤峰彩世印刷有限公司印刷　2016 年 12 月
379 页　精装　29cm
准印证号：(蒙图）2016124 号
馆藏号：Guojiafz-8600002019655

兴安年鉴·2017
兴安盟行政公署主办　兴安盟地方志办公室编
主编岳晓勇　总编纂窦向华
呼伦贝尔市巍利斯印业有限公司印刷　2017 年 10 月
425 页　精装　29cm
准印证号：(蒙图）2017056 号
馆藏号：Guojiafz-8600002019658

兴安年鉴·2018
兴安盟行政公署主办　兴安盟地方志办公室编
主编岳晓勇
赤峰彩世印刷有限公司印刷　2018 年 11 月
404 页　精装　29cm
准印证号：(蒙图）2018015 号
馆藏号：Guojiafz-8600002019659

兴安年鉴·2019
兴安盟地方志办公室编　主编岳晓勇
中共党史出版社　2019 年 12 月
378 页　精装　29cm
ISBN978-7-5098-5340-5
馆藏号：Guojiafz-8600002019663

科尔沁右翼前旗年鉴·2006—2008（创刊号）
科尔沁右翼前旗人民政府主办　科尔沁右翼前旗党史地方志局编　主编白振山　总编撰王学东
赤峰彩世印刷有限公司印刷　2011 年 11 月
581 页　精装　30cm
准印证号：内新图准字（2011）第 150 号
馆藏号：Guojiafz-8600002010057

锡林郭勒年鉴·2002
锡林郭勒盟党史地方志编纂委员会办公室编
主编孙太元
内蒙古文化出版社　2002 年 12 月
408 页　精装　27cm
ISBN7-80675-132-7
馆藏号：Guojiafz-8600002005207

锡林郭勒年鉴·2011
锡林郭勒盟党史地方志编纂委员会办公室编
主编魏琢
内蒙古文化出版社　2011 年 12 月
492 页　精装　27cm
ISBN978-7-80675-924-0
馆藏号：Guojiafz-8600002009857

锡林郭勒年鉴·2012
锡林郭勒盟党史地方志编纂委员会办公室编
主编魏琢
内蒙古文化出版社　2012 年 12 月
518 页　精装　27cm
ISBN978-7-5521-0320-5
馆藏号：Guojiafz-8600002010601

锡林郭勒年鉴·2013
锡盟党史地方志编纂委员会办公室编　主编魏琢
内蒙古文化出版社　2014 年 7 月
455 页　精装　27cm
ISBN978-7-5521-0537-7
馆藏号：Guojiafz-8600002016016

锡林浩特年鉴·2009
锡林浩特市地方志编纂委员会年鉴编辑部编
赤峰中正制作印务有限公司印刷　2009 年 12 月

335 页　精装　27cm
准印证号：内新图准字（2009）第 4 号
馆藏号：Guojiafz-8600002010986

锡林浩特年鉴・2010
锡林浩特市地方志编纂委员会年鉴编辑部编
总编钢苏和　主编王栋军
赤峰中正制作印务有限公司印刷　2010 年 12 月
369 页　精装　27cm
准印证号：内新图准字（2009）第 4 号
馆藏号：Guojiafz-8600002010642

锡林浩特年鉴・2011
锡林浩特市人民政府主办　锡林浩特市地方志编纂委员会年鉴编辑部编　总编钢苏和　主编王栋军
北京市视觉彩色印务有限公司印刷　2011 年 12 月
659 页　精装　29cm
准印证号：内新图准字（2009）第 4 号
馆藏号：Guojiafz-8600002010834

锡林浩特年鉴・2014
锡林浩特市人民政府主办　锡林浩特市人民政府地方志办公室编　总编钢苏和　主编王栋军
辽宁民族出版社　2015 年 4 月
470 页　精装　29cm
ISBN978-7-5497-1026-3
馆藏号：Guojiafz-8600002010453

锡林浩特年鉴・2015（蒙汉对照）
锡林浩特市人民政府地方志办公室编
总编钢苏和
辽宁民族出版社　2017 年 2 月
440 页　精装　29cm
ISBN978-7-5497-1594-7
馆藏号：Guojiafz-8600002014716

锡林浩特年鉴・2016（蒙汉对照）
锡林浩特市人民政府地方志办公室编
总编钢苏和
方志出版社　2018 年 2 月
421 页　精装　29cm
ISBN978-7-5144-3003-5
馆藏号：Guojiafz-8600002017160

锡林浩特年鉴・2017（蒙汉对照）
锡林浩特市史志办编　主编钢苏和
方志出版社　2018 年 4 月
467 页　精装　29cm
ISBN978-7-5144-3062-2
馆藏号：Guojiafz-8600002016950

锡林浩特年鉴・2018
锡林浩特市史志办编　总编钢苏和
方志出版社　2018 年 12 月
679 页　精装　29cm
ISBN978-7-5144-3691-4
馆藏号：Guojiafz-8600002018167

二连浩特市统计年鉴・2014
二连浩特市统计局编　主编海霞
西安合鑫统计资料印刷厂印刷　2014 年 8 月
250 页　精装　30cm
馆藏号：Guojiafz-8600002010904

西乌珠穆沁年鉴・2016
西乌珠穆沁旗党史地方志编纂委员会办公室编
主编尹常喜
内蒙古文化出版社　2017 年 12 月
427 页　精装　29cm
ISBN978-7-5521-0920-7
馆藏号：Guojiafz-8600002016735

乌拉盖年鉴・2015（创刊号）
锡林郭勒盟乌拉盖管理区党史地方志办公室编
主编苗德雨
内蒙古文化出版社　2016 年 3 月
293 页　精装　27cm
ISBN978-7-5521-1012-8
馆藏号：Guojiafz-8600002015009

阿拉善年鉴·2009—2010
阿拉善盟行政公署主办　阿拉善盟档案地方史志局编　主编金山　总纂高世宏
内蒙古文化出版社　2011 年 10 月
614 页　精装　27cm
ISBN978-7-80675-581-5
馆藏号：Guojiafz-8600002002649

阿拉善左旗年鉴·2017
阿拉善左旗档案史志局编　主编郭康军
方志出版社　2018 年 12 月
337 页　平装　29cm
ISBN978-7-5144-3096-7
馆藏号：Guojiafz-8600002018349

额济纳年鉴·2011—2012
额济纳年鉴编纂委员会主办　主编李靖
内蒙古文化出版社　2014 年 3 月
609 页　精装　29cm
ISBN978-7-5521-0524-7
馆藏号：Guojiafz-8600002015406

辽宁省

辽宁年鉴·1994
辽宁年鉴编辑委员会编　总编辑张本勃
中国统计出版社　1994年8月
503页　精装　26cm
ISBN7-5037-1541-3
馆藏号：Guojiafz-8600002005182

辽宁年鉴·2009
辽宁省人民政府主办　辽宁年鉴编辑部编
主编张晶
辽宁省统计局印刷厂印刷　2009年10月
434页　精装　29cm
ISSN1007-709X
馆藏号：Guojiafz-8600002010612

辽宁年鉴·2014
辽宁省人民政府主办　辽宁年鉴编辑部编
主编张晶
辽宁省印刷技术研究所印刷　2014年10月
480页　精装　29cm
ISSN1007-709X
馆藏号：Guojiafz-8600002016067

中国石油辽河石油勘探局年鉴·2003
辽河石油勘探局史志编纂委员会编　主编牛丽波
方志出版社　2004年6月
328页　精装　27cm
ISBN7-80192-207-7
馆藏号：Guojiafz-8600002012866

中国石油辽河石油勘探局年鉴·2004
辽河石油勘探局史志编纂委员会编　主编牛丽波
方志出版社　2005年7月
369页　精装　27cm
ISBN7-80192-559-9
馆藏号：Guojiafz-8600002008657

中国石油辽河石油勘探局年鉴·2006
中国石油辽河石油勘探局史志编纂委员会编
主编牛丽波
方志出版社　2007年4月
409页　精装　27cm
ISBN978-7-80238-010-3
馆藏号：Guojiafz-8600002003826

中国石油辽河石油勘探局年鉴·2007
中国石油辽河石油勘探局史志编纂委员会编
主任孙崇仁、张凤山
方志出版社　2007年9月
449页　精装　27cm
ISBN978-7-80238-152-0
馆藏号：Guojiafz-8600002008589

中国石油辽河石油勘探局年鉴·2008
中国石油辽河石油勘探局史志编纂委员会编
主编田英、鲁艳萍
方志出版社　2008年12月
570页　精装　27cm
ISBN978-7-80238-463-7
馆藏号：Guojiafz-8600002011246

中国石油辽河油田分公司年鉴·2002
辽河油田分公司史志编纂委员会编　主编李薇
方志出版社　2002 年 11 月
353 页　精装　27cm
ISBN7-80122-873-1
馆藏号：Guojiafz-8600002013070

中国石油辽河油田分公司年鉴·2003
辽河油田分公司史志编纂委员会编　主编杨振喜
方志出版社　2003 年 11 月
373 页　精装　27cm
ISBN7-80192-093-7
馆藏号：Guojiafz-8600002002135

中国石油辽河油田分公司年鉴·2004
辽河油田分公司史志编纂委员会编　主编杨振喜
方志出版社　2004 年 10 月
345 页　精装　27cm
ISBN7-80192-368-5
馆藏号：Guojiafz-8600002004129

中国石油辽河油田公司年鉴·2005
辽河油田公司史志编纂委员会编　主编杨振喜
方志出版社　2006 年 1 月
365 页　精装　27cm
ISBN7-80192-717-6
馆藏号：Guojiafz-8600002007700

中国石油辽河油田公司年鉴·2006
中国石油辽河油田公司史志编纂委员会编
主编杨振喜
方志出版社　2006 年 12 月
397 页　精装　27cm
ISBN7-80192-957-8
馆藏号：Guojiafz-8600002012024

辽河油田公司年鉴·2007
中国石油辽河油田公司史志编纂委员会编
主编杨振喜
方志出版社　2007 年 9 月
397 页　精装　27cm
ISBN978-7-80238-151-3
馆藏号：Guojiafz-8600002012410

辽河油田公司年鉴·2008
中国石油辽河油田公司史志编纂委员会办公室编
主编杨振喜
方志出版社　2008 年 12 月
444 页　精装　27cm
ISBN978-7-80238-462-0
馆藏号：Guojiafz-8600002002041

辽河油田年鉴·2009
辽河油田公司史志编纂委员会编　主编杨振喜
方志出版社　2009 年 12 月
497 页　精装　29cm
ISBN978-7-80238-716-4
馆藏号：Guojiafz-8600002000818

中国石油辽河油田年鉴·2010
辽河油田公司史志编纂委员会编　主编杨振喜
方志出版社　2010 年 11 月
441 页　精装　29cm
ISBN978-7-80238-989-2
馆藏号：Guojiafz-8600002011332

中国石油辽河油田年鉴·2011
辽河油田公司史志编纂委员会编　主编梁永宏、曲永州
方志出版社　2011 年 12 月
474 页　精装　29cm
ISBN978-7-5144-0359-6
馆藏号：Guojiafz-8600002005756

中国石油辽河油田公司年鉴·2012
辽河油田公司史志编纂委员会编　主编梁永宏、曲永州
方志出版社　2013 年 1 月
439 页　精装　29cm
ISBN7-5144-0801-0
馆藏号：Guojiafz-8600002011673

中国石油辽河油田公司年鉴·2013
辽河油田公司史志编纂委员会编　主编梁永宏、曲永州
方志出版社　2014 年 1 月
412 页　精装　29cm
ISBN978-7-5144-1181-2
馆藏号：Guojiafz-8600002007034

中国石油辽河油田公司年鉴·2014
辽河油田公司史志编纂委员会编　主编曲永州
方志出版社　2015 年 2 月
394 页　精装　29cm
ISBN978-7-5144-1568-1
馆藏号：Guojiafz-8600002010807

辽河油田公司欢喜岭采油厂年鉴·2014
辽河油田公司欢喜岭采油厂史志编纂委员会编　主编章明
方志出版社　2014 年 11 月
270 页　精装　29cm
ISBN978-7-5144-1451-6
馆藏号：Guojiafz-8600002005718

中国石油辽河石化公司年鉴·2011
辽河石化公司史志编纂委员会编　主编马德君
方志出版社　2011 年 7 月
400 页　精装　27cm
ISBN978-7-5144-0152-3
馆藏号：Guojiafz-8600002011900

辽宁省普通教育年鉴·1949—1985
辽宁省教育志编纂委员会编　主编苏甫
辽宁大学出版社　1988 年 12 月
1137 页　精装　26cm
ISBN7-5610-0588-1
馆藏号：Guojiafz-8600002007514

沈阳综合年鉴·2013
沈阳市人民政府地方志办公室编　主编陈海波
沈阳出版社　2013 年 10 月
580 页　精装　29cm
ISBN978-7-5441-5645-5
馆藏号：Guojiafz-8600002017550

沈阳综合年鉴·2016
沈阳市人民政府地方志办公室编　主编吴歌
执行主编王春湖
沈阳出版社　2016 年 11 月
559 页　精装　29cm
ISBN978-7-5441-7963-8
馆藏号：Guojiafz-8600002017379

沈阳综合年鉴·2017
沈阳市人民政府地方志办公室编　主编吴歌
执行主编王春湖
沈阳出版社　2017 年 12 月
571 页　精装　29cm
ISBN978-7-5441-8854-8
馆藏号：Guojiafz-8600002016382

沈阳铁路局年鉴·2008
沈阳铁路局年鉴编委会编　主编李志恒
沈阳铁路局年鉴社　2008 年 11 月
334 页　精装　27cm
ISSN1009-7120
馆藏号：Guojiafz-8600002002178

沈阳铁路局年鉴·2013
沈阳铁路局年鉴编委会编　主编郭宏伟
沈阳铁路局年鉴社　2013 年 12 月
343 页　精装　27cm
ISSN1009-7120
馆藏号：Guojiafz-8600002015506

沈阳造币厂年鉴·2007
沈阳造币厂年鉴编纂委员会编　总编董江
主编李大中
方志出版社　2008 年 1 月
160 页　精装　29cm
ISBN978-7-80238-259-6
馆藏号：Guojiafz-8600002012688

法库年鉴·1986—1990
沈阳市法库县地方志办公室编　总编辑耿才友
沈阳出版社　1994年6月
547页　精装　27cm
ISBN7-5441-0153-3
馆藏号：Guojiafz-8600002005503

大连年鉴·1987—1989
大连市地方志编纂委员会办公室编　主编康积惠
大连出版社　1990年10月
615页　精装　27cm
ISBN7-80555-325-4
馆藏号：Guojiafz-8600002006493

大连年鉴·1990
大连市地方志编纂委员会办公室编　主编康积惠
大连出版社　1991年7月
264页　精装　27cm
ISBN7-80555-464-1
馆藏号：Guojiafz-8600002009370

大连年鉴·2003
中共大连市委员会主办　大连市史志办公室编
主编王佩平　执行主编孙颖、郑彬
大连海大印刷厂有限公司印刷　2003年10月
419页　精装　29cm
ISSN1671-3001
馆藏号：Guojiafz-8600002004779

大连年鉴·2006
中共大连市委员会主管　大连市史志办公室主办
大连市年鉴编辑部编　主编杲树、王佩平　执行主编孙颖、郑彬
大连海大印刷厂有限公司印刷　2006年11月
464页　精装　29cm
ISSN1671-3001
馆藏号：Guojiafz-8600002013387

大连年鉴·2007
中共大连市委员会主管　大连市史志办公室主办
大连市年鉴编辑部编　主编杲树　执行主编孙颖、郑彬
大连海大印刷厂有限公司印刷　2007年11月
452页　精装　29cm
ISSN1671-3001
馆藏号：Guojiafz-8600002010012

大连年鉴·2008
中共大连市委员会主管　大连市史志办公室主办
大连年鉴编辑部编　主编杲树　执行主编孙颖、郑彬
大连海大印刷厂有限公司印刷　2008年11月
468页　精装　29cm
ISSN1671-3001
馆藏号：Guojiafz-8600002003041

大连年鉴·2009
中共大连市委员会主管　大连市史志办公室主办
大连市年鉴编辑部编　主编杲树　执行主编郑彬
大连海大印刷厂有限公司印刷　2009年10月
464页　精装　29cm
ISSN1671-3001
馆藏号：Guojiafz-8600002000552

大连年鉴·2010
中共大连市委员会主管　中共大连市市委党史研究室主办　大连市年鉴编辑部编　主编杲树
执行主编郑彬、刘成
大连海大印刷厂有限公司印刷　2010年11月
508页　精装　29cm
ISSN1671-3001
馆藏号：Guojiafz-8600002002218

大连年鉴·2013
中共大连市委员会主管　中共大连市委党史研究室（大连市地方志办公室）主办　大连年鉴编辑部编　主编李奇、陈序平　执行主编郑彬、刘成
大连海大印刷厂有限公司印刷　2013年11月
584页　精装　29cm
ISSN1671-3001
馆藏号：Guojiafz-8600002010870

大连年鉴·2014
中共大连市委员会主管　中共大连市委党史研究室（大连市地方志办公室）主办　大连年鉴编辑部编　主编李奇　执行主编郑彬、刘成
大连海大印刷厂有限公司印刷　2014 年 10 月
616 页　精装　29cm
ISSN1671-3001
馆藏号：Guojiafz-8600002016071

大连年鉴·2016
中共大连市委员会主管　中共大连市委党史研究室（大连市地方志办公室）主办　大连市年鉴编辑部编　主编李奇　执行主编郑彬、刘成
大连海大印刷厂有限公司印刷　2016 年 12 月
579 页　精装　29cm
ISSN1671-3001
馆藏号：Guojiafz-8600002014153

大连年鉴·2017
中共大连市委员会主管　中共大连市委党史研究室（大连市地方志办公室）主办　大连年鉴编辑部编　主编李明哲　执行主编刘成
大连海大印刷厂有限公司印刷　2017 年 12 月
664 页　精装　29cm
ISSN1671-3001
馆藏号：Guojiafz-8600002016381

大连市工会年鉴·1992—1995
大连市总工会编　总编辑刘功成
大连出版社　1995 年 8 月
691 页　平装　20cm
ISBN7-80612-194-3
馆藏号：Guojiafz-8600002004348

中国北车集团大连机车车辆有限公司年鉴·2013
《中国北车集团大连机车车辆有限公司年鉴》编委会编　主编毕毅、朱智勇
中国铁道出版社　2013 年 12 月
235 页　精装　27cm
ISBN978-7-113-17459-0
馆藏号：Guojiafz-8600002015508

大连理工大学年鉴·2013
大连理工大学档案馆史志编研室编　主编刘晓梅、杨春平
大连理工大学出版社　2014 年 1 月
421 页　精装　29cm
ISBN978-7-5611-8418-9
馆藏号：Guojiafz-8600002016066

大连理工大学年鉴·2016
大连理工大学档案馆史志编研室编　主编刘晓梅、杨春平
大连理工大学出版社　2016 年 12 月
479 页　精装　29cm
ISBN978-7-5685-0614-4
馆藏号：Guojiafz-8600002014306

中山年鉴·2002
中共大连市中山区委、大连市中山区政府主办
大连市中山区史志办公室编　主编张福更
大连出版社　2002 年 8 月
410 页　精装　27cm
ISBN7-80612-758-2
馆藏号：Guojiafz-8600002004507

中山年鉴·2003
中共大连市中山区委、大连市中山区政府主办
大连市中山区史志办公室编　主编张福更
方志出版社　2003 年 7 月
445 页　精装　27cm
ISBN7-80192-076-7
馆藏号：Guojiafz-8600002004947

中山年鉴·2004
中共大连市中山区委、大连市中山区政府主办
大连市中山区史志办公室编　主编张福更
方志出版社　2004 年 10 月
425 页　精装　27cm

ISBN7-80192-351-0
馆藏号：Guojiafz-8600002005988

中山年鉴·2005
中共大连市中山区委、大连市中山区政府主办 大连市中山区史志办公室编 主编张福更
方志出版社 2005年11月
456页 精装 27cm
ISBN978-7-80192-693-5
馆藏号：Guojiafz-8600002005935

中山年鉴·2006
中共大连市中山区委、大连市中山区政府主办 大连市中山区史志办公室编 主编张福更
方志出版社 2006年11月
400页 精装 27cm
ISBN7-80192-929-2
馆藏号：Guojiafz-8600002005181

中山年鉴·2007
中共大连市中山区委、中山区人民政府主办 大连中山区史志办公室编 主编张福更
方志出版社 2007年10月
410页 精装 27cm
ISBN978-7-80238-187-2
馆藏号：Guojiafz-8600002004422

中山年鉴·2008
中共大连市中山区委、大连市中山区政府主办 大连市中山区史志办公室编 主编张福更
方志出版社 2008年11月
403页 精装 27cm
ISBN978-7-80238-435-4
馆藏号：Guojiafz-8600002011265

中山年鉴·2009
中共大连市中山区委员会、大连市中山区人民政府主办 大连市中山区史志办公室编 主编王彦静
辽宁民族出版社 2009年11月
367页 精装 29cm
ISBN978-7-80722-877-6
馆藏号：Guojiafz-8600002000250

中山年鉴·2010
中共大连市中山区委员会、大连市中山区政府主办 大连市中山区史志办公室编 主编王彦静
辽宁民族出版社 2010年11月
399页 精装 29cm
ISBN978-7-5497-0030-1
馆藏号：Guojiafz-8600002000252

中山年鉴·2014
中共大连市中山区委员会、中山区人民政府主办 大连市中山区史志办公室编 主编王彦静
辽宁民族出版社 2014年12月
413页 精装 29cm
ISBN978-7-5497-0908-3
馆藏号：Guojiafz-8600002015665

沙河口区年鉴·2002—2003
中共大连市沙河口区委、大连市沙河口区人民政府主办 大连市沙河口区地方志编纂委员会编 主编蒋建平 执行主编马怀亮
方志出版社 2005年7月
465页 精装 27cm
ISBN7-80192-571-8
馆藏号：Guojiafz-8600002000006

甘井子年鉴·1996
中共大连市甘井子区委、大连市甘井子区人民政府主办 大连市甘井子区史志办公室编 总编马述勋 主编许铁兵 执行主编李博义、赵阿琴
方志出版社 1996年12月
549页 精装 27cm
ISBN7-80122-123-0
馆藏号：Guojiafz-8600002012724

甘井子年鉴·1997
中共甘井子区委、甘井子区人民政府主办 大连市甘井子区史志办公室编 总编孙宝昌 主编许铁兵

方志出版社　1997年12月
521页　精装　27cm
ISBN7-80122-265-2
馆藏号：Guojiafz-8600002012722

甘井子年鉴·2003
中共大连市甘井子区委、大连市甘井子区人民政府主办　大连市甘井子区史志办公室编
总编李庆贵　主编许铁兵
大连出版社　2003年10月
411页　精装　27cm
ISBN978-7-80684-163-6
馆藏号：Guojiafz-8600002007728

甘井子年鉴·2004
中共大连市甘井子区委、大连市甘井子区人民政府主办　大连市甘井子区史志办公室编
总编李庆贵　主编许铁兵
方志出版社　2004年9月
386页　精装　27cm
ISBN7-80192-347-2
馆藏号：Guojiafz-8600002008180

甘井子年鉴·2008
中共大连市甘井子区委、大连市甘井子区人民政府主办　大连市甘井子区史志办公室编
总编张莉　主编许铁兵　执行主编于汉伯
辽宁民族出版社　2008年11月
360页　精装　27cm
ISBN978-7-80722-278-1
馆藏号：Guojiafz-8600002000003

甘井子年鉴·2009
中共大连市甘井子区委、大连市甘井子区人民政府主办　大连市甘井子区史志办公室编
总编张莉　主编许铁兵　执行主编于汉伯
辽宁民族出版社　2009年8月
383页　精装　27cm
ISBN978-7-80722-840-0
馆藏号：Guojiafz-8600002000129

甘井子年鉴·2010
中共大连市甘井子区委、大连市甘井子区人民政府主办　大连市甘井子区史志办公室编
总编张莉　主编许铁兵　执行主编于汉伯
辽宁民族出版社　2010年11月
332页　精装　29cm
ISBN978-7-5497-0033-2
馆藏号：Guojiafz-8600002000251

旅顺口年鉴·2002—2003
中共大连市旅顺口区委、大连市旅顺口区人民政府主办　大连市旅顺口区史志办公室编
主编梁恩宝
大连出版社　2003年12月
464页　精装　27cm
ISBN7-80684-090-7
馆藏号：Guojiafz-8600002004952

旅顺口年鉴·2009
中共大连市旅顺口区委、大连市旅顺口区人民政府主办　大连市旅顺口区史志办公室编
主编张景范
辽宁民族出版社　2009年11月
404页　精装　27cm
ISBN978-7-80722-876-9
馆藏号：Guojiafz-8600002002201

旅顺口年鉴·2017
中共大连市旅顺口区委、大连市旅顺口人民政府主办　大连市旅顺口区史志办公室编
主编刘圣君
辽宁民族出版社　2017年12月
400页　精装　29cm
ISBN978-7-5497-1767-5
馆藏号：Guojiafz-8600002016505

金州年鉴·2004
中共金州区委员会、金州区人民政府主办　大连市金州区档案局、大连市金州区史志办公室合编
主编刘锡安　执行主编张鸿雁

方志出版社　2004年9月
394页　精装　27cm
ISBN7-80192-325-1
馆藏号：Guojiafz-8600002008598

金州年鉴·2008
中共大连市金州区委员会、大连市金州区人民政府主办　大连市金州区史志办公室、大连市金州区档案局合编　主编张永祥　执行主编张鸿雁
辽海出版社　2008年12月
507页　精装　27cm
ISBN978-7-5451-0313-7
馆藏号：Guojiafz-8600002002199

金州年鉴·2009
中共大连市金州区委员会、大连市金州区人民政府主办　大连市金州区史志办公室、大连市金州区档案局合编　主编张永祥　执行主编姜雯
辽海出版社　2009年12月
539页　精装　27cm
ISBN978-7-5451-0361-8
馆藏号：Guojiafz-8600002002200

金州年鉴·2010
中共大连金州新区党工委、大连金州新区管委会合办　大连市金州新区史志办公室、大连金州新区档案局合编　主编张永祥　执行主编姜雯
辽海出版社　2010年12月
527页　精装　27cm
ISBN978-7-5451-0995-5
馆藏号：Guojiafz-8600002002202

金州年鉴·2014
大连金州新区党工委、大连金州新区管委会主办　大连金州新区史志办公室、大连金州新区档案局合编　主编高治力
辽海出版社　2014年11月
733页　精装　27cm
ISBN978-7-5451-3214-4
馆藏号：Guojiafz-8600002015968

金普年鉴·2016
大连金普新区党工委、大连金普新区管委会主办　大连金普新区地方志办公室、大连金普新区档案局合编　主编高治力　执行主编姜雯
辽海出版社　2016年9月
781页　精装　27cm
ISBN978-7-5451-3845-0
馆藏号：Guojiafz-8600002014143

普兰店年鉴·1993—1995
中共普兰店市委、市政府主办　普兰店市史志办公室编　主编崔连龙
大连出版社　1996年12月
465页　精装　27cm
ISBN7-80612-370-9
馆藏号：Guojiafz-8600002005407

普兰店年鉴·2003
中共普兰店市委、普兰店市政府主办　普兰店市史志办公室编　主编孙程祥　执行主编李桂萍
大连出版社　2003年12月
392页　精装　27cm
ISBN7-80684-200-4
馆藏号：Guojiafz-8600002004658

普兰店年鉴·2004
中共普兰店市委、普兰店市政府主办　普兰店市史志办公室编　主编孙程祥　执行主编李桂萍
方志出版社　2004年11月
406页　精装　27cm
ISBN7-80192-404-5
馆藏号：Guojiafz-8600002009202

普兰店年鉴·2008
中共普兰店市委员会、普兰店市人民政府主办　普兰店市史志办公室编　主编蒋殿普　执行主编崔严
辽宁民族出版社　2008年11月
480页　精装　27cm
ISBN978-7-80722-676-5
馆藏号：Guojiafz-8600002000005

普兰店年鉴·2009
中共普兰店市委员会、普兰店市人民政府主办 普兰店市史志办公室编 主编蒋殿普 执行主编崔严
辽宁民族出版社 2009年11月
351页 精装 27cm
ISBN978-7-80722-863-9
馆藏号：Guojiafz-8600002000127

普兰店年鉴·2010
中共普兰店市委员会、普兰店市人民政府主办 普兰店市史志办公室编 主编蒋殿普 执行主编李桂萍、崔严
辽宁民族出版社 2010年11月
345页 精装 27cm
ISBN978-7-5497-0035-6
馆藏号：Guojiafz-8600002009694

瓦房店年鉴·1997
中共瓦房店市委、瓦房店市人民政府主办 瓦房店市史志办公室编 主编刘福士
大连出版社 1997年12月
368页 精装 27cm
ISBN7-80612-475-6
馆藏号：Guojiafz-8600002005417

瓦房店年鉴·2001·2002
中共瓦房店市委、瓦房店市人民政府主办 瓦房店市史志办公室编 主编王淑敏
方志出版社 2002年11月
523页 精装 27cm
ISBN7-80122-899-5
馆藏号：Guojiafz-8600002012202

瓦房店年鉴·2003
中共瓦房店市委、瓦房店市人民政府主办 瓦房店市史志办公室编 主编王淑敏
方志出版社 2003年11月
265页 精装 27cm
ISBN7-80192-066-X
馆藏号：Guojiafz-8600002004268

瓦房店年鉴·2008
中共瓦房店市委、瓦房店市人民政府主办 瓦房店市档案局、瓦房店市史志办公室合编
主编魏俊恕
社会科学文献出版社 2008年11月
338页 精装 27cm
ISBN7-5097-0011-2
馆藏号：Guojiafz-8600002000328

瓦房店年鉴·2009
中共瓦房店市委、瓦房店市人民政府主办 瓦房店市档案局、瓦房店市史志办公室合编
主编魏俊恕
社会科学文献出版社 2009年12月
331页 精装 27cm
ISBN978-6-6317-1287-1
馆藏号：Guojiafz-8600002000092

瓦房店年鉴·2010
中共瓦房店市委、瓦房店市人民政府主办 瓦房店市档案局、瓦房店市史志办公室合编
主编杨述铎
社会科学文献出版社 2010年12月
342页 精装 27cm
ISBN7-5017-5192-7
馆藏号：Guojiafz-8600002000293

庄河年鉴·2008
中共庄河市委、庄河市人民政府主办 庄河市史志办公室编 主编孙卫东
辽宁民族出版社 2008年11月
370页 精装 27cm
ISBN978-7-80722-677-2
馆藏号：Guojiafz-8600002002140

庄河年鉴·2009
中共庄河市委、庄河市人民政府主办 庄河市史志办公室编 主编孙卫东
辽宁民族出版社 2009年12月
366页 精装 27cm

ISBN978-7-80722-880-6
馆藏号：Guojiafz-8600002002139

庄河年鉴·2010
中共庄河市委、庄河市人民政府主办　庄河市史志办公室编　主编孙卫东　执行主编孙军
辽宁民族出版社　2010 年 12 月
396 页　精装　27cm
ISBN978-7-5497-0057-8
馆藏号：Guojiafz-8600002002137

庄河年鉴·2014
中共庄河市委、庄河市人民政府主办　庄河市史志办公室编　主编孙卫东　执行主编孙军
辽宁民族出版社　2014 年 9 月
407 页　精装　27cm
ISBN978-7-5497-0889-5
馆藏号：Guojiafz-8600002015780

鞍山年鉴·1985
鞍山市志办公室、鞍山市地方志学会主办《鞍山年鉴》编辑部编　主任董逊
沈阳市第一印刷厂印刷　1985 年 11 月
411 页　精装　27cm
准印证号：鞍刊证第 067 号
馆藏号：Guojiafz-8600002009258

鞍山年鉴·1986
鞍山市志办公室、鞍山市地方志学会主办《鞍山年鉴》编辑部编　主编陈国山
沈阳市第一印刷厂印刷　1986 年 7 月
530 页　精装　27cm
准印证号：鞍刊证第 067 号
馆藏号：Guojiafz-8600002008818

鞍山年鉴·1989—1991
《鞍山年鉴》编辑部编　主编陈国山
沈阳出版社　1991 年 12 月
582 页　精装　27cm
ISBN7-80556-756-5
馆藏号：Guojiafz-8600002005871

鞍山年鉴·1993
《鞍山年鉴》编辑部编　主编陈国山
沈阳出版社　1993 年 12 月
540 页　精装　27cm
ISBN7-80556-756-5
馆藏号：Guojiafz-8600002003636

鞍山年鉴·1994
《鞍山年鉴》编辑部编　主编陈国山
沈阳出版社　1994 年 11 月
427 页　精装　27cm
ISBN7-5441-0272-6
馆藏号：Guojiafz-8600002008292

鞍山年鉴·2002
鞍山市人民政府主办　鞍山市史志办公室编
主编王春贵
方志出版社　2002 年 12 月
336 页　精装　29cm
ISBN7-80122-847-2
馆藏号：Guojiafz-8600002013166

鞍山年鉴·2003
鞍山市人民政府主办　鞍山市史志办公室编
主编王春贵
方志出版社　2003 年 10 月
354 页　精装　29cm
ISBN7-80192-124-0
馆藏号：Guojiafz-8600002004272

鞍山年鉴·2008
鞍山市人民政府主办　鞍山市史志办公室编
主编王春贵
中国文史出版社　2008 年 10 月
302 页　精装　29cm
ISBN978-7-5034-2018-4
馆藏号：Guojiafz-8600002006101

鞍山年鉴·2009
鞍山市人民政府主办　鞍山市史志办公室编
主编王春贵
辽海出版社　2009 年 12 月
308 页　精装　29cm
ISBN978-7-5451-0876-7
馆藏号：Guojiafz-8600002006100

鞍山年鉴·2010
鞍山市人民政府主办　鞍山市史志办公室编
主编王春贵
沈阳出版社　2011 年 1 月
308 页　精装　29cm
ISBN978-7-5441-4428-5
馆藏号：Guojiafz-8600002006090

鞍山年鉴·2015
鞍山市人民政府主办　鞍山市史志办公室编
主编赵国辉
沈阳出版社　2015 年 12 月
362 页　精装　29cm
ISBN978-7-5441-7213-4
馆藏号：Guojiafz-8600002017547

鞍山年鉴·2016
鞍山市人民政府主办　鞍山市史志办公室编
主编赵国辉
沈阳出版社　2016 年 12 月
408 页　精装　29cm
ISBN978-7-5441-8101-3
馆藏号：Guojiafz-8600002014101

鞍钢年鉴·1985
鞍钢年鉴编辑委员会编　主编杨宝星　总编辑赵超
辽宁人民出版社　1985 年 12 月
646 页　精装　27cm
书号：17090·73
馆藏号：Guojiafz-8600002006369

鞍钢年鉴·1986
鞍钢年鉴编辑委员会编　主编石树林　总编辑赵超
辽宁人民出版社
931 页　精装　27cm
书号：17090·86
馆藏号：Guojiafz-8600002006359

鞍钢年鉴·1996
鞍钢史志编纂委员会编　总编辑曾祥明
人民出版社　1996 年 12 月
378 页　精装　27cm
ISBN7-01-002500-2
馆藏号：Guojiafz-8600002004890

鞍钢年鉴·2015
鞍钢史志编纂委员会编　主编聂振勇　总编辑黄辰
冶金工业出版社　2017 年 2 月
388 页　精装　27cm
ISBN978-7-5024-7455-3
馆藏号：Guojiafz-8600002014816

鞍钢年鉴·2016
鞍钢史志编纂委员会编　主编聂振勇　总编辑黄辰
冶金工业出版社　2017 年 12 月
410 页　精装　27cm
ISBN978-7-5024-7629-8
馆藏号：Guojiafz-8600002016384

中国大众实用年鉴·1997
鞍山市大众实用年鉴研究会主办　《中国大众实用年鉴》编辑部编　主编涂尧师
辽宁人民出版社　1997 年 11 月
375 页　精装　27cm
ISBN7-205-03886-3
馆藏号：Guojiafz-8600002005077

铁东年鉴·2008
鞍山市铁东区人民政府主办　《铁东年鉴》编辑部编　主编武秋丹
鞍山职教印刷厂印刷　2008 年 10 月

327 页　精装　26cm
馆藏号：Guojiafz-8600002001479

铁东年鉴·2009
鞍山市铁东区人民政府主办　《铁东年鉴》编辑部编　主编武秋丹
鞍山职教印刷厂印刷　2009 年 10 月
323 页　精装　26cm
馆藏号：Guojiafz-8600002001162

铁东年鉴·2010
鞍山市铁东区人民政府主办　《铁东年鉴》编辑部编　主编武秋丹
鞍山职教印刷厂印刷　2010 年 10 月
310 页　精装　26cm
馆藏号：Guojiafz-8600002001521

千山年鉴·2008
千山区委、千山区政府主办　千山区史志办公室编　主编杨立
鞍山市民进印刷厂印刷　2009 年 6 月
278 页　精装　27cm
准印证号：辽新内资 C 字 2009 第 03 号
馆藏号：Guojiafz-8600002001163

千山年鉴·2009
千山区委、千山区政府主办　千山区史志办公室编　主编杨立
鞍山市民进印刷厂印刷　2010 年 4 月
329 页　精装　27cm
馆藏号：Guojiafz-8600002001477

千山年鉴·2010
千山区委、千山区政府主办　千山区史志办公室编　主编杨立
鞍山市民进印刷厂印刷　2011 年 6 月
360 页　精装　27cm
馆藏号：Guojiafz-8600002001478

海城年鉴·1986（创刊号）
海城市地方志编纂委员会办公室编　总编马沛乾
海城市印刷厂印刷　1987 年 8 月
302 页　精装　27cm
馆藏号：Guojiafz-8600002009105

海城年鉴·1989—1991
海城市地方志办公室编　主编万福民　总编马沛乾　总纂马沛乾、金树义、刘素洁、尚鹏昆
中国县镇年鉴社　1992 年 9 月
480 页　精装　26cm
CN11-2998
馆藏号：Guojiafz-8600002009103

海城年鉴·1992—1996
海城市地方志办公室编　总纂王念才、刘素洁
中国县镇年鉴社　1996 年 9 月
629 页　精装　27cm
CN11-2998
馆藏号：Guojiafz-8600002009336

海城年鉴·2008
海城市人民政府主办　海城市档案局编　主编高明岩
沈阳市印刷研究所（有限责任公司）印刷　2008 年 12 月
279 页　精装　27cm
准印证号：辽新内资 C 字（2008）第 15 号
馆藏号：Guojiafz-8600002001861

海城年鉴·2009
海城市人民政府主办　海城市档案局编　主编高明岩
沈阳新华印刷厂印刷　2009 年 12 月
286 页　精装　27cm
准印证号：辽新内资 C 字（2010）第 03 号
馆藏号：Guojiafz-8600002001863

海城年鉴·2010
海城市人民政府主办　海城市档案局编

主编高明岩
沈阳天择彩色广告印刷有限公司印刷　2011 年 3 月
259 页　精装　27cm
准印证号：辽新内资 C 字（2011）第 01 号
馆藏号：Guojiafz-8600002001862

岫岩年鉴·1985—1990
岫岩县志编纂委员会编　总编张惠发　主编王诏玺
沈阳出版社　1993 年 12 月
432 页　精装　26cm
ISBN7-5441-0095-2
馆藏号：Guojiafz-8600002009590

岫岩年鉴·2009
岫岩满族自治县史志办公室编　主编王欣
沈阳市华天印务中心印刷　2010 年 1 月
376 页　精装　27cm
准印证号：辽新内资 C 字（2010）第 02 号
馆藏号：Guojiafz-8600002001807

岫岩年鉴·2010
岫岩满族自治县史志办公室编　主编王欣
沈阳市华天印刷包装有限公司印刷　2011 年 8 月
376 页　精装　27cm
准印证号：辽新内资 C 字（2011）第 007 号
馆藏号：Guojiafz-8600002001744

抚顺年鉴·1996
抚顺市人民政府主办　抚顺市社会科学院编
总编辑袁丁
辽宁人民出版社　1996 年 12 月
408 页　精装　27cm
ISBN978-7-205-03799-9
馆藏号：Guojiafz-8600002005012

抚顺年鉴·2002
抚顺市人民政府主办　抚顺市社会科学院、抚顺市人民政府地方志办公室合编　总编辑邓欧
辽宁民族出版社　2002 年 9 月
498 页　精装　27cm
ISBN978-7-80644-740-7
馆藏号：Guojiafz-8600002004808

抚顺年鉴·2008
抚顺市人民政府主办　抚顺市社会科学院、抚顺市人民政府地方志办公室合编　总编辑刘诗
辽宁民族出版社　2008 年 12 月
487 页　精装　29cm
ISBN978-7-80772-695-6
馆藏号：Guojiafz-8600002000642

抚顺年鉴·2009
抚顺市人民政府主办　抚顺市社会科学院、抚顺市人民政府地方志办公室合编　主编王玉军、张普
辽宁民族出版社　2010 年 3 月
497 页　精装　29cm
ISBN978-7-80722-922-3
馆藏号：Guojiafz-8600002000614

抚顺年鉴·2010
抚顺市人民政府主办　抚顺市社会科学院、抚顺市人民政府地方志办公室合编　总编辑刘诗
主编王玉军、张普、关晶
辽宁民族出版社　2010 年 12 月
493 页　精装　29cm
ISBN978-7-5497-0095-0
馆藏号：Guojiafz-8600002002255

抚顺县年鉴·2007
抚顺县人民政府主办　抚顺县地方志办公室编
主编周立成
辽宁民族出版社　2007 年 12 月
207 页　精装　29cm
ISBN978-7-80722-569-0
馆藏号：Guojiafz-8600002002458

抚顺县年鉴·2013
抚顺县人民政府主办　抚顺县档案局、抚顺县人民政府地方志办公室合编　总编柴凯　主编王继华
辽宁民族出版社　2014 年 10 月
297 页　精装　29cm
ISBN978-7-5497-0847-5
馆藏号：Guojiafz-8600002015472

抚顺县年鉴·2015
抚顺县人民政府主办　抚顺县档案局、抚顺县人民政府地方志办公室合编　总编柴凯　主编王继华
辽宁民族出版社　2016 年 10 月
299 页　精装　29cm
ISBN978-7-5497-1466-7
馆藏号：Guojiafz-8600002014150

本溪年鉴·1987—1991
本溪市地方志编纂办公室编　总编辑李伟
大连出版社　1991 年 12 月
731 页　精装　27cm
ISBN7-80555-605-9
馆藏号：Guojiafz-8600002006586

本溪年鉴·2009
本溪市政府主办　本溪市党史地方志办公室编　主编刘恒华
辽海出版社　2009 年 10 月
438 页　精装　29cm
ISBN978-7-5451-0658-9
馆藏号：Guojiafz-8600002006153

本溪年鉴·2010
本溪市政府主办　本溪市党史地方志办公室编　主编艾明臣
辽海出版社　2010 年 10 月
464 页　精装　29cm
ISBN978-7-5451-0998-6
馆藏号：Guojiafz-8600002006154

本溪年鉴·2011
本溪市政府主办　本溪市党史地方志办公室编　主编艾明臣
辽海出版社　2011 年 10 月
486 页　精装　31cm
ISBN978-7-5451-1455-3
馆藏号：Guojiafz-8600002006148

本溪满族自治县年鉴·2017
本溪满族自治县人民政府主办　本溪满族自治县党史地方志办公室编　主编马沣
辽宁民族出版社　2017 年 12 月
641 页　精装　29cm
ISBN978-7-5497-1764-4
馆藏号：Guojiafz-8600002016380

丹东年鉴·2009
丹东市人民政府主办　丹东市地方志办公室编　主编高云胜
光明日报出版社　2009 年 11 月
606 页　精装　29cm
ISBN978-7-80206-635-9
馆藏号：Guojiafz-8600002002222

丹东年鉴·2010
丹东市人民政府主办　丹东市地方志办公室编　主编高云胜
光明日报出版社　2010 年 12 月
602 页　精装　29cm
ISBN978-7-80206-635-9
馆藏号：Guojiafz-8600002002036

丹东年鉴·2013
丹东市人民政府主办　丹东市地方志办公室编　主编高云胜
沈阳出版社　2014 年 3 月
473 页　精装　29cm
ISBN978-7-5441-4077-5
馆藏号：Guojiafz-8600002015340

凤城年鉴·2010
中共凤城市委员会、凤城市人民政府主办　凤城市党史地方志办公室编　主编孟昭材
黑龙江人民出版社　2010 年 12 月
551 页　精装　29cm
ISBN978-7-207-08180-3
馆藏号：Guojiafz-8600002004092

宽甸年鉴·2008
宽甸满族自治县委、宽甸满族自治县人民政府主办《宽甸年鉴》编辑部编　主编尚振生
新华出版社　2009 年 3 月
352 页　精装　27cm
ISBN7-5011-7447-4
馆藏号：Guojiafz-8600002004093

宽甸年鉴·2009
宽甸满族自治县委、宽甸满族自治县人民政府主办　宽甸满族自治县史志办公室编　主编朱天平
社会科学文献出版社　2009 年 11 月
379 页　精装　27cm
ISBN978-7-5097-0019-8
馆藏号：Guojiafz-8600002002806

宽甸年鉴·2010
宽甸满族自治县宽甸满族自治县委、宽甸满族自治县人民政府主办　宽甸满族自治县史志办公室编　主编朱天平
云南人民出版社　2011 年 1 月
364 页　精装　27cm
ISBN978-7-222-06650-2
馆藏号：Guojiafz-8600002002358

宽甸年鉴·2015
中共宽甸满族自治县委员会、宽甸满族自治县人民政府主办　宽甸满族自治县史志办公室编　主编朱天平
辽宁民族出版社　2016 年 11 月
356 页　精装　27cm
ISBN978-7-5497-1474-2
馆藏号：Guojiafz-8600002017037

锦州年鉴·1990—1995
锦州市政府地方志办公室编　主编牛广臣、卢锁玲
中国统计出版社　1996 年 5 月
672 页　精装　27cm
ISBN7-5037-1947-8
馆藏号：Guojiafz-8600002005406

锦州年鉴·1996
《锦州市年鉴》编辑部编　主编牛广臣
中国统计出版社　1996 年 8 月
314 页　精装　27cm
ISBN7-5037-2222-3
馆藏号：Guojiafz-8600002004896

锦州年鉴·2004
锦州市人民政府地方志办公室编　主编战英克
方志出版社　2005 年 1 月
367 页　精装　27cm
ISBN7-80192-442-8
馆藏号：Guojiafz-8600002008255

锦州年鉴·2005
锦州市人民政府地方志办公室编　主编战英克
方志出版社　2005 年 11 月
380 页　精装　27cm
ISBN7-80192-688-9
馆藏号：Guojiafz-8600002004983

锦州年鉴·2008
锦州市人民政府地方志办公室编　主编周杰、战英克
辽宁民族出版社　2008 年 11 月
362 页　精装　27cm
ISBN978-7-80722-668-0
馆藏号：Guojiafz-8600002009614

锦州年鉴·2009
锦州市人民政府地方志办公室编　主编方文生、

周杰
辽宁民族出版社　2009 年 11 月
388 页　精装　27cm
ISBN978-7-80722-875-2
馆藏号：Guojiafz-8600002009617

锦州年鉴·2010
锦州市人民政府地方志办公室编　主编方文生、周杰、杨俊波
辽宁民族出版社　2010 年 12 月
420 页　精装　27cm
ISBN978-7-5497-0046-2
馆藏号：Guojiafz-8600002009616

营口年鉴·2003
营口市人民政府主办　营口市史志办公室编
主编周丛一
中国经济出版社　2003 年 11 月
447 页　精装　27cm
ISBN7-5017-6348-1
馆藏号：Guojiafz-8600002004889

营口年鉴·2008
营口市人民政府主办　营口市史志办公室编
主编周丛一
辽海出版社　2008 年 11 月
500 页　精装　29cm
ISBN978-7-5451-0219-2
馆藏号：Guojiafz-8600002000666

营口年鉴·2009
营口市人民政府主办　营口市史志办公室编
主编周丛一
辽海出版社　2009 年 10 月
484 页　精装　29cm
ISBN978-7-5451-0750-0
馆藏号：Guojiafz-8600002000638

营口年鉴·2010
营口市人民政府主办　营口市史志办公室编
主编周丛一
辽海出版社　2010 年 11 月
508 页　精装　29cm
ISBN978-7-5451-1001-2
馆藏号：Guojiafz-8600002000640

营口年鉴·2014
营口市人民政府主办　营口市史志办公室编
主编韩晓东
辽宁民族出版社　2014 年 9 月
458 页　精装　29cm
ISBN978-7-5497-0872-7
馆藏号：Guojiafz-8600002015240

盖州年鉴·2008—2009
盖州市人民政府主办　盖州市地方志办公室编
主编曲强
辽宁科学技术出版社　2010 年 12 月
562 页　精装　27cm
ISBN978-7-5381-6742-9
馆藏号：Guojiafz-8600002000639

盖州年鉴·2010
盖州市人民政府主办　盖州市地方志办公室编
主编曲强
辽宁科学技术出版社　2011 年 9 月
293 页　精装　27cm
ISBN978-7-5381-7140-2
馆藏号：Guojiafz-8600002000643

大石桥年鉴·2006—2007
大石桥市人民政府主办　大石桥市市志编纂办公室编　主编宁涛
大石桥市商标印刷厂印刷　2008 年 10 月
447 页　精装　27cm
准印证号：辽新内资 H 字［2008］007 号
馆藏号：Guojiafz-8600002001554

大石桥年鉴·2008—2009
大石桥市人民政府主办　大石桥市市志编纂办公

室编　主编宁涛、孙英华　执行主编孙英华
内部印刷　2011 年 7 月
430 页　精装　27cm
准印证号：辽新内资 H 字［2010］013 号
馆藏号：Guojiafz-8600002001555

大石桥年鉴·2012—2013
大石桥市人民政府主办　大石桥市市志编纂办公室编　主编孙英华
辽宁民族出版社　2014 年 6 月
424 页　精装　29cm
ISBN978-7-5497-0797-3
馆藏号：Guojiafz-8600002015285

大石桥年鉴·2014—2015
大石桥市人民政府主办　大石桥市市志编纂办公室编　主编孙英华
辽宁民族出版社　2016 年 4 月
416 页　精装　29cm
ISBN978-7-5497-1316-5
馆藏号：Guojiafz-8600002017684

营口经济技术开发区年鉴·2003—2004
营口经济技术开发区管委会主办　营口经济技术开发区地方志办公室编　总编苏天复
主编史毓志
方志出版社　2005 年 1 月
244 页　精装　27cm
ISBN7-80192-462-2
馆藏号：Guojiafz-8600002004912

营口经济技术开发区年鉴·2007—2008
营口经济技术开发区管委会主办　营口经济技术开发区地方志办公室编　总编苏天复
主编史毓志
辽宁民族出版社　2009 年 6 月
495 页　精装　27cm
ISBN978-7-80722-810-3
馆藏号：Guojiafz-8600002000668

阜新年鉴·1986
阜新市地方志办公室主办　《阜新年鉴》编辑部编
总编辑李本齐
阜新市印刷厂印刷　1986 年 8 月
769 页　精装　26cm
准印证号：阜刊证第 30 号
馆藏号：Guojiafz-8600002009135

阜新年鉴·1992
辽宁省阜新市地方志办公室编　主编杨柏林
中国统计出版社
627 页　精装　27cm
ISBN978-7-5037-0910-3
馆藏号：Guojiafz-8600002009312

阜新年鉴·2000
阜新市人民政府主办　阜新市地方志办公室编
主编杨立成
中国社会出版社　2000 年 6 月
590 页　精装　27cm
ISBN7-80088-951-3
馆藏号：Guojiafz-8600002003881

阜新年鉴·2008
阜新市人民政府主办　阜新市人民政府地方志办公室编　主编汤福忱
中国社会科学出版社　2008 年 12 月
396 页　精装　29cm
ISBN978-7-5004-7269-8
馆藏号：Guojiafz-8600002000490

清河门年鉴·2007—2008
清河门区人民政府主办　清河门区地方志办公室编
主编刘丽
中国文史出版社　2009 年 10 月
391 页　精装　27cm
ISBN978-7-5034-5259-5
馆藏号：Guojiafz-8600002000629

彰武年鉴 · 2008
彰武县地方志编纂委员会编　主编张宁宁
中国书籍出版社　2008 年 10 月
414 页　精装　27cm
ISBN978-7-5068-1538-3
馆藏号：Guojiafz-8600002000128

辽阳年鉴 · 2004—2005
辽阳市人民政府地方志办公室编　主编郭洪仁
新华出版社　2005 年 8 月
235 页　精装　29cm
ISBN7-5011-6767-2
馆藏号：Guojiafz-8600002004908

辽阳年鉴 · 2008
辽阳市人民政府地方志办公室编　主编叶红钢
辽宁民族出版社　2009 年 1 月
731 页　精装　29cm
ISBN978-7-80722-708-3
馆藏号：Guojiafz-8600002000489

辽阳年鉴 · 2009
辽阳市人民政府地方志办公室编　主编叶红纲
辽宁民族出版社　2010 年 12 月
646 页　精装　29cm
ISBN978-7-5497-0071-4
馆藏号：Guojiafz-8600002003128

辽阳年鉴 · 2012
辽阳市人民政府地方志办公室编　主编叶红钢
辽宁民族出版社　2013 年 3 月
523 页　精装　29cm
ISBN978-7-5497-0535-1
馆藏号：Guojiafz-8600002015739

文圣区年鉴 · 2008
辽阳市文圣区志编纂委员会编　主编郑高峰
沈阳市第六印刷厂彩印中心印刷
483 页　精装　29cm
准印证号：辽新内字（2008）第 2 号
馆藏号：Guojiafz-8600002001374

文圣区年鉴 · 2009
辽阳市文圣区志编纂委员会编　主编郑高峰
沈阳市第六印刷厂彩印中心印刷
493 页　精装　30cm
准印证号：辽新内字（2008）第 2 号
馆藏号：Guojiafz-8600002001779

灯塔年鉴 · 2007
灯塔市市志编纂委员会主办　灯塔市市志办公室编
主编宋永振
科学出版社　2009 年 12 月
417 页　精装　26cm
ISBN978-7-03-018051-X
馆藏号：Guojiafz-8600002000166

辽阳县年鉴 · 2007
辽阳县人民政府地方志办公室编　主编刘美华
辽宁民族出版社　2008 年 5 月
325 页　精装　29cm
ISBN978-7-80722-608-6
馆藏号：Guojiafz-8600002000044

辽阳县年鉴 · 2008
辽阳县人民政府主办　辽阳县人民政府地方志办公室编　主编刘美华、崔玉香
辽宁民族出版社　2009 年 10 月
366 页　精装　29cm
ISBN978-7-80722-862-2
馆藏号：Guojiafz-8600002000043

辽阳县年鉴 · 2009
辽阳县人民政府主办　辽阳县人民政府地方志办公室编　主编张静、崔玉香
辽宁民族出版社　2010 年 12 月
332 页　精装　29cm
ISBN978-7-5497-0078-3
馆藏号：Guojiafz-8600002000045

盘锦年鉴·1992·1993
盘锦市地方志编纂委员会办公室编　主编王发学
新华出版社　1994年6月
678页　精装　27cm
ISBN7-5011-2585-6
馆藏号：Guojiafz-8600002004819

盘锦年鉴·1994
盘锦市地方志编纂委员会办公室编　主编王发学
新华出版社　1995年1月
481页　精装　27cm
ISBN7-5011-2809-X
馆藏号：Guojiafz-8600002008634

盘锦年鉴·1995
盘锦市地方志编纂委员会办公室编　主编王发学
沈阳出版社　1995年11月
546页　精装　27cm
ISBN7-5441-0499-0
馆藏号：Guojiafz-8600002008590

盘锦年鉴·1996
盘锦市地方志办公室编　主编王发学
沈阳出版社　1996年11月
554页　精装　27cm
ISBN7-5441-0734-5
馆藏号：Guojiafz-8600002005426

盘锦年鉴·1997
盘锦市地方志办公室编　主编王发学
沈阳出版社　1997年6月
437页　精装　27cm
ISBN7-5441-0734-5
馆藏号：Guojiafz-8600002007725

盘锦年鉴·2002
盘锦市地方志办公室编　主编高原、刘亚辉
方志出版社　2002年11月
496页　精装　27cm
ISBN7-80122-875-8
馆藏号：Guojiafz-8600002012276

盘锦年鉴·2003
盘锦市人民政府地方志办公室编　主编刘亚辉
方志出版社　2003年11月
540页　精装　27cm
ISBN7-80192-082-1
馆藏号：Guojiafz-8600002008365

盘锦年鉴·2004
盘锦市人民政府地方志办公室编　主编刘亚辉
方志出版社　2004年12月
516页　精装　27cm
ISBN7-80192-430-4
馆藏号：Guojiafz-8600002007720

盘锦年鉴·2005
盘锦市人民政府地方志办公室编　主编刘亚辉
方志出版社　2005年11月
458页　精装　30cm
ISBN7-80192-533-5
馆藏号：Guojiafz-8600002004592

盘锦年鉴·2006
盘锦市人民政府地方志办公室编　主编刘亚辉
方志出版社　2006年11月
466页　精装　29cm
ISBN7-80192-924-1
馆藏号：Guojiafz-8600002004468

盘锦年鉴·2007
盘锦市人民政府地方志办公室编　主编刘亚辉
方志出版社　2007年11月
452页　精装　29cm
ISBN978-7-80238-211-4
馆藏号：Guojiafz-8600002005106

盘锦年鉴·2008
盘锦市人民政府地方志办公室编　主编刘亚辉
方志出版社　2008年12月

478 页　精装　29cm
ISBN978-7-80238-475-0
馆藏号：Guojiafz-8600002002018

盘锦年鉴·2009
盘锦市人民政府地方志办公室编　主编刘亚辉
方志出版社　2010 年 4 月
446 页　精装　29cm
ISBN978-7-80238-770-6
馆藏号：Guojiafz-8600002002459

盘锦年鉴·2010
盘锦市人民政府地方志办公室编　主编刘亚辉
辽海出版社　2010 年 12 月
504 页　精装　29cm
ISBN978-7-5451-1069-2
馆藏号：Guojiafz-8600002000869

兴隆台年鉴·2010—2011
盘锦市兴隆台区地方志编纂委员会编　主编黄瑾
方志出版社　2013 年 11 月
399 页　精装　29cm
ISBN978-7-5144-1081-5
馆藏号：Guojiafz-8600002005573

铁岭年鉴·2004
铁岭市人民政府主办　铁岭市人民政府地方志办公室编　主编任久生
方志出版社　2004 年 8 月
525 页　精装　27cm
ISBN7-80192-281-6
馆藏号：Guojiafz-8600002008446

铁岭年鉴·2008
铁岭市人民政府主办　铁岭市人民政府地方志办公室编　主编任久生
辽宁民族出版社　2008 年 9 月
755 页　精装　27cm
ISBN978-7-80722-653-6
馆藏号：Guojiafz-8600002013243

铁岭年鉴·2009
铁岭市人民政府主办　铁岭市人民政府地方志办公室编　主编赵力军
辽宁民族出版社　2009 年 11 月
662 页　精装　27cm
ISBN978-7-80722-874-5
馆藏号：Guojiafz-8600002013214

铁岭年鉴·2010
铁岭市人民政府主办　铁岭市人民政府地方志办公室编　主编赵力军
辽宁民族出版社　2010 年 11 月
643 页　精装　27cm
ISBN978-7-5497-0021-9
馆藏号：Guojiafz-8600002013226

开原年鉴·2016
开原市人民政府主办　开原市人民政府地方志办公室编　主编张贵贺
辽宁民族出版社　2016 年 12 月
548 页　精装　29cm
ISBN978-7-5497-1541-1
馆藏号：Guojiafz-8600002014204

昌图年鉴·1993
昌图县史志编审委员会编　主编王明德
沈阳出版社　1995 年 9 月
523 页　精装　27cm
ISBN7-5441-0185-1
馆藏号：Guojiafz-8600002010945

昌图年鉴·1995
昌图县史志编审委员会编　主编王明德
沈阳出版社　1995 年 12 月
486 页　精装　27cm
ISBN7-5441-0185-1
馆藏号：Guojiafz-8600002010946

昌图年鉴·1997
昌图县史志编审委员会编　总编孟繁荣

中国县镇年鉴社　1998 年 4 月
500 页　精装　27cm
CN11-2998
馆藏号：Guojiafz-8600002005254

昌图年鉴・2011—2012
中共昌图县委、昌图县人民政府主办　史志办公室编　主编连力
沈阳出版社　2014 年 1 月
760 页　精装　27cm
ISBN978-7-5441-5759-9
馆藏号：Guojiafz-8600002016012

朝阳年鉴・1988—1989
朝阳市地方志办公室编　主编肖洪昌
辽宁省朝阳新华印刷厂印刷　1993 年 8 月
449 页　精装　27cm
准印证号：辽朝出临图字（1993）第 29 号
馆藏号：Guojiafz-8600002009429

朝阳年鉴・2003
朝阳市史志办公室编　主编董砚国
沈阳出版社　2003 年 12 月
434 页　精装　29cm
ISBN7-5441-2414-2
馆藏号：Guojiafz-8600002008118

朝阳年鉴・2008
中共朝阳市委、朝阳市人民政府主办　朝阳市史志办公室编　主编董砚国
中国文史出版社　2008 年 9 月
498 页　精装　30cm
ISBN978-7-5034-2215-7
馆藏号：Guojiafz-8600002002476

朝阳年鉴・2009
中共朝阳市委、朝阳市人民政府主办　朝阳市史志办公室编　主编董砚国
辽宁民族出版社　2009 年 11 月
488 页　精装　29cm
ISBN978-7-105-09942-9
馆藏号：Guojiafz-8600002002478

朝阳年鉴・2010
中共朝阳市委、朝阳市人民政府主办　朝阳市史志办公室编　主编董砚国
辽宁民族出版社　2010 年 11 月
569 页　精装　29cm
ISBN978-7-5497-0032-5
馆藏号：Guojiafz-8600002013462

双塔年鉴・2003—2005
中共朝阳市双塔区委员会、朝阳市双塔区人民政府主办　双塔区史志工作办公室编　主编贾丽红
朝阳日报社印刷厂印刷　2006 年 10 月
409 页　精装　29cm
馆藏号：Guojiafz-8600002001427

双塔年鉴・2006—2008
中共朝阳市双塔区委员会、朝阳市双塔区人民政府主办　双塔区史志工作办公室编　主编贾丽红
伟业印务有限公司印刷　2009 年 10 月
453 页　精装　30cm
馆藏号：Guojiafz-8600002001835

北票年鉴・2009—2010
中共北票市委员会、北票市人民政府主办　北票市史志办公室编　主编徐国林
方志出版社　2010 年 10 月
565 页　精装　29cm
ISBN978-7-80238-251-0
馆藏号：Guojiafz-8600002000908

北票年鉴・2013—2014
中共北票市委员会、北票市人民政府主办　北票市史志办公室编　主编徐国林
辽海出版社　2014 年 11 月
608 页　精装　29cm
ISBN7-80669-871-X
馆藏号：Guojiafz-8600002016053

凌源年鉴·2008
中共凌源市委员会、凌源市人民政府主办　凌源市史志办公室编　主编杨树礼
人民教育出版社　2008年12月
385页　精装　29cm
ISBN7-107-11363-1
馆藏号：Guojiafz-8600002002260

凌源年鉴·2009
中共凌源市委员会、凌源市人民政府主办　凌源市史志办公室编　主编杨树礼
人民教育出版社　2009年12月
400页　精装　29cm
ISBN7-107-11363-1
馆藏号：Guojiafz-8600002002259

建平年鉴·2006—2007
中共建平县委员会、建平县人民政府主办　建平县史志办公室编　主编尹泉
吉林文史出版社　2008年12月
492页　精装　29cm
ISBN7-80626-526-0
馆藏号：Guojiafz-8600002002121

建平年鉴·2008—2009
中共建平县委员会、建平县人民政府主办　建平县史志办公室编　主编王莉
吉林文史出版社　2010年12月
491页　精装　29cm
ISBN7-80626-526-0
馆藏号：Guojiafz-8600002002258

喀喇沁左翼蒙古族自治县年鉴·2006—2007
喀喇沁左翼蒙古族自治县人民政府主办　喀喇沁左翼蒙古族自治县档案局编　主编王力华
兴城市国艺设计印刷有限公司印刷　2008年1月
616页　精装　30cm
准印证号：辽新内出字（2008）第1号
馆藏号：Guojiafz-8600002001429

喀喇沁左翼蒙古族自治县年鉴·2008—2009
喀喇沁左翼蒙古族自治县人民政府主办　喀喇沁左翼蒙古族自治县档案局编　主编暴洪权
喀左县光明印刷厂印刷　2009年12月
730页　精装　29cm
准印证号：辽新内出字（2009）第1号
馆藏号：Guojiafz-8600002001360

喀喇沁左翼蒙古族自治县年鉴·2014—2015
喀喇沁左翼蒙古族自治县年鉴编纂委员会编　主编暴洪权
辽宁民族出版社　2015年12月
681页　精装　29cm
ISBN978-7-5497-1196-3
馆藏号：Guojiafz-8600002014827

锦西年鉴·1987
锦西市地方志办公室编　主编刘景章
内部印刷
261页　平装　26cm
馆藏号：Guojiafz-8600002010206

葫芦岛年鉴·2009
葫芦岛市人民政府主办　葫芦岛市地方志工作办公室编　主编孙兆林　执行主编邹锦凯
海天出版社　2009年11月
309页　精装　29cm
ISBN978-7-80747-351-0
馆藏号：Guojiafz-8600002006686

葫芦岛年鉴·2010
葫芦岛市人民政府主办　葫芦岛市地方志工作办公室编　主编孙兆林　执行主编邹锦凯
海天出版社　2010年11月
302页　精装　29cm
ISBN978-7-5507-0030-7
馆藏号：Guojiafz-8600002006687

兴城年鉴·1999—2001
兴城市人民政府主办　兴城年鉴编辑部编

总编辑荀茂安
中国经济出版社　2001 年 12 月
416 页　精装　27cm
ISBN7-5017-4400-9
馆藏号：Guojiafz-8600002008570

兴城年鉴·2005—2007
兴城市人民政府主办　兴城年鉴编辑部编
主编王建华
中国经济出版社　2007 年 12 月
431 页　精装　29cm
ISBN978-7-5004-6530-0
馆藏号：Guojiafz-8600002000607

兴城年鉴·2013—2014
兴城市人民政府主办　兴城市年鉴编纂委员会编
主编张旭辉
方志出版社　2014 年 12 月
366 页　精装　29cm
ISBN978-7-5144-1509-4
馆藏号：Guojiafz-8600002010681

兴城年鉴·2015—2016
兴城市人民政府主办　兴城市年鉴编纂委员会编
主编张旭辉
方志出版社　2017 年 2 月
392 页　精装　29cm
ISBN978-7-5144-2372-3
馆藏号：Guojiafz-8600002014983

兴城年鉴·2017
兴城市人民政府主办　兴城市年鉴编纂委员会编
主编张旭辉
方志出版社　2018 年 5 月
312 页　精装　29cm
ISBN978-7-5144-3091-2
馆藏号：Guojiafz-8600002017175

吉林省

吉林年鉴·1987
吉林省地方志编纂委员会编　主编王季平
吉林年鉴社　1988 年 5 月
830 页　精装　27cm
CN22–1082
馆藏号：Guojiafz–8600002007577

吉林年鉴·1988
吉林省人民政府办公厅、吉林省地方志编纂委员会合编　主编王季平
长春新华印刷厂印刷　1989 年 5 月
666 页　精装　27cm
CN22–1082
馆藏号：Guojiafz–8600002007796

吉林年鉴·1989
吉林省人民政府办公厅、吉林省地方志编纂委员会合编　主编王季平
长春第二新华印刷厂印刷　1990 年 1 月
923 页　精装　27cm
CN22–1082
馆藏号：Guojiafz–8600002007795

吉林年鉴·1990
吉林省人民政府办公厅、吉林省地方志编纂委员会合编　主编刘希林
吉林人民出版社　1990 年 12 月
770 页　精装　27cm
ISBN7–206–00962–X
馆藏号：Guojiafz–8600002007792

吉林年鉴·1991
吉林省人民政府办公厅、吉林省地方志编纂委员会合编　主编刘希林
吉林人民出版社　1991 年 11 月
631 页　精装　27cm
ISBN7–206–01308–2
馆藏号：Guojiafz–8600002008772

吉林年鉴·1992
吉林省人民政府办公厅、吉林省地方志编纂委员会合编　主编刘希林
吉林人民出版社　1992 年 11 月
678 页　精装　27cm
ISBN7–206–01622–7
馆藏号：Guojiafz–8600002008674

吉林年鉴·1993
吉林省人民政府办公厅、吉林省地方志编纂委员会合编　主编张岳琦
吉林年鉴社　1993 年 10 月
620 页　精装　27cm
CN22–1219
馆藏号：Guojiafz–8600002007617

吉林年鉴·1994
吉林省人民政府办公厅、吉林省地方志编纂委员会合编　主编桑逢文
吉林年鉴社　1994 年 10 月
653 页　精装　27cm
CN22–1219
馆藏号：Guojiafz–8600002007575

吉林年鉴·1995
吉林省人民政府办公厅、吉林省地方志编纂委员会合编　主编桑逢文
吉林年鉴社　1995 年 10 月
581 页　精装　27cm
CN22-1219
馆藏号：Guojiafz-8600002007794

吉林年鉴·1996
吉林省人民政府主办　吉林省人民政府办公厅、吉林省地方志编纂委员会合编　主编桑逢文
吉林年鉴社　1996 年 9 月
561 页　精装　27cm
ISSN1007-4562
馆藏号：Guojiafz-8600002008686

吉林年鉴·1997
吉林省人民政府主办　吉林省人民政府办公厅、吉林省地方志编纂委员会合编　主编桑逢文
吉林年鉴社　1997 年 9 月
562 页　精装　27cm
ISSN1007-4562
馆藏号：Guojiafz-8600002001207

吉林年鉴·1998
吉林省人民政府主办　吉林省人民政府办公厅、吉林省地方志编纂委员会合编　主编全哲洙
吉林年鉴社　1998 年 9 月
515 页　精装　27cm
ISSN1007-4562
馆藏号：Guojiafz-8600002003987

吉林年鉴·1999
吉林省人民政府主办　吉林省人民政府办公厅、吉林省地方志编纂委员会合编　主编全哲洙
吉林年鉴社　1999 年 8 月
538 页　精装　27cm
ISSN1007-4562
馆藏号：Guojiafz-8600002008490

吉林年鉴·2000
吉林省人民政府办公厅、吉林省地方志编纂委员会合编　主编全哲洙
吉林年鉴社　2000 年 9 月
536 页　精装　29cm
ISSN1007-4562
馆藏号：Guojiafz-8600002004642

吉林年鉴·2001
吉林省人民政府办公厅主管　吉林省地方志编纂委员会主办　《吉林年鉴》编辑部编　主编全哲洙
吉林年鉴社　2001 年 9 月
503 页　精装　29cm
ISSN1007-4562
馆藏号：Guojiafz-8600002004643

吉林年鉴·2002
吉林省人民政府办公厅、吉林省地方志编纂委员会合编　主编全哲洙
吉林年鉴社　2002 年 10 月
370 页　精装　29cm
ISSN1007-4562
馆藏号：Guojiafz-8600002007579

吉林年鉴·2003
吉林省人民政府办公厅、吉林省地方志编纂委员会合编　主编李锦斌
吉林年鉴社　2003 年 7 月
442 页　精装　29cm
ISSN1007-4562
馆藏号：Guojiafz-8600002007680

吉林年鉴·2004
吉林省人民政府办公厅、吉林省地方志编纂委员会合编　主编李锦斌
吉林年鉴社　2004 年 6 月
646 页　精装　29cm
ISSN1007-4562
馆藏号：Guojiafz-8600002000634

吉林年鉴·2005
吉林省人民政府办公厅主管　吉林省地方志编纂委员会主办 《吉林年鉴》编辑部编　主编陈晓光
长春方圆印业有限公司印刷　2005 年 10 月
530 页　精装　29cm
ISSN1007-4562
馆藏号：Guojiafz-8600002000555

吉林年鉴·2006
吉林省人民政府办公厅主管　吉林省地方志编纂委员会主办 《吉林年鉴》编辑部编　主编陈晓光
长春方圆印业有限公司印刷　2006 年 11 月
553 页　精装　29cm
ISSN1007-4562
馆藏号：Guojiafz-8600002001750

吉林年鉴·2007
吉林省人民政府办公厅主管　吉林省地方志编纂委员会主办 《吉林年鉴》编辑部编　主编陈晓光
长春方圆印业有限公司印刷　2007 年 10 月
565 页　精装　29cm
ISSN1007-4562
馆藏号：Guojiafz-8600002001762

吉林年鉴·2008
吉林省人民政府办公厅主管　吉林省地方志编纂委员会主办 《吉林年鉴》编辑部编　主编陈晓光
长春人民印业有限公司印刷　2008 年 10 月
523 页　精装　29cm
ISSN1007-4562
馆藏号：Guojiafz-8600002008934

吉林年鉴·2009
吉林省人民政府办公厅主管　吉林省地方志编纂委员会主办 《吉林年鉴》编辑部编　主编陈晓光
长春人民印业有限公司印刷　2009 年 10 月
499 页　精装　29cm
ISSN1007-4562
馆藏号：Guojiafz-8600002003525

吉林年鉴·2010
吉林省人民政府办公厅主管　吉林省地方志编纂委员会主办 《吉林年鉴》编辑部编　主编陈晓光
长春方圆印业有限公司印刷　2010 年 10 月
398 页　精装　29cm
ISSN1007-4562
馆藏号：Guojiafz-8600002007589

吉林年鉴·2011
吉林省人民政府办公厅主管　吉林省地方志编纂委员会主办 《吉林年鉴》编辑部编　主编刘淑坤
长春方圆印业有限公司印刷　2011 年 8 月
656 页　精装　29cm
ISSN1007-4562
馆藏号：Guojiafz-8600002003050

吉林年鉴·2012
吉林省人民政府办公厅主管　吉林省地方志编纂委员会主办 《吉林年鉴》编辑部编　主编刘淑坤
长春方圆印业有限公司印刷　2012 年 8 月
654 页　精装　29cm
ISSN1007-4562
馆藏号：Guojiafz-8600002001781

吉林年鉴·2013
吉林省人民政府办公厅主管　吉林省地方志编纂委员会主办 《吉林年鉴》编辑部编　主编李云鹤
长春方圆印业有限公司印刷　2013 年 9 月
492 页　精装　29cm
ISSN1007-4562
馆藏号：Guojiafz-8600002017474

吉林年鉴·2014
吉林省人民政府办公厅主管　吉林省地方志编纂委员会主办 《吉林年鉴》编辑部编　主编李云鹤
长春方圆印业有限公司印刷　2014 年 9 月
706 页　精装　29cm
ISSN1007-4562
馆藏号：Guojiafz-8600002010764

吉林年鉴·2016

吉林省人民政府办公厅主管　吉林省地方志编纂委员会主办　《吉林年鉴》编辑部编　主编李云鹤

哈尔滨博奇印刷有限公司印刷　2016年9月

718页　精装　29cm

ISSN1007-4562

馆藏号：Guojiafz-8600002014303

吉林年鉴·2017

吉林省人民政府办公厅主管　吉林省地方志编纂委员会主办　吉林省地方志编纂委员会编

主编李云鹤

吉林省科普印刷有限公司印刷　2017年9月

525页　平装　29cm

ISSN1007-4562

馆藏号：Guojiafz-8600002016389

吉林年鉴·2018

吉林省人民政府办公厅主管　吉林省地方志编纂委员会编　主编李云鹤

长春方圆印业有限公司印刷　2018年9月

543页　精装　29cm

ISSN1007-4562

馆藏号：Guojiafz-8600002017941

吉林油田年鉴·2000

吉林石油史志办公室编　总编张一光　主编赵晶

方志出版社　2003年4月

547页　精装　27cm

ISBN7-80122-946-0

馆藏号：Guojiafz-8600002002480

中国石油吉林油田年鉴·2002

中国石油天然气股份有限公司吉林油田分公司编

总编张一光　主编赵晶

方志出版社　2004年8月

586页　精装　27cm

ISBN7-80192-250-6

馆藏号：Guojiafz-8600002008630

中国石油吉林油田年鉴·2003

吉林油田史志办公室编　总编张一光　主编赵晶

方志出版社　2004年10月

631页　精装　27cm

ISBN7-80192-369-3

馆藏号：Guojiafz-8600002008624

中国石油吉林油田年鉴·2004

中国石油天然气股份有限公司吉林油田分公司编

总编赵万生　主编赵晶

方志出版社　2005年7月

758页　精装　27cm

ISBN7-80192-544-0

馆藏号：Guojiafz-8600002003255

中国石油吉林油田年鉴·2005

中国石油天然气股份有限公司吉林油田分公司编

总编赵万生　主编赵晶

方志出版社　2006年3月

748页　精装　27cm

ISBN7-80192-746-X

馆藏号：Guojiafz-8600002003743

中国石油吉林油田年鉴·2007

中国石油天然气股份有限公司吉林油田分公司编

总编刘英波　主编赵静

方志出版社　2008年11月

719页　精装　27cm

ISBN978-7-80238-418-7

馆藏号：Guojiafz-8600002000982

中国石油吉林油田年鉴·2008

中国石油天然气股份有限公司吉林油田分公司编

总编赵志魁　主编赵静

方志出版社　2010年6月

709页　精装　27cm

ISBN978-7-80238-800-0

馆藏号：Guojiafz-8600002008321

中国石油吉林油田年鉴·2009
中国石油天然气股份有限公司吉林油田分公司编
总编赵志魁　主编赵静
方志出版社　2010 年 12 月
705 页　精装　27cm
ISBN978-7-80238-996-0
馆藏号：Guojiafz-8600002000623

中国石油吉林油田年鉴·2010
中国石油天然气股份有限公司吉林油田分公司编
总编赵志魁　主编赵静
方志出版社　2012 年 3 月
716 页　精装　27cm
ISBN978-7-5144-0460-9
馆藏号：Guojiafz-8600002009655

中国石油吉林油田年鉴·2011
中国石油天然气股份有限公司吉林油田分公司编
总编赵志魁　主编赵静
方志出版社　2013 年 5 月
707 页　精装　27cm
ISBN978-7-5144-0875-1
馆藏号：Guojiafz-8600002007397

吉林石油集团公司年鉴·2001—2002
吉林石油集团有限责任公司年鉴编辑委员会编
总编王朝勤　主编杨克军
方志出版社　2005 年 6 月
637 页　精装　27cm
ISBN7-80192-523-8
馆藏号：Guojiafz-8600002003539

吉林石油集团公司年鉴·2003—2004
吉林石油集团有限责任公司信息中心编
主编杨克军
方志出版社　2006 年 10 月
720 页　精装　27cm
ISBN7-80192-884-9
馆藏号：Guojiafz-8600002004898

吉林石油集团公司年鉴·2005—2006
吉林石油集团有限责任公司年鉴编辑委员会编
总编王朝勤　主编杨克军
方志出版社　2008 年 1 月
677 页　精装　27cm
ISBN978-7-80238-251-0
馆藏号：Guojiafz-8600002000943

吉林统计年鉴：汉英对照·2014
吉林省统计局、国家统计局吉林调查总队合编
总编孟红英
中国统计出版社　2014 年 10 月
591 页　精装　30cm
ISBN978-7-5037-7323-5
馆藏号：Guojiafz-8600002015844

吉林调查年鉴·2009
国家统计局吉林调查总队编　主编谭波
吉林人民出版社　2009 年 11 月
449 页　精装　29cm
ISBN978-7-206-05963-6
馆藏号：Guojiafz-8600002002968

吉林大学年鉴·2013
吉林大学校长办公室编　主编王利锋　执行主编冯浩
吉林大学出版社　2014 年 11 月
777 页　精装　27cm
ISBN978-7-5601-2947-1
馆藏号：Guojiafz-8600002016092

吉林省地方志年鉴·2011
吉林省地方志编纂委员会编　主编刘淑坤
吉林大学出版社　2012 年 8 月
267 页　精装　29cm
ISBN978-7-5601-4497-9
馆藏号：Guojiafz-8600002003486

吉林省地方志年鉴·2012
吉林省地方志编纂委员会编　主编刘淑坤

吉林文史出版社　2014 年 11 月
234 页　精装　29cm
ISBN978-7-5472-2447-2
馆藏号：Guojiafz-8600002017500

长春年鉴·1989
《长春年鉴》编辑部编　主编赵永年
吉林人民出版社　1989 年 6 月
624 页　精装　27cm
ISBN7-206-00780-5
馆藏号：Guojiafz-8600002005664

长春年鉴·1990
《长春年鉴》编辑部编　主编赵永年
长春出版社　1991 年 5 月
644 页　精装　27cm
ISBN7-80573-445-3
馆藏号：Guojiafz-8600002005433

长春年鉴·1991
长春市人民政府办公厅、长春市地方志编纂委员会、长春年鉴编纂委员会合编　主编李野
长春出版社　1991 年 12 月
648 页　精装　27cm
ISBN7-206-01316-3
馆藏号：Guojiafz-8600002005432

长春年鉴·1992
长春市人民政府办公厅、长春市地方志编纂委员会、长春年鉴编纂委员会合编　主编李野
吉林人民出版社　1992 年 10 月
486 页　精装　27cm
ISBN7-206-01595-6
馆藏号：Guojiafz-8600002005208

长春年鉴·1993
长春市地方志编纂委员会、长春年鉴编纂委员会合编　主编张广益
吉林人民出版社　1993 年 9 月
563 页　精装　27cm
ISBN7-206-01869-6
馆藏号：Guojiafz-8600002003347

长春年鉴·1994
长春市地方志编纂委员会、长春年鉴编纂委员会合编　主编张广益
吉林人民出版社　1994 年 8 月
403 页　精装　27cm
ISBN7-206-02173-2
馆藏号：Guojiafz-8600002004503

长春年鉴·1995
长春市地方志编纂委员会、长春年鉴编纂委员会合编　主编张广益
吉林人民出版社　1995 年 8 月
446 页　精装　27cm
ISBN7-206-02351-7
馆藏号：Guojiafz-8600002003348

长春年鉴·1996
长春市地方志编纂委员会、长春年鉴编纂委员会合编　主编安莉
吉林人民出版社　1996 年 11 月
374 页　精装　27cm
ISBN7-206-02598-6
馆藏号：Guojiafz-8600002004505

长春年鉴·1997
长春市地方志编纂委员会、长春年鉴编纂委员会合编　主编安莉
吉林人民出版社　1997 年 10 月
423 页　精装　29cm
ISBN7-206-02490-4
馆藏号：Guojiafz-8600002003472

长春年鉴·1998
长春市地方志编纂委员会、长春年鉴编纂委员会合编　主编安莉
长春出版社　1998 年 10 月
382 页　精装　29cm

ISBN7-80604-757-3
馆藏号：Guojiafz-8600002003865

长春年鉴·2000
长春市人民政府主办　长春市地方志编纂委员会、长春年鉴编纂委员会合编　主编安莉
长春出版社　2000年12月
356页　精装　29cm
ISBN7-80664-116-5
馆藏号：Guojiafz-8600002006836

长春年鉴·2001
长春市地方志编纂委员会、长春年鉴编纂委员会合编　主编安莉
长春出版社　2001年10月
390页　精装　29cm
ISBN7-80664-298-6
馆藏号：Guojiafz-8600002006825

长春年鉴·2002
长春市地方志编纂委员会、长春年鉴编纂委员会合编　主编安莉
长春出版社　2002年12月
368页　精装　29cm
ISBN7-80664-481-4
馆藏号：Guojiafz-8600002006853

长春年鉴·2003
长春市地方志编纂委员会、长春年鉴编纂委员会合编　主编安莉
吉林人民出版社　2003年9月
328页　精装　29cm
ISBN7-206-03981-2
馆藏号：Guojiafz-8600002005533

长春年鉴·2004
长春市地方志编纂委员会、长春年鉴编纂委员会合编　主编安莉
吉林人民出版社　2004年9月
480页　精装　29cm
ISBN7-206-04256-2
馆藏号：Guojiafz-8600002003180

长春年鉴·2005
长春市地方志编纂委员会、长春年鉴编纂委员会合编　主编安莉
吉林人民出版社　2005年11月
575页　精装　29cm
ISBN7-206-03883-3
馆藏号：Guojiafz-8600002002155

长春年鉴·2006
长春市人民政府主办　长春市地方志编纂委员会、长春年鉴编纂委员会合编　主编安莉、李龙熙
吉林人民出版社　2006年10月
605页　精装　29cm
ISBN7-206-04330-5
馆藏号：Guojiafz-8600002008380

长春年鉴·2007
长春市人民政府主办　长春市地方志编纂委员会、长春年鉴编纂委员会合编　主编郑文芝
吉林人民出版社　2007年10月
610页　精装　29cm
ISBN978-7-206-05280-4
馆藏号：Guojiafz-8600002002097

长春年鉴·2008
长春市人民政府主办　长春市地方志编纂委员会、长春年鉴编纂委员会合编　主编郑文芝
吉林人民出版社　2008年10月
633页　精装　29cm
ISBN978-7-206-05224-8
馆藏号：Guojiafz-8600002002151

长春年鉴·2009
长春市人民政府主办　长春市地方志编纂委员会、长春年鉴编纂委员会合编　主编郑文芝
吉林人民出版社　2009年10月
440页　精装　29cm

ISBN978-7-206-05816-5
馆藏号：Guojiafz-8600002002152

长春年鉴·2010
长春市人民政府主办　长春市地方志编纂委员会、长春年鉴编纂委员会合编　主编郑文芝
吉林人民出版社　2010 年 10 月
444 页　精装　29cm
ISBN978-7-206-06339-8
馆藏号：Guojiafz-8600002008094

长春年鉴·2012
长春市人民政府主办　长春市地方志编纂委员会编　主编吴兰
吉林人民出版社　2012 年 10 月
343 页　精装　29cm
ISBN978-7-206-06780-8
馆藏号：Guojiafz-8600002007172

长春年鉴·2014
长春市人民政府主办　长春市地方志编纂委员会编　主编张晶莹
吉林人民出版社　2014 年 11 月
326 页　精装　29cm
ISBN978-7-206-11347-5
馆藏号：Guojiafz-8600002015850

长春年鉴·2016
长春市人民政府主办　长春市地方志编纂委员会编　主编贾丽娜
吉林人民出版社　2016 年 12 月
329 页　精装　29cm
ISBN978-7-206-13536-1
馆藏号：Guojiafz-8600002014146

长春年鉴·2017
长春市人民政府主办　长春市地方志编纂委员会编　主编贾丽娜
吉林人民出版社　2017 年 11 月
302 页　精装　29cm
ISBN978-7-206-14620-6
馆藏号：Guojiafz-8600002016197

宽城年鉴·2007
长春市宽城区人民政府主办　长春市宽城区地方志编纂委员会编　主编左毅、曲春雨
吉林人民出版社　2009 年 8 月
320 页　精装　29cm
ISBN978-7-206-05319-1
馆藏号：Guojiafz-8600002010634

宽城年鉴·2008
长春市宽城区人民政府主办　长春市宽城区地方志编纂委员会、长春市宽城区年鉴编纂领导小组办公室合编　主编左毅、曲春雨
吉林人民出版社　2009 年 8 月
369 页　精装　29cm
ISBN978-7-206-05267-5
馆藏号：Guojiafz-8600002010328

宽城年鉴·2009
长春市宽城区人民政府主办　长春市宽城区地方志编纂委员会、长春市宽城区《宽城年鉴》编辑部合编　主编左毅、曲春雨
吉林人民出版社　2009 年 8 月
399 页　精装　29cm
ISBN978-7-206-05320-7
馆藏号：Guojiafz-8600002003108

长春市宽城年鉴·2010
长春市宽城区人民政府主办　长春市宽城区地方志编纂委员会、长春市宽城区年鉴编纂领导小组办公室合编　主编左毅
吉林人民出版社　2011 年 1 月
326 页　精装　29cm
ISBN978-7-206-05976-6
馆藏号：Guojiafz-8600002010637

长春市宽城年鉴·2011
宽城区人民政府主办　宽城区地方志编纂委员会

编　主编左毅
吉林人民出版社　2012 年 1 月
338 页　精装　29cm
ISBN978-7-206-06615-3
馆藏号：Guojiafz-8600002010519

长春市宽城年鉴・2012
宽城区人民政府主办　宽城区地方志编纂委员会编　主编左毅
吉林人民出版社　2012 年 12 月
263 页　精装　29cm
ISBN978-7-206-08047-0
馆藏号：Guojiafz-8600002010517

长春市宽城年鉴・2013
宽城区人民政府主办　长春市宽城区地方志编纂委员会编　主编李维彬
吉林人民出版社　2013 年 12 月
308 页　精装　29cm
ISBN978-7-206-08074-6
馆藏号：Guojiafz-8600002014136

长春市宽城年鉴・2014
宽城区人民政府主办　长春市宽城区地方志编纂委员会编　主编殷淑琴
吉林人民出版社　2015 年 5 月
296 页　精装　29cm
ISBN978-7-206-11718-3
馆藏号：Guojiafz-8600002010331

长春市宽城年鉴・2015
长春市宽城区人民政府主办　长春市宽城区地方志编纂委员会编　主编殷淑琴
吉林人民出版社　2016 年 8 月
254 页　精装　29cm
ISBN978-7-206-12607-9
馆藏号：Guojiafz-8600002007022

长春市宽城年鉴・2016
长春市宽城区人民政府主办　长春市宽城区地方志编纂委员会编　主编明翔
吉林人民出版社　2017 年 9 月
267 页　精装　29cm
ISBN978-7-206-14419-6
馆藏号：Guojiafz-8600002014136

长春市宽城年鉴・2017
长春市宽城区人民政府主办　长春市宽城区地方志编纂委员会编　主编明翔
吉林人民出版社　2017 年 12 月
236 页　精装　29cm
ISBN978-7-206-14682-4
馆藏号：Guojiafz-8600002016390

长春市宽城年鉴・2018
长春市宽城区地方志编纂委员会编　主编明翔、刘宏
吉林人民出版社　2019 年 3 月
249 页　精装　29cm
ISBN978-7-5144-3759-1
馆藏号：Guojiafz-8600002017809-11

榆树年鉴・2007
榆树市人民政府主办　榆树市地方志编纂委员会编　主编陈春林
吉林大学出版社　2009 年 5 月
370 页　精装　29cm
ISBN978-7-5601-4497-9
馆藏号：Guojiafz-8600002005462

榆树年鉴・2008
榆树市人民政府主办　榆树市地方志编纂委员会编　主编陈春林
吉林大学出版社　2010 年 7 月
394 页　精装　29cm
ISBN978-7-5601-4497-9
馆藏号：Guojiafz-8600002005707

榆树年鉴・2010
榆树市人民政府主办　榆树市地方志编纂委员会编

主编陈春林
吉林大学出版社　2012年6月
474页　精装　30cm
ISBN978-7-5601-4497-9
馆藏号：Guojiafz-8600002009993

榆树年鉴·2011
榆树市人民政府主办　榆树市地方志编纂委员会编
主编陈春林
吉林大学出版社　2013年1月
463页　精装　29cm
ISBN978-7-5601-4497-9
馆藏号：Guojiafz-8600002007324

德惠年鉴·2015
德惠市人民政府主办　德惠市地方志编纂委员会编
主编赵文波
吉林文史出版社　2016年10月
251页　精装　29cm
ISBN978-7-5472-3469-3
馆藏号：Guojiafz-8600002014194

长春高新技术产业开发区年鉴·2016
长春高新技术产业开发区管理委员会主办　长春高新技术产业开发区地方志编纂委员会编
主编孙亚明
吉林人民出版社　2016年12月
364页　精装　29cm
ISBN978-7-206-13541-5
馆藏号：Guojiafz-8600002014828

长春新区年鉴·2017
长春新区管理委员会主办　长春新区地方志编纂委员会编　主编李忠斌
吉林人民出版社　2017年12月
284页　精装　29cm
ISBN978-7-206-14720-3
馆藏号：Guojiafz-8600002016198

吉林市年鉴·1994
吉林市地方志编纂委员会编　主编胡国军、孙德福
吉林文史出版社　1995年
599页　精装　27cm
ISBN7-80528-587-X
馆藏号：Guojiafz-8600002010770

吉林市年鉴·1995
吉林市地方志编纂委员会编　主编胡国军
吉林文史出版社　1996年6月
667页　精装　27cm
ISBN7-80528-587-X
馆藏号：Guojiafz-8600002010773

吉林市年鉴·1996
吉林市地方志编纂委员会编　主编胡国军
吉林文史出版社　1997年3月
591页　精装　27cm
ISBN7-80528-587-X
馆藏号：Guojiafz-8600002010771

吉林市年鉴·1997
吉林市地方志编纂委员会编　主编黄文明、李江
吉林文史出版社　1998年12月
285页　精装　27cm
ISBN7-80528-587-X
馆藏号：Guojiafz-8600002001760

吉林市年鉴·1998
吉林市人民政府主办　吉林市年鉴编纂委员会编
主编刘萍
吉林文史出版社　1999年8月
275页　精装　27cm
ISBN7-80528-587-X
馆藏号：Guojiafz-8600002010537

吉林市年鉴·1999
吉林市人民政府主办　吉林市年鉴编纂委员会编
主编刘萍

吉林文史出版社　2000 年 8 月
226 页　精装　27cm
ISBN7-80528-587-X
馆藏号：Guojiafz-8600002010526

吉林市年鉴・2000
吉林市人民政府主办　吉林市年鉴编纂委员会编
主编刘萍
吉林文史出版社　2001 年 9 月
190 页　精装　27cm
ISBN7-80528-587-X
馆藏号：Guojiafz-8600002001901

吉林市年鉴・2001
吉林市人民政府主办　吉林市年鉴编纂委员会编
主编刘萍
吉林文史出版社　2002 年 4 月
186 页　精装　27cm
ISBN7-80528-587-X
馆藏号：Guojiafz-8600002010529

吉林市年鉴・2002
吉林市人民政府主办　吉林市地方志编纂委员会编
主编刘萍
吉林文史出版社　2003 年 1 月
277 页　精装　27cm
ISBN7-80528-587-X
馆藏号：Guojiafz-8600002001911

吉林市年鉴・2003
吉林市人民政府主办　吉林市年鉴编纂委员会编
主编刘萍
吉林文史出版社　2003 年 10 月
285 页　精装　27cm
ISBN7-80528-587-X
馆藏号：Guojiafz-8600002005859

吉林市年鉴・2004
吉林市人民政府主办　吉林市年鉴编纂委员会编
主编刘萍
吉林人民出版社　2004 年 12 月
278 页　精装　27cm
ISBN7-206-04424-7
馆藏号：Guojiafz-8600002002159

吉林市年鉴・2005
吉林市人民政府主办　吉林市年鉴编纂委员会编
主编杨金顺
吉林人民出版社　2005 年 12 月
309 页　精装　27cm
ISBN7-206-04424-7
馆藏号：Guojiafz-8600002002158

吉林市年鉴・2006
吉林市人民政府主办　吉林市年鉴编纂委员会编
主编杨金顺
吉林人民出版社　2006 年 11 月
302 页　精装　27cm
ISBN7-206-04283-X
馆藏号：Guojiafz-8600002002157

吉林市年鉴・2007
吉林市人民政府主办　吉林市年鉴编纂委员会编
主编李如生
吉林人民出版社　2007 年 11 月
314 页　精装　27cm
ISBN7-206-04283-X
馆藏号：Guojiafz-8600002004106

吉林市年鉴・2008
吉林市人民政府主办　吉林市年鉴编纂委员会编
主编杨金顺
吉林人民出版社　2008 年 11 月
308 页　精装　27cm
ISBN978-7-206-05250-7
馆藏号：Guojiafz-8600002004105

吉林市年鉴・2009
吉林市年鉴编纂委员会编　主编杨金顺
吉林人民出版社　2009 年 12 月

312 页　精装　27cm
ISBN978-7-206-05869-1
馆藏号：Guojiafz-8600002002738

吉林市年鉴·2010
吉林市人民政府主办　吉林市年鉴编纂委员会编
主编杨金顺
吉林人民出版社　2010 年 12 月
267 页　精装　29cm
ISBN978-7-206-06027-4
馆藏号：Guojiafz-8600002005962

吉林市年鉴·2011
吉林市人民政府主办　吉林市地方志编纂委员会编
主编杨金顺、王振夫
吉林人民出版社　2011 年 11 月
305 页　精装　29cm
ISBN978-7-206-06027-4
馆藏号：Guojiafz-8600002002073

吉林市年鉴·2012
吉林市人民政府主办　吉林市年鉴编纂委员会编
主编杨金顺、王振夫
吉林人民出版社　2012 年 12 月
402 页　精装　29cm
ISBN978-7-206-07047-1
馆藏号：Guojiafz-8600002013488

吉林市年鉴·2013
吉林市人民政府主办　吉林市年鉴编纂委员会编
主编陈东、王振夫
吉林人民出版社　2013 年 12 月
368 页　精装　29cm
ISBN978-7-206-07047-1
馆藏号：Guojiafz-8600002013491

吉林市年鉴·2014
吉林市人民政府主办　吉林市地方志编纂委员会编
主编陈东、王振夫
吉林文史出版社　2014 年 12 月
344 页　精装　29cm
ISBN978-7-5472-2515-8
馆藏号：Guojiafz-8600002010050

吉林市年鉴·2015
吉林市人民政府主办　吉林市地方志编纂委员会编
主编陈东、王振夫
吉林文史出版社　2015 年 12 月
368 页　精装　30cm
ISBN978-7-5472-2963-7
馆藏号：Guojiafz-8600002004662

吉林市年鉴·2016
吉林市人民政府主办　吉林市地方志编纂委员会编
主编陈东、王振夫
吉林文史出版社　2016 年 12 月
386 页　精装　29cm
ISBN978-7-5472-2454-0
馆藏号：Guojiafz-8600002014126

吉林市年鉴·2019
吉林市人民政府主办　吉林市地方志编纂委员会
办公室编　主编周胜新
方志出版社　2019 年 12 月
354 页　精装　29cm
ISBN978-7-5144-4183-3
馆藏号：Guojiafz-8600002018396

桦甸市年鉴·2010
桦甸市人民政府主办　桦甸市地方志编纂委员会编
主编董凤琴、张彦民
吉林文史出版社　2010 年 10 月
338 页　精装　29cm
ISBN7-80626-623-2
馆藏号：Guojiafz-8600002008411

桦甸年鉴·2012
桦甸市人民政府主办　桦甸市年鉴编纂委员会编
主编董凤琴
吉林文史出版社　2012 年 11 月

290 页　精装　29cm
ISBN7-80626-623-2
馆藏号：Guojiafz-8600002009990

桦甸年鉴・2016
桦甸市地方志编纂委员会编　主编王军瑞
吉林文史出版社　2016 年 12 月
198 页　精装　29cm
ISBN978-7-5472-3727-4
馆藏号：Guojiafz-8600002014132

桦甸年鉴・2017
桦甸市地方志编纂委员会编　主编王军瑞
吉林文史出版社　2017 年 12 月
292 页　精装　29cm
ISBN978-7-5472-4820-1
馆藏号：Guojiafz-8600002016387

桦甸年鉴・2018
桦甸市地方志编纂委员会办公室编　主编王军瑞
方志出版社　2019 年 3 月
304 页　精装　29cm
ISBN978-7-5144-3756-0
馆藏号：Guojiafz-8600002017803-5

舒兰市年鉴・2008（创刊号）
舒兰市人民政府主办　舒兰市年鉴编纂委员会编
主编何庆阳
吉林人民出版社　2008 年 12 月
291 页　精装　29cm
ISBN7-206-03875-1
馆藏号：Guojiafz-8600002002643

舒兰年鉴・2012
舒兰市人民政府主办　舒兰市年鉴编纂委员会编
主编鲍立臣
吉林大学出版社　2012 年 12 月
244 页　精装　29cm
ISBN978-7-5601-4497-9
馆藏号：Guojiafz-8600002009935

舒兰年鉴・2014
舒兰市人民政府主办　舒兰市年鉴编纂委员会编
舒兰市年鉴编纂委员会编　主编鲍立臣
吉林大学出版社　2014 年 11 月
318 页　精装　29cm
ISBN978-7-5601-4497-9
馆藏号：Guojiafz-8600002015960

舒兰年鉴・2016
舒兰市人民政府主办　舒兰市地方志编纂委员会编
主编鲍立臣
吉林文史出版社　2016 年 12 月
344 页　精装　29cm
ISBN978-7-5472-2692-6
馆藏号：Guojiafz-8600002014134

四平年鉴・2011
四平市人民政府主办　四平市地方志编纂委员会编
主编张卫平
吉林人民出版社　2013 年 1 月
304 页　精装　29cm
ISBN7-206-03177-3
馆藏号：Guojiafz-8600002003318

四平年鉴・2012
四平市人民政府主办　四平市地方志编纂委员会编
主编高京燕
吉林人民出版社　2013 年 1 月
276 页　精装　29cm
ISBN7-206-03177-3
馆藏号：Guojiafz-8600002003316

四平年鉴・2013
四平市人民政府主办　四平市地方志编纂委员会编
主编张志东
吉林人民出版社　2013 年 11 月
276 页　精装　29cm
ISBN7-206-03177-3
馆藏号：Guojiafz-8600002003527

四平铁东年鉴·2011
中共铁东区委、铁东区人民政府主办　四平市铁东区地方志编纂委员会办公室编　主编孙立
吉林大学出版社　2012年4月
342页　精装　30cm
ISBN978-7-5601-4497-9
馆藏号：Guojiafz-8600002009933

公主岭年鉴·2014
公主岭市地方志编纂委员会编　主编王瑞雪
吉林文史出版社　2014年12月
333页　精装　29cm
ISBN978-7-5472-2509-7
馆藏号：Guojiafz-8600002015381

公主岭年鉴·2015
中共公主岭市委、公主岭市人民政府主办　公主岭市地方志编纂委员会编　主编王瑞雪
吉林文史出版社　2015年12月
302页　精装　29cm
ISBN978-7-5472-2945-3
馆藏号：Guojiafz-8600002014111

公主岭年鉴·2017
公主岭市地方志编纂委员会编　主编王瑞雪
执行主编彭相如
吉林文史出版社　2017年12月
334页　精装　29cm
ISBN978-7-5472-4817-1
馆藏号：Guojiafz-8600002016196

梨树年鉴·2014
梨树县人民政府主办　梨树县地方志编委会编
主编孙艳军　执行主编孙振忠
吉林文史出版社　2015年1月
284页　精装　29cm
ISBN978-7-5472-2618-6
馆藏号：Guojiafz-8600002017587

伊通年鉴·2018
伊通满族自治县地方志编纂委员会办公室编
主编曾范涛
吉林人民出版社　2018年12月
313页　精装　29cm
ISBN978-7-5472-5753-1
馆藏号：Guojiafz-8600002021664

伊通年鉴·2019
伊通满族自治县地方志编纂委员会编
主编曾范涛
吉林人民出版社　2019年12月
341页　精装　29cm
ISBN978-7-206-16696-9
馆藏号：Guojiafz-8600002020744-5

伊通年鉴·2020
伊通满族自治县地方志编纂委员会编
主编曾范涛
吉林人民出版社　2020年1月
293页　精装　29cm
ISBN978-7-206-17653-1
馆藏号：Guojiafz-8600002021662-3

辽源年鉴·2002—2003
辽源市人民政府主办　辽源市地方志编纂委员会编
总编常忆杰
吉林人民出版社　2004年4月
421页　精装　29cm
ISBN7-206-03362-8
馆藏号：Guojiafz-8600002007748

辽源年鉴·2007
辽源市人民政府办公室、辽源市地方志编纂委员会合编　总编常忆杰
吉林人民出版社　2007年12月
382页　精装　29cm
ISBN7-206-03362-8
馆藏号：Guojiafz-8600002000535

辽源年鉴·2008
辽源市人民政府办公室、辽源市地方志编纂委员会合编　总编常忆杰
吉林人民出版社　2008 年 12 月
392 页　精装　29cm
ISBN7-206-03362-8
馆藏号：Guojiafz-8600002005523

辽源年鉴·2009
辽源市人民政府办公室、辽源市地方志编纂委员会合编　总编常忆杰
吉林人民出版社　2009 年 11 月
354 页　精装　29cm
ISBN7-206-03362-8
馆藏号：Guojiafz-8600002000537

辽源年鉴·2012
辽源市人民政府主办　辽源市地方志编纂委员会编　总编朱世江
吉林文史出版社　2012 年 12 月
332 页　精装　29cm
ISBN978-7-206-08069-2
馆藏号：Guojiafz-8600002017549

辽源年鉴·2014
辽源市人民政府主办　辽源市地方志编纂委员会编　总编朱世江
吉林文史出版社　2014 年 12 月
242 页　精装　29cm
ISBN978-7-5472-2581-3
馆藏号：Guojiafz-8600002010516

辽源年鉴·2017
辽源市地方志编纂委员会办公室编
总编纂朱世江
方志出版社　2018 年 3 月
411 页　精装　29cm
ISBN978-7-5144-3026-4
馆藏号：Guojiafz-8600002015537

通化年鉴·2006
通化市人民政府办公室主办　通化市地方志办公室编　主编陈连兴
吉林文史出版社　2006 年 10 月
233 页　精装　29cm
ISBN7-80626-624-0
馆藏号：Guojiafz-8600002005488

通化年鉴·2007
通化市人民政府办公室主办　通化市地方志办公室编　主编陈连兴
吉林文史出版社　2007 年 11 月
271 页　精装　29cm
ISBN978-7-80702-530-6
馆藏号：Guojiafz-8600002008096

通化年鉴·2008
通化市人民政府办公室主办　通化市地方志办公室编　主编张书局
吉林文史出版社　2009 年 4 月
263 页　精装　29cm
ISBN978-7-80702-530-6
馆藏号：Guojiafz-8600002008095

通化年鉴·2009
通化市人民政府办公室主办　通化市地方志办公室编　主编张书局
吉林文史出版社　2010 年 4 月
236 页　精装　29cm
ISBN978-7-80702-530-6
馆藏号：Guojiafz-8600002003480

通化年鉴·2011
通化市人民政府办公室主办　通化市地方志办公室编　主编张书局
通化新华印务有限公司印刷　2011 年 12 月
256 页　精装　29cm
ISBN978-7-5601-4497-9
馆藏号：Guojiafz-8600002000965

梅河口年鉴·2010
《梅河口市年鉴》编纂委员会编　主编陈楠
吉林大学出版社　2011 年 6 月
376 页　精装　29cm
ISBN978-7-5601-4497-9
馆藏号：Guojiafz-8600002000210

梅河口年鉴·2014
梅河口市地方志编纂委员会编　主编蒋丽萍
执行主编崔宏
吉林文史出版社　2014 年 11 月
358 页　精装　29cm
ISBN978-7-5472-2471-7
馆藏号：Guojiafz-8600002015437

集安年鉴·2010
中共集安市委、集安市人民政府主办　集安市地方志编纂委员会编　主编殷庆刚
吉林大学出版社　2010 年 12 月
405 页　精装　29cm
ISBN978-7-5601-4497-9
馆藏号：Guojiafz-8600002008412

集安年鉴·2013
中共集安市委、集安市人民政府主办　集安市档案局、集安市地方志编纂委员会合编
主编孙志强
吉林大学出版社　2013 年 11 月
395 页　精装　29cm
ISBN978-7-5601-4497-9
馆藏号：Guojiafz-8600002013285

集安年鉴·2014
中共集安市委、集安市人民政府主办　集安市档案局、集安市地方志编纂委员会合编
主编孙志强
内部印刷
424 页　精装　29cm
准印证号：TN　2014010
馆藏号：Guojiafz-8600002011011

柳河年鉴·2008
柳河县人民政府办公室主办　柳河年鉴编纂委员会编　主编王相国
吉林人民出版社　2009 年 10 月
245 页　精装　29cm
ISBN978-7-206-05717-5
馆藏号：Guojiafz-8600002003109

柳河年鉴·2012
柳河县人民政府办公室主办　柳河年鉴编纂委员会、柳河县地方志办公室合编　主编黄志刚
吉林大学出版社　2013 年 12 月
206 页　精装　29cm
ISBN978-7-5601-4497-9
馆藏号：Guojiafz-8600002017498

柳河统计年鉴·1985
柳河县统计局编
秦皇岛市资料印刷厂印刷　1986 年 8 月
461 页　精装　19cm
馆藏号：Guojiafz-8600002005371

白山年鉴·2012
白山市人民政府主办　白山市地方志办公室编
主编董新春
吉林大学出版社　2012 年 12 月
310 页　精装　29cm
ISBN978-7-5601-4497-9
馆藏号：Guojiafz-8600002007057

江源年鉴·2007—2008
江源区地方志编纂委员会编　主编武传仁
执行主编李金娜
吉林大学出版社　2010 年 12 月
219 页　精装　29cm
ISBN978-7-5601-4497-9
馆藏号：Guojiafz-8600002005601

江源年鉴·2009
江源区地方志编纂委员会编　主编武传仁

执行主编李金娜
吉林大学出版社　2010 年 12 月
223 页　精装　29cm
ISBN978-7-5601-4497-9
馆藏号：Guojiafz-8600002006854

江源年鉴·2012
江源区地方志编纂委员会编　主编于森、武传仁　执行主编李金娜
吉林大学出版社　2012 年 12 月
234 页　精装　29cm
ISBN978-7-5601-4497-9
馆藏号：Guojiafz-8600002000968

江源年鉴·2016
白山市江源区政府主办　江源区地方志编纂委员会编　主编姜宏亮　执行主编冷淑香、王振宇
吉林文史出版社　2016 年 12 月
348 页　精装　29cm
ISBN978-7-5472-2707-7
馆藏号：Guojiafz-8600002014093

松原年鉴·2002—2003
松原市人民政府主办　松原市人民政府办公室、松原市政府地方志办公室合编　主编范凤勤
吉林人民出版社　2004 年 7 月
466 页　精装　29cm
ISBN7-203-03447-0
馆藏号：Guojiafz-8600002003262

前郭尔罗斯年鉴·2011
前郭县人民政府主持　前郭尔罗斯蒙古族自治县人民政府办公室编　主编高明芬
吉林人民出版社　2011 年 11 月
939 页　精装　29cm
ISBN978-7-206-06435-7
馆藏号：Guojiafz-8600002015794

白城年鉴·2002
白城市政府主办　白城市人民政府办公室、白城市地方志办公室合编　主编姜凤国
吉林人民出版社　2003 年 7 月
604 页　精装　29cm
ISBN7-206-03936-7
馆藏号：Guojiafz-8600002008148

延边年鉴·2005
延边朝鲜族自治州人民政府主管　延边朝鲜族自治州地方志编纂委员会主办　延边朝鲜族自治州地方志编纂委员会编　主编金基浩
吉林人民出版社　2006 年 6 月
336 页　精装　27cm
ISBN7-206-03589-2
馆藏号：Guojiafz-8600002008763

延边年鉴·2006
延边朝鲜族自治州人民政府主管　延边朝鲜族自治州地方志编纂委员会主办　延边朝鲜族自治州地方志编纂委员会编　主编金基浩
吉林人民出版社　2006 年 12 月
369 页　精装　27cm
ISBN7-206-04488-3
馆藏号：Guojiafz-8600002008449

延边年鉴·2007
延边朝鲜族自治州人民政府主管　延边朝鲜族自治州地方志编纂委员会主办　延边朝鲜族自治州地方志编纂委员会编　主编于竞进
吉林人民出版社　2009 年 3 月
334 页　精装　29cm
ISBN978-7-206-05631-4
馆藏号：Guojiafz-8600002006015

延边年鉴·2008
延边朝鲜族自治州人民政府主管　延边朝鲜族自治州地方志编纂委员会主办　延边朝鲜族自治州地方志编纂委员会编　主编闵光道
吉林人民出版社　2009 年 11 月
362 页　精装　27cm
ISBN978-7-206-05817-2
馆藏号：Guojiafz-8600002005851

延边年鉴·2009
延边朝鲜族自治州人民政府主管　延边朝鲜族自治州地方志编纂委员会主办　延边朝鲜族自治州地方志编纂委员会编　主编闵光道
吉林人民出版社　2010年10月
423页　精装　27cm
ISBN978-7-206-06402-9
馆藏号：Guojiafz-8600002008356

延边年鉴·2013
延边朝鲜族自治州人民政府主管　延边州地方志编纂委员会主办　延边朝鲜族自治州地方志编纂委员会编　主编李希荣
延边人民出版社　2013年12月
522页　精装　29cm
ISBN978-7-5449-3123-6
馆藏号：Guojiafz-8600002003484

延边年鉴·2014
延边朝鲜族自治州人民政府主管　延边州地方志编纂委员会主办　延边朝鲜族自治州地方志编纂委员会编　主编李希荣
延边人民出版社　2014年12月
584页　精装　29cm
ISBN978-7-5449-3629-3
馆藏号：Guojiafz-8600002010549

延边年鉴·2017
延边朝鲜族自治州人民政府主管　延边朝鲜族自治州地方志编纂委员会办公室主办　延边朝鲜族自治州地方志编纂委员会办公室编
主编李希荣、赵敬国
延边人民出版社　2017年12月
531页　精装　29cm
ISBN978-7-5449-6384-8
馆藏号：Guojiafz-8600002016392

延吉年鉴·2012
延吉市地方志编纂委员会编　主编罗松玉
吉林大学出版社　2012年10月
194页　精装　29cm
ISBN978-7-5601-4497-9
馆藏号：Guojiafz-8600002003323

延吉年鉴·2014
延吉市地方志编纂委员会编　主编罗松玉
吉林文史出版社　2014年12月
268页　精装　29cm
ISBN978-7-5472-2478-6
馆藏号：Guojiafz-8600002015608

延吉年鉴·2016
延吉市人民政府主办　延吉市地方志编纂委员会编
主编金丽峰　执行主编郭君志
方志出版社　2016年12月
347页　精装　29cm
ISBN978-7-5144-2221-4
馆藏号：Guojiafz-8600002013994

延吉年鉴·2017
中共延吉市委、延吉市人民政府主办　延吉市地方志编纂委员会编　主编金丽峰
吉林文史出版社　2017年12月
334页　精装　29cm
ISBN978-7-5472-4814-0
馆藏号：Guojiafz-8600002016391

敦化年鉴·2013
敦化市人民政府主管　敦化市地方志编纂委员会编
主编徐鹏
吉林大学出版社　2013年12月
352页　精装　29cm
ISBN978-7-5601-4497-9
馆藏号：Guojiafz-8600002003487

敦化年鉴·2015
敦化市人民政府主管　敦化市地方志编纂委员会编
主编徐鹏
吉林文史出版社　2015年12月
444页　精装　29cm

ISBN978-7-5472-2955-2
馆藏号：Guojiafz-8600002014138

敦化年鉴·2017
敦化市人民政府主管　敦化市地方志编纂委员会主办　敦化市地方志编纂委员会编　主编孙红霞
吉林文史出版社　2017年12月
386页　精装　29cm
ISBN978-7-5472-4824-9
馆藏号：Guojiafz-8600002016388

珲春年鉴·2015
珲春市人民政府主管　珲春市地方志编纂委员会主办　珲春市地方志编纂委员会编　主任金春山
吉林文史出版社　2015年12月
221页　精装　29cm
ISBN978-7-5472-2948-4
馆藏号：Guojiafz-8600002014091

珲春年鉴·2017
珲春市人民政府主管　珲春市地方志编纂委员会编　主任潘文成
方志出版社　2018年8月
300页　精装　29cm
ISBN978-7-5144-3218-3
馆藏号：Guojiafz-8600002018343

和龙年鉴·2016
和龙市人民政府主管　和龙市地方志编纂委员会主办　和龙市地方志编纂委员会编　主编李学海
吉林文史出版社　2016年12月
372页　精装　29cm
ISBN978-7-5472-2822-7
馆藏号：Guojiafz-8600002014202

黑龙江省

黑龙江年鉴·1992
黑龙江年鉴编辑部编　总编辑战凤翰
黑龙江年鉴社　1992 年 12 月
548 页　精装　27cm
CN23-1342
馆藏号：Guojiafz-8600002006298

黑龙江年鉴·2015
黑龙江省人民政府主管　黑龙江省地方志办公室主办　《黑龙江年鉴》编辑部编　总编隋岩
黑龙江年鉴社　2016 年 10 月
666 页　精装　30cm
ISSN1008-0791
馆藏号：Guojiafz-8600002013829

黑龙江年鉴·2017
黑龙江省人民政府主管　黑龙江省地方志办公室主办《黑龙江年鉴》编辑部编　总编何伟志、隋岩
黑龙江年鉴社　2018 年 7 月
704 页　平装　29cm
ISSN1008-0791
馆藏号：Guojiafz-8600002016798

黑龙江年鉴·2018
黑龙江省人民政府主管　黑龙江省地方志办公室主办　《黑龙江年鉴》编辑部编　总编何伟志
黑龙江年鉴社　2018 年 12 月
664 页　精装　29cm
ISSN1008-0791
馆藏号：Guojiafz-8600002017305

黑龙江农垦年鉴·2008
《黑龙江农垦年鉴》编纂委员会编
执行主编史桂霞
黑龙江人民出版社　2008 年 11 月
505 页　精装　31cm
ISBN978-7-207-07698-4
馆藏号：Guojiafz-8600002000023

黑龙江农垦年鉴·2009
黑龙江农垦年鉴编纂委员会编　执行主编史桂霞
黑龙江人民出版社　2009 年 11 月
600 页　精装　31cm
ISBN978-7-207-08278-7
馆藏号：Guojiafz-8600002000266

黑龙江农垦年鉴·2010
黑龙江农垦年鉴编纂委员会编　执行主编史桂霞
黑龙江人民出版社　2011 年 4 月
544 页　精装　31cm
ISBN978-7-207-08291-6
馆藏号：Guojiafz-8600002000833

黑龙江农垦年鉴·2014
黑龙江农垦年鉴编纂委员会编　主编王兆力、王有国　执行主编曲伟　总纂曲伟、郭思宝
黑龙江人民出版社　2014 年 12 月
537 页　精装　30cm
ISBN978-7-207-10112-9
馆藏号：Guojiafz-8600002007978

黑龙江农垦年鉴·2016
黑龙江农垦年鉴编纂委员会编　主编王兆力、王有国　执行主编曲伟　总纂曲伟、郭思宝
方志出版社　2016年12月
425页　精装　30cm
ISBN978-7-5144-2272-6
馆藏号：Guojiafz-8600002014034

黑龙江农垦年鉴·2017
黑龙江省农垦总局史志办公室编　主编王守聪　执行主编曲伟
方志出版社　2018年1月
461页　精装　29cm
ISBN978-7-5144-2957-2
馆藏号：Guojiafz-8600002016386

红兴隆年鉴·1999
黑龙江省农垦总局红兴隆分局编　主编褚建平
哈尔滨出版社　2000年6月
381页　精装　26cm
ISBN7-80639-369-2
馆藏号：Guojiafz-8600002000315

红兴隆年鉴·2000
黑龙江省农垦总局红兴隆分局主办《红兴隆年鉴》编委会编　主编褚建平
哈尔滨出版社　2002年6月
279页　精装　27cm
ISBN7-80639-712-4
馆藏号：Guojiafz-8600002000316

黑龙江金融年鉴·2013
《黑龙江金融年鉴》编辑部编　主编王迅　总纂吴艾君、朱兴龙、刘松岩
黑龙江人民出版社　2013年12月
524页　精装　29cm
ISBN978-7-207-09963-1
馆藏号：Guojiafz-8600002015246

黑龙江商务年鉴·2008
黑龙江省商务厅主办《黑龙江商务年鉴》编辑委员会编　主编刘杰锋
黑龙江人民出版社　2009年5月
537页　精装　29cm
ISBN978-7-207-08272-5
馆藏号：Guojiafz-8600002000578

黑龙江商务年鉴·2013
黑龙江省商务厅主办《黑龙江商务年鉴》编辑委员会编　主编刘杰锋
黑龙江人民出版社　2014年2月
497页　精装　29cm
ISBN978-7-207-09951-8
馆藏号：Guojiafz-8600002015287

黑龙江商务年鉴·2016
黑龙江省商务厅主办《黑龙江商务年鉴》编辑委员会编　主编顾晓滨
黑龙江人民出版社　2017年7月
542页　精装　29cm
ISBN978-7-207-11099-2
馆藏号：Guojiafz-8600002016768

黑龙江对外经济贸易年鉴·1989
《黑龙江对外经济贸易年鉴》编辑委员会编
总编赵文清
黑龙江人民出版社　1989年10月
513页　精装　26cm
ISBN7-207-01375-2
馆藏号：Guojiafz-8600002005809

黑龙江对外经济贸易年鉴·1990
《黑龙江对外经济贸易年鉴》编辑委员会编
总编李季
黑龙江人民出版社　1990年12月
650页　精装　26cm
ISBN7-207-01730-8
馆藏号：Guojiafz-8600002003424

黑龙江对外经济贸易年鉴·1991
《黑龙江对外经济贸易年鉴》编辑委员会编
总编赵文清
黑龙江人民出版社 1991年12月
613页 精装 27cm
ISBN7-207-02156-9
馆藏号：Guojiafz-8600002003618

黑龙江对外经济贸易年鉴·1992
《黑龙江对外经济贸易年鉴》编辑委员会编
总编赵文清、王成
黑龙江人民出版社 1992年12月
507页 精装 27cm
ISBN7-207-02428-2
馆藏号：Guojiafz-8600002013496

黑龙江对外经济贸易年鉴·1994
黑龙江省对外经济贸易委员会主办 《黑龙江对外经济贸易年鉴》编辑委员会编 主编王玉珊、王成
黑龙江人民出版社 1994年12月
387页 精装 27cm
ISBN7-207-03081-9
馆藏号：Guojiafz-8600002008312

黑龙江对外经济贸易年鉴·1995—1996
黑龙江省对外经济贸易委员会主办 《黑龙江对外经济贸易年鉴》编辑委员会编 主编王玉珊、王成
黑龙江人民出版社 1995年12月
368页 精装 27cm
ISBN7-207-03402-4
馆藏号：Guojiafz-8600002005430

黑龙江对外经济贸易年鉴·1996—1997
黑龙江省对外贸易经济合作厅主办 《黑龙江对外经济贸易年鉴》编辑委员会编 主编王玉珊、王成 执行主编刘杰峰
黑龙江人民出版社 1996年12月
437页 精装 27cm
ISBN7-207-03744-9
馆藏号：Guojiafz-8600002000958

黑龙江对外经济贸易年鉴·1997—1998
黑龙江省对外贸易经济合作厅主办 《黑龙江对外经济贸易年鉴》编辑委员会编 主编刘杰峰
黑龙江人民出版社 1998年12月
691页 精装 27cm
ISBN7-207-04131-4
馆藏号：Guojiafz-8600002003277

黑龙江统计年鉴·2016
黑龙江省统计局、国家统计局黑龙江调查总队合编
总编辑葛新
中国统计出版社 2016年11月
619页 精装 30cm
ISBN978-7-5037-7898-8
馆藏号：Guojiafz-8600002014819

黑龙江宣传工作年鉴·2013
中共黑龙江省委宣传部主办 《黑龙江宣传工作年鉴》编辑部编 主编张效廉 执行主编李寅奎、刘光慧
黑龙江人民出版社 2014年12月
672页 精装 29cm
ISBN978-7-207-10235-5
馆藏号：Guojiafz-8600002015305

黑龙江地税年鉴·2008
黑龙江省地方税务局主办 黑龙江省地方税务局编
主任于柏青
中国税务出版社 2009年2月
784页 精装 29cm
ISBN978-7-80235-322-0
馆藏号：Guojiafz-8600002000548

黑龙江省民政年鉴·1985
黑龙江省民政年鉴编辑委员会编 主编耿煜
学习与探索杂志社
720页 精装 21cm

准印证号：黑出管字第 186 号
馆藏号：Guojiafz-8600002006437

哈尔滨年鉴·2004
哈尔滨市人民政府主办　哈尔滨年鉴社编　主编鲍海春
哈尔滨年鉴社　2004 年 10 月
498 页　精装　26cm
ISSN1004-9509
馆藏号：Guojiafz-8600002003268

哈尔滨年鉴·2016
哈尔滨市人民政府主办　哈尔滨市人民政府地方志编纂办公室编　主编赵竹帛
哈尔滨年鉴社　2016 年 11 月
508 页　平装　29cm
ISSN1004-9509
馆藏号：Guojiafz-8600002014130

哈尔滨铁路局年鉴·1987
《哈尔滨铁路局年鉴》编辑部编　主编朱吉义、赵玉文
黑龙江人民出版社　1989 年 12 月
398 页　精装　27cm
ISBN7-207-01378-7
馆藏号：Guojiafz-8600002006567

哈尔滨铁路局年鉴·1993
《哈尔滨铁路局年鉴》编辑部编　主编于庆臻、赵玉文
中国铁道出版社　1993 年 11 月
424 页　精装　27cm
ISBN7-113-01671-5
馆藏号：Guojiafz-8600002009350

哈尔滨铁路分局年鉴·2003
《哈尔滨铁路分局年鉴》编委会编　主编刘成轩、纪凤利、陈铎
中国铁道出版社　2003 年 11 月
568 页　精装　27cm
ISBN7-113-05294-0
馆藏号：Guojiafz-8600002004716

哈尔滨铁路局年鉴·2009
哈尔滨铁路分局主办　哈尔滨铁路局办公室（党委办公室）档案地方史志室编　主编江海波
北京市南召印刷厂印刷　2009 年 10 月
338 页　平装　27cm
CN23-1482
馆藏号：Guojiafz-8600002001420

哈尔滨铁路局年鉴·2013
哈尔滨铁路局办公室（党委办公室）档案史志室编　主编齐金岩
哈尔滨铁路局印刷厂印刷　2013 年 11 月
367 页　精装　27cm
CN23-1482
馆藏号：Guojiafz-8600002015913

齐齐哈尔年鉴·1997—1998
齐齐哈尔市地方志办公室编　总编辑潘晓黎　主编温向前
中国铁道出版社　2000 月 112 月
602 页　精装　27cm
ISBN7-113-03781-X
馆藏号：Guojiafz-8600002003211

齐齐哈尔年鉴·1999—2000
齐齐哈尔市人民政府主持　齐齐哈尔市地方志办公室编　总编辑潘晓黎、赵成华　主编温向前
黑龙江人民出版社　2002 年 9 月
580 页　精装　27cm
ISBN7-207-05178-1
馆藏号：Guojiafz-8600002003000

齐齐哈尔年鉴·2001—2002
齐齐哈尔市人民政府主持　齐齐哈尔市地方志办公室编　总编辑赵成华　主编温向前
黑龙江人民出版社　2003 年 8 月
542 页　精装　27cm

ISBN7-207-05965-5
馆藏号：Guojiafz-8600002002878

齐齐哈尔年鉴·2003
齐齐哈尔市人民政府主办　齐齐哈尔市地方志办公室编　总编辑王景斌、赵成华　主编温向前
吉林文史出版社　2004年8月
320页　精装　27cm
ISBN7-80626-599-6
馆藏号：Guojiafz-8600002002879

齐齐哈尔年鉴·2004
齐齐哈尔市人民政府主办　齐齐哈尔市地方志办公室编　总编辑王景斌　主编温向前
吉林文史出版社　2005年10月
480页　精装　27cm
ISBN7-80626-624-3
馆藏号：Guojiafz-8600002002998

齐齐哈尔年鉴·2005
齐齐哈尔市人民政府主办　齐齐哈尔市地方志办公室编　总编辑王景斌　主编温向前
吉林文史出版社　2006年10月
420页　精装　30cm
ISBN7-80626-623-2
馆藏号：Guojiafz-8600002002630

齐齐哈尔年鉴·2006—2007
齐齐哈尔市人民政府主办　齐齐哈尔市地方志办公室编　总编辑孙仁　主编温向前
黑龙江人民出版社　2008年5月
448页　精装　29cm
ISBN978-7-207-07692-2
馆藏号：Guojiafz-8600002003201

齐齐哈尔年鉴·2008
齐齐哈尔市人民政府主办　齐齐哈尔市地方志办公室编　总编王奎　主编温向前
黑龙江人民出版社　2009年5月
518页　精装　29cm
ISBN978-7-207-08273-2
馆藏号：Guojiafz-8600002002518

齐齐哈尔年鉴·2009
齐齐哈尔市人民政府主办　齐齐哈尔市地方志办公室编　主编王奎
黑龙江人民出版社　2010年7月
527页　精装　29cm
ISBN978-7-207-08281-7
馆藏号：Guojiafz-8600002002881

齐齐哈尔年鉴·2010
齐齐哈尔市人民政府主办　齐齐哈尔市地方志办公室编　主编王奎
黑龙江人民出版社　2010年12月
493页　精装　29cm
ISBN978-7-207-08288-6
馆藏号：Guojiafz-8600002002880

齐齐哈尔年鉴·2013
齐齐哈尔市人民政府主办　齐齐哈尔市地方志办公室编　主编马占江
黑龙江人民出版社　2013年12月
417页　精装　29cm
ISBN978-7-207-09896-2
馆藏号：Guojiafz-8600002015370

齐齐哈尔年鉴·2015
齐齐哈尔市人民政府主办　齐齐哈尔市地方志办公室编　主编王剑峰
黑龙江人民出版社　2016年3月
438页　精装　29cm
ISBN978-7-207-10637-7
馆藏号：Guojiafz-8600002014128

齐齐哈尔铁路分局年鉴·1987
齐齐哈尔铁路分局志编纂委员会编　主编王善纯
中国铁道出版社　1989年12月
423页　精装　27cm
ISBN7-113-00695-7
馆藏号：Guojiafz-8600002006487

齐齐哈尔铁路分局年鉴・1988
齐齐哈尔铁路分局志编纂委员会编　主编王善纯
中国铁道出版社　1990年6月
470页　精装　27cm
ISBN7-113-00887-9
馆藏号：Guojiafz-8600002009348

齐齐哈尔铁路分局年鉴・1989
齐齐哈尔铁路分局志编纂委员会编　主编王善纯
中国铁道出版社　1990年8月
413页　精装　27cm
ISBN7-113-00991-3
馆藏号：Guojiafz-8600002007288

齐齐哈尔铁路分局年鉴・1990
齐齐哈尔铁路分局志编纂委员会编　主编王善纯
中国铁道出版社　1991年11月
480页　精装　27cm
ISBN7-113-1131-4
馆藏号：Guojiafz-8600002009465

齐齐哈尔铁路分局年鉴・1991
齐齐哈尔铁路分局志编纂委员会编　主编战昆
中国铁道出版社　1992年4月
541页　精装　27cm
ISBN7-113-01286-8
馆藏号：Guojiafz-8600002009464

齐齐哈尔铁路分局年鉴・1992
齐齐哈尔铁路分局志编纂委员会编　主编程方
中国铁道出版社　1993年12月
323页　精装　27cm
ISBN7-113-01708-8
馆藏号：Guojiafz-8600002009351

齐齐哈尔铁路分局年鉴・1993
齐齐哈尔铁路分局年鉴编辑委员会编　主编程方
中国铁道出版社　1994年11月
300页　精装　27cm
ISBN7-113-01814-9
馆藏号：Guojiafz-8600002003654

齐齐哈尔铁路分局年鉴・1994
齐齐哈尔铁路分局年鉴编辑委员会编　主编程方
中国铁道出版社　1994年12月
244页　精装　27cm
ISBN7-113-01910-2
馆藏号：Guojiafz-8600002008314

齐齐哈尔铁路分局年鉴・1995
齐齐哈尔铁路分局年鉴编辑委员会编　主编程方
中国铁道出版社　1995年12月
260页　精装　27cm
ISBN7-113-02269-3
馆藏号：Guojiafz-8600002008267

齐齐哈尔铁路分局年鉴・1997
齐齐哈尔铁路分局年鉴编辑委员会编　主编程方
中国铁道出版社　1997年10月
256页　精装　27cm
ISBN7-113-02846-2
馆藏号：Guojiafz-8600002006475

齐齐哈尔市建华区年鉴・2008
齐齐哈尔市建华区人民政府主办　齐齐哈尔市建华区档案局（地方志办公室）编　主编王伟
齐齐哈尔日报社印刷厂印刷　2011年7月
585页　平装　29cm
准印证号：黑新出图内字（2011）B20号
馆藏号：Guojiafz-8600002001197

富裕年鉴・2008
富裕县人民政府主办　富裕县县志办公室编
总编辑初长武　主编王为民、李翠平　总纂王为民
富裕县诚信印刷厂印刷　2008年12月
447页　精装　27cm
准印证号：黑新出图内字（2008）B052号
馆藏号：Guojiafz-8600002001226

鸡西年鉴 · 2010
鸡西市地方志办公室编　主编王燕杰
哈尔滨嘉诺设计印务有限公司印刷　2011 年 4 月
412 页　精装　30cm
馆藏号：Guojiafz-8600002001978

密山年鉴 · 2003
密山年鉴编纂委员会主办《密山年鉴》编纂委员会编　主编刁学艺
哈尔滨地图出版社　2004 年 2 月
356 页　精装　29cm
ISBN7-80529-790-8
馆藏号：Guojiafz-8600002007762

鹤岗年鉴 · 1987
《鹤岗年鉴》编辑部编　主编韩玉祥
黑龙江人民出版社　1987 年 11 月
544 页　精装　27cm
ISBN7-207-00486-9
馆藏号：Guojiafz-8600002003475

鹤岗年鉴 · 1989
鹤岗市地方志编纂委员会办公室编　主编赵学礼
中国文史出版社　1990 年 9 月
413 页　精装　27cm
ISBN7-5034-0277-6
馆藏号：Guojiafz-8600002001651

鹤岗年鉴 · 1990—1991
鹤岗市地方志编审委员会办公室编　主编李宏臣
黄山书社　1991 年 12 月
869 页　精装　27cm
ISBN7-80535-347-6
馆藏号：Guojiafz-8600002001671

鹤岗年鉴 · 1992
鹤岗市人民政府主办　鹤岗市地方志办公室编
测绘出版社　1992 年 12 月
634 页　精装　27cm
ISBN7-5030-0474-6
馆藏号：Guojiafz-8600002001672

鹤岗年鉴 · 2005—2006
鹤岗市人民政府主办　鹤岗市地方志办公室编
主编梁江平
南京城中彩色印刷厂印刷　2006 年 12 月
434 页　精装　27cm
准印证号：黑新出图内字（2005081 号）
馆藏号：Guojiafz-8600002001657

鹤岗年鉴 · 2007—2008
鹤岗市人民政府主办　鹤岗市地方志办公室编
主编梁江平
南京城中彩色印刷厂印刷　2009 年 6 月
375 页　精装　30cm
准印证号：黑新出图内字（2008081 号）
馆藏号：Guojiafz-8600002001656

双鸭山年鉴 · 2006
双鸭山市地方志办公室编　主编丁桂英
总纂徐文亭
黑龙江省佳木斯市劝业印刷制版有限责任公司印刷　2006 年 7 月
311 页　精装　29cm
准印证号：黑新出图内字（双）20060 号
馆藏号：Guojiafz-8600002004009

双鸭山年鉴 · 2007
双鸭山市地方志办公室编　主编武凤呈
总纂徐文亭
黑龙江银手杖印务有限公司印刷　2007 年 12 月
301 页　精装　29cm
准印证号：黑新出图内字（双）2007008 号
馆藏号：Guojiafz-8600002001996

双鸭山年鉴 · 2008
双鸭山市地方志办公室编　主编武凤呈
总纂徐文亭
黑龙江银手杖印务有限公司印刷　2008 年 7 月
326 页　精装　29cm

准印证号：黑新出图内字（双）2008010 号
馆藏号：Guojiafz-8600002001999

双鸭山年鉴·2009
双鸭山市地方志办公室编　主编武凤呈
总纂徐文亭
黑龙江银手杖印务有限公司印刷　2009 年 9 月
309 页　精装　29cm
准印证号：黑新出图内字（双）2009008 号
馆藏号：Guojiafz-8600002001979

双鸭山年鉴·2010
双鸭山市地方志办公室编　主编高民
总纂邢凯明
黑龙江银手杖印务有限公司印刷　2010 年 9 月
318 页　精装　29cm
准印证号：黑新出图内字（双）2010002 号
馆藏号：Guojiafz-8600002001986

双鸭山年鉴·2011
双鸭山市地方志办公室编　主编高民
总纂邢凯明
黑龙江艺德印刷有限公司印刷　2011 年 10 月
331 页　精装　29cm
准印证号：黑新出图内字（双）2011009 号
馆藏号：Guojiafz-8600002017541

双矿集团公司年鉴·2002—2003
双矿集团公司董事会、双矿集团公司党委和双矿集团公司主办　双鸭山矿业集团有限公司编
主编崔沛文
黑龙江人民出版社　2004 年 9 月
483 页　精装　27cm
ISBN7-207-06356-3
馆藏号：Guojiafz-8600002003809

集贤年鉴·2007
集贤县政府主办　集贤县地方志办公室编
主编赵志贤
集贤县阳光电脑设计印务有限责任公司印刷　2009 年 9 月
310 页　精装　30cm
准印证号：黑新出图内字（双）2008015 号
馆藏号：Guojiafz-8600002001973

集贤年鉴·2008—2009
集贤县人民政府主办　集贤县地方志办公室编
主编郭恩普
黑龙江繁荣书刊有限公司印刷
511 页　精装　29cm
准印证号：黑新出图内字（双）2010005 号
馆藏号：Guojiafz-8600002001971

宝清年鉴·2010
宝清县政府主办　宝清县地方志办公室、《宝清年鉴》编辑部、宝清县年鉴编纂委员会合编
主编陈德志　总纂马文祥
黑龙江艺德印刷有限公司印刷　2011 年 12 月
465 页　精装　30cm
书刊号：黑新出印字（双）2011005 号
馆藏号：Guojiafz-8600002010913

宝清年鉴·2011
宝清县地方志办公室、《宝清年鉴》编辑部、宝清县年鉴编纂委员会合编　主编陈德志
总纂马文祥
黑龙江艺德印刷有限公司印刷　2012 年
578 页　精装　30cm
准印证号：黑新出印字（双）2012013 号
馆藏号：Guojiafz-8600002010955

大庆年鉴·1988
大庆市地方志编纂委员会编　主编时永发
河南大学出版社　1989 年 5 月
647 页　精装　27cm
ISBN7-81018-367-2
馆藏号：Guojiafz-8600002009450

大庆年鉴·1989
中国共产党大庆市委员会主办　大庆市地方志编

纂委员会编　主编时永发
中国文史出版社　1989 年
475 页　精装　26cm
ISBN978-7-5034-0151-6
馆藏号：Guojiafz-8600002009451

大庆年鉴・1998
大庆市地方志办公室编　主编孙瑞鹤
黑龙江省教委印刷厂印刷　1998 年 10 月
521 页　精装　27cm
准印证号：黑新出图（1998）176 号
馆藏号：Guojiafz-8600002009466

大庆年鉴・2009
大庆市委、大庆市政府主办　大庆市地方志编纂委员会办公室编　主编张聪
黑龙江人民出版社　2009 年 12 月
516 页　精装　29cm
ISBN978-7-207-08279-4
馆藏号：Guojiafz-8600002000709

大庆年鉴・2010
大庆市委、大庆市政府主办　大庆市地方志编纂委员会办公室编　主编张聪
黑龙江人民出版社　2011 年 3 月
510 页　精装　29cm
ISBN978-7-207-08290-9
馆藏号：Guojiafz-8600002000708

大庆年鉴・2013
大庆市市委主办　大庆市地方志编纂委员会办公室编　主编曲路海
黑龙江朝鲜民族出版社　2014 年 4 月
692 页　精装　29cm
ISBN978-7-5389-2019-2
馆藏号：Guojiafz-8600002015790

大庆石化总厂年鉴・1998
大庆石化总厂年鉴编纂委员会编　主编王昱
黑龙江人民出版社　1998 年 9 月
566 页　精装　27cm
ISBN7-207-04122-5
馆藏号：Guojiafz-8600002005808

让胡路年鉴・2009（上卷）
大庆市让胡路区地方志编纂委员会编　主编徐海丹
吉林摄影出版社　2009 年 12 月
369 页　精装　29cm
ISBN978-7-80757-155-1
馆藏号：Guojiafz-8600002000551

让胡路年鉴・2013
大庆市让胡路区地方志编纂委员会编　主编徐海丹
黑龙江朝鲜民族出版社　2013 年 11 月
487 页　精装　29cm
ISBN978-7-5389-1986-8
馆藏号：Guojiafz-8600002015461

让胡路年鉴・2015
让胡路区委、让胡路区政府主办　大庆市让胡路区地方志编纂委员会编　主编徐海丹
黑龙江朝鲜民族出版社　2015 年 11 月
430 页　精装　29cm
ISBN978-7-5389-2189-2
馆藏号：Guojiafz-8600002014188

伊春年鉴・1988
伊春市地方志编纂委员会编
中国展望出版社　1992 年 2 月
649 页　精装　27cm
ISBN7-5050-1020-4
馆藏号：Guojiafz-8600002007475

伊春年鉴・2004
伊春市委、伊春市人民政府主办　伊春市地方志编纂委员会办公室、伊春年鉴编纂委员会合编　主编王晓
方志出版社　2004 年 9 月

325 页　精装　29cm
ISBN7-80192-327-8
馆藏号：Guojiafz-8600002000583

伊春年鉴·2005
伊春市人民政府主办　伊春市地方志办公室编
主编王晓
方志出版社　2005 年 10 月
266 页　精装　29cm
ISBN7-80192-675-7
馆藏号：Guojiafz-8600002002363

伊春年鉴·2006
伊春市委、伊春市人民政府主办《伊春年鉴》编纂委员会、伊春市地方志编纂委员会办公室合编
主编王晓　总纂马燕
方志出版社　2006 年 11 月
279 页　精装　29cm
ISBN7-80192-949-7
馆藏号：Guojiafz-8600002000707

伊春年鉴·2007
伊春市人民政府主办《伊春年鉴》编纂委员会、伊春市地方志编纂委员会办公室合编　主编曹永杰
总纂马燕
伊春市伊春区鑫虹达印务中心印刷　2007 年 12 月
287 页　精装　29cm
准印证号：黑新出图内字（2007）第 H007 号
馆藏号：Guojiafz-8600002001143

伊春年鉴·2008
伊春市人民政府主办《伊春年鉴》编纂委员会、伊春市地方志编纂委员会办公室合编　主编曹永杰
总纂马燕
伊春市伊春区鑫虹达印务中心印刷　2008 年 12 月
288 页　精装　29cm
准印证号：黑新出图内字（2008）第 H009 号
馆藏号：Guojiafz-8600002001144

伊春年鉴·2009
伊春市政府主办《伊春年鉴》编纂委员会、伊春市地方志编纂委员会办公室合编　主编曹永杰
总纂马燕
伊春市伊春区鑫虹达印务中心印刷　2009 年 12 月
304 页　精装　29cm
准印证号：伊新出 2009H（011）号
馆藏号：Guojiafz-8600002007596

伊春年鉴·2010
伊春市人民政府主办　伊春年鉴编纂委员会、伊春市地方志编纂委员会办公室合编　主编曹永杰
伊春市伊春区鑫虹达印务中心印刷　2010 年 8 月
316 页　精装　29cm
准印证号：伊新出印字 2010（010）号
馆藏号：Guojiafz-8600002001145

伊春年鉴·2014
伊春市人民政府主办《伊春年鉴》编纂委员会、伊春市地方志编纂委员会办公室合编　主编马燕
总纂王淑红
黑龙江人民出版社　2014 年 12 月
284 页　精装　30cm
ISBN978-7-207-10227-0
馆藏号：Guojiafz-8600002013386

友好年鉴·2011
友好区（局）2011 年《年鉴》编纂委员会编
主编刘国平　总纂张文
黑龙江教育出版社　2013 年 11 月
205 页　精装　29cm
ISBN978-7-5316-7210-4
馆藏号：Guojiafz-8600002015258

友好年鉴·2018
伊春市友好区史志办公室编　主编何艳丽
总纂刘国平
方志出版社　2019 年 10 月
299 页　平装　29cm

ISBN978-7-5144-3956-4
馆藏号：Guojiafz-8600002018327

汤旺河年鉴·2018
伊春市汤旺河区地方志编纂委员会编　主编赵凤　总纂郝庆平
方志出版社　2019年10月
210页　平装　29cm
ISBN978-7-5144-3959-5
馆藏号：Guojiafz-8600002018328

佳木斯年鉴·2000
佳木斯年鉴编辑部编　主编许兆君
农垦日报社印刷厂印刷　2000年7月
263页　精装　26cm
准印证号：黑新出图内字（2000）006号
馆藏号：Guojiafz-8600002001290

佳木斯年鉴·2002
佳木斯市人民政府主办　佳木斯年鉴编纂委员会编　主编许兆君、孙喆
黑龙江银手杖印务有限公司印刷
462页　精装　26cm
准印证号：黑新出图内字（2002）012号
馆藏号：Guojiafz-8600002001291

佳木斯年鉴·2003
佳木斯市人民政府主办　佳木斯市年鉴编纂委员会编　主编李淑香
黑龙江银手杖印务有限公司印刷
500页　精装　27cm
准印证号：黑新出图内字（2003）007号
馆藏号：Guojiafz-8600002001072

佳木斯年鉴·2004
佳木斯市人民政府主办　佳木斯市年鉴编纂委员会编　主编李淑香
黑龙江银手杖印务有限公司印刷　2004年12月
526页　精装　30cm
准印证号：黑新出图内字（2004）009号
馆藏号：Guojiafz-8600002001077

佳木斯年鉴·2006
佳木斯市人民政府主办　佳木斯市年鉴编纂委员会编　主编李淑香
黑龙江银手杖印务有限公司印刷　2007年5月
452页　精装　30cm
准印证号：黑新出图内字（2007）D001号
馆藏号：Guojiafz-8600002001078

佳木斯年鉴·2007
佳木斯市人民政府主办　佳木斯市年鉴编纂委员会编　主编李淑香
黑龙江银手杖印务有限公司印刷　2008年2月
408页　精装　30cm
准印证号：黑新出图内字（2008）D001号
馆藏号：Guojiafz-8600002001075

佳木斯年鉴·2008
佳木斯市地方志办公室编　主编孙喆
黑龙江银手杖印务有限公司印刷　2009年6月
491页　精装　30cm
准印证号：黑新出图内字（2009）D001号
馆藏号：Guojiafz-8600002001076

佳木斯年鉴·2009
佳木斯市地方志办公室编　主编孙喆
佳木斯市天宝印刷有限公司印刷　2010年6月
484页　精装　30cm
准印证号：黑新出图内字（2010）D007号
馆藏号：Guojiafz-8600002001073

佳木斯年鉴·2016
佳木斯市地方志办公室编　主编单明菊
黑龙江人民出版社　2017年12月
571页　精装　29cm
ISBN978-7-207-11263-7
馆藏号：Guojiafz-8600002016192

佳木斯铁路分局年鉴·1987
《佳木斯铁路分局年鉴》编辑部编　主编于仁龙
中国铁道出版社　1990年4月
309页　精装　26cm
ISBN7-113-00788-0
馆藏号：Guojiafz-8600002010146

佳木斯铁路分局年鉴·1988
佳木斯铁路分局主办《佳木斯铁路分局年鉴》编辑部编　主编于仁龙
中国铁道出版社　1990年9月
489页　精装　27cm
ISBN7-113-00874-7
馆藏号：Guojiafz-8600002003427

佳木斯铁路分局年鉴·1989
《佳木斯铁路分局年鉴》编辑部编
中国铁道出版社　1991年3月
463页　精装　26cm
ISBN7-113-01041-5
馆藏号：Guojiafz-8600002005894

佳木斯铁路分局年鉴·1990
《佳木斯铁路分局年鉴》编辑部编　主编于仁龙
中国铁道出版社　1991年12月
553页　精装　27cm
ISBN7-113-01215-9
馆藏号：Guojiafz-8600002005893

佳木斯铁路分局年鉴·1991
《佳木斯铁路分局编年鉴》编辑部编　主编于仁龙
中国铁道出版社　1992年3月
530页　精装　27cm
ISBN7-113-01278-7
馆藏号：Guojiafz-8600002008268

七台河年鉴·2002—2003
七台河市人民政府主办　七台河年鉴编纂委员会编
主编张升
牡丹江邮电印刷厂印刷　2004年9月
425页　精装　29cm
准印证号：黑新出图内字（2004）1005号
馆藏号：Guojiafz-8600002008774

七台河年鉴·2004—2005
七台河市人民政府主办　七台河年鉴编纂委员会编
主编张升
牡丹江邮电印刷厂印刷　2006年5月
512页　精装　29cm
准印证号：黑新出图内字（2006）I004号
馆藏号：Guojiafz-8600002008932

七台河年鉴·2006—2007
七台河市人民政府主办　七台河年鉴编纂委员会编
主编张荣庆
黑龙江省质量天地印务有限责任公司印刷　2009年1月
517页　精装　29cm
准印证号：黑新出图内字（2009）I001号
馆藏号：Guojiafz-8600002008785

七台河年鉴·2008—2009
七台河市人民政府主办　七台河年鉴编纂委员会编
主编张荣庆
黑龙江省质量天地印务有限责任公司印刷　2009年12月
597页　精装　29cm
准印证号：黑新出图内字（2009）1005号
馆藏号：Guojiafz-8600002008775

七台河年鉴·2010
七台河市人民政府主管　市委党史研究室（地方志办公室）主办　七台河年鉴编纂委员会编
主编张荣庆
哈尔滨中天印刷设计有限公司印刷　2010年12月
313页　精装　30cm
准印证号：黑新出图内字（2010）I1003号
馆藏号：Guojiafz-8600002008776

牡丹江年鉴·2003
牡丹江市人民政府主办　牡丹江市地方志办公室编
主编刘春生
牡丹江邮电印刷厂印刷
410 页　平装　29cm
准印证号：黑新出图内字（2003）黑 C015 号
馆藏号：Guojiafz-8600002009198

牡丹江年鉴·2006
牡丹江市人民政府主办　牡丹江市地方志办公室编
主编刘春生
牡丹江邮电印刷厂印刷
429 页　平装　29cm
准印证号：黑新出图内字（2006）黑 C008
馆藏号：Guojiafz-8600002006211

牡丹江年鉴·2007
牡丹江市人民政府主办《牡丹江年鉴》编审委员会编　主编王国辉
牡丹江邮电印刷厂印刷
388 页　平装　29cm
准印证号：黑新出图内字（2007）黑 C008 号
馆藏号：Guojiafz-8600002008783

牡丹江年鉴·2008
牡丹江市人民政府主办　牡丹江年鉴编审委员会编
主编王国辉
牡丹江新闻传媒印务有限公司印刷
398 页　平装　29cm
准印证号：黑新出图内字（2008）黑 C015 号
馆藏号：Guojiafz-8600002008777

牡丹江年鉴·2009
牡丹江市人民政府主办　牡丹江年鉴编审委员会编
主编王国辉
牡丹江新闻传媒印务有限公司印刷
451 页　平装　29cm
准印证号：黑新出图内字（2009）黑 028 号
馆藏号：Guojiafz-8600002005310

牡丹江年鉴·2010
牡丹江市人民政府主办　牡丹江年鉴编审委员会编
主编荆林
牡丹江新闻传媒印务有限公司印刷
410 页　平装　29cm
准印证号：黑新出图内字（2010）黑 C015 号
馆藏号：Guojiafz-8600002008784

牡丹江年鉴·2012
牡丹江年鉴编审委员会编　主编冯勋明
牡丹江邮电印务有限公司印刷　2012
377 页　精装　30cm
准印证号：黑新出图内字（2012）010 号
馆藏号：Guojiafz-8600002017796

牡丹江年鉴·2013
牡丹江年鉴编审委员会编辑　主编冯勋明
牡丹江邮电印务有限公司印刷
396 页　平装　30cm
准印证号：黑新出图内字（2014）002 号
馆藏号：Guojiafz-8600002017770

绥芬河年鉴·2006—2008
绥芬河市委、绥芬河市人民政府主办　绥芬河年鉴编审委员会编　主编陆宗厚
黑龙江繁荣书刊有限公司印刷
436 页　精装　29cm
准印证号：黑新出图内字（2010）009 号
馆藏号：Guojiafz-8600002008897

海林年鉴·2007
海林市人民政府主办　海林年鉴编审委员会编
主编李学华
牡丹江新闻传媒印务有限公司印刷
215 页　精装　29cm
准印证号：黑新出图内字（2009）010 号
馆藏号：Guojiafz-8600002005397

宁安年鉴·2007—2008
宁安县年鉴编审委员会编　主编包淑华

执行主编赵新华
黑龙江繁荣书刊有限公司印刷
277 页　精装　29cm
准印证号：黑新出图内字（2009）021 号
馆藏号：Guojiafz-8600002005309

穆棱年鉴·2007
穆棱市政府主办　穆棱市档案局市志办编
主编吕中义
牡丹江邮电印刷厂印刷
291 页　精装　29cm
准印证号：黑新出图内字（2007）黑 C008 号
馆藏号：Guojiafz-8600002008894

穆棱年鉴·2008—2009
穆棱市政府主办　穆棱市档案局市志办编
主编曲秀华
黑龙江繁荣书刊有限公司印刷
310 页　精装　29cm
准印证号：黑新出图内字（2010）黑 C032 号
馆藏号：Guojiafz-8600002008988

东宁年鉴·2007
东宁县人民政府主办　东宁年鉴编审委员会编
主编盛晓东
牡丹江邮电印刷厂印刷
379 页　精装　27cm
准印证号：黑新出图内字（2009）005 号
馆藏号：Guojiafz-8600002005326

东宁年鉴·2008
东宁县人民政府主办　东宁年鉴编审委员会编
主编盛晓东
牡丹江邮电印刷厂印刷
360 页　精装　27cm
准印证号：黑新出图内字（2009）108 号
馆藏号：Guojiafz-8600002006227

东宁年鉴·2009
东宁县人民政府主办　东宁年鉴编审委员会编
主编盛晓东
哈尔滨贝尔印务有限公司印刷　2010 年 5 月
431 页　精装　27cm
准印证号：黑新出图内字（2010）108 号
馆藏号：Guojiafz-8600002005327

东宁年鉴·2010
东宁县人民政府主办　东宁年鉴编审委员会编
主编董岐山
牡丹江新闻传媒印务有限公司印刷
357 页　精装　27cm
准印证号：黑新出图内字（2011）黑 010 号
馆藏号：Guojiafz-8600002007780

林口年鉴·2007
林口县档案局编　主编张运福
牡丹江市教育印刷有限责任公司印刷
232 页　平装　29cm
准印证号：黑新出图内字（2008）C011 号
馆藏号：Guojiafz-8600002005311

林口年鉴·2007—2008
林口县人民政府主办　林口县档案局编
主编张运福
黑龙江繁荣书刊有限公司印刷
405 页　平装　29cm
准印证号：黑新出图内字（2010）010 号
馆藏号：Guojiafz-8600002005312

黑河年鉴·2008
黑河市市委、黑河市人民政府主办　黑河市人民政府地方志办公室编　主编周国胜
黑龙江艺德印刷有限责任公司印刷　2008 年 9 月
412 页　精装　29cm
准印证号：黑市新出图内字（2008）08 号
馆藏号：Guojiafz-8600002001074

黑河年鉴·2009
黑河市市委、黑河市人民政府主办　黑河市人民政府地方志办公室编　主编周国胜、吴岩

黑龙江艺德印刷有限公司印刷　2009 年 8 月
319 页　精装　29cm
准印证号：黑市新出图内字（2009）4 号
馆藏号：Guojiafz-8600002001293

黑河年鉴 · 2010
黑河市人民政府主办　黑河市地方志办公室编
主编吴岩
黑龙江艺德印刷有限责任公司印刷　2010 年 8 月
398 页　精装　29cm
准印证号：黑市新出图内字（2010）6 号
馆藏号：Guojiafz-8600002001286

黑河年鉴 · 2017
黑河市人民政府主办　黑河市人民政府地方志办公室编　主编田桂珍
方志出版社　2017 年 12 月
324 页　精装　29cm
ISBN978-7-5144-2807-0
馆藏号：Guojiafz-8600002016724

黑河年鉴 · 2018
黑河市人民政府主办　黑河市人民政府地方志办公室编　主编田桂珍　总纂田桂珍
方志出版社　2019 年 2 月
284 页　精装　29cm
ISBN978-7-5144-3713-3
馆藏号：Guojiafz-8600002018182

黑河市爱辉区年鉴 · 2008
黑河市爱辉区委、爱辉区政府主办　黑河市爱辉区地方志办公室编　主编孙运才
哈尔滨嘉腾设计印务有限公司印刷　2009 年 7 月
325 页　精装　29cm
准印证号：黑市新出图内字（2009）8 号
馆藏号：Guojiafz-8600002001287

黑河市爱辉区年鉴 · 2009
黑河市爱辉区委、爱辉区政府主办　黑河市爱辉区地方志办公室编　主编孙运才
哈尔滨嘉腾设计印务有限公司印刷　2010 年 9 月
358 页　精装　29cm
准印证号：黑市新出图内字（2010）8 号
馆藏号：Guojiafz-8600002001288

北安年鉴 · 2001—2004
北安市政府主办　北安市地方志办公室编
主编郭德生
黑龙江省商业厅印刷厂印刷　2007 年 5 月
517 页　精装　29cm
准印证号：黑新出图内字（2007）003 号
馆藏号：Guojiafz-8600002001295

北安年鉴 · 2017
北安市人民政府主办　北安市人民政府办公室编
主编闫岩
中州古籍出版社　2017 年 12 月
306 页　精装　29cm
ISBN978-7-5348-7241-9
馆藏号：Guojiafz-8600002016261

五大连池年鉴 · 2006—2007
五大连池市人民政府主办　五大连池市地方志办公室编　主编董焕丽
哈尔滨方达科技开发有限公司印刷　2008 年 12 月
479 页　精装　29cm
准印证号：黑市新出图内字（2008）10 号
馆藏号：Guojiafz-8600002001294

嫩江年鉴 · 1997
嫩江县人民政府主办 《嫩江年鉴》编纂委员会编
主编张洪发
黑龙江人民出版社　1997 年 7 月
354 页　精装　27cm
ISBN7-207-03800-3
馆藏号：Guojiafz-8600002004343

逊克年鉴 · 2003
逊克县人民政府主办　逊克县地方志办公室编
主编杜锁柱

哈尔滨市世纪东方彩印厂印刷　2004 年 5 月
273 页　精装　27cm
准印证号：黑新出图内字（2004）2 号
馆藏号：Guojiafz–8600002001280

逊克年鉴·2005
逊克县人民政府主办　逊克县地方志办公室编
主编杜锁柱
秦皇岛市银城印刷有限公司印刷　2005 年 10 月
310 页　精装　26cm
准印证号：黑新出图内字（2005）14 号
馆藏号：Guojiafz–8600002001282

逊克年鉴·2007
逊克县人民政府主办　逊克县地方志办公室编
主编杜锁柱
秦皇岛市银城印刷有限公司印刷　2007 年 6 月
353 页　精装　26cm
准印证号：黑新出图内字（2007）2 号
馆藏号：Guojiafz–8600002001279

逊克年鉴·2009
逊克县人民政府主办　逊克县地方志办公室编
主编杜锁柱
牡丹江邮电印刷厂印刷　2009 年 7 月
428 页　精装　26cm
准印证号：黑市新出图内字（2009）5 号
馆藏号：Guojiafz–8600002001281

逊克年鉴·2010
逊克县人民政府主办　逊克县地方志办公室编
主编卢政国
哈尔滨中天印刷设计有限公司印刷
355 页　精装　29cm
准印证号：黑市新出图内字（2010）7 号
馆藏号：Guojiafz–8600002001289

绥化地区年鉴·1996
绥化地区行政公署主办　绥化地区地方志编纂委员会办公室编　总编范育松
黑龙江人民出版社　2000 年 3 月
533 页　精装　27cm
ISBN7–207–04860–2
馆藏号：Guojiafz–8600002000783

绥化市年鉴·1991
绥化市地方志编纂委员会编　主编刘志功
南京大学出版社　1992 年 8 月
376 页　精装　27cm
ISBN7–305–01652–7
馆藏号：Guojiafz–8600002005895

绥化市年鉴·1993
绥化市年鉴编辑部编　主编刘志功
哈尔滨工业大学出版社　1993 年 12 月
383 页　精装　20cm
ISBN978–7–5603–0742–6
馆藏号：Guojiafz–8600002001539

绥化市年鉴·1995
绥化市年鉴编辑部编　主编刘志功
哈尔滨工业大学出版社　1995 年 9 月
351 页　精装　27cm
ISBN7–5603–0742–6
馆藏号：Guojiafz–8600002001537

绥化市综鉴·1995—1996
绥化市人民政府主办 《绥化市综鉴》编辑部编
主编刘志功
绥化铁路一中印刷厂印刷　1997 年 12 月
465 页　精装　27cm
准印证号：黑新出图（1997）181 号
馆藏号：Guojiafz–8600002007914

绥化市综鉴·1997—1998
《绥化市综鉴》编辑部编　主编刘志功、张云德
绥化市玉峰印刷厂印刷　1999 年 12 月
515 页　精装　26cm
准印证号：黑新出图（1999）Z003 号
馆藏号：Guojiafz–8600002001538

绥化市年鉴·1999
绥化市北林区地方志编辑部编　主编张云德
绥化市北林印刷厂印刷　2000 年 10 月
288 页　精装　27cm
准印证号：黑新出图（2000）L005 号
馆藏号：Guojiafz-8600002001663

海伦年鉴·2006—2008
海伦市人民政府主办　海伦市人民政府地方志办公室编　主编栾丽娟
黑龙江艺德印刷有限责任公司印刷　2009 年 12 月
303 页　精装　30cm
准印证号：黑新出图内字（2009）L008
馆藏号：Guojiafz-8600002001590

大兴安岭年鉴·1998
大兴安岭地区史志鉴编委会主办　大兴安岭地区地方志办公室编　总编褚凤　主编刘庚正
吉林人民出版社　1999 年 1 月
568 页　精装　26cm
ISBN7-206-02988-4
馆藏号：Guojiafz-8600002005193

大兴安岭年鉴·1999
中共大兴安岭地区委员会、大兴安岭地区行政公署、大兴安岭林业集团公司、大兴安岭史志鉴编委会主办　大兴安岭地区地方志办公室编
总编郑宝满　主编刘庚正
总纂刘庚正、李本真、齐明信、杨相权
黄山书社　1999 年 10 月
338 页　精装　27cm
ISBN7-80535-856-2
馆藏号：Guojiafz-8600002010743

大兴安岭年鉴·2000
中共大兴安岭地区委员会、大兴安岭地区行政公署、大兴安岭林业集团公司、大兴安岭地区史志鉴编委会主办　大兴安岭地区地方志办公室编
总编钟志山　主编刘庚正　总纂刘庚正、安丽、李文武、王艳
黄山书社　2000 年 10 月
669 页　精装　27cm
ISBN7-80630-573-4
馆藏号：Guojiafz-8600002009702

大兴安岭年鉴·2003
中共大兴安岭地区委员会、大兴安岭地区行政公署、大兴安岭林业集团公司、大兴安岭史志鉴编委会主办　大兴安岭地区史志鉴编纂委员会编
总编王忠林　主编刘庚正　总纂刘庚正、刘振中（执行）、王艳（执行总纂助理）、李文武
黄山书社　2003 年 11 月
414 页　精装　29cm
ISBN978-7-80630-573-4
馆藏号：Guojiafz-8600002002925

大兴安岭年鉴·2004
中共大兴安岭地区委员会、大兴安岭地区行政公署、大兴安岭林业集团公司、大兴安岭地区史志鉴编委会主办　大兴安岭地区地方志办公室编
总编杨东奇　主编刘庚正　总纂刘庚正、刘振中（执行）、王艳（执行总纂助理）、李文武
中华书局　2004 年 11 月
472 页　精装　29cm
ISBN7-101-04539-1
馆藏号：Guojiafz-8600002002942

大兴安岭年鉴·2005
中共大兴安岭地区委员会、大兴安岭地区行政公署、大兴安岭林业集团公司、大兴安岭史志鉴编委会主办　大兴安岭地区史志鉴编纂委员会编
总编杨东奇　主编刘庚正　总纂刘庚正、刘振中（执行）、王艳（执行总纂助理）、李文武
中华书局　2005 年 11 月
444 页　精装　29cm
ISBN7-101-04539-1
馆藏号：Guojiafz-8600002002931

大兴安岭年鉴·2006
中共大兴安岭地区委员会、大兴安岭地区行政公

署、大兴安岭林业集团公司、大兴安岭地区史志鉴编委会主办　大兴安岭地区地方志办公室编　总编宋希斌　主编刘庚正　总纂刘庚正、刘振中、王艳
中华书局　2006年11月
520页　精装　29cm
ISBN7-101-04539-1
馆藏号：Guojiafz-8600002002933

大兴安岭年鉴·2007
中共大兴安岭地区委员会、大兴安岭地区行政公署、大兴安岭林业集团公司、大兴安岭地区史志鉴编委会主办　大兴安岭地区地方志办公室编　总编宋希斌　主编刘振中　总纂刘振中、王艳（执行）
黑龙江人民出版社　2007年12月
563页　精装　29cm
ISBN978-7-207-07690-8
馆藏号：Guojiafz-8600002003081

大兴安岭年鉴·2008
中共大兴安岭地区委员会、大兴安岭地区行政公署、大兴安岭林业集团公司、大兴安岭地区史志鉴编委会主办　大兴安岭地区地方志办公室编　总编宋希斌　主编刘振中　总纂刘振中、王艳（执行）
黑龙江人民出版社　2008年12月
528页　精装　29cm
ISBN978-7-207-08269-5
馆藏号：Guojiafz-8600002002750

大兴安岭年鉴·2009
中共大兴安岭地区委员会、大兴安岭地区行政公署、大兴安岭林业集团公司、大兴安岭地区史志鉴编委会主办　大兴安岭地区地方志办公室编　总编单增庆　主编刘振中　总纂刘振中、王艳（执行）
黑龙江人民出版社　2009年12月
540页　精装　29cm
ISBN978-7-207-08280-0
馆藏号：Guojiafz-8600002002926

大兴安岭年鉴·2010
中共大兴安岭地区委员会、大兴安岭地区行政公署、大兴安岭林业集团公司主办　大兴安岭地区地方志编纂委员会办公室编　总编单增庆　主编刘振中　总纂赵青、王艳
黑龙江人民出版社　2010年11月
474页　精装　29cm
ISBN978-7-207-08287-9
馆藏号：Guojiafz-8600002003080

大兴安岭年鉴·2011
中共大兴安岭地区委员会、大兴安岭地区行政公署、大兴安岭林业集团公司主办　大兴安岭地区地方志编纂委员会办公室编　主编陈广辉
黑龙江人民出版社　2012年3月
469页　精装　29cm
ISBN978-7-207-07666-3
馆藏号：Guojiafz-8600002017571

大兴安岭年鉴·2012
中共大兴安岭地区委员会、大兴安岭地区行政公署、大兴安岭林业集团公司主办　大兴安岭地区地方志编纂委员会办公室编　主编陈广辉　总纂王艳
黑龙江人民出版社　2012年12月
536页　精装　29cm
ISBN978-7-207-09577-0
馆藏号：Guojiafz-8600002013232

大兴安岭年鉴·2014
中共大兴安岭地区委员会主办　大兴安岭地区地方志办公室编　主编陈广辉　总纂张羽
黑龙江人民出版社　2015年3月
518页　精装　29cm
ISBN978-7-207-10285-0
馆藏号：Guojiafz-8600002017580

大兴安岭年鉴·2017

中共大兴安岭地区委员会、大兴安岭地区行政公署、大兴安岭林业集团公司主办　大兴安岭地区地方志办公室编　主编陈广辉　总纂赵青

黑龙江人民出版社　2017 年 11 月

468 页　精装　29cm

ISBN978-7-207-11182-1

馆藏号：Guojiafz-8600002016385

呼中年鉴·2017

呼中区史志办公室编　主编李振凯

方志出版社　2018 年 8 月

262 页　精装　29cm

ISBN978-7-5144-3107-0

馆藏号：Guojiafz-8600002017251

塔河年鉴·2016

塔河县地方志办公室编　主编赵升德　总纂管清杰、孙振明

黑龙江人民出版社　2017 年 12 月

310 页　精装　29cm

ISBN978-7-207-11244-6

馆藏号：Guojiafz-8600002016725

上海市

上海年鉴・1852
北华捷报馆编
上海书店出版社
218 页　精装　19cm
馆藏号：Guojiafz-8600002029695

上海年鉴・1854
北华捷报馆编
上海书店出版社　2016 年 6 月
278 页　精装　19cm
ISBN978-7-5458-1250-3
馆藏号：Guojiafz-8600002013677

上海市年鉴・1935
上海市通志馆编
上海书店出版社　2014 年 1 月
436 页　平装　26cm
ISBN978-7-5458-0833-9
馆藏号：Guojiafz-8600002019596-8

上海年鉴・1996
《上海年鉴》编纂委员会编　主编陈至立
上海人民出版社　1996 年 10 月
524 页　精装　27cm
ISBN7-208-02464-2
馆藏号：Guojiafz-8600002001582

上海年鉴・1997
《上海年鉴》编纂委员会编　主编陈至立
上海人民出版社　1997 年 10 月
596 页　精装　27cm
ISBN7-208-02689-0
馆藏号：Guojiafz-8600002001583

上海年鉴・1998
《上海年鉴》编纂委员会编　主编龚学平　执行主编姚金祥、高可
上海年鉴社　1998 年 8 月
622 页　精装　27cm
CN31-N
馆藏号：Guojiafz-8600002001865

上海年鉴・1999
《上海年鉴》编纂委员会编　主编龚学平　执行主编姚金祥、高可
上海年鉴社　1999 年 7 月
609 页　精装　27cm
ISSN1008-1046
馆藏号：Guojiafz-8600002005887

上海年鉴・2000
《上海年鉴》编纂委员会编　主编龚学平　执行主编姚金祥
上海年鉴社　2000 年 7 月
683 页　精装　30cm
ISSN1008-1046
馆藏号：Guojiafz-8600002000834

上海年鉴・2001
《上海年鉴》编纂委员会编　主编龚学平　执行主编姚金祥
上海年鉴社　2001 年 7 月

598 页　精装　30cm
ISSN1008-1046
馆藏号：Guojiafz-8600002002098

上海年鉴·2002
《上海年鉴》编纂委员会编　主编龚学平、殷一璀　执行主编沙似鹏、朱敏彦、姚金祥
上海年鉴社　2002 年 8 月
639 页　精装　30cm
ISSN1008-1046
馆藏号：Guojiafz-8600002000683

上海年鉴·2003
上海年鉴编纂委员会编　主编殷一璀　执行主编沙似鹏、朱敏彦、姚金祥
上海年鉴社　2003 年 8 月
593 页　精装　30cm
ISSN1008-1046
馆藏号：Guojiafz-8600002002207

上海年鉴·2004
《上海年鉴》编纂委员会编　主编殷一璀　执行主编沙似鹏、朱敏彦、姚金祥
上海年鉴社　2004 年 9 月
588 页　精装　30cm
ISSN1008-1046
馆藏号：Guojiafz-8600002000216

上海年鉴·2005
《上海年鉴》编纂委员会编　主编殷一璀　执行主编沙似鹏、朱敏彦、姚金祥
上海年鉴社　2005 年 10 月
554 页　精装　31cm
ISSN1008-1046
馆藏号：Guojiafz-8600002000212

上海年鉴·2006
《上海年鉴》编纂委员会编　主编殷一璀
上海年鉴社　2006 年 11 月
559 页　精装　31cm
ISSN1008-1046
馆藏号：Guojiafz-8600002000215

上海年鉴·2007
《上海年鉴》编纂委员会编　主编殷一璀　执行主编沙似鹏、朱敏彦
上海年鉴社　2007 年 9 月
547 页　精装　31cm
ISSN1008-1046
馆藏号：Guojiafz-8600002000214

上海年鉴·2008
上海市地方志办公室主管　上海市地方志办公室主办　《上海年鉴》编纂委员会编　主编殷一璀　执行主编朱敏彦、沈锦生
上海市印刷七厂有限公司印刷　2008 年 12 月
558 页　精装　30cm
ISSN1008-1046
馆藏号：Guojiafz-8600002000681

上海年鉴·2009
《上海年鉴》编纂委员会编　主编殷一璀　执行主编李丽、朱敏彦
上海市印刷七厂有限公司印刷　2009 年 12 月
596 页　精装　31cm
ISSN1008-1046
馆藏号：Guojiafz-8600002000213

上海年鉴·2010
上海市地方志办公室主管　上海市地方志办公室主办　《上海年鉴》编纂委员会编　主编殷一璀　执行主编李丽、朱敏彦、莫建备　总纂马学新
上海市印刷七厂有限公司印刷　2010 年 11 月
621 页　精装　30cm
ISSN1008-1046
馆藏号：Guojiafz-8600002000680

上海年鉴·2011
上海市地方志办公室主管　上海市地方志办公室主办　《上海年鉴》编纂委员会编　主编殷一璀

执行主编刘建、朱敏彦、莫建备　总纂王继杰、马学新
上海市中华印刷有限公司印刷　2011年11月
717页　精装　31cm
ISSN1008-1046
馆藏号：Guojiafz-8600002000217

上海年鉴·2012
上海市地方志办公室主管　上海市地方志办公室主办　《上海年鉴》编纂委员会编　主编殷一璀　执行主编刘建　总纂王继杰、裘晓燕
上海市中华印刷有限公司印刷　2012年11月
595页　精装　31cm
ISSN1008-1046
馆藏号：Guojiafz-8600002004440

上海年鉴·2013
上海市地方志办公室主管　上海市地方志办公室主办　《上海年鉴》编纂委员会编　主编李希　执行主编刘建　总纂王继杰、裘晓燕
上海江杨装订有限公司印刷　2013年11月
682页　精装　29cm
ISSN1008-1046
馆藏号：Guojiafz-8600002030461

上海年鉴·2014
上海市地方志办公室主管　上海市地方志办公室主办　《上海年鉴》编纂委员会编　主编徐麟　总纂王继杰、裘晓燕
上海江杨装订有限公司印刷　2014年11月
700页　精装　30cm
ISSN1008-1046
馆藏号：Guojiafz-8600002013309

上海年鉴·2015
上海市地方志办公室主管　上海市地方志办公室主办　《上海年鉴》编纂委员会编　主编董云虎　执行主编洪民荣
上海市印刷七厂有限公司印刷　2015年11月
641页　精装　30cm
ISSN1008-1046
馆藏号：Guojiafz-8600002006202

上海年鉴·2016
上海市地方志办公室主管　上海市地方志办公室主办　《上海年鉴》编纂委员会编　主编董云虎　执行主编洪民荣
上海市印刷七厂有限公司印刷　2016年11月
699页　精装　30cm
ISSN1008-1046
馆藏号：Guojiafz-8600002014922

上海年鉴·2017
上海市地方志办公室主管　上海市地方志办公室主办　《上海年鉴》编纂委员会编　主编董云虎　执行主编洪民荣　总纂王继杰、裘晓燕
上海市印刷七厂有限公司印刷　2017年11月
693页　精装　30cm
ISSN1008-1046
馆藏号：Guojiafz-8600002015151

上海年鉴·2018
上海市地方志办公室主管　上海市地方志办公室主办　《上海年鉴》编纂委员会编　主编周慧琳　执行主编洪民荣　总纂王继杰、裘晓燕
上海丽佳制版印刷有限公司印刷　2018年11月
667页　精装　29cm
ISSN1008-1046
馆藏号：Guojiafz-8600002018526

上海年鉴·2020
上海市地方志办公室主管　上海市地方志办公室主办　《上海年鉴》编纂委员会编　主编周慧琳　执行主编洪民荣　总纂裘晓燕
上海丽佳制版印刷有限公司印制　2020年11月
646页　精装　30cm
ISSN1008-1046
馆藏号：Guojiafz-8600002018295

上海经济年鉴·2007
上海市人民政府发展研究中心编　主编张兆安
上海经济年鉴社　2007年5月
570页　精装　28cm
ISSN1004-4205
馆藏号：Guojiafz-8600002006167

上海经济年鉴·2014
上海市人民政府发展研究中心主管　上海市人民政府发展研究中心主办　上海市人民政府发展研究中心编　主编张兆安
上海经济年鉴社　2014年3月
610页　精装　27cm
ISSN1004-4205
馆藏号：Guojiafz-8600002015722

上海经济年鉴·2016
上海市人民政府发展研究中心主管　上海市人民政府发展研究中心主办　上海市人民政府发展研究中心编　主编肖林
上海经济年鉴社　2016年5月
586页　精装　27cm
ISSN1004-4205
馆藏号：Guojiafz-8600002014908

上海经济年鉴·2017
上海市人民政府发展研究中心主管　上海市人民政府发展研究中心主办　上海市人民政府发展研究中心编　主编王德忠
上海经济年鉴社　2017年5月
594页　精装　27cm
ISSN1004-4205
馆藏号：Guojiafz-8600002016783

上海经济年鉴·2018
上海市人民政府发展研究中心主管　上海市人民政府发展研究中心主办　上海市人民政府发展研究中心编　主编王德忠
上海经济年鉴社　2018年6月
594页　精装　27cm
ISSN1004-4205
馆藏号：Guojiafz-8600002031281

上海宝钢年鉴·2002
上海宝钢年鉴编纂委员会编　主编关壮民　执行主编孙词雄
上海社会科学院出版社　2002年7月
340页　精装　29cm
ISBN7-80681-059-5
馆藏号：Guojiafz-8600002007632

上海宝钢年鉴·2003
上海宝钢史志编纂委员会编　主编刘国胜　执行主编孙词雄
上海社会科学院出版社　2003年12月
384页　精装　29cm
ISBN7-80681-349-7
馆藏号：Guojiafz-8600002004523

宝钢年鉴·2006
宝钢史志编纂委员会编　主编刘国胜　执行主编徐宪民
上海社会科学院出版社　2006年8月
357页　精装　30cm
ISBN7-80681-936-3
馆藏号：Guojiafz-8600002000352

宝钢年鉴·2007
宝钢史志编纂委员会编　主编刘国胜　执行主编徐宪民
上海社会科学院出版社　2007年11月
357页　精装　30cm
ISBN978-7-80745-130-3
馆藏号：Guojiafz-8600002007055

宝钢年鉴·2008
宝钢史志编纂委员会编　主编刘国胜　执行主编徐宪民
上海社会科学院出版社　2009年6月
476页　精装　30cm

ISBN978-7-80745-529-5
馆藏号：Guojiafz-8600002005831

宝钢年鉴·2009
宝钢史志编纂委员会编　主编刘国胜　执行主编徐宪民
上海社会科学院出版社　2009 年 12 月
476 页　精装　30cm
ISBN978-7-80745-619-3
馆藏号：Guojiafz-8600002001520

宝钢年鉴·2010
宝钢史志编纂委员会编　主编刘国胜　执行主编徐宪民
上海社会科学院出版社　2010 年 12 月
410 页　精装　30cm
ISBN978-7-80745-801-2
馆藏号：Guojiafz-8600002008049

宝钢年鉴·2011
宝钢史志编纂委员会编　主编刘国胜　执行主编徐宪民
上海社会科学院出版社　2011 年 12 月
383 页　精装　30cm
ISBN978-7-80745-997-2
馆藏号：Guojiafz-8600002002389

宝钢年鉴·2012
宝钢史志编纂委员会编　主编刘国胜　执行主编张文良
上海社会科学院出版社　2012 年 12 月
348 页　精装　30cm
ISBN978-7-5520-0190-7
馆藏号：Guojiafz-8600002000002

宝钢年鉴·2013
宝钢史志编纂委员会编　主编刘国胜　执行主编张文良
上海人民出版社　2013 年 12 月
337 页　精装　29cm
ISBN978-7-208-11756-3
馆藏号：Guojiafz-8600002010397

宝钢年鉴·2016
宝钢史志编纂委员会编　主编徐乐江　执行主编张文良
上海人民出版社　2016 年 12 月
378 页　精装　30cm
ISBN978-7-208-14107-0
馆藏号：Guojiafz-8600002014903

中国宝武钢铁集团有限公司年鉴·2018
中国宝武史志编纂委员会编　主编伏中哲　执行主编张文良
上海人民出版社　2018 年 12 月
428 页　精装　29cm
ISBN978-7-208-15495-7
馆藏号：Guojiafz-8600002017782-3

上海石化年鉴·2012
上海石化志鉴编纂委员会编　主编张建平
中国石化出版社　2012 年 12 月
320 页　精装　27cm
ISBN978-7-5114-1859-3
馆藏号：Guojiafz-8600002007273

上海石化年鉴·2013
上海石化志鉴编纂委员会编　主编张建平
中国石化出版社　2013 年 9 月
336 页　精装　27cm
ISBN978-7-5114-2385-6
馆藏号：Guojiafz-8600002009904

中远集装箱运输有限公司年鉴·2003
《中远集装箱运输有限公司年鉴》编纂委员会编　主编许立荣
上海人民出版社　2003 年 12 月
406 页　精装　30cm
ISBN7-208-04842-8
馆藏号：Guojiafz-8600002002837

上海铁路局年鉴·2017
中国铁路总公司主管　上海铁路局主办　《上海铁路局年鉴》编辑部编　主编沈球
上海铁路局年鉴社　2018 年 3 月
394 页　精装　27cm
CN31-1816
馆藏号：Guojiafz-8600002016811

上海信息化年鉴·2011
《上海信息化年鉴》编纂委员会编　主任邱士龙　执行主编胡炎生
上海文化出版社　2011 年 10 月
528 页　精装　27cm
ISBN978-7-80740-756-0
馆藏号：Guojiafz-8600002008456

上海信息化年鉴·2012
《上海信息化年鉴》编纂委员会编　主编王坚、戴海波
上海文化出版社　2012 年 8 月
563 页　精装　27cm
ISBN978-7-80740-933-5
馆藏号：Guojiafz-8600002000950

上海信息化年鉴·2013
《上海信息化年鉴》编纂委员会编　主编戴海波、李耀新
上海文化出版社　2013 年 8 月
537 页　精装　27cm
ISBN978-7-5535-0139-0
馆藏号：Guojiafz-8600002006996

上海信息化年鉴·2015
《上海信息化年鉴》编纂委员会编　主编李耀新
上海文化出版社　2015 年 10 月
539 页　精装　27cm
ISBN978-7-5535-0441-4
馆藏号：Guojiafz-8600002013381

上海信息化年鉴·2017
《上海信息化年鉴》编纂委员会编　主编陈鸣波
上海人民出版社　2017 年 10 月
717 页　精装　27cm
ISBN978-7-208-14754-6
馆藏号：Guojiafz-8600002016788

上海金融年鉴·2003
《上海金融年鉴》编辑部编　主编盛松成
上海人民出版社　2003 年 12 月
676 页　精装　30cm
ISBN7-208-04978-5
馆藏号：Guojiafz-8600002005147

上海金融年鉴·2004
《上海金融年鉴》编辑部编　主编陈志
上海人民出版社　2004 年 12 月
578 页　精装　29cm
ISBN7-208-05426-6
馆藏号：Guojiafz-8600002016120

上海金融年鉴·2013
《上海金融年鉴》编辑部编　主编郑杨
上海人民出版社　2013 年 12 月
714 页　精装　29cm
ISBN978-7-208-11930-7
馆藏号：Guojiafz-8600002007363

上海金融年鉴·2016
《上海金融年鉴》编辑部编　主编王振营
上海人民出版社　2016 年 12 月
692 页　精装　29cm
ISBN978-7-208-14218-3
馆藏号：Guojiafz-8600002014920

上海旅游年鉴·1978—1996
《上海旅游年鉴》编辑委员会编　主编沈山州
上海辞书出版社　2010 年 4 月
510 页　精装　27cm

ISBN978-7-5326-3077-6
馆藏号：Guojiafz-8600002006773

上海旅游年鉴·1997—2002
《上海旅游年鉴》编辑委员会编　主编张仁良
上海辞书出版社　2003年12月
539页　精装　27cm
ISBN7-5326-1436-0
馆藏号：Guojiafz-8600002009634

上海旅游年鉴·2003
《上海旅游年鉴》编辑委员会编　主编张仁良
上海辞书出版社　2005年1月
481页　精装　27cm
ISBN7-5326-1549-9
馆藏号：Guojiafz-8600002006784

上海旅游年鉴·2004—2005
《上海旅游年鉴》编辑委员会编　主编金放
上海辞书出版社　2006年1月
419页　精装　27cm
ISBN7-5326-1967-2
馆藏号：Guojiafz-8600002006785

上海旅游年鉴·2006
《上海旅游年鉴》编辑委员会编　主编金放
上海辞书出版社　2006年12月
479页　精装　27cm
ISBN7-5326-2151-0
馆藏号：Guojiafz-8600002006782

上海旅游年鉴·2007
《上海旅游年鉴》编辑委员会编　主编金放
上海辞书出版社　2007年12月
487页　精装　27cm
ISBN978-7-5326-2404-1
馆藏号：Guojiafz-8600002002444

上海旅游年鉴·2008
《上海旅游年鉴》编辑委员会编　主编沈山州
上海辞书出版社　2008年12月
523页　精装　26cm
ISBN978-7-5326-2591-8
馆藏号：Guojiafz-8600002002342

上海旅游年鉴·2009
《上海旅游年鉴》编辑委员会编　主编沈山州
上海辞书出版社　2009年11月
565页　精装　27cm
ISBN978-7-5326-2965-7
馆藏号：Guojiafz-8600002004107

上海旅游年鉴·2010
《上海旅游年鉴》编辑委员会编　主编沈山州
上海辞书出版社　2010年11月
584页　精装　26cm
ISBN978-7-5326-3218-3
馆藏号：Guojiafz-8600002002351

上海旅游年鉴·2013
《上海旅游年鉴》编辑委员会编　主编沈山州
上海辞书出版社　2013年12月
471页　精装　27cm
ISBN978-7-5326-4030-0
馆藏号：Guojiafz-8600002009903

上海科技年鉴·2009
上海科技年鉴编辑部编　主编寿子琪
上海科学普及出版社　2009年10月
605页　精装　27cm
ISBN978-7-5427-4439-5
馆藏号：Guojiafz-8600002005454

上海科技年鉴·2014
上海科技年鉴编辑部编　主编寿子琪
上海科学普及出版社　2014年9月
455页　精装　29cm
ISBN978-7-5427-6218-4
馆藏号：Guojiafz-8600002016030

上海科技年鉴·2016
上海市科学技术委员会主办 《上海科技年鉴》编辑部编 主任董美娣
上海科学普及出版社 2016年9月
455页 精装 29cm
ISBN978-7-5427-6789-9
馆藏号：Guojiafz-8600002014907

上海统计年鉴·2012
上海市统计局编 主编王志雄、马俊贤
中国统计出版社 2012年7月
442页 精装 31cm
ISBN978-7-5037-6558-2
馆藏号：Guojiafz-8600002007353

上海环境年鉴·2012
《上海环境年鉴》编辑委员会编 主编张全
上海人民出版社 2012年12月
256页 精装 29cm
ISBN978-7-208-10973-5
馆藏号：Guojiafz-8600002007740

上海教育年鉴·2008
上海市教育委员会编 主编薛明扬
上海教育出版社 2008年11月
526页 精装 30cm
ISBN978-7-5444-2071-6
馆藏号：Guojiafz-8600002001518

上海教育年鉴·2012
上海市教育委员会编 主编薛明扬
上海人民出版社 2012年11月
548页 精装 30cm
ISBN978-7-208-11098-4
馆藏号：Guojiafz-8600002009505

上海大学年鉴·2013
《上海大学年鉴》编辑部编 主编吴嘉彦、余洋
执行主编王刚
内部印刷
552页 精装 27cm
馆藏号：Guojiafz-8600002010817

上海师范大学年鉴·2012
上海师范大学年鉴编辑委员会编 主编陆建非、柯勤飞
内部印刷
580页 平装 26cm
馆藏号：Guojiafz-8600002010281

上海交通大学医学院年鉴·2013
《上海交通大学医学院年鉴》编纂委员会编
主编唐国瑶
上海交通大学出版社 2013年12月
329页 精装 29cm
ISBN978-7-313-04957-9
馆藏号：Guojiafz-8600002007326

上海交通大学医学院年鉴·2014
《上海交通大学医学院年鉴》编纂委员会编
主编唐国瑶
上海交通大学出版社 2014年10月
320页 精装 29cm
ISBN978-7-313-04957-5
馆藏号：Guojiafz-8600002016078

上海理工大学年鉴·2014
《上海理工大学年鉴》编纂委员会编 主编孙红
内部印刷
354页 平装 26cm
馆藏号：Guojiafz-8600002010840

上海对外经贸大学年鉴·2014
上海对外经贸大学校长办公室编 主编陈洁
内部印刷
480页 平装 29cm
馆藏号：Guojiafz-8600002010823

华东师范大学年鉴·2002
华东师范大学年鉴编纂委员会编 主编张济顺、

王建磐
华东师范大学出版社　2004 年 8 月
300 页　平装　26cm
ISBN7-5617-3135-3
馆藏号：Guojiafz-8600002004465

华东师范大学年鉴·2006
华东师范大学年鉴编纂委员会编　主编张济顺、俞立中
华东师范大学出版社　2008 年 4 月
413 页　精装　27cm
ISBN978-7-5617-5816-8
馆藏号：Guojiafz-8600002009631

东华大学年鉴·2010
东华大学年鉴编纂委员会编　主编宋立群
东华大学出版社　2012 年 4 月
357 页　精装　27cm
ISBN978-7-5669-0031-9
馆藏号：Guojiafz-8600002007343

东华大学年鉴·2011
东华大学年鉴编纂委员会编　主编宋立群
东华大学出版社　2012 年 10 月
371 页　精装　27cm
ISBN978-7-5669-0136-1
馆藏号：Guojiafz-8600002007375

东华大学年鉴·2014
《东华大学年鉴》编纂委员会编　主编宋立群
东华大学出版社　2015 年 7 月
390 页　精装　27cm
ISBN978-7-5669-0803-2
馆藏号：Guojiafz-8600002013401

同济大学年鉴·2002
《2002 同济大学年鉴》编辑部编　主编倪亚明
同济大学出版社　2003 年 5 月
347 页　精装　29cm
ISBN7-5608-2652-0
馆藏号：Guojiafz-8600002007557

复旦大学年鉴·2006
《复旦大学年鉴》编纂委员会编
主编刘季平、周亚
复旦大学出版社　2007 年 1 月
480 页　精装　29cm
ISBN7-309-05405-9
馆藏号：Guojiafz-8600002002895

复旦大学年鉴·2012
《复旦大学年鉴》编纂委员会编　主编刘承功
复旦大学出版社　2013 年 8 月
463 页　精装　29cm
ISBN978-7-309-09770-2
馆藏号：Guojiafz-8600002015874

复旦大学年鉴·2013
《复旦大学年鉴》编纂委员会编　主编周立志
复旦大学出版社　2014 年 11 月
481 页　精装　29cm
ISBN978-7-309-10736-4
馆藏号：Guojiafz-8600002013216

上海卫生年鉴·2009
上海市卫生局主办　上海市卫生局组编
主编徐建光
上海交通大学出版社　2012 年 1 月
297 页　精装　27cm
ISBN978-7-313-03974-3
馆藏号：Guojiafz-8600002007376

上海人口和计划生育年鉴·2012
上海人口和计划生育年鉴编辑委员会编
主编黄红
上海科学技术文献出版社　2012 年 12 月
370 页　精装　30cm
ISBN978-7-5439-5588-2
馆藏号：Guojiafz-8600002007374

上海文化年鉴 · 2004
《上海文化年鉴》编辑部编　主编杨晓渡
上海精英彩色印务有限公司印刷　2004 年 8 月
381 页　精装　29cm
ISSN1006-1886
馆藏号：Guojiafz-8600002000985

上海文化年鉴 · 2009
上海图书馆上海科学技术情报研究所主管主办
《上海文化年鉴》编辑部编　主编屠光绍
上海文艺大一印刷有限公司印刷　2009 年 10 月
419 页　精装　29cm
ISSN1006-1886
馆藏号：Guojiafz-8600002009676

上海文化年鉴 · 2012
上海图书馆上海科学技术情报研究所主管主办
《上海文化年鉴》编辑部编　主编屠光绍
上海中华印刷有限公司印刷　2012 年 10 月
421 页　精装　30cm
ISSN1006-1886
馆藏号：Guojiafz-8600002004549

上海文化年鉴 · 2013
上海图书馆上海科学技术情报研究所主管主办
《上海文化年鉴》编辑部编　主编翁铁慧
上海中华印刷有限公司印刷　2013 年 10 月
405 页　精装　29cm
ISSN1006-1886
馆藏号：Guojiafz-8600002016081

上海文化年鉴 · 2016
上海图书馆（上海科学技术情报研究所）主管主办
《上海文化年鉴》编辑部编　主编翁铁慧
上海中华印刷有限公司印刷　2016 年 10 月
419 页　精装　29cm
ISSN1006-1886
馆藏号：Guojiafz-8600002014896

上海文化年鉴 · 2017
上海图书馆（上海科学技术情报研究所）主管主办
《上海文化年鉴》编辑部编　主编翁铁慧
上海中华印刷有限公司印刷　2017 年 10 月
419 页　精装　29cm
ISSN1006-1886
馆藏号：Guojiafz-8600002016774

上海社联年鉴 · 2011
上海市社会科学界联合会编
上海人民出版社　2011 年 12 月
355 页　精装　27cm
ISBN978-7-208-10425-9
馆藏号：Guojiafz-8600002004751

上海体育年鉴 · 2001
上海市体育局编　主编金国祥
百家出版社　2002 年 1 月
290 页　精装　27cm
ISBN7-80656-504-3
馆藏号：Guojiafz-8600002006738

上海体育年鉴 · 2002
上海市体育局编　主编金国祥
百家出版社　2003 年 5 月
351 页　精装　27cm
ISBN7-80656-914-6
馆藏号：Guojiafz-8600002006736

上海体育年鉴 · 2003
上海市体育局编　主编金国祥
百家出版社　2004 年 3 月
350 页　精装　27cm
ISBN7-80703-073-9
馆藏号：Guojiafz-8600002002445

上海体育年鉴 · 2004
上海市体育局编　主编金国祥
百家出版社　2005 年 1 月
361 页　精装　27cm

ISBN7-80703-261-8
馆藏号：Guojiafz-8600002006739

上海体育年鉴・2005
上海市体育局编　主编金国祥、于晨
百家出版社　2006 年 1 月
298 页　精装　27cm
ISBN7-80703-448-3
馆藏号：Guojiafz-8600002009640

上海体育年鉴・2006
上海市体育局编　主编于晨　执行主编王玉林
百家出版社　2007 年 8 月
306 页　精装　27cm
ISBN978-7-80703-688-3
馆藏号：Guojiafz-8600002006649

上海体育年鉴・2007
上海市体育局编　主编于晨　执行主编王玉林、胡孔胜
百家出版社　2008 年 5 月
386 页　精装　27cm
ISBN978-7-80703-817-7
馆藏号：Guojiafz-8600002006648

上海体育年鉴・2008
上海市体育局编　主编于晨　执行主编王玉林、胡孔胜
百家出版社　2009 年 2 月
382 页　精装　27cm
ISBN978-7-80703-917-4
馆藏号：Guojiafz-8600002006737

上海体育年鉴・2009
上海市体育局编　主编于晨　执行主编王玉林、胡孔胜
上海人民出版社　2010 年 1 月
333 页　精装　27cm
ISBN978-7-208-09041-5
馆藏号：Guojiafz-8600002006172

上海体育年鉴・2010
上海市体育局编　主编于晨　执行主编王玉林、胡孔胜
上海人民出版社　2011 年 2 月
367 页　精装　27cm
ISBN978-7-208-09742-1
馆藏号：Guojiafz-8600002006732

上海体育年鉴・2012
上海市体育局编　主编李毓毅　执行主编严勇宁、张星林
东方出版中心　2013 年 1 月
423 页　精装　30cm
ISBN978-7-5473-0562-1
馆藏号：Guojiafz-8600002007370

上海财政税务年鉴・1991—1994
上海市财政局、上海市税务局合编　主编周有道
上海社会科学院出版社　1995 年 12 月
760 页　精装　21cm
ISBN7-80618-151-2
馆藏号：Guojiafz-8600002006638

上海财政税务年鉴・1995
上海市财政局、上海市税务局合编　主编周有道
上海古籍印刷厂印刷　1996 年 10 月
602 页　精装　21cm
准印证号：上海市新闻出版局内部资料准印证（96）第 231 号
馆藏号：Guojiafz-8600002009219

上海财政税务年鉴・1996
上海市财政局、上海市国家税务局、上海市地方税务局合编　主编周有道
上海古籍印刷厂印刷　2000 年 3 月
531 页　精装　21cm
馆藏号：Guojiafz-8600002004938

上海财政税务年鉴・1997
上海市财政局、上海市国家税务局、上海市地方

税务局合编　主编周有道
上海古籍印刷厂印刷　2000 年 3 月
531 页　精装　21cm
馆藏号：Guojiafz-8600002004611

上海财政税务年鉴・1998
上海市财政局、上海市国家税务局、上海市地方税务局合编　主编刘红薇
上海古籍印刷厂印刷　2000 年 3 月
493 页　精装　21cm
馆藏号：Guojiafz-8600002010719

上海税务年鉴・2012
上海市国家税务局、上海市地方税务局合编
主编胡兰芳
东港股份有限公司印刷　2012 年 12 月
289 页　精装　30cm
准印证号：上海市连续性内部资料准印证（K）第 0656 号
馆藏号：Guojiafz-8600002010060

上海公安年鉴・2004
《上海公安年鉴》编辑部编　主编沈伟基
同济大学出版社　2004 年 8 月
663 页　精装　21cm
ISBN7-5608-2889-2
馆藏号：Guojiafz-8600002004196

上海公安年鉴・2008
《上海公安年鉴》编辑部编　主编沈伟基
同济大学出版社　2008 年 9 月
677 页　精装　21cm
ISBN978-7-5608-3838-0
馆藏号：Guojiafz-8600002002644

上海公安年鉴・2013
《上海公安年鉴》编辑部编　主编沈伟基
同济大学出版社　2013 年 10 月
558 页　精装　21cm
ISBN978-7-5608-5308-6
馆藏号：Guojiafz-8600002016088

上海监狱年鉴・2001—2003
《上海监狱年鉴》编纂委员会编　主编麦林华
上海社会科学院出版社　2005 年 4 月
448 页　精装　27cm
ISBN7-80681-660-7
馆藏号：Guojiafz-8600002008660

上海监狱年鉴・2010
《上海监狱年鉴》编纂委员会编　主编胡军
总纂冯立章
上海社会科学院出版社　2012 年 9 月
316 页　精装　27cm
ISBN978-7-5520-0096-2
馆藏号：Guojiafz-8600002007735

上海民防年鉴・2012
《上海民防年鉴》编纂委员会编　主编温德金
执行主编杨庆华、杨泽照
内部印刷
197 页　精装　27cm
准印证号：内部资料准印证（2013）第 112 号
馆藏号：Guojiafz-8600002010310

上海民防年鉴・2013
《上海民防年鉴》编纂委员会编　主编温德金
执行主编任栋、邹波、杨泽照
内部印刷
197 页　精装　27cm
准印证号：内部资料准印证（2014）第 118 号
馆藏号：Guojiafz-8600002043546

上海出入境检验检疫局年鉴・2013
上海出入境检验检疫局编
内部印刷
360 页　平装　27cm
馆藏号：Guojiafz-8600002010842

华谊集团年鉴·2012
《华谊集团年鉴》编纂委员会编　主编刘训峰
上海交通大学出版社　2012 年 9 月
422 页　精装　29cm
ISBN978-7-313-06900-9
馆藏号：Guojiafz-8600002009977

南市年鉴（1999.1 ~ 2000.6）
上海市《南市年鉴》编纂委员会编　主编孙卫国
上海社会科学院出版社　2000 年 11 月
308 页　精装　27cm
ISBN7-80618-772-3
馆藏号：Guojiafz-8600002005605

黄浦年鉴·1994—1998
《黄浦年鉴》编纂委员会编　主编孔耀洲
上海社会科学院出版社　1999 年 12 月
518 页　精装　27cm
ISBN7-80618-677-8
馆藏号：Guojiafz-8600002009747

黄浦年鉴·1999
《黄浦年鉴》编纂委员会编　主编孔耀洲
上海社会科学院出版社　1999 年 10 月
345 页　精装　27cm
ISBN7-80618-653-0
馆藏号：Guojiafz-8600002005575

黄浦年鉴·2000
《黄浦年鉴》编纂委员会编　主编孔耀洲
上海社会科学院出版社　2000 年 12 月
482 页　精装　28cm
ISBN7-80618-781-2
馆藏号：Guojiafz-8600002002886

黄浦年鉴·2002
《黄浦年鉴》编纂委员会编　主编沈祖祎
上海社会科学院出版社　2002 年 9 月
437 页　精装　30cm
ISBN7-80681-073-0
馆藏号：Guojiafz-8600002004102

黄浦年鉴·2003
《黄浦年鉴》编纂委员会编　主编沈祖炜
汉语大词典出版社　2003 年 11 月
411 页　精装　29cm
ISBN7-5432-0922-5
馆藏号：Guojiafz-8600002004103

黄浦年鉴·2004
《黄浦年鉴》编纂委员会编　主编沈祖炜
汉语大词典出版社　2004 年 9 月
421 页　精装　29cm
ISBN7-5432-1083-5
馆藏号：Guojiafz-8600002004552

黄浦年鉴·2005
《黄浦年鉴》编纂委员会编　主编沈祖炜
汉语大词典出版社　2005 年 9 月
420 页　精装　29cm
ISBN7-5432-1195-5
馆藏号：Guojiafz-8600002005531

黄浦年鉴·2006
《黄浦年鉴》编纂委员会编　主编沈祖炜
汉语大词典出版社　2006 年 10 月
397 页　精装　29cm
ISBN7-5432-1305-2
馆藏号：Guojiafz-8600002009749

黄浦年鉴·2007
《黄浦年鉴》编纂委员会编　主编沈祖炜
上海辞书出版社　2007 年 10 月
396 页　精装　29cm
ISBN978-7-5326-2205-4
馆藏号：Guojiafz-8600002009746

黄浦年鉴·2008
《黄浦年鉴》编纂委员会编　主编沈祖炜
上海辞书出版社　2008 年 10 月

390 页　精装　29cm
ISBN978-7-5326-2574-1
馆藏号：Guojiafz-8600002005530

黄浦年鉴·2009
《黄浦年鉴》编纂委员会编　主编沈祖炜
上海文化出版社　2009 年 10 月
388 页　精装　29cm
ISBN978-7-80740-469-9
馆藏号：Guojiafz-8600002002592

黄浦年鉴·2010
《黄浦年鉴》编纂委员会编　主编张辰
上海文化出版社　2010 年 10 月
386 页　精装　29cm
ISBN978-7-80740-624-2
馆藏号：Guojiafz-8600002005541

黄浦年鉴·2011
《黄浦年鉴》编纂委员会编　主编张辰
上海文化出版社　2011 年 11 月
411 页　精装　29cm
ISBN978-7-80740-769-0
馆藏号：Guojiafz-8600002000696

黄浦年鉴·2013
《黄浦年鉴》编纂委员会编　主编程霄玉
总纂俞成伟
上海文化出版社　2013 年 12 月
452 页　精装　30cm
ISBN978-7-5535-0190-1
馆藏号：Guojiafz-8600002009869

黄浦年鉴·2014
《黄浦年鉴》编纂委员会编　主编程霄玉　总纂
胡永隽
上海文化出版社　2014 年 12 月
346 页　精装　30cm
ISBN978-7-5535-0306-6
馆藏号：Guojiafz-8600002043394

卢湾年鉴·1999
卢湾区档案局、卢湾区地方志办公室合编
内部印刷
254 页　精装　27cm
馆藏号：Guojiafz-8600002001221

卢湾年鉴·2000
卢湾区档案局、卢湾区地方志办公室合编
内部印刷
290 页　精装　27cm
馆藏号：Guojiafz-8600002001219

卢湾年鉴·2001
上海市卢湾区档案局（馆）、上海市卢湾区地方志办公室合编　主编王肖剑
上海市印刷七场印刷　2001 年 10 月
288 页　精装　27cm
馆藏号：Guojiafz-8600002000731

卢湾年鉴·2002
上海市卢湾区档案局（馆）、上海市卢湾区地方志办公室合编　主编陈振国
汉语大词典出版社　2002 年 11 月
338 页　精装　28cm
ISBN7-5432-0797-4
馆藏号：Guojiafz-8600002000193

卢湾年鉴·2003
上海市卢湾区档案局（馆）、上海市卢湾区地方志办公室合编　主编陈振国、蒋文立
汉语大词典出版社　2003 年 11 月
298 页　精装　26cm
ISBN7-5432-0962-4
馆藏号：Guojiafz-8600002000200

卢湾年鉴·2004
上海市卢湾区档案局（馆）、上海市卢湾区地方志办公室合编　主编蒋文立
汉语大词典出版社　2004 年 10 月
346 页　精装　28cm

ISBN7-5432-1077-0
馆藏号：Guojiafz-8600002000190

卢湾年鉴·2005
上海市卢湾区档案局（馆）、上海市卢湾区地方志办公室合编　主编蒋文立
汉语大词典出版社　2005年11月
357页　精装　27cm
ISBN7-5432-1204-8
馆藏号：Guojiafz-8600002000290

卢湾年鉴·2006
上海市卢湾区档案局（馆）、上海市卢湾区地方志办公室合编　主编许国平
汉语大词典出版社　2006年11月
349页　精装　27cm
ISBN7-5432-1314-1
馆藏号：Guojiafz-8600002000288

卢湾年鉴·2007
上海市卢湾区档案局（馆）、上海市卢湾区地方志办公室合编　主编施国平
上海辞书出版社　2007年11月
377页　精装　26cm
ISBN978-7-5326-2370-9
馆藏号：Guojiafz-8600002008481

卢湾年鉴·2008
上海市卢湾区档案局（馆）、上海市卢湾区地方志办公室合编　主编施国平
上海辞书出版社　2008年9月
276页　精装　27cm
ISBN978-7-5326-2575-8
馆藏号：Guojiafz-8600002000289

卢湾年鉴·2009
上海市卢湾区档案局（馆）、上海市卢湾区地方志办公室合编　主编施国平
上海辞书出版社　2009年11月
317页　精装　28cm
ISBN978-7-5326-2976-3
馆藏号：Guojiafz-8600002000191

卢湾年鉴·2010
上海市卢湾区档案局（馆）、上海市卢湾区地方志办公室合编　主编施国平
上海辞书出版社　2010年10月
279页　精装　28cm
ISBN978-7-5326-3225-1
馆藏号：Guojiafz-8600002000192

卢湾年鉴·2011
上海市卢湾区档案局（馆）、上海市卢湾区地方志办公室合编　主编华骏
上海辞书出版社　2011年11月
422页　精装　28cm
ISBN978-7-5326-3567-2
馆藏号：Guojiafz-8600002006203

徐汇年鉴·1992—1998
上海市徐汇区人民政府主办　上海市徐汇区地方志编纂委员会编　主编费滨海
汉语大词典出版社　2002年7月
411页　精装　27cm
ISBN7-5432-0730-3
馆藏号：Guojiafz-8600002009641

徐汇年鉴·1999
上海市徐汇区地方志编纂委员会编　主编费滨海
汉语大词典出版社
427页　精装　27cm
ISBN7-5432-0413-4
馆藏号：Guojiafz-8600002007934

徐汇年鉴·2000
上海市徐汇区地方志编纂委员会编　主编费滨海
汉语大词典出版社　2000年10月
521页　精装　27cm
ISBN7-5432-0451-7
馆藏号：Guojiafz-8600002008328

徐汇年鉴·2001
上海市徐汇区地方志编纂委员会编　主编费滨海
上海社会科学院出版社　2001 年 8 月
281 页　精装　27cm
ISBN7-80618-891-6
馆藏号：Guojiafz-8600002008331

徐汇年鉴·2002
上海市徐汇区地方志编纂委员会编　主编费滨海
上海社会科学院出版社　2002 年 12 月
297 页　精装　27cm
ISBN7-80681-133-8
馆藏号：Guojiafz-8600002009639

徐汇年鉴·2003
上海市徐汇区年鉴编纂委员会编　主编周秀芬
汉语大词典出版社　2003 年 12 月
368 页　精装　27cm
ISBN7-5432-0961-6
馆藏号：Guojiafz-8600002004972

徐汇年鉴·2004
上海市徐汇区年鉴编纂委员会编　主编周秀芬
汉语大词典出版社　2004 年 9 月
372 页　精装　27cm
ISBN7-5432-1090-8
馆藏号：Guojiafz-8600002009638

徐汇年鉴·2005
上海市徐汇区年鉴编纂委员会编　主编周秀芬
汉语大词典出版社　2005 年 10 月
274 页　精装　31cm
ISBN7-5432-1198-X
馆藏号：Guojiafz-8600002005166

徐汇年鉴·2006
上海市徐汇区年鉴编纂委员会编　主编周秀芬
汉语大词典出版社　2006 年 8 月
297 页　精装　30cm
ISBN7-5432-1301-X
馆藏号：Guojiafz-8600002008006

徐汇年鉴·2007
上海市徐汇区地方志编纂委员会编　主编周秀芬
上海辞书出版社　2007 年 10 月
278 页　精装　31cm
ISBN978-7-5326-2380-8
馆藏号：Guojiafz-8600002009722

徐汇年鉴·2008
上海市徐汇区地方志编纂委员会编　主编周秀芬
执行主编陈维秋、金显扬
上海辞书出版社　2008 年 11 月
278 页　精装　30cm
ISBN978-7-5326-2657-1
馆藏号：Guojiafz-8600002008007

徐汇年鉴·2009
上海市徐汇区地方志编纂委员会编　主编周秀芬
上海辞书出版社　2009 年 12 月
310 页　精装　30cm
ISBN978-7-5326-2994-7
馆藏号：Guojiafz-8600002008008

徐汇年鉴·2010
上海市徐汇区地方志编纂委员会编　主编周秀芬
上海辞书出版社　2010 年 11 月
354 页　精装　31cm
ISBN978-7-5326-3237-4
馆藏号：Guojiafz-8600002000630

徐汇年鉴·2011
上海市徐汇区地方志编纂委员会编　主编周秀芬
学林出版社　2011 年 7 月
389 页　精装　31cm
ISBN978-7-5486-0180-7
馆藏号：Guojiafz-8600002002417

长宁年鉴·2000
上海市《长宁年鉴》编纂委员会编　主编尹弘
汉语大词典出版社　2001 年 10 月
330 页　精装　29cm
ISBN7-5432-0654-4
馆藏号：Guojiafz-8600002000670

长宁年鉴·2001
《长宁年鉴》编纂委员会编　主编周文贤
汉语大词典出版社　2002 年 9 月
325 页　精装　29cm
ISBN7-5432-0763-X
馆藏号：Guojiafz-8600002008060

长宁年鉴·2003
《长宁年鉴》编纂委员会编　主编周文贤
汉语大词典出版社　2003 年 8 月
347 页　精装　29cm
ISBN7-5432-0902-0
馆藏号：Guojiafz-8600002000671

长宁年鉴·2004
《长宁年鉴》编纂委员会编　主编陆继业
汉语大词典出版社　2004 年 8 月
357 页　精装　30cm
ISBN7-5432-1043-6
馆藏号：Guojiafz-8600002000644

长宁年鉴·2005
《长宁年鉴》编纂委员会编　主编陆继业
汉语大词典出版社　2005 年 8 月
349 页　精装　29cm
ISBN7-5432-1184-X
馆藏号：Guojiafz-8600002008771

长宁年鉴·2006
《长宁年鉴》编纂委员会编　主编陆继业
汉语大词典出版社　2006 年 9 月
342 页　精装　29cm
ISBN7-5432-1303-6
馆藏号：Guojiafz-8600002008770

长宁年鉴·2007
《长宁年鉴》编纂委员会编　主编陆继业
上海辞书出版社　2007 年 9 月
360 页　精装　30cm
ISBN978-7-5326-2355-6
馆藏号：Guojiafz-8600002009769

长宁年鉴·2008
《长宁年鉴》编纂委员会编　主编陆继业
上海辞书出版社　2008 年 12 月
383 页　精装　29cm
ISBN978-7-5326-2620-5
馆藏号：Guojiafz-8600002008113

长宁年鉴·2009
《长宁年鉴》编纂委员会编　主编陆继业
上海辞书出版社　2009 年 12 月
397 页　精装　30cm
ISBN978-7-5326-2996-1
馆藏号：Guojiafz-8600002000863

长宁年鉴·2010
《长宁年鉴》编纂委员会编　主编施文雄
上海辞书出版社　2010 年 11 月
386 页　精装　29cm
ISBN978-7-5326-3233-6
馆藏号：Guojiafz-8600002000861

长宁年鉴·2011
《长宁年鉴》编纂委员会编　主编施文雄
方志出版社　2011 年 12 月
485 页　精装　29cm
ISBN978-7-5144-0352-7
馆藏号：Guojiafz-8600002002186

长宁年鉴·2012
《长宁年鉴》编纂委员会编　主编施文雄
方志出版社　2012 年 12 月

578 页　精装　29cm
ISBN978-7-5144-0647-4
馆藏号：Guojiafz-8600002007465

长宁年鉴·2013
《长宁年鉴》编纂委员会编　主编施文雄
方志出版社　2013 年 12 月
471 页　精装　29cm
ISBN978-7-5144-1057-0
馆藏号：Guojiafz-8600002009871

长宁年鉴·2015
《长宁年鉴》编纂委员会编　主编张正行
上海社会科学院出版社　2015 年 12 月
317 页　精装　29cm
ISBN978-7-5520-1066-4
馆藏号：Guojiafz-8600002013330

静安年鉴·1994—1998
《静安年鉴》编纂委员会编　主编王国滨
汉语大词典出版社　2001 年 4 月
304 页　精装　27cm
ISBN7-5432-0542-4
馆藏号：Guojiafz-8600002006787

静安年鉴·1999
《静安年鉴》编纂委员会编　主编王国滨
汉语大词典出版社　1999 年 9 月
372 页　精装　27cm
ISBN7-5432-0406-1
馆藏号：Guojiafz-8600002006734

静安年鉴·2000
《静安年鉴》编纂委员会编　主编王国滨
汉语大词典出版社　2000 年 9 月
296 页　精装　27cm
ISBN7-5432-0448-7
馆藏号：Guojiafz-8600002006670

静安年鉴·2001
《静安年鉴》编纂委员会编　主编王国滨
汉语大词典出版社　2001 年 9 月
290 页　精装　27cm
ISBN7-5432-0658-7
馆藏号：Guojiafz-8600002009714

静安年鉴·2002
《静安年鉴》编纂委员会编　主编王国滨
汉语大词典出版社　2002 年 9 月
303 页　精装　28cm
ISBN7-5432-0780-X
馆藏号：Guojiafz-8600002000198

静安年鉴·2003
《静安年鉴》编纂委员会编　主编王国滨
汉语大词典出版社　2003 年 9 月
312 页　精装　28cm
ISBN7-5432-0952-7
馆藏号：Guojiafz-8600002000199

静安年鉴·2004
《静安年鉴》编纂委员会编　主编王国滨
汉语大词典出版社　2004 年 9 月
479 页　精装　28cm
ISBN7-5432-1084-3
馆藏号：Guojiafz-8600002000196

静安年鉴·2005
《静安年鉴》编纂委员会编　主编王国滨
汉语大词典出版社　2005 年 11 月
466 页　精装　28cm
ISBN7-5432-1206-4
馆藏号：Guojiafz-8600002000718

静安年鉴·2006
《静安年鉴》编纂委员会编　主编王国滨
汉语大词典出版社　2006 年 8 月
366 页　精装　27cm

ISBN7-5432-1298-6
馆藏号：Guojiafz-8600002000368

静安年鉴・2007
《静安年鉴》编纂委员会编　主编王国滨
上海辞书出版社　2007 年 9 月
372 页　精装　31cm
ISBN978-7-5326-2204-7
馆藏号：Guojiafz-8600002008556

静安年鉴・2008
《静安年鉴》编纂委员会编　主编宋建频
上海辞书出版社　2008 年 10 月
310 页　精装　27cm
ISBN978-7-5326-2658-8
馆藏号：Guojiafz-8600002008072

静安年鉴・2009
《静安年鉴》编纂委员会编　主编宋建频
上海辞书出版社　2009 年 8 月
348 页　精装　30cm
ISBN978-7-5326-2942-8
馆藏号：Guojiafz-8600002007862

静安年鉴・2010
静安区人民政府主办 《静安年鉴》编纂委员会编
主编叶供发
上海辞书出版社　2010 年 9 月
330 页　精装　30cm
ISBN978-7-5326-3209-1
馆藏号：Guojiafz-8600002008112

静安年鉴・2011
静安区人民政府主办　上海市静安区年鉴编纂委员会编　主编唐长国
学林出版社　2011 年 9 月
317 页　精装　31cm
ISBN978-7-5486-0225-5
馆藏号：Guojiafz-8600002005774

静安年鉴・2013
静安区人民政府主办　上海市静安区年鉴编纂委员会编　主编唐长国
学林出版社　2013 年 9 月
278 页　精装　31cm
ISBN978-7-5486-0560-7
馆藏号：Guojiafz-8600002009873

静安年鉴・2014
静安区人民政府主办　上海市静安区年鉴编纂委员会编　主编唐长国
学林出版社　2014 年 9 月
290 页　精装　30cm
ISBN978-7-5486-0768-7
馆藏号：Guojiafz-8600002015902

闸北年鉴・1999
上海市闸北区地方志编纂委员会编　主编郭天成
汉语大词典出版社　1999 年 11 月
415 页　精装　27cm
ISBN7-5432-0412-6
馆藏号：Guojiafz-8600002007591

闸北年鉴・2000
上海市闸北区地方志编纂委员会编　主编郭天成
汉语大词典出版社　2000 年 10 月
493 页　精装　27cm
ISBN7-5432-0450-9
馆藏号：Guojiafz-8600002007870

闸北年鉴・2001
上海市闸北区地方志编纂委员会编　主编郭天成
汉语大词典出版社　2001 年 9 月
293 页　精装　27cm
ISBN7-5432-0655-2
馆藏号：Guojiafz-8600002004139

闸北年鉴・2002
上海市闸北区地方志编纂委员会编　主编丁薛祥
汉语大词典出版社　2002 年 9 月

293 页　精装　27cm
ISBN7-5432-0759-1
馆藏号：Guojiafz-8600002006678

闸北年鉴·2003
上海市闸北区地方志编纂委员会编　主编丁薛祥
汉语大词典出版社　2003 年 9 月
249 页　精装　27cm
ISBN7-5432-0923-3
馆藏号：Guojiafz-8600002009788

闸北年鉴·2004
上海市闸北区地方志编纂委员会编　主编尹弘
汉语大词典出版社　2004 年 10 月
332 页　精装　28cm
ISBN7-5432-1095-9
馆藏号：Guojiafz-8600002000197

闸北年鉴·2005
上海市闸北区地方志编纂委员会编　主编尹弘
汉语大词典出版社　2005 年 10 月
356 页　精装　27cm
ISBN7-5432-1191-2
馆藏号：Guojiafz-8600002006671

闸北年鉴·2006
上海市闸北区地方志编纂委员会编　主编尹弘
汉语大词典出版社　2006 年 11 月
376 页　精装　27cm
ISBN7-5432-1308-7
馆藏号：Guojiafz-8600002008484

闸北年鉴·2007
上海市闸北区地方志编纂委员会编　主编尹弘
上海辞书出版社　2007 年 12 月
414 页　精装　27cm
ISBN978-7-5326-2386-0
馆藏号：Guojiafz-8600002006668

闸北年鉴·2008
上海市闸北区地方志编纂委员会编　主编周平
上海辞书出版社　2008 年 12 月
382 页　精装　27cm
ISBN978-7-5326-2572-7
馆藏号：Guojiafz-8600002002892

闸北年鉴·2009
上海市闸北区地方志编纂委员会编　主任陈世清
上海辞书出版社　2009 年 12 月
337 页　精装　30cm
ISBN978-7-5326-2975-6
馆藏号：Guojiafz-8600002009767

闸北年鉴·2010
上海市闸北区地方志编纂委员会编　主编方莉萍
上海辞书出版社　2010 年 12 月
334 页　精装　31cm
ISBN978-7-5326-3249-7
馆藏号：Guojiafz-8600002009766

普陀年鉴·1995
上海市普陀区年鉴编纂委员会编　主编徐林森
上海交通大学出版社　1996 年 3 月
273 页　精装　27cm
ISBN7-313-01598-4
馆藏号：Guojiafz-8600002005481

普陀年鉴·1997
上海市普陀区年鉴编纂委员会编　主编陈先国
上海交通大学出版社　1997 年 9 月
314 页　精装　27cm
ISBN7-313-01897-5
馆藏号：Guojiafz-8600002005609

普陀年鉴·1999
上海市普陀区年鉴编纂委员会编　主编陈先国
汉语大词典出版社　1999 年 9 月
345 页　精装　27cm

ISBN7-5432-0407-X
馆藏号：Guojiafz-8600002005482

普陀年鉴・2001
上海市普陀区年鉴编纂委员会编　主编叶维华
汉语大词典出版社　2001 年 10 月
406 页　精装　28cm
ISBN7-5432-0660-9
馆藏号：Guojiafz-8600002005788

普陀年鉴・2003
上海市普陀区年鉴编纂委员会编　主编叶维华
汉语大词典出版社　2003 年 9 月
281 页　精装　30cm
ISBN7-5432-0943-8
馆藏号：Guojiafz-8600002005789

普陀年鉴・2004
上海市普陀区地方志编纂委员会编　主编叶维华
执行主编徐林森
汉语大词典出版社　2004 年 9 月
240 页　精装　31cm
ISBN7-5432-1091-6
馆藏号：Guojiafz-8600002005790

普陀年鉴・2005
上海市普陀区地方志编纂委员会编　主编叶维华
执行主编郭凤和
汉语大词典出版社　2005 年 9 月
287 页　精装　29cm
ISBN7-5432-1186-6
馆藏号：Guojiafz-8600002005483

普陀年鉴・2006
上海市普陀区地方志编纂委员会编　主编叶维华
执行主编郭凤和
汉语大词典出版社　2006 年 10 月
341 页　精装　29cm
ISBN7-5432-1307-9
馆藏号：Guojiafz-8600002005576

普陀年鉴・2007
上海市普陀区地方志编纂委员会编　主编顾顺祥
执行主编郭凤和
上海辞书出版社　2007 年 9 月
318 页　精装　29cm
ISBN978-7-5326-2203-0
馆藏号：Guojiafz-8600002005619

普陀年鉴・2008
上海市普陀区地方志编纂委员会编　主编顾顺祥
执行主编侯龙其
上海辞书出版社　2008 年 9 月
294 页　精装　29cm
ISBN978-7-5326-2659-5
馆藏号：Guojiafz-8600002005502

普陀年鉴・2009
上海市普陀区地方志编纂委员会编　主编顾顺祥
执行主编侯龙其
上海辞书出版社　2009 年 9 月
301 页　精装　30cm
ISBN978-7-5326-2716-5
馆藏号：Guojiafz-8600002006050

普陀年鉴・2010
上海市普陀区地方志编纂委员会编　主编顾顺祥
执行主编侯龙其
上海社会科学院出版社　2010 年 8 月
306 页　精装　30cm
ISBN978-7-80745-745-9
馆藏号：Guojiafz-8600002005611

普陀年鉴・2011
上海市普陀区地方志编纂委员会编　主编顾顺祥
执行主编侯龙其
上海社会科学院出版社　2011 年 9 月
330 页　精装　30cm
ISBN978-7-80745-888-3
馆藏号：Guojiafz-8600002006049

普陀年鉴·2012
上海市普陀区地方志编纂委员会编　主编程向民　执行主编侯龙其
上海社会科学院出版社　2012年9月
348页　精装　31cm
ISBN978-7-5520-0146-4
馆藏号：Guojiafz-8600002000921

普陀年鉴·2015
上海市普陀区地方志编纂委员会编　主编罗勇伟　执行主编侯龙其
上海社会科学院出版社　2015年11月
354页　精装　31cm
ISBN978-7-5520-1055-8
馆藏号：Guojiafz-8600002013213

普陀年鉴·2017
上海市普陀区地方志编纂委员会编　主编孙萍
上海文化出版社　2017年11月
399页　精装　30cm
ISBN978-7-5535-0963-1
馆藏号：Guojiafz-8600002016772

虹口年鉴·1997
《虹口年鉴》编纂委员会编　主编李维屏
上海交通大学出版社　1997年9月
333页　精装　28cm
ISBN7-313-01893-2
馆藏号：Guojiafz-8600002002570

虹口年鉴·1998
《虹口年鉴》编纂委员会编　主编李维屏
上海交通大学出版社　1998年7月
342页　精装　27cm
ISBN7-313-02046-5
馆藏号：Guojiafz-8600002002853

虹口年鉴·1999
《虹口年鉴》编纂委员会编　主编李维屏
上海交通大学出版社　1999年7月
359页　精装　28cm
ISBN7-313-02239-5
馆藏号：Guojiafz-8600002002854

虹口年鉴·2000
《虹口年鉴》编纂委员会编　主编李维屏
上海交通大学出版社　2000年7月
359页　精装　28cm
ISBN7-313-02239-5
馆藏号：Guojiafz-8600002002609

虹口年鉴·2001
《虹口年鉴》编纂委员会编　主编李维屏
上海交通大学出版社　2001年6月
351页　精装　27cm
ISBN7-313-02703-6
馆藏号：Guojiafz-8600002002604

虹口年鉴·2002
《虹口年鉴》编纂委员会编　主编李维屏
上海交通大学出版社　2002年7月
369页　精装　27cm
ISBN7-313-03103-3
馆藏号：Guojiafz-8600002002955

虹口年鉴·2003
《虹口年鉴》编纂委员会编　主编池洪
上海交通大学出版社　2003年8月
340页　精装　27cm
ISBN7-313-03417-2
馆藏号：Guojiafz-8600002002607

虹口年鉴·2004
《虹口年鉴》编纂委员会编　主编池洪
上海交通大学出版社　2004年7月
364页　精装　27cm
ISBN7-313-03769-4
馆藏号：Guojiafz-8600002002601

虹口年鉴·2005
《虹口年鉴》编纂委员会编　主编池洪
百家出版社　2005年8月
384页　精装　27cm
ISBN7-80703-397-5
馆藏号：Guojiafz-8600002002957

虹口年鉴·2006
《虹口年鉴》编纂委员会编　主编池洪
百家出版社　2006年9月
444页　精装　27cm
ISBN7-80703-554-4
馆藏号：Guojiafz-8600002002603

虹口年鉴·2007
《虹口年鉴》编纂委员会编　主编应名勇
中国对外翻译出版公司　2007年7月
441页　精装　27cm
ISBN978-7-5001-1771-1
馆藏号：Guojiafz-8600002002956

虹口年鉴·2008
《虹口年鉴》编纂委员会编　主编应名勇
中国对外翻译出版公司　2008年8月
398页　精装　27cm
ISBN978-7-5001-1984-5
馆藏号：Guojiafz-8600002002680

虹口年鉴·2009
《虹口年鉴》编纂委员会编　主编应名勇
上海社会科学院出版社　2009年9月
300页　精装　31cm
ISBN978-7-80745-565-3
馆藏号：Guojiafz-8600002002814

虹口年鉴·2010
《虹口年鉴》编纂委员会编　主编应名勇
上海社会科学院出版社　2010年9月
319页　精装　30cm
ISBN978-7-80745-730-5
馆藏号：Guojiafz-8600002001320

虹口年鉴·2011
《虹口年鉴》编纂委员会编　主编应名勇
上海社会科学院出版社　2011年11月
327页　精装　31cm
ISBN978-7-80745-940-8
馆藏号：Guojiafz-8600002000693

虹口年鉴·2013
虹口区地方志编纂委员会编　主编杜炯
上海社会科学院出版社　2013年10月
429页　精装　31cm
ISBN978-7-5520-0381-9
馆藏号：Guojiafz-8600002006906

杨浦年鉴·1991—1994
上海市杨浦区地方志编纂委员会办公室编
主编孙丕鼎
上海人民出版社　1996年12月
377页　精装　27cm
ISBN7-208-02482-0
馆藏号：Guojiafz-8600002002446

杨浦年鉴·1995—1996
上海市杨浦区地方志编纂委员会办公室编
主编孙丕鼎
上海市印刷三厂印刷　1998年3月
219页　精装　27cm
馆藏号：Guojiafz-8600002013451

杨浦年鉴·1997—1998
上海市杨浦区地方志编纂委员会办公室编
主编孙丕鼎
汉语大词典出版社　1999年8月
427页　精装　27cm
ISBN7-5432-0383-9
馆藏号：Guojiafz-8600002004108

杨浦年鉴·2000
上海市杨浦区地方志编纂委员会办公室编
主编孙丕鼎
汉语大词典出版社　2000 年 9 月
345 页　精装　27cm
ISBN7-5432-0449-5
馆藏号：Guojiafz-8600002000806

杨浦年鉴·2001
上海市杨浦区地方志编纂委员会办公室编
主编孙丕鼎
汉语大词典出版社　2001 年 9 月
316 页　精装　28cm
ISBN7-5432-0060-0
馆藏号：Guojiafz-8600002000807

杨浦年鉴·2002
上海市杨浦区地方志编纂委员会编　主编孙丕鼎
汉语大词典出版社　2002 年 8 月
299 页　精装　28cm
ISBN7-5432-0757-5
馆藏号：Guojiafz-8600002000808

杨浦年鉴·2003
上海市杨浦区地方志编纂委员会编　主编孙丕鼎
汉语大词典出版社　2003 年 9 月
339 页　精装　27cm
ISBN7-5432-0927-6
馆藏号：Guojiafz-8600002008482

杨浦年鉴·2004
上海市杨浦区地方志编纂委员会编　主编张福康
汉语大词典出版社　2004 年 10 月
395 页　精装　27cm
ISBN7-5432-1034-7
馆藏号：Guojiafz-8600002004485

杨浦年鉴·2005
上海市杨浦区地方志编纂委员会编　主编张福康
汉语大词典出版社　2005 年 10 月
525 页　精装　30cm
ISBN7-5432-1197-1
馆藏号：Guojiafz-8600002005577

杨浦年鉴·2006
上海市杨浦区地方志编纂委员会编　主编张福康
执行主编李国才
汉语大词典出版社　2006 年 11 月
556 页　精装　28cm
ISBN7-5432-1313-3
馆藏号：Guojiafz-8600002008093

杨浦年鉴·2007
上海市杨浦区地方志编纂委员会编　主编张福康
执行主编李国才
上海辞书出版社　2007 年 12 月
602 页　精装　29cm
ISBN978-7-5326-2388-4
馆藏号：Guojiafz-8600002009725

杨浦年鉴·2008
上海市杨浦区地方志编纂委员会编　主编张福康
上海高教电子音像出版社　2008 年 12 月
481 页　精装　29cm
ISBN978-7-900430-52-6
馆藏号：Guojiafz-8600002005458

杨浦年鉴·2009
上海市杨浦区地方志编纂委员会编　主编张福康
上海高教电子音像出版社　2009 年 12 月
512 页　精装　29cm
ISBN978-7-900430-77-9
馆藏号：Guojiafz-8600002002447

杨浦年鉴·2010
上海市杨浦区地方志编纂委员会编　主编张福康
上海高教电子音像出版社　2010 年 12 月
482 页　精装　29cm
ISBN978-7-900513-03-8
馆藏号：Guojiafz-8600002002448

杨浦年鉴·2012
上海市杨浦区地方志编纂委员会编　主编张福康
上海高教电子音像出版社　2012 年 12 月
522 页　精装　29cm
ISBN978-7-900513-74-8
馆藏号：Guojiafz-8600002007322

杨浦年鉴·2013
上海市杨浦区地方志编纂委员会编　主编徐忠
执行主编张福康
上海高教电子音像出版社　2013 年 12 月
473 页　精装　31cm
ISBN978-7-900513-98-4
馆藏号：Guojiafz-8600002009874

杨浦年鉴·2015
上海市杨浦区人民政府主办　上海市杨浦区地方志编纂委员会编　主编徐忠　执行主编姚月华
学林出版社　2015 年 12 月
416 页　精装　31cm
ISBN978-7-5486-0998-8
馆藏号：Guojiafz-8600002013314

杨浦年鉴·2016
上海市杨浦区人民政府主办　上海市杨浦区地方志编纂委员会编　主编徐忠
学林出版社　2016 年 12 月
451 页　精装　30cm
ISBN978-7-5486-1179-0
馆藏号：Guojiafz-8600002014905

杨浦年鉴·2017
上海市杨浦区人民政府主办　上海市杨浦区地方志编纂委员会编　主编徐忠
学林出版社　2018 年 1 月
493 页　精装　30cm
ISBN978-7-5486-1346-6
馆藏号：Guojiafz-8600002016528

闵行年鉴·2000
中共闵行区委、闵行区政府主办　上海市闵行区年鉴编纂委员会编　主编王孝俭
学林出版社　2001 年 6 月
342 页　精装　31cm
ISBN7-80668-060-8
馆藏号：Guojiafz-8600002001178

闵行年鉴·2001
中共闵行区委、闵行区政府主办　上海市闵行区年鉴编纂委员会编　主编王孝俭
学林出版社　2002 年 4 月
422 页　精装　31cm
ISBN7-80668-304-6
馆藏号：Guojiafz-8600002006070

闵行年鉴·2002
中共闵行区委、闵行区政府主办　上海市闵行区年鉴编纂委员会编　主编王孝俭
学林出版社　2003 年 5 月
477 页　精装　31cm
ISBN7-80668-525-1
馆藏号：Guojiafz-8600002003006

闵行年鉴·2003
中共闵行区委、闵行区政府主办　上海市闵行区年鉴编纂委员会编　主编王孝俭
学林出版社　2004 年 7 月
464 页　精装　30cm
ISBN7-80668-778-5
馆藏号：Guojiafz-8600002002885

闵行年鉴·2004
中共闵行区委、闵行区政府主办　上海市闵行区年鉴编纂委员会编　主编王孝俭
学林出版社　2005 年 6 月
504 页　精装　31cm
ISBN7-80668-977-X
馆藏号：Guojiafz-8600002003003

闵行年鉴·2005
中共闵行区委、闵行区政府主办　上海市闵行区年鉴编纂委员会编　主编王孝俭
学林出版社　2006年7月
594页　精装　30cm
ISBN7-80730-190-2
馆藏号：Guojiafz-8600002006071

闵行年鉴·2006
中共闵行区委、闵行区政府主办　上海市闵行区年鉴编纂委员会编　主编王孝俭
学林出版社　2007年8月
692页　精装　31cm
ISBN7-80730-467-8
馆藏号：Guojiafz-8600002002884

闵行年鉴·2007
中共闵行区委、闵行区政府主办　上海市闵行区年鉴编纂委员会编　主编王孝俭
学林出版社　2008年12月
668页　精装　29cm
ISBN978-7-80730-745-7
馆藏号：Guojiafz-8600002005726

闵行年鉴·2008
闵行区地方志编纂委员会编　主编吕万端
执行主编沈永清
学林出版社　2008年12月
622页　精装　30cm
ISBN978-7-80730-731-0
馆藏号：Guojiafz-8600002002689

闵行年鉴·2009
闵行区地方志编纂委员会编　主编吕万端
执行主编胡克群
学林出版社　2009年11月
551页　精装　31cm
ISBN978-7-80730-909-3
馆藏号：Guojiafz-8600002003005

闵行年鉴·2010
上海市闵行区地方志编纂委员会编　主编吕万端
执行主编胡克群
学林出版社　2010年11月
487页　精装　31cm
ISBN978-7-5486-0075-6
馆藏号：Guojiafz-8600002002882

闵行年鉴·2015
上海市闵行区地方志编纂委员会编　主编许庆龙
执行主编李志英
学林出版社　2015年12月
490页　精装　31cm
ISBN978-7-5486-0988-9
馆藏号：Guojiafz-8600002013328

宝山年鉴·1990
上海市宝山区地方志编委会编　主编张大卫
上海科学普及出版社　1990年12月
286页　精装　27cm
ISBN7-80515-615-8
馆藏号：Guojiafz-8600002002812

宝山年鉴·1991
上海市宝山区地方志编纂委员会编　主编姚家驹
上海科学普及出版社　1991年12月
248页　精装　27cm
ISBN7-5427-0515-6
馆藏号：Guojiafz-8600002002816

宝山年鉴·1992
上海市宝山区地方志编纂委员会编　主编姚家驹
上海科学普及出版社　1992年12月
303页　精装　27cm
ISBN7-5427-0682-9
馆藏号：Guojiafz-8600002002966

宝山年鉴·1993
上海市宝山区地方志编纂委员会编　主编姚家驹
上海科学普及出版社　1993年12月

282 页　精装　27cm
ISBN7-5427-0796-5
馆藏号：Guojiafz-8600002002963

宝山年鉴・1994
上海市宝山区史志编纂委员会编　主编顾维安
中国统计出版社　1994 年 9 月
247 页　精装　27cm
ISBN7-5037-1731-9
馆藏号：Guojiafz-8600002006786

宝山年鉴・1995
上海市宝山区史志编纂委员会编　主编顾维安
中国统计出版社　1995 年 7 月
264 页　精装　27cm
ISBN7-5037-1904-4
馆藏号：Guojiafz-8600002002815

宝山年鉴・1996
上海市宝山区史志编纂委员会编　主编顾维安
中国统计出版社　1996 年 8 月
298 页　精装　27cm
ISBN7-5037-2220-7
馆藏号：Guojiafz-8600002002855

宝山年鉴・1997
上海市宝山区史志编纂委员会编　主编顾维安
中国统计出版社　1997 年 10 月
296 页　精装　27cm
ISBN7-5037-2582-6
馆藏号：Guojiafz-8600002002820

宝山年鉴・1998
上海市宝山区史志编纂委员会编　主编顾维安
中国统计出版社　1998 年 8 月
345 页　精装　27cm
ISBN7-5037-2821-3
馆藏号：Guojiafz-8600002002817

宝山年鉴・1999
上海市宝山区史志编纂委员会编　主编顾维安
中国统计出版社　1999 年 8 月
300 页　精装　27cm
ISBN7-5037-3005-6
馆藏号：Guojiafz-8600002002421

宝山年鉴・2000
上海市宝山区史志编纂委员会编　主编顾维安
上海社会科学院出版社　2000 年 9 月
270 页　精装　31cm
ISBN7-80618-749-9
馆藏号：Guojiafz-8600002000862

宝山年鉴・2001
上海市宝山区史志编纂委员会编　主编陈金龙
上海社会科学院出版社　2001 年 8 月
252 页　精装　31cm
ISBN7-80618-903-3
馆藏号：Guojiafz-8600002000860

宝山年鉴・2002
上海市宝山区史志编纂委员会编　主编陈金龙
上海社会科学院出版社　2002 年 8 月
241 页　精装　31cm
ISBN7-80681-060-9
馆藏号：Guojiafz-8600002000836

宝山年鉴・2003
上海市宝山区人民政府主办　上海市宝山区史志编纂委员会编　主编陈金龙
上海社会科学院出版社　2003 年 8 月
246 页　精装　30cm
ISBN7-80681-290-3
馆藏号：Guojiafz-8600002000657

宝山年鉴・2004
上海市宝山区人民政府主办　上海市宝山区史志编纂委员会编　主编陈金龙
上海社会科学院出版社　2004 年 9 月

254 页　精装　31cm
ISBN7-80681-493-0
馆藏号：Guojiafz-8600002003294

宝山年鉴·2005
上海市宝山区人民政府主办　上海市宝山区史志编纂委员会编　主编陈金龙
上海社会科学院出版社　2005 年 11 月
365 页　精装　30cm
ISBN7-80681-773-5
馆藏号：Guojiafz-8600002010079

宝山年鉴·2006
上海市宝山区人民政府主办　上海市宝山区史志编纂委员会编　主编陈金龙
上海社会科学院出版社　2006 年 12 月
369 页　精装　30cm
ISBN7-80681-924-X
馆藏号：Guojiafz-8600002002147

宝山年鉴·2007
上海市宝山区人民政府主办　上海市宝山区史志编纂委员会编　主编仇小平
上海社会科学院出版社　2007 年 12 月
322 页　精装　31cm
ISBN978-7-80745-132-7
馆藏号：Guojiafz-8600002000837

宝山年鉴·2008
上海市宝山区人民政府主办　上海市宝山区史志编纂委员会编　主编仇小平
上海社会科学院出版社　2008 年 12 月
303 页　精装　31cm
ISBN978-7-80745-395-6
馆藏号：Guojiafz-8600002000859

宝山年鉴·2009
上海市宝山区人民政府主办　上海市宝山区史志编纂委员会编　主编朱显武
上海社会科学院出版社　2009 年 10 月
376 页　精装　30cm
ISBN978-7-80745-581-3
馆藏号：Guojiafz-8600002002142

宝山年鉴·2010
上海市宝山区人民政府主办　上海市宝山区史志编纂委员会编　主编朱显武
上海社会科学院出版社　2010 年 10 月
344 页　精装　31cm
ISBN978-7-80745-781-7
馆藏号：Guojiafz-8600002000679

宝山年鉴·2012
上海市宝山区人民政府主办　上海市宝山区史志编纂委员会编　主编朱显武
上海社会科学院出版社　2012 年 12 月
368 页　精装　31cm
ISBN978-7-5520-0213-3
馆藏号：Guojiafz-8600002003369

宝山年鉴·2013
上海市宝山区人民政府主办　上海市宝山区史志编纂委员会编　主编谭柏杉　执行主编谭雪明
上海社会科学院出版社　2013 年 12 月
392 页　精装　31cm
ISBN978-7-5520-0492-2
馆藏号：Guojiafz-8600002007365

宝山年鉴·2014
上海市宝山区人民政府主办　上海市宝山区史志编纂委员会编　主编陈亮
上海社会科学院出版社　2014 年 12 月
400 页　精装　31cm
ISBN978-7-5520-0746-6
馆藏号：Guojiafz-8600002013384

宝山年鉴·2015
上海市宝山区人民政府主办　上海市宝山区史志编纂委员会编　主编陈亮
上海社会科学院出版社　2015 年 12 月

390 页　精装　31cm
ISBN978-7-5520-0897-5
馆藏号：Guojiafz-8600002013322

嘉定年鉴·1988—1990
嘉定县年鉴编纂委员会编　主编倪所安
同济大学出版社　1991 年 11 月
398 页　平装　26cm
ISBN7-5608-0979-0
馆藏号：Guojiafz-8600002003519

嘉定年鉴·1991—1995（袖珍版第一卷）
上海市嘉定区年鉴编纂委员会编　主编顾思明、朱龙铭
上海交通大学出版社　1996 年 9 月
150 页　精装　19cm
ISBN7-313-01723-5
馆藏号：Guojiafz-8600002007878

嘉定年鉴·1992
上海市嘉定区年鉴编纂委员会编　主编吴义
上海社会科学院出版社　1993 年 10 月
457 页　精装　27cm
ISBN7-80515-922-X
馆藏号：Guojiafz-8600002007614

嘉定年鉴·1996
上海市嘉定区年鉴编纂委员会编　主编吴义
上海交通大学出版社　1996 年 11 月
372 页　精装　27cm
ISBN7-313-01760-X
馆藏号：Guojiafz-8600002006040

嘉定年鉴·1997
《嘉定年鉴》编纂委员会编　主编吴义
上海社会科学院出版社　1997 年 10 月
352 页　精装　27cm
ISBN7-80618-404-X
馆藏号：Guojiafz-8600002005987

嘉定年鉴·1998
《嘉定年鉴》编纂委员会编　主编吴义
上海社会科学院出版社　1998 年 8 月
344 页　精装　27cm
ISBN7-80618-483-X
馆藏号：Guojiafz-8600002008339

嘉定年鉴·1999
《嘉定年鉴》编纂委员会编　主编吴义
上海社会科学院出版社　1999 年 8 月
341 页　精装　27cm
馆藏号：Guojiafz-8600002006041

嘉定年鉴·2000
《嘉定年鉴》编纂委员会编　主编吴义
上海社会科学院出版社　2000 年 9 月
366 页　精装　26cm
ISBN7-80618-750-2
馆藏号：Guojiafz-8600002008480

嘉定年鉴·2001
《嘉定年鉴》编纂委员会编　主编吴义
上海社会科学院出版社　2001 年 9 月
375 页　精装　30cm
ISBN7-80618-902-5
馆藏号：Guojiafz-8600002008350

嘉定年鉴·2002
《嘉定年鉴》编纂委员会编　主编汤惠明
执行主编吴义
汉语大词典出版社　2002 年 10 月
325 页　精装　30cm
ISBN7-5432-0790-7
馆藏号：Guojiafz-8600002005979

嘉定年鉴·2003
《嘉定年鉴》编纂委员会编　主编汤惠明
执行主编陈力
汉语大词典出版社　2003 年 9 月
324 页　精装　30cm

ISBN7-5432-0939-X
馆藏号：Guojiafz-8600002005980

嘉定年鉴·2004
《嘉定年鉴》编纂委员会编　主编汤惠明
执行主编孙培兴
汉语大词典出版社　2004年8月
342页　精装　30cm
ISBN7-5432-1062-2
馆藏号：Guojiafz-8600002005974

嘉定年鉴·2005
《嘉定年鉴》编纂委员会编　主编朱德兴
执行主编孙培兴
汉语大词典出版社　2005年9月
313页　精装　30cm
ISBN7-5432-1190-4
馆藏号：Guojiafz-8600002006042

嘉定年鉴·2006
《嘉定年鉴》编纂委员会编　主编张建华
执行主编孙培兴
汉语大词典出版社　2006年9月
348页　精装　30cm
ISBN7-5432-1300-1
馆藏号：Guojiafz-8600002006043

嘉定年鉴·2007
《嘉定年鉴》编纂委员会编　主编张建华
执行主编孙培兴
学林出版社　2007年10月
350页　精装　31cm
ISBN978-7-80730-451-7
馆藏号：Guojiafz-8600002005975

嘉定年鉴·2008
《嘉定年鉴》编纂委员会编　主编张建华
执行主编孙培兴
学林出版社　2008年10月
348页　精装　30cm
ISBN978-7-80730-705-1
馆藏号：Guojiafz-8600002005976

嘉定年鉴·2009
《嘉定年鉴》编纂委员会编　主编张建华
执行主编孙培兴
学林出版社　2009年9月
355页　精装　30cm
ISBN978-7-80730-894-2
馆藏号：Guojiafz-8600002005977

嘉定年鉴·2010
《嘉定年鉴》编纂委员会编　主编张建华
执行主编孙培兴
学林出版社　2010年9月
412页　精装　30cm
ISBN978-7-5486-0057-2
馆藏号：Guojiafz-8600002005978

嘉定年鉴·2013
《嘉定年鉴》编纂委员会编　主编夏峰、沈越岭
执行主编孙培兴
学林出版社　2013年11月
395页　精装　30cm
ISBN978-7-5486-0585-0
馆藏号：Guojiafz-8600002015200

嘉定年鉴·2015
《嘉定年鉴》编纂委员会编　主编沈越岭
执行主编孙培兴
上海锦绣文章出版社　2015年12月
358页　精装　30cm
ISBN978-7-5452-1730-8
馆藏号：Guojiafz-8600002013383

浦东新区年鉴·1994
《浦东新区年鉴》编辑委员会编　主编陈少能
三联书店上海分店　1994年10月
300页　精装　27cm
ISBN7-5426-0828-2
馆藏号：Guojiafz-8600002001217

浦东新区年鉴·1995
《浦东新区年鉴》编辑委员会编
上海社会科学院出版社　1995 年 10 月
353 页　精装　27cm
ISBN7-80618-172-5
馆藏号：Guojiafz-8600002002883

浦东新区年鉴·1996
浦东新区年鉴编辑委员会编　主编陈少能
上海远东出版社　1996 年 9 月
354 页　精装　27cm
ISBN7-80613-361-5
馆藏号：Guojiafz-8600002006085

浦东新区年鉴·1997
浦东新区年鉴编辑委员会编　主编陈少能
上海远东出版社　1997 年 8 月
304 页　精装　27cm
ISBN7-80613-528-6
馆藏号：Guojiafz-8600002007705

浦东新区年鉴·1998
浦东新区年鉴编辑委员会编　主编陈少能
百家出版社　1998 年 8 月
325 页　精装　27cm
ISBN7-80576-830-7
馆藏号：Guojiafz-8600002006084

浦东年鉴·1999
浦东新区党工委、管委会主办　浦东年鉴编辑委员会编　主编陈少能
浦东年鉴社　1999 年 7 月
424 页　精装　27cm
ISSN1009-0215
馆藏号：Guojiafz-8600002004227

浦东年鉴·2000
浦东新区党工委、管委会主办　浦东年鉴编辑委员会编　主编王家桢　执行主编张建明
浦东年鉴社　2000 年 7 月
436 页　精装　27cm
ISSN1009-0215
馆藏号：Guojiafz-8600002003004

浦东年鉴·2001
上海市浦东新区区委、区政府主办　上海市浦东新区史志编纂委员会编　主编邓捷　执行主编张建明
浦东年鉴社　2001 年 5 月
392 页　精装　26cm
ISSN1009-0215
馆藏号：Guojiafz-8600002004369

浦东年鉴·2002
上海市浦东新区区委、区政府主办　上海市浦东新区史志编纂委员会编　主编王顺安　执行主编张建明
浦东年鉴社　2002 年 5 月
358 页　精装　27cm
ISSN1009-0215
馆藏号：Guojiafz-8600002006086

浦东年鉴·2003
上海市浦东新区区委、区政府主办　上海市浦东新区史志编纂委员会编　主编王顺安　执行主编张建明、张建堂
浦东年鉴社　2003 年 7 月
391 页　精装　31cm
ISSN1009-0215
馆藏号：Guojiafz-8600002009731

浦东年鉴·2004
上海市浦东新区史志编纂委员会编　主编张建明　执行主编张泽贤
浦东年鉴社　2004 年 6 月
436 页　精装　31cm
ISSN1009-0215
馆藏号：Guojiafz-8600002005143

浦东年鉴·2005
上海市浦东新区史志编纂委员会编　主编张建明　执行主编张泽贤
上海中华印刷有限公司印刷　2005年6月
444页　精装　31cm
ISSN1009-0215
馆藏号：Guojiafz-8600002003034

浦东年鉴·2006
上海市浦东新区史志编纂委员会编　主编张建明　执行主编张泽贤
上海中华印刷有限公司印刷　2006年7月
441页　精装　31cm
ISSN1009-0215
馆藏号：Guojiafz-8600002000442

浦东年鉴·2007
上海市浦东新区史志编纂委员会编　主编张建明、柴志光　执行主编潘建龙
上海中华印刷有限公司印刷　2007年7月
416页　精装　31cm
ISSN1009-0215
馆藏号：Guojiafz-8600002003055

浦东年鉴·2008
中共上海市浦东新区委员会办公室主管　上海市浦东新区史志编纂委员会办公室主办　浦东年鉴编辑部编　主编蔡永强　执行主编潘建龙
上海中华印刷有限公司印刷　2008年8月
411页　精装　31cm
ISSN1009-0215
馆藏号：Guojiafz-8600002002629

浦东年鉴·2009
中共上海市浦东新区委员会办公室主管　上海市浦东新区史志编纂委员会办公室主办　浦东年鉴编辑部编　主编蔡永强　执行主编潘建龙
上海中华印刷有限公司印刷　2009年8月
423页　精装　31cm
ISSN1009-0215
馆藏号：Guojiafz-8600002000445

浦东年鉴·2010
中共上海市浦东新区委员会办公室主管　上海市浦东新区地方志办公室主办　浦东年鉴编辑部编　总编葛方耀　主编柴志光、吴才珺　执行主编潘建龙
上海界龙艺术印刷有限公司印刷　2010年8月
453页　精装　31cm
ISSN1009-0215
馆藏号：Guojiafz-8600002000325

浦东年鉴·2011
中共上海市浦东新区委员会办公室主管　上海市浦东新区地方志办公室主办　浦东年鉴编辑部编　总编葛方耀　主编柴志光、吴才珺　执行主编潘建龙
上海界龙艺术印刷有限公司印刷　2011年8月
416页　精装　31cm
ISSN1009-0215
馆藏号：Guojiafz-8600002000286

浦东年鉴·2012
中共上海市浦东新区委员会办公室主管　上海市浦东新区地方志办公室主办　浦东年鉴编辑部编　总编葛方耀　主编柴志光、吴才珺　执行主编杨隽
上海界龙艺术印刷有限公司印刷　2012年9月
462页　精装　31cm
ISSN1009-0215
馆藏号：Guojiafz-8600002000327

浦东年鉴·2013
中共上海市浦东新区委员会办公室主管　上海市浦东新区地方志编纂委员会办公室主办　浦东年鉴编辑部编　总编葛方耀　主编柴志光、吴才珺　执行主编杨隽
上海界龙艺术印刷有限公司印刷　2013年9月
461页　精装　30cm
ISSN1009-0215
馆藏号：Guojiafz-8600002007364

浦东年鉴·2014
中共上海市浦东新区委员会办公室主管　上海市浦东新区地方志编纂委员会办公室主办　浦东年鉴编辑部编　总编葛方耀　主编柴志光、吴才珺　执行主编杨隽
上海界龙艺术印刷有限公司印刷　2014年9月
453页　精装　30cm
ISSN1009-0215
馆藏号：Guojiafz-86000020160

浦东年鉴·2016
中共上海市浦东新区委员会办公室主管　上海市浦东新区地方志编纂委员会办公室主办　浦东年鉴编辑部编　总编李幼林　主编柴志光　执行主编杨隽
上海光扬印务有限公司印刷　2016年9月
570页　精装　30cm
ISSN1009-0215
馆藏号：Guojiafz-8600002014915

上海浦东新区统计年鉴·2012
上海市浦东新区统计局、国家统计局浦东调查队合编　主编管小军、刘季曾
中国统计出版社　2012年8月
339页　精装　30cm
ISBN978-7-5037-6629-9
馆藏号：Guojiafz-8600002009978

浦东生活点击——生活年鉴：时尚版2003
上海市浦东新区史志编纂委员会办公室编
主编张建明、张建堂　执行主编张泽贤
浦东年鉴社　2003年12月
344页　平装　22cm
准印证号：上海市新闻出版局准印证（2003）第211号
馆藏号：Guojiafz-8600002007768

南汇年鉴·1999
《南汇年鉴》编纂委员会编　主编马玉如
汉语大词典出版社　1999年8月
282页　精装　27cm
ISBN7-5432-0367-7
馆藏号：Guojiafz-8600002009653

南汇年鉴·2000
《南汇年鉴》编纂委员会编　主编马玉如
上海科学普及出版社　2000年9月
409页　精装　27cm
ISBN7-5427-1869-X
馆藏号：Guojiafz-8600002009651

南汇年鉴·2001
《南汇年鉴》编纂委员会编　主编马玉如
上海科学普及出版社　2001年7月
453页　精装　27cm
ISBN7-5427-2025-2
馆藏号：Guojiafz-8600002009793

南汇年鉴·2002
南汇年鉴编纂委员会编　主编赵雯
执行主编马振雄、黄野梅、张银虎
方志出版社　2002年6月
361页　精装　31cm
ISBN7-80122-757-3
馆藏号：Guojiafz-8600002000324

南汇年鉴·2003
《南汇年鉴》编纂委员会编　主编景莹
执行主编马振雄、黄野梅、张校平
方志出版社　2003年5月
375页　精装　31cm
ISBN7-80122-957-6
馆藏号：Guojiafz-8600002005136

南汇年鉴·2004
《南汇年鉴》编纂委员会编　主编景莹
执行主编马振雄、张校平
方志出版社　2004年7月
394页　精装　31cm
ISBN7-80192-252-2
馆藏号：Guojiafz-8600002000323

南汇年鉴·2005
《南汇年鉴》编纂委员会编　主编唐海东
执行主编马振雄、张校平
方志出版社　2005年7月
429页　精装　30cm
ISBN7-80192-578-5
馆藏号：Guojiafz-8600002000285

南汇年鉴·2006
《南汇年鉴》编纂委员会编　主编唐海东
方志出版社　2006年8月
436页　精装　30cm
ISBN7-80192-840-7
馆藏号：Guojiafz-8600002000588

南汇年鉴·2007
《南汇年鉴》编纂委员会编　主编吴力坚
方志出版社　2007年9月
431页　精装　31cm
ISBN978-7-80238-121-6
馆藏号：Guojiafz-8600002008092

南汇年鉴·2008
《南汇年鉴》编纂委员会编　主编吴力坚
方志出版社　2008年9月
495页　精装　31cm
ISBN978-7-80238-369-2
馆藏号：Guojiafz-8600002000379

南汇年鉴·2009
南汇年鉴编纂委员会编　主编吴力坚
方志出版社　2009年7月
402页　精装　31cm
ISBN978-7-80238-553-6
馆藏号：Guojiafz-8600002003776

陆家嘴年鉴·2009
中国上海市浦东新区陆家嘴功能区域管理委员会编
主编顾晓鸣　执行主编刘巍
上海三联书店　2009年9月
485页　精装　28cm
ISBN978-7-5426-3124-4
馆藏号：Guojiafz-8600002054140

川沙年鉴·1991
川沙县地方志办公室编　主编朱鸿伯
中国大百科全书出版社上海分社　1992年7月
303页　精装　27cm
ISBN7-5000-0390-0
馆藏号：Guojiafz-8600002008053

川沙年鉴·1992
川沙县地方志编纂委员会编　主编朱鸿伯
上海社会科学院出版社　1992年12月
270页　精装　26cm
ISBN7-80515-811-8
馆藏号：Guojiafz-8600002008054

川沙年鉴·1993
川沙县地方志办公室编　主编朱鸿伯
中国大百科全书出版社上海分社　1993年11月
299页　精装　26cm
ISBNT-500-0435-4
馆藏号：Guojiafz-8600002001218

金山年鉴·1991
上海市金山年鉴编纂委员会编　主编许连源
上海科学普及出版社　1993年5月
527页　精装　27cm
ISBN7-5427-0663-2
馆藏号：Guojiafz-8600002000390

金山年鉴·1992
上海市金山年鉴编纂委员会编　主编许连源
上海古籍出版社　1993年10月
244页　精装　27cm
ISBN7-5325-1574-5
馆藏号：Guojiafz-8600002000450

金山年鉴·1993
上海市金山年鉴编纂委员会编　主编许连源
上海社会科学院出版社　1994 年 8 月
324 页　精装　27cm
ISBN7-80515-947-5
馆藏号：Guojiafz-8600002001905

金山年鉴·1994
上海市金山县年鉴编纂委员会编　主编许连源
汉语大词典出版社　1995 年 3 月
302 页　精装　27cm
ISBN7-80515-947-5
馆藏号：Guojiafz-8600002000719

金山年鉴·1995
《金山年鉴》编纂委员会编　主编许连源
上海社会科学院出版社　1996 年 1 月
277 页　精装　27cm
ISBN7-80618-194-6
馆藏号：Guojiafz-8600002006735

金山年鉴·1996
金山年鉴编纂委员会编　主编许连源
上海社会科学院出版社　1996 年 12 月
295 页　精装　27cm
ISBN7-80618-303-5
馆藏号：Guojiafz-8600002000187

金山年鉴·1997
金山年鉴编纂委员会编　主编许连源
上海社会科学院出版社　1997 年 10 月
307 页　精装　27cm
ISBN7-80618-398-1
馆藏号：Guojiafz-8600002000189

金山年鉴·1998
金山年鉴编纂委员会编　主编沈国强
上海社会科学院出版社　1998 年 12 月
480 页　精装　28cm
ISBN7-80618-545-3
馆藏号：Guojiafz-8600002000188

金山年鉴·1999
金山年鉴编纂委员会编　主编沈国强
上海社会科学院出版社　1999 年 10 月
555 页　精装　27cm
ISBN7-80618-657-3
馆藏号：Guojiafz-8600002000730

金山年鉴·2002
《金山年鉴》编纂委员会编　主编黄卫标
汉语大词典出版社　2002 年 10 月
295 页　精装　27cm
ISBN7-5432-0777-X
馆藏号：Guojiafz-8600002000201

金山年鉴·2003
《金山年鉴》编纂委员会编　主编王应华
汉语大词典出版社　2003 年 11 月
246 页　精装　27cm
ISBN7-5432-0940-3
馆藏号：Guojiafz-8600002008483

金山年鉴·2004
《金山年鉴》编纂委员会编　主编王应华
汉语大词典出版社　2004 年 10 月
239 页　精装　30cm
ISBN7-5432-1074-6
馆藏号：Guojiafz-8600002008111

金山年鉴·2005
《金山年鉴》编纂委员会编　主编王应华
方志出版社　2005 年 11 月
276 页　精装　30cm
ISBN7-80192-665-X
馆藏号：Guojiafz-8600002008059

金山年鉴·2006
金山区人民政府主办 《金山年鉴》编纂委员会编
主编王应华

方志出版社　2006 年 12 月
286 页　精装　30cm
ISBN7-80192-958-6
馆藏号：Guojiafz-8600002002454

金山年鉴·2007
金山区人民政府主办　《金山年鉴》编纂委员会编　主编王应华
方志出版社　2007 年 11 月
314 页　精装　27cm
ISBN978-7-80238-226-8
馆藏号：Guojiafz-8600002002343

金山年鉴·2008
金山区人民政府主办　《金山年鉴》编纂委员会编　主编王应华
方志出版社　2008 年 11 月
328 页　精装　30cm
ISBN978-7-80238-402-6
馆藏号：Guojiafz-8600002005603

金山年鉴·2009
金山区人民政府主办　《金山年鉴》编辑部编　主编王应华
方志出版社　2009 年 12 月
312 页　精装　30cm
ISBN978-7-80238-693-8
馆藏号：Guojiafz-8600002007938

金山年鉴·2010
中共金山区委主管　金山区人民政府主办　《金山年鉴》编纂委员会编　主编王应华
方志出版社　2010 年 12 月
330 页　精装　29cm
ISBN978-7-5144-0005-2
馆藏号：Guojiafz-8600002001001

金山年鉴·2011
中共金山区委主管　金山区人民政府主办　《金山年鉴》编纂委员会编　主编王应华
方志出版社　2011 年 12 月
348 页　精装　31cm
ISBN978-7-5144-0350-3
馆藏号：Guojiafz-8600002001156

金山年鉴·2012
中共金山区委主管　金山区人民政府主办　《金山年鉴》编纂委员会编　主编王应华
方志出版社　2012 年 12 月
332 页　精装　30cm
ISBN978-7-5144-0748-8
馆藏号：Guojiafz-8600002003522

金山年鉴·2013
中共金山区委主管　金山区人民政府主办　《金山年鉴》编纂委员会编　主编王应华、王后法
方志出版社　2013 年 12 月
356 页　精装　29cm
ISBN978-7-5144-1130-0
馆藏号：Guojiafz-8600002009777

金山年鉴·2014
中共金山区委主管　金山区人民政府主办　《金山年鉴》编纂委员会编　主编王后法
方志出版社　2014 年 12 月
300 页　精装　29cm
ISBN978-7-5144-1468-4
馆藏号：Guojiafz-8600002004628

金山年鉴·2015
中共金山区委主管　金山区人民政府主办　《金山年鉴》编纂委员会编　主编王后法
方志出版社　2015 年 12 月
315 页　精装　29cm
ISBN978-7-5144-1891-0
馆藏号：Guojiafz-8600002002668

金山年鉴·2016
中共金山区委主管　金山区人民政府主办　《金山年鉴》编纂委员会编　主编王后法

方志出版社　2016年12月
325页　精装　30cm
ISBN978-7-5144-2202-3
馆藏号：Guojiafz-8600002014045

松江年鉴・1987—1988
松江县地方史志编纂委员会编　主编宋建明
上海社会科学院出版社　1990年3月
602页　精装　21cm
ISBN7-80515-537-2
馆藏号：Guojiafz-8600002009267

松江年鉴・1989—1990
松江县地方史志编纂委员会编　主编何惠明
上海社会科学院出版社　1991年12月
546页　精装　21cm
ISBN7-80515-735-9
馆藏号：Guojiafz-8600002007880

松江年鉴・1991—1993
松江县地方史志编纂委员会编　主编欧粤
上海社会科学院出版社　1994年8月
1079页　精装　22cm
ISBN7-80515-988-2
馆藏号：Guojiafz-8600002005928

松江年鉴・1994—1995
松江县地方史志编纂委员会编　主编王永顺
上海社会科学院出版社　1997年5月
381页　精装　21cm
ISBN7-80618-353-1
馆藏号：Guojiafz-8600002007879

松江年鉴・1996—1997
松江县地方史志编纂委员会编　主编王永顺
上海社会科学院出版社　1997年12月
850页　精装　22cm
ISBN7-80618-435-X
馆藏号：Guojiafz-8600002005929

松江年鉴・1998—1999
上海市松江区地方史志编纂委员会编
主编王永顺
学林出版社　2000年5月
850页　精装　30cm
ISBN7-80616-989-X
馆藏号：Guojiafz-8600002009721

松江年鉴・2000
上海市松江区地方史志编撰委员会编
主编何惠明
上海社会科学院出版社　2001年4月
313页　精装　31cm
ISBN7-80618-849-5
馆藏号：Guojiafz-8600002009742

松江年鉴・2001
上海市松江区地方史志编撰委员会编
主编何惠明
上海社会科学院出版社　2001年10月
326页　精装　31cm
ISBN7-80618-908-4
馆藏号：Guojiafz-8600002009755

松江年鉴・2002
上海市松江区地方史志编纂委员会编
主编何惠明
上海社会科学院出版社　2002年9月
325页　精装　31cm
ISBN7-80681-072-2
馆藏号：Guojiafz-8600002009718

松江年鉴・2003
上海市松江区地方史志编纂委员会编
主编何惠明
上海社会科学院出版社　2003年9月
335页　精装　30cm
ISBN7-80681-299-7
馆藏号：Guojiafz-8600002008558

松江年鉴·2004
上海市松江区地方史志编纂委员会编
主编何惠明
汉语大词典出版社　2004年8月
406页　精装　30cm
ISBN7-5432-1063-0
馆藏号：Guojiafz-8600002003205

松江年鉴·2005
上海市松江区地方史志编纂委员会编
主编何惠明
汉语大词典出版社　2005年9月
365页　精装　30cm
ISBN7-5432-1180-7
馆藏号：Guojiafz-8600002008557

松江年鉴·2006
上海市松江区地方史志编纂委员会编
主编何惠明
汉语大词典出版社　2006年9月
376页　精装　30cm
ISBN7-5432-1304-4
馆藏号：Guojiafz-8600002008511

松江年鉴·2007
上海市松江区地方史志编纂委员会编
主编何惠明
上海辞书出版社　2007年8月
392页　精装　31cm
ISBN978-7-5326-2314-3
馆藏号：Guojiafz-8600002006729

松江年鉴·2008
上海市松江区地方史志编纂委员会编
主编何惠明
上海辞书出版社　2008年8月
406页　精装　30cm
ISBN978-7-5326-2549-9
馆藏号：Guojiafz-8600002009752

松江年鉴·2009
上海市松江区地方史志编纂委员会编
主编何惠明
上海辞书出版社　2009年10月
433页　精装　31cm
ISBN978-7-5326-2957-2
馆藏号：Guojiafz-8600002009754

松江年鉴·2010
上海市松江区地方史志编纂委员会编
主编何惠明
上海辞书出版社　2010年10月
438页　精装　31cm
ISBN978-7-5326-2998-5
馆藏号：Guojiafz-8600002009720

松江年鉴·2011
上海市松江区地方志编纂委员会编
上海辞书出版社　2011年12月
483页　精装　31cm
ISBN978-7-5326-3566-5
馆藏号：Guojiafz-8600002013236

松江年鉴·2012
上海市松江区地方志编纂委员会编　主编李宏波
上海辞书出版社　2012年10月
421页　精装　31cm
ISBN978-7-5326-3812-3
馆藏号：Guojiafz-8600002013235

松江年鉴·2013
上海市松江区地方志编纂委员会编　主编李宏波
上海辞书出版社　2014年2月
310页　精装　31cm
ISBN978-7-5326-4083-6
馆藏号：Guojiafz-8600002013234

松江年鉴·2015
上海市松江区人民政府主办　上海市松江区地方志办公室编　主编李宏波　执行主编梁潇

上海辞书出版社　2015 年 11 月
609 页　精装　25cm
ISBN978-7-5326-4494-0
馆藏号：Guojiafz-8600002013407

青浦年鉴·1990—1992
青浦县地方志编纂委员会编　主编姚元祥
上海社会科学院出版社　1994 年 8 月
259 页　精装　27cm
ISBN7-80515-941-6
馆藏号：Guojiafz-8600002001220

青浦年鉴·1993—1998
《青浦年鉴》编纂委员会编　主编姚元祥
上海交通大学出版社　2000 年 4 月
218 页　精装　31cm
ISBN7-313-02427-4
馆藏号：Guojiafz-8600002005729

青浦年鉴·2000
《青浦年鉴》编纂委员会编　主编姚元祥
上海交通大学出版社　2001 年 5 月
175 页　精装　31cm
ISBN7-313-02427-4
馆藏号：Guojiafz-8600002005728

青浦年鉴·2001
《青浦年鉴》编纂委员会编　主编陆名有
上海社会科学院出版社　2001 年 12 月
293 页　精装　31cm
ISBN7-80618-944-0
馆藏号：Guojiafz-8600002005552

青浦年鉴·2002
《青浦年鉴》编纂委员会编　主编陆名有
上海社会科学院出版社　2002 年 10 月
279 页　精装　30cm
ISBN7-80681-110-9
馆藏号：Guojiafz-8600002007908

青浦年鉴·2003
《青浦年鉴》编纂委员会编　主编陆名有
方志出版社　2003 年 11 月
303 页　精装　31cm
ISBN7-80192-089-9
馆藏号：Guojiafz-8600002005551

青浦年鉴·2004
《青浦年鉴》编纂委员会编　主编陆名有
方志出版社　2004 年 10 月
308 页　精装　31cm
ISBN7-80192-263-8
馆藏号：Guojiafz-8600002007759

青浦年鉴·2005
《青浦年鉴》编辑部编　主编陆名有
方志出版社　2005 年 11 月
384 页　精装　30cm
ISBN7-80192-677-3
馆藏号：Guojiafz-8600002004818

青浦年鉴·2006
中共青浦区委、青浦区人民政府主办　《青浦年鉴》编纂委员会编　主编占雪根
汉语大词典出版社　2006 年 10 月
322 页　精装　31cm
ISBN7-5432-1235-8
馆藏号：Guojiafz-8600002005725

青浦年鉴·2007
中共青浦区委、青浦区人民政府主办　《青浦年鉴》编纂委员会编　主编占雪根
上海辞书出版社　2007 年 10 月
317 页　精装　31cm
ISBN978-7-5326-2363-1
馆藏号：Guojiafz-8600002005731

青浦年鉴·2008
中共青浦区委、青浦区人民政府主办　《青浦年鉴》编纂委员会编　主编占雪根

上海辞书出版社　2008 年 11 月
340 页　精装　31cm
ISBN978-7-5326-2656-4
馆藏号：Guojiafz-8600002005730

青浦年鉴・2009
中共青浦区委、青浦区人民政府主办 《青浦年鉴》编纂委员会编　主编占雪根
上海辞书出版社　2009 年 10 月
351 页　精装　31cm
ISBN978-7-5326-2964-0
馆藏号：Guojiafz-8600002005553

青浦年鉴・2011
中共上海市青浦区委员会、上海市青浦区人民政府主办 《青浦年鉴》编纂委员会编　主编胡爱明
方志出版社　2011 年 10 月
444 页　精装　30cm
ISBN978-7-5144-0264-3
馆藏号：Guojiafz-8600002000225

青浦年鉴・2012
中共上海市青浦区委员会、上海市青浦区人民政府主办 《青浦年鉴》编纂委员会编　主编胡爱明
方志出版社　2012 年 9 月
420 页　精装　30cm
ISBN978-7-5144-0617-7
馆藏号：Guojiafz-8600002005167

青浦年鉴・2013
中共上海市青浦区委员会、上海市青浦区人民政府主办 《青浦年鉴》编纂委员会编　主编胡爱明
方志出版社　2013 年 9 月
424 页　精装　30cm
ISBN978-7-5144-0990-1
馆藏号：Guojiafz-8600002009896

青浦年鉴・2015
中共上海市青浦区委员会、上海市青浦区人民政府主办 《青浦年鉴》编纂委员会编　主编胡爱明
方志出版社　2015 年 11 月
435 页　精装　30cm
ISBN978-7-5144-1776-0
馆藏号：Guojiafz-8600002006725

奉贤年鉴・2002
《奉贤年鉴》编纂委员会编　主编陈忠
上海社会科学院出版社　2002 年 8 月
348 页　精装　30cm
ISBN7-80681-066-8
馆藏号：Guojiafz-8600002002350

奉贤年鉴・2003
奉贤区人民政府主办 《奉贤年鉴》编纂委员会编
主编陈忠　执行主编蒋新甜
汉语大词典出版社　2003 年 9 月
304 页　精装　30cm
ISBN7-5432-0942-X
馆藏号：Guojiafz-8600002002347

奉贤年鉴・2004
奉贤区人民政府主办　奉贤区史志编纂委员会编
主编丁惠义　执行主编蒋新甜
汉语大词典出版社　2004 年 8 月
321 页　精装　30cm
ISBN7-5432-1061-4
馆藏号：Guojiafz-8600002002345

奉贤年鉴・2005
奉贤区史志编纂委员会编　主编丁惠义
执行主编蒋新甜
汉语大词典出版社　2005 年 8 月
479 页　精装　30cm
ISBN7-5432-1168-8
馆藏号：Guojiafz-8600002004101

奉贤年鉴・2006
《奉贤年鉴》编纂委员会编　主编丁惠义
执行主编蒋新甜
汉语大词典出版社　2006 年 9 月

432 页　精装　31cm
ISBN7-5432-1282-X
馆藏号：Guojiafz-8600002002863

奉贤年鉴·2007
上海市奉贤区人民政府主办　《奉贤年鉴》编纂委员会编　主编丁惠义　执行主编蒋新甜
学林出版社　2007 年 10 月
396 页　精装　30cm
ISBN978-7-80730-455-5
馆藏号：Guojiafz-8600002002344

奉贤年鉴·2008
上海市奉贤区人民政府主办　上海市奉贤区史志编纂委员会编　主编丁惠义
学林出版社　2008 年 9 月
399 页　精装　30cm
ISBN978-7-80730-702-0
馆藏号：Guojiafz-8600002002349

奉贤年鉴·2009
上海市奉贤区人民政府主办　上海市奉贤区史志编纂委员会编　主编丁惠义
学林出版社　2009 年 9 月
438 页　精装　30cm
ISBN978-7-80730-895-9
馆藏号：Guojiafz-8600002004109

奉贤年鉴·2010
上海市奉贤区人民政府主办　上海市奉贤区史志编纂委员会编　主编丁惠义
学林出版社　2010 年 9 月
420 页　精装　30cm
ISBN978-7-5486-0045-9
馆藏号：Guojiafz-8600002002346

奉贤年鉴·2011
上海市奉贤区人民政府主办　上海市奉贤区史志编纂委员会编　主编丁惠义
学林出版社　2011 年 10 月
399 页　精装　31cm
ISBN978-7-5486-0212-5
馆藏号：Guojiafz-8600002002348

奉贤年鉴·2014
上海市奉贤区人民政府主办　上海市奉贤区地方志办公室编　主编丁惠义　执行主编马莉苑
学林出版社　2014 年 9 月
341 页　精装　30cm
ISBN978-7-5486-0767-0
馆藏号：Guojiafz-8600002015393

奉贤年鉴·2015
上海市奉贤区人民政府主办　上海市奉贤区地方志办公室编　主编丁惠义　执行主编马莉苑
学林出版社　2015 年 10 月
376 页　精装　31cm
ISBN978-7-5486-0954-4
馆藏号：Guojiafz-8600002013316

奉贤年鉴·2016
上海市奉贤区人民政府主办　上海市奉贤区地方志办公室编　主编顾首育　执行主编马莉苑
总纂张燕伶
学林出版社　2016 年 10 月
439 页　精装　30cm
ISBN978-7-5486-1128-8
馆藏号：Guojiafz-8600002014913

奉贤年鉴·2017
上海市奉贤区人民政府主办　上海市奉贤区地方志办公室编　主编顾首育　执行主编马莉苑
总纂张燕伶
学林出版社　2017 年 10 月
486 页　精装　30cm
ISBN978-7-5486-1304-6
馆藏号：Guojiafz-8600002016793

崇明县年鉴·1989
崇明县档案局（馆）编　组长周祖安

中国大百科全书出版社　1990年12月
159页　平装　26cm
ISBN7-5000-0313-7
馆藏号：Guojiafz-8600002005288

崇明县年鉴·1990
崇明县档案局（馆）编　组长周祖安
中国大百科全书出版社上海分社　1991年12月
368页　平装　26cm
ISBN7-5000-0370-6
馆藏号：Guojiafz-8600002000448

崇明县年鉴·1991
崇明县档案局（馆）编　组长周祖安
中国大百科全书出版社上海分社　1992年8月
382页　平装　26cm
ISBN7-5000-0404-4
馆藏号：Guojiafz-8600002000449

崇明县年鉴·1992
崇明县档案局（馆）编　组长周祖安
中国大百科全书出版社上海分社　1993年8月
299页　平装　26cm
ISBN7-5000-0429-X
馆藏号：Guojiafz-8600002000447

崇明年鉴·1996
崇明县档案馆编　主编张安新
上海晨光印刷厂印刷　1997年6月
332页　平装　26cm
馆藏号：Guojiafz-8600002001463

崇明年鉴·1998
上海市《崇明年鉴》编纂委员会编　主编吴建生
上海崇明晨光印刷厂印刷　1999年5月
306页　精装　26cm
馆藏号：Guojiafz-8600002008761

崇明年鉴·2000
上海市《崇明年鉴》编纂委员会编　主编吴建生
上海崇明晨光印刷厂印刷　2001年6月
266页　平装　26cm
馆藏号：Guojiafz-8600002005289

崇明年鉴·2002
上海市《崇明年鉴》编纂委员会编　主编吴建生
上海崇明裕安印刷厂印刷　2003年6月
261页　平装　26cm
馆藏号：Guojiafz-8600002001902

崇明年鉴·2004
《崇明年鉴》编辑部编　主编张利钧
上海市崇明裕安印刷厂印刷　2004年12月
254页　精装　30cm
馆藏号：Guojiafz-8600002001811

崇明年鉴·2006
《崇明年鉴》编辑部编　主编张利钧　执行主编陈伟聪
上海市崇明裕安印刷厂印刷　2006年12月
288页　精装　29cm
馆藏号：Guojiafz-8600002001810

崇明年鉴·2008
上海市《崇明年鉴》编纂委员会编　主编张利钧
上海辞书出版社　2009年1月
294页　精装　29cm
ISBN978-7-5326-2697-7
馆藏号：Guojiafz-8600002000441

崇明年鉴·2009
上海市《崇明年鉴》编纂委员会编　主编张利钧
上海辞书出版社　2009年12月
287页　精装　29cm
ISBN978-7-5326-3007-3
馆藏号：Guojiafz-8600002000517

崇明年鉴·2010
《崇明年鉴》编纂委员会编　主编张利钧
上海辞书出版社　2010年12月

330页　精装　29cm
ISBN978-7-5326-3250-3
馆藏号：Guojiafz-8600002000516

崇明年鉴·2011
《崇明年鉴》编纂委员会编　主编张利钧
上海古籍出版社　2011年11月
346页　精装　29cm
ISBN978-7-5325-5183-5
馆藏号：Guojiafz-8600002019342-4

崇明年鉴·2012
《崇明年鉴》编纂委员会编　主编朱鑫德
上海古籍出版社　2012年11月
347页　精装　29cm
ISBN978-7-5325-6710-2
馆藏号：Guojiafz-8600002007691

崇明年鉴·2013
《崇明年鉴》编纂委员会编　主编朱鑫德
学林出版社　2013年12月
357页　精装　29cm
ISBN978-7-5486-0584-3
馆藏号：Guojiafz-8600002007429

崇明年鉴·2014
《崇明年鉴》编纂委员会编　主编朱鑫德
学林出版社　2014年12月
369页　精装　29cm
ISBN978-7-5486-0800-4
馆藏号：Guojiafz-8600002019369-71

崇明年鉴·2015
《崇明年鉴》编纂委员会编　主编朱鑫德
学林出版社　2015年12月
468页　精装　29cm
ISBN978-7-5486-0975-9
馆藏号：Guojiafz-8600002019339-41

崇明年鉴·2016
《崇明年鉴》编纂委员会编　主编朱鑫德
学林出版社　2016年11月
504页　精装　29cm
ISBN978-7-5486-1138-7
馆藏号：Guojiafz-8600002019345-7

崇明年鉴·2017
《崇明年鉴》编纂委员会编　主编朱鑫德
学林出版社　2017年12月
417页　精装　30cm
ISBN978-7-5486-1314-5
馆藏号：Guojiafz-8600002019375-7

崇明年鉴·2018
《崇明年鉴》编纂委员会编　主编朱鑫德
学林出版社　2018年11月
380页　精装　30cm
ISBN978-7-5486-1464-7
馆藏号：Guojiafz-8600002019372-4

崇明年鉴·2019
《崇明年鉴》编纂委员会编　主编朱鑫德
学林出版社　2019年11月
411页　精装　30cm
ISBN978-7-5486-1575-0
馆藏号：Guojiafz-8600002019349-51

江苏省

江苏年鉴·1992
江苏省人民政府主办 《江苏年鉴》编辑部编
主编郁冠、薛家骥
南京大学出版社 1992年9月
931页 精装 27cm
ISBN7-305-01651-9
馆藏号：Guojiafz-8600002008854

江苏年鉴·1993
江苏省人民政府主办 《江苏年鉴》编辑部编
主编郁冠、薛家骥
南京大学出版社 1993年9月
857页 精装 27cm
ISSN1005-3379
馆藏号：Guojiafz-8600002008853

江苏年鉴·1994
江苏省人民政府主办 主编郁冠、薛家骥
江苏年鉴杂志社 1994年
696页 精装 27cm
ISSN1005-3379
馆藏号：Guojiafz-8600002005275

江苏年鉴·1996
江苏省人民政府主办 江苏年鉴杂志社编
主编薛金鳌、陈仁礼
江苏年鉴杂志社 1996年9月
730页 精装 27cm
ISSN1005-3379
馆藏号：Guojiafz-8600002009632

江苏年鉴·1997
江苏省人民政府主办 江苏年鉴杂志社编
主编薛金鳌、陈仁礼
江苏年鉴杂志社 1997年9月
754页 精装 27cm
ISSN1005-3379
馆藏号：Guojiafz-8600002009633

江苏年鉴·1998
江苏省人民政府主办 江苏年鉴杂志社编
主编薛金鳌、陈仁礼
江苏年鉴杂志社 1998年8月
626页 精装 29cm
ISSN1005-3379
馆藏号：Guojiafz-8600002008467

江苏年鉴·1999
江苏省人民政府主办 江苏年鉴杂志社编
主编陈仁礼
江苏年鉴杂志社 1999年9月
303页 精装 29cm
ISSN1005-3379
馆藏号：Guojiafz-8600002008406

江苏年鉴·2000
江苏省人民政府主办 江苏年鉴杂志社编
主编陈仁礼
江苏年鉴杂志社 2000年8月
614页 精装 30cm
ISSN1005-3379
馆藏号：Guojiafz-8600002005271

江苏年鉴·2001
江苏省人民政府主办　江苏年鉴杂志社编
主编方亚光
江苏年鉴杂志社　2001 年 8 月
537 页　精装　29cm
ISSN1005-3379
馆藏号：Guojiafz-8600002006121

江苏年鉴·2003
江苏省人民政府主办　江苏年鉴杂志社编
主编方亚光
江苏年鉴杂志社　2003 年 10 月
559 页　精装　29cm
ISSN1005-3379
馆藏号：Guojiafz-8600002006103

江苏年鉴·2004
江苏省人民政府办公厅主管　江苏省地方志办公室主办　江苏年鉴杂志社编　主编方亚光
江苏年鉴杂志社　2004 年 10 月
647 页　精装　29cm
ISSN1005-3379
馆藏号：Guojiafz-8600002004700

江苏年鉴·2005
江苏省人民政府办公厅主管　江苏省地方志办公室主办　江苏年鉴杂志社编　主任梁保华
江苏年鉴杂志社　2005 年 12 月
624 页　精装　29cm
ISSN1005-3379
馆藏号：Guojiafz-8600002006093

江苏年鉴·2006
江苏省人民政府办公厅主管　江苏省地方志办公室主办　江苏年鉴杂志社编　主编方亚光
江苏年鉴杂志社　2006 年 12 月
700 页　精装　29cm
ISSN1005-3379
馆藏号：Guojiafz-8600002008464

江苏年鉴·2007
江苏省人民政府办公厅主管　江苏省地方志办公室主办　江苏年鉴杂志社编　主编方亚光
江苏年鉴杂志社　2007 年 11 月
632 页　精装　29cm
ISSN1005-3379
馆藏号：Guojiafz-8600002000674

江苏年鉴·2008
江苏省人民政府办公厅主管　江苏省地方志办公室主办　江苏年鉴杂志社编　主编牟国义
江苏年鉴杂志社　2008 年 11 月
644 页　精装　29cm
ISSN1005-3379
馆藏号：Guojiafz-8600002000558

江苏年鉴·2009
江苏省人民政府办公厅主管　江苏省地方志办公室主办　江苏年鉴杂志社编　主编牟国义
江苏年鉴杂志社　2009 年 10 月
660 页　精装　29cm
ISSN1005-3379
馆藏号：Guojiafz-8600002002150

江苏年鉴·2012
江苏省人民政府办公厅主管　江苏省地方志办公室主办　江苏年鉴杂志社编　主编牟国义
江苏年鉴杂志社　2012 年 12 月
644 页　精装　29cm
ISSN1005-3379
馆藏号：Guojiafz-8600002009803

江苏年鉴·2013
江苏省人民政府办公厅主管　江苏省地方志办公室主办　江苏年鉴杂志社编　主编牟国义
江苏年鉴杂志社　2013 年 12 月
618 页　精装　29cm
ISSN1005-3379
馆藏号：Guojiafz-8600002010728

江苏年鉴·2014
江苏省人民政府办公厅主管　江苏省地方志办公室主办　江苏年鉴杂志社编　主编牟国义
江苏年鉴杂志社　2014 年 12 月
650 页　精装　29cm
ISSN1005-3379
馆藏号：Guojiafz-8600002003587

江苏年鉴·2015
江苏省人民政府办公厅主管　江苏省地方志办公室主办　江苏年鉴杂志社编　主编牟国义
江苏年鉴杂志社　2015 年 10 月
674 页　精装　29cm
ISSN1005-3379
馆藏号：Guojiafz-8600002004702

江苏年鉴·2016
江苏省人民政府办公厅主管　江苏省地方志办公室主办　江苏年鉴杂志社编　主编牟国义
江苏年鉴杂志社　2016 年 12 月
614 页　精装　29cm
ISSN1005-3379
馆藏号：Guojiafz-8600002017940

江苏年鉴·2017
江苏省人民政府办公厅主管　江苏省地方志办公室主办　江苏年鉴杂志社编　主编牟国义
江苏年鉴杂志社　2017 年 12 月
538 页　精装　29cm
ISSN1005-3379
馆藏号：Guojiafz-8600002016545

江苏年鉴·2018
江苏省人民政府办公厅主管　江苏省地方志办公室主办　江苏年鉴杂志社编　主编牟国义
江苏年鉴杂志社　2018 年 12 月
710 页　精装　29cm
ISSN1005-3379
馆藏号：Guojiafz-8600002017313

江苏年鉴·2020
江苏省人民政府办公厅主管　江苏省地方志办公室主办　江苏年鉴杂志社编　主编牟国义
江苏年鉴杂志社　2020 年 12 月
744 页　精装　29cm
ISSN1005-3379
馆藏号：Guojiafz-8600002018384

江苏年鉴·2011（英文版）
江苏省地方志编纂委员会办公室编　主编江康宁
江苏科学技术出版社　2012 年 12 月
491 页　平装　24cm
ISBN978-7-5537-0727-3
馆藏号：Guojiafz-8600002017853

江苏年鉴·2012（英文版）
江苏省地方志编纂委员会办公室编　主编严志军、孙健
江苏凤凰科学技术出版社　2013 年 12 月
523 页　平装　24cm
ISBN978-7-5537-2418-8
馆藏号：Guojiafz-8600002017850-2

江苏年鉴·2013（英文版）
江苏省地方志编纂委员会办公室编　主编严志军、孙健
江苏凤凰科学技术出版社　2014 年 12 月
419 页　精装　24cm
ISBN978-7-5537-3955-7
馆藏号：Guojiafz-8600002015453

长江三角洲城市年鉴·2003（创刊号）
中国城市经济学会、江苏省城市发展研究院主办
长江三角洲城市年鉴编辑部编　主编张锋
方志出版社　2003 年 12 月
399 页　精装　29cm
ISBN7-80192-129-1
馆藏号：Guojiafz-8600002003910

长江三角洲城市年鉴・2004
中国城市经济学会、江苏省城市发展研究院主办
长江三角洲城市年鉴编辑部编　主编张锋
方志出版社　2004 年 11 月
518 页　精装　29cm
ISBN7-80192-381-2
馆藏号：Guojiafz-8600002004879

长江三角洲城市年鉴・2005
中国城市经济学会、江苏省城市发展研究院、长江三角洲城市经济协会主办　长江三角洲城市年鉴编辑部编　主编张锋
方志出版社　2005 年 12 月
776 页　精装　29cm
ISBN7-80192-697-8
馆藏号：Guojiafz-8600002012179

江苏经济年鉴・1986
《江苏经济年鉴》编辑委员会编　主编薛家骥
江苏人民出版社　1986 年 12 月
802 页　精装　27cm
书号：4100・079
馆藏号：Guojiafz-8600002008850

江苏经济年鉴・2012
江苏现代服务业研究院、南京财经大学合编
执行主编张为付
方志出版社　2013 年 2 月
639 页　精装　29cm
ISBN978-7-5144-0824-9
馆藏号：Guojiafz-8600002004635

江苏交通年鉴・1996
江苏交通年鉴编辑部编　主编薛金鳌、陈仁礼
江苏年鉴杂志社　1996 年 12 月
258 页　精装　27cm
ISSN1005-3379
馆藏号：Guojiafz-8600002005228

江苏交通年鉴・1997
江苏交通年鉴编辑部编　主编薛金鳌、陈仁礼
江苏年鉴杂志社　1997 年 10 月
406 页　精装　27cm
ISSN1005-3379
馆藏号：Guojiafz-8600002005231

江苏交通年鉴・1998
江苏省人民政府主办　江苏交通年鉴编辑部编
主编薛金鳌、陈仁礼
江苏年鉴杂志社　1998 年 10 月
370 页　精装　29cm
ISSN1005-3379
馆藏号：Guojiafz-8600002004424

江苏交通年鉴・1999
江苏交通年鉴编辑部编　主编陈仁礼
江苏年鉴杂志社　1999 年 10 月
420 页　精装　29cm
ISSN1005-3379
馆藏号：Guojiafz-8600002004429

江苏交通年鉴・2000
江苏省人民政府主办　江苏交通年鉴编纂委员会编
主编陈仁礼
中国铁道出版社　2000 年 10 月
436 页　精装　29cm
ISBN7-113-03744-5
馆藏号：Guojiafz-8600002004472

江苏交通年鉴・2001
江苏省人民政府主办 《江苏交通年鉴》编委会编
主编王建中
中国铁道出版社　2001 年 10 月
428 页　精装　29cm
ISBN7-113-04185-X
馆藏号：Guojiafz-8600002007561

江苏交通年鉴・2009
江苏省交通厅主管　江苏省交通行业宣传教育中

心主办　江苏省交通行业宣传教育中心编
江苏海信印务有限公司印刷　2009 年 11 月
469 页　精装　29cm
ISSN1671-7635
馆藏号：Guojiafz-8600002007948

江苏交通年鉴·2013
江苏省交通运输厅主管　江苏省交通行业宣传教育中心主办　江苏交通年鉴编辑部编
南京凯德印刷有限公司印刷　2013 年 12 月
488 页　精装　29cm
ISSN1671-7635
馆藏号：Guojiafz-8600002015223

江苏信息化年鉴·2000
江苏省发展计划委员会编　主编钱志新
中国计划出版社　2001 年 11 月
619 页　精装　29cm
ISBN7-80177-010-2
馆藏号：Guojiafz-8600002009460

江苏信息化年鉴·2002
江苏省发展计划委员会编　主编钱志新
中国计划出版社　2002 年 12 月
812 页　精装　29cm
ISBN7-80177-152-4
馆藏号：Guojiafz-8600002005820

江苏信息化年鉴·2012
江苏省发展和改革委员会编　主编周荣华
方志出版社　2012 年 12 月
610 页　精装　29cm
ISBN978-7-5144-0760-0
馆藏号：Guojiafz-8600002009825

江苏保险年鉴·2011
中国保险监督管理委员会江苏监督局主办　江苏省保险学会编　主编张正宝
方志出版社　2011 年 9 月
379 页　精装　29cm
ISBN978-7-5144-0233-9
馆藏号：Guojiafz-8600002000637

江苏保险年鉴·2012
中国保险监督管理委员会江苏监督局主办　江苏省保险学会编　主编张正宝
方志出版社　2012 年 10 月
412 页　精装　29cm
ISBN978-7-5144-0675-7
馆藏号：Guojiafz-8600002000587

江苏保险年鉴·2013
中国保险监督管理委员会江苏监管局主办　江苏省保险学会编　主编张正宝
方志出版社　2013 年 10 月
438 页　精装　29cm
ISBN978-7-5144-1047-1
馆藏号：Guojiafz-8600002004337

江苏保险年鉴·2014
中国保险监督管理委员会江苏监管局主办　江苏省保险学会编　主编张正宝
中国文史出版社　2014 年 9 月
399 页　精装　29cm
ISBN978-7-5034-5346-5
馆藏号：Guojiafz-8600002015597

江苏保险年鉴·2016
中国保险监督管理委员会江苏监管局主办　江苏省保险学会编　主编张正宝
中国文史出版社　2016 年 11 月
415 页　精装　29cm
ISBN978-7-5034-8668-5
馆藏号：Guojiafz-8600002014412

江苏保险年鉴·2017
中国保险监督管理委员会江苏监管局主办　江苏省保险学会编　主编张正宝
中国文史出版社　2017 年 10 月
384 页　精装　29cm

ISBN978-7-5034-9618-9
馆藏号：Guojiafz-8600002015588

江苏科技年鉴 · 1999
江苏省科委主办 《江苏科技年鉴》编辑部编
主编王永顺
方志出版社 1999 年 10 月
445 页 精装 27cm
ISBN7-80122-523-6
馆藏号：Guojiafz-8600002004866

江苏科技年鉴 · 2000
江苏省科委主办 江苏省科技成果档案馆编
主编王永顺
方志出版社 2000 年 11 月
517 页 精装 27cm
ISBN7-80122-594-5
馆藏号：Guojiafz-8600002007314

江苏科技年鉴 · 2013
江苏省科学技术厅编 总编徐南平 主编夏太寿
科学技术文献出版社 2014 年 1 月
767 页 精装 30cm
ISBN978-7-5023-8610-8
馆藏号：Guojiafz-8600002016038

江苏科技年鉴 · 2015
江苏省科学技术厅编 总编王秦 主编孙斌
执行主编李汉中、严文强
科学技术文献出版社 2017 年 3 月
678 页 精装 29cm
ISBN978-7-5189-1044-1
馆藏号：Guojiafz-8600002014445

江苏科技年鉴 · 2016
江苏省科学技术厅编 总编王秦 主编孙斌
执行主编卓辉、严文强
科学技术文献出版社 2017 年 3 月
660 页 精装 29cm
ISBN978-7-5189-2401-1
馆藏号：Guojiafz-8600002014418

江苏科技年鉴 · 2017
江苏省科学技术厅编 总编王秦 主编李敏
执行主编吴翔、严文强
科学技术文献出版社 2018 年 3 月
743 页 精装 29cm
ISBN978-7-5189-4029-5
馆藏号：Guojiafz-8600002015589

江苏统计年鉴 · 2014
江苏省统计局、国家统计局江苏调查总队合编
主编夏心旻、樊燕超
中国统计出版社 2014 年 7 月
705 页 精装 29cm
ISBN978-7-5037-7145-3
馆藏号：Guojiafz-8600002016045

江苏统计年鉴 · 2016
江苏省统计局、国家统计局江苏调查总队合编
主编徐莹、樊燕超
中国统计出版社 2016 年 8 月
767 页 精装 29cm
ISBN978-7-5037-7823-0
馆藏号：Guojiafz-8600002014435

江苏水利年鉴 · 2005
江苏省水利厅主办 江苏省水利厅编 主编朱海生
方志出版社 2005 年 12 月
253 页 精装 27cm
ISBN7-80192-708-7
馆藏号：Guojiafz-8600002003942

江苏水利年鉴 · 2008
江苏省水利厅主办 江苏省水利厅编 主编朱海生
凤凰出版社 2008 年 12 月
310 页 精装 27cm
ISBN978-7-80729-264-7
馆藏号：Guojiafz-8600002008569

江苏教育年鉴·2008
江苏省教育厅编　主任沈健
江苏教育出版社　2009年4月
582页　精装　31cm
ISBN978-7-5343-9043-2
馆藏号：Guojiafz-8600002000274

江苏卫生年鉴·2004
江苏省卫生厅主办　江苏卫生年鉴编辑委员会编
主编周传章
科学技术文献出版社　2004年10月
369页　精装　27cm
ISBN7-5023-4763-1
馆藏号：Guojiafz-8600002008175

江苏卫生年鉴·2009
江苏省卫生厅主办《江苏卫生年鉴》编委会编
主编陈少军
科学技术文献出版社　2009年9月
390页　精装　27cm
ISBN978-7-5023-6446-5
馆藏号：Guojiafz-8600002007988

江苏文化年鉴·2009
江苏省文化厅主办《江苏文化年鉴》编纂委员会编　主编章剑华
广陵书社　2010年1月
414页　精装　27cm
ISBN978-7-80694-559-9
馆藏号：Guojiafz-8600002000029

江苏省文学艺术界联合会年鉴·2009
江苏文学艺术界联合会编　主任王慧芬
南京师范大学出版社　2009年12月
299页　精装　29cm
ISBN978-7-5651-0047-5
馆藏号：Guojiafz-8600002000027

江苏出版年鉴·2008
江苏省新闻出版局编　主编徐毅英
江苏人民出版社　2010年1月
819页　精装　27cm
ISBN978-7-214-06160-7
馆藏号：Guojiafz-8600002002844

江苏体育年鉴·1997
江苏省体育运动委员会编　主编王志明
人民体育出版社　1998年1月
558页　精装　21cm
ISBN7-5009-1529-2
馆藏号：Guojiafz-8600002009855

江苏财政年鉴·2002
江苏省财政年鉴编辑委员会编　主编李小平
方志出版社　2002年12月
676页　精装　27cm
ISBN7-80122-635-6
馆藏号：Guojiafz-8600002012942

江苏财政年鉴·2009
《江苏财政年鉴》编委会编　主编赵光
中央文献出版社　2010年5月
522页　精装　27cm
ISBN978-7-5073-3011-3
馆藏号：Guojiafz-8600002005775

江苏乡镇企业年鉴·2001
江苏乡镇企业管理局编　主编缪鸣
中央文献出版社　2001年11月
308页　精装　29cm
ISBN7-5073-1088-4
馆藏号：Guojiafz-8600002005269

江苏乡镇企业年鉴·2002
江苏乡镇企业管理局编　主编熊建国
方志出版社　2002年12月
366页　精装　29cm
ISBN7-80122-905-3
馆藏号：Guojiafz-8600002013126

江苏乡镇企业年鉴·2003
江苏乡镇企业管理局编　主编熊建国
方志出版社　2003年11月
256页　精装　30cm
ISBN7-80192-079-1
馆藏号：Guojiafz-8600002003957

江苏企业产品信息年鉴·2000—2001
江苏省经济信息中心编　主编姚万华
方志出版社　2001年8月
1338页　平装　29cm
ISBN7-80122-691-7
馆藏号：Guojiafz-8600002012892

江苏建设企业信息年鉴·2003
江苏省建设信息中心、江苏省信息化协会合编
主编纪迅
方志出版社　2004年4月
373页　精装　29cm
ISBN7-80192-184-4
馆藏号：Guojiafz-8600002007741

南京年鉴·1993
南京年鉴编纂委员会编　主编王能伟
江苏古籍出版社　1993年8月
538页　精装　27cm
ISBN7-80519-472-6
馆藏号：Guojiafz-8600002003421

南京年鉴·2002
南京市人民政府主办　《南京年鉴》编辑部编
主编秦学清
南京市市级机关文印中心印刷　2002年5月
356页　精装　29cm
ISSN1006-9933
馆藏号：Guojiafz-8600002008941

南京年鉴·2003
南京市人民政府主办　《南京年鉴》编辑部编
主编秦学清
南京市市级机关文印中心印刷　2003年4月
340页　精装　29cm
ISSN1006-9933
馆藏号：Guojiafz-8600002005319

南京年鉴·2004
南京市地方志编纂委员会主管　南京地方志编纂委员会办公室主办　《南京年鉴》编辑部编
主编金承平
南京台城印务有限公司印刷　2004年8月
464页　精装　29cm
ISSN1006-9933
馆藏号：Guojiafz-8600002009012

南京年鉴·2005
南京市地方志编纂委员会办公室主办　南京年鉴编辑部编　主编金承平
南京凯德印刷有限公司印刷　2005年8月
531页　精装　29cm
ISSN1006-9933
馆藏号：Guojiafz-8600002004564

南京年鉴·2006
南京市地方志编纂委员会主管　南京市地方志编纂委员会办公室主办　南京年鉴编辑部编
主编金承平
南京凯德印刷有限公司印刷　2006年6月
555页　精装　29cm
ISSN1006-9933
馆藏号：Guojiafz-8600002004555

南京年鉴·2007
南京地方志编纂委员会办公室主办　南京年鉴编辑部编　主编金承平
南京凯德印刷有限公司印刷　2007年6月
516页　精装　29cm
ISSN1006-9933
馆藏号：Guojiafz-8600002007528

南京年鉴·2008
南京市地方志编纂委员会办公室主办　南京年鉴编辑部编　主编李兰
南京凯德印刷有限公司印刷　2008年5月
550页　精装　29cm
ISSN1006-9933
馆藏号：Guojiafz-8600002008518

南京年鉴·2009
南京市地方志编纂委员会主管　南京市地方志编纂委员会办公室主办　南京年鉴编辑部编
主编李兰
南京凯德印刷有限公司印刷　2009年6月
516页　精装　29cm
ISSN1006-9933
馆藏号：Guojiafz-8600002002075

南京年鉴·2010
南京市地方志编纂委员会主管　南京市地方志编纂委员会办公室主办　南京年鉴编辑部编
主编李兰
南京凯德印刷有限公司印刷　2010年6月
530页　精装　29cm
ISSN1006-9933
馆藏号：Guojiafz-8600002007996

南京年鉴·2011
南京市地方志编纂委员会主管　南京市地方志编纂委员会办公室主办　南京年鉴编辑部编
主编李兰
南京凯德印刷有限公司印刷　2011年7月
574页　精装　30cm
ISSN1006-9933
馆藏号：Guojiafz-8600002006201

南京年鉴·2012
南京市地方志编纂委员会主管　南京市地方志编纂委员会办公室主办　南京年鉴编辑部编
主编张立新
南京凯德印刷有限公司印刷　2012年7月
582页　精装　29cm
ISSN1006-9933
馆藏号：Guojiafz-8600002006912

南京年鉴·2013
南京市地方志编纂委员会主管　南京市地方志编纂委员会办公室主办　南京年鉴编辑部编
主编张立新
南京凯德印刷有限公司印刷　2013年9月
610页　精装　29cm
ISSN1006-9933
馆藏号：Guojiafz-8600002009932

南京年鉴·2014
南京市地方志编纂委员会主管　南京市地方志编纂委员会办公室主办　南京年鉴编辑部编
主编张立新
南京凯德印刷有限公司印刷　2014年8月
554页　精装　29cm
ISSN1006-9933
馆藏号：Guojiafz-8600002010457

南京年鉴·2017
南京市地方志编纂委员会主管　南京市地方志编纂委员会办公室主办　南京市地方志编纂委员会办公室编　主编闫文献
南京凯德印刷有限公司印刷　2017年12月
616页　精装　29cm
ISSN1006-9933
馆藏号：Guojiafz-8600002018201

南京年鉴·2020
南京市地方志编纂委员会主管　南京市地方志编纂委员会办公室主办　南京市地方志编纂委员会编　主编闫文献
南京凯德印刷有限公司印刷　2020年8月
498页　精装　29cm
ISSN1006-9933
馆藏号：Guojiafz-8600002018293

南京都市圈年鉴·2010
《南京都市圈年鉴》编辑委员会编　执行主编孙克强
方志出版社　2011年5月
733页　精装　29cm
ISBN978-7-5144-0103-5
馆藏号：Guojiafz-8600002008243

明孝陵博物馆年鉴·2010
明孝陵博物馆编
内部印刷
64页　平装　28cm
馆藏号：Guojiafz-8600002011021

明孝陵博物馆年鉴·2011
明孝陵博物馆编
内部印刷
25页　平装　28cm
馆藏号：Guojiafz-8600002011022

明孝陵博物馆年鉴·2012
明孝陵博物馆编
内部印刷
17页　平装　28cm
馆藏号：Guojiafz-8600002010909

明孝陵博物馆年鉴·2013
明孝陵博物馆编
内部印刷
17页　平装　28cm
馆藏号：Guojiafz-8600002010910

南京地方税务年鉴·1994.9—1996
江苏省南京地方税务年鉴编纂委员会编　主编王冬明
方志出版社　1999年2月
561页　精装　29cm
ISBN7-80122-421-3
馆藏号：Guojiafz-8600002011432

南京地方税务年鉴·1997—1998
江苏省《南京市地方税务年鉴》编纂委员会编
主编季志春
方志出版社　1999年
494页　精装　29cm
ISBN7-80122-509-0
馆藏号：Guojiafz-8600002010066

南京地方税务年鉴·1999—2000
江苏省《南京地方税务年鉴》编纂委员会编
主编季志春
方志出版社　2001年7月
479页　精装　29cm
ISBN7-80122-680-1
馆藏号：Guojiafz-8600002000049

南京地方税务年鉴·2001—2002
《南京地方税务年鉴》编纂委员会编　主编季志春
方志出版社　2003年10月
445页　精装　29cm
ISBN7-80192-040-6
馆藏号：Guojiafz-8600002003413

南京地方税务年鉴·2003—2004
《南京地方税务年鉴》编纂委员会编　主编季志春
方志出版社　2005年8月
485页　精装　29cm
ISBN7-80192-572-6
馆藏号：Guojiafz-8600002005439

南京地方税务年鉴·2005—2006
《南京地方税务年鉴》编纂委员会编　主编张金发
方志出版社　2007年11月
510页　精装　29cm
ISBN978-7-80238-189-6
馆藏号：Guojiafz-8600002003423

南京地方税务年鉴·2007—2008
《南京地方税务年鉴》编纂委员会编　主编乔彤
方志出版社　2009年12月
495页　精装　29cm
ISBN978-7-80238-685-3
馆藏号：Guojiafz-8600002005443

南京地方税务年鉴·2009—2010
《南京地方税务年鉴》编纂委员会编　主编乔彤
方志出版社　2012年8月
356页　精装　29cm
ISBN978-7-5144-0531-6
馆藏号：Guojiafz-8600002003548

南京地方税务年鉴·2011—2012
《南京地方税务年鉴》编纂委员会编　主编乔彤
方志出版社　2013年12月
515页　精装　29cm
ISBN978-7-5144-1159-1
馆藏号：Guojiafz-8600002009911

南京地方税务年鉴·2013—2014
《南京地方税务年鉴》编纂委员会编　主编王火生
方志出版社　2015年10月
480页　精装　29cm
ISBN978-7-5144-1753-1
馆藏号：Guojiafz-8600002002857

南京地方税务年鉴·2015—2016
《南京地方税务年鉴》编纂委员会编　主编王俊
方志出版社　2017年8月
490页　精装　29cm
ISBN978-7-5144-2505-5
馆藏号：Guojiafz-8600002015036

南京地方税务年鉴·2017—2018.6
《南京地方税务年鉴》编纂委员会编　主编王俊
方志出版社　2019年1月
498页　精装　29cm
ISBN978-7-5144-3585-6
馆藏号：Guojiafz-8600002018194

玄武年鉴·2007
玄武区政府主办　南京市玄武区地方志编纂委员会编　主编宋洪兵
方志出版社　2008年4月
294页　精装　29cm
ISBN978-7-80238-292-3
馆藏号：Guojiafz-8600002005236

玄武年鉴·2008
玄武区政府主办　南京市玄武区地方志编纂委员会办公室编　主编宋洪兵
方志出版社　2009年1月
417页　平装　29cm
ISBN978-7-80238-487-3
馆藏号：Guojiafz-8600002003559

玄武年鉴·2009
玄武区政府主办　南京市玄武区地方志编纂委员会编　主编宋洪兵
方志出版社　2009年1月
337页　平装　29cm
ISBN978-7-80238-744-7
馆藏号：Guojiafz-8600002008399

玄武年鉴·2010
玄武区政府主办　南京市玄武区地方志编纂委员会编　主编王莉
方志出版社　2010年11月
293页　精装　29cm
ISBN978-7-80238-972-4
馆藏号：Guojiafz-8600002008241

玄武年鉴·2011
南京市玄武区地方志编纂委员会主办　南京市玄武区地方志编纂委员会办公室编　主编王莉
方志出版社　2011年10月
296页　精装　29cm
ISBN978-7-5144-0290-2
馆藏号：Guojiafz-8600002000279

玄武年鉴·2012
玄武区地方志编纂委员会主办　南京市玄武区地方志编纂委员会办公室编　主编王莉
方志出版社　2012年9月
337页　精装　29cm

ISBN978-7-5144-0576-7
馆藏号：Guojiafz-8600002007845

玄武年鉴・2013
玄武区地方志编纂委员会主办　南京市玄武区地方志编纂委员会办公室编　主编王莉
方志出版社　2013 年 8 月
328 页　精装　29cm
ISBN978-7-5144-0974-1
馆藏号：Guojiafz-8600002007035

玄武年鉴・2014
玄武区地方志编纂委员会主办　南京市玄武区地方志编纂委员会办公室编　主编王莉
方志出版社　2014 年 9 月
348 页　精装　29cm
ISBN978-7-5144-1372-4
馆藏号：Guojiafz-8600002005681

玄武年鉴・2015
玄武区地方志编纂委员会主办　南京市玄武区地方志编纂委员会办公室编　主编王莉
方志出版社　2015 年 9 月
368 页　精装　29cm
ISBN978-7-5144-1663-3
馆藏号：Guojiafz-8600002010330

玄武年鉴・2016
玄武区地方志编纂委员会主办　南京市玄武区地方志编纂委员会编　主编王莉
方志出版社　2016 年 9 月
378 页　精装　29cm
ISBN978-7-5144-2133-0
馆藏号：Guojiafz-8600002013910

玄武年鉴・2017
玄武区地方志编纂委员会主办　南京市玄武区地方志编纂委员会办公室编　主编张军
方志出版社　2017 年 8 月
364 页　精装　29cm
ISBN978-7-5144-2498-0
馆藏号：Guojiafz-8600002015041

玄武年鉴・2018
玄武区地方志编纂委员会主办　南京市玄武区地方志编纂委员会办公室编　主编张军
方志出版社　2018 年 11 月
370 页　精装　29cm
ISBN978-7-5144-3125-4
馆藏号：Guojiafz-8600002017265

玄武年鉴・2019
南京市玄武区地方志编纂委员会办公室编
主编张军
方志出版社　2019 年 11 月
362 页　精装　29cm
ISBN978-7-5144-3844-4
馆藏号：Guojiafz-8600002017957

秦淮年鉴・2004
南京市秦淮区人民政府主办　秦淮区地方志办公室编　主编黄唯佳
方志出版社　2004 年 7 月
393 页　精装　27cm
ISBN7-80192-268-9
馆藏号：Guojiafz-8600002002420

秦淮年鉴・2005
秦淮区人民政府主办　秦淮区地方志编纂委员会办公室编　主编黄唯佳　执行主编杨献文、束德成
方志出版社　2005 年 9 月
303 页　精装　27cm
ISBN7-80192-569-6
馆藏号：Guojiafz-8600002007697

秦淮年鉴・2006
秦淮年鉴编纂委员会主管　秦淮区人民政府主办
南京市秦淮区地方志编纂委员会办公室编
主编黄唯佳　执行主编杨献文、束德成

方志出版社　2006年9月
292页　精装　27cm
ISBN7-80192-856-3
馆藏号：Guojiafz-8600002003708

秦淮年鉴·2007
秦淮年鉴编纂委员会主管　秦淮区人民政府主办　南京市秦淮区地方志编纂委员会办公室编　主编霍慧萍　执行主编杨献文、金戈
方志出版社　2007年9月
324页　精装　27cm
ISBN978-7-80238-143-8
馆藏号：Guojiafz-8600002004423

秦淮年鉴·2008
秦淮年鉴编纂委员会主管　秦淮区人民政府主办　南京市秦淮区地方志编纂委员会办公室编　主编霍慧萍　执行主编杨献文、金戈
方志出版社　2008年10月
356页　精装　27cm
ISBN978-7-80238-404-0
馆藏号：Guojiafz-8600002000960

秦淮年鉴·2009
秦淮年鉴编纂委员会主管　南京市秦淮区人民政府主办　南京市秦淮区地方志编纂委员会办公室编　主编张敏　执行主编高安宁、金戈
方志出版社　2009年10月
524页　精装　27cm
ISBN978-7-80238-636-5
馆藏号：Guojiafz-8600002002034

秦淮年鉴·2010
南京市秦淮区人民政府主办　南京市秦淮区地方志编纂委员会办公室编　主编何素玉　执行主编高安宁、金戈
方志出版社　2010年10月
724页　精装　27cm
ISBN978-7-80238-939-7
馆藏号：Guojiafz-8600002000482

秦淮年鉴·2011
南京市秦淮区人民政府主办　南京市秦淮区地方志编纂委员会办公室编　主编何素玉　执行主编高安宁、刘瑞平、金戈
方志出版社　2011年10月
578页　精装　27cm
ISBN978-7-5144-0299-5
馆藏号：Guojiafz-8600002002184

秦淮年鉴·2012
南京市秦淮区人民政府主办　南京市秦淮区地方志编纂委员会办公室编　主编何素玉　执行主编高安宁、刘瑞平、金戈
方志出版社　2012年10月
602页　精装　27cm
ISBN978-7-5144-0692-4
馆藏号：Guojiafz-8600002000494

秦淮年鉴·2013
南京市秦淮区人民政府主办　南京市秦淮区地方志编纂委员会办公室编　主任胡洪
方志出版社　2013年12月
528页　精装　27cm
ISBN978-7-5144-1144-7
馆藏号：Guojiafz-8600002006778

白下年鉴·2003
南京市白下区人民政府主办　南京市白下区地方志办公室、南京市白下区档案局（馆）合编　主编李金春
南京空军机关印刷厂印刷　2003年10月
392页　精装　27cm
准印证号：苏出准印（2003）字JSE-0000188号
馆藏号：Guojiafz-8600002010930

白下年鉴·2004
白下区地方志编纂委员会主办　南京市白下区地方志编纂委员会办公室、南京市白下区档案局合编　主编张立新
方志出版社　2004年9月

374页　精装　27cm
ISBN7-80192-262-X
馆藏号：Guojiafz-8600002008635

白下年鉴·2005
白下区地方志编纂委员会主办　南京市白下区地方志编纂委员会编　主编李金春
方志出版社　2005年8月
282页　精装　29cm
ISBN7-80192-551-3
馆藏号：Guojiafz-8600002003982

白下年鉴·2006
南京市白下区地方志编纂委员会主办　南京市白下区地方志编纂委员会编　主编李金春
方志出版社　2006年10月
303页　精装　29cm
ISBN7-80192-882-2
馆藏号：Guojiafz-8600002004561

白下年鉴·2007
南京市白下区地方志编纂委员会主办　南京市白下区地方志编纂委员会办公室编　主编李金春
方志出版社　2007年8月
302页　精装　29cm
ISBN978-7-80238-109-4
馆藏号：Guojiafz-8600002004302

白下年鉴·2008
白下区地方志编纂委员会主办　南京市白下区地方志编纂委员会编　主编王安玉
方志出版社　2008年8月
250页　精装　29cm
ISBN978-7-80238-324-1
馆藏号：Guojiafz-8600002003756

白下年鉴·2009
白下区地方志编纂委员会主办　南京市白下区地方志编纂委员会编　主编王安玉
方志出版社　2009年8月
260页　精装　29cm
ISBN978-7-80238-567-2
馆藏号：Guojiafz-8600002013357

白下年鉴·2010
白下区地方志编纂委员会主办　南京市白下区地方志编纂委员会编　主编刘广春
方志出版社　2010年8月
266页　精装　29cm
ISBN978-7-80238-838-3
馆藏号：Guojiafz-8600002006002

白下年鉴·2011
白下区地方志编纂委员会主办　南京市白下区地方志编纂委员会编　主编刘广春
方志出版社　2011年9月
284页　精装　29cm
ISBN978-7-5144-0218-6
馆藏号：Guojiafz-8600002002206

建邺年鉴·2003
南京市建邺区人民政府主办　南京市建邺年鉴编辑部编　主任陆志鹏
方志出版社　2003年8月
378页　平装　26cm
ISBN7-80192-006-6
馆藏号：Guojiafz-8600002009372

建邺年鉴·2004
南京市建邺区人民政府主管　南京市建邺区档案局、南京市建邺区地方志办公室主办　南京市建邺区地方志编纂委员会编　主编庄会柏
方志出版社　2004年7月
426页　精装　27cm
ISBN7-80192-251-4
馆藏号：Guojiafz-8600002005075

建邺年鉴·2005
建邺区政府主管　南京市建邺区档案局、南京市建邺区地方志办公室主办　南京市建邺区地方志

编纂委员会编　主编庄会柏
方志出版社　2005年9月
403页　精装　29cm
ISBN7-80192-652-8
馆藏号：Guojiafz-8600002004888

建邺年鉴·2007
南京市建邺区地方志编纂委员会编　主编马献礼、庄会柏
方志出版社　2008年4月
258页　精装　29cm
ISBN978-7-80238-291-6
馆藏号：Guojiafz-8600002008670

建邺年鉴·2008
南京市建邺区地方志编纂委员会编　主编高海萍
方志出版社　2008年9月
316页　精装　29cm
ISBN978-7-80238-367-8
馆藏号：Guojiafz-8600002003561

建邺年鉴·2009
南京市建邺区人民政府主办　南京市建邺区地方志编纂委员会编　主编于玛莉
方志出版社　2009年7月
322页　精装　29cm
ISBN978-7-80238-556-6
馆藏号：Guojiafz-8600002008605

建邺年鉴·2011
南京市建邺区人民政府主办　建邺区地方志编纂委员会编　主编曹国旗
方志出版社　2011年7月
392页　精装　29cm
ISBN978-7-5144-0158-5
馆藏号：Guojiafz-8600002002700

建邺年鉴·2012
南京市建邺区人民政府主办　南京市建邺区地方志编纂委员会办公室编　主编曹国旗
方志出版社　2012年6月
366页　精装　29cm
ISBN978-7-5144-0511-8
馆藏号：Guojiafz-8600002000530

建邺年鉴·2013
南京市建邺区人民政府主办　南京市建邺区地方志编纂委员会办公室编　主编曹国旗
方志出版社　2013年8月
366页　精装　29cm
ISBN978-7-5144-0945-1
馆藏号：Guojiafz-8600002009953

建邺年鉴·2014
南京市建邺区人民政府主办　南京市建邺区地方志编纂委员会办公室编　主编曹国旗
江苏凤凰科学技术出版社　2014年10月
562页　精装　27cm
ISBN978-7-5537-3883-3
馆藏号：Guojiafz-8600002015927

建邺年鉴·2016
南京市建邺区人民政府主办　南京市建邺区地方志编纂委员会办公室编　主编祁玉梅
江苏凤凰科学技术出版社　2016年9月
500页　精装　27cm
ISBN978-7-5537-6894-6
馆藏号：Guojiafz-8600002014594

建邺年鉴·2018
南京市建邺区人民政府主办　南京市建邺区地方志编纂委员会办公室编　主编祁玉梅
方志出版社　2018年8月
560页　精装　27cm
ISBN978-7-5144-3223-7
馆藏号：Guojiafz-8600002017272

鼓楼年鉴·2002
南京市鼓楼区地方志编纂委员会办公室、南京市鼓楼区档案局（馆）合编　主编勾文迪

方志出版社　2002 年 9 月
264 页　精装　27cm
ISBN7-80122-793-X
馆藏号：Guojiafz-8600002013261

鼓楼年鉴·2003
南京市鼓楼区地方志编纂委员会办公室、南京市鼓楼区档案局合编　主编勾文迪
方志出版社　2003 年 9 月
244 页　精装　27cm
ISBN7-80122-994-0
馆藏号：Guojiafz-8600002003244

鼓楼年鉴·2004
南京市鼓楼区地方志编纂委员会办公室、南京市鼓楼区档案局合编　主编勾文迪
方志出版社　2004 年 8 月
288 页　精装　27cm
ISBN7-80192-298-0
馆藏号：Guojiafz-8600002004786

鼓楼年鉴·2007
南京市鼓楼区地方志编纂委员会编　主编周国平
方志出版社　2007 年 12 月
387 页　精装　30cm
ISBN978-7-80238-236-7
馆藏号：Guojiafz-8600002000269

鼓楼年鉴·2008
南京市鼓楼区地方志编纂委员会办公室编
主编周国平
方志出版社　2008 年 12 月
393 页　精装　29cm
ISBN978-7-80238-461-3
馆藏号：Guojiafz-8600002004513

鼓楼年鉴·2009
南京市鼓楼区地方志编纂委员会办公室编
主编周国平
方志出版社　2009 年 10 月
372 页　精装　31cm
ISBN978-7-80238-631-0
馆藏号：Guojiafz-8600002002632

鼓楼年鉴·2010
南京市鼓楼区地方志编纂委员会办公室编
主编周国平
方志出版社　2010 年 9 月
430 页　精装　29cm
ISBN978-7-80238-881-9
馆藏号：Guojiafz-8600002012128

鼓楼年鉴·2011
鼓楼区地方志编纂委员会办公室编　主编周国平、王蔚
方志出版社　2011 年 9 月
427 页　精装　29cm
ISBN978-7-5144-0227-8
馆藏号：Guojiafz-8600002000594

鼓楼年鉴·2012
鼓楼区地方志编纂委员会办公室编　主编王蔚
方志出版社　2012 年 11 月
395 页　精装　29cm
ISBN978-7-5144-0698-6
馆藏号：Guojiafz-8600002006933

鼓楼年鉴·2013
南京市鼓楼区地方志编纂委员会办公室编
主编王蔚
方志出版社　2013 年 11 月
403 页　精装　29cm
ISBN978-7-5144-1053-2
馆藏号：Guojiafz-8600002005497

鼓楼年鉴·2014
南京市鼓楼区地方志编纂委员会办公室编
主编王蔚
方志出版社　2014 年 12 月
370 页　精装　29cm

ISBN978-7-5144-1495-0
馆藏号：Guojiafz-8600002009841

鼓楼年鉴·2015
南京市鼓楼区地方志编纂委员会办公室编　主编王蔚
方志出版社　2015年10月
358页　精装　29cm
ISBN978-7-5144-1713-5
馆藏号：Guojiafz-8600002010631

鼓楼年鉴·2016
南京市鼓楼区地方志编纂委员会办公室编　主编王蔚
方志出版社　2016年10月
364页　精装　29cm
ISBN978-7-5144-2171-2
馆藏号：Guojiafz-8600002013918

鼓楼年鉴·2017
南京市鼓楼区地方志编纂委员会办公室编　主编王蔚、肖大明
方志出版社　2017年10月
362页　精装　29cm
ISBN978-7-5144-2568-0
馆藏号：Guojiafz-8600002016909

鼓楼年鉴·2018
南京市鼓楼区地方志编纂委员会办公室编　主编肖大明
方志出版社　2018年7月
448页　平装　26cm
ISBN978-7-5144-3153-7
馆藏号：Guojiafz-8600002017238-9

下关年鉴·2000
南京市下关区地方志编纂委员会主管　南京市下关区地方志办公室主办　南京市下关区地方志编纂委员会办公室编　主编朱劲松
江苏省地质测绘院印刷厂印刷　2000年8月
196页　精装　27cm
准印证号：苏出准印JSE-0003040号
馆藏号：Guojiafz-8600002009349

下关年鉴·2004
南京市下关区地方志编纂委员会办公室编　主编陈冲　执行主编袁永宽
方志出版社　2004年8月
280页　精装　27cm
ISBN7-80192-322-7
馆藏号：Guojiafz-8600002004575

下关年鉴·2011
下关区人民政府主办　下关区地方志办公室编　主编金群　执行主编袁永宽
方志出版社　2011年10月
310页　精装　29cm
ISBN978-7-5144-0287-2
馆藏号：Guojiafz-8600002002367

下关年鉴·2012
南京市下关区人民政府主办　下关区地方志办公室编　主编金群　执行主编袁永宽
方志出版社　2012年10月
296页　精装　29cm
ISBN978-7-5144-0671-9
馆藏号：Guojiafz-8600002006965

下关年鉴·2013
南京市鼓楼区人民政府主办　南京市鼓楼区地方志编纂委员会办公室编　主编王蔚　执行主编袁永宽
方志出版社　2013年12月
302页　精装　29cm
ISBN978-7-5144-1123-2
馆藏号：Guojiafz-8600002004339

浦口年鉴·2004
南京市浦口区人民政府主办　浦口区地方志编纂委员会办公室编　主编马德金　执行主编朱军玲
方志出版社　2004年8月

307 页　精装　27cm
ISBN7-80192-296-4
馆藏号：Guojiafz-8600002004542

浦口年鉴·2005
南京市浦口区人民政府主办　南京市浦口区地方志编纂委员会办公室编　主编马德金　执行主编朱军玲
方志出版社　2005 年 8 月
346 页　精装　27cm
ISBN7-80192-602-1
馆藏号：Guojiafz-8600002003276

浦口年鉴·2006
南京市浦口区人民政府主办　浦口区地方志编纂委员会办公室编　主编马德金　执行主编朱军玲
方志出版社　2006 年 11 月
404 页　精装　27cm
ISBN7-80192-922-5
馆藏号：Guojiafz-8600002000284

浦口年鉴·2007
南京市浦口区人民政府主办　浦口区地方志编纂委员会办公室编　主编马德军　执行主编朱军玲
方志出版社　2007 年 11 月
428 页　精装　27cm
ISBN978-7-80238-172-8
馆藏号：Guojiafz-8600002012568

浦口年鉴·2008
南京市浦口区人民政府主办　南京市浦口区地方志编纂委员会办公室编　主编邹元岱　执行主编朱军玲
方志出版社　2008 年 9 月
282 页　精装　29cm
ISBN978-7-80238-366-1
馆藏号：Guojiafz-8600002005222

浦口年鉴·2009
南京市浦口区人民政府主办　南京市浦口区人民政府、南京市浦口区地方志编纂委员会办公室合编　主编邹元岱　执行主编朱军玲
方志出版社　2009 年 11 月
308 页　精装　29cm
ISBN978-7-80238-662-4
馆藏号：Guojiafz-8600002004907

浦口年鉴·2010
南京市浦口区人民政府主办　浦口区地方志编纂委员会办公室编　主编邹元岱　执行主编朱军玲
方志出版社　2010 年 8 月
294 页　精装　29cm
ISBN978-7-80238-814-7
馆藏号：Guojiafz-8600002006005

浦口年鉴·2011
南京市浦口区人民政府主办　浦口区地方志编纂委员会办公室编　主编邹元岱　执行主编朱军玲
方志出版社　2011 年 9 月
338 页　精装　29cm
ISBN978-7-5144-0231-5
馆藏号：Guojiafz-8600002002197

浦口年鉴·2012
南京市浦口区人民政府主办　南京市浦口区地方志编纂委员会办公室编　主编陆先明　执行主编朱国玲
方志出版社　2012 年 9 月
404 页　精装　29cm
ISBN978-7-5144-0605-4
馆藏号：Guojiafz-8600002007014

浦口年鉴·2013
南京市浦口区人民政府主办　浦口区地方志编纂委员会办公室编　主编陆先明　执行主编朱军玲
方志出版社　2013 年 10 月
435 页　精装　29cm
ISBN978-7-5144-1033-4
馆藏号：Guojiafz-8600002006814

浦口年鉴·2014
南京市浦口区人民政府主办　南京市浦口区地方志编纂委员会办公室编　主编陆先明　执行主编朱军玲
方志出版社　2014年9月
375页　精装　29cm
ISBN978-7-5144-1392-2
馆藏号：Guojiafz-8600002003025

浦口年鉴·2015
南京市浦口区人民政府主办　南京市浦口区地方志编纂委员会办公室编　主编陆先明　执行主编朱军玲
方志出版社　2015年10月
352页　精装　29cm
ISBN978-7-5144-1756-2
馆藏号：Guojiafz-8600002003868

浦口年鉴·2016
南京市浦口区人民政府主办　南京市浦口区地方志编纂委员会办公室编　主编陆先明　执行主编朱军玲
方志出版社　2016年9月
330页　精装　29cm
ISBN978-7-5144-2129-3
馆藏号：Guojiafz-8600002013850

浦口年鉴·2017
南京市浦口区人民政府主办　南京市浦口区地方志编纂委员会办公室编　主编马文媛　执行主编朱军玲
方志出版社　2017年10月
362页　精装　29cm
ISBN978-7-5144-2665-6
馆藏号：Guojiafz-8600002015083

浦口年鉴·2018
南京市浦口区人民政府主办　南京市浦口区地方志编纂委员会办公室编　主编马文媛　执行主编朱军玲
方志出版社　2018年11月
401页　精装　29cm
ISBN978-7-5144-3407-1
馆藏号：Guojiafz-8600002017005

浦口年鉴·2019
南京市浦口区人民政府主办　南京市浦口区地方志编纂委员会办公室编　主编马文媛　执行主编朱军玲
方志出版社　2019年11月
344页　精装　29cm
ISBN978-7-5144-3841-3
馆藏号：Guojiafz-8600002018023

栖霞年鉴·2003
南京市栖霞区人民政府主办　南京市栖霞区地方志编纂委员会编　主编吴双林　执行主编吕佐兵
方志出版社　2004年4月
408页　精装　29cm
ISBN7-80192-186-0
馆藏号：Guojiafz-8600002000682

栖霞年鉴·2004
南京市栖霞区人民政府主办《栖霞年鉴》编纂委员会编　主编吴双林　执行主编吕佐兵
方志出版社　2005年6月
354页　精装　29cm
ISBN7-80192-527-0
馆藏号：Guojiafz-8600002007529

栖霞年鉴·2005
南京市栖霞区人民政府主办　南京市栖霞区地方志编纂委员会编　主编吴双林　执行主编吕佐兵
方志出版社　2005年12月
352页　精装　29cm
ISBN7-80192-698-6
馆藏号：Guojiafz-8600002004857

栖霞年鉴·2006
南京市栖霞区人民政府主办　南京市栖霞区地方

志编纂委员会编　主编吕佐兵　执行主编方可畏
方志出版社　2006 年 9 月
330 页　精装　29cm
ISBN7-80192-872-5
馆藏号：Guojiafz-8600002000038

栖霞年鉴·2007
南京市栖霞区人民政府主办　栖霞区地方志办公室编　主编吕佐兵　执行主编方可畏
方志出版社　2007 年 11 月
410 页　精装　29cm
ISBN978-7-80238-192-6
馆藏号：Guojiafz-8600002004316

栖霞年鉴·2008
南京市栖霞区人民政府主办　栖霞区地方志编纂委员会编　主编吕佐兵　执行主编方可畏
方志出版社　2008 年 10 月
400 页　精装　29cm
ISBN978-7-80238-408-8
馆藏号：Guojiafz-8600002003049

栖霞年鉴·2009
南京市栖霞区人民政府主办　南京市栖霞区地方志编纂委员会编　主编方可畏
方志出版社　2009 年 11 月
476 页　精装　29cm
ISBN978-7-80238-655-6
馆藏号：Guojiafz-8600002008478

栖霞年鉴·2010
南京市栖霞区人民政府主办　南京市栖霞区地方志编纂委员会编　主编方可畏
方志出版社　2010 年 10 月
464 页　精装　29cm
ISBN978-7-80238-908-3
馆藏号：Guojiafz-8600002005704

栖霞年鉴·2011
南京市栖霞区人民政府主办　南京市栖霞区地方志编委会办公室编　主编孙有文　执行主编张永芳
方志出版社　2011 年 10 月
442 页　精装　29cm
ISBN978-7-5144-0213-1
馆藏号：Guojiafz-8600002000123

栖霞年鉴·2012
南京市栖霞区人民政府主办　南京市栖霞区地方志编纂委员会办公室编　主编孙有文　执行主编张永芳
方志出版社　2012 年 9 月
434 页　精装　29cm
ISBN978-7-5144-0584-2
馆藏号：Guojiafz-8600002008035

栖霞年鉴·2013
南京市栖霞区人民政府主办　南京市栖霞区地方志编纂委员会办公室编　主编吴炳根　执行主编张永芳
方志出版社　2013 年 10 月
422 页　精装　29cm
ISBN978-7-5144-1054-9
馆藏号：Guojiafz-8600002007198

栖霞年鉴·2014
南京市栖霞区人民政府主办　南京市栖霞区地方志编纂委员会办公室编　主编吴炳根　执行主编张永芳
方志出版社　2014 年 10 月
404 页　精装　29cm
ISBN978-7-5144-1445-5
馆藏号：Guojiafz-8600002006826

栖霞年鉴·2015
南京市栖霞区人民政府主办　南京市栖霞区地方志编纂委员会办公室编　主编吴炳根　执行主编张永芳
方志出版社　2015 年 11 月
370 页　精装　29cm

ISBN978-7-5144-1807-1
馆藏号：Guojiafz-8600002005197

栖霞年鉴・2016
南京市栖霞区人民政府主办　南京市栖霞区地方志编纂委员会编　主编吴炳根　执行主编张永芳
方志出版社　2016年11月
340页　精装　29cm
ISBN978-7-5144-2208-5
馆藏号：Guojiafz-8600002013917

栖霞年鉴・2017
南京市栖霞区人民政府主办　南京市栖霞区地方志编纂委员会办公室编　主编吴炳根　执行主编张永芳
方志出版社　2017年12月
344页　精装　29cm
ISBN978-7-5144-2820-9
馆藏号：Guojiafz-8600002015082

栖霞年鉴・2018
南京市栖霞区人民政府主办　南京市栖霞区地方志编纂委员会办公室编　主编吴炳根　执行主编张永芳
方志出版社　2018年10月
376页　精装　29cm
ISBN978-7-5144-3340-1
馆藏号：Guojiafz-8600002017019

雨花年鉴・2004
雨花台区人民政府主办　南京市雨花台区地方志编纂委员会编　主编秦峰
方志出版社　2004年7月
292页　精装　29cm
ISBN7-80192-239-5
馆藏号：Guojiafz-8600002007679

雨花年鉴・2005
雨花台区人民政府主办　南京市雨花台区地方志编纂委员会编　主编谢宝龙
方志出版社　2005年8月
273页　精装　29cm
ISBN7-80192-577-7
馆藏号：Guojiafz-8600002005152

雨花年鉴・2006
雨花台区人民政府主办　南京市雨花台区地方志编纂委员会编　主编谢宝龙　执行主编陈复竞
方志出版社　2006年11月
383页　精装　29cm
ISBN7-80192-931-4
馆藏号：Guojiafz-8600002004919

雨花年鉴・2007
雨花台区人民政府主办　南京市雨花台区地方志编纂委员会编　主编谢宝龙　执行主编陈复竞
方志出版社　2007年8月
408页　精装　29cm
ISBN978-7-80238-088-2
馆藏号：Guojiafz-8600002012594

雨花年鉴・2008
雨花台区人民政府主办　南京市雨花台区地方志编纂委员会办公室编　主编谢宝龙
执行主编陈复竞
方志出版社　2008年7月
442页　精装　29cm
ISBN978-7-80238-319-7
馆藏号：Guojiafz-8600002002739

雨花年鉴・2009
雨花台区人民政府主办　南京市雨花台区地方志编纂委员会办公室编　主编谢宝龙
执行主编丁枚
方志出版社　2009年8月
432页　精装　29cm
ISBN978-7-80238-586-3
馆藏号：Guojiafz-8600002003779

雨花年鉴·2010
南京市雨花台区人民政府主办　南京市雨花台区地方志编纂委员会办公室编　主编谢宝龙
执行主编李静
方志出版社　2010年8月
392页　精装　29cm
ISBN978-7-80238-820-8
馆藏号：Guojiafz-8600002000544

雨花年鉴·2011
南京市雨花台区人民政府主办　南京市雨花台区地方志编纂委员会编　主编谢宝龙
执行主编李静
方志出版社　2011年10月
476页　精装　29cm
ISBN978-7-5144-0278-0
馆藏号：Guojiafz-8600002000616

雨花年鉴·2012
南京市雨花台区人民政府主办　南京市雨花台区地方志编纂委员会办公室编　主编谢宝龙
执行主编李静
方志出版社　2012年9月
418页　精装　29cm
ISBN978-7-5144-0575-0
馆藏号：Guojiafz-8600002007490

雨花年鉴·2013
南京市雨花台区人民政府主办　南京市雨花台区地方志编纂委员会办公室编　主编葛宗超
执行主编李静
方志出版社　2013年10月
414页　精装　29cm
ISBN978-7-5144-1032-7
馆藏号：Guojiafz-8600002004378

雨花年鉴·2014
南京市雨花台区人民政府主办　南京市雨花台区地方志编纂委员会办公室编　主编葛宗超
执行主编李静
方志出版社　2014年12月
392页　精装　29cm
ISBN978-7-5144-1420-2
馆藏号：Guojiafz-8600002009840

雨花年鉴·2015
南京市雨花台区地方志编纂委员会主办　南京市雨花台区地方志编纂委员会办公室编　主编林文辉
执行主编李静
方志出版社　2015年9月
408页　精装　29cm
ISBN978-7-5144-1728-9
馆藏号：Guojiafz-8600002008597

雨花年鉴·2016
南京市雨花台区地方志编纂委员会办公室编
主编林文辉　执行主编李静
方志出版社　2016年11月
374页　精装　29cm
ISBN978-7-5144-2212-2
馆藏号：Guojiafz-8600002013912

雨花年鉴·2017
南京市雨花台区地方志编纂委员会办公室编
主编俞建宁　执行主编李静
方志出版社　2017年12月
372页　精装　29cm
ISBN978-7-5144-2819-3
馆藏号：Guojiafz-8600002016911

雨花台年鉴·2018
南京市雨花台区地方志编纂委员会办公室编
主编俞建宁　执行主编李静
方志出版社　2018年11月
382页　精装　29cm
ISBN978-7-5144-2924-4
馆藏号：Guojiafz-8600002017017

江宁年鉴·2001
南京市江宁区人民政府主办　江苏南京市江宁区

地方志办公室编　主编刘玲、李厚友
方志出版社　2001 年 9 月
440 页　精装　29cm
ISBN7-80122-698-4
馆藏号：Guojiafz-8600002013129

江宁年鉴·2003
中共南京市江宁区委员会、南京市江宁区人民政府主办　江宁区地方志办公室、中共江宁区委党史工作办公室合编　主编王瑞林
方志出版社　2003 年 9 月
384 页　精装　27cm
ISBN7-80192-015-5
馆藏号：Guojiafz-8600002013195

江宁年鉴·2004
中共南京市江宁区委员会、南京市江宁区人民政府主办　中共南京市江宁区委党史工作办公室、南京市江宁区地方志办公室合编　主编王瑞林　执行主编苏子懿
南京凯德印刷有限公司印刷　2004 年 8 月
384 页　精装　27cm
准印证号：苏出准印（2004）字 JSE-0000764 号
馆藏号：Guojiafz-8600002007692

江宁年鉴·2005
中共南京市江宁区委员会、南京市江宁区人民政府主办　南京市江宁区地方志办公室编　主编王瑞林　执行主编苏子懿
方志出版社　2005 年 9 月
408 页　精装　28cm
ISBN7-80192-636-6
馆藏号：Guojiafz-8600002004401

江宁年鉴·2006
中共南京市江宁区委员会、南京市江宁区人民政府主办　中共南京市江宁区委党史办公室、南京市江宁区地方志办公室合编　主编王瑞林　执行主编苏子懿
方志出版社　2006 年 10 月
476 页　精装　27cm
ISBN7-80192-889-X
馆藏号：Guojiafz-8600002004325

江宁年鉴·2007
中共南京市江宁区委、南京市江宁区人民政府主办　中共南京市江宁区委党史工作办公室、南京市江宁区地方志办公室、南京市档案局合编　主编王瑞林　执行主编苏子懿
方志出版社　2007 年 9 月
492 页　精装　27cm
ISBN978-7-80238-138-4
馆藏号：Guojiafz-8600002004416

江宁年鉴·2008
中共南京市江宁区委、南京市江宁区人民政府主办　南京市江宁区地方志办公室编　主编王瑞林　执行主编苏子懿
方志出版社　2008 年 10 月
540 页　精装　27cm
ISBN978-7-80238-391-3
馆藏号：Guojiafz-8600002000925

江宁年鉴·2009
中共南京市江宁区委、南京市江宁区人民政府主办　中国共产党南京市江宁区委党史工作办公室、南京市江宁区地方志编纂委员会办公室、南京市江宁区档案局合编　主编王瑞林　执行主编刘广亮
方志出版社　2009 年 8 月
499 页　精装　29cm
ISBN978-7-80238-571-9
馆藏号：Guojiafz-8600002002595

江宁年鉴·2010
中国共产党南京市江宁区委、南京市江宁区人民政府主办　中国共产党南京市江宁区委员会党史工作办公室、南京市江宁区地方志编纂委员会办公室、南京市江宁区档案局合编　主编王瑞林　执行主编刘广亮
方志出版社　2010 年 10 月

479 页　精装　29cm
ISBN978-7-80238-936-6
馆藏号：Guojiafz-8600002005970

江宁年鉴·2011
中国共产党南京市江宁区委员会、南京市江宁区人民政府主办　中国共产党南京市江宁区委党史工作办公室、中共南京市江宁区委党史工作办公室、南京市江宁区地方志办公室、南京市江宁区档案局合编　主编王瑞林　执行主编张新贵
方志出版社　2011 年 10 月
582 页　精装　29cm
ISBN978-7-5144-0263-6
馆藏号：Guojiafz-8600002006108

江宁年鉴·2012
中共南京市江宁区委、南京市江宁区人民政府主办　中共南京市江宁区委党史工作办公室、南京市江宁区地方志办公室合编　主编郭传华　执行主编苏子懿
方志出版社　2012 年 9 月
570 页　精装　29cm
ISBN978-7-5144-0552-1
馆藏号：Guojiafz-8600002007904

江宁年鉴·2013
中共南京市江宁区委、南京市江宁区人民政府主办　中共南京市江宁区委党史办公室、南京市江宁区地方志编纂委员会办公室、南京市江宁区档案局（档案馆）合编　主编郭传华　执行主编苏子懿
方志出版社　2013 年 8 月
606 页　精装　29cm
ISBN978-7-5144-0941-3
馆藏号：Guojiafz-8600002007400

江宁年鉴·2014
中共南京市江宁区委、南京市江宁区人民政府主办　中国共产党南京市江宁区委党史工作办公室、南京市江宁区地方志编纂委员会办公室、南京市江宁区档案局（档案馆）合编　主编郭传华　执行主编苏子懿
方志出版社　2014 年 8 月
603 页　精装　29cm
ISBN978-7-5144-1335-9
馆藏号：Guojiafz-8600002006804

江宁年鉴·2015
中共南京市江宁区委、南京市江宁区人民政府主办　中国共产党南京市江宁区委党史工作办公室、南京市江宁区地方志编纂委员会办公室、南京市江宁区档案局（档案馆）合编　主编郭传华　执行主编苏子懿
方志出版社　2015 年 8 月
551 页　精装　29cm
ISBN978-7-5144-1674-9
馆藏号：Guojiafz-8600002003568

江宁年鉴·2016
中共南京市江宁区委、南京市江宁区人民政府主办　中共南京市江宁区委党史工作办公室、南京市江宁区地方志编纂委员会办公室、南京市江宁区档案局（档案馆）合编　主编郭传华　执行主编苏子懿
方志出版社　2016 年 8 月
543 页　精装　29cm
ISBN978-7-5144-2052-4
馆藏号：Guojiafz-8600002013852

江宁年鉴·2017
中共南京市江宁区委、南京市江宁区人民政府主办　中共南京市江宁区委党史工作办公室、南京市江宁区地方志编纂委员会办公室、南京市江宁区档案局（档案馆）合编　主编施爱兵　执行主编苏子懿
方志出版社　2017 年 9 月
533 页　精装　29cm
ISBN978-7-5144-2533-8
馆藏号：Guojiafz-8600002015132

江宁年鉴·2018
中共南京市江宁区委党史工作办公室、南京市江宁区地方志编纂委员会办公室合编　主编施爱兵　执行主编卢维生
方志出版社　2018年11月
548页　精装　29cm
ISBN978-7-5144-3402-6
馆藏号：Guojiafz-8600002017172

六合年鉴·2002
六合县人民政府主办　《六合年鉴》编纂委员会编　主编朱慧萍
方志出版社　2003年6月
272页　精装　27cm
ISBN7-80122-961-4
馆藏号：Guojiafz-8600002012934

六合年鉴·2003
南京市六合区人民政府主办　南京市六合区地方志编纂委员会编　主编朱慧萍
方志出版社　2004年3月
352页　精装　27cm
ISBN7-80192-166-6
馆藏号：Guojiafz-8600002007715

六合年鉴·2004
南京市六合区人民政府主办　南京市六合区地方志工作办公室编　主编李为树
方志出版社　2004年7月
312页　精装　27cm
ISBN7-80192-265-4
馆藏号：Guojiafz-8600002007642

六合年鉴·2005
南京市六合区人民政府主办　六合年鉴编纂委员会编　主编李为树
方志出版社　2005年9月
416页　精装　27cm
ISBN7-80192-591-2
馆藏号：Guojiafz-8600002008714

六合年鉴·2006
南京市六合区人民政府主办　南京市六合区地方志编纂委员会编　主编李为树　执行主编张霖、张洁
方志出版社　2006年9月
492页　精装　27cm
ISBN7-80192-855-5
馆藏号：Guojiafz-8600002003903

六合年鉴·2007
南京市六合区人民政府主办　六合区地方志办公室编　主编卢立才　执行主编张霖、张洁
方志出版社　2007年9月
484页　精装　27cm
ISBN978-7-80238-133-9
馆藏号：Guojiafz-8600002012227

六合年鉴·2008
南京市六合区人民政府主办　南京市六合区地方志办公室编　主编卢立才　执行主编张霖、张洁
方志出版社　2008年10月
484页　精装　27cm
ISBN978-7-80238-409-5
馆藏号：Guojiafz-8600002002251

六合年鉴·2009
南京市六合区人民政府主办　南京市六合区地方志编纂委员会编　主编卢立才　执行主编张霖、张洁
方志出版社　2009年10月
494页　精装　27cm
ISBN978-7-80238-638-9
馆藏号：Guojiafz-8600002002226

六合年鉴·2010
南京市六合区人民政府主办　南京市六合区地方志办公室编　主编刘献华　执行主编张洁、王德松
方志出版社　2010年10月
472页　精装　27cm

ISBN978-7-80238-910-6
馆藏号：Guojiafz-8600002000483

六合年鉴·2011
南京市六合区人民政府主办　南京市六合区地方志办公室编　主编刘献华　执行主编王德松、张洁
方志出版社　2011年9月
460页　精装　29cm
ISBN978-7-5144-0229-2
馆藏号：Guojiafz-8600002000277

六合年鉴·2012
南京市六合区人民政府主办　南京市六合区地方志工作办公室编　主编刘献华　执行主编张洁、王德松
方志出版社　2012年9月
406页　精装　29cm
ISBN978-7-5144-0618-4
馆藏号：Guojiafz-8600002007969

六合年鉴·2013
南京市六合区人民政府主办　南京市六合区地方志编纂委员会办公室编　主编刘献华　执行主编张洁
方志出版社　2013年8月
331页　精装　29cm
ISBN978-7-5144-0973-4
馆藏号：Guojiafz-8600002006708

六合年鉴·2014
中共南京市六合区委、南京市六合区人民政府主办　南京市六合区地方志编纂委员会办公室编　主编侯梅香　执行主编张洁、朱振堂
方志出版社　2014年10月
288页　精装　30cm
ISBN978-7-5144-1421-9
馆藏号：Guojiafz-8600002009790

六合年鉴·2015
南京市六合区人民政府主办　南京市六合区地方志编纂委员会办公室编　主编侯梅香　执行主编张洁、朱振堂
方志出版社　2015年9月
349页　精装　29cm
ISBN978-7-5144-1712-8
馆藏号：Guojiafz-8600002010496

六合年鉴·2016
南京市六合区人民政府主办　南京市六合区地方志编纂委员会办公室编　主编侯梅香　执行主编张洁、朱振堂
方志出版社　2016年9月
303页　精装　29cm
ISBN978-7-5144-2110-1
馆藏号：Guojiafz-8600002013915

六合年鉴·2017
南京市六合区人民政府主办　南京市六合区地方志编纂委员会办公室编　主编侯梅香　执行主编张洁、朱振堂
方志出版社　2017年10月
288页　精装　29cm
ISBN978-7-5144-2573-4
馆藏号：Guojiafz-8600002015080

六合年鉴·2018
南京市六合区人民政府主办　南京市六合区地方志编纂委员会办公室编　主编侯梅香　执行主编张洁、朱振堂
方志出版社　2018年11月
282页　精装　29cm
ISBN978-7-5144-3425-5
馆藏号：Guojiafz-8600002017292

溧水年鉴·1986—1995
溧水县地方志编纂委员会办公室、溧水县档案局主管　溧水县人民政府主办　《溧水年鉴》编辑部编　主编张本勤

江苏年鉴杂志社　1996 年 10 月
396 页　精装　27cm
ISSN1005-3379
馆藏号：Guojiafz-8600002005668

溧水年鉴·2011
溧水县人民政府主办　溧水县地方志编纂委员会办公室编　主编巫永发　执行主编李淑萍、刘春兰
方志出版社　2011 年 10 月
375 页　精装　29cm
ISBN978-7-5144-0291-9
馆藏号：Guojiafz-8600002002188

溧水年鉴·2012
溧水县人民政府主办　溧水县地方志编纂委员会办公室编　主编巫永发　执行主编李淑萍、刘春兰
方志出版社　2012 年 6 月
482 页　精装　29cm
ISBN978-7-5144-0512-5
馆藏号：Guojiafz-8600002007513

溧水年鉴·2013
南京市溧水区人民政府主办　南京市溧水区地方志编纂委员会办公室编　主编高明芳　执行主编刘迎春
方志出版社　2013 年 6 月
374 页　精装　29cm
ISBN978-7-5144-0920-8
馆藏号：Guojiafz-8600002004379

溧水年鉴·2018
南京市溧水区人民政府主办　南京市溧水区地方志编纂委员会办公室编　主编高明芳　执行主编韦静
方志出版社　2018 年 11 月
400 页　精装　29cm
ISBN978-7-5144-3408-8
馆藏号：Guojiafz-8600002017010

高淳年鉴·2003
中共高淳县委员会、高淳县人民政府主办　中共高淳县委党史工作办公室、高淳县地方志办公室合编　主编束建民、罗爱玉
总纂陈为庆、薛兴祥、吴耀球、华国桢
方志出版社　2004 年 6 月
500 页　精装　29cm
ISBN7-80192-222-0
馆藏号：Guojiafz-8600002003846

高淳年鉴·2009
中共高淳县委员会、高淳县人民政府主办　高淳县地方志办公室、中共高淳县委党史办公室、高淳县档案局合编　主编赵火平、史剑波　执行主编韩华平
方志出版社　2010 年 8 月
417 页　精装　29cm
ISBN978-7-80238-805-5
馆藏号：Guojiafz-8600002000821

无锡年鉴·1997
无锡市地方志编纂委员会办公室编　主编邓富生、杨锡根、张文轩
方志出版社　1997 年 8 月
573 页　精装　27cm
ISBN7-80122-191-5
馆藏号：Guojiafz-8600002010467

无锡年鉴·1998
无锡市地方志编纂委员会办公室编　主编邓富生
方志出版社　1998 年 9 月
380 页　精装　27cm
ISBN7-80122-344-9
馆藏号：Guojiafz-8600002013025

无锡年鉴·1999
无锡市人民政府主办　无锡市地方志办公室编　主编邓富生
方志出版社　1999 年 7 月
392 页　精装　27cm

ISBN7-80122-464-7
馆藏号：Guojiafz-8600002009158

无锡年鉴・2000
无锡市人民政府主办　无锡市地方志编纂委员会办公室编　主编邓富生
方志出版社　2000年7月
438页　精装　27cm
ISBN7-80122-564-3
馆藏号：Guojiafz-8600002010926

无锡年鉴・2001
无锡市人民政府主办　无锡市史志办公室编
主编王耀元
方志出版社　2001年8月
410页　精装　27cm
ISBN7-80122-659-3
馆藏号：Guojiafz-8600002013091

无锡年鉴・2002
无锡市人民政府主办　无锡市史志办公室编
主编王耀元　执行主编周德宝、杨锡根、郁有满、王敏毅、顾洪兴
方志出版社　2002年6月
414页　精装　27cm
ISBN7-80122-741-7
馆藏号：Guojiafz-8600002012449

无锡年鉴・2004
无锡市人民政府主办　无锡市史志办公室编
主编王耀元　执行主编周德宝、郁有满、顾洪兴
方志出版社　2004年6月
432页　精装　29cm
ISBN7-80192-205-0
馆藏号：Guojiafz-8600002007730

无锡年鉴・2005
无锡市人民政府主办　无锡市史志办公室编
主编王耀元
方志出版社　2005年5月
432页　精装　27cm
ISBN7-80192-510-6
馆藏号：Guojiafz-8600002004570

无锡年鉴・2006
无锡市人民政府主办　无锡市史志办公室编
主编王耀元　执行主编周德宝、吕恺、顾洪兴
方志出版社　2006年6月
458页　精装　29cm
ISBN7-80192-793-1
馆藏号：Guojiafz-8600002012403

无锡年鉴・2007
无锡市人民政府主办　无锡市史志办公室编
主编王耀元　执行主编吕恺、顾洪兴
方志出版社　2007年6月
458页　精装　29cm
ISBN978-7-80238-056-1
馆藏号：Guojiafz-8600002004304

无锡年鉴・2008
无锡市人民政府主办　无锡市史志办公室编
主编郑晓奇　执行主编吕恺、顾洪兴
方志出版社　2008年7月
434页　精装　30cm
ISBN978-7-80238-313-5
馆藏号：Guojiafz-8600002008669

无锡年鉴・2009
无锡市人民政府主办　无锡市史志办公室编
主编郑晓奇　执行主编李汉洪、顾洪兴
方志出版社　2009年6月
450页　精装　29cm
ISBN978-7-80238-508-5
馆藏号：Guojiafz-8600002003027

无锡年鉴・2010
无锡市人民政府主办　无锡市史志办公室编
主编郑晓奇　执行主编李汉洪、顾洪兴
方志出版社　2010年7月

442 页　精装　29cm
ISBN978-7-80238-799-7
馆藏号：Guojiafz-8600002000822

无锡年鉴·2011
无锡市人民政府主办　无锡市史志办公室编
主编郑晓奇　执行主编李汉洪、顾洪兴
方志出版社　2011 年 6 月
470 页　精装　29cm
ISBN978-7-5144-0133-2
馆藏号：Guojiafz-8600002003046

无锡年鉴·2012
无锡市人民政府主办　无锡市史志办公室编
主编郑晓奇　执行主编李汉洪、顾洪兴
方志出版社　2012 年 3 月
494 页　精装　29cm
ISBN978-7-5144-0486-9
馆藏号：Guojiafz-8600002000304

无锡年鉴·2013
无锡市人民政府主办　无锡市史志办公室编
主编郑晓奇　执行主编李汉洪、顾洪兴
方志出版社　2013 年 6 月
478 页　精装　29cm
ISBN978-7-5144-0892-8
馆藏号：Guojiafz-8600002007152

无锡年鉴·2014
无锡市人民政府主办　无锡市史志办公室编
主编许建军　执行主编李汉洪、顾洪兴
方志出版社　2014 年 5 月
502 页　精装　29cm
ISBN978-7-5144-1291-8
馆藏号：Guojiafz-8600002007501

无锡年鉴·2015
无锡市人民政府主办　无锡市史志办公室编
主编许建军　执行主编李汉洪、顾洪兴
方志出版社　2015 年 10 月
478 页　精装　29cm
ISBN978-7-5144-1717-3
馆藏号：Guojiafz-8600002002666

无锡年鉴·2016
无锡市人民政府主办　无锡市史志办公室编
主编许建军　执行主编李汉洪、顾洪兴
方志出版社　2016 年 6 月
502 页　精装　29cm
ISBN978-7-5144-2015-9
馆藏号：Guojiafz-8600002013877

无锡年鉴·2017
无锡市人民政府主办　无锡市史志办公室编
主编许建军　执行主编李汉洪、顾洪兴
方志出版社　2017 年 5 月
550 页　精装　29cm
ISBN978-7-5144-2430-0
馆藏号：Guojiafz-8600002016915

无锡年鉴·2018
无锡市人民政府主办　无锡市史志办公室编
主编许建军
方志出版社　2018 年 9 月
546 页　精装　29cm
ISBN978-7-5144-3339-5
馆藏号：Guojiafz-8600002018139

无锡年鉴·2019
无锡市人民政府主办　无锡市档案史志馆编
主编宗翡
方志出版社　2019 年 10 月
456 页　精装　29cm
ISBN978-7-5144-3920-5
馆藏号：Guojiafz-8600002017989

无锡市城市建设年鉴·2002
无锡市建设局主办　无锡市城市建设档案馆编
主编张振强
方志出版社　2003 年 10 月

247 页　精装　27cm
ISBN7-80192-054-6
馆藏号：Guojiafz-8600002007483

无锡市城市建设年鉴·2003
无锡市建设局主办　无锡市城市建设档案馆编
主编张振强
方志出版社　2004 年 8 月
259 页　精装　27cm
ISBN7-80192-247-6
馆藏号：Guojiafz-8600002005048

无锡市城市建设年鉴·2004
无锡市建设局主办　无锡市城市建设档案馆编
主编张振强
方志出版社　2005 年 7 月
243 页　精装　27cm
ISBN7-80192-561-0
馆藏号：Guojiafz-8600002007706

无锡市城市建设年鉴·2005
无锡市建设局主办　无锡市城市建设档案馆编
主编张振强
方志出版社　2006 年 11 月
260 页　精装　27cm
ISBN7-80192-926-8
馆藏号：Guojiafz-8600002004901

无锡市城市建设年鉴·2006
无锡市建设局主办　无锡市城市建设档案馆编
主编张振强
方志出版社　2007 年 10 月
257 页　精装　27cm
ISBN978-7-80238-155-1
馆藏号：Guojiafz-8600002012255

无锡交通年鉴·1991—1995
无锡交通年鉴编纂委员会编　主编薛军、周祥发
方志出版社　1998 年 6 月
239 页　精装　27cm
ISBN7-80122-327-6
馆藏号：Guojiafz-8600002009529

无锡交通年鉴·1996—2000
无锡市交通局主办　无锡交通年鉴编纂委员会办公室编　主编胡峥　执行主编徐天南
方志出版社　2002 年 9 月
358 页　精装　27cm
ISBN7-80122-752-2
馆藏号：Guojiafz-8600002012929

无锡交通年鉴·2001—2005
无锡市交通局主办　《无锡交通年鉴》编纂委员会编　主编胡峥
方志出版社　2006 年 12 月
396 页　精装　27cm
ISBN7-80192-946-2
馆藏号：Guojiafz-8600002004589

无锡交通年鉴·2006—2010
无锡市交通运输局主办　无锡交通年鉴编纂委员会办公室编　主编卢永寨
方志出版社　2011 年 12 月
540 页　精装　27cm
ISBN978-7-5144-0286-5
馆藏号：Guojiafz-8600002002318

无锡交通年鉴·2011—2015
无锡市交通运输局主办　无锡交通年鉴编纂委员会编　主编卢永寨
方志出版社　2016 年 12 月
632 页　精装　27cm
ISBN978-7-5144-2330-3
馆藏号：Guojiafz-8600002014969

无锡保险年鉴·2012
无锡市金融工作办公室主办　无锡市保险学会编
主编华晓
方志出版社　2012 年 12 月
461 页　精装　27cm

ISBN978-7-5144-0740-2
馆藏号：Guojiafz-8600002000014

无锡保险年鉴·2013
无锡市金融工作办公室主办　无锡市保险学会、无锡市保险行业协会合编　主编华晓
方志出版社　2014 年 1 月
476 页　精装　27cm
ISBN978-7-5144-1183-6
馆藏号：Guojiafz-8600002007212

无锡保险年鉴·2014
无锡市金融工作办公室主办　无锡市保险学会、无锡市保险行业协会合编　主编华晓
方志出版社　2014 年 12 月
470 页　精装　27cm
ISBN978-7-5144-1503-2
馆藏号：Guojiafz-8600002007004

无锡保险年鉴·2015
无锡市金融工作办公室主办　无锡市保险学会、无锡市保险行业协会合编　主编华晓
方志出版社　2016 年 1 月
499 页　精装　27cm
ISBN978-7-5144-1923-8
馆藏号：Guojiafz-8600002013500

无锡保险年鉴·2016
无锡市金融工作办公室主办　无锡市保险学会、无锡市保险行业协会合编　主编华晓
方志出版社　2016 年 11 月
456 页　精装　27cm
ISBN978-7-5144-2200-9
馆藏号：Guojiafz-8600002014029

无锡保险年鉴·2017
无锡市金融工作办公室主办　无锡市保险学会、无锡市保险行业协会合编　主编华晓
方志出版社　2017 年 12 月
444 页　精装　27cm
ISBN978-7-5144-2849-0
馆藏号：Guojiafz-8600002017155

无锡市地方税务年鉴·2008—2009
无锡市地方税务局编　主任纪珑
方志出版社　2011 年 4 月
201 页　精装　29cm
ISBN978-7-5144-0108-0
馆藏号：Guojiafz-8600002000611

无锡市地方税务年鉴·2010—2011
江苏无锡市地方税务局编　主任纪珑
方志出版社　2013 年 5 月
311 页　精装　29cm
ISBN978-7-5144-0857-7
馆藏号：Guojiafz-8600002004987

无锡市地方税务年鉴·2012—2013
无锡市地方税务年鉴编纂委员会编　主任高元
方志出版社　2015 年 8 月
231 页　精装　29cm
ISBN978-7-5144-1664-0
馆藏号：Guojiafz-8600002004830

无锡市地方税务年鉴·2014—2015
无锡市地方税务年鉴编纂委员会编　主任严郓
方志出版社　2017 年 5 月
204 页　精装　29cm
ISBN978-7-5144-2401-0
馆藏号：Guojiafz-8600002014971

锡山市年鉴·1995
锡山市人民政府主办　锡山市地方志办公室编　主编顾伟伦
江苏年鉴杂志社　1996 年 8 月
393 页　精装　27cm
ISSN1005-3379
馆藏号：Guojiafz-8600002005272

锡山市年鉴·1996
锡山市人民政府主办　锡山市地方志办公室编
主编顾伟伦
江苏年鉴杂志社　1997 年 7 月
403 页　精装　27cm
ISSN1005-3379
馆藏号：Guojiafz-8600002005667

锡山市年鉴·1997
锡山市人民政府主办　锡山市地方志办公室编
主编顾伟伦
方志出版社　1998 年 6 月
334 页　精装　27cm
ISBN7-80122-328-4
馆藏号：Guojiafz-8600002012800

锡山市年鉴·1998
锡山市人民政府主办　锡山市地方志办公室编
主编顾伟伦
方志出版社　1999 年 6 月
311 页　精装　27cm
ISBN7-80122-460-4
馆藏号：Guojiafz-8600002012834

锡山市年鉴·1999
锡山市人民政府主办　锡山市地方志办公室编
主编顾伟伦
方志出版社　2000 年 6 月
336 页　精装　27cm
ISBN7-80122-564-3
馆藏号：Guojiafz-8600002009386

锡山区概览·2006
无锡市锡山区人民政府主办　无锡市锡山区档案局编　主编辛伯庆
方志出版社　2006 年 8 月
258 页　精装　27cm
ISBN978-7-80192-823-7
馆藏号：Guojiafz-8600002012260

锡山年鉴·2007
无锡市锡山区人民政府主办　无锡市锡山区档案局编　主编辛伯庆
方志出版社　2007 年 7 月
301 页　精装　27cm
ISBN978-7-80238-092-9
馆藏号：Guojiafz-8600002004870

锡山年鉴·2008
无锡市锡山区人民政府主办　无锡市锡山区档案局编　主编宋永敏
方志出版社　2008 年 6 月
261 页　精装　27cm
ISBN978-7-80238-310-4
馆藏号：Guojiafz-8600002000917

锡山年鉴·2009
无锡市锡山区人民政府主办　无锡市锡山区档案局编　主编宋永敏
方志出版社　2009 年 6 月
268 页　精装　27cm
ISBN978-7-80238-535-1
馆藏号：Guojiafz-8600002007950

锡山年鉴·2010
无锡市锡山区人民政府主办　无锡市锡山区档案局编　主编宋永敏
方志出版社　2010 年 7 月
323 页　精装　27cm
ISBN978-7-80238-793-5
馆藏号：Guojiafz-8600002000781

锡山年鉴·2011
无锡市锡山区人民政府主办　无锡市锡山区档案局编　主编宋永敏
方志出版社　2011 年 8 月
393 页　精装　29cm
ISBN978-7-5144-0153-0
馆藏号：Guojiafz-8600002000602

锡山年鉴·2012
无锡市锡山区人民政府主办　无锡市锡山区档案局编　主编宋永敏
方志出版社　2012 年 7 月
407 页　精装　29cm
ISBN978-7-5144-0507-1
馆藏号：Guojiafz-8600002000393

锡山年鉴·2013
无锡市锡山区人民政府主办　无锡市锡山区档案局编　主编宋永敏
方志出版社　2013 年 7 月
392 页　精装　29cm
ISBN978-7-5144-0904-8
馆藏号：Guojiafz-8600002004988

锡山年鉴·2014
无锡市锡山区人民政府主办　无锡市锡山区档案局编　主编宋永敏
方志出版社　2014 年 8 月
387 页　精装　29cm
ISBN978-7-5144-1310-6
馆藏号：Guojiafz-8600002006673

锡山年鉴·2015
无锡市锡山区人民政府主办　无锡市锡山区档案局编　主编宋永敏
方志出版社　2015 年 8 月
412 页　精装　29cm
ISBN978-7-5144-1651-0
馆藏号：Guojiafz-8600002010396

锡山年鉴·2016
无锡市锡山区人民政府主办　无锡市锡山区档案局编　主编宋永敏
方志出版社　2016 年 7 月
413 页　精装　29cm
ISBN978-7-5144-2016-6
馆藏号：Guojiafz-8600002013842

锡山年鉴·2017
无锡市锡山区人民政府主办　无锡市锡山区档案局编　主编宋永敏
方志出版社　2017 年 7 月
421 页　精装　29cm
ISBN978-7-5144-2460-7
馆藏号：Guojiafz-8600002014981

锡山年鉴·2018
无锡市锡山区人民政府主办　无锡市锡山区档案局编　主编宋永敏
方志出版社　2018 年 8 月
402 页　精装　29cm
ISBN978-7-5144-3180-3
馆藏号：Guojiafz-8600002017174

惠山区年鉴·2012
惠山区区志编纂委员会编　主编邓小伟
方志出版社　2012 年 10 月
360 页　精装　29cm
ISBN978-7-5144-0653-5
馆藏号：Guojiafz-8600002007560

惠山年鉴·2017
惠山区史志编纂委员会编　主编邓小伟
国家图书馆出版社　2017 年 9 月
396 页　精装　29cm
ISBN978-7-5013-6277-6
馆藏号：Guojiafz-8600002015591

新吴年鉴·2019
无锡市新吴区人民政府主办　无锡市新吴区档案史志馆编　主编匡辉　执行主编胡碧、黄胜平
方志出版社　2019 年 7 月
315 页　精装　29cm
ISBN978-7-5144-3785-0
馆藏号：Guojiafz-8600002017974

江阴年鉴·2001
江阴市人民政府主办　江苏省江阴市史志办公室编

主编徐泉法
方志出版社　2001 年 5 月
488 页　精装　27cm
ISBN7-80122-659-3
馆藏号：Guojiafz-8600002007242

江阴年鉴·2002
江阴市人民政府主办　江苏省江阴市地方史志办公室编　主编李阳、俞也平
方志出版社　2002 年 5 月
440 页　精装　27cm
ISBN7-80122-735-2
馆藏号：Guojiafz-8600002003946

江阴年鉴·2004
江阴市人民政府主办　江阴市史志办公室编
主编李阳　执行主编俞也平
方志出版社　2004 年 5 月
430 页　精装　27cm
ISBN7-80192-191-7
馆藏号：Guojiafz-8600002004242

江阴年鉴·2005
江阴市人民政府主办　江阴市史志办公室编
主编李阳　执行主编俞也平
线装书局　2005 年 5 月
442 页　精装　27cm
ISBN7-80106-429-1
馆藏号：Guojiafz-8600002013244

江阴年鉴·2006
江阴市人民政府主办　江阴市史志办公室编
主编李阳　执行主编俞也平
线装书局　2006 年 6 月
432 页　精装　27cm
ISBN7-80106-595-6
馆藏号：Guojiafz-8600002000035

江阴年鉴·2007
江阴市人民政府主办　江阴市史志办公室编
主编李阳　执行主编俞也平
方志出版社　2007 年 6 月
472 页　精装　27cm
ISBN978-7-80238-078-3
馆藏号：Guojiafz-8600002004869

江阴年鉴·2008
江阴市人民政府主办　江阴市史志办公室编
主编李阳　执行主编俞也平
方志出版社　2008 年 6 月
484 页　精装　27cm
ISBN978-7-80238-309-8
馆藏号：Guojiafz-8600002004296

江阴年鉴·2009
江阴市人民政府主办　江阴市史志办公室编
主编李阳　执行主编俞也平
方志出版社　2009 年 5 月
508 页　精装　27cm
ISBN978-7-80238-532-0
馆藏号：Guojiafz-8600002000080

江阴年鉴·2010
江阴市人民政府主办　江阴市史志办公室编
主编李阳
方志出版社　2010 年 5 月
528 页　精装　27cm
ISBN978-7-80238-781-2
馆藏号：Guojiafz-8600002005455

江阴年鉴·2011
江阴市人民政府主办　江阴市史志办公室编
主编吴海英
方志出版社　2011 年 6 月
470 页　精装　29cm
ISBN978-7-5144-0137-0
馆藏号：Guojiafz-8600002003045

江阴年鉴·2012
江阴市人民政府主办　江阴市史志办公室编

主编吴海英
方志出版社　2012 年 7 月
472 页　精装　29cm
ISBN978-7-5144-0518-7
馆藏号：Guojiafz-8600002005514

江阴年鉴・2013
江阴市人民政府主办　江阴市史志办公室编
主编吴海英
方志出版社　2013 年 8 月
484 页　精装　29cm
ISBN978-7-5144-0935-2
馆藏号：Guojiafz-8600002009915

江阴年鉴・2014
江阴市人民政府主办　江阴市史志办公室编
主编吴海英
方志出版社　2014 年 8 月
494 页　精装　29cm
ISBN978-7-5144-1328-1
馆藏号：Guojiafz-8600002006688

江阴年鉴・2015
江阴市人民政府主办　江阴市史志办公室编
主编吴海英
方志出版社　2015 年 9 月
462 页　精装　29cm
ISBN978-7-5144-1685-5
馆藏号：Guojiafz-8600002010579

江阴年鉴・2016
江阴市人民政府主办　江阴市史志办公室编
主编吴海英
方志出版社　2016 年 9 月
476 页　精装　29cm
ISBN978-7-5144-2075-3
馆藏号：Guojiafz-8600002013900

江阴年鉴・2017
江阴市人民政府主办　江阴市史志办公室编
主编吴海英
方志出版社　2017 年 9 月
480 页　精装　29cm
ISBN978-7-5144-2543-7
馆藏号：Guojiafz-8600002015010

江阴年鉴・2018
江阴市人民政府主办　江阴市史志办公室编
主编吴海英
方志出版社　2018 年 7 月
478 页　精装　29cm
ISBN978-7-5144-3134-6
馆藏号：Guojiafz-8600002016938

江阴年鉴・2019
江阴市人民政府主办　江阴市档案史志馆编
主编张伟
方志出版社　2019 年 8 月
464 页　精装　29cm
ISBN978-7-5144-3812-3
馆藏号：Guojiafz-8600002018185

宜兴年鉴・1997
宜兴市人民政府主办　宜兴市史志办公室编
主编管新元
江苏人民出版社　1997 年 7 月
245 页　精装　27cm
ISBN7-214-01935-3
馆藏号：Guojiafz-8600002005669

宜兴年鉴・1998
宜兴市人民政府主办　宜兴市史志办公室编
主编宗洪青
方志出版社　1998 年 6 月
293 页　精装　27cm
ISBN7-80122-301-2
馆藏号：Guojiafz-8600002010047

宜兴年鉴・1999
宜兴市人民政府主办　宜兴市史志办公室编

主编宗洪青、程保卫
方志出版社　1999年6月
332页　精装　27cm
ISBN7-80122-456-6
馆藏号：Guojiafz-8600002012737

宜兴年鉴·2000
宜兴市人民政府主办　江苏省宜兴市史志办公室编
主编宗洪青、程保卫
方志出版社　2000年6月
340页　精装　27cm
ISBN7-80122-564-3
馆藏号：Guojiafz-8600002005716

宜兴年鉴·2001
宜兴市人民政府主办　宜兴市史志办公室编
主编宗洪青、程保卫
方志出版社　2001年5月
276页　精装　27cm
ISBN7-80122-659-3
馆藏号：Guojiafz-8600002012825

宜兴年鉴·2002
宜兴市人民政府主办　宜兴市史志办公室编
主编宗洪青、程保卫
方志出版社　2002年5月
343页　精装　27cm
ISBN7-80122-742-5
馆藏号：Guojiafz-8600002013132

宜兴年鉴·2003
宜兴市人民政府主办　江苏省宜兴市史志办公室编
主编宗洪青、程保卫
方志出版社　2003年5月
321页　精装　27cm
ISBN7-80122-955-X
馆藏号：Guojiafz-8600002005688

宜兴年鉴·2004
宜兴市人民政府主办　江苏省宜兴市史志办公室编
主编宗洪青、程保卫
方志出版社　2004年5月
370页　精装　27cm
ISBN7-80192-194-1
馆藏号：Guojiafz-8600002004770

宜兴年鉴·2005
宜兴市人民政府主办　江苏省宜兴市史志办公室编
主编宗洪青
方志出版社　2005年5月
360页　精装　27cm
ISBN7-80192-501-7
馆藏号：Guojiafz-8600002004303

宜兴年鉴·2006
宜兴市人民政府主办　宜兴市史志办公室编
主编宗洪青
方志出版社　2006年6月
346页　精装　29cm
ISBN-7-80192-788-5
馆藏号：Guojiafz-8600002003770

宜兴年鉴·2007
宜兴市人民政府主办　宜兴市史志办公室编
主编芮占良
方志出版社　2007年6月
326页　精装　29cm
ISBN978-7-80238-048-6
馆藏号：Guojiafz-8600002004832

宜兴年鉴·2008
宜兴市人民政府主办　宜兴市史志办公室编
主编芮占良
方志出版社　2008年5月
358页　精装　29cm
ISBN978-7-80238-300-5
馆藏号：Guojiafz-8600002005148

宜兴年鉴·2009
宜兴市人民政府主办　宜兴市史志办公室编

主编芮占良
方志出版社　2009 年 6 月
398 页　精装　29cm
ISBN978-7-80238-506-1
馆藏号：Guojiafz-8600002002908

宜兴年鉴·2010
宜兴市人民政府主办　宜兴市史志办公室编
主编芮占良　执行主编李明毅
方志出版社　2010 年 6 月
648 页　精装　29cm
ISBN978-7-80238-784-3
馆藏号：Guojiafz-8600002011177

宜兴年鉴·2011
宜兴市人民政府主办　宜兴市史志办公室编
主编芮占良　执行主编李明毅
方志出版社　2011 年 5 月
524 页　精装　29cm
ISBN978-7-5144-0118-9
馆藏号：Guojiafz-8600002005489

宜兴年鉴·2012
宜兴市人民政府主办　宜兴市史志办公室编
主编芮占良　执行主编李明毅
方志出版社　2012 年 5 月
528 页　精装　29cm
ISBN978-7-5144-0483-8
馆藏号：Guojiafz-8600002008043

宜兴年鉴·2013
宜兴市人民政府主办　宜兴市史志办公室编
主编夏侯岭　执行主编李明毅
方志出版社　2013 年 5 月
490 页　精装　29cm
ISBN978-7-5144-0879-9
馆藏号：Guojiafz-8600002007446

宜兴年鉴·2014
宜兴市人民政府主办　宜兴市史志办公室编
主编夏侯岭　执行主编李明毅
方志出版社　2014 年 6 月
528 页　精装　29cm
ISBN978-7-5144-1297-0
馆藏号：Guojiafz-8600002006865

宜兴年鉴·2015
宜兴市人民政府主办　宜兴市史志办公室编
主编夏侯岭　执行主编李明毅
方志出版社　2015 年 7 月
441 页　精装　29cm
ISBN978-7-5144-1649-7
馆藏号：Guojiafz-8600002010395

宜兴年鉴·2016
宜兴市人民政府主办　宜兴市史志办公室编
主编耿海华
方志出版社　2016 年 7 月
416 页　精装　29cm
ISBN978-7-5144-2030-2
馆藏号：Guojiafz-8600002013845

宜兴年鉴·2017
宜兴市人民政府主办　宜兴市史志办公室编
主编耿海华
方志出版社　2017 年 7 月
380 页　精装　29cm
ISBN978-7-5144-2475-1
馆藏号：Guojiafz-8600002014982

宜兴年鉴·2018
宜兴市人民政府主办　宜兴市史志办公室编
主编耿海华
方志出版社　2018 年 7 月
387 页　精装　29cm
ISBN978-7-5144-3206-0
馆藏号：Guojiafz-8600002017200

徐州年鉴·1998
徐州市人民政府主办　徐州市年鉴编纂委员会编

主编张华
中国矿业大学出版社　1999 年 9 月
498 页　精装　27cm
ISBN7-81070-009-X
馆藏号：Guojiafz-8600002005227

徐州年鉴・1999
徐州市人民政府主办 《徐州年鉴》编纂委员会编
主编张华
中国矿业大学出版社　1999 年 12 月
412 页　精装　29cm
ISBN7-81070-106-1
馆藏号：Guojiafz-8600002005247

徐州年鉴・2000
徐州市人民政府主办　徐州年鉴编纂委员会编
主编张华
中国矿业大学出版社　2000 年 8 月
366 页　精装　29cm
ISBN7-81070-212-2
馆藏号：Guojiafz-8600002004426

徐州年鉴・2001
徐州市人民政府主办　徐州年鉴编纂委员会编
中国矿业大学出版社　2001 年 8 月
436 页　精装　29cm
ISBN7-81070-384-6
馆藏号：Guojiafz-8600002005131

徐州年鉴・2004
徐州市人民政府主办　徐州市地方志编纂委员会编
主编李庆连
方志出版社　2004 年 8 月
346 页　精装　29cm
ISBN7-80192-284-0
馆藏号：Guojiafz-8600002008603

徐州年鉴・2005
徐州市人民政府主办　徐州市地方志编纂委员会编
主编王汉卿
方志出版社　2005 年 9 月
408 页　精装　29cm
ISBN7-80192-605-6
馆藏号：Guojiafz-8600002003231

徐州年鉴・2006
徐州市人民政府主办　徐州市史志办公室编
主编王汉卿
方志出版社　2006 年 7 月
438 页　精装　29cm
ISBN7-80192-813-X
馆藏号：Guojiafz-8600002005214

徐州年鉴・2007
徐州市人民政府主办　徐州市史志办公室编
主编宋余东
方志出版社　2007 年 9 月
429 页　精装　29cm
ISBN978-7-80238-099-8
馆藏号：Guojiafz-8600002003857

徐州年鉴・2008
徐州市人民政府主办　徐州市史志办公室编
主编宋余东
方志出版社　2008 年 8 月
401 页　精装　29cm
ISBN978-7-214-05574-3
馆藏号：Guojiafz-8600002006187

徐州年鉴・2010
徐州市人民政府主办　徐州市史志办公室编
主编宋余东
方志出版社　2010 年 9 月
366 页　精装　29cm
ISBN978-7-214-06416-5
馆藏号：Guojiafz-8600002006204

徐州市教育年鉴・2004
徐州市教育局编　主编宋农村
方志出版社　2004 年 6 月

293 页　平装　26cm
ISBN7-80192-210-7
馆藏号：Guojiafz-8600002004567

徐州市教育年鉴·2005
徐州市教育局编　主编宋农村
方志出版社　2005 年 5 月
303 页　平装　26cm
ISBN7-80192-511-4
馆藏号：Guojiafz-8600002004572

徐州教育年鉴·2006
徐州市教育局编　主编强国
方志出版社　2006 年 5 月
272 页　精装　27cm
ISBN7-80192-776-1
馆藏号：Guojiafz-8600002003733

徐州教育年鉴·2007
徐州市教育局编　主编强国
方志出版社　2007 年 5 月
272 页　精装　27cm
ISBN978-7-80238-034-9
馆藏号：Guojiafz-8600002012443

徐州教育年鉴·2008
徐州市教育局编　主编强国
方志出版社　2008 年 5 月
305 页　精装　27cm
ISBN978-7-80238-288-6
馆藏号：Guojiafz-8600002011167

徐州教育年鉴·2010
徐州市教育局编　主编强国
方志出版社　2010 年 5 月
303 页　精装　27cm
ISBN978-7-80238-772-0
馆藏号：Guojiafz-8600002011641

徐州教育年鉴·2011
徐州市教育局编　主编强国、曹孟军
方志出版社　2011 年 5 月
300 页　精装　27cm
ISBN978-7-5144-0123-3
馆藏号：Guojiafz-8600002002928

徐州教育年鉴·2012
徐州市教育工作委员会主办　徐州市教育局编
主编强国、曹孟军
方志出版社　2012 年 5 月
301 页　精装　27cm
ISBN978-7-5144-0484-5
馆藏号：Guojiafz-8600002004064

徐州教育年鉴·2013
徐州市教育局编　主编张德超、曹孟军
方志出版社　2013 年 5 月
305 页　精装　27cm
ISBN978-7-5144-0874-4
馆藏号：Guojiafz-8600002009945

徐州教育年鉴·2014
徐州市教育局编　主编张德超、曹孟军
方志出版社　2014 年 8 月
453 页　精装　27cm
ISBN978-7-5144-1317-5
馆藏号：Guojiafz-8600002007197

徐州教育年鉴·2015
徐州市教育局编　主编张德超
方志出版社　2015 年 8 月
469 页　精装　27cm
ISBN978-7-5144-1671-8
馆藏号：Guojiafz-8600002010493

徐州教育年鉴·2016
徐州市教育局编　主编张德超
方志出版社　2016 年 8 月
443 页　精装　27cm

ISBN978-7-5144-2046-3
馆藏号：Guojiafz-8600002013837

徐州教育年鉴・2017
徐州市教育局编　主编吴昊
方志出版社　2017 年 8 月
456 页　精装　27cm
ISBN978-7-5144-2501-7
馆藏号：Guojiafz-8600002014972

徐州教育年鉴・2018
徐州市教育局编　主编吴昊
方志出版社　2018 年 9 月
379 页　精装　29cm
ISBN978-7-5144-3207-7
馆藏号：Guojiafz-8600002017187

铜山年鉴・2008
铜山县人民政府主办　铜山县地方志办公室编
主编赵志存
江苏人民出版社　2008 年 10 月
334 页　精装　29cm
ISBN978-7-214-05574-3
馆藏号：Guojiafz-8600002006188

铜山年鉴・2015
徐州市铜山区人民政府主办　徐州市铜山区地方志办公室编　主编相立勇
江苏人民出版社　2015 年 11 月
283 页　精装　29cm
ISBN978-7-214-16870-2
馆藏号：Guojiafz-8600002014457

铜山年鉴・2017
徐州市铜山区人民政府主办　徐州市铜山区地方志办公室编　主编相立勇
江苏人民出版社　2017 年 12 月
343 页　精装　29cm
ISBN978-7-214-21606-9
馆藏号：Guojiafz-8600002015584

沛县年鉴・2005
中共沛县委员会、沛县人民政府主办　沛县地方志编纂委员会编　主编王永林
方志出版社　2006 年 4 月
363 页　精装　29cm
ISBN7-80192-774-5
馆藏号：Guojiafz-8600002007931

沛县年鉴・2018
沛县地方志办公室、沛县县委研究室合编
主编黄厚立、姜晓亮
方志出版社　2018 年 11 月
368 页　精装　29cm
ISBN978-7-5144-0771-6
馆藏号：Guojiafz-8600002017032

常州年鉴・1991
常州市地方志办公室编　主编黄元裕、邵国林
中国大百科全书出版社上海分社　1991 年 12 月
516 页　精装　27cm
ISBN7-5000-0379-X
馆藏号：Guojiafz-8600002007963

常州年鉴・1992
常州市人民政府办公室、常州市地方志办公室合编
主编黄元裕、邵国林、包树森、薛奇达、徐瑞清
江苏古籍出版社　1992 年 10 月
468 页　精装　27cm
ISBN7-80519-416-5
馆藏号：Guojiafz-8600002008266

常州年鉴・1993
常州市人民政府办公室、常州市地方志办公室编
主编黄元裕、邵国林、包树森、薛奇达、徐瑞清
江苏古籍出版社　1993 年 9 月
545 页　精装　27cm
ISBN7-80519-489-0
馆藏号：Guojiafz-8600002005915

常州年鉴·1994
常州市人民政府主办　常州市地方志编纂委员会编
主编黄元裕、邵国林、包树森、薛奇达、徐瑞清
江苏年鉴杂志社　1994年12月
562页　精装　27cm
ISSN1005-3379
馆藏号：Guojiafz-8600002007916

常州年鉴·1995
常州市人民政府主办　常州市地方志编纂委员会编
主编黄元裕、邵国栋、包树森、薛奇达、徐瑞清
江苏年鉴杂志社　1995年10月
498页　精装　27cm
ISSN1005-3379
馆藏号：Guojiafz-8600002003345

常州年鉴·1996
常州市人民政府主办　常州市地方志编纂委员会编
主编包树森、邵国林
江苏年鉴杂志社　1996年8月
496页　精装　27cm
ISSN1005-3379
馆藏号：Guojiafz-8600002003917

常州年鉴·1997
常州市人民政府主办　常州市地方志编纂委员会编
主编徐瑞清
方志出版社　1997年7月
509页　精装　27cm
ISBN7-80122-177-X
馆藏号：Guojiafz-8600002007534

常州年鉴·1998
常州市人民政府主办　常州市地方志编纂委员会编
主编徐瑞清
方志出版社　1998年7月
498页　精装　27cm
ISBN7-80122-324-1
馆藏号：Guojiafz-8600002000255

常州年鉴·1999
常州市人民政府主办　常州市地方志编纂委员会编
主编周亚瑜
方志出版社　1999年7月
507页　精装　27cm
ISBN7-80122-466-3
馆藏号：Guojiafz-8600002009179

常州年鉴·2000
常州市人民政府主办　常州市地方志编纂委员会编
主编周亚瑜　执行主编章云
方志出版社　2000年7月
407页　精装　27cm
ISBN7-80122-457-4
馆藏号：Guojiafz-8600002012807

常州年鉴·2004
常州市人民政府主管　常州市地方志办公室主办
常州年鉴社编　主编朱玉林
常州年鉴社　2004年7月
440页　精装　27cm
ISSN1671-363X
馆藏号：Guojiafz-8600002003249

常州年鉴·2008
常州市人民政府主管　常州市地方志办公室主办
常州年鉴社编　主编虞建安
常州年鉴社　2008年7月
448页　精装　27cm
ISSN1671-363X
馆藏号：Guojiafz-8600002002736

常州年鉴·2016
常州市人民政府主管　常州市地方志办公室主办
常州市地方志编纂委员会编　主编李亚雄
执行主编鞠烨
常州年鉴社　2016年9月
382页　精装　29cm
ISSN1671-363X
馆藏号：Guojiafz-8600002014416

钟楼年鉴·2017
常州市钟楼区地方志办公室编　主编周庆　执行主编吕劲松
凤凰出版社　2017年12月
298页　精装　29cm
ISBN978-7-5506-2731-4
馆藏号：Guojiafz-8600002015593

武进年鉴·1994
武进县人民政府主办　江苏武进县地方志办公室编　主编杨汉平
江苏年鉴杂志社　1994年9月
438页　精装　27cm
ISSN1005-3379
馆藏号：Guojiafz-8600002009471

武进年鉴·1995
武进市人民政府主办　武进市地方志办公室编　主编杨汉平
江苏年鉴杂志社　1995年
500页　精装　27cm
ISSN1005-3379
馆藏号：Guojiafz-8600002009426

武进年鉴·1996
武进市人民政府主办　武进市地方志办公室编　主编杨汉平
江苏年鉴杂志社
342页　精装　27cm
ISSN1005-3379
馆藏号：Guojiafz-8600002003342

武进年鉴·1998
武进市人民政府主办　武进年鉴编纂委员会编　主编杨汉平
方志出版社　1998年8月
332页　精装　27cm
ISBN7-80122-366-7
馆藏号：Guojiafz-8600002007480

武进年鉴·1999
江苏省武进市人民政府主办　江苏省武进年鉴编纂委员会编　主编杨汉平
方志出版社　1999年8月
284页　精装　27cm
ISBN7-80122-496-5
馆藏号：Guojiafz-8600002009269

武进年鉴·2001
武进市人民政府主办　江苏省武进年鉴编纂委员会编　主编杨汉平
方志出版社　2001年8月
324页　精装　27cm
ISBN7-80122-637-2
馆藏号：Guojiafz-8600002012898

武进年鉴·2002
武进市人民政府主办　江苏省武进年鉴编纂委员会编　主编杨汉平
方志出版社　2002年8月
352页　精装　27cm
ISBN7-80122-803-0
馆藏号：Guojiafz-8600002007171

武进年鉴·2003
江苏省常州市武进区人民政府主办《武进年鉴》编纂委员会编　主编赵小平
方志出版社　2003年8月
320页　精装　27cm
ISBN7-80122-992-4
馆藏号：Guojiafz-8600002004270

武进年鉴·2004
江苏省常州市武进区人民政府主办　江苏省武进年鉴编纂委员会编　主编赵小平　执行主编陈如华
方志出版社　2004年8月
467页　精装　26cm
ISBN7-80192-274-3
馆藏号：Guojiafz-8600002004368

武进年鉴·2005
江苏省常州市武进区人民政府主办 《武进年鉴》编纂委员会编 主编赵小平 执行主编陈如华
方志出版社 2005年8月
527页 精装 27cm
ISBN7-80192-528-9
馆藏号：Guojiafz-8600002005037

武进年鉴·2006
江苏省常州市武进区人民政府主办 《武进年鉴》编纂委员会编 主编赵小平 执行主编陈如华
方志出版社 2006年8月
551页 精装 27cm
ISBN7-80192-834-2
馆藏号：Guojiafz-8600002000034

武进年鉴·2007
江苏省常州市武进区人民政府主办 《武进年鉴》编纂委员会编 主编赵小平 执行主编陈如华
方志出版社 2007年8月
597页 精装 27cm
ISBN978-7-80238-118-6
馆藏号：Guojiafz-8600002012488

武进年鉴·2008
江苏省常州市武进区人民政府主办 武进年鉴编纂委员会编 主编赵小平 执行主编王继祖
方志出版社 2008年8月
640页 精装 27cm
ISBN978-7-80238-346-3
馆藏号：Guojiafz-8600002007694

武进年鉴·2009
江苏省常州市武进区人民政府主办 武进年鉴编纂委员会编 主编赵小平 执行主编王继祖
方志出版社 2009年8月
432页 精装 27cm
ISBN978-7-80238-561-0
馆藏号：Guojiafz-8600002004936

武进年鉴·2010
武进年鉴编纂委员会编 主编赵小平 执行主编王继祖
方志出版社 2010年9月
416页 精装 27cm
ISBN978-7-80238-847-5
馆藏号：Guojiafz-8600002005924

武进年鉴·2011
武进年鉴编纂委员会编 主编赵小平 执行主编陆飞跃
方志出版社 2011年7月
446页 精装 27cm
ISBN978-7-5144-0169-1
馆藏号：Guojiafz-8600002002191

武进年鉴·2012
《武进年鉴》编纂委员会编 主编恽永忠 执行主编陆飞跃
方志出版社 2012年9月
518页 精装 29cm
ISBN978-7-5144-0587-3
馆藏号：Guojiafz-8600002007837

武进年鉴·2013
《武进年鉴》编纂委员会编 主编恽永忠 执行主编吴焰
方志出版社 2013年8月
428页 精装 29cm
ISBN978-7-5144-0938-3
馆藏号：Guojiafz-8600002007252

武进年鉴·2014
武进年鉴编纂委员会编 主编恽永忠 执行主编吴焰
方志出版社 2014年9月
332页 精装 29cm
ISBN978-7-5144-1352-6
馆藏号：Guojiafz-8600002007232

武进年鉴·2015
《武进年鉴》编纂委员会编　主编恽永忠
执行主编吴焰
方志出版社　2015 年 10 月
320 页　精装　29cm
ISBN978-7-5144-1715-9
馆藏号：Guojiafz-8600002010802

武进年鉴·2016
常州市武进区人民政府主办　常州市武进区地方志办公室编　主编陈刚　执行主编范建军
方志出版社　2016 年 8 月
382 页　精装　29cm
ISBN978-7-5144-2058-6
馆藏号：Guojiafz-8600002013853

武进年鉴·2017
常州市武进区人民政府主办　常州市武进区地方志办公室编　主编陈刚　执行主编朱建刚
方志出版社　2017 年 9 月
406 页　精装　29cm
ISBN978-7-5144-2574-1
馆藏号：Guojiafz-8600002015040

武进年鉴·2018
常州市武进区人民政府主办　常州市武进区地方志办公室编　主编陈刚　执行主编朱建刚
方志出版社　2018 年 9 月
380 页　精装　29cm
ISBN978-7-5144-3283-1
馆藏号：Guojiafz-8600002017012

武进年鉴·2019
常州市武进区人民政府主办　常州市武进区地方志办公室编　主编陈刚　执行主编朱建刚
方志出版社　2019 年 9 月
362 页　精装　29cm
ISBN978-7-5144-3840-6
馆藏号：Guojiafz-8600002018691-2

武进年鉴·2020
常州市武进区人民政府主办　常州市武进区地方志办公室编　主编陈刚　执行主编朱建刚
方志出版社　2020 年 9 月
350 页　精装　30cm
ISBN978-7-5144-4523-7
馆藏号：Guojiafz-8600002018686-8

金坛年鉴·1988—1993
金坛市人民政府主办《金坛年鉴》编纂委员会编
主编卢光文、陈书明、赵明夫
江苏古籍出版社　1995 年 12 月
312 页　精装　27cm
ISBN7-80519-659-1
馆藏号：Guojiafz-8600002003933

金坛年鉴·1994—1996
金坛年鉴编纂委员会编　主编卢光文、陈书明
方志出版社　1997 年 12 月
380 页　精装　27cm
ISBN7-80122-258-X
馆藏号：Guojiafz-8600002011707

金坛年鉴·2000—2002
金坛市人民政府主办　金坛年鉴编纂委员会编
主编陈书明
中央文献出版社　2003 年 9 月
398 页　精装　27cm
ISBN7-5073-1452-9
馆藏号：Guojiafz-8600002004767

金坛年鉴·2003—2005
金坛市人民政府主办《金坛年鉴》编纂委员会编
主编陈书明
方志出版社　2006 年 9 月
369 页　精装　27cm
ISBN7-80192-875-X
馆藏号：Guojiafz-8600002007932

金坛年鉴・2013
金坛市人民政府主办　金坛年鉴编纂委员会编
主编赵利群
方志出版社　2013 年 9 月
291 页　精装　29cm
ISBN978-7-5144-0937-6
馆藏号：Guojiafz-8600002007183

金坛年鉴・2014
金坛市人民政府主管　金坛年鉴编纂委员会主办
金坛年鉴编纂委员会编　主编赵利群
方志出版社　2014 年 9 月
294 页　精装　29cm
ISBN978-7-5144-1348-9
馆藏号：Guojiafz-8600002007218

金坛年鉴・2015
金坛年鉴编纂委员会主办　金坛年鉴编纂委员会编
主编赵利群
方志出版社　2015 年 9 月
306 页　精装　29cm
ISBN978-7-5144-1691-6
馆藏号：Guojiafz-8600002010326

金坛年鉴・2016
常州市金坛区人民政府主办　金坛年鉴编纂委员会编　主编祝洪林
方志出版社　2016 年 10 月
305 页　精装　29cm
ISBN978-7-5144-2065-4
馆藏号：Guojiafz-8600002013866

金坛年鉴・2017
常州市金坛区人民政府主办　金坛年鉴编纂委员会编　主编祝洪林
方志出版社　2017 年 9 月
284 页　精装　29cm
ISBN978-7-5144-2534-5
馆藏号：Guojiafz-8600002015042

金坛年鉴・2018
常州市金坛区人民政府主办　金坛年鉴编纂委员会编　主编祝洪林
方志出版社　2018 年 8 月
260 页　精装　29cm
ISBN978-7-5144-3193-3
馆藏号：Guojiafz-8600002017283

金坛年鉴・2019
常州市金坛区人民政府主办　金坛年鉴编纂委员会编　主编祝洪林
方志出版社　2019 年 7 月
252 页　精装　29cm
ISBN978-7-5144-3811-6
馆藏号：Guojiafz-8600002017979

溧阳年鉴・2012
中国共产党溧阳市委员会、溧阳市人民政府主办
《溧阳年鉴》编纂委员会编　主编徐军芳
方志出版社　2012 年 8 月
438 页　精装　29cm
ISBN978-7-5144-0546-0
馆藏号：Guojiafz-8600002000573

溧阳年鉴・2013
中共溧阳市委员会、溧阳市人民政府主办 《溧阳年鉴》编纂委员会编　主编甘正富
方志出版社　2013 年 9 月
421 页　精装　29cm
ISBN978-7-5144-0992-5
馆藏号：Guojiafz-8600002007160

溧阳年鉴・2014
中共溧阳市、溧阳市人民政府主办　溧阳年鉴编纂委员会编　主编甘正富
方志出版社　2014 年 9 月
385 页　精装　29cm
ISBN978-7-5144-1351-9
馆藏号：Guojiafz-8600002008577

溧阳年鉴·2015
中共溧阳市、溧阳市人民政府主办 《溧阳年鉴》编纂委员会编 主编甘正富
方志出版社 2015年8月
384页 精装 29cm
ISBN978-7-5144-1683-1
馆藏号：Guojiafz-8600002010803

溧阳年鉴·2016
中共溧阳市、溧阳市人民政府主办 溧阳年鉴编纂委员会编 主编甘正富 执行主编莫俊
方志出版社 2016年8月
400页 精装 29cm
ISBN978-7-5144-2062-3
馆藏号：Guojiafz-8600002013886

溧阳年鉴·2017
溧阳年鉴编纂委员会编 主编甘正富 执行主编莫俊
方志出版社 2017年8月
380页 精装 29cm
ISBN978-7-5144-2506-2
馆藏号：Guojiafz-8600002015143

溧阳年鉴·2018
中共溧阳市委、溧阳市人民政府主办 溧阳年鉴编纂委员会编 主编甘正富 执行主编莫俊
方志出版社 2018年8月
389页 精装 29cm
ISBN978-7-5144-3235-0
馆藏号：Guojiafz-8600002017193

溧阳年鉴·2019
中共溧阳市委、溧阳市人民政府主办 溧阳年鉴编纂委员会编 主编甘正富 执行主编莫俊
方志出版社 2019年8月
353页 精装 29cm
ISBN978-7-5144-3816-1
馆藏号：Guojiafz-8600002017978

苏州年鉴·2017
苏州年鉴编纂委员会编 主编钱斌
古吴轩出版社 2017年9月
430页 精装 29cm
ISBN978-7-5546-0862-3
馆藏号：Guojiafz-8600002016742

苏州年鉴·2020
苏州年鉴编纂委员会编 主编陈兴南
古吴轩出版社 2020年12月
430页 精装 29cm
ISBN978-7-5546-1620-8
馆藏号：Guojiafz-8600002019712-4

吴中统计年鉴·2006
苏州市吴中区统计局编 主编杨龙
方志出版社 2006年6月
454页 精装 27cm
ISBN7-80192-810-5
馆藏号：Guojiafz-8600002003906

吴中统计年鉴·2007
苏州市吴中区统计局编 主编杨龙
方志出版社 2007年7月
430页 精装 27cm
ISBN978-7-80238-087-5
馆藏号：Guojiafz-8600002005671

吴中统计年鉴·2008
苏州市吴中区统计局编 主编顾焕忠
方志出版社 2008年7月
416页 精装 27cm
ISBN978-7-80238-327-2
馆藏号：Guojiafz-8600002005225

吴中统计年鉴·2009
苏州市吴中区统计局编 主编顾焕忠
方志出版社 2009年8月
398页 精装 26cm
ISBN978-7-80238-587-0
馆藏号：Guojiafz-8600002002227

吴中统计年鉴·2010
苏州市吴中区发展和改革局、苏州市吴中区统计局合编　主编赵小平
方志出版社　2010 年 9 月
436 页　精装　27cm
ISBN978-7-80238-895-6
馆藏号：Guojiafz-8600002009760

吴中统计年鉴·2011
苏州市吴中区发展和改革局、苏州市吴中区统计局合编　主编韩江
方志出版社　2011 年 9 月
438 页　精装　27cm
ISBN978-7-5144-0232-2
馆藏号：Guojiafz-8600002009719

吴中统计年鉴·2012
苏州市吴中区发展和改革局、苏州市吴中区统计局合编　主编韩江
方志出版社　2012 年 10 月
432 页　精装　27cm
ISBN978-7-5144-0630-6
馆藏号：Guojiafz-8600002009918

吴中统计年鉴·2013
苏州市吴中区发展和改革局、苏州市吴中区统计局合编　主编韩江
方志出版社　2013 年 10 月
428 页　精装　27cm
ISBN978-7-5144-1017-4
馆藏号：Guojiafz-8600002009895

吴中统计年鉴·2014
苏州市吴中区发展和改革局、苏州市吴中区统计局合编　主编韩江
方志出版社　2014 年 9 月
396 页　精装　27cm
ISBN978-7-5144-1389-2
馆藏号：Guojiafz-8600002008485

吴中统计年鉴·2015
苏州市吴中区发展和改革局、苏州市吴中区统计局合编　主编韩江
方志出版社　2015 年 9 月
392 页　精装　27cm
ISBN978-7-5144-1694-7
馆藏号：Guojiafz-8600002010677

吴江年鉴·1986
吴江年鉴编辑委员会编　主编于广洲
湖滨彩印厂印刷　1987 年 9 月
460 页　精装　19cm
馆藏号：Guojiafz-8600002018248

吴江年鉴·1988
吴江县档案局、《吴江年鉴》编辑部合编　主编韩铎
河海大学出版社　1989 年 10 月
424 页　精装　19cm
ISBN7-5630-0257-X
馆藏号：Guojiafz-8600002018247

吴江年鉴·1989
吴江年鉴编辑部编　主编韩铎
中国大百科全书出版社　1990 年 11 月
463 页　精装　19cm
ISBN7-5000-0303-X
馆藏号：Guojiafz-8600002018320

吴江年鉴·1990
吴江市档案局（馆）、吴江年鉴编辑部合编
主编韩铎
中国大百科全书出版社　1991 年 11 月
505 页　精装　19cm
ISBN7-5000-0361-7
馆藏号：Guojiafz-8600002018246

吴江年鉴·1994
吴江市档案局（馆）、《吴江年鉴》编辑部合编
主编吴振海
江苏科学技术出版社　1995 年 8 月

441 页　精装　19cm
ISBN7-5345-1976-4
馆藏号：Guojiafz-8600002018245

吴江年鉴·1995
吴江市人民政府主办　吴江市档案局（馆）、《吴江年鉴》编辑部合编　主编周炳奎
江苏年鉴杂志社　1996 年 10 月
423 页　精装　19cm
ISSN1005-3379
馆藏号：Guojiafz-8600002018322

吴江年鉴·1996
吴江市人民政府主办　吴江市档案局（馆）、吴江年鉴编辑部合编　主编周炳奎
江苏年鉴杂志社　1996 年 12 月
474 页　精装　19cm
ISSN1005-3379
馆藏号：Guojiafz-8600002018321

吴江年鉴·1997
吴江市人民政府、吴江市年鉴编纂委员会合编　主编周炳奎
河海大学出版社　1997 年 12 月
268 页　精装　27cm
ISBN7-5630-1177-3
馆藏号：Guojiafz-8600002018323

吴江年鉴·1999
吴江市人民政府主办　吴江市人民政府、吴江市年鉴编纂委员会合编　主编周炳奎
黄山书社　1999 年 10 月
351 页　精装　27cm
ISBN7-80630-430-4
馆藏号：Guojiafz-8600002018342

吴江年鉴·2000
吴江市人民政府主办　吴江市人民政府、吴江市年鉴编纂委员会合编　主编周炳奎
黄山书社　2000 年 9 月
372 页　精装　27cm
ISBN7-80630-538-6
馆藏号：Guojiafz-8600002017839

吴江年鉴·2001
吴江市人民政府主办　吴江市年鉴编纂委员会编　主编陈雷根
黄山书社　2001 年 9 月
438 页　精装　27cm
ISBN7-80630-678-1
馆藏号：Guojiafz-8600002017840

吴江年鉴·2002
吴江市人民政府主办　吴江市人民政府、吴江市年鉴编纂委员会合编　主编陈雷根
中央文献出版社　2002 年 9 月
461 页　精装　27cm
ISBN7-5073-1227-5
馆藏号：Guojiafz-8600002003218

吴江年鉴·2003
吴江市人民政府主办　吴江市年鉴编纂委员会编　主编陈雷根
中央文献出版社　2003 年 9 月
383 页　精装　27cm
ISBN7-5073-1432-4
馆藏号：Guojiafz-8600002003217

吴江年鉴·2004
吴江市人民政府主办　吴江市委、吴江市政府合编　主编陈雷根
中央文献出版社　2004 年 9 月
366 页　精装　27cm
ISBN7-5073-1694-7
馆藏号：Guojiafz-8600002018364

吴江年鉴·2005
吴江市人民政府主办　《吴江年鉴》编辑部编　主编陈雷根
中央文献出版社　2005 年 9 月

368 页　精装　27cm
ISBN7-5073-1975-X
馆藏号：Guojiafz-8600002017836

吴江年鉴·2006
吴江市人民政府主办　吴江市年鉴编纂委员会编
主编陈雷根
中央文献出版社　2006 年 9 月
377 页　精装　27cm
ISBN7-5073-2184-3
馆藏号：Guojiafz-8600002018341

吴江年鉴·2007
吴江市人民政府主办　《吴江年鉴》编委会编
主编王悦
中央文献出版社　2007 年 11 月
402 页　精装　27cm
ISBN978-7-5073-2436-5
馆藏号：Guojiafz-8600002018340

吴江年鉴·2008
《吴江年鉴》编委会编　主编肖仲伟
中央文献出版社　2008 年 10 月
388 页　精装　27cm
ISBN978-7-5073-2646-8
馆藏号：Guojiafz-8600002017837

吴江年鉴·2009
吴江市人民政府主办　吴江年鉴编委会编
主编肖仲伟
中央文献出版社　2009 年 9 月
405 页　精装　27cm
ISBN978-7-5073-2875-2
馆藏号：Guojiafz-8600002017838

吴江年鉴·2010
吴江市人民政府主办　吴江年鉴编委会编
主编肖仲伟
中央文献出版社　2010 年 8 月
400 页　精装　27cm
ISBN978-7-5073-3089-2
馆藏号：Guojiafz-8600002018363

吴江年鉴·2011
吴江市人民政府主办　《吴江年鉴》编纂委员会编
主编肖仲伟
中央文献出版社　2011 年 8 月
388 页　精装　27cm
ISBN978-7-5073-3362-6
馆藏号：Guojiafz-8600002018359

吴江年鉴·2012
吴江市人民政府主办　《吴江年鉴》编纂委员会编
主编陈强
中央文献出版社　2012 年 8 月
376 页　精装　27cm
ISBN978-7-5073-3603-0
馆藏号：Guojiafz-8600002018249

吴江年鉴·2013
吴江区人民政府主办　《吴江年鉴》编委会编
主编陈强
中央文献出版社　2013 年 8 月
364 页　精装　27cm
ISBN978-7-5073-3883-6
馆藏号：Guojiafz-8600002017835

吴江年鉴·2014
苏州市吴江区人民政府主办　《吴江年鉴》编纂委员会编　主编范建龙
中央文献出版社　2014 年 9 月
364 页　精装　27cm
ISBN978-7-5073-4149-2
馆藏号：Guojiafz-8600002018360

吴江年鉴·2015
吴江市人民政府主办　《吴江年鉴》编委会编
主编高建民
中央文献出版社　2015 年 9 月
360 页　精装　27cm

ISBN978-7-5073-4382-3
馆藏号：Guojiafz-8600002018361

吴江年鉴·2016
吴江区人民政府主办 《吴江年鉴》编委会编
主编高建民
中央文献出版社 2016年11月
388页 精装 27cm
ISBN978-7-5073-4548-3
馆藏号：Guojiafz-8600002017833

吴江年鉴·2017
吴江市人民政府主办 《吴江年鉴》编纂委员会编
主编徐国华
上海社会科学院出版社 2017年10月
408页 精装 27cm
ISBN978-7-5520-2040-3
馆藏号：Guojiafz-8600002018362

吴江年鉴·2018
吴江区人民政府主办 《吴江年鉴》编纂委员会编
主编徐国华
古吴轩出版社 2018年10月
394页 精装 27cm
ISBN978-7-5546-1233-0
馆藏号：Guojiafz-8600002018421-3

吴江年鉴·2019
吴江区人民政府主办 《吴江年鉴》编纂委员会编
主编徐国华
古吴轩出版社 2019年10月
432页 精装 27cm
ISBN978-7-5546-1413-6
馆藏号：Guojiafz-8600002018612-4

吴江年鉴·2020
苏州市吴江区人民政府主办 《吴江年鉴》编纂委员会编 主编徐国华
古吴轩出版社 2020年11月
400页 精装 29cm
ISBN978-7-5546-1632-1
馆藏号：Guojiafz-8600002018424-6

常熟年鉴·1991—1995
常熟市人民政府主办 常熟市地方志编纂委员会办公室编 主编沈秋农 总纂总文晓
上海科学技术出版社 1996年12月
520页 精装 27cm
ISBN7-5323-4376-6
馆藏号：Guojiafz-8600002003921

常熟年鉴·2004
常熟市人民政府主办 常熟市地方志编纂委员会办公室编 主编彭根华
上海社会科学院出版社 2004年7月
377页 精装 27cm
ISBN7-80681-484-1
馆藏号：Guojiafz-8600002007672

常熟年鉴·2007
常熟市人民政府主办 《常熟年鉴》编纂委员会编
主编彭根华
上海辞书出版社 2007年10月
340页 精装 30cm
ISBN978-7-5326-2313-6
馆藏号：Guojiafz-8600002002527

常熟年鉴·2011
常熟市人民政府主办 常熟市地方志编纂委员会办公室编 主编祝慧江
方志出版社 2011年11月
564页 精装 27cm
ISBN978-7-5144-0328-2
馆藏号：Guojiafz-8600002011621

常熟年鉴·2012
常熟市人民政府主办 常熟市地方志编纂委员会办公室编 主编祝慧江
方志出版社 2012年10月
568页 精装 27cm

ISBN978-7-5144-0638-2
馆藏号：Guojiafz-8600002000553

常熟年鉴・2013
常熟市人民政府主办　常熟市地方志编纂委员会办公室编　主编周燕
方志出版社　2013年12月
560页　精装　27cm
ISBN978-7-5144-1138-6
馆藏号：Guojiafz-8600002007267

常熟年鉴・2014
常熟市人民政府主办　常熟市地方志编纂委员会办公室编　主编周燕
方志出版社　2014年10月
516页　精装　27cm
ISBN978-7-5144-1409-7
馆藏号：Guojiafz-8600002004336

常熟年鉴・2015
常熟市人民政府主办　常熟市地方志编纂委员会办公室编　主编周燕
方志出版社　2015年10月
468页　精装　27cm
ISBN978-7-5144-1732-6
馆藏号：Guojiafz-8600002010315

常熟年鉴・2016
常熟市人民政府主办　常熟市地方志编纂委员会办公室编　主编陆乾元　执行主编陈建东、汤涵
方志出版社　2016年11月
390页　精装　29cm
ISBN978-7-5144-2214-6
馆藏号：Guojiafz-8600002013907

常熟年鉴・2017
常熟市人民政府主办　常熟市地方志编纂委员会办公室编　主编陆乾元
方志出版社　2017年10月
389页　精装　29cm
ISBN978-7-5144-2616-8
馆藏号：Guojiafz-8600002015098

常熟年鉴・2018
常熟市人民政府主办　常熟市地方志编纂委员会办公室编　主编陆乾元
方志出版社　2018年9月
410页　精装　29cm
ISBN978-7-5144-3299-2
馆藏号：Guojiafz-8600002017192

张家港年鉴・1996
张家港市地方志办公室编　主编缪凤鸣、徐祖白
江苏年鉴杂志社　1996年10月
373页　精装　27cm
ISSN1005-3379
馆藏号：Guojiafz-8600002003366

张家港年鉴・1997
张家港市地方志办公室编　主编缪凤鸣、徐祖白
方志出版社　1997年8月
340页　精装　27cm
ISBN7-80122-176-1
馆藏号：Guojiafz-8600002012812

张家港年鉴・1998
张家港市人民政府主办　张家港市党史地方志办公室编　主编缪凤鸣、徐祖白
方志出版社　1998年8月
332页　精装　27cm
ISBN7-80122-335-7
馆藏号：Guojiafz-8600002012740

张家港年鉴・1999
张家港市人民政府主办　江苏省张家港年鉴编纂委员会编　主编缪凤鸣　执行主编徐祖白、刘振南
方志出版社　1999年8月
335页　精装　27cm
ISBN7-80122-472-8
馆藏号：Guojiafz-8600002008505

张家港年鉴·2001
张家港市人民政府主办　江苏省张家港市地方志编纂委员会编　主编缪凤鸣　执行主编刘振南、徐祖白
方志出版社　2001 年 7 月
295 页　精装　27cm
ISBN7-80122-660-7
馆藏号：Guojiafz-8600002012728

张家港年鉴·2002
张家港市人民政府主办　张家港年鉴编纂委员会编　主编缪凤鸣、刘振南
方志出版社　2002 年 7 月
325 页　精装　27cm
ISBN7-80122-732-8
馆藏号：Guojiafz-8600002012926

张家港年鉴·2003
张家港市人民政府主办　张家港年鉴编纂委员会编　主编章剑平　执行主编刘振南
方志出版社　2003 年 7 月
361 页　精装　27cm
ISBN7-80122-978-9
馆藏号：Guojiafz-8600002003332

张家港年鉴·2004
张家港市人民政府主办《张家港年鉴》编纂委员会编　主编陈建明
方志出版社　2004 年 7 月
341 页　精装　27cm
ISBN7-80192-243-3
馆藏号：Guojiafz-8600002000831

张家港年鉴·2005
张家港市人民政府主办《张家港年鉴》编纂委员会编　主编陈建明
方志出版社　2005 年 7 月
334 页　精装　29cm
ISBN7-80192-557-2
馆藏号：Guojiafz-8600002007649

张家港年鉴·2006
张家港市人民政府主办《张家港年鉴》编纂委员会编　主编陈建明
方志出版社　2006 年 8 月
336 页　精装　29cm
ISBN7-80192-822-9
馆藏号：Guojiafz-8600002004456

张家港年鉴·2007
张家港市人民政府主办　张家港市委党史地方志办公室编　主编陈建明
方志出版社　2007 年 8 月
378 页　精装　29cm
ISBN978-7-80238-090-5
馆藏号：Guojiafz-8600002003854

张家港年鉴·2008
张家港市人民政府主办　张家港市委党史地方志办公室编　主编陈建明
方志出版社　2008 年 7 月
362 页　精装　29cm
ISBN978-7-80238-322-7
馆藏号：Guojiafz-8600002003248

张家港年鉴·2009
张家港市人民政府主办　张家港市委党史地方志办公室编　主编陈建明
方志出版社　2009 年 8 月
381 页　精装　29cm
ISBN978-7-80238-576-4
馆藏号：Guojiafz-8600002002910

张家港年鉴·2010
张家港市人民政府主办　张家港市委党史地方志办公室编　主编周新华
方志出版社　2010 年 7 月
351 页　精装　29cm
ISBN978-7-80238-813-0
馆藏号：Guojiafz-8600002011298

张家港年鉴·2011
张家港市人民政府主办　张家港市委党史地方志办公室编　主编周新华
方志出版社　2011年8月
395页　精装　29cm
ISBN978-7-5144-0193-6
馆藏号：Guojiafz-8600002008097

张家港年鉴·2012
张家港市人民政府主办　中共张家港市委党史地方志办公室编　主编俞慧军
方志出版社　2012年7月
395页　精装　29cm
ISBN978-7-5144-0533-0
馆藏号：Guojiafz-8600002000395

张家港年鉴·2013
张家港市人民政府主办　中共张家港市委党史地方志办公室编　主编陈稳
方志出版社　2013年8月
421页　精装　29cm
ISBN978-7-5144-0932-1
馆藏号：Guojiafz-8600002006997

张家港年鉴·2014
张家港市人民政府主办　中共张家港市委党史地方志办公室编　主编陈稳
方志出版社　2014年8月
475页　精装　29cm
ISBN978-7-5144-1333-5
馆藏号：Guojiafz-8600002005680

张家港年鉴·2015
张家港市人民政府主办　中共张家港市委党史地方志办公室编　主编陈飞健
方志出版社　2015年8月
463页　精装　29cm
ISBN978-7-5144-1675-6
馆藏号：Guojiafz-8600002009765

张家港年鉴·2016
张家港市人民政府主办　中共张家港市委党史地方志办公室编　主编陈飞健
方志出版社　2016年8月
451页　精装　29cm
ISBN978-7-5144-2049-4
馆藏号：Guojiafz-8600002013880

张家港年鉴·2017
张家港市人民政府主办　中共张家港市委党史地方志办公室编　主编陈飞健
方志出版社　2017年9月
459页　精装　29cm
ISBN978-7-5144-2565-9
馆藏号：Guojiafz-8600002015014

张家港年鉴·2018
张家港市人民政府主办　中共张家港市委党史地方志办公室编　主编陈飞健
方志出版社　2018年9月
475页　精装　29cm
ISBN978-7-5144-3293-0
馆藏号：Guojiafz-8600002017144

张家港年鉴·2019
张家港市人民政府主办　中共张家港市委党史地方志办公室编　主编陈飞健
方志出版社　2019年10月
463页　精装　29cm
ISBN978-7-5144-3929-8
馆藏号：Guojiafz-8600002018029

昆山年鉴·1988—1993
中共昆山市委、昆山市人民政府主办　昆山市地方志编纂委员会编　主编秦文淦
上海科学技术文献出版社　1995年10月
505页　精装　29cm
ISBN7-5439-0873-5
馆藏号：Guojiafz-8600002013230

昆山年鉴·2003
中共昆山市委、昆山市人民政府主办　昆山市年鉴编纂委员会编　主编王建东　总纂徐庚达
西安地图出版社　2003年12月
272页　精装　29cm
ISBN7-80670-520-1
馆藏号：Guojiafz-8600002008601

昆山年鉴·2014
中共昆山市委、昆山市人民政府主办　昆山市地方志编纂委员会办公室编　主编蔡坤泉
江苏凤凰科学技术出版社　2014年10月
404页　精装　29cm
ISBN978-7-5345-9078-8
馆藏号：Guojiafz-8600002006809

太仓年鉴·2002
太仓市人民政府主办　太仓市史志办公室编
主编史敏斋　执行主编奚旭初、陆振兴
方志出版社　2002年11月
334页　精装　27cm
ISBN7-80122-844-8
馆藏号：Guojiafz-8600002012913

太仓年鉴·2003
太仓市人民政府主办　太仓市史志办公室编
主编史敏斋　执行主编奚旭初、陆振兴
方志出版社　2003年11月
243页　精装　29cm
ISBN7-80192-056-2
馆藏号：Guojiafz-8600002003191

太仓年鉴·2004
太仓市人民政府主办　太仓市史志办公室编
主编史敏斋　执行主编王维强
方志出版社　2004年10月
377页　精装　29cm
ISBN7-80192-331-6
馆藏号：Guojiafz-8600002002525

太仓年鉴·2005
太仓市人民政府主办　太仓市史志办公室编
主编史敏斋　执行主编王维强
方志出版社　2005年9月
439页　精装　29cm
ISBN7-80192-637-4
馆藏号：Guojiafz-8600002004596

太仓年鉴·2006
太仓市人民政府主办　太仓市地方史志办公室编
主编汪放
方志出版社　2006年9月
488页　精装　29cm
ISBN7-80192-860-1
馆藏号：Guojiafz-8600002007525

太仓年鉴·2009
太仓市人民政府主办　太仓市史志办公室编
主编张志华
广陵书社　2009年8月
312页　精装　29cm
ISBN978-7-80694-479-0
馆藏号：Guojiafz-8600002006189

太仓年鉴·2012
太仓市人民政府主办　太仓市史志办公室编
主编张志华
方志出版社　2012年8月
350页　精装　29cm
ISBN978-7-5144-0547-7
馆藏号：Guojiafz-8600002005622

太仓年鉴·2013
太仓市人民政府主办　太仓市史志办公室编
主编张志华
方志出版社　2013年8月
358页　精装　29cm
ISBN978-7-5144-0967-3
馆藏号：Guojiafz-8600002009864

太仓年鉴·2014
太仓市人民政府主办　太仓市史志办公室编
主编张志华
方志出版社　2014 年 7 月
346 页　精装　29cm
ISBN978-7-5144-1327-4
馆藏号：Guojiafz-8600002007320

太仓年鉴·2015
太仓市人民政府主办　太仓市史志办公室编
主编张志华
方志出版社　2015 年 9 月
362 页　精装　29cm
ISBN978-7-5144-1686-2
馆藏号：Guojiafz-8600002003470

太仓年鉴·2016
太仓市人民政府主办　太仓市史志办公室编
主编张志华
方志出版社　2016 年 8 月
407 页　精装　29cm
ISBN978-7-5144-2068-5
馆藏号：Guojiafz-8600002013872

太仓年鉴·2017
太仓市人民政府主办　太仓市史志办公室编
主编张志华
方志出版社　2017 年 8 月
409 页　精装　29cm
ISBN978-7-5144-2493-5
馆藏号：Guojiafz-8600002015085

太仓年鉴·2018
太仓市人民政府主办　太仓市史志办公室编
主编顾肖峰
方志出版社　2018 年 9 月
396 页　精装　29cm
ISBN978-7-5144-3333-3
馆藏号：Guojiafz-8600002016905

太仓年鉴·2020
太仓市人民政府主办　太仓市史志办公室编
主编顾鸿飞
方志出版社　2020 年 10 月
364 页　精装　29cm
ISBN978-7-5144-4373-8
馆藏号：Guojiafz-8600002018429

苏州工业园区年鉴·2017
苏州工业园区年鉴编纂委员会编　主编崔广全、刘海燕
古吴轩出版社　2017 年 10 月
388 页　精装　29cm
ISBN978-7-5546-0984-2
馆藏号：Guojiafz-8600002016515

南通年鉴·2002
中共南通市委、南通市人民政府主办　南通市年鉴编纂委员会编　主编徐仁祥
方志出版社　2002 年 6 月
418 页　精装　29cm
ISBN7-80122-740-9
馆藏号：Guojiafz-8600002013155

南通年鉴·2003
中共南通市委、南通市人民政府主办　南通市年鉴编纂委员会编　主编徐仁祥
方志出版社　2003 年 6 月
411 页　精装　29cm
ISBN7-80122-971-1
馆藏号：Guojiafz-8600002000851

南通年鉴·2004
中共南通市委、南通市人民政府主办　南通市年鉴编纂委员会编　主编徐仁祥
方志出版社　2004 年 5 月
402 页　精装　29cm
ISBN7-80192-193-3
馆藏号：Guojiafz-8600002005130

南通年鉴·2005
中共南通市委、南通市人民政府主办　南通市年鉴编纂委员会编　主编吴声和
方志出版社　2005年9月
386页　精装　29cm
ISBN7-80192-617-X
馆藏号：Guojiafz-8600002007752

南通年鉴·2006
中共南通市委、南通市人民政府主办　南通市年鉴编纂委员会编　主编吴声和
方志出版社　2006年9月
394页　精装　29cm
ISBN7-80192-859-8
馆藏号：Guojiafz-8600002002965

南通年鉴·2007
中共南通市委、南通市人民政府主办　南通市年鉴编纂委员会编　主编吴声和
方志出版社　2007年8月
412页　精装　29cm
ISBN978-7-80238-119-3
馆藏号：Guojiafz-8600002012461

南通年鉴·2008
中共南通市委、南通市人民政府主办　南通市年鉴编纂委员会编　主编严崇明
方志出版社　2008年9月
406页　精装　29cm
ISBN978-7-80238-361-6
馆藏号：Guojiafz-8600002005487

南通年鉴·2009
中共南通市委、南通市人民政府主办《南通年鉴》编纂委员会编　主编严崇明
方志出版社　2009年10月
430页　精装　29cm
ISBN978-7-80238-626-6
馆藏号：Guojiafz-8600002004526

南通年鉴·2010
中共南通市委、南通市人民政府主办《南通年鉴》编纂委员会编　主编严崇明
方志出版社　2010年8月
427页　精装　29cm
ISBN978-7-80238-817-8
馆藏号：Guojiafz-8600002009671

南通年鉴·2011
中共南通市委、南通市人民政府主办《南通年鉴》编纂委员会编　主编严崇明
方志出版社　2011年9月
488页　精装　29cm
ISBN978-7-5144-0199-8
馆藏号：Guojiafz-8600002002220

南通年鉴·2012
南通市人民政府主办　南通市年鉴编纂委员会编　主编严崇明
方志出版社　2012年10月
362页　精装　29cm
ISBN978-7-5144-0714-3
馆藏号：Guojiafz-8600002000260

南通年鉴·2013
中共南通市委、南通市人民政府主办　南通市年鉴编纂委员会编　主编严崇明　执行主编陈红
方志出版社　2013年9月
338页　精装　29cm
ISBN978-7-5144-0982-6
馆藏号：Guojiafz-8600002009952

南通年鉴·2018
中共南通市委、南通市人民政府主办　南通市年鉴编纂委员会编　主编张鹏飞　执行主编尤斌
方志出版社　2018年9月
392页　精装　29cm
ISBN978-7-5144-3350-0
馆藏号：Guojiafz-8600002017111

通州年鉴·1998
通州市人民政府主办　通州市地方志编纂委员会办公室编　主编蒋志平
方志出版社　1998年12月
353页　精装　27cm
ISBN7-80122-392-6
馆藏号：Guojiafz-8600002009886

通州年鉴·1999
通州市人民政府主办　江苏省通州市地方志编纂委员会办公室编　主编蒋志平
方志出版社　1999年9月
380页　精装　27cm
ISBN7-80122-474-4
馆藏号：Guojiafz-8600002007877

通州年鉴·2000
通州市人民政府主办　江苏省通州市地方志编纂委员会办公室编　主编蒋志平
方志出版社　2000年8月
368页　精装　27cm
ISBN7-80122-583-X
馆藏号：Guojiafz-8600002007641

通州年鉴·2001
通州市人民政府主办　江苏省通州市地方志编纂委员会办公室编　主编蒋志平
方志出版社　2001年8月
360页　精装　27cm
ISBN7-80122-670-4
馆藏号：Guojiafz-8600002012959

通州年鉴·2002
通州市人民政府主办　江苏省通州市地方志编纂委员会办公室编　主编赵振南
方志出版社　2002年9月
368页　精装　27cm
ISBN7-80122-827-8
馆藏号：Guojiafz-8600002012916

通州年鉴·2003
通州市人民政府主办　通州市地方志编纂委员会办公室编　主编赵振南
方志出版社　2003年9月
335页　精装　29cm
ISBN7-80192-029-5
馆藏号：Guojiafz-8600002004225

通州年鉴·2004
中共通州市委员会、通州市人民政府主办　通州市地方志编纂委员会办公室编　主编赵振南
方志出版社　2004年8月
299页　精装　29cm
ISBN7-80192-290-5
馆藏号：Guojiafz-8600002005168

通州年鉴·2006
中共通州市委员会、通州市人民政府主办　通州市地方志编纂委员会办公室编　主编赵振南
执行主编冯金荣
方志出版社　2006年9月
364页　精装　29cm
ISBN7-80192-886-5
馆藏号：Guojiafz-8600002003983

通州年鉴·2007
中共通州市委员会、通州市人民政府主办　通州市地方志编纂委员会办公室编　主编赵振南
执行主编冯金荣
方志出版社　2007年9月
338页　精装　29cm
ISBN978-7-80238-145-2
馆藏号：Guojiafz-8600002004449

通州年鉴·2008
中共通州市委员会、通州市人民政府主办　通州市地方志编纂委员会编　主编赵振南　执行主编冯金荣
方志出版社　2008年9月
342页　精装　29cm

ISBN978-7-80238-364-7
馆藏号：Guojiafz-8600002004799

通州年鉴·2009
中共南通市通州区委员会、南通市通州区人民政府主办　南通市通州区地方志编纂委员会办公室编　主编赵振南、张建忠　执行主编陈菊、冯金荣
方志出版社　2009年10月
334页　精装　29cm
ISBN978-7-80238-635-8
馆藏号：Guojiafz-8600002004798

通州年鉴·2010
中共南通市通州区委员会、南通市通州区人民政府主办　南通市通州区地方志编纂委员会办公室编
主编张建忠　执行主编阚新华
方志出版社　2010年9月
304页　精装　29cm
ISBN978-7-80238-867-3
馆藏号：Guojiafz-8600002008418

通州年鉴·2011
中共南通市通州区委员会、南通市通州区人民政府主办　南通市通州区地方志编纂委员会办公室编
主编张建忠、王飞　执行主编阚新华
方志出版社　2011年10月
328页　精装　29cm
ISBN978-7-5144-0275-9
馆藏号：Guojiafz-8600002000280

通州年鉴·2012
中共南通市通州区委员会、南通市通州区人民政府主办　南通市通州区地方志编纂委员会办公室编
主编王飞　执行主编阚新华
方志出版社　2012年9月
328页　精装　29cm
ISBN978-7-5144-0599-6
馆藏号：Guojiafz-8600002000575

南通市通州年鉴·2013
中共南通市通州区委员会、南通市通州区人民政府主办　南通市通州区地方志编纂委员会办公室编
主编王飞　执行主编阚新华
方志出版社　2013年8月
330页　精装　29cm
ISBN978-7-5144-0957-4
馆藏号：Guojiafz-8600002004616

南通市通州年鉴·2014
中共南通市通州区委员会、南通市通州区人民政府主办　南通市通州区地方志编纂委员会编
主编王飞　执行主编阚新华
方志出版社　2014年8月
322页　精装　29cm
ISBN978-7-5144-1347-2
馆藏号：Guojiafz-8600002004287

南通市通州年鉴·2015
中共南通市通州区委员会、南通市通州区人民政府主办　南通市通州区地方志编纂委员会办公室编
主编王飞　执行主编阚新华
方志出版社　2015年9月
330页　精装　29cm
ISBN978-7-5144-1654-1
馆藏号：Guojiafz-8600002010678

南通市通州年鉴·2016
中共南通市通州区委员会、南通市通州区人民政府主办　南通市通州区地方志编纂委员会办公室编
主编王飞　执行主编阚新华
方志出版社　2016年10月
344页　精装　29cm
ISBN978-7-5144-2147-7
馆藏号：Guojiafz-8600002013882

启东年鉴·2002
启东市人民政府主办　启东市人民政府、启东市地方史志办公室合编　主编陆贵平
中共党史出版社　2002年8月

414 页　精装　27cm
ISBN7-80136-777-4
馆藏号：Guojiafz-8600002005240

启东年鉴・2004
启东市人民政府主办 《启东年鉴》编纂委员会编 主编陆贵平
方志出版社　2004 年 9 月
396 页　精装　27cm
ISBN7-80192-328-6
馆藏号：Guojiafz-8600002000952

启东年鉴・2005
启东市人民政府主办 《启东年鉴》编纂委员会编 主编吴天昌
方志出版社　2005 年 9 月
338 页　精装　29cm
ISBN7-80192-632-3
馆藏号：Guojiafz-8600002004969

启东年鉴・2006
中共启东市委、启东市人民政府主办　启东市地方志办公室编　主编吴天昌
方志出版社　2006 年 9 月
334 页　精装　29cm
ISBN7-80192-866-0
馆藏号：Guojiafz-8600002003952

启东年鉴・2007
中共启东市委、启东市人民政府主办 《启东年鉴》编纂委员会编　主编吴天昌　执行主编周磊
方志出版社　2007 年 10 月
400 页　精装　29cm
ISBN978-7-80238-169-8
馆藏号：Guojiafz-8600002012661

启东年鉴・2008
中共启东市委、启东市人民政府主办 《启东年鉴》编纂委员会编　主编吴天昌　执行主编周磊
方志出版社　2008 年 9 月
342 页　精装　29cm
ISBN978-7-80238-368-5
馆藏号：Guojiafz-8600002005164

启东年鉴・2009
中共启东市委、启东市人民政府主办　启东市地方志编纂委员会编　主编顾永辉
方志出版社　2009 年 10 月
334 页　精装　29cm
ISBN978-7-80238-637-2
馆藏号：Guojiafz-8600002004725

启东年鉴・2010
中共启东市委、启东市人民政府主办　启东市地方志编纂委员会办公室编　主编顾永辉
方志出版社　2010 年 9 月
258 页　精装　29cm
ISBN978-7-80238-882-6
馆藏号：Guojiafz-8600002000600

启东年鉴・2011
中共启东市委、启东市人民政府主办　启东市地方志编纂委员会办公室编　主编顾永辉
方志出版社　2011 年 10 月
340 页　精装　29cm
ISBN978-7-5144-0288-9
馆藏号：Guojiafz-8600002005984

启东年鉴・2012
中共启东市委、启东市人民政府主办　启东市地方志编纂委员会办公室编　主编黄翠芳
方志出版社　2012 年 10 月
386 页　精装　29cm
ISBN978-7-5144-0661-0
馆藏号：Guojiafz-8600002007512

启东年鉴・2013
中共启东市委、启东市人民政府主办　启东市地方志编纂委员会办公室编　主编黄翠芳
方志出版社　2013 年 10 月

438 页　精装　29cm
ISBN978-7-5144-1056-3
馆藏号：Guojiafz-8600002007247

启东年鉴·2014
中共启东市委、启东市人民政府主办　启东市地方志编纂委员会办公室编　主编黄翠芳
方志出版社　2014 年 11 月
376 页　精装　29cm
ISBN978-7-5144-1459-2
馆藏号：Guojiafz-8600002006858

启东年鉴·2015
中共启东市委、启东市人民政府主办　启东市地方志编纂委员会办公室编　主编黄翠芳
方志出版社　2015 年 9 月
372 页　精装　29cm
ISBN978-7-5144-1724-1
馆藏号：Guojiafz-8600002010691

启东年鉴·2016
中共启东市委、启东市人民政府主办　启东市地方志编纂委员会办公室编　主编黄翠芳
方志出版社　2016 年 9 月
364 页　精装　29cm
ISBN978-7-5144-2131-6
馆藏号：Guojiafz-8600002014012

启东年鉴·2017
中共启东市委、启东市人民政府主办　启东市地方志编纂委员会办公室编　主编陆红琴
方志出版社　2017 年 12 月
340 页　精装　29cm
ISBN978-7-5144-2668-7
馆藏号：Guojiafz-8600002016874

启东年鉴·2018
中共启东市委、启东市人民政府主办　启东市地方志编纂委员会办公室编　主编陆红琴
方志出版社　2018 年 9 月
316 页　精装　29cm
ISBN978-7-5144-3343-2
馆藏号：Guojiafz-8600002017282

大事如皋·2011
中共如皋市委员会主办　如皋市档案局（馆）编
主编周光银
方志出版社　2012 年 3 月
258 页　精装　29cm
ISBN978-7-5144-0443-2
馆藏号：Guojiafz-8600002011988

大事如皋·2015
中共江苏省如皋市委员会、江苏省如皋市人民政府主办　江苏省如皋市档案局（馆）编
主编许益飞
方志出版社　2016 年 4 月
206 页　精装　30cm
ISBN978-7-5144-1980-1
馆藏号：Guojiafz-8600002013520

大事如皋·2017
中共江苏省如皋市委员会、江苏省如皋市人民政府主办　江苏省如皋市档案局（馆）编
主编谢晓明
方志出版社　2018 年 4 月
220 页　精装　29cm
ISBN978-7-5144-3067-7
馆藏号：Guojiafz-8600002017204

如皋年鉴·2004
中共如皋市委、如皋市人民政府主办　中共如皋市委党史工作办公室编　主编刘聪泉、田桦、殷春泉、张世芳、周光银、朱明芳
方志出版社　2004 年 9 月
410 页　精装　29cm
ISBN7-80192-329-4
馆藏号：Guojiafz-8600002007763

如皋年鉴·2005
中共如皋市委、如皋市人民政府主办　如皋市年鉴编纂委员会编　主编刘聪泉、田桦、殷春泉
方志出版社　2005年9月
413页　精装　29cm
ISBN7-80192-673-0
馆藏号：Guojiafz-8600002006378

如皋年鉴·2006
中共如皋市委员会、如皋市人民政府主办　如皋市年鉴编纂委员会编　主编殷春泉
方志出版社　2006年8月
403页　精装　29cm
ISBN7-80192-836-9
馆藏号：Guojiafz-8600002012845

如皋年鉴·2007
中共如皋市委员会、如皋市人民政府主办　中共如皋市委党史办公室编　主编黄玉良
方志出版社　2007年11月
483页　精装　29cm
ISBN978-7-80238-181-0
馆藏号：Guojiafz-8600002004263

如皋年鉴·2008
中共如皋市委、如皋市人民政府主办　中共如皋市党史工作办公室编　主编黄玉良
方志出版社　2008年9月
393页　精装　29cm
ISBN978-7-80238-332-6
馆藏号：Guojiafz-8600002003250

如皋年鉴·2009
中共如皋市委、如皋市人民政府主办　中共如皋市委党史工作办公室编　主编黄玉良
方志出版社　2010年1月
440页　精装　29cm
ISBN978-7-80238-726-3
馆藏号：Guojiafz-8600002011423

如皋年鉴·2010
中共如皋市委、如皋市人民政府主办　如皋市年鉴编纂委员会编　主编黄玉良
方志出版社　2010年11月
443页　精装　29cm
ISBN978-7-80238-946-5
馆藏号：Guojiafz-8600002006120

如皋年鉴·2011
中共如皋市委、如皋市人民政府主办　如皋市年鉴编纂委员会编　主编褚建华
方志出版社　2011年10月
489页　精装　29cm
ISBN978-7-5144-0226-1
馆藏号：Guojiafz-8600002000624

如皋年鉴·2012
中共如皋市委、如皋市人民政府主办　如皋市年鉴编纂委员会编　主编褚建华
方志出版社　2012年9月
495页　精装　29cm
ISBN978-7-5144-0565-1
馆藏号：Guojiafz-8600002000261

如皋年鉴·2013
中共如皋市委员会、如皋市人民政府主办　如皋市年鉴编纂委员会编　主编褚建华
方志出版社　2013年10月
465页　精装　29cm
ISBN978-7-5144-0987-1
馆藏号：Guojiafz-8600002006983

如皋年鉴·2014
中共如皋市委、如皋市人民政府主办　中共如皋市委党史工作办公室编　主编褚建华
方志出版社　2014年10月
365页　精装　29cm
ISBN978-7-5144-1390-8
馆藏号：Guojiafz-8600002009919

如皋年鉴·2015

中共如皋市委、如皋市人民政府主办　中共如皋市委党史工作办公室编　主编徐亚军

方志出版社　2015年9月

311页　精装　29cm

ISBN978-7-5144-1695-4

馆藏号：Guojiafz-8600002010609

如皋年鉴·2016

中共如皋市委、如皋市人民政府主办　如皋市地方志编纂委员会办公室编　主编徐亚军

方志出版社　2016年10月

323页　精装　29cm

ISBN978-7-5144-2165-1

馆藏号：Guojiafz-8600002013817

如皋年鉴·2017

中共如皋市委、如皋市人民政府主办　如皋市地方志编纂委员会办公室编　主编徐亚军

方志出版社　2017年12月

433页　精装　29cm

ISBN978-7-5144-2882-7

馆藏号：Guojiafz-8600002015562

如皋年鉴·2018

如皋市人民政府主办　如皋市地方志编纂委员会办公室编　主编徐亚军

江苏人民出版社　2018年11月

418页　精装　29cm

ISBN978-7-214-22759-1

馆藏号：Guojiafz-8600002018606-8

如皋年鉴·2019

如皋市地方志编纂委员会办公室编　主编徐亚军

江苏人民出版社　2019年12月

462页　精装　29cm

ISBN978-7-214-23811-5

馆藏号：Guojiafz-8600002018609-11

海门年鉴·2001

中共海门市委、海门市人民政府主办　江苏省海门年鉴编纂委员会编　主编张凤斌

方志出版社　2001年8月

306页　精装　27cm

ISBN7-80122-624-0

馆藏号：Guojiafz-8600002012731

海门年鉴·2002

中共海门市委、海门市人民政府主办　江苏省海门年鉴编纂委员会编　主编张凤斌

方志出版社　2002年10月

321页　精装　27cm

ISBN7-80122-821-9

馆藏号：Guojiafz-8600002013258

海门年鉴·2003

中共海门市委、海门市人民政府主办《海门年鉴》编纂委员会编　主编张凤斌

方志出版社　2003年8月

310页　精装　27cm

ISBN7-80192-004-X

馆藏号：Guojiafz-8600002007321

海门年鉴·2004

中共海门市委、海门市人民政府主办　海门市地方志编纂委员会编　主编张凤斌

方志出版社　2004年8月

301页　精装　27cm

ISBN7-80192-323-5

馆藏号：Guojiafz-8600002005018

海门年鉴·2005

中共海门市委、海门市人民政府主办　海门市地方志编纂委员会编　主编张凤斌

方志出版社　2005年10月

324页　精装　29cm

ISBN7-80192-592-0

馆藏号：Guojiafz-8600002004858

海门年鉴·2006
中共海门市委、海门市人民政府主办　海门市地方志编纂委员会编　主编张凤斌
方志出版社　2006 年 9 月
334 页　精装　29cm
ISBN7-80192-873-3
馆藏号：Guojiafz-8600002004471

海门年鉴·2007
中共海门市委、海门市人民政府主办　海门市地方志编纂委员会编　主编张凤斌
方志出版社　2007 年 11 月
362 页　精装　29cm
ISBN978-7-80238-193-3
馆藏号：Guojiafz-8600002012292

海门年鉴·2008
中共海门市委、海门市人民政府主办　海门市地方志编纂委员会编　主编张凤斌
方志出版社　2008 年 9 月
360 页　精装　29cm
ISBN978-7-80238-359-3
馆藏号：Guojiafz-8600002003563

海门年鉴·2009
中共海门市委、海门市人民政府主办　海门市地方志编纂委员会办公室编　主编张凤斌
方志出版社　2009 年 11 月
348 页　精装　29cm
ISBN978-7-80238-633-4
馆藏号：Guojiafz-8600002008435

海门年鉴·2010
中共海门市委、海门市人民政府主办　海门市年鉴编纂委员会编　主编沈健生
方志出版社　2010 年 8 月
344 页　精装　29cm
ISBN978-7-80238-815-4
馆藏号：Guojiafz-8600002000827

海门年鉴·2011
中共海门市委员会、海门市人民政府主办　海门市年鉴编纂委员会编　主编沈健生
方志出版社　2011 年 10 月
376 页　精装　29cm
ISBN978-7-5144-0276-6
馆藏号：Guojiafz-8600002008288

海门年鉴·2012
中共海门市委员会、海门市人民政府主办　《海门年鉴》编纂委员会编　主编沈健生
方志出版社　2012 年 8 月
394 页　精装　29cm
ISBN978-7-5144-0549-1
馆藏号：Guojiafz-8600002007086

海门年鉴·2013
中共海门市委员会、海门市人民政府主办　《海门年鉴》编纂委员会编　主编陆杰　执行主编薛卫菊
方志出版社　2013 年 8 月
360 页　精装　29cm
ISBN978-7-5144-0972-7
馆藏号：Guojiafz-8600002004620

海门年鉴·2014
中共海门市委员会、海门市人民政府主办　《海门年鉴》编纂委员会编　主编季春　执行主编薛卫菊
方志出版社　2014 年 9 月
354 页　精装　29cm
ISBN978-7-5144-1388-5
馆藏号：Guojiafz-8600002005571

海门年鉴·2015
中共海门市委员会、海门市人民政府主办　《海门年鉴》编纂委员会编　主编季春　执行主编薛卫菊
方志出版社　2015 年 10 月
338 页　精装　29cm

ISBN978-7-5144-1755-5
馆藏号：Guojiafz-8600002010693

海门年鉴・2016
中国共产党海门市委员会主办 《海门年鉴》编纂委员会编 主编季春 执行主编张静
方志出版社 2016年9月
397页 精装 29cm
ISBN978-7-5144-2130-9
馆藏号：Guojiafz-8600002014009

海门年鉴・2017
中共海门市委、海门市人民政府主办 海门市地方志编纂委员会办公室编 主编朱红兵
执行主编张静
方志出版社 2017年9月
366页 精装 29cm
ISBN978-7-5144-2547-5
馆藏号：Guojiafz-8600002015021

海门年鉴・2018
中共海门市委、海门市人民政府主办 海门市地方志编纂委员会办公室编 主编朱红兵
方志出版社 2018年9月
384页 精装 29cm
ISBN978-7-5144-3306-7
馆藏号：Guojiafz-8600002017142

海安年鉴・2000
中共海安县委、海安县人民政府主办 海安年鉴编纂委员会编 主编张仁祥
方志出版社 2000年7月
369页 精装 29cm
ISBN7-80122-570-8
馆藏号：Guojiafz-8600002010695

海安年鉴・2001
中共海安县委、海安县人民政府主办 海安年鉴编纂委员会编 主编张仁祥
方志出版社 2001年8月
369页 精装 29cm
ISBN7-80122-673-9
馆藏号：Guojiafz-8600002013123

海安年鉴・2002
中共海安县委、海安县人民政府主办 江苏省海安年鉴编纂委员会编 主编张仁祥
方志出版社 2002年9月
288页 精装 29cm
ISBN7-80122-822-7
馆藏号：Guojiafz-8600002005260

海安年鉴・2003
中共海安县委、海安县人民政府主办 江苏省海安年鉴编纂委员会编 主编王其银
方志出版社 2003年11月
374页 精装 29cm
ISBN7-80192-085-6
馆藏号：Guojiafz-8600002003913

海安年鉴・2004
中共海安县委、海安县人民政府主办 《海安年鉴》编纂委员会编 主编王其银
方志出版社 2004年12月
386页 精装 29cm
ISBN7-80192-433-9
馆藏号：Guojiafz-8600002004859

海安年鉴・2005
中共海安县委、海安县人民政府主办 《海安年鉴》编纂委员会编 主编王其银
方志出版社 2005年12月
354页 精装 29cm
ISBN7-80192-707-9
馆藏号：Guojiafz-8600002004824

海安年鉴・2008
中共海安县委、海安县人民政府主办 《海安年鉴》编纂委员会编 主编董玉龙
方志出版社 2008年12月

376 页　精装　29cm
ISBN978-7-80238-469-9
馆藏号：Guojiafz-8600002012360

海安年鉴·2009
中共海安县委、海安县人民政府主办 《海安年鉴》编纂委员会编　主编董玉龙　执行主编董玉龙、杨斌、周宏文、崔广华
方志出版社　2009 年 6 月
387 页　精装　29cm
ISBN978-7-80238-544-3
馆藏号：Guojiafz-8600002002540

海安年鉴·2010
中共海安县委、海安县人民政府主办　海安市地方志编纂委员会编　主编董玉龙　执行主编董玉龙、杨斌、周宏文、崔广华
方志出版社　2010 年 6 月
419 页　精装　29cm
ISBN978-7-80238-787-4
馆藏号：Guojiafz-8600002008417

海安年鉴·2011
中共海安县委、海安县人民政府主办 《海安年鉴》编纂委员会编　主编董玉龙　执行主编董玉龙、杨斌、周宏文、崔广华
方志出版社　2011 年 8 月
434 页　精装　29cm
ISBN978-7-5144-0176-9
馆藏号：Guojiafz-8600002000106

海安年鉴·2012
中共海安县委、海安县人民政府主办 《海安年鉴》编纂委员会编　主编董玉龙　执行主编董玉龙、杨斌、周宏文、崔广华
方志出版社　2012 年 6 月
418 页　精装　29cm
ISBN978-7-5144-0510-1
馆藏号：Guojiafz-8600002000307

海安年鉴·2013
中共海安县委、海安县人民政府主办 《海安年鉴》编纂委员会编　主编董玉龙　执行主编董玉龙、杨斌、周宏文、崔广华
方志出版社　2013 年 7 月
408 页　精装　29cm
ISBN978-7-5144-0928-4
馆藏号：Guojiafz-8600002003024

海安年鉴·2014
中共海安县委、海安县人民政府主办 《海安年鉴》编纂委员会编　主编董玉龙　执行主编董玉龙、杨斌、周宏文、崔广华
方志出版社　2014 年 8 月
383 页　精装　29cm
ISBN978-7-5144-1346-5
馆藏号：Guojiafz-8600002007306

海安年鉴·2015
中共海安县委、海安县人民政府主办 《海安年鉴》编纂委员会编　主编董玉龙
方志出版社　2015 年 11 月
374 页　精装　29cm
ISBN978-7-5144-1845-3
馆藏号：Guojiafz-8600002005239

海安年鉴·2016
中共海安县委、海安县人民政府主办 《海安年鉴》编纂委员会编　主编董玉龙
方志出版社　2016 年 9 月
378 页　精装　29cm
ISBN978-7-5144-2115-6
馆藏号：Guojiafz-8600002013883

海安年鉴·2017
海安年鉴编纂委员会编　主编王宝勇
方志出版社　2017 年 12 月
372 页　精装　29cm
ISBN978-7-5144-2570-3
馆藏号：Guojiafz-8600002016530

如东年鉴·2000
如东县人民政府主办　中共如东县委党史工作办公室、如东县地方志编纂委员会办公室合编
主编严世国
方志出版社　2000年9月
342页　精装　27cm
ISBN-7-80122-590-2
馆藏号：Guojiafz-8600002011058

如东年鉴·2001
如东县人民政府主办　中共如东县委党史工作办公室、如东县地方志编纂委员会办公室合编
主编严世国
方志出版社　2001年8月
401页　精装　27cm
ISBN7-80122-684-4
馆藏号：Guojiafz-8600002013018

如东年鉴·2002
如东县人民政府主办　中共如东县委党史工作办公室、如东县地方志编纂委员会办公室合编
主编严世国
方志出版社　2002年10月
461页　精装　27cm
ISBN7-80122-819-7
馆藏号：Guojiafz-8600002013177

如东年鉴·2003
如东县人民政府主办　如东县委党史工作办公室、如东县地方志编纂委员会办公室合编
主编周国平　执行主编虞建宣
方志出版社　2003年9月
421页　精装　27cm
ISBN7-80192-039-2
馆藏号：Guojiafz-8600002005027

如东年鉴·2004
如东县人民政府主办　中共如东县委党史工作办公室、如东县地方志编纂委员会办公室合编
主编周国平　执行主编虞建宣
方志出版社　2004年9月
308页　精装　29cm
ISBN7-80192-326-X
馆藏号：Guojiafz-8600002000997

如东年鉴·2005
如东县人民政府主办　如东县地方志编纂委员会编
主编周国平　执行主编虞建宣
方志出版社　2005年10月
329页　精装　29cm
ISBN7-80192-664-1
馆藏号：Guojiafz-8600002008667

如东年鉴·2006
如东县人民政府主办　如东县地方志编纂委员会编
主编周国平　执行主编虞建宣
方志出版社　2006年12月
373页　精装　29cm
ISBN7-80192-979-9
馆藏号：Guojiafz-8600002002920

如东年鉴·2007
如东县人民政府主办　如东县委党史办公室编
主编周国平　执行主编虞建宣
方志出版社　2007年10月
368页　精装　29cm
ISBN978-7-80238-161-2
馆藏号：Guojiafz-8600002012519

如东年鉴·2008
如东县人民政府主办　如东县委党史办编
主编周国平
方志出版社　2008年12月
443页　精装　29cm
ISBN978-7-80238-415-6
馆藏号：Guojiafz-8600002000854

如东年鉴·2009
如东县人民政府主办《如东年鉴》编纂委员会编
主编周国平

方志出版社　2010 年 1 月
403 页　精装　29cm
ISBN978-7-80238-718-8
馆藏号：Guojiafz-8600002008156

如东年鉴·2010
如东县人民政府主办　《如东年鉴》编纂委员会编
主编周国平
方志出版社　2011 年 1 月
367 页　精装　29cm
ISBN978-7-5144-0069-4
馆藏号：Guojiafz-8600002006128

如东年鉴·2011
如东县人民政府主办　《如东年鉴》编纂委员会、如东县委党史工作办公室合编　主编周国平
方志出版社　2011 年 12 月
391 页　精装　29cm
ISBN978-7-5144-0396-1
馆藏号：Guojiafz-8600002002117

如东年鉴·2012
如东县人民政府主办　《如东年鉴》编纂委员会编
主编於小卫
方志出版社　2012 年 10 月
378 页　精装　29cm
ISBN978-7-5144-0682-5
馆藏号：Guojiafz-8600002007337

如东年鉴·2013
如东县人民政府主办　《如东年鉴》编纂委员会编
主编於小卫
方志出版社　2013 年 9 月
389 页　精装　29cm
ISBN978-7-5144-0985-7
馆藏号：Guojiafz-8600002007190

如东年鉴·2014
中共如东县委、如东县人民政府主办　如东县年鉴编纂委员会编　主编於小卫　执行主编顾久芬
方志出版社　2014 年 8 月
338 页　精装　29cm
ISBN978-7-5144-1341-0
馆藏号：Guojiafz-8600002006838

如东年鉴·2016
中共如东县、如东县人民政府主办　如东县地方志编纂委员会办公室编　主编於小卫　执行主编顾久芬
方志出版社　2016 年 9 月
349 页　精装　29cm
ISBN978-7-5144-2078-4
馆藏号：Guojiafz-8600002013854

如东年鉴·2017
如东县年鉴编纂委员会编　主编於小卫
执行主编顾久芬
方志出版社　2017 年 10 月
370 页　精装　29cm
ISBN978-7-5144-2611-3
馆藏号：Guojiafz-8600002015124

如东年鉴·2018
如东县年鉴编纂委员会编　主编金稜　执行主编蒋华
方志出版社　2018 年 9 月
352 页　精装　29cm
ISBN978-7-5144-3332-6
馆藏号：Guojiafz-8600002016974

连云港年鉴·2000
连云港市人民政府主办　江苏省连云港市地方志编纂委员会编　主编秦光汉
方志出版社　2000 年 7 月
369 页　精装　29cm
ISBN7-80122-572-4
馆藏号：Guojiafz-8600002011279

连云港年鉴·2001
连云港市人民政府主办　江苏省连云港市地方志

编纂委员会编　主编秦光汉
方志出版社　2001 年 6 月
435 页　精装　29cm
ISBN7-80122-664-X
馆藏号：Guojiafz-8600002013117

连云港年鉴 · 2002
连云港市人民政府主办《连云港年鉴》编辑部编
主编秦光汉
方志出版社　2002 年 12 月
446 页　精装　29cm
ISBN7-80122-839-1
馆藏号：Guojiafz-8600002013064

连云港年鉴 · 2003
连云港市人民政府主办　连云港市地方志编纂委员会编　主编丁心昂
方志出版社　2003 年 7 月
522 页　精装　29cm
ISBN7-80122-983-5
馆藏号：Guojiafz-8600002003958

连云港年鉴 · 2004
连云港市人民政府主办　连云港市地方志办公室编
主编丁心昂
方志出版社　2004 年 6 月
473 页　精装　30cm
ISBN7-80192-215-8
馆藏号：Guojiafz-8600002005223

连云港年鉴 · 2005
连云港市人民政府主办　连云港市地方志办公室编
主编丁心昂
方志出版社　2005 年 6 月
405 页　精装　29cm
ISBN7-80192-525-4
馆藏号：Guojiafz-8600002002163

连云港年鉴 · 2006
连云港市人民政府主办　连云港市地方志办公室编
主编李东
方志出版社　2006 年 9 月
388 页　精装　29cm
ISBN7-80192-799-0
馆藏号：Guojiafz-8600002005105

连云港年鉴 · 2007
连云港市人民政府主办　连云港市地方志办公室编
主编李东
方志出版社　2007 年 9 月
418 页　精装　29cm
ISBN978-7-80238-146-9
馆藏号：Guojiafz-8600002012446

连云港年鉴 · 2008
连云港市人民政府主办　连云港市地方志办公室编
主编李东
方志出版社　2008 年 12 月
416 页　精装　29cm
ISBN978-7-80238-455-2
馆藏号：Guojiafz-8600002007993

连云港年鉴 · 2009
连云港市人民政府主办　连云港市地方志办公室编
主编李东
方志出版社　2009 年 10 月
384 页　精装　29cm
ISBN978-7-80238-623-5
馆藏号：Guojiafz-8600002004240

连云港年鉴 · 2010
连云港市人民政府主办　连云港市地方志办公室编
主编李东
方志出版社　2010 年 10 月
418 页　精装　29cm
ISBN978-7-80238-869-7
馆藏号：Guojiafz-8600002012173

连云港年鉴 · 2011
连云港市人民政府主办　连云港市地方志办公室编

主编李东
江苏人民出版社　2011 年 9 月
378 页　精装　29cm
ISBN978-7-214-07476-8
馆藏号：Guojiafz-8600002019589-90

连云港年鉴·2012
连云港市人民政府主办　连云港市地方志办公室编
主编李东
江苏人民出版社　2012 年 10 月
432 页　精装　29cm
ISBN978-7-214-08792-8
馆藏号：Guojiafz-8600002019581-3

连云港年鉴·2013
连云港市人民政府主办　连云港市地方志办公室编
主编李东
江苏人民出版社　2013 年 11 月
418 页　精装　29cm
ISBN978-7-214-11035-0
馆藏号：Guojiafz-8600002019586-8

连云港年鉴·2014
连云港市人民政府主办　连云港市地方志办公室编
主编苏中保
江苏人民出版社　2014 年 10 月
390 页　精装　29cm
ISBN978-7-214-14061-6
馆藏号：Guojiafz-8600002019624-5

连云港年鉴·2015
连云港市人民政府主办　连云港市地方志办公室编
主编苏中保
江苏人民出版社　2015 年 10 月
418 页　精装　29cm
ISBN978-7-214-16970-9
馆藏号：Guojiafz-8600002019626-8

连云港年鉴·2016
连云港市人民政府主办　连云港市地方志办公室编
主编苏中保
江苏人民出版社　2016 年 10 月
430 页　精装　29cm
ISBN978-7-214-19657-6
馆藏号：Guojiafz-8600002014432

连云港年鉴·2017
连云港市人民政府主办　连云港市地方志办公室编
主编徐勤飞　执行主编陆瑞萍
方志出版社　2017 年 12 月
394 页　精装　29cm
ISBN978-7-5144-2655-7
馆藏号：Guojiafz-8600002015125

连云港年鉴·2018
连云港市地方志编纂委员会办公室编　主编徐勤飞
执行主编陆瑞萍
方志出版社　2018 年 9 月
380 页　精装　29cm
ISBN978-7-5144-3318-0
馆藏号：Guojiafz-8600002017297

连云港年鉴·2019
连云港市地方志编纂委员会办公室编　主编徐勤飞
执行主编陆瑞萍
方志出版社　2019 年 12 月
390 页　精装　29cm
ISBN978-7-5144-4042-3
馆藏号：Guojiafz-8600002017900

连云港统计年鉴·1997
连云港市统计局编　主编李烨
济源市印刷总厂印刷　1997 年 6 月
450 页　精装　27cm
馆藏号：Guojiafz-8600002006481

连云港统计年鉴·2000
连云港市统计局编　主编李烨
内部印刷　2000 年 5 月
450 页　精装　27cm
馆藏号：Guojiafz-8600002013493

新浦年鉴·2001
连云港市新浦区人民政府主办 《新浦年鉴》编纂委员会编 主编韩世泳
中华书局 2001 年 12 月
241 页 精装 27cm
ISBN7-101-03135-8
馆藏号：Guojiafz-8600002013494

新浦年鉴·2002
连云港市新浦区委、区政府主办 《新浦年鉴》编纂委员会编 主编韩世泳
方志出版社 2002 年 11 月
305 页 精装 27cm
ISBN7-80122-815-4
馆藏号：Guojiafz-8600002012676

新浦年鉴·2003
连云港市新浦区人民政府主办 连云港市新浦区《新浦年鉴》编纂委员会编 主编韩世泳
方志出版社 2003 年 11 月
388 页 精装 26cm
ISBN7-80192-075-9
馆藏号：Guojiafz-8600002005408

新浦年鉴·2004
连云港市新浦区人民政府主办 《新浦年鉴》编纂委员会编 主编韩世泳
方志出版社 2004 年 10 月
398 页 精装 26cm
ISBN7-80192-356-1
馆藏号：Guojiafz-8600002007731

新浦年鉴·2005
连云港市新浦区人民政府主办 《新浦年鉴》编纂委员会编 主编韩世泳
方志出版社 2005 年 9 月
405 页 精装 26cm
ISBN7-80192-614-5
馆藏号：Guojiafz-8600002007719

新浦年鉴·2006
连云港市新浦区人民政府主办 《新浦年鉴》编纂委员会编 主编韩世泳
方志出版社 2006 年 11 月
355 页 精装 29cm
ISBN7-80192-902-0
馆藏号：Guojiafz-8600002004703

新浦年鉴·2007
连云港市新浦区人民政府主办 《新浦年鉴》编纂委员会编 主编韩世泳
方志出版社 2007 年 10 月
291 页 精装 29cm
ISBN978-7-80238-171-1
馆藏号：Guojiafz-8600002012606

新浦年鉴·2008
新浦区人民政府主办 《新浦年鉴》编纂委员会编 主编韩世泳
方志出版社 2008 年 11 月
316 页 精装 29cm
ISBN978-7-80238-406-4
馆藏号：Guojiafz-8600002005213

新浦年鉴·2009
新浦区人民政府主办 新浦区地方志编纂委员会编 主编王恒亮
方志出版社 2009 年 12 月
300 页 精装 29cm
ISBN978-7-80238-692-1
馆藏号：Guojiafz-8600002008192

新浦年鉴·2010
新浦区人民政府主办 新浦区地方志编纂委员会编 主编王恒亮
方志出版社 2010 年 11 月
340 页 精装 29cm
ISBN978-7-80238-963-2
馆藏号：Guojiafz-8600002011103

新浦年鉴·2011
新浦区人民政府主办　新浦区地方志编纂委员会编
主编王恒亮
方志出版社　2011年11月
321页　精装　29cm
ISBN978-7-5144-0329-9
馆藏号：Guojiafz-8600002000480

新浦年鉴·2012
新浦区人民政府主办　新浦区地方志办公室编
主编王恒亮
方志出版社　2012年12月
338页　精装　29cm
ISBN978-7-5144-0790-7
馆藏号：Guojiafz-8600002007208

新浦年鉴·2013
新浦区人民政府主办　新浦区地方志办公室编
主编王恒亮
方志出版社　2014年1月
324页　精装　29cm
ISBN978-7-5144-1182-9
馆藏号：Guojiafz-8600002004629

新浦年鉴·2014
新浦区人民政府主办　新浦区地方志办公室编
主编王恒亮
方志出版社　2014年12月
345页　精装　29cm
ISBN978-7-5144-1496-7
馆藏号：Guojiafz-8600002007469

海州年鉴·2015
连云港市海州区人民政府主办　连云港市海州区地方志编纂委员会编　主编孙大伟
方志出版社　2015年10月
344页　精装　29cm
ISBN978-7-5144-1739-5
馆藏号：Guojiafz-8600002006199

海州年鉴·2016
连云港市海州区人民政府主办　连云港市海州区地方志编纂委员会编　主编孙大伟
方志出版社　2016年9月
344页　精装　29cm
ISBN978-7-5144-2097-5
馆藏号：Guojiafz-8600002013822

海州年鉴·2018
连云港市海州区人民政府主办　连云港市海州区地方志编纂委员会编　主编孙大伟
方志出版社　2018年11月
356页　精装　29cm
ISBN978-7-5144-3405-7
馆藏号：Guojiafz-8600002017013

连云年鉴·2007
连云区人民政府主办　《连云年鉴》编纂委员会编
主任徐开信
方志出版社　2007年9月
298页　精装　29cm
ISBN978-7-80238-120-9
馆藏号：Guojiafz-8600002012204

连云年鉴·2017
连云区地方志办公室编　主编王继澍
江苏人民出版社　2017年10月
412页　精装　29cm
ISBN978-7-214-21377-8
馆藏号：Guojiafz-8600002015592

赣榆年鉴·2003（创刊号）
赣榆县人民政府主办　赣榆县地方志编纂委员会编
主编尚衍壮　执行主编葛永明
方志出版社　2004年4月
322页　精装　27cm
ISBN7-80192-177-1
馆藏号：Guojiafz-8600002005026

赣榆年鉴・2004—2005
赣榆县人民政府主办　赣榆县地方志编纂委员会编
主编徐健
方志出版社　2006 年 7 月
584 页　精装　29cm
ISBN7-80192-821-0
馆藏号：Guojiafz-8600002005766

赣榆年鉴・2006
中共赣榆县委、赣榆县人民政府主办　赣榆县地方志编纂委员会编　主编徐健、李军　执行主编张广金
方志出版社　2007 年 7 月
296 页　精装　29cm
ISBN978-7-80238-091-2
馆藏号：Guojiafz-8600002012178

东海年鉴・2004（创刊号）
东海县人民政府主办 《东海年鉴》编纂委员会编
主编刘晋
方志出版社　2004 年 9 月
362 页　精装　27cm
ISBN7-80192-348-0
馆藏号：Guojiafz-8600002004000

东海年鉴・2005
东海县人民政府主办 《东海年鉴》编纂委员会编
主编刘晋
方志出版社　2005 年 7 月
390 页　精装　27cm
ISBN7-80192-570-X
馆藏号：Guojiafz-8600002008655

东海年鉴・2006
东海县人民政府主办　东海县地方志办公室编
主编王忠新
方志出版社　2006 年 11 月
428 页　精装　27cm
ISBN7-80192-925-X
馆藏号：Guojiafz-8600002003711

东海年鉴・2007
东海县人民政府主办　东海县地方志编纂委员会编
主任关永健
方志出版社　2007 年 8 月
426 页　精装　27cm
ISBN978-7-80238-107-0
馆藏号：Guojiafz-8600002012493

东海年鉴・2016
东海县人民政府主办　东海县地方志办公室编
主编张辉　执行主编王忠新
江苏人民出版社　2016 年 12 月
290 页　精装　29cm
ISBN978-7-214-19657-6
馆藏号：Guojiafz-8600002014436

灌云年鉴・2004（创刊号）
灌云县人民政府主办　灌云县地方志编纂委员会编
主编耿学贵
方志出版社　2004 年 12 月
240 页　精装　29cm
ISBN7-80192-439-8
馆藏号：Guojiafz-8600002008019

灌云年鉴・2006
灌云县人民政府主办　灌云县地方志编纂委员会编
主编耿学贵
方志出版社　2006 年 9 月
305 页　精装　29cm
ISBN7-80192-862-8
馆藏号：Guojiafz-8600002003955

灌云年鉴・2017
灌云县人民政府主办　灌云县地方志编纂委员会办公室编　主编张再楼　执行主编江尧运
方志出版社　2018 年 1 月
376 页　精装　29cm
ISBN978-7-5144-2943-5
馆藏号：Guojiafz-8600002015130

灌南年鉴·2004
灌南县人民政府主办　灌南县地方志编纂委员会编
主编于洪景
吉林人民出版社　2004年9月
364页　精装　29cm
ISBN7-206-02567-6
馆藏号：Guojiafz-8600002004253

淮安年鉴·2002
淮安市人民政府主办　淮安市志办公室编
主编徐应生、荀德麟
方志出版社　2002年12月
460页　精装　27cm
ISBN7-80122-866-9
馆藏号：Guojiafz-8600002003331

淮安年鉴·2003
淮安市人民政府主办　淮安市年鉴编纂委员会编
主编荀德麟、漆冠山
方志出版社　2003年12月
486页　精装　29cm
ISBN7-80192-105-4
馆藏号：Guojiafz-8600002004266

淮安年鉴·2004
淮安市人民政府主办　淮安市地方志办公室编
主编荀德麟、漆冠山
方志出版社　2004年10月
406页　精装　29cm
ISBN7-80192-365-0
馆藏号：Guojiafz-8600002003043

淮安年鉴·2005
淮安市人民政府主办　淮安市市志办公室编
主编荀德麟、漆冠山
方志出版社　2005年10月
413页　精装　29cm
ISBN7-80192-576-9
馆藏号：Guojiafz-8600002005159

淮安年鉴·2006
淮安市人民政府主办　淮安市地方志办公室编
主编荀德麟、漆冠山
方志出版社　2006年10月
430页　精装　29cm
ISBN7-80192-896-2
馆藏号：Guojiafz-8600002003795

淮安年鉴·2007
淮安市人民政府主办　淮安市地方志办公室编
主编荀德麟、漆冠山
方志出版社　2007年9月
402页　精装　29cm
ISBN978-7-80238-134-6
馆藏号：Guojiafz-8600002009215

淮安年鉴·2008
淮安市人民政府主办　淮安市地方志办公室编
主编荀德麟、窦立夫
方志出版社　2008年9月
384页　精装　29cm
ISBN978-7-80238-344-9
馆藏号：Guojiafz-8600002003044

淮安年鉴·2009
淮安市人民政府主办　淮安市地方志办公室编
主编荀德麟、窦立夫
方志出版社　2009年11月
402页　精装　29cm
ISBN978-7-80238-664-8
馆藏号：Guojiafz-8600002002634

淮安年鉴·2010
淮安市人民政府主办　淮安市地方志办公室编
主编荀德麟、窦立夫
方志出版社　2010年9月
398页　精装　29cm
ISBN978-7-80238-826-0
馆藏号：Guojiafz-8600002011517

淮安年鉴·2011
淮安市人民政府主办　淮安市地方志办公室编
主编荀德麟、窦立夫
方志出版社　2011年8月
356页　精装　29cm
ISBN978-7-5144-0196-7
馆藏号：Guojiafz-8600002006182

淮安年鉴·2012
淮安市人民政府主办　淮安市地方志办公室编
主编徐利华、周平
方志出版社　2012年10月
358页　精装　29cm
ISBN978-7-5144-0656-6
馆藏号：Guojiafz-8600002006790

淮安年鉴·2013
淮安市人民政府主办　《淮安年鉴》编纂委员会编
主编徐利华、周平
方志出版社　2013年12月
348页　精装　29cm
ISBN978-7-5144-1131-7
馆藏号：Guojiafz-8600002009821

淮安年鉴·2014
淮安市人民政府主办　淮安市志办公室编
主编徐利华、周平
方志出版社　2014年10月
346页　精装　29cm
ISBN978-7-5144-1353-3
馆藏号：Guojiafz-8600002007308

淮安年鉴·2015
淮安市人民政府主办　淮安市志办公室编
主编徐利华、周平
方志出版社　2015年11月
322页　精装　29cm
ISBN978-7-5144-1793-7
馆藏号：Guojiafz-8600002013876

淮安年鉴·2016
淮安市人民政府主办　淮安市志办公室编
主编徐利华、周平
方志出版社　2016年11月
328页　精装　29cm
ISBN978-7-5144-2194-1
馆藏号：Guojiafz-8600002013810

淮安年鉴·2017
淮安市人民政府主办　淮安市志办公室编
主编徐利华、周平
方志出版社　2017年11月
384页　精装　29cm
ISBN978-7-5144-2735-6
馆藏号：Guojiafz-8600002015084

清河年鉴·2008（创刊号）
淮安市清河区人民政府主办　淮安市清河区地方志办公室编　主编章树林
方志出版社　2009年1月
250页　精装　29cm
ISBN978-7-80238-497-2
馆藏号：Guojiafz-8600002007858

清河年鉴·2009
淮安市清河区人民政府主办　淮安市清河区地方志办公室编　主编章树林
方志出版社　2010年1月
286页　精装　29cm
ISBN978-7-80238-728-1
馆藏号：Guojiafz-8600002003042

清河年鉴·2010
淮安市清河区人民政府主办　淮安市清河区地方志办公室编　主编章树林
方志出版社　2011年1月
228页　精装　29cm
ISBN978-7-5144-0028-1
馆藏号：Guojiafz-8600002005882

清河年鉴 · 2011
淮安市清河区人民政府主办　淮安市清河区地方志编纂委员会办公室编　主编章树林
方志出版社　2012 年 1 月
240 页　精装　29cm
ISBN978-7-5144-0418-0
馆藏号：Guojiafz-8600002000396

淮安市清河年鉴 · 2012
淮安市清河区人民政府主办　淮安市清河区地方志编纂委员会办公室编　主编章树林
方志出版社　2013 年 3 月
242 页　精装　29cm
ISBN978-7-5144-0838-6
馆藏号：Guojiafz-8600002007261

淮安市清河年鉴 · 2013
淮安市清河区人民政府主办　淮安市清河区地方志编纂委员会办公室编　主编章树林
方志出版社　2014 年 1 月
228 页　精装　29cm
ISBN978-7-5144-1180-5
馆藏号：Guojiafz-8600002006764

淮安市清河年鉴 · 2014
淮安市清河区人民政府主办　淮安市清河区地方志编纂委员会办公室编　主编章树林
方志出版社　2014 年 12 月
233 页　精装　29cm
ISBN978-7-5144-1515-5
馆藏号：Guojiafz-8600002006829

淮安市清河年鉴 · 2015
淮安市清河区人民政府主办　淮安市清河区地方志编纂委员会编　主编章树林
方志出版社　2015 年 12 月
305 页　精装　29cm
ISBN978-7-5144-1897-2
馆藏号：Guojiafz-8600002013879

清江浦年鉴 · 2017
清江浦区地方志办公室编　主编厉大勇　执行主编章树林
方志出版社　2017 年 12 月
236 页　精装　29cm
ISBN978-7-5144-2908-4
馆藏号：Guojiafz-8600002017100

淮阴年鉴 · 1995
淮阴市人民政府主办　淮阴年鉴编纂委员会编　主编徐应声、荀德麟
上海社会科学院出版社　1995 年 11 月
395 页　精装　27cm
ISBN7-80618-187-3
馆藏号：Guojiafz-8600002005733

淮阴年鉴 · 1997
淮阴市人民政府主办　淮阴年鉴编纂委员会编　主编徐应生、荀德麟
方志出版社　1997 年 10 月
425 页　精装　27cm
ISBN7-80122-239-3
馆藏号：Guojiafz-8600002011786

淮阴年鉴 · 1998
淮阴市人民政府主办　淮阴市年鉴编纂委员会编　主编徐应声、荀德麟
方志出版社　1998 年 7 月
395 页　精装　27cm
ISBN7-80122-330-0
馆藏号：Guojiafz-8600002012795

淮阴年鉴 · 2017
淮阴区人民政府主办　淮安市淮阴区年鉴编纂委员会编　主编严祖斌
方志出版社　2017 年 12 月
262 页　精装　29cm
ISBN978-7-5144-2817-9
馆藏号：Guojiafz-8600002016925

涟水年鉴・2004
涟水县人民政府主办　涟水县地方志办公室编
主编戴从柏
吉林文史出版社　2004 年 9 月
342 页　精装　29cm
ISBN7-80626-919-3
馆藏号：Guojiafz-8600002004501

涟水年鉴・2005
涟水县人民政府主办　涟水县地方志办公室编
主编戴从柏
吉林文史出版社　2005 年 8 月
323 页　精装　29cm
ISBN7-80626-919-3
馆藏号：Guojiafz-8600002004137

涟水年鉴・2018
涟水县人民政府主办　涟水县地方志办公室编
主编丁卫华
方志出版社　2018 年 9 月
280 页　精装　29cm
ISBN978-7-5144-3274-9
馆藏号：Guojiafz-8600002017164

涟水年鉴・2019
涟水县人民政府主办　涟水县地方志办公室编
主编丁卫华
河海大学出版社　2019 年 10 月
268 页　精装　29cm
ISBN978-7-5630-6114-3
馆藏号：Guojiafz-8600002018585-7

涟水年鉴・2020
涟水县人民政府主办　涟水县地方志办公室编
主编丁卫华
河海大学出版社　2020 年 10 月
312 页　精装　29cm
ISBN978-7-5630-6505-9
馆藏号：Guojiafz-8600002018588-90

洪泽年鉴・2007
洪泽县人民政府主办　洪泽县地方志办公室编
总编朱来俊　执行总编流新武
方志出版社　2008 年 3 月
262 页　精装　29cm
ISBN978-7-80238-273-2
馆藏号：Guojiafz-8600002004886

洪泽年鉴・2008
洪泽县人民政府主办　洪泽县地方志办公室编
主编朱来俊　执行主编流新武
方志出版社　2009 年 2 月
266 页　精装　29cm
ISBN978-7-80238-495-8
馆藏号：Guojiafz-8600002004930

洪泽年鉴・2009
洪泽县人民政府主办　洪泽县地方志办公室编
主编朱来俊　执行主编流新武
方志出版社　2009 年 12 月
294 页　精装　29cm
ISBN978-7-80238-688-4
馆藏号：Guojiafz-8600002006855

洪泽年鉴・2010
洪泽县人民政府主办　洪泽县地方志办公室编
主编朱来俊　执行主编流新武
方志出版社　2010 年 12 月
290 页　精装　29cm
ISBN978-7-80238-992-2
馆藏号：Guojiafz-8600002008354

洪泽年鉴・2011
洪泽县人民政府主办　洪泽县地方志办公室编
主编朱来俊　执行主编流新武
方志出版社　2011 年 12 月
308 页　精装　29cm
ISBN978-7-5144-0346-6
馆藏号：Guojiafz-8600002000159

洪泽年鉴·2012
洪泽县人民政府主办　洪泽县地方志办公室编　主编流新武
方志出版社　2012年12月
336页　精装　29cm
ISBN978-7-5144-0721-1
馆藏号：Guojiafz-8600002007482

洪泽年鉴·2013
洪泽县人民政府主办　洪泽县地方志办公室编　主编流新武
方志出版社　2013年12月
336页　精装　29cm
ISBN978-7-5144-1108-9
馆藏号：Guojiafz-8600002006697

洪泽年鉴·2014
洪泽县人民政府主办　洪泽县地方志办公室编　主编流新武
方志出版社　2014年11月
336页　精装　29cm
ISBN978-7-5144-1447-9
馆藏号：Guojiafz-8600002006852

洪泽年鉴·2015
洪泽县人民政府主办　洪泽县地方志办公室编　主编周凌晨
方志出版社　2015年12月
238页　精装　31cm
ISBN978-7-5144-1842-2
馆藏号：Guojiafz-8600002002722

洪泽年鉴·2016
淮安市洪泽区人民政府主办　淮安市洪泽区地方志办公室编　主编周凌晨
方志出版社　2016年11月
239页　精装　29cm
ISBN978-7-5144-2255-9
馆藏号：Guojiafz-8600002013992

洪泽年鉴·2017
淮安市洪泽区人民政府主办　淮安市洪泽区地方志办公室编　主编周凌晨
方志出版社　2017年12月
261页　精装　29cm
ISBN978-7-5144-2815-5
馆藏号：Guojiafz-8600002016518

盱眙年鉴·2003
盱眙县人民政府主办　盱眙县地方志编纂委员会编　主编罗昌林、郭永余
人民日报出版社　2004年6月
272页　精装　27cm
ISBN7-80153-909-5
馆藏号：Guojiafz-8600002008322

盱眙年鉴·2008
盱眙县人民政府主办　江苏省盱眙县地方志办公室编　主编罗昌林、郭永余
方志出版社　2008年11月
314页　精装　27cm
ISBN978-7-80238-424-4
馆藏号：Guojiafz-8600002003365

盱眙年鉴·2013
盱眙县人民政府主办　盱眙县地方志办公室编　主编王行政、郭永余
方志出版社　2014年2月
246页　精装　29cm
ISBN978-7-5144-1202-4
馆藏号：Guojiafz-8600002007150

盱眙年鉴·2017
盱眙县地方志编纂委员会编　主编王行政
方志出版社　2017年12月
322页　精装　29cm
ISBN978-7-5144-2746-2
馆藏号：Guojiafz-8600002015131

金湖年鉴・2005
金湖县人民政府主办　金湖县地方志办公室编
主编吴耀平　执行主编徐承佑、徐国杰
方志出版社　2005 年 9 月
342 页　精装　27cm
ISBN7-80192-648-X
馆藏号：Guojiafz-8600002008628

金湖年鉴・2006
金湖县人民政府主办　金湖县地方志办公室编
主编张健、李中秋　执行主编徐承佑、徐国杰
方志出版社　2006 年 11 月
342 页　精装　27cm
ISBN7-80192-933-0
馆藏号：Guojiafz-8600002003741

金湖年鉴・2009
金湖县人民政府主办　金湖县地方志办公室编
主编朱士华、丁兴
线装书局　2009 年 10 月
296 页　精装　29cm
ISBN978-7-5120-0016-2
馆藏号：Guojiafz-8600002002626

金湖年鉴・2016
金湖县人民政府主办　金湖县地方志办公室编
主编朱士华、丁兴
线装书局　2016 年 12 月
118 页　精装　29cm
ISBN978-7-5120-2567-7
馆藏号：Guojiafz-8600002014461

盐城年鉴・1998
盐城市人民政府主办　江苏省盐城市人民政府办公室、盐城市地方志编纂委员会办公室合编
主编谷容先
方志出版社　1998 年 11 月
481 页　精装　27cm
ISBN7-80122-363-2
馆藏号：Guojiafz-8600002013098

盐城年鉴・1999
盐城市人民政府主办　江苏省盐城市人民政府办公室、盐城市地方志编纂委员会办公室合编
主编谷容先
方志出版社　1999 年 9 月
444 页　精装　27cm
ISBN7-80122-503-1
馆藏号：Guojiafz-8600002009975

盐城年鉴・2000
盐城市人民政府主办　江苏省盐城市人民政府办公室、盐城市地方志编纂委员会办公室合编
主编谷容先
方志出版社　2000 年 8 月
474 页　精装　27cm
ISBN7-80122-582-1
馆藏号：Guojiafz-8600002004245

盐城年鉴・2001
盐城市人民政府主办　江苏省盐城市人民政府办公室、盐城市地方志编纂委员会办公室合编
主编徐恒菊
方志出版社　2001 年 9 月
422 页　精装　27cm
ISBN7-80122-690-9
馆藏号：Guojiafz-8600002012908

盐城年鉴・2002
盐城市人民政府主办　江苏省盐城市人民政府办公室、盐城市地方志编纂委员会办公室合编
主编徐恒菊
方志出版社　2002 年 9 月
439 页　精装　27cm
ISBN7-80122-823-5
馆藏号：Guojiafz-8600002007543

盐城年鉴・2003
盐城市人民政府主办　江苏省盐城市人民政府办公室、盐城市地方志编纂委员会办公室合编
主编薛偶、徐城生　执行主编吴竹标

方志出版社　2003 年 10 月
497 页　精装　27cm
ISBN7-80192-051-1
馆藏号：Guojiafz-8600002007471

盐城年鉴·2004
盐城市人民政府主办　盐城市人民政府办公室、盐城市地方志编纂委员会办公室合编　主编薛俩、徐城生　执行主编吴竹标
方志出版社　2004 年 9 月
435 页　精装　27cm
ISBN7-80192-334-0
馆藏号：Guojiafz-8600002007695

盐城年鉴·2005
盐城市人民政府主办　盐城市人民政府办公室、盐城市地方志办公室合编　主编薛俩、徐城生　执行主编吴竹标
方志出版社　2005 年 10 月
475 页　精装　27cm
ISBN7-80192-626-9
馆藏号：Guojiafz-8600002007701

盐城年鉴·2006
盐城市人民政府主办　盐城市人民政府办公室、盐城市地方志办公室合编　主编薛俩、徐城生　执行主编茆贵明、王芳
方志出版社　2006 年 10 月
516 页　精装　27cm
ISBN7-80192-883-0
馆藏号：Guojiafz-8600002003713

盐城年鉴·2007
盐城市人民政府主办　盐城市人民政府办公室、盐城市地方志办公室合编　主编薛俩、徐城生　执行主编茆贵明、王芳
方志出版社　2007 年 10 月
437 页　精装　29cm
ISBN978-7-80238-030-1
馆藏号：Guojiafz-8600002012454

盐城年鉴·2008
盐城市人民政府主办　盐城市人民政府办公室、盐城市地方志办公室合编　主编薛俩、徐城生　执行主编茆贵明、王芳
方志出版社　2008 年 11 月
490 页　精装　29cm
ISBN978-7-80238-410-1
馆藏号：Guojiafz-8600002002069

盐城年鉴·2009
盐城市人民政府主办　盐城市人民政府办公室、盐城市地方志办公室合编　主编薛俩、徐城生　执行主编茆贵明、王芳
方志出版社　2009 年 9 月
484 页　精装　29cm
ISBN978-7-80238-654-9
馆藏号：Guojiafz-8600002009729

盐城年鉴·2010
盐城市人民政府主办　盐城市人民政府办公室、盐城市地方志办公室合编　主编茆贵鸣　执行主编王芳
方志出版社　2010 年 9 月
488 页　精装　29cm
ISBN978-7-80238-911-3
馆藏号：Guojiafz-8600002011417

盐城年鉴·2011
盐城市人民政府主办　盐城市人民政府办公室、盐城市地方志办公室合编　主编茆贵鸣　执行主编王芳、王吉丰
方志出版社　2011 年 8 月
448 页　精装　29cm
ISBN978-7-5144-0209-4
馆藏号：Guojiafz-8600002002196

盐城年鉴·2012
盐城市人民政府主办　盐城市人民政府办公室、盐城市地方志办公室合编　主编茆贵鸣　执行主编王吉丰

方志出版社　2012 年 9 月
420 页　精装　29cm
ISBN978-7-5144-0602-3
馆藏号：Guojiafz-8600002005620

盐城年鉴·2013
盐城市人民政府主办　盐城市人民政府办公室、盐城市地方志办公室合编　主编茆贵鸣　执行主编王吉丰
方志出版社　2013 年 10 月
418 页　精装　29cm
ISBN978-7-5144-1019-8
馆藏号：Guojiafz-8600002005496

盐城年鉴·2014
盐城市人民政府主办　盐城市人民政府办公室、盐城市地方志办公室合编　主编茆贵鸣　执行主编王吉丰
方志出版社　2014 年 9 月
438 页　精装　29cm
ISBN978-7-5144-1397-7
馆藏号：Guojiafz-8600002006863

盐城年鉴·2015
盐城市人民政府主办　盐城市人民政府办公室、盐城市地方志办公室合编　主编茆贵鸣
方志出版社　2015 年 11 月
442 页　精装　29cm
ISBN978-7-5144-1810-1
馆藏号：Guojiafz-8600002000209

盐城年鉴·2016
盐城市人民政府主办　盐城市人民政府办公室、盐城市地方志办公室合编　主编茆贵鸣　执行主编赵丽
方志出版社　2016 年 10 月
442 页　精装　29cm
ISBN978-7-5144-2149-1
馆藏号：Guojiafz-8600002014010

盐城年鉴·2017
盐城市人民政府主办　盐城市人民政府办公室、盐城市地方志办公室合编　主编茆贵鸣
方志出版社　2017 年 10 月
458 页　精装　29cm
ISBN978-7-5144-2572-7
馆藏号：Guojiafz-8600002015077

盐城年鉴·2018
盐城市人民政府主办　盐城市地方志办公室、盐城市人民政府办公室合编　主编茆贵鸣
方志出版社　2018 年 9 月
474 页　精装　29cm
ISBN978-7-5144-3309-8
馆藏号：Guojiafz-8600002017203

盐城年鉴·2019
盐城市人民政府主办　盐城市地方志办公室编　主编吴云、茆贵鸣
方志出版社　2019 年 11 月
450 页　精装　29cm
ISBN978-7-5144-3982-3
馆藏号：Guojiafz-8600002018479-81

盐城年鉴·2020
盐城市人民政府主办　盐城市地方志办公室编　主编吴云
方志出版社　2020 年 9 月
398 页　精装　29cm
ISBN978-7-5144-4461-2
馆藏号：Guojiafz-8600002018482-84

盐城市建设年鉴·1993—1996
盐城市城乡建设委员会、盐城市城建档案馆合编　主编倪圣江、陈永和
方志出版社　2000 年 11 月
223 页　精装　27cm
ISBN7-80122-596-1
馆藏号：Guojiafz-8600002010289

盐城市交通运输年鉴·2011—2015
盐城市交通运输年鉴编纂委员会编　主编姜海昆
方志出版社　2018 年 9 月
594 页　精装　29cm
ISBN978-7-5144-3261-9
馆藏号：Guojiafz-8600002017267

盐城统计年鉴·2000
盐城市统计局编　主编夏恒英
中国统计出版社　2000 年 7 月
345 页　精装　27cm
ISBN7-5037-3261-X
馆藏号：Guojiafz-8600002004391

盐城统计年鉴·2001
盐城市统计局编　主编夏恒英
中国统计出版社　2001 年 5 月
393 页　精装　27cm
ISBN7-5037-3543-0
馆藏号：Guojiafz-8600002004743

亭湖年鉴·2006
盐城市亭湖区人民政府主办《亭湖年鉴》编纂委员会编　主编孙红艳、许世刚
方志出版社　2006 年 12 月
425 页　精装　29cm
ISBN7-80192-968-3
馆藏号：Guojiafz-8600002003193

亭湖年鉴·2010
中共盐城市亭湖区委员会、盐城市亭湖区人民政府主办　亭湖区人民政府办公室、亭湖区委党史工作办公室编　主编朱月潭、李阳
方志出版社　2010 年 12 月
506 页　精装　29cm
ISBN978-7-80238-985-4
馆藏号：Guojiafz-8600002006179

亭湖年鉴·2011
亭湖区人民政府办公室、亭湖地方志办公室合编　主编朱月潭、李阳
方志出版社　2012 年 1 月
430 页　精装　29cm
ISBN978-7-5144-0414-2
馆藏号：Guojiafz-8600002002993

亭湖年鉴·2012
中共盐城市亭湖区委员会、盐城市亭湖区人民政府主办　亭湖区人民政府办公室、亭湖区地方志办公室合编　主编朱月潭、李阳、潘卫华
方志出版社　2012 年 12 月
403 页　精装　29cm
ISBN978-7-5144-0745-7
馆藏号：Guojiafz-8600002007424

亭湖年鉴·2013
中共盐城市亭湖区委员会、盐城市亭湖区人民政府主办　亭湖区人民政府办公室、亭湖区地方志办公室合编　主编朱月潭、潘卫华
方志出版社　2013 年 12 月
368 页　精装　29cm
ISBN978-7-5144-1165-2
馆藏号：Guojiafz-8600002007213

亭湖年鉴·2018
《亭湖年鉴》编纂委员会编　主编潘正亚
江苏人民出版社　2018 年 11 月
427 页　精装　29cm
ISBN978-7-214-22789-8
馆藏号：Guojiafz-8600002018485

亭湖年鉴·2019
盐城市亭湖区人民政府主办　亭湖区地方志编纂委员会办公室编　主编潘正亚
江苏人民出版社　2019 年 12 月
390 页　精装　29cm
ISBN978-7-214-24314-0
馆藏号：Guojiafz-8600002018486

亭湖年鉴·2020
盐城市亭湖区人民政府主办　亭湖区地方志编纂委员会办公室编　主编潘正亚
江苏人民出版社　2020 年 10 月
331 页　精装　29cm
ISBN978-7-214-25640-9
馆藏号：Guojiafz-8600002018487

盐都年鉴·1983—1996
盐都县人民政府主办　盐都县年鉴编纂委员会编　主编严古咸
方志出版社　1998 年 1 月
615 页　精装　27cm
ISBN7-80122-268-7
馆藏号：Guojiafz-8600002013034

盐都年鉴·1996—1999
盐都县人民政府主办　江苏省盐都县年鉴编纂委员会编　主编崔军、武进甲
方志出版社　2000 年 8 月
416 页　精装　27cm
ISBN7-80122-584-8
馆藏号：Guojiafz-8600002010655

盐都年鉴·2001
盐都县人民政府主办　江苏省盐都县年鉴编纂委员会编　主编陈晓莲、武进甲
方志出版社　2001 年 7 月
302 页　精装　27cm
ISBN7-80122-683-6
馆藏号：Guojiafz-8600002012901

盐都年鉴·2002
盐都县人民政府主办　江苏省盐都年鉴编纂委员会编　主编陈晓莲、武进甲
方志出版社　2002 年 8 月
276 页　精装　27cm
ISBN7-80122-795-6
馆藏号：Guojiafz-8600002012920

盐都年鉴·2003
盐都县人民政府主办 《盐都年鉴》编纂委员会编　主编陈广平、武进甲
方志出版社　2003 年 8 月
268 页　精装　27cm
ISBN7-80122-998-3
馆藏号：Guojiafz-8600002005685

盐都年鉴·2004
盐城市盐都区人民政府主办 《盐都年鉴》编纂委员会办公室编　主编陈广平、黄正桂　总纂周彩根
方志出版社　2004 年 7 月
282 页　精装　27cm
ISBN7-80192-253-0
馆藏号：Guojiafz-8600002004557

盐都年鉴·2005
盐城市盐都区人民政府主办 《盐都年鉴》编纂委员会编　主编陈广平、黄正桂　总纂周彩根
方志出版社　2005 年 8 月
288 页　精装　27cm
ISBN7-80192-596-3
馆藏号：Guojiafz-8600002007643

盐都年鉴·2006
盐城市盐都区人民政府主办 《盐都年鉴》编纂委员会编　主编顾其斌、陈卫红　总纂周彩根
方志出版社　2006 年 10 月
322 页　精装　27cm
ISBN7-80192-839-3
馆藏号：Guojiafz-8600002003833

盐都年鉴·2007
盐城市盐都区人民政府主办 《盐都年鉴》编纂委员会编
方志出版社　2007 年 11 月
288 页　精装　29cm
ISBN978-7-80238-191-9
馆藏号：Guojiafz-8600002004451

盐都年鉴·2008
盐城市盐都区人民政府主办 《盐都年鉴》编辑部编 主编王长江
方志出版社 2008年10月
292页 精装 29cm
ISBN978-7-80238-403-3
馆藏号：Guojiafz-8600002011257

盐都年鉴·2009
盐城市盐都区人民政府主办 《盐都年鉴》编辑部编 主编王长江 总纂许建新
方志出版社 2009年10月
294页 精装 29cm
ISBN978-7-80238-634-1
馆藏号：Guojiafz-8600002004243

盐都年鉴·2010
盐城市盐都区人民政府主办 《盐都年鉴》编纂委员会编 主编王长江 总纂许建新
方志出版社 2010年9月
328页 精装 29cm
ISBN978-7-80238-897-0
馆藏号：Guojiafz-8600002011545

盐都年鉴·2011
盐城市盐都区人民政府主办 盐都年鉴编纂委员会编 主编王顺友 总纂许建新
方志出版社 2011年10月
361页 精装 29cm
ISBN978-7-5144-0305-3
馆藏号：Guojiafz-8600002002192

盐都年鉴·2012
盐城市盐都区人民政府主办 《盐都年鉴》编辑部编 主编王顺友
方志出版社 2012年11月
346页 精装 29cm
ISBN978-7-5144-0708-2
馆藏号：Guojiafz-8600002006885

盐都年鉴·2013
盐城市盐都区人民政府主办 《盐都年鉴》编辑部编 主编王长江 执行主编许建新
方志出版社 2013年11月
322页 精装 29cm
ISBN978-7-5144-1074-7
馆藏号：Guojiafz-8600002004286

盐都年鉴·2014
盐城市盐都区人民政府主办 《盐都年鉴》编辑部编 主编王长江 执行主编许建新
方志出版社 2014年11月
314页 精装 29cm
ISBN978-7-5144-1460-8
馆藏号：Guojiafz-8600002004962

盐都年鉴·2015
盐城市盐都区人民政府主办 盐都年鉴编纂委员会编 主编王长江 执行主编许建新
方志出版社 2015年11月
304页 精装 29cm
ISBN978-7-5144-1797-5
馆藏号：Guojiafz-8600002007673

盐都年鉴·2016
盐城市盐都区人民政府主办 盐都年鉴编纂委员会编 主编王长江 执行主编许建新
方志出版社 2016年11月
338页 精装 29cm
ISBN978-7-5144-2172-9
馆藏号：Guojiafz-8600002013911

盐都年鉴·2017
盐城市盐都区人民政府主办 《盐都年鉴》编辑部编 主编王长江 执行主编许建新
方志出版社 2017年10月
320页 精装 29cm
ISBN978-7-5144-2666-3
馆藏号：Guojiafz-8600002015076

盐都年鉴·2018
盐城市盐都区人民政府主办　盐都年鉴编纂委员会编　主编王长江　执行主编许建新
方志出版社　2018 年 11 月
318 页　精装　29cm
ISBN978-7-5144-3419-4
馆藏号：Guojiafz-8600002017220

大丰年鉴·2000
江苏省大丰市大丰年鉴编纂委员会编　主编杨长国
方志出版社　2000 年 8 月
326 页　精装　27cm
ISBN7-80122-581-3
馆藏号：Guojiafz-8600002004704

大丰年鉴·2001
大丰市人民政府主办　江苏省《大丰年鉴》编纂委员会编　主编杨长国
方志出版社　2001 年 8 月
339 页　精装　27cm
ISBN7-80122-674-7
馆藏号：Guojiafz-8600002007168

大丰年鉴·2002
大丰市委、市政府主办　江苏省《大丰年鉴》编纂委员会编　主编杨长国
方志出版社　2002 年 8 月
297 页　精装　27cm
ISBN7-80122-813-8
馆藏号：Guojiafz-8600002012923

大丰年鉴·2003
大丰市政府主办　《大丰年鉴》编纂委员会编　主编杨长国
方志出版社　2003 年 9 月
281 页　精装　27cm
ISBN7-80192-030-9
馆藏号：Guojiafz-8600002003460

大丰年鉴·2004
大丰市人民政府主办　《大丰年鉴》编纂委员会编　主编杨长国
方志出版社　2004 年 9 月
296 页　精装　27cm
ISBN7-80192-276-X
馆藏号：Guojiafz-8600002004554

大丰年鉴·2005
大丰市人民政府主办　《大丰年鉴》编纂委员会编　主编张丰、杨长国
方志出版社　2005 年 9 月
262 页　精装　29cm
ISBN7-80192-593-9
馆藏号：Guojiafz-8600002007627

大丰年鉴·2006
大丰市人民政府主办　《大丰年鉴》编纂委员会编　主编张丰
方志出版社　2006 年 9 月
314 页　精装　29cm
ISBN7-80192-887-3
馆藏号：Guojiafz-8600002004923

大丰年鉴·2007
大丰市人民政府主办　《大丰年鉴》编纂委员会编　主编张丰　总纂陈斌
方志出版社　2007 年 9 月
338 页　精装　29cm
ISBN978-7-80238-144-5
馆藏号：Guojiafz-8600002004367

大丰年鉴·2008
大丰市人民政府主办　《大丰年鉴》编纂委员会编　主编张丰　总纂陈斌
方志出版社　2008 年 10 月
304 页　精装　29cm
ISBN978-7-80238-387-6
馆藏号：Guojiafz-8600002002007

大丰年鉴·2009
大丰市人民政府主办 《大丰年鉴》编纂委员会编
主编陈爱成 总纂陈斌
方志出版社 2009年11月
306页 精装 29cm
ISBN978-7-80238-648-8
馆藏号：Guojiafz-8600002011616

大丰年鉴·2010
大丰市人民政府主办 《大丰年鉴》编纂委员会编
主编陈爱城 总纂陈斌
方志出版社 2010年12月
312页 精装 29cm
ISBN978-7-5144-0026-7
馆藏号：Guojiafz-8600002005963

大丰年鉴·2011
大丰市人民政府主办 《大丰年鉴》编纂委员会编
主编陈爱城 总纂张平
方志出版社 2011年11月
348页 精装 29cm
ISBN978-7-5144-0308-4
馆藏号：Guojiafz-8600002000125

大丰年鉴·2012
大丰市人民政府主办 《大丰年鉴》编纂委员会编
主编陈爱城 总纂张平
方志出版社 2012年9月
354页 精装 29cm
ISBN978-7-5144-0625-2
馆藏号：Guojiafz-8600002007422

大丰年鉴·2013
大丰市人民政府主办 《大丰年鉴》编纂委员会编
主编曹骅 执行主编张平
方志出版社 2013年12月
394页 精装 29cm
ISBN978-7-5144-1118-8
馆藏号：Guojiafz-8600002006974

大丰年鉴·2014
大丰市人民政府主办 《大丰年鉴》编纂委员会编
主编曹骅 执行主编张平
方志出版社 2014年10月
356页 精装 29cm
ISBN978-7-5144-1444-8
馆藏号：Guojiafz-8600002007310

大丰年鉴·2015
盐城市大丰区人民政府主办 《大丰年鉴》编纂委员会编 主编曹骅 执行主编刘洪芳、周剑飞
方志出版社 2015年11月
416页 精装 29cm
ISBN978-7-5144-1828-6
馆藏号：Guojiafz-8600002002724

大丰年鉴·2016
盐城市大丰区人民政府主办 大丰年鉴编纂委员会编 主编曹骅 执行主编刘洪芳、周剑飞
方志出版社 2016年11月
400页 精装 29cm
ISBN978-7-5144-2201-6
馆藏号：Guojiafz-8600002013899

大丰年鉴·2017
盐城市大丰区人民政府主办 大丰年鉴编纂委员会编 主编曹骅 执行主编刘洪芳
方志出版社 2017年11月
418页 精装 29cm
ISBN978-7-5144-2760-8
馆藏号：Guojiafz-8600002015105

东台年鉴·2004
东台市人民政府主办 《东台年鉴》编纂委员会编
主编杨爱国
方志出版社 2004年9月
378页 精装 29cm
ISBN7-80192-289-1
馆藏号：Guojiafz-8600002004875

东台年鉴·2008
东台市人民政府主办　东台市党史地方志办公室编
主编杨爱国
方志出版社　2008年10月
383页　精装　29cm
ISBN978-7-80238-371-5
馆藏号：Guojiafz-8600002003341

东台年鉴·2009
东台市人民政府主办　中共东台市党史地方志办公室编　主编杨爱国
方志出版社　2009年9月
383页　精装　29cm
ISBN978-7-80238-612-9
馆藏号：Guojiafz-8600002003729

东台年鉴·2010
东台市人民政府主办　中共东台市委党史工作办公室编　主编杨爱国
方志出版社　2010年9月
377页　精装　29cm
ISBN978-7-80238-868-0
馆藏号：Guojiafz-8600002008047

东台年鉴·2011
东台市人民政府主办　东台市党史地方志办公室编
主编杨爱国
方志出版社　2011年10月
399页　精装　29cm
ISBN978-7-5144-0277-3
馆藏号：Guojiafz-8600002005985

东台年鉴·2014
东台市人民政府主办　东台市党史地方志办公室编
主编杨爱国、陈永华
江苏人民出版社　2014年10月
313页　精装　29cm
ISBN978-7-214-14059-3
馆藏号：Guojiafz-8600002015663

东台年鉴·2018
东台市人民政府主办　东台市地方志编纂委员会办公室编　主编陈永华
江苏人民出版社　2018年11月
378页　精装　29cm
ISBN978-7-214-22788-1
馆藏号：Guojiafz-8600002019641-3

东台年鉴·2019
东台市地方志编纂委员会办公室编　主编陈永华
江苏人民出版社　2019年11月
334页　精装　29cm
ISBN978-7-214-24207-5
馆藏号：Guojiafz-8600002019635-7

东台年鉴·2020
东台市人民政府主办　东台市地方志编纂委员会办公室编　主编王素云
江苏人民出版社　2020年9月
318页　精装　29cm
ISBN978-7-214-25540-2
馆藏号：Guojiafz-8600002019640

响水年鉴·1988—1999
响水县人民政府主办　江苏省响水年鉴编纂委员会编　主编崔如法
方志出版社　2001年12月
410页　精装　27cm
ISBN7-80122-613-5
馆藏号：Guojiafz-8600002005590

响水年鉴·2000—2003
《响水年鉴》编纂委员会编　主编崔如法
方志出版社　2006年7月
332页　精装　27cm
ISBN7-80192-816-4
馆藏号：Guojiafz-8600002003832

响水年鉴·2009
响水县人民政府主办　响水县地方志编纂委员会编

主编周序品
方志出版社　2009 年 12 月
397 页　精装　29cm
ISBN978-7-80238-710-2
馆藏号：Guojiafz-8600002005588

响水年鉴・2010
响水县人民政府主办　响水县地方志办公室编
主编王志迁
方志出版社　2010 年 12 月
384 页　精装　29cm
ISBN978-7-80238-983-0
馆藏号：Guojiafz-8600002005724

响水年鉴・2011
响水县人民政府主办　响水县地方志编纂委员会办公室编　主编王志迁
方志出版社　2011 年 11 月
393 页　精装　29cm
ISBN978-7-5144-0319-0
馆藏号：Guojiafz-8600002000478

响水年鉴・2013
响水县人民政府主办　响水县地方志编纂委员会办公室编　主编王志迁
方志出版社　2013 年 11 月
377 页　精装　29cm
ISBN978-7-5144-1091-4
馆藏号：Guojiafz-8600002006783

滨海年鉴・2007
滨海县人民政府主办　滨海县委党史工作办公室编
主编刘建华
方志出版社　2007 年 11 月
414 页　精装　29cm
ISBN978-7-80238-194-0
馆藏号：Guojiafz-8600002004317

滨海年鉴・2008
滨海县人民政府主办　滨海县委党史工作办公室编
主编刘建华
方志出版社　2008 年 10 月
424 页　精装　29cm
ISBN978-7-80238-407-1
馆藏号：Guojiafz-8600002005566

阜宁年鉴・1993—2000
阜宁县人民政府主办　阜宁年鉴编纂委员会编
主编徐超　总纂孟凡民
方志出版社　2002 年 12 月
556 页　精装　29cm
ISBN7-80122-867-7
馆藏号：Guojiafz-8600002004357

阜宁年鉴・2011
阜宁县人民政府主办　阜宁县地方志办公室编
主编李德平、陈珺　执行主编咸国庆
方志出版社　2011 年 12 月
359 页　精装　29cm
ISBN978-7-5144-0439-5
馆藏号：Guojiafz-8600002007841

射阳年鉴・2000（创刊号）
射阳县人民政府主办　《射阳年鉴》编纂委员会编
主编陆连华
中华书局　2000 年 12 月
270 页　精装　27cm
ISBN7-101-02744-X
馆藏号：Guojiafz-8600002005591

射阳年鉴・2000—2004
射阳县人民政府主办　《射阳年鉴》编辑委员会编
主编陆连华
方志出版社　2006 年 4 月
398 页　精装　27cm
ISBN7-80192-761-3
馆藏号：Guojiafz-8600002007682

射阳年鉴・2009
射阳县人民政府主办　《射阳年鉴》编纂委员会编

主编王尧天
方志出版社　2009年8月
300页　精装　29cm
ISBN978-7-80238-578-8
馆藏号：Guojiafz-8600002005589

射阳年鉴·2010
射阳县人民政府主办　《射阳年鉴》编纂委员会编
主编顾乃银
方志出版社　2010年12月
284页　精装　29cm
ISBN978-7-5144-0036-6
馆藏号：Guojiafz-8600002005703

射阳年鉴·2011
射阳县人民政府主办　《射阳年鉴》编纂委员会编
主编顾乃银
方志出版社　2011年12月
320页　精装　29cm
ISBN978-7-5144-0409-8
馆藏号：Guojiafz-8600002005599

射阳年鉴·2015
射阳县人民政府主办　射阳县地方志办公室编
主编邱明哲
江苏人民出版社　2015年10月
336页　精装　29cm
ISBN978-7-214-17019-4
馆藏号：Guojiafz-8600002014414

建湖年鉴·2001
建湖县人民政府主办　建湖县地方志编纂委员会编
主编陈为勤
方志出版社　2001年8月
272页　精装　27cm
ISBN7-80122-692-5
馆藏号：Guojiafz-8600002012962

建湖年鉴·2002
建湖县人民政府主办　建湖县年鉴编纂委员会编
主编陈为勤
方志出版社　2002年8月
323页　精装　27cm
ISBN7-80122-794-8
馆藏号：Guojiafz-8600002012939

建湖年鉴·2003
建湖县人民政府主办　建湖年鉴编纂委员会编
主编陈为勤
方志出版社　2003年8月
308页　精装　27cm
ISBN7-80122-999-1
馆藏号：Guojiafz-8600002000945

建湖年鉴·2004
建湖县人民政府主办　建湖年鉴编纂委员会编
主编陈为勤
方志出版社　2004年9月
350页　精装　27cm
ISBN7-80192-275-1
馆藏号：Guojiafz-8600002004694

建湖年鉴·2006
建湖县人民政府主办　《建湖年鉴》编纂委员会编
主编陈为勤
方志出版社　2006年9月
334页　精装　29cm
ISBN7-80192-876-8
馆藏号：Guojiafz-8600002002423

建湖年鉴·2007
建湖县人民政府主办　《建湖年鉴》编纂委员会编
主编陈为勤
方志出版社　2007年9月
306页　精装　29cm
ISBN978-7-80238-132-2
馆藏号：Guojiafz-8600002004298

建湖年鉴·2008
建湖县人民政府主办　《建湖年鉴》编纂委员会编

主编周浪野
方志出版社　2008 年 9 月
299 页　精装　29cm
ISBN978-7-80238-358-6
馆藏号：Guojiafz-8600002003516

建湖年鉴·2009
建湖县人民政府主办 《建湖年鉴》编纂委员会编
主编周浪野
方志出版社　2009 年 9 月
304 页　精装　29cm
ISBN978-7-80238-592-4
馆藏号：Guojiafz-8600002007536

建湖年鉴·2011
建湖县人民政府主办　建湖县地方志办公室编
主编周浪野
方志出版社　2011 年 6 月
304 页　精装　29cm
ISBN978-7-5144-0142-4
馆藏号：Guojiafz-8600002003074

建湖年鉴·2012
建湖县人民政府主办　建湖县地方志办公室编
主编周浪野
方志出版社　2012 年 6 月
320 页　精装　29cm
ISBN978-7-5144-0493-7
馆藏号：Guojiafz-8600002006181

建湖年鉴·2013
建湖县人民政府主办　建湖县地方志办公室编
主编周浪野
方志出版社　2013 年 5 月
298 页　精装　29cm
ISBN978-7-5144-0899-7
馆藏号：Guojiafz-8600002005715

建湖年鉴·2014
建湖县人民政府主办　建湖县地方志办公室编
主编周浪野
方志出版社　2014 年 5 月
305 页　精装　29cm
ISBN978-7-5144-1292-5
馆藏号：Guojiafz-8600002007216

建湖年鉴·2018
建湖县人民政府主办　建湖县地方志办公室编
主编夏正凯
方志出版社　2018 年 7 月
337 页　精装　29cm
ISBN978-7-5144-3179-7
馆藏号：Guojiafz-8600002017158

扬州年鉴·2004
扬州市地方志年鉴编纂委员会编　主编陈明、陈勤
新华出版社　2004 年 9 月
451 页　精装　29cm
ISBN7-5011-6779-6
馆藏号：Guojiafz-8600002002802

扬州年鉴·2008
扬州市地方志年鉴编纂委员会编　主编卢桂平、杨明荣
新华出版社　2008 年 9 月
466 页　精装　29cm
ISBN978-7-5011-8495-8
馆藏号：Guojiafz-8600002008477

扬州年鉴·2009
扬州市地方志年鉴编纂委员会编　主编卢桂平、何金发
新华出版社　2009 年 9 月
412 页　精装　29cm
ISBN978-7-5011-8898-7
馆藏号：Guojiafz-8600002002637

扬州年鉴·2014
扬州市地方志年鉴编纂委员会编　主编陈扬、

何金发
广陵书社　2014年11月
450页　精装　29cm
ISBN978-7-5554-0169-8
馆藏号：Guojiafz-8600002015928

扬州年鉴·2018
中共扬州市委、扬州市政府主办　扬州市地方志年鉴编纂委员会编　主编陈锴竑、尤在晶
方志出版社　2019年4月
520页　精装　29cm
ISBN978-7-5144-3745-4
馆藏号：Guojiafz-8600002017975

扬州年鉴·2020
中共扬州市委、扬州市政府主办　扬州市地方志编纂委员会编　主编韩骅、尤在晶
广陵书社　2020年11月
474页　精装　29cm
ISBN978-7-5554-1576-3
馆藏号：Guojiafz-8600002018599-601

维扬年鉴·2005（创刊号）
维扬区人民政府主办　扬州市维扬区人民政府编　主编顾敏
吉林文史出版社　2005年11月
308页　精装　29cm
ISBN7-80626-151-6
馆藏号：Guojiafz-8600002005598

维扬年鉴·2006
维扬区人民政府主办　扬州市维扬区人民政府编　主编顾敏
吉林人民出版社　2006年9月
314页　精装　29cm
ISBN7-80626-710-7
馆藏号：Guojiafz-8600002005597

维扬年鉴·2007
维扬区人民政府主办　扬州市维扬区人民政府编　主编顾敏
吉林人民出版社　2007年9月
338页　精装　29cm
ISBN978-7-206-05397-9
馆藏号：Guojiafz-8600002005512

维扬年鉴·2008
扬州市维扬区人民政府主办　扬州市维扬区人民政府编　主编杨蓉
吉林人民出版社　2008年10月
401页　精装　29cm
ISBN978-7-206-05841-7
馆藏号：Guojiafz-8600002005511

维扬年鉴·2009
扬州市维扬区人民政府主办　扬州市维扬区人民政府编　主编杨蓉
中国文史出版社　2009年8月
405页　精装　29cm
ISBN978-7-5034-2275-1
馆藏号：Guojiafz-8600002005510

维扬年鉴·2010
中共扬州市维扬区委员会、扬州市维扬区人民政府主办　扬州市维扬区年鉴编纂委员会编　主编周长军、钱伯林
广陵书社　2010年12月
357页　精装　29cm
ISBN978-7-80694-645-9
馆藏号：Guojiafz-8600002005509

广陵年鉴·2020
扬州市广陵区档案馆编　主编金尊平
广陵书社　2020年12月
290页　精装　29cm
ISBN978-7-5554-1586-2
馆藏号：Guojiafz-8600002020651-3

江都年鉴·2004
中共江都市委、江都市人民政府主办　江都市地

方志编纂委员会编　主编丁瑞成　总纂张健
吉林文史出版社　2004 年 9 月
313 页　精装　29cm
ISBN7-80626-919-3
馆藏号：Guojiafz-8600002004344

江都年鉴・2013
中共扬州市江都区委、扬州市江都区人民政府主办
扬州市江都区地方志编纂委员会编
主编孙恩明、蒋伟
方志出版社　2013 年 10 月
282 页　精装　29cm
ISBN978-7-5144-1012-9
馆藏号：Guojiafz-8600002007391

江都年鉴・2014
中共扬州市江都区委、扬州市江都区人民政府主办
扬州市江都区地方志编纂委员会编
主编陈涛　总纂戴明悦
广陵书社　2014 年 9 月
280 页　精装　29cm
ISBN978-7-5554-0150-6
馆藏号：Guojiafz-8600002015232

江都年鉴・2017
扬州市江都区地方志编纂委员会编　主编霍新
广陵书社　2017 年 11 月
288 页　精装　29cm
ISBN978-7-5554-0894-9
馆藏号：Guojiafz-8600002015583

高邮年鉴・2004
中共高邮市委员会、高邮市人民政府主办　高邮市地方志年鉴编纂委员会编　主编刘春龙
方志出版社　2004 年 9 月
330 页　精装　29cm
ISBN7-80192-317-0
馆藏号：Guojiafz-8600002004782

高邮年鉴・2005
中共高邮市委员会、高邮市人民政府主办　高邮市地方志编纂委员会编　主编刘春龙
方志出版社　2005 年 9 月
328 页　精装　29cm
ISBN7-80192-600-5
馆藏号：Guojiafz-8600002005401

高邮年鉴・2006
中共高邮市委员会、高邮市人民政府主办　高邮市地方志年鉴编纂委员会编　主编葛桂秋、管宏喜
方志出版社　2006 年 10 月
352 页　精装　29cm
ISBN7-80192-897-0
馆藏号：Guojiafz-8600002004560

高邮年鉴・2008
中共高邮市委员会、高邮市人民政府主办　高邮市地方志年鉴编纂委员会编　主编葛桂秋、管宏喜
方志出版社　2008 年 11 月
356 页　精装　29cm
ISBN978-7-80238-393-7
馆藏号：Guojiafz-8600002005467

高邮年鉴・2009
中共高邮市委员会、高邮市人民政府主办　高邮市地方志年鉴编纂委员会编　主编葛桂秋、管宏喜
方志出版社　2009 年 10 月
356 页　精装　29cm
ISBN978-7-80238-606-8
馆藏号：Guojiafz-8600002002535

高邮年鉴・2010
中共高邮市委员会、高邮市人民政府主办　高邮市地方志年鉴编纂委员会编　主编葛桂秋、李生
方志出版社　2010 年 12 月
344 页　精装　29cm
ISBN978-7-80238-968-7
馆藏号：Guojiafz-8600002006018

高邮年鉴·2011
中共高邮市委员会、高邮市人民政府主办　高邮市地方志年鉴编纂委员会编　主编居晓波、李生
方志出版社　2011年12月
368页　精装　29cm
ISBN978-7-5144-0364-0
馆藏号：Guojiafz-8600002000167

高邮年鉴·2012
中共高邮市委员会、高邮市人民政府主办　高邮市地方志年鉴编纂委员会编　主编居晓波、李生
方志出版社　2012年12月
380页　精装　29cm
ISBN978-7-5144-0713-6
馆藏号：Guojiafz-8600002009866

高邮年鉴·2013
中共高邮市委员会、高邮市人民政府主办　高邮市地方志年鉴编纂委员会编　主编居晓波、李生
方志出版社　2013年12月
360页　精装　29cm
ISBN978-7-5144-1172-0
馆藏号：Guojiafz-8600002002947

高邮年鉴·2014
中共高邮市委员会、高邮市人民政府主办　高邮市地方志年鉴编纂委员会编　主编居晓波、李生
方志出版社　2014年12月
348页　精装　29cm
ISBN978-7-5144-1527-8
馆藏号：Guojiafz-8600002006842

高邮年鉴·2016
中共高邮市委员会、高邮市人民政府主办　高邮市地方志年鉴编纂委员会编　主编居晓波、李生
方志出版社　2016年12月
422页　精装　29cm
ISBN978-7-5144-2283-2
馆藏号：Guojiafz-8600002014014

高邮年鉴·2017
中共高邮市委员会、高邮市人民政府主办　高邮市地方志年鉴编纂委员会编　主编居晓波、李生
方志出版社　2017年12月
398页　精装　29cm
ISBN978-7-5144-2907-7
馆藏号：Guojiafz-8600002016918

高邮年鉴·2018
中共高邮市委员会、高邮市人民政府主办　高邮市地方志办公室编　主编孙禹文、许明
广陵书社　2018年11月
388页　精装　29cm
ISBN978-7-5554-1126-0
馆藏号：Guojiafz-8600002018432

高邮年鉴·2019
中共高邮市委员会、高邮市人民政府主办　高邮市地方志办公室编　主编孙禹文、许明
广陵书社　2019年12月
374页　精装　29cm
ISBN978-7-5554-1420-9
馆藏号：Guojiafz-8600002018437

宝应年鉴·2005
中共宝应县委员会、宝应县人民政府主办　宝应县地方志办公室编　主编陈国光
方志出版社　2005年9月
309页　精装　30cm
ISBN7-80192-679-X
馆藏号：Guojiafz-8600002007681

宝应年鉴·2006
中共宝应县委员会、宝应县人民政府主办　宝应县地方志编纂委员会编　主编陈国光
方志出版社　2006年9月
296页　精装　29cm
ISBN7-80192-869-5
馆藏号：Guojiafz-8600002000353

宝应年鉴·2008
中共宝应县委员会、宝应县人民政府主办　宝应县地方志编纂委员会编　主编陈国光
方志出版社　2008 年 10 月
324 页　精装　29cm
ISBN978-7-80238-370-8
馆藏号：Guojiafz-8600002003999

宝应年鉴·2009
中共宝应县委员会、宝应县人民政府主办　宝应县地方志编纂委员会编　主编陈国光
方志出版社　2009 年 9 月
324 页　精装　29cm
ISBN978-7-80238-566-5
馆藏号：Guojiafz-8600002003599

宝应年鉴·2010
中共宝应县委员会、宝应县人民政府主办　宝应县地方志编纂委员会编　主编张磊
方志出版社　2010 年 11 月
322 页　精装　29cm
ISBN978-7-80238-934-2
馆藏号：Guojiafz-8600002012011

宝应年鉴·2011
中共宝应县委员会、宝应县人民政府主办　宝应县地方志编纂委员会编　主编王春兰
方志出版社　2011 年 11 月
346 页　精装　29cm
ISBN978-7-5144-0318-3
馆藏号：Guojiafz-8600002002702

宝应年鉴·2012
中共宝应县委员会、宝应县人民政府主办　宝应县年鉴编纂委员会编　主编王春兰
方志出版社　2012 年 10 月
386 页　精装　29cm
ISBN978-7-5144-0632-0
馆藏号：Guojiafz-8600002009856

宝应年鉴·2013
中共宝应县委员会、宝应县人民政府主办　宝应县年鉴编纂委员会编　主编王春兰
方志出版社　2013 年 10 月
432 页　精装　29cm
ISBN978-7-5144-0986-4
馆藏号：Guojiafz-8600002004617

宝应年鉴·2014
中共宝应县委员会、宝应县人民政府主办　宝应县年鉴编纂委员会编　主编王春兰
方志出版社　2014 年 12 月
412 页　精装　29cm
ISBN978-7-5144-1439-4
馆藏号：Guojiafz-8600002006798

宝应年鉴·2017
中共宝应县委、宝应县人民政府主办　宝应县年鉴编纂委员会编　主编韩群
广陵书社　2017 年 10 月
408 页　精装　29cm
ISBN978-7-5554-0852-9
馆藏号：Guojiafz-8600002015585

镇江年鉴·1986—1991
镇江市人民政府主办　《镇江年鉴》编辑部编
主编冯鸣仪
上海社会科学院出版社　1993 年 6 月
485 页　精装　27cm
ISBN7-80515-896-7
馆藏号：Guojiafz-8600002005921

镇江年鉴·1993
镇江市人民政府主办　《镇江年鉴》编辑部编
主编冯鸣仪
上海社会科学院出版社　1994 年 4 月
415 页　精装　27cm
ISBN7-80515-967-X
馆藏号：Guojiafz-8600002009497

镇江年鉴·1994
镇江市人民政府主办　镇江年鉴编辑部编
主编冯鸣仪
江苏古籍出版社　1994 年 12 月
441 页　精装　27cm
ISBN7-80519-611-7
馆藏号：Guojiafz-8600002008308

镇江年鉴·1995
镇江市人民政府主办　镇江年鉴编辑部编
主编冯鸣仪
江苏年鉴杂志社　1995 年 9 月
491 页　精装　27cm
ISSN1005-3379
馆藏号：Guojiafz-8600002009427

镇江年鉴·1996
镇江市人民政府主办　镇江年鉴编辑部编
主编李国忠、戴午林
江苏年鉴杂志社　1996 年 9 月
449 页　精装　27cm
ISSN1005-3379
馆藏号：Guojiafz-8600002007722

镇江年鉴·1997
镇江市人民政府主办　镇江年鉴编辑部编
主编李国忠、戴午林
方志出版社　1997 年 8 月
401 页　精装　27cm
ISBN7-80122-190-7
馆藏号：Guojiafz-8600002010318

镇江年鉴·1998
镇江市人民政府主办　《镇江年鉴》编辑部编
主编李国忠、戴午林
方志出版社　1998 年 8 月
418 页　精装　27cm
ISBN7-80122-353-5
馆藏号：Guojiafz-8600002012698

镇江年鉴·1999
镇江市人民政府主办　《镇江年鉴》编辑部编
主编李国忠、陆潮洪
方志出版社　1999 年 7 月
486 页　精装　27cm
ISBN7-80122-468-X
馆藏号：Guojiafz-8600002004228

镇江年鉴·2000
镇江市人民政府主办　《镇江年鉴》编辑部编
主编李国忠、陆潮洪
方志出版社　2000 年 7 月
470 页　精装　27cm
ISBN-7-80122-577-5
馆藏号：Guojiafz-8600002006645

镇江年鉴·2002
镇江市人民政府主办　《镇江年鉴》编辑部编
主编李国忠、俞祖泉
方志出版社　2002 年 8 月
470 页　精装　27cm
ISBN7-80122-759-X
馆藏号：Guojiafz-8600002012553

镇江年鉴·2003
镇江市人民政府主办　《镇江年鉴》编辑部编
主编王守和、杨国祥
方志出版社　2003 年 7 月
377 页　精装　27cm
ISBN7-80122-982-7
馆藏号：Guojiafz-8600002003261

镇江年鉴·2004
镇江市人民政府主办　《镇江年鉴》编辑部编
主编王守和、杨国祥
方志出版社　2004 年 8 月
398 页　精装　27cm
ISBN7-80192-282-4
馆藏号：Guojiafz-8600002004578

镇江年鉴·2005
镇江市人民政府主办　镇江市史志办公室编
主编胡宗元、胡振
方志出版社　2005年7月
418页　精装　27cm
ISBN7-80192-512-2
馆藏号：Guojiafz-8600002005090

镇江年鉴·2006
镇江市人民政府主办　镇江市史志办公室编
主编胡宗元、胡振
方志出版社　2006年9月
439页　精装　27cm
ISBN7-80192-854-7
馆藏号：Guojiafz-8600002012650

镇江年鉴·2007
镇江市人民政府主办　镇江市史志办公室编
主编孙晓南、胡振
江苏大学出版社　2007年9月
447页　精装　27cm
ISBN978-7-81130-008-6
馆藏号：Guojiafz-8600002013406

镇江年鉴·2008
镇江市人民政府主办　镇江市史志办公室编
主编孙晓南、胡振
方志出版社　2008年9月
377页　精装　29cm
ISBN978-7-80238-343-2
馆藏号：Guojiafz-8600002003807

镇江年鉴·2009
镇江市人民政府主办　镇江市史志办公室编
主编孙晓南、胡振
方志出版社　2009年9月
369页　精装　29cm
ISBN978-7-80238-565-8
馆藏号：Guojiafz-8600002002640

镇江年鉴·2010
镇江市人民政府主办　镇江市史志办公室编
主编孙晓南、胡振
方志出版社　2010年8月
401页　精装　29cm
ISBN978-7-80238-844-4
馆藏号：Guojiafz-8600002000848

镇江年鉴·2011
镇江市人民政府主办　镇江市史志办公室编
主编孙晓南、胡振
方志出版社　2011年8月
412页　精装　29cm
ISBN978-7-5144-0211-7
馆藏号：Guojiafz-8600002000626

镇江年鉴·2012
镇江市人民政府主办　镇江市史志办公室编
主编孙晓南、胡振
方志出版社　2012年9月
390页　精装　29cm
ISBN978-7-5144-0571-2
馆藏号：Guojiafz-8600002008002

镇江年鉴·2013
镇江市人民政府主办　镇江市史志办公室编
主编朱开宝、胡振
方志出版社　2013年9月
382页　精装　29cm
ISBN978-7-5144-0991-8
馆藏号：Guojiafz-8600002007161

镇江年鉴·2014
镇江市人民政府主办　镇江市史志办公室编
主编朱开宝、胡振
方志出版社　2014年9月
378页　精装　29cm
ISBN978-7-5144-1374-8
馆藏号：Guojiafz-8600002006847

镇江年鉴·2015
镇江市人民政府主办　镇江市史志办公室编
主编杭祝鸿、吴海平、胡振
方志出版社　2015 年 11 月
422 页　精装　29cm
ISBN978-7-5144-1791-3
馆藏号：Guojiafz-8600002010623

镇江年鉴·2016
镇江市人民政府主办　镇江市史志办公室编
主编杭祝鸿、吴海平
方志出版社　2016 年 9 月
424 页　精装　29cm
ISBN978-7-5144-2088-3
馆藏号：Guojiafz-8600002013875

镇江年鉴·2017
镇江市人民政府主办　镇江市史志办公室编
主编杭祝鸿、吴海平
方志出版社　2017 年 10 月
443 页　精装　29cm
ISBN978-7-5144-2609-0
馆藏号：Guojiafz-8600002015126

镇江年鉴·2018
镇江市人民政府主办　镇江市史志办公室编
主编杭祝鸿、吴海平
方志出版社　2018 年 9 月
424 页　精装　29cm
ISBN978-7-5144-3314-2
馆藏号：Guojiafz-8600002017231

镇江年鉴·2019
镇江市人民政府主办　镇江市史志办公室编
主编杭祝鸿、吴海平
方志出版社　2019 年 8 月
372 页　精装　29cm
ISBN978-7-5144-3827-7
馆藏号：Guojiafz-8600002018012

镇江生活年鉴·2004
《镇江年鉴》编辑部编　主编杨正宏
方志出版社　2004 年 6 月
193 页　平装　21cm
ISBN7-80192-209-3
馆藏号：Guojiafz-8600002006524

京口年鉴·1990—1992
《京口年鉴》编辑部编　主编许进
上海社会科学院出版社　1994 年 3 月
303 页　精装　27cm
ISBN7-80515-984-X
馆藏号：Guojiafz-8600002005920

京口年鉴·1996
镇江市京口区人民政府主办 《京口年鉴》编辑部编　主编许进
江苏年鉴杂志社　1996 年 6 月
358 页　精装　27cm
ISSN1005-3379
馆藏号：Guojiafz-8600002009437

京口年鉴·1998
京口区人民政府主办 《京口年鉴》编辑部编
主编傅万程
中国县镇年鉴社　1998 年 9 月
379 页　精装　27cm
ISSN1004-812X
馆藏号：Guojiafz-8600002005400

京口年鉴·2000
京口区人民政府主办 《京口年鉴》编辑部编
主编傅万程
方志出版社　2000 年 7 月
346 页　精装　27cm
ISBN7-80122-577-5
馆藏号：Guojiafz-8600002007721

京口年鉴·2002
镇江市京口区人民政府主办 《京口年鉴》编辑

部编　主编朱庆
方志出版社　2002 年 8 月
427 页　精装　27cm
ISBN7-80122-792-1
馆藏号：Guojiafz-8600002012965

京口年鉴·2004
镇江市京口区人民政府主办　《京口年鉴》编辑部编　主编朱庆
方志出版社　2004 年 8 月
363 页　精装　27cm
ISBN7-80192-245-X
馆藏号：Guojiafz-8600002003306

京口年鉴·2006
京口区人民政府主办　《京口年鉴》编辑部编
主编蒋依民
方志出版社　2006 年 10 月
272 页　精装　27cm
ISBN7-80192-904-7
馆藏号：Guojiafz-8600002003896

京口年鉴·2008
京口区人民政府主办　京口区史志档案办公室编
主编蒋依民
方志出版社　2008 年 9 月
298 页　精装　27cm
ISBN978-7-80238-356-2
馆藏号：Guojiafz-8600002002044

京口年鉴·2009
京口区人民政府主办　京口区史志档案办公室编
主编蒋依民
方志出版社　2009 年 9 月
277 页　精装　27cm
ISBN978-7-80238-595-5
馆藏号：Guojiafz-8600002004280

京口年鉴·2010
京口区人民政府主办　京口区史志档案办公室编
主编蒋依民
方志出版社　2010 年 8 月
299 页　精装　29cm
ISBN978-7-80238-839-0
馆藏号：Guojiafz-8600002005971

京口年鉴·2011
京口区人民政府主办　京口区史志档案办公室编
主编满子琴
方志出版社　2011 年 11 月
317 页　精装　29cm
ISBN978-7-5144-0333-6
馆藏号：Guojiafz-8600002011286

京口年鉴·2012
京口区人民政府主办　京口区史志档案办公室编
主编满子琴
方志出版社　2012 年 9 月
296 页　精装　29cm
ISBN978-7-5144-0592-7
馆藏号：Guojiafz-8600002007215

京口年鉴·2013
京口区人民政府主办　京口区史志档案办公室编
主编满子琴
方志出版社　2013 年 10 月
303 页　精装　29cm
ISBN978-7-5144-1062-4
馆藏号：Guojiafz-8600002003521

京口年鉴·2014
京口区人民政府主办　京口区史志档案办公室编
主编满子琴
方志出版社　2014 年 11 月
307 页　精装　29cm
ISBN978-7-5144-1456-1
馆藏号：Guojiafz-8600002005498

京口年鉴·2015
京口区人民政府主办　京口区史志档案办公室编

总编夏卫军　主编满子琴
方志出版社　2015 年 12 月
264 页　精装　30cm
ISBN978-7-5144-1838-5
馆藏号：Guojiafz-8600002013511

京口年鉴·2016
京口区人民政府主办　京口区史志档案办公室编
总编朱强松　主编满子琴
方志出版社　2017 年 1 月
240 页　精装　29cm
ISBN978-7-5144-2346-4
馆藏号：Guojiafz-8600002014024

京口年鉴·2017
京口区人民政府主办　京口区史志档案办公室编
总编朱强松　主编满子琴
方志出版社　2018 年 2 月
192 页　精装　29cm
ISBN978-7-5144-2983-1
馆藏号：Guojiafz-8600002017117

京口年鉴·2018
京口区人民政府主办　京口区史志档案办公室编
总编何广林　主编满子琴
方志出版社　2019 年 1 月
200 页　精装　29cm
ISBN978-7-5144-3476-7
馆藏号：Guojiafz-8600002016979

润州年鉴·2000
润州区人民政府主办　《润州年鉴》编辑部编
主编王秋生
方志出版社　2000 年 7 月
455 页　精装　27cm
ISBN7-80122-577-5
馆藏号：Guojiafz-8600002005205

润州年鉴·2003
镇江市润州区人民政府主办　润州区史志办公室编
主编孙广平
方志出版社　2003 年 12 月
372 页　精装　27cm
ISBN7-80192-092-9
馆藏号：Guojiafz-8600002007658

润州年鉴·2005
镇江市润州区人民政府主办　镇江市润州区史志档案办公室编　主编郭建
方志出版社　2005 年 10 月
230 页　精装　27cm
ISBN7-80192-624-2
馆藏号：Guojiafz-8600002004463

润州年鉴·2006
镇江市润州区人民政府主办　《润州年鉴》编辑部编　主编范永放
方志出版社　2006 年 7 月
372 页　精装　27cm
ISBN7-80192-817-2
馆藏号：Guojiafz-8600002005116

润州年鉴·2007
镇江市润州区人民政府主办　《润州年鉴》编辑部编　主编范永放
方志出版社　2007 年 9 月
388 页　精装　27cm
ISBN978-7-80238-149-0
馆藏号：Guojiafz-8600002005925

润州年鉴·2008
镇江市润州区人民政府主办　《润州年鉴》编辑部编　主编戴非平
方志出版社　2008 年 9 月
262 页　精装　27cm
ISBN978-7-80238-345-6
馆藏号：Guojiafz-8600002002110

润州年鉴·2009
镇江市润州区人民政府主办　润州区史志档案办

公室编　主编戴非平
方志出版社　2009 年 9 月
258 页　精装　27cm
ISBN978-7-80238-594-8
馆藏号：Guojiafz-8600002004314

润州年鉴·2010
镇江市润州区人民政府主办　润州区史志档案办公室编　主编戴非平
方志出版社　2010 年 10 月
270 页　精装　27cm
ISBN978-7-80238-854-3
馆藏号：Guojiafz-8600002000040

润州年鉴·2011
镇江市润州区人民政府主办　润州区史志档案办公室编　主编戴非平
方志出版社　2011 年 10 月
260 页　精装　29cm
ISBN978-7-5144-0217-9
馆藏号：Guojiafz-8600002008409

润州年鉴·2012
镇江市润州区人民政府主办　润州区史志档案办公室编　主编戴非平
方志出版社　2012 年 10 月
268 页　精装　29cm
ISBN978-7-5144-0541-5
馆藏号：Guojiafz-8600002006972

润州年鉴·2013
镇江市润州区人民政府主办　润州区史志档案办公室编　主编凌荣春
方志出版社　2013 年 9 月
254 页　精装　29cm
ISBN978-7-5144-0933-8
馆藏号：Guojiafz-8600002006816

润州年鉴·2014
镇江市润州区人民政府主办　镇江市润州区史志档案办公室编　主编蔡文龙
方志出版社　2014 年 8 月
238 页　精装　29cm
ISBN978-7-5144-1338-0
馆藏号：Guojiafz-8600002006766

润州年鉴·2015
镇江市润州区人民政府主办　镇江市润州区史志档案办公室编　主编蔡文龙
方志出版社　2015 年 10 月
252 页　精装　29cm
ISBN978-7-5144-1757-9
馆藏号：Guojiafz-8600002007669

润州年鉴·2016
镇江市润州区人民政府主办　镇江市润州区史志档案办公室编　主编严竹波
方志出版社　2016 年 8 月
245 页　精装　29cm
ISBN978-7-5144-2054-8
馆藏号：Guojiafz-8600002013874

润州年鉴·2017
镇江市润州区人民政府主办　润州区史志档案办公室编　主编贾敬远
方志出版社　2017 年 8 月
268 页　精装　29cm
ISBN978-7-5144-2515-4
馆藏号：Guojiafz-8600002015079

润州年鉴·2018
镇江市润州区人民政府主办　润州区史志档案办公室编　主编贾敬远
方志出版社　2018 年 9 月
256 页　精装　29cm
ISBN978-7-5144-3233-6
馆藏号：Guojiafz-8600002016961

润州年鉴·2019
镇江市润州区人民政府主办　润州区史志档案办

公室编　主编贾敬远
方志出版社　2019年9月
246页　精装　29cm
ISBN978-7-5144-3815-4
馆藏号：Guojiafz-8600002018160

丹徒年鉴·1993
丹徒县人民政府主办　《丹徒年鉴》编辑部编
主编邵年保、徐培鸿
江苏科学技术出版社　1994年4月
370页　精装　27cm
ISBN7-5345-1757-5
馆藏号：Guojiafz-8600002009526

丹徒年鉴·1994
丹徒县人民政府主办　《丹徒年鉴》编辑部编
主编邵年保、徐培鸿
江苏科学技术出版社　1994年11月
313页　精装　27cm
ISBN7-5345-1864-4
馆藏号：Guojiafz-8600002009412

丹徒年鉴·1995
丹徒县人民政府主办　《丹徒年鉴》编辑部编
主编邵年保、徐培鸿
江苏科学技术出版社　1995年10月
356页　精装　27cm
ISBN7-5345-1993-4
馆藏号：Guojiafz-8600002005436

丹徒年鉴·1996
丹徒县人民政府主办　《丹徒年鉴》编辑部编
主编邵年保
江苏年鉴杂志社　1996年8月
420页　精装　27cm
ISSN1005-3379
馆藏号：Guojiafz-8600002006589

丹徒年鉴·1997
丹徒县人民政府主办　《丹徒年鉴》编辑部编
主编邵年保
方志出版社　1997年8月
387页　精装　27cm
ISBN7-80122-171-0
馆藏号：Guojiafz-8600002010401

丹徒年鉴·2000
丹徒区人民政府主办　《丹徒年鉴》编辑部编
主编黄河图、李柏生
方志出版社　2000年7月
288页　精装　27cm
ISBN7-80122-577-5
馆藏号：Guojiafz-8600002005204

丹徒年鉴·2002
丹徒县人民政府主办　《丹徒年鉴》编辑部编
主编朱治臣、黄河图　执行主编李柏生
方志出版社　2002年6月
284页　精装　27cm
ISBN7-80122-771-9
馆藏号：Guojiafz-8600002012120

丹徒年鉴·2003
丹徒区人民政府主办　《丹徒年鉴》编辑部编
主编孙栋文、曾明泉　执行主编李柏生
方志出版社　2003年9月
304页　精装　27cm
ISBN7-80122-984-3
馆藏号：Guojiafz-8600002003709

丹徒年鉴·2004
丹徒区人民政府主办　《丹徒年鉴》编辑部编
主编孙栋文、曾明泉　执行主编李柏生
方志出版社　2004年9月
304页　精装　27cm
ISBN7-80192-307-3
馆藏号：Guojiafz-8600002005244

丹徒年鉴·2005
丹徒区人民政府主办　《丹徒年鉴》编辑部编

主编孙栋文、曾明泉　执行主编李柏生
方志出版社　2005 年 9 月
302 页　精装　27cm
ISBN7-80192-587-4
馆藏号：Guojiafz-8600002004493

丹徒年鉴·2006
镇江市丹徒区人民政府主办　《丹徒年鉴》编辑部编　主编孙栋文、曾明泉　执行主编付久成、李柏生
方志出版社　2006 年 8 月
320 页　精装　27cm
ISBN7-80192-827-X
馆藏号：Guojiafz-8600002007392

丹徒年鉴·2007
丹徒区委、区人民政府主办　《丹徒年鉴》编辑部编　主编叶向东、曾明泉　执行主编付久成、李柏生
方志出版社　2007 年 8 月
305 页　精装　27cm
ISBN978-7-80238-113-1
馆藏号：Guojiafz-8600002012470

丹徒年鉴·2008
丹徒区人民政府主办　《丹徒年鉴》编辑部编
总编杨益斌、曾明泉　主编付久成、殷明
方志出版社　2008 年 8 月
359 页　精装　27cm
ISBN978-7-80238-331-9
馆藏号：Guojiafz-8600002004382

丹徒年鉴·2009
丹徒区人民政府主办　《丹徒年鉴》编辑部编
主编付久成、殷明
方志出版社　2009 年 9 月
339 页　精装　27cm
ISBN978-7-80238-554-2
馆藏号：Guojiafz-8600002002456

丹徒年鉴·2010
丹徒区人民政府主办　《丹徒年鉴》编辑部编
主编付久成、李柏生
方志出版社　2010 年 8 月
273 页　精装　29cm
ISBN978-7-80238-810-9
馆藏号：Guojiafz-8600002011420

丹徒年鉴·2011
丹徒区人民政府主办　《丹徒年鉴》编辑部编
主编张长庚、曾明泉　执行主编付久成
方志出版社　2011 年 10 月
275 页　精装　29cm
ISBN978-7-5144-0192-9
馆藏号：Guojiafz-8600002008131

丹徒年鉴·2012
丹徒区人民政府主办　《丹徒年鉴》编辑部编
主编张长庚、梅放　执行主编付久成
方志出版社　2012 年 9 月
249 页　精装　29cm
ISBN978-7-5144-0563-7
馆藏号：Guojiafz-8600002008001

丹徒年鉴·2013
丹徒区人民政府主办　《丹徒年鉴》编辑部编
主编张长庚、梅放　执行主编付久成
方志出版社　2013 年 11 月
234 页　精装　29cm
ISBN978-7-5144-0993-2
馆藏号：Guojiafz-8600002009963

丹徒年鉴·2014
丹徒区人民政府主办　《丹徒年鉴》编辑部编
主编张长庚、梅放　执行主编付久成
方志出版社　2014 年 10 月
246 页　精装　29cm
ISBN978-7-5144-1400-4
馆藏号：Guojiafz-8600002004618

丹徒年鉴·2015
镇江市丹徒区人民政府主办　镇江市丹徒区史志办公室编　主编殷一斐、梅放　执行主编陈刚
方志出版社　2015 年 11 月
230 页　精装　29cm
ISBN978-7-5144-1802-6
馆藏号：Guojiafz-8600002010686

丹徒年鉴·2016
镇江市丹徒区人民政府主办　镇江市丹徒区史志办公室编　主编殷一斐、梅放　执行主编陈刚
方志出版社　2016 年 10 月
233 页　精装　29cm
ISBN978-7-5144-2102-6
馆藏号：Guojiafz-8600002013903

丹徒年鉴·2017
镇江市丹徒区人民政府主办　镇江市丹徒区史志办公室编　主编梅放、戴益峰　执行主编陈刚
方志出版社　2017 年 11 月
214 页　精装　29cm
ISBN978-7-5144-2627-4
馆藏号：Guojiafz-8600002015019

丹徒年鉴·2018
镇江市丹徒区人民政府主办　镇江市丹徒区史志办公室编　主编梅放、戴益峰　执行主编陈刚
方志出版社　2018 年 11 月
228 页　精装　29cm
ISBN978-7-5144-3436-1
馆藏号：Guojiafz-8600002017020

丹徒年鉴·2019
丹徒区史志办公室编　主编赵斌、汪洋
执行主编陈刚
方志出版社　2019 年 11 月
204 页　精装　29cm
ISBN978-7-5144-3836-9
馆藏号：Guojiafz-8600002017990

丹阳年鉴·2002
丹阳市人民政府主办　《丹阳年鉴》编辑部编
主编徐翔、秦杉
方志出版社　2002 年 7 月
380 页　精装　27cm
ISBN7-80122-777-8
馆藏号：Guojiafz-8600002013184

丹阳年鉴·2003
丹阳市人民政府主办　《丹阳年鉴》编辑部编
主编邓政辉、秦杉
方志出版社　2003 年 8 月
431 页　精装　27cm
ISBN7-80122-987-8
馆藏号：Guojiafz-8600002012945

丹阳年鉴·2004
丹阳市人民政府主办　《丹阳年鉴》编辑部编
主编邓政辉、秦杉
方志出版社　2004 年 7 月
402 页　精装　27cm
ISBN7-80192-244-1
馆藏号：Guojiafz-8600002005053

丹阳年鉴·2005
丹阳市人民政府主办　《丹阳年鉴》编辑部编
主编邓政辉、李世华
方志出版社　2005 年 8 月
404 页　精装　27cm
ISBN7-80192-586-6
馆藏号：Guojiafz-8600002008654

丹阳年鉴·2006
丹阳市人民政府主办　《丹阳年鉴》编辑部编
主编邓政辉、李世华
方志出版社　2006 年 8 月
376 页　精装　27cm
ISBN7-80192-825-3
馆藏号：Guojiafz-8600002003712

丹阳年鉴·2007
丹阳市人民政府主办　《丹阳年鉴》编辑部编
主编邓政辉、李世华
方志出版社　2007 年 8 月
404 页　精装　27cm
ISBN978-7-80238-115-5
馆藏号：Guojiafz-8600002003829

丹阳年鉴·2008
丹阳市人民政府主办　《丹阳年鉴》编辑部编
主编邓政辉、李世华
方志出版社　2008 年 8 月
416 页　精装　29cm
ISBN978-7-80238-325-8
馆藏号：Guojiafz-8600002005200

丹阳年鉴·2009
丹阳市人民政府主办　丹阳市史志办公室编
主编邓政辉、李世华
方志出版社　2009 年 8 月
394 页　精装　29cm
ISBN978-7-80238-564-1
馆藏号：Guojiafz-8600002003774

丹阳年鉴·2010
丹阳市人民政府主办　丹阳市史志办公室编
主编蔡国璐、李世华　执行主编张建中
方志出版社　2010 年 8 月
420 页　精装　29cm
ISBN978-7-80238-804-8
馆藏号：Guojiafz-8600002000820

丹阳年鉴·2011
丹阳市人民政府主办　丹阳市史志办公室编
主编蔡国璐、李世华　执行主编张建中
方志出版社　2011 年 9 月
420 页　精装　29cm
ISBN978-7-5144-0170-7
馆藏号：Guojiafz-8600002008563

丹阳年鉴·2012
丹阳市人民政府主办　丹阳市史志办公室编
主编蔡国璐、李世华　执行主编张建中
方志出版社　2012 年 9 月
420 页　精装　29cm
ISBN978-7-5144-0534-7
馆藏号：Guojiafz-8600002007510

丹阳年鉴·2013
丹阳市人民政府主办　丹阳市史志办公室编
主编蔡国璐、邹文学　执行主编张建中
方志出版社　2013 年 10 月
424 页　精装　29cm
ISBN978-7-5144-0969-7
馆藏号：Guojiafz-8600002007409

丹阳年鉴·2014
丹阳市人民政府主办　丹阳市史志办公室编
主编蔡国璐、邹文学　执行主编张建中
方志出版社　2014 年 10 月
406 页　精装　29cm
ISBN978-7-5144-1384-7
馆藏号：Guojiafz-8600002006846

丹阳年鉴·2015
丹阳市人民政府主办　丹阳市史志办公室编
主编蔡国璐、邹文学　执行主编张建中
方志出版社　2015 年 10 月
398 页　精装　29cm
ISBN978-7-5144-1696-1
馆藏号：Guojiafz-8600002010419

丹阳年鉴·2016
丹阳市人民政府主办　丹阳市史志办公室编
主编朱国祥、邹文学
方志出版社　2016 年 8 月
398 页　精装　29cm
ISBN978-7-5144-2051-7
馆藏号：Guojiafz-8600002013871

丹阳年鉴·2017
丹阳市人民政府主办　丹阳市史志办公室编
主编朱国祥、邹文学
方志出版社　2017年10月
398页　精装　29cm
ISBN978-7-5144-2613-7
馆藏号：Guojiafz-8600002015129

丹阳年鉴·2018
丹阳市人民政府主办　丹阳市史志办公室编
主编朱国祥、邹文学
方志出版社　2018年10月
428页　精装　29cm
ISBN978-7-5144-3305-0
馆藏号：Guojiafz-8600002017201

扬中年鉴·2016
扬中市人民政府主办　扬中市史志办公室编
主编仲泉、冯鸿鸣
方志出版社　2016年12月
283页　精装　29cm
ISBN978-7-5144-2312-9
馆藏号：Guojiafz-8600002014006

扬中年鉴·2017
扬中市人民政府主办　扬中市史志办公室编
主编仲泉、张初明
方志出版社　2017年12月
353页　精装　29cm
ISBN978-7-5144-2818-6
馆藏号：Guojiafz-8600002017123

句容年鉴·1996（创刊号）
句容市人民政府主办　句容年鉴编辑部编
主编陈国栋
江苏年鉴杂志社　1996年11月
420页　精装　27cm
ISSN1005-3379
馆藏号：Guojiafz-8600002013399

句容年鉴·2006
句容市人民政府主办　《句容年鉴》编辑部编
总编卢道富　主编王金涛
方志出版社　2006年12月
448页　精装　27cm
ISBN7-80192-959-4
馆藏号：Guojiafz-8600002012681

句容年鉴·2007
句容市人民政府主办　句容市史志办公室编
总编卢道富　主编王金涛
方志出版社　2007年9月
381页　精装　27cm
ISBN978-7-80238-176-6
馆藏号：Guojiafz-8600002012497

句容年鉴·2008
句容市人民政府主办　句容市史志办公室编
总编王琴、倪定胜　主编王金涛
方志出版社　2008年9月
376页　精装　27cm
ISBN978-7-80238-341-8
馆藏号：Guojiafz-8600002002214

句容年鉴·2009
句容市人民政府主办　句容市史志办公室编
总编王琴、倪定胜　主编王金涛
方志出版社　2009年9月
261页　精装　29cm
ISBN978-7-80238-570-2
馆藏号：Guojiafz-8600002004393

句容年鉴·2010
句容市人民政府主办　句容市史志办公室编
主编王金涛
方志出版社　2010年10月
360页　精装　30cm
ISBN978-7-80238-874-1
馆藏号：Guojiafz-8600002011220

句容年鉴·2011
句容市人民政府主办　句容市史志办公室编
主编欧红卫、王金涛
方志出版社　2011 年 11 月
374 页　精装　30cm
ISBN978-7-5144-0224-7
馆藏号：Guojiafz-8600002011847

句容年鉴·2012
句容市人民政府主办　句容市史志办公室编
主编欧红卫
方志出版社　2012 年 10 月
390 页　精装　30cm
ISBN978-7-5144-0553-8
馆藏号：Guojiafz-8600002006811

句容年鉴·2013
句容市人民政府主办　句容市史志办公室编
主编欧红卫
方志出版社　2013 年 10 月
366 页　精装　29cm
ISBN978-7-5144-0981-9
馆藏号：Guojiafz-8600002007405

句容年鉴·2014
句容市人民政府主办　句容市史志办公室编
主编欧红卫
方志出版社　2014 年 12 月
356 页　精装　29cm
ISBN978-7-5144-1427-1
馆藏号：Guojiafz-8600002005673

句容年鉴·2015
句容市人民政府主办　句容市史志办公室编
主编欧红卫
方志出版社　2015 年 10 月
374 页　精装　30cm
ISBN978-7-5144-1689-3
馆藏号：Guojiafz-8600002010333

句容年鉴·2016
句容市人民政府主办　句容市史志办公室编
主编欧红卫、张俊
方志出版社　2016 年 10 月
324 页　精装　29cm
ISBN978-7-5144-2120-0
馆藏号：Guojiafz-8600002013904

句容年鉴·2017
句容市人民政府主办　句容市史志办公室编
主编张俊
方志出版社　2017 年 10 月
330 页　精装　29cm
ISBN978-7-5144-2571-0
馆藏号：Guojiafz-8600002015128

句容年鉴·2018
句容市人民政府主办　句容市史志办公室编
主编张俊
方志出版社　2018 年 9 月
300 页　精装　29cm
ISBN978-7-5144-3234-3
馆藏号：Guojiafz-8600002017003

泰州年鉴·1998
泰州年鉴编纂委员会编　主编周家新　总纂张斌
方志出版社　1998 年 12 月
372 页　精装　29cm
ISBN7-80122-375-6
馆藏号：Guojiafz-8600002007477

泰州年鉴·2001
江苏省泰州市史志档案办公室编　主编周书国
总纂张斌
方志出版社　2001 年 8 月
320 页　精装　30cm
ISBN7-80122-615-1
馆藏号：Guojiafz-8600002013114

泰州年鉴·2002
中共泰州市委、泰州市人民政府主办　江苏省泰州年鉴编纂委员会编　主编周书国　总纂张斌、尹愚夫
方志出版社　2002 年 10 月
382 页　精装　30cm
ISBN7-80122-836-7
馆藏号：Guojiafz-8600002010877

泰州年鉴·2003
中共泰州市委、泰州市人民政府主办　泰州市史志档案办公室编　主编王东
方志出版社　2003 年 9 月
381 页　精装　29cm
ISBN7-80192-010-4
馆藏号：Guojiafz-8600002003339

泰州年鉴·2004
中共泰州市委、泰州市人民政府主办　泰州市史志档案办公室编　主编王东
方志出版社　2004 年 9 月
369 页　精装　30cm
ISBN7-80192-305-7
馆藏号：Guojiafz-8600002007652

泰州年鉴·2005
中共泰州市委、泰州市人民政府主办　泰州市史志档案办公室编　主编王东
方志出版社　2005 年 8 月
367 页　精装　30cm
ISBN7-80192-529-7
馆藏号：Guojiafz-8600002005212

泰州年鉴·2006
中共泰州市委、泰州市人民政府主办　泰州市史志档案办公室编　主编王东
方志出版社　2006 年 7 月
460 页　精装　30cm
ISBN7-80192-805-9
馆藏号：Guojiafz-8600002003907

泰州年鉴·2007
中共泰州市委、泰州市人民政府主办　泰州市史志档案办公室编　主编王东
方志出版社　2007 年 8 月
480 页　精装　29cm
ISBN978-7-80238-095-0
馆藏号：Guojiafz-8600002003740

泰州年鉴·2008
中共泰州市委、泰州市人民政府主办　泰州市史志档案办公室编　主编王群
方志出版社　2008 年 8 月
488 页　精装　29cm
ISBN978-7-80238-329-6
馆藏号：Guojiafz-8600002003378

泰州年鉴·2009
中共泰州市委、泰州市人民政府主办　泰州市史志档案办公室编　主编王群
方志出版社　2009 年 8 月
546 页　精装　29cm
ISBN978-7-80238-562-7
馆藏号：Guojiafz-8600002004494

泰州年鉴·2011
中共泰州市委、泰州市人民政府主办　泰州市党史方志办公室编　主编王群
方志出版社　2011 年 9 月
486 页　精装　30cm
ISBN978-7-5144-0215-5
馆藏号：Guojiafz-8600002002366

泰州年鉴·2012
中共泰州市委、泰州市人民政府主办　泰州市党史方志档案办公室编　主编王群
方志出版社　2012 年 8 月
502 页　精装　30cm
ISBN978-7-5144-0589-7
馆藏号：Guojiafz-8600002000529

泰州年鉴·2013
中共泰州市委、泰州市人民政府主办　泰州年鉴编纂委员会、泰州市党史方志档案办公室、泰州市档案局（馆）合编　主编王群
方志出版社　2013年9月
470页　精装　30cm
ISBN978-7-5144-0980-2
馆藏号：Guojiafz-8600002007408

泰州年鉴·2014
中共泰州市委、泰州市人民政府主办　泰州年鉴编纂委员会、泰州市党史方志档案办公室、泰州市档案局（馆）合编　主编王群
方志出版社　2014年9月
454页　精装　30cm
ISBN978-7-5144-1367-0
馆藏号：Guojiafz-8600002009964

泰州年鉴·2015
中共泰州市委、泰州市人民政府主办　泰州年鉴编纂委员会编　主编王群　总纂叶彤
方志出版社　2015年10月
452页　精装　30cm
ISBN978-7-5144-1731-9
馆藏号：Guojiafz-8600002006190

泰州年鉴·2016
中共泰州市委、泰州市人民政府主办　泰州年鉴编纂委员会编　主编沈明刚
方志出版社　2016年10月
499页　精装　29cm
ISBN978-7-5144-2127-9
馆藏号：Guojiafz-8600002013819

泰州年鉴·2017
中共泰州市委、泰州市人民政府主办　泰州年鉴编纂委员会编　主编沈明刚
方志出版社　2017年10月
423页　精装　29cm
ISBN978-7-5144-2657-1
馆藏号：Guojiafz-8600002016987

泰州年鉴·2018
中共泰州市委、泰州市人民政府主办　泰州市党史方志档案办公室编　主编张士林
方志出版社　2018年11月
428页　精装　29cm
ISBN978-7-214-22750-8
馆藏号：Guojiafz-8600002019710

泰州年鉴·2019
中共泰州市委、泰州市人民政府主办　泰州市党史方志办公室编　主编张士林
方志出版社　2019年11月
398页　精装　29cm
ISBN978-7-214-23808-5
馆藏号：Guojiafz-8600002019711

泰州年鉴·2020
中共泰州市委、泰州市人民政府主办　泰州市党史方志办公室编　主编张士林
方志出版社　2020年9月
426页　精装　29cm
ISBN978-7-5144-4318-9
馆藏号：Guojiafz-8600002019709

海陵年鉴·2018
中共泰州市海陵区委员会、泰州市海陵区人民政府主办　《海陵年鉴》编纂委员会编
主编袁友山
凤凰出版社　2018年10月
297页　精装　29cm
ISBN978-7-5506-2860-1
馆藏号：Guojiafz-8600002018790

海陵年鉴·2019
中共泰州市海陵区委员会、泰州市海陵区人民政府主办　《海陵年鉴》编纂委员会编
主编袁友山
凤凰出版社　2019年11月

308页　精装　29cm
ISBN978-7-5506-3058-1
馆藏号：Guojiafz-8600002018791

海陵年鉴·2020
中共泰州市海陵区委、泰州市海陵区人民政府主办　《海陵年鉴》编纂委员会编　主编袁友山
凤凰出版社　2020年11月
333页　精装　29cm
ISBN978-7-5506-3318-6
馆藏号：Guojiafz-8600002018789

高港年鉴·2010
中共泰州市高港区委、高港区人民政府主办　泰州市高港区史志档案办公室编　主编程荣稳、刘玲
方志出版社　2010年12月
338页　精装　30cm
ISBN978-7-80238-969-4
馆藏号：Guojiafz-8600002011400

高港年鉴·2011
中共泰州市高港区委、区人民政府主办　泰州市高港区史志档案办公室编　主编程荣稳、蒋向荣　总纂查云富
方志出版社　2011年10月
320页　精装　29cm
ISBN978-7-5144-0252-0
馆藏号：Guojiafz-8600002000503

高港年鉴·2012
中共泰州市高港区委、高港区人民政府主办　泰州市高港区史志档案办公室编　主编蒋向荣
方志出版社　2012年8月
294页　精装　30cm
ISBN978-7-5144-0527-9
馆藏号：Guojiafz-8600002005621

高港年鉴·2013
中共泰州市高港区委、高港区人民政府主办　泰州市高港区史志档案办公室编　主编蒋向荣、邵春宁
方志出版社　2013年10月
236页　精装　29cm
ISBN978-7-5144-1028-0
馆藏号：Guojiafz-8600002005595

高港年鉴·2014
中共泰州市高港区委、高港区人民政府主办　泰州市高港区史志档案办公室编　主编蒋向荣、邵春宁
方志出版社　2014年10月
258页　精装　30cm
ISBN978-7-5144-1395-3
馆藏号：Guojiafz-8600002009921

高港年鉴·2015
中共泰州市高港区委、区人民政府主办　泰州市高港区史志档案办公室编　主编蒋向荣、肖志勇
方志出版社　2015年11月
266页　精装　29cm
ISBN978-7-5144-1789-0
馆藏号：Guojiafz-8600002005595

高港年鉴·2016
中国共产党泰州市高港区委员会主办　泰州市高港区史志档案办公室编　主编陈军、蒋向荣、肖志勇、李新美
方志出版社　2016年10月
268页　精装　29cm
ISBN978-7-5144-2145-3
馆藏号：Guojiafz-8600002014005

高港年鉴·2017
中共泰州市高港区委、泰州市高港区人民政府主办　泰州市高港区史志档案办公室编
主编李秀年
方志出版社　2017年12月
274页　精装　29cm
ISBN978-7-5144-2649-6
馆藏号：Guojiafz-8600002017088

高港年鉴·2018
中共泰州市高港区委员会、泰州市高港区人民政府主办　泰州市高港区史志档案办公室编
主任李秀年
方志出版社　2018 年 11 月
372 页　精装　29cm
ISBN978-7-5144-3338-8
馆藏号：Guojiafz-8600002016910

高港年鉴·2019
中共泰州市高港区委员会、泰州市高港区人民政府主办　泰州市高港区党史方志办公室编
主任李秀年
方志出版社　2019 年 12 月
386 页　精装　29cm
ISBN978-7-5144-3851-2
馆藏号：Guojiafz-8600002018042

姜堰年鉴·1989—2000
江苏省姜堰市人民政府主办　江苏省姜堰年鉴编纂委员会编　主编黄彭赣　总纂仓慧林
方志出版社　2000 年 12 月
258 页　精装　27cm
ISBN7-80122-604-6
馆藏号：Guojiafz-8600002008171

姜堰年鉴·2001
江苏省姜堰年鉴编纂委员会编　主编黄彭赣
总纂仓慧林
方志出版社　2001 年 9 月
286 页　精装　27cm
ISBN7-80122-713-1
馆藏号：Guojiafz-8600002012709

姜堰年鉴·2002
《姜堰年鉴》编纂委员会编　主编张景夏
方志出版社　2002 年 9 月
308 页　精装　27cm
ISBN7-80122-817-0
馆藏号：Guojiafz-8600002004864

姜堰年鉴·2003
《姜堰年鉴》编纂委员会编　主编张景夏　执行主编仓慧林
方志出版社　2003 年 10 月
330 页　精装　27cm
ISBN7-80192-061-9
馆藏号：Guojiafz-8600002005264

姜堰年鉴·2004
《姜堰年鉴》编纂委员会编　主编汤文林　执行主编仓慧林
方志出版社　2004 年 11 月
338 页　精装　27cm
ISBN7-80192-364-2
馆藏号：Guojiafz-8600002004980

姜堰年鉴·2005
姜堰市史志档案办公室编　主编周建军　执行主编仓慧林
方志出版社　2005 年 11 月
324 页　精装　27cm
ISBN7-80192-660-9
馆藏号：Guojiafz-8600002005099

姜堰年鉴·2006
姜堰年鉴编纂委员会编　主编汤文林
方志出版社　2006 年 12 月
356 页　精装　27cm
ISBN7-80192-953-5
馆藏号：Guojiafz-8600002003835

姜堰年鉴·2007
《姜堰年鉴》编纂委员会编　主编汤文林
方志出版社　2007 年 12 月
339 页　精装　27cm
ISBN978-7-80238-234-3
馆藏号：Guojiafz-8600002004351

姜堰年鉴·2008
《姜堰年鉴》编纂委员会编　主编汤文林

方志出版社 2008年12月
360页 精装 27cm
ISBN978-7-80238-452-1
馆藏号：Guojiafz-8600002002043

姜堰年鉴・2009
《姜堰年鉴》编纂委员会编 主编刘文荣
方志出版社 2009年12月
388页 精装 27cm
ISBN978-7-80238-677-8
馆藏号：Guojiafz-8600002005842

姜堰年鉴・2010
姜堰市人民政府主办 姜堰年鉴编纂委员会编
主编刘文荣
方志出版社 2010年10月
362页 精装 29cm
ISBN978-7-80238-872-7
馆藏号：Guojiafz-8600002005953

姜堰年鉴・2011
姜堰市人民政府主办 姜堰年鉴编纂委员会编
主编刘文荣
方志出版社 2011年10月
462页 精装 29cm
ISBN978-7-5144-0253-7
馆藏号：Guojiafz-8600002000545

姜堰年鉴・2012
姜堰市人民政府主办 姜堰年鉴编纂委员会编
主编周建军
方志出版社 2012年9月
436页 精装 30cm
ISBN978-7-5144-0579-8
馆藏号：Guojiafz-8600002004290

姜堰年鉴・2013
泰州市姜堰区人民政府主办 《姜堰年鉴》编纂委员会编 主编周建军
方志出版社 2013年9月
464页 精装 29cm
ISBN978-7-5144-0978-9
馆藏号：Guojiafz-8600002007398

姜堰年鉴・2014
泰州市姜堰区人民政府主办 《姜堰年鉴》编纂委员会编 主编周建军
方志出版社 2014年9月
412页 精装 29cm
ISBN978-7-5144-1376-2
馆藏号：Guojiafz-8600002005678

姜堰年鉴・2015
泰州市姜堰区人民政府主办 姜堰年鉴编纂委员会编 主编周建军
方志出版社 2015年11月
410页 精装 29cm
ISBN978-7-5144-1785-2
馆藏号：Guojiafz-8600002003092

姜堰年鉴・2016
泰州市姜堰区人民政府主办 姜堰年鉴编纂委员会编 主编周建军
方志出版社 2016年10月
400页 精装 29cm
ISBN978-7-5144-2163-7
馆藏号：Guojiafz-8600002013820

姜堰年鉴・2017
泰州市姜堰区人民政府主办 姜堰年鉴编纂委员会编 主编胡中华
方志出版社 2017年11月
414页 精装 29cm
ISBN978-7-5144-2672-4
馆藏号：Guojiafz-8600002015139

姜堰年鉴・2018
泰州市姜堰区人民政府主办 姜堰年鉴编纂委员会编 主编王兆春
方志出版社 2018年9月

390 页　精装　29cm
ISBN978-7-5144-3297-8
馆藏号：Guojiafz-8600002017157

姜堰年鉴·2019
泰州市姜堰区人民政府主办　姜堰年鉴编纂委员会编　主编王兆春
方志出版社　2019 年 9 月
408 页　精装　29cm
ISBN978-7-5144-3873-4
馆藏号：Guojiafz-8600002017973

兴化年鉴·2002
兴化市史志档案办公室编　主编蔡莹　总纂费德荣
方志出版社　2002 年 11 月
370 页　精装　29cm
ISBN7-80122-838-3
馆藏号：Guojiafz-8600002013169

兴化年鉴·2003
中共兴化市委、兴化市人民政府主办　《兴化年鉴》编纂委员会编　主编蔡莹　总纂费德荣
方志出版社　2003 年 9 月
400 页　精装　30cm
ISBN7-80122-996-7
馆藏号：Guojiafz-8600002008150

兴化年鉴·2004
兴化年鉴编纂委员会编　主编蔡莹　总纂费德荣
方志出版社　2004 年 9 月
382 页　精装　30cm
ISBN7-80192-330-8
馆藏号：Guojiafz-8600002005119

兴化年鉴·2005
中共兴化市委、兴化市人民政府主办　《兴化年鉴》编纂委员会编　主编蔡莹　总纂费德荣
方志出版社　2005 年 9 月
440 页　精装　30cm
ISBN7-80192-627-7
馆藏号：Guojiafz-8600002008640

兴化年鉴·2006
中共兴化市委、兴化市人民政府主办　兴化市史志档案办公室编　主编谷幼农　执行主编毛洁、费德荣、洪卫、成峰、王强　总纂费德荣
方志出版社　2006 年 9 月
360 页　精装　30cm
ISBN7-80192-858-X
馆藏号：Guojiafz-8600002003667

兴化年鉴·2007
中共兴化市委、兴化市人民政府主办　《兴化年鉴》编纂委员会编　主编谷幼农　执行主编毛洁、费德荣、洪卫、成峰、王强　总纂费德荣
方志出版社　2007 年 9 月
352 页　精装　29cm
ISBN978-7-80238-140-7
馆藏号：Guojiafz-8600002004450

兴化年鉴·2008
中共兴化市委、兴化市人民政府主办　兴化市史志档案办公室编　主编谷幼农　执行主编费德荣、洪卫、成峰、陈辉　总纂费德荣
方志出版社　2008 年 10 月
380 页　精装　29cm
ISBN978-7-80238-399-9
馆藏号：Guojiafz-8600002007624

兴化年鉴·2009
中共兴化市委主办　兴化年鉴编纂委员会编
主编谷幼农　执行主编洪卫、成峰、陈辉、吴存寿
方志出版社　2009 年 10 月
398 页　精装　29cm
ISBN978-7-80238-614-3
馆藏号：Guojiafz-8600002002542

兴化年鉴·2010
中共兴化市委、兴化市人民政府主办　兴化年鉴编纂委员会编　主编谷幼农　执行主编洪卫、陈辉

总纂洪卫
方志出版社　2010 年 10 月
284 页　精装　29cm
ISBN978-7-80238-873-4
馆藏号：Guojiafz-8600002008479

兴化年鉴·2011
中共兴化市委、兴化市人民政府主办　兴化年鉴编纂委员会编　主编谷幼农　执行主编洪卫、陈辉　总纂洪卫
方志出版社　2011 年 11 月
368 页　精装　30cm
ISBN978-7-5144-0300-8
馆藏号：Guojiafz-8600002006073

兴化年鉴·2012
中共兴化市委、兴化市人民政府主办　兴化年鉴编纂委员会编　主编谷幼农　执行主编洪卫、陈辉　总纂洪卫
方志出版社　2012 年 11 月
370 页　精装　30cm
ISBN978-7-5144-0687-0
馆藏号：Guojiafz-8600002000306

兴化年鉴·2014
中共兴化市委、兴化市人民政府主办　兴化年鉴编纂委员会编　主编陈友光　执行主编洪卫、孙东圣　总纂洪卫
江苏凤凰科学技术出版社　2014 年 10 月
360 页　精装　29cm
ISBN978-7-5537-3882-6
馆藏号：Guojiafz-8600002015892

兴化年鉴·2016
兴化市人民政府主办　兴化年鉴编纂委员会编　主编陈友光
江苏凤凰科学技术出版社　2016 年 10 月
394 页　精装　29cm
ISBN978-7-5537-7335-3
馆藏号：Guojiafz-8600002014441

兴化年鉴·2017
中共兴化市委、兴化市人民政府主办　兴化年鉴编纂委员会编　主编陈友光　执行主编洪卫、孙东圣　总纂洪卫
江苏凤凰科学技术出版社　2017 年 11 月
418 页　精装　29cm
ISBN978-7-5537-8697-1
馆藏号：Guojiafz-8600002016635

兴化年鉴·2018
中共兴化市委、兴化市人民政府主办　兴化年鉴编纂委员会编　主编陈友光　执行主编洪卫、孙东圣　总纂洪卫
江苏凤凰科学技术出版社　2018 年 11 月
438 页　精装　29cm
ISBN978-7-5537-9756-4
馆藏号：Guojiafz-8600002019323

兴化年鉴·2019
中共兴化市委、兴化市人民政府主办　兴化年鉴编纂委员会编　主编高松　执行主编洪卫、孙东圣　总纂洪卫
江苏凤凰科学技术出版社　2019 年 11 月
414 页　精装　29cm
ISBN978-7-5713-0592-5
馆藏号：Guojiafz-8600002019321

兴化年鉴·2020
中共兴化市委、兴化市人民政府主办　兴化年鉴编纂委员会编　主编高松　执行主编洪卫、孙东圣　总纂洪卫
江苏凤凰科学技术出版社　2020 年 12 月
454 页　精装　29cm
ISBN978-7-5713-1569-6
馆藏号：Guojiafz-8600002019322

靖江年鉴·2001—2002
靖江市人民政府主办　《靖江年鉴》编辑部编　主编周灿荣
方志出版社　2002 年 8 月

339 页　精装　29cm
ISBN7-80122-754-9
馆藏号：Guojiafz-8600002013142

靖江年鉴·2003
靖江市人民政府主办　靖江年鉴编纂委员会编
主编张之鸿
方志出版社　2003 年 11 月
278 页　精装　29cm
ISBN7-80192-031-7
馆藏号：Guojiafz-8600002003471

靖江年鉴·2004
靖江市人民政府主办　靖江年鉴编纂委员会编
主编张之鸿
方志出版社　2004 年 7 月
250 页　精装　30cm
ISBN7-80192-242-5
馆藏号：Guojiafz-8600002005107

靖江年鉴·2005
靖江市人民政府主办　靖江年鉴编纂委员会编
主编王亚平
方志出版社　2005 年 7 月
266 页　精装　29cm
ISBN7-80192-541-6
馆藏号：Guojiafz-8600002008125

靖江年鉴·2006
靖江市人民政府主办　靖江年鉴编纂委员会编
主编王亚平
方志出版社　2006 年 9 月
286 页　精装　29cm
ISBN7-80192-852-0
馆藏号：Guojiafz-8600002002819

靖江年鉴·2007
靖江市人民政府主办　靖江市史志档案办公室编
主编王亚平
方志出版社　2007 年 10 月
286 页　精装　29cm
ISBN978-7-80238-188-9
馆藏号：Guojiafz-8600002002386

靖江年鉴·2008
靖江市人民政府主办　靖江年鉴编纂委员会编
主编王亚平
方志出版社　2008 年 7 月
282 页　精装　30cm
ISBN978-7-80238-318-0
馆藏号：Guojiafz-8600002005203

靖江年鉴·2009
靖江市人民政府主办 《靖江年鉴》编纂委员会编
主编王亚平
方志出版社　2009 年 9 月
278 页　精装　29cm
ISBN978-7-80238-572-6
馆藏号：Guojiafz-8600002003775

靖江年鉴·2010
靖江市人民政府主办 《靖江年鉴》编纂委员会编
主编王亚平
方志出版社　2010 年 10 月
336 页　精装　29cm
ISBN978-7-80238-877-2
馆藏号：Guojiafz-8600002011129

靖江年鉴·2011
靖江市人民政府主办 《靖江年鉴》编纂委员会编
主编王亚平
方志出版社　2011 年 8 月
294 页　精装　29cm
ISBN978-7-5144-0194-3
馆藏号：Guojiafz-8600002008100

靖江年鉴·2012
靖江市人民政府主办 《靖江年鉴》编纂委员会编
主编王宇清
方志出版社　2012 年 9 月

304页　精装　29cm
ISBN978-7-5144-0578-1
馆藏号：Guojiafz-8600002007894

靖江年鉴·2013
靖江市人民政府主办　靖江年鉴编纂委员会编
主编王宇清
方志出版社　2013年9月
312页　精装　29cm
ISBN978-7-5144-0964-2
馆藏号：Guojiafz-8600002007123

靖江年鉴·2014
靖江市人民政府主办　靖江年鉴编纂委员会编
主编王宇清
方志出版社　2014年9月
304页　精装　30cm
ISBN978-7-5144-1349-6
馆藏号：Guojiafz-8600002004335

靖江年鉴·2015
靖江市人民政府主办　靖江年鉴编纂委员会编
主编王宇清
方志出版社　2015年10月
372页　精装　26cm
ISBN978-7-5144-1716-6
馆藏号：Guojiafz-8600002009669

靖江年鉴·2016
靖江市人民政府主办　靖江年鉴编纂委员会编
主编王宇清
方志出版社　2016年8月
408页　精装　27cm
ISBN978-7-5144-2063-0
馆藏号：Guojiafz-8600002013885

靖江年鉴·2017
靖江市人民政府主办　靖江年鉴编纂委员会编
主编王宇清
方志出版社　2017年10月
422页　精装　27cm
ISBN978-7-5144-2607-6
馆藏号：Guojiafz-8600002015127

靖江年鉴·2018
靖江市人民政府主办　靖江年鉴编纂委员会编
主编王宇清
方志出版社　2018年8月
440页　精装　27cm
ISBN978-7-5144-3209-1
馆藏号：Guojiafz-8600002017229

靖江年鉴·2019
靖江市人民政府主办　靖江年鉴编纂委员会编
主编王宇清
方志出版社　2019年9月
372页　精装　27cm
ISBN978-7-5144-3838-3
馆藏号：Guojiafz-8600002018019

泰兴年鉴·2001
泰兴市人民政府主办　泰兴市史志档案办公室编
主编奚爱国　总纂尹愚夫
方志出版社　2001年9月
228页　精装　30cm
ISBN7-80122-693-3
馆藏号：Guojiafz-8600002013136

泰兴年鉴·2002
泰兴市人民政府主办　泰兴市史志档案办公室编
主编奚爱国　总纂何春龙
方志出版社　2002年11月
253页　精装　30cm
ISBN7-80122-900-2
馆藏号：Guojiafz-8600002013005

泰兴年鉴·2003
泰兴市人民政府主办　泰兴市史志档案办公室编
主编奚爱国
方志出版社　2003年8月

270 页　精装　29cm
ISBN7-80192-007-4
馆藏号：Guojiafz-8600002005199

泰兴年鉴·2004
泰兴市人民政府主办　泰兴市史志档案办公室编
主编奚爱国
方志出版社　2004 年 9 月
304 页　精装　29cm
ISBN7-80192-311-1
馆藏号：Guojiafz-8600002004894

泰兴年鉴·2005
泰兴市人民政府主办　泰兴市史志档案办公室编
主编奚爱国
方志出版社　2005 年 9 月
218 页　精装　29cm
ISBN7-80192-672-2
馆藏号：Guojiafz-8600002004723

泰兴年鉴·2006
泰兴市人民政府主办　泰兴市史志档案办公室编
主编顾弘庆
方志出版社　2006 年 9 月
233 页　精装　29cm
ISBN7-80192-870-9
馆藏号：Guojiafz-8600002003669

泰兴年鉴·2013
泰兴市人民政府主办　泰兴市年鉴编纂委员会编
主编周桂香
广陵书社　2013 年 10 月
262 页　精装　29cm
ISBN978-7-5554-0005-9
馆藏号：Guojiafz-8600002016046

泰兴年鉴·2014
泰兴市人民政府主办　泰兴市年鉴编纂委员会编
主编周桂香
方志出版社　2014 年 10 月
242 页　精装　30cm
ISBN978-7-5144-1429-5
馆藏号：Guojiafz-8600002007307

泰兴年鉴·2016
泰兴市人民政府主办　泰兴市年鉴编纂委员会编
主编周桂香
方志出版社　2016 年 10 月
244 页　精装　29cm
ISBN978-7-5144-2177-4
馆藏号：Guojiafz-8600002013991

泰兴年鉴·2017
泰兴市人民政府主办　泰兴市年鉴编纂委员会编
主编邵骅
方志出版社　2017 年 11 月
272 页　精装　29cm
ISBN978-7-5144-2711-0
馆藏号：Guojiafz-8600002015097

宿豫年鉴·2002
宿豫县人民政府主办　宿豫年鉴编纂委员会编
主编蔡兆银
方志出版社　2002 年 12 月
351 页　精装　30cm
ISBN7-80122-863-4
馆藏号：Guojiafz-8600002013161

宿豫年鉴·2003
宿豫县人民政府主办　宿豫年鉴编委会编
主编蔡兆银
方志出版社　2003 年 12 月
333 页　精装　30cm
ISBN7-80192-063-5
馆藏号：Guojiafz-8600002007287

宿豫年鉴·2004
宿豫县党委、宿豫县政府主办　宿豫年鉴编纂委员会编　主编蔡兆银、姚亚青
方志出版社　2004 年 8 月

319 页　精装　29cm
ISBN7-80192-295-6
馆藏号：Guojiafz-8600002007626

宿豫年鉴·2006
中共宿迁市宿豫区委、宿迁市宿豫区人民政府主办
《宿豫年鉴》编纂委员会编　主编蔡兆银
方志出版社　2006 年 11 月
348 页　精装　29cm
ISBN7-80192-948-9
馆藏号：Guojiafz-8600002000964

宿豫年鉴·2008
中共宿迁市宿豫区委、宿迁市宿豫区人民政府主办
宿迁市宿豫区地方志编纂委员会办公室编
主编蔡兆银
方志出版社　2008 年 10 月
424 页　精装　29cm
ISBN978-7-80238-392-0
馆藏号：Guojiafz-8600002004319

宿豫年鉴·2010
中共宿迁市宿豫区委、宿迁市宿豫区人民政府主办
宿迁市宿豫区地方志编纂委员会办公室编
主编蔡兆银
方志出版社　2010 年 11 月
372 页　精装　29cm
ISBN978-7-80238-915-1
馆藏号：Guojiafz-8600002005960

宿豫年鉴·2011
中共宿迁市宿豫区委、宿迁市宿豫区人民政府主办
宿迁市宿豫区地方志编纂委员会办公室编
主编蔡兆银
方志出版社　2011 年 11 月
420 页　精装　29cm
ISBN978-7-5144-0309-1
馆藏号：Guojiafz-8600002008408

宿豫年鉴·2012
中共宿迁市宿豫区委、宿迁市宿豫区人民政府主办
宿迁市宿豫区地方志编纂委员会办公室编
主编蔡兆银
方志出版社　2012 年 12 月
385 页　精装　31cm
ISBN978-7-5144-0737-2
馆藏号：Guojiafz-8600002009865

宿豫年鉴·2015
中共宿迁市宿豫区委、宿迁市宿豫区人民政府主办
宿迁市宿豫区地方志编纂委员会办公室编
主编蔡兆银　执行主编韩朝晖
方志出版社　2015 年 12 月
378 页　平装　26cm
ISBN978-7-5144-1917-7
馆藏号：Guojiafz-8600002003113

宿豫年鉴·2016
中共宿迁市宿豫区委员会、宿迁市宿豫区人民政府
主办　宿迁市宿豫区地方志编纂委员会办公室编
主编蔡兆银　执行主编韩朝晖
方志出版社　2016 年 11 月
418 页　平装　26cm
ISBN978-7-5144-2168-2
馆藏号：Guojiafz-8600002013821

宿豫年鉴·2017
中共宿迁市宿豫区委员会、宿迁市宿豫区人民政府
主办　宿迁市宿豫区地方志编纂委员会办公室编
主编蔡兆银
方志出版社　2017 年 12 月
408 页　平装　26cm
ISBN978-7-5144-2745-5
馆藏号：Guojiafz-8600002016800

泗阳年鉴·2004
泗阳县人民政府主办　《泗阳年鉴》编辑部编
主编胡东凯
吉林人民出版社　2004 年 9 月

290 页　精装　29cm
ISBN7-206-03978-2
馆藏号：Guojiafz-8600002008651

泗阳年鉴・2005
泗阳县人民政府主办　《泗阳年鉴》编纂委员会编　主编胡东凯
方志出版社　2005 年 9 月
348 页　精装　30cm
ISBN7-80192-597-1
馆藏号：Guojiafz-8600002004709

泗阳年鉴・2006
泗阳县人民政府主办　《泗阳年鉴》编辑部编　主编胡东凯
方志出版社　2006 年 10 月
392 页　精装　30cm
ISBN7-80192-893-8
馆藏号：Guojiafz-8600002005175

泗阳年鉴・2007
泗阳县人民政府主办　《泗阳年鉴》编辑部编　主编胡东凯
方志出版社　2007 年 8 月
487 页　精装　30cm
ISBN978-7-80238-108-7
馆藏号：Guojiafz-8600002012550

泗阳年鉴・2010
泗阳县人民政府主办　泗阳县地方志办公室编　主编胡东凯
方志出版社　2010 年 10 月
334 页　精装　29cm
ISBN978-7-80238-889-5
馆藏号：Guojiafz-8600002008240

泗阳年鉴・2013
泗阳县人民政府主办　泗阳县地方志（年鉴）编辑委员会编　主编刘须春
方志出版社　2013 年 12 月
356 页　精装　29cm
ISBN978-7-5144-1075-4
馆藏号：Guojiafz-8600002009912

泗阳年鉴・2017
泗阳县人民政府主办　泗阳年鉴编纂委员会编　主编李守华　执行主编刘须春
方志出版社　2017 年 12 月
364 页　精装　29cm
ISBN978-7-5144-2645-8
馆藏号：Guojiafz-8600002015078

泗洪年鉴・1996—2002
泗洪县人民政府主办　《泗洪年鉴》编辑部编　主编施正凯
方志出版社　2004 年 7 月
399 页　精装　26cm
ISBN7-80192-271-9
馆藏号：Guojiafz-8600002003504

泗洪年鉴・2013
泗洪县人民政府主办　《泗洪年鉴》编纂委员会编　主编陈子升
方志出版社　2013 年 11 月
406 页　精装　28cm
ISBN978-7-5144-1096-9
馆藏号：Guojiafz-8600002009962

浙江省

浙江省乡镇年鉴 · 1999
浙江省乡镇年鉴编辑委员会编　主编王志邦
方志出版社　2000 年 7 月
2020 页　精装　27cm
ISBN7-80122-555-4
馆藏号：Guojiafz-8600002012789

浙江省乡镇年鉴 · 2000
《浙江省乡镇年鉴》编辑委员会编　主编王志邦
方志出版社　2003 年 2 月
994 页　精装　27cm
ISBN7-80122-922-3
馆藏号：Guojiafz-8600002003290

浙江省乡镇街道年鉴 · 2002
《浙江省乡镇街道年鉴》编辑委员会编
主编王志邦
方志出版社　2002 年 12 月
844 页　精装　27cm
ISBN7-80122-842-1
馆藏号：Guojiafz-8600002012743

浙江交通年鉴 · 2012
浙江省交通运输厅编　主任郑惠明
内部印刷
411 页　精装　27cm
馆藏号：Guojiafz-8600002010951

浙江交通年鉴 · 2013
浙江省交通运输厅编　主任郑惠明
内部印刷
379 页　精装　27cm
馆藏号：Guojiafz-8600002010950

浙江金融年鉴 · 2016
《浙江金融年鉴》编辑委员会编　主编徐子福
浙江人民出版社　2016 年 12 月
1126 页　精装　27cm
ISBN978-7-213-07854-5
馆藏号：Guojiafz-8600002016784

浙江商务年鉴 · 2014
《浙江商务年鉴》编辑委员会编　主编张汉东
浙江人民出版社　2014 年 9 月
662 页　精装　29cm
ISBN978-7-213-06141-7
馆藏号：Guojiafz-8600002015717

浙江商务年鉴 · 2016
《浙江商务年鉴》编辑委员会编　主编张汉东
浙江人民出版社　2016 年 10 月
594 页　精装　29cm
ISBN978-7-213-07595-7
馆藏号：Guojiafz-8600002014463

浙江教育年鉴 · 2009
浙江省教育厅编　主编方展画、吴永良
浙江教育出版社　2010 年 4 月
516 页　精装　29cm
ISBN978-7-5338-8528-1
馆藏号：Guojiafz-8600002002340

浙江文化年鉴・2009
《浙江文化年鉴》编辑委员会编　主任杨建新
中华书局　2010 年 4 月
482 页　精装　29cm
ISBN978-7-101-07260-0
馆藏号：Guojiafz-8600002000473

浙江财政年鉴・2008
浙江省财政厅主办　《浙江财政年鉴》编辑委员会编　总编辑钱巨炎
中华书局　2008 年 12 月
518 页　精装　29cm
ISBN978-7-101-06382-0
馆藏号：Guojiafz-8600002003373

浙江财政年鉴・2012
浙江省财政厅主办　《浙江财政年鉴》编辑委员会编　总编辑钱巨炎
中华书局　2012 年 12 月
510 页　精装　29cm
ISBN978-7-101-09134-2
馆藏号：Guojiafz-8600002003373

浙江财政年鉴・2014
浙江省财政厅主办　《浙江财政年鉴》编辑委员会编　总编辑钱巨炎
中华书局　2014 年 11 月
416 页　精装　29cm
ISBN978-7-101-10460-8
馆藏号：Guojiafz-8600002015964

浙江财政年鉴・2016
浙江省财政厅主办　《浙江财政年鉴》编辑委员会编　总编辑钱巨炎
中华书局　2016 年 12 月
368 页　精装　29cm
ISBN978-7-101-12341-8
馆藏号：Guojiafz-8600002000895

浙江财政年鉴・2017
浙江省财政厅主办　《浙江财政年鉴》编辑委员会编　总编辑徐宇宁
中华书局　2017 年 12 月
371 页　精装　29cm
ISBN978-7-101-12936-6
馆藏号：Guojiafz-8600002015546

浙江地税年鉴・2008
浙江省地方税务局主办　《浙江地税年鉴》编纂委员会编　总编黄旭明
中华书局　2009 年 4 月
926 页　精装　27cm
ISBN978-7-101-06661-6
馆藏号：Guojiafz-8600002000895

浙江外事年鉴・2009
《浙江外事年鉴》编纂委员会编　主编阮忠训
浙江大学出版社　2009 年 6 月
316 页　精装　29cm
ISBN978-7-308-06852-9
馆藏号：Guojiafz-8600002002503

浙江外事年鉴・2015
《浙江外事年鉴》编纂委员会编　主编金永辉
浙江大学出版社　2016 年 3 月
322 页　精装　29cm
ISBN978-7-308-15643-1
馆藏号：Guojiafz-8600002014446

浙江外事侨务年鉴・2016
《浙江外事侨务年鉴》编纂委员会编　主编金永辉
浙江大学出版社　2017 年 7 月
302 页　精装　29cm
ISBN978-7-308-17015-4
馆藏号：Guojiafz-8600002015576

浙江统一战线年鉴・2008
中共浙江省委统战部主办　中共浙江省委统战部编　主编杨卫敏

杭州出版社　2008 年 9 月
524 页　精装　29cm
ISBN978-7-80758-120-8
馆藏号：Guojiafz-8600002002077

浙江统一战线年鉴·2016
中共浙江省委统战部主办　中共浙江省委统战部编　主编杨卫敏
杭州出版社　2016 年 12 月
484 页　精装　29cm
ISBN978-7-5565-0530-2
馆藏号：Guojiafz-8600002014756

浙江统一战线年鉴·2017
中共浙江省委统战部编　总编杨卫敏　执行主编许军
杭州出版社　2017 年 12 月
476 页　精装　29cm
ISBN978-7-5565-0750-4
馆藏号：Guojiafz-8600002015574

浙江公安年鉴·2013
浙江公安史志编纂委员会编　主编刘力伟
浙江人民出版社　2013 年 12 月
279 页　精装　29cm
ISBN978-7-213-05896-7
馆藏号：Guojiafz-8600002015655

浙江公安年鉴·2016
浙江公安史志编纂委员会编　主编徐加爱
浙江古籍出版社　2016 年 12 月
254 页　精装　29cm
ISBN978-7-5540-0914-7
馆藏号：Guojiafz-8600002014407

浙江公安年鉴·2017
浙江公安史志编纂委员会编　主编徐加爱
浙江古籍出版社　2017 年 12 月
290 页　精装　29cm
ISBN978-7-5540-1177-5
馆藏号：Guojiafz-8600002015552

浙江劳动和社会保障年鉴·2009
《浙江劳动和社会保障年鉴（2009）》编辑委员会编　主编陈诗达
中国劳动社会保障出版社　2009 年 11 月
670 页　精装　29cm
ISBN978-7-5045-8082-5
馆藏号：Guojiafz-8600002000468

杭州年鉴·1987
主编陈邦基
红旗出版社　1987 年 12 月
440 页　精装　27cm
ISBN7-5051-0012-2
馆藏号：Guojiafz-8600002007918

杭州年鉴·1988
主编陈邦基
红旗出版社　1989 年 2 月
430 页　精装　27cm
ISBN7-80068-016-9
馆藏号：Guojiafz-8600002008870

杭州年鉴·1989
杭州市地方志编纂委员会主办　杭州年鉴编辑部编　主编马梅初
杭州大学出版社　1990 年 6 月
304 页　精装　27cm
ISBN978-7-81035-007-2
馆藏号：Guojiafz-8600002003439

杭州年鉴·1990
杭州市地方志编纂委员会主办　杭州年鉴编辑部编　主编马梅初
杭州大学出版社　1990 年 12 月
339 页　精装　27cm
ISBN7-81035-046-3
馆藏号：Guojiafz-8600002006541

杭州年鉴·1991
杭州市地方志编纂委员会主办　杭州年鉴编辑部编
主编任振泰
杭州大学出版社　1991 年 11 月
314 页　精装　27cm
ISBN7-81035-133-8
馆藏号：Guojiafz-8600002006546

杭州年鉴·1992
杭州市地方志编纂委员会主办　杭州年鉴编辑部编
主编任振泰
浙江大学出版社　1992 年 10 月
341 页　精装　27cm
ISBN7-308-01041-4
馆藏号：Guojiafz-8600002003412

杭州年鉴·2002
杭州市地方志编纂委员会主办　杭州年鉴编辑部编
主编许小富
方志出版社　2002 年 8 月
432 页　精装　27cm
ISBN7-80122-743-3
馆藏号：Guojiafz-8600002012988

杭州年鉴·2003
中国共产党杭州市委员会、杭州市人民政府主办
杭州市地方志编纂委员会编　主编许小富
方志出版社　2003 年 9 月
484 页　精装　27cm
ISBN7-80192-017-1
馆藏号：Guojiafz-8600002003838

杭州年鉴·2004
中国共产党杭州市委员会、杭州市人民政府主办
杭州市地方志编纂委员会编　主编许小富
方志出版社　2004 年 9 月
562 页　精装　29cm
ISBN7-80192-319-7
馆藏号：Guojiafz-8600002004645

杭州年鉴·2005
中国共产党杭州市委员会、杭州市人民政府主办
杭州市地方志编纂委员会编　主编许小富
方志出版社　2005 年 9 月
568 页　精装　29cm
ISBN7-80192-640-4
馆藏号：Guojiafz-8600002007448

杭州年鉴·2006
中国共产党杭州市委员会、杭州市人民政府主办
杭州市人民政府地方志办公室编　主编许小富
方志出版社　2006 年 10 月
556 页　精装　29cm
ISBN7-80192-911-X
馆藏号：Guojiafz-8600002003664

杭州年鉴·2008
中国共产党杭州市委员会、杭州市人民政府主办
杭州市人民政府地方志办公室编　主编许保水
方志出版社　2008 年 10 月
526 页　精装　29cm
ISBN978-7-80238-390-6
馆藏号：Guojiafz-8600002004146

杭州年鉴·2009
中国共产党杭州市委员会、杭州市人民政府主办
杭州市人民政府地方志办公室编　主编许保水
执行主编黄建设
方志出版社　2009 年 9 月
494 页　精装　29cm
ISBN978-7-80238-611-2
馆藏号：Guojiafz-8600002002502

杭州年鉴·2010
中国共产党杭州市委员会、杭州市人民政府主办
杭州市人民政府地方志办公室编　主编许保水
执行主编黄建设
方志出版社　2010 年 9 月
541 页　精装　29cm

ISBN978-7-80238-876-5
馆藏号：Guojiafz-8600002011134

杭州年鉴・2011
中国共产党杭州市委员会、杭州市人民政府主办
杭州市人民政府地方志办公室编　主编许保水
执行主编黄建设
方志出版社　2011年9月
546页　精装　29cm
ISBN978-7-5144-0265-0
馆藏号：Guojiafz-8600002006109

杭州年鉴・2012
中国共产党杭州市委员会、杭州市人民政府主办
杭州市人民政府地方志办公室编　主编许保水
执行主编黄建设
方志出版社　2012年10月
523页　精装　29cm
ISBN978-7-5144-0667-2
馆藏号：Guojiafz-8600002005478

杭州年鉴・2013
中国共产党杭州市委员会、杭州市人民政府主办
杭州市人民政府地方志办公室编　主编许保水
执行主编黄建设
方志出版社　2013年11月
510页　精装　29cm
ISBN978-7-5144-1070-9
馆藏号：Guojiafz-8600002009775

杭州年鉴・2014
中国共产党杭州市委员会、杭州市人民政府主办
杭州市人民政府地方志办公室编　主编王宏
执行主编蔡建明
方志出版社　2014年10月
512页　精装　29cm
ISBN978-7-5144-1411-0
馆藏号：Guojiafz-8600002013450

杭州年鉴・2015
中国共产党杭州市委员会、杭州市人民政府主办
杭州市人民政府地方志办公室编　主编王宏
执行主编袁啸马、蔡建明
方志出版社　2015年10月
516页　精装　29cm
ISBN978-7-5144-1780-7
馆藏号：Guojiafz-8600002007625

杭州年鉴・2016
中国共产党杭州市委员会、杭州市人民政府主办
杭州市人民政府地方志办公室编　主编王宏
执行主编袁啸马、蔡建明
方志出版社　2016年10月
544页　精装　29cm
ISBN978-7-5144-2150-7
馆藏号：Guojiafz-8600002014484

杭州年鉴・2017
中国共产党杭州市委员会、杭州市人民政府主办
杭州市人民政府地方志办公室编　主编丁狄刚
执行主编袁啸马、蔡建明
方志出版社　2017年10月
542页　精装　29cm
ISBN978-7-5144-2680-9
馆藏号：Guojiafz-8600002015133

杭州年鉴・2018
中国共产党杭州市委员会、杭州市人民政府主办
杭州市人民政府地方志办公室编　主编丁狄刚
执行主编袁啸马、蔡建明
方志出版社　2018年9月
524页　精装　29cm
ISBN978-7-5144-3342-5
馆藏号：Guojiafz-8600002017320

杭州年鉴・2019
中国共产党杭州市委员会、杭州市人民政府主办
杭州市人民政府地方志办公室编　主编丁狄刚
执行主编袁啸马、蔡建明

方志出版社　2019 年 11 月
518 页　精装　29cm
ISBN978-7-5144-3941-0
馆藏号：Guojiafz-8600002017963

杭钢年鉴·1985
《杭州钢铁厂年鉴》编辑部编
内部印刷
367 页　精装　27cm
馆藏号：Guojiafz-8600002008816

中国电信杭州分公司年鉴·2008
中国电信股份有限公司杭州分公司主办　中国电信股份有限公司杭州分公司编　主编张凌倩
方志出版社　2008 年 10 月
262 页　精装　29cm
ISBN978-7-80238-375-3
馆藏号：Guojiafz-8600002007537

中国电信杭州分公司年鉴·2009
中国电信股份有限公司杭州分公司主办　中国电信股份有限公司杭州分公司编　主编张凌倩
方志出版社　2009 年 9 月
262 页　精装　29cm
ISBN978-7-80238-577-1
馆藏号：Guojiafz-8600002012008

中国电信杭州分公司年鉴·2010
中国电信股份有限公司杭州分公司主办　中国电信股份有限公司杭州分公司编　主编张凌倩
方志出版社　2010 年 10 月
258 页　精装　29cm
ISBN978-7-80238-864-2
馆藏号：Guojiafz-8600002009667

中国电信杭州分公司年鉴·2011
中国电信股份有限公司杭州分公司主办　中国电信股份有限公司杭州分公司编　主编张凌倩
方志出版社　2011 年 12 月
245 页　精装　29cm
ISBN978-7-5144-0323-7
馆藏号：Guojiafz-8600002007983

中国电信杭州分公司年鉴·2012
中国电信股份有限公司杭州分公司主办　中国电信股份有限公司杭州分公司编　主编张凌倩
方志出版社　2012 年 12 月
241 页　精装　29cm
ISBN978-7-5144-0754-9
馆藏号：Guojiafz-8600002007085

中国电信杭州分公司年鉴·2013
中国电信股份有限公司杭州分公司主办　中国电信股份有限公司杭州分公司编　主编张凌倩
方志出版社　2013 年 12 月
241 页　精装　29cm
ISBN978-7-5144-1128-7
馆藏号：Guojiafz-8600002009796

杭州电信年鉴·2002
浙江省电信公司杭州市分公司主办　浙江省电信公司杭州市分公司编　主编许烈弟
方志出版社　2002 年 12 月
318 页　精装　27cm
ISBN7-80122-869-3
馆藏号：Guojiafz-8600002007385

杭州电信年鉴·2003
浙江省电信公司杭州市分公司主办　浙江省电信公司杭州市分公司编　主编许烈弟
方志出版社　2003 年 10 月
282 页　精装　27cm
ISBN7-80192-062-7
馆藏号：Guojiafz-8600002003616

杭州电信年鉴·2004
浙江省电信有限公司杭州市分公司主办　浙江省电信有限公司杭州市分公司编　主编张凌倩
方志出版社　2004 年 11 月
301 页　精装　27cm

ISBN7-80192-385-5
馆藏号：Guojiafz-8600002009435

杭州电信年鉴·2005
浙江省电信有限公司杭州市分公司主办　浙江省电信有限公司杭州市分公司编　主编张凌倩
方志出版社　2005 年 10 月
263 页　精装　27cm
ISBN7-80192-669-2
馆藏号：Guojiafz-8600002008295

杭州电信年鉴·2006
浙江省电信有限公司杭州市分公司编　主编张凌倩
方志出版社　2006 年 10 月
304 页　精装　27cm
ISBN7-80192-900-4
馆藏号：Guojiafz-8600002004458

杭州电信年鉴·2007
浙江省电信有限公司杭州市分公司编　主编张凌倩
方志出版社　2007 年 10 月
318 页　精装　27cm
ISBN978-7-80238-162-9
馆藏号：Guojiafz-8600002012339

杭州科技年鉴·2016
杭州市科学技术委员会编　主编阳作军
中华书局　2016 年 10 月
260 页　精装　27cm
ISBN978-7-101-12156-8
馆藏号：Guojiafz-8600002014443

杭州统计年鉴·2017
杭州市统计局、国家统计局杭州调查队、杭州市社会经济调查局合编　主编杜国忠、叶飞霞
中国统计出版社　2017 年 9 月
437 页　精装　29cm
ISBN978-7-5037-8068-4
馆藏号：Guojiafz-8600002015550

杭州文化年鉴·2015
中共杭州市委宣传部、杭州市人民政府地方志办公室合编　主编翁卫军　执行主编王晋江、张美虎
新华出版社　2016 年 8 月
570 页　精装　29cm
ISBN978-7-5166-2416-6
馆藏号：Guojiafz-8600002013938

上城年鉴·2007
中共上城区委、上城区人民政府主办　杭州市上城区地方志办公室编　主编袁建祥
方志出版社　2008 年 7 月
414 页　精装　29cm
ISBN978-7-80238-326-5
馆藏号：Guojiafz-8600002005153

上城年鉴·2008
中共上城区委、上城区人民政府主办　杭州市上城区地方志办公室编　主编袁建祥
方志出版社　2009 年 3 月
360 页　精装　29cm
ISBN978-7-80238-520-7
馆藏号：Guojiafz-8600002003757

上城年鉴·2009
中共上城区委、上城区人民政府主办　杭州市上城区地方志办公室编　主编袁建祥
方志出版社　2009 年 11 月
370 页　精装　29cm
ISBN978-7-80238-646-4
馆藏号：Guojiafz-8600002002204

上城年鉴·2010
中共上城区委、上城区人民政府主办　杭州市上城区地方志办公室编　主编袁建祥
方志出版社　2010 年 10 月
362 页　精装　29cm

ISBN978-7-80238-870-3
馆藏号：Guojiafz-8600002005722

上城年鉴·2011
中共上城区委、上城区人民政府主办　杭州市上城区地方志办公室编　主编顾文友
方志出版社　2011 年 11 月
474 页　精装　29cm
ISBN978-7-5144-0312-1
馆藏号：Guojiafz-8600002000124

上城年鉴·2012
中共上城区委、上城区人民政府主办　杭州市上城区地方志办公室编　主编王越剑
方志出版社　2012 年 10 月
498 页　精装　29cm
ISBN978-7-5144-0628-3
馆藏号：Guojiafz-8600002007333

上城年鉴·2013
中共上城区委、上城区人民政府主办　杭州市上城区地方志办公室编　主编王越剑
方志出版社　2013 年 12 月
462 页　精装　29cm
ISBN978-7-5144-1080-8
馆藏号：Guojiafz-8600002004338

上城年鉴·2014
中共上城区委、上城区人民政府主办　杭州市上城区地方志办公室编　主编黄爱芳
方志出版社　2014 年 11 月
476 页　精装　29cm
ISBN978-7-5144-1426-4
馆藏号：Guojiafz-8600002007836

上城年鉴·2015
中共上城区委、上城区人民政府主办　杭州市上城区地方志编纂委员会办公室编　主编周朝星
执行主编许红霞
方志出版社　2015 年 12 月
332 页　精装　29cm
ISBN978-7-5144-1847-7
馆藏号：Guojiafz-8600002002665

上城年鉴·2016
中共上城区委、上城区人民政府主办　杭州市上城区地方志编纂委员会办公室编　主编周朝星
执行主编许红霞
方志出版社　2016 年 11 月
338 页　精装　29cm
ISBN978-7-5144-2227-6
馆藏号：Guojiafz-8600002013922

上城年鉴·2017
中共杭州市上城区委、杭州市上城区人民政府主办
杭州市上城区地方志编纂委员会办公室编
主编陈敏雅　执行主编许红霞
方志出版社　2017 年 11 月
366 页　精装　29cm
ISBN978-7-5144-2770-7
馆藏号：Guojiafz-8600002015135

上城年鉴·2018
中共上城区委、上城区人民政府主办　杭州市上城区地方志编纂委员会办公室编　主编陈敏雅
执行主编许红霞
方志出版社　2018 年 11 月
335 页　精装　29cm
ISBN978-7-5144-3423-1
馆藏号：Guojiafz-8600002016994

上城年鉴·2019
中共杭州市上城区委、杭州市上城区人民政府主办
中共杭州市上城区委党史和地方志编纂研究室编
主编李晋楠　执行主编许红霞
方志出版社　2019 年 10 月
345 页　精装　29cm
ISBN978-7-5144-3921-2
馆藏号：Guojiafz-8600002018162

滨江年鉴·2017
中共杭州市滨江区委、区人民政府主办　杭州市滨江区地方志编纂委员会编　主编冯建伟　执行主编徐俏俏、张烨
方志出版社　2018 年 12 月
399 页　精装　29cm
ISBN978-7-5144-3071-4
馆藏号：Guojiafz-8600002016939

滨江年鉴·2019
中共杭州市滨江区委员会、滨江区人民政府主办　杭州市滨江区地方志编纂委员会编　主编冯建伟　执行主编金磊、张烨
方志出版社　2019 年 10 月
372 页　精装　29cm
ISBN978-7-5144-3953-3
馆藏号：Guojiafz-8600002017968

萧山年鉴·1991
浙江省萧山市地方志编纂办公室编　主编陈先信
浙江大学出版社　1993 年 10 月
470 页　精装　27cm
ISBN7-308-01304-9
馆藏号：Guojiafz-8600002008173

萧山年鉴·1996
萧山市地方志编纂委员会办公室编　主编沈青松
方志出版社　1997 年 8 月
287 页　精装　27cm
ISBN7-80122-170-2
馆藏号：Guojiafz-8600002009420

萧山年鉴·1997
萧山市地方志编纂委员会办公室编　主编沈青松
方志出版社　1997 年 12 月
315 页　精装　27cm
ISBN7-80122-227-X
馆藏号：Guojiafz-8600002010713

萧山年鉴·2001
中共杭州市萧山区委、萧山区人民政府主办　杭州市萧山区地方志编纂委员会办公室编　主编沈迪云
方志出版社　2001 年 8 月
351 页　精装　29cm
ISBN7-80122-710-7
馆藏号：Guojiafz-8600002013000

萧山年鉴·2003
中共杭州市萧山区委、萧山区人民政府主办　杭州市萧山区地方志编纂委员会办公室编　主编蒋宝庆
浙江人民出版社　2003 年 12 月
412 页　精装　29cm
ISBN7-213-02673-9
馆藏号：Guojiafz-8600002003812

萧山年鉴·2014
中共杭州市萧山区委、区人民政府主办　杭州市萧山区人民政府地方志办公室编　主编沈迪云　执行主编钟丽佳
浙江人民出版社　2014 年 12 月
408 页　精装　29cm
ISBN978-7-213-06397-8
馆藏号：Guojiafz-8600002015630

萧山年鉴·2016
中共杭州市萧山区委、萧山区人民政府主办　杭州市萧山区地方志编纂委员会办公室编　主编沈迪云　执行主编韩巍
浙江人民出版社　2016 年 12 月
368 页　精装　29cm
ISBN978-7-213-07669-5
馆藏号：Guojiafz-8600002014390

余杭年鉴·1991（创刊号）
浙江省余杭县县志编委会编　主编周如汉
同济大学出版社　1992 年 7 月
601 页　精装　21cm

ISBN7-5608-1060-8
馆藏号：Guojiafz-8600002004233

余杭年鉴·1997
中共余杭市委员会、余杭市人民政府主办　余杭市地方志编纂委员会编　主编王庆
杭州出版社　1997年7月
299页　精装　21cm
ISBN-7-80633-046-1
馆藏号：Guojiafz-8600002005008

余杭年鉴·2001
中共杭州市余杭区委、杭州市余杭区人民政府主办
杭州市余杭区地方志编纂委员会编　主编王庆
中华书局　2001年5月
296页　精装　26cm
ISBN7-101-02627-3
馆藏号：Guojiafz-8600002004252

余杭年鉴·2002
中共杭州市余杭区委、杭州市余杭区人民政府主办
杭州市余杭区地方志编纂委员会编　主编杨法宝
方志出版社　2002年6月
380页　精装　27cm
ISBN7-80122-631-3
馆藏号：Guojiafz-8600002012883

余杭年鉴·2003
中共杭州市余杭区委、杭州市余杭区人民政府主办
杭州市余杭区地方志编纂委员会编　主编杨法宝
方志出版社　2003年6月
457页　精装　27cm
ISBN7-80122-958-4
馆藏号：Guojiafz-8600002002297

余杭年鉴·2004
中共杭州市余杭区委、杭州市余杭区人民政府主办
杭州市余杭区地方志编纂委员会编　主编杨法宝
方志出版社　2004年6月
458页　精装　26cm
ISBN7-80192-190-9
馆藏号：Guojiafz-8600002004579

余杭年鉴·2005
中共杭州市余杭区委、杭州市余杭区人民政府主办
杭州市余杭区地方志编纂委员会编　主编杨法宝
方志出版社　2005年5月
511页　精装　27cm
ISBN7-80192-522-X
馆藏号：Guojiafz-8600002002803

余杭年鉴·2006
中共杭州市余杭区委、杭州市余杭区人民政府主办
杭州市余杭区地方志编纂委员会编　主编杨法宝
方志出版社　2006年6月
478页　精装　27cm
ISBN7-80192-792-3
馆藏号：Guojiafz-8600002004772

余杭年鉴·2007
中共杭州市余杭区委、杭州市余杭区人民政府主办
杭州市余杭区地方志编纂委员会编　主编陈耿忠
方志出版社　2007年7月
384页　精装　29cm
ISBN978-7-80238-077-6
馆藏号：Guojiafz-8600002004831

余杭年鉴·2008
中共杭州市余杭区委、杭州市余杭区人民政府主办
杭州市余杭区地方志编纂委员会编　主编陈耿忠
方志出版社　2008年7月
484页　精装　29cm
ISBN978-7-80238-314-2
馆藏号：Guojiafz-8600002004843

余杭年鉴·2009
中共杭州市余杭区委、杭州市余杭区人民政府主办
杭州市余杭区地方志编纂委员会编　主编陈耿忠
方志出版社　2009年7月
520页　精装　29cm

ISBN978-7-80238-538-2
馆藏号：Guojiafz-8600002002504

余杭年鉴·2010
中共杭州市余杭区委、杭州市余杭区人民政府主办
杭州市余杭区地方志编纂委员会编　主编陈耿忠
方志出版社　2010 年 7 月
530 页　精装　30cm
ISBN978-7-80238-808-6
馆藏号：Guojiafz-8600002000853

余杭年鉴·2011
中共杭州市余杭区委、杭州市余杭区人民政府主办
杭州市余杭区地方志编纂委员会编　主编吴莹岗
方志出版社　2011 年 9 月
544 页　精装　29cm
ISBN978-7-5144-0205-6
馆藏号：Guojiafz-8600002008542

余杭年鉴·2012
中共杭州市余杭区委、杭州市余杭区人民政府主办
杭州市余杭区地方志编纂委员会编　主编吴莹岗
方志出版社　2012 年 10 月
502 页　精装　29cm
ISBN978-7-5144-0551-4
馆藏号：Guojiafz-8600002008045

余杭年鉴·2013
中共杭州市余杭区委、杭州市余杭区人民政府主办
杭州市余杭区地方志编纂委员会编　主编吴莹岗
方志出版社　2013 年 8 月
514 页　精装　29cm
ISBN978-7-5144-0951-2
馆藏号：Guojiafz-8600002007407

余杭年鉴·2014
中共杭州市余杭区委、杭州市余杭区人民政府主办
杭州市余杭区地方志编纂委员会编　主编吴莹岗
方志出版社　2014 年 8 月
516 页　精装　30cm
ISBN978-7-5144-1334-2
馆藏号：Guojiafz-8600002004334

余杭年鉴·2015
中共杭州市余杭区委、杭州市余杭区人民政府主办
杭州市余杭区地方志编纂委员会编　主编吴莹岗
方志出版社　2015 年 9 月
480 页　精装　30cm
ISBN978-7-5144-1708-1
馆藏号：Guojiafz-8600002010745

余杭年鉴·2016
中共杭州市余杭区委、杭州市余杭区人民政府主办
杭州市余杭区地方志编纂委员会编　主编吴莹岗
方志出版社　2016 年 9 月
450 页　精装　29cm
ISBN978-7-5144-2116-3
馆藏号：Guojiafz-8600002013868

余杭年鉴·2017
杭州市余杭区地方志编纂委员会编　主编吴莹岗
方志出版社　2017 年 10 月
492 页　精装　29cm
ISBN978-7-5144-2600-7
馆藏号：Guojiafz-8600002015073

余杭年鉴·2018
杭州市余杭区地方志编纂委员会编　主编吴莹岗
方志出版社　2018 年 9 月
462 页　精装　29cm
ISBN978-7-5144-3303-6
馆藏号：Guojiafz-8600002017300

富阳年鉴·1997
富阳市地方志编纂委员会编　主编张建华
方志出版社　1997 年 10 月
342 页　精装　27cm
ISBN7-80122-217-2
馆藏号：Guojiafz-8600002004511

富阳年鉴·1998
富阳市地方志编纂委员会编　主编张建华
方志出版社　1998年10月
355页　精装　27cm
ISBN7-80122-370-5
馆藏号：Guojiafz-8600002010036

富阳年鉴·1999
富阳市地方志编纂委员会编　主编张建华
方志出版社　1999年8月
370页　精装　27cm
ISBN7-80122-471-X
馆藏号：Guojiafz-8600002001915

富阳年鉴·2000
中共富阳市委、富阳市人民政府主办　浙江省富阳市地方志编纂委员会编　主编张建华
方志出版社　2000年7月
345页　精装　27cm
ISBN7-80122-580-5
馆藏号：Guojiafz-8600002012815

富阳年鉴·2001
富阳市地方志编纂委员会编　主编张建华
方志出版社　2001年8月
411页　精装　27cm
ISBN7-80122-711-5
馆藏号：Guojiafz-8600002012766

富阳年鉴·2002
富阳市地方志编纂委员会编　主编周竞远
方志出版社　2002年10月
322页　精装　27cm
ISBN7-80122-834-0
馆藏号：Guojiafz-8600002013187

富阳年鉴·2003
浙江省富阳市地方志编纂委员会编　主编周亦涛
方志出版社　2003年10月
317页　精装　26cm
ISBN7-80192-042-2
馆藏号：Guojiafz-8600002005684

富阳年鉴·2004
富阳市地方志编纂委员会编　主编张树根
方志出版社　2004年11月
405页　精装　27cm
ISBN7-80192-360-X
馆藏号：Guojiafz-8600002003745

富阳年鉴·2005
富阳市地方志编纂委员会编　主编张树根
方志出版社　2005年9月
332页　精装　27cm
ISBN7-80192-638-2
馆藏号：Guojiafz-8600002004641

富阳年鉴·2006
富阳市地方志编纂委员会编　主编蒋寿南
方志出版社　2006年9月
296页　精装　27cm
ISBN7-80192-850-4
馆藏号：Guojiafz-8600002004586

富阳年鉴·2007
富阳市地方志编纂委员会编　主编蒋寿南
方志出版社　2007年8月
339页　精装　29cm
ISBN978-7-80238-126-1
馆藏号：Guojiafz-8600002006978

富阳年鉴·2008
富阳市地方志编纂委员会编　主编蒋寿南
方志出版社　2008年8月
382页　精装　29cm
ISBN978-7-80238-337-1
馆藏号：Guojiafz-8600002003996

富阳年鉴·2009
富阳市地方志编纂委员会编　主编蒋寿南

方志出版社　2009 年 9 月
385 页　精装　29cm
ISBN978-7-80238-588-7
馆藏号：Guojiafz-8600002004392

富阳年鉴·2010
富阳市地方志编纂委员会编　主编蒋寿南
方志出版社　2010 年 9 月
382 页　精装　29cm
ISBN978-7-80238-851-2
馆藏号：Guojiafz-8600002005964

富阳年鉴·2011
富阳市地方志编纂委员会编　主编蒋寿南
方志出版社　2011 年 9 月
388 页　精装　29cm
ISBN978-7-5144-0208-7
馆藏号：Guojiafz-8600002005986

富阳年鉴·2012
富阳市地方志编纂委员会编　主编蒋寿南
方志出版社　2012 年 9 月
398 页　精装　29cm
ISBN978-7-5144-0568-2
馆藏号：Guojiafz-8600002007970

富阳年鉴·2013
富阳市地方志编纂委员会编　主编蒋寿南
方志出版社　2013 年 10 月
376 页　精装　29cm
ISBN978-7-5144-1027-3
馆藏号：Guojiafz-8600002009863

富阳年鉴·2014
富阳市地方志编纂委员会编　主编蒋寿南
方志出版社　2014 年 9 月
378 页　精装　29cm
ISBN978-7-5144-1391-5
馆藏号：Guojiafz-8600002006859

富阳年鉴·2015
杭州市富阳区地方志编纂委员会编　主编刘文灿
方志出版社　2015 年 10 月
365 页　精装　29cm
ISBN978-7-5144-1746-3
馆藏号：Guojiafz-8600002007997

富阳年鉴·2016
杭州市富阳区地方志编纂委员会编　主编刘文灿
方志出版社　2016 年 12 月
375 页　精装　29cm
ISBN978-7-5144-2250-4
馆藏号：Guojiafz-8600002014020

富阳年鉴·2019
杭州市富阳区地方志编纂委员会编　主编刘文灿
方志出版社　2019 年 12 月
357 页　精装　29cm
ISBN978-7-5144-4100-0
馆藏号：Guojiafz-8600002017987

建德年鉴·2006
中共建德市委、建德市人民政府主办《建德年鉴》编纂委员会编　主编吕建月
方志出版社　2006 年 10 月
361 页　精装　27cm
ISBN7-80192-913-6
馆藏号：Guojiafz-8600002004174

建德年鉴·2007
中共建德市委、建德市人民政府主办《建德年鉴》编纂委员会编　主编洪淳生
方志出版社　2007 年 12 月
366 页　精装　27cm
ISBN978-7-80238-253-4
馆藏号：Guojiafz-8600002004261

建德年鉴·2008
中共建德市委、建德市人民政府主办《建德年鉴》编纂委员会编　主编洪淳生

方志出版社　2008 年 12 月
360 页　精装　27cm
ISBN978-7-80238-457-6
馆藏号：Guojiafz-8600002002113

建德年鉴·2010
中共建德市委、建德市人民政府主办 《建德年鉴》编纂委员会编　主编洪淳生
方志出版社　2010 年 12 月
374 页　精装　27cm
ISBN978-7-5144-0002-1
馆藏号：Guojiafz-8600002002927

建德年鉴·2011
中共建德市委、建德市人民政府主办 《建德年鉴》编纂委员会编　主编洪淳生
方志出版社　2011 年 12 月
420 页　精装　27cm
ISBN978-7-5144-0368-8
馆藏号：Guojiafz-8600002000673

建德年鉴·2012
中共建德市委、建德市人民政府主办 《建德年鉴》编纂委员会编　主编吴康福
方志出版社　2012 年 12 月
472 页　精装　27cm
ISBN978-7-5144-0755-6
馆藏号：Guojiafz-8600002006776

建德年鉴·2013
中共建德市委、建德市人民政府主办 《建德年鉴》编纂委员会编　主编吴康福
方志出版社　2013 年 12 月
437 页　精装　30cm
ISBN978-7-5144-1133-1
馆藏号：Guojiafz-8600002007264

建德年鉴·2014
中共建德市委、建德市人民政府主办 《建德年鉴》编纂委员会编　主编吴康福
方志出版社　2014 年 11 月
407 页　精装　30cm
ISBN978-7-5144-1471-4
馆藏号：Guojiafz-8600002004438

建德年鉴·2015
中共建德市委、建德市人民政府主办 《建德年鉴》编纂委员会编　主编吴康福
方志出版社　2016 年 1 月
431 页　精装　27cm
ISBN978-7-5144-1922-1
馆藏号：Guojiafz-8600002003114

建德年鉴·2016
中共建德市委、市人民政府主办 《建德年鉴》编纂委员会编　主编吴康福　执行主编杨忠平
方志出版社　2016 年 12 月
421 页　精装　29cm
ISBN978-7-5144-2247-4
馆藏号：Guojiafz-8600002013928

建德年鉴·2017
中共建德市委、市人民政府主办 《建德年鉴》编纂委员会编　主编吴康福　执行主编杨忠平
方志出版社　2017 年 12 月
419 页　精装　29cm
ISBN978-7-5144-2855-1
馆藏号：Guojiafz-8600002015134

建德年鉴·2018
《建德年鉴》编纂委员会编　主编吴康福
方志出版社　2019 年 1 月
387 页　精装　29cm
ISBN978-7-5144-3663-1
馆藏号：Guojiafz-8600002018064

建德年鉴·2019
建德市史志编纂委员会编　主编吴康福
方志出版社　2019 年 12 月
399 页　精装　29cm

ISBN978-7-5144-4057-7
馆藏号：Guojiafz-8600002017986

新安江水力发电厂年鉴·2006—2015
《新安江水力发电厂年鉴》编纂委员会编
主编陈卫清、程超美　执行主编吕志峰
方志出版社　2018年3月
371页　精装　29cm
ISBN978-7-5144-3036-3
馆藏号：Guojiafz-8600002017099

临安年鉴·2004
中共临安市委、临安市人民政府主办　临安年鉴编辑部编　主编邹水华、刘关成
浙江印刷集团有限公司印刷　2004年8月
316页　精装　27cm
馆藏号：Guojiafz-8600002009482

临安年鉴·2005
中共临安市委、临安市人民政府主办　中共临安市委党史研究室编　主编邹水华、刘关成
方志出版社　2005年11月
340页　精装　27cm
ISBN7-80192-666-8
馆藏号：Guojiafz-8600002003843

临安年鉴·2006
中共临安市委、临安市人民政府主办　临安市地方志编纂委员会编　主编邹水华、刘关成
方志出版社　2006年12月
336页　精装　27cm
ISBN7-80192-960-8
馆藏号：Guojiafz-8600002002874

临安年鉴·2007
中共临安市委、临安市人民政府主办　临安市地方志编纂委员会编　主编唐剑平
方志出版社　2007年11月
421页　精装　27cm
ISBN978-7-80238-206-0
馆藏号：Guojiafz-8600002012436

临安年鉴·2008
中共临安市委、临安市人民政府主办　临安市地方志编纂委员会编　主编黄文根、刘关成、许宝文　执行主编唐剑平
方志出版社　2008年11月
386页　精装　27cm
ISBN978-7-80238-412-5
馆藏号：Guojiafz-8600002003364

临安年鉴·2009
中共临安市委、临安市人民政府主办　临安市地方志编纂委员会编　主编黄文根、刘关成、许宝文　执行主编唐剑平
方志出版社　2009年11月
484页　精装　27cm
ISBN978-7-80238-642-6
馆藏号：Guojiafz-8600002002079

临安年鉴·2010
中共临安市委、临安市人民政府主办　临安市地方志编纂委员会编　主编黄文根、刘关成、许宝文　执行主编唐剑平
方志出版社　2010年12月
432页　精装　27cm
ISBN978-7-80238-923-6
馆藏号：Guojiafz-8600002011368

临安年鉴·2011
中共临安市委、临安市人民政府主办　临安市地方志编纂委员会编　主编黄文根、许宝文、陈强　执行主编唐剑平
方志出版社　2011年11月
422页　精装　27cm
ISBN978-7-5144-0283-4
馆藏号：Guojiafz-8600002002180

临安年鉴·2012
中共临安市委、临安市人民政府主办　临安市地

方志编纂委员会编　主编黄文根、许宝文、陈强　执行主编唐剑平
方志出版社　2012 年 11 月
432 页　精装　27cm
ISBN978-7-5144-0680-1
馆藏号：Guojiafz-8600002000062

临安年鉴 · 2013
中共临安市委、临安市人民政府主办　临安市地方志编纂委员会编　主编黄文根、许宝文、陈强　执行主编唐剑平
方志出版社　2013 年 10 月
490 页　精装　27cm
ISBN978-7-5144-1063-1
馆藏号：Guojiafz-8600002009868

临安年鉴 · 2014
中共临安市委、临安市人民政府主办　临安市地方志编纂委员会编　主编方英儿、黄文根、许宝文、陈强　执行主编唐剑平
方志出版社　2014 年 12 月
546 页　精装　27cm
ISBN978-7-5144-1435-6
馆藏号：Guojiafz-8600002008566

临安年鉴 · 2015
中共临安市委、临安市人民政府主办　临安市地方志编纂委员会编　主编方英儿　执行主编唐剑平
方志出版社　2015 年 11 月
594 页　精装　29cm
ISBN978-7-5144-1839-2
馆藏号：Guojiafz-8600002010689

临安年鉴 · 2016
中共临安市委、临安市人民政府主办　临安市地方志编纂委员会编　主编方英儿、王飞熊、刘金炎　执行主编唐剑平
中州古籍出版社　2016 年 12 月
594 页　精装　29cm
ISBN978-7-5348-6695-1
馆藏号：Guojiafz-8600002014453

临安年鉴 · 2017
中共杭州市临安区委、区政府主办　杭州市临安区地方志编纂委员会编　主编方英儿、王飞熊、刘金炎　执行主编唐剑平
中州古籍出版社　2017 年 12 月
550 页　精装　29cm
ISBN978-7-5348-7239-6
馆藏号：Guojiafz-8600002015548

桐庐年鉴 · 2003
中共桐庐县委、桐庐县人民政府主办　桐庐县地方志编纂委员会编　主编方劲松
方志出版社　2004 年 10 月
356 页　精装　27cm
ISBN7-80192-363-4
馆藏号：Guojiafz-8600002003251

桐庐年鉴 · 2005
中共桐庐县委、桐庐县人民政府主办　桐庐县地方志编纂委员会编　主编方劲松
方志出版社　2005 年 10 月
369 页　精装　27cm
ISBN7-80192-642-0
馆藏号：Guojiafz-8600002010808

桐庐年鉴 · 2006
中共桐庐县委、桐庐县人民政府主办　桐庐县地方志编纂委员会编　主编方劲松
方志出版社　2006 年 9 月
391 页　精装　27cm
ISBN7-80192-871-7
馆藏号：Guojiafz-8600002005054

桐庐年鉴 · 2007
中共桐庐县委、桐庐县人民政府主办　桐庐县地方志编纂委员会编　主编骆国庆
方志出版社　2007 年 9 月

438 页　精装　27cm
ISBN978-7-80238-153-7
馆藏号：Guojiafz-8600002012400

桐庐年鉴·2008
中共桐庐县委、桐庐县人民政府主办　桐庐县地方志编纂委员会编　主编骆国庆
方志出版社　2008 年 10 月
454 页　精装　27cm
ISBN978-7-80238-389-0
馆藏号：Guojiafz-8600002002111

桐庐年鉴·2009
中共桐庐县委、桐庐县人民政府主办　桐庐县地方志编纂委员会编　主编郑萍萍
方志出版社　2009 年 9 月
384 页　精装　27cm
ISBN978-7-80238-608-2
馆藏号：Guojiafz-8600002004283

桐庐年鉴·2010
中共桐庐县委、桐庐县人民政府主办　桐庐县地方志编纂委员会编　主编郑萍萍
方志出版社　2010 年 10 月
431 页　精装　27cm
ISBN978-7-80238-902-1
馆藏号：Guojiafz-8600002008343

桐庐年鉴·2011
中共桐庐县委、桐庐县人民政府主办　桐庐县地方志编纂委员会编　主编郑萍萍
方志出版社　2011 年 10 月
406 页　精装　27cm
ISBN978-7-5144-0266-7
馆藏号：Guojiafz-8600002002170

桐庐年鉴·2012
中共桐庐县委、桐庐县人民政府主办　桐庐县地方志编纂委员会编　主编郑萍萍
方志出版社　2012 年 11 月
426 页　精装　27cm
ISBN978-7-5144-0730-3
馆藏号：Guojiafz-8600002000987

桐庐年鉴·2013
中共桐庐县委、桐庐县人民政府主办　桐庐县地方志编纂委员会编　主编郑萍萍
方志出版社　2013 年 12 月
512 页　精装　27cm
ISBN978-7-5144-1106-5
馆藏号：Guojiafz-8600002007414

桐庐年鉴·2015
中共桐庐县委、桐庐县人民政府主办　桐庐县地方志编纂委员会编　主编余志明
方志出版社　2015 年 11 月
556 页　精装　29cm
ISBN978-7-5144-1826-2
馆藏号：Guojiafz-8600002010511

桐庐年鉴·2016
中共桐庐县委、桐庐县人民政府主办　桐庐县地方志编纂委员会编　主编余志明
方志出版社　2016 年 11 月
556 页　精装　29cm
ISBN978-7-5144-2211-5
馆藏号：Guojiafz-8600002013812

桐庐年鉴·2017
中共桐庐县委、桐庐县人民政府主办　桐庐县地方志编纂委员会编　主编余志明
方志出版社　2017 年 11 月
540 页　精装　29cm
ISBN978-7-5144-2623-6
馆藏号：Guojiafz-8600002015029

桐庐年鉴·2018
中共桐庐县委、桐庐县人民政府主办　桐庐县地方志编纂委员会编　主编余志明
方志出版社　2018 年 12 月

536 页　精装　29cm
ISBN978-7-5144-3399-9
馆藏号：Guojiafz-8600002017151

桐庐粮食年鉴·1986—1990
桐庐县粮食局主办《桐庐粮食年鉴》编辑组编　主编祝仁雄
浙江省地质测绘印刷厂印刷　1991 年 9 月
314 页　精装　27cm
馆藏号：Guojiafz-8600002009601

淳安年鉴·2007
淳安县地方志编纂委员会编　主编余祝华
方志出版社　2008 年 1 月
402 页　精装　27cm
ISBN978-7-80238-261-9
馆藏号：Guojiafz-8600002009695

淳安年鉴·2008
淳安县地方志编纂委员会编　主编余祝华
方志出版社　2008 年 11 月
394 页　精装　27cm
ISBN978-7-80238-419-4
馆藏号：Guojiafz-8600002002108

淳安年鉴·2009
淳安县地方志编纂委员会编　主编姚宏韬
方志出版社　2009 年 11 月
412 页　精装　27cm
ISBN978-7-80238-683-9
馆藏号：Guojiafz-8600002000920

淳安年鉴·2010
淳安县地方志编纂委员会编　主编姚宏韬
方志出版社　2010 年 11 月
466 页　精装　27cm
ISBN978-7-80238-988-5
馆藏号：Guojiafz-8600002008447

淳安年鉴·2011
淳安县地方志编纂委员会编　主编姚宏韬
方志出版社　2011 年 10 月
452 页　精装　27cm
ISBN978-7-5144-0284-1
馆藏号：Guojiafz-8600002000267

淳安年鉴·2012
淳安县地方志编纂委员会编　主编朱华民
方志出版社　2012 年 10 月
439 页　精装　27cm
ISBN978-7-5144-0683-2
馆藏号：Guojiafz-8600002000059

淳安年鉴·2013
淳安县地方志编纂委员会编　主编朱华民
方志出版社　2013 年 11 月
406 页　精装　27cm
ISBN978-7-5144-1076-1
馆藏号：Guojiafz-8600002009947

淳安年鉴·2014
淳安县地方志编纂委员会编　主编朱华民
方志出版社　2014 年 10 月
400 页　精装　27cm
ISBN978-7-5144-1419-6
馆藏号：Guojiafz-8600002007413

淳安年鉴·2015
淳安县地方志编纂委员会编　主编朱华民
方志出版社　2015 年 11 月
375 页　精装　27cm
ISBN978-7-5144-1774-6
馆藏号：Guojiafz-8600002010676

淳安年鉴·2016
淳安县地方志编纂委员会编　主编朱华民
方志出版社　2016 年 11 月
375 页　精装　27cm

ISBN978-7-5144-2197-2
馆藏号：Guojiafz-8600002013814

淳安年鉴・2017
中共淳安县委、县人民政府主办　淳安县地方志编纂委员会编　主编朱华民
方志出版社　2017 年 12 月
399 页　精装　27cm
ISBN978-7-5144-2875-9
馆藏号：Guojiafz-8600002015086

淳安年鉴・2018
中共淳安县委、县人民政府主办　淳安县地方志编纂委员会编　主编朱华民
方志出版社　2018 年 12 月
411 页　精装　27cm
ISBN978-7-5144-3456-9
馆藏号：Guojiafz-8600002016966

淳安年鉴・2019
淳安县地方志编纂委员会编　主编朱华民
方志出版社　2019 年 12 月
390 页　精装　27cm
ISBN978-7-5144-4017-1
馆藏号：Guojiafz-8600002017985

杭州经济技术开发区年鉴・2011
中共杭州市委杭州经济技术开发区工作委员会、杭州经济技术开发区管理委员会主办　杭州经济技术开发区地方志编纂委员会办公室编
主编虞付月　执行主编李翔、陶青
方志出版社　2012 年 5 月
354 页　精装　29cm
ISBN978-7-5144-0480-7
馆藏号：Guojiafz-8600002000389

杭州经济技术开发区年鉴・2012
中共杭州市委杭州经济技术开发区工作委员会、杭州经济技术开发区管理委员会主办　杭州经济技术开发区地方志编纂委员会办公室编
主编虞付月
方志出版社　2012 年 12 月
352 页　精装　29cm
ISBN978-7-5144-0769-3
馆藏号：Guojiafz-8600002006982

杭州经济技术开发区年鉴・2013
中共杭州市委杭州经济技术开发区工作委员会、杭州经济技术开发区管理委员会主办　杭州经济技术开发区地方志编纂委员会办公室编
主编虞付月　执行主编张红丹
方志出版社　2013 年 11 月
338 页　精装　29cm
ISBN978-7-5144-1072-3
馆藏号：Guojiafz-8600002009909

杭州经济技术开发区年鉴・2014
中共杭州市委杭州经济技术开发区工作委员会、杭州经济技术开发区管理委员会主办　杭州经济技术开发区地方志编纂委员会办公室编
主编虞付月　执行主编张红丹
方志出版社　2014 年 10 月
344 页　精装　29cm
ISBN978-7-5144-1440-0
馆藏号：Guojiafz-8600002006849

杭州经济技术开发区年鉴・2015
中共杭州市委杭州经济技术开发区工作委员会、杭州经济技术开发区管理委员会主办　杭州经济技术开发区地方志编纂委员会办公室编
主编虞付月　执行主编张红丹
方志出版社　2015 年 11 月
350 页　精装　29cm
ISBN978-7-5144-1798-2
馆藏号：Guojiafz-8600002007622

杭州经济技术开发区年鉴・2016
杭州经济技术开发区地方志编纂委员会办公室编
主编虞付月　执行主编张红丹
方志出版社　2016 年 10 月

336 页　精装　29cm
ISBN978-7-5144-2174-3
馆藏号：Guojiafz-8600002014483

杭州经济技术开发区年鉴·2017
杭州经济技术开发区地方志编纂委员会办公室编
主编袁月　执行主编张红丹
方志出版社　2017 年 10 月
328 页　精装　29cm
ISBN978-7-5144-2683-0
馆藏号：Guojiafz-8600002015074

杭州经济技术开发区年鉴·2018
杭州经济技术开发区地方志编纂委员会办公室编
主编袁月　执行主编张红丹
方志出版社　2018 年 12 月
328 页　精装　29cm
ISBN978-7-5144-3556-6
馆藏号：Guojiafz-8600002017002

杭州经济技术开发区年鉴·2019
杭州钱塘新区地方志编纂委员会办公室编
主编周伟东　执行主编张红丹
方志出版社　2019 年 10 月
308 页　精装　29cm
ISBN978-7-5144-3952-6
馆藏号：Guojiafz-8600002018140

宁波年鉴·1997
宁波年鉴编辑部编　主编陈勇
中华书局　1999 年 6 月
526 页　精装　29cm
ISBN7-101-02202-2
馆藏号：Guojiafz-8600002003714

宁波年鉴·2003
中国共产党宁波市委办公厅、宁波市政府办公厅主办　宁波市年鉴编纂委员会编　总纂邵建鸣
中华书局　2004 年 5 月
617 页　精装　29cm
ISBN7-101-04270-8
馆藏号：Guojiafz-8600002009570

宁波年鉴·2008
中国共产党宁波市委办公厅、宁波市政府办公厅主办　宁波年鉴编纂委员会办公室编
主编邵建鸣
中华书局　2008 年 12 月
562 页　精装　29cm
ISBN978-7-101-06435-3
馆藏号：Guojiafz-8600002001425

宁波年鉴·2011
中国共产党宁波市委办公厅、宁波市政府办公厅主办　宁波市地方志编纂委员会办公室编
主编邵建鸣
中华书局　2011 年 12 月
662 页　精装　29cm
ISBN978-7-101-08390-3
馆藏号：Guojiafz-8600002013215

宁波年鉴·2016
中共宁波市委、宁波市人民政府主办　宁波市人民政府地方志办公室编　主编樊孟军
宁波出版社　2016 年 10 月
482 页　精装　29cm
ISBN978-7-5526-2667-4
馆藏号：Guojiafz-8600002014411

宁波年鉴·2017
宁波市人民政府地方志办公室编　主编樊孟军
宁波出版社　2017 年 9 月
530 页　精装　29cm
ISBN978-7-5526-3068-8
馆藏号：Guojiafz-8600002017493

宁波年鉴·2018
宁波市人民政府地方志办公室编　主编樊孟军
宁波出版社　2018 年 9 月
520 页　精装　29cm

ISBN978-7-5526-3318-4
馆藏号：Guojiafz-8600002017470

宁波年鉴·2019
宁波市人民政府地方志办公室编　主编姚晓东
宁波出版社　2019 年 11 月
459 页　精装　29cm
ISBN978-7-5526-3707-6
馆藏号：Guojiafz-8600002017945

宁波机场与物流发展集团年鉴·2017
宁波机场与物流发展集团有限公司编
主编郭海燕
浙江人民出版社　2017 年 12 月
203 页　平装　24cm
ISBN978-7-213-08449-2
馆藏号：Guojiafz-8600002016865

宁波金融年鉴·2002
《宁波金融年鉴》编辑委员会编　主编袁亚敏
中国金融出版社　2003 年 6 月
677 页　精装　26cm
ISBN7-5049-3009-1
馆藏号：Guojiafz-8600002004574

宁波金融年鉴·2016
宁波金融年鉴编辑部编　主编周伟军
中国金融出版社　2017 年 5 月
679 页　精装　27cm
ISBN978-7-5049-8978-9
馆藏号：Guojiafz-8600002015572

宁波文化年鉴·2004
宁波市文化局宁波文化年鉴编委会编
主编汪志铭
宁波新华印刷有限公司印刷　2004 年 3 月
292 页　精装　27cm
准印证号：浙内图准字（2003）第 020 号
馆藏号：Guojiafz-8600002001334

宁波文化年鉴·2016
宁波文化年鉴编委会编　主编汪志铭
中国文史出版社　2017 年 10 月
379 页　精装　27cm
ISBN978-7-5034-9441-3
馆藏号：Guojiafz-8600002015578

宁波公安年鉴·2016
宁波公安史志编纂工作委员会编　主编刘凯
浙江古籍出版社　2017 年 8 月
288 页　精装　29cm
ISBN978-7-5540-1092-1
馆藏号：Guojiafz-8600002015570

宁波检验检疫年鉴·2004
《宁波出入境检验检疫年鉴》编辑部编
主编陈孟裕
内部印刷
450 页　精装　29cm
馆藏号：Guojiafz-8600002005396

海曙年鉴·2017
中共海曙区委、区人民政府主办　宁波市海曙区人民政府地方志办公室编　主编汪鹤飞
方志出版社　2017 年 12 月
264 页　精装　29cm
ISBN978-7-5144-2831-5
馆藏号：Guojiafz-8600002017133

海曙年鉴·2018
宁波市海曙区人民政府地方志办公室编
主编王培良
方志出版社　2019 年 1 月
304 页　精装　29cm
ISBN978-7-5144-3576-4
馆藏号：Guojiafz-8600002018049

江北年鉴·2014
中共宁波市江北区委员会、宁波市江北区人民政府主办　宁波市江北区史志办公室编

主编竺建定　执行主编章伟钧
浙江人民出版社　2015 年 4 月
305 页　精装　30cm
ISBN978-7-213-06689-4
馆藏号：Guojiafz-8600002010032

北仑年鉴·2012
宁波市北仑区地方志编纂委员会编　主编高训贤
浙江人民出版社　2014 年 6 月
517 页　精装　29cm
ISBN978-7-213-05884-4
馆藏号：Guojiafz-8600002016006

北仑年鉴·2017
宁波市北仑区地方志（年鉴）编纂委员会编
主编张立平
浙江人民出版社　2017 年 12 月
505 页　精装　29cm
ISBN978-7-213-08479-9
馆藏号：Guojiafz-8600002015544

镇海年鉴·2012
宁波市镇海区地方志编纂委员会编　主编陈家俊
方志出版社　2015 年 8 月
356 页　精装　27cm
ISBN978-7-5144-1659-6
馆藏号：Guojiafz-8600002010682

镇海年鉴·2013
宁波市镇海区地方志编纂委员会编　主编陈家俊
方志出版社　2018 年 7 月
378 页　精装　27cm
ISBN978-7-5144-2805-6
馆藏号：Guojiafz-8600002017234

镇海年鉴·2015
宁波市镇海区地方志编纂委员会编　主编陈家俊
方志出版社　2016 年 7 月
376 页　精装　27cm
ISBN978-7-5144-2033-3
馆藏号：Guojiafz-8600002013865

镇海年鉴·2016
宁波市镇海区地方志编纂委员会编　主编陈家俊
方志出版社　2017 年 3 月
374 页　精装　27cm
ISBN978-7-5144-2396-9
馆藏号：Guojiafz-8600002014989

镇海年鉴·2017
宁波市镇海区地方志编纂委员会编　主编陈家俊
方志出版社　2017 年 11 月
374 页　精装　27cm
ISBN978-7-5144-2804-9
馆藏号：Guojiafz-8600002017831

鄞州年鉴·2004
中共宁波市鄞州区委党史办公室编　主编裘松涛
方志出版社　2004 年 9 月
315 页　精装　29cm
ISBN7-80192-312-X
馆藏号：Guojiafz-8600002007760

鄞州年鉴·2005
中共宁波市鄞州区委党史办公室编　主编裘松涛
方志出版社　2005 年 9 月
449 页　精装　29cm
ISBN7-80192-595-5
馆藏号：Guojiafz-8600002004600

鄞州年鉴·2006
中共宁波市鄞州区委党史办公室编　主编裘松涛
方志出版社　2006 年 11 月
509 页　精装　29cm
ISBN7-80192-910-1
馆藏号：Guojiafz-8600002000037

鄞州年鉴·2007
宁波市鄞州区地方志编纂委员会办公室编
主编谢富国

方志出版社　2007年9月
532页　精装　29cm
ISBN978-7-80238-130-8
馆藏号：Guojiafz-8600002012501

鄞州年鉴·2008
宁波市鄞洲区地方志编纂委员会办公室编
主编谢富国
方志出版社　2008年9月
484页　精装　29cm
ISBN978-7-80238-360-9
馆藏号：Guojiafz-8600002007995

鄞州年鉴·2009
宁波市鄞洲区地方志编纂委员会办公室编
主编谢富国
方志出版社　2009年12月
434页　精装　29cm
ISBN978-7-80238-701-0
馆藏号：Guojiafz-8600002000857

鄞州年鉴·2010
中共鄞州区委、鄞州区人民政府主办　宁波市鄞州区地方志办公室编　主编谢富国
方志出版社　2010年12月
429页　精装　29cm
ISBN978-7-5144-0010-6
馆藏号：Guojiafz-8600002008225

鄞州年鉴·2011
中共鄞州区委、鄞州区人民政府主办　宁波市鄞州区地方志办公室编　主编谢富国
方志出版社　2011年12月
469页　精装　29cm
ISBN978-7-5144-0384-8
馆藏号：Guojiafz-8600002003327

鄞州年鉴·2014
中共鄞州区委、区人民政府主办　宁波市鄞州区地方志办公室编　主编谢富国
浙江人民出版社　2014年11月
353页　精装　29cm
ISBN978-7-213-06360-2
馆藏号：Guojiafz-8600002015321

鄞州年鉴·2016
中共鄞州区委、鄞州区人民政府主办　宁波市鄞州区人民政府地方志办公室编　主编谢富国、王升涛
方志出版社　2016年12月
472页　精装　29cm
ISBN978-7-5144-2308-2
馆藏号：Guojiafz-8600002014970

鄞州年鉴·2017
中共鄞州区委、区人民政府主办　宁波市鄞州区人民政府地方志办公室编　主编杜建海
方志出版社　2017年12月
440页　精装　29cm
ISBN978-7-5144-2832-2
馆藏号：Guojiafz-8600002015565

鄞州年鉴·2018
中共鄞州区委、区人民政府主办　宁波市鄞州区人民政府地方志办公室编　主编杜建海
方志出版社　2018年11月
468页　精装　29cm
ISBN978-7-5144-3440-8
馆藏号：Guojiafz-8600002016980

鄞州年鉴·2019
中共鄞州区委、区人民政府主办　宁波市鄞州区人民政府地方志编研室编　主编杨开建
方志出版社　2019年9月
480页　精装　29cm
ISBN978-7-5144-3911-3
馆藏号：Guojiafz-8600002018161

余姚年鉴·2010（创刊卷）
余姚市人民政府主办　余姚市史志办公室编

主编方元文
方志出版社　2013年3月
354页　精装　30cm
ISBN978-7-5144-0831-7
馆藏号：Guojiafz-8600002009779

余姚年鉴·2015
余姚市人民政府主办　余姚市地方志编纂委员会编
主编黄桂树
方志出版社　2016年12月
368页　精装　29cm
ISBN978-7-5144-2293-1
馆藏号：Guojiafz-8600002013807

余姚年鉴·2016
余姚市人民政府主办　余姚市地方志编纂委员会编
主编吴一柱
方志出版社　2017年3月
304页　精装　29cm
ISBN978-7-5144-2378-5
馆藏号：Guojiafz-8600002014011

余姚年鉴·2017
余姚市地方志编纂委员会编　主编吴一柱
方志出版社　2018年3月
286页　精装　29cm
ISBN978-7-5144-3045-5
馆藏号：Guojiafz-8600002016990

余姚年鉴·2018
余姚市人民政府主办　余姚市地方志编纂委员会编
主编邹钧孟
方志出版社　2018年11月
370页　精装　29cm
ISBN978-7-5144-3446-0
馆藏号：Guojiafz-8600002018016

余姚年鉴·2019
余姚市地方志编纂委员会编　主编邹钧孟
方志出版社　2019年9月
374页　精装　29cm
ISBN978-7-5144-3868-0
馆藏号：Guojiafz-8600002017958

奉化年鉴·2018
《奉化年鉴》编纂委员会编　主编陈黎明
方志出版社　2018年11月
309页　精装　29cm
ISBN978-7-5144-3447-7
馆藏号：Guojiafz-8600002016956

象山年鉴·2005
象山县地方志编纂委员会编　主编钱永兴
方志出版社　2006年1月
612页　精装　29cm
ISBN7-80192-712-5
馆藏号：Guojiafz-8600002005145

象山年鉴·2006
象山县地方志编纂委员会编　主编钱永兴
方志出版社　2007年5月
754页　精装　29cm
ISBN978-7-80238-041-7
馆藏号：Guojiafz-8600002005303

象山年鉴·2007
象山县地方志编纂委员会编　主编钱永兴
方志出版社　2008年5月
658页　精装　30cm
ISBN978-7-80238-272-5
馆藏号：Guojiafz-8600002004833

象山年鉴·2008
象山县地方志编纂委员会编　主编钱永兴
方志出版社　2009年4月
771页　精装　29cm
ISBN978-7-80238-516-0
馆藏号：Guojiafz-8600002003754

象山年鉴·2009
象山县地方志编纂委员会编　主编钱永兴
方志出版社　2010 年 6 月
825 页　精装　29cm
ISBN978-7-80238-789-8
馆藏号：Guojiafz-8600002000249

象山年鉴·2010
象山县地方志编纂委员会编　主编陆振明
方志出版社　2012 年 2 月
581 页　精装　29cm
ISBN978-7-5144-0427-2
馆藏号：Guojiafz-8600002000154

象山年鉴·2011—2012
中共象山县委、象山县人民政府主办　象山县地方志编纂委员会编　主编陆振明
方志出版社　2013 年 6 月
828 页　精装　30cm
ISBN978-7-5144-0890-4
馆藏号：Guojiafz-8600002007312

象山年鉴·2013
中共象山县委、象山县人民政府主办　象山县地方志编纂委员会编　主编陆振明
方志出版社　2013 年 12 月
405 页　精装　29cm
ISBN978-7-5144-1119-5
馆藏号：Guojiafz-8600002006980

象山年鉴·2015
中共象山县委、象山县人民政府主办　象山县地方志编纂委员会编　主编陆振明
方志出版社　2016 年 4 月
523 页　精装　29cm
ISBN978-7-5144-1977-1
馆藏号：Guojiafz-8600002013878

象山年鉴·2016
中共象山县委、象山县人民政府主办　象山县地方志编纂委员会编　主编吴家唯
方志出版社　2016 年 9 月
583 页　精装　29cm
ISBN978-7-5144-2107-1
馆藏号：Guojiafz-8600002014021

象山年鉴·2017
中共象山县委、象山县人民政府主办　象山县地方志编纂委员会编　主编吴家唯
方志出版社　2017 年 12 月
714 页　精装　29cm
ISBN978-7-5144-2905-3
馆藏号：Guojiafz-8600002016919

象山年鉴·2018
象山县地方志编纂委员会编　主编吴家唯
方志出版社　2019 年 3 月
482 页　平装　29cm
ISBN978-7-5144-3645-7
馆藏号：Guojiafz-8600002018356

象山年鉴·2019
象山县地方志编纂委员会编　主编吴家唯
方志出版社　2019 年 12 月
475 页　平装　29cm
ISBN978-7-5144-4059-1
馆藏号：Guojiafz-8600002018355

宁海年鉴·2017
宁海县地方志编纂委员会编　主编娄筱庆
方志出版社　2017 年 11 月
411 页　精装　27cm
ISBN978-7-5144-2749-3
馆藏号：Guojiafz-8600002015138

宁海年鉴·2018
宁海县地方志编纂委员会编　主编娄筱庆
方志出版社　2019 年 1 月
420 页　精装　29cm
ISBN978-7-5144-3488-0
馆藏号：Guojiafz-8600002018067

宁海年鉴·2019
宁海县地方志编纂委员会编　主编娄筱庆
方志出版社　2019年12月
435页　精装　29cm
ISBN978-7-5144-4039-3
馆藏号：Guojiafz-8600002018024

温州年鉴·2004
中共温州市委、温州市人民政府主办　温州市地方志编纂委员会编　主编陈又新
中华书局　2004年10月
628页　精装　29cm
ISBN7-101-04456-5
馆藏号：Guojiafz-8600002004548

温州年鉴·2007
中共温州市委、温州市人民政府主办　温州市地方志编纂委员会编　主编陈又新
中华书局　2008年3月
626页　精装　29cm
ISBN978-7-101-06013-3
馆藏号：Guojiafz-8600002001659

温州年鉴·2008
中共温州市委、温州市人民政府主办　温州市地方志编纂委员会编　主编陈又新
中华书局　2009年3月
626页　精装　29cm
ISBN978-7-101-06602-9
馆藏号：Guojiafz-8600002002095

温州年鉴·2009
中共温州市委、温州市人民政府主办　温州市地方志编纂委员会编　主编陈又新
中华书局　2010年2月
610页　精装　29cm
ISBN978-7-101-07263-1
馆藏号：Guojiafz-8600002000672

温州年鉴·2010
中共温州市委、温州市人民政府主办　温州市地方志编纂委员会编　主编陈又新
中华书局　2010年12月
682页　精装　29cm
ISBN978-7-101-07773-5
馆藏号：Guojiafz-8600002002096

温州年鉴·2012
中共温州市委、温州市人民政府主办　温州市人民政府地方志办公室编　主编李淑蕙
中华书局　2012年10月
504页　精装　29cm
ISBN978-7-101-08973-8
馆藏号：Guojiafz-8600002003388

温州年鉴·2013
中共温州市委、温州市人民政府主办　温州市地方志编纂委员会办公室编　主编魏仕阔
中华书局　2013年10月
480页　精装　30cm
ISBN978-7-101-09656-9
馆藏号：Guojiafz-8600002009997

温州年鉴·2014
中共温州市委、温州市人民政府主办　温州市人民政府地方志办公室编　主编魏仕阔
中华书局　2014年10月
426页　精装　29cm
ISBN978-7-101-10468-4
馆藏号：Guojiafz-8600002010651

温州年鉴·2016
中共温州市委、温州市人民政府主办　温州市人民政府地方志办公室编　主编魏仕阔
方志出版社　2016年11月
450页　精装　29cm
ISBN978-7-5144-2216-0
馆藏号：Guojiafz-8600002014408

温州年鉴・2017
温州市人民政府地方志办公室编　主编魏仕阔
方志出版社　2017 年 12 月
464 页　精装　29cm
ISBN978-7-5144-2809-4
馆藏号：Guojiafz-8600002015075

温州年鉴・2019
温州市人民政府地方志办公室编　主编魏仕阔
商务印书馆　2019 年 12 月
444 页　精装　29cm
ISBN978-7-100-18010-8
馆藏号：Guojiafz-8600002017915

温州统计年鉴・2012
温州市统计局、国家统计局温州调查队合编
主编赵有力
中国统计出版社　2012 年 8 月
503 页　精装　30cm
ISBN978-7-5037-6624-4
馆藏号：Guojiafz-8600002000969

温州统计年鉴・2017
温州市统计局、国家统计局温州调查队合编
主编陈宣安、柯向伟
中国统计出版社　2017 年 9 月
467 页　精装　31cm
ISBN978-7-5037-8181-0
馆藏号：Guojiafz-8600002015540

温州公安年鉴・2011
温州公安史志编纂委员会编　主编叶寒冰
中华书局　2011 年 12 月
282 页　精装　29cm
ISBN978-7-101-08382-8
馆藏号：Guojiafz-8600002016060

温州公安年鉴・2012
温州公安史志编纂委员会编　主编黄宝坤
中华书局　2012 年 11 月
282 页　精装　29cm
ISBN978-7-101-08963-9
馆藏号：Guojiafz-8600002007729

温州公安年鉴・2016
温州公安史志编纂委员会编　主编黄宝坤
中华书局　2016 年 12 月
186 页　精装　29cm
ISBN978-7-101-12335-7
馆藏号：Guojiafz-8600002014405

温州公安年鉴・2017
温州公安史志编纂委员会编　主编罗杰
方志出版社　2018 年 1 月
180 页　精装　29cm
ISBN978-7-5144-2975-6
馆藏号：Guojiafz-8600002015527

鹿城年鉴・2004
中共鹿城区委、鹿城区人民政府主办　温州市鹿城区地方志编纂委员会办公室编　主编金文平
方志出版社　2007 年 2 月
269 页　精装　29cm
ISBN978-7-80192-995-2
馆藏号：Guojiafz-8600002002870

鹿城年鉴・2005
鹿城区地方志编纂委员会办公室编　主编金文平
方志出版社　2008 年 8 月
296 页　精装　29cm
ISBN978-7-80238-323-4
馆藏号：Guojiafz-8600002002871

鹿城年鉴・2006
中共鹿城区委员会、鹿城区人民政府主办　鹿城区地方志编纂委员会、《鹿城年鉴》编辑部合编
主编金文平
方志出版社　2009 年 3 月

302 页　精装　29cm
ISBN978-7-80238-518-4
馆藏号：Guojiafz-8600002002872

鹿城年鉴·2007
中共鹿城区委员会、鹿城区人民政府主办　鹿城区地方志编纂委员会、《鹿城年鉴》编辑部合编　主编金文平
方志出版社　2009 年 12 月
313 页　精装　29cm
ISBN978-7-80238-670-9
馆藏号：Guojiafz-8600002002991

鹿城年鉴·2008
中共鹿城区委员会、鹿城区人民政府主办　鹿城区地方志编纂委员会编　主编金文平
方志出版社　2011 年 3 月
344 页　精装　30cm
ISBN978-7-80238-993-9
馆藏号：Guojiafz-8600002002992

鹿城年鉴·2009
中共鹿城区委员会、鹿城区人民政府主办　鹿城区地方志编纂委员会编　主编金文平
方志出版社　2011 年 12 月
392 页　精装　30cm
ISBN978-7-5144-0258-2
馆藏号：Guojiafz-8600002008579

鹿城年鉴·2010
中共鹿城区委员会、鹿城区人民政府主办　鹿城区地方志编纂委员会、《鹿城年鉴》编辑部、鹿城区档案局合编　主编金文平
方志出版社　2012 年 6 月
370 页　精装　29cm
ISBN978-7-5144-0496-8
馆藏号：Guojiafz-8600002003307

鹿城年鉴·2011
中共鹿城区委员会、鹿城区人民政府主办　鹿城区地方志编纂委员会、《鹿城年鉴》编辑部、鹿城区档案局合编　主编金文平
方志出版社　2012 年 11 月
358 页　精装　29cm
ISBN978-7-5144-0709-9
馆藏号：Guojiafz-8600002003257

鹿城年鉴·2012
中共鹿城区委员会、鹿城区人民政府主办　鹿城区地方志编纂委员会、鹿城区档案局、《鹿城年鉴》编辑部合编　主编金文平
方志出版社　2013 年 12 月
384 页　精装　30cm
ISBN978-7-5144-1041-9
馆藏号：Guojiafz-8600002007263

鹿城年鉴·2013
中共鹿城区委员会、鹿城区人民政府主办　鹿城区地方志编纂委员会、鹿城区档案局、《鹿城年鉴》编辑部合编　主编金文平
方志出版社　2014 年 11 月
408 页　精装　30cm
ISBN978-7-5144-1449-3
馆藏号：Guojiafz-8600002005656

鹿城年鉴·2015
中共鹿城区委员会、鹿城区人民政府主办　鹿城区地方志编纂委员会、鹿城区档案局、《鹿城年鉴》编辑部合编　主编张靖
方志出版社　2015 年 12 月
460 页　精装　30cm
ISBN978-7-5144-1989-4
馆藏号：Guojiafz-8600002013512

鹿城年鉴·2016
中共温州市鹿城区委员会、温州市鹿城区人民政府主办　鹿城区地方志编纂委员会、鹿城区档案局、《鹿城年鉴》编辑部合编　主编张靖
方志出版社　2016 年 12 月
432 页　精装　29cm

ISBN978-7-5144-2295-5
馆藏号：Guojiafz-8600002014000

鹿城年鉴·2017
鹿城区地方志编纂委员会、鹿城区档案局、《鹿城年鉴》编辑部合编　主编张靖
方志出版社　2017年11月
352页　精装　29cm
ISBN978-7-5144-2704-2
馆藏号：Guojiafz-8600002015099

鹿城年鉴·2018
鹿城区地方志编纂委员会、鹿城区档案局合编
主编张靖
方志出版社　2019年1月
288页　精装　29cm
ISBN978-7-5144-3569-6
馆藏号：Guojiafz-8600002017261

龙湾年鉴·2006
中共龙湾区委、龙湾区人民政府主办　温州市龙湾区史志编纂委员会编　主编陈建敏
方志出版社　2006年11月
425页　精装　30cm
ISBN7-80192-906-3
馆藏号：Guojiafz-8600002005174

龙湾年鉴·2007
中共龙湾区委、龙湾区人民政府主办　温州市龙湾区史志编纂委员会编　主编陈建敏
方志出版社　2007年12月
388页　精装　30cm
ISBN978-7-80238-217-6
馆藏号：Guojiafz-8600002002873

龙湾年鉴·2008
中共龙湾区委、龙湾区人民政府主办　温州市龙湾区史志编纂委员会、《龙湾年鉴》编辑部合编
主编陈建敏
方志出版社　2008年12月
391页　精装　29cm
ISBN978-7-80238-484-2
馆藏号：Guojiafz-8600002000472

龙湾年鉴·2009
温州市龙湾区史志编纂委员会、《龙湾年鉴》编辑部合编　主编陈建敏
方志出版社　2009年12月
421页　精装　29cm
ISBN978-7-80238-713-3
馆藏号：Guojiafz-8600002002705

龙湾年鉴·2010
温州市龙湾区史志编纂委员会、《龙湾年鉴》编辑部合编　主编陈建敏
方志出版社　2010年12月
395页　精装　29cm
ISBN978-7-5144-0020-5
馆藏号：Guojiafz-8600002002706

龙湾年鉴·2011
温州市龙湾区史志编纂委员会、《龙湾年鉴》编辑部合编　主编陈建敏
方志出版社　2011年12月
375页　精装　29cm
ISBN978-7-5144-0357-2
馆藏号：Guojiafz-8600002000158

龙湾年鉴·2012
中共龙湾区委、龙湾区人民政府主办　龙湾区史志编纂委员会、《龙湾年鉴》编辑部合编
主编陈建敏　执行主编孙作材
方志出版社　2012年12月
367页　精装　29cm
ISBN978-7-5144-0764-8
馆藏号：Guojiafz-8600002007200

龙湾年鉴·2013
中共龙湾区委、龙湾区人民政府主办　龙湾区史志编纂委员会、龙湾区史志办公室合编

主编陈建敏　执行主编孙作材
中国时代经济出版社　2013 年 12 月
395 页　精装　29cm
ISBN978-7-5119-1801-7
馆藏号：Guojiafz-8600002013257

龙湾年鉴・2014
中共龙湾区委、龙湾区人民政府主办　龙湾区史志编纂委员会、龙湾区史志办公室合编
主编陈建敏　执行主编孙作材
中国时代经济出版社　2014 年 12 月
399 页　精装　30cm
ISBN978-7-5119-2224-3
馆藏号：Guojiafz-8600002013256

龙湾年鉴・2016
中共龙湾区委、龙湾区人民政府主办　龙湾区委史志办公室、龙湾区史志编纂委员会、龙湾区档案局（馆）合编　主编孙作材
线装书局　2016 年 12 月
272 页　精装　29cm
ISBN978-7-5120-2517-2
馆藏号：Guojiafz-8600002014578

龙湾年鉴・2017
中共龙湾区委党史区志办公室编　主编孙作材
方志出版社　2017 年 12 月
288 页　精装　29cm
ISBN978-7-5144-2834-6
馆藏号：Guojiafz-8600002015070

瓯海年鉴・2006
中共瓯海区委、瓯海区人民政府主办　瓯海区地方志编纂委员会编　主编季海波
方志出版社　2008 年 6 月
324 页　精装　29cm
ISBN978-7-80238-304-3
馆藏号：Guojiafz-8600002005692

瓯海年鉴・2007
中共瓯海区委、瓯海区人民政府主办　瓯海区地方志编纂委员会编　主编季海波
方志出版社　2009 年 7 月
328 页　精装　29cm
ISBN978-7-80238-539-9
馆藏号：Guojiafz-8600002000856

瓯海年鉴・2008
中共瓯海区委、瓯海区人民政府主办　温州市瓯海区地方志编纂委员会编　主编季海波
方志出版社　2010 年 11 月
307 页　精装　29cm
ISBN978-7-80238-951-9
馆藏号：Guojiafz-8600002005690

瓯海年鉴・2009
中共瓯海区委、瓯海区人民政府主办　温州市瓯海区地方志编纂委员会编　主编季海波
方志出版社　2011 年 4 月
345 页　精装　29cm
ISBN978-7-5144-0109-7
馆藏号：Guojiafz-8600002002562

瓯海年鉴・2010
中共瓯海区委、瓯海区人民政府主办　温州市瓯海区地方志编纂委员会、《瓯海年鉴》编辑部合编
主编季海波
方志出版社　2012 年 9 月
344 页　精装　29cm
ISBN978-7-5144-0566-8
馆藏号：Guojiafz-8600002007339

洞头年鉴・2006
洞头县地方志编纂委员会办公室编　主编杨志林
温州市宏业印务有限公司印刷　2007 年 6 月
281 页　精装　22cm
准印证号：浙内图准字（2000）第 070 号
馆藏号：Guojiafz-8600002006628

洞头年鉴·2007
洞头县地方志编纂委员会办公室编　主编杨志林、庄明松
温州市宏业印务有限公司印刷　2008年6月
258页　精装　21cm
准印证号：浙内图准字（2000）第070号
馆藏号：Guojiafz-8600002006629

洞头年鉴·2008
洞头县地方志编纂委员会办公室编　主编杨志林、庄明松
温州市宏业印务有限公司印刷　2009年6月
259页　精装　21cm
准印证号：浙内图准字（2000）第070号
馆藏号：Guojiafz-8600002006630

洞头年鉴·2009
洞头县地方志编纂委员会办公室编　主编杨志林、庄明松
温州市宏业印务有限公司印刷　2010年6月
279页　精装　21cm
准印证号：浙内图准字（2000）第070号
馆藏号：Guojiafz-8600002006264

洞头年鉴·2010
洞头县地方志编纂委员会办公室编　主编杨志林、庄明松
温州市宏业印务有限公司印刷　2011年5月
304页　精装　21cm
准印证号：浙内图准字（2000）第070号
馆藏号：Guojiafz-8600002006631

洞头年鉴·2011
洞头县党史县志编纂委员会办公室编　主编杨志林、庄明松
温州市宏业印务有限公司印刷　2012年6月
285页　精装　25cm
准印证号：浙内图准字（2000）第070号
馆藏号：Guojiafz-8600002009421

洞头年鉴·2015
中共洞头县委、洞头县人民政府主办　洞头县委史志编纂委员会、洞头县委史志办公室合编
主编卓桂荣、杨志林
方志出版社　2015年11月
280页　精装　30cm
ISBN978-7-5144-1775-3
馆藏号：Guojiafz-8600002002125

洞头年鉴·2016
洞头区委、洞头区人民政府主办　洞头区委史志编纂委员会、洞头区委史志办公室合编
主编卓桂荣
方志出版社　2016年12月
423页　精装　29cm
ISBN978-7-5144-2326-6
馆藏号：Guojiafz-8600002013996

洞头年鉴·2017
中共温州市洞头区委、温州市洞头区人民政府主办
温州市洞头区委史志编纂委员会、温州市洞头区委史志办公室合编　主编卓桂荣
方志出版社　2017年12月
397页　精装　29cm
ISBN978-7-5144-2851-3
馆藏号：Guojiafz-8600002015535

洞头年鉴·2018
温州市洞头区委史志编纂委员会、温州市洞头区委史志办公室合编　主编曾焕定、卓桂荣
方志出版社　2018年12月
461页　精装　29cm
ISBN978-7-5144-3573-3
馆藏号：Guojiafz-8600002017260

洞头统计年鉴·2011
洞头县统计局编　主编陈永胜
温州诚美广告印务有限公司印刷
169页　平装　19cm
馆藏号：Guojiafz-8600002000557

瑞安年鉴·1990
瑞安市地方志编纂委员会办公室主办　浙江省《瑞安年鉴》编辑部编　主编宋维远
地方国营平阳县印刷厂印刷　1990 年 12 月
304 页　平装　19cm
准印证号：瑞政（1986）146 号
馆藏号：Guojiafz-8600002009285

瑞安年鉴·1991
瑞安市地方志编纂委员会办公室主办　《瑞安年鉴》编辑部编　主编宋维远
地方国营瑞安市印刷厂印刷　1991 年 11 月
309 页　平装　19cm
准印证号：瑞政（1986）146 号
馆藏号：Guojiafz-8600002009282

瑞安年鉴·1992
瑞安市地方志编纂委员会办公室主办　浙江省《瑞安年鉴》编辑部编　主编宋维远
瑞安市印刷总厂印刷　1992 年 11 月
291 页　平装　19cm
准印证号：瑞政（1986）146 号内部发行
馆藏号：Guojiafz-8600002009284

瑞安年鉴·1993
瑞安市地方志编纂委员会办公室主办　《瑞安年鉴》编辑部编　主编宋维远
内部印刷　1993 年 10 月
242 页　平装　19cm
准印证号：瑞政（1986）146 号
馆藏号：Guojiafz-8600002009287

瑞安年鉴·1994
瑞安市地方志编纂委员会办公室主办　《瑞安年鉴》编辑部编　主编宋维远
瑞安市印刷总厂印刷　1994 年 11 月
269 页　平装　19cm
准印证号：瑞政（1986）146 号内部发行
馆藏号：Guojiafz-8600002009279

瑞安年鉴·1997
瑞安市地方志编纂委员会办公室主办　《瑞安年鉴》编辑部编　主编陈维真
瑞安市印刷总厂印刷　1997 年 12 月
294 页　平装　19cm
准印证号：瑞政（1986）146 号内部发行
馆藏号：Guojiafz-8600002009281

瑞安年鉴·1998
瑞安市地方志编纂委员会办公室主办　《瑞安年鉴》编辑部编　主编陈维真
瑞安市印刷总厂印刷　1998 年 12 月
352 页　平装　19cm
准印证号：瑞政（1986）146 号内部发行
馆藏号：Guojiafz-8600002009283

瑞安年鉴·2000
瑞安市地方志编纂委员会办公室主办　《瑞安年鉴》编辑部编　主编陈维真
晶态电脑印刷服务社印刷　2000 年 12 月
416 页　平装　19cm
准印证号：瑞政（1986）146 号内部发行
馆藏号：Guojiafz-8600002009280

瑞安年鉴·2001
中共瑞安市委、瑞安市人民政府主办　瑞安市地方志编纂委员会办公室编　主编陈维真
中华书局　2001 年 12 月
292 页　精装　27cm
ISBN7-101-03352-0
馆藏号：Guojiafz-8600002002275

瑞安年鉴·2002
中共瑞安市委、瑞安市人民政府主办　瑞安市地方志编纂委员会办公室编　主编陈维真
方志出版社　2003 年 1 月
315 页　精装　27cm
ISBN7-80122-967-3
馆藏号：Guojiafz-8600002002280

瑞安年鉴·2003
中共瑞安市委、瑞安市人民政府主办　瑞安市地方志编纂委员会办公室编　主编陈维真
方志出版社　2005年3月
327页　精装　27cm
ISBN7-80192-473-8
馆藏号：Guojiafz-8600002002279

瑞安年鉴·2004
中共瑞安市委、瑞安市人民政府主办　瑞安市地方志编纂委员会编　主编陈维真
中华书局　2005年12月
358页　精装　27cm
ISBN7-101-04132-9
馆藏号：Guojiafz-8600002002237

瑞安年鉴·2005
中共瑞安市委、瑞安市人民政府主办　瑞安市地方志编纂委员会编　主编陈维真
中华书局　2006年12月
452页　精装　27cm
ISBN7-101-05400-5
馆藏号：Guojiafz-8600002002276

瑞安年鉴·2006
中共瑞安市委、瑞安市人民政府主办　瑞安市地方志编纂委员会编　主编陈维真
中华书局　2007年1月
515页　精装　27cm
ISBN978-7-101-05908-3
馆藏号：Guojiafz-8600002009759

瑞安年鉴·2007
中共瑞安市委、瑞安市人民政府主办　瑞安市地方志编纂委员会编　主编陈维真
中华书局　2008年12月
512页　精装　27cm
ISBN978-7-101-06463-6
馆藏号：Guojiafz-8600002009756

瑞安年鉴·2008
中共瑞安市委、瑞安市人民政府主办　瑞安市地方志编纂委员会编　主编陈维真
中华书局　2010年3月
515页　精装　27cm
ISBN978-7-101-07284-6
馆藏号：Guojiafz-8600002002281

乐清年鉴·2006
中共乐清市委、乐清市人民政府主办　乐清市地方志编纂委员会、《乐清年鉴》编辑部合编
主编陈也田
线装书局　2006年11月
458页　精装　29cm
ISBN7-80106-643-X
馆藏号：Guojiafz-8600002008123

乐清年鉴·2007
中共乐清市委、乐清市人民政府主办　乐清市地方志编纂委员会、《乐清年鉴》编辑部合编
主编南秀芝
线装书局　2007年11月
413页　精装　29cm
ISBN978-7-80106-737-1
馆藏号：Guojiafz-8600002008122

乐清年鉴·2008
中共乐清市委、乐清市人民政府主办　乐清市史志办编　主编南秀芝
线装书局　2008年11月
423页　精装　29cm
ISBN978-7-80106-854-5
馆藏号：Guojiafz-8600002008121

永嘉年鉴·2004
中国共产党永嘉县委员会、永嘉县人民政府主办　永嘉县地方志编纂委员会编　主编徐顺旗
方志出版社　2004年11月
367页　精装　29cm

ISBN7-80192-388-X
馆藏号：Guojiafz-8600002000864

永嘉年鉴·2005
中国共产党永嘉县委员会、永嘉县人民政府主办
永嘉县地方志编纂委员会编　主编徐顺旗
方志出版社　2005 年 11 月
373 页　精装　29cm
ISBN7-80192-650-1
馆藏号：Guojiafz-8600002000838

永嘉年鉴·2006
中国共产党永嘉县委员会、永嘉县人民政府主办
永嘉县地方志编纂委员会编　主编徐顺旗
方志出版社　2006 年 11 月
429 页　精装　29cm
ISBN7-80192-944-6
馆藏号：Guojiafz-8600002000835

永嘉年鉴·2007
中国共产党永嘉县委员会、永嘉县人民政府主办
永嘉县地方志编纂委员会编　主编徐顺旗
方志出版社　2007 年 10 月
426 页　精装　29cm
ISBN978-7-80238-164-3
馆藏号：Guojiafz-8600002000865

永嘉年鉴·2008
中国共产党永嘉县委员会、永嘉县人民政府主办
永嘉县地方志编纂委员会编　主编应海龙
方志出版社　2008 年 12 月
420 页　精装　29cm
ISBN978-7-80238-456-9
馆藏号：Guojiafz-8600002000645

永嘉年鉴·2009
中国共产党永嘉县委员会、永嘉县人民政府主办
永嘉县地方志编纂委员会编　主编应海龙
方志出版社　2009 年 12 月
426 页　精装　29cm
ISBN978-7-80238-659-4
馆藏号：Guojiafz-8600002000669

永嘉年鉴·2010
中国共产党永嘉县委员会、永嘉县人民政府主办
永嘉县地方志编纂委员会编　主编应海龙
方志出版社　2010 年 12 月
427 页　精装　29cm
ISBN978-7-80238-974-8
馆藏号：Guojiafz-8600002007840

永嘉年鉴·2011
中国共产党永嘉县委员会、永嘉县人民政府主办
永嘉县地方志编纂委员会编　主编应海龙
方志出版社　2011 年 11 月
436 页　精装　29cm
ISBN978-7-5144-0331-2
馆藏号：Guojiafz-8600002004111

永嘉年鉴·2012
中国共产党永嘉县委员会、永嘉县人民政府主办
永嘉县地方志编纂委员会编　主编应海龙
方志出版社　2012 年 10 月
452 页　精装　29cm
ISBN978-7-5144-0673-3
馆藏号：Guojiafz-8600002000010

永嘉年鉴·2013
中国共产党永嘉县委员会、永嘉县人民政府主办
永嘉县地方志编纂委员会编　主编应海龙
方志出版社　2013 年 10 月
452 页　精装　29cm
ISBN978-7-5144-1064-8
馆藏号：Guojiafz-8600002006654

永嘉年鉴·2014
中国共产党永嘉县委员会、永嘉县人民政府主办
永嘉县地方志编纂委员会编　主编应海龙
方志出版社　2014 年 12 月
472 页　精装　29cm

ISBN978-7-5144-1493-6
馆藏号：Guojiafz-8600002007251

永嘉年鉴・2015
中国共产党永嘉县委员会、永嘉县人民政府主办
永嘉县地方志编纂委员会编　主编应海龙
方志出版社　2015 年 12 月
371 页　精装　29cm
ISBN978-7-5144-1879-8
馆藏号：Guojiafz-8600002002719

永嘉年鉴・2016
中国共产党永嘉县委员会、永嘉县人民政府主办
永嘉县地方志编纂委员会编　主编胡寿旺
方志出版社　2016 年 12 月
344 页　精装　29cm
ISBN978-7-5144-2292-4
馆藏号：Guojiafz-8600002013929

永嘉年鉴・2017
永嘉县地方志编纂委员会编　主编胡寿旺
方志出版社　2017 年 12 月
384 页　精装　29cm
ISBN978-7-5144-2836-0
馆藏号：Guojiafz-8600002015069

永嘉年鉴・2018
永嘉县地方志编纂委员会编　主任林万乐
方志出版社　2019 年 1 月
400 页　精装　29cm
ISBN978-7-5144-3628-0
馆藏号：Guojiafz-8600002018213

平阳年鉴・2001
中共平阳县委、平阳县人民政府主办　平阳县地方志编纂委员会办公室编　主编林顺道
海洋出版社　2001 年 12 月
326 页　精装　27cm
ISBN7-5027-5451-2
馆藏号：Guojiafz-8600002009624

平阳年鉴・2003
中共平阳县委、平阳县人民政府主办　平阳县地方志编纂委员会办公室编　主编林顺道
方志出版社　2003 年 12 月
394 页　精装　27cm
ISBN7-80192-131-3
馆藏号：Guojiafz-8600002007442

平阳年鉴・2004—2005
中共平阳县委、平阳县人民政府主办　平阳县地方志编纂委员会办公室编　主编林顺道
方志出版社　2006 年 12 月
351 页　精装　27cm
ISBN7-80192-791-5
馆藏号：Guojiafz-8600002004518

平阳年鉴・2006
中共平阳县委、平阳县人民政府主办　平阳县地方志编纂委员会办公室编　主编林顺道
方志出版社　2007 年 8 月
280 页　精装　29cm
ISBN978-7-80238-106-3
馆藏号：Guojiafz-8600002004305

平阳年鉴・2007—2008
中共平阳县委、平阳县人民政府主办　平阳县地方志办公室编　主编林顺道
方志出版社　2008 年 11 月
237 页　精装　29cm
ISBN978-7-80238-437-8
馆藏号：Guojiafz-8600002004545

平阳年鉴・2009
中共平阳县委、平阳县人民政府主办　平阳县地方志编纂委员会办公室编　主编林顺道
方志出版社　2009 年 12 月
205 页　精装　29cm
ISBN978-7-80238-707-2
馆藏号：Guojiafz-8600002000849

平阳年鉴·2010
中共平阳县委、平阳县人民政府主办　平阳县地方志编纂委员会办公室编　主编林顺道
方志出版社　2010 年 12 月
234 页　精装　29cm
ISBN978-7-80238-956-4
馆藏号：Guojiafz-8600002005617

平阳年鉴·2011
中共平阳县委、平阳县人民政府主办　平阳县地方志编纂委员会编　主编陈敏
方志出版社　2011 年 10 月
248 页　精装　29cm
ISBN978-7-5144-0303-9
馆藏号：Guojiafz-8600002002195

平阳年鉴·2012
中共平阳县委、平阳县人民政府主办　平阳县地方志编纂委员会编　主编陈敏
方志出版社　2012 年 11 月
272 页　精装　29cm
ISBN978-7-5144-0706-8
馆藏号：Guojiafz-8600002003326

平阳年鉴·2013
中共平阳县委、平阳县人民政府主办　平阳县地方志编纂委员会办公室编　主编陈敏
方志出版社　2013 年 12 月
384 页　精装　29cm
ISBN978-7-5144-1149-2
馆藏号：Guojiafz-8600002009883

平阳年鉴·2014
中共平阳县委、平阳县人民政府主办　平阳县地方志编纂委员会办公室编　主编陈敏
中国文史出版社　2014 年 12 月
384 页　精装　29cm
ISBN978-7-5034-5791-3
馆藏号：Guojiafz-8600002017955

平阳年鉴·2017
平阳县地方志编纂委员会办公室编　主编陈敏　执行主编卢圣蒙
中国文史出版社　2017 年 12 月
406 页　精装　29cm
ISBN978-7-5034-9620-2
馆藏号：Guojiafz-8600002017815

平阳年鉴·2019
平阳县地方志研究室编　主编陈敏　执行主编卢圣蒙
中国文史出版社　2019 年 11 月
360 页　精装　29cm
ISBN978-7-5205-1725-6
馆藏号：Guojiafz-8600002018386

苍南年鉴·2002
苍南县地方志编纂委员会办公室编　主编苏志平
方志出版社　2002 年 12 月
332 页　精装　27cm
ISBN7-80122-909-6
馆藏号：Guojiafz-8600002012975

文成年鉴·1992—1996
中共文成县委史志办公室编　主编郭小秋
文成县文联印社印刷
255 页　平装　26cm
馆藏号：Guojiafz-8600002008810

文成年鉴·1997
中共文成县委史志办公室编　主编郭小秋
文成县文联印社印刷　1998 年 12 月
199 页　平装　26cm
馆藏号：Guojiafz-8600002008809

文成年鉴·1998
中共文成县委史志办公室编　主编郭小秋
文成县文联印社印刷
259 页　平装　26cm
馆藏号：Guojiafz-8600002008807

文成年鉴·2000
中共文成县委史志办公室编　主编郭小秋
文成县文联印社印刷
335 页　平装　26cm
馆藏号：Guojiafz-8600002008808

文成年鉴·2001
中共文成县委史志办公室编　主编郭小秋
文成县文联印社印刷　2001 年 9 月
246 页　平装　26cm
馆藏号：Guojiafz-8600002008811

文成年鉴·2004
文成县史志编纂委员会办公室编　主编钟晓炜
平阳仁洲印刷厂印刷　2004 年 12 月
328 页　精装　29cm
馆藏号：Guojiafz-8600002008829

文成年鉴·2009
文成县地方志编纂委员会、文成年鉴编辑部合编　主编刘炜珉
内部印刷　2009 年 12 月
358 页　精装　29cm
馆藏号：Guojiafz-8600002008825

文成年鉴·2013
文成县地方志编纂委员会、《文成年鉴》编辑部合编　主编张周昌
文成县新民印务中心印刷　2013 年 12 月
310 页　精装　27cm
馆藏号：Guojiafz-8600002010899

文成年鉴·2017
文成县地方志编纂委员会编　主编张周昌　执行主编余贤福
方志出版社　2017 年 11 月
397 页　精装　29cm
ISBN978-7-5144-2763-9
馆藏号：Guojiafz-8600002015053

文成年鉴·2018
文成县地方志编纂委员会编　主编季志娥　执行主编余贤福
方志出版社　2018 年 11 月
404 页　精装　29cm
ISBN978-7-5144-3433-0
馆藏号：Guojiafz-8600002016995

嘉兴年鉴·1998
中共嘉兴市委、嘉兴市人民政府主办　嘉兴市地方志编纂委员会编　主编张根甫
方志出版社　1998 年 8 月
470 页　精装　27cm
ISBN7-80122-343-8
馆藏号：Guojiafz-8600002010721

嘉兴年鉴·1999
中共嘉兴市委、嘉兴市人民政府主办　嘉兴市地方志编纂委员会编　主编张根甫
方志出版社　1999 年 8 月
537 页　精装　27cm
ISBN7-80122-473-6
馆藏号：Guojiafz-8600002001116

嘉兴年鉴·2001
中共嘉兴市委、嘉兴市人民政府主办　嘉兴市地方志编纂委员会编　主编张根甫
方志出版社　2001 年 7 月
541 页　精装　27cm
ISBN7-80122-611-9
馆藏号：Guojiafz-8600002012777

嘉兴年鉴·2002
中共嘉兴市委、嘉兴市人民政府主办　浙江省嘉兴市地方志编纂委员会编　主编张根甫
方志出版社　2002 年 11 月
560 页　精装　27cm
ISBN7-80122-887-1
馆藏号：Guojiafz-8600002007125

嘉兴年鉴・2003
中共嘉兴市委、嘉兴市人民政府主办　嘉兴市地方志编纂委员会编　主编张根甫
方志出版社　2003年11月
520页　精装　27cm
ISBN7-80192-071-6
馆藏号：Guojiafz-8600002004531

嘉兴年鉴・2004
中共嘉兴市委、嘉兴市人民政府主办　嘉兴市地方志编纂委员会编　主编朱恩仁
方志出版社　2004年9月
552页　精装　27cm
ISBN7-80192-315-4
馆藏号：Guojiafz-8600002004599

嘉兴年鉴・2005
中共嘉兴市委、嘉兴市人民政府主办　嘉兴市地方志编纂委员会编　主编叶放
方志出版社　2005年10月
587页　精装　27cm
ISBN7-80192-678-1
馆藏号：Guojiafz-8600002000972

嘉兴年鉴・2008
中共嘉兴市委、嘉兴市人民政府主办　嘉兴市地方志编纂委员会编　主编周军
方志出版社　2008年11月
611页　精装　27cm
ISBN978-7-80238-394-4
馆藏号：Guojiafz-8600002004300

嘉兴年鉴・2009
中共嘉兴市委、嘉兴市人民政府主办　嘉兴市地方志编纂委员会编　主编周军
方志出版社　2009年12月
667页　精装　27cm
ISBN978-7-80238-704-1
馆藏号：Guojiafz-8600002002338

嘉兴年鉴・2010
中共嘉兴市委、嘉兴市人民政府主办　嘉兴市地方志编纂委员会编　主编周军
方志出版社　2010年12月
639页　精装　27cm
ISBN978-7-80238-965-6
馆藏号：Guojiafz-8600002011387

嘉兴年鉴・2011
中共嘉兴市委、嘉兴市人民政府主办　嘉兴市地方志编纂委员会编　主编周军
方志出版社　2011年12月
687页　精装　27cm
ISBN978-7-5144-0330-5
馆藏号：Guojiafz-8600002000549

嘉兴年鉴・2013
中共嘉兴市委、嘉兴市人民政府主办　嘉兴市地方志编纂委员会编　主编叶永强
方志出版社　2013年12月
629页　精装　27cm
ISBN978-7-5144-1114-0
馆藏号：Guojiafz-8600002009942

嘉兴年鉴・2014
中共嘉兴市委、嘉兴市人民政府主办　嘉兴市地方志编纂委员会编　主编叶永强
方志出版社　2014年12月
667页　精装　27cm
ISBN978-7-5144-1461-5
馆藏号：Guojiafz-8600002004997

嘉兴年鉴・2015
中共嘉兴市委、嘉兴市人民政府主办　嘉兴市地方志编纂委员会编　主编叶永强
方志出版社　2015年11月
646页　精装　27cm
ISBN978-7-5144-1814-9
馆藏号：Guojiafz-8600002002801

嘉兴年鉴·2016
中共嘉兴市委、嘉兴市人民政府主办　嘉兴市地方志编纂委员会编　主编叶永强
方志出版社　2016 年 11 月
703 页　精装　27cm
ISBN978-7-5144-2228-3
馆藏号：Guojiafz-8600002014036

嘉兴年鉴·2017
中共嘉兴市委、嘉兴市人民政府主办　嘉兴市地方志编纂委员会编　主编叶永强
方志出版社　2017 年 11 月
631 页　精装　27cm
ISBN978-7-5144-2686-1
馆藏号：Guojiafz-8600002015067

海宁年鉴·2003
中共海宁市委、海宁市人民政府主办　海宁市地方志编纂委员会编　主编沈明明
方志出版社　2003 年 10 月
462 页　精装　27cm
ISBN7-80192-048-1
馆藏号：Guojiafz-8600002003981

海宁年鉴·2004
中共海宁市委、海宁市人民政府主办　海宁市地方志编纂委员会编　主编沈明明
方志出版社　2004 年 8 月
560 页　精装　27cm
ISBN7-80192-304-9
馆藏号：Guojiafz-8600002003985

海宁年鉴·2005
中共海宁市委、海宁市人民政府主办　海宁市地方志编纂委员会编　主编沈明明
方志出版社　2005 年 11 月
475 页　精装　27cm
ISBN7-80192-656-0
馆藏号：Guojiafz-8600002005423

海宁年鉴·2006
中共海宁市委、海宁市人民政府主办　海宁市史志编纂委员会编　主编朱掌兴
方志出版社　2006 年 10 月
455 页　精装　27cm
ISBN7-80192-867-9
馆藏号：Guojiafz-8600002000033

海宁年鉴·2007
中共海宁市委员会、海宁市人民政府主办　海宁市史志编纂委员会编　主编朱掌兴
方志出版社　2007 年 10 月
448 页　精装　27cm
ISBN978-7-80238-141-4
馆藏号：Guojiafz-8600002007737

海宁年鉴·2008
中共海宁市委员会、海宁市人民政府主办　浙江省海宁市史志编纂委员会编　主编朱掌兴
方志出版社　2008 年 10 月
500 页　精装　26cm
ISBN978-7-80238-396-8
馆藏号：Guojiafz-8600002002537

海宁年鉴·2009
中共海宁市委员会、海宁市人民政府主办　海宁市史志编纂委员会编　主编朱掌兴
方志出版社　2009 年 10 月
500 页　精装　27cm
ISBN978-7-80238-584-9
馆藏号：Guojiafz-8600002012237

海宁年鉴·2010
中共海宁市委员会、海宁市人民政府主办　海宁市史志编纂委员会编　主编朱掌兴
方志出版社　2010 年 10 月
522 页　精装　27cm
ISBN978-7-80238-906-9
馆藏号：Guojiafz-8600002000163

海宁年鉴·2011
中共海宁市委员会、海宁市人民政府主办　海宁市史志编纂委员会编　主编朱掌兴
方志出版社　2011年11月
568页　精装　27cm
ISBN978-7-5144-0294-0
馆藏号：Guojiafz-8600002000281

海宁年鉴·2012
中共海宁市委员会、海宁市人民政府主办　海宁市史志编纂委员会编　主编柴伟梁
方志出版社　2012年10月
548页　精装　27cm
ISBN978-7-5144-0598-9
馆藏号：Guojiafz-8600002000550

海宁年鉴·2013
中共海宁市委员会、海宁市人民政府主办　海宁市史志编纂委员会编　主编柴伟梁
方志出版社　2013年10月
528页　精装　27cm
ISBN978-7-5144-0995-6
馆藏号：Guojiafz-8600002007406

海宁年鉴·2014
中共海宁市委员会、海宁市人民政府主办　海宁市史志编纂委员会编　主编柴伟梁
方志出版社　2014年11月
504页　精装　27cm
ISBN978-7-5144-1448-6
馆藏号：Guojiafz-8600002006774

海宁年鉴·2015
中共海宁市委员会、海宁市人民政府主办　海宁市史志编纂委员会编　主编柴伟梁
方志出版社　2015年11月
482页　精装　27cm
ISBN978-7-5144-1773-9
馆藏号：Guojiafz-8600002010560

海宁年鉴·2016
中共海宁市委员会、海宁市人民政府主办　海宁市史志编纂委员会编　主编柴伟梁
方志出版社　2016年11月
521页　精装　27cm
ISBN978-7-5144-2181-1
馆藏号：Guojiafz-8600002014401

海宁年鉴·2017
中共海宁市委员会、海宁市人民政府主办　海宁市史志编纂委员会编　主编柴伟梁
方志出版社　2017年10月
498页　精装　27cm
ISBN978-7-5144-2650-2
馆藏号：Guojiafz-8600002015137

海宁年鉴·2018
中共海宁市委员会、海宁市人民政府主办　海宁市史志编纂委员会编　主编徐霞芳
方志出版社　2018年11月
493页　精装　27cm
ISBN978-7-5144-3404-0
馆藏号：Guojiafz-8600002017152

平湖年鉴·1997
中共平湖市委员会、平湖市人民政府主办　平湖市地方志编纂委员会编　主编蒋苍苍
方志出版社　1998年8月
287页　精装　27cm
ISBN7-80122-346-2
馆藏号：Guojiafz-8600002010585

平湖年鉴·1998
中国共产党平湖市委员会、平湖市人民政府主办　平湖市地方志编纂委员会编　主编蒋苍苍
方志出版社　1999年6月
262页　精装　27cm
ISBN7-80122-455-8
馆藏号：Guojiafz-8600002010022

平湖年鉴·2001
中国共产党平湖市委员会、平湖市人民政府主办
浙江省平湖市地方志编纂委员会编　主编蒋苍苍
方志出版社　2001年11月
336页　精装　27cm
ISBN7-80122-649-6
馆藏号：Guojiafz-8600002012821

平湖年鉴·2003
中国共产党平湖市委员会、平湖市人民政府主办
平湖市地方志编纂委员会编　主编蒋苍苍
中华书局　2003年10月
367页　精装　27cm
ISBN7-101-04094-2
馆藏号：Guojiafz-8600002004571

平湖年鉴·2007
中国共产党平湖市委员会、平湖市人民政府主办
平湖市地方志编纂委员会编　主编顾利鹤
方志出版社　2007年11月
452页　精装　27cm
ISBN978-7-80238-219-0
馆藏号：Guojiafz-8600002004264

平湖年鉴·2009
中国共产党平湖市委员会、平湖市人民政府主办
平湖市地方志编纂委员会编　主编顾利鹤
中华书局　2009年11月
451页　精装　27cm
ISBN978-7-101-07078-1
馆藏号：Guojiafz-8600002002624

平湖年鉴·2013
中国共产党平湖市委员会、平湖市人民政府主办
平湖市地方志编纂委员会编　主编陈仕栋
中华书局　2013年12月
523页　精装　27cm
ISBN978-7-101-09797-9
馆藏号：Guojiafz-8600002015755

桐乡年鉴·1998
中共桐乡市委、桐乡市人民政府主办　桐乡市地方志编纂委员会编　主编陈学忠
方志出版社　1998年9月
384页　精装　29cm
ISBN7-80122-355-1
馆藏号：Guojiafz-8600002013152

桐乡年鉴·2002
桐乡市人民政府主办　桐乡市地方志编纂委员会编
主编许忠民
方志出版社　2002年10月
365页　精装　29cm
ISBN7-80122-782-4
馆藏号：Guojiafz-8600002013012

桐乡年鉴·2003
桐乡市人民政府主办　桐乡市地方志编纂委员会编
主编许忠民、俞富江
方志出版社　2003年9月
394页　精装　29cm
ISBN7-80192-022-8
馆藏号：Guojiafz-8600002007559

桐乡年鉴·2004
桐乡市人民政府主办　桐乡市地方志编纂委员会编
主编许忠民、俞富江
方志出版社　2004年9月
347页　精装　29cm
ISBN7-80192-344-8
馆藏号：Guojiafz-8600002004722

桐乡年鉴·2005
中共桐乡市委员会、桐乡市人民政府主办　桐乡市地方志编纂委员会编　主编许忠民、俞富江
方志出版社　2005年9月
379页　精装　29cm
ISBN7-80192-613-7
馆藏号：Guojiafz-8600002007677

桐乡年鉴·2006
桐乡市人民政府主办　桐乡市地方志编纂委员会编
主编许忠民、俞富江
方志出版社　2006年10月
386页　精装　29cm
ISBN7-80192-892-X
馆藏号：Guojiafz-8600002004917

桐乡年鉴·2007
中共桐乡市委员会、桐乡市人民政府主办　桐乡市地方志办公室编　主编许忠民
方志出版社　2007年12月
373页　精装　30cm
ISBN978-7-80238-220-6
馆藏号：Guojiafz-8600002004299

桐乡年鉴·2008
中共桐乡市委员会、桐乡市人民政府主办　桐乡市地方志编纂委员会编　主编许忠民
方志出版社　2008年11月
343页　精装　29cm
ISBN978-7-80238-421-7
馆藏号：Guojiafz-8600002008427

桐乡年鉴·2009
中共桐乡市委员会、桐乡市人民政府主办　桐乡市地方志编纂委员会编　主编许忠民
方志出版社　2009年11月
330页　精装　29cm
ISBN978-7-80238-632-7
馆藏号：Guojiafz-8600002000855

桐乡年鉴·2010
桐乡市地方志编纂委员会编　主编杨雪乾　执行主编沈剑锋
方志出版社　2010年12月
336页　精装　29cm
ISBN978-7-80238-970-0
馆藏号：Guojiafz-8600002011108

桐乡年鉴·2011
中共桐乡市委员会、桐乡市人民政府主办　桐乡市地方志编纂委员会编　主编杨雪乾　执行主编沈剑锋
方志出版社　2011年11月
352页　精装　29cm
ISBN978-7-5144-0335-0
馆藏号：Guojiafz-8600002011877

桐乡年鉴·2012
中共桐乡市委员会、桐乡市人民政府主办　桐乡市地方志编纂委员会编　主编杨雪乾
方志出版社　2012年12月
305页　精装　29cm
ISBN978-7-5144-0696-2
馆藏号：Guojiafz-8600002007338

桐乡年鉴·2013
中共桐乡市委员会、桐乡市人民政府主办　桐乡市地方志编纂委员会编　主编姚建明
方志出版社　2013年12月
326页　精装　29cm
ISBN978-7-5144-1087-7
馆藏号：Guojiafz-8600002007033

桐乡年鉴·2014
中共桐乡市委员会、桐乡市人民政府主办　桐乡市地方志编纂委员会编　主编姚建明
方志出版社　2014年11月
346页　精装　29cm
ISBN978-7-5144-1450-9
馆藏号：Guojiafz-8600002007145

桐乡年鉴·2015
中共桐乡市委员会、桐乡市人民政府主办　桐乡市地方志编纂委员会编　主编姚建明、陆建华
执行主编谭晓杰
方志出版社　2015年11月
372页　精装　29cm

ISBN978-7-5144-1808-8
馆藏号：Guojiafz-8600002002721

桐乡年鉴·2016
中共桐乡市委员会、桐乡市人民政府主办　桐乡市地方志编纂委员会编　主编姚建明、陆建华　执行主编谭晓杰
方志出版社　2016 年 9 月
384 页　精装　29cm
ISBN978-7-5144-2089-0
馆藏号：Guojiafz-8600002013935

桐乡年鉴·2017
中共桐乡市委员会、桐乡市人民政府主办　桐乡市地方志编纂委员会编　主编吴云峰、庄永明　执行主编谭晓杰
方志出版社　2017 年 12 月
370 页　精装　29cm
ISBN978-7-5144-2812-4
馆藏号：Guojiafz-8600002015052

桐乡年鉴·2018
中共桐乡市委员会、桐乡市人民政府主办　桐乡市地方志编纂委员会编　主编吴云峰、庄永明　执行主编谭晓杰
方志出版社　2018 年 9 月
362 页　精装　29cm
ISBN978-7-5144-3324-1
馆藏号：Guojiafz-8600002016989

嘉善年鉴·2004
中共嘉善县委、嘉善县人民政府主办　嘉善县地方志编纂委员会编　主编严宏
中华书局　2004 年 9 月
408 页　精装　27cm
ISBN7-101-04428-X
馆藏号：Guojiafz-8600002007660

嘉善年鉴·2006
中共嘉善县委、嘉善县人民政府主办　嘉善县地方志编纂委员会编　主编严宏
方志出版社　2006 年 11 月
427 页　精装　27cm
ISBN7-80192-907-1
馆藏号：Guojiafz-8600002004522

嘉善年鉴·2012
嘉善县地方志编纂委员会编
方志出版社　2012 年 11 月
451 页　精装　29cm
ISBN978-7-5144-0718-1
馆藏号：Guojiafz-8600002006886

嘉善年鉴·2013
中共嘉善县委员会、嘉善县人民政府主办　嘉善县地方志编纂委员会编　主编沈庆中
方志出版社　2013 年 12 月
484 页　精装　29cm
ISBN978-7-5144-1179-9
馆藏号：Guojiafz-8600002007399

嘉善年鉴·2014
中共嘉善县委、嘉善县人民政府主办　嘉善县地方志编纂委员会编　主编沈庆中
方志出版社　2014 年 12 月
528 页　精装　29cm
ISBN978-7-5144-1466-0
馆藏号：Guojiafz-8600002004289

嘉善年鉴·2015
中共嘉善县委、嘉善县人民政府主办　嘉善县地方志编纂委员会编　主编沈庆中
方志出版社　2015 年 10 月
552 页　精装　29cm
ISBN978-7-5144-1764-7
馆藏号：Guojiafz-8600002007459

嘉善年鉴·2016
中共嘉善县委、嘉善县人民政府主办　嘉善县地方志编纂委员会编　主编张敏华

方志出版社　2016 年 11 月
540 页　精装　29cm
ISBN978-7-5144-2215-3
馆藏号：Guojiafz-8600002013931

嘉善年鉴・2017
中共嘉善县委、嘉善县人民政府主办　嘉善县地方志编纂委员会编　主编张敏华
方志出版社　2017 年 10 月
594 页　精装　29cm
ISBN978-7-5144-2653-3
馆藏号：Guojiafz-8600002015066

嘉善年鉴・2018
中共嘉善县委、嘉善县人民政府主办　嘉善县地方志编纂委员会编　主编张敏华
方志出版社　2018 年 11 月
518 页　精装　29cm
ISBN978-7-5144-3406-4
馆藏号：Guojiafz-8600002016940

海盐年鉴・1996—1997
海盐县地方志办公室编　主编王健飞
方志出版社　1998 年 5 月
359 页　精装　27cm
ISBN7-80122-275-X
馆藏号：Guojiafz-8600002010776

海盐年鉴・2003
中共海盐县委、海盐县人民政府主办　海盐县地方志办公室编　主编马建中
中华书局　2003 年 12 月
439 页　精装　27cm
ISBN7-101-04125-6
馆藏号：Guojiafz-8600002003737

海盐年鉴・2009
中共海盐县委、海盐县人民政府主办　海盐县党史地方志编纂委员会编　主编郁惠祥　执行主编马建中
中华书局　2009 年 11 月
441 页　精装　27cm
ISBN978-7-101-07104-7
馆藏号：Guojiafz-8600002002017

海盐年鉴・2017
中共海盐县委、海盐县人民政府主办　海盐县党史地方志编纂委员会编　主编宋乐明　执行主编蔡海燕
方志出版社　2017 年 12 月
458 页　精装　29cm
ISBN978-7-5144-2828-5
馆藏号：Guojiafz-8600002015054

海盐年鉴・2018
中共海盐县委、海盐县人民政府主办　海盐县党史地方志编纂委员会编　主编宋乐明　执行主编蔡海燕
方志出版社　2019 年 1 月
462 页　精装　29cm
ISBN978-7-5144-3506-1
馆藏号：Guojiafz-8600002017000

湖州年鉴・2006
湖州市人民政府主办 《湖州年鉴》编纂委员会编　主编李建平、罗安生
方志出版社　2006 年 11 月
305 页　精装　27cm
ISBN7-80192-901-2
馆藏号：Guojiafz-8600002004719

湖州年鉴・2007
湖州市人民政府主办 《湖州年鉴》编纂委员会编　主编董立新、杨新宇
方志出版社　2007 年 11 月
322 页　精装　27cm
ISBN978-7-80238-204-6
馆藏号：Guojiafz-8600002012571

湖州年鉴·2008
湖州市人民政府主办 《湖州年鉴》编辑部编
主编董立新、杨新宇
方志出版社 2008年11月
316页 精装 27cm
ISBN978-7-80238-401-9
馆藏号：Guojiafz-8600002002109

湖州年鉴·2009
湖州市人民政府主办 《湖州年鉴》编纂委员会编
主编董立新、杨新宇
方志出版社 2009年10月
324页 精装 27cm
ISBN978-7-80238-641-9
馆藏号：Guojiafz-8600002004281

湖州年鉴·2010
湖州市人民政府主办 《湖州年鉴》编纂委员会编
主编董立新、杨新宇
方志出版社 2010年11月
334页 精装 27cm
ISBN978-7-80238-920-5
馆藏号：Guojiafz-8600002011293

湖州年鉴·2011
湖州市人民政府主办 《湖州年鉴》编纂委员会编
主编董立新、杨新宇
方志出版社 2011年11月
328页 精装 27cm
ISBN978-7-5144-0310-7
馆藏号：Guojiafz-8600002008318

湖州年鉴·2012
湖州市人民政府主办 《湖州年鉴》编纂委员会编
主编杨六顺、沈斌章
方志出版社 2012年11月
348页 精装 27cm
ISBN978-7-5144-0686-3
馆藏号：Guojiafz-8600002000916

湖州年鉴·2013
湖州市人民政府主办 《湖州年鉴》编纂委员会编
主编杨六顺、沈斌章
方志出版社 2013年12月
366页 精装 27cm
ISBN978-7-5144-1112-6
馆藏号：Guojiafz-8600002007149

湖州年鉴·2014
湖州市人民政府主办 《湖州年鉴》编纂委员会编
主编胡国荣、沈斌章
方志出版社 2014年12月
370页 精装 27cm
ISBN978-7-5144-1433-2
馆藏号：Guojiafz-8600002007485

湖州年鉴·2015
湖州市人民政府主办 《湖州年鉴》编纂委员会编
主编胡国荣、沈斌章
方志出版社 2015年11月
365页 精装 27cm
ISBN978-7-5144-1795-1
馆藏号：Guojiafz-8600002010483

湖州年鉴·2016
湖州市人民政府主办 《湖州年鉴》编纂委员会编
主编胡国荣、沈斌章
方志出版社 2016年10月
378页 精装 27cm
ISBN978-7-5144-2123-1
馆藏号：Guojiafz-8600002013861

湖州年鉴·2017
湖州市人民政府主办 湖州年鉴编纂委员会编
主编梅梓华、顾国良
方志出版社 2017年11月
377页 精装 27cm
ISBN978-7-5144-2602-1
馆藏号：Guojiafz-8600002015068

湖州年鉴·2018
湖州市人民政府主办　湖州年鉴编纂委员会编
主编梅梓华、顾国良
方志出版社　2018 年 9 月
374 页　精装　27cm
ISBN978-7-5144-3281-7
馆藏号：Guojiafz-8600002017258

湖州年鉴·2019
湖州市人民政府主办　湖州年鉴编纂委员会编
主编梅梓华、肖体红
方志出版社　2019 年 11 月
394 页　精装　27cm
ISBN978-7-5144-3872-7
馆藏号：Guojiafz-8600002018008

吴兴年鉴·2017
吴兴区地方志办公室编　主编陆安华
方志出版社　2018 年 9 月
420 页　精装　29cm
ISBN978-7-5144-3347-0
馆藏号：Guojiafz-8600002017285

吴兴年鉴·2018
吴兴区地方志办公室编　主编陆安华
方志出版社　2019 年 12 月
387 页　精装　29cm
ISBN978-7-5144-4114-7
馆藏号：Guojiafz-8600002018032

南浔年鉴·2019
中共湖州市南浔区委、湖州市南浔区人民政府主办
《南浔年鉴》编纂委员会编　主编徐天林、吴叙良
方志出版社　2019 年 12 月
360 页　精装　29cm
ISBN978-7-5144-4113-0
馆藏号：Guojiafz-8600002018052

德清年鉴·2005—2006
中共德清县委、德清县人民政府主办　德清县地方志编纂委员会编　主编林立
方志出版社　2007 年 3 月
341 页　精装　29cm
ISBN978-7-80238-003-5
馆藏号：Guojiafz-8600002012304

德清年鉴·2007—2008
中共德清县委、德清县人民政府主办　德清县地方志编纂委员会编　主编林立
方志出版社　2009 年 2 月
361 页　精装　29cm
ISBN978-7-80238-503-0
馆藏号：Guojiafz-8600002004928

德清年鉴·2009—2010
中共德清县委、德清县人民政府主办　德清县地方志编纂委员会编　主编林立
方志出版社　2011 年 9 月
412 页　精装　29cm
ISBN978-7-5144-0201-8
馆藏号：Guojiafz-8600002008083

德清年鉴·2011—2012
中共德清县委、德清县人民政府主办　德清县地方志编纂委员会编　主编林立
方志出版社　2012 年 12 月
413 页　精装　29cm
ISBN978-7-5144-0752-5
馆藏号：Guojiafz-8600002007005

德清年鉴·2013
中共德清县委、德清县人民政府主办　德清县地方志编纂委员会编　主编林立
方志出版社　2013 年 12 月
322 页　精装　29cm
ISBN978-7-5144-1140-9
馆藏号：Guojiafz-8600002007032

德清年鉴·2014
中共德清县委、德清县人民政府主办　德清县地

方志编纂委员会编　主编林立
方志出版社　2014 年 12 月
328 页　精装　29cm
ISBN978-7-5144-1465-3
馆藏号：Guojiafz-8600002007144

德清年鉴·2015
中共德清县委、德清县人民政府主办　德清县地方志编纂委员会编　主编林立
方志出版社　2015 年 11 月
298 页　精装　29cm
ISBN978-7-5144-1822-4
馆藏号：Guojiafz-8600002008602

长兴年鉴·2014
中共长兴县委、长兴县人民政府主办　长兴县党史地方志办公室编　主编吴连意
方志出版社　2014 年 10 月
356 页　精装　29cm
ISBN978-7-5144-1405-9
馆藏号：Guojiafz-8600002005675

长兴年鉴·2015
中共长兴县委、长兴县人民政府主办　长兴县党史地方志办公室编　主编吴连意
方志出版社　2015 年 8 月
457 页　精装　29cm
ISBN978-7-5144-1660-2
馆藏号：Guojiafz-8600002014395

长兴年鉴·2016
中共长兴县委、长兴县人民政府主办　长兴县史志办公室编　主编吴连意
方志出版社　2016 年 8 月
423 页　精装　29cm
ISBN978-7-5144-2041-8
馆藏号：Guojiafz-8600002013881

长兴年鉴·2017
长兴县史志办公室编　主编吴连意
方志出版社　2017 年 8 月
420 页　精装　29cm
ISBN978-7-5144-2485-0
馆藏号：Guojiafz-8600002015136

安吉年鉴·1996
安吉年鉴编纂领导小组编　主编徐文彬
方志出版社　1997 年 1 月
146 页　精装　27cm
ISBN7-80122-071-4
馆藏号：Guojiafz-8600002012758

安吉年鉴·2011—2012
中共安吉县委员会、安吉县人民政府主办　安吉县史志办公室编　主编鲍根贵
方志出版社　2012 年 12 月
491 页　精装　27cm
ISBN978-7-5144-0776-1
馆藏号：Guojiafz-8600002009951

安吉年鉴·2013—2014
中共安吉县委员会、安吉县人民政府主办　安吉县地方志编纂委员会编　主编温菊梅
方志出版社　2015 年 7 月
596 页　精装　27cm
ISBN978-7-5144-1640-4
馆藏号：Guojiafz-8600002010687

安吉年鉴·2017
中共安吉县委员会、安吉县人民政府主办　安吉县地方志编纂委员会编　主编唐银荣　执行主编鲍根贵
方志出版社　2017 年 12 月
412 页　精装　29cm
ISBN978-7-5144-2873-5
馆藏号：Guojiafz-8600002015560

安吉年鉴·2018
中共安吉县委、安吉县人民政府主办　安吉县史志办公室编　主编唐银荣　执行主编鲍根贵

方志出版社　2018 年 10 月
436 页　精装　30cm
ISBN978-7-5144-3352-4
馆藏号：Guojiafz-8600002016959

绍兴年鉴・2003
中共绍兴市委、绍兴市人民政府主办　绍兴市地方志编纂委员会编　主编陈荣昌
方志出版社　2003 年 8 月
443 页　精装　29cm
ISBN7-80192-005-8
馆藏号：Guojiafz-8600002007637

绍兴年鉴・2004
中共绍兴市委、绍兴市人民政府主办　绍兴市地方志编纂委员会编　主编鲁孟河
方志出版社　2004 年 7 月
441 页　精装　29cm
ISBN7-80192-246-8
馆藏号：Guojiafz-8600002005263

绍兴年鉴・2005
中共绍兴市委、绍兴市人民政府主办　绍兴市地方志编纂委员会编　主编鲁孟河
方志出版社　2005 年 9 月
509 页　精装　29cm
ISBN7-80192-623-4
馆藏号：Guojiafz-8600002004543

绍兴年鉴・2006
绍兴市人民政府主办　绍兴市地方志办公室编　主编鲁孟河
方志出版社　2006 年 9 月
544 页　精装　29cm
ISBN7-80192-877-6
馆藏号：Guojiafz-8600002002312

绍兴年鉴・2007
绍兴市人民政府主办　绍兴市地方志办公室编　主编鲁孟河
方志出版社　2007 年 10 月
482 页　精装　29cm
ISBN978-7-80238-168-1
馆藏号：Guojiafz-8600002012536

绍兴年鉴・2008
绍兴市人民政府主办　绍兴市地方志办公室编　主编鲁孟河
方志出版社　2008 年 9 月
454 页　精装　29cm
ISBN978-7-80238-374-6
馆藏号：Guojiafz-8600002005144

绍兴年鉴・2009
绍兴市人民政府主办　绍兴市地方志办公室编　主编鲁孟河
方志出版社　2009 年 9 月
424 页　精装　29cm
ISBN978-7-80238-601-3
馆藏号：Guojiafz-8600002004397

绍兴年鉴・2010
绍兴市人民政府主办　绍兴市地方志办公室编　主编鲁孟河　执行主编张显辉
方志出版社　2010 年 9 月
375 页　精装　29cm
ISBN978-7-80238-890-1
馆藏号：Guojiafz-8600002000819

绍兴年鉴・2011
绍兴市人民政府主办　绍兴市地方志办公室编　主编鲁孟河　执行主编张显辉
方志出版社　2011 年 10 月
384 页　精装　29cm
ISBN978-7-5144-0304-6
馆藏号：Guojiafz-8600002002190

绍兴年鉴・2012
绍兴市人民政府主办　绍兴市地方志办公室编　主编何云伟　执行主编张显辉

方志出版社　2012 年 10 月
410 页　精装　29cm
ISBN978-7-5144-0666-5
馆藏号：Guojiafz-8600002006929

绍兴年鉴·2013
绍兴市人民政府主办　绍兴市地方志办公室编
主编何云伟　执行主编张显辉
方志出版社　2013 年 10 月
414 页　精装　29cm
ISBN978-7-5144-1023-5
馆藏号：Guojiafz-8600002009983

绍兴年鉴·2014
绍兴市人民政府主办　绍兴市地方志办公室编
主编何云伟　执行主编张显辉
方志出版社　2014 年 10 月
455 页　精装　29cm
ISBN978-7-5144-1410-3
馆藏号：Guojiafz-8600002006657

绍兴年鉴·2015
绍兴市人民政府主办　绍兴市地方志办公室编
主编何云伟
方志出版社　2015 年 11 月
402 页　精装　29cm
ISBN978-7-5144-1825-5
馆藏号：Guojiafz-8600002010636

柯桥区年鉴·2013
中共柯桥区委、柯桥区人民政府主办　柯桥区地方志编纂委员会编　主编何鸣雷
浙江人民出版社　2014 年 12 月
423 页　精装　30cm
ISBN978-7-213-06394-7
馆藏号：Guojiafz-8600002010152

柯桥区年鉴·2015
中共绍兴市柯桥区委、柯桥区人民政府主办　绍兴市柯桥区地方志编纂委员会编　主编钱智芬
方志出版社　2016 年 11 月
370 页　精装　29cm
ISBN978-7-5144-2270-2
馆藏号：Guojiafz-8600002015071

柯桥区年鉴·2016
中共绍兴市柯桥区委、柯桥区人民政府主办　绍兴市柯桥区地方志编纂委员会编　主编钱智芬
方志出版社　2017 年 12 月
375 页　精装　29cm
ISBN978-7-5144-2872-8
馆藏号：Guojiafz-8600002015706

柯桥区年鉴·2017
中共绍兴市柯桥区委、绍兴市柯桥区人民政府主办
绍兴市柯桥区地方志编纂委员会编　主编钱智芬
浙江古籍出版社　2018 年 11 月
396 页　精装　29cm
ISBN978-7-5540-1423-3
馆藏号：Guojiafz-8600002017951

绍兴县年鉴·2001
中共绍兴县委、绍兴县人民政府主办　绍兴县地方志编纂委员会编　主编傅振照
中华书局　2001 年 11 月
485 页　精装　29cm
ISBN7-101-03149-8
馆藏号：Guojiafz-8600002009540

绍兴县年鉴·2002
中共绍兴县委、绍兴县人民政府主办　浙江省绍兴县地方志编纂委员会编　主编傅振照
方志出版社　2002 年 10 月
551 页　精装　29cm
ISBN7-80122-832-4
馆藏号：Guojiafz-8600002009009

绍兴县年鉴·2003
中共绍兴县委、绍兴县人民政府主办　绍兴县地方志编纂委员会编　主编傅振照

方志出版社　2003 年 9 月
433 页　精装　29cm
ISBN7-80192-025-2

绍兴县年鉴·2004
中共绍兴县委、绍兴县人民政府主办　绍兴县地方志编委会编　主编黄锡云　执行主编傅振照
中华书局　2004 年 8 月
451 页　精装　29cm
ISBN7-101-04374-7

绍兴县年鉴·2005
中共绍兴县委、绍兴县人民政府主办　绍兴县地方志编纂委员会编　主编黄锡云　执行主编傅振照
中华书局　2005 年 7 月
358 页　精装　29cm
ISBN7-101-04778-5

绍兴县年鉴·2006
中共绍兴县委、绍兴县人民政府主办　绍兴县地方志编纂委员会编　主编黄锡云　执行主编傅振照
中华书局　2006 年 7 月
358 页　精装　29cm
ISBN7-101-05328-9

绍兴县年鉴·2011
中共绍兴县委、绍兴县人民政府主办　绍兴县地方志编纂委员会编　主编黄锡云、何鸣雷
中华书局　2011 年 12 月
370 页　精装　29cm
ISBN978-7-101-08307-1

绍兴县年鉴·2012
中共绍兴县委、绍兴县人民政府主办　绍兴县地方志编纂委员会编　主编何鸣雷
浙江人民出版社　2012 年 12 月
416 页　精装　29cm
ISBN978-7-213-05180-7

上虞年鉴·2013
绍兴市上虞区史志工作委员会编　主编张国富　执行主编余广海
方志出版社　2017 年 12 月
410 页　精装　29cm
ISBN978-7-5144-2919-0

上虞年鉴·2014
绍兴市上虞区史志工作委员会编　主编张国富　执行主编余广海
方志出版社　2017 年 12 月
433 页　精装　29cm
ISBN978-7-5144-2920-6

诸暨年鉴·2002
中共诸暨市委、诸暨市人民政府主办　中共诸暨市委员会、诸暨市人民政府、诸暨市地方志办公室合编　主编许林章
方志出版社　2002 年 12 月
330 页　精装　29cm
ISBN7-80122-870-7

诸暨年鉴·2003
中共诸暨市委、诸暨市人民政府主办　诸暨市地方志编纂委员会编　主编许林章
方志出版社　2004 年 5 月
342 页　精装　29cm
ISBN7-80192-200-X

诸暨年鉴・2005
中共诸暨市委、诸暨市人民政府主办　诸暨市地方志编纂委员会编　主编许林章
方志出版社　2006 年 2 月
360 页　精装　29cm
ISBN7-80192-731-1
馆藏号：Guojiafz-8600002003771

诸暨年鉴・2006
中共诸暨市委、诸暨市人民政府主办　诸暨市地方志编纂委员会编　主编许林章
方志出版社　2006 年 12 月
317 页　精装　29cm
ISBN7-80192-956-X
馆藏号：Guojiafz-8600002003856

诸暨年鉴・2007
中共诸暨市委员会、诸暨市人民政府主办　诸暨市地方志编纂委员会编　主编许林章
方志出版社　2007 年 12 月
337 页　精装　29cm
ISBN978-7-80238-237-4
馆藏号：Guojiafz-8600002012666

诸暨年鉴・2008
中共诸暨市委员会、诸暨市人民政府主办　诸暨市地方志编纂委员会编　主编许林章
方志出版社　2012 年 6 月
309 页　精装　29cm
ISBN978-7-5144-0477-7
馆藏号：Guojiafz-8600002009677

诸暨年鉴・2019
中共诸暨市委员会、诸暨市人民政府主办　诸暨市地方志编纂委员会编　主编孙一江　执行主编金星
方志出版社　2019 年 12 月
553 页　精装　29cm
ISBN978-7-5144-4101-7
馆藏号：Guojiafz-8600002018007

嵊州年鉴・2002
中共嵊州市委、嵊州市人民政府主办　嵊州市地方志编纂委员会编　总编金午江　主编吕忠福
方志出版社　2006 年 5 月
382 页　精装　29cm
ISBN7-80192-777-X
馆藏号：Guojiafz-8600002000557

嵊州年鉴・2003
中共嵊州市委、嵊州市人民政府主办　嵊州市地方志编纂委员会编　主编封流英
方志出版社　2006 年 11 月
375 页　精装　29cm
ISBN7-80192-942-X
馆藏号：Guojiafz-8600002004474

嵊州年鉴・2005
中共嵊州市委、嵊州市人民政府主办　嵊州市地方志编纂委员会编　主编吕淼钦
方志出版社　2007 年 4 月
406 页　精装　29cm
ISBN978-7-80238-031-8
馆藏号：Guojiafz-8600002012232

嵊州年鉴・2006
中共嵊州市委、嵊州市人民政府主办　嵊州市地方志编纂委员会编　总编金午江　主编吕忠福
方志出版社　2007 年 4 月
444 页　精装　29cm
ISBN978-7-80238-032-5
馆藏号：Guojiafz-8600002004827

嵊州年鉴・2007
中共嵊州市委、嵊州市人民政府主办　嵊州市地方志编纂委员会编　总编金午江　主编吕忠福
方志出版社　2007 年 10 月
476 页　精装　29cm
ISBN978-7-80238-173-5
馆藏号：Guojiafz-8600002012232

嵊州年鉴·2008
中共嵊州市委、嵊州市人民政府主办　嵊州市地方志编纂委员会编　主编金午江
方志出版社　2008年11月
457页　精装　29cm
ISBN978-7-80238-439-2
馆藏号：Guojiafz-8600002007736

嵊州年鉴·2010
中共嵊州市委、嵊州市人民政府主办　嵊州市地方志编纂委员会编　主编金午江
方志出版社　2010年9月
428页　精装　29cm
ISBN978-7-80238-896-3
馆藏号：Guojiafz-8600002005961

嵊州年鉴·2011
中共嵊州市委、嵊州市人民政府主办　嵊州市地方志编纂委员会编　主编金午江
方志出版社　2011年9月
420页　精装　29cm
ISBN978-7-5144-0219-3
馆藏号：Guojiafz-8600002008099

嵊州年鉴·2012
中共嵊州市委员会、嵊州市人民政府主办　嵊州市地方志办公室编　主编金午江
方志出版社　2012年10月
410页　精装　29cm
ISBN978-7-5144-0657-3
馆藏号：Guojiafz-8600002007415

嵊州年鉴·2015
中共嵊州市委员会、嵊州市人民政府主办　嵊州市地方志办公室编　主编金午江
中国时代经济出版社　2015年10月
441页　精装　29cm
ISBN978-7-5119-2466-7
馆藏号：Guojiafz-8600002014403

新昌年鉴·2002
中共新昌县委、新昌县人民政府主办　新昌县地方志编纂委员会编　主编王洋海
方志出版社　2002年11月
394页　精装　29cm
ISBN7-80122-814-6
馆藏号：Guojiafz-8600002012352

新昌年鉴·2003
中共新昌县委、新昌县人民政府主办　新昌县地方志编纂委员会编　主编吕今　执行主编金式中
方志出版社　2003年10月
339页　精装　29cm
ISBN7-80192-019-8
馆藏号：Guojiafz-8600002000309

新昌年鉴·2004
中共新昌县委、新昌县人民政府主办　新昌县地方志编纂委员会编　主编吕今　执行主编金式中
方志出版社　2004年8月
317页　精装　29cm
ISBN7-80192-301-4
馆藏号：Guojiafz-8600002004349

新昌年鉴·2005
中共新昌县委、新昌县人民政府主办　新昌县地方志编纂委员会编　主编金式中
方志出版社　2005年8月
310页　精装　29cm
ISBN7-80192-607-2
馆藏号：Guojiafz-8600002000915

新昌年鉴·2006
中共新昌县委、新昌县人民政府主办　新昌县地方志编纂委员会编　主编金式中
方志出版社　2006年9月
347页　精装　29cm
ISBN7-80192-851-2
馆藏号：Guojiafz-8600002004506

新昌年鉴·2017
新昌县人民政府主办　新昌县地方志编纂委员会编
总编吕今　主编唐樟荣
方志出版社　2017年12月
308页　精装　29cm
ISBN978-7-5144-2842-1
馆藏号：Guojiafz-8600002015140

金华年鉴·2003
中国共产党金华市委员会、金华市人民政府主办
金华市地方志编纂委员会编　主任徐止平
中华书局　2003年9月
365页　精装　29cm
ISBN7-101-04078-0
馆藏号：Guojiafz-8600002007747

金华年鉴·2006
中国共产党金华市委员会、金华市人民政府主办
金华市地方志编纂委员会编
方志出版社　2006年12月
378页　精装　29cm
ISBN7-80192-970-5
馆藏号：Guojiafz-8600002004519

金华年鉴·2007
中国共产党金华市委员会、金华市人民政府主办
金华市地方志编纂委员会编　主任陈昆忠
方志出版社　2008年1月
384页　精装　29cm
ISBN978-7-80238-262-6
馆藏号：Guojiafz-8600002004873

金华年鉴·2010
中国共产党金华市委员会、金华市人民政府主办
金华市地方志编纂委员会编
方志出版社　2011年11月
457页　精装　29cm
ISBN978-7-5144-0298-8
馆藏号：Guojiafz-8600002009771

金华年鉴·2011
中国共产党金华市委员会、金华市人民政府主办
金华市地方志编纂委员会编　主任徐加爱
方志出版社　2012年11月
452页　精装　29cm
ISBN978-7-5144-0712-9
馆藏号：Guojiafz-8600002006833

金华年鉴·2012
中国共产党金华市委员会、金华市人民政府主办
金华市地方志编纂委员会编　主任暨军民
方志出版社　2014年6月
403页　精装　29cm
ISBN978-7-5144-1045-7
馆藏号：Guojiafz-8600002006835

金华年鉴·2013
中国共产党金华市委员会、金华市人民政府主办
金华市地方志编纂委员会编　主任暨军民
方志出版社　2015年5月
432页　精装　29cm
ISBN978-7-5144-1603-9
馆藏号：Guojiafz-8600002010364

金华年鉴·2014
中国共产党金华市委员会、金华市人民政府主办
金华市地方志编纂委员会编　主任暨军民
方志出版社　2015年10月
402页　精装　29cm
ISBN978-7-5144-1740-1
馆藏号：Guojiafz-8600002010627

金华年鉴·2015
中国共产党金华市委员会、金华市人民政府主办
金华市地方志编纂委员会编　主任暨军民
方志出版社　2015年11月
465页　精装　29cm
ISBN978-7-5144-1821-7
馆藏号：Guojiafz-8600002013513

金华年鉴·2016
中国共产党金华市委员会、金华市人民政府主办
金华市地方志编纂委员会编　主任暨军民
方志出版社　2016 年 11 月
374 页　精装　29cm
ISBN978-7-5144-2182-8
馆藏号：Guojiafz-8600002013999

金华年鉴·2017
中国共产党金华市委员会、金华市人民政府主办
金华市地方志编纂委员会编　主编袁朝明
方志出版社　2018 年 6 月
300 页　精装　29cm
ISBN978-7-5144-3118-6
馆藏号：Guojiafz-8600002017221

婺城年鉴·2012
中国共产党金华市婺城区委员会、金华市婺城区人民政府主办　金华市婺城区地方志编纂委员会编
主编盛尚纪
方志出版社　2013 年 8 月
432 页　精装　29cm
ISBN978-7-5144-0876-8
馆藏号：Guojiafz-8600002007258

婺城年鉴·2013
中国共产党金华市婺城区委员会、金华市婺城区人民政府主办　金华市婺城区地方志编纂委员会编
执行主编朱睦钧
方志出版社　2014 年 11 月
368 页　精装　29cm
ISBN978-7-5144-1470-7
馆藏号：Guojiafz-8600002007305

婺城年鉴·2014
中国共产党金华市婺城区委员会、金华市婺城区人民政府主办　金华市婺城区地方志编纂委员会编
主编朱睦钧
方志出版社　2016 年 1 月
363 页　精装　29cm
ISBN978-7-5144-1927-6
馆藏号：Guojiafz-8600002002731

婺城年鉴·2015
中共金华市婺城区委员会、婺城区人民政府主办
金华市婺城区地方志编纂委员会编　主编朱睦钧
方志出版社　2017 年 3 月
394 页　精装　29cm
ISBN978-7-5144-2373-0
馆藏号：Guojiafz-8600002014985

婺城年鉴·2016
金华市婺城区地方志编纂委员会编　主编戴增贵
方志出版社　2019 年 1 月
312 页　精装　29cm
ISBN978-7-5144-3507-8
馆藏号：Guojiafz-8600002016973

金东年鉴·2012
中国共产党金华市金东区委员会、金华市金东区人民政府主办　金华市金东区地方志编纂委员会编
主任施美红
方志出版社　2013 年 5 月
264 页　精装　29cm
ISBN978-7-5144-0889-8
馆藏号：Guojiafz-8600002017141

金东年鉴·2014
中国共产党金华市金东区委员会、金华市金东区人民政府主办　金华市金东区地方志编纂委员会编
主编李剑辉、张勇　执行主编俞解人
方志出版社　2016 年 6 月
394 页　精装　29cm
ISBN978-7-5144-1978-8
馆藏号：Guojiafz-8600002013998

兰溪年鉴·2015
中共兰溪市委员会、兰溪市人民政府主办　中共兰溪市委员会、兰溪市人民政府、兰溪市地方志编纂委员会办公室合编　主编严学军　执行主编

王恩贶
方志出版社　2016 年 5 月
406 页　精装　30cm
ISBN978-7-5144-2003-6
馆藏号：Guojiafz-8600002013502

义乌年鉴·2008
义乌市志编纂委员会编　主编吴潮海
上海人民出版社　2008 年 12 月
436 页　精装　29cm
ISBN978-7-208-08361-5
馆藏号：Guojiafz-8600002000491

义乌年鉴·2009
中共义乌市委、义乌市人民政府主办　义乌市志编纂委员会、《义乌年鉴》编辑部合编
主编吴潮海
上海人民出版社　2009 年 11 月
482 页　精装　29cm
ISBN978-7-208-08949-5
馆藏号：Guojiafz-8600002000492

义乌年鉴·2013
义乌市地方志编纂委员会、《义乌年鉴》编辑部合编　主编吴潮海
上海人民出版社　2013 年 12 月
368 页　精装　29cm
ISBN978-7-208-12038-9
馆藏号：Guojiafz-8600002015962

义乌年鉴·2015
中共义乌市委、义乌市人民政府主办　义乌市地方志编纂委员会、《义乌年鉴》编辑部合编
主编吴潮海
上海人民出版社　2015 年 12 月
383 页　精装　29cm
ISBN978-7-208-13513-0
馆藏号：Guojiafz-8600002014389

义乌年鉴·2017
义乌市地方志编纂委员会、《义乌年鉴》编辑部合编　主任王健
方志出版社　2018 年 5 月
432 页　精装　29cm
ISBN978-7-5144-3090-5
馆藏号：Guojiafz-8600002017159

义乌年鉴·2018
义乌市地方志编纂委员会、《义乌年鉴》编辑部合编　主任王健
方志出版社　2019 年 1 月
396 页　精装　29cm
ISBN978-7-5144-3750-8
馆藏号：Guojiafz-8600002018173

东阳年鉴·1999—2000
中共东阳市委、东阳市人民政府主办　浙江省东阳市地方志编纂委员会编　主编徐秀忠　执行主编吴云光
方志出版社　2002 年 9 月
417 页　精装　27cm
ISBN7-80122-802-2
馆藏号：Guojiafz-8600002012706

东阳年鉴·2001—2002
中共东阳市委、东阳市人民政府主办　东阳市地方志编纂委员会编　主编徐秀忠　执行主编吴云光
方志出版社　2004 年 11 月
448 页　精装　27cm
ISBN7-80192-393-6
馆藏号：Guojiafz-8600002004265

东阳年鉴·2003—2004
中共东阳市委、东阳市人民政府主办　东阳市地方志编纂委员会编　主编徐秀忠　执行主编吴云光
方志出版社　2006 年 12 月
485 页　精装　27cm

ISBN7-80192-947-0
馆藏号：Guojiafz-8600002004588

东阳年鉴·2005—2008
中共东阳市委员会、东阳市人民政府主办　东阳市人民政府地方志办公室编　主编严梅兰
方志出版社　2010 年 7 月
492 页　精装　27cm
ISBN978-7-80238-796-6
馆藏号：Guojiafz-8600002008401

东阳年鉴·2010
中共东阳市委员会、东阳市人民政府主办　东阳市人民政府地方志办公室编　主编严梅兰
方志出版社　2011 年 4 月
332 页　精装　29cm
ISBN978-7-5144-0092-2
馆藏号：Guojiafz-8600002008110

东阳年鉴·2011
中共东阳市委员会、东阳市人民政府主办　东阳市人民政府地方志办公室编　主编严梅兰　执行主编徐丽萍
方志出版社　2011 年 11 月
424 页　精装　29cm
ISBN978-7-5144-0317-6
馆藏号：Guojiafz-8600002000371

东阳年鉴·2012
中共东阳市委员会、东阳市人民政府主办　东阳市人民政府地方志办公室编　主编邵宇
方志出版社　2012 年 11 月
468 页　精装　29cm
ISBN978-7-5144-0678-8
馆藏号：Guojiafz-8600002006841

东阳年鉴·2013
中共东阳市委员会、东阳市人民政府主办　东阳市人民政府地方志办公室编　主编陈建强
方志出版社　2014 年 5 月
471 页　精装　29cm
ISBN978-7-5144-1208-6
馆藏号：Guojiafz-8600002006834

东阳年鉴·2015
中共东阳市委员会、东阳市人民政府主办　东阳市人民政府地方志办公室编　主编张忠鸣
上海人民出版社　2016 年 11 月
368 页　精装　29cm
ISBN978-7-208-13760-8
馆藏号：Guojiafz-8600002014450

东阳年鉴·2016
中共东阳市委员会、东阳市人民政府主办　东阳市人民政府地方志办公室编　主编张忠鸣　执行主编徐丽萍
方志出版社　2017 年 8 月
387 页　精装　29cm
ISBN978-7-5144-2502-4
馆藏号：Guojiafz-8600002015175

东阳年鉴·2017
中共东阳市委员会、东阳市人民政府主办　东阳市人民政府地方志办公室编　主编张忠鸣　执行主编张勤
方志出版社　2018 年 9 月
466 页　精装　29cm
ISBN978-7-5144-3346-3
馆藏号：Guojiafz-8600002017254

东阳年鉴·2018
中共东阳市委员会、东阳市人民政府主办　东阳市人民政府地方志办公室编　主编张忠鸣　执行主编张勤
方志出版社　2019 年 11 月
470 页　精装　29cm
ISBN978-7-5144-3917-5
馆藏号：Guojiafz-8600002017988

永康年鉴·1999
中国共产党永康市委员会、永康市人民政府主办
浙江省永康市年鉴编纂委员会编　主编孔体现
方志出版社　1999 年 10 月
521 页　精装　29cm
ISBN7-80122-510-4
馆藏号：Guojiafz-8600002005900

衢州年鉴·1996
《衢州年鉴》编纂委员会编　主编张龙生
方志出版社
332 页　精装　21cm
ISBN7-80122-201-6
馆藏号：Guojiafz-8600002013107

衢州年鉴·2000—2004
中共衢州市委、衢州市人民政府主办　衢州市地方志编纂委员会编　主编韩章训
方志出版社　2005 年 9 月
378 页　精装　29cm
ISBN7-80192-644-7
馆藏号：Guojiafz-8600002004157

衢州年鉴·2005—2009
中共衢州市委、衢州市人民政府主办　衢州市地方志编纂委员会编　主编胡锡明
中国文史出版社　2012 年 4 月
691 页　精装　29cm
ISBN978-7-5034-3365-8
馆藏号：Guojiafz-8600002003395

衢州年鉴·2010
中共衢州市委、衢州市人民政府主办　衢州市地方志编纂委员会编　主编胡锡明
中国文史出版社　2012 年 4 月
453 页　精装　29cm
ISBN978-7-5034-3275-0
馆藏号：Guojiafz-8600002003400

衢州年鉴·2011
中共衢州市委、衢州市人民政府主办　衢州市地方志编纂委员会编　主编胡锡明
中国文史出版社　2013 年 3 月
509 页　精装　29cm
ISBN978-7-5034-3879-0
馆藏号：Guojiafz-8600002007037

衢州年鉴·2012
中共衢州市委、衢州市人民政府主办　衢州市地方志编纂委员会编　主编胡锡明
中国文史出版社　2014 年 3 月
583 页　精装　29cm
ISBN978-7-5034-4850-8
馆藏号：Guojiafz-8600002010402

衢州年鉴·2014
中共衢州市委、衢州市人民政府主办　衢州市地方志编纂委员会编　主编胡锡明
中国文史出版社　2016 年 3 月
515 页　精装　29cm
ISBN978-7-5034-7533-7
馆藏号：Guojiafz-8600002013483

衢州年鉴·2015
中共衢州市委员会、衢州市人民政府主办　衢州市地方志编纂委员会编　主编胡锡明
中国文史出版社　2016 年 11 月
573 页　精装　29cm
ISBN978-7-5034-9068-2
馆藏号：Guojiafz-8600002014945

衢州年鉴·2016
中共衢州市委员会、衢州市人民政府主办　衢州市地方志编纂委员会编　主任胡锡明
中国文史出版社　2018 年 3 月
594 页　精装　29cm
ISBN978-7-5205-0064-7
馆藏号：Guojiafz-8600002018254-6

柯城年鉴·2006—2010
中共衢州市柯城区委、柯城区人民政府主办　衢州市柯城区档案局、衢州市柯城区地方志编纂委员会合编　主编吴光湖　执行主编韩志宏
方志出版社　2012 年 9 月
556 页　精装　29cm
ISBN978-7-5144-0588-0
馆藏号：Guojiafz-8600002009798

衢江年鉴·2012—2014
《衢江年鉴》编纂委员会编　主编何晓红
方志出版社　2018 年 9 月
496 页　精装　29cm
ISBN978-7-5144-2987-9
馆藏号：Guojiafz-8600002017183

江山年鉴·2008
江山市人民政府主办　江山市档案局（市委史志办公室）编　主编黄诚　执行主编蔡恭
方志出版社　2009 年 1 月
526 页　精装　29cm
ISBN978-7-80238-483-5
馆藏号：Guojiafz-8600002003759

江山年鉴·2009
中共江山市委、江山市人民政府主办　江山市档案局（市委史志办公室）编　主编徐青
方志出版社　2010 年 2 月
412 页　精装　29cm
ISBN978-7-80238-755-3
馆藏号：Guojiafz-8600002011071

江山年鉴·2015
江山市人民政府主办　江山市档案局、江山市委地方史志办公室合编　主编徐青
方志出版社　2016 年 11 月
365 页　精装　29cm
ISBN978-7-5144-2199-6
馆藏号：Guojiafz-8600002014001

江山年鉴·2017
中共江山市委、江山市人民政府主办　江山市档案局（史志办）编　主编徐青
方志出版社　2019 年 1 月
400 页　精装　29cm
ISBN978-7-5144-3570-2
馆藏号：Guojiafz-8600002018055

常山年鉴·2005
中共常山县委、常山县人民政府主办　常山县地方志办公室编　主编赵军
方志出版社　2006 年 11 月
444 页　精装　29cm
ISBN7-80192-938-1
馆藏号：Guojiafz-8600002004804

常山年鉴·2011
常山县人民政府主办　常山县地方志编纂委员会、常山县档案局（馆）合编　主编黄仙寿
方志出版社　2012 年 5 月
421 页　精装　29cm
ISBN978-7-5144-0487-6
馆藏号：Guojiafz-8600002006177

常山年鉴·2012
中共常山县委、常山县人民政府主办　常山县地方志编纂委员会编　主编黄仙寿
方志出版社　2013 年 7 月
488 页　精装　29cm
ISBN978-7-5144-0930-7
馆藏号：Guojiafz-8600002006845

常山年鉴·2013
中共常山县委、常山县人民政府主办　常山县地方志编纂委员会编　主编黄仙寿
方志出版社　2014 年 7 月
474 页　精装　29cm
ISBN978-7-5144-1307-6
馆藏号：Guojiafz-8600002006837

常山年鉴·2014
中共常山县委、常山县人民政府主办　常山县地方志编纂委员会编　主编黄仙寿
方志出版社　2015 年 10 月
442 页　精装　29cm
ISBN978-7-5144-1725-8
馆藏号：Guojiafz-8600002010800

常山年鉴·2015
中共常山县委、常山县人民政府主办　常山县地方志编纂委员会编　主编黄仙寿
方志出版社　2016 年 10 月
432 页　精装　29cm
ISBN978-7-5144-2121-7
馆藏号：Guojiafz-8600002013859

常山年鉴·2017
中共常山县委、常山县人民政府主办　常山县地方志编纂委员会编　主编毕建国　执行主编徐金堂
方志出版社　2018 年 8 月
455 页　精装　29cm
ISBN978-7-5144-3186-5
馆藏号：Guojiafz-8600002017235

常山年鉴·2018
中共常山县委、常山县人民政府主办　常山县地方志编纂委员会编　主编毕建国、徐良其　执行主编徐金堂
方志出版社　2019 年 11 月
384 页　精装　29cm
ISBN978-7-5144-3866-6
馆藏号：Guojiafz-8600002018013

开化年鉴·2009
中共开化县委、开化县人民政府主办　开化县地方志编纂委员会编　主编程航琛
方志出版社　2010 年 2 月
420 页　精装　29cm
ISBN978-7-80238-741-6
馆藏号：Guojiafz-8600002009665

开化年鉴·2010
中共开化县委、开化县人民政府主办　开化县地方志编纂委员会编　主编程航琛
方志出版社　2011 年 1 月
467 页　精装　29cm
ISBN978-7-5144-0073-7
馆藏号：Guojiafz-8600002003319

开化年鉴·2011
中共开化县委、开化县人民政府主办　开化县地方志编纂委员会编　主编吴德良
方志出版社　2011 年 12 月
499 页　精装　29cm
ISBN978-7-5144-0411-1
馆藏号：Guojiafz-8600002008403

开化年鉴·2012
中共开化县委、开化县人民政府主办　开化县地方志编纂委员会编　主编吴德良
方志出版社　2012 年 11 月
485 页　精装　29cm
ISBN978-7-5144-0717-4
馆藏号：Guojiafz-8600002003314

开化年鉴·2013
中共开化县委、开化县人民政府主办　开化县地方志编纂委员会编　主编吴德良
方志出版社　2013 年 11 月
576 页　精装　29cm
ISBN978-7-5144-1104-1
馆藏号：Guojiafz-8600002005500

龙游年鉴·2006
中共龙游县委、龙游县人民政府主办　《龙游年鉴》编纂委员会编　主编劳乃强
方志出版社　2006 年 12 月
372 页　精装　29cm

ISBN7-80192-981-0
馆藏号：Guojiafz-8600002004373

龙游年鉴·2007
中共龙游县委、龙游县人民政府主办　龙游年鉴编纂委员会编　主编劳乃强
方志出版社　2008 年 1 月
369 页　精装　29cm
ISBN978-7-80238-265-7
馆藏号：Guojiafz-8600002000777

龙游年鉴·2008
中共龙游县委、龙游县人民政府主办　龙游县地方志编纂委员会编　主编夏希虔
方志出版社　2009 年 2 月
354 页　精装　29cm
ISBN978-7-80238-514-6
馆藏号：Guojiafz-8600002003601

龙游年鉴·2009
中共龙游县委、龙游县人民政府主办　龙游县地方志编纂委员会编　主编夏希虔
方志出版社　2010 年 3 月
352 页　精装　30cm
ISBN978-7-80238-750-8
馆藏号：Guojiafz-8600002005751

龙游年鉴·2011
中共龙游县委、龙游县人民政府主办　龙游县地方志编纂委员会编　主编黄国平　执行主编夏希虔
方志出版社　2012 年 2 月
346 页　精装　29cm
ISBN978-7-5144-0426-5
馆藏号：Guojiafz-8600002002002

龙游年鉴·2012
中共龙游县委、龙游县人民政府主办　龙游县地方志编纂委员会编　主编余晓
方志出版社　2013 年 1 月
358 页　精装　29cm
ISBN978-7-5144-0791-4
馆藏号：Guojiafz-8600002007379

龙游年鉴·2013
中共龙游县委、龙游县人民政府主办　龙游县地方志编纂委员会编　主编余晓
方志出版社　2013 年 12 月
488 页　精装　29cm
ISBN978-7-5144-1135-5
馆藏号：Guojiafz-8600002006696

龙游年鉴·2014
中共龙游县委、龙游县人民政府主办　龙游县地方志编纂委员会编　主编余晓
方志出版社　2014 年 12 月
449 页　精装　29cm
ISBN978-7-5144-1540-7
馆藏号：Guojiafz-8600002009922

龙游年鉴·2015
中共龙游县委、龙游县人民政府主办　龙游县地方志编纂委员会编　主编余晓
方志出版社　2015 年 12 月
500 页　精装　29cm
ISBN978-7-5144-1914-6
馆藏号：Guojiafz-8600002002730

龙游年鉴·2016
中共龙游县委、县人民政府主办　龙游县地方志编纂委员会编　主编黄国平
方志出版社　2016 年 12 月
494 页　精装　29cm
ISBN978-7-5144-2316-7
馆藏号：Guojiafz-8600002013908

龙游年鉴·2017
中共龙游县委、县人民政府主办　龙游县地方志编纂委员会编　主编黄国平
方志出版社　2017 年 12 月

525 页　精装　29cm
ISBN978-7-5144-2540-6
馆藏号：Guojiafz-8600002015110

龙游年鉴·2018
龙游县地方志编纂委员会编　主编黄国平
方志出版社　2019 年 1 月
555 页　精装　29cm
ISBN978-7-5144-3492-7
馆藏号：Guojiafz-8600002017006

龙游年鉴·2019
龙游县地方志编纂委员会编　主编杨红宁、胡炜鹏
方志出版社　2020 年 2 月
559 页　精装　29cm
ISBN978-7-5144-4121-5
馆藏号：Guojiafz-8600002018216

舟山年鉴·2005
中国共产党舟山市委员会、舟山市人民政府主办
舟山市史志办公室编　主编冯淑仙　总纂刘胜勇
中国文史出版社　2005 年 11 月
538 页　精装　29cm
ISBN7-5034-1728-5
馆藏号：Guojiafz-8600002013198

舟山年鉴·2006
中国共产党舟山市委员会、舟山市人民政府主办
舟山市史志办公室编　主编冯淑仙　总纂刘胜勇
中国文史出版社　2006 年 11 月
564 页　精装　29cm
ISBN7-5034-1728-5
馆藏号：Guojiafz-8600002010033

舟山年鉴·2009
中国共产党舟山市委员会、舟山市人民政府主办
舟山市史志办公室编　主编韩平　总纂刘胜勇
中国文史出版社　2009 年 11 月
634 页　精装　29cm
ISBN978-7-5034-2166-2
馆藏号：Guojiafz-8600002002311

舟山年鉴·2012
中国共产党舟山市委员会、舟山市人民政府主办
舟山市史志办公室编　主编徐燕峰　总纂刘胜勇
中国文史出版社　2012 年 11 月
680 页　精装　29cm
ISBN978-7-5034-2166-2
馆藏号：Guojiafz-8600002008595

舟山年鉴·2013
中国共产党舟山市委员会、舟山市人民政府主办
舟山市档案局（史志办公室）编　主编徐燕峰
中国文史出版社　2013 年 11 月
688 页　精装　29cm
ISBN978-7-5034-2166-2
馆藏号：Guojiafz-8600002009998

舟山年鉴·2018
舟山市史志办公室编　主编刘永艺　总纂徐飞舟
方志出版社　2019 年 1 月
704 页　精装　29cm
ISBN978-7-5144-3744-7
馆藏号：Guojiafz-8600002018093

定海年鉴·2004
中共舟山市定海区委、舟山市定海区人民政府主办
《定海年鉴》编纂委员会编　主编林伟康、林云雷
中国文史出版社　2004 年 11 月
458 页　精装　29cm
ISBN7-5034-1563-0
馆藏号：Guojiafz-8600002002989

定海年鉴·2005
中共舟山市定海区委、舟山市定海区人民政府主办
《定海年鉴》编纂委员会编　主编林伟康、林云雷
执行主编李世庭、张樱
中国文史出版社　2005 年 11 月
494 页　精装　30cm

ISBN7-5034-1664-5
馆藏号：Guojiafz-8600002002990

定海年鉴·2006
中共舟山市定海区委、舟山市定海区人民政府主办
《定海年鉴》编委会编　主编林伟康、林云雷
中国文史出版社　2006年12月
489页　精装　30cm
ISBN7-5034-1768-2
馆藏号：Guojiafz-8600002002864

定海年鉴·2007
中共舟山市定海区委、舟山市定海区人民政府主办
中共舟山市定海区委、舟山市定海区人民政府合编
主编翁永孟、徐炜波　执行主编李世庭
中国文联出版社　2007年12月
490页　精装　29cm
ISBN978-7-5059-5512-7
馆藏号：Guojiafz-8600002003036

定海年鉴·2008
中共舟山市定海区委、舟山市定海区人民政府主办
《定海年鉴》编委会编　主编翁永孟、徐炜波
执行主编李世庭
中国文史出版社　2008年12月
512页　精装　29cm
ISBN978-7-5034-2201-0
馆藏号：Guojiafz-8600002002987

定海年鉴·2009
中共舟山市定海区委、舟山市定海区人民政府主办
《定海年鉴》编委会编　主编翁永孟、徐炜波
执行主编张樱
中国文史出版社　2009年12月
490页　精装　29cm
ISBN978-7-5034-2201-0
馆藏号：Guojiafz-8600002002988

定海年鉴·2010
中共舟山市定海区委、舟山市定海区人民政府主办
《定海年鉴》编委会编　主编徐炜波、夏江龙
执行主编张樱
中国文史出版社　2010年11月
530页　精装　29cm
ISBN978-7-5034-2762-6
馆藏号：Guojiafz-8600002003037

定海年鉴·2012
中共舟山市定海区委、舟山市定海区人民政府主办
《定海年鉴》编委会编　主编张伟平、金威、谢英俊　总纂李世庭
中国文史出版社　2012年12月
559页　精装　29cm
ISBN978-7-5034-2762-6
馆藏号：Guojiafz-8600002015900

定海年鉴·2016
中共舟山市定海区委、舟山市定海区人民政府主办
舟山市定海区史志办公室编　主编唐小明　总纂吴宏军
中国文史出版社　2016年12月
556页　精装　29cm
ISBN978-7-5034-2762-6
馆藏号：Guojiafz-8600002014459

定海年鉴·2018
中共舟山市定海区委、区人民政府主办　《定海年鉴》编纂委员会编　主编刘波　总纂吴宏军
方志出版社　2019年1月
518页　精装　29cm
ISBN978-7-5144-3590-0
馆藏号：Guojiafz-8600002018037

普陀年鉴·2015
中共舟山市普陀区委、普陀区人民政府主办　《普陀年鉴》编委会编　主编詹天浩
中国文史出版社　2016年5月
600页　精装　29cm
ISBN978-7-5034-7792-8
馆藏号：Guojiafz-8600002014911

舟山市普陀年鉴·2017
中共舟山市普陀区委、普陀区人民政府主办 《舟山市普陀年鉴》编纂委员会编 主编陈蔚 总纂胡永久
方志出版社 2018年7月
610页 精装 29cm
ISBN978-7-5144-3181-0
馆藏号：Guojiafz-8600002017222

嵊泗年鉴·2012
中共嵊泗县委、嵊泗县人民政府主办 嵊泗县地方志编纂委员会编 主编李俊锋
中国文史出版社 2014年2月
270页 精装 27cm
ISBN978-7-5034-5141-6
馆藏号：Guojiafz-8600002010535

椒江年鉴·2004
台州市椒江区地方志办公室、台州市椒江区档案局合编 主编叶长春
中华书局 2005年12月
437页 精装 30cm
ISBN7-101-04800-5
馆藏号：Guojiafz-8600002008017

椒江年鉴·2006
台州市椒江区地方志办公室、台州市椒江区档案局合编 主编叶长春
中华书局 2006年12月
599页 精装 31cm
ISBN7-101-05433-1
馆藏号：Guojiafz-8600002004856

椒江年鉴·2007
台州市椒江区地方志办公室、台州市椒江区档案局合编 主编叶长春
中华书局 2007年12月
520页 精装 31cm
ISBN978-7-101-05925-0
馆藏号：Guojiafz-8600002002818

椒江年鉴·2008
台州市椒江区地方志办公室、台州市椒江区档案局合编 主编叶长春
中华书局 2008年12月
462页 精装 31cm
ISBN978-7-101-06401-8
馆藏号：Guojiafz-8600002005173

椒江年鉴·2009
台州市椒江区地方志办公室、台州市椒江区档案局合编 主编叶长春
中华书局 2009年12月
473页 精装 31cm
ISBN978-7-101-07156-6
馆藏号：Guojiafz-8600002005755

椒江年鉴·2010
台州市椒江区地方志办公室、台州市椒江区档案局合编 主编叶长春
中华书局 2012年7月
490页 精装 31cm
ISBN978-7-101-08724-6
馆藏号：Guojiafz-8600002008012

椒江年鉴·2011
台州市椒江区地方志办公室、台州市椒江区档案局合编 主编叶长春
中华书局 2013年8月
394页 精装 31cm
ISBN978-7-101-09496-1
馆藏号：Guojiafz-8600002009996

椒江年鉴·2012
台州市椒江区地方志办公室、台州市椒江区档案局合编 主编叶长春
中华书局 2013年11月
482页 精装 31cm
ISBN978-7-101-09802-0
馆藏号：Guojiafz-8600002010418

椒江年鉴·2013
台州市椒江区地方志办公室、台州市椒江区档案局合编　主编叶长春
中华书局　2014年5月
382页　精装　31cm
ISBN978-7-101-10083-9
馆藏号：Guojiafz-8600002010466

椒江年鉴·2014
台州市椒江区地方志办公室、台州市椒江区档案局合编　主编叶长春
中华书局　2014年11月
359页　精装　31cm
ISBN978-7-101-10512-4
馆藏号：Guojiafz-8600002010551

椒江年鉴·2016
台州市椒江区地方志办公室、台州市椒江区档案局合编　主编叶长春
中华书局　2016年11月
387页　精装　29cm
ISBN978-7-101-12195-7
馆藏号：Guojiafz-8600002013893

椒江年鉴·2017
台州市椒江区地方志办公室、台州市椒江区档案局合编　主编叶长春
中华书局　2017年11月
487页　精装　29cm
ISBN978-7-101-12886-4
馆藏号：Guojiafz-8600002015155

椒江年鉴·2018
台州市椒江区地方志办公室、台州市椒江区档案局合编　主编叶长春
中华书局　2018年9月
438页　精装　29cm
ISBN978-7-101-13388-2
馆藏号：Guojiafz-8600002017468

路桥年鉴·2003
《路桥年鉴》编辑部编　主编项锡贵
内部印刷
292页　精装　39cm
馆藏号：Guojiafz-8600002008961

路桥年鉴·2004
《路桥年鉴》编辑部编　主编项锡贵
内部印刷
298页　精装　29cm
馆藏号：Guojiafz-8600002011025

温岭年鉴·2003
温岭市档案局编　主编程根法
中华书局　2003年12月
608页　精装　29cm
ISBN7-101-04130-2
馆藏号：Guojiafz-8600002003966

玉环年鉴·2017
玉环市地方志办公室、玉环市档案局合编
主编陈长有
方志出版社　2018年7月
361页　精装　29cm
ISBN978-7-5144-3006-6
馆藏号：Guojiafz-8600002016928

丽水年鉴·2006
中共丽水市委、丽水市人民政府主办　丽水市地方志编纂委员会编　主编诸葛蓉
方志出版社　2007年2月
516页　精装　29cm
ISBN978-7-80192-993-8
馆藏号：Guojiafz-8600002012025

丽水年鉴·2007
中共丽水市委、丽水市人民政府主办　丽水市地方志编纂委员会编　主编诸葛蓉
方志出版社　2007年11月
480页　精装　29cm

ISBN978-7-80238-209-1
馆藏号：Guojiafz-8600002005198

丽水年鉴・2008
中共丽水市委、丽水市人民政府主办　丽水市地方志编纂委员会编　主编诸葛蓉
方志出版社　2008年12月
438页　精装　31cm
ISBN978-7-80238-465-1
馆藏号：Guojiafz-8600002004241

丽水年鉴・2009
中共丽水市委、丽水市人民政府主办　丽水市地方志编纂委员会编　主编张津华
方志出版社　2009年10月
474页　精装　30cm
ISBN978-7-80238-627-3
馆藏号：Guojiafz-8600002005753

丽水年鉴・2010
中共丽水市委、丽水市人民政府主办　丽水市地方志编纂委员会编　主编张津华
方志出版社　2010年10月
435页　精装　29cm
ISBN978-7-80238-900-7
馆藏号：Guojiafz-8600002005160

丽水年鉴・2011
中共丽水市委、丽水市人民政府主办　丽水市地方志编纂委员会编　主编张津华
方志出版社　2011年10月
442页　精装　29cm
ISBN978-7-5144-0243-8
馆藏号：Guojiafz-8600002006066

丽水年鉴・2012
中共丽水市委、丽水市人民政府主办　丽水市地方志编纂委员会编　主编张津华
方志出版社　2012年9月
486页　精装　29cm

ISBN978-7-5144-0594-1
馆藏号：Guojiafz-8600002009943

丽水年鉴・2014
中共丽水市委、丽水市人民政府主办　丽水市地方志编纂委员会编　主编雷华英　执行主编汪羽中
方志出版社　2014年10月
429页　精装　29cm
ISBN978-7-5144-1413-4
馆藏号：Guojiafz-8600002004634

丽水年鉴・2015
中共丽水市委、丽水市人民政府主办　丽水市地方志编纂委员会编　主编雷华英
方志出版社　2015年9月
449页　精装　29cm
ISBN978-7-5144-1727-2
馆藏号：Guojiafz-8600002010492

丽水年鉴・2016
中共丽水市委、丽水市人民政府主办　丽水市地方志编纂委员会编　主编雷华英
方志出版社　2016年9月
434页　精装　29cm
ISBN978-7-5144-2118-7
馆藏号：Guojiafz-8600002013818

丽水年鉴・2017
中共丽水市委、丽水市人民政府主办　丽水市地方志编纂委员会编　主编雷华英
方志出版社　2017年9月
447页　精装　29cm
ISBN978-7-5144-2560-4
馆藏号：Guojiafz-8600002015081

丽水年鉴・2018
中共丽水市委、丽水市人民政府主办　丽水市地方志编纂委员会编　主编雷华英
方志出版社　2018年8月
451页　精装　29cm

ISBN978-7-5144-3205-3
馆藏号：Guojiafz-8600002017967

丽水年鉴·2019
中共丽水市委、丽水市人民政府主办　丽水市地方志编纂委员会编　主编雷华英
方志出版社　2019年9月
470页　精装　29cm
ISBN978-7-5144-3862-8
馆藏号：Guojiafz-8600002018030

丽水统计年鉴·2001
浙江省丽水市统计局编　主任董淑萍
方志出版社　2001年10月
185页　精装　27cm
ISBN7-80122-703-4
馆藏号：Guojiafz-8600002012818

莲都年鉴·2006
中共丽水市莲都区委、莲都区人民政府主办《莲都年鉴》编纂委员会编　主编叶剑平
方志出版社　2006年12月
347页　精装　29cm
ISBN7-80192-954-3
馆藏号：Guojiafz-8600002004502

莲都年鉴·2008
中共莲都区委、莲都区人民政府主办　莲都区年鉴编纂委员会编　主编叶剑平
方志出版社　2008年12月
414页　精装　29cm
ISBN978-7-80238-485-9
馆藏号：Guojiafz-8600002004318

莲都年鉴·2009
中共莲都区委、莲都区人民政府主办《莲都年鉴》编纂委员会编　主编叶剑平
方志出版社　2009年12月
402页　精装　29cm
ISBN978-7-80238-682-2
馆藏号：Guojiafz-8600002005752

莲都年鉴·2010
中共莲都区委、莲都区人民政府主办《莲都年鉴》编纂委员会编　主编叶剑平
方志出版社　2010年12月
413页　精装　29cm
ISBN978-7-5144-0055-7
馆藏号：Guojiafz-8600002003072

莲都年鉴·2011
中共莲都区委、莲都区人民政府主办《莲都年鉴》编纂委员会编　主编郑永忠
方志出版社　2011年12月
441页　精装　29cm
ISBN978-7-5144-0400-5
馆藏号：Guojiafz-8600002007842

莲都年鉴·2012
中共莲都区委、莲都区人民政府主办《莲都年鉴》编纂委员会编　主编郑永忠
方志出版社　2013年1月
472页　精装　29cm
ISBN978-7-5144-0799-0
馆藏号：Guojiafz-8600002004990

莲都年鉴·2013
中共莲都区委、莲都区人民政府主办《莲都年鉴》编纂委员会编　主编叶庆武
方志出版社　2014年2月
442页　精装　29cm
ISBN978-7-5144-1205-5
馆藏号：Guojiafz-8600002006963

莲都年鉴·2014
中共莲都区委、莲都区人民政府主办《莲都年鉴》编纂委员会编　主编叶庆武
方志出版社　2014年12月
372页　精装　31cm

ISBN978-7-5144-1526-1
馆藏号：Guojiafz-8600002002840

莲都年鉴·2015
中共莲都区委、莲都区人民政府主办 《莲都年鉴》编纂委员会编 主编叶庆武
方志出版社 2016年1月
443页 精装 29cm
ISBN978-7-5144-1937-5
馆藏号：Guojiafz-8600002002726

莲都年鉴·2016
中共莲都区委、莲都区人民政府主办 《莲都年鉴》编纂委员会编 主编叶庆武
方志出版社 2017年2月
428页 精装 29cm
ISBN978-7-5144-2365-5
馆藏号：Guojiafz-8600002014960

莲都年鉴·2017
中共丽水市莲都区委、丽水市莲都区人民政府主办 《莲都年鉴》编纂委员会编 主编李勇军
方志出版社 2018年1月
454页 精装 29cm
ISBN978-7-5144-2913-8
馆藏号：Guojiafz-8600002016933

莲都年鉴·2018
中共丽水市莲都区委、丽水市莲都区人民政府主办 《莲都年鉴》编纂委员会编 主编吴祥宇
方志出版社 2019年1月
447页 精装 29cm
ISBN978-7-5144-3623-5
馆藏号：Guojiafz-8600002018177

龙泉年鉴·1998—2003
中共龙泉市委、龙泉市人民政府主办 龙泉市地方志办公室编 主编毛明库
方志出版社 2006年1月
500页 精装 29cm
ISBN7-80192-711-7
馆藏号：Guojiafz-8600002004375

龙泉年鉴·2004—2007
中共龙泉市委、龙泉市人民政府主办 龙泉市地方志办公室编 主编毛明库
方志出版社 2010年4月
450页 精装 29cm
ISBN978-7-80238-763-8
馆藏号：Guojiafz-8600002000246

青田年鉴·2016
中共青田县委、青田县人民政府主办 青田县地方志编纂委员会编 主编陈志宁
中国文史出版社 2017年7月
471页 精装 29cm
ISBN978-7-5034-9205-1
馆藏号：Guojiafz-8600002015167

遂昌年鉴·2014
中共遂昌县委、遂昌县人民政府主办 《遂昌年鉴》编纂委员会编 主编蓝飞鹏
方志出版社 2018年4月
332页 精装 29cm
ISBN978-7-5144-3052-3
馆藏号：Guojiafz-8600002017195

遂昌年鉴·2015
中共遂昌县委、遂昌县人民政府主办 《遂昌年鉴》编纂委员会编 主编蓝飞鹏
方志出版社 2018年4月
360页 精装 29cm
ISBN978-7-5144-3051-6
馆藏号：Guojiafz-8600002017148

松阳年鉴·1998—2003
中共松阳县委、松阳县人民政府主办 松阳县史志办公室编 主编洪关旺
方志出版社 2005年2月
336页 精装 31cm

ISBN7-80192-468-1
馆藏号：Guojiafz-8600002004396

松阳年鉴·2005
中共松阳县委、松阳县人民政府主办　松阳县史志办公室编　主编洪关旺
方志出版社　2006年6月
295页　精装　29cm
ISBN7-80192-794-X
馆藏号：Guojiafz-8600002004547

云和年鉴·2007
中共云和县委、云和县人民政府主办　云和县年鉴编纂委员会编　主编陶慧明　执行主编王岩生
方志出版社　2007年12月
256页　精装　27cm
ISBN978-7-80238-246-6
馆藏号：Guojiafz-8600002003379

云和年鉴·2008
中共云和县委、云和县人民政府主办　云和县年鉴编纂委员会编　主编陶慧明　执行主编王岩生
方志出版社　2008年12月
292页　精装　27cm
ISBN978-7-80238-481-1
馆藏号：Guojiafz-8600002007944

云和年鉴·2009
中共云和县委、云和县人民政府主办　云和县年鉴编纂委员会编　主编陶慧明　执行主编王岩生
方志出版社　2010年1月
326页　精装　27cm
ISBN978-7-80238-725-6
馆藏号：Guojiafz-8600002000832

云和年鉴·2010
中共云和县委、云和县人民政府主办　云和县年鉴编纂委员会编　主编陶慧明　执行主编王岩生
方志出版社　2010年12月
360页　精装　27cm
ISBN978-7-5144-0057-1
馆藏号：Guojiafz-8600002000481

云和年鉴·2017
中共云和县委、云和县人民政府主办　云和县年鉴编纂委员会编　主编吴兆江
方志出版社　2018年8月
329页　精装　29cm
ISBN978-7-5144-3202-2
馆藏号：Guojiafz-8600002017029

庆元年鉴·2007
中共庆元县委、庆元县人民政府主办　庆元县档案局（史志办）编　主编叶荣兴
方志出版社　2008年3月
334页　精装　29cm
ISBN978-7-80238-284-8
馆藏号：Guojiafz-8600002004841

庆元年鉴·2008
中共庆元县委、庆元县人民政府主办　庆元县档案局（史志办）编　主编叶荣兴
方志出版社　2009年2月
346页　精装　29cm
ISBN978-7-80238-512-2
馆藏号：Guojiafz-8600002004929

庆元年鉴·2009
中共庆元县委、庆元县人民政府主办　庆元县档案局（史志办）编　主编叶荣兴
方志出版社　2010年1月
308页　精装　29cm
ISBN978-7-80238-734-8
馆藏号：Guojiafz-8600002002203

庆元年鉴·2010
中共庆元县委、庆元县人民政府主办　庆元县档案局（史志办）编　主编叶荣兴
方志出版社　2011年1月
304页　精装　29cm

ISBN978-7-5144-0074-8
馆藏号：Guojiafz-8600002008239

庆元年鉴·2011
中共庆元县委、庆元县人民政府主办　庆元县档案局（史志办）编　主编叶荣兴
方志出版社　2012 年 1 月
308 页　精装　29cm
ISBN978-7-5144-0419-7
馆藏号：Guojiafz-8600002000151

庆元年鉴·2012
中共庆元县委、庆元县人民政府主办　庆元县档案局（史志办）编　主编叶荣兴
方志出版社　2013 年 1 月
328 页　精装　29cm
ISBN978-7-5144-0805-8
馆藏号：Guojiafz-8600002004989

庆元年鉴·2013
中共庆元县委、庆元县人民政府主办　庆元县档案局（馆、史志办）编　主编叶荣兴
方志出版社　2014 年 4 月
348 页　精装　29cm
ISBN978-7-5144-1235-2
馆藏号：Guojiafz-8600002009910

庆元年鉴·2014
中共庆元县委、庆元县人民政府主办　庆元县档案局（馆、史志办）编　主编叶荣兴
方志出版社　2015 年 3 月
279 页　精装　29cm
ISBN978-7-5144-1582-7
馆藏号：Guojiafz-8600002010367

庆元年鉴·2018
中共庆元县委、庆元县人民政府主办　庆元县档案局编　主编吴春生
方志出版社　2018 年 9 月
404 页　精装　29cm
ISBN978-7-5144-3349-4
馆藏号：Guojiafz-8600002017191

景宁年鉴·2011—2012
中共景宁畲族自治县委、景宁畲族自治县人民政府主办　景宁畲族自治县地方志编纂委员会编　主编刘爱忠
方志出版社　2015 年 9 月
411 页　精装　29cm
ISBN978-7-5144-1709-8
馆藏号：Guojiafz-8600002013517

景宁年鉴·2013—2014
景宁畲族自治县地方志编纂委员会编　主编张兆清
方志出版社　2017 年 8 月
442 页　精装　29cm
ISBN978-7-5144-2492-8
馆藏号：Guojiafz-8600002015056

景宁年鉴·2016
景宁畲族自治县地方志编纂委员会编　主编张兆清
方志出版社　2019 年 1 月
338 页　精装　29cm
ISBN978-7-5144-3572-6
馆藏号：Guojiafz-8600002018071

安徽省

安徽年鉴·1988
《安徽年鉴》编辑部编　主编欧远方
安徽人民出版社　1988年9月
483页　精装　27cm
ISBN7-212-00107-4
馆藏号：Guojiafz-8600002008325

安徽年鉴·1989
《安徽年鉴》编辑部编　主编欧远方
安徽人民出版社　1989年9月
501页　精装　27cm
ISBN7-212-00274-1
馆藏号：Guojiafz-8600002008394

安徽年鉴·1990
《安徽年鉴》编辑部编　主编欧远方
安徽人民出版社　1990年9月
536页　精装　27cm
ISBN7-212-00437-5
馆藏号：Guojiafz-8600002005947

安徽年鉴·1992
《安徽年鉴》编辑委员会编　主编欧远方
安徽年鉴社　1992年9月
435页　精装　27cm
ISSN1004-5252
馆藏号：Guojiafz-8600002007808

安徽年鉴·1993
《安徽年鉴》编辑委员会编　主编欧远方
安徽年鉴社　1993年9月
537页　精装　27cm
ISSN1004-5252
馆藏号：Guojiafz-8600002007819

安徽年鉴·1994
《安徽年鉴》编辑委员会编　主编欧远方
安徽年鉴社　1994年9月
538页　精装　27cm
ISSN1004-5252
馆藏号：Guojiafz-8600002009672

安徽年鉴·1997
安徽省人民政府主办《安徽年鉴》编辑委员会编
主编欧远方
安徽年鉴社　1997年9月
440页　精装　27cm
ISSN1004-5252
馆藏号：Guojiafz-8600002006053

安徽年鉴·1999
安徽省人民政府主办《安徽年鉴》编辑委员会编
主编欧远方
安徽年鉴社　1999年8月
346页　精装　29cm
ISSN1004-5252
馆藏号：Guojiafz-8600002006712

安徽年鉴·2000
安徽省人民政府主办《安徽年鉴》编辑委员会编
主编欧远方
安徽年鉴社　2000年9月

363 页　精装　30cm
ISSN1004-5252
馆藏号：Guojiafz-8600002007956

安徽年鉴·2001
安徽省人民政府主办　《安徽年鉴》编辑委员会编
总编辑汪石满
安徽年鉴社　2001 年 9 月
353 页　精装　29cm
ISSN1004-5252
馆藏号：Guojiafz-8600002009735

安徽年鉴·2002
安徽省人民政府主办　《安徽年鉴》编辑委员会编
总编辑汪石满
安徽年鉴社　2002 年 10 月
338 页　精装　29cm
ISSN1004-5252
馆藏号：Guojiafz-8600002009748

安徽年鉴·2003
安徽省人民政府主管　《安徽年鉴》编辑委员会编
总编辑韦伟
安徽年鉴社　2003 年 10 月
440 页　精装　29cm
ISSN1004-5252
馆藏号：Guojiafz-8600002009734

安徽年鉴·2004
安徽省人民政府主管　《安徽年鉴》编辑委员会编
总编辑韦伟
安徽年鉴社　2004 年 10 月
440 页　精装　29cm
ISSN1004-5252
馆藏号：Guojiafz-8600002006195

安徽年鉴·2005
安徽省人民政府主管　《安徽年鉴》编辑委员会编
总编辑韦伟
安徽年鉴社　2005 年 11 月
417 页　精装　29cm
ISSN1004-5252
馆藏号：Guojiafz-8600002006139

安徽年鉴·2006
安徽省人民政府主管　《安徽年鉴》编辑委员会编
总编辑韦伟
安徽年鉴社　2006 年 10 月
404 页　精装　29cm
ISSN1004-5252
馆藏号：Guojiafz-8600002008550

安徽年鉴·2007
安徽省人民政府主管　《安徽年鉴》编辑委员会编
总编辑韦伟
安徽年鉴社　2007 年 10 月
391 页　精装　29cm
ISSN1004-5252
馆藏号：Guojiafz-8600002009648

安徽年鉴·2008
安徽省人民政府主管　《安徽年鉴》编辑委员会编
总编辑朱文根
安徽年鉴社　2008 年 9 月
432 页　精装　29cm
ISSN1004-5252
馆藏号：Guojiafz-8600002006674

安徽年鉴·2011
安徽省人民政府主管　《安徽年鉴》编辑委员会编
总编辑朱文根
安徽年鉴社　2011 年 9 月
516 页　精装　29cm
ISSN1004-5252
馆藏号：Guojiafz-8600002006880

安徽年鉴·2015
安徽省人民政府主管　《安徽年鉴》编辑委员会编
总编朱文根
安徽年鉴社　2015 年 11 月

559 页　精装　29cm
ISSN1004-5252
馆藏号：Guojiafz-8600002004365

安徽年鉴·2016
安徽省人民政府主管　安徽年鉴编辑委员会编
总编朱文根
安徽年鉴社　2016 年 11 月
584 页　精装　29cm
ISSN1004-5252
馆藏号：Guojiafz-8600002014752

安徽年鉴·2017
安徽省人民政府主管　安徽年鉴编辑委员会编
总编郭德成
安徽年鉴社　2017 年 12 月
724 页　精装　29cm
ISSN1004-5252
馆藏号：Guojiafz-8600002016303

安徽统计年鉴·2016
安徽省统计局、国家统计局安徽调查总队合编
总编辑倪胜如
中国统计出版社　2016 年 10 月
739 页　精装　30cm
ISBN978-7-5037-7868-1
馆藏号：Guojiafz-8600002014219

安徽教育年鉴·2008
安徽省教育厅编　主编高开华
安徽教育出版社　2009 年 7 月
492 页　精装　29cm
ISBN978-7-5336-5262-3
馆藏号：Guojiafz-8600002002473

安徽教育年鉴·2013
安徽省教育厅编　主编高开华
安徽教育出版社　2014 年 9 月
522 页　精装　29cm
ISBN978-7-5336-6365-0
馆藏号：Guojiafz-8600002015182

安徽医学高等专科学校年鉴·2010
《安徽医学高等专科学校年鉴》编辑委员会编
主编陈命家
内部印刷
187 页　平装　28cm
馆藏号：Guojiafz-8600002009002

安徽文化年鉴·2012
《安徽文化年鉴》编委会编　总编辑王守亚
安徽人民出版社　2012 年 12 月
415 页　精装　29cm
ISBN978-7-212-05702-2
馆藏号：Guojiafz-8600002011035

安徽文化年鉴·2013
安徽文化年鉴编委会编 《安徽文化年鉴》编委会编　总编辑王守亚
安徽人民出版社　2014 年 1 月
375 页　精装　29cm
ISBN978-7-212-05350-5
馆藏号：Guojiafz-8600002015974

安徽财政年鉴·2009
安徽省财政厅主办　安徽省财政厅编　主编左俊
中国财政经济出版社　2009 年 11 月
757 页　精装　29cm
ISBN978-7-5095-1466-5
馆藏号：Guojiafz-8600002005967

安徽地税年鉴·2005
安徽省地方税务局编　总编辑许国云
黄山书社　2006 年 4 月
577 页　精装　27cm
ISBN7-80707-278-4
馆藏号：Guojiafz-8600002008379

安徽地税年鉴·2013
安徽省地方税务局编　总编辑洪晓建

社会科学文献出版社　2013年7月
666页　精装　27cm
ISBN978-7-5097-0856-9
馆藏号：Guojiafz-8600002016076

安徽审计年鉴・2008
安徽省审计厅主办　安徽省审计厅编　主编王羚
黄山书社　2009年4月
456页　精装　29cm
ISBN978-7-5461-0503-1
馆藏号：Guojiafz-8600002008231

安徽审计年鉴・2013
安徽省审计厅编　主编王羚
黄山书社　2014年6月
630页　精装　29cm
ISBN978-7-5461-4477-1
馆藏号：Guojiafz-8600002015397

合肥年鉴・2000
合肥市人民政府主办　合肥市地方志编委会编
总编沈光化
黄山书社　2000年12月
304页　精装　29cm
ISBN7-80630-566-1
馆藏号：Guojiafz-8600002002606

合肥年鉴・2001
合肥市人民政府主办　合肥市地方志编纂委员会办公室编　总编辑沈光化
黄山书社　2001年9月
271页　精装　29cm
ISBN7-80630-667-6
馆藏号：Guojiafz-8600002002605

合肥年鉴・2002
合肥市人民政府主办　《合肥年鉴》编辑部编
主编沈光化
黄山书社　2002年9月
266页　精装　29cm
ISBN7-80630-800-8
馆藏号：Guojiafz-8600002002305

合肥年鉴・2003
合肥市人民政府主办　《合肥年鉴》编辑部编
主编沈光化
黄山书社　2003年9月
274页　精装　29cm
ISBN7-80630-921-7
馆藏号：Guojiafz-8600002002294

合肥年鉴・2004
合肥市人民政府主办　《合肥年鉴》编辑部编
主编沈光化
黄山书社　2004年9月
294页　精装　29cm
ISBN7-80707-055-2
馆藏号：Guojiafz-8600002004481

合肥年鉴・2005
合肥市人民政府主办　《合肥年鉴》编委会编
主编葛政
黄山书社　2005年9月
334页　精装　29cm
ISBN7-80707-297-0
馆藏号：Guojiafz-8600002002907

合肥年鉴・2006
合肥市人民政府主办　《合肥年鉴》编纂委员会编
主编葛政
黄山书社　2006年9月
394页　精装　29cm
ISBN7-80707-470-1
馆藏号：Guojiafz-8600002007952

合肥年鉴・2007
合肥市人民政府主办　《合肥年鉴》编辑部编
主编邢长航
黄山书社　2007年9月
387页　精装　29cm

ISBN978-7-80707-781-7
馆藏号：Guojiafz-8600002002573

合肥年鉴·2008
合肥市人民政府主办　《合肥年鉴》编辑部编
主编邢长航
黄山书社　2008 年 9 月
420 页　精装　29cm
ISBN978-7-80707-937-8
馆藏号：Guojiafz-8600002009751

合肥年鉴·2009
合肥市人民政府主办　《合肥年鉴》编辑部编
主编胡玉兰
黄山书社　2009 年 9 月
415 页　精装　29cm
ISBN978-7-5461-0801-8
馆藏号：Guojiafz-8600002003138

合肥年鉴·2010
合肥市人民政府主办　《合肥年鉴》编辑部编
主编胡玉兰
黄山书社　2010 年 9 月
556 页　精装　29cm
ISBN978-7-5461-1525-2
馆藏号：Guojiafz-8600002002589

合肥年鉴·2011
合肥市人民政府主办　《合肥年鉴》编辑部编
主编胡玉兰
黄山书社　2011 年 9 月
542 页　精装　29cm
ISBN978-7-5461-2199-4
馆藏号：Guojiafz-8600002003021

合肥年鉴·2012
合肥市人民政府主办　合肥市地方志办公室编
主编胡玉兰
黄山书社　2012 年 9 月
502 页　精装　29cm
ISBN978-7-5461-3186-3
馆藏号：Guojiafz-8600002000792

合肥年鉴·2014
合肥市人民政府主办　合肥市地方志办公室编
主编胡玉兰
黄山书社　2014 年 9 月
534 页　精装　29cm
ISBN978-7-5461-4737-6
馆藏号：Guojiafz-8600002016108

合肥年鉴·2015
合肥市人民政府主办　合肥市地方志办公室编
主编胡玉兰
黄山书社　2015 年 9 月
528 页　精装　29cm
ISBN978-7-5461-4104-6
馆藏号：Guojiafz-8600002014212

合钢年鉴·2002—2003
《合钢年鉴》编辑委员会编　主编牛和龙
方志出版社　2005 年 5 月
266 页　精装　27cm
ISBN7-80192-505-X
馆藏号：Guojiafz-8600002004372

合肥统计年鉴·2010
合肥市统计局、国家统计局合肥调查队合编
主编凌明
中国统计出版社　2010 年 10 月
406 页　精装　29cm
ISBN978-7-5037-6147-8
馆藏号：Guojiafz-8600002008549

合肥统计年鉴·2011
合肥市统计局、国家统计局合肥调查队合编
主编王亚斌
中国统计出版社　2011 年 11 月
425 页　精装　29cm
ISBN978-7-5037-6412-7
馆藏号：Guojiafz-8600002008547

合肥统计年鉴·2012
合肥市统计局、国家统计局合肥调查队合编
主编王亚斌
中国统计出版社　2012 年 9 月
389 页　精装　29cm
ISBN978-7-5037-6668-8
馆藏号：Guojiafz-8600002002959

合肥学院年鉴·2008
《合肥学院年鉴》编辑委员会办公室编
主编刘樟树、宋执芸　执行主编黄春
安徽省地质印刷厂印刷
432 页　精装　27cm
馆藏号：Guojiafz-8600002009034

合肥学院年鉴·2009
《合肥学院年鉴》编辑委员会办公室编
主编刘樟树、宋执芸　执行主编黄春
中共安徽省委机关文印中心印刷
423 页　精装　27cm
馆藏号：Guojiafz-8600002006420

合肥学院年鉴·2010
《合肥学院年鉴》编辑委员会办公室编
主编刘樟树、宋执芸　执行主编黄春
安徽新华印刷股份有限公司印刷
420 页　精装　27cm
准印证号：皖 HF2012-012 号
馆藏号：Guojiafz-8600002006423

瑶海年鉴·2008
合肥市瑶海区人民政府主办　合肥市瑶海区地方志办公室编　主编钱光禄
黄山书社　2008 年 12 月
308 页　精装　29cm
ISBN978-7-5461-0047-0
馆藏号：Guojiafz-8600002000380

瑶海年鉴·2015
合肥市瑶海区人民政府主办　合肥市瑶海区地方志办公室编　主编钱光禄
黄山书社　2015 年 11 月
318 页　精装　29cm
ISBN978-7-5461-5106-9
馆藏号：Guojiafz-8600002014227

庐阳年鉴·2014
庐阳区人民政府主办　庐阳区地方志办公室编
主编郑圣甲
方志出版社　2014 年 12 月
314 页　精装　29cm
ISBN978-7-5144-1555-1
馆藏号：Guojiafz-8600002006948

庐阳年鉴·2017
庐阳区人民政府主办　庐阳区地方志办公室编
主编郑圣甲
黄山书社　2017 年 12 月
379 页　精装　29cm
ISBN978-7-5461-7176-0
馆藏号：Guojiafz-8600002016309

巢湖地区年鉴·1998
巢湖地区行政公署主办　巢湖地区地方志编委会编
主编倪进涵
黄山书社　1998 年 9 月
307 页　精装　27cm
ISBN7-80630-327-8
馆藏号：Guojiafz-8600002008572

巢湖年鉴·2014
巢湖市人民政府主办　巢湖市地方志办公室编
主编昂朝桂
黄山书社　2014 年 10 月
395 页　精装　29cm
ISBN978-7-5461-4761-1
馆藏号：Guojiafz-8600002015355

居巢年鉴·2000
巢湖市居巢区人民政府主办　巢湖市居巢区地方

志编纂委员会编　总编曹亚东　主编周爱莲
中国致公出版社　2000 年 8 月
387 页　精装　27cm
ISBN7-80096-654-2
馆藏号：Guojiafz-8600002006789

居巢年鉴·2002
巢湖市居巢区人民政府主办　巢湖市居巢区地方志编纂委员会编　主编周爱莲
黄山书社　2002 年 11 月
427 页　精装　27cm
ISBN7-80630-816-4
馆藏号：Guojiafz-8600002004657

居巢年鉴·2007
居巢区人民政府主办　巢湖市居巢区地方志办公室编　主编王印
黄山书社　2008 年 1 月
286 页　精装　30cm
ISBN978-7-80707-816-6
馆藏号：Guojiafz-8600002006723

居巢年鉴·2009
居巢区人民政府主办　巢湖市居巢区地方志办公室编　主编邓亚红
黄山书社　2009 年 10 月
279 页　精装　29cm
ISBN978-7-5461-0810-0
馆藏号：Guojiafz-8600002008127

居巢年鉴·2010
居巢区人民政府主办　巢湖市居巢区地方志办公室编　主编昂朝桂
黄山书社　2010 年 10 月
258 页　精装　29cm
ISBN978-7-5461-1431-6
馆藏号：Guojiafz-8600002005727

居巢年鉴·2011
居巢区人民政府主办　巢湖市居巢区地方志办公室编　主编王印
黄山书社　2011 年 8 月
263 页　精装　29cm
ISBN978-7-5461-1983-0
馆藏号：Guojiafz-860000200813

长丰年鉴·2011
长丰县人民政府主办　长丰县地方志办公室编
主编崔卓贤　执行主编刘宏江
安徽人民出版社　2011 年 12 月
226 页　精装　29cm
ISBN978-7-212-04343-8
馆藏号：Guojiafz-8600002002296

长丰年鉴·2013
长丰县人民政府主办　长丰县地方志办公室编
主编孟芳　执行主编刘宏江、李永正
安徽人民出版社　2013 年 9 月
295 页　精装　29cm
ISBN978-7-212-06812-7
馆藏号：Guojiafz-8600002015307

长丰年鉴·2016
长丰县人民政府主办　长丰县地方志办公室编
主编孟芳　执行主编刘宏江、李永正
安徽人民出版社　2016 年 11 月
297 页　精装　29cm
ISBN978-7-212-09285-6
馆藏号：Guojiafz-8600002014673

肥东年鉴·2011（创刊号）
中共肥东县委员会、肥东县人民政府主办　肥东县地方志办公室编　主编周文维
方志出版社　2011 年 12 月
441 页　精装　29cm
ISBN978-7-5144-0365-7
馆藏号：Guojiafz-8600002006701

肥东年鉴·2012
中共肥东县委员会、肥东县人民政府主办　肥东县

地方志办公室编　主编李继海　执行主编盛诗鸣
方志出版社　2012 年 11 月
418 页　精装　29cm
ISBN978-7-5144-0365-7
馆藏号：Guojiafz-8600002007332

肥东年鉴·2014
中共肥东县委、肥东县人民政府主办　肥东县地方志办公室编　主编李继海　执行主编盛诗鸣
黄山书社　2014 年 12 月
366 页　精装　29cm
ISBN978-7-5461-4868-7
馆藏号：Guojiafz-8600002015832

肥东年鉴·2015
中共肥东县委、肥东县人民政府主办　肥东县地方志办公室编　主编李继海　执行主编盛诗鸣
方志出版社　2015 年 12 月
363 页　精装　29cm
ISBN978-7-5144-1904-7
馆藏号：Guojiafz-8600002003112

肥东年鉴·2016
中共肥东县委、肥东县人民政府主办　肥东县地方志办公室编　主编李继海　执行主编盛诗鸣
黄山书社　2016 年 12 月
366 页　精装　29cm
ISBN978-7-5461-6030-6
馆藏号：Guojiafz-8600002014694

肥东年鉴·2017
中共肥东县委、肥东县人民政府主办　肥东县地方志办公室编　主编孙琦　执行主编盛诗鸣
黄山书社　2017 年 12 月
362 页　精装　29cm
ISBN978-7-5461-7154-8
馆藏号：Guojiafz-8600002016307

肥东年鉴·2018
中共肥东县委、肥东县人民政府主办　肥东县地方志办公室编　主编孙琦　执行主编盛诗鸣
方志出版社　2019 年 1 月
400 页　精装　29cm
ISBN978-7-5144-3567-2
馆藏号：Guojiafz-8600002018043

肥西年鉴·2012（创刊号）
肥西县人民政府主办　肥西县党史研究室（地方志办公室）编　主编孟令荣
方志出版社　2012 年 12 月
470 页　精装　29cm
ISBN978-7-5144-0728-0
馆藏号：Guojiafz-8600002015354

肥西年鉴·2015
肥西县人民政府主办　肥西县党史研究室（地方志办公室）编　主编孟令荣
安徽人民出版社　2015 年 12 月
369 页　精装　29cm
ISBN978-7-212-08542-1
馆藏号：Guojiafz-8600002014750

庐江年鉴·2011（创刊号）
庐江县人民政府主办　庐江县地方志办公室编
主编陈百琪
黄山书社　2012 年 8 月
483 页　精装　29cm
ISBN978-7-5461-3074-3
馆藏号：Guojiafz-8600002003061

庐江年鉴·2014
庐江县人民政府主办　庐江县地方志办公室编
主编高天信　总纂陈百琪
黄山书社　2015 年 4 月
479 页　精装　29cm
ISBN978-7-5461-5004-8
馆藏号：Guojiafz-8600002014294

庐江县统计年鉴·2006
庐江县统计局编　主编胡明星

内部印刷　2006 年 7 月
595 页　精装　19cm
馆藏号：Guojiafz-8600002001250

庐江县统计年鉴 · 2011
庐江县统计局编　主编黄家明
合肥新南印务有限公司印刷　2011 年 9 月
526 页　精装　19cm
馆藏号：Guojiafz-8600002001297

芜湖年鉴 · 1996
芜湖市人民政府主办　芜湖市地方志办公室编
总编辑王赐坤
黄山书社　1996 年 12 月
322 页　精装　27cm
ISBN7-80630-108-9
馆藏号：Guojiafz-8600002008069

芜湖年鉴 · 1997
芜湖市人民政府主办　芜湖市地方志办公室编
总编辑王赐坤
黄山书社　1997 年 7 月
352 页　精装　27cm
ISBN7-80630-184-4
馆藏号：Guojiafz-8600002003899

芜湖年鉴 · 1998
芜湖市人民政府主办　芜湖市地方志办公室编
总编辑王赐坤
黄山书社　1998 年 7 月
298 页　精装　27cm
ISBN7-80630-293-X
馆藏号：Guojiafz-8600002002408

芜湖年鉴 · 1999
芜湖市人民政府主办　《芜湖年鉴》编委会编
总编辑王赐坤
黄山书社　1999 年 6 月
358 页　精装　27cm
ISBN7-80630-415-0
馆藏号：Guojiafz-8600002002410

芜湖年鉴 · 2000
芜湖市人民政府主办　芜湖市地方志办公室编
总编辑王赐坤
中国致公出版社　2000 年 6 月
389 页　精装　27cm
ISBN7-80096-652-6
馆藏号：Guojiafz-8600002008013

芜湖年鉴 · 2001
芜湖市人民政府主办　芜湖市地方志办公室编
总编辑王赐坤
黄山书社　2001 年 8 月
387 页　精装　27cm
ISBN7-80096-766-2
馆藏号：Guojiafz-8600002002409

芜湖年鉴 · 2003
芜湖市人民政府主办　芜湖市地方志办公室编
总编辑杨维发
安徽人民出版社　2003 年 11 月
380 页　精装　29cm
ISBN7-212-02284-5
馆藏号：Guojiafz-8600002004668

芜湖年鉴 · 2004
芜湖市人民政府主办　芜湖市地方志办公室编
总编辑杨维发
安徽人民出版社　2004 年 8 月
398 页　精装　29cm
ISBN7-212-02490-2
馆藏号：Guojiafz-8600002009663

芜湖年鉴 · 2005
芜湖市人民政府主办　芜湖市地方志办公室编
总编辑杨维发
黄山书社　2005 年 8 月
420 页　精装　29cm
ISBN7-80707-294-6
馆藏号：Guojiafz-8600002002797

芜湖年鉴·2007
芜湖市人民政府主办　芜湖市地方志办公室编
总编辑杨维发
黄山书社　2007年9月
471页　精装　29cm
ISBN978-7-80707-774-9
馆藏号：Guojiafz-8600002002785

芜湖年鉴·2008
芜湖市人民政府主办　芜湖市地方志办公室编
总编辑戴松
黄山书社　2008年9月
451页　精装　29cm
ISBN978-7-5461-0045-6
馆藏号：Guojiafz-8600002002798

芜湖年鉴·2009
芜湖市人民政府主办　芜湖市地方志办公室编
总编辑戴松
黄山书社　2009年9月
440页　精装　29cm
ISBN978-7-5461-0544-4
馆藏号：Guojiafz-8600002000703

芜湖年鉴·2010
芜湖市人民政府主办　芜湖市地方志办公室编
总编辑戴松
黄山书社　2010年9月
517页　精装　29cm
ISBN978-7-5461-1638-9
馆藏号：Guojiafz-8600002002836

芜湖年鉴·2011
芜湖市人民政府主办　芜湖市地方志办公室编
总编辑戴松
黄山书社　2011年12月
548页　精装　29cm
ISBN978-7-5461-2232-8
馆藏号：Guojiafz-8600002002783

芜湖年鉴·2014
芜湖市人民政府主办　芜湖市地方志办公室编
主编王金保　总纂谢迎春
黄山书社　2014年12月
504页　精装　29cm
ISBN978-7-5461-4866-3
馆藏号：Guojiafz-8600002015364

芜湖年鉴·2016
芜湖市人民政府主办　芜湖市党史和地方志办公室编　主编王金保　总纂谢迎春
黄山书社　2016年12月
544页　精装　29cm
ISBN978-7-5461-6022-1
馆藏号：Guojiafz-8600002014074

弋江区年鉴·2011
芜湖市弋江区人民政府主办　弋江区地方志办公室编　总编辑唐开强　主编戴金保
黄山书社　2011年12月
338页　精装　29cm
ISBN978-7-5461-2308-0
馆藏号：Guojiafz-8600002008389

三山区年鉴·2011
芜湖市三山区人民政府主办　三山区地方志办公室编　总编辑贾贤燕　主编刘云虎
黄山书社　2011年12月
416页　精装　29cm
ISBN978-7-5461-2370-7
馆藏号：Guojiafz-8600002008320

繁昌年鉴·2013
繁昌县人民政府主办　繁昌县地方志办公室编
主任窦宏宝
黄山书社　2013年12月
196页　精装　29cm
ISBN978-7-5461-3982-1
馆藏号：Guojiafz-8600002015268

鲁班年鉴·2010
安徽鲁班建设投资集团主办　集团行政人事管理中心编　主编魏建松
内部印刷
139页　精装　27cm
馆藏号：Guojiafz-8600002007771

蚌埠年鉴·1998
蚌埠市人民政府主办《蚌埠年鉴》编辑委员会编
主编赵同蕴
黄山书社　1998年7月
341页　精装　27cm
ISBN7-80630-301-4
馆藏号：Guojiafz-8600002002587

蚌埠年鉴·2000
蚌埠市人民政府主办《蚌埠年鉴》编辑部编
主编赵同蕴
黄山书社　2000年7月
417页　精装　27cm
ISBN7-80630-503-3
馆藏号：Guojiafz-8600002009636

蚌埠年鉴·2001
蚌埠市人民政府主办《蚌埠年鉴》编纂委员会编
总纂蔡双富
黄山书社　2001年8月
268页　精装　29cm
ISBN7-80630-638-2
馆藏号：Guojiafz-8600002002692

蚌埠年鉴·2002
蚌埠市人民政府主办《蚌埠年鉴》编纂委员会编
总纂周西建
黄山书社　2002年11月
305页　精装　29cm
ISBN7-80630-819-9
馆藏号：Guojiafz-8600002008075

蚌埠年鉴·2003
蚌埠市人民政府主办《蚌埠年鉴》编纂委员会编
总纂周西建
黄山书社　2003年8月
257页　精装　29cm
ISBN7-80630-925-X
馆藏号：Guojiafz-8600002003209

蚌埠年鉴·2004
蚌埠市人民政府主办《蚌埠年鉴》编纂委员会编
主编和宝友
黄山书社　2004年10月
264页　精装　29cm
ISBN7-80707-061-7
馆藏号：Guojiafz-8600002005721

蚌埠年鉴·2006
蚌埠市人民政府主办《蚌埠年鉴》编辑部编
主编和宝友
黄山书社　2006年9月
316页　精装　29cm
ISBN7-80707-478-7
馆藏号：Guojiafz-8600002005634

蚌埠年鉴·2007
蚌埠市人民政府主办　蚌埠市地方志编纂委员会编
主编和宝友
黄山书社　2007年8月
321页　精装　29cm
ISBN978-7-80707-771-8
馆藏号：Guojiafz-8600002008101

蚌埠年鉴·2008
蚌埠市人民政府主办　蚌埠市地方志办公室编
主编和宝友
黄山书社　2008年9月
334页　精装　29cm
ISBN978-7-80707-938-5
馆藏号：Guojiafz-8600002005712

蚌埠年鉴·2009
蚌埠市人民政府主办　蚌埠市地方志编纂委员会编
主编和宝友
安徽煤田光大彩印有限责任公司印刷　2009年9月
338页　精装　29cm
准印证号：BB2009-007号
馆藏号：Guojiafz-8600002001212

蚌埠年鉴·2010
蚌埠市人民政府主办　蚌埠市史志办公室编
主编张红雨
黄山书社　2010年10月
300页　精装　29cm
ISBN978-7-5461-1531-3
馆藏号：Guojiafz-8600002005699

蚌埠年鉴·2011
蚌埠市人民政府主办　《蚌埠年鉴》编辑部编
主编张红雨
黄山书社　2011年9月
311页　精装　29cm
ISBN978-7-5461-2242-7
馆藏号：Guojiafz-8600002006659

蚌埠年鉴·2012
蚌埠市人民政府主办　蚌埠市史志办公室编
主编张红雨
黄山书社　2012年9月
334页　精装　29cm
ISBN978-7-5461-3246-4
馆藏号：Guojiafz-8600002008540

蚌埠年鉴·2014
蚌埠市人民政府主办　蚌埠市史志办公室编
主编李世昌
黄山书社　2014年9月
304页　精装　29cm
ISBN978-7-5461-4728-4
馆藏号：Guojiafz-8600002015250

禹会年鉴·2016
安徽省蚌埠市禹会区政府主办　蚌埠市禹会区地方志办公室编　主编贾清斌
方志出版社　2016年12月
256页　精装　29cm
ISBN978-7-5144-2332-7
馆藏号：Guojiafz-8600002014026

淮南年鉴·1999
淮南市人民政府主办　淮南市人民政府编
主编戴锡礼
黄山书社　1999年9月
250页　精装　27cm
ISBN7-80630-444-4
馆藏号：Guojiafz-8600002002382

淮南年鉴·2000
淮南市人民政府主办　《淮南年鉴》编委会编
主编戴锡礼
黄山书社　2000年9月
235页　精装　27cm
ISBN7-80630-506-8
馆藏号：Guojiafz-8600002000801

淮南年鉴·2001
淮南市人民政府主办　《淮南年鉴》编委会编
主编李长凤
黄山书社　2001年9月
255页　精装　27cm
ISBN7-80630-643-9
馆藏号：Guojiafz-8600002002426

淮南年鉴·2002
淮南市人民政府主办　《淮南年鉴》编委会编
主编李长凤
黄山书社　2002年8月
263页　精装　27cm
ISBN7-80630-793-1
馆藏号：Guojiafz-8600002002612

淮南年鉴·2003
淮南市人民政府主办　淮南市地方志办公室编
主编李长凤
黄山书社　2003 年 8 月
291 页　精装　27cm
ISBN7-80630-917-9
馆藏号：Guojiafz-8600002000663

淮南年鉴·2004
淮南市人民政府主办　《淮南年鉴》编委会编
主编李长凤
黄山书社　2004 年 8 月
319 页　精装　27cm
ISBN7-80707-023-4
馆藏号：Guojiafz-8600002000661

淮南年鉴·2005
淮南市人民政府主办　淮南市地方志办公室编
主编李长凤
黄山书社　2005 年 8 月
358 页　精装　27cm
ISBN7-80707-285-7
馆藏号：Guojiafz-8600002002611

淮南年鉴·2006
淮南市人民政府主办　淮南市地方志办公室编
主编李长凤
黄山书社　2006 年 8 月
287 页　精装　29cm
ISBN7-80707-453-1
馆藏号：Guojiafz-8600002003207

淮南年鉴·2008
淮南市人民政府主办　淮南市地方志办公室编
主编李长凤
黄山书社　2008 年 8 月
265 页　精装　29cm
ISBN978-7-80707-927-9
馆藏号：Guojiafz-8600002002661

淮南年鉴·2009
淮南市人民政府主办　《淮南年鉴》编委会编
主编李长凤
黄山书社　2009 年 8 月
253 页　精装　29cm
ISBN978-7-5461-0762-2
馆藏号：Guojiafz-8600002003014

淮南年鉴·2010
淮南市人民政府主办　淮南市地方志办公室编
主编李长凤
黄山书社　2010 年 8 月
240 页　精装　29cm
ISBN978-7-5461-1516-0
馆藏号：Guojiafz-8600002002660

淮南年鉴·2011
淮南市人民政府主办　淮南市地方志办公室编
主编李长凤
黄山书社　2011 年 8 月
265 页　精装　29cm
ISBN978-7-5461-2180-2
馆藏号：Guojiafz-8600002002273

淮南年鉴·2012
淮南市人民政府主办　淮南市地方志办公室编
主编姚尚书
黄山书社　2012 年 8 月
289 页　精装　29cm
ISBN978-7-5461-3076-7
馆藏号：Guojiafz-8600002002656

淮南年鉴·2014
淮南市人民政府主办　淮南市地方志办公室编
主编姚尚书
黄山书社　2014 年 9 月
259 页　精装　29cm
ISBN978-7-5461-4732-1
馆藏号：Guojiafz-8600002015716

淮南财政年鉴·2012
淮南市财政局主办　淮南市财政局编　主编陈永多
中国财政经济出版社　2012年10月
257页　精装　29cm
ISBN978-7-5095-3801-2
馆藏号：Guojiafz-8600002002483

凤台年鉴·2014
凤台县人民政府主办　凤台县地方志办公室编
主编王珍
黄山书社　2014年12月
228页　精装　29cm
ISBN978-7-5461-4869-4
馆藏号：Guojiafz-8600002015854

马鞍山年鉴·1991
《马鞍山年鉴》编委会编　主编李昌志
安徽人民出版社　1992年11月
325页　精装　27cm
ISBN7-212-00800-1
馆藏号：Guojiafz-8600002003425

马鞍山年鉴·1992
马鞍山年鉴编辑部编　主编葛向勇
黄山书社　1993年11月
401页　精装　27cm
ISBN7-80535-590-8
馆藏号：Guojiafz-8600002009228

马鞍山年鉴·1993
《马鞍山年鉴》编辑部编　主编葛向勇
黄山书社　1994年5月
310页　精装　27cm
ISBN7-80535-775-7
馆藏号：Guojiafz-8600002005922

马鞍山年鉴·1994
《马鞍山年鉴》编辑部编　总编辑葛向勇
主编陈波
黄山书社　1994年10月
360页　精装　27cm
ISBN7-80535-689-0
馆藏号：Guojiafz-8600002003310

马鞍山年鉴·1995
马鞍山市人民政府主办　《马鞍山年鉴》编辑部编
总编葛向勇　主编陈波
黄山书社　1995年10月
308页　精装　27cm
ISBN7-80535-724-2
馆藏号：Guojiafz-8600002003308

马鞍山年鉴·1996
马鞍山市人民政府主办　《马鞍山年鉴》编辑部编
总编葛向勇　主编陈波
黄山书社　1996年8月
319页　精装　27cm
ISBN7-80630-085-6
馆藏号：Guojiafz-8600002003387

马鞍山年鉴·1997
马鞍山市人民政府主办　马鞍山市地方志编委会编
主编葛向勇
黄山书社　1997年8月
293页　精装　27cm
ISBN7-80630-124-X
馆藏号：Guojiafz-8600002003311

马鞍山年鉴·1998
马鞍山市人民政府主办　马鞍山市地方志编委会编
主编葛向勇
黄山书社　1998年9月
329页　精装　27cm
ISBN7-80630-338-3
馆藏号：Guojiafz-8600002005015

马鞍山年鉴·1999
马鞍山市人民政府主办　安徽省马鞍山市地方志
编纂委员会编　主编李祖鑫
方志出版社　1999年8月

330 页　精装　27cm
ISBN7-80122-493-0
馆藏号：Guojiafz-8600002001954

马鞍山年鉴·2003
马鞍山市人民政府主办　马鞍山年鉴编委会编
主编李祖鑫
方志出版社　2003 年 10 月
285 页　精装　27cm
ISBN7-80192-067-8
馆藏号：Guojiafz-8600002003186

马鞍山年鉴·2004
马鞍山市人民政府主办 《马鞍山年鉴》编委会编
主编李祖鑫
方志出版社　2004 年 8 月
302 页　精装　27cm
ISBN7-80192-300-6
馆藏号：Guojiafz-8600002004771

马鞍山年鉴·2009
马鞍山市人民政府主办　马鞍山年鉴编委会编
主编赵宏
长影银声音像出版社　2009 年 9 月
501 页　精装　27cm
ISBN978-7-88362-740-1
馆藏号：Guojiafz-8600002000612

马鞍山年鉴·2011
马鞍山市人民政府主办　马鞍山年鉴编委会编
主编赵宏
长春银声音像出版社　2011 年 9 月
496 页　精装　29cm
ISBN978-7-88362-9993-3
馆藏号：Guojiafz-8600002003513

马鞍山年鉴·2012
马鞍山市人民政府主办　马鞍山年鉴编委会编
主编刘沧海
安徽人民出版社　2012 年 9 月
304 页　精装　29cm
ISBN978-7-212-05704-6
馆藏号：Guojiafz-8600002000218

马鞍山年鉴·2018
马鞍山市地方志编纂委员会办公室编　主编王传玺
方志出版社　2018 年 12 月
444 页　精装　29cm
ISBN978-7-5144-3467-5
馆藏号：Guojiafz-8600002017476

马钢年鉴·1987
马钢史志办公室编　总编王万宾
黄山书社　1987 年 10 月
513 页　平装　26cm
ISBN7-80535-026-4
馆藏号：Guojiafz-8600002010830

马钢年鉴·1989
马钢史志办公室编　总编辑王万宾
安徽人民出版社　1990 年 4 月
681 页　精装　27cm
ISBN7-212-00374-3
馆藏号：Guojiafz-8600002002804

马钢年鉴·1996
马钢史志办公室编　总编辑吴本星
安徽人民出版社　1996 年 9 月
358 页　精装　27cm
ISBN7-212-01347-1
馆藏号：Guojiafz-8600002007684

马钢年鉴·1997
马钢史志办公室编　总编辑吴本星
黄山书社　1997 年 12 月
348 页　精装　27cm
ISBN7-80630-227-1
馆藏号：Guojiafz-8600002007520

马钢年鉴 · 1998
马钢史志办公室编　总编辑赵建明
黄山书社　1998 年 9 月
242 页　精装　27cm
ISBN7-80630-313-8
馆藏号：Guojiafz-8600002007685

马钢年鉴 · 2001
《马钢年鉴》编辑委员会编　总编辑赵建明
方志出版社　2001 年 9 月
305 页　精装　27cm
ISBN7-80122-650-X
馆藏号：Guojiafz-8600002012749

马钢年鉴 · 2002
《马钢年鉴》编辑委员会编　总编辑赵建明
方志出版社　2002 年 9 月
289 页　精装　27cm
ISBN7-80122-766-2
馆藏号：Guojiafz-8600002012886

马钢年鉴 · 2003
马钢（集团）控股有限公司、马鞍山钢铁股份有限公司主办 《马钢年鉴》编辑委员会编
总编辑赵建明
方志出版社　2003 年 8 月
279 页　精装　27cm
ISBN7-80192-002-3
馆藏号：Guojiafz-8600002003140

马钢年鉴 · 2004
马钢（集团）控股有限公司、马鞍山钢铁股份有限公司主办 《马钢年鉴》编辑委员会编
总编辑赵建明
方志出版社　2004 年 8 月
270 页　精装　27cm
ISBN7-80192-294-8
馆藏号：Guojiafz-8600002005073

马钢年鉴 · 2005
马钢（集团）控股有限公司、马鞍山钢铁股份有限公司主办 《马钢年鉴》编委会编
总编辑赵建明
方志出版社　2005 年 8 月
255 页　精装　27cm
ISBN7-80192-604-8
馆藏号：Guojiafz-8600002003337

马钢年鉴 · 2006
马钢（集团）控股有限公司、马鞍山钢铁股份有限公司主办 《马钢年鉴》编委会编
总编辑赵建明
方志出版社　2006 年 11 月
356 页　精装　27cm
ISBN7-80192-917-9
馆藏号：Guojiafz-8600002003834

马钢年鉴 · 2007
马钢（集团）控股有限公司、马鞍山钢铁股份有限公司主办　马钢年鉴编纂委员会编
总编辑赵建明
方志出版社　2007 年 9 月
308 页　精装　27cm
ISBN978-7-80238-131-5
馆藏号：Guojiafz-8600002012477

马钢年鉴 · 2009
马钢（集团）控股有限公司、马鞍山钢铁股份有限公司主办 《马钢年鉴》编委会编
总编辑赵建明
方志出版社　2009 年 11 月
312 页　精装　27cm
ISBN978-7-80238-643-3
馆藏号：Guojiafz-8600002011249

马钢年鉴 · 2010
马钢（集团）控股有限公司、马鞍山钢铁股份有限公司主办 《马钢年鉴》编纂委员会编
总编辑赵建明

方志出版社　2010 年 11 月
311 页　精装　27cm
ISBN978-7-80238-918-2
馆藏号：Guojiafz-8600002011222

马钢年鉴·2011
马钢（集团）控股有限公司主办　马钢年鉴编辑委员会编　总编辑赵建明
方志出版社　2011 年 12 月
383 页　精装　27cm
ISBN978-7-5144-0355-8
馆藏号：Guojiafz-8600002004127

马钢年鉴·2012
马钢（集团）控股有限公司主办《马钢年鉴》编委会编　总编辑赵建明
方志出版社　2012 年 12 月
339 页　精装　27cm
ISBN978-7-5144-0690-0
馆藏号：Guojiafz-8600002009700

马钢年鉴·2013
马钢（集团）控股有限公司主办《马钢年鉴》编委会编　总编辑苏鉴钢
方志出版社　2013 年 11 月
315 页　精装　27cm
ISBN978-7-5144-1034-1
馆藏号：Guojiafz-8600002007265

马钢年鉴·2014
马钢（集团）控股有限公司主办《马钢年鉴》编辑部编　总编辑苏鉴钢
方志出版社　2014 年 10 月
322 页　精装　27cm
ISBN978-7-5144-1398-4
馆藏号：Guojiafz-8600002005714

马钢年鉴·2015
马钢（集团）控股有限公司主办《马钢年鉴》编委会编　总编辑张晓峰
方志出版社　2015 年 10 月
351 页　精装　27cm
ISBN978-7-5144-1744-9
馆藏号：Guojiafz-8600002010482

马钢年鉴·2016
马钢（集团）控股有限公司主办《马钢年鉴》编辑委员会编　总编辑张晓峰
方志出版社　2016 年 11 月
377 页　精装　27cm
ISBN978-7-5144-2178-1
馆藏号：Guojiafz-8600002013827

马钢年鉴·2017
《马钢年鉴》编委会编　总编辑陈冬生
方志出版社　2017 年 11 月
368 页　精装　27cm
ISBN978-7-5144-2634-2
馆藏号：Guojiafz-8600002015165

马钢年鉴·2018
《马钢年鉴》编委会编　总编辑陈冬生
方志出版社　2018 年 12 月
344 页　精装　27cm
ISBN978-7-5144-3540-5
馆藏号：Guojiafz-8600002016988

当涂年鉴·2002
当涂县人民政府主办　当涂县地方志编委会编　主编晋松
中华大视角艺术出版有限公司印刷　2003 年 1 月
260 页　精装　29cm
ISBN962-85667-9-2
馆藏号：Guojiafz-8600002007549

当涂年鉴：彩版专辑·2004—2005
当涂县人民政府主办　当涂县地方志办公室编　主编晋松
黄山书社　2005 年 11 月
287 页　精装　29cm

ISBN962-85667-9-2
馆藏号：Guojiafz-8600002006677

当涂年鉴·2009
当涂县人民政府主办　当涂县地方志办公室编
主编晋松
中国文史出版社　2009 年 12 月
336 页　精装　29cm
ISBN978-7-5034-2192-1
馆藏号：Guojiafz-8600002008580

当涂年鉴·2013
当涂县人民政府主办　当涂县党史地方志办公室编
主编陶震海
黄山书社　2014 年 3 月
271 页　精装　29cm
ISBN978-7-5461-4432-0
馆藏号：Guojiafz-8600002015242

和县年鉴·2013
和县人民政府主办　和县地方志办公室编
主编刘惠秀
黄山书社　2013 年 11 月
367 页　精装　29cm
ISBN978-7-5461-3829-9
馆藏号：Guojiafz-8600002015814

和县年鉴·2017
和县人民政府主办　和县地方志办公室编
主编刘惠秀
安徽人民出版社　2018 年 2 月
308 页　精装　29cm
ISBN978-7-212-09999-2
馆藏号：Guojiafz-8600002016305

淮北年鉴·2000
淮北市人民政府主办　淮北市地方志（年鉴）编纂委员会编　主编刘长远
中国致公出版社　2000 年 12 月
245 页　精装　27cm
ISBN7-80096-765-4
馆藏号：Guojiafz-8600002005736

淮北年鉴·2001
淮北市人民政府主办　淮北市地方志（年鉴）编纂委员会编　主编刘长远、张国清
方志出版社　2001 年 11 月
294 页　精装　27cm
ISBN7-80096-437-X
馆藏号：Guojiafz-8600002005570

淮北年鉴·2002
淮北市人民政府主办　淮北市地方志编纂委员会编
主编张国清　执行主编张继玲
方志出版社　2002 年 12 月
269 页　精装　27cm
ISBN7-80122-644-5
馆藏号：Guojiafz-8600002005569

淮北年鉴·2003
淮北市人民政府主办　淮北市地方志（年鉴）编纂委员会编　主编张国清　执行主编张继玲
方志出版社　2003 年 12 月
258 页　精装　27cm
ISBN7-80192-125-9
馆藏号：Guojiafz-8600002008065

淮北年鉴·2004
淮北市人民政府主办　淮北市地方志（年鉴）编纂委员会编　主编张国清　执行主编张继玲
方志出版社　2004 年 12 月
325 页　精装　27cm
ISBN7-80192-428-2
馆藏号：Guojiafz-8600002005567

淮北年鉴·2005
淮北市人民政府主办　淮北市地方志（年鉴）编纂委员会编　主编张国清　执行主编张继玲
内部印刷
289 页　精装　27cm

准印证号：皖内部资料性图书 2005-084 号
馆藏号：Guojiafz-8600002009038

淮北年鉴·2006
淮北市人民政府主办　淮北市地方志（年鉴）编纂委员会编　主编张国清　执行主编张继玲
方志出版社　2006 年 9 月
258 页　精装　29cm
ISBN7-80192-885-7
馆藏号：Guojiafz-8600002007674

淮北年鉴·2007
淮北市人民政府主办　淮北市地方志（年鉴）编纂委员会编　主编王延坤　执行主编张继玲
黄山书社　2007 年 9 月
225 页　精装　29cm
ISBN978-7-80707-808-1
馆藏号：Guojiafz-8600002006158

淮北年鉴·2008
淮北市人民政府主办　淮北市地方志（年鉴）编纂委员会编　主编王延坤　执行主编张继玲
黄山书社　2008 年 9 月
241 页　精装　29cm
ISBN978-7-5461-0221-4
馆藏号：Guojiafz-8600002006156

淮北年鉴·2009
淮北市人民政府主办　淮北市地方志（年鉴）编纂委员会编　主编王延坤　执行主编张继玲
黄山书社　2009 年 9 月
245 页　精装　30cm
ISBN978-7-5461-0548-2
馆藏号：Guojiafz-8600002006157

淮北年鉴·2010
淮北市人民政府主办　淮北市地方志编纂委员会编
主编杨玲　执行主编张继玲
黄山书社　2010 年 9 月
237 页　精装　29cm
ISBN978-7-5461-1532-0
馆藏号：Guojiafz-8600002006159

淮北年鉴·2011
淮北市人民政府主办　淮北市地方志编纂委员会编
主编杨玲
黄山书社　2011 年 9 月
266 页　精装　29cm
ISBN978-7-5461-2263-2
馆藏号：Guojiafz-8600002004883

淮北年鉴·2012
淮北市人民政府主办　淮北市地方志编纂委员会编
主编杨玲　执行主编张继玲
黄山书社　2012 年 9 月
229 页　精装　29cm
ISBN978-7-5461-3181-8
馆藏号：Guojiafz-8600002004884

淮北年鉴·2014
淮北市人民政府主办　淮北市地方志编纂委员会编
主编张继玲
安徽人民出版社　2014 年 12 月
238 页　精装　29cm
ISBN978-7-212-07703-7
馆藏号：Guojiafz-8600002015966

淮北年鉴·2017
淮北市人民政府主办　淮北市地方志编纂委员会编
主编张继玲
方志出版社　2017 年 10 月
419 页　精装　29cm
ISBN978-7-5144-2587-1
馆藏号：Guojiafz-8600002015061

淮北年鉴·2018
淮北市人民政府主办　淮北市地方志编纂委员会编
主编张继玲
方志出版社　2019 年 1 月
383 页　精装　29cm

ISBN978-7-5144-3470-5
馆藏号：Guojiafz-8600002017246

濉溪年鉴·1997—2000
濉溪县人民政府主办　濉溪县地方志办公室编
主任赵忠伦
深圳市朗前印刷设计有限公司印刷　2001年11月
205页　精装　27cm
准印证号：淮北市内部资料准印证2001字第14号
馆藏号：Guojiafz-8600002009054

濉溪年鉴·2001—2002
濉溪县人民政府主办　濉溪县地方志办公室编
主编赵忠伦
温州市平阳乾坤印务有限公司印刷　2003年12月
199页　精装　27cm
准印证号：濉溪县内部资料准印证SW-N-2003-04号
馆藏号：Guojiafz-8600002006390

濉溪年鉴·2003—2004
濉溪县人民政府主办　濉溪县地方志办公室编
主编赵忠伦
内部印刷　2005年12月
187页　精装　27cm
准印证号：濉溪县内部资料准印证SW-N-2005-065号
馆藏号：Guojiafz-8600002006295

濉溪年鉴·2005—2006
濉溪县人民政府主办　濉溪县地方志办公室编
主编禹延梅　执行主编王玉山、赵忠伦
内部印刷
179页　精装　30cm
准印证号：皖内部资料性图书2007-03号
馆藏号：Guojiafz-8600002009406

濉溪年鉴·2007—2008
濉溪县人民政府主办　濉溪县地方志办公室编
执行主编王玉山
内部印刷
189页　精装　30cm
准印证号：皖HB-2010-007号
馆藏号：Guojiafz-8600002008987

濉溪年鉴·2009—2010
濉溪县人民政府主办　濉溪县地方志办公室编
执行主编王玉山
内部印刷
194页　精装　30cm
准印证号：皖HB-2010-007号
馆藏号：Guojiafz-8600002008976

濉溪年鉴·2013—2014
濉溪县人民政府主办　濉溪县地方志办公室编
执行主编王玉山
方志出版社　2015年11月
252页　精装　30cm
ISBN978-7-5144-1794-4
馆藏号：Guojiafz-8600002013856

濉溪年鉴·2017
濉溪县人民政府主办　濉溪县地方志办公室编
主编贾维维
方志出版社　2019年1月
214页　精装　29cm
ISBN978-7-5144-3625-9
馆藏号：Guojiafz-8600002018092

铜陵年鉴·1991
铜陵市地方志编纂委员会办公室编　总编辑赵日标
主编周大钧
安徽人民出版社　1992年5月
588页　精装　27cm
ISBN7-212-00681-5
馆藏号：Guojiafz-8600002008373

铜陵年鉴·1992
铜陵市人民政府主办　铜陵市地方志编纂委员会办公室编　总编辑赵日标　主编周大钧

黄山书社　1993 年 5 月
328 页　精装　27cm
ISBN7-80535-587-5
馆藏号：Guojiafz-8600002008374

铜陵年鉴・1993
铜陵市地方志编纂委员会办公室编　总编辑王兴如、赵日标　主编周大钧
黄山书社　1994 年 2 月
255 页　精装　27cm
ISBN7-80535-739-0
馆藏号：Guojiafz-8600002006013

铜陵年鉴・1994
铜陵市地方志编纂委员会办公室编　总编辑王兴如、赵日标　主编周大钧
黄山书社　1995 年 2 月
279 页　精装　27cm
ISBN7-80535-933-4
馆藏号：Guojiafz-8600002006054

铜陵年鉴・1995
铜陵市地方志编纂委员会办公室编　总编辑王兴如、赵日标　主编周大钧
方志出版社　1995 年 10 月
304 页　精装　27cm
ISBN7-80122-010-2
馆藏号：Guojiafz-8600002006014

铜陵年鉴・1996
铜陵市地方志编纂委员会办公室编　总编辑王兴如、赵日标　主编周大钧、卢如日
方志出版社　1997 年 3 月
399 页　精装　27cm
ISBN7-80122-134-6
馆藏号：Guojiafz-8600002005951

铜陵年鉴・1999
铜陵市人民政府主办　《铜陵年鉴》编委会编
主编卢如日
黄山书社　1999 年 9 月
346 页　精装　27cm
ISBN7-80630-438-X
馆藏号：Guojiafz-8600002005255

铜陵年鉴・2001
铜陵市人民政府主办　铜陵年鉴编纂委员会编
主编卢如日
黄山书社　2001 年 9 月
328 页　精装　27cm
ISBN7-80630-645-5
馆藏号：Guojiafz-8600002005270

铜陵年鉴・2004
铜陵市人民政府主办　铜陵市地方志编纂委员会办公室编　主编卢如日
黄山书社　2004 年 8 月
396 页　精装　27cm
ISBN7-80707-034-X
馆藏号：Guojiafz-8600002005507

铜陵有色金属（集团）公司年鉴・1996
铜陵有色金属（集团）公司年鉴编辑委员会编
方志出版社　1996 年 9 月
348 页　精装　27cm
ISBN7-80122-097-8
馆藏号：Guojiafz-8600002010247

铜陵有色金属（集团）公司年鉴・1997
铜陵有色金属（集团）公司年鉴编辑委员会编
方志出版社　1997 年 9 月
321 页　精装　27cm
ISBN7-80122-203-2
馆藏号：Guojiafz-8600002010552

铜陵有色金属（集团）公司年鉴・1998
铜陵有色金属（集团）公司主办　铜陵有色金属（集团）公司年鉴编辑委员会编
方志出版社　1998 年 9 月
396 页　精装　27cm

统一书刊号：1580122·4
馆藏号：Guojiafz-8600002005292

铜陵有色金属（集团）公司年鉴·1999
铜陵有色金属（集团）公司主办　铜陵有色金属（集团）公司年鉴编辑委员会编
方志出版社　1999 年 8 月
309 页　精装　27cm
ISBN7-80122-507-4
馆藏号：Guojiafz-8600002006258

安庆年鉴·1995
安庆市人民政府主办 《安庆年鉴》编纂委员会编
主编周公顺
黄山书社　1995 年 8 月
273 页　精装　27cm
ISBN7-80535-410
馆藏号：Guojiafz-8600002000455

安庆年鉴·1997
安庆市人民政府主办　安庆市地方志办公室编
主编周公顺
黄山书社　1997 年 8 月
317 页　精装　27cm
ISBN7-80630-204-2
馆藏号：Guojiafz-8600002000454

安庆年鉴·1998
安庆市人民政府主办 《安庆年鉴》编辑部编
主编陆克亮
黄山书社　1998 年 8 月
287 页　精装　27cm
ISBN7-80630-302-2
馆藏号：Guojiafz-8600002000406

安庆年鉴·1999
安庆市人民政府主办　安徽省安庆市年鉴编纂委员会办公室编　主编陆克亮
方志出版社　1999 年 8 月
366 页　精装　27cm
ISBN7-80122-469-8
馆藏号：Guojiafz-8600002000349

安庆年鉴·2000
安庆市人民政府主办 《安庆年鉴》编辑部编
主编陆克亮
黄山书社　2000 年 8 月
378 页　精装　27cm
ISBN7-80630-507-6
馆藏号：Guojiafz-8600002000348

安庆年鉴·2001
安庆市人民政府主办　安庆市地方志办公室编
主编陆克亮
黄山书社　2001 年 8 月
372 页　精装　27cm
ISBN7-80630-642-0
馆藏号：Guojiafz-8600002000347

安庆年鉴·2002
安庆市人民政府主办 《安庆年鉴》编纂委员会编
主编陆克亮
黄山书社　2002 年 8 月
397 页　精装　27cm
ISBN7-80630-794-X
馆藏号：Guojiafz-8600002000346

安庆年鉴·2004
安庆市人民政府主办　安庆市地方志办公室编
主编汪富贵
黄山书社　2004 年 7 月
221 页　精装　29cm
ISBN7-80707-022-6
馆藏号：Guojiafz-8600002000475

安庆年鉴·2005
安庆市人民政府主办　安庆市地方志办公室编
主编汪富贵
黄山书社　2005 年 7 月
235 页　精装　29cm

ISBN7-80707-258-X
馆藏号：Guojiafz-8600002000462

安庆年鉴·2006
安庆市人民政府主办　安庆市地方志办公室编
主编汪富贵
黄山书社　2006 年 6 月
258 页　精装　29cm
ISBN7-80707-392-6
馆藏号：Guojiafz-8600002000374

安庆年鉴·2007
安庆市人民政府主办　安庆市地方志办公室编
主编王雨生
黄山书社　2007 年 6 月
256 页　精装　29cm
ISBN978-7-80707-690-2
馆藏号：Guojiafz-8600002000453

安庆年鉴·2008
安庆市人民政府主办　安庆市地方志办公室编
主编王雨生
黄山书社　2008 年 7 月
248 页　精装　29cm
ISBN978-7-80707-963-7
馆藏号：Guojiafz-8600002000375

安庆年鉴·2009
安庆市人民政府主办　安庆市地方志办公室编
主编王雨生
黄山书社　2009 年 8 月
251 页　精装　29cm
ISBN978-7-5461-0063-0
馆藏号：Guojiafz-8600002000452

安庆年鉴·2010
安庆市人民政府主办　安庆市地方志办公室编
主编王雨生
黄山书社　2010 年 8 月
334 页　精装　29cm
ISBN978-7-5461-1486-6
馆藏号：Guojiafz-8600002000394

安庆年鉴·2011
安庆市人民政府主办　安庆市地方志办公室编
主编王雨生
安徽人民出版社　2011 年 8 月
347 页　精装　29cm
ISBN978-7-212-04225-7
馆藏号：Guojiafz-8600002000463

安庆年鉴·2012
安庆市人民政府主办　安庆市地方志办公室编
主编叶永新
安徽人民出版社　2012 年 9 月
320 页　精装　29cm
ISBN978-7-212-05705-3
馆藏号：Guojiafz-8600002000451

安庆年鉴·2016
安庆市人民政府主办　安庆市地方志办公室编
主编徐舒媛
安徽人民出版社　2016 年 10 月
364 页　精装　29cm
ISBN978-7-212-09229-0
馆藏号：Guojiafz-8600002014072

安庆年鉴·2017
安庆市人民政府主办　安庆市地方志办公室编
主编徐舒媛
安徽人民出版社　2017 年 7 月
385 页　精装　29cm
ISBN978-7-212-09746-2
馆藏号：Guojiafz-8600002016308

桐城年鉴·2003
桐城市人民政府主办　桐城市地方志办公室编
主编吴筱霞
桐城市印刷厂印刷　2003 年
276 页　精装　29cm

准印证号：皖内部图书 2003-128
馆藏号：Guojiafz-8600002009438

桐城年鉴·2007
桐城市人民政府主办　桐城市地方志办公室编
主任罗德泉
安徽省地质印刷厂印刷
294 页　精装　29cm
准印证号：皖 AQ-2007-008
馆藏号：Guojiafz-8600002001064

桐城年鉴·2010
桐城市人民政府主办　桐城市地方志办公室编
总编罗德泉
安徽省地质印刷厂印刷
262 页　精装　29cm
馆藏号：Guojiafz-8600002008750

桐城年鉴·2011
桐城市人民政府主办　桐城市地方志办公室编
主编罗德泉
黄山书社　2011 年 12 月
310 页　精装　29cm
ISBN978-7-5461-2348-6
馆藏号：Guojiafz-8600002005694

怀宁年鉴·2003—2007
怀宁县人民政府主办　怀宁县地方志编纂委员会办公室编　主编汪华　执行主编姚彦和
安徽省地质印刷厂印刷　2009 年 11 月
386 页　精装　29cm
馆藏号：Guojiafz-8600002001937

怀宁粮食年鉴·1986—1995
怀宁县粮食局编　主任卢元生
内部印刷　1998 年 2 月
269 页　精装　27cm
馆藏号：Guojiafz-8600002009692

怀宁县教育年鉴·1986—1995
怀宁县教育委员会编　主编陈寄泉
怀宁县教学印刷厂印刷
308 页　平装　21cm
馆藏号：Guojiafz-8600002013250

潜山年鉴·1988—1996
潜山县人民政府主办　潜山年鉴编纂委员会编
主编陶方启、何小祥
黄山书社　1998 年 9 月
315 页　精装　27cm
ISBN7-80630-312-X
馆藏号：Guojiafz-8600002005635

宿松年鉴·1986—1994（首刊）
宿松县人民政府主办　宿松年鉴编纂委员会编
主编朱晓阳　执行主编尹学忠
黄山书社　1997 年 5 月
222 页　精装　27cm
ISBN7-80630-167-4
馆藏号：Guojiafz-8600002006010

望江年鉴·1998
望江县人民政府主办《望江年鉴》编纂委员会编
主任徐余庆
安徽省地质印刷厂印刷　1998 年 12 月
351 页　平装　21cm
准印证号：皖非正式出版字（98）第 107 号
馆藏号：Guojiafz-8600002001576

望江年鉴·1998—2000
望江县人民政府主办　望江县地方志办公室编
主编程旭东、汪艺辉、张竹　执行主编张竹
望江县印务有限责任公司印刷　2001 年 12 月
283 页　精装　21cm
准印证号：2001-13 号
馆藏号：Guojiafz-8600002001572

望江年鉴·2004—2005
望江县人民政府主办　望江县地方志编纂委员会

办公室编　主编金纯、汪艺辉
安庆市多棱彩印有限公司印刷　2006年10月
196页　精装　30cm
馆藏号：Guojiafz-8600002006216

望江年鉴·2006—2008
望江县人民政府主办　中共望江县委党史研究室、望江县地方志办公室合编　主编金纯、汪艺辉
安庆市现在彩色印务有限公司印刷　2009年12月
212页　精装　29cm
馆藏号：Guojiafz-8600002008920

岳西年鉴·2003—2008（创刊号）
岳西县人民政府主办　岳西县地方志办公室编
主编吴代庆、刘立华　执行主编江荣璋
黄山书社　2010年12月
406页　精装　30cm
ISBN978-7-5461-1611-2
馆藏号：Guojiafz-8600002007947

岳西年鉴·2009—2010
岳西县人民政府主办　岳西县地方志办公室编
主编刘立华　执行主编江荣璋
黄山书社　2012年8月
309页　精装　30cm
ISBN978-7-5461-2939-6
馆藏号：Guojiafz-8600002006196

岳西年鉴·2011—2012
岳西县人民政府主办　岳西县地方志办公室编
主编刘立华　执行主编江荣璋
黄山书社　2014年9月
391页　精装　29cm
ISBN978-7-5461-4638-6
馆藏号：Guojiafz-8600002015330

黄山年鉴·1997
黄山市人民政府主办　黄山市地方志办公室编
总编臧世凯　主编毕无非
方志出版社　1997年10月
344页　精装　27cm
ISBN7-80122-214-8
馆藏号：Guojiafz-8600002013101

黄山年鉴·1998
黄山市人民政府主办 《黄山年鉴》编纂委员会编
总编臧世凯　主编毕无非
黄山书社　1998年12月
352页　精装　27cm
ISBN7-80630-315-4
馆藏号：Guojiafz-8600002008618

黄山年鉴·1999
黄山市人民政府主办　黄山市地方志办公室编
总编臧世凯　主编毕无非
南方出版社　1999年7月
366页　精装　27cm
ISBN7-80609-755-4
馆藏号：Guojiafz-8600002000065

黄山年鉴·2000
黄山市人民政府主办　黄山市地方志办公室编
总编饶益刚　主编程永宁
黄山书社　2000年10月
345页　精装　27cm
ISBN7-80630-558-0
馆藏号：Guojiafz-8600002000076

黄山年鉴·2001
黄山市人民政府主办　黄山市地方志办公室编
总编饶益刚　主编程永宁
黄山书社　2001年9月
381页　精装　27cm
ISBN7-80630-681-1
馆藏号：Guojiafz-8600002000068

黄山年鉴·2003
黄山市人民政府主办　黄山市地方志办公室编
主编程永宁　总纂李宏鸣

黄山书社　2003 年 10 月
238 页　精装　29cm
ISBN7-80630-981-0
馆藏号：Guojiafz-8600002007072

黄山年鉴·2005
黄山市人民政府主办　黄山市地方志办公室编
主编程永宁　总纂李宏鸣
黄山书社　2005 年 10 月
318 页　精装　29cm
ISBN7-80707-302-0
馆藏号：Guojiafz-8600002005651

黄山年鉴·2006
黄山市人民政府主办　黄山市地方志办公室编
主编程永宁　总纂李宏鸣
黄山书社　2006 年 9 月
306 页　精装　29cm
ISBN7-80707-471-X
馆藏号：Guojiafz-8600002007486

黄山年鉴·2008
黄山市人民政府主办　黄山市地方志办公室编
主编王志平　总纂陈强
黄山书社　2008 年 9 月
289 页　精装　29cm
ISBN978-7-80707-642-1
馆藏号：Guojiafz-8600002008037

黄山年鉴·2009
黄山市人民政府主办　黄山市地方志办公室编
主编王志平　总纂宋国权
黄山书社　2009 年 9 月
296 页　精装　29cm
ISBN978-7-5461-0892-6
馆藏号：Guojiafz-8600002005643

黄山年鉴·2010
黄山市人民政府主办　黄山市地方志办公室编
主编翟屯建　总纂宋国权
黄山书社　2010 年 9 月
300 页　精装　29cm
ISBN978-7-5461-1551-1
馆藏号：Guojiafz-8600002005645

黄山年鉴·2011
黄山市人民政府主办　黄山市地方志办公室编
主编胡劲松　总纂宋国权
黄山书社　2011 年 9 月
321 页　精装　29cm
ISBN978-7-5461-2215-1
馆藏号：Guojiafz-8600002005648

黄山年鉴·2013
黄山市人民政府主办　黄山市地方志办公室编
主编胡劲松　总纂任泽锋
黄山书社　2013 年 9 月
302 页　精装　29cm
ISBN978-7-5461-3819-0
馆藏号：Guojiafz-8600002013274

黄山市人民检察院年鉴·2005
黄山市人民检察院编　主任朱俊
内部印刷　2006 年 7 月
331 页　平装　21cm
馆藏号：Guojiafz-8600002000750

黄山市人民检察院年鉴·2006
黄山市人民检察院主办　主任朱俊
内部印刷　2007 年 7 月
298 页　平装　21cm
馆藏号：Guojiafz-8600002009277

黄山市人民检察院年鉴·2007
黄山市人民检察院主办　主任朱俊
内部印刷　2008 年 7 月
306 页　平装　21cm
馆藏号：Guojiafz-8600002000745

黄山市人民检察院年鉴·2009
黄山市人民检察院编　主任朱俊
内部印刷　2010年7月
361页　平装　21cm
馆藏号：Guojiafz-8600002000742

黄山市人民检察院年鉴·2010
黄山市人民检察院编　主任朱俊
内部印刷　2011年7月
328页　平装　21cm
馆藏号：Guojiafz-8600002008991

黄山市人民检察院年鉴·2011
黄山市人民检察院编　主任朱俊
内部印刷　2012年9月
370页　平装　21cm
馆藏号：Guojiafz-8600002008994

黄山市统计年鉴·2013
黄山市统计局编　主编周勇
内部印刷　2013年7月
532页　精装　30cm
准印证号：皖内部图书HS-2013-014
馆藏号：Guojiafz-8600002013199

屯溪年鉴·2012—2013
黄山市屯溪区人民政府主办　黄山市屯溪区地方志编纂委员会办公室编　主编吴文华
方志出版社　2014年12月
356页　精装　29cm
ISBN978-7-5144-1472-1
馆藏号：Guojiafz-8600002009925

黄山区年鉴·2009（创刊号）
黄山市黄山区人民政府主办　黄山区地方志办公室编　主编朱金保
安徽省地质印刷厂印刷　2009年10月
390页　精装　29cm
准印证号：皖内部资料HS-2009-0027号
馆藏号：Guojiafz-8600002010093

黄山区年鉴·2011
黄山市黄山区人民政府主办　黄山区地方志办公室编　主编章建新、朱金保
黄山书社　2012年6月
390页　精装　29cm
ISBN978-7-5461-2815-3
馆藏号：Guojiafz-8600002010094

黄山区年鉴·2013
黄山市黄山区人民政府主办　黄山区地方志办公室编　主编章建新
黄山书社　2014年6月
379页　精装　29cm
ISBN978-7-5461-4602-7
馆藏号：Guojiafz-8600002015963

黄山市徽州区人民检察院年鉴·2010
黄山市徽州区人民检察院编　主任胡敏
内部印刷　2012年6月
260页　平装　21cm
馆藏号：Guojiafz-8600002000753

歙县年鉴·2001
歙县人民政府主办　歙县地方志办公室编
主编周培金
中华书局　2001年12月
434页　精装　27cm
ISBN7-101-03167-6
馆藏号：Guojiafz-8600002004248

休宁年鉴·2011—2013
休宁县人民政府主办　休宁县地方志办公室编
主编汪顺生
方志出版社　2014年12月
485页　精装　29cm
ISBN978-7-5144-1472-1
馆藏号：Guojiafz-8600002005499

黟县年鉴·2015（创刊号）
黟县人民政府主办　黟县地方志办公室编

主编胡时滨　总纂洪建春、叶建强
黄山书社　2016 年 12 月
541 页　精装　29cm
ISBN978-7-5461-6021-4
馆藏号：Guojiafz-8600002014748

祁门年鉴·2006—2009（创刊号）
祁门县人民政府主办　祁门县地方志编纂委员会编
主编胡海平
皖南海峰印刷包装有限公司印刷　2011 年 2 月
668 页　精装　29cm
准印证号：皖 HS-2010-0030 号
馆藏号：Guojiafz-8600002009235

祁门年鉴·2010—2011
黄山市祁门县人民政府主办　祁门县地方志编纂委员会办公室编　主编胡海平
皖南海峰印刷包装有限公司印刷　2013 年 11 月
653 页　精装　29cm
准印证号：皖 HS2012-032 号
馆藏号：Guojiafz-8600002010820

滁州年鉴·1999
滁州市人民政府主办　《滁州年鉴》编纂委员会编
主编张守法
黄山书社　1999 年 11 月
309 页　精装　27cm
ISBN7-80630-456-8
馆藏号：Guojiafz-8600002005992

滁州年鉴·2000
滁州市人民政府主办　《滁州年鉴》编纂委员会编
主编张守法
黄山书社　2000 年 10 月
289 页　精装　27cm
ISBN7-80603-559-9
馆藏号：Guojiafz-8600002009629

滁州年鉴·2001
滁州市人民政府主办　滁州市地方志办公室编
主编张守法
滁州市人民印刷厂印刷　2001 年
284 页　精装　29cm
准印证号：皖内准字 2001-128
馆藏号：Guojiafz-8600002008727

滁州年鉴·2002
滁州市人民政府主办　滁州市地方志编纂委员会编
主编张守法
安徽省地质印刷厂印刷
317 页　精装　29cm
准印证号：皖内准字 2001-128
馆藏号：Guojiafz-8600002008748

滁州年鉴·2003
滁州市人民政府主办　滁州市地方志办公室编
主编张守法
安徽省地质印刷厂印刷
288 页　精装　29cm
准印证号：皖内准字 2001-128
馆藏号：Guojiafz-8600002008780

滁州年鉴·2005
滁州市人民政府主办　滁州市地方志办公室编
主编沈维骥
安徽省地质印刷厂印刷
349 页　精装　29cm
准印证号：皖内准字 2001-128
馆藏号：Guojiafz-8600002001257

滁州年鉴·2006
滁州市人民政府主办　滁州市地方志编纂委员会编
主编张忠孝
安徽省地质印刷厂印刷　2006 年 7 月
334 页　精装　29cm
准印证号：皖内准字 2001-128
馆藏号：Guojiafz-8600002001269

滁州年鉴·2007
滁州市人民政府主办　滁州市地方志办公室编

主编张忠孝　执行主编许恒贵
安徽省地质印刷厂印刷　2007 年 8 月
276 页　精装　29cm
准印证号：皖内准字 2001-128
馆藏号：Guojiafz-8600002007503

滁州年鉴·2010
滁州市人民政府主办　滁州市地方志编纂委员会办公室编　主编袁华　执行主编许恒贵
安徽省地质印刷厂印刷　2010 年 9 月
352 页　精装　29cm
准印证号：皖内准字 2001-128
馆藏号：Guojiafz-8600002001958

滁州年鉴·2011
滁州市人民政府主办　滁州市地方志编纂委员会编　主编袁华　执行主编许恒贵
安徽省地质印刷厂印刷　2011 年 9 月
315 页　精装　30cm
准印证号：皖内准字 2001-128
馆藏号：Guojiafz-8600002001047

滁州年鉴·2012
滁州市人民政府主办　滁州市地方志编纂委员会编　主编章义　执行主编葛安全
安徽省地质印刷厂印刷　2012 年 9 月
293 页　精装　29cm
准印证号：皖内准字 2012-128
馆藏号：Guojiafz-8600002001045

南谯年鉴·2012
南谯区人民政府主办　南谯区地方志编纂委员会办公室编　主编汪宗文
滁州市彩色印刷包装厂印刷　2012 年 9 月
212 页　精装　29cm
准印证号：皖 CHZ-2012-11 号
馆藏号：Guojiafz-8600002008711

天长年鉴·2010
天长市人民政府主办　天长市地方志年鉴编纂委员会编　主编陆晓华
黄山书社　2010 年 12 月
592 页　精装　29cm
ISBN978-7-5461-1617-4
馆藏号：Guojiafz-8600002005849

天长年鉴·2011
天长市人民政府主办　天长市地方志年鉴编纂委员会编　主编陆晓华
黄山书社　2012 年 4 月
350 页　精装　29cm
ISBN978-7-5461-2620-3
馆藏号：Guojiafz-8600002008214

天长年鉴·2012
天长市人民政府主办　天长市地方志年鉴编纂委员会编　主编陆晓华
黄山书社　2012 年 10 月
370 页　精装　29cm
ISBN978-7-5461-3245-7
馆藏号：Guojiafz-8600002006940

天长年鉴·2014
天长市地方志年鉴编纂委员会编　主编陆晓华
中国时代经济出版社　2014 年 6 月
397 页　精装　29cm
ISBN978-7-5119-2068-3
馆藏号：Guojiafz-8600002015650

天长年鉴·2015
天长市人民政府主办　天长市地方志年鉴编纂委员会编　主编陈厚兵
黄山书社　2015 年 12 月
434 页　精装　29cm
ISBN978-7-5461-5392-6
馆藏号：Guojiafz-8600002013475

来安年鉴·2017
来安县人民政府主办　来安县地方志办公室编
主编杨建友

黄山书社　2017年10月
431页　精装　29cm
ISBN978-7-5461-6939-2
馆藏号：Guojiafz-8600002016306

全椒年鉴·2006—2009
全椒县人民政府主办　全椒县地方志编纂委员会办公室编　主任盛必龙
安徽省长江彩色包装印刷有限公司印刷　2010年12月
271页　精装　29cm
准印证号：皖内准字CHZ-2010-19
馆藏号：Guojiafz-8600002001319

全椒年鉴·2011
全椒县人民政府主办　全椒县地方志编纂委员会办公室编　主编陈仁善　执行主编许斌
安徽长江彩色印刷包装有限公司印刷　2011年6月
244页　精装　29cm
准印证号：皖内准字CHZ-2011-7号
馆藏号：Guojiafz-8600002009323

全椒年鉴·2012
全椒县人民政府主办　全椒县地方志编纂委员会办公室编　主编程耕　执行主编许斌
合肥汇利丰印务有限责任公司印刷　2012年7月
276页　精装　29cm
准印证号：皖内准字GHZ-2012-5号
馆藏号：Guojiafz-8600002001315

全椒年鉴·2014
全椒县人民政府主办　全椒县地方志办公室编
主编程耕　执行主编许斌
黄山书社　2014年10月
322页　精装　29cm
ISBN978-7-5461-4731-4
馆藏号：Guojiafz-8600002015998

全椒年鉴·2015
全椒县人民政府主办　全椒县地方志办公室编
主编程耕　执行主编许斌
黄山书社　2015年11月
308页　精装　29cm
ISBN978-7-5461-5361-2
馆藏号：Guojiafz-8600002014214

全椒年鉴·2017
全椒县人民政府主办　全椒县地方志办公室编
主编程耕　执行主编许斌
方志出版社　2017年11月
356页　精装　29cm
ISBN978-7-5144-2771-4
馆藏号：Guojiafz-8600002015018

阜阳年鉴·2003
阜阳市人民政府主办　阜阳市地方志办公室编
主编吴敬人
内部印刷　2003年11月
276页　精装　30cm
准印证号：阜新出（2013）15号
馆藏号：Guojiafz-8600002009340

阜阳年鉴·2004
阜阳市人民政府主办　阜阳市地方志办公室编
主编邓建设
内部印刷　2004年11月
280页　精装　29cm
准印证号：阜新准印（2004）33号
馆藏号：Guojiafz-8600002008985

阜阳年鉴·2006
阜阳市人民政府主办　阜阳市地方志办公室编
主编邓建设
内部印刷　2006年9月
422页　精装　29cm
准印证号：皖FY（2006）004号
馆藏号：Guojiafz-8600002009330

阜阳年鉴·2007
阜阳市人民政府主办　阜阳市地方志办公室编

主编邓建设
内部印刷　2007年9月
304页　精装　30cm
准印证号：皖内部资料性图书FY（2007）016号
馆藏号：Guojiafz-8600002009027

阜阳年鉴·2008
阜阳市人民政府主办　阜阳市地方志办公室编
主编邓建设
内部印刷　2008年9月
333页　精装　30cm
准印证号：皖内部资料性图书FY（2008）020号
馆藏号：Guojiafz-8600002009341

阜阳年鉴·2009
阜阳市人民政府主办　阜阳市地方志办公室编
主编邓建设
内部印刷　2009年12月
306页　精装　30cm
准印证号：皖内部资料性图书FY（2010）01号
馆藏号：Guojiafz-8600002008887

阜阳年鉴·2010
阜阳市人民政府主办　阜阳市地方志办公室编
主编邓建设
内部印刷　2010年12月
272页　精装　30cm
准印证号：皖内部资料性图书FY（2010）18号
馆藏号：Guojiafz-8600002008986

阜阳年鉴·2011
阜阳市人民政府主办　阜阳市地方志办公室编
主编邓建设
内部印刷　2011年12月
304页　精装　30cm
准印证号：皖内部资料性图书FY（2011）23号
馆藏号：Guojiafz-8600002008974

颍州区年鉴·2008
阜阳市颍州区人民政府主办　阜阳市颍州区地方志办公室编　主编李治斌
安徽省地质印刷厂印刷　2009年2月
341页　精装　29cm
准印证号：皖内部资料性图书FY-2008-14号
馆藏号：Guojiafz-8600002001066

颍州区年鉴·2010
阜阳市颍州区人民政府主办　阜阳市颍州区地方志办公室编　主编李治斌
内部印刷
290页　精装　29cm
准印证号：皖内部资料性图书FY（2010）02号
馆藏号：Guojiafz-8600002001068

界首年鉴·2010—2011
界首市人民政府主办　颍上县地方志办公室编
主编杨晓红
安徽省地质印刷厂印刷　2011年11月
338页　精装　29cm
准印证号：皖FY（2011）20号
馆藏号：Guojiafz-8600002001489

界首统计年鉴·2007—2008
界首市统计局编　主编刘涛
内部印刷
610页　精装　29cm
馆藏号：Guojiafz-8600002001491

临泉年鉴·2005
临泉县人民政府主办　临泉县地方志办公室编
主任史祥富
内部印刷　2005年12月
282页　精装　29cm
准印证号：阜新准印（2005）16号
馆藏号：Guojiafz-8600002005393

临泉年鉴·2009
临泉县人民政府主办　临泉县地方志办公室编
主编赵大伟
内部印刷　2009年10月

313 页　精装　29cm
准印证号：临新准印（2009）13 号
馆藏号：Guojiafz-8600002005340

临泉年鉴·2011
临泉县人民政府主办　临泉县地方志办公室编
主编张少山
安徽省新世纪印务有限责任公司印刷　2012 年 4 月
494 页　精装　29cm
准印证号：皖 FY2012-001
馆藏号：Guojiafz-8600002005390

颍上年鉴·1989—1997
颍上县人民政府主办　颍上县地方志办公室编
主编李兴东
黄山书社　1998 年 12 月
319 页　精装　27cm
ISBN7-80630-416-9
馆藏号：Guojiafz-8600002003515

颍上年鉴·2004—2007
颍上县人民政府主办　颍上县地方志办公室编
主编张勇
安徽省地质印刷厂印刷
275 页　精装　29cm
准印证号：皖 FY-2008-23 号
馆藏号：Guojiafz-8600002006371

颍上"十一五"年鉴
颍上县地方志编纂委员会编　主编张勇
黄山书社　2012 年 11 月
178 页　精装　29cm
ISBN978-7-5461-3234-1
馆藏号：Guojiafz-8600002005746

宿州年鉴·2001
宿州市人民政府主办　《宿州年鉴》编辑部编
主编叶德全
黄山书社　2001 年 10 月
248 页　精装　27cm
ISBN7-80630-686-2
馆藏号：Guojiafz-8600002002828

宿州年鉴·2002
宿州市人民政府主办　《宿州年鉴》编辑部编
主编徐艳
黄山书社　2002 年 11 月
288 页　精装　27cm
ISBN7-80630-821-0
馆藏号：Guojiafz-8600002002824

宿州年鉴·2003
宿州市人民政府主办　宿州市档案局编
主编殷玉林
内部印刷　2003 年 12 月
307 页　精装　26cm
准印证号：宿新出（2003）12-10 号
馆藏号：Guojiafz-8600002001125

宿州年鉴·2004
宿州市人民政府主办　宿州市档案局、宿州市地方志办公室合编　主编殷玉林
内部印刷　2004 年 11 月
198 页　精装　27cm
准印证号：宿新出（2004）12-28 号
馆藏号：Guojiafz-8600002001234

宿州年鉴·2005
宿州市人民政府主办　宿州市档案局方志办编
主编殷玉林
内部印刷　2005 年 9 月
214 页　精装　27cm
准印证号：宿新出（2005）12-5 号
馆藏号：Guojiafz-8600002007769

宿州年鉴·2006
宿州市人民政府主办　宿州市档案局方志办编
主编殷玉林
内部印刷　2006 年 9 月
216 页　精装　27cm

准印证号：皖 SZ-2006-004
馆藏号：Guojiafz-8600002001241

宿州年鉴·2007
宿州市人民政府主办　宿州市地方志办公室编
主编殷玉林
内部印刷　2007 年 9 月
266 页　精装　27cm
准印证号：皖 SZ-2007-020
馆藏号：Guojiafz-8600002007777

宿州年鉴·2008
宿州市人民政府主办　宿州市地方志办公室编
主编殷玉林
内部印刷　2008 年 9 月
302 页　精装　27cm
准印证号：宿新出 SZ-2008-11 号
馆藏号：Guojiafz-8600002007776

宿州年鉴·2009
宿州市人民政府主办　宿州市地方志办公室编
主编殷玉林
内部印刷　2009 年 9 月
243 页　精装　27cm
准印证号：宿新出 SZ-2009-029 号
馆藏号：Guojiafz-8600002008723

宿州年鉴·2010
宿州市人民政府主办　宿州市地方志办公室编
主编殷玉林
内部印刷　2010 年 9 月
282 页　精装　27cm
准印证号：皖 SZ-2010-001 号
馆藏号：Guojiafz-8600002007817

宿州年鉴·2011
宿州市人民政府主办　宿州市地方志办公室编
主编殷玉林
内部印刷　2011 年 9 月
266 页　精装　27cm
准印证号：皖 SZ-2011-37 号
馆藏号：Guojiafz-8600002001043

宿州年鉴·2014
宿州市人民政府主办　宿州市地方志办公室编
主编居永立
方志出版社　2015 年 3 月
267 页　精装　29cm
ISBN978-7-5144-1563-6
馆藏号：Guojiafz-8600002009882

宿州年鉴·2017
宿州市人民政府主办　宿州市档案局（馆）、宿州市地方志办公室合编　主编王伟
方志出版社　2017 年 10 月
436 页　精装　29cm
ISBN978-7-5144-2621-2
馆藏号：Guojiafz-8600002016883

宿州市中级人民法院年鉴·2004
《宿州市中级人民法院年鉴》编纂委员会编
主任周榕
内部印刷
468 页　精装　30cm
馆藏号：Guojiafz-8600002001445

宿州市中级人民法院年鉴·2005
《宿州市中级人民法院年鉴》编纂委员会编
主任周榕
内部印刷
591 页　精装　30cm
馆藏号：Guojiafz-8600002001926

宿州市中级人民法院年鉴·2006
《宿州市中级人民法院年鉴》编纂委员会编
主任周榕
内部印刷
417 页　精装　30cm
馆藏号：Guojiafz-8600002001442

宿州市中级人民法院年鉴·2007
《宿州市中级人民法院年鉴》编纂委员会编
主任周榕
内部印刷
455 页　精装　30cm
馆藏号：Guojiafz-8600002001922

宿州市中级人民法院年鉴·2008
《宿州市中级人民法院年鉴》编纂委员会编
主任周榕
内部印刷
326 页　精装　30cm
馆藏号：Guojiafz-8600002006309

宿州市中级人民法院年鉴·2009
《宿州市中级人民法院年鉴》编纂委员会编
主任周榕
内部印刷
307 页　精装　30cm
馆藏号：Guojiafz-8600002006312

宿州市中级人民法院年鉴·2010
《宿州市中级人民法院年鉴》编纂委员会编
主任沈厚富
内部印刷
309 页　精装　30cm
馆藏号：Guojiafz-8600002001359

宿州市中级人民法院年鉴·2011
《宿州市中级人民法院年鉴》编纂委员会编
主任沈厚富
内部印刷
339 页　精装　30cm
馆藏号：Guojiafz-8600002001354

宿州市埇桥年鉴·2005—2006
宿州市埇桥区人民政府主办　宿州市埇桥区档案局、宿州市埇桥区地方志办公室合编
主编赵建国
农村孩子报社印厂印刷　2007 年
415 页　平装　26cm
准印证号：安徽宿州市内部资料准印证皖 SZ-2007-032 号
馆藏号：Guojiafz-8600002007618

宿州市埇桥年鉴·2007—2009
宿州市埇桥区人民政府主办　宿州市埇桥区档案局、宿州市埇桥区地方志办公室合编
主编赵建国
农村孩子报社印厂印刷　2010 年
435 页　平装　26cm
准印证号：安徽宿州市内部资料准印证皖 SZ-2010-036 号
馆藏号：Guojiafz-8600002007621

砀山年鉴·2002—2004
砀山县人民政府主办　砀山县地方志编纂委员会办公室编　主编王志勤
方志出版社　2006 年 6 月
405 页　精装　27cm
ISBN7-80192-807-5
馆藏号：Guojiafz-8600002009039

灵璧年鉴·1986—1995
中共灵璧县委党史研究室、灵璧县地方志办公室合编　总编辑关贞堂　主编潘有庆
方志出版社　1997 年 5 月
478 页　精装　27cm
ISBN7-80122-151-6
馆藏号：Guojiafz-8600002003904

泗县年鉴·2014（创刊号）
泗县人民政府主办　泗县地方志办公室编
主编吴德山
安徽人民出版社　2014 年 9 月
344 页　精装　29cm
ISBN978-7-212-07497-5
馆藏号：Guojiafz-8600002015218

泗县统计年鉴·2007
泗县统计局编　总编辑张辉　主编毛学武
内部印刷　2007 年
308 页　精装　30cm
馆藏号：Guojiafz-8600002008956

六安年鉴·2011
六安市人民政府主办　六安市地方志办公室编
主编张启华
安徽人民出版社　2011 年 9 月
459 页　精装　29cm
ISBN978-7-212-04311-7
馆藏号：Guojiafz-8600002008604

六安年鉴·2012
六安市人民政府主办　六安市地方志办公室编
主编张启华
黄山书社　2012 年 9 月
544 页　精装　29cm
ISBN978-7-5461-3079-8
馆藏号：Guojiafz-8600002003315

舒城年鉴·2010
舒城县人民政府主办　舒城县地方志办公室编
主编张曙　执行主编李安民
内部印刷
215 页　精装　29cm
馆藏号：Guojiafz-8600002001869

舒城年鉴·2011
舒城县人民政府主办　舒城县地方志办公室编
主编李安民
内部印刷
242 页　精装　29cm
馆藏号：Guojiafz-8600002001871

舒城年鉴·2017
舒城县人民政府主办　舒城县地方志办公室编
主编吴道良　执行主编贾佳
黄山书社　2017 年 10 月
318 页　精装　29cm
ISBN978-7-5461-6919-4
馆藏号：Guojiafz-8600002016302

金寨年鉴·2011（创刊号）
金寨县人民政府主办　金寨县地方志办公室编
主编舒从芬
六安市光明印务有限公司印刷
461 页　精装　29cm
准印证号：皖 LA-2011-017 号
馆藏号：Guojiafz-8600002008923

霍山年鉴·2012
霍山县人民政府主办　霍山年鉴编纂工作委员会编
主编苏昌清
安徽人民出版社　2012 年 9 月
322 页　精装　29cm
ISBN978-7-212-05703-9
馆藏号：Guojiafz-8600002000177

霍山年鉴·2014
霍山县人民政府主办　霍山年鉴工作委员会编
主编苏昌清
安徽人民出版社　2014 年 10 月
236 页　精装　29cm
ISBN978-7-212-07536-1
馆藏号：Guojiafz-8600002015476

亳州年鉴·2002
亳州市人民政府主办　亳州市史志办公室编
主编张兴华
黄山书社　2002 年 8 月
258 页　精装　29cm
ISBN7-80630-801-6
馆藏号：Guojiafz-8600002002670

亳州年鉴·2003
亳州市人民政府主办　亳州市地方志编纂委员会办公室编　主编张兴华
方志出版社　2003 年 9 月

225 页　精装　29cm
ISBN7-80192-012-0
馆藏号：Guojiafz-8600002005162

亳州年鉴・2005
亳州市人民政府主办　中共亳州市委党史研究室、亳州市地方志编纂办公室合编　主编张兴华
方志出版社　2005 年 8 月
294 页　精装　29cm
ISBN7-80192-012-0
馆藏号：Guojiafz-8600002002921

亳州年鉴・2006
亳州市人民政府主办　中共亳州市委党史研究室、亳州市地方志编纂办公室合编　主编卢刚
安徽省地质印刷厂印刷　2006 年 8 月
292 页　精装　29cm
准印证号：皖内部资料性图书 BZ-2006-001 号
馆藏号：Guojiafz-8600002001053

亳州年鉴・2007
亳州市人民政府主办　中共亳州市委党史研究室、亳州市地方志编纂办公室合编　主编卢刚
安徽地质印刷厂印刷　2007 年 8 月
290 页　精装　29cm
准印证号：皖 BZ-2007-002 号
馆藏号：Guojiafz-8600002005286

亳州年鉴・2008
亳州市人民政府主办　中共亳州市委党史研究室、亳州市地方志编纂办公室合编　主编卢刚
安徽煤田光大彩印有限责任公司印刷　2008 年 8 月
310 页　精装　29cm
准印证号：BZ-2008-009 号
馆藏号：Guojiafz-8600002001055

亳州年鉴・2009
亳州市人民政府主办　中共亳州市委党史研究室、亳州市地方志编纂办公室合编　主编卢刚
安徽煤田光大彩印有限责任公司印刷　2009 年 8 月
283 页　精装　29cm
准印证号：皖 BZ-2009-003 号
馆藏号：Guojiafz-8600002001051

亳州年鉴・2010
亳州市人民政府主办　中共亳州市委党史研究室、亳州市地方志编纂办公室合编　主编卢刚
安徽煤田光大彩印有限责任公司印刷　2010 年 10 月
316 页　精装　29cm
准印证号：皖 BZ-2010-009 号
馆藏号：Guojiafz-8600002001057

亳州年鉴・2011
亳州市人民政府主办　中共亳州市委党史研究室、亳州市地方志编纂办公室合编　主编时明金
合肥中建彩色印刷厂印刷　2011 年 9 月
336 页　精装　29cm
准印证号：皖 BZ-2011-004 号
馆藏号：Guojiafz-8600002001056

亳州年鉴・2016
亳州市人民政府主办　亳州年鉴编纂委员会编
主编时明金
方志出版社　2016 年 10 月
482 页　精装　29cm
ISBN978-7-5144-2134-7
馆藏号：Guojiafz-8600002013846

亳州年鉴・2017
亳州市地方志编纂办公室编　主编时明金
方志出版社　2017 年 11 月
422 页　精装　29cm
ISBN978-7-5144-2695-3
馆藏号：Guojiafz-8600002015028

亳州年鉴・2018
亳州市地方志编纂办公室编　主编时明金
方志出版社　2018 年 9 月
422 页　精装　29cm

ISBN978-7-5144-3331-9
馆藏号：Guojiafz-8600002017291

亳州年鉴·2019
中共亳州市委党史和地方志研究室编　主编时明金
方志出版社　2019 年 9 月
438 页　精装　29cm
ISBN978-7-5144-3916-8
馆藏号：Guojiafz-8600002018001

亳州统计年鉴·1998
亳州市统计局编　主编张翠玲
安徽省统计局编机关印刷厂印刷　1998 年 9 月
402 页　精装　21cm
馆藏号：Guojiafz-8600002006625

涡阳年鉴·2016
涡阳县人民政府主办　涡阳县地方志办公室编
主编杨健
方志出版社　2016 年 10 月
462 页　精装　29cm
ISBN978-7-5144-2092-0
馆藏号：Guojiafz-8600002013869

涡阳年鉴·2017
涡阳县人民政府主办　涡阳县地方志办公室编
主编杨健
方志出版社　2018 年 2 月
354 页　精装　29cm
ISBN978-7-5144-3009-7
馆藏号：Guojiafz-8600002017213

涡阳年鉴·2018
涡阳县人民政府主办　涡阳县地方志办公室编
主编杨健
方志出版社　2018 年 12 月
367 页　精装　29cm
ISBN978-7-5144-3667-9
馆藏号：Guojiafz-8600002018057

池州年鉴·2003—2004
池州市人民政府主办　池州市地方志办公室编
主编李剑军
黄山书社　2005 年 7 月
533 页　精装　30cm
ISBN7-80707-250-4
馆藏号：Guojiafz-8600002008071

池州年鉴·2005—2006
池州市人民政府主办　池州市地方志办公室编
主编李剑军
黄山书社　2008 年 10 月
340 页　精装　30cm
ISBN978-7-5461-0039-5
馆藏号：Guojiafz-8600002005742

池州年鉴·2009
池州市人民政府主办　池州市地方志办公室编
主编李剑军
黄山书社　2009 年 12 月
574 页　精装　29cm
ISBN978-7-5461-0442-3
馆藏号：Guojiafz-8600002000145

池州年鉴·2010
池州市人民政府主办　池州市地方志办公室编
主编李剑军
方志出版社　2011 年 10 月
394 页　精装　30cm
ISBN978-7-5144-0191-2
馆藏号：Guojiafz-8600002000146

东至年鉴·2009
东至县人民政府主办　东至县地方志办公室编
主编刘文革　执行主编姚北生
内部印刷
387 页　精装　29cm
准印证号：皖 CZ-2010-06
馆藏号：Guojiafz-8600002005391

东至年鉴・2011
东至县人民政府主办　东至县地方志办公室编
主任孙革新
安徽人民出版社　2011 年 12 月
409 页　精装　29cm
ISBN978-7-212-04546-3
馆藏号：Guojiafz-8600002008152

青阳年鉴・2011—2013
青阳县人民政府主办　青阳县地方志办公室编
主编施有弟
方志出版社　2014 年 12 月
298 页　精装　29cm
ISBN978-7-5144-1544-5
馆藏号：Guojiafz-8600002004999

青阳年鉴・2014—2015
青阳县人民政府主办　青阳县地方志编纂委员会编
主编宁劲元
黄山书社　2016 年 12 月
260 页　精装　29cm
ISBN978-7-5461-5897-6
馆藏号：Guojiafz-8600002014690

宣城年鉴・2003
宣城市人民政府主办　宣城市方志办、档案局合编
主编李益保
黄山书社　2003 年 10 月
376 页　精装　27cm
ISBN7-80630-943-8
馆藏号：Guojiafz-8600002007849

宣城年鉴・2005
宣城市人民政府主办　宣城市方志办、档案局合编
主编李益保
黄山书社　2005 年 10 月
334 页　精装　27cm
ISBN7-80707-307-1
馆藏号：Guojiafz-8600002005453

宣城年鉴・2007
宣城市人民政府主办　宣城市方志办、档案局合编
主编李益保
黄山书社　2007 年 9 月
347 页　精装　27cm
ISBN978-7-80707-787-9
馆藏号：Guojiafz-8600002005534

宣城年鉴・2008
宣城市人民政府主办　宣城市地方志办公室编
主编李益保
中国言实出版社　2008 年 10 月
294 页　精装　29cm
ISBN978-7-80128-891-2
馆藏号：Guojiafz-8600002002261

宣城年鉴・2009
宣城市人民政府主办　宣城市地方志办公室编
主编李益保
华艺出版社　2009 年 9 月
312 页　精装　29cm
ISBN978-7-80252-153-7
馆藏号：Guojiafz-8600002002268

宣城年鉴・2010
宣城市人民政府主办　宣城市地方志办公室编
主编李益保
华艺出版社　2010 年 10 月
346 页　精装　29cm
ISBN978-7-80252-153-7
馆藏号：Guojiafz-8600002002488

宣城年鉴・2011
宣城市人民政府主办　宣城市地方志办公室编
主任虞爱华
华艺出版社　2011 年 9 月
376 页　精装　29cm
ISBN978-7-80252-153-7
馆藏号：Guojiafz-8600002002288

宣城年鉴·2017
宣城市人民政府主办　宣城市地方志办公室编
主编蔡长雁
黄山书社　2017 年 12 月
445 页　精装　29cm
ISBN978-7-5461-7315-3
馆藏号：Guojiafz-8600002016304

宣城市中级人民法院年鉴·2002
宣城市中级人民法院编　主任刘顺道
内部印刷
284 页　平装　22cm
馆藏号：Guojiafz-8600002009491

宣城市中级人民法院年鉴·2003
宣城市中级人民法院编　主任刘顺道
内部印刷　2004 年 5 月
320 页　平装　22cm
馆藏号：Guojiafz-8600002009489

宣城市中级人民法院年鉴·2004
宣城市中级人民法院编　主任刘顺道
内部印刷　2005 年 6 月
327 页　平装　22cm
馆藏号：Guojiafz-8600002009488

宣城市中级人民法院年鉴·2005
宣城市中级人民法院编　主任刘顺道
内部印刷　2006 年 8 月
375 页　平装　22cm
馆藏号：Guojiafz-8600002009490

宣城市中级人民法院年鉴·2006
宣城市中级人民法院编　主任刘顺道
内部印刷　2007 年 8 月
401 页　平装　22cm
馆藏号：Guojiafz-8600002009486

宣城市中级人民法院年鉴·2007
宣城市中级人民法院编　主任刘顺道
内部印刷　2008 年 8 月
427 页　平装　22cm
馆藏号：Guojiafz-8600002009487

宣城市中级人民法院年鉴·2008
宣城市中级人民法院编　主任刘顺道
内部印刷　2009 年 8 月
371 页　平装　22cm
馆藏号：Guojiafz-8600002009484

宣城市中级人民法院年鉴·2009
宣城市中级人民法院编　主任刘顺道
内部印刷　2010 年 10 月
347 页　平装　24cm
馆藏号：Guojiafz-8600002006602

宣城市中级人民法院年鉴·2010
宣城市中级人民法院编　主任杨谋林
内部印刷　2011 年 8 月
490 页　平装　24cm
馆藏号：Guojiafz-8600002006603

宁国年鉴·1997—1998（创刊号）
宁国市人民政府主办　宁国市地方志办公室编
主编贾金福
黄山书社　1999 年 12 月
248 页　精装　27cm
ISBN7-80630-460-6
馆藏号：Guojiafz-8600002002298

宁国年鉴·2008
宁国市人民政府主办　宁国市地方志办公室编
主编徐海礁
中国文史出版社　2008 年 12 月
395 页　精装　29cm
ISBN978-7-5034-2164-8
馆藏号：Guojiafz-8600002002436

宁国年鉴·2010
宁国市人民政府主办　宁国市地方志办公室编

总编徐海礁
黄山书社　2011 年 4 月
334 页　精装　29cm
ISBN978-7-5461-1914-4
馆藏号：Guojiafz-8600002002438

宁国年鉴·2014
宁国市人民政府主办　宁国市地方志办公室编
主编王汤梅
黄山书社　2014 年 12 月
388 页　精装　29cm
ISBN978-7-5461-4881-6
馆藏号：Guojiafz-8600002015367

宁国年鉴·2016
宁国市人民政府主办　宁国市地方志办公室编
主编华艳
黄山书社　2016 年 12 月
359 页　精装　29cm
ISBN978-7-5461-5904-1
馆藏号：Guojiafz-8600002014222

宁国年鉴·2017
宁国市人民政府主办　宁国市地方志办公室编
主编华艳　执行主编华宝新
方志出版社　2017 年 11 月
452 页　精装　29cm
ISBN978-7-5144-2648-9
馆藏号：Guojiafz-8600002015526

郎溪年鉴·2009（创刊号）
中共郎溪县委员会、郎溪县人民政府主办　郎溪县地方志办公室编　主编程干亮
华艺出版社　2009 年 10 月
256 页　精装　29cm
ISBN978-7-80252-153-7
馆藏号：Guojiafz-8600002002434

郎溪年鉴·2010
中共郎溪县委员会、郎溪县人民政府主办　郎溪县档案局（地方志办公室）编　主编吴敏
华艺出版社　2010 年 12 月
280 页　精装　30cm
ISBN978-7-80252-153-7
馆藏号：Guojiafz-8600002002442

郎溪年鉴·2011
中共郎溪县委员会、郎溪县人民政府主办　郎溪县档案局（地方志办公室）编　主编吴敏
华艺出版社　2011 年 12 月
350 页　精装　30cm
ISBN978-7-80252-153-7
馆藏号：Guojiafz-8600002002134

郎溪年鉴·2013
中共郎溪县委员会、郎溪县人民政府主办　郎溪县档案局（地方志办公室）编　主编吴敏
三秦出版社　2013 年 12 月
281 页　精装　29cm
ISBN978-7-5518-0641-1
馆藏号：Guojiafz-8600002015612

郎溪统计年鉴·2005—2006
郎溪县统计局编　主编张成山
城南印刷厂印刷　2007 年
144 页　精装　20cm
馆藏号：Guojiafz-8600002009270

郎溪统计年鉴·2007—2008
郎溪县统计局编　主编张成山
城南印刷厂印刷　2009 年
160 页　精装　20cm
馆藏号：Guojiafz-8600002006627

郎溪统计年鉴·2009—2010
郎溪县统计局编　主编张成山
城南印刷厂印刷　2011 年 8 月
201 页　精装　20cm
馆藏号：Guojiafz-8600002006626

广德年鉴·2006（创刊号）
中共广德县委员会、广德县人民政府主办　中共广德县委宣传部、广德县档案局合编　主编周锋
黄山书社　2006年12月
278页　精装　29cm
ISBN7-80707-523-6
馆藏号：Guojiafz-8600002002131

广德年鉴·2007
中共广德县委员会、广德县人民政府主办　广德县档案局编　主任洪立根
中国言实出版社　2007年12月
308页　精装　29cm
ISBN978-7-80128-891-2
馆藏号：Guojiafz-8600002002833

广德年鉴·2008
中共广德县委员会、广德县人民政府主办　广德县地方志办公室编　主编陈兴福
黄山书社　2008年12月
239页　精装　29cm
ISBN978-7-5461-0202-3
馆藏号：Guojiafz-8600002002283

广德年鉴·2009
中共广德县委员会、广德县人民政府主办　广德县地方志办公室编　主编陈兴福
黄山书社　2009年12月
284页　精装　29cm
ISBN978-7-5461-0912-1
馆藏号：Guojiafz-8600002002135

广德年鉴·2010
中共广德县委员会、广德县人民政府主办　广德县地方志办公室编　主编陈兴福
黄山书社　2010年12月
286页　精装　29cm
ISBN978-7-5461-1614-3
馆藏号：Guojiafz-8600002002800

广德年鉴·2011
中共广德县委员会、广德县人民政府主办　广德县地方志办公室编　主编陈兴福
黄山书社　2011年12月
294页　精装　29cm
ISBN978-7-5461-2347-9
馆藏号：Guojiafz-8600002002286

广德年鉴·2012
中共广德县委员会、广德县人民政府主办　广德县地方志办公室编　主编唐新智
黄山书社　2012年10月
296页　精装　29cm
ISBN978-7-5461-3140-5
馆藏号：Guojiafz-8600002002487

广德年鉴·2014
中共广德县委员会、广德县人民政府主办　广德县地方志办公室编　主编唐新智
黄山书社　2014年11月
298页　精装　29cm
ISBN978-7-5461-4714-7
馆藏号：Guojiafz-8600002015834

广德年鉴·2016
中共广德县委员会、广德县人民政府主办　广德县地方志办公室编　主编唐新智
黄山书社　2016年11月
362页　精装　29cm
ISBN978-7-5461-5697-2
馆藏号：Guojiafz-8600002014220

泾县年鉴·1988—1997
泾县人民政府主办　泾县地方志编纂委员会编　主编王世衡
中国致公出版社　2001年12月
325页　精装　27cm
ISBN7-80096-767-0
馆藏号：Guojiafz-8600002002439

泾县年鉴·2010
泾县人民政府主办　泾县地方志办公室编
总编章小平
华艺出版社　2011年10月
296页　精装　30cm
ISBN978-7-80252-153-7
馆藏号：Guojiafz-8600002002789

泾县统计年鉴　安徽省泾县国民经济与社会发展统计资料·2007
泾县统计局编　主编赵伦
安徽泾县精彩印刷包装有限公司印刷
155页　平装　19cm
馆藏号：Guojiafz-8600002006635

泾县统计年鉴　安徽省泾县国民经济与社会发展统计资料·2008
泾县统计局编　主编赵伦
泾县东航彩印厂印刷
148页　平装　19cm
馆藏号：Guojiafz-8600002006633

泾县统计年鉴　安徽省泾县国民经济与社会发展统计资料·2009
泾县统计局编　主编柯正宏
泾县东航彩印厂印刷
181页　平装　19cm
馆藏号：Guojiafz-8600002006270

泾县统计年鉴　安徽省泾县国民经济与社会发展统计资料·2010
泾县统计局编　主编柯正宏
泾县东航彩印厂印刷
257页　平装　19cm
馆藏号：Guojiafz-8600002006267

泾县统计年鉴　安徽省泾县国民经济与社会发展统计资料·2011
泾县统计局编　主编彭栋青
泾县东航彩印厂印刷
211页　平装　19cm
馆藏号：Guojiafz-8600002006268

绩溪年鉴·2011（创刊号）
中共绩溪县委、绩溪县人民政府主办　绩溪县地方志办公室编　主编汪建斌　执行主编邵本武
方志出版社　2011年8月
455页　精装　27cm
ISBN978-7-5144-0189-9
馆藏号：Guojiafz-8600002000362

绩溪年鉴·2016
绩溪县人民政府主办　绩溪县地方志办公室编
主编章汉林　执行主编俞绍来、冯帆
黄山书社　2016年12月
263页　精装　30cm
ISBN978-7-5461-5905-8
馆藏号：Guojiafz-8600002014216

绩溪年鉴·2017
绩溪县人民政府主办　绩溪县地方志办公室编
主编章汉林　执行主编俞绍来
黄山书社　2017年12月
322页　精装　29cm
ISBN978-7-5461-7079-4
馆藏号：Guojiafz-8600002016301

福建省

福建年鉴·2009
福建省人民政府主办　福建年鉴编纂委员会编
主编刘明
福建人民出版社　2009年10月
481页　精装　29cm
ISBN978-7-211-06039-9
馆藏号：Guojiafz-8600002002058

福建年鉴·2015
福建省人民政府主办　福建年鉴编纂委员会编
主编刘道崎
福建人民出版社　2016年1月
456页　精装　29cm
ISBN978-7-211-07258-3
馆藏号：Guojiafz-8600002014788

福建省对外经贸年鉴·2007
福建省对外贸易经济合作厅编　主编于爱国
福建省地图出版社　2007年9月
419页　精装　29cm
ISBN978-7-80516-929-3
馆藏号：Guojiafz-8600002000633

福建科技年鉴·2001
福建省科学技术厅主办　福建省科学技术厅编
主编叶双瑜
福建科学技术出版社　2002年2月
440页　精装　29cm
ISBN7-5335-1964-7
馆藏号：Guojiafz-8600002009728

福建科技年鉴·2007
福建省科学技术厅主办　福建省科学技术厅编
主编符卫国
科学技术文献出版社　2007年10月
528页　精装　29cm
ISBN978-7-5023-5794-8
馆藏号：Guojiafz-8600002002368

福建科技年鉴·2015
福建省科学技术厅主办　福建省科学技术厅编
主编陈秋立
科学技术文献出版社　2016年8月
599页　精装　29cm
ISBN978-7-5189-1887-4
馆藏号：Guojiafz-8600002014262

福建统计年鉴·2009
福建省统计局、国家统计局福建调查总队合编
总编辑杨洪春
中国统计出版社　2009年7月
612页　精装　30cm
ISBN978-7-5037-5665-8
馆藏号：Guojiafz-8600002000901

福建卫生年鉴·2009
福建省卫生厅主办　福建省卫生厅编　主编张守臣
海风出版社　2010年1月
342页　精装　29cm
ISBN978-7-80597-928-1
馆藏号：Guojiafz-8600002003161

福建省戏剧年鉴·1981
中国戏剧家协会福建分会、福建省戏曲研究所合编
内部印刷
79页　平装　26cm
馆藏号：Guojiafz-8600002009594

福建省戏剧年鉴·1982
中国戏剧家协会福建分会、福建省戏曲研究所合编
中国戏剧家协会福建分会、福建省戏曲研究所
印刷　1983年4月
135页　平装　26cm
馆藏号：Guojiafz-8600002009594

福建省戏剧年鉴·1983
中国戏剧家协会福建分会、福建省戏曲研究所合编
中国戏剧家协会福建分会、福建省戏曲研究所
印刷　1984年7月
86页　平装　26cm
馆藏号：Guojiafz-8600002009597

福建省戏剧年鉴·1984
中国戏剧家协会福建分会、福建省戏曲研究所合编
中国戏剧家协会福建分会、福建省戏曲研究所
印刷　1985年10月
92页　平装　26cm
馆藏号：Guojiafz-8600002009599

福建财政年鉴·2009
福建省财政厅编　主编张小平
福建人民出版社　2009年8月
607页　精装　27cm
ISBN978-7-211-06040-5
馆藏号：Guojiafz-8600002000525

福建审计年鉴·2001—2005
《福建审计年鉴》编委会编　主编俞传尧
中国时代经济出版社　2010年6月
449页　精装　29cm
ISBN978-7-5119-0173-6
馆藏号：Guojiafz-8600002003137

福州年鉴·2004
福州市人民政府主办　《福州年鉴》编纂委员会编
主编张天禄
中国统计出版社　2004年8月
415页　精装　30cm
ISBN7-5037-4486-3
馆藏号：Guojiafz-8600002003265

福州年鉴·2006
福州市人民政府主办　《福州年鉴》编纂委员会编
主编张天禄
方志出版社　2006年10月
601页　精装　30cm
ISBN7-80192-912-8
馆藏号：Guojiafz-8600002002422

福州年鉴·2007
福州市人民政府主办　《福州年鉴》编纂委员会编
主编张天禄
方志出版社　2007年9月
530页　精装　30cm
ISBN978-7-80238-098-1
馆藏号：Guojiafz-8600002006920

福州年鉴·2008
福州市政府主办　《福州年鉴》编纂委员会编
主编张硕
方志出版社　2008年11月
420页　精装　30cm
ISBN978-7-80238-444-6
馆藏号：Guojiafz-8600002012271

福州年鉴·2009
福州市政府主办　《福州年鉴》编纂委员会编
主编张硕
方志出版社　2009年9月
438页　精装　30cm
ISBN978-7-80238-610-5
馆藏号：Guojiafz-8600002003127

福州年鉴·2010
福州市政府主办 《福州年鉴》编纂委员会编
主编张硕
方志出版社 2010年9月
442页 精装 30cm
ISBN978-7-80238-824-6
馆藏号：Guojiafz-8600002012144

福州年鉴·2011
福州市人民政府主办 《福州年鉴》编纂委员会编
主编张硕
方志出版社 2011年9月
474页 精装 30cm
ISBN978-7-5144-0235-3
馆藏号：Guojiafz-8600002000312

福州年鉴·2012
福州市人民政府主办 《福州年鉴》编纂委员会编
主编张硕
方志出版社 2012年9月
464页 精装 30cm
ISBN978-7-5144-0604-7
馆藏号：Guojiafz-8600002007423

福州年鉴·2013
福州市人民政府主办 《福州年鉴》编纂委员会编
主编张硕
方志出版社 2013年10月
456页 精装 30cm
ISBN978-7-5144-1009-9
馆藏号：Guojiafz-8600002007248

福州年鉴·2014
福州市人民政府主办 《福州年鉴》编纂委员会编
主编张硕
方志出版社 2014年9月
448页 精装 30cm
ISBN978-7-5144-1364-9
馆藏号：Guojiafz-8600002009819

福州年鉴·2015
福州市人民政府主办 《福州年鉴》编纂委员会编
主编王小珍
方志出版社 2015年9月
450页 精装 30cm
ISBN978-7-5144-1778-4
馆藏号：Guojiafz-8600002010592

福州年鉴·2016
福州市人民政府主办 《福州年鉴》编纂委员会编
主编高锦利
方志出版社 2016年9月
446页 精装 30cm
ISBN978-7-5144-2095-1
馆藏号：Guojiafz-8600002013808

福州年鉴·2017
福州市人民政府主办 《福州年鉴》编纂委员会编
主编高锦利
方志出版社 2017年10月
414页 精装 30cm
ISBN978-7-5144-2584-0
馆藏号：Guojiafz-8600002016255

鼓楼年鉴·2015
鼓楼区人民政府主办 福州市鼓楼区地方志编纂委员会编 主编贾学勤
海峡书局 2015年11月
268页 精装 29cm
ISBN978-7-5567-0162-9
馆藏号：Guojiafz-8600002014167

台江年鉴·2014
台江区人民政府主办 《台江年鉴》编纂委员会编
主编游善纯
方志出版社 2015年6月
181页 精装 29cm
ISBN978-7-5144-1633-6
馆藏号：Guojiafz-8600002010688

台江年鉴・2016
福州市台江区人民政府主办 《台江年鉴》编纂委员会编 主编陈祥榕
海峡书局 2016年10月
270页 精装 29cm
ISBN978-7-5567-0242-8
馆藏号：Guojiafz-8600002014118

福州市台江年鉴・2019
中共福州市台江区委员会、福州市台江区人民政府主办 中共福州市台江区委党史和地方志研究室编 主编高敏
海峡书局 2020年1月
228页 精装 29cm
ISBN978-7-5567-0718-8
馆藏号：Guojiafz-8600002018649

仓山年鉴・2015
中共仓山区委、仓山区人民政府主办 福州市仓山区地方志编纂委员会编 主编陈文忠
海峡书局 2015年12月
254页 精装 29cm
ISBN978-7-5567-0186-5
馆藏号：Guojiafz-8600002018723

仓山年鉴・2016
中共仓山区委、仓山区人民政府主办 仓山区地方志编纂委员会编 主编陈文忠
海峡书局 2016年12月
246页 精装 29cm
ISBN978-7-5567-0312-8
馆藏号：Guojiafz-8600002018720

仓山年鉴・2017
中共仓山区委、仓山区人民政府主办 仓山区地方志编纂委员会编 主编陈文忠
海峡书局 2018年1月
244页 精装 29cm
ISBN978-7-5567-0474-3
馆藏号：Guojiafz-8600002018718

仓山年鉴・2018
中共福州市仓山区委、福州市仓山区人民政府主办 中共福州市仓山区委党史和地方志研究室编 主编陈文忠
海峡书局 2019年7月
288页 精装 29cm
ISBN978-7-5567-0648-8
馆藏号：Guojiafz-8600002018725

马尾年鉴・2015
马尾区人民政府主办 福州市马尾区地方志编纂委员会编 主编叶张京
方志出版社 2015年10月
270页 精装 29cm
ISBN978-7-5144-1736-4
馆藏号：Guojiafz-8600002010556

福清年鉴・2015
福清市人民政府主办 福清市地方志编纂委员会编 主编翁箭峰
福建人民出版社 2015年12月
365页 精装 29cm
ISBN978-7-211-07328-3
馆藏号：Guojiafz-8600002019572

福清年鉴・2016
福清市人民政府主办 福清市地方志编纂委员会编 主编翁箭峰
厦门大学出版社 2016年12月
350页 精装 29cm
ISBN978-7-5615-6342-7
馆藏号：Guojiafz-8600002019569-71

福清年鉴・2017
福清市人民政府主办 福清市地方志编纂委员会编 主编翁箭峰
厦门大学出版社 2017年11月
402页 精装 29cm
ISBN978-7-5615-6783-8
馆藏号：Guojiafz-8600002019578

福清年鉴·2018
福清市人民政府主办　福清市地方志编纂委员会编
主编翁箭峰
厦门大学出版社　2018 年 11 月
330 页　精装　29cm
ISBN978-7-5615-7215-3
馆藏号：Guojiafz-8600002019575

福清年鉴·2019
中共福清市委员会、福清市人民政府主办　中共福清市委党史和地方志研究室编　主编高居华
厦门大学出版社　2020 年 4 月
324 页　精装　29cm
ISBN978-7-5615-7785-1
馆藏号：Guojiafz-8600002019567

长乐年鉴·2015
长乐市人民政府主办　长乐市地方志编纂委员会办公室编　主编刘东向
福建省地图出版社　2015 年 10 月
350 页　精装　29cm
ISBN978-7-5467-0345-9
馆藏号：Guojiafz-8600002019693

长乐年鉴·2016
长乐市人民政府主办　长乐市地方志编纂委员会办公室编　主编刘东向
福建科学技术出版社　2016 年 10 月
373 页　精装　29cm
ISBN978-7-5335-5169-8
馆藏号：Guojiafz-8600002019697

长乐年鉴·2017
福州市长乐区人民政府主办　福州市长乐区地方志编纂委员会办公室编　主编刘向东
福建省地图出版社　2017 年 12 月
369 页　精装　29cm
ISBN978-7-5467-0326-8
馆藏号：Guojiafz-8600002019674

长乐年鉴·2018
福州市长乐区人民政府主办　福州市长乐区地方志编纂委员会办公室编　主编刘东向
福建省地图出版社　2018 年 11 月
331 页　精装　29cm
ISBN978-7-5467-0426-5
馆藏号：Guojiafz-8600002019675

长乐年鉴·2019
中共福州市长乐区委、福州市长乐区人民政府主办
中共福州市长乐区委党史和地方志研究室编
主编陈学林、刘东向
福建科学技术出版社　2020 年 3 月
346 页　精装　29cm
ISBN978-7-5335-6070-6
馆藏号：Guojiafz-8600002019676

闽侯年鉴·2011
《闽侯年鉴》编委会编　主编陈兴钦
内部印刷
355 页　精装　30cm
馆藏号：Guojiafz-8600002001002

永泰年鉴·2009
永泰县地方志编纂委员会编　主编檀怡晏
海风出版社　2010 年 11 月
208 页　精装　29cm
ISBN978-7-80597-984-7
馆藏号：Guojiafz-8600002010797

永泰年鉴·2011
永泰县人民政府主办　永泰县地方志编纂委员会编
主编檀怡晏
海风出版社　2011 年 11 月
272 页　精装　30cm
ISBN978-7-5512-0048-6
馆藏号：Guojiafz-8600002002868

永泰年鉴·2012
永泰县人民政府主办　永泰县地方志编纂委员会编

主编檀怡晏
福建省地图出版社 2012年12月
310页 精装 29cm
ISBN978-7-5467-0238-4
馆藏号：Guojiafz-8600002007008

永泰年鉴·2013
永泰县人民政府主办 永泰县地方志编纂委员会编
主编檀怡晏
福建省地图出版社 2013年9月
261页 精装 29cm
ISBN978-7-5467-0248-3
馆藏号：Guojiafz-8600002010489

厦门年鉴·2004
厦门市人民政府主管 厦门市地方志编纂委员会主办 厦门市地方志编纂委员会办公室编
主编葛向勇
中华书局 2004年8月
659页 精装 29cm
ISBN7-101-04366-6
馆藏号：Guojiafz-8600002003189

厦门年鉴·2009
厦门市人民政府主管 厦门市地方志编纂委员会办公室编 主编葛向勇
中华书局 2009年12月
592页 精装 29cm
ISBN978-7-101-07134-4
馆藏号：Guojiafz-8600002002032

厦门年鉴·2011
厦门市人民政府主管 厦门市地方志编纂委员会办公室编 主编葛向勇
中华书局 2011年12月
600页 精装 29cm
ISBN978-7-101-08456-6
馆藏号：Guojiafz-8600002002865

厦门年鉴·2012
厦门市人民政府主管 厦门市地方志编纂委员会办公室编 主编葛向勇
中华书局 2012年12月
642页 精装 29cm
ISBN978-7-101-09105-2
馆藏号：Guojiafz-8600002006942

厦门年鉴·2015
厦门市人民政府主管 厦门市人民政府地方志办公室编 主编白延蜻
方志出版社 2015年12月
506页 精装 29cm
ISBN978-7-5144-1860-6
馆藏号：Guojiafz-8600002003088

厦门出入境检验检疫年鉴·2010
《厦门出入境检验检疫年鉴》编辑委员会编
主编陈建良
内部印刷
289页 精装 29cm
馆藏号：Guojiafz-8600002008739

湖里年鉴·2014
湖里区人民政府主管 湖里区地方志编纂委员会主办 湖里区地方志编纂委员会办公室编 主编张毅恭
方志出版社 2015年1月
316页 精装 29cm
ISBN978-7-5144-1605-3
馆藏号：Guojiafz-8600002010684

湖里年鉴·2015
湖里区人民政府主管 湖里区地方志编纂委员会主办 湖里区地方志编纂委员会办公室编 主编陈枫
方志出版社 2016年2月
277页 精装 29cm
ISBN978-7-5144-1951-1
馆藏号：Guojiafz-8600002013510

湖里年鉴·2016
湖里区人民政府主管　湖里区地方志编纂委员会主办　湖里区地方志编纂委员会办公室编
主编洪志伟　总纂张宪敏
方志出版社　2017 年 2 月
315 页　精装　29cm
ISBN978-7-5144-2367-9
馆藏号：Guojiafz-8600002014962

湖里年鉴·2017
湖里区地方志编纂委员会办公室编　主编洪志伟　总纂张宪敏
方志出版社　2018 年 1 月
304 页　精装　29cm
ISBN978-7-5144-2949-7
馆藏号：Guojiafz-8600002017130

湖里年鉴·2018
湖里区地方志编纂委员会办公室编　主编洪志伟　总纂张宪敏
方志出版社　2019 年 1 月
313 页　精装　29cm
ISBN978-7-5144-3622-8
馆藏号：Guojiafz-8600002018072

湖里年鉴·2019
湖里区地方志编纂委员会办公室编　主编洪志伟　总纂张宪敏
方志出版社　2020 年 3 月
269 页　精装　29cm
ISBN978-7-5144-4137-6
馆藏号：Guojiafz-8600002018063

集美年鉴·2012
集美区人民政府主办　厦门市集美区地方志办公室编　主编孙加庆　总纂程成贵
中华书局　2013 年 1 月
357 页　精装　29cm
ISBN978-7-101-09086-4
馆藏号：Guojiafz-8600002007047

同安年鉴·2017
厦门市同安区人民政府主办　厦门市同安区地方志办公室编　主编许珠明　执行主编洪汇前
方志出版社　2018 年 6 月
270 页　精装　29cm
ISBN978-7-5144-3172-8
馆藏号：Guojiafz-8600002017181

同安年鉴·2018
厦门市同安区人民政府主办　厦门市同安区地方志办公室编　主编许珠明　执行主编洪汇前
方志出版社　2019 年 2 月
262 页　精装　29cm
ISBN978-7-5144-3705-8
馆藏号：Guojiafz-8600002017996

城厢年鉴·2010—2011
城厢区地方志编纂委员会编　主编林建如
方志出版社　2013 年 8 月
374 页　精装　29cm
ISBN978-7-5144-0954-3
馆藏号：Guojiafz-8600002007230

城厢年鉴·2018
莆田市城厢人民政府主办　莆田市城厢区地方志编纂委员会编　主编林建如
方志出版社　2018 年 12 月
298 页　精装　29cm
ISBN978-7-5144-3517-7
馆藏号：Guojiafz-8600002017280

涵江年鉴·1995—1997
福建省涵江区地方志编纂委员会编　主编林玉宗
方志出版社　1999 年 1 月
434 页　精装　27cm
ISBN7-80122-411-6
馆藏号：Guojiafz-8600002011579

涵江年鉴·2001—2004
《涵江年鉴》编委会编　主编林祖泉

方志出版社　2006年6月
381页　精装　29cm
ISBN7-80192-789-3
馆藏号：Guojiafz-8600002004582

涵江年鉴·2005—2008
《涵江年鉴》编委会编　主编林祖泉
方志出版社　2009年11月
399页　精装　29cm
ISBN978-7-80238-672-3
馆藏号：Guojiafz-8600002005519

涵江年鉴·2012
涵江区人民政府主管　《涵江年鉴》编委会编
主编林祖泉
福建省地图出版社　2012年9月
329页　精装　29cm
ISBN978-7-5467-0219-3
馆藏号：Guojiafz-8600002009965

三明年鉴·2007
三明市人民政府主办　三明市地方志编纂委员会编
主编黄荣发
方志出版社　2007年11月
470页　精装　29cm
ISBN978-7-80238-201-5
馆藏号：Guojiafz-8600002004301

三明年鉴·2008
三明市人民政府主办　三明市地方志编纂委员会编
主编黄荣发
方志出版社　2008年11月
501页　精装　29cm
ISBN978-7-80238-417-0
馆藏号：Guojiafz-8600002007945

三明年鉴·2009
三明市人民政府主办　三明市地方志编纂委员会编
主编黄荣发
方志出版社　2009年10月
504页　精装　29cm
ISBN978-7-80238-602-0
馆藏号：Guojiafz-8600002003173

三明年鉴·2010
三明市人民政府主办　三明市地方志编纂委员会编
主编黄荣发
方志出版社　2010年10月
405页　精装　29cm
ISBN978-7-80238-886-4
馆藏号：Guojiafz-8600002005972

三明年鉴·2011
三明市人民政府主办　三明市地方志编纂委员会编
主编黄荣发
方志出版社　2011年9月
435页　精装　29cm
ISBN978-7-5144-0237-7
馆藏号：Guojiafz-8600002002072

三明年鉴·2012
三明市人民政府主办　三明市地方志编纂委员会编
主编黄荣发
方志出版社　2012年10月
429页　精装　29cm
ISBN978-7-5144-0597-2
馆藏号：Guojiafz-8600002007224

三明年鉴·2013
三明市人民政府主办　三明市地方志编纂委员会编
主编黄荣发
方志出版社　2013年9月
402页　精装　29cm
ISBN978-7-5144-0977-2
馆藏号：Guojiafz-8600002005658

三明年鉴·2014
三明市人民政府主办　三明市地方志编纂委员会编
主编黄荣发
方志出版社　2014年10月

392 页　精装　29cm
ISBN978-7-5144-1402-8
馆藏号：Guojiafz-8600002006862

三明年鉴·2015
三明市人民政府主办　三明市地方志编纂委员会编
主编黄荣发
方志出版社　2015 年 12 月
393 页　精装　29cm
ISBN978-7-5144-1901-6
馆藏号：Guojiafz-8600002002725

梅列年鉴·2008—2011
梅列区人民政府主办　三明市梅列区地方志编纂委员会编　主编雷文春
海峡文艺出版社　2011 年 12 月
395 页　精装　29cm
ISBN978-7-80719-680-8
馆藏号：Guojiafz-8600002000223

梅列年鉴·2013
梅列区人民政府主办　三明市梅列区地方志编纂委员会编　主编雷文春
方志出版社　2013 年 11 月
219 页　精装　29cm
ISBN978-7-5144-1059-4
馆藏号：Guojiafz-8600002004621

梅列年鉴·2014
梅列区人民政府主办　三明市梅列区地方志编纂委员会编　主编雷文春
方志出版社　2014 年 11 月
194 页　精装　29cm
ISBN978-7-5144-1453-0
馆藏号：Guojiafz-8600002004998

梅列年鉴·2015
梅列区人民政府主办　三明市梅列区地方志编纂委员会编　主编雷文春
方志出版社　2015 年 11 月
267 页　精装　29cm
ISBN978-7-5144-1824-8
馆藏号：Guojiafz-8600002002856

永安年鉴·1997—1998
福建省永安市地方志编纂委员会办公室编
执行主编樊跃旭
方志出版社　2002 年 10 月
283 页　精装　27cm
ISBN7-80122-857-X
馆藏号：Guojiafz-8600002004417

永安年鉴·2011
永安市人民政府主办　永安市地方志编纂委员会办公室、《永安年鉴》编辑部合编　主编吴家福
永安市彩盛装潢印刷厂印刷　2011 年 9 月
271 页　精装　29cm
准印证号:（明）新出（2011）内书第 168 号
馆藏号：Guojiafz-8600002001003

永安年鉴·2012
永安市人民政府主办　永安市地方志编纂委员会办公室、《永安年鉴》编辑部编　主编吴家福
永安市彩盛装潢印刷厂印刷　2012 年 9 月
261 页　精装　30cm
准印证号:（明）新出（2012）内书第 173 号
馆藏号：Guojiafz-8600002010189

永安年鉴·2013
永安市人民政府主办　永安市地方志编纂委员会办公室、《永安年鉴》编辑部合编　主编吴家福
永安市彩盛装潢印刷有限公司印刷　2013 年 10 月
254 页　精装　29cm
准印证号:（明）新出（2013）内书第 210 号
馆藏号：Guojiafz-8600002010959

明溪年鉴·2011
明溪县人民政府主管主办　明溪县地方志编纂委员会编　主编曾钦文
明溪县彩色印刷有限公司印刷

265 页　精装　29cm
准印证号:（明）新出（2012）内书第 51 号
馆藏号：Guojiafz-8600002010236

清流年鉴·2011
清流县人民政府主办　清流县地方志编纂委员会办公室编　主编曾嫦珊
福州泰岳印刷广告有限公司印刷　2011 年 11 月
192 页　精装　29cm
准印证号:（明）新出（2011）内书第 226 号
馆藏号：Guojiafz-8600002008787

清流年鉴·2012
清流县人民政府主办　清流县地方志编纂委员会办公室编　主编曾嫦珊
福州东丽印务有限公司印刷　2012 年 11 月
172 页　精装　29cm
准印证号:（明）新出（2012）内书第 208 号
馆藏号：Guojiafz-8600002010193

清流年鉴·2013
清流县人民政府主办　清流县地方志编纂委员会办公室编　主编曾嫦珊
方志出版社　2014 年 2 月
242 页　精装　29cm
ISBN978-7-5144-1193-5
馆藏号：Guojiafz-8600002007211

清流年鉴·2015
清流县人民政府主办　清流县地方志编纂委员会办公室编　主编曾嫦珊
方志出版社　2015 年 11 月
239 页　精装　29cm
ISBN978-7-5144-1823-1
馆藏号：Guojiafz-8600002003091

清流年鉴·2016
清流县人民政府主办　清流县地方志编纂委员会办公室编　主编曾嫦珊
方志出版社　2016 年 11 月
246 页　精装　29cm
ISBN978-7-5144-2230-6
馆藏号：Guojiafz-8600002013898

清流年鉴·2017
清流县人民政府主办　清流县地方志编纂委员会办公室编　主编曾嫦珊
方志出版社　2017 年 12 月
273 页　精装　29cm
ISBN978-7-5144-2902-2
馆藏号：Guojiafz-8600002016962

宁化年鉴·2011
宁化县人民政府主办　宁化县地方志编纂委员会办公室编　主编范忠华
三明市建新彩色印刷有限公司印刷　2011 年 11 月
249 页　精装　29cm
馆藏号：Guojiafz-8600002001004

宁化年鉴·2012
宁化县人民政府主办　宁化县地方志编纂委员会办公室编　主编范忠华
三明市建新彩色印刷有限公司印刷　2012 年 11 月
284 页　精装　29cm
准印证号:（明）新出（2012）内书第 229 号
馆藏号：Guojiafz-8600002007092

宁化年鉴·2013
宁化县人民政府主办　宁化县地方志编纂委员会办公室编　主编范忠华
三明市建新彩色印刷有限公司印刷　2013 年 12 月
301 页　精装　29cm
准印证号:（明）新出（2013）内书第 284 号
馆藏号：Guojiafz-8600002010919

宁化年鉴·2016
宁化县地方志编纂委员会办公室编　主编范忠华
线装书局　2016 年 12 月
419 页　精装　29cm
ISBN978-7-5120-2518-9
馆藏号：Guojiafz-8600002014162

大田年鉴·1997
大田县地方志编纂委员会编　主编温春派
方志出版社　1998 年 6 月
514 页　精装　27cm
ISBN7-80122-296-2
馆藏号：Guojiafz-8600002009661

大田年鉴·1998
大田县地方志编纂委员会编　主编温春派
方志出版社　1999 年 8 月
348 页　精装　27cm
ISBN7-80122-467-1
馆藏号：Guojiafz-8600002010089

大田年鉴·1999
福建省大田县地方志编纂委员会编　主编温春派
方志出版社　2000 年 9 月
354 页　精装　27cm
ISBN7-80122-592-9
馆藏号：Guojiafz-8600002008282

大田年鉴·2007
福建省大田县地方志编纂委员会编　主编温春派
新华出版社　2008 年 8 月
320 页　精装　27cm
ISBN7-5011-5801-0
馆藏号：Guojiafz-8600002001457

大田年鉴·2011
大田县人民政府主办　福建省大田县地方志编纂委员会编　主编林元圈
新华出版社　2011 年 9 月
324 页　精装　27cm
ISBN7-5011-5801-0
馆藏号：Guojiafz-8600002006169

大田年鉴·2012
大田县人民政府主办　大田县地方志编纂委员会编
主编林元圈
方志出版社　2012 年 12 月
328 页　精装　27cm
ISBN978-7-5144-0782-2
馆藏号：Guojiafz-8600002003202

大田年鉴·2013
大田县人民政府主办　大田县地方志编纂委员会编
主编林元圈
方志出版社　2013 年 10 月
295 页　精装　29cm
ISBN978-7-5144-1008-2
馆藏号：Guojiafz-8600002005679

大田年鉴·2014
大田县人民政府主办　大田县地方志编纂委员会编
主编陈源发　总纂范立详
方志出版社　2015 年 3 月
308 页　精装　29cm
ISBN978-7-5144-1591-9
馆藏号：Guojiafz-8600002010375

大田年鉴·2015
大田县人民政府主办　大田县地方志编纂委员会编
主编魏初寨　总纂范立详
方志出版社　2015 年 12 月
321 页　精装　29cm
ISBN978-7-5144-1907-8
馆藏号：Guojiafz-8600002002126

大田年鉴·2016
大田县人民政府主办　大田县地方志编纂委员会编
主编魏初寨
方志出版社　2016 年 11 月
297 页　精装　29cm
ISBN978-7-5144-2179-8
馆藏号：Guojiafz-8600002013816

大田年鉴·2017
大田县人民政府主办　大田县地方志编纂委员会编
主编魏初寨
方志出版社　2017 年 11 月

463 页　精装　29cm
ISBN978-7-5144-2670-0
馆藏号：Guojiafz-8600002015159

大田年鉴·2018
大田县人民政府主办　大田县地方志编纂委员会编
主编魏初寨
方志出版社　2018 年 12 月
302 页　精装　29cm
ISBN978-7-5144-3571-9
馆藏号：Guojiafz-8600002018058

尤溪年鉴·2004
尤溪县人民政府主办　尤溪县地方志办公室编
主编严道明
尤溪县创新彩色印刷有限公司印刷　2004 年 8 月
419 页　精装　29cm
准印证号：明新出 2004 内书第 91 号
馆藏号：Guojiafz-8600002000538

尤溪年鉴·2011
尤溪县人民政府主办　尤溪县地方志办公室编
主编苏新坦
尤溪县创新彩色印刷有限公司印刷　2011 年 8 月
393 页　精装　29cm
准印证号：明新出 2011 内书第 154 号
馆藏号：Guojiafz-8600002001169

尤溪年鉴·2012
尤溪县人民政府主办　尤溪县地方志办公室编
主编苏新坦
尤溪县创新彩色印刷有限公司印刷　2012 年 9 月
349 页　精装　29cm
准印证号：明新出 2012 内书第 155 号
馆藏号：Guojiafz-8600002010196

尤溪年鉴·2013
尤溪县人民政府主办　尤溪县志编纂委员会办公室编　主编林玉梅
尤溪县创新彩色印刷有限公司印刷　2013 年 11 月
371 页　精装　29cm
准印证号：明新出 2013 内书第 213 号
馆藏号：Guojiafz-8600002010952

沙县年鉴·2007
福建省沙县人民政府、沙县地方志编纂委员会合编
主编蒋际华
海风出版社　2007 年 8 月
189 页　平装　29cm
ISBN978-7-80597-721-8
馆藏号：Guojiafz-8600002003162

沙县年鉴·2011
沙县人民政府主办　沙县地方志编纂委员会编
主编蒋际华
三明日报社印刷厂印刷
188 页　平装　29cm
准印证号:（明）新出（2011）内书第 229 号
馆藏号：Guojiafz-8600002008885

沙县年鉴·2013
沙县人民政府主办　沙县地方志编纂委员会编
主编蒋际华
沙县三中印刷厂印刷
227 页　精装　29cm
准印证号:（明）新出（2013）内书第 287 号
馆藏号：Guojiafz-8600002010989

将乐年鉴·2006—2008
将乐县人民政府主办　将乐县地方志编纂委员会办公室编　主编伍俊三、邱泽骅
三明市民政福利印刷厂印刷　2012 年 4 月
416 页　精装　29cm
准印证号:（明）新出（2012）内书第 80 号
馆藏号：Guojiafz-8600002010194

将乐年鉴·2009—2011
将乐县人民政府主办　将乐县地方志编纂委员会办公室编　主编伍俊三、邱泽骅
三明市民政福利印刷厂印刷　2013 年 11 月

477 页　精装　29cm
准印证号:（明）新出（2013）内书第 179 号
馆藏号：Guojiafz-8600002010887

泰宁年鉴・2009—2010
泰宁县人民政府主办　泰宁县地方志编纂委员会编
主编林添茂
内部印刷
338 页　精装　29cm
馆藏号：Guojiafz-8600002008733

泰宁年鉴・2011—2012
泰宁县人民政府主办　泰宁县地方志编纂委员会编
主编张辉怡　执行主编吕谋文
泰宁县华兴印刷有限公司印刷　2013 年 12 月
305 页　精装　29cm
准印证号:（明）新出（2013）内书第 278 号
馆藏号：Guojiafz-8600002010907

建宁年鉴・2009—2011
建宁县人民政府主办　建宁县地方志编纂委员会办公室编　主编张美顺
福州东丽印务有限公司印刷　2012 年 11 月
387 页　精装　29cm
准印证号：明新出（2012）内书第 227 号
馆藏号：Guojiafz-8600002010103

建宁年鉴・2015
建宁县人民政府主办　建宁县地方志编纂委员会办公室编　主编肖建泰
方志出版社　2016 年 9 月
347 页　精装　29cm
ISBN978-7-5144-2128-6
馆藏号：Guojiafz-8600002013851

建宁年鉴・2017
建宁县人民政府主办　建宁县地方志编纂委员会办公室编　主编肖建泰
方志出版社　2018 年 1 月
390 页　精装　29cm
ISBN978-7-5144-2927-5
馆藏号：Guojiafz-8600002016253

泉州年鉴・2002
泉州市地方志编纂委员会编　主编洪泽生　执行主编邱哲宏
方志出版社　2003 年 1 月
672 页　精装　29cm
ISBN7-80122-916-9
馆藏号：Guojiafz-8600002011484

泉州年鉴・2003
中共泉州市委、泉州市人民政府主办　泉州市地方志编纂委员会编　主编杨俊峰　执行主编邱哲宏
方志出版社　2005 年 6 月
350 页　精装　29cm
ISBN7-80192-553-X
馆藏号：Guojiafz-8600002005111

泉州年鉴・2004
中共泉州市、泉州市人民政府主办　泉州市地方志编纂委员会编　主编杨俊峰　执行主编邱哲宏
方志出版社　2004 年 12 月
575 页　精装　29cm
ISBN7-80192-445-2
馆藏号：Guojiafz-8600002005191

泉州年鉴・2005
中共泉州市委、泉州市人民政府主办　泉州市地方志编纂委员会编　主编杨俊峰　执行主编邱哲宏
方志出版社　2006 年 10 月
552 页　精装　29cm
ISBN7-80192-915-2
馆藏号：Guojiafz-8600002004310

泉州年鉴・2006
中共泉州市委、泉州市人民政府主办　泉州市地方志编纂委员会编　主编王亚君　执行主编邱哲宏
福建省音像出版社　2007 年 12 月
393 页　精装　29cm

ISBN978-7-900745-01-9
馆藏号：Guojiafz-8600002002371

泉州年鉴·2013
中共泉州市委、泉州市人民政府主办　泉州市地方志编纂委员会编　主编张惠评　执行主编许晓松
方志出版社　2013 年 11 月
408 页　精装　29cm
ISBN978-7-5144-1098-3
馆藏号：Guojiafz-8600002006839

泉州年鉴·2014
中共泉州市委、泉州市人民政府主办　泉州市地方志编纂委员会编　主编张惠评　执行主编许晓松
方志出版社　2014 年 12 月
400 页　精装　29cm
ISBN978-7-5144-1548-3
馆藏号：Guojiafz-8600002006698

泉州年鉴·2016
中共泉州市委、泉州市人民政府主办　泉州市地方志编纂委员会编　主编张惠评　执行主编许晓松
方志出版社　2016 年 12 月
472 页　精装　29cm
ISBN978-7-5144-2323-5
馆藏号：Guojiafz-8600002014043

泉州年鉴·2017
中共泉州市委、泉州市人民政府主办　泉州市地方志编纂委员会编　主编张惠评　执行主编许晓松
方志出版社　2017 年 12 月
444 页　精装　29cm
ISBN978-7-5144-2854-4
馆藏号：Guojiafz-8600002016876

泉州年鉴·2018
中共泉州市委、泉州市人民政府主办　泉州市地方志编纂委员会编　主编张惠评　执行主编许晓松
方志出版社　2019 年 1 月
494 页　精装　29cm
ISBN978-7-5144-3635-8
馆藏号：Guojiafz-8600002018036

泉州年鉴（2011）·泉州日记
泉州市地方志编纂委员会编　主编邱哲宏、张惠评
福建电子音像出版社　2012 年 1 月
363 页　精装　29cm
ISBN978-7-900464-24-8
馆藏号：Guojiafz-8600002004546

泉州年鉴（2013）·泉州日记
泉州市地方志编纂委员会编　主编张惠评　执行主编许晓松
方志出版社　2013 年 11 月
248 页　精装　29cm
ISBN978-7-5144-1097-6
馆藏号：Guojiafz-8600002010630

泉州年鉴（2014）·泉州日记
泉州市地方志编纂委员会编　主编张惠评　执行主编许晓松
方志出版社　2014 年 7 月
370 页　精装　29cm
ISBN978-7-5144-1324-3
馆藏号：Guojiafz-8600002007196

泉州年鉴（2015）·泉州日记
泉州市地方志编纂委员会编　主编张惠评　执行主编许晓松
方志出版社　2015 年 9 月
368 页　精装　29cm
ISBN978-7-5144-1706-7
馆藏号：Guojiafz-8600002002669

泉州年鉴（2016）·泉州日记
泉州市地方志编纂委员会编　主编张惠评　执行主编许晓松
方志出版社　2016 年 11 月
370 页　精装　29cm
ISBN978-7-5144-2195-8
馆藏号：Guojiafz-8600002017826

泉州年鉴（2017）·泉州日记
泉州市地方志编纂委员会编　主编张惠评　执行主编许晓松
方志出版社　2017年12月
368页　精装　29cm
ISBN978-7-5144-2868-1
馆藏号：Guojiafz-8600002017089

鲤城年鉴·2010
中共泉州市鲤城区委员会、泉州市鲤城区人民政府主办　泉州市鲤城区地方志编纂委员会编
主编陈建通　执行主编吴英明
方志出版社　2011年9月
182页　平装　29cm
ISBN978-7-5144-0234-6
馆藏号：Guojiafz-8600002008384

鲤城年鉴·2012
中共泉州市鲤城区委员会、泉州市鲤城区人民政府主办　泉州市鲤城区地方志编纂委员会编
主编林希妍　执行主编吴英明
方志出版社　2014年5月
197页　平装　29cm
ISBN978-7-5144-1279-6
馆藏号：Guojiafz-8600002003830

泉港年鉴·2017
中共泉港区委、泉港区人民政府主办　泉州市泉港区地方志编纂委员会编　主编林进辉
海峡书局　2017年12月
351页　精装　29cm
ISBN978-7-5567-0439-2
馆藏号：Guojiafz-8600002016250

石狮年鉴·2009
石狮市地方志编纂委员会办公室编　主编刘德旺
执行主编李秉源
方志出版社　2011年11月
311页　精装　29cm
ISBN978-7-5144-0345-9
馆藏号：Guojiafz-8600002000314

石狮年鉴·2010
石狮市地方志编纂委员会办公室编　主编刘德旺
执行主编李秉源
方志出版社　2013年1月
352页　精装　29cm
ISBN978-7-5144-0806-5
馆藏号：Guojiafz-8600002006806

石狮年鉴·2011
石狮市地方志编纂委员会办公室编　主编刘德旺
执行主编李秉源
方志出版社　2014年3月
350页　精装　29cm
ISBN978-7-5144-1200-0
馆藏号：Guojiafz-8600002005265

石狮年鉴·2012—2013
石狮市地方志编纂委员会办公室编　主编刘德旺
执行主编李秉源
方志出版社　2014年12月
351页　精装　29cm
ISBN978-7-5144-1463-9
馆藏号：Guojiafz-8600002006844

石狮年鉴·2014
石狮市地方志编纂委员会办公室编　主编刘德旺
执行主编李秉源
方志出版社　2015年1月
342页　精装　29cm
ISBN978-7-5144-1560-5
馆藏号：Guojiafz-8600002006848

石狮年鉴·2015
石狮市地方志编纂委员会办公室编　主编刘德旺
执行主编李秉源
方志出版社　2015年8月
366页　精装　29cm
ISBN978-7-5144-1676-3
馆藏号：Guojiafz-8600002010533

石狮年鉴·2016
石狮市地方志编纂委员会办公室编　主编李秉源
方志出版社　2016 年 9 月
325 页　精装　29cm
ISBN978-7-5144-2091-3
馆藏号：Guojiafz-8600002014808

石狮年鉴·2017
石狮市地方志编纂委员会办公室编　主编李秉源
方志出版社　2017 年 10 月
442 页　精装　29cm
ISBN978-7-5144-2682-3
馆藏号：Guojiafz-8600002015027

石狮年鉴·2018
石狮市地方志编纂委员会办公室编　主编李秉源
方志出版社　2018 年 9 月
397 页　精装　29cm
ISBN978-7-5144-3329-6
馆藏号：Guojiafz-8600002018087

石狮年鉴·2019
中共石狮市委党史和地方志研究室编　主编林秀钦
方志出版社　2019 年 12 月
362 页　精装　29cm
ISBN978-7-5144-4072-0
馆藏号：Guojiafz-8600002017965

晋江年鉴·1996
晋江市地方志编纂委员会编　主编吴松茂、庄维坤
方志出版社　1998 年 1 月
530 页　精装　27cm
ISBN7-80122-262-8
馆藏号：Guojiafz-8600002005418

晋江年鉴·1997
福建省晋江市地方志编纂委员会编　主编吴松茂、庄维坤
方志出版社　1998 年 9 月
460 页　精装　27cm
ISBN7-80122-380-2
馆藏号：Guojiafz-8600002004478

晋江年鉴·1998
晋江市地方志编纂委员会编　主编吴松茂、庄维坤
中国社会科学出版社　1999 年 8 月
535 页　精装　27cm
ISBN7-5004-2580-5
馆藏号：Guojiafz-8600002005080

晋江年鉴·2001
晋江市地方志编纂委员会编　主编陈健倩
方志出版社　2002 年 7 月
436 页　精装　27cm
ISBN7-80122-791-3
馆藏号：Guojiafz-8600002013015

晋江年鉴·2002
晋江市地方志编纂委员会编　主编颜子鸿　执行主编蔡长安、陈新中
方志出版社　2003 年 6 月
446 页　精装　27cm
ISBN7-80122-980-0
馆藏号：Guojiafz-8600002003260

晋江年鉴·2003
晋江市地方志编纂委员会编　主编颜子鸿　执行主编蔡长安、陈新中
方志出版社　2004 年 8 月
354 页　精装　29cm
ISBN7-80192-256-5
馆藏号：Guojiafz-8600002003350

晋江年鉴·2004
晋江市地方志编纂委员会编　主编颜子鸿　执行主编蔡长安、陈新中
方志出版社　2005 年 8 月
365 页　精装　29cm
ISBN7-80192-612-9
馆藏号：Guojiafz-8600002004670

晋江年鉴·2005
晋江市地方志编纂委员会编　主编颜子鸿　执行主编颜呈矿、陈新中
方志出版社　2006 年 7 月
390 页　精装　29cm
ISBN7-80192-819-9
馆藏号：Guojiafz-8600002005157

晋江年鉴·2006
晋江市地方志编纂委员会编　主编颜子鸿、蔡萌芽　执行主编颜呈矿、许嘉丰
方志出版社　2007 年 2 月
492 页　精装　29cm
ISBN978-7-80192-997-6
馆藏号：Guojiafz-8600002007946

晋江年鉴·2007
晋江市地方志编纂委员会编　主编蔡萌芽　执行主编许嘉丰
方志出版社　2008 年 1 月
606 页　精装　29cm
ISBN978-7-80238-266-4
馆藏号：Guojiafz-8600002005237

晋江年鉴·2008
晋江市地方志编纂委员会编　主编蔡萌芽　执行主编许嘉丰
方志出版社　2009 年 2 月
641 页　精装　29cm
ISBN978-7-80238-513-9
馆藏号：Guojiafz-8600002002451

晋江年鉴·2009
晋江市地方志编纂委员会编　主编蔡萌芽　执行主编许嘉丰
方志出版社　2010 年 2 月
642 页　精装　29cm
ISBN978-7-80238-754-6
馆藏号：Guojiafz-8600002008194

晋江年鉴·2010
晋江市地方志编纂委员会编　主编蔡萌芽　执行主编许嘉丰
方志出版社　2010 年 12 月
615 页　精装　29cm
ISBN978-7-5144-0018-2
馆藏号：Guojiafz-8600002006129

晋江年鉴·2011
晋江市地方志编纂委员会编　主编丁峰　执行主编许嘉丰、黄尤敏
方志出版社　2012 年 1 月
609 页　精装　29cm
ISBN978-7-5144-0423-4
馆藏号：Guojiafz-8600002003056

晋江年鉴·2012
晋江市地方志编纂委员会编　主编丁峰　执行主编黄尤敏
方志出版社　2013 年 1 月
601 页　精装　29cm
ISBN978-7-5144-0807-2
馆藏号：Guojiafz-8600002004993

晋江年鉴·2013
晋江市地方志编纂委员会编　主编丁峰　执行主编黄尤敏
方志出版社　2013 年 12 月
552 页　精装　29cm
ISBN978-7-5144-1155-3
馆藏号：Guojiafz-8600002006851

晋江年鉴·2014
晋江市地方志编纂委员会编　主编丁峰　执行主编黄尤敏
方志出版社　2015 年 1 月
565 页　精装　29cm
ISBN978-7-5144-1558-2
馆藏号：Guojiafz-8600002006926

晋江年鉴·2015
晋江市地方志编纂委员会编　主编史思泉　执行主编黄尤敏
方志出版社　2016年1月
641页　精装　29cm
ISBN978-7-5144-1930-6
馆藏号：Guojiafz-8600002003123

晋江年鉴·2016
晋江市地方志编纂委员会编　主编黄少伟　执行主编黄良、黄尤敏
方志出版社　2017年2月
547页　精装　29cm
ISBN978-7-5144-2357-0
馆藏号：Guojiafz-8600002014022

晋江年鉴·2017
晋江市地方志编纂委员会编　主编黄少伟　执行主编黄良
方志出版社　2017年11月
509页　精装　29cm
ISBN978-7-5144-2755-4
馆藏号：Guojiafz-8600002016251

晋江年鉴·2018
晋江市地方志编纂委员会编　主编黄少伟　执行主编黄良
方志出版社　2018年11月
392页　精装　29cm
ISBN978-7-5144-3427-9
馆藏号：Guojiafz-8600002017479

晋江年鉴·2019
中共晋江市委党史和地方志研究室编
主编黄少伟　执行主编陈伟荣
方志出版社　2019年9月
402页　精装　29cm
ISBN978-7-5144-3871-0
馆藏号：Guojiafz-8600002018211

南安年鉴·2011—2012
南安市地方志编纂委员会编　主编陈巧英　执行主编梁吉能
内部印刷
309页　精装　29cm
馆藏号：Guojiafz-8600002010816

安溪年鉴·2007—2008
安溪县地方志编纂委员会办公室编　主编易进法
内部印刷
570页　精装　29cm
馆藏号：Guojiafz-8600002010897

德化年鉴·2011
德化县地方志编纂委员会编　主编王世言
海峡世纪（福建）影视文化有限公司　2013年8月
362页　精装　29cm
ISBN978-7-900745-81-1
馆藏号：Guojiafz-8600002010739

德化年鉴·2016
德化县地方志编纂委员会编　主编王世言
方志出版社　2016年10月
351页　精装　29cm
ISBN978-7-5144-2175-0
馆藏号：Guojiafz-8600002014044

德化年鉴·2017
德化县地方志编纂委员会办公室编　主编王世言
方志出版社　2017年12月
347页　精装　29cm
ISBN978-7-5144-2914-5
馆藏号：Guojiafz-8600002016257

德化年鉴·2018
德化县地方志编纂委员会办公室编　主编王世言
方志出版社　2018年12月
329页　精装　29cm
ISBN978-7-5144-3463-7
馆藏号：Guojiafz-8600002018073

漳州年鉴·2004—2005
福建省漳州市人民政府主办　漳州市地方志编纂委员会编　主编王丽芳
方志出版社　2010 年 8 月
538 页　精装　29cm
ISBN978-7-80238-842-0
馆藏号：Guojiafz-8600002003157

漳州年鉴·2006—2007
福建省漳州市人民政府主办　漳州市地方志编纂委员会编　主编王丽芳
方志出版社　2011 年 8 月
552 页　精装　29cm
ISBN978-7-5144-0156-1
馆藏号：Guojiafz-8600002000369

漳州年鉴·2008—2009
福建省漳州市人民政府主办　漳州市地方志编纂委员会编　主编康元泰　执行主编郑美华
方志出版社　2014 年 3 月
608 页　精装　29cm
ISBN978-7-5144-1210-9
馆藏号：Guojiafz-8600002009859

漳州年鉴·2010
福建省漳州市人民政府主办　漳州市地方志编纂委员会编　主编王丽芳
方志出版社　2013 年 5 月
356 页　精装　29cm
ISBN978-7-5144-0883-6
馆藏号：Guojiafz-8600002006828

漳州年鉴·2011
福建省漳州市人民政府主办　漳州市地方志编纂委员会编　主编王丽芳
方志出版社　2012 年 10 月
382 页　精装　29cm
ISBN978-7-5144-0668-9
馆藏号：Guojiafz-8600002003358

漳州年鉴·2012
福建省漳州市人民政府主办　漳州市地方志编纂委员会编　主编康元泰　执行主编郑美华
方志出版社　2014 年 3 月
360 页　精装　29cm
ISBN978-7-5144-1209-3
馆藏号：Guojiafz-8600002006807

漳州年鉴·2013
福建省漳州市人民政府主办　漳州市地方志编纂委员会编　主编康元泰　执行主编郑美华
方志出版社　2015 年 9 月
367 页　精装　29cm
ISBN978-7-5144-1698-5
馆藏号：Guojiafz-8600002010622

漳州年鉴·2017
福建省漳州市人民政府主办　漳州市地方志编纂委员会编　主编康元泰　执行主编郑美华
方志出版社　2018 年 8 月
415 页　精装　29cm
ISBN978-7-5144-3220-6
馆藏号：Guojiafz-8600002018214

漳州年鉴·2018
福建省漳州市人民政府主办　漳州市地方志编纂委员会编　主编康元泰　执行主编郑美华
方志出版社　2019 年 1 月
426 页　精装　29cm
ISBN978-7-5144-3562-7
馆藏号：Guojiafz-8600002018076

漳州年鉴·2019
中共漳州市委、漳州市人民政府主办　中共漳州市委党史和地方志研究室编　主编康元泰　执行主编郑美华
方志出版社　2019 年 10 月
406 页　精装　29cm
ISBN978-7-5144-3949-6
馆藏号：Guojiafz-8600002018075

龙海年鉴·2003—2004
龙海市人民政府主办　龙海市地方志编纂委员会编
主编许明枝
中央文献出版社　2005 年 8 月
533 页　精装　27cm
ISBN7-5073-1498-7
馆藏号：Guojiafz-8600002002551

龙海年鉴·2007—2008
中共龙海市委主办　龙海市地方志编纂委员会编
主编许明枝
漳州翰林印刷有限公司印刷　2011 年 3 月
423 页　精装　27cm
准印证号:（漳）新出（2011）内书第 041 号
馆藏号：Guojiafz-8600002001082

龙海年鉴·2010
龙海市人民政府主办　龙海市地方志编纂委员会编
主编邱旺山
漳州翰林印刷有限公司印刷　2012 年 10 月
361 页　精装　29cm
准印证号:（漳）新出（2012）内书第 124 号
馆藏号：Guojiafz-8600002007913

龙海年鉴·2011
龙海市人民政府主办　龙海市地方志编纂委员会编
主编邱旺山
漳州翰林印刷有限公司印刷　2013 年 4 月
345 页　精装　29cm
准印证号:（漳）新出（2013）内书第 73 号
馆藏号：Guojiafz-8600002010860

漳浦年鉴·2009—2010
漳浦县人民政府主办　漳浦县地方志编纂委员会编
主编赵惠娇　总纂姚学声
金浦新闻发展有限公司印刷
328 页　精装　26cm
准印证号:（漳）新出（2012）内书第 020 号
馆藏号：Guojiafz-8600002009558

漳浦年鉴·2011
漳浦县人民政府主办　漳浦县地方志编纂委员会编
主编赵惠娇　总纂姚学声
金浦新闻发展有限公司印刷
340 页　平装　26cm
准印证号:（漳）新出（2013）内书第 036 号
馆藏号：Guojiafz-8600002010854

漳浦年鉴·2012
漳浦县人民政府主办　漳浦县地方志编纂委员会编
主编赵惠娇　总纂姚学声
金浦新闻发展有限公司印刷
415 页　平装　29cm
准印证号:（漳）新出（2013）内书第 120 号
馆藏号：Guojiafz-8600002010853

漳浦年鉴·2016
漳浦县人民政府主办　漳浦县地方志编纂委员会编
主编赵惠娇
方志出版社　2016 年
372 页　精装　29cm
ISBN978-7-5144-2146-0
馆藏号：Guojiafz-8600002014040

漳浦年鉴·2017
漳浦县人民政府主办　漳浦县地方志编纂委员会编
主编赵惠娇
方志出版社　2017 年 11 月
389 页　精装　29cm
ISBN978-7-5144-2693-9
馆藏号：Guojiafz-8600002016252

漳浦年鉴·2018
漳浦县人民政府主办　漳浦县地方志编纂委员会编
主编赵惠娇
方志出版社　2018 年 11 月
361 页　精装　29cm
ISBN978-7-5144-3410-1
馆藏号：Guojiafz-8600002016943

长泰年鉴·2017
福建省长泰县人民政府主办　长泰县地方志编纂委员会编　主编林辉荣
福建省地图出版社　2017 年 12 月
298 页　精装　29cm
ISBN978-7-5467-0404-3
馆藏号：Guojiafz-8600002016260

南靖年鉴·1991—2002
中共南靖县委、南靖县人民政府主办　南靖县地方志编纂委员会编　主编王少卿
方志出版社　2009 年 3 月
377 页　精装　29cm
ISBN978-7-80238-504-7
馆藏号：Guojiafz-8600002003174

南靖年鉴·2011
南靖县委、南靖县人民政府主办　南靖县地方志编纂委员会编　主编杨志成
漳州翰林印刷有限公司印刷　2012 年 2 月
366 页　精装　27cm
准印证号:（漳）新出（2012）内书第 015 号
馆藏号：Guojiafz-8600002001084

南靖年鉴·2013
南靖县委、南靖县人民政府主办　南靖县地方志编纂委员会编　主编杨志成
漳州翰林印刷有限公司印刷　2013 年 12 月
421 页　精装　27cm
准印证号:（漳）新出（2013）内书第 158 号
馆藏号：Guojiafz-8600002010847

南平年鉴·2011
南平市政府主办　南平年鉴编纂委员会编
主编刘亚圣
福建省地图出版社　2012 年 1 月
413 页　精装　29cm
ISBN978-7-5467-0157-8
馆藏号：Guojiafz-8600002002869

南平年鉴·2012
南平市人民政府主办　南平市地方志编纂委员会编
主编刘亚圣
福建省地图出版社　2012 年 12 月
437 页　精装　29cm
ISBN978-7-5467-0236-0
馆藏号：Guojiafz-8600002010536

南平年鉴·2013
南平市人民政府主办　南平市地方志编纂委员会编
主编刘亚圣
福建省地图出版社　2013 年 11 月
441 页　精装　29cm
ISBN978-7-5467-0257-5
馆藏号：Guojiafz-8600002010522

建阳年鉴·2016
建阳区人民政府主办　南平市建阳区地方志编纂委员会编　主编余庆明
中国文史出版社　2016 年 8 月
246 页　精装　29cm
ISBN978-7-5034-7890-1
馆藏号：Guojiafz-8600002014791

延平年鉴·2009—2012
延平区委、区政府主办　南平市延平区地方志编纂委员会编　主编袁德良
福州力人彩印有限公司印刷　2013 年 11 月
436 页　精装　29cm
准印证号:（南）新出（2013）内书第 87 号
馆藏号：Guojiafz-8600002010839

邵武年鉴·2016
邵武市人民政府主办　邵武市地方志编纂委员会编
主编林新长　执行主编潘淑云
海峡书局　2016 年 12 月
250 页　精装　29cm
ISBN978-7-5567-0296-1
馆藏号：Guojiafz-8600002014177

建瓯年鉴·2006—2010
建瓯市人民政府主办 《建瓯年鉴》编委会编
主编叶国壮、张良发、苏小宁
福建省地图出版社 2011年12月
474页 精装 29cm
ISBN978-7-5467-0156-1
馆藏号：Guojiafz-8600002010564

龙岩地区年鉴·1994
中共龙岩地委、龙岩地区行政公署主办 龙岩地区地方志编纂委员会编 总编汤龙光
方志出版社 1995年10月
328页 精装 27cm
ISBN7-80122-047-1
馆藏号：Guojiafz-8600002012980

龙岩地区年鉴·1995—1996
中共龙岩地委、龙岩地区行政公署主办 龙岩地区地方志编纂委员会编 总编张志南
方志出版社 1996年9月
338页 精装 27cm
ISBN7-80122-090-0
馆藏号：Guojiafz-8600002012755

龙岩地区年鉴·1997
中共龙岩地委、龙岩地区行政公署主办 龙岩地区地方志编纂委员会编 总编张志南
方志出版社 1997年9月
390页 精装 27cm
ISBN7-80122-198-2
馆藏号：Guojiafz-8600002012746

龙岩年鉴·1998
中共龙岩市委、市人民政府主办 福建省龙岩市地方志编纂委员会编 总编林德炎
方志出版社 1998年10月
477页 精装 27cm
ISBN7-80122-373-X
馆藏号：Guojiafz-8600002010992

龙岩年鉴·2003
龙岩市人民政府主办 福建省龙岩市地方志编纂委员会编 主编林汉扬
方志出版社 2003年11月
378页 精装 29cm
ISBN7-80192-091-0
馆藏号：Guojiafz-8600002003956

龙岩年鉴·2004
龙岩市人民政府主办 福建省龙岩市地方志编纂委员会编 主编林汉扬
方志出版社 2004年11月
425页 精装 29cm
ISBN7-80192-379-0
馆藏号：Guojiafz-8600002007539

龙岩年鉴·2005
龙岩市人民政府主办 龙岩市地方志编纂委员会编
主编林汉扬
方志出版社 2006年2月
360页 精装 29cm
ISBN7-80192-730-3
馆藏号：Guojiafz-8600002005235

龙岩年鉴·2006
龙岩市人民政府主办 龙岩市地方志编纂委员会编
主编林汉扬
方志出版社 2007年2月
392页 精装 29cm
ISBN978-7-80192-998-3
馆藏号：Guojiafz-8600002005672

龙岩年鉴·2007
龙岩市人民政府主办 福建省龙岩市地方志编纂委员会编 主编林汉扬
方志出版社 2007年11月
425页 精装 29cm
ISBN978-7-80238-200-8
馆藏号：Guojiafz-8600002012393

龙岩年鉴·2008
龙岩市人民政府主办　龙岩市地方志编纂委员会编
主编林汉扬
方志出版社　2008 年 11 月
462 页　精装　29cm
ISBN978-7-80238-405-7
馆藏号：Guojiafz-8600002003558

龙岩年鉴·2009
龙岩市人民政府主办　龙岩市地方志编纂委员会编
主编林汉扬
方志出版社　2009 年 12 月
438 页　精装　29cm
ISBN978-7-80238-721-8
馆藏号：Guojiafz-8600002012147

龙岩年鉴·2010
龙岩市人民政府主办　龙岩市地方志编纂委员会编
主编蓝国华
方志出版社　2010 年 12 月
342 页　精装　29cm
ISBN978-7-5144-0019-9
馆藏号：Guojiafz-8600002006105

龙岩年鉴·2011
龙岩市人民政府主办　福建省龙岩市地方志编纂委员会编　主编蓝国华
方志出版社　2012 年 1 月
404 页　精装　29cm
ISBN978-7-5144-0415-9
馆藏号：Guojiafz-8600002002996

龙岩年鉴·2012
龙岩市人民政府主办　龙岩市地方志编纂委员会编
主编蓝国华
方志出版社　2013 年 1 月
435 页　精装　29cm
ISBN978-7-5144-0819-5
馆藏号：Guojiafz-8600002010490

龙岩年鉴·2013
龙岩市人民政府主办　龙岩市地方志编纂委员会编
主编蓝国华
方志出版社　2013 年 12 月
471 页　精装　29cm
ISBN978-7-5144-1107-2
馆藏号：Guojiafz-8600002006868

龙岩年鉴·2014
龙岩市人民政府主办　龙岩市地方志编纂委员会编
主编蓝国华
方志出版社　2014 年 12 月
459 页　精装　29cm
ISBN978-7-5144-1484-4
馆藏号：Guojiafz-8600002006830

龙岩年鉴·2017
龙岩市人民政府主办　龙岩市地方志编纂委员会编
主编蓝国华
方志出版社　2018 年 1 月
413 页　精装　29cm
ISBN978-7-5144-2950-3
馆藏号：Guojiafz-8600002017087

龙岩年鉴·2018
龙岩市人民政府主办　龙岩市地方志编纂委员会编
主编蓝国华
方志出版社　2018 年 12 月
384 页　精装　29cm
ISBN978-7-5144-3659-4
馆藏号：Guojiafz-8600002016992

龙岩新罗年鉴·2010
龙岩市新罗区人民政府主办　龙岩市新罗区地方志编纂委员会编　总编陈振清
龙岩海得宝印刷有限公司印刷　2011 年 6 月
397 页　精装　30cm
准印证号:（龙新）新出（2011）内书第 022 号
馆藏号：Guojiafz-8600002001006

龙岩市年鉴·1994
福建省龙岩市地方志编纂委员会编　总编胡祖洲
方志出版社　1995 年 12 月
678 页　精装　27cm
ISBN7-80122-006-4
馆藏号：Guojiafz-8600002012831

龙岩市年鉴·1997
福建省龙岩市地方志编纂委员会编　总编胡祖洲
方志出版社　1997 年 12 月
489 页　精装　27cm
ISBN7-80122-251-2
馆藏号：Guojiafz-8600002011094

永定县年鉴·2001—2005
中共永定县委、永定县人民政府主办　永定县地方志编纂委员会编　总编伊向荣
方志出版社　2007 年 1 月
571 页　精装　29cm
ISBN978-7-80192-985-3
馆藏号：Guojiafz-8600002012840

永定县年鉴·2006—2010
中共永定县委、永定县人民政府主办　永定县地方志编纂委员会编　总编赖秀金
中国文化出版社　2012 年 3 月
556 页　精装　30cm
ISBN978-988-77832-7-5
馆藏号：Guojiafz-8600002010563

上杭年鉴·2011
中共上杭县委、上杭县人民政府主办　上杭县地方志编纂委员会编　总编谢海波
武平县方圆印刷有限责任公司印刷　2011 年 12 月
339 页　精装　29cm
准印证号:（杭）新出（2011）内书第 06 号
馆藏号：Guojiafz-8600002001731

上杭年鉴·2012
中共上杭县委、上杭县人民政府主办　上杭县地方志编纂委员会编　总编谢海波
武平县方圆印刷有限责任公司印刷　2012 年 12 月
378 页　精装　29cm
准印证号:（杭）新出（2012）内书第 13 号
馆藏号：Guojiafz-8600002010566

上杭年鉴·2013
中共上杭县委、上杭县人民政府主办　上杭县地方志编纂委员会编　总编谢海波
武平县方圆印刷有限责任公司印刷　2013 年 9 月
378 页　精装　29cm
准印证号:（杭）新出（2013）内书第 9 号
馆藏号：Guojiafz-8600002010920

上杭年鉴·2017
上杭县人民政府主办　上杭县地方志编纂委员会编
主任刘昌发
方志出版社　2017 年 11 月
357 页　精装　29cm
ISBN978-7-5144-2759-2
馆藏号：Guojiafz-8600002016716

上杭年鉴·2018
上杭县人民政府主办　上杭县地方志编纂委员会编
主任刘昌发
方志出版社　2018 年 11 月
315 页　精装　29cm
ISBN978-7-5144-3403-3
馆藏号：Guojiafz-8600002018066

武平县年鉴·1988—1993
武平县地方志编纂委员会编　总编钟远南
方志出版社　1996 年 10 月
367 页　精装　26cm
ISBN7-80122-098-6
馆藏号：Guojiafz-8600002012774

武平县年鉴·1994—1996
中共武平县委、武平县人民政府主办　福建省武平县地方志编纂委员会编　总编方锦兴

方志出版社　1998 年 11 月
371 页　精装　27cm
ISBN7-80122-377-2
馆藏号：Guojiafz-8600002013104

武平县年鉴·2011
武平县地方志编纂委员会编　主编吴汝丰
武平县君联彩色印刷有限公司印刷　2012 年 10 月
299 页　平装　29cm
准印证号:（武）新出（2012）内书第 5 号
馆藏号：Guojiafz-8600002005826

武平县年鉴·2012
武平县地方志编纂委员会编　主编吴汝丰
龙岩中艺彩印有限公司印刷　2013 年 9 月
305 页　精装　29cm
准印证号:（武）新出（2013）内书第 8 号
馆藏号：Guojiafz-8600002010937

连城年鉴·2008—2009
中共连城县委、县人民政府主办　连城县地方志编纂委员会编　主编陈金芳
龙岩中艺彩印有限公司印刷　2010 年
290 页　精装　29cm
准印证号:（连文）新出（2010）内书第 02 号
馆藏号：Guojiafz-8600002008735

连城年鉴·2011
中共连城县委、县人民政府主办　连城县地方志编纂委员会编　主编陈金芳
龙岩中艺彩印有限公司印刷
269 页　精装　29cm
准印证号:（连文）新出（2011）内书第 12 号
馆藏号：Guojiafz-8600002001208

连城年鉴·2012
中共连城县委、县人民政府主办　连城县地方志编纂委员会编　主编陈金芳
龙岩中艺彩印有限公司印刷
272 页　精装　29cm
准印证号:（连文）新出（2013）内书第 01 号
馆藏号：Guojiafz-8600002009556

宁德地区年鉴·1999
宁德地区行政公署主办　宁德地区地方志办公室编　主编胡志华
新华出版社　2001 年 3 月
340 页　精装　27cm
ISBN7-5011-5367-1
馆藏号：Guojiafz-8600002005083

宁德年鉴·2007
中共宁德市委、宁德市人民政府主办　宁德市地方志编纂委员会编　主编林慧冬
海风出版社　2007 年 11 月
318 页　精装　29cm
ISBN978-7-80597-826-0
馆藏号：Guojiafz-8600002000617

宁德年鉴·2010
宁德市人民政府主办　宁德市地方志编纂委员会编　主编林慧冬
海峡世纪（福建）影视文化有限公司　2011 年 5 月
431 页　精装　29cm
ISBN978-7-900745-64-4
馆藏号：Guojiafz-8600002006155

宁德年鉴·2012
宁德市人民政府主办　宁德市地方志编纂委员会编　主编林慧冬
海峡世纪（福建）影视文化有限公司　2013 年 1 月
382 页　精装　29cm
ISBN978-7-900745-79-8
馆藏号：Guojiafz-8600002006910

宁德年鉴·2013
宁德市人民政府主办　宁德市地方志编纂委员会编　主编林慧冬
海风出版社　2013 年 12 月
356 页　精装　29cm

ISBN978-7-5512-0129-2
馆藏号：Guojiafz-8600002010491

蕉城年鉴 · 2010
宁德市蕉城区人民政府主办　宁德市蕉城区地方志编纂委员会编　主编林廷忠
福建省地质印刷厂印刷　2011 年
419 页　精装　29cm
准印证号：宁新图准出字（2011）第 70 号
馆藏号：Guojiafz-8600002008732

福安年鉴 · 2008
福安市人民政府主办　福安市地方志编纂委员会编　主编阮作春
福建省音像出版社　2010 年 3 月
354 页　精装　29cm
ISBN978-7-900745-38-5
馆藏号：Guojiafz-8600002002557

福安年鉴 · 2012
福安市人民政府主办　福安市地方志编纂委员会编　主编梁丽琪
福建省地图出版社　2013 年 10 月
374 页　精装　29cm
ISBN978-7-5467-0247-6
馆藏号：Guojiafz-8600002010645

古田年鉴 · 2001—2002
古田县人民政府主办　福建省古田县地方志编纂委员会编　主编王丁钟
海潮摄影艺术出版社　2004 年 2 月
370 页　精装　26cm
ISBN7-80691-030-1
馆藏号：Guojiafz-8600002004951

屏南年鉴 · 2017
屏南县人民政府主办　屏南县地方志编纂委员会编　主编甘代寿
海峡书局　2017 年 12 月
296 页　精装　29cm
ISBN978-7-5567-0446-0
馆藏号：Guojiafz-8600002016259

柘荣年鉴 · 2017
中共柘荣县委、柘荣县人民政府主办　柘荣县地方志编纂委员会编　主编陈起兴
海峡书局　2017 年 12 月
274 页　精装　29cm
ISBN978-7-5567-0431-6
馆藏号：Guojiafz-8600002016258

江西省

江西年鉴·2002（创刊号）
江西省人民政府主办 《江西年鉴》编辑委员会编
总编辑谢军 主编彭宏松
方志出版社 2002年12月
444页 精装 29cm
ISBN7-80122-896-0
馆藏号：Guojiafz-8600002001044

江西年鉴·2003
江西省人民政府主办 《江西年鉴》编辑委员会编
总编辑谢军、刘斌 主编吴新雄
方志出版社 2003年12月
446页 精装 29cm
ISBN7-80192-122-4
馆藏号：Guojiafz-8600002000828

江西年鉴·2004
江西省人民政府主办 《江西年鉴》编辑委员会编
总编辑刘斌
方志出版社 2004年12月
464页 精装 29cm
ISBN7-80192-419-3
馆藏号：Guojiafz-8600002003007

江西年鉴·2005
江西省人民政府主办 《江西年鉴》编辑委员会编
总编辑刘斌 主编吴新雄
方志出版社 2005年12月
495页 精装 29cm
ISBN7-80192-702-8
馆藏号：Guojiafz-8600002003344

江西年鉴·2006
江西省人民政府主办 《江西年鉴》编辑委员会编
总编辑刘斌 主编吴新雄
黄山书社 2006年12月
514页 精装 29cm
ISBN7-80707-524-4
馆藏号：Guojiafz-8600002000825

江西年鉴·2007
江西省人民政府主办 《江西年鉴》编辑委员会编
总编辑刘斌 主编吴新雄
江西人民出版社 2007年12月
555页 精装 29cm
ISBN978-7-210-03798-9
馆藏号：Guojiafz-8600002007283

江西年鉴·2008
江西省人民政府主办 江西省地方志编辑委员会办公室编 总编辑刘斌 主编吴新雄
中华书局 2008年12月
537页 精装 29cm
ISBN978-7-101-06408-7
馆藏号：Guojiafz-8600002003010

江西年鉴·2009
江西省人民政府主办 江西省地方志编纂委员会编
总编辑刘斌 主编吴新雄
中华书局 2009年12月
544页 精装 29cm
ISBN978-7-101-07192-4
馆藏号：Guojiafz-8600002007280

江西年鉴·2010
江西省人民政府主办　江西省地方志编纂委员会办公室编　总编辑刘斌　主编吴新雄
方志出版社　2010年10月
594页　精装　29cm
ISBN978-7-80238-928-1
馆藏号：Guojiafz-8600002001060

江西年鉴·2014
江西省人民政府主办　江西省地方志编纂委员会编
总编辑梅宏　主编鹿心社
中国时代经济出版社　2014年10月
504页　精装　29cm
ISBN978-7-5119-0903-9
馆藏号：Guojiafz-8600002010464

江西年鉴·2015
江西省人民政府主办　江西省地方志编纂委员会编
总编辑梅宏　主编鹿心社
中国时代经济出版社　2015年9月
565页　精装　29cm
ISBN978-7-5119-2447-6
馆藏号：Guojiafz-8600002014284

江西年鉴·2017
江西省人民政府主办　江西省地方志编纂委员会编
主编刘奇
国家图书馆出版社　2017年9月
616页　精装　29cm
ISBN978-7-5013-6250-9
馆藏号：Guojiafz-8600002016720

江西年鉴·2019
江西省地方志编纂委员会编　主编易炼红
线装书局　2019年7月
606页　精装　29cm
ISBN978-7-5120-3728-1
馆藏号：Guojiafz-8600002017897

江西年鉴·2020
江西省地方志编纂委员会编　主编易炼红
线装书局　2020年9月
524页　精装　29cm
ISBN978-7-5120-4119-6
馆藏号：Guojiafz-8600002018399

江铜年鉴·1993—2000
江西铜业集团公司主办《江铜年鉴》编辑委员会编　主编王振坤
方志出版社　2004年11月
314页　精装　29cm
ISBN7-80192-403-7
馆藏号：Guojiafz-8600002003479

江西交通年鉴·2001
《江西交通年鉴》编委会编　主编邓振胜
人民交通出版社　2002年1月
512页　精装　27cm
ISBN7-114-04143-8
馆藏号：Guojiafz-8600002004695

江西交通年鉴·2003
江西省交通厅交通史志编审委员会编　主编傅藻清
方志出版社　2003年11月
487页　精装　27cm
ISBN7-80192-077-5
馆藏号：Guojiafz-8600002001974

江西交通年鉴·2004
江西省交通厅交通史志编审委员会编　主编谢元银
方志出版社　2005年3月
496页　精装　27cm
ISBN7-80192-467-3
馆藏号：Guojiafz-8600002006588

江西交通年鉴·2006
江西省交通厅交通史志编审委员会编　主编谢元银
方志出版社　2006年11月
476页　精装　29cm

ISBN7-80192-919-5
馆藏号：Guojiafz-8600002008940

江西交通年鉴·2007
江西省交通厅交通史志编审委员会编　主编谢元银
方志出版社　2008年1月
483页　精装　29cm
ISBN978-7-80238-205-3
馆藏号：Guojiafz-8600002012367

江西交通年鉴·2008
江西省交通厅交通史志编审委员会编　主编谢元银
方志出版社　2008年12月
492页　精装　29cm
ISBN978-7-80238-458-3
馆藏号：Guojiafz-8600002012388

江西交通年鉴·2009
江西省交通厅交通史志编审委员会编　主编谢元银
方志出版社　2009年12月
508页　精装　29cm
ISBN978-7-80238-703-4
馆藏号：Guojiafz-8600002005600

江西交通年鉴·2010
江西省交通厅交通史志编审委员会编　主编谢元银
方志出版社　2010年10月
587页　精装　29cm
ISBN978-7-80238-903-8
馆藏号：Guojiafz-8600002011910

江西交通年鉴·2011
江西省交通厅交通史志编审委员会编　主编谢元银
方志出版社　2011年12月
481页　精装　29cm
ISBN978-7-5144-0382-4
馆藏号：Guojiafz-8600002008327

江西交通年鉴·2012
江西省交通运输厅交通史志编审委员会编
主编谢元银
方志出版社　2012年12月
501页　精装　29cm
ISBN978-7-5144-0761-7
馆藏号：Guojiafz-8600002004995

江西交通年鉴·2013
江西省交通厅交通史志编审委员会编　主编熊华武
方志出版社　2013年12月
584页　精装　29cm
ISBN978-7-5144-1156-0
馆藏号：Guojiafz-8600002007266

江西交通年鉴·2014
江西省交通厅交通史志编审委员会编　主编熊华武
方志出版社　2014年12月
599页　精装　29cm
ISBN978-7-5144-1464-6
馆藏号：Guojiafz-8600002009810

江西交通年鉴·2015
江西省交通厅交通史志编审委员会编　主编熊华武
方志出版社　2015年11月
588页　精装　29cm
ISBN978-7-5144-1843-9
馆藏号：Guojiafz-8600002003089

江西交通年鉴·2016
江西省交通厅交通史志编审委员会编　主编熊华武
方志出版社　2016年12月
550页　精装　29cm
ISBN978-7-5144-2320-4
馆藏号：Guojiafz-8600002014038

江西交通年鉴·2017
江西省交通运输厅交通史志编审委员会编
主编李国峰
方志出版社　2017年11月
566页　精装　29cm
ISBN978-7-5144-2761-5
馆藏号：Guojiafz-8600002016932

江西邮电年鉴·1996
江西省邮电管理局、《江西邮电年鉴》编辑委员会合编　总编辑金辉
方志出版社　1996年11月
445页　精装　27cm
ISBN7-80122-110-9
馆藏号：Guojiafz-8600002012804

江西科技年鉴·2014
江西省科学技术厅主办　江西省科学技术厅编
主编罗莹、傅道言
江西高校出版社　2016年1月
685页　精装　29cm
ISBN978-7-5493-4043-9
馆藏号：Guojiafz-8600002014258

江西统计年鉴·2016
江西省统计局、国家统计局江西调查总队合编
总编曾文明　主编曾永生
中国统计出版社　2016年7月
530页　精装　30cm
ISBN978-7-5037-7817-9
馆藏号：Guojiafz-8600002014261

江西统计年鉴·2017
江西省统计局、国家统计局江西调查总队合编
主编曾永生
中国统计出版社　2017年8月
530页　精装　29cm
ISBN978-7-5037-8216-9
馆藏号：Guojiafz-8600002016546

江西广播电视年鉴·2009
江西省广播电影电视局、《江西广播电影电视年鉴》编辑委员会合编　主编万里波
中国传媒大学出版社　2009年12月
314页　精装　27cm
ISBN978-7-81127-825-5
馆藏号：Guojiafz-8600002002354

江西宣传思想文化工作年鉴·2015
中共江西省委宣传部编　主编赵力平
江西人民出版社　2017年7月
286页　精装　29cm
ISBN978-7-210-09380-0
馆藏号：Guojiafz-8600002016804

南昌年鉴·1998
南昌市人民政府主办　《南昌年鉴》编辑委员会编
主编冯章豪、周关、陈中漳、罗长江
新华出版社　1998年10月
517页　精装　27cm
ISBN7-5011-3429-4
馆藏号：Guojiafz-8600002005917

南昌年鉴·1999
南昌市人民政府主办　《南昌年鉴》编辑部编
主编冯章豪、周关、陈中漳　执行主编罗长江
新华出版社　1999年10月
537页　精装　29cm
ISBN7-5011-4372-2
馆藏号：Guojiafz-8600002004315

南昌年鉴·2001
南昌市人民政府主办　江西省南昌年鉴编辑部编
主编周关、罗长江、吕汉清
方志出版社　2001年8月
468页　精装　27cm
ISBN7-80122-647-X
馆藏号：Guojiafz-8600002010279

南昌年鉴·2002
南昌市人民政府主办　江西省南昌年鉴编辑部编
主编周关、朱敏华、罗长江
方志出版社　2002年7月
488页　精装　29cm
ISBN7-80122-799-9
馆藏号：Guojiafz-8600002013051

南昌年鉴·2003
中共南昌市委、南昌市人民政府主办 《南昌年鉴》编辑部编 主编马承祖
方志出版社 2003年12月
415页 精装 29cm
ISBN7-80192-109-7
馆藏号：Guojiafz-8600002009444

南昌年鉴·2004
中共南昌市委、南昌市人民政府主办 《南昌年鉴》编辑部编 主编史蓉蓉
方志出版社 2004年10月
377页 精装 29cm
ISBN7-80192-362-6
馆藏号：Guojiafz-8600002010104

南昌年鉴·2005
中共南昌市委、南昌市人民政府主办 《南昌年鉴》编辑委员会编 主编史蓉蓉
方志出版社 2006年2月
400页 精装 29cm
ISBN7-80192-733-8
馆藏号：Guojiafz-8600002004377

南昌年鉴·2006
中共南昌市委、南昌市人民政府主办 《南昌年鉴》编辑委员会编 主编史蓉蓉
方志出版社 2007年2月
413页 精装 29cm
ISBN978-7-80192-989-1
馆藏号：Guojiafz-8600002008005

南昌年鉴·2007
中共南昌市委、南昌市人民政府主办 《南昌年鉴》编辑委员会编 主编雷武江
方志出版社 2007年11月
434页 精装 29cm
ISBN978-7-80238-199-5
馆藏号：Guojiafz-8600002012547

南昌年鉴·2008
中共南昌市委、南昌市人民政府主办 《南昌年鉴》编辑委员会编 主编雷武江、董化杰
方志出版社 2008年11月
434页 精装 29cm
ISBN978-7-80238-445-3
馆藏号：Guojiafz-8600002005764

南昌年鉴·2009
中共南昌市委、南昌市人民政府主办 南昌年鉴编辑委员会编 主编雷武江、刘家富
方志出版社 2009年11月
426页 精装 29cm
ISBN978-7-80238-675-4
馆藏号：Guojiafz-8600002004527

南昌年鉴·2010
中共南昌市委、南昌市人民政府主办 南昌年鉴编辑委员会编 主编蔡社宝、刘家富
方志出版社 2010年10月
426页 精装 29cm
ISBN978-7-80238-904-5
馆藏号：Guojiafz-8600002005913

南昌年鉴·2011
中共南昌市委、南昌市人民政府主办 《南昌年鉴》编辑委员会编 主编蔡社宝、刘家富
方志出版社 2011年10月
508页 精装 29cm
ISBN978-7-5144-0273-5
馆藏号：Guojiafz-8600002008383

南昌年鉴·2012
中共南昌市委、南昌市人民政府主办 《南昌年鉴》编辑委员会编 主编凌学仁、张根水
方志出版社 2012年11月
518页 精装 29cm
ISBN978-7-5144-0720-4
馆藏号：Guojiafz-8600002007108

南昌年鉴·2013
中共南昌市委员会、南昌市人民政府主办 《南昌年鉴》编辑委员会编 主编江晓斌、张根水
方志出版社 2013年12月
494页 精装 29cm
ISBN978-7-5144-1157-7
馆藏号：Guojiafz-8600002007210

南昌年鉴·2014
中共南昌市委员会、南昌市人民政府主办 《南昌年鉴》编辑委员会编 主编江晓斌、张根水
方志出版社 2014年11月
430页 精装 29cm
ISBN978-7-5144-1455-4
馆藏号：Guojiafz-8600002006699

南昌年鉴·2015
中共南昌市委员会、南昌市人民政府主办 《南昌年鉴》编辑委员会编 主编江晓斌、张根水
方志出版社 2015年10月
476页 精装 29cm
ISBN978-7-5144-1737-1
馆藏号：Guojiafz-8600002010796

南昌年鉴·2016
中共南昌市委员会、南昌市人民政府主办 南昌年鉴编辑委员会编 主编江晓斌、姚燕平
中国时代经济出版社 2016年10月
488页 精装 29cm
ISBN978-7-5119-2624-1
馆藏号：Guojiafz-8600002014804

南昌年鉴·2017
中共南昌市委、南昌市人民政府主办 南昌年鉴编辑委员会编 主编郭毅、龙国英
方志出版社 2017年9月
496页 精装 29cm
ISBN978-7-5144-2551-2
馆藏号：Guojiafz-8600002015091

南昌年鉴·2018
中国南昌市委、南昌市人民政府主办 南昌年鉴编辑委员会编 主编郭毅、龙国英
方志出版社 2018年11月
554页 精装 29cm
ISBN978-7-5144-3400-2
馆藏号：Guojiafz-8600002017001

南昌铁路分局年鉴·1992
南昌铁路分局年鉴编纂委员会编 主编谢成辉
中国铁道出版社 1992年12月
492页 精装 26cm
ISBN7-113-01450-X
馆藏号：Guojiafz-8600002001540

南昌铁路局年鉴·2014
《南昌铁路年鉴》编委会编 主编王春柳
中国铁道出版社 2015年12月
335页 精装 27cm
ISBN978-7-113-21168-4
馆藏号：Guojiafz-8600002014794

南昌地区邮电年鉴·1993
南昌市邮政局局志编纂办公室、《南昌地区邮电年鉴》编辑部合编 总编辑崔殿元
江西省邮电印刷厂印刷
343页 精装 27cm
馆藏号：Guojiafz-8600002006319

东湖年鉴·2011（创刊卷）
中共东湖区委、东湖区人民政府主办 《东湖年鉴》编纂委员会编 主编陈耀武
方志出版社 2011年12月
388页 精装 29cm
ISBN978-7-5144-0398-5
馆藏号：Guojiafz-8600002006074

东湖年鉴·2012
中共东湖区委、东湖区人民政府主办 《东湖年鉴》编纂委员会编 主编陈耀武

方志出版社　2012 年 12 月
387 页　精装　29cm
ISBN978-7-5144-0757-0
馆藏号：Guojiafz-8600002006967

东湖年鉴・2013
中共东湖区委、东湖区人民政府主办 《东湖年鉴》编纂委员会编　主编陈耀武
方志出版社　2013 年 12 月
316 页　精装　29cm
ISBN978-7-5144-1173-7
馆藏号：Guojiafz-8600002004631

东湖年鉴・2014
中共东湖区委、东湖区人民政府主办 《东湖年鉴》编纂委员会编　主编陈耀武
方志出版社　2016 年 12 月
304 页　精装　29cm
ISBN978-7-5144-2240-5
馆藏号：Guojiafz-8600002013925

东湖年鉴・2016
中共东湖区委、东湖区人民政府主办 《东湖年鉴》编纂委员会编　主编陈耀武
方志出版社　2017 年 2 月
387 页　精装　29cm
ISBN978-7-5144-2364-8
馆藏号：Guojiafz-8600002014961

东湖年鉴・2017
中共东湖区委、东湖区人民政府主办 《东湖年鉴》编纂委员会编　主编陈耀武
方志出版社　2017 年 11 月
351 页　精装　29cm
ISBN978-7-5144-2707-3
馆藏号：Guojiafz-8600002015055

东湖年鉴・2018
中共东湖区委、东湖区人民政府主办 《东湖年鉴》编纂委员会编　主编陈耀武
方志出版社　2018 年 12 月
332 页　精装　29cm
ISBN978-7-5144-3559-7
馆藏号：Guojiafz-8600002017031

东湖年鉴・2019
中共东湖区委、东湖区人民政府主办 《东湖年鉴》编纂委员会编　主编陈耀武
方志出版社　2019 年 11 月
338 页　精装　29cm
ISBN978-7-5144-3980-9
馆藏号：Guojiafz-8600002018082

湾里年鉴・2008（创刊号）
中共湾里区委、区人民政府主办 《湾里年鉴》编辑委员会编　主编万贤赛
内部印刷
332 页　精装　29cm
馆藏号：Guojiafz-8600002010158

湾里年鉴・2009
中共湾里区委、区人民政府主办 《湾里年鉴》编辑委员会编　主编万贤赛
内部印刷
326 页　精装　29cm
准印证号：赣新出内准字第 0006099 号
馆藏号：Guojiafz-8600002001788

新建年鉴・2017
南昌市新建区人民政府主办 《新建年鉴》编辑委员会编　主编杨冰　执行主编万里鹏
江西人民出版社　2017 年 11 月
497 页　精装　29cm
ISBN978-7-210-09924-6
馆藏号：Guojiafz-8600002016538

南昌县年鉴・2010
中共南昌县委、南昌县人民政府主办　中共南昌县委史志地名办公室编　主编陈摧飙
方志出版社　2010 年 10 月

443 页　精装　29cm
ISBN978-7-80238-905-2
馆藏号：Guojiafz-8600002000824

南昌县年鉴·2011
中共南昌县委、南昌县人民政府主办　中共南昌县委史志地名办公室编　主编喻德琪
方志出版社　2011 年 11 月
433 页　精装　29cm
ISBN978-7-5144-0315-2
馆藏号：Guojiafz-8600002000504

南昌县年鉴·2012
中共南昌县委、南昌县人民政府主办　《南昌县年鉴》编纂委员会编　主编喻德琪
方志出版社　2012 年 10 月
497 页　精装　29cm
ISBN978-7-5144-0646-7
馆藏号：Guojiafz-8600002008042

安义年鉴·1986—1992
江西省安义县地方志编纂委员会编　主编刘希林
方志出版社　1995 年 6 月
311 页　精装　26cm
ISBN7-80122-024-2
馆藏号：Guojiafz-8600002010115

进贤年鉴·1986—1992
进贤县地方志编纂委员会编　主编傅登仁
方志出版社　1997 年 7 月
381 页　精装　27cm
ISBN7-80122-172-9
馆藏号：Guojiafz-8600002001982

景德镇年鉴·1991—1992
景德镇市人民政府办公室、景德镇市地方志办公室合编　主编陈长庚、冯世祥、吴仁生
中共中央党校出版社　1993 年 12 月
484 页　精装　27cm
ISBN7-5035-0886-8
馆藏号：Guojiafz-8600002007473

景德镇年鉴·1993
景德镇市地方志编纂委员会编　总纂冯世祥
主编陈长庚、叶永强、吴仁生
中共江西省委党校印刷厂印刷　1994 年 10 月
505 页　精装　27cm
准印证号：景文字（1994）第 231 号
馆藏号：Guojiafz-8600002010144

景德镇年鉴·1994
景德镇市地方志编纂委员会编　主编冯世祥、蔡三源
江西瑞丰彩色制版有限公司印刷　1995 年 10 月
334 页　精装　27cm
准印证号：景文字（1995）第 253 号
馆藏号：Guojiafz-8600002010147

景德镇年鉴·2002
景德镇市人民政府主办　景德镇市地方志编纂委员会编　主编黄梅玲　总纂胡长福
江西地质测绘印刷厂印刷　2002 年 11 月
328 页　精装　27cm
准印证号：赣新出内准字第 0000757 号
馆藏号：Guojiafz-8600002010167

乐平年鉴·1995
乐平市年鉴编纂委员会编　主编余盛仁　总纂杨长锡
乐平市印刷厂印刷　1996 年 3 月
286 页　精装　27cm
准印证号：赣出内景文字（1996）第 281 号
馆藏号：Guojiafz-8600002001544

乐平年鉴·1996
乐平市年鉴编纂委员会编　主编余盛仁、杨长锡
总纂华守煌
乐平市印刷厂印刷　1996 年 12 月
220 页　精装　27cm
准印证号：赣出内景文字（1996）第 281 号
馆藏号：Guojiafz-8600002001552

乐平年鉴·1998
江西省乐平市《乐平年鉴》编委会编　主编余盛仁
黄山书社　1999 年 1 月
290 页　精装　27cm
ISBN7-80630-366-9
馆藏号：Guojiafz-8600002001551

萍乡年鉴·2005（创刊号）
萍乡市人民政府主办　《萍乡年鉴》编纂委员会编
总编辑杨富荣
方志出版社　2005 年 10 月
304 页　精装　29cm
ISBN7-80192-651-X
馆藏号：Guojiafz-8600002002240

萍乡年鉴·2006
萍乡市人民政府主办　《萍乡年鉴》编辑部编
总编杨富荣
江西省地方志四方印刷厂印刷　2006 年 12 月
304 页　精装　29cm
准印证号：赣新出内准字第 0004683 号
馆藏号：Guojiafz-8600002005689

萍乡年鉴·2007
萍乡市人民政府主办　萍乡地方志编纂委员会办公室编　总编辑杨富荣
内部印刷
290 页　精装　29cm
准印证号：赣新出内准字第 0005773 号
馆藏号：Guojiafz-8600002010142

萍乡年鉴·2008
萍乡市人民政府主办　萍乡地方志编纂委员会办公室编　总编辑杨富荣
内部印刷
290 页　精装　29cm
准印证号：赣新出内准字第 0006453 号
馆藏号：Guojiafz-8600002010059

萍乡年鉴·2009
萍乡市人民政府主办　《萍乡年鉴》编辑委员会编
总编杨富荣
内部印刷
311 页　精装　29cm
准印证号：赣新出内准字第 0006487 号
馆藏号：Guojiafz-8600002010143

九江年鉴·2004（创刊号）
九江市人民政府主办　《九江年鉴》编辑委员会编
主编江晓筑　执行主编马利群
方志出版社　2004 年 10 月
438 页　精装　29cm
ISBN7-80192-355-3
馆藏号：Guojiafz-8600002004495

九江年鉴·2005
九江市人民政府主办　《九江年鉴》编辑委员会编
主编江晓筑　总纂马利群
方志出版社　2005 年 10 月
344 页　精装　29cm
ISBN7-80192-670-6
馆藏号：Guojiafz-8600002003772

九江年鉴·2006
九江市人民政府主办　《九江年鉴》编辑委员会编
主编陈建芳　总纂马利群
方志出版社　2006 年 11 月
362 页　精装　29cm
ISBN7-80192-928-4
馆藏号：Guojiafz-8600002003879

九江年鉴·2008
九江市人民政府主办　《九江年鉴》编辑委员会编
方志出版社　2008 年 12 月
362 页　精装　29cm
ISBN978-7-80238-479-8
馆藏号：Guojiafz-8600002003598

九江年鉴・2009
九江市人民政府主办 《九江年鉴》编辑委员会编
主编胡冶敏 总纂汪明
武汉出版社 2009年12月
368页 精装 29cm
ISBN978-7-5430-4601-6
馆藏号：Guojiafz-8600002007285

九江年鉴・2010
九江市人民政府主办 《九江年鉴》编辑部编
主编罗环 总纂汪明
武汉出版社 2010年12月
376页 精装 29cm
ISBN978-7-5430-5499-8
馆藏号：Guojiafz-8600002019680

九江年鉴・2011
九江市人民政府主办 《九江年鉴》编辑部编
主编罗环 总纂黄开福
武汉出版社 2011年12月
502页 精装 29cm
ISBN978-7-5430-6473-7
馆藏号：Guojiafz-8600002019528

九江年鉴・2012
九江市人民政府主办 九江市史志办公室编
主编戴和君 总纂黄开福
武汉出版社 2012年12月
510页 精装 29cm
ISBN978-7-5430-7320-3
馆藏号：Guojiafz-8600002019540

九江年鉴・2013
九江市人民政府主办 九江市史志办公室编
主编戴和君 总纂黄开福
武汉出版社 2013年10月
474页 精装 29cm
ISBN978-7-5430-7896-3
馆藏号：Guojiafz-8600002019534

九江年鉴・2014
九江市人民政府主办 《九江年鉴》编纂委员会编
主编戴和君 总纂黄开福
武汉出版社 2014年12月
480页 精装 29cm
ISBN978-7-5430-8829-0
馆藏号：Guojiafz-8600002019531

九江年鉴・2015
九江市人民政府主办 《九江年鉴》编纂委员会编
主编戴和君 总纂黄开福
武汉出版社 2015年11月
544页 精装 29cm
ISBN978-7-5430-9621-9
馆藏号：Guojiafz-8600002019537

九江年鉴・2016
九江市人民政府主办 《九江年鉴》编纂委员会编
主编戴和君 总纂黄开福
武汉出版社 2016年10月
580页 精装 29cm
ISBN978-7-5582-0641-2
馆藏号：Guojiafz-8600002014802

九江年鉴・2017
《九江年鉴》编纂委员会编 主编戴和君 总纂黄开福
武汉出版社 2017年11月
558页 精装 29cm
ISBN978-7-5582-1791-3
馆藏号：Guojiafz-8600002019543

九江年鉴・2018
九江年鉴编纂委员会编 主编戴和君 总纂黄开福
中州古籍出版社 2018年11月
566页 精装 30cm
ISBN978-7-5348-8141-1
馆藏号：Guojiafz-8600002019546

九江年鉴·2019
九江年鉴编纂委员会编　主编余德义　总纂黄开福
中州古籍出版社　2019年11月
618页　精装　30cm
ISBN978-7-5348-8873-1
馆藏号：Guojiafz-8600002019677

九江教育年鉴·2011—2015
《九江教育年鉴》编辑委员会编　主编李瑞东、何明　执行主编袁银初
江西高校出版社　2018年1月
735页　精装　29cm
ISBN978-7-5493-6628-6
馆藏号：Guojiafz-8600002018251-3

浔阳年鉴·2017
浔阳年鉴编辑委员会编　主编彭蠡
方志出版社　2018年1月
330页　精装　29cm
ISBN978-7-5144-2965-7
馆藏号：Guojiafz-8600002016506

瑞昌年鉴·2012
瑞昌市人民政府主办《瑞昌年鉴》编辑委员会编
主编李英豪　总纂胡茂盛
方志出版社　2012年12月
326页　精装　29cm
ISBN978-7-5144-0738-9
馆藏号：Guojiafz-8600002007002

瑞昌年鉴·2013
瑞昌市人民政府主办《瑞昌年鉴》编纂委员会编
主编李英豪　总纂胡茂盛
方志出版社　2013年12月
359页　精装　29cm
ISBN978-7-5144-1127-0
馆藏号：Guojiafz-8600002006999

瑞昌年鉴·2017
瑞昌市人民政府主办　瑞昌市地方志编纂委员会编
主编傅霖辉　总纂胡茂盛
方志出版社　2018年2月
398页　精装　29cm
ISBN978-7-5144-2981-7
馆藏号：Guojiafz-8600002017112

九江县年鉴·2011（创刊号）
九江县人民政府主办《九江县年鉴》编辑部编
主编徐常彬
方志出版社　2012年2月
276页　精装　29cm
ISBN978-7-5144-0431-9
馆藏号：Guojiafz-8600002000084

修水年鉴·2016
修水县人民政府主办　修水年鉴编辑委员会编
总编刘赓
江西人民出版社　2016年12月
367页　精装　29cm
ISBN978-7-210-07684-1
馆藏号：Guojiafz-8600002015004

新余年鉴·1986—1990
新余市地方志编纂委员会编　主编刘永思
光明日报出版社　1997年6月
354页　精装　27cm
ISBN7-80091-996-X
馆藏号：Guojiafz-8600002000248

新余年鉴·1991—1995
新余市地方志编纂委员会编　主编刘永思
中华书局　1999年11月
378页　精装　27cm
ISBN7-101-02405-X
馆藏号：Guojiafz-8600002001384

新余年鉴·1997
新余市人民政府主办　江西省新余市地方志编纂委员会编　主编刘永思
宜春资料印刷厂印刷

287 页　精装　27cm
准印证号：赣新出内准字第 058 号
馆藏号：Guojiafz-8600002007069

新余年鉴·1998
新余市地方志编纂委员会编　主编刘永思
中华书局　1999 年 2 月
266 页　精装　27cm
ISBN7-101-02150-6
馆藏号：Guojiafz-8600002006335

新余年鉴·1999
新余市地方志编纂委员会办公室主办　新余市地方志编纂委员会编　主编吴振中
中华书局　1999 年 12 月
292 页　精装　26cm
ISBN7-101-02478-5
馆藏号：Guojiafz-8600002005607

新余年鉴·2000
新余市地方志编纂委员会办公室主办　新余市地方志编纂委员会编　主编吴振中
中华书局　2000 年 9 月
268 页　精装　27cm
ISBN7-101-02667-2
馆藏号：Guojiafz-8600002006317

新余年鉴·2001
新余市地方志编纂委员会办公室主办　新余市地方志编纂委员会编　主编吴振中
中华书局　2001 年 8 月
320 页　精装　27cm
ISBN7-101-03035-1
馆藏号：Guojiafz-8600002008182

新余年鉴·2002
新余市地方志编纂委员会编　主编吴振中
中国环境科学出版社　2002 年 9 月
323 页　精装　27cm
ISBN7-80163-399-7
馆藏号：Guojiafz-8600002008018

新余年鉴·2003
新余市人民政府主办　新余市地方志编纂委员会编　主编吕笑梅
浦东电子出版社　2003 年 7 月
287 页　精装　29cm
ISBN7-900366-23-7
馆藏号：Guojiafz-8600002017842

新余年鉴·2004
新余市人民政府主办　新余市地方志编纂委员会编　主编吕笑梅
新余日报社印刷厂印刷　2004 年 8 月
348 页　精装　29cm
准印证号：赣新出内准字第 0004107 号
馆藏号：Guojiafz-8600002017841

新余年鉴·2005
新余市人民政府主办　新余市地方志编纂委员会编　主编李学辉
新余日报社印刷厂印刷　2005 年 9 月
317 页　精装　29cm
准印证号：赣新出内准字第 0004140 号
馆藏号：Guojiafz-8600002017845

新余年鉴·2007
新余市人民政府主办　新余市地方志编纂委员会编　主编彭卫东
中共江西省委党校印刷厂印刷　2007 年 12 月
372 页　精装　29cm
准印证号：赣新出内准字第 0005601 号
馆藏号：Guojiafz-8600002006221

新余年鉴·2008
新余市人民政府主办　新余市地方志编纂委员会编　主编彭卫东
中国文史出版社　2008 年 11 月
326 页　精装　29cm
ISBN978-7-5034-2232-4
馆藏号：Guojiafz-8600002002897

新余年鉴·2009
新余市人民政府主办　新余市地方志编纂委员会编
主编胡四芽
新余日报社印刷厂印刷　2009 年 10 月
386 页　精装　29cm
准印证号：赣新出内准字第 6778 号
馆藏号：Guojiafz-8600002010156

新余年鉴·2010
新余市人民政府主办　新余市地方志编纂委员会编
主编胡四芽
新余日报社印刷厂印刷　2010 年 9 月
394 页　精装　29cm
准印证号：赣新出内准字第 7171 号
馆藏号：Guojiafz-8600002010163

新余钢铁厂年鉴·1984—1987
新余钢铁厂《年鉴》编辑委员会编
上海人民美术出版社印刷
549 页　精装　21cm
馆藏号：Guojiafz-8600002006435

新余钢铁厂年鉴·1988
新余钢铁厂编
上海人民美术出版社印刷
586 页　精装　21cm
馆藏号：Guojiafz-8600002006438

新余钢铁厂年鉴·1989
新余钢铁厂编
上海人民美术出版社印刷
514 页　精装　21cm
馆藏号：Guojiafz-8600002006434

新余钢铁厂年鉴·1990
新余钢铁厂编
上海人民美术出版社印刷
471 页　精装　21cm
馆藏号：Guojiafz-8600002005370

新钢年鉴·1997
《新余钢铁有限责任公司年鉴》编辑委员会编
主编刘林祥
宜春资料印刷厂印刷　1998 年 11 月
304 页　精装　27cm
准印证号：赣新出内准字第 252 号
馆藏号：Guojiafz-8600002007804

渝水年鉴·1984—1986
渝水年鉴编辑部编　主编毛木根
光明日报社　1990 年 12 月
542 页　精装　27cm
ISBN7-80014-976-5
馆藏号：Guojiafz-8600002003638

渝水年鉴·1988
渝水年鉴编纂委员会编　主编毛木根
上海市群众印刷厂印刷
304 页　精装　27cm
准印证号：赣出内渝字（1988）第 002 号
馆藏号：Guojiafz-8600002010157

渝水年鉴·1988—1989
《渝水年鉴》编委会编　主编杨贱根
海洋出版社　1993 年 2 月
430 页　精装　27cm
ISBN7-5027-3028-1
馆藏号：Guojiafz-8600002006350

渝水年鉴·1990—1995
中共渝水区委、渝水区人民政府主办　《渝水年鉴》编委会编　主编杨贱根
黄山书社　1998 年 11 月
350 页　精装　27cm
ISBN7-80630-329-4
馆藏号：Guojiafz-8600002006330

分宜年鉴·2006
分宜县人民政府主办　《分宜年鉴》编纂委员会编
主编林禾耿

江西省方志出版印刷有限公司、南昌市红星印刷有限公司印刷　2008 年 3 月
431 页　精装　26cm
准印证号：赣新出内准字第 0005614 号
馆藏号：Guojiafz-8600002001543

鹰潭年鉴·2002（创刊号）
鹰潭市人民政府主办　鹰潭年鉴编辑部编
主编傅乃吉
方志出版社　2002 年 10 月
352 页　精装　29cm
ISBN7-80122-852-9
馆藏号：Guojiafz-8600002013158

鹰潭年鉴·2003
鹰潭市人民政府主办　《鹰潭年鉴》编纂委员会编
主编傅乃吉
方志出版社　2003 年 10 月
416 页　精装　29cm
ISBN7-80192-059-7
馆藏号：Guojiafz-8600002010523

鹰潭年鉴·2008
鹰潭市人民政府主办　《鹰潭年鉴》编辑委员会编
总编辑况建军
方志出版社　2008 年 12 月
326 页　精装　29cm
ISBN978-7-80238-490-3
馆藏号：Guojiafz-8600002011307

鹰潭年鉴·2009
鹰潭市人民政府主办　《鹰潭年鉴》编辑委员会编
总编辑况建军
方志出版社　2009 年 12 月
338 页　精装　29cm
ISBN978-7-80238-715-7
馆藏号：Guojiafz-8600002002650

鹰潭年鉴·2010
鹰潭市人民政府主办　《鹰潭年鉴》编辑委员会编
总编辑况建军
方志出版社　2010 年 12 月
356 页　精装　29cm
ISBN978-7-5144-0008-3
馆藏号：Guojiafz-8600002002746

鹰潭年鉴·2011
鹰潭市人民政府主办　《鹰潭年鉴》编辑委员会编
总编辑况建军
方志出版社　2012 年 1 月
374 页　精装　29cm
ISBN978-7-5144-0421-0
馆藏号：Guojiafz-8600002000208

鹰潭年鉴·2012
鹰潭市人民政府主办　《鹰潭年鉴》编辑委员会编
总编辑况建军
方志出版社　2013 年 2 月
392 页　精装　29cm
ISBN978-7-5144-0835-5
馆藏号：Guojiafz-8600002007187

鹰潭年鉴·2013
鹰潭市人民政府主办　《鹰潭年鉴》编辑委员会编
总编辑况建军
方志出版社　2014 年 2 月
370 页　精装　29cm
ISBN978-7-5144-1204-8
馆藏号：Guojiafz-8600002006821

鹰潭年鉴·2014
鹰潭市人民政府主办　《鹰潭年鉴》编辑委员会编
总编辑况建军
方志出版社　2015 年 2 月
380 页　精装　30cm
ISBN978-7-5144-1569-8
馆藏号：Guojiafz-8600002010394

鹰潭年鉴·2015
鹰潭市人民政府主办　《鹰潭年鉴》编辑委员会编

总编辑况建军
方志出版社　2016 年 3 月
393 页　精装　29cm
ISBN978-7-5144-1970-2
馆藏号：Guojiafz-8600002013519

鹰潭年鉴 · 2016
鹰潭市人民政府主办 《鹰潭年鉴》编辑委员会编
总编辑况建军
方志出版社　2017 年 2 月
411 页　精装　29cm
ISBN978-7-5144-2354-9
馆藏号：Guojiafz-8600002014986

鹰潭年鉴 · 2017
鹰潭市人民政府主办 《鹰潭年鉴》编辑委员会编
总编辑况建军
方志出版社　2018 年 2 月
434 页　精装　29cm
ISBN978-7-5144-2978-7
馆藏号：Guojiafz-8600002017206

赣州地区年鉴 · 1992—1995
赣州市地方志办公室编　主编尹礼山　总纂张声濂
2000 年 4 月
816 页　精装　26cm
ISBN962-450-338-9
馆藏号：Guojiafz-8600002002144

赣州年鉴 · 2003
赣州市人民政府主办 《赣州年鉴》编辑部编
主编钟祖恩　执行主编谢芳桂
方志出版社　2003 年 12 月
389 页　精装　29cm
ISBN7-80192-113-5
馆藏号：Guojiafz-8600002003469

赣州年鉴 · 2004
赣州市人民政府主办 《赣州年鉴》编辑部编
主编唐玉英　执行主编谢芳桂
方志出版社　2004 年 11 月
473 页　精装　29cm
ISBN7-80192-389-8
馆藏号：Guojiafz-8600002004467

赣州年鉴 · 2005
赣州市人民政府主办 《赣州年鉴》编辑部编
主编唐玉英　执行主编谢芳桂
黄山书社　2005 年 11 月
508 页　精装　29cm
ISBN7-80707-198-2
馆藏号：Guojiafz-8600002008355

赣州年鉴 · 2015
赣州市人民政府主办 《赣州年鉴》编辑委员会、赣州市地方志办公室合编　总编陈昌保
方志出版社　2015 年 10 月
554 页　精装　29cm
ISBN978-7-5144-1779-1
馆藏号：Guojiafz-8600002003111

赣州年鉴 · 2016
赣州市人民政府主办 《赣州年鉴》编辑委员会、赣州市地方志办公室合编　总编辑陈昌保
方志出版社　2016 年 11 月
468 页　精装　29cm
ISBN978-7-5144-2220-7
馆藏号：Guojiafz-8600002014042

赣州年鉴 · 2017
赣州市人民政府主办　赣州市地方志办公室、《赣州年鉴》编辑委员会合编　主编曾文明　总编辑陈昌保
国家图书馆出版社　2017 年 10 月
454 页　精装　29cm
ISBN978-7-5013-6280-6
馆藏号：Guojiafz-8600002016722

赣州地区工商行政管理年鉴 · 1992—1995
赣州地区工商行政管理局编　主编陈伟光　执行

主编刘石星
赣州佳意企划印务有限公司印刷　1997 年 12 月
292 页　精装　27cm
准印证号：赣新出内准字第 0000097 号
馆藏号：Guojiafz-8600002008764

南康年鉴・1986—1991
南康县地方志办公室编　主编文开金、朱由国
南康县印刷厂印刷　1993 年 12 月
440 页　精装　27cm
馆藏号：Guojiafz-8600002007801

南康年鉴・2003
南康市人民政府主办　南康市地方志办公室编
主编倪贵清
品新艺术印装中心印刷　2004 年 2 月
401 页　精装　27cm
准印证号：赣新出内准字第 0001529 号
馆藏号：Guojiafz-8600002019699

南康年鉴・2004
南康市人民政府主办　南康市地方志办公室编
主编倪贵清
方志出版社　2005 年 1 月
421 页　精装　29cm
ISBN7-80192-455-X
馆藏号：Guojiafz-8600002007558

南康年鉴・2005
南康市人民政府主办　江西省南康市地方志办公室编　主编倪贵清
黄山书社　2006 年 1 月
411 页　精装　29cm
ISBN7-80707-344-6
馆藏号：Guojiafz-8600002004583

南康年鉴・2006
南康市人民政府主办　江西省南康市地方志办公室编　主编倪贵清
黄山书社　2006 年 10 月
443 页　精装　29cm
ISBN7-80707-499-X
馆藏号：Guojiafz-8600002004887

南康年鉴・2007
南康市人民政府主办　江西省南康市地方志办公室编　主编倪贵清
黄山书社　2007 年 10 月
464 页　精装　29cm
ISBN978-7-80707-840-1
馆藏号：Guojiafz-8600002003198

南康年鉴・2009
南康市人民政府主办　南康市地方志办公室编
主编倪贵清
黄山书社　2009 年 10 月
515 页　精装　29cm
ISBN978-7-5461-0539-0
馆藏号：Guojiafz-8600002000242

南康年鉴・2010
南康市人民政府主办　南康市地方志办公室编
主编倪贵清
中共江西省党校印刷厂印刷　2010 年 12 月
475 页　精装　29cm
准印证号：赣新出内准字第 0007613 号
馆藏号：Guojiafz-8600002018661

南康年鉴・2011
南康市人民政府主办　南康市地方志办公室编
主编倪贵清
三秦出版社　2011 年 12 月
461 页　精装　29cm
ISBN978-7-5518-0059-4
馆藏号：Guojiafz-8600002018567

南康年鉴・2012
南康市人民政府主办　南康市地方志办公室编
主编倪贵清
三秦出版社　2013 年 1 月

482 页　精装　29cm
ISBN978-7-5518-0409-7
馆藏号：Guojiafz-8600002018569

南康年鉴・2013
南康市人民政府主办　南康市地方志办公室编　主编倪贵清
黄山书社　2013 年 11 月
497 页　精装　29cm
ISBN978-7-5461-3941-8
馆藏号：Guojiafz-8600002018568

南康年鉴・2014
赣州市南康区人民政府主办　赣州市南康区地方志办公室编　主编倪贵清
黄山书社　2014 年 11 月
507 页　精装　29cm
ISBN978-7-5461-4775-8
馆藏号：Guojiafz-8600002018659

南康年鉴・2015
赣州市南康区人民政府主办　赣州市南康区地方志办公室编　主编倪贵清
黄山书社　2015 年 11 月
537 页　精装　29cm
ISBN978-7-5461-4132-9
馆藏号：Guojiafz-8600002018658

南康年鉴・2016
赣州市南康区人民政府主办　赣州市南康区地方志办公室编　主编倪贵清
黄山书社　2016 年 11 月
509 页　精装　29cm
ISBN978-7-5461-5887-7
馆藏号：Guojiafz-8600002014232

南康年鉴・2017
赣州市南康区人民政府主办　赣州市南康区地方志办公室编　主编倪贵清
黄山书社　2017 年 12 月
514 页　精装　29cm
ISBN978-7-5461-7076-3
馆藏号：Guojiafz-8600002018664

南康年鉴・2018
赣州市南康区地方志办公室编　主编倪贵清
黄山书社　2018 年 9 月
549 页　精装　29cm
ISBN978-7-5461-7695-6
馆藏号：Guojiafz-8600002018662

南康年鉴・2019
赣州市南康区地方志办公室编　主编倪贵清
黄山书社　2019 年 11 月
503 页　精装　29cm
ISBN978-7-5461-8496-8
馆藏号：Guojiafz-8600002018663

赣县年鉴・1991—1995
赣县地方志办公室编　主编李桂生
执行主编詹懋文、李元凯
赣州佳意企划印务有限公司印刷　1998 年 10 月
498 页　精装　26cm
准印证号：赣新出内准字第 0000347 号
馆藏号：Guojiafz-8600002008728

大余年鉴・1986—1990
江西省大余年鉴编纂领导小组编　主编龚恩顺、胡润选
内部印刷　1993 年 12 月
564 页　精装　27cm
准印证号：赣出内赣地字（1993）第 057 号
馆藏号：Guojiafz-8600002007778

大余年鉴・1991—1995
大余县地方志办公室编　主编龚恩顺
赣州佳意企划印务有限公司印刷　1998 年 10 月
451 页　精装　26cm
准印证号：赣新出内准字第 0000192 号
馆藏号：Guojiafz-8600002007779

大余年鉴・2017
大余县人民政府主办　大余县地方志办公室编
总编辑刘福山
方志出版社　2017 年 11 月
408 页　精装　29cm
ISBN978-7-5144-2758-5
馆藏号：Guojiafz-8600002015043

崇义年鉴・1993—1995
崇义县编史修志委员会编　主编黄诗结
方志出版社　1997 年 4 月
318 页　精装　27cm
ISBN7-80122-193-1
馆藏号：Guojiafz-8600002013415

崇义年鉴・2008
崇义县人民政府主办　崇义县地方志办公室编
主编黄萌
三秦出版社　2009 年 10 月
335 页　精装　29cm
ISBN978-7-80736-685-0
馆藏号：Guojiafz-8600002003071

崇义年鉴・2015
崇义县人民政府主办《崇义年鉴》编纂委员会编
主编黄萌　总纂朱建华
方志出版社　2015 年 9 月
404 页　精装　29cm
ISBN978-7-5144-1734-0
馆藏号：Guojiafz-8600002002664

崇义年鉴・2016
崇义县人民政府主办《崇义年鉴》编纂委员会编
主编黄萌
方志出版社　2016 年 12 月
407 页　精装　29cm
ISBN978-7-5144-2263-4
馆藏号：Guojiafz-8600002014018

崇义年鉴・2017
江西省崇义县人民政府主办　中国共产党崇义县委员会史志办公室编　主编邱凌　执行主编林席常
总纂朱建华
方志出版社　2017 年 12 月
414 页　精装　29cm
ISBN978-7-5144-2888-9
馆藏号：Guojiafz-8600002017189

安远年鉴・1992—1994
安远县史志办公室编　主编陈玉生
赣州佳意企划印务有限公司印刷　1997 年 9 月
400 页　精装　27cm
准印证号：赣出内赣地字（1997）第 037 号
馆藏号：Guojiafz-8600002008684

安远交通年鉴・1991—1996
安远县交通局编　主编汪玉华
赣州佳意企划印务有限公司印刷　1999 年 1 月
266 页　精装　26cm
准印证号：赣新出内准字第 0000348 号
馆藏号：Guojiafz-8600002008798

宁都年鉴・1983—1986
宁都县志编纂委员会编　主编谢明生、唐小峰
江西宁都印刷厂印刷　1988 年 6 月
460 页　精装　26cm
馆藏号：Guojiafz-8600002006488

宁都年鉴・1991—1994
宁都县地方志办公室编　主编刘建平　执行主编彭秋英
方志出版社　1996 年 12 月
542 页　精装　26cm
ISBN7-80122-106-0
馆藏号：Guojiafz-8600002007117

于都年鉴・1986—1992
于都县地方志办公室编　主编钟荣涵
社会科学文献出版社　1995 年 5 月

567 页　精装　26cm
ISBN7-80050-651-7
馆藏号：Guojiafz-8600002008372

会昌年鉴·1986—1995
江西省《会昌年鉴》编辑部编　主编曾田春
中华书局　1999 年 9 月
684 页　精装　27cm
ISBN7-101-02341-X
馆藏号：Guojiafz-8600002008486

石城年鉴·2016
石城县人民政府主办　石城年鉴编纂委员会编
主编廖丽萍　执行主编刘善泳
三秦出版社　2017 年 2 月
350 页　精装　29cm
ISBN978-7-5518-1475-1
馆藏号：Guojiafz-8600002014236

吉安年鉴·2011（创刊号）
中共吉安市委、吉安市人民政府主办《吉安年鉴》编辑委员会编　主编刘后魁
中华书局　2012 年 1 月
534 页　精装　29cm
ISBN978-7-101-08507-5
馆藏号：Guojiafz-8600002018570

吉安年鉴·2012
中共吉安市委、吉安市人民政府主办《吉安年鉴》编辑委员会编　主编刘后魁
中华书局　2012 年 12 月
608 页　精装　29cm
ISBN978-7-101-09085-7
馆藏号：Guojiafz-8600002018571

吉安年鉴·2013
中共吉安市委、吉安市人民政府主办《吉安年鉴》编辑委员会编　主编刘后魁
中华书局　2014 年 1 月
558 页　精装　29cm
ISBN978-7-101-09933-1
馆藏号：Guojiafz-8600002018572

吉安年鉴·2014
中共吉安市委、吉安市人民政府主办《吉安年鉴》编辑委员会编　主编刘后魁
中华书局　2014 年 12 月
541 页　精装　29cm
ISBN978-7-101-10587-2
馆藏号：Guojiafz-8600002018573

吉安年鉴·2015
中共吉安市委、吉安市人民政府主办《吉安年鉴》编辑委员会编　主编刘后魁
中华书局　2016 年 1 月
547 页　精装　29cm
ISBN978-7-101-11532-1
馆藏号：Guojiafz-8600002018574

吉安年鉴·2016
吉安市人民政府主办　吉安市地方志办公室、《吉安年鉴》编辑委员会合编　主编刘后魁
中华书局　2016 年 12 月
480 页　精装　29cm
ISBN978-7-101-12422-4
馆藏号：Guojiafz-8600002014807

吉安年鉴·2017
吉安市人民政府主办　吉安市地方志办公室、《吉安年鉴》编辑委员会合编　主编刘后魁
中华书局　2018 年 1 月
517 页　精装　29cm
ISBN978-7-101-13012-6
馆藏号：Guojiafz-8600002018575

吉安年鉴·2018
吉安市人民政府主办　吉安市地方志办公室、《吉安年鉴》编辑委员会合编　主编刘后魁
中华书局　2018 年 11 月
484 页　精装　29cm

ISBN978-7-101-13518-3
馆藏号：Guojiafz-8600002018576

吉安年鉴·2019
中共吉安市委、吉林市人民政府主办　吉安市地方志编纂委员会办公室编　主编刘后魁
中华书局　2019年12月
463页　精装　29cm
ISBN978-7-101-14146-7
馆藏号：Guojiafz-8600002018577

青原年鉴·2001—2006
中共青原区委、区人民政府主办　《青原年鉴》编纂委员会编　主编郭清华
方志出版社　2007年6月
492页　精装　29cm
ISBN978-7-80238-053-0
馆藏号：Guojiafz-8600002003867

新干年鉴·1986—1990
江西省新干县志编纂委员会编　主编廖庆柯
中国世界语出版社　1993年1月
391页　精装　26cm
ISBN7-5052-0097-6
馆藏号：Guojiafz-8600002006414

新干年鉴·1991—1995
江西省新干县志编纂委员会编　主编萧祖荣
中国世界语出版社　1997年6月
444页　精装　26cm
ISBN7-5052-0324-X
馆藏号：Guojiafz-8600002005043

泰和年鉴·2015
中共泰和县委、泰和县人民政府主办　《泰和年鉴》编辑委员会编　主编刘捷
武汉出版社　2015年12月
346页　精装　29cm
ISBN978-7-5430-9675-2
馆藏号：Guojiafz-8600002014230

泰和年鉴·2017
中共泰和县委、泰和县人民政府主办　《泰和年鉴》编纂委员会编　主编刘捷
江西科学技术出版社　2017年12月
338页　精装　30cm
ISBN978-7-5390-6199-3
馆藏号：Guojiafz-8600002016521

遂川年鉴·2017
中共遂川县委、遂川县人民政府主办　《遂川年鉴》编辑委员会编　主编刘冬古
方志出版社　2018年11月
442页　平装　29cm
ISBN978-7-5144-3356-2
馆藏号：Guojiafz-8600002018199

安福年鉴·1997—2005
安福县人民政府主办　《安福年鉴》编纂委员会编　主编华利鹤、肖梓才　执行主编张安亮　总纂姚义兴
方志出版社　2007年11月
436页　精装　29cm
ISBN978-7-80238-186-5
馆藏号：Guojiafz-8600002012106

永新年鉴·2012
中共永新县委、县人民政府主办　《永新年鉴》编辑委员会编　主编贺兰萍
三秦出版社　2013年1月
205页　精装　29cm
ISBN978-7-5518-0408-0
馆藏号：Guojiafz-8600002013359

宜春年鉴·2005
宜春市人民政府主办　《宜春年鉴》编辑部编　主编涂水泉
中央文献出版社　2006年8月
327页　精装　29cm
ISBN7-5073-2154-1
馆藏号：Guojiafz-8600002001728

宜春年鉴·2006

宜春市人民政府主办 《宜春年鉴》编辑部编

主编涂水泉

经济日报出版社 2007年11月

370页 精装 29cm

ISBN7-80180-297-7

馆藏号：Guojiafz-8600002001730

宜春年鉴·2007

宜春市人民政府主办 《宜春年鉴》编辑部编

主编涂水泉

社会科学文献出版社 2008年11月

370页 精装 29cm

ISBN978-7-5097-0144-5

馆藏号：Guojiafz-8600002001729

樟树年鉴·1989

江西省樟树市地方志编纂委员会编 主编刘承芳

新华出版社 1993年9月

253页 精装 26cm

ISBN7-5011-1879-5

馆藏号：Guojiafz-8600002007774

高安年鉴·2011—2012

中共高安市委员会、高安市人民政府主办 高安市史志办公室编 总编姚世贵 主编易集明

高安市彩印厂印刷 2013年12月

306页 精装 29cm

准印证号：赣新出内准字第0008242号

馆藏号：Guojiafz-8600002017931

高安年鉴·2013

中共高安市委员会、高安市人民政府主办 高安市史志办公室编 主编易集明

高安市彩印厂印刷 2014年12月

295页 精装 29cm

准印证号：赣新出内准字第20141201号

馆藏号：Guojiafz-8600002017921

高安年鉴·2015

中共高安市委员会、高安市人民政府主办 高安市史志办公室编 总编贾细任 主编易集明

高安市彩印厂印刷 2015年11月

291页 精装 29cm

准印证号：赣新出内准字第YC2015005号

馆藏号：Guojiafz-8600002017929

高安年鉴·2016

中共高安市委员会、高安市人民政府主办 高安市史志办公室编 总编罗功成 主编易集明

高安市彩印厂印刷 2016年10月

346页 精装 29cm

准印证号：赣新出内准字第YC20160001号

馆藏号：Guojiafz-8600002017926

高安年鉴·2017

中共高安市委员会、高安市人民政府主办 高安市史志办公室编 总编罗功成 主编易集明

高安市彩印厂印刷 2017年12月

359页 精装 29cm

准印证号：赣新出内准字第YC2017008号

馆藏号：Guojiafz-8600002017928

高安年鉴·2018

中共高安市委员会、高安市人民政府主办 高安市史志办公室编 总编罗功成、席国华

主编易集明

高安市彩印厂印刷 2018年11月

291页 精装 29cm

准印证号：赣新出内准字第36098318091813号

馆藏号：Guojiafz-8600002017923

高安年鉴·2019

中共高安市委员会、高安市人民政府主办 《高安年鉴》编纂委员会编 总编罗功成、徐爱文

主编易集明

江西科学技术出版社 2020年4月

322页 精装 29cm

ISBN978-7-5390-7210-4
馆藏号：Guojiafz-8600002017912

万载年鉴·1986—1992
万载县地方志编纂委员会办公室编　主编黄文知
总纂王水宝
江西宜春市资料印刷厂印刷
303 页　精装　27cm
准印证号：赣出内宜字（1995）第 047 号
馆藏号：Guojiafz-8600002001545

万载年鉴·1995—1996
江西省万载县地方志编纂委员会编　主编翟明
总纂胡学正
江西梦达电脑创意分色制作有限公司印刷
272 页　精装　27cm
准印证号：赣出内宜字（1996）第 005 号
馆藏号：Guojiafz-8600002001094

万载年鉴·1997
江西省万载县年鉴编纂委员会编　主编黄文知
总纂阳波
宜春市资料印刷厂印刷
221 页　精装　27cm
准印证号：赣出内宜字（1998）第 080 号
馆藏号：Guojiafz-8600002001375

万载年鉴·1999—2000
江西省万载县地方志编纂委员会编　主编翟明
总纂胡学正
内部印刷
257 页　精装　27cm
馆藏号：Guojiafz-8600002001379

万载年鉴·2001—2002
江西省万载县地方志编纂委员会编　主编李维国
总纂胡学正
万载县人民印刷厂印刷
243 页　精装　27cm
准印证号：赣新出内准字第 0003585 号
馆藏号：Guojiafz-8600002006552

万载年鉴·2003—2004
江西省万载县地方史志编纂委员会编　主编李维国
总纂胡学正
万载县人民印刷厂印刷
257 页　精装　26cm
准印证号：赣新出内准字第 0004424 号
馆藏号：Guojiafz-8600002009512

万载年鉴·2005—2006
万载县人民政府主办　万载县地方史志编纂委员会编　总编辑辛增友
江西宜春资料印务有限公司印刷　2008 年 5 月
355 页　精装　27cm
准印证号：赣新出内准字第 0006007 号
馆藏号：Guojiafz-8600002010969

宜丰年鉴·1986—1991
江西省宜丰县年鉴编纂委员会编　主编黄书田
中共中央党校出版社　1994 年 8 月
299 页　精装　26cm
ISBN7-5035-1109-5
馆藏号：Guojiafz-8600002005710

抚州年鉴·2003（创刊号）
中共抚州市委、抚州市人民政府主办《抚州年鉴》编辑委员会编　总编辑黄亚玲
方志出版社　2003 年 12 月
341 页　精装　29cm
ISBN7-80192-126-7
馆藏号：Guojiafz-8600002003468

抚州年鉴·2004
中共抚州市委、市人民政府主办《抚州年鉴》编辑委员会编　总编辑黄亚玲
方志出版社　2004 年 11 月
305 页　精装　29cm
ISBN7-80192-398-7
馆藏号：Guojiafz-8600002002810

抚州年鉴·2005
中共抚州市委、市人民政府主办 《抚州年鉴》编辑委员会编 总编辑黄亚玲
黄山书社 2005 年 11 月
340 页 精装 29cm
ISBN7-80707-197-4
馆藏号：Guojiafz-8600002001383

抚州年鉴·2007
中共抚州市委、市人民政府主办 《抚州年鉴》编辑部编 总编辑黄亚玲
江西省地方志四方印刷厂印刷 2007 年 12 月
365 页 精装 29cm
准印证号：赣新出内准字第 0005915 号
馆藏号：Guojiafz-8600002010159

抚州年鉴·2009
中共抚州市委、市人民政府主办 《抚州年鉴》编辑部编 总编黄亚玲
江西龙莹印务有限公司印刷 2009 年 12 月
398 页 精装 29cm
准印证号：赣新出内准字第 0005944 号
馆藏号：Guojiafz-8600002005360

抚州年鉴·2010
中共抚州市委、市人民政府主办 《抚州年鉴》编辑部编 总编辑黄亚玲
江西龙莹印务有限公司印刷 2010 年 12 月
387 页 精装 30cm
准印证号：赣新出内准字第 0007457 号
馆藏号：Guojiafz-8600002001096

抚州年鉴·2016
中共抚州市委员会、抚州市人民政府主办 《抚州年鉴》编辑委员会编 总编汪志强、段绍镒
方志出版社 2017 年 3 月
371 页 精装 29cm
ISBN978-7-5144-2389-1
馆藏号：Guojiafz-8600002014978

抚州年鉴·2017
中共抚州市委员会、抚州市人民政府主办 《抚州年鉴》编辑委员会编 总编汪志强
方志出版社 2017 年 12 月
384 页 精装 29cm
ISBN978-7-5144-2921-3
馆藏号：Guojiafz-8600002016931

临川年鉴·2012—2016
临川区人民政府主办 《临川年鉴》编纂委员会编 总编魏会华
方志出版社 2018 年 11 月
568 页 精装 29cm
ISBN978-7-5144-3158-2
馆藏号：Guojiafz-8600002017273

黎川年鉴·1991—1994
黎川年鉴编纂委员会编 主编江舢
江西省地矿局编测绘大队印刷厂印刷 1995 年 10 月
316 页 精装 27cm
准印证号：赣出内抚字（1995）第 77 号
馆藏号：Guojiafz-8600002001408

金溪年鉴·1993
《金溪年鉴》编纂领导小组编 主编陈笑涛
黄山书社 1994 年 8 月
377 页 精装 26cm
ISBN7-80535-813-3
馆藏号：Guojiafz-8600002006089

金溪年鉴·1998
《金溪年鉴》编辑委员会编 主编陈笑涛
江西省科技印刷自动化公司印刷 1999 年 6 月
416 页 精装 27cm
准印证号：赣新出内准字第（0000353 号）
馆藏号：Guojiafz-8600002001410

广昌年鉴·1991—1997
《广昌年鉴》编纂委员会编 主编李义钦 执行

主编姚瑞琪、朱同海
南昌市奔驰印刷有限责任公司印刷　2000 年 5 月
456 页　精装　27cm
准印证号：赣出版图字第 0001361 号
馆藏号：Guojiafz-8600002006344

上饶市年鉴·1986—1995
江西省上饶市志编纂委员会办公室编　主编王丽君
方志出版社　1999 年 6 月
489 页　精装　27cm
ISBN7-80122-462-0
馆藏号：Guojiafz-8600002012880

上饶地区综合年鉴·1997
江西省上饶地区地方志编纂委员会编　主编何细贵
方志出版社　1999 年 12 月
360 页　精装　27cm
ISBN7-80122-536-8
馆藏号：Guojiafz-8600002007286

上饶年鉴·2007
上饶市人民政府主办《上饶年鉴》编辑委员会编
主编徐南凯　总编辑李玉娜
方志出版社　2008 年 2 月
384 页　精装　29cm
ISBN978-7-80238-274-9
馆藏号：Guojiafz-8600002003436

上饶年鉴·2008
上饶市人民政府主办《上饶年鉴》编辑委员会编
主编徐南凯　总编辑李玉娜
内部印刷
440 页　精装　29cm
准印证号：赣新出内准字第 00005588 号
馆藏号：Guojiafz-8600002010162

上饶年鉴·2010
上饶市人民政府主办《上饶年鉴》编辑委员会编
主编汪霞　总编辑李玉娜
方志出版社　2011 年 2 月
419 页　精装　29cm
ISBN978-7-5144-0077-9
馆藏号：Guojiafz-8600002007937

上饶年鉴·2017
上饶市地方志编纂委员会办公室编　总编辑俞文华
线装书局　2018 年 1 月
377 页　精装　29cm
ISBN978-7-5120-2937-8
馆藏号：Guojiafz-8600002016501

信州年鉴·2017
上饶市信州区地方志编纂委员会编　主编胡心田
国家图书馆出版社　2018 年 1 月
286 页　平装　29cm
ISBN978-7-5013-6336-0
馆藏号：Guojiafz-8600002016524

广丰年鉴·1986—1992
广丰年鉴编纂委员会编　主编鲍小慧
社会科学文献出版社　1995 年 5 月
646 页　精装　27cm
ISBN7-80050-651-7
馆藏号：Guojiafz-8600002001985

广丰年鉴·1993—1995
广丰年鉴编纂委员会编　主编顾培树
方志出版社　1998 年 8 月
410 页　精装　26cm
ISBN7-80122-330-6
馆藏号：Guojiafz-8600002013029

弋阳年鉴·1986—1992
弋阳县地方志办公室编　主编涂新华
黄山书社　1993 年 11 月
438 页　精装　27cm
ISBN7-80535-696-3
馆藏号：Guojiafz-8600002003437

弋阳年鉴·1993—1996
弋阳县地方志办公室编　主编宁志远　执行主编涂新华
江西人民出版社　1999 年 10 月
472 页　精装　27cm
ISBN7-210-02192-2
馆藏号：Guojiafz-8600002009111

弋阳年鉴·2007
弋阳县人民政府主办　弋阳县地方志办公室编
主编余晓莉　执行主编杜育和
内部印刷
444 页　精装　30cm
馆藏号：Guojiafz-8600002008922

婺源年鉴·1987—1997
婺源县地方志办公室编　主编王河瑞　总纂江观林
深圳市天先艺设计制作有限公司印刷　1999 年 12 月
353 页　精装　27cm
准印证号：赣新出内准字第 0000507 号
馆藏号：Guojiafz-8600002009433

婺源年鉴·2002—2006
婺源县人民政府主办 《婺源年鉴》编纂委员会编
主编俞建文　执行主编詹跃华
内部印刷
222 页　精装　29cm
准印证号：赣新出内准字第 0005585 号
馆藏号：Guojiafz-8600002010155

山东省

山东年鉴·1987
山东省地方史志编纂委员会、《山东年鉴》编辑部合编　主编李化诚、席星加
山东人民出版社　1988年4月
566页　精装　27cm
ISBN7-209-00105-0
馆藏号：Guojiafz-8600002003695

山东年鉴·1988
山东省地方史志编纂委员会、《山东年鉴》编辑部合编　主编李化诚、史学通
世界知识出版社　1989年2月
842页　精装　27cm
ISBN7-5012-0195-1
馆藏号：Guojiafz-8600002003416

山东年鉴·1990
山东省地方史志编纂委员会、《山东年鉴》编辑部合编　主编李化诚、史学通
黄河出版社　1991年1月
751页　精装　27cm
ISBN7-80558-210-6
馆藏号：Guojiafz-8600002003693

山东年鉴·1991
山东省地方史志编纂委员会编　主编李化诚、史学通
世界知识出版社　1991年11月
744页　精装　27cm
ISBN7-5012-0454-3
馆藏号：Guojiafz-8600002003535

山东年鉴·1992
山东省人民政府主办　山东省地方史志编纂委员会办公室编　主编张守富、孙其海
齐鲁书社　1992年10月
829页　精装　27cm
ISBN7-5333-0306-7
馆藏号：Guojiafz-8600002009589

山东年鉴·1993
山东省人民政府主办　山东省地方史志编纂委员会办公室编　主编张守富、孙其海
山东年鉴社　1993年11月
713页　精装　27cm
CN37-1237
馆藏号：Guojiafz-8600002009185

山东年鉴·1996
山东省人民政府主办　《山东年鉴》编辑部编　主编张守富、孙其海
山东年鉴社　1995年9月
880页　精装　27cm
CN37-1237
馆藏号：Guojiafz-8600002006453

山东年鉴·1997
山东省人民政府主办　《山东年鉴》编辑部编　主编张守富、孙其海
山东年鉴社　1997年9月
652页　精装　27cm
CN37-1237
馆藏号：Guojiafz-8600002006616

山东年鉴・1998
山东省人民政府主办 《山东年鉴》编辑部编
主编张守富、孙其海
山东年鉴社 1998 年 8 月
657 页 精装 27cm
CN37–1237
馆藏号：Guojiafz–8600002006615

山东年鉴・1999
山东省人民政府主办 《山东年鉴》编辑部编
主编张守富、孙其海
山东年鉴社 1999 年 7 月
511 页 精装 27cm
CN37–1237
馆藏号：Guojiafz–8600002009584

山东年鉴・2000
山东省人民政府主办 《山东年鉴》编辑部编
主编刘秋增、孙其海
山东年鉴社 2000 年 9 月
479 页 精装 27cm
CN37–1237
馆藏号：Guojiafz–8600002005441

山东年鉴・2001
山东省人民政府主办 《山东年鉴》编辑部编
主编刘秋增、孙其海
山东年鉴社 2001 年 8 月
540 页 精装 27cm
CN37–1237
馆藏号：Guojiafz–8600002009588

山东年鉴・2003
山东省人民政府主办 《山东年鉴》编辑部编
主编刘秋增、孙其海
山东年鉴社 2003 年 8 月
704 页 精装 29cm
CN37–1237
馆藏号：Guojiafz–8600002005836

山东年鉴・2004
山东省人民政府主办 《山东年鉴》编辑部编
主编刘秋增、马福震
山东年鉴社 2004 年 8 月
749 页 精装 29cm
CN37–1237
馆藏号：Guojiafz–8600002005837

山东年鉴・2005
山东省人民政府主办 《山东年鉴》编辑部编
主编刘秋增、马福震
山东年鉴社 2005 年 10 月
720 页 精装 29cm
CN37–1237
馆藏号：Guojiafz–8600002005828

山东年鉴・2006
山东省人民政府主办 山东年鉴编辑部编
主编刘秋增、马福震
山东年鉴社 2006 年 8 月
776 页 精装 29cm
CN37–1237
馆藏号：Guojiafz–8600002005829

山东年鉴・2007
山东省人民政府主办 山东年鉴编辑部编
主编刘秋增、马福震
山东年鉴社 2007 年 8 月
758 页 精装 29cm
CN37–1237
馆藏号：Guojiafz–8600002005827

山东年鉴・2008
山东省人民政府主办 山东年鉴编辑部编
主编刘秋增
山东年鉴社 2008 年 8 月
700 页 精装 29cm
CN37–1237
馆藏号：Guojiafz–8600002009015

山东年鉴·2009
山东省人民政府主办　山东年鉴编辑部编
主编刘秋增、王文恒
山东年鉴社　2009 年 8 月
738 页　精装　29cm
CN37-1237
馆藏号：Guojiafz-8600002006595

山东年鉴·2010
山东省人民政府主办　山东年鉴编辑部编
主编刘秋增　执行主编郭永生
山东年鉴社　2010 年 8 月
768 页　精装　29cm
CN37-1237
馆藏号：Guojiafz-8600002006594

山东年鉴·2011
山东省人民政府主办　山东年鉴编辑部编
主编刘秋增、郭永生
山东年鉴社　2011 年 9 月
784 页　精装　29cm
CN37-1237
馆藏号：Guojiafz-8600002017484

山东年鉴·2012
山东省人民政府主办　山东年鉴编辑部编
主编钟华、刘秋增、郭永生
山东年鉴社　2012 年 9 月
826 页　精装　29cm
CN37-1237
馆藏号：Guojiafz-8600002010182

山东年鉴·2013
山东省人民政府主办　山东年鉴编辑部编
主编刘爱军、郭永生
山东年鉴社　2013 年 9 月
630 页　精装　29cm
CN37-1237
馆藏号：Guojiafz-8600002010202

山东年鉴·2014
山东省人民政府主办　山东年鉴编辑部编
主编刘爱军　执行主编郭永生
山东年鉴社　2014 年 7 月
521 页　精装　29cm
CN37-1237
馆藏号：Guojiafz-8600002010662

山东年鉴·2015
山东省人民政府办公厅主管　山东省地方史志办公室主办　山东年鉴编辑部编　主编刘爱军　执行主编郭永生
山东年鉴社　2015 年 6 月
536 页　精装　29cm
CN37-1237
馆藏号：Guojiafz-8600002009010

山东年鉴·2016
山东省人民政府办公厅主管　山东省地方史志办公室主办　山东年鉴编辑部编　主编刘爱军　执行主编郭永生
山东年鉴社　2016 年 6 月
526 页　精装　29cm
CN37-1237
馆藏号：Guojiafz-8600002013480

山东年鉴·2017
山东省人民政府办公厅主管　山东省地方史志办公室主办　山东年鉴编辑部编　主编刘爱军　执行主编郭永生
山东年鉴社　2017 年 6 月
514 页　精装　29cm
CN37-1237
馆藏号：Guojiafz-8600002015174

山东年鉴·2018
山东省人民政府办公厅主管　山东省地方史志办公室主办　山东年鉴编辑部编　主编刘爱军
山东年鉴社　2018 年 6 月
576 页　精装　29cm

CN37-1237
馆藏号：Guojiafz-8600002017310

山东工会年鉴·1995
山东省总工会主办　山东工会年鉴编审委员会编
主编郑统和
安丘市商标印刷厂印刷　1997年5月
457页　精装　27cm
准印证号:（1997）2-71号
馆藏号：Guojiafz-8600002009163

山东工会年鉴·1996
山东省总工会主办　山东工会年鉴编辑部编
主编郑统和
安丘市商标印刷厂印刷　1997年12月
395页　精装　27cm
准印证号:（1997）2-225号
馆藏号：Guojiafz-8600002009161

山东工会年鉴·1997
山东省总工会主办　山东工会年鉴编辑部编
主编郑统和
安丘市商标印刷厂印刷　1998年9月
394页　精装　27cm
准印证号:（1998）2-114号
馆藏号：Guojiafz-8600002009059

山钢年鉴·2012
山东钢铁集团有限公司主办《山钢年鉴》编纂委员会编　主编万鲁愚
冶金工业出版社　2012年12月
393页　精装　27cm
ISBN978-7-5024-6103-4
馆藏号：Guojiafz-8600002000989

山钢年鉴·2013
山东钢铁集团有限公司主办《山钢年鉴》编纂委员会编　主编李自然
冶金工业出版社　2013年12月
440页　精装　27cm
ISBN978-7-5024-6459-2
馆藏号：Guojiafz-8600002004562

齐鲁石化年鉴·1990—1994
齐鲁石化公司主办　齐鲁石化年鉴编纂委员会编
主编曹永庆
齐鲁书社　1995年11月
559页　精装　27cm
ISBN7-5333-0494-2
馆藏号：Guojiafz-8600002003646

齐鲁石化年鉴·1995—1996
齐鲁石化公司主办　齐鲁石化年鉴编纂委员会编
主编曹永庆
齐鲁书社　1997年10月
579页　精装　27cm
ISBN7-5333-0630-9
馆藏号：Guojiafz-8600002003703

齐鲁石化年鉴·1997—1998
齐鲁石化公司主办　齐鲁石化公司史志办公室编
主编王敬华
齐鲁书社　1999年7月
612页　精装　27cm
ISBN7-5333-0805-0
馆藏号：Guojiafz-8600002003700

山东冶金年鉴·1990
《山东冶金年鉴》编辑委员会编　主编马俊才、于廷忠
中国科学技术出版社　1991年3月
333页　精装　27cm
ISBN7-5046-0342-2
馆藏号：Guojiafz-8600002008260

山东冶金年鉴·1991
山东省冶金工业总公司主办《山东冶金年鉴》编辑委员会编　主编王成安、刘福基
冶金工业出版社　1992年6月
350页　精装　27cm

ISBN7-5024-1053-8
馆藏号：Guojiafz-8600002000971

山东冶金年鉴・1992
《山东冶金年鉴》编辑委员会编　主编王成安、刘福基
冶金工业出版社　1993 年 4 月
383 页　精装　27cm
ISBN7-5024-1188-7
馆藏号：Guojiafz-8600002003238

山东建设年鉴・2009
山东省住房和城乡建设厅编　主编崔秀顺、朱洪祥
黄河出版社　2009 年 10 月
567 页　精装　29cm
ISBN978-7-5460-0093-0
馆藏号：Guojiafz-8600002006075

山东建设年鉴・2012
山东省住房和城乡建设厅编　主编崔秀顺、朱洪祥
黄河出版社　2012 年 10 月
415 页　精装　29cm
ISBN978-7-5460-0329-0
馆藏号：Guojiafz-8600002007228

山东建设年鉴・2013
山东省住房和城乡建设厅编　主编周善东、朱洪祥
黄河出版社　2013 年 10 月
383 页　精装　29cm
ISBN978-7-5460-0449-5
馆藏号：Guojiafz-8600002003075

山东建设年鉴・2014
山东省住房和城乡建设厅编　主编周善东、朱洪祥
黄河出版社　2014 年 10 月
346 页　精装　29cm
ISBN978-7-5460-0597-3
馆藏号：Guojiafz-8600002016116

山东建设年鉴・2016
山东省住房和城乡建设厅主办　山东省住房和城乡建设厅编　主编潘岚君、朱洪祥
中国文史出版社　2016 年 7 月
340 页　精装　29cm
ISBN978-7-5034-8227-4
馆藏号：Guojiafz-8600002014759

山东金融年鉴・2009
中国人民银行济南分行编　主编王敏　执行主编宋文胜
中国财政经济出版社　2009 年 9 月
751 页　精装　29cm
ISBN978-7-5095-1419-1
馆藏号：Guojiafz-8600002006824

山东金融年鉴・2014
中国人民银行济南分行主办　中国人民银行济南分行编　主编肖龙沧　执行主编宋文胜
中国财政经济出版社　2014 年 10 月
766 页　29cm
ISBN978-7-5095-5637-5
馆藏号：Guojiafz-8600002015743

山东金融年鉴・2016
中国人民银行南分行编　主编刘健　执行主编李彬彬
方志出版社　2016 年 9 月
520 页　精装　29cm
ISBN978-7-5144-2125-5
馆藏号：Guojiafz-8600002014977

山东金融年鉴・2017
中国人民银行济南分行编　主编刘健　执行主编李彬彬
方志出版社　2017 年 8 月
613 页　精装　29cm
ISBN978-7-5144-2494-2
馆藏号：Guojiafz-8600002015031

山东商务年鉴·2016
山东省商务厅编　主编阎兆万
黄河出版社　2016 年 4 月
363 页　精装　29cm
ISBN978-7-5460-0730-4
馆藏号：Guojiafz-8600002014763

山东商务年鉴·2018
山东省商务厅编　主编阎兆万
方志出版社　2018 年 7 月
368 页　精装　29cm
ISBN978-7-5144-3133-9
馆藏号：Guojiafz-8600002016986

山东科技年鉴·2007
山东省科学技术厅主办　山东省科学技术厅编
主编翟鲁宁
中国科学技术出版社　2007 年 10 月
560 页　精装　29cm
ISBN978-7-5046-4582-1
馆藏号：Guojiafz-8600002003648

山东科技年鉴·2009
山东省科学技术厅主办　山东省科学技术厅编
主编翟鲁宁
科学技术文献出版社　2009 年 10 月
598 页　精装　29cm
ISBN978-7-5023-6448-9
馆藏号：Guojiafz-8600002006028

山东科技年鉴·2012
山东省科学技术厅主办　山东省科学技术厅编
主编翟鲁宁
科学技术文献出版社　2012 年 11 月
604 页　精装　29cm
ISBN978-7-5023-7618-5
馆藏号：Guojiafz-8600002000995

山东科技年鉴·2013
山东省科学技术厅编　主编刘为民
科学技术文献出版社　2014 年 3 月
514 页　精装　29cm
ISBN978-7-5023-8508-8
馆藏号：Guojiafz-8600002016123

山东统计年鉴·2004
山东省统计局编　主编张德宽
中国统计出版社　2004 年 8 月
707 页　精装　29cm
ISBN7-5037-4332-8
馆藏号：Guojiafz-8600002003806

山东统计年鉴·2014（汉英对照）
山东省统计局、国家统计局山东调查总队合编
主编刘兴慧　执行主编陈汉臻
中国统计出版社　2014 年 8 月
645 页　精装　30cm
ISBN978-7-5037-7200-9
馆藏号：Guojiafz-8600002015326

山东水利年鉴·1994
山东省水利厅编　主编王玉柱　总纂张祜
济南出版社　1995 年 11 月
336 页　精装　27cm
ISBN7-80629-002-8
馆藏号：Guojiafz-8600002003702

山东水利年鉴·1998
山东省水利厅编　主编王玉柱
中国经济出版社　1998 年 12 月
367 页　精装　27cm
ISBN7-5017-3551-4
馆藏号：Guojiafz-8600002003258

山东水利年鉴·2012
山东省水利厅主办　山东省水利史志编辑室编
主编李光
山东省地图出版社　2013 年 9 月
378 页　精装　29cm
ISBN978-7-80754-757-0
馆藏号：Guojiafz-8600002015929

山东国土资源年鉴·2011
山东国土资源年鉴编辑部编　主编赵培金
山东省地图出版社　2011年12月
588页　精装　29cm
ISBN978-7-80754-511-8
馆藏号：Guojiafz-8600002007227

山东教育年鉴·2012
山东出版传媒股份有限公司主管　山东省教育厅编　主编陈光华　执行主编赵延银、赵立辉、宋维国、张琦
山东教育出版社　2012年12月
903页　精装　27cm
ISBN978-7-5328-7747-8
馆藏号：Guojiafz-8600002004761

山东教育年鉴·2013
山东省教育厅编　主编陈光华　执行主编赵延银、赵立辉、宋维国、张琦
山东教育出版社　2014年3月
987页　精装　27cm
ISBN978-7-5328-8310-3
馆藏号：Guojiafz-8600002015737

山东理工大学年鉴·2014
山东理工大学档案馆编　主编郑晓、陈公水　执行主编武桂霞、庞蕾、刘迎秋
线装书局　2014年8月
380页　精装　29cm
ISBN978-7-5120-1451-0
馆藏号：Guojiafz-8600002015295

齐鲁师范学院年鉴·2012
齐鲁师范学院编　主编王海　执行主编赵延银、王京宝、宋维国、张琦
山东新华印务有限责任公司印刷　2012年12月
355页　精装　27cm
准印证号：山东省内部资料性出版物准印证2012年第09号
馆藏号：Guojiafz-8600002006617

山东中医药大学年鉴·2007
山东中医药大学主办　《山东中医药大学年鉴》编辑部编　主编王新陆　执行主编祝世讷
山东中和新华印刷有限公司印刷　2007年
244页　精装　24cm
准印证号：2007年027号
馆藏号：Guojiafz-8600002005812

山东社会科学年鉴·2014
山东省社会科学界联合会编　主编杨瑛
山东人民出版社　2014年10月
889页　精装　27cm
ISBN978-7-209-08577-9
馆藏号：Guojiafz-8600002013239

山东地方史志年鉴·2015
山东省地方史志办公室编　主编刘爱军　执行主编郭永生
中国文史出版社　2015年12月
452页　精装　29cm
ISBN978-7-5034-7287-9
馆藏号：Guojiafz-8600002013298

山东地方史志年鉴·2016
山东省地方史志办公室主办　山东省地方史志办公室编　主编刘爱军　执行主编郭永生
中国文史出版社　2016年10月
452页　精装　29cm
ISBN978-7-5034-8400-1
馆藏号：Guojiafz-8600002013897

山东地方史志年鉴·2017
山东省地方史志办公室编　主编刘爱军　执行主编郭永生
中国文史出版社　2017年10月
454页　平装　29cm
ISBN978-7-5034-9697-4
馆藏号：Guojiafz-8600002017779-80

山东省广播电视年鉴·1994
《山东省广播电视年鉴》编辑委员会编　主编尹祥吉
济南新华印刷厂印刷
409 页　精装　21cm
准印证号：山东省新闻出版局准印证（1994）171 号
馆藏号：Guojiafz–8600002006501

山东广播电视年鉴·2012
山东广播电视局主办　山东广播电视年鉴编委会编
主编周军
中国广播电视出版社　2012 年 12 月
360 页　精装　29cm
ISBN978–7–5043–6750–1
馆藏号：Guojiafz–8600002007178

山东广播电视年鉴·2013
山东广播电视年鉴编委会编　主编周军
中国广播电视出版社　2013 年 12 月
339 页　精装　29cm
ISBN978–7–5043–7068–6
馆藏号：Guojiafz–8600002015435

山东新闻出版广电年鉴·2017
山东新闻出版广电年鉴·2017 编委会编
主编李德泉　执行主编张干
中国广播电视出版社　2017 年 12 月
510 页　精装　29cm
ISBN978–7–5043–8082–1
馆藏号：Guojiafz–8600002016236

山东体育年鉴·1990—1997
山东省体育局编　主编徐长泰
济南出版社　2002 年 2 月
853 页　精装　21cm
ISBN7–80629–684–0
馆藏号：Guojiafz–8600002004195

山东体育年鉴·2003
山东省体育局编　主编李政
济南出版社　2003 年 12 月
674 页　精装　21cm
ISBN7–80629–939–4
馆藏号：Guojiafz–8600002004192

山东财政年鉴·1994
山东省财政厅主办　主编黄可华
山东人民出版社　1994 年 12 月
858 页　精装　27cm
ISBN7–209–01657–0
馆藏号：Guojiafz–8600002003274

山东财政年鉴·2004
主编尹慧敏
中国出版社　2005 年 8 月
431 页　精装　29cm
ISBN988–97145–3–5
馆藏号：Guojiafz–8600002003650

山东地方税务年鉴·2005
山东省地方税务局编　主编于希信
济南申汇印务有限责任公司印刷
614 页　精装　27cm
准印证号：山东省内部资料性出版物准印证　2005 年 041 号
馆藏号：Guojiafz–8600002008869

山东地税年鉴·2013
主编张洪军
中国税务出版社　2013 年 12 月
516 页　精装　27cm
ISBN978–7–5678–0032–8
馆藏号：Guojiafz–8600002016119

武警山东总队年鉴·2004
中国人民武装警察部队山东省总队编史办公室编
主编霍修民
山东星海彩印有限公司印刷　2004 年 8 月
474 页　精装　29cm
准印证号：山东省内部资料性出版物准印证（2004）035 号
馆藏号：Guojiafz–8600002006597

山东食品药品监督管理年鉴·2017
山东省食品药品监督管理局编　主编禹金涛
中国文史出版社　2017年11月
634页　精装　29cm
ISBN978-7-5034-9767-4
馆藏号：Guojiafz-8600002016235

山东食品药品监督管理年鉴·2018
山东省食品药品监督管理局编　主编禹金涛
方志出版社　2018年9月
480页　精装　29cm
ISBN978-7-5144-3256-5
馆藏号：Guojiafz-8600002017219

山东劳动保障年鉴·2005
山东省劳动和社会保障厅编　主编李广林
山东省地图出版社　2005年12月
264页　精装　29cm
ISBN7-80532-884-6
馆藏号：Guojiafz-8600002003649

山东劳动保障年鉴·2009
山东省劳动和社会保障厅主办　山东省劳动和社会保障厅编　主编李广林
山东省地图出版社　2009年10月
309页　精装　29cm
ISBN978-7-80754-298-8
馆藏号：Guojiafz-8600002008081

山东人力资源和社会保障年鉴·2011
山东省人力资源和社会保障厅编　主编李广林
山东友谊出版社　2011年10月
407页　精装　30cm
ISBN978-7-80737-937-9
馆藏号：Guojiafz-8600002016124

山东人力资源和社会保障年鉴·2012
山东省人力资源和社会保障厅编　主编李广林
山东友谊出版社　2012年10月
611页　精装　29cm
ISBN978-7-5516-0203-7
馆藏号：Guojiafz-8600002009938

山东中小企业年鉴·2017
山东省中小企业局编　主编王兆春　执行主编张登方、刘会友
中国文史出版社　2017年10月
557页　精装　29cm
ISBN978-7-5034-9728-5
馆藏号：Guojiafz-8600002016856

济南年鉴·1989
济南市志编纂委员会办公室编　主编张福山
济南出版社　1989年10月
492页　精装　27cm
ISBN7-80572-081-9
馆藏号：Guojiafz-8600002003692

济南年鉴·1990
济南市志编纂委员会办公室编　主编张福山
济南出版社　1990年11月
386页　精装　27cm
ISBN7-80572-328-1
馆藏号：Guojiafz-8600002003656

济南年鉴·1991
济南市志编纂委员会办公室编　主编张福山
济南出版社　1991年12月
375页　精装　27cm
ISBN7-80572-503-9
馆藏号：Guojiafz-8600002003685

济南年鉴·1992
济南市志编纂委员会办公室编　主编张福山
济南出版社　1992年9月
345页　精装　27cm
ISBN7-80572-683-3
馆藏号：Guojiafz-8600002003508

济南年鉴·1994
济南市志编纂委员会办公室编　主编张福山
济南出版社　1994年9月
346页　精装　27cm
ISBN7-80572-873-9
馆藏号：Guojiafz-8600002018154

济南年鉴·1995
济南市史志办公室编　主编张福山
济南出版社　1995年9月
337页　精装　27cm
ISBN7-80572-980-8
馆藏号：Guojiafz-8600002018156

济南年鉴·1996
济南市史志办公室编　主编张福山
济南出版社　1996年9月
396页　精装　27cm
ISBN7-80629-046-X
馆藏号：Guojiafz-8600002018157

济南年鉴·1997
济南市人民政府主办　济南市史志办公室编
主编谭永青、张福山
济南出版社　1997年9月
379页　精装　27cm
ISBN7-80629-147-4
馆藏号：Guojiafz-8600002003769

济南年鉴·1999
济南市人民政府主办　济南市史志办公室编
主编徐华东
济南出版社　1999年8月
407页　精装　27cm
ISBN7-80629-460-0
馆藏号：Guojiafz-8600002003699

济南年鉴·2001
济南市人民政府主办　济南市史志办公室编
主编徐华东
济南出版社　2001年9月
454页　精装　27cm
ISBN7-80629-663-8
馆藏号：Guojiafz-8600002008151

济南年鉴·2002
济南市人民政府主办　济南市史志办公室编
主编徐华东
济南出版社　2002年9月
391页　精装　27cm
ISBN7-80629-766-9
馆藏号：Guojiafz-8600002003538

济南年鉴·2003
济南市人民政府主办　济南市史志办公室编
主编郭作贵
济南出版社　2003年8月
406页　精装　29cm
ISBN7-80629-929-7
馆藏号：Guojiafz-8600002003947

济南年鉴·2004
济南市人民政府主办　济南市史志办公室编
主编郭作贵
济南出版社　2004年9月
487页　精装　29cm
ISBN7-80710-046-X
馆藏号：Guojiafz-8600002004591

济南年鉴·2005
济南市人民政府主办　济南市史志办公室编
主编郭作贵
济南出版社　2005年9月
424页　精装　29cm
ISBN7-80710-183-0
馆藏号：Guojiafz-8600002009974

济南年鉴·2006
济南市人民政府主办　济南市史志办公室编
主编郭作贵

济南出版社　2006 年 9 月
476 页　精装　29cm
ISBN7-80710-252-7
馆藏号：Guojiafz-8600002003544

济南年鉴·2007
济南市人民政府主办　济南市史志办公室编
主编王以才
济南出版社　2007 年 10 月
464 页　精装　29cm
ISBN978-7-80710-513-8
馆藏号：Guojiafz-8600002006753

济南年鉴·2008
济南市人民政府主办　济南市史志办公室编
主编巩宪群
济南出版社　2008 年 10 月
522 页　精装　29cm
ISBN978-7-80710-680-7
馆藏号：Guojiafz-8600002002320

济南年鉴·2009
济南市人民政府主办　济南市史志办公室编
主编巩宪群
济南出版社　2009 年 10 月
438 页　精装　29cm
ISBN978-7-80710-902-0
馆藏号：Guojiafz-8600002003547

济南年鉴·2010
济南市人民政府主办　济南市史志办公室编
主编巩宪群
济南出版社　2010 年 10 月
482 页　精装　29cm
ISBN978-7-5488-0156-6
馆藏号：Guojiafz-8600002003577

济南年鉴·2012
济南市人民政府主办　济南市史志办公室编
主编巩宪群
济南出版社　2012 年 9 月
397 页　精装　29cm
ISBN978-7-5488-0562-5
馆藏号：Guojiafz-8600002018315

济南年鉴·2013
济南市人民政府主办　济南市史志办公室编
主编巩宪群
济南出版社　2013 年 10 月
375 页　精装　29cm
ISBN978-7-5488-1065-0
馆藏号：Guojiafz-8600002009844

济南年鉴·2014
济南市人民政府主办　济南市史志办公室编
主编巩宪群
济南出版社　2014 年 10 月
463 页　精装　29cm
ISBN978-7-5488-1325-5
馆藏号：Guojiafz-8600002016121

济南年鉴·2016
济南市人民政府主办　济南市史志办公室编
主编巩宪群
济南出版社　2016 年 8 月
474 页　精装　29cm
ISBN978-7-5488-2243-1
馆藏号：Guojiafz-8600002014280

济南年鉴·2017
济南市人民政府主办　济南市史志办公室编
主编周云平
济南出版社　2017 年 9 月
513 页　精装　29cm
ISBN978-7-5488-2709-2
馆藏号：Guojiafz-8600002018151

济南年鉴·2018
济南市人民政府主办　济南市史志办公室编
主编李经发

济南出版社　2018 年 8 月
465 页　精装　29cm
ISBN978-7-5488-3412-0
馆藏号：Guojiafz-8600002018152

济南年鉴·2019
济南市人民政府主办　中共济南市委党史研究院（济南市地方史志研究院）编　主编刘浩
济南出版社　2019 年 12 月
418 页　精装　29cm
ISBN978-7-5488-3883-8
馆藏号：Guojiafz-8600002018153

济钢年鉴·1987
《济南钢铁厂年鉴》编辑部编　主任李松山
济南钢铁总厂印刷所印刷　1989 年 12 月
577 页　精装　27cm
馆藏号：Guojiafz-8600002009263

济南钢铁总厂年鉴·1988
济南钢铁总厂主办 《济南钢铁总厂年鉴》编辑委员会编　主任杨文福
冶金工业出版社　1992 年 9 月
240 页　精装　27cm
ISBN7-5024-1088-0
馆藏号：Guojiafz-8600002003603

济南钢铁总厂年鉴·1989
《济南钢铁总厂年鉴》编辑委员会编　主编赫崇俊
冶金工业出版社　1993 年 4 月
285 页　精装　27cm
ISBN7-5024-1178-X
馆藏号：Guojiafz-8600002003602

济南钢铁总厂年鉴·1990
《济南钢铁总厂年鉴》编辑委员会编　主编赫崇俊
冶金工业出版社　1993 年 8 月
313 页　精装　27cm
ISBN7-5024-1256-5
馆藏号：Guojiafz-8600002003605

济南钢铁总厂年鉴·1994
济南钢铁总厂主办 《济南钢铁总厂年鉴》编辑委员会编　主编赫崇俊
冶金工业出版社　1994 年 12 月
421 页　精装　27cm
ISBN7-5024-1670-6
馆藏号：Guojiafz-8600002003604

济钢年鉴·1997
《济钢年鉴》编辑委员会编　主编王才育
冶金工业出版社　1998 年 8 月
402 页　精装　27cm
ISBN7-5024-2256-0
馆藏号：Guojiafz-8600002003607

济钢年鉴·1998
《济钢年鉴》编辑委员会编　主编王才育
冶金工业出版社　1999 年 12 月
486 页　精装　27cm
ISBN7-5024-2466-0
馆藏号：Guojiafz-8600002003606

济钢年鉴·1999
《济钢年鉴》编辑委员会编　主编王才育
冶金工业出版社　2000 年 10 月
383 页　精装　27cm
ISBN7-5024-2675-2
馆藏号：Guojiafz-8600002003609

济钢年鉴·2000
《济钢年鉴》编辑委员会编　主编王才育
冶金工业出版社　2001 年 7 月
374 页　精装　27cm
ISBN7-5024-2792-9
馆藏号：Guojiafz-8600002003608

济钢年鉴·2001
《济钢年鉴》编辑委员会编　主编杜朝生
冶金工业出版社　2001 年 11 月
294 页　精装　27cm

ISBN7-5024-2904-2
馆藏号：Guojiafz-8600002003562

济钢年鉴·2002
《济钢年鉴》编辑委员会编　主编葛庆华
冶金工业出版社　2002 年 10 月
360 页　精装　27cm
ISBN7-5024-3099-7
馆藏号：Guojiafz-8600002003565

济钢年鉴·2005
《济钢年鉴》编辑委员会编　主编葛青华
冶金工业出版社　2005 年 9 月
506 页　精装　27cm
ISBN7-5024-3817-3
馆藏号：Guojiafz-8600002003564

济钢年鉴·2006
《济钢年鉴》编辑委员会编　主编葛青华
冶金工业出版社　2006 年 10 月
513 页　精装　27cm
ISBN7-5024-4087-9
馆藏号：Guojiafz-8600002003567

济钢年鉴·2012
《济钢年鉴》编辑委员会编　主编左海青
冶金工业出版社　2012 年 10 月
441 页　精装　27cm
ISBN978-7-5024-6060-0
馆藏号：Guojiafz-8600002007233

济钢年鉴·2013
《济钢年鉴》编辑委员会编　主编左海青
冶金工业出版社　2013 年 12 月
524 页　精装　27cm
ISBN978-7-5024-6468-4
馆藏号：Guojiafz-8600002003142

济南铁路局年鉴·1991
济南铁路局史志编纂领导小组办公室编
主编王远亮
济南陆军学校印刷厂印刷　1991 年 11 月
504 页　精装　27cm
准印证号：济南市新闻出版局内部出版物准印证（1991）第 30 号
馆藏号：Guojiafz-8600002006600

济南铁路局年鉴·1993
济南铁路局编地方史志编纂领导小组办公室编
主编王远亮
中国铁道出版社　1993 年 12 月
388 页　精装　27cm
ISBN7-113-01698-7
馆藏号：Guojiafz-8600002006599

济南铁路局物资工业年鉴·1989
物资工业公司地方史志办公室编
内部印刷
382 页　平装　26cm
馆藏号：Guojiafz-8600002008258

济南铁路局物资工业年鉴·1990
物资工业公司史志办公室编　主任委员战春胜
内部印刷
217 页　精装　27cm
馆藏号：Guojiafz-8600002008301

济南铁路局工程总公司年鉴·1986—1990
济南铁路局工程总公司史志编纂委员会编
主编马常禧、骆树元
济南陆军学校印刷厂印刷　1994 年 6 月
407 页　精装　27cm
准印证号：山东省新闻出版局准印证（1993）2-062
馆藏号：Guojiafz-8600002006598

济南铁路局工程总公司年鉴·1992—1996
济南铁路局工程总公司史志编纂委员会编
主编骆树元、王金宝
济南光明印刷厂印刷　1997 年 6 月

726 页　精装　27cm
准印证号：山东省新闻出版局准印证（1997）2-104
馆藏号：Guojiafz-8600002009159

济南铁路局教育年鉴·1994
济南铁路局教育委员会史志编纂委员会办公室编　主编吕效民
白马总公司文华印刷厂印刷　1995 年 7 月
380 页　精装　21cm
准印证号：山东省新闻出版局准印证（1995）2-318 号
馆藏号：Guojiafz-8600002009492

济南统计年鉴·2013
济南市统计局、国家统计局济南调查队合编　总编辑郭金豹
中国统计出版社　2013 年 8 月
425 页　精装　29cm
ISBN978-7-5037-6921-4
馆藏号：Guojiafz-8600002013368

济南公安年鉴·2012
济南公安年鉴编纂委员会编　主编韩磊　执行主编田丽
内部印刷
470 页　精装　29cm
馆藏号：Guojiafz-8600002006305

济南市中年鉴·1989
济南市市中区志编纂委员会编　主编党新明
济南市中印刷二厂印刷　1991 年 1 月
203 页　精装　27cm
准印证号：济南市新闻出版局（1991）056 号
馆藏号：Guojiafz-8600002009232

市中年鉴·1998—2004
济南市中区人民政府主办　市中区地方志编纂委员会编　主编米俊伟
中国出版社　2007 年 9 月
467 页　精装　29cm
ISBN978-988-97335-8-2
馆藏号：Guojiafz-8600002003506

市中年鉴·2017
济南市市中区人民政府主办　济南市市中区史志办公室编　主编侯江
方志出版社　2017 年 11 月
335 页　精装　29cm
ISBN978-7-5144-2651-9
馆藏号：Guojiafz-8600002016869

天桥年鉴·1991—1993
济南市天桥区人民政府主办　济南市天桥年鉴编纂委员会编　主编樊长征
山东人民出版社　1994 年 12 月
565 页　精装　27cm
ISBN7-209-01681-3
馆藏号：Guojiafz-8600002003662

天桥年鉴·1996
济南市天桥年鉴编纂委员会编　主编樊长征、陈世荣
山东人民出版社　1996 年 10 月
411 页　精装　27cm
ISBN7-209-01984-7
馆藏号：Guojiafz-8600002003540

天桥年鉴·1997—1998
济南市天桥年鉴编纂委员会编　主编陈世荣、李效武、樊长征
山东人民出版社　1998 年 9 月
665 页　精装　27cm
ISBN7-209-02320-8
馆藏号：Guojiafz-8600002003541

天桥年鉴·2004—2009
济南市天桥区史志办公室编　主编陈世荣、朱建龙
山东人民出版社　2010 年 6 月
526 页　精装　29cm

ISBN978-7-209-05252-8
馆藏号：Guojiafz-8600002003507

天桥年鉴·2016
济南市天桥区人民政府主办　济南市天桥区史志办公室编　主编王封军
中国文史出版社　2016年12月
554页　精装　29cm
ISBN978-7-5034-8023-2
馆藏号：Guojiafz-8600002014282

天桥法院年鉴·1993—1997
济南市天桥法院年鉴编纂委员会编　主编陈世荣、樊长征、张金荣
山东人民出版社　1997年11月
583页　精装　27cm
ISBN7-209-02162-0
馆藏号：Guojiafz-8600002003694

北园镇年鉴·1989—1996
济南市天桥区北园镇政府主办　济南市天桥区《北园镇年鉴》编委会办公室编　主编李良田、路广达
中华书局　1998年9月
532页　精装　27cm
ISBN7-101-01969-2
馆藏号：Guojiafz-8600002003824

历城年鉴·1986—1995
济南市历城区《历城年鉴》编纂委员会编　主编刘炳泽
泰山出版社　1997年4月
445页　精装　27cm
ISBN7-80634-034-3
馆藏号：Guojiafz-8600002003660

历城年鉴·1996—2001
济南市历城区人民政府主办　济南市历城区史志办公室编　主编许强
中央文献出版社　2003年12月
551页　精装　27cm
ISBN7-5073-1542-8
馆藏号：Guojiafz-8600002000981

长清年鉴·1986—1997
长清县人民政府主办　长清县史志办公室编　主编范淑杰
中华书局　1998年9月
688页　精装　27cm
ISBN7-101-01970-6
馆藏号：Guojiafz-8600002003511

长清人物年鉴（第一卷）
济南市长清区人民政府主办　济南市长清区史志办公室编　主编曹相泉
山东翰林文化艺术有限公司印刷　2006年6月
363页　精装　27cm
准印证号：2006年第05号
馆藏号：Guojiafz-8600002009174

章丘年鉴·1990—1992
章丘市人民政府主办　章丘市地方史志办公室编　主编杨积清
济南出版社　1995年6月
359页　精装　27cm
ISBN978-7-80572-916-6
馆藏号：Guojiafz-8600002003684

章丘年鉴·2006—2010
章丘市史志办公室编　主编李永杰、高长海　执行主编亓远程
中国国际文化出版社　2013年11月
623页　精装　29cm
ISBN978-988-19728-2-8
馆藏号：Guojiafz-8600002006897

章丘企业年鉴·1949—2002
章丘市人民政府主办　章丘市史志办公室、章丘市经济贸易局合编　主编赵太行、滕锡汉
中国工人出版社　2004年11月

577 页　精装　29cm
ISBN7-5008-3421-7
馆藏号：Guojiafz-8600002009681

平阴年鉴 · 2004—2010
平阴县人民政府主办　平阴县史志办公室编
主编李秀芝
山东人民出版社　2012 年 3 月
522 页　精装　29cm
ISBN978-7-209-06088-2
馆藏号：Guojiafz-8600002003317

济阳年鉴 · 2017
济阳县人民政府主办　济阳县史志办公室编
主编刘斌
方志出版社　2017 年 11 月
334 页　精装　29cm
ISBN978-7-5144-2764-6
馆藏号：Guojiafz-8600002016224

青岛年鉴 · 1988
青岛年鉴编辑委员会编　主编吴希善
青岛出版社　1989 年 8 月
731 页　精装　27cm
ISBN7-5436-0408-6
馆藏号：Guojiafz-8600002003532

青岛年鉴 · 1989
青岛年鉴编辑委员会编　主编吴希善
中国友谊出版公司　1990 年 9 月
818 页　精装　27cm
ISBN7-5057-0339-0
馆藏号：Guojiafz-8600002003352

青岛年鉴 · 1990
青岛年鉴编辑委员会编　主编刘鹏贤
中国友谊出版公司　1991 年 6 月
685 页　精装　27cm
ISBN7-5057-0414-1
馆藏号：Guojiafz-8600002003353

青岛年鉴 · 1991
青岛年鉴编辑委员会编　主编刘鹏贤
中国友谊出版公司　1992 年 10 月
539 页　精装　27cm
ISBN7-5057-0504-0
馆藏号：Guojiafz-8600002003354

青岛年鉴 · 1992
主编刘鹏贤
中国大百科全书出版社　1993 年 3 月
308 页　精装　27cm
ISBN7-5000-5226-X
馆藏号：Guojiafz-8600002007606

青岛年鉴 · 1993
《青岛年鉴》编辑部编　主编王永生
中国友谊出版公司　1994 年 5 月
265 页　精装　27cm
ISBN7-5057-0782-5
馆藏号：Guojiafz-8600002003696

青岛年鉴 · 1994
青岛市人民政府主办　《青岛年鉴》编辑部编
主编郑世侗
广东人民出版社　1994 年 12 月
328 页　精装　27cm
ISBN7-218-01570-0
馆藏号：Guojiafz-8600002003272

青岛年鉴 · 1995
青岛市人民政府主办　《青岛年鉴》编辑部编
主编郑世侗
山东友谊出版社　1995 年 10 月
330 页　精装　27cm
ISBN7-80551-738-X
馆藏号：Guojiafz-8600002003275

青岛年鉴 · 1996
青岛市人民政府主办　《青岛年鉴》编辑部编
主编高国耀

齐鲁书社　1996 年 8 月
423 页　精装　27cm
ISBN7-5333-0543-4
馆藏号：Guojiafz-8600002003289

青岛年鉴·1997
青岛市人民政府主办　《青岛年鉴》编辑部编
主编高国耀
齐鲁书社　1997 年 7 月
341 页　精装　27cm
ISBN7-5333-0617-1
馆藏号：Guojiafz-8600002003687

青岛年鉴·1998
青岛市人民政府主办　《青岛年鉴》编辑部编
主编高国耀
中华书局　1998 年 7 月
334 页　精装　27cm
ISBN7-101-01932-3
馆藏号：Guojiafz-8600002003645

青岛年鉴·1999
青岛市人民政府主办　青岛市史志办公室编
主编高国耀
五洲传播出版社　1999 年 6 月
327 页　精装　27cm
ISBN7-80113-585-7
馆藏号：Guojiafz-8600002003455

青岛年鉴·2004
青岛市人民政府主管　青岛市史志办公室主办
青岛市史志办公室编　主编王现军、张子忠　执行主编王修晨
青岛年鉴社　2004 年 7 月
382 页　精装　29cm
ISSN1671-9883
馆藏号：Guojiafz-8600002006170

青岛年鉴·2005
青岛市人民政府主管　青岛市史志办公室主办
青岛市史志办公室编　主编殷鹰　执行主编王修晨、邱双超
青岛年鉴社　2005 年 8 月
366 页　精装　29cm
ISSN1671-9883
馆藏号：Guojiafz-8600002002076

青岛年鉴·2007
青岛市人民政府主管　青岛市史志办公室主办
青岛市史志办公室编　主编殷鹰
青岛年鉴社　2007 年 8 月
396 页　精装　29cm
ISSN1671-9883
馆藏号：Guojiafz-8600002006883

青岛年鉴·2008
青岛市人民政府主管　青岛市史志办公室主办
青岛市史志办公室编　主编刘川太
青岛年鉴社　2008 年 7 月
411 页　精装　29cm
ISSN1671-9883
馆藏号：Guojiafz-8600002006879

青岛年鉴·2009
青岛市人民政府主管　青岛市史志办公室主办
青岛市史志办公室编　主编刘川太　执行主编邱双超、王修晨
青岛年鉴社　2009 年 7 月
411 页　精装　29cm
ISSN1671-9883
馆藏号：Guojiafz-8600002002552

青岛年鉴·2010
青岛市人民政府主管　青岛市史志办公室主办
青岛市史志办公室编　主编高克力　执行主编邱双超、王修晨
青岛年鉴社　2010 年 8 月
419 页　精装　29cm
ISSN1671-9883
馆藏号：Guojiafz-8600002002373

青岛年鉴·2011
青岛市人民政府主管　青岛市史志办公室主办
青岛市史志办公室编　主编高克力
青岛年鉴社　2011年7月
419页　精装　29cm
ISSN1671-9883
馆藏号：Guojiafz-8600002006881

青岛年鉴·2012
青岛市人民政府主管　青岛市史志办公室主办
青岛市史志办公室编　主编高克力　执行主编邱双超、王修晨
青岛年鉴社　2012年7月
443页　精装　29cm
ISSN1671-9883
馆藏号：Guojiafz-8600002007377

青岛年鉴·2013
青岛市人民政府主管　青岛市地方史志办公室主办　青岛市史志办公室编　主编高克力　执行主编邱双超、王修晨
青岛年鉴社　2013年8月
459页　精装　29cm
ISSN1671-9883
馆藏号：Guojiafz-8600002009805

青岛年鉴·2015
青岛市人民政府主管　青岛市史志办公室主办　青岛市史志办公室编　主编高克力　执行主编邱双超
青岛年鉴社　2015年8月
451页　精装　29cm
ISSN1671-9883
馆藏号：Guojiafz-8600002010448

青岛年鉴·2017
青岛市人民政府主管　青岛市史志办公室主办　青岛市史志办公室编　主编高克力　执行主编邱双超
青岛年鉴社　2017年8月
575页　精装　29cm
ISSN1671-9883
馆藏号：Guojiafz-8600002016234

青岛青年工作年鉴·1986—1988年合编本
共青团青岛市委编　主编周晓方
龙口市印刷总厂印刷　1989年3月
530页　平装　26cm
准印证号：青出字（QC）880902
馆藏号：Guojiafz-8600002009182

青岛卷烟厂年鉴·2012
主编周健　执行主编毛秀娟
内部印刷
213页　精装　29cm
准印证号：2013青第006号
馆藏号：Guojiafz-8600002010171

青岛铁路分局年鉴·1992
青岛铁路分局史志编纂委员会编　主编杨士藻、董天赐
中国铁道出版社　1992年12月
407页　精装　27cm
ISBN7-113-01486-0
馆藏号：Guojiafz-8600002003534

青岛铁路分局年鉴·1993
青岛铁路分局史志编纂委员会编　主编董天赐、杨士藻
中国铁道出版社　1993年11月
409页　精装　27cm
ISBN7-113-01655-3
馆藏号：Guojiafz-8600002009183

青岛铁路分局年鉴·1994
青岛铁路分局史志编纂委员会编　主编杨士藻、董天赐
中国铁道出版社　1994年12月
381页　精装　27cm
ISBN7-113-01910-2
馆藏号：Guojiafz-8600002009180

青岛铁路分局年鉴・1995
青岛铁路分局史志编纂委员会编　主编杨士藻、董天赐
中国铁道出版社　1995 年 12 月
422 页　精装　27cm
ISBN7-113-02215-4
馆藏号：Guojiafz-8600002003659

青岛统计年鉴・1992
青岛市统计局编　主编邹吉兴
中国统计出版社　1992 年 7 月
473 页　精装　27cm
ISBN7-5037-0776-3
馆藏号：Guojiafz-8600002003496

青岛统计年鉴・2009
青岛市统计局、国家统计局编青岛调查队合编　主编郑卫星
中国统计出版社　2009 年 7 月
441 页　精装　30cm
ISBN978-7-5037-5708-2
馆藏号：Guojiafz-8600002003492

市南年鉴・2013
中共青岛市市南区委员会、青岛市市南区人民政府主办　市南区史志办公室、市南区档案局合编　主编刘宇
中国海洋大学出版社　2013 年 12 月
237 页　精装　29cm
ISBN978-7-5670-0459-7
馆藏号：Guojiafz-8600002007328

市北年鉴・2011
中共青岛市市北区委、青岛市市北区人民政府主办　青岛市市北区档案局编　主编刘伟
黄河出版社　2011 年 12 月
296 页　精装　29cm
ISBN978-7-5460-0279-8
馆藏号：Guojiafz-8600002003967

四方年鉴・2006—2007
青岛市四方区人民政府主办　青岛市四方区史志办公室编　主编于光明
黄河出版社　2007 年 12 月
702 页　精装　29cm
ISBN978-7-80152-947-3
馆藏号：Guojiafz-8600002003452

四方年鉴・2011
中共青岛市四方区委员会、青岛市四方区人民政府主办　四方区史志办公室、四方区档案局合编　主编马蕴茹　执行主编王蕾
山东省地图出版社　2012 年 9 月
290 页　精装　29cm
ISBN978-7-80754-641-2
馆藏号：Guojiafz-8600002007456

四方机车车辆厂年鉴・1994
四方机车车辆厂史志编纂委员会编　主编戚文、李常顺
青岛四方印刷厂印刷　1994 年 10 月
427 页　精装　27cm
准印证号：准印证（94）50 号
馆藏号：Guojiafz-8600002007605

四方机车车辆厂年鉴・1995
四方机车车辆厂史志编纂委员会编　主编戚文、李常顺
青岛市北印刷厂印刷　1995 年 9 月
435 页　精装　27cm
准印证号：准印证（95）26 号
馆藏号：Guojiafz-8600002006601

四方机车车辆厂年鉴・1997
四方机车车辆厂史志编纂委员会编　主编戚文、李常顺
青岛市北印刷厂印刷　1997 年 9 月
436 页　精装　27cm
准印证号：青岛市新闻出版局准印证（97）42 号
馆藏号：Guojiafz-8600009230

四方机车车辆厂年鉴·1998
四方机车车辆厂史志编纂委员会编　主编张军、李常顺
青岛市北印刷厂印刷　1998年9月
369页　精装　27cm
准印证号:（98）51号
馆藏号：Guojiafz-8600002009334

南车青岛四方机车车辆股份有限公司年鉴·2013
南车青岛四方机车车辆股份有限公司史志编纂委员会编　主编王成龙
南车四方机车车辆股份有限公司印刷　2013年8月
366页　精装　27cm
准印证号：2013青第003号
馆藏号：Guojiafz-8600002010312

青岛经济技术开发区青岛市黄岛区年鉴·2006
青岛经济技术开发区管理委员会、青岛市黄岛区人民政府主办　青岛经济技术开发区史志办公室编
主编张薇、王谊
2006年12月
320页　精装　29cm
ISBN962-450-502-0
馆藏号：Guojiafz-8600002003493

青岛经济技术开发区青岛市黄岛区年鉴·2009
青岛经济技术开发区管理委员会、青岛市黄岛区人民政府主办　青岛经济技术开发区史志办公室编
主编郭继山、张薇　执行主编孙承刚
黄河出版社　2009年9月
344页　精装　29cm
ISBN978-7-5460-0060-2
馆藏号：Guojiafz-8600002003125

青岛经济技术开发区青岛市黄岛区年鉴·2012
青岛经济技术开发区管理委员会、青岛市黄岛区人民政府主办　青岛经济技术开发区史志办公室、青岛市黄岛区史志办公室合编　主编刘鲁强、张磊娜　执行主编孙承刚
黄河出版社　2012年12月
342页　精装　29cm
ISBN978-7-5460-0344-3
馆藏号：Guojiafz-8600002007107

青岛西海岸新区·青岛市黄岛区年鉴·2016
黄岛区人民政府主办　黄岛区史志办公室编
主编薛维来　执行主编孙承刚
黄河出版社　2016年7月
506页　精装　29cm
ISBN978-7-5460-0825-7
馆藏号：Guojiafz-8600002014760

黄岛年鉴·2017
黄岛区政府、黄岛区史志办合编　主编薛维来
执行主编孙承刚
线装书局　2017年7月
509页　精装　29cm
ISBN978-7-5120-2815-9
馆藏号：Guojiafz-8600002016229

胶南年鉴·2003
胶南市人民政府主办　胶南市史志办公室编
总编辑彭煜文
五洲传播出版社　2003年8月
278页　精装　29cm
ISBN7-5085-0270-1
馆藏号：Guojiafz-8600002007756

胶南年鉴·2008
胶南市人民政府主办　胶南市史志办公室编
主编李金国
黄河出版社　2009年1月
336页　精装　29cm
ISBN978-7-5460-0005-3
馆藏号：Guojiafz-8600002003501

胶南年鉴·2012
胶南市人民政府主办　胶南市史志办公室编
主编王锡坤

黄河出版社　2012 年 11 月
279 页　精装　29cm
ISBN978-7-5460-0344-3
馆藏号：Guojiafz-8600002009849

胶南年鉴·2013
胶南市人民政府主办　黄岛区史志编纂委员会编　主编王锡坤
方志出版社　2013 年 12 月
327 页　精装　29cm
ISBN978-7-5144-1129-4
馆藏号：Guojiafz-8600002009946

崂山年鉴·2009
青岛市崂山区人民政府主办　青岛市崂山区史志办公室编　主编王明谊　执行主编焦相鹏
方志出版社　2009 年 8 月
230 页　精装　29cm
ISBN978-7-80238-256-5
馆藏号：Guojiafz-8600002000896

崂山年鉴·2011
青岛市崂山区人民政府主办　青岛市崂山区史志办公室编　主编王明谊　执行主编张冰
黄河出版社　2011 年 9 月
257 页　精装　29cm
ISBN978-7-5460-0246-0
馆藏号：Guojiafz-8600002020305-7

崂山年鉴·2012
青岛市崂山区人民政府主办　青岛市崂山区史志办公室编　主编王明谊　执行主编张冰
黄河出版社　2012 年 8 月
219 页　精装　29cm
ISBN978-7-5460-0246-0
馆藏号：Guojiafz-8600002020302-4

崂山年鉴·2013
青岛市崂山区人民政府主办　青岛市崂山区史志办公室编　主编王明谊　执行主编张冰
黄河出版社　2013 年 8 月
276 页　精装　29cm
ISBN978-7-5460-0246-0
馆藏号：Guojiafz-8600002006944

崂山年鉴·2014
青岛市崂山区人民政府主办　青岛市崂山区史志办公室编　主编王明谊　执行主编臧先锋
黄河出版社　2014 年 8 月
258 页　精装　29cm
ISBN978-7-5460-0558-4
馆藏号：Guojiafz-8600002015632

崂山年鉴·2015
青岛市崂山区人民政府主办　青岛市崂山区史志办公室编　主编张星　执行主编臧先锋
黄河出版社　2015 年 8 月
281 页　精装　29cm
ISBN978-7-5460-0725-0
馆藏号：Guojiafz-8600002014299

崂山年鉴·2018
青岛市崂山区人民政府主办　青岛市崂山区史志办、青岛市崂山区档案局（馆）合编　主编张星
中国海洋大学出版社　2018 年 11 月
347 页　精装　29cm
ISBN978-7-5670-1957-7
馆藏号：Guojiafz-8600002020299-301

崂山年鉴·2019
中共青岛市崂山区委员会主管　青岛市崂山区档案馆、中共青岛市崂山区委党史研究中心、青岛市崂山区地方史志研究中心合编　主编张星
中国海洋大学出版社　2019 年 12 月
325 页　精装　29cm
ISBN978-7-5670-2338-3
馆藏号：Guojiafz-8600002019316-8

李沧年鉴·2012
中共青岛市李沧区委、青岛市李沧区人民政府

主办　青岛市李沧区史志办公室编　主编侯淑芬　执行主编许志强
山东省地图出版社　2012 年 12 月
395 页　精装　29cm
ISBN978-7-80754-688-7
馆藏号：Guojiafz-8600002007435

城阳年鉴·2012
青岛市城阳区人民政府主办　青岛市城阳区史志办公室编　主编辛克寿　执行主编唐德洲
黄河出版社　2012 年 11 月
320 页　精装　29cm
ISBN978-7-5460-0344-3
馆藏号：Guojiafz-8600002009937

城阳年鉴·2013
青岛市城阳区人民政府主办　青岛市城阳区史志办公室编　主编辛克寿　执行主编唐德洲
黄河出版社　2013 年 10 月
289 页　精装　29cm
ISBN978-7-5460-0461-7
馆藏号：Guojiafz-8600002009846

胶州年鉴·2004
胶州市人民政府主办　胶州市档案局、胶州市史志办公室合编　主编张启勋
远方出版社　2004 年 12 月
346 页　精装　27cm
ISBN7-80595-739-8
馆藏号：Guojiafz-8600002003490

胶州年鉴·2005
胶州市人民政府主办　胶州市档案局、胶州市史志编纂委员会办公室合编　主编尹光兴
中国出版社　2005 年 11 月
353 页　精装　27cm
ISBN988-97165-7-2
馆藏号：Guojiafz-8600002003488

胶州年鉴·2006
胶州市人民政府主办　胶州市档案局、胶州市史志编纂委员会办公室合编　主编尹光兴
中国出版社　2006 年 12 月
372 页　精装　27cm
ISBN988-97225-5-0
馆藏号：Guojiafz-8600002003489

即墨年鉴·2002
中共即墨市委、即墨市人民政府主办　即墨市史志办公室编　主编韩乃桂
山东省地图出版社　2002 年 9 月
329 页　精装　27cm
ISBN7-80532-584-7
馆藏号：Guojiafz-8600002003640

即墨年鉴·2003
中共即墨市委、即墨市人民政府主办　即墨市史志办公室编　主编韩乃桂
兰州大学出版社　2003 年 11 月
308 页　精装　27cm
ISBN7-311-02290-8
馆藏号：Guojiafz-8600002003509

即墨年鉴·2004
中共即墨市委、即墨市人民政府主办　即墨市史志办公室编　主编傅瑞珉　执行主编张可先
兰州大学出版社　2004 年 11 月
261 页　精装　27cm
ISBN7-311-02290-8
馆藏号：Guojiafz-8600002003542

即墨年鉴·2007
中共即墨市委、即墨市人民政府主办　即墨市史志办公室编　主编张可先
中国和平出版社　2007 年 10 月
349 页　精装　29cm
ISBN7-80532-584-7
馆藏号：Guojiafz-8600002003491

即墨年鉴·2011—2012
即墨市人民政府主办　即墨市史志办公室编
主编张可先
黄河出版社　2012 年 11 月
406 页　精装　29cm
ISBN978-7-5460-0344-3
馆藏号：Guojiafz-8600002007464

即墨年鉴·2013
即墨市人民政府主办　即墨市史志办公室编
主编张可先
黄河出版社　2013 年 12 月
198 页　精装　29cm
ISBN978-7-5460-0344-3
馆藏号：Guojiafz-8600002007350

即墨年鉴·2017
即墨市人民政府主办　即墨市史志办公室编
主编张可先　执行主编陈晓磊
黄河出版社　2017 年 10 月
313 页　精装　29cm
ISBN978-7-5780-0587-3
馆藏号：Guojiafz-8600002016217

莱西年鉴·2013
莱西市人民政府主办　莱西市史志办公室、莱西市档案局合编　主编李冰　常务主编周日杰
黄河出版社　2013 年 11 月
328 页　精装　29cm
ISBN978-7-5460-0400-6
馆藏号：Guojiafz-8600002013233

莱西年鉴·2015
莱西市人民政府主办　莱西市史志办公室编莱西市档案局编　主编战洪贤、任永升
方志出版社　2015 年 12 月
322 页　精装　29cm
ISBN978-7-5144-1837-8
馆藏号：Guojiafz-8600002007770

淄博年鉴·1987
淄博年鉴编辑委员会主办　淄博年鉴编辑部编
主编荣炳华
山东省出版总社淄博分社　1987 年 10 月
570 页　精装　27cm
准印证号：山东省出版管理处准印证（1987）221 号
馆藏号：Guojiafz-8600002009043

淄博年鉴·1988
淄博年鉴编委会主办　淄博年鉴编辑部编
主编荣炳华
中国城市经济社会出版社　1988 年 12 月
553 页　精装　27cm
ISBN7-5074-0147-2
馆藏号：Guojiafz-8600002008197

淄博年鉴·1989
淄博年鉴编辑委员会编　主编荣炳华
武汉出版社　1989 年 10 月
503 页　精装　27cm
ISBN7-5430-0285-X
馆藏号：Guojiafz-8600002003611

淄博年鉴·1990
淄博年鉴编辑委员会编　主编荣炳华
中国友谊出版公司　1990 年 12 月
373 页　精装　27cm
ISBN7-5057-0340-4
馆藏号：Guojiafz-8600002003610

淄博年鉴·1991
淄博年鉴编辑委员会编　主编荣炳华
中国友谊出版公司　1991 年 12 月
421 页　精装　27cm
ISBN7-5057-0168-1
馆藏号：Guojiafz-8600002003633

淄博年鉴·1992
淄博年鉴编辑委员会编　主编荣炳华

中国社会出版社　1992 年 11 月
423 页　精装　27cm
ISBN7-80088-336-1
馆藏号：Guojiafz-8600002009906

淄博年鉴·1993
淄博市人民政府主办　淄博年鉴编辑委员会编
主编荣炳华
中国社会出版社　1993 年 11 月
425 页　精装　27cm
ISBN7-80088-502-X
馆藏号：Guojiafz-8600002003614

淄博年鉴·1994
淄博市人民政府主办　淄博年鉴编辑委员会编
主编赵加洋
齐鲁书社　1994 年 9 月
366 页　精装　27cm
ISBN7-5333-0433-0
馆藏号：Guojiafz-8600002003612

淄博年鉴·1995
淄博市人民政府主办　淄博年鉴编辑委员会编
主编赵加洋
齐鲁书社　1995 年 8 月
450 页　精装　27cm
ISBN7-5333-0488-8
馆藏号：Guojiafz-8600002004132

淄博年鉴·1996
淄博市人民政府主办　淄博市地方史志办公室编
主编赵加洋
齐鲁书社　1996 年 8 月
275 页　精装　27cm
ISBN7-5333-0544-2
馆藏号：Guojiafz-8600002004161

淄博年鉴·1998
淄博市人民政府主办　淄博市地方史志办公室编
主编赵加洋
齐鲁书社　1998 年 6 月
317 页　精装　27cm
ISBN7-5333-0683-X
馆藏号：Guojiafz-8600002003615

淄博年鉴·2001
淄博市人民政府主办　淄博市地方史志办公室编
主编赵加洋
齐鲁书社　2001 年 5 月
292 页　精装　27cm
ISBN7-5333-0953-7
馆藏号：Guojiafz-8600002017882

淄博年鉴·2003
淄博市人民政府主办　淄博市地方史志办公室编
主编李民兴　执行主编赵加洋
方志出版社　2003 年 6 月
254 页　精装　29cm
ISBN7-80122-959-2
馆藏号：Guojiafz-8600002003362

淄博年鉴·2004
淄博市人民政府主办　淄博市地方史志办公室编
主编李民兴　执行主编赵加洋
方志出版社　2004 年 6 月
319 页　精装　29cm
ISBN7-80192-216-6
馆藏号：Guojiafz-8600002005112

淄博年鉴·2005
淄博市人民政府主办　淄博市地方史志办公室编
主编李民兴　执行主编赵加洋
方志出版社　2005 年 7 月
335 页　精装　29cm
ISBN7-80192-579-3
馆藏号：Guojiafz-8600002003716

淄博年鉴·2006
淄博市人民政府主办　淄博市地方史志办公室编
主编李民兴　执行主编赵加洋

方志出版社　2006 年 8 月
343 页　精装　29cm
ISBN7-80192-838-5
馆藏号：Guojiafz-8600002003953

淄博年鉴·2010
淄博市人民政府主办　淄博市地方史志办公室编
主编董振忠
方志出版社　2010 年 9 月
351 页　精装　29cm
ISBN978-7-80238-871-0
馆藏号：Guojiafz-8600002003722

淄博年鉴·2011
淄博市人民政府主办　淄博市地方史志办公室编
主编董振忠
方志出版社　2011 年 12 月
336 页　精装　29cm
ISBN978-7-5144-0356-5
馆藏号：Guojiafz-8600002005490

淄博年鉴·2012
淄博市人民政府主办　淄博市地方史志办公室编
主编毕建国
齐鲁书社　2012 年 9 月
451 页　精装　29cm
ISBN978-7-5333-2677-7
馆藏号：Guojiafz-8600002007506

淄博年鉴·2014
淄博市人民政府主办　淄博市地方史志办公室编
主编毕建国
黄河出版社　2014 年 9 月
402 页　精装　29cm
ISBN978-7-5460-0591-1
馆藏号：Guojiafz-8600002015463

淄博年鉴·2016
淄博市人民政府主办　淄博市地方史志办公室编
主编毕建国
中国文史出版社　2016 年 9 月
392 页　精装　29cm
ISBN978-7-5034-8188-8
馆藏号：Guojiafz-8600002014098

淄博公路年鉴·1986—1990
淄博市公路管理段编　主编张涛
新华印刷厂印刷
327 页　精装　27cm
馆藏号：Guojiafz-8600002009187

淄博公路年鉴·1991
淄博市公路管理段编　主编张涛
山东电子工业印刷厂印刷
271 页　精装　27cm
馆藏号：Guojiafz-8600002005874

淄博公路年鉴·1992
淄博市公路管理局编　主编张涛
内部印刷
183 页　精装　27cm
馆藏号：Guojiafz-8600002008293

淄博公路年鉴·1993
淄博市公路管理局编　主编张涛
内部印刷
248 页　精装　27cm
馆藏号：Guojiafz-8600002005297

淄博公路年鉴·1994
淄博市公路管理局编　主编张涛
淄博电子印刷厂印刷　1997 年 2 月
233 页　精装　27cm
准印证号：山东省新闻出版局准印证（1997）2-26 号
馆藏号：Guojiafz-8600002008868

淄博财政年鉴·1998
《淄博财政年鉴》编辑委员会编　主编郭利民
中国财政经济出版社　1998 年 12 月

524 页　精装　27cm
ISBN7-5005-4003-5
馆藏号：Guojiafz-8600002004133

张店年鉴·1988—1997
张店区人民政府主办　淄博市张店区档案局编　主编周善杰　总编辑罗光洲、刘庆成
中华书局　2000 年 9 月
625 页　精装　27cm
ISBN7-101-02666-4
馆藏号：Guojiafz-8600002017899

张店年鉴·2016
张店区人民政府主办　张店区档案局（馆）、张店区史志办公室合编　主编李思玉
中国文史出版社　2017 年 10 月
365 页　精装　29cm
ISBN978-7-5034-9577-9
馆藏号：Guojiafz-8600002020829-31

张店年鉴·2017
张店区人民政府主办　张店区档案局（馆）、张店区史志办公室合编　主编李思玉
天津古籍出版社　2018 年 4 月
368 页　精装　29cm
ISBN978-7-5528-0670-0
馆藏号：Guojiafz-8600002016221

张店区教育年鉴·1996—1998
张店区教委教育年鉴编纂委员会编　主任刘胜华
淄博市临淄社会福利激光印刷厂印刷　1999 年 9 月
432 页　精装　27cm
准印证号：山东省内部资料性出版物准印证（1999）2-207 号
馆藏号：Guojiafz-8600002001778

张店区教育年鉴·1999
张店区教育委员会编　主任刘胜华
张店印刷厂印刷　2000 年 10 月
204 页　精装　27cm
准印证号：鲁淄新出准字（2000）B-036 号
馆藏号：Guojiafz-8600002005873

淄川年鉴·2003—2011
淄川区人民政府主办　淄川区志办公室编　主编刘波、孙守运
方志出版社　2014 年 8 月
805 页　精装　29cm
ISBN978-7-5144-1288-8
馆藏号：Guojiafz-8600002009776

博山年鉴·2010
博山区人民政府主办　博山区地方史志办公室编　主编张新清
中国国际文化出版社　2010 年 12 月
352 页　精装　29cm
ISBN988-97358-2996-1
馆藏号：Guojiafz-8600002003939

博山年鉴·2012
博山区人民政府主办　博山区地方史志办公室编　主编张新清
中国文化出版社　2012 年 12 月
415 页　精装　29cm
ISBN978-988-61785-2-3
馆藏号：Guojiafz-8600002003951

博山年鉴·2013
博山区人民政府主办　博山区地方史志办公室编　主编张新清
中国文化出版社　2013 年 12 月
432 页　精装　29cm
ISBN978-988-96542-3-8
馆藏号：Guojiafz-8600002009813

博山年鉴·2014
博山区人民政府主办　博山区史志办公室编　主编张新清
黄河出版社　2014 年 9 月
333 页　精装　29cm

ISBN978-7-5460-0611-6
馆藏号：Guojiafz-8600002015975

博山年鉴·2017
博山区人民政府主办　博山区地方史志办公室编
主编杨雪莹
中国文史出版社　2017年10月
296页　精装　29cm
ISBN978-7-5034-9581-6
馆藏号：Guojiafz-8600002016220

临淄年鉴·2004
临淄区人民政府主办　临淄区史志办公室编
主编王克林
方志出版社　2004年8月
342页　精装　27cm
ISBN7-80192-302-2
馆藏号：Guojiafz-8600002003613

临淄年鉴·2005
临淄区人民政府主办　临淄区史志办公室编
主编王克林
方志出版社　2005年8月
353页　精装　27cm
ISBN7-80192-588-2
馆藏号：Guojiafz-8600002007718

临淄年鉴·2009
临淄区人民政府主办　临淄区史志办公室编
主编张希扬
中国出版社　2009年12月
449页　精装　27cm
ISBN978-988-98438-2-3
馆藏号：Guojiafz-8600002004158

临淄年鉴·2012
临淄区人民政府主办　临淄区史志办公室编
主编梁小明
中国出版社　2012年12月
464页　精装　27cm
ISBN978-988-97732-0-5
馆藏号：Guojiafz-8600002004445

临淄年鉴·2013
临淄区人民政府主办　临淄区史志办公室编
主编梁小明
中国出版社　2013年12月
491页　精装　27cm
ISBN978-988-97736-0-1
馆藏号：Guojiafz-8600002003076

临淄年鉴·2020
临淄区党史与地方史志研究中心、临淄区档案馆合编　主编唐爱华
天津古籍出版社　2020年10月
442页　精装　29cm
ISBN978-7-5528-0992-3
馆藏号：Guojiafz-8600002020793-5

周村年鉴·1986—1992
山东省淄博市周村区年鉴编纂委员会编
主编王荣修
齐鲁书社　1995年9月
518页　精装　27cm
ISBN7-5333-0474-8
馆藏号：Guojiafz-8600002004134

周村年鉴·2003—2005
周村区人民政府主办　周村区史志办公室编
主编刘远忠　执行主编王荣修
中国出版社　2007年5月
421页　精装　29cm
ISBN988-97227-3-9
馆藏号：Guojiafz-8600002003627

周村年鉴·2011
周村区人民政府主办　周村区地方史志办公室编
主编吴卓春
中国国际文化出版社　2012年12月
264页　精装　29cm

ISBN988-97358-2956-5
馆藏号：Guojiafz-8600002000996

周村年鉴·2013
周村区人民政府主办　周村区史志办公室编
主编吴卓春
中国国际文化出版社　2013年12月
264页　精装　29cm
ISBN988-97358-2956-5
馆藏号：Guojiafz-8600002007194

桓台年鉴·1988—1991
山东省桓台县史志编纂委员会编　主编牛璟廷
齐鲁书社　1994年9月
503页　精装　27cm
ISBN7-5333-0431-4
馆藏号：Guojiafz-8600002004135

桓台年鉴·2007—2008
桓台县人民政府主办　桓台县地方史志办公室编
主编董杰
中国文化出版社　2010年8月
350页　精装　29cm
ISBN978-988-52178-5-8
馆藏号：Guojiafz-8600002003574

桓台年鉴·2009—2010
桓台县人民政府主办　桓台县地方史志办公室编
主编董杰
中国文化出版社　2012年2月
403页　精装　29cm
ISBN978-988-52178-8-5
馆藏号：Guojiafz-8600002004358

桓台年鉴·2011—2012
桓台县人民政府主办　桓台县地方史志办公室编
主编董杰
方志出版社　2014年8月
377页　精装　29cm
ISBN978-7-5144-1357-1
馆藏号：Guojiafz-8600002009860

桓台年鉴·2019
中共桓台县委党史研究中心（桓台县地方史志研究中心）编　主编史继广
九州出版社　2019年11月
242页　精装　29cm
ISBN978-7-5108-8450-4
馆藏号：Guojiafz-8600002021732-4

桓台年鉴·2020
中共桓台县委党史研究中心（桓台县地方史志研究中心）编　主编史继广
中国文史出版社　2020年10月
348页　精装　29cm
ISBN978-7-5205-2469-8
馆藏号：Guojiafz-8600002021735-7

高青年鉴·2012
高青县人民政府主办　高青县地方史志办公室编
主编王福春
方志出版社　2013年1月
350页　精装　29cm
ISBN978-7-5144-0810-2
馆藏号：Guojiafz-8600002004994

高青年鉴·2013
高青县人民政府主办　高青县地方史志办公室编
主编徐伟
方志出版社　2014年2月
422页　精装　29cm
ISBN978-7-5144-0810-2
馆藏号：Guojiafz-8600002015938

高青年鉴·2016
高青县人民政府主办　高青县地方史志办公室编
主编徐伟
中国文史出版社　2016年10月
385页　精装　29cm
ISBN978-7-5034-8326-4
馆藏号：Guojiafz-8600002014094

沂源年鉴·2018
沂源县人民政府主办　沂源县史志办公室编　主编任嗣民
天津古籍出版社　2018年12月
304页　精装　29cm
ISBN978-7-5528-0753-0
馆藏号：Guojiafz-8600002021729-31

沂源年鉴·2019
中共沂源县委党史研究中心编　主编张安宏
天津古籍出版社　2019年12月
318页　精装　29cm
ISBN978-7-5528-0870-4
馆藏号：Guojiafz-8600002021726-8

沂源年鉴·2020
中共沂源县委党史研究中心（沂源县地方史志研究中心）编　主编张安宏
中国文史出版社　2020年12月
366页　精装　29cm
ISBN978-7-5205-2469-8
馆藏号：Guojiafz-8600002021723-5

枣庄年鉴·1993
枣庄市地方史志编纂委员会办公室编　主编张守德
齐鲁书社　1993年10月
476页　精装　27cm
ISBN7-5333-0379-2
馆藏号：Guojiafz-8600002009591

枣庄年鉴·1994
枣庄市人民政府主办　枣庄市地方史志编纂委员会办公室编　主编张守德
齐鲁书社　1994年9月
373页　精装　27cm
ISBN7-5333-0436-5
馆藏号：Guojiafz-8600002003974

枣庄年鉴·1995
枣庄市人民政府主办　枣庄市地方史志编纂委员会编　主编张守德
齐鲁书社　1995年11月
235页　精装　27cm
ISBN7-5333-0503-5
馆藏号：Guojiafz-8600002003977

枣庄年鉴·1998
枣庄市人民政府主办　枣庄市地方史志编纂委员会办公室编　主编张守德、胡爱华
齐鲁书社　1998年9月
374页　精装　27cm
ISBN7-5333-0726-7
馆藏号：Guojiafz-8600002003968

枣庄年鉴·2000
枣庄市人民政府主办　枣庄市地方史志办公室编　主编胡爱华
中华书局　2000年8月
306页　精装　27cm
ISBN7-101-02613-3
馆藏号：Guojiafz-8600002004185

枣庄年鉴·2005
枣庄市人民政府主办　枣庄市地方史志办公室编　主编胡爱华　执行主编李孝其
方志出版社　2005年8月
346页　精装　29cm
ISBN7-80192-606-4
馆藏号：Guojiafz-8600002004360

枣庄年鉴·2009
枣庄市人民政府主办　枣庄市地方史志办公室编　主编王其勇　执行主编苏广智、张涛
长城出版社　2009年10月
346页　精装　29cm
ISBN978-7-80017-988-4
馆藏号：Guojiafz-8600002003143

枣庄年鉴·2010
枣庄市人民政府主办　枣庄市地方史志办公室编

主编王其勇　执行主编张涛、苏广智
长城出版社　2010 年 11 月
327 页　精装　29cm
ISBN978-7-5483-0045-8
馆藏号：Guojiafz-8600002003291

枣庄年鉴 · 2012
枣庄市人民政府主办　枣庄市地方史志办公室编
主编王巍波　执行主编张涛、杨慧
长城出版社　2012 年 11 月
356 页　精装　29cm
ISBN978-7-5483-0150-9
馆藏号：Guojiafz-8600002004356

枣庄年鉴 · 2013
枣庄市人民政府主办　枣庄市地方史志办公室编
主编王巍波　执行主编张涛、杨慧
长城出版社　2013 年 10 月
350 页　精装　29cm
ISBN978-7-5483-0192-9
馆藏号：Guojiafz-8600002013225

枣庄年鉴 · 2020
中共枣庄市委、枣庄市人民政府主办　中共枣庄市委党史研究院（枣庄市地方史志研究院）编
主编安锋　执行主编张涛
团结出版社　2020 年 10 月
369 页　精装　29cm
ISBN978-7-5126-8216-0
馆藏号：Guojiafz-8600002020290-2

薛城年鉴 · 2009—2012
薛城区人民政府主办　薛城区地方史志办公室编
主编邵长杰
中国国际文化出版社　2013 年 11 月
429 页　精装　29cm
ISBN978-988-19652-6-4
馆藏号：Guojiafz-8600002007358

枣庄市中年鉴 · 2004—2008
枣庄市市中区人民政府主办　枣庄市市中区史志办公室编　主编王光辉
吉林人民出版社　2009 年 11 月
362 页　精装　29cm
ISBN978-7-206-06358-2
馆藏号：Guojiafz-8600002003882

枣庄市中年鉴 · 2009—2010
枣庄市市中区人民政府主办　枣庄市市中区地方史志办公室编　主编王光辉
吉林人民出版社　2012 年 11 月
348 页　精装　29cm
ISBN978-7-206-06436-5
馆藏号：Guojiafz-8600002009891

峄城年鉴 · 2008—2009
峄城区人民政府主办　峄城区地方史志办公室编
主编赵亚伟
长城出版社　2011 年 4 月
324 页　精装　29cm
ISBN978-7-5483-0061-8
馆藏号：Guojiafz-8600002003941

峄城年鉴 · 2010—2011
枣庄市峄城区人民政府主办　峄城区地方史志办公室编　主编赵亚伟
山东翰林印务有限公司印刷　2012 年 12 月
324 页　精装　29cm
准印证号：鲁 D 书内资（2012）第 012 号
馆藏号：Guojiafz-8600002006142

台儿庄年鉴 · 2010—2011（创刊号）
台儿庄区人民政府主办　台儿庄区地方史志办公室编　主编王昌舜　执行主编王仁杰、杜慧
山东瀚林印务有限公司印刷　2013 年 2 月
295 页　精装　29cm
准印证号：鲁 D 书内资 2013 第 002 号
馆藏号：Guojiafz-8600002010301

山亭年鉴·2007—2008
枣庄市山亭区人民政府主办　山亭区地方史志办公室编　主编孙成凤
中华书局　2010 年 8 月
532 页　精装　29cm
ISBN978-7-101-05927-4
馆藏号：Guojiafz-8600002010009

山亭年鉴·2011
中共山亭区委员会、山亭区人民政府主办　枣庄市山亭区地方史志编纂委员会编　主编孙成凤
山东省地图出版社　2012 年 9 月
286 页　精装　29cm
ISBN7-80532-888-9
馆藏号：Guojiafz-8600002007467

滕州年鉴·2008
滕州市人民政府主办　滕州市地方史志办公室编
主编马士生
黄河出版社　2009 年 3 月
319 页　精装　29cm
ISBN978-7-5460-0013-8
馆藏号：Guojiafz-8600002000888

滕州年鉴·2013
滕州市人民政府主办　滕州市地方史志办公室编
主编赵逢柏
中国国际文化出版社　2013 年 11 月
378 页　精装　29cm
ISBN978-988-19728-8-0
馆藏号：Guojiafz-8600002009845

滕州年鉴·2014
滕州市人民政府主办　滕州市地方史志办公室编
主编赵逢柏
中国国际文化出版社　2014 年 10 月
338 页　精装　29cm
ISBN978-988-20187-6-1
馆藏号：Guojiafz-8600002015640

滕州年鉴·2017
滕州市人民政府主办　滕州市地方志编纂委员会办公室编　主编赵逢柏
天津古籍出版社　2017 年 12 月
337 页　精装　29cm
ISBN978-7-5528-0652-6
馆藏号：Guojiafz-8600002016218

东营年鉴·1993
东营市地方史志编纂委员会办公室编
主编魏滋生、尹文昌
齐鲁书社　1993 年 8 月
526 页　精装　27cm
ISBN7-5333-0366-0
馆藏号：Guojiafz-8600002005864

东营年鉴·1994
东营市地方史志编纂委员会办公室编
主编魏滋生
齐鲁书社　1994 年 11 月
433 页　精装　27cm
ISBN7-5333-0456-X
馆藏号：Guojiafz-8600002003929

东营年鉴·1995
东营市地方史志编纂委员会办公室编　主编张萍、魏滋生
齐鲁书社　1995 年 10 月
383 页　精装　27cm
ISBN7-5333-0498-5
馆藏号：Guojiafz-8600002010747

东营年鉴·2004
东营市人民政府主办　东营市史志办公室编
主编薛荣建
中华书局　2004 年 9 月
432 页　精装　29cm
ISBN7-101-04396-8
馆藏号：Guojiafz-8600002000975

东营年鉴·2005
东营市人民政府主办　东营市史志办公室编
主编薛荣建
中华书局　2005 年 9 月
446 页　精装　29cm
ISBN7-101-04819-6
馆藏号：Guojiafz-8600002003976

东营年鉴·2006
东营市人民政府主办　东营市史志办公室编
主编薛荣建
中华书局　2006 年 8 月
448 页　精装　29cm
ISBN7-101-05295-9
馆藏号：Guojiafz-8600002004187

东营年鉴·2007
东营市人民政府主办　东营市史志办公室编
主编薛荣建　执行主编朱蔚
中华书局　2007 年 8 月
458 页　精装　29cm
ISBN978-7-101-05824-6
馆藏号：Guojiafz-8600002003273

东营年鉴·2009
东营市人民政府主办　东营市史志办公室编
主编杜金华　执行主编朱蔚
中华书局　2009 年 9 月
432 页　精装　29cm
ISBN978-7-101-07011-8
馆藏号：Guojiafz-8600002004206

东营年鉴·2010
东营市人民政府主办　东营市史志办公室编
主编杜金华　执行主编朱蔚
黄河出版社　2010 年 9 月
478 页　精装　29cm
ISBN978-7-5460-0178-4
馆藏号：Guojiafz-8600002004207

东营年鉴·2012
东营市人民政府主办　东营市史志办公室编
主编杜金华　执行主编李中华
中华书局　2012 年 9 月
448 页　精装　29cm
ISBN978-7-101-08931-8
馆藏号：Guojiafz-8600002004430

东营年鉴·2013
东营市人民政府主办　东营市史志办公室编
主编杜金华　执行主编黄学桂
中华书局　2013 年 10 月
420 页　精装　29cm
ISBN978-7-101-09801-3
馆藏号：Guojiafz-8600002003141

东营年鉴·2014
东营市人民政府主办　东营市地方志编纂委员会编
主编杜金华　执行主编黄学桂
中华书局　2014 年 7 月
430 页　精装　29cm
ISBN978-7-101-10356-4
馆藏号：Guojiafz-8600002016050

东营年鉴·2016
东营市人民政府主办　东营市史志办公室编
主编杜金华　执行主编李中华
中华书局　2016 年 7 月
479 页　精装　29cm
ISBN978-7-101-11969-5
馆藏号：Guojiafz-8600002014079

东营年鉴·2017
东营市人民政府主办　东营市史志办公室编
主编杜金华　执行主编任丽
方志出版社　2017 年 10 月
486 页　精装　29cm
ISBN978-7-5144-2532-1
馆藏号：Guojiafz-8600002015013

东营油区年鉴·1996—2000
东营市油区工作办公室主办　东营市油区工作办公室编　主编武洪德
石油大学出版社　2003 年 3 月
358 页　精装　27cm
ISBN7-5636-1760-4
馆藏号：Guojiafz-8600002004208

胜利油田年鉴·1995
胜利石油管理局政策研究室编　主编卢思忠
内部印刷
272 页　精装　27cm
馆藏号：Guojiafz-8600002009058

胜利油田年鉴·2004
胜利石油管理局、胜利油田有限公司主办　胜利油田政策研究室编　主编邹登礼
中国石化出版社　2004 年 12 月
506 页　精装　27cm
ISBN7-80164-686-X
馆藏号：Guojiafz-8600002004151

胜利油田年鉴·2005
胜利石油管理局、胜利油田有限公司主办　胜利石油管理局政策研究室编　主编邹登礼
中国石化出版社　2005 年 12 月
491 页　精装　27cm
ISBN7-80164-938-9
馆藏号：Guojiafz-8600002003978

胜利油田年鉴·2014
胜利石油管理局、胜利油田分公司主办　胜利石油管理局政策研究室编　主编丁东龙
中国石化出版社　2014 年 11 月
373 页　精装　29cm
ISBN978-7-5114-3076-2
馆藏号：Guojiafz-8600002015281

东营统计年鉴·2012
东营市统计局、国家统计局东营调查队合编
主编倪文华
内部印刷
523 页　精装　30cm
馆藏号：Guojiafz-8600002010254

东营统计年鉴·2013
东营市统计局、国家统计局东营调查队合编
主编倪文华
内部印刷
518 页　精装　29cm
馆藏号：Guojiafz-8600002010120

东营区年鉴·2000
东营区人民政府主办　东营区史志办公室编
主编王伟
中华书局　2000 年 12 月
343 页　精装　27cm
ISBN7-101-02642-7
馆藏号：Guojiafz-8600002003285

东营区年鉴·2001
东营区人民政府主办　东营区史志办公室编
主编王伟、马献忠
山东省地图出版社　2001 年 12 月
323 页　精装　27cm
ISBN7-80532-536-7
馆藏号：Guojiafz-8600002004164

东营区年鉴·2002
东营区人民政府主办　东营区史志办公室编
主编王伟、马献忠
山东省地图出版社　2002 年 8 月
262 页　精装　27cm
ISBN7-80532-578-2
馆藏号：Guojiafz-8600002004167

东营区年鉴·2003
东营市东营区人民政府主办　东营市东营区地方史志办公室编　主编王伟
山东省地图出版社　2003 年 10 月

284 页 精装 27cm
ISBN7-80532-646-0
馆藏号：Guojiafz-8600002004138

东营区年鉴·2004
东营区人民政府主办 东营区地方史志办公室编
主编马献忠
山东省地图出版社 2004 年 9 月
360 页 精装 29cm
ISBN7-80532-769-6
馆藏号：Guojiafz-8600002004184

东营区年鉴·2006
东营区人民政府主办 东营区地方史志办公室编
主编马献忠
山东省地图出版社 2006 年 7 月
405 页 精装 29cm
ISBN7-80532-938-9
馆藏号：Guojiafz-8600002003979

东营区年鉴·2010
东营区人民政府主办 东营区地方史志办公室编
主编马献忠
山东省地图出版社 2010 年 7 月
346 页 精装 29cm
ISBN978-7-80754-378-7
馆藏号：Guojiafz-8600002003971

东营区年鉴·2011
东营区人民政府主办 东营区地方史志办公室编
主编马献忠
方志出版社 2011 年 7 月
319 页 精装 29cm
ISBN978-7-5144-0154-7
馆藏号：Guojiafz-8600002005941

东营区年鉴·2012
东营区人民政府主办 东营区地方史志办公室编
主编马献忠
方志出版社 2012 年 8 月
337 页 精装 29cm
ISBN978-7-5144-0543-9
馆藏号：Guojiafz-8600002000576

东营区年鉴·2013
东营区人民政府主办 东营区地方史志办公室编
主编马献忠
方志出版社 2013 年 8 月
339 页 精装 29cm
ISBN978-7-5144-0936-9
馆藏号：Guojiafz-8600002007348

东营区年鉴·2014
东营区人民政府主办 东营区地方史志办公室编
主编马献忠
中华书局 2014 年 10 月
339 页 精装 29cm
ISBN978-7-101-10439-4
馆藏号：Guojiafz-8600002015647

东营区年鉴·2016
东营区人民政府主办 东营区地方史志办公室编
主编马献忠
中国文史出版社 2016 年 8 月
357 页 精装 29cm
ISBN978-7-5034-7974-8
馆藏号：Guojiafz-8600002014276

东营区年鉴·2017
东营区人民政府主办 东营区地方史志办公室编
主编李建波
方志出版社 2017 年 8 月
325 页 精装 29cm
ISBN978-7-5144-2500-0
馆藏号：Guojiafz-8600002015022

河口年鉴·2004
东营市河口区史志办公室编 主编李开宪、蔡根、胡德武、韩宝林、孔庆慈、张云堂、魏清达
总纂杨黎明、王景忠

山东省地图出版社　2004 年 10 月
546 页　精装　29cm
ISBN7-80532-791-2
馆藏号：Guojiafz-8600002003940

河口年鉴・2012
东营市河口区人民政府主办　东营市河口区地方史志办公室编　主编孟维芳　执行主编潘春芳
中国国际文化出版社　2012 年 8 月
434 页　精装　29cm
ISBN978-988-19639-0-1
馆藏号：Guojiafz-8600002009827

河口年鉴・2013
东营市河口区人民政府主办　东营市河口区地方史志办公室编　主编孟维芳　执行主编潘春芳
中国国际文化出版社　2013 年 7 月
378 页　精装　29cm
ISBN978-988-19639-0-1
馆藏号：Guojiafz-8600002009853

河口年鉴・2014
东营市河口区人民政府主办　东营市河口区史志办公室承编　主编孟维芳　执行主编潘春芳
中国国际文化出版社　2014 年 6 月
454 页　精装　29cm
ISBN978-988-19639-0-1
馆藏号：Guojiafz-8600002015894

东营市河口年鉴・2017
东营市河口区人民政府主办　东营市河口区地方史志办公室编　主编张振华　执行主编潘春芳
方志出版社　2017 年 10 月
418 页　精装　29cm
ISBN978-7-5144-2575-8
馆藏号：Guojiafz-8600002015142

东营市河口年鉴・2018
东营市河口区人民政府主办　东营市河口区地方史志办公室编　主编张振华　执行主编潘春芳
方志出版社　2018 年 9 月
447 页　精装　29cm
ISBN978-7-5144-3307-4
馆藏号：Guojiafz-8600002018164

垦利年鉴・2006
垦利县人民政府主办　垦利县党史地方史志办公室编　主编曹光阶、宋吉明
中国文联出版社　2006 年 7 月
432 页　精装　29cm
ISBN7-5059-5001-0
馆藏号：Guojiafz-8600002003886

垦利年鉴・2007
垦利县人民政府主办　垦利县党史史志办公室编
主编曹光阶、宋吉明
中国文联出版社　2007 年 6 月
490 页　精装　29cm
ISBN978-7-5059-6004-0
馆藏号：Guojiafz-8600002003970

垦利年鉴・2009
垦利县人民政府主办　垦利县党史史志办公室编
主编曹光阶、陈学慧
中国文联出版社　2009 年 6 月
419 页　精装　29cm
ISBN978-7-5059-6002-4
馆藏号：Guojiafz-8600002002494

垦利年鉴・2012
垦利县人民政府主办　垦利县党史史志办公室编
主编种玉洪　执行主编陈学慧
山东省地图出版社　2012 年 10 月
423 页　精装　29cm
ISBN978-7-80754-661-0
馆藏号：Guojiafz-8600002009824

垦利年鉴・2013
垦利县人民政府主办　垦利县党史史志办公室编
主编种玉洪　执行主编陈学慧

黄海出版社　2013年9月
394页　精装　29cm
ISBN978-7-5460-0446-4
馆藏号：Guojiafz-8600002013270

垦利年鉴·2016
垦利县人民政府主办　垦利县党史史志办公室编
主编种玉洪　执行主编陈学慧
线装书局　2016年9月
415页　精装　29cm
ISBN978-7-5120-2416-8
馆藏号：Guojiafz-8600002014104

垦利年鉴·2017
垦利区人民政府主办　垦利区党史史志办公室编
主编种玉洪　执行主编陈学慧
方志出版社　2017年12月
423页　精装　29cm
ISBN978-7-5144-2847-6
馆藏号：Guojiafz-8600002016226

利津年鉴·1998
利津县人民政府主办　利津县地方史志编纂委员会办公室编　主编赵安亭
东营新华印刷厂印刷　1998年12月
382页　精装　27cm
准印证号：东营市新闻出版局准印证（1997）5-21号
馆藏号：Guojiafz-8600002006614

利津年鉴·2003
利津县人民政府主办　利津县史志办公室编
主编明玉华　执行主编王华民
中国文联出版社　2003年12月
380页　精装　27cm
ISBN7-5059-3956-4
馆藏号：Guojiafz-8600002004162

利津年鉴·2004
利津县人民政府主办　利津县史志办公室编
主编明玉华
山东省地图出版社　2004年12月
386页　精装　27cm
ISBN7-80532-782-3
馆藏号：Guojiafz-8600002004177

利津年鉴·2010
利津县人民政府主办　利津县史志办公室编
主编李俊三　执行主编燕同亮
中国国际文化出版社　2010年8月
390页　精装　29cm
ISBN988-97358-2967-2
馆藏号：Guojiafz-8600002003889

利津年鉴·2012
利津县人民政府主办　利津县史志办公室编
主编李俊三
中国国际文化出版社　2012年8月
373页　精装　29cm
ISBN978-988-19640-2-8
馆藏号：Guojiafz-8600002006161

利津年鉴·2013
利津县人民政府主办　利津县史志办公室编
主编李俊三　执行主编王曰华
中国国际文化出版社　2013年9月
377页　精装　29cm
ISBN978-988-16761-3-8
馆藏号：Guojiafz-8600002007431

利津年鉴·2014
利津县人民政府主办　利津县史志办公室编
主编李俊三　执行主编李翔翔
中国国际文化出版社　2014年7月
379页　精装　29cm
ISBN978-988-16212-0-7
馆藏号：Guojiafz-8600002015357

利津年鉴·2017
利津县人民政府主办　利津县地方史志办公室编

主编李俊三　执行主编王曰华
方志出版社　2017 年 11 月
436 页　精装　29cm
ISBN978-7-5144-2765-3
馆藏号：Guojiafz-8600002016879

利津年鉴·2019
利津县人民政府主办　利津县地方史志研究中心编
主编王华民
方志出版社　2019 年 12 月
460 页　精装　29cm
ISBN978-7-89382-150-9
馆藏号：Guojiafz-8600002019814-6

广饶年鉴·2002
广饶县人民政府主办　广饶县史志办公室编
主编李秀华
中国文联出版社　2002 年 11 月
308 页　精装　27cm
ISBN7-5059-3956-4
馆藏号：Guojiafz-8600002004179

广饶年鉴·2003
广饶县人民政府主办　广饶县史志办公室编
主编李秀华
山东省地图出版社　2003 年 12 月
306 页　精装　27cm
ISBN7-80532-671-1
馆藏号：Guojiafz-8600002004176

广饶年鉴·2004
广饶县人民政府主办　广饶县史志办公室编
主编李秀华
山东省地图出版社　2004 年 10 月
305 页　精装　27cm
ISBN7-80532-771-8
馆藏号：Guojiafz-8600002004165

广饶年鉴·2012
广饶县人民政府主办　广饶县史志办公室编
主编张登峰
济南黄氏印务有限公司印刷　2012 年 10 月
350 页　精装　29cm
准印证号：东营市文化广电新闻出版局准印证（2012）第 57 号
馆藏号：Guojiafz-8600002010248

广饶年鉴·2013
广饶县人民政府主办　广饶县地方史志办公室编
主编张登峰
青岛星球印刷有限公司印刷　2013 年 10 月
359 页　精装　29cm
准印证号：东营市文化广电新闻出版局准印证（2013）第 31 号
馆藏号：Guojiafz-8600002010168

广饶年鉴·2017
广饶县人民政府主办　广绕县史志办公室编
主编张登峰
方志出版社　2017 年 9 月
452 页　精装　29cm
ISBN978-7-5144-2548-2
馆藏号：Guojiafz-8600002015089

烟台年鉴·1990
烟台市人民政府《烟台年鉴》编辑部编
主编赵修其
科学普及出版社　1990 年 9 月
619 页　精装　27cm
ISBN7-110-01676-5
馆藏号：Guojiafz-8600002003686

烟台年鉴·1992
烟台市人民政府《烟台年鉴》编辑部编
主编赵修基、宫栾鼎
科学普及出版社　1992 年 9 月
480 页　精装　27cm
ISBN7-110-02611-6
馆藏号：Guojiafz-8600002003688

烟台年鉴·1995—1996
中共烟台市委、烟台市人民政府主办　烟台市人民政府办公室《烟台年鉴》编辑部编　主编尚庆元
齐鲁书社　1996 年 11 月
403 页　精装　27cm
ISBN7-5333-0553-1
馆藏号：Guojiafz-8600002008294

烟台年鉴·1997
中共烟台市委、烟台市人民政府主办　烟台市人民政府办公室《烟台年鉴》编辑部编　主编尚庆元
华龄出版社　1997 年 7 月
393 页　精装　27cm
ISBN7-80082-226-5
馆藏号：Guojiafz-8600002004220

烟台年鉴·1998—1999
中共烟台市委、烟台市人民政府主办　烟台市人民政府办公室烟台年鉴编辑部编　主编尚庆元、吕福堂
华龄出版社　1999 年 7 月
364 页　精装　29cm
ISBN7-80082-237-0
馆藏号：Guojiafz-8600002005813

烟台年鉴·2000
烟台市人民政府主办　烟台市人民政府办公室年鉴编辑部编　主编尚庆元、吕福堂
长虹出版公司　2000 年 6 月
372 页　精装　27cm
ISBN7-5065-3923-3
馆藏号：Guojiafz-8600002003689

烟台年鉴·2001
烟台市人民政府主办　烟台市人民政府办公室烟台年鉴编辑部编　主编刘铭伟、尚庆元、吕福堂
五洲传播出版社　2001 年 6 月
478 页　精装　27cm
ISBN7-80113-946-1
馆藏号：Guojiafz-8600002005889

烟台年鉴·2002
烟台市人民政府主办　烟台市人民政府办公室烟台年鉴编辑部编　主编刘铭伟、王福寿、尚庆元、吕福堂
五洲传播出版社　2002 年 6 月
553 页　精装　27cm
ISBN7-5085-0126-8
馆藏号：Guojiafz-8600002003543

烟台年鉴·2003
烟台市人民政府主办　烟台市人民政府办公室烟台年鉴编辑部编　主编刘铭伟、王福寿、尚庆元、吕福堂
中国出版社　2003 年 6 月
545 页　精装　27cm
ISBN988-97145-2-3
馆藏号：Guojiafz-8600002003444

烟台年鉴·2005
烟台市人民政府主办　烟台市人民政府办公室烟台年鉴编辑部编　主编刘铭伟、王福寿、刘一鸣、吕福堂
中国出版社　2005 年 9 月
594 页　精装　27cm
ISBN988-97236-7-0
馆藏号：Guojiafz-8600002003554

烟台年鉴·2006
烟台市人民政府主办　烟台市人民政府办公室烟台年鉴编辑部编　主编刘铭伟、王福寿、刘一鸣、吕福堂
中国出版社　2006 年 9 月
556 页　精装　27cm
ISBN988-97521-5-8
馆藏号：Guojiafz-8600002007919

烟台年鉴·2008
烟台市人民政府主办　烟台市地方史志办公室编　主编于瑞友、王福寿、刘一鸣、李迎春
黄海数字出版社　2008 年 12 月

747 页　精装　27cm
ISBN978-7-90048-31-5
馆藏号：Guojiafz-8600002003555

烟台年鉴·2009
烟台市人民政府主办　烟台市地方史志办公室编
总编于瑞友　主编于瑞友、谈洪奎
黄海数字出版社　2009 年 11 月
829 页　精装　29cm
ISBN978-7-900489-43-2
馆藏号：Guojiafz-8600002002453

烟台年鉴·2010
烟台市人民政府主办　烟台市地方史志办公室编
总编于瑞友　主编王锡东、云霞、刘明霞、刘洪涛、郭恩革、渠敬伦
黄海数字出版社　2010 年 11 月
764 页　精装　29cm
ISBN978-7-900515-44-5
馆藏号：Guojiafz-8600002003566

烟台年鉴·2012
烟台市人民政府主办　烟台市地方史志办公室编
总编于瑞友　主编王锡东、云霞、刘明霞、郭恩革、渠敬伦
中华书局　2012 年 12 月
677 页　精装　29cm
ISBN978-7-101-09083-3
馆藏号：Guojiafz-8600002006923

烟台年鉴·2018
烟台市人民政府主管　烟台市地方史志办公室编
主编季胜林　执行主编云霞、渠敬伦、刘明霞
方志出版社　2018 年 12 月
364 页　精装　29cm
ISBN978-7-5144-3453-8
馆藏号：Guojiafz-8600002018070

莱山年鉴·2020
中共烟台市莱山区委办公室主管　中共烟台市莱山区委党史研究中心、烟台市莱山区地方史志研究中心合编
黄海数字出版社　2020 年 12 月
270 页　精装　29cm
ISBN978-7-89523-082-8
馆藏号：Guojiafz-8600002019219

牟平年鉴·2017
烟台市牟平区人民政府主办　烟台市牟平区地方史志办公室编　主编宋宪际　执行主编于玲燕、祝清民
青岛出版社　2017 年 12 月
286 页　精装　29cm
ISBN978-7-5552-6565-8
馆藏号：Guojiafz-8600002019831

牟平年鉴·2018
烟台市牟平区人民政府主办　烟台市牟平区地方史志办公室编　主编宋宪际　执行主编于玲燕、祝清民
中国言实出版社　2018 年 12 月
339 页　精装　29cm
ISBN978-7-5171-2940-0
馆藏号：Guojiafz-8600002019826

牟平年鉴·2019
中共烟台市牟平区委　烟台市牟平区人民政府主管
中共烟台市牟平区委党史研究中心、烟台市牟平区地方史志研究中心合编　主编赵善超　执行主编于玲燕、祝清民
黄海数字出版社　2019 年 12 月
270 页　精装　29cm
ISBN978-7-89425-486-3
馆藏号：Guojiafz-8600002019827

牟平年鉴·2020
中共烟台市牟平区委党史研究中心、烟台市牟平区地方史志研究中心合编　主编赵善超　执行主编于玲燕
黄海数字出版社　2020 年 12 月

271 页　精装　29cm
ISBN978-7-89523-289-1
馆藏号：Guojiafz-8600002019832

龙口年鉴·2017
龙口市人民政府主办　龙口市人民政府史志办公室编　主编孙建义
中华书局　2017 年 11 月
296 页　精装　29cm
ISBN978-7-101-12916-8
馆藏号：Guojiafz-8600002019224

龙口年鉴·2018
龙口市人民政府主办　龙口市人民政府史志办公室编　主编孙建义
中华书局　2018 年 11 月
350 页　精装　29cm
ISBN978-7-101-13573-2
馆藏号：Guojiafz-8600002019223

龙口年鉴·2019
中共龙口市委党史研究中心、龙口市地方史志研究中心合编　主编孙建义
中华书局　2019 年 12 月
340 页　精装　29cm
ISBN978-7-101-14251-8
馆藏号：Guojiafz-8600002019222

龙口年鉴·2020
中共龙口市委党史研究中心、龙口市地方史志研究中心合编　主编孙建义
中华书局　2020 年 9 月
344 页　精装　29cm
ISBN978-7-5144-4480-3
馆藏号：Guojiafz-8600002019221

莱阳年鉴·2005—2007
莱阳市人民政府主办　山东省莱阳市史志办公室编　主编董明奎
中国国际图书出版社　2008 年 12 月
368 页　精装　29cm
ISBN978-988-17837-6-9
馆藏号：Guojiafz-8600002000165

莱州年鉴·2020
中共莱州市委员会主办　中共莱州市委党史研究中心编　主编潘书民　执行主编杨日明
黄海数字出版社　2020 年 12 月
368 页　精装　29cm
ISBN978-7-89523-231-0
馆藏号：Guojiafz-8600002019220

蓬莱年鉴·1998
蓬莱市人民政府主办　蓬莱市人民政府办公室、《蓬莱年鉴》编辑部合编　主编李克
山东友谊出版社　1999 年 9 月
537 页　精装　27cm
ISBN7-80642-250-1
馆藏号：Guojiafz-8600002013212

招远年鉴·2009
招远市人民政府主办　招远市地方史志办公室编　主编徐革、宋桂俊
黄海数字出版社　2010 年 5 月
590 页　精装　27cm
ISBN978-7-900489-56-2
馆藏号：Guojiafz-8600002000562

招远年鉴·2016
招远市人民政府主办　招远市地方史志办公室编　主编徐革　执行主编王兴明
黄海数字出版社　2016 年 9 月
570 页　精装　29cm
ISBN978-7-89425-513-6
馆藏号：Guojiafz-8600002014268

栖霞年鉴·2008
栖霞市人民政府主办　栖霞市地方史志编纂办公室编　主编马曙波、马贤修
中国艺苑出版社　2008 年 12 月

391 页　精装　29cm
ISBN962-7572-75-6
馆藏号：Guojiafz-8600002003641

栖霞市年鉴·2019
栖霞市人民政府主办　中共栖霞市委党史研究中心、栖霞市地方史志研究中心合编　主编苏春刚　执行主编林洪岩、李芳
黄海数字出版社　2019 年 12 月
276 页　精装　29cm
ISBN978-7-89425-987-5
馆藏号：Guojiafz-8600002019315

栖霞市年鉴·2020
中共栖霞市委党史研究中心、栖霞市地方史志研究中心合编　主编苏春刚　执行主编李芳
黄海数字出版社　2020 年 12 月
264 页　精装　29cm
ISBN978-7-89523-059-0
馆藏号：Guojiafz-8600002019314

海阳年鉴·2007—2009
中共海阳市委、海阳市人民政府主办　山东省海阳市党史方志办公室编　总编黄培浩　主编黄培浩
中国国际图书出版社　2010 年 9 月
429 页　精装　29cm
ISBN978-988-18819-0-8
馆藏号：Guojiafz-8600002003546

海阳年鉴·2013—2015
海阳市人民政府主办　海阳市党史方志办公室编　主编王文强、隋悦江
黄海数字出版社　2017 年 9 月
400 页　精装　29cm
ISBN978-7-89425-544-0
馆藏号：Guojiafz-8600002020266

长岛年鉴·2012
中共长岛县委、长岛县人民政府主办　长岛县地方史志办公室编　主编梁科峰
中国国际图书出版社　2013 年 1 月
484 页　精装　29cm
ISBN978-988-18819-0-387
馆藏号：Guojiafz-8600002007382

烟台经济技术开发区年鉴·2018
中共烟台市委经济技术开发区工作委员会、烟台经济技术开发区管理委员会主办　烟台经济技术开发区党史地方志研究中心编　主编蔡海林　执行主编马彦
中共党史出版社　2018 年 12 月
341 页　精装　29cm
ISBN978-7-5098-4956-9
馆藏号：Guojiafz-8600002019310

烟台经济技术开发区年鉴·2019
中共烟台市委经济技术开发区工作委员会、烟台经济技术开发区管理委员会主办　烟台经济技术开发区党史地方志研究中心编　主编蔡海林　执行主编马彦
中华书局　2019 年 12 月
453 页　精装　29cm
ISBN978-7-101-14097-2
馆藏号：Guojiafz-8600002019309

潍坊年鉴·1995
潍坊年鉴编辑委员会编　主编宋科富
齐鲁书社　1995 年 12 月
452 页　精装　27cm
ISBN7-5333-0499-3
馆藏号：Guojiafz-8600002003944

潍坊年鉴·1996
潍坊市人民政府主办　潍坊年鉴编辑委员会编　主编宋科富
齐鲁书社　1996 年 8 月
463 页　精装　27cm
ISBN7-5333-0562-0
馆藏号：Guojiafz-8600002003293

潍坊年鉴·2002
潍坊市人民政府主办　潍坊市地方史志办公室编
主编王登林
黄河出版社　2002 年 11 月
387 页　精装　27cm
ISBN7-80152-404-7
馆藏号：Guojiafz-8600002003226

潍坊年鉴·2008
潍坊市人民政府主办　潍坊市地方史志办公室编
主编王登林
黄河出版社　2008 年 12 月
284 页　精装　29cm
ISBN978-7-5460-0021-3
馆藏号：Guojiafz-8600002003271

潍坊年鉴·2009
潍坊市人民政府主办　潍坊市地方史志办公室编
主编王登林
方志出版社　2009 年 12 月
263 页　精装　29cm
ISBN978-7-80238-680-8
馆藏号：Guojiafz-8600002000850

潍坊年鉴·2010
潍坊市人民政府主办　潍坊市地方史志办公室编
主编王登林
方志出版社　2010 年 12 月
282 页　精装　29cm
ISBN978-7-80238-964-9
馆藏号：Guojiafz-8600002011175

潍坊年鉴·2011
潍坊市人民政府主办　潍坊市地方史志办公室编
主编王登林、付廷伟
方志出版社　2011 年 12 月
298 页　精装　29cm
ISBN978-7-5144-0327-5
馆藏号：Guojiafz-8600002000256

潍坊年鉴·2013
潍坊市人民政府主办　潍坊市地方史志办公室编
主编傅廷伟　执行主编吕俊峰、程森枝
方志出版社　2014 年 2 月
361 页　精装　29cm
ISBN978-7-5144-1189-8
馆藏号：Guojiafz-8600002007209

潍坊年鉴·2013（袖珍版）
潍坊市人民政府主办　潍坊市地方史志办公室编
主编傅廷伟　执行主编吕俊峰、程森枝
潍坊佳桂印刷有限公司印刷　2013 年 9 月
338 页　平装　20cm
准印证号：2013 年潍第 5 号
馆藏号：Guojiafz-8600002010241

潍坊年鉴·2014
潍坊市人民政府主办　潍坊市地方史志办公室编
主编傅廷伟　执行主编吕俊峰、程森枝
方志出版社　2014 年 12 月
331 页　精装　29cm
ISBN978-7-5144-1462-2
馆藏号：Guojiafz-8600002006998

潍坊年鉴·2015
潍坊市人民政府主办　潍坊市地方史志办公室编
主编傅廷伟
方志出版社　2015 年 12 月
363 页　精装　29cm
ISBN978-7-5144-1910-8
馆藏号：Guojiafz-8600002003090

潍坊年鉴·2016
潍坊市人民政府主办　潍坊市地方史志办公室编
主编傅廷伟
方志出版社　2016 年 11 月
382 页　精装　29cm
ISBN978-7-5144-2226-9
馆藏号：Guojiafz-8600002014027

潍坊年鉴·2017
潍坊市人民政府主办　潍坊市地方史志办公室编
主编魏永阳
方志出版社　2017 年 10 月
386 页　精装　29cm
ISBN978-7-5144-2595-6
馆藏号：Guojiafz-8600002015045

潍坊年鉴·2018
潍坊市人民政府主办　潍坊市地方史志办公室编
主编魏永阳
方志出版社　2018 年 7 月
379 页　精装　29cm
ISBN978-7-5144-3135-3
馆藏号：Guojiafz-8600002017149

潍坊年鉴·2019
中共潍坊市委党史研究院、潍坊市地方史志研究院合编　主编康悦彬
中共党史出版社　2019 年 12 月
379 页　精装　29cm
ISBN978-7-5098-5305-4
馆藏号：Guojiafz-8600002021651-3

潍坊人物年鉴·2014
潍坊市地方史志编纂委员会主办　潍坊市地方史志办公室编　主编傅廷伟　执行主编程森枝、李光
黄河出版社　2014 年 8 月
367 页　精装　29cm
ISBN978-7-5460-0576-8
馆藏号：Guojiafz-8600002015702

奎文年鉴·1994—1997
潍坊市奎文区人民政府主办　潍坊市奎文区《奎文年鉴》编纂委员会编　主编张兰冈
齐鲁书社　2000 年 7 月
363 页　精装　27cm
ISBN7-5333-0892-1
馆藏号：Guojiafz-8600002003622

奎文年鉴·1998—2002
潍坊市奎文区人民政府主办　潍坊市奎文区人民《奎文年鉴》编纂委员会编　主编吴侃宗
山东新华印刷厂潍坊厂印刷　2004 年 9 月
445 页　精装　29cm
准印证号：2004 年潍坊第 011 号
馆藏号：Guojiafz-8600002009014

奎文年鉴·2017
山东省潍坊市奎文区人民政府主办　潍坊市奎文区史志办公室编　主编孙涛
方志出版社　2017 年 11 月
373 页　精装　29cm
ISBN978-7-5144-2733-2
馆藏号：Guojiafz-8600002015047

奎文年鉴·2018
山东省潍坊市奎文区人民政府主办　潍坊市奎文区史志办公室编　主编孙涛
方志出版社　2018 年 8 月
368 页　精装　29cm
ISBN978-7-5144-3111-7
馆藏号：Guojiafz-8600002016947

奎文年鉴·2019
中共潍坊市奎文区委员会、潍坊市奎文区人民政府主办　奎文区委党史研究中心（区地方史志研究中心）编　主编张琦
九州出版社　2019 年 12 月
364 页　精装　29cm
ISBN978-7-5108-8585-3
馆藏号：Guojiafz-8600002021682-4

奎文年鉴·2020
中共潍坊市奎文区委员会、潍坊市奎文区人民政府主办　潍坊市奎文区委党史研究中心、奎文区地方史志研究中心合编　主编张琦
团结出版社　2020 年 9 月
388 页　精装　29cm

ISBN978-7-5126-8024-1
馆藏号：Guojiafz-8600002021634-6

潍城年鉴·1991—1996
潍坊市潍城区年鉴编纂委员会编　主编高文泉
山东人民出版社　1998 年 12 月
451 页　精装　27cm
ISBN7-209-02366-6
馆藏号：Guojiafz-8600002003630

中共潍城年鉴·2017
中共潍城区委主办　中共潍坊市潍城区党史研究室承编　主编谭宝胜
方志出版社　2018 年 1 月
472 页　精装　29cm
ISBN978-7-5144-2937-4
馆藏号：Guojiafz-8600002015090

潍城年鉴·2017
潍坊市潍城区人民政府主办　潍坊市潍城区史志办公室编　主编曲福刚
华龄出版社　2018 年 4 月
315 页　精装　29cm
ISBN978-7-5169-1199-0
馆藏号：Guojiafz-8600002021656-8

潍城年鉴·2018
潍坊市潍城区人民政府主办　潍坊市潍城区史志办公室编　主编曲福刚
中国海洋大学出版社　2018 年 12 月
348 页　精装　29cm
ISBN978-7-5670-2053-5
馆藏号：Guojiafz-8600002021625-7

潍城年鉴·2019
中共潍坊市潍城区委员会、潍坊市潍城区人民政府主办　中共潍坊市潍城区委党史研究中心、潍坊市潍城区地方史志研究中心合编　主编谭宝胜
齐鲁电子音像出版社　2019 年 12 月
329 页　精装　29cm
ISBN978-7-89382-111-0
馆藏号：Guojiafz-8600002021628-30

潍城年鉴·2020
中共潍坊市潍城区委员会、潍坊市潍城区人民政府主办　中共潍坊市潍城区委党史研究中心、潍坊市潍城区地方史志研究中心合编　主编谭宝胜
黄海数字出版社　2020 年 12 月
356 页　精装　29cm
ISBN978-7-89523-189-4
馆藏号：Guojiafz-8600002021631-3

寒亭年鉴·2017
潍坊市寒亭区人民政府主办　潍坊市寒亭区史志办公室编　主编王海燕
方志出版社　2017 年 12 月
443 页　精装　29cm
ISBN978-7-5144-2990-9
馆藏号：Guojiafz-8600002016227

寒亭年鉴·2020
中共潍坊市寒亭区委党史研究中心、潍坊市寒亭区地方史志研究中心合编　主编刘化政
团结出版社　2020 年 7 月
395 页　精装　29cm
ISBN978-7-5126-8024-1
馆藏号：Guojiafz-8600002021671-3

坊子年鉴·2018
潍坊市坊子区人民政府主办　潍坊市坊子区史志委员会办公室编　主编段效顺
方志出版社　2018 年 8 月
435 页　精装　29cm
ISBN978-7-5144-3188-9
馆藏号：Guojiafz-8600002017014

坊子年鉴·2019
中共潍坊市坊子区委员会、潍坊市坊子区人民政府主办　中共潍坊市坊子区委党史研究中心、潍坊市坊子区史志研究中心合编　主编陈炳华

中国文史出版社 2019年11月
418页 精装 29cm
ISBN978-7-5205-1215-2
馆藏号：Guojiafz-8600002020750-2

坊子年鉴·2020
中共潍坊市坊子区委员会、潍坊市坊子区人民政府主办 中共潍坊市坊子区委党史研究中心、潍坊市坊子区地方史志研究中心合编 主编陈炳华
九州出版社 2020年6月
384页 精装 29cm
ISBN978-7-5108-9129-8
馆藏号：Guojiafz-8600002021690-2

青州年鉴·2010
青州市人民政府主办 青州市地方史志办公室编
主编刘辉
方志出版社 2011年4月
497页 精装 29cm
ISBN978-7-5144-0084-7
馆藏号：Guojiafz-8600002003500

青州年鉴·2019
中共青州市委党史研究中心、青州市地方史志研究中心合编 主编樊光湘、闫成武
山东齐鲁音像出版有限公司
474页 精装 29cm
ISBN978-7-89382-227-8
馆藏号：Guojiafz-8600002021620-2

青州年鉴·2020
中共青州市委党史研究中心、青州市地方史志研究中心合编 主编闫成武
团结出版社 2020年7月
380页 精装 29cm
ISBN978-7-5126-8024-1
馆藏号：Guojiafz-8600002021648-50

诸城年鉴·2016
诸城市人民政府主办 诸城市史志办公室编
主编孙铭杰
中国文史出版社 2016年10月
427页 精装 29cm
ISBN978-7-5034-8284-7
馆藏号：Guojiafz-8600002014266

诸城年鉴·2017
诸城市人民政府主办 诸城市史志办公室编
主编孙铭杰
中国文史出版社 2017年11月
449页 精装 29cm
ISBN978-7-5034-9693-6
馆藏号：Guojiafz-8600002020762-4

诸城年鉴·2018
诸城市人民政府主办 诸城市史志办公室编
主编孙铭杰
方志出版社 2018年7月
466页 精装 29cm
ISBN978-7-5144-3144-5
馆藏号：Guojiafz-8600002020759-61

诸城年鉴·2019
中共诸城市委主办 中共诸城市委党史研究中心编
主编李海涛
九州出版社 2019年9月
481页 精装 29cm
ISBN978-7-5108-8281-4
馆藏号：Guojiafz-8600002021698-700

诸城年鉴·2020
中共诸城市委主办 中共诸城市委党史研究中心（诸城市地方史志研究中心）编 主编李海涛
九州出版社 2020年12月
513页 精装 29cm
ISBN978-7-5108-9974-4
馆藏号：Guojiafz-8600002021701-3

寿光年鉴·1996—2000
《寿光年鉴》编纂委员会编 主编崔英魁、李建东

中华书局　2002年5月
523页　精装　27cm
ISBN7-101-03342-3
馆藏号：Guojiafz-8600002003582

寿光年鉴·2001—2005
《寿光年鉴》编纂委员会编　主编杨茂枢
中华书局　2007年1月
674页　精装　27cm
ISBN978-7-101-05474-3
馆藏号：Guojiafz-8600002003849

寿光年鉴·2006—2010
《寿光年鉴》编纂委员会编　主编王宏伟　执行主编焦方增
方志出版社　2012年8月
682页　精装　27cm
ISBN978-7-5144-0498-2
馆藏号：Guojiafz-8600002000081

寿光年鉴·2016
寿光市人民政府主办《寿光年鉴》编纂委员会编
主编李鹏
方志出版社　2016年12月
782页　精装　27cm
ISBN978-7-5144-2333-4
馆藏号：Guojiafz-8600002014967

寿光年鉴·2017
《寿光年鉴》编纂委员会编　主编李鹏
方志出版社　2017年12月
470页　精装　27cm
ISBN978-7-5144-2845-2
馆藏号：Guojiafz-8600002015046

寿光年鉴·2019
中共寿光市委、寿光市人民政府主办　中共寿光市委党史研究中心（寿光市地方史志研究中心）编
主编张祥森
中华书局　2019年12月
450页　精装　29cm
ISBN978-7-101-14315-7
馆藏号：Guojiafz-8600002020765-7

寿光年鉴·2020
中共寿光市委党史研究中心（寿光市地方史志研究中心）编　主编张祥森
九州出版社　2020年7月
554页　精装　29cm
ISBN978-7-5108-9210-3
馆藏号：Guojiafz-8600002020756-8

安丘年鉴·2018
安丘市人民政府主办　安丘市史志办公室编
主编林卫成
方志出版社　2018年5月
378页　精装　29cm
ISBN978-7-5144-3058-5
馆藏号：Guojiafz-8600002017170

安丘年鉴·2020
中共安丘市委、安丘市人民政府主办　中共安丘市委党史研究中心、安丘市地方史志研究中心合编
主编林卫成
团结出版社　2020年7月
378页　精装　29cm
ISBN978-7-5126-8024-1
馆藏号：Guojiafz-8600002021617-9

高密年鉴·1986—1996
高密市人民政府主办　高密市年鉴编辑委员会编
主编李铭
齐鲁书社　1998年7月
472页　精装　27cm
ISBN7-5333-0730-5
馆藏号：Guojiafz-8600002003351

高密年鉴·2016
高密市人民政府主办　高密市地方史志编纂委员会编　主编李晓宁

现代出版社　2017 年 9 月
444 页　精装　29cm
ISBN978-7-5143-6577-1
馆藏号：Guojiafz-8600002021704-6

高密年鉴·2017
高密市地方史志编纂委员会编　主编李晓宁
现代出版社　2018 年 5 月
292 页　精装　29cm
ISBN978-7-5143-6954-0
馆藏号：Guojiafz-8600002021643-5

高密年鉴·2018
高密市地方史志编纂委员会编　主编李晓宁
光明日报出版社　2018 年 9 月
332 页　精装　29cm
ISBN978-7-5194-4646-8
馆藏号：Guojiafz-8600002021640-2

高密年鉴·2019
中共高密市委党史研究中心（市地方史志研究中心）编　主编王德全
山东齐鲁音像出版有限公司
358 页　精装　29cm
ISBN978-7-89382-113-4
馆藏号：Guojiafz-8600002021687-9

高密年鉴·2020
中共高密市委党史研究中心（市地方史志研究中心）编　主编王德全
山东齐鲁音像出版有限公司
464 页　精装　29cm
ISBN978-7-89382-400-5
馆藏号：Guojiafz-8600002021679-81

昌邑年鉴·2017
昌邑市人民政府主办　昌邑市史志办公室编
主编于希群　执行主编张述智
方志出版社　2017 年 12 月
415 页　精装　29cm
ISBN978-7-5144-2858-2
馆藏号：Guojiafz-8600002016216

昌邑年鉴·2018
昌邑市人民政府主办　昌邑市史志办公室编
主编于希群　执行主编张述智
方志出版社　2018 年 7 月
391 页　精装　29cm
ISBN978-7-5144-3147-6
馆藏号：Guojiafz-8600002017253

昌邑年鉴·2019
中共昌邑市委、昌邑市人民政府主办　中共昌邑市委党史研究中心（昌邑市地方史志研究中心）编
主编李周兴　执行主编张述智
九州出版社　2019 年 11 月
498 页　精装　29cm
ISBN978-7-5108-8500-6
馆藏号：Guojiafz-8600002020753-5

昌邑年鉴·2020
中共昌邑市委党史研究中心（昌邑市地方史志研究中心）编　主编李周兴　执行主编陈程源
方志出版社　2020 年 9 月
426 页　精装　29cm
ISBN978-7-5144-4573-2
馆藏号：Guojiafz-8600002021695-7

临朐年鉴·2001—2008
临朐县人民政府主办　临朐县年鉴编纂委员会编
主编刘建国
方志出版社　2010 年 2 月
589 页　精装　29cm
ISBN978-7-80238-746-1
馆藏号：Guojiafz-8600002009770

临朐年鉴·2017
临朐县人民政府主管　临朐县史志办公室编
主编张孝友
方志出版社　2018 年 4 月

331 页　精装　29cm
ISBN978-7-5144-3048-6
馆藏号：Guojiafz-8600002017214

临朐年鉴 · 2018
临朐县人民政府主办　临朐县史志办公室编
主编张孝友
方志出版社　2018 年 9 月
301 页　精装　29cm
ISBN978-7-5144-3282-4
馆藏号：Guojiafz-8600002017290

临朐年鉴 · 2020
中共临朐县委、临朐县人民政府主办　中共临朐县委党史研究中心、临朐县地方史志研究中心合编
主编张孝友　执行主编刘冠伟
九州出版社　2020 年 10 月
379 页　精装　29cm
ISBN978-7-5108-9641-5
馆藏号：Guojiafz-8600002021637-9

中共昌乐年鉴 · 2016
中共昌乐县委主办　中共昌乐县委党史研究室编
主编赵中洋
方志出版社　2017 年 12 月
425 页　精装　29cm
ISBN978-7-5144-2917-6
馆藏号：Guojiafz-8600002017118

昌乐年鉴 · 2017
昌乐县人民政府主办　昌乐县地方史志办公室编
主编刘培利
方志出版社　2018 年 8 月
324 页　精装　29cm
ISBN978-7-5144-3176-6
馆藏号：Guojiafz-8600002017188

昌乐年鉴 · 2018
昌乐县地方史志办公室编　主编刘培利
方志出版社　2018 年 9 月
326 页　精装　29cm
ISBN978-7-5144-3258-9
馆藏号：Guojiafz-8600002016935

昌乐年鉴 · 2019
中共昌乐县委党史研究中心（昌乐县地方史志研究中心）编　主编赵中洋
齐鲁电子音像出版社　2019 年 12 月
379 页　精装　29cm
ISBN978-7-89382-168-4
馆藏号：Guojiafz-8600002021707-9

昌乐年鉴 · 2020
中共昌乐县委党史研究中心（昌乐县地方史志研究中心）编　主编赵中洋
方志出版社　2020 年 12 月
444 页　精装　29cm
ISBN978-7-5144-4678-4
馆藏号：Guojiafz-8600002021676-8

滨海年鉴 · 2017
潍坊滨海经济技术开发区党政办公室编
主编刘其鹏
方志出版社　2018 年 2 月
372 页　精装　29cm
ISBN978-7-5144-2991-6
馆藏号：Guojiafz-8600002017169

济宁年鉴 · 2003
济宁市人民政府主办　济宁市地方史志办公室编
主编杨亦农
五洲传播出版社　2003 年 10 月
362 页　精装　29cm
ISBN7-5085-0303-1
馆藏号：Guojiafz-8600002004141

济宁年鉴 · 2009
济宁市人民政府主办　济宁市地方史志办公室编
主编黄崇民、王培礼　执行主编邵鸿志
黄河出版社　2009 年 10 月

545 页　精装　29cm
ISBN978-7-5460-0090-9
馆藏号：Guojiafz-8600002004188

济宁年鉴·2010
济宁市人民政府主办　济宁市地方史志办公室编
主编黄崇民、邵鸿志
黄河出版社　2010 年 12 月
537 页　精装　29cm
ISBN978-7-5460-0197-5
馆藏号：Guojiafz-8600002004131

济宁年鉴·2012
济宁市人民政府主办　济宁市地方史志办公室编
主编黄崇民、邵鸿志
黄河出版社　2012 年 12 月
555 页　精装　29cm
ISBN978-7-5460-0355-9
馆藏号：Guojiafz-8600002007112

济宁年鉴·2013
济宁市人民政府主办　济南市地方史志办公室编
主编黄崇民
黄河出版社　2013 年 12 月
537 页　精装　29cm
ISBN978-7-5460-0446-4
馆藏号：Guojiafz-8600002007193

济宁年鉴·2018
济宁市人民政府主办　济宁市地方史志办公室编
主编张树礼
方志出版社　2018 年 6 月
333 页　精装　29cm
ISBN978-7-5144-3102-5
馆藏号：Guojiafz-8600002017252

济宁财政年鉴·2001—2005
济宁市财政局编　主编张明生
山东人民出版社　2009 年 3 月
420 页　精装　29cm
ISBN978-7-209-04798-2
馆藏号：Guojiafz-8600002002449

济宁市中区年鉴·1996—1998
济宁市市中区人民政府主办　济宁市市中区地方史志办公室编　主编杨守亮
中华书局　2000 年 8 月
717 页　精装　27cm
ISBN7-101-02592-7
馆藏号：Guojiafz-8600002004145

任城年鉴·2012
任城区人民政府主办　任城区地方史志办公室编
主编王国华
中国文史出版社　2012 年 11 月
409 页　精装　29cm
ISBN978-7-5034-3661-1
馆藏号：Guojiafz-8600002007433

任城年鉴·2013
任城区人民政府主办　任城区地方史志办公室编
主编王国华
中国文史出版社　2013 年 10 月
383 页　精装　29cm
ISBN978-7-5034-4340-4
馆藏号：Guojiafz-8600002007049

兖州年鉴·2001—2002
兖州市人民政府主办　兖州市政府史志办公室编
主编陈勇
济南甲骨创意设计印务公司印刷　2004 年 12 月
403 页　精装　29cm
准印证号：鲁济 NCZZ-2004-044
馆藏号：Guojiafz-8600002009439

兖州年鉴·2003—2005
兖州市人民政府主办　兖州市地方史志办公室编
主编陈勇
中国出版社　2007 年 6 月
497 页　精装　29cm

ISBN978-988-97335-2-0
馆藏号：Guojiafz-8600002004222

曲阜年鉴·1996—1998
曲阜市人民政府主办　曲阜年鉴编纂委员会编
主编张东伟
齐鲁书社　1999年3月
464页　精装　27cm
ISBN7-5333-0770-4
馆藏号：Guojiafz-8600002003222

曲阜年鉴·1999—2002
曲阜市人民政府主办　曲阜年鉴编纂委员会编
主编张东伟　执行主编国伟
中国出版社　2004年12月
747页　精装　27cm
ISBN988-97145-3-1
馆藏号：Guojiafz-8600002003980

曲阜年鉴·2006—2007
曲阜市人民政府主办　曲阜年鉴编纂委员会编
主编李广俊　执行主编国伟
中国出版社　2009年10月
821页　精装　27cm
ISBN978-988-97533-5-1
馆藏号：Guojiafz-8600002008575

曲阜年鉴·2008—2011
曲阜市人民政府主办　曲阜市政府史志办公室编
主编李广俊　执行主编张立忠
中国国际文化出版社　2013年6月
916页　精装　29cm
ISBN978-988-19652-3-3
馆藏号：Guojiafz-8600002009847

曲阜年鉴·2016
曲阜市人民政府主办　曲阜市政府史志办公室编
主编李广俊　执行主编张立忠
中国文史出版社　2016年10月
518页　精装　29cm
ISBN978-7-5034-5086-7
馆藏号：Guojiafz-8600002014264

曲阜年鉴·2017
曲阜市人民政府主办　曲阜市政府史志办公室编
主编李广俊　执行主编张立忠
中国文史出版社　2017年12月
627页　精装　29cm
ISBN978-7-5034-9504-5
馆藏号：Guojiafz-8600002016232

邹城年鉴·2001—2002
邹城市人民政府主办　邹城市地方史志办公室编
主编周广志
济南甲骨创意设计印务公司印刷　2003年12月
498页　精装　27cm
准印证号：鲁济NGZZ-2003-059
馆藏号：Guojiafz-8600002006568

邹城年鉴·2017
邹城市人民政府主办　邹城市地方史志办公室编
主编周广志
中国文史出版社　2017年12月
427页　精装　29cm
ISBN978-7-5034-9504-5
馆藏号：Guojiafz-8600002016212

微山年鉴·2001—2002
微山县人民政府主办　微山县地方史志编委会编
主编董学军
齐鲁书社　2005年4月
632页　精装　29cm
ISBN7-5333-1489-1
馆藏号：Guojiafz-8600002004216

微山年鉴·2003—2005
微山县人民政府主办　微山县地方史志编委会编
主编董学军
齐鲁书社　2007年1月
509页　精装　29cm

ISBN7-5333-1786-6
馆藏号：Guojiafz-8600002004130

微山县财政税务年鉴·2012
微山县财政税务年鉴编纂领导小组主办 《微山县财政税务年鉴》编纂办公室编 主编李善峰
山东迅达印务有限公司印刷 2012年12月
434页 精装 29cm
馆藏号：Guojiafz-8600002010172

泗水年鉴·1992
山东省泗水县地方史志编纂委员会编 主编王久亭、邢相三
国营山东泗水印刷厂印刷 1992年10月
271页 精装 27cm
准印证号：鲁济NCZZ92-043
馆藏号：Guojiafz-8600002006613

泗水年鉴·2012
泗水县人民政府主办 泗水县地方史志编纂委员会办公室编 主编刘家园 执行主编李莉、侯广征
山东迅达印务有限公司印刷 2012年10月
393页 精装 29cm
准印证号：JWGX-2012-036
馆藏号：Guojiafz-8600002010228

泗水年鉴·2013
泗水县人民政府主办 泗水县史志编撰委员会编 主编刘家园 执行主编李莉、侯广征
中国国际文化出版社 2013年11月
427页 精装 29cm
ISBN978-988-18679-8-7
馆藏号：Guojiafz-8600002003077

泰安年鉴·1985—1990
泰安市政府主办 泰安市人民政府《泰安年鉴》编辑部编 主编贾传廷
中国旅游出版社 1992年8月
460页 精装 27cm
ISBN7-5032-0678-0
馆藏号：Guojiafz-8600002003581

泰安年鉴·1992
泰安市政府主办 《泰安年鉴》编辑部编
主编贾传廷、刘斌范、戴永和
中国书籍出版社 1993年8月
311页 精装 27cm
ISBN7-5068-0197-3
馆藏号：Guojiafz-8600002003583

泰安年鉴·1993
泰安市政府主办 《泰安年鉴》编辑部编
主编刘斌范、戴永和
天津人民出版社 1994年5月
331页 精装 27cm
ISBN7-201-01935-X
馆藏号：Guojiafz-8600002008299

泰安年鉴·1994
泰安市政府主办 《泰安年鉴》编辑部编
主编刘斌范、戴永和 执行主编于庆明
中国书籍出版社 1994年11月
259页 精装 27cm
ISBN7-5068-0402-6
馆藏号：Guojiafz-8600002003631

泰安年鉴·1995
泰安市人民政府主办 泰安市人民政府《泰安年鉴》编辑部编 主编刘斌范、戴永和
中国书籍出版社 1995年8月
351页 精装 27cm
ISBN7-5068-0483-2
馆藏号：Guojiafz-8600002003629

泰安年鉴·1996
泰安市人民政府主办 泰安市人民政府《泰安年鉴》编辑部编 主编戴永和
齐鲁书社 1996年11月
223页 精装 27cm

ISBN7-5333-0555-8
馆藏号：Guojiafz-8600002003578

泰安年鉴·1997
泰安市人民政府主办　《泰安年鉴》编辑部编
主编孙瑞琪、于庆明
齐鲁书社　1997 年 9 月
269 页　精装　27cm
ISBN7-5333-0629-5
馆藏号：Guojiafz-8600002003628

泰安年鉴·1998
泰安市人民政府主办　《泰安年鉴》编辑部编
主编孙瑞琪
齐鲁书社　1998 年 8 月
315 页　精装　27cm
ISBN7-5333-0733-X
馆藏号：Guojiafz-8600002003580

泰安年鉴·1999
泰安市人民政府主办　泰安市地方史志办公室编
主编郑成尧、孙瑞琪
齐鲁书社　1999 年 8 月
351 页　精装　27cm
ISBN7-5333-0774-7
馆藏号：Guojiafz-8600002004178

泰安年鉴·2000
泰安市人民政府主办　泰安市地方史志办公室编
主编郑成尧、孙瑞琪
山东省地图出版社　2000 年 7 月
486 页　精装　27cm
ISBN7-80532-367-4
馆藏号：Guojiafz-8600002005440

泰安年鉴·2002
泰安市人民政府主办　泰安市地方史志办公室编
主编郑成尧
山东省地图出版社　2002 年 7 月
350 页　精装　29cm
ISBN7-80532-575-8
馆藏号：Guojiafz-8600002004169

泰安年鉴·2003
泰安市人民政府主办　泰安市地方史志办公室编
主编郑成尧
山东省地图出版社　2003 年 9 月
309 页　精装　29cm
ISBN7-80532-642-8
馆藏号：Guojiafz-8600002003357

泰安年鉴·2004
泰安市人民政府主办　泰安市地方史志办公室编
主编郑成尧
中国出版社　2004 年 9 月
438 页　精装　29cm
ISBN988-97146-1-2
馆藏号：Guojiafz-8600002004189

泰安年鉴·2005
泰安市人民政府主办　泰安市地方史志办公室编
主编马辉
方志出版社　2005 年 10 月
461 页　精装　29cm
ISBN7-80192-616-1
馆藏号：Guojiafz-8600002003223

泰安年鉴·2011
泰安市人民政府主办　泰安市地方史志办公室编
主编田书阳　执行主编周美广
方志出版社　2011 年 12 月
467 页　精装　29cm
ISBN978-7-5144-0325-1
馆藏号：Guojiafz-8600002008402

泰安年鉴·2012
泰安市人民政府主办　泰安市地方史志办公室编
主编田书阳
方志出版社　2012 年 10 月
473 页　精装　29cm

ISBN978-7-5144-0634-4
馆藏号：Guojiafz-8600002003312

泰安年鉴 · 2013
泰安市人民政府主办　泰安市地方史志办公室编
主编田书阳
方志出版社　2013 年 10 月
478 页　精装　29cm
ISBN978-7-5144-1035-8
馆藏号：Guojiafz-8600002007000

泰安年鉴 · 2014
泰安市人民政府主办　泰安市地方史志办公室编
主编王天宇
方志出版社　2014 年 10 月
488 页　精装　29cm
ISBN978-7-5144-1396-0
馆藏号：Guojiafz-8600002006812

泰安年鉴 · 2015
泰安市人民政府主办　泰安市地方史志办公室编
主编王天宇
方志出版社　2015 年 10 月
503 页　精装　29cm
ISBN978-7-5144-1762-3
馆藏号：Guojiafz-8600002006207

泰安年鉴 · 2016
泰安市人民政府主办　泰安市地方史志办公室编
主编王天宇
方志出版社　2016 年 7 月
441 页　精装　29cm
ISBN978-7-5144-2048-7
馆藏号：Guojiafz-8600002013870

泰安年鉴 · 2017
泰安市人民政府主办　泰安市地方史志办公室编
主编王天宇
方志出版社　2017 年 10 月
475 页　精装　29cm
ISBN978-7-5144-2610-6
馆藏号：Guojiafz-8600002016223

泰安年鉴 · 2018
泰安市人民政府主办　泰安市地方史志办公室编
主编王天宇
方志出版社　2018 年 10 月
463 页　精装　29cm
ISBN978-7-5144-3192-6
馆藏号：Guojiafz-8600002017295

泰安年鉴 · 2019
中共泰安市委党史研究院、泰安市地方史志研究院合编　主编王敬泽
方志出版社　2019 年 10 月
449 页　精装　29cm
ISBN978-7-5144-3969-4
馆藏号：Guojiafz-8600002018031

泰山区年鉴 · 1985—1996
泰安市泰山区人民政府主办　泰安市泰山区年鉴编辑委员会办公室编　主编苗种培、刘玉朴
齐鲁书社　1999 年 3 月
476 页　精装　27cm
ISBN7-5333-0686-4
馆藏号：Guojiafz-8600002000912

泰山区年鉴 · 2018
泰安市泰山区人民政府主办　中共泰安市泰山区委党史征集研究办公室、泰安市泰山区年鉴编辑委员会办公室合编　主编胡继峰　执行主编刘玉朴
方志出版社　2018 年 9 月
266 页　精装　29cm
ISBN978-7-5144-3313-5
馆藏号：Guojiafz-8600002017233

岱岳区年鉴 · 2017
泰安市岱岳区人民政府主办　泰安市岱岳区党史史志办公室编　主编张玉成
方志出版社　2017 年 10 月

373 页　精装　29cm
ISBN978-7-5144-2643-4
馆藏号：Guojiafz-8600002015101

岱岳区年鉴·2018
泰安市岱岳区人民政府主办　泰安市岱岳区史志办公室编　主编张玉成
方志出版社　2018 年 8 月
381 页　精装　29cm
ISBN978-7-5144-3214-5
馆藏号：Guojiafz-8600002018047

岱岳区年鉴·2019
中共泰安市岱岳区委党史研究室中心（泰安市岱岳区地方史志研究中心）编　主编陈丽敏
九州出版社　2019 年 12 月
418 页　精装　29cm
ISBN978-7-5108-8400-9
馆藏号：Guojiafz-8600002020834-5

新泰年鉴·2006—2010
新泰市人民政府主办　新泰市史志办公室编
主编徐勤贺
中国国际文化出版社　2012 年 4 月
673 页　精装　29cm
ISBN978-988-18681-7-6
馆藏号：Guojiafz-8600002006973

新泰年鉴·2017
新泰市人民政府主办　新泰市地方史志办公室编
主编刘新章　执行主编柏钦战
方志出版社　2017 年 11 月
312 页　精装　29cm
ISBN978-7-5144-2766-0
馆藏号：Guojiafz-8600002016214

肥城年鉴·2003—2007
肥城市人民政府主办　肥城市地方史志办公室编
主编石振东
黄河出版社　2009 年 10 月
452 页　精装　29cm
ISBN978-7-5460-0090-9
馆藏号：Guojiafz-8600002003938

肥城年鉴·2017
肥城市人民政府主办　肥城市地方史志办公室编
主编尉茂路
方志出版社　2017 年 10 月
500 页　精装　29cm
ISBN978-7-5144-2590-1
馆藏号：Guojiafz-8600002015141

石特年鉴·2001—2005
《石特年鉴》编辑委员会编　主编马庆明
山东省地图出版社　2007 年 10 月
469 页　精装　27cm
ISBN978-7-80754-087-8
馆藏号：Guojiafz-8600002004166

宁阳年鉴·2003—2007
中共宁阳县委、宁阳县人民政府主办　宁阳县党史史志办公室编　主编纪兴本
黄河出版社　2009 年 11 月
648 页　精装　29cm
ISBN978-7-5460-0111-1
馆藏号：Guojiafz-8600002002309

宁阳年鉴·2017
宁阳县人民政府主办　宁阳县党史史志办公室编
主编许华北
方志出版社　2017 年 11 月
415 页　精装　29cm
ISBN978-7-5144-2644-1
馆藏号：Guojiafz-8600002016902

东平年鉴·2018
东平县人民政府主办　东平县史志办公室编
主编王圣雨
方志出版社　2018 年 10 月
495 页　精装　29cm

ISBN978-7-5144-3317-3
馆藏号：Guojiafz-8600002016975

威海年鉴・1998
威海市人民政府主办　威海市地方史志办公室编
主编李丹
齐鲁书社　1998 年 8 月
366 页　精装　29cm
ISBN7-5333-0728-3
馆藏号：Guojiafz-8600002002608

威海年鉴・1999
威海市人民政府主办　威海市地方史志办公室编
主编毕吉玲
中华书局　1999 年 8 月
361 页　精装　29cm
ISBN7-101-02277-4
馆藏号：Guojiafz-8600002007750

威海年鉴・2000
威海市人民政府主办　威海市地方史志办公室编
主编毕吉玲
中华书局　2000 年 8 月
368 页　精装　29cm
ISBN7-101-02612-5
馆藏号：Guojiafz-8600002007657

威海年鉴・2001
威海市人民政府主办　威海市地方史志办公室编
主编毕吉玲
中华书局　2001 年 8 月
386 页　精装　29cm
ISBN7-101-03000-9
馆藏号：Guojiafz-8600002000654

威海年鉴・2002
威海市人民政府主办　威海市地方史志办公室编
主编毕吉玲
五洲传播出版社　2002 年 8 月
332 页　精装　29cm
ISBN7-5085-0102-0
馆藏号：Guojiafz-8600002000653

威海年鉴・2003
威海市人民政府主办　威海市地方史志办公室编
主编毕吉玲
五洲传播出版社　2003 年 8 月
319 页　精装　29cm
ISBN7-5085-0269-8
馆藏号：Guojiafz-8600002000655

威海年鉴・2004
威海市人民政府主办　威海市地方史志办公室编
主编毕吉玲
中华书局　2004 年 9 月
331 页　精装　29cm
ISBN7-101-04462-X
馆藏号：Guojiafz-8600002003823

威海年鉴・2005
威海市人民政府主办　威海市地方史志办公室编
主编毕吉玲
方志出版社　2005 年 9 月
360 页　精装　29cm
ISBN7-80192-622-6
馆藏号：Guojiafz-8600002004950

威海年鉴・2006
威海市人民政府主办　威海市地方史志办公室编
主编毕吉玲、冷文波
中华书局　2006 年 9 月
398 页　精装　29cm
ISBN7-101-05325-4
馆藏号：Guojiafz-8600002008108

威海年鉴・2007
威海市人民政府主办　威海市地方史志办公室编
主编毕吉玲、冷文波
中华书局　2007 年 8 月
390 页　精装　29cm

ISBN978-7-101-05814-7
馆藏号：Guojiafz-8600002003179

威海年鉴·2008
威海市人民政府主办　威海市地方史志办公室编
主编毕吉玲、冷文波
方志出版社　2008年9月
412页　精装　29cm
ISBN978-7-80238-377-7
馆藏号：Guojiafz-8600002004412

威海年鉴·2009
威海市人民政府主办　威海市地方史志办公室编
主编毕吉玲、冷文波
方志出版社　2009年7月
416页　精装　29cm
ISBN978-7-80238-549-8
馆藏号：Guojiafz-8600002003853

威海年鉴·2010
威海市人民政府主办　威海市地方史志办公室编
主编毕吉玲、冷文波
方志出版社　2010年8月
384页　精装　29cm
ISBN978-7-80238-825-3
馆藏号：Guojiafz-8600002003661

威海年鉴·2011
威海市人民政府主办　威海市地方史志办公室编
主编毕吉玲、冷文波
方志出版社　2011年9月
416页　精装　29cm
ISBN978-7-5144-0225-4
馆藏号：Guojiafz-8600002005695

威海年鉴·2012
威海市人民政府主办　威海市地方史志办公室编
主编毕吉玲、冷文波
方志出版社　2012年10月
438页　精装　29cm
ISBN978-7-5144-0603-0
馆藏号：Guojiafz-8600002003393

威海年鉴·2013
威海市人民政府主办　威海市地方史志办公室编
主编毕吉玲、冷文波
方志出版社　2013年10月
422页　精装　29cm
ISBN978-7-5144-1040-2
馆藏号：Guojiafz-8600002007427

威海年鉴·2014
威海市人民政府主办　威海市地方史志办公室编
主编毕吉玲、冷文波
方志出版社　2014年11月
442页　精装　29cm
ISBN978-7-5144-1431-8
馆藏号：Guojiafz-8600002006805

威海年鉴·2015
威海市人民政府主办　威海市地方史志办公室编
主编耿祥星　执行主编冷文波
方志出版社　2015年10月
422页　精装　29cm
ISBN978-7-5144-1702-9
馆藏号：Guojiafz-8600002010578

威海年鉴·2016
威海市人民政府主办　威海市地方史志办公室编
主编耿祥星　执行主编冷文波
方志出版社　2016年9月
370页　精装　29cm
ISBN978-7-5144-2073-9
馆藏号：Guojiafz-8600002013862

威海年鉴·2017
威海市人民政府主办　威海市地方史志办公室编
主编耿祥星　执行主编冷文波
方志出版社　2017年8月
372页　精装　29cm

ISBN978-7-5144-2507-9
馆藏号：Guojiafz-8600002016222

威海年鉴·2018
威海市人民政府主办　威海市地方史志办公室编
主编耿祥星　执行主编冷文波
方志出版社　2018 年 8 月
390 页　精装　29cm
ISBN978-7-5144-3236-7
馆藏号：Guojiafz-8600002017163

威海年鉴·2019
中共威海市委党史研究院、威海市地方史志研究院合编　主编耿祥星
线装书局　2019 年 8 月
390 页　精装　29cm
ISBN978-7-5120-3753-3
馆藏号：Guojiafz-8600002019272-4

威海年鉴·2020
中共威海市委党史研究院、威海市地方史志研究院合编　主编耿祥星
线装书局　2020 年 9 月
362 页　精装　29cm
ISBN978-7-5120-4184-4
馆藏号：Guojiafz-8600002019275-7

威海建设年鉴·2007—2011
《威海建设年鉴》编纂委员会编　主编于年洪
方志出版社　2012 年 10 月
566 页　精装　29cm
ISBN978-7-5144-0619-1
馆藏号：Guojiafz-8600002008181

威海日报社年鉴·2009
威海日报社主办　威海日报社史志办编
主编宋贵成
方志出版社　2010 年 5 月
144 页　精装　27cm

ISBN978-7-80238-773-7
馆藏号：Guojiafz-8600002008336

环翠年鉴·2014
威海市环翠区人民政府主办　威海市环翠区地方史志办公室编　主编许新贵
中国时代经济出版社　2014 年 10 月
353 页　精装　29cm
ISBN978-7-5119-2182-6
馆藏号：Guojiafz-8600002015444

环翠年鉴·2017
威海市环翠区人民政府主办　威海市环翠区地方史志办公室编　主编谷佩贞
线装书局　2017 年 11 月
462 页　精装　29cm
ISBN978-7-5120-2939-2
馆藏号：Guojiafz-8600002016219

环翠年鉴·2020
威海市环翠区人民政府主办　威海市环翠区地方史志研究中心编　主编丛晓红
线装书局　2020 年 9 月
424 页　精装　29cm
ISBN978-7-5120-4154-7
馆藏号：Guojiafz-8600002020238-40

文登年鉴·1996—1997
中共文登市委市人民政府主办　文登市地方史志编纂委员会编　主编初钊兴
方志出版社　1998 年 9 月
534 页　精装　27cm
ISBN7-80122-391-8
馆藏号：Guojiafz-8600002011702

文登年鉴·1998
中共文登市委、文登市人民政府主办　文登市地方史志编纂委员会编　主编初钊兴、连疆
方志出版社　1999 年 8 月
340 页　精装　27cm

ISBN7-80122-443-4
馆藏号：Guojiafz-8600002013045

文登年鉴·1999
中共文登市委、文登市人民政府主办 《文登年鉴》编纂委员会编 主编连疆
中华书局 2000年8月
371页 精装 27cm
ISBN7-101-02644-3
馆藏号：Guojiafz-8600002005023

文登年鉴·2007—2009
中共文登市委、文登市人民政府主办 文登市地方史志编纂委员会编 主编车国进
华夏翰林文化出版社 2010年11月
769页 精装 27cm
ISBN932-7-6712-6816-2
馆藏号：Guojiafz-8600002003340

文登年鉴·2011—2012
中共文登市委、文登市人民政府主办 文登市地方史志办公室编 主编于文华
天津古籍出版社 2013年10月
721页 精装 27cm
ISBN978-7-5528-0190-3
馆藏号：Guojiafz-8600002003038

文登年鉴·2013
中共威海市文登区委、文登区人民政府主办 威海市文登区地方史志办公室编 主编于文华
天津古籍出版社 2014年10月
566页 精装 27cm
ISBN978-7-5528-0276-4
馆藏号：Guojiafz-8600002015822

文登年鉴·2018
威海市文登区人民政府主办 威海市文登区地方史志办公室编 主编许德忠
方志出版社 2018年9月
403页 精装 29cm
ISBN978-7-5144-3263-3
馆藏号：Guojiafz-8600002017259

文登年鉴·2020
中共威海市文登区委党史研究中心、威海市文登区地方史志研究中心合编 主编许德忠
天津古籍出版社 2020年12月
438页 精装 29cm
ISBN978-7-5528-1040-0
馆藏号：Guojiafz-8600002019271

荣成年鉴·1996—1999
中共荣成市委、荣成市人民政府主办 山东省荣成市人民政府史志办公室编 主编刘远华
方志出版社 2001年6月
402页 精装 29cm
ISBN7-80122-663-1
馆藏号：Guojiafz-8600002008523

荣成年鉴·2017
荣成市人民政府主办 荣成年鉴编纂委员会编
方志出版社 2017年12月
450页 精装 29cm
ISBN978-7-5144-2841-4
馆藏号：Guojiafz-8600002016228

荣成年鉴·2020
中共荣成市委党史研究中心、荣成市地方史志研究中心合编 主编宋锡岗
天津古籍出版社 2020年12月
404页 精装 29cm
ISBN978-7-5528-1038-7
馆藏号：Guojiafz-8600002020254-6

乳山年鉴·1996—1998
中共乳山市委、乳山市人民政府主办 乳山市年鉴编纂委员会编 主编高玉山
华龄出版社 1999年11月
481页 精装 27cm

ISBN7-80082-190-0
馆藏号：Guojiafz-8600002003848

乳山年鉴·2000
中共乳山市委、乳山市人民政府主办　乳山市年鉴编纂委员会编　主编高玉山
中华书局　2000年7月
364页　精装　27cm
ISBN7-101-02623-0
馆藏号：Guojiafz-8600002003945

乳山年鉴·2001
中共乳山市委、乳山市人民政府主办　乳山市年鉴编纂委员会编　主编高玉山
中华书局　2001年9月
357页　精装　27cm
ISBN7-101-03073-4
馆藏号：Guojiafz-8600002004940

乳山年鉴·2005
中共乳山市委、乳山市人民政府主办　乳山市党史市志办公室编　主编高玉山
中华书局　2005年8月
381页　精装　27cm
ISBN7-101-04833-1
馆藏号：Guojiafz-8600002003825

乳山年鉴·2006
中共乳山市委、乳山市人民政府主办　乳山市党史市志办公室编　主编高玉山
中华书局　2006年8月
381页　精装　27cm
ISBN7-101-05270-3
馆藏号：Guojiafz-8600002003704

乳山年鉴·2009
中共乳山市委、乳山市人民政府主办　乳山市党史市志办公室编　主编栾法龙
山东省地图出版社　2009年7月
341页　精装　27cm
ISBN978-7-80754-277-3
馆藏号：Guojiafz-8600002006069

乳山年鉴·2010
中共乳山市委、乳山市人民政府主办　乳山市党史市志办公室编　主编栾法龙
山东省地图出版社　2010年7月
314页　精装　27cm
ISBN978-7-80754-380-0
馆藏号：Guojiafz-8600002003822

乳山年鉴·2013
中共乳山市委、乳山市人民政府主办　乳山市党史市志办公室编　主编栾法龙
延边大学出版社　2013年9月
288页　精装　27cm
ISBN978-7-5634-5942-1
馆藏号：Guojiafz-8600002005183

乳山年鉴·2014
中共乳山市委、乳山市人民政府主办　乳山市党史市志办公室编　主编栾法龙
延边大学出版社　2014年8月
276页　精装　27cm
ISBN978-7-5634-7095-2
馆藏号：Guojiafz-8600002015407

乳山年鉴·2015
中共乳山市委、乳山市人民政府主办　乳山市党史市志办公室编　主编徐华伟
方志出版社　2015年12月
268页　精装　27cm
ISBN978-7-5144-1916-0
馆藏号：Guojiafz-8600002003120

乳山年鉴·2016
中共乳山市委、乳山市人民政府主办　乳山市党史市志办公室编　主编徐华伟
方志出版社　2016年12月
401页　精装　29cm

ISBN978-7-5144-2285-6
馆藏号：Guojiafz-8600002014025

乳山年鉴·2017
中共乳山市委、乳山市人民政府主办　乳山市党史市志办公室编　主编徐华伟
方志出版社　2018 年 9 月
371 页　精装　29cm
ISBN978-7-5144-3312-8
馆藏号：Guojiafz-8600002019086-7

乳山年鉴·2018
中共乳山市委、乳山市人民政府主办　乳山市党史市志办公室编　主编徐华伟
方志出版社　2018 年 12 月
409 页　精装　29cm
ISBN978-7-5144-3458-3
馆藏号：Guojiafz-8600002019082-3

乳山年鉴·2019
中共乳山市委党史研究中心（乳山市地方史志研究中心）编　主编徐华伟
线装书局　2020 年 4 月
365 页　精装　29cm
ISBN978-7-5120-4013-7
馆藏号：Guojiafz-8600002019084-5

威海火炬高技术产业开发区年鉴·1991—2000
威海火炬高技术产业开发区管委会主办　威海火炬高技术产业开发区编纂委员会编　主编田立杰
中华书局　2001 年 12 月
281 页　精装　29cm
ISBN7-101-02854-3
馆藏号：Guojiafz-8600002003579

威海经济技术开发区年鉴·2011—2012
中共威海市委经济技术开发区工作委员会、威海经济技术开发区（出口加工区）管理委员会主办
威海经济技术开发区年鉴编纂委员会编
主编卢树刚
方志出版社　2013 年 12 月
520 页　精装　29cm
ISBN978-7-5144-1093-8
馆藏号：Guojiafz-8600002006695

日照年鉴·1990—1994
日照市人民政府主办　日照市人民政府、《日照年鉴》编纂委员会合编　主编朱洪祥、丁履清、邓撰相
山东友谊出版社　1995 年 11 月
638 页　精装　27cm
ISBN7-80551-759-2
馆藏号：Guojiafz-8600002003764

日照年鉴·1998
日照市人民政府主办　日照年鉴编纂委员会编
主编刘志荣
中国矿业大学出版社　1999 年 9 月
300 页　精装　27cm
ISBN7-81070-031-6
馆藏号：Guojiafz-8600002003802

日照年鉴·2000
日照市人民政府主办 《日照年鉴》编纂委员会编
主编刘志荣
五莲教育印刷厂印刷　2001 年 12 月
321 页　精装　27cm
准印证号：山东省内部资料性准印证 2001 年第 111 号
馆藏号：Guojiafz-8600002009053

日照年鉴·2001
日照市人民政府主办 《日照年鉴》编纂委员会编
主编刘志荣
日照市教育印刷厂印刷　2002 年 12 月
284 页　精装　27cm
准印证号：山东省内部资料性出版物准印证　2002 年第 090 号
馆藏号：Guojiafz-8600002009052

日照年鉴·2002
日照市人民政府主办　山东省日照市史志办编
主编刘志荣
五洲传播出版社　2003 年 9 月
304 页　平装　26cm
ISBN7-5085-0306-6
馆藏号：Guojiafz-8600002003765

日照年鉴·2012
日照市人民政府主办　日照市地方史志办公室编
主编赵统升
华夏翰林文化出版社　2012 年 9 月
434 页　精装　29cm
ISBN932-7-6219-2151-1
馆藏号：Guojiafz-8600002003389

日照年鉴·2013
日照市人民政府主办　日照市地方史志办公室编
主编李世恩
黄河出版社　2013 年 11 月
442 页　精装　29cm
ISBN978-7-5460-0400-6
馆藏号：Guojiafz-8600002009880

日照年鉴·2017
日照市人民政府主办　日照市地方史志办公室编
主编李世恩
方志出版社　2017 年 12 月
500 页　精装　29cm
ISBN978-7-5144-2933-6
馆藏号：Guojiafz-8600002017891

东港统计年鉴·2013
日照市东港区统计局编　主任张善伟
日照市正阳印刷厂印刷　2013 年 7 月
206 页　精装　27cm
馆藏号：Guojiafz-8600002010135

岚山年鉴·2017
岚山区人民政府主办　岚山区地方史志办公室编
主编盛阳　执行主编张守来
方志出版社　2018 年 7 月
392 页　精装　29cm
ISBN978-7-5144-3152-0
馆藏号：Guojiafz-8600002017171

五莲年鉴·2013
中共五莲县委、五莲县人民政府主办　中共五莲县委党史办公室、五莲县地方史志办公室合编
主编桑光军
莒县三彩印务有限公司印刷　2013 年 6 月
466 页　精装　29cm
准印证号：2013 年日照第 012 号
馆藏号：Guojiafz-8600002010118

莱芜年鉴·1994（创刊号）
中共莱芜市委、莱芜市人民政府主办　山东省莱芜年鉴编纂委员会编　主编边振峰
齐鲁书社　1994 年 9 月
267 页　精装　27cm
ISBN7-5333-0438-1
馆藏号：Guojiafz-8600002004214

莱芜年鉴·1995
中共莱芜市委、莱芜市人民政府主办　山东省莱芜年鉴编纂委员会编　主编倪正祥
齐鲁书社　1995 年 12 月
365 页　精装　27cm
ISBN7-5333-505-1
馆藏号：Guojiafz-8600002004217

莱芜年鉴·1996
莱芜市人民政府主办　莱芜市地方史志编委会编
主编倪正祥、张其华、张同祯
齐鲁书社　1996 年 10 月
398 页　精装　27cm
ISBN7-5333-0560-4
馆藏号：Guojiafz-8600002005816

莱芜年鉴·1998
莱芜市人民政府主办　莱芜市地方史志编委会编
主编尹承乾、倪正祥
人民画报社海天广告制版有限公司印刷　1998年10月
405页　精装　27cm
准印证号：鲁莱新出（98）第009号
馆藏号：Guojiafz-8600002005815

莱芜年鉴·2003
莱芜市人民政府主办　莱芜市地方史志编委会编
主编尹承乾、倪正祥、陈爱民
青岛海尔丰彩印刷有限公司印刷　2003年11月
336页　精装　27cm
准印证号：莱芜市内部资料性出版物准印证　2003年20号
馆藏号：Guojiafz-8600002005817

莱芜年鉴·2010
莱芜市人民政府主办　莱芜市地方史志办公室编
主编刘霞　执行主编亓玉胜
中国国际文化出版社　2010年8月
448页　精装　29cm
ISBN978-988-18681-8-3
馆藏号：Guojiafz-8600002004191

莱芜年鉴·2012
莱芜市人民政府主办　莱芜市地方史志办公室编
主编刘霞　执行主编亓玉胜
方志出版社　2012年8月
508页　精装　29cm
ISBN978-7-5144-0538-5
馆藏号：Guojiafz-8600002007838

莱芜年鉴·2013
莱芜市人民政府主办　莱芜市地方史志办公室编
主编刘霞
方志出版社　2013年10月
496页　精装　29cm
ISBN978-7-5144-1025-9
馆藏号：Guojiafz-8600002007205

莱芜年鉴·2014
莱芜市人民政府主办　莱芜市地方史志办公室编
主编刘霞
方志出版社　2014年9月
446页　精装　29cm
ISBN978-7-5144-1350-2
馆藏号：Guojiafz-8600002007219

莱芜年鉴·2016
莱芜市人民政府主办　莱芜市地方史志办公室编
主编刘霞
方志出版社　2016年7月
528页　精装　29cm
ISBN978-7-5144-2028-9
馆藏号：Guojiafz-8600002013839

莱芜年鉴·2018
莱芜市人民政府主办　莱芜市地方史志办公室编
主编李贞锋　执行主编亓玉胜
方志出版社　2018年9月
531页　精装　29cm
ISBN978-7-5144-3249-7
馆藏号：Guojiafz-8600002016977

莱钢集团公司年鉴·2002
莱芜钢铁集团有限公司主办　《莱钢年鉴》编委会编　主编李乐平
五洲传播出版社　2002年9月
388页　精装　27cm
ISBN7-5085-0112-8
馆藏号：Guojiafz-8600002003698

莱钢集团公司年鉴·2003
莱芜钢铁集团有限公司主办　莱钢集团公司年鉴编纂委员会编　主编李乐平
方志出版社　2003年9月
470页　精装　26cm

ISBN7-80192-036-8
馆藏号：Guojiafz-8600002003187

莱钢集团公司年鉴·2004
莱芜钢铁集团有限公司主办　莱钢集团公司年鉴编委会编　主编李乐平
方志出版社　2004年9月
414页　精装　27cm
ISBN7-80192-343-X
馆藏号：Guojiafz-8600002007707

莱钢年鉴·2012
莱芜钢铁集团有限公司主办　莱钢集团《莱钢年鉴》编辑部编　主编李乐平
山东省地图出版社　2012年10月
403页　精装　27cm
ISBN978-7-80754-658-0
馆藏号：Guojiafz-8600002007235

莱钢年鉴·2013
莱芜钢铁集团有限公司主办《莱钢年鉴》编辑部编　主编蒋淑华
山东省地图出版社　2013年11月
437页　精装　27cm
ISBN978-7-80754-768-6
馆藏号：Guojiafz-8600002005180

临沂年鉴·1995
临沂市人民政府主办　临沂市地方史志办公室编　主编李兴河
齐鲁书社　1997年1月
465页　精装　27cm
ISBN7-5333-0572-8
馆藏号：Guojiafz-8600002000978

临沂年鉴·2006
中共临沂市委、临沂市人民政府主办《临沂年鉴》编辑部编　主编赵建峰、赵丹峰
中华书局　2006年12月
448页　精装　29cm

ISBN7-101-05391-2
馆藏号：Guojiafz-8600002003573

临沂年鉴·2007
中共临沂市委、临沂市人民政府主办《临沂年鉴》编辑部编　主编赵建峰、赵丹峰
中华书局　2007年10月
368页　精装　29cm
ISBN978-7-101-05786-7
馆藏号：Guojiafz-8600002003617

临沂年鉴·2008
中共临沂市委、临沂市人民政府主办《临沂年鉴》编辑部编　主编赵建峰、诸葛继琦
中华书局　2008年11月
382页　精装　29cm
ISBN978-7-101-06374-5
馆藏号：Guojiafz-8600002000979

临沂年鉴·2010
中共临沂市委、临沂市人民政府主办《临沂年鉴》编辑部编　主编朱海涛
中华书局　2010年10月
411页　精装　29cm
ISBN978-7-101-07574-8
馆藏号：Guojiafz-8600002006593

临沂年鉴·2012
中共临沂市委、临沂市人民政府主办《临沂年鉴》编辑部编　主编朱海涛、王瑞柱
中华书局　2012年10月
422页　精装　29cm
ISBN978-7-101-08860-1
馆藏号：Guojiafz-8600002005042

兰山年鉴·1996
临沂市兰山区人民政府主办　临沂市兰山区史志办公室编　主编隋树屏
齐鲁书社　1996年11月
281页　精装　27cm

ISBN7-5333-0556-6
馆藏号：Guojiafz-8600002003215

兰山年鉴·2007
临沂市兰山区人民政府主办　临沂市兰山区地方史志办公室编　主编王希层　执行主编寇利明
解放军外语音像出版社　2009 年 6 月
372 页　精装　29cm
ISBN978-7-900771-27-4
馆藏号：Guojiafz-8600002004175

兰山年鉴·2010
临沂市兰山区人民政府主办　临沂市兰山区地方史志办公室编　主编王希层　执行主编寇利明
白山出版社　2012 年 6 月
306 页　精装　29cm
ISBN978-7-80687-857-6
馆藏号：Guojiafz-8600002007135

兰山年鉴·2011
临沂市兰山区人民政府主办　临沂市兰山区地方史志办公室编　主编李鸣　执行主编寇利明
中国国际文化出版社　2013 年 6 月
349 页　精装　29cm
ISBN978-988-19652-0-2
馆藏号：Guojiafz-8600002007428

兰山年鉴·2017
中共兰山区委、兰山区人民政府主办　临沂市兰山区地方史志办公室编　主编王友存　执行主编杨晓娜
方志出版社　2018 年 1 月
395 页　精装　29cm
ISBN978-7-5144-2931-2
馆藏号：Guojiafz-8600002016871

兰山年鉴·2018
中共兰山区委、兰山区人民政府主办　临沂市兰山区地方史志办公室编　主编王友存　执行主编杨晓娜
方志出版社　2018 年 10 月
401 页　精装　29cm
ISBN978-7-5144-3200-8
馆藏号：Guojiafz-8600002016954

罗庄年鉴·1998—2004
临沂市罗庄区人民政府主办　罗庄年鉴编纂委员会编　主编孙建中、魏泽来
中国出版社　2006 年 12 月
444 页　精装　29cm
ISBN988-97225-7-7
馆藏号：Guojiafz-8600002004149

罗庄年鉴·2017
中共罗庄区委、罗庄区人民政府主办　临沂市罗庄区史志办公室编　主编彭长强　执行主编张文强
方志出版社　2018 年 2 月
456 页　精装　29cm
ISBN978-7-5144-2997-8
馆藏号：Guojiafz-8600002017244

河东年鉴·1995—2006
河东区人民政府主办　临沂市河东区地方史志办公室编　主编高震
西安地图出版社　2010 年 10 月
620 页　精装　29cm
ISBN978-7-80748-620-6
馆藏号：Guojiafz-8600002003256

临沂市河东年鉴·2017
临沂市河东区人民政府主办　临沂市河东区地方史志办公室编　主编祁桂菊
方志出版社　2018 年 1 月
364 页　精装　29cm
ISBN978-7-5144-2930-5
馆藏号：Guojiafz-8600002017162

沂南年鉴·2006—2010
中共沂南县委、沂南县人民政府主办　沂南县地

方史志办公室编　主编董怀海　执行主编吴耿彬、王黎晖、孟庆富
中国国际文化出版社　2013年2月
596页　精装　29cm
ISBN978-988-17328-0-4
馆藏号：Guojiafz-8600002007381

郯城年鉴·2000—2004
中共郯城县委、郯城县人民政府主办　郯城县地方史志办公室编　主编李华　执行主编刘卫星
中国出版社　2006年11月
729页　精装　29cm
ISBN988-97221-9-4
馆藏号：Guojiafz-8600002003572

郯城年鉴·2005—2007
中共郯城县委、郯城县人民政府主办　郯城县地方史志办公室编　主编李华　执行主编刘卫星
中国出版社　2011年1月
480页　精装　29cm
ISBN978-7-5460-0197-5
馆藏号：Guojiafz-8600002009861

郯城年鉴·2008—2010
中共郯城县委、郯城县人民政府主办　郯城县地方史志办公室编　主编任士刚
黄河出版社　2013年4月
446页　精装　29cm
ISBN978-7-5460-0400-6
馆藏号：Guojiafz-8600002007054

沂水年鉴·2006—2007
沂水县人民政府主办　沂水县地方史志办公室编　主编申成珠
黄河出版社　2008年12月
407页　精装　29cm
ISBN978-7-5460-0013-8
馆藏号：Guojiafz-8600002003575

沂水年鉴·2008—2009
沂水县人民政府主办　沂水县地方史志办公室编　主编于化凤
山东省地图出版社　2010年12月
421页　精装　29cm
ISBN978-7-80754-404-3
馆藏号：Guojiafz-8600002003570

沂水年鉴·2011
沂水县人民政府主办　沂水县史志办公室编　主编李春升
中国文化出版社　2012年12月
399页　精装　29cm
ISBN978-988-56896-5-4
馆藏号：Guojiafz-8600002009894

沂水年鉴·2012
沂水县人民政府主办　沂水县史志办公室编　主编李春升
中国文化出版社　2013年12月
439页　精装　29cm
ISBN978-988-56842-5-3
馆藏号：Guojiafz-8600002015311

沂水年鉴·2018
中共沂水县委、沂水县人民政府主办　沂水县地方史志办公室编　主编高仲平　执行主编吴方、贺卫东
方志出版社　2018年5月
426页　精装　29cm
ISBN978-7-5144-3082-0
馆藏号：Guojiafz-8600002017178

兰陵年鉴·2016
中共兰陵县委、兰陵县人民政府主办　兰陵县地方史志编纂委员会办公室编　主编陈永亮
中国文史出版社　2016年10月
345页　精装　29cm
ISBN978-7-5034-8247-2
馆藏号：Guojiafz-8600002014801

兰陵年鉴·2017
中共兰陵县委、兰陵县人民政府主办　兰陵县地方史志办公室编　主编陈永亮
方志出版社　2017 年 12 月
361 页　精装　29cm
ISBN978-7-5144-2878-0
馆藏号：Guojiafz-8600002016877

费县年鉴·2011—2012
中共费县县委、费县人民政府主办　费县史志办公室编　主编刘露
济南出版社　2013 年 9 月
568 页　精装　29cm
ISBN978-7-5488-1032-2
馆藏号：Guojiafz-8600002009881

费县统计年鉴·2011
费县统计局编　主编英圣录
嘉祥县昌源印刷有限公司、嘉祥县统计局印刷所印刷　2012 年 9 月
266 页　精装　27cm
馆藏号：Guojiafz-8600002010267

莒南年鉴·2007—2009
中共莒南县委、莒南县人民政府主办《莒南年鉴》编纂委员会办公室编　主编杨永早　执行主编王振峰
中国文化出版社　2010 年 12 月
484 页　精装　29cm
ISBN978-988-91576-5-4
馆藏号：Guojiafz-8600002002460

莒南年鉴·2011
中共莒南县委员会、莒南县人民政府主办　莒南县地方史志编纂委员会办公室编　主编杨永早　执行主编王言飞
中国图书出版社　2012 年 1 月
374 页　精装　29cm
ISBN978-988-15385-7-4
馆藏号：Guojiafz-8600002007383

莒南年鉴·2014
中共莒南县委员会、莒南县人民政府主办　莒南县地方史志编纂委员会办公室编　主编王颖锋
黄河出版社　2014 年 11 月
479 页　精装　29cm
ISBN978-7-5460-0598-0
馆藏号：Guojiafz-8600002015275

莒南年鉴·2017
中共莒南县委员会、莒南县人民政府主办　莒南县地方史志编纂委员会办公室编　主编张玉杰
中国文史出版社　2017 年 11 月
510 页　精装　29cm
ISBN978-7-5034-9695-0
馆藏号：Guojiafz-8600002016522

蒙阴年鉴·1988—1993
蒙阴县地方史志编纂委员会办公室编
主编胡振华
中国经济出版社　1994 年 12 月
354 页　精装　27cm
ISBN7-5017-0583-6
馆藏号：Guojiafz-8600002000970

蒙阴年鉴·2004—2008
蒙阴县人民政府主办《蒙阴年鉴》编纂委员会编
主编王德路、傅伟
中华书局　2010 年 9 月
595 页　精装　29cm
ISBN978-7-101-07547-2
馆藏号：Guojiafz-8600002004148

临沭年鉴·2001—2005
临沭县人民政府主办　临沭县地方史志办公室编
主编张伟峰　执行主编王玉琳
方志出版社　2007 年 4 月
675 页　精装　29cm
ISBN978-7-80238-029-5
馆藏号：Guojiafz-8600002000977

临沭年鉴·2011
中共临沭县委、临沭县人民政府主办　临沭县史志办公室编　主编王敬涛　执行主编葛瑞强
学林印刷厂印刷　2012 年 8 月
418 页　精装　29cm
准印证号：山东省内部资料性出版物准印证　2012 年第 3 号
馆藏号：Guojiafz-8600002005361

临沭年鉴·2012
中共临沭县委、临沭县人民政府主办　临沭县史志办公室编　主编王敬涛　执行主编王国庆
中国国际文化出版社　2013 年 5 月
474 页　精装　29cm
ISBN978-988-17328-0-4
馆藏号：Guojiafz-8600002006995

临沭年鉴·2013
中共临沭县委、临沭县人民政府主办　临沭县史志办公室编　主编王敬涛　执行主编王庆国
中国文史出版社　2014 年 8 月
410 页　精装　29cm
ISBN978-7-5034-5156-0
馆藏号：Guojiafz-8600002015782

临沭年鉴·2014
中共临沭县委、临沭县人民政府主办　临沭县地方史志办公室编　主编王敬涛
方志出版社　2015 年 6 月
498 页　精装　29cm
ISBN978-7-5144-1623-7
馆藏号：Guojiafz-8600002010386

临沭年鉴·2017
临沭县地方史志编纂委员会办公室编　主编王敬涛、崔平
方志出版社　2017 年 12 月
477 页　精装　29cm
ISBN978-7-5144-2945-9
馆藏号：Guojiafz-8600002016899

德州年鉴·1993
山东省德州地区行政公署主办　山东省德州地区史志编纂委员会办公室编　主编刘福华
齐鲁书社　1993 年 12 月
487 页　精装　27cm
ISBN7-5333-0390-3
馆藏号：Guojiafz-8600002004155

德州年鉴·1994
山东省德州地区行政公署主办　山东省德州地区史志编纂委员会办公室编　主编张今三　总纂徐洪岭
齐鲁书社　1995 年 3 月
360 页　精装　27cm
ISBN7-5333-0460-8
馆藏号：Guojiafz-8600002004152

德州年鉴·1995
山东省德州市人民政府主办　山东省德州市史志编纂委员会办公室编　主编张今三　总纂徐洪岭
齐鲁书社　1995 年 9 月
337 页　精装　27cm
ISBN7-5333-0484-5
馆藏号：Guojiafz-8600002004154

德州年鉴·1997
山东省德州市人民政府主办　山东省德州市地方史志办公室编　主编张今三
方志出版社　1997 年 7 月
302 页　精装　27cm
ISBN7-80122-179-6
馆藏号：Guojiafz-8600002008204

德州年鉴·1998
山东省德州市人民政府主办　山东省德州市地方史志办公室编　主编张今三
方志出版社　1998 年 8 月
314 页　精装　27cm
ISBN7-80122-322-5
馆藏号：Guojiafz-8600002012712

德州年鉴·1999
德州市人民政府主办　山东省德州市地方史志办公室编　主编张今三
方志出版社　1999年10月
338页　精装　27cm
ISBN7-80122-465-5
馆藏号：Guojiafz-8600002004150

德州年鉴·2000
山东省德州市人民政府主办　山东省德州市地方史志办公室编　主编张今三
方志出版社　2000年7月
383页　精装　27cm
ISBN7-80122-573-2
馆藏号：Guojiafz-8600002004215

德州年鉴·2001
山东省德州市人民政府主办　山东省德州市史志办公室编　主编张今三
中华书局　2001年10月
423页　精装　27cm
ISBN7-101-03020-3
馆藏号：Guojiafz-8600002004212

德州年鉴·2002
山东省德州市人民政府主办　山东省德州市史志办公室编　主编张今三
山东省地图出版社　2002年9月
393页　精装　27cm
ISBN7-80532-585-5
馆藏号：Guojiafz-8600002004153

德州年鉴·2003
德州市人民政府主办　山东省德州市地方史志办公室编　主编张今三
山东省地图出版社　2003年11月
427页　精装　27cm
ISBN7-80532-647-9
馆藏号：Guojiafz-8600002003943

德州年鉴·2017
山东省德州市人民政府主办　山东省德州市地方史志办公室编　主编李其常、王立云
方志出版社　2017年11月
430页　精装　29cm
ISBN978-7-5144-2719-6
馆藏号：Guojiafz-8600002016884

德城年鉴·2015
德城区人民政府主办　德城区地方史志办公室编　主编姜桂军
中国文史出版社　2015年6月
501页　精装　29cm
ISBN978-7-5034-6335-8
馆藏号：Guojiafz-8600002010462

德城年鉴·2016
德州市德城区人民政府主办　德州市德城区地方史志办公室编　主编姜桂军
中国文史出版社　2016年6月
603页　精装　29cm
ISBN978-7-5034-7818-5
馆藏号：Guojiafz-8600002013486

德城年鉴·2018
德州市德城区人民政府主办　德州市德城区地方史志办公室编　主编姜桂军
方志出版社　2018年12月
534页　精装　29cm
ISBN978-7-5144-3518-4
馆藏号：Guojiafz-8600002018039

禹城年鉴·1986—1995
山东省禹城市人民政府主办　山东省禹城市地方志办公室编　总编庞吉温　主编王在泉
方志出版社　1997年8月
492页　精装　27cm
ISBN7-80122-178-8
馆藏号：Guojiafz-8600002013412

武城年鉴·2018
中共武城县委、武城县人民政府主办　武城县党史史志办公室编　主编尹莉　执行主编孙新
方志出版社　2018 年 9 月
425 页　精装　29cm
ISBN978-7-5144-3247-3
馆藏号：Guojiafz-8600002016948

聊城年鉴·1991—1994
山东省聊城地区行政公署主办　山东省聊城地区史志编纂委员会办公室编　主编齐保柱
齐鲁书社　1995 年 9 月
481 页　精装　27cm
ISBN7-5333-0483-7
馆藏号：Guojiafz-8600002003926

聊城年鉴·1995—1997
山东省聊城市人民政府主办　聊城市地方史志编纂委员会办公室编　主编齐保柱
齐鲁书社　1998 年 11 月
506 页　精装　27cm
ISBN7-5333-0756-9
馆藏号：Guojiafz-8600002003924

聊城年鉴·1998—2001
聊城市人民政府主办　聊城市地方史志办公室编　主编薛守望
五洲传播出版社　2002 年 10 月
405 页　精装　29cm
ISBN7-5085-0128-4
馆藏号：Guojiafz-8600002003993

聊城年鉴·2002—2003
聊城市人民政府主办　聊城市地方史志办公室编　总编薛守望
中国广播电视出版社　2004 年 10 月
358 页　精装　29cm
ISBN7-5043-4216-5
馆藏号：Guojiafz-8600002003988

聊城年鉴·2005
聊城市人民政府主办　聊城市地方史志办公室编　主编宋士功
中国广播电视出版社　2005 年 11 月
426 页　精装　29cm
ISBN7-5043-4585-7
馆藏号：Guojiafz-8600002003989

聊城年鉴·2008
聊城市人民政府主办　聊城市地方史志办公室编　主编宋士功
中国科学文化音像出版社　2008 年 12 月
500 页　精装　29cm
ISBN978-7-900744-72-2
馆藏号：Guojiafz-8600002003805

聊城年鉴·2009
聊城市人民政府主办　聊城市地方史志办公室编　主编宋士功
吉林人民出版社　2009 年 11 月
522 页　精装　29cm
ISBN978-7-206-06350-8
馆藏号：Guojiafz-8600002003991

东昌府年鉴·2016
聊城市东昌府区人民政府主办　聊城市东昌府区地方史志办公室编　主编马金成
中国文史出版社　2016 年 10 月
412 页　精装　29cm
ISBN978-7-5034-8428-5
馆藏号：Guojiafz-8600002014103

东昌府年鉴·2017
聊城市东昌府区人民政府主办　聊城市东昌府区地方志编纂委员会办公室编　主编马金成、张海峰
方志出版社　2017 年 11 月
356 页　精装　29cm
ISBN978-7-5144-2652-6
馆藏号：Guojiafz-8600002016213

临清年鉴·2013—2015
临清市人民政府主办　临清市地方史志编纂委员会办公室编　主编方玉群
方志出版社　2018年1月
590页　精装　29cm
ISBN978-7-5144-2964-0
馆藏号：Guojiafz-8600002017095

临清年鉴·2017
临清市人民政府主办　临清市地方史志编纂委员会办公室编　主编方玉群
方志出版社　2018年1月
510页　精装　29cm
ISBN978-7-5144-2944-2
馆藏号：Guojiafz-8600002017091

阳谷年鉴·2000—2003
阳谷县人民政府主办　阳谷县人民政府、阳谷县史志办公室合编　主编李贵洲
中国文史出版社　2004年2月
461页　精装　27cm
ISBN7-5034-1212-7
馆藏号：Guojiafz-8600002003990

阳谷年鉴·2017
阳谷县人民政府主办　阳谷县地方史志办公室编
主编韩学斌
方志出版社　2017年11月
483页　精装　29cm
ISBN978-7-5144-2767-7
馆藏号：Guojiafz-8600002015044

茌平年鉴·1986—1996
茌平县人民政府主办　茌平县地方史志办公室编
主编张洪福、侯文芳
齐鲁书社　1998年7月
676页　精装　27cm
ISBN7-5333-0729-1
馆藏号：Guojiafz-8600002003986

高唐年鉴·1999—2004
高唐县人民政府主办　聊城市地方史志办公室编
主编张传庆、范景清
吉林人民出版社　2006年10月
360页　精装　29cm
ISBN7-206-04511-1
馆藏号：Guojiafz-8600002003925

滨州年鉴·1997
滨州地区行政公署主办　滨州地区地方史志办公室编　主编杨长青
方志出版社　1998年1月
533页　精装　27cm
ISBN7-80122-272-5
馆藏号：Guojiafz-8600002003803

滨州年鉴·1998
滨州地区行政公署主办　滨州地区地方史志办公室编　主编杨长青
方志出版社　1998年8月
474页　精装　27cm
ISBN7-80122-354-3
馆藏号：Guojiafz-8600002003801

滨州年鉴·1999
滨州地区行政公署主办　滨洲地区地方史志办公室编　主编杨长青
方志出版社　1999年7月
538页　精装　27cm
ISBN7-80122-470-1
馆藏号：Guojiafz-8600002003762

滨州年鉴·2000
滨州地区行政公署主办　滨州地区地方史志办公室编　主编宋守松、杨长青
方志出版社　2000年9月
545页　精装　27cm
ISBN7-80122-576-7
馆藏号：Guojiafz-8600002003758

滨州年鉴·2001
滨州市人民政府主办　山东省滨州市地方史志办公室编　主编杨长青
方志出版社　2001 年 8 月
550 页　精装　27cm
ISBN7-80122-671-2
馆藏号：Guojiafz-8600002004181

滨州年鉴·2002
滨州市人民政府主办　山东省滨州市地方史志办公室编　主编杨长青
方志出版社　2002 年 9 月
466 页　精装　27cm
ISBN7-80122-805-7
馆藏号：Guojiafz-8600002012522

滨州年鉴·2003
滨州市人民政府主办　滨州市地方史志办公室编　主编杨长青
方志出版社　2003 年 9 月
484 页　精装　27cm
ISBN7-80192-020-1
馆藏号：Guojiafz-8600002003937

滨州年鉴·2004
滨州市人民政府主办　滨州市地方史志办公室编　主编杨长青
方志出版社　2004 年 9 月
477 页　精装　27cm
ISBN7-80192-338-3
馆藏号：Guojiafz-8600002003885

滨州年鉴·2005
滨州市人民政府主办　山东省滨州市地方史志办公室编　主编杨长青
方志出版社　2005 年 8 月
569 页　精装　27cm
ISBN7-80192-608-0
馆藏号：Guojiafz-8600002005091

滨州年鉴·2006
中共滨州市委、滨州市人民政府主办　滨州市地方史志办公室编　主编杨长青
中国言实出版社　2006 年 8 月
390 页　精装　29cm
ISBN7-80128-842-4
馆藏号：Guojiafz-8600002003934

滨州年鉴·2007
中共滨州市委、滨州市人民政府主办　滨州市地方史志办公室编　主编宋守松、杨长青
黄河出版社　2007 年 10 月
426 页　精装　29cm
ISBN978-7-80152-893-3
馆藏号：Guojiafz-8600002003800

滨州年鉴·2009
中共滨州市委、滨州市人民政府主办　滨州市地方史志办公室编　主编柴德杰
黄河出版社　2009 年 10 月
357 页　精装　29cm
ISBN978-7-5460-0090-9
馆藏号：Guojiafz-8600002003760

滨州年鉴·2012
中共滨州市委、滨州市人民政府主办　滨州市地方史志办公室编　主编柴德杰　执行主编侯玉杰
山东省地图出版社　2012 年 9 月
429 页　精装　29cm
ISBN978-7-80754-651-1
馆藏号：Guojiafz-8600002009900

滨城年鉴·2016
中共滨州市滨城区委员会、滨州市滨城区人民政府主办　滨城区地方史志办公室编　主编刘鸿雁、刘桂珍
中国文史出版社　2017 年 4 月
481 页　精装　29cm
ISBN978-7-5034-7862-8
馆藏号：Guojiafz-8600002019762

滨城年鉴・2017
中共滨州市滨城区委员会、滨州市滨城区人民政府主办　滨州市滨城区地方史志办公室编
主编刘鸿雁、刘桂珍
华龄出版社　2017 年 12 月
479 页　精装　29cm
ISBN978-7-5169-1167-9
馆藏号：Guojiafz-8600002016233

沾化年鉴・1988—1997
山东省沾化县地方史志编纂委员会办公室编
主编刘荣昌、王金普
方志出版社　1998 年 12 月
563 页　精装　27cm
ISBN7-80122-407-8
馆藏号：Guojiafz-8600002000775

沾化年鉴・2008—2011
中共沾化县委员会、沾化县人民政府主办　沾化县地方史志编纂委员会编　主编杨爱民　执行主编朱瑞东
济南黄氏印务有限公司印刷　2013 年 12 月
414 页　平装　29cm
准印证号：滨准证 2013 滨第 18 号
馆藏号：Guojiafz-8600002019761

沾化年鉴・2019
中共滨州市沾化区委党史研究中心、滨州市沾化区地方史志研究中心合编　主编巴银堂　执行主编张爱芹
黄海数字出版社　2019 年 11 月
460 页　精装　29cm
ISBN978-7-89425-974-5
馆藏号：Guojiafz-8600002020132-4

惠民年鉴・1986—1997
惠民县人民政府主办　惠民县地方史志编纂委员会办公室编　主编路公
方志出版社　1999 年 7 月
496 页　精装　27cm
ISBN7-80122-412-4
馆藏号：Guojiafz-8600002004415

惠民年鉴・2017
中共惠民县委员会、惠民县人民政府主办　惠民县史志办公室编　主编左修和
中国文史出版社　2017 年 12 月
353 页　精装　29cm
ISBN978-7-5034-9847-3
馆藏号：Guojiafz-8600002019772-4

惠民年鉴・2018
中共惠民县委员会、惠民县人民政府主办　惠民县地方史志办公室编　主编左修和
天津古籍出版社　2018 年 12 月
393 页　精装　29cm
ISBN978-7-5528-0778-3
馆藏号：Guojiafz-8600002019769-71

惠民年鉴・2019
中共惠民县委党史研究中心（惠民县地方史志研究中心）编　主编孟书军
北京燕山出版社有限公司　2019 年 12 月
286 页　精装　29cm
ISBN978-7-5402-5484-1
馆藏号：Guojiafz-8600002019763-5

惠民年鉴・2020
中共惠民县委党史研究中心、惠民县地方史志研究中心合编　主编孟书军
线装书局　2020 年 12 月
325 页　精装　29cm
ISBN978-7-5120-4327-5
馆藏号：Guojiafz-8600002019766-8

阳信年鉴・2017
中共阳信县委、阳信县人民政府主办　阳信县地方史志办公室编　主编高智国
中国文史出版社　2017 年 12 月
434 页　精装　29cm

ISBN978-7-5034-9851-0
馆藏号：Guojiafz-8600002020120-2

阳信年鉴·2018
中共阳信县委、阳信县人民政府主办　阳信县地方史志办公室编　主编崔银青
齐鲁电子音像出版社　2018 年 8 月
305 页　精装　29cm
ISBN978-7-89396-850-1
馆藏号：Guojiafz-8600002020126-8

阳信年鉴·2019
中共阳信县委党史研究中心、阳信县地方史志研究中心合编　主编崔银青
九州出版社　2019 年 12 月
295 页　精装　29cm
ISBN978-7-5108-8787-1
馆藏号：Guojiafz-8600002020123-5

无棣年鉴·1991—1997
无棣县人民政府主办　无棣县地方史志办公室编　主编李玉森
方志出版社　1999 年 5 月
394 页　精装　27cm
ISBN7-80122-454-X
馆藏号：Guojiafz-8600002012703

无棣年鉴·1998—2000
无棣县人民政府主办　无棣县地方史志办公室编　主编刘悦忠
方志出版社　2001 年 12 月
394 页　精装　27cm
ISBN7-80122-730-1
馆藏号：Guojiafz-8600002003763

无棣年鉴·2016
中共无棣县委员会、无棣县人民政府主办　无棣县地方史志办公室编　主编刘长雨
线装书局　2016 年 12 月
407 页　精装　29cm
ISBN978-7-5120-2590-5
馆藏号：Guojiafz-8600002019803-5

无棣年鉴·2017
中共无棣县委员会、无棣县人民政府主办　无棣县地方史志办公室编　主编刘长雨
九州出版社　2017 年 9 月
385 页　精装　29cm
ISBN978-7-5108-3459-2
馆藏号：Guojiafz-8600002016225

无棣年鉴·2018
中共无棣县委员会、无棣县人民政府主办　无棣县地方史志办公室编　主编刘长雨
方志出版社　2018 年 9 月
374 页　精装　29cm
ISBN978-7-5144-3285-5
馆藏号：Guojiafz-8600002016978

无棣年鉴·2019
中共无棣县委员会、无棣县人民政府主办　中共无棣县委党史研究中心、无棣县地方史志研究中心合编　主编孟令明　执行主编张玉春
九州出版社　2020 年 3 月
336 页　精装　29cm
ISBN978-7-5108-9039-0
馆藏号：Guojiafz-8600002019808-10

无棣年鉴·2020
中共无棣县委、无棣县人民政府主办　中共无棣县委党史研究中心、无棣县地方史志研究中心合编　主编孟令明
团结出版社　2020 年 10 月
365 页　精装　29cm
ISBN978-7-5126-8261-0
馆藏号：Guojiafz-8600002019811-3

博兴年鉴·1986—1996
博兴县人民政府主办　博兴县地方史志编纂委员会编　主编韩道水、牛万政

方志出版社　1998 年 12 月
396 页　精装　27cm
ISBN7-80122-397-7
馆藏号：Guojiafz-8600002004159

博兴年鉴·1997—1999
博兴县人民政府主办　博兴县地方史志办公室编
主编牛万政、张基地
山东新华印刷厂印刷　2000 年 12 月
465 页　精装　27cm
准印证号：滨准印（2000）第 050 号
馆藏号：Guojiafz-8600002019793-5

博兴年鉴·2000—2002
博兴县人民政府主办　博兴县地方史志办公室编
主编马光俭、牛万政
山东新华印刷厂印刷　2003 年 12 月
460 页　精装　27cm
准印证号：滨准印（2003）第 046 号
馆藏号：Guojiafz-8600002009311

博兴年鉴·2003—2005
中共博兴县委员会、博兴县人民政府主办　博兴县地方史志办公室编　主编李文华、牛万政
山东省地图出版社　2006 年 11 月
483 页　精装　27cm
ISBN7-80532-934-6
馆藏号：Guojiafz-8600002019796-8

博兴年鉴·2009
中共博兴县委、博兴县人民政府主办　博兴县地方史志办公室编　主编郑振清、曹立红
济南皓彩印刷科技有限公司印刷　2010 年 12 月
300 页　精装　27cm
准印证号：山东省内部资料性出版物准印证（2010）第 26 号
馆藏号：Guojiafz-8600002009044

博兴年鉴·2010
中共博兴县委员会、博兴县人民政府主办　博兴县地方史志办公室编　主编郑振清、曹立红
济南皓彩印刷科技有限公司印刷　2011 年 12 月
420 页　精装　27cm
准印证号：山东省内部资料性出版物准印证（2011）第 17 号
馆藏号：Guojiafz-8600002019801-2

博兴年鉴·2011—2013
中共博兴县委员会、博兴县人民政府主办　博兴县地方史志办公室编　主编吴瑞林、曹立红
线装书局　2016 年 1 月
428 页　精装　27cm
ISBN978-7-5120-2178-5
馆藏号：Guojiafz-8600002020140-2

邹平年鉴·1986—1995
邹平县人民政府主办　山东省邹平县地方史志编纂委员会办公室编　主编马秀娟、李福林
齐鲁书社　1997 年 11 月
503 页　精装　27cm
ISBN7-5333-0641-4
馆藏号：Guojiafz-8600002003936

菏泽地区年鉴·1999
荷泽地区行政公署主办　荷泽地区地方志办公室编
主编王伯涛
齐鲁书社　1999 年 3 月
450 页　精装　27cm
ISBN7-5333-0815-8
馆藏号：Guojiafz-8600002004170

菏泽年鉴·2007
菏泽市人民政府主办　菏泽市地方史志办公室编
主编王伯涛
长城出版社　2007 年 11 月
406 页　精装　29cm
ISBN978-7-80017-893-1
馆藏号：Guojiafz-8600002003920

菏泽年鉴・2008
菏泽市人民政府主办　菏泽市地方史志办公室编
主编王伯涛
长城出版社　2008 年 10 月
396 页　精装　29cm
ISBN978-7-80017-944-0
馆藏号：Guojiafz-8600002003923

菏泽年鉴・2009
菏泽市人民政府主办　菏泽市地方史志办公室编
主编王伯涛
深圳市江山印刷厂印刷　2009 年 10 月
390 页　精装　29cm
准印证号：2009 年菏第 03 号
馆藏号：Guojiafz-8600002005833

荷泽年鉴・2010
菏泽市人民政府主办　菏泽市地方史志办公室编
主编李少华
深圳市海图印刷设计有限公司印刷　2010 年 11 月
352 页　平装　29cm
准印证号：鲁新图内出准字（2010）菏第 02 号
馆藏号：Guojiafz-8600002006307

牡丹区年鉴・2018
菏泽市牡丹区人民政府主办　牡丹区地方史志编纂委员会办公室编　主编王付明　执行主编赵玉梅
中州古籍出版社　2019 年 1 月
496 页　精装　29cm
ISBN978-7-5348-8333-0
馆藏号：Guojiafz-8600002020269-71

牡丹区年鉴・2019
牡丹区委党史研究中心（区地方史志研究中心）编
主编王付明
九州出版社　2019 年 12 月
484 页　精装　29cm
ISBN978-7-5108-8644-7
馆藏号：Guojiafz-8600002020263-5

曹县年鉴・2016
曹县人民政府主办　曹县地方史志编纂委员会办公室编　主编董梁英　执行主编王仲芳
线装书局　2016 年 9 月
444 页　精装　29cm
ISBN978-7-5120-2384-0
馆藏号：Guojiafz-8600002014764

曹县年鉴・2017
曹县人民政府主办　曹县人民政府办公室、曹县地方志编纂委员会办公室编　主编董梁英　执行主编王仲芳
华龄出版社　2017 年 10 月
486 页　精装　29cm
ISBN978-7-5169-1099-3
馆藏号：Guojiafz-8600002020251-3

曹县年鉴・2018
曹县人民政府主办　曹县地方志编纂委员会办公室编　主编董梁英
方志出版社　2018 年 8 月
346 页　精装　29cm
ISBN978-7-5144-3175-9
馆藏号：Guojiafz-8600002017184

曹县年鉴・2020
中共曹县县委、曹县人民政府主办　中共曹县县委党史研究中心（曹县地方史志研究中心）编
主编张荣昌
中国文史出版社　2020 年 9 月
368 页　精装　29cm
ISBN978-7-5205-2106-2
馆藏号：Guojiafz-8600002020293-5

成武县年鉴・1988
山东省成武县地方史志编纂委员会办公室编
主任王汝密
内部印刷

264 页　精装　27cm
馆藏号：Guojiafz-8600002005298

成武年鉴·1990
成武县史志编纂委员会办公室编　主任田文知
山东省出版总社荷泽分社　1990 年 6 月
270 页　精装　27cm
准印证号：鲁菏准字 90-011
馆藏号：Guojiafz-8600002005299

成武年鉴·1991
成武县地方史志编纂委员会办公室编　主任田文之
山东成武印刷厂印刷　1991 年 6 月
282 页　精装　27cm
准印证号：鲁准印字 90-011
馆藏号：Guojiafz-8600002005300

成武年鉴·1992
山东省成武县地方史志编纂委员会办公室编
主任田文之
山东成武印刷厂印刷　1992 年 6 月
171 页　平装　27cm
准印证号：鲁准印字 90-011
馆藏号：Guojiafz-8600002006232

成武年鉴·1997
山东省成武县人民政府主办　成武县《成武年鉴》编辑部编　主编陈枫
方志出版社　1997 年 8 月
307 页　精装　27cm
ISBN7-80122-213-X
馆藏号：Guojiafz-8600002003922

成武年鉴·1998
山东省成武县人民政府主办　《成武年鉴》编辑部编　主编祝远君、陈枫
山东新华印刷厂德州厂印刷　1998 年 11 月
263 页　精装　27cm
准印证号：菏新出准字（1998）1-30 号
馆藏号：Guojiafz-8600002005814

成武年鉴·2000
成武县人民政府主办　成武县史志办公室编
主编祝远君
山东省地图出版社　2000 年 11 月
289 页　精装　27cm
ISBN7-80532-402-6
馆藏号：Guojiafz-8600002004183

成武年鉴·2002
成武县人民政府主办　成武县史志办公室编
主编祝传峰、祝远君
山东省地图出版社　2002 年 11 月
260 页　精装　27cm
ISBN7-80532-594-4
馆藏号：Guojiafz-8600002004173

成武年鉴·2010
成武县人民政府主办　成武县地方史志办公室编
主编杨海涛　执行主编李丙新
中国国际文化出版社　2010 年 11 月
328 页　精装　29cm
ISBN978-988-19606-4-1
馆藏号：Guojiafz-8600002004180

成武年鉴·2012
成武县人民政府主办　成武县地方史志办公室编
主编杨海涛
中国国际文化出版社　2012 年 10 月
350 页　精装　29cm
ISBN978-988-19657-8-3
馆藏号：Guojiafz-8600002004563

成武年鉴·2017
成武县人民政府主办　成武县地方史志办公室编
主编杨海涛
中国文史出版社　2017 年 11 月
451 页　精装　29cm
ISBN978-7-5034-7874-1
馆藏号：Guojiafz-8600002020296-8

成武年鉴·2019
中共成武县委党史研究中心（成武县地方史志研究中心）编　主编杨海涛
中国国际文化出版社　2019 年 10 月
360 页　精装　29cm
ISBN978-7-5205-1326-5
馆藏号：Guojiafz-8600002020248-50

郓城年鉴·1991—1997
山东省郓城县人民政府主办　郓城县地方史志办公室编　主编陈传铮
齐鲁书社　1999 年 3 月
484 页　精装　27cm
ISBN7-5333-0771-2
馆藏号：Guojiafz-8600002004172

郓城年鉴·2017
郓城县人民政府主办　郓城县地方史志编纂委员会办公室编　主编王志良
方志出版社　2018 年 1 月
546 页　精装　29cm
ISBN978-7-5144-2946-6
馆藏号：Guojiafz-8600002016870

鄄城年鉴·1991—1995
鄄城县人民政府主办《鄄城年鉴》编辑部编　主编杜庆义、察志和
方志出版社　1997 年 6 月
460 页　精装　27cm
ISBN7-80122-164-8
馆藏号：Guojiafz-8600002004168

鄄城年鉴·2017
鄄城县人民政府主办　鄄城县史志办公室编　主编黄贤清、吴延灵
中国文史出版社　2017 年 8 月
427 页　精装　29cm
ISBN978-7-5034-8375-2
馆藏号：Guojiafz-8600002020245-7

定陶年鉴·2018
定陶区人民政府主办　定陶区地方史志编纂委员会办公室编　主编朱向勇
中州古籍出版社　2018 年 12 月
322 页　精装　29cm
ISBN978-7-5348　-8208-1
馆藏号：Guojiafz-8600002020242-4

东明年鉴·2017
东明县人民政府主办　东明县地方史志编纂委员会编　主编孔建民
中国文史出版社　2017 年 10 月
460 页　精装　29cm
ISBN978-7-5034-8403-2
馆藏号：Guojiafz-8600002016215

河南省

河南年鉴·1985
河南省地方史志编委员会主办 《河南年鉴》编辑部编 主编刘问世
郑州卫东印刷厂印刷 1985年12月
666页 精装 27cm
准印证号：豫刊证字第098号
馆藏号：Guojiafz-8600002004046

河南年鉴·1986
河南省地方史志编纂委员会主办 《河南年鉴》编辑部编 主编刘问世
河南第一新华印刷厂印刷 1986年12月
588页 精装 27cm
准印证号：豫刊证字第19号
馆藏号：Guojiafz-8600002009362

河南年鉴·1987
河南省地方史志编纂委员会主办 《河南年鉴》编辑部编 主编刘问世
河南第一新华印刷厂印刷 1987年12月
679页 精装 27cm
馆藏号：Guojiafz-8600002001780

河南年鉴·1988
河南省地方史志编纂委员会主办 《河南年鉴》编辑部编 主编刘问世
山东省东明县印刷厂印刷 1988年12月
556页 精装 27cm
CN41-1075号
馆藏号：Guojiafz-8600002009363

河南年鉴·1989
河南省地方史志编纂委员会主办 《河南年鉴》编辑部编 主编惠明深
河南省卫生厅青年印刷厂印刷 1989年12月
650页 精装 27cm
CN41-1075号
馆藏号：Guojiafz-8600002010056

河南年鉴·1990
河南省地方史志编纂委员会主办 《河南年鉴》编辑部编 主编李振华
郑州市印刷厂印刷 1990年12月
645页 精装 27cm
CN41-1075号
馆藏号：Guojiafz-8600002010783

河南年鉴·1991
河南省地方史志编纂委员会主办 《河南年鉴》编辑部编 主编刘照直
河南省新新印刷厂印刷 1991年12月
706页 精装 27cm
CN41-1075
馆藏号：Guojiafz-8600002006459

河南年鉴·1992
河南省地方史志编纂委员会主办 河南年鉴编辑部编 主编王之勤
新华社解放军分社《世界军事》杂志印刷厂印刷 1992年12月
709页 精装 27cm
CN41-1075
馆藏号：Guojiafz-8600002006563

河南年鉴·1993
河南省地方史志编纂委员会主办　河南年鉴编辑部编　主编王之勤
郑州市丽华胶印厂印刷　1994年1月
682页　精装　27cm
CN41-1075
馆藏号：Guojiafz-8600002006559

河南年鉴·1994
河南省地方史志编纂委员会主办　河南年鉴编辑部编　主编王之勤
河南省信息开发应用所印刷　1994年10月
638页　精装　27cm
ISSN1006-107X
馆藏号：Guojiafz-8600002005862

河南年鉴·1995
河南省人民政府办公厅主管　河南省地方史志办公室主办　河南年鉴编辑部编　主编王之勤
河南年鉴社　1995年9月
722页　精装　27cm
ISSN1006-107X
馆藏号：Guojiafz-8600002005095

河南年鉴·1996
河南省人民政府办公厅主管　河南省地方史志办公室主办　河南年鉴编辑部编　主编王之勤
河南年鉴社　1996年12月
794页　精装　27cm
ISSN1006-107X
馆藏号：Guojiafz-8600002007698

河南年鉴·1997
河南省人民政府办公厅主管　河南省地方史志办公室主办　河南年鉴编辑部编　主编鲁德政
河南年鉴社　1997年10月
710页　精装　27cm
ISSN1006-107X
馆藏号：Guojiafz-8600002007703

河南年鉴·2004
河南省人民政府办公厅主管　河南省地方史志办公室主办　河南年鉴社编　主编卢大伟　执行主编许还平
河南年鉴社　2004年10月
629页　精装　29cm
ISSN1006-107X
馆藏号：Guojiafz-8600002007726

河南年鉴·2009
河南省人民政府办公厅主管　河南省地方史志办公室主办　河南年鉴社编　主编安惠元　执行主编霍宪章
河南年鉴社　2009年10月
562页　精装　29cm
ISSN1006-107X
馆藏号：Guojiafz-8600002000100

河南年鉴·2012
河南省人民政府办公厅主管　河南省地方史志办公室主办　河南年鉴编辑委员会编　主编郭洪昌　执行主编霍宪章
河南年鉴社　2012年10月
612页　精装　29cm
ISSN1006-107X
馆藏号：Guojiafz-8600002017482

河南年鉴·2013
河南省人民政府办公厅主管　河南省地方史志办公室主办　河南年鉴社编　主编郭洪昌　执行主编霍宪章
河南年鉴社　2013年10月
648页　精装　29cm
ISSN1006-107X
馆藏号：Guojiafz-8600002010353

河南年鉴·2014
河南省人民政府办公厅主管　河南省地方史志办公室主办　河南年鉴社编　主编郭洪昌　执行主编霍宪章

河南年鉴社　2014 年 10 月
638 页　精装　29cm
ISSN1006-107X
馆藏号：Guojiafz-8600002010485

河南年鉴·2016
河南省人民政府办公厅主管　河南省地方史志办公室主办　河南年鉴社编　主编郭洪昌　执行主编管仁富
河南年鉴社　2016 年 10 月
571 页　精装　29cm
ISSN1006-107X
馆藏号：Guojiafz-8600002014689

河南年鉴·2017
河南省人民政府办公厅主管　河南省地方史志办公室主办　河南年鉴编辑委员会编　主编朱焕然　执行主编管仁富
河南省瑞光印务股份有限公司印刷　2017 年 10 月
593 页　精装　29cm
ISSN1006-107X
馆藏号：Guojiafz-8600002016799

河南年鉴·2018
河南省人民政府办公厅主管　河南省地方史志办公室主办　河南年鉴编辑委员会编　主编朱焕然　执行主编管仁富
河南省瑞光印务股份有限公司印刷　2018 年 12 月
496 页　精装　29cm
ISSN1006-107X
馆藏号：Guojiafz-8600002018383

河南年鉴·2020
河南省人民政府办公厅主管　河南省地方史志办公室主办　河南省地方史志办公室编　主编朱焕然　执行主编管仁富
河南瑞之光印刷股份有限公司印刷　2020 年 9 月
559 页　精装　29cm
ISSN1006-107X
馆藏号：Guojiafz-8600002018390

中原油田年鉴·2002
中国石化集团中原石油勘探局、中国石油化工股份有限公司中原油田分公司主办　中原油田史志编纂委员会编　主编李士竹
企业管理出版社　2003 年 11 月
294 页　精装　26cm
ISBN7-80147-955-6
馆藏号：Guojiafz-8600002004452

中原油田年鉴·2009
中国石化集团中原石油勘探局、中国石油化工股份有限公司中原油田分公司主办　中原油田史志编纂委员会编　主编张明功
中国石化出版社　2009 年 12 月
405 页　精装　29cm
ISBN978-7-5114-0256-1
馆藏号：Guojiafz-8600002008493

河南科技年鉴·1984
河南省科学技术志编辑室编
内部印刷
160 页　精装　27cm
馆藏号：Guojiafz-8600002007607

河南水利年鉴·1998
河南省水利厅主办　河南水利年鉴编辑部编　主编庞瑞宪
方志出版社　1998 年 12 月
397 页　精装　27cm
ISBN7-80122-406-X
馆藏号：Guojiafz-8600002011162

河南水利年鉴·1999
河南水利年鉴编辑部编　主编庞瑞宪
方志出版社　1999 年 10 月
417 页　精装　27cm
ISBN7-80122-490-6
馆藏号：Guojiafz-8600002001199

河南水利年鉴·2001
河南省水利厅主办 《河南省水利年鉴》编纂委员会编 主编徐贵年
方志出版社 2002年1月
426页 精装 27cm
ISBN7-80122-731-X
馆藏号：Guojiafz-8600002012905

河南水利年鉴·2014
《河南水利年鉴》编辑部编 主编李斌成、杨沙平
中州古籍出版社 2014年12月
433页 精装 27cm
ISBN978-7-5348-5119-3
馆藏号：Guojiafz-8600002015491

河南书法年鉴·2006
河南省书法家协会主办 河南省书法家协会编
主编宋华平
河南美术出版社 2006年8月
565页 精装 30cm
ISBN7-5401-1415-0
馆藏号：Guojiafz-8600002004840

郑州年鉴·2009
郑州市人民政府主办 《郑州年鉴》编辑部编
主编经书威
中州古籍出版社 2009年11月
654页 精装 29cm
ISBN978-7-5348-3232-1
馆藏号：Guojiafz-8600002003132

郑州年鉴·2014
郑州市人民政府主办 郑州市地方史志办公室编
主编张群保
中州古籍出版社 2014年11月
573页 精装 29cm
ISBN978-7-5348-5043-1
馆藏号：Guojiafz-8600002015190

郑州年鉴·2016
郑州市人民政府主办 郑州市地方史志办公室编
主编张群保
中州古籍出版社 2016年9月
516页 精装 29cm
ISBN978-7-5348-6301-1
馆藏号：Guojiafz-8600002021534

郑州年鉴·2017
郑州市人民政府主办 郑州市地方史志办公室编
主编张群保
方志出版社 2017年12月
526页 精装 29cm
ISBN978-7-5144-2747-9
馆藏号：Guojiafz-8600002016243

郑州年鉴·2018
郑州市人民政府主办 郑州市地方史志办公室编
主编朱军
中州古籍出版社 2018年11月
472页 精装 29cm
ISBN978-7-5348-8196-1
馆藏号：Guojiafz-8600002026491

郑州年鉴·2019
郑州市人民政府主办 郑州市地方史志办公室编
主编朱军
中州古籍出版社 2019年11月
445页 精装 29cm
ISBN978-7-5348-8904-2
馆藏号：Guojiafz-8600002017936

郑州年鉴·2020
郑州市人民政府主办 郑州市地方史志办公室编
主编朱军
中州古籍出版社 2020年6月
405页 精装 29cm
ISBN978-7-5348-9223-3
馆藏号：Guojiafz-8600002026492

郑州铁路局年鉴·2009
郑州铁路局主管　郑州铁路局主办　郑州铁路局史志编纂委员会编　主编卢忠立
郑州铁路局印刷厂印刷　2009年12月
452页　精装　29cm
ISSN1009-1181
馆藏号：Guojiafz-8600002000275

郑州铁路局年鉴·2014
郑州铁路局主管　郑州铁路局主办　郑州铁路局史志编纂委员会编　主编华丹隆　执行主编翟丽敏
郑州新海岸电脑彩色制印有限公司印刷　2014年12月
470页　精装　29cm
ISSN1009-1181
馆藏号：Guojiafz-8600002030537

郑州铁路局年鉴·2016
郑州铁路局主管　郑州铁路局主办　郑州铁路局史志编纂委员会编　主编张黎克、苗丽君　执行主编翟丽敏
郑州新海岸电脑彩色制印有限公司印刷　2016年12月
526页　精装　29cm
ISSN1009-1181
馆藏号：Guojiafz-8600002014754

郑州统计年鉴·2007
郑州市统计局编　主编李德耀　总编赵广程
中国统计出版社　2007年7月
469页　精装　31cm
ISBN978-7-5037-5202-5
馆藏号：Guojiafz-8600002005469

中原区年鉴·2007
中原区人民政府主办　中原区人民政府、中原区地方史志办公室合编　主编王冬梅
中州古籍出版社　2007年12月
454页　精装　29cm
ISBN978-7-5348-2759-4
馆藏号：Guojiafz-8600002000264

中原区年鉴·2008
中原区人民政府主办　中原区地方史志办公室编　主编王冬梅
中州古籍出版社　2008年12月
512页　精装　29cm
ISBN978-7-5348-3022-8
馆藏号：Guojiafz-8600002000262

中原区年鉴·2009
中原区人民政府主办　郑州市中原区地方史志办公室编　主编王冬梅
中州古籍出版社　2009年12月
596页　精装　29cm
ISBN978-7-5348-3251-2
馆藏号：Guojiafz-8600002000265

中原区年鉴·2010
中原区人民政府主办　郑州市中原区地方史志办公室编　主编王冬梅
中州古籍出版社　2010年12月
529页　精装　29cm
ISBN978-7-5348-3457-8
馆藏号：Guojiafz-8600002000015

中原区年鉴·2014
郑州市中原区人民政府主办　郑州市中原区地方史志办公室编　主编王冬梅
中州古籍出版社　2014年12月
441页　精装　29cm
ISBN978-7-5348-5133-9
馆藏号：Guojiafz-8600002015778

中原区年鉴·2016
中原区人民政府主办　郑州市中原区地方史志办公室编　主编任莉
中州古籍出版社　2016年12月
438页　精装　29cm

ISBN978-7-5348-6826-9
馆藏号：Guojiafz-8600002014611

二七年鉴・2006
郑州市二七区人民政府主办 《二七年鉴》编辑部编 主编史秉锐
中州古籍出版社 2006年12月
253页 精装 27cm
ISBN7-5348-2621-7
馆藏号：Guojiafz-8600002004044

二七年鉴・2007
郑州市二七区人民政府主办 《二七年鉴》编辑部编 主编石迎军
中州古籍出版社 2007年12月
346页 精装 27cm
ISBN978-7-5348-2827-0
馆藏号：Guojiafz-8600002002359

二七年鉴・2008
郑州市二七区人民政府主办 二七区地方志办公室编 主编石迎军
中州古籍出版社 2008年11月
375页 精装 27cm
ISBN978-7-5348-3003-7
馆藏号：Guojiafz-8600002000052

二七年鉴・2009
郑州市二七区人民政府主办 《二七年鉴》编委会编 主编郭法章、刘康乐
中州古籍出版社 2009年12月
350页 精装 27cm
ISBN978-7-5348-3274-1
馆藏号：Guojiafz-8600002000342

二七年鉴・2010
郑州市二七区人民政府主办 《二七年鉴》编委会编 主编郭法章
中州古籍出版社 2010年12月
663页 精装 29cm
ISBN978-7-5348-3533-9
馆藏号：Guojiafz-8600002002355

二七年鉴・2015
郑州市二七区人民政府主办 二七区地方志办公室编 主编刘琴
中州古籍出版社 2015年12月
415页 精装 29cm
ISBN978-7-5348-5541-2
馆藏号：Guojiafz-8600002014206

二七年鉴・2016
郑州市二七区人民政府主办 郑州市二七区地方志办公室编 主编刘琴
中州古籍出版社 2017年2月
461页 精装 29cm
ISBN978-7-5348-6885-6
馆藏号：Guojiafz-8600002014168

金水年鉴・2018
郑州市金水区地方史志办公室编 主编向天燕
方志出版社 2018年11月
315页 精装 29cm
ISBN978-7-5144-3442-2
馆藏号：Guojiafz-8600002017256

惠济年鉴・2004—2005
惠济区人民政府主办 惠济区地方史志办公室编 主编李果
中州古籍出版社 2007年1月
522页 精装 29cm
ISBN978-7-5348-2693-1
馆藏号：Guojiafz-8600002002010

新密教育年鉴・2002
新密教育年鉴编辑部编 主编张钰亭
郑州龙洋纸制品有限公司印刷 2003年6月
527页 精装 27cm
准印证号：豫内资郑新出发通字（2003）63号
馆藏号：Guojiafz-8600002009066

新郑年鉴·2017
新郑市人民政府主办　新郑市地方史志办公室编
总编乔琳　主编李磊　执行主编宁淑娜
方志出版社　2017年12月
393页　精装　29cm
ISBN978-7-5144-2892-6
馆藏号：Guojiafz-8600002016241

中牟年鉴·2009
中牟县人民政府主办　中牟县地方志办公室编
主编胡玉昌　执行主编徐园
中州古籍出版社　2009年12月
513页　精装　29cm
ISBN978-7-5348-3252-9
馆藏号：Guojiafz-8600002000584

开封年鉴·1995
《开封年鉴》编辑部编　总编纂魏振中
主编彭富臣、孙月娥
中州古籍出版社　1995年9月
452页　精装　27cm
ISBN7-5348-1397-2
馆藏号：Guojiafz-8600002003309

开封年鉴·1996
开封市人民政府主办　开封年鉴编纂委员会编
主编魏振中、彭富臣
中州古籍出版社　1996年8月
382页　精装　27cm
ISBN7-5348-1499-5
馆藏号：Guojiafz-8600002004851

开封年鉴·2001
开封市人民政府主办　开封年鉴编纂委员会编
总编纂孙富山　主编孙富山、吴治安、孙月娥
方志出版社　2001年10月
349页　精装　27cm
ISBN7-80122-651-8
馆藏号：Guojiafz-8600002012958

开封年鉴·2016
中共开封市委、开封市人民政府主办　开封市地方史志办公室编　总编孙晓红　主编曹景宪　执行主编孙玲、胡江华
中州古籍出版社　2016年12月
500页　精装　29cm
ISBN978-7-5348-6825-2
馆藏号：Guojiafz-8600002014685

开封年鉴·2017
中共开封市委员会、开封市人民政府主办　开封市地方史志办公室编　总编纂孙晓红　主编曹景宪
执行主编韩红军
中州古籍出版社　2017年12月
566页　精装　29cm
ISBN978-7-5348-7465-9
馆藏号：Guojiafz-8600002017319

开封年鉴·2019
中共开封市委、开封市人民政府主办　开封市地方史志办公室编　总编纂刘震　主编郇正国　执行主编韩红军
河南大学出版社　2019年12月
430页　精装　29cm
ISBN978-7-5649-3977-9
馆藏号：Guojiafz-8600002030080

开封年鉴·2020
中共开封市委、开封市人民政府主办　开封市地方史志办公室编　总编纂黄玉国　主编郇正国
执行主编韩红军
河南大学出版社　2020年9月
462页　精装　29cm
ISBN978-7-5649-4457-5
馆藏号：Guojiafz-8600002019093

开封卫生年鉴·1984
开封市卫生局编
内部印刷　1985年2月

276页　平装　26cm
馆藏号：Guojiafz-8600002009371

开封市鼓楼年鉴·2017
中共开封市鼓楼区委员会、开封市鼓楼区人民政府主办　开封市鼓楼区地方史志办公室编
总编纂王曙光　主编吕玉柱
中州古籍出版社　2017年12月
360页　精装　29cm
ISBN978-7-5348-7055-2
馆藏号：Guojiafz-8600002016580

开封市鼓楼年鉴·2018
中共开封市鼓楼区委员会、开封市鼓楼区人民政府主办　开封市鼓楼区地方史志办公室编
总编纂王曙光　主编吕玉柱
中州古籍出版社　2019年1月
380页　精装　29cm
ISBN978-7-5348-8407-8
馆藏号：Guojiafz-8600002019215

开封市鼓楼年鉴·2019
中共开封市鼓楼区委员会、开封市鼓楼区人民政府主办　开封市鼓楼区地方史志办公室编
主编吕玉柱
内部印刷　2019年12月
354页　精装　29cm
馆藏号：Guojiafz-8600002018932

开封市鼓楼年鉴·2020
中共开封市鼓楼区委员会、开封市鼓楼区人民政府主办　开封市鼓楼区地方史志办公室编
总编纂朱永辉　主编吕玉柱
中州古籍出版社　2020年9月
357页　精装　30cm
ISBN978-7-5348-9433-6
馆藏号：Guojiafz-8600002019876

开封市龙亭区年鉴·2017
中共开封市龙亭区委员会、开封市龙亭区人民政府主办　开封市龙亭区地方史志办公室编
总编纂祁燃　主编魏俊芳
执行主编高向雯、李胜利、赵清茹、孔盼盼
中州古籍出版社　2017年12月
276页　精装　29cm
ISBN978-7-5348-7086-6
馆藏号：Guojiafz-8600002020042

开封市龙亭区年鉴·2018
中共开封市龙亭区委员会、开封市龙亭区人民政府主办　开封市龙亭区地方史志办公室编
总编纂许少周　主编魏俊芳　执行主编孔盼盼
中州古籍出版社　2019年1月
318页　精装　29cm
ISBN978-7-5348-8390-3
馆藏号：Guojiafz-8600002019080

开封市龙亭区年鉴·2019
开封市龙亭区人民政府主办　开封市龙亭区地方史志办公室编　总编纂唐慧敏　主编魏俊芳　执行主编孔盼盼
中州古籍出版社　2019年12月
396页　精装　29cm
ISBN978-7-5348-5922-9
馆藏号：Guojiafz-8600002019234

开封市禹王台区年鉴·2017
中共开封市禹王台区委员会、开封市禹王台区人民政府主办　开封市禹王台区地方史志办公室编
总编纂杜君　主编陈继甫、魏万青、杨新昌　执行主编董鹏程
中州古籍出版社　2018年1月
202页　精装　29cm
ISBN978-7-5348-7538-0
馆藏号：Guojiafz-8600002019255

开封市禹王台区年鉴·2018
中共开封市禹王台区委员会、开封市禹王台区人民政府主办　开封市禹王台区地方史志办公室编
总编纂杜君　主编魏万青、杨新昌　执行主编

董鹏程
中州古籍出版社　2019年1月
320页　精装　29cm
ISBN978-7-5348-8385-9
馆藏号：Guojiafz-8600002019888

开封市禹王台区年鉴·2019
中共开封市禹王台区委员会、开封市禹王台区人民政府主办　开封市禹王台区地方史志办公室编　总编纂杜君　主编魏万青、杨新昌　执行主编董鹏程
内部印刷
276页　精装　29cm
馆藏号：Guojiafz-8600002018930

开封市禹王台区年鉴·2020
中共开封市禹王台区委员会、开封市禹王台区人民政府主办　开封市禹王台区地方史志办公室编　总编纂杜君　主编魏万青　执行主编董鹏程
中州古籍出版社　2020年9月
303页　精装　29cm
ISBN978-7-5348-9423-7
馆藏号：Guojiafz-8600002019090

祥符年鉴·2016（创刊号）
开封市祥符区人民政府主办　开封市祥符区地方史志办公室编　主编强国辉、王振法、高俊成　执行主编于有海、权会民
河南浩宇印务有限公司印刷　2016年12月
426页　精装　29cm
馆藏号：Guojiafz-8600002018892

祥符年鉴·2017
开封市祥符区人民政府主办　开封市祥符区地方史志办公室编　主编高俊成
中州古籍出版社　2017年12月
487页　精装　29cm
ISBN978-7-5348-7052-1
馆藏号：Guojiafz-8600002018925

祥符年鉴·2018
开封市祥符区人民政府主办　开封市祥符区地方史志办公室编　主编高俊成、权会民
中州古籍出版社　2019年1月
549页　精装　29cm
ISBN978-7-5348-8328-6
馆藏号：Guojiafz-8600002019056

祥符年鉴·2019
开封市祥符区人民政府主办　开封市祥符区地方史志办公室编　主编权会民
内部印刷　2019年12月
496页　精装　29cm
馆藏号：Guojiafz-8600002018924

祥符年鉴·2020
开封市祥符区人民政府主办　开封市祥符区地方史志办公室编　主编权会民
中州古籍出版社　2020年8月
413页　精装　29cm
ISBN978-7-5348-9316-2
馆藏号：Guojiafz-8600002018896

杞县年鉴·2016
中共杞县县委、杞县人民政府主办　杞县地方史志办公室编　主编高洪宪
中州古籍出版社　2017年3月
542页　精装　29cm
ISBN978-7-5348-6947-1
馆藏号：Guojiafz-8600002014597

通许年鉴·2013
通许县人民政府主办　通许县地方史志办公室编　主编陈传新　执行主编李瑞芝
驻马店鸿源印刷有限公司印刷
333页　精装　29cm
馆藏号：Guojiafz-8600002019934

通许年鉴·2016
通许县人民政府主办　通许县地方史志办公室编

主编陈传新　执行主编李瑞芝
郑州市联合印务有限公司印刷　2016年12月
342页　精装　29cm
馆藏号：Guojiafz-8600002019250

通许年鉴·2017
通许县人民政府主办　通许县地方史志办公室编　主编陈传新　执行主编李瑞芝
中州古籍出版社　2017年12月
389页　精装　29cm
ISBN978-7-5348-7561-8
馆藏号：Guojiafz-8600002019935

通许年鉴·2018
通许县人民政府主办　通许县地方史志办公室编　主编陈传新　执行主编李瑞芝
内部印刷　2018年12月
385页　精装　29cm
馆藏号：Guojiafz-8600002020210

通许年鉴·2019
通许县人民政府主办　通许县地方史志办公室编　主编孙兆胜　执行主编张莉
内部印刷
435页　精装　29cm
馆藏号：Guojiafz-8600002019096

通许年鉴·2020
通许县人民政府主办　通许县志编纂委员会办公室编　主编孙兆胜　执行主编张莉
中州古籍出版社　2020年9月
439页　精装　29cm
ISBN978-7-5348-9361-2
馆藏号：Guojiafz-8600002019188

尉氏年鉴·2015（创刊号）
中共尉氏县委员会、尉氏县人民政府主办　《尉氏年鉴》编纂委员会编　总编纂赵书凯　主编李建强　执行主编田三宝、李怀正
中州古籍出版社　2015年12月
418页　精装　29cm
ISBN978-7-5348-5315-9
馆藏号：Guojiafz-8600002018940

尉氏年鉴·2016
中共尉氏县委员会、尉氏县人民政府主办　尉氏县地方史志办公室编　总编纂赵书凯　主编李建强
中州古籍出版社　2016年12月
352页　精装　29cm
ISBN978-7-215-10335-1
馆藏号：Guojiafz-8600002019244-6

尉氏年鉴·2017
中共尉氏县委员会、尉氏县人民政府主办　尉氏县地方史志办公室编　总编纂温宜香　主编李建强　执行主编宋长安
中州古籍出版社　2017年12月
292页　精装　29cm
ISBN978-7-5348-7460-4
馆藏号：Guojiafz-8600002019884

尉氏年鉴·2018
中共尉氏县委员会、尉氏县人民政府主办　尉氏县地方史志办公室编　主编李建强
中州古籍出版社　2019年7月
371页　精装　29cm
ISBN978-7-5348-7460-4
馆藏号：Guojiafz-8600002019062

尉氏年鉴·2019
中共尉氏县委员会、尉氏县人民政府主办　尉氏县地方史志办公室编　主编李建强　执行主编宋长安
内部印刷
419页　精装　29cm
馆藏号：Guojiafz-8600002020284

尉氏年鉴·2020
中共尉氏县委、尉氏县人民政府主办　尉氏县地

方史志办公室编　总编纂温宜香　主编李建强　执行主编赵莉莉
河南大学出版社　2020 年 9 月
374 页　精装　29cm
ISBN978-7-5649-4454-4
馆藏号：Guojiafz-8600002020207

兰考年鉴·2016
中共兰考县委员会、兰考县人民政府主办　兰考县地方史志办公室编　主编李波
中州古籍出版社　2018 年 8 月
342 页　精装　29cm
ISBN978-7-5348-7813-8
馆藏号：Guojiafz-8600002042857

兰考年鉴·2017
兰考县人民政府、中共兰考县委员会主办　兰考县地方史志办公室编　主编周玮　执行主编栗志河
中州古籍出版社　2020 年 1 月
324 页　精装　29cm
ISBN978-7-5348-9020-8
馆藏号：Guojiafz-8600002020349

洛阳年鉴·2004
洛阳市人民政府主办　洛阳年鉴编纂委员会编　主编李贵基、王立林　执行主编孙凤让
中华书局　2004 年 8 月
384 页　精装　29cm
ISBN7-101-04400-X
馆藏号：Guojiafz-8600002005233

洛阳年鉴·2009
洛阳市人民政府主办 《洛阳年鉴》编纂委员会编　主编郭洪昌、吴中阳　执行主编来学斋、孙凤让
中华书局　2009 年 9 月
499 页　精装　29cm
ISBN978-7-101-06345-5
馆藏号：Guojiafz-8600002002357

洛阳年鉴·2012
洛阳市人民政府主办 《洛阳年鉴》编委会编
主编吴中阳　执行主编来学斋、徐林
中州古籍出版社　2013 年 1 月
585 页　精装　29cm
ISBN978-7-5348-4142-2
馆藏号：Guojiafz-8600002016353

洛阳年鉴·2017
洛阳市人民政府主办　洛阳市地方史志办公室编
主编吴孟铎、魏险峰　执行主编丁其善
中州古籍出版社　2018 年 1 月
462 页　精装　29cm
ISBN978-7-5348-7626-4
馆藏号：Guojiafz-8600002021028

洛阳市西工年鉴·2018
洛阳市西工区人民政府主办　洛阳市西工区史志办公室编　主编王进
中州古籍出版社　2019 年 1 月
458 页　精装　29cm
ISBN978-7-5348-8306-4
馆藏号：Guojiafz-8600002020638

西工年鉴·2020
洛阳市西工区人民政府主办　洛阳市西工区史志办公室编　主编史千灵
中州古籍出版社　2020 年 8 月
385 页　精装　29cm
ISBN978-7-5348-9336-0
馆藏号：Guojiafz-8600002021501

洛阳市涧西年鉴·2009
涧西区人民政府主办 《洛阳市涧西年鉴》编委会编　主编王自文、聂五建　执行主编杨公颍
中州古籍出版社　2010 年 6 月
386 页　精装　27cm
ISBN978-7-5348-3373-1
馆藏号：Guojiafz-8600002000506

洛阳市涧西年鉴·2016
涧西区人民政府主办　洛阳市涧西区史志办公室编
主编贺敏、郭建平　执行主编刘宏义
中州古籍出版社　2016 年 11 月
400 页　精装　29cm
ISBN978-7-5348-6630-2
馆藏号：Guojiafz-8600002014172

洛阳市涧西年鉴·2017
洛阳市涧西区人民政府主办　洛阳市涧西区史志办公室编　主编贺敏、周玉甫　执行主编刘宏义
中州古籍出版社　2017 年 11 月
470 页　精装　29cm
ISBN978-7-5348-7444-4
馆藏号：Guojiafz-8600002018977

洛阳市涧西年鉴·2018
洛阳市涧西区人民政府主办　洛阳市涧西区史志办公室编　主编贺敏、周玉甫　执行主编刘宏义
中州古籍出版社　2019 年 1 月
399 页　精装　29cm
ISBN978-7-5348-8289-0
馆藏号：Guojiafz-8600002020099

洛阳市涧西年鉴·2019
洛阳市涧西区人民政府主办　洛阳市涧西区史志办公室编　主编温清、周玉甫　执行主编刘宏义
中州古籍出版社　2020 年 3 月
421 页　精装　29cm
ISBN978-7-5348-9064-2
馆藏号：Guojiafz-8600002020102

洛阳市涧西年鉴·2020
洛阳市涧西区人民政府主办　洛阳市涧西区档案史志馆编　主编温清、周玉甫　执行主编刘宏义、韩俊玲
中州古籍出版社　2020 年 8 月
389 页　精装　29cm
ISBN978-7-5348-9332-2
馆藏号：Guojiafz-8600002020103

洛阳市吉利区五年通鉴·1989—1993
洛阳市吉利区地方史志编纂委员会编
主编史建中
中州古籍出版社　1996 年 12 月
432 页　精装　27cm
ISBN7-5348-1563-0
馆藏号：Guojiafz-8600002003459

洛阳市洛龙年鉴·2014
洛阳市洛龙区人民政府主办　洛阳市洛龙区档案史志局编　主编孙延文　执行主编马正标
中州古籍出版社　2014 年 11 月
384 页　精装　29cm
ISBN978-7-5348-4878-0
馆藏号：Guojiafz-8600002015316

洛阳市洛龙年鉴·2016
洛阳市洛龙区人民政府主办　洛阳市洛龙区档案史志局编　主编刘德胜　执行主编马正标
中州古籍出版社　2016 年 10 月
444 页　精装　29cm
ISBN978-7-5348-6559-6
馆藏号：Guojiafz-86000020194011

洛阳市洛龙年鉴·2017
洛阳市洛龙区人民政府主办　洛阳市洛龙区档案史志局编　主编张玉杰　执行主编马正标
中州古籍出版社　2017 年 11 月
485 页　精装　29cm
ISBN978-7-5348-7456-7
馆藏号：Guojiafz-8600002020633

洛阳市洛龙年鉴·2018
洛阳市洛龙区人民政府主办　洛阳市洛龙区档案史志局编　主编张玉杰　执行主编马正标
中州古籍出版社　2018 年 12 月
490 页　精装　29cm
ISBN978-7-5348-7992-0
馆藏号：Guojiafz-8600002019412

洛阳市洛龙年鉴·2019
洛阳市洛龙区档案史志馆编　主编张玉杰　执行主编马正标
上海交通大学出版社　2020 年 12 月
496 页　精装　29cm
ISBN978-7-313-23884-9
馆藏号：Guojiafz-8600002020508

洛阳市洛龙年鉴·2020
洛阳市洛龙区人民政府主办　洛阳市洛龙区档案史志馆编　主编韩建军　执行主编刘静霞、马正标
中州古籍出版社　2020 年 8 月
432 页　精装　29cm
ISBN978-7-5348-9333-9
馆藏号：Guojiafz-8600002021527

洛阳伊滨经开区年鉴·2018
伊滨经开区地方史志编纂委员会办公室编
主编杨振钊
中州古籍出版社　2019 年 1 月
440 页　精装　29cm
ISBN978-7-5348-8290-6
馆藏号：Guojiafz-8600002018963

新安年鉴·2013
新安县人民政府主办　新安县地方史志办公室编
主编陈怀民
中州古籍出版社　2013 年 12 月
274 页　精装　29cm
ISBN978-7-5348-4522-2
馆藏号：Guojiafz-8600002019947

新安年鉴·2014
新安县人民政府主办　新安县地方史志办公室编
主编陈怀民
洛阳市天彩印刷有限公司印刷
313 页　精装　29cm
准印证号：豫内资洛审字 2015021 号
馆藏号：Guojiafz-8600002019201

新安年鉴·2015
新安县人民政府主办　新安县地方史志办公室编
主编陈怀民
洛阳市天彩印刷有限公司印刷
340 页　精装　29cm
准印证号：豫内资洛审字 2015031 号
馆藏号：Guojiafz-8600002019994

新安年鉴·2016
新安县人民政府主办　新安县地方史志办公室编
主编陈怀民
中州古籍出版社　2016 年 12 月
348 页　精装　29cm
ISBN978-7-5348-6799-6
馆藏号：Guojiafz-8600002019204

新安年鉴·2017
新安县人民政府主办　新安县地方史志办公室编
主编陈怀民
中州古籍出版社　2017 年 12 月
371 页　精装　29cm
ISBN978-7-5348-7396-6
馆藏号：Guojiafz-8600002020000

新安年鉴·2018
新安县人民政府主办　新安县地方史志办公室编
主编陈怀民
中州古籍出版社　2018 年 12 月
353 页　精装　29cm
ISBN978-7-5348-7984-5
馆藏号：Guojiafz-8600002019997

栾川年鉴·2020
中共栾川县委主办　栾川县档案史志馆编
主编李杰　执行主编张正良
中州古籍出版社　2020 年 8 月
210 页　精装　29cm
ISBN978-7-5348-9391-9
馆藏号：Guojiafz-8600002020382

嵩县年鉴·2013
嵩县人民政府主办　嵩县地方史志办公室编
主编史章栓、王巧玲　执行主编王元立
中州古籍出版社　2014 年 3 月
354 页　精装　29cm
ISBN978-7-5348-4680-9
馆藏号：Guojiafz-8600002018985

嵩县年鉴·2018
嵩县人民政府主办　嵩县地方史志办公室编
主编何兴旺、王巧玲　执行主编王元立
中州古籍出版社　2019 年 5 月
414 页　精装　29cm
ISBN978-7-5348-8672-0
馆藏号：Guojiafz-8600002018876

嵩县年鉴·2019
嵩县人民政府主办　嵩县地方史志办公室编
主编何兴旺、陈志杰　执行主编王元立、王巧玲
内部印刷
427 页　精装　29cm
馆藏号：Guojiafz-8600002019906

嵩县年鉴·2020
中共嵩县县委、嵩县人民政府主办　嵩县地方史志办公室编　主编何兴旺、陈志杰　执行主编王元立
中州古籍出版社　2020 年 8 月
408 页　精装　29cm
ISBN978-7-5348-9335-3
馆藏号：Guojiafz-8600002018877

汝阳年鉴·2016—2017
汝阳县人民政府主办　汝阳县地方史志办公室编
主编卢迎丽
洛阳中昊文化传播有限公司印刷
473 页　精装　29cm
馆藏号：Guojiafz-8600002019959

汝阳年鉴·2017—2018
汝阳县人民政府主办　汝阳县地方史志办公室编
主编卢迎丽
中国文化出版社　2019 年 5 月
542 页　精装　29cm
ISBN978-988-8619-75-7
馆藏号：Guojiafz-8600002019962

汝阳年鉴·2020
汝阳县地方史志办公室编　主编卢迎丽　执行主编杨龙水
中州古籍出版社　2020 年 8 月
390 页　精装　29cm
ISBN978-7-5348-9389-6
馆藏号：Guojiafz-8600002019956

宜阳年鉴·2009
宜阳县人民政府主办　宜阳县地方史志办公室编
主编程汴玲　执行主编赵苗远
中州古籍出版社　2009 年 12 月
316 页　精装　29cm
ISBN978-7-5348-3120-1
馆藏号：Guojiafz-8600002000137

宜阳年鉴·2017
宜阳县人民政府主办　宜阳县地方史志办公室编
主编沈朝阳
中州古籍出版社　2018 年 1 月
424 页　精装　29cm
ISBN978-7-5348-7610-3
馆藏号：Guojiafz-8600002016581

宜阳年鉴·2019
宜阳县人民政府主办　宜阳县地方史志办公室编
主编李卫国
中州古籍出版社　2020 年 4 月
396 页　精装　29cm
ISBN978-7-5348-9033-8
馆藏号：Guojiafz-8600002019040

宜阳年鉴·2020
宜阳县人民政府主办　宜阳县地方史志办公室编
主编李卫国
中州古籍出版社　2020年8月
366页　精装　29cm
ISBN978-7-5348-9390-2
馆藏号：Guojiafz-8600002019038

洛宁年鉴·2006
中共洛宁县委、洛宁县人民政府主办　中共洛宁县委档案馆编　总编曲脉旺
中共党史出版社　2007年10月
254页　精装　29cm
ISBN7-80199-465-5
馆藏号：Guojiafz-8600002000667

伊川年鉴·2002—2003
伊川县人民政府主办　河南伊川县史志总编室编
主编方占杰、王姣朋
新疆人民出版社　2003年12月
325页　精装　29cm
ISBN7-228-08520-5
馆藏号：Guojiafz-8600002000303

伊川年鉴·2017
伊川县人民政府主办　伊川县地方史志办公室编
主编李君、夏磊、王瑞鹏　执行主编姚六喜
中州古籍出版社　2017年12月
549页　精装　29cm
ISBN978-7-5348-7498-7
馆藏号：Guojiafz-8600002019398

伊川年鉴·2020
中共伊川县委主办　中共伊川县委党史研究室编
主编袁剑、魏森、邵乐毅　执行主编葛站庄
中州古籍出版社　2020年8月
501页　精装　29cm
ISBN978-7-5348-9331-5
馆藏号：Guojiafz-8600002019402

洛阳经济技术开发区（洛阳伊滨产业集聚区）年鉴·2019
洛阳经济技术开发区地方史志编纂委员会编
主编曹思源　执行主编杨振钊
中州古籍出版社　2019年11月
403页　精装　30cm
ISBN978-7-5348-8846-5
馆藏号：Guojiafz-8600002018959

洛阳经济技术开发区（洛阳伊滨产业集聚区）年鉴·2020
洛阳经济技术开发区地方史志编纂委员会编
主编王少民　执行主编杨振钊
中州古籍出版社　2020年8月
440页　精装　29cm
ISBN978-7-5348-9368-1
馆藏号：Guojiafz-8600002019019

洛阳高新技术产业开发区年鉴·2017
洛阳高新技术产业开发区管理委员会编
主编翟玉民　执行主编刘宏伟
中州古籍出版社　2018年3月
387页　精装　29cm
ISBN978-7-5348-7733-9
馆藏号：Guojiafz-8600002018976

洛阳高新技术产业开发区年鉴·2018
洛阳高新技术产业开发区管理委员会编
主编翟玉民　执行主编刘宏伟
中州古籍出版社　2019年1月
265页　精装　29cm
ISBN978-7-5348-8287-6
馆藏号：Guojiafz-8600002018966

洛阳高新技术产业开发区年鉴·2019
洛阳高新技术产业开发区管理委员会编
主编翟玉民　执行主编王海峰
中州古籍出版社　2020年1月
295页　精装　29cm

ISBN978-7-5348-8984-4
馆藏号：Guojiafz-8600002018971

洛阳高新技术产业开发区年鉴·2020
洛阳高新技术产业开发区管理委员会编
主编翟玉民　执行主编王海峰
中州古籍出版社　2020 年 8 月
257 页　精装　29cm
ISBN978-7-5348-9321-6
馆藏号：Guojiafz-8600002018969

平顶山年鉴·2001
平顶山市人民政府主办　河南省平顶山年鉴编纂委员会编　主编李平均
方志出版社　2002 年 1 月
440 页　精装　27cm
ISBN7-80122-639-9
馆藏号：Guojiafz-8600002012711

平顶山年鉴·2002
平顶山市人民政府主办　河南省平顶山年鉴编纂委员会编　主编李平均　执行主编宋新华
方志出版社　2003 年 1 月
463 页　精装　27cm
ISBN7-80122-868-5
馆藏号：Guojiafz-8600002010465

平顶山年鉴·2004
平顶山市人民政府主办　平顶山市地方史志办公室编　主编杨炜
中州古籍出版社　2004 年 10 月
243 页　精装　29cm
ISBN7-5348-2455-9
馆藏号：Guojiafz-8600002004345

平顶山年鉴·2009
平顶山市人民政府主办　河南省平顶山市地方史志办公室编　主编宋新华
方志出版社　2009 年 10 月
380 页　精装　29cm
ISBN7-80122-639-9
馆藏号：Guojiafz-8600002002916

平顶山年鉴·2012
平顶山市人民政府主办　平顶山市地方史志办公室编　主编宋新华　执行主编王亚红
中州古籍出版社　2012 年 9 月
546 页　精装　29cm
ISBN978-7-5348-3973-3
馆藏号：Guojiafz-8600002018475

平顶山年鉴·2013
平顶山市人民政府主办　平顶山市地方史志办公室编　主编王亚红　执行主编翟红果
中州古籍出版社　2013 年 10 月
552 页　精装　29cm
ISBN978-7-5348-4465-2
馆藏号：Guojiafz-8600002018471

平顶山年鉴·2015
平顶山市人民政府主办　平顶山市地方史志办公室编　主编王亚红　执行主编翟红果
中州古籍出版社　2015 年 9 月
493 页　精装　29cm
ISBN978-7-5348-5478-1
馆藏号：Guojiafz-8600002014608

平顶山年鉴·2019
平顶山市人民政府主办　平顶山市地方史志办公室编　主编许晓鹏　执行主编孙洪涛
中州古籍出版社　2019 年 12 月
533 页　精装　29cm
ISBN978-7-5348-8889-2
馆藏号：Guojiafz-8600002018468

卫东区年鉴·2008
卫东区人民政府主办　卫东区地方史志办公室编
主编贺中乾
新华出版社　2008 年 10 月
262 页　精装　26cm

ISBN978-7-5011-7960-2
馆藏号：Guojiafz-8600002002198

卫东区年鉴·2010
卫东区人民政府主办　卫东区地方史志办公室编
主编李红馨
新华出版社　2010 年 9 月
327 页　精装　29cm
ISBN978-7-5011-7960-2
馆藏号：Guojiafz-8600002000345

平顶山市湛河区年鉴·2020
湛河区人民政府主办　湛河区地方史志编纂室编
主编杨延玲
中州古籍出版社　2020 年 7 月
314 页　精装　29cm
ISBN978-7-5348-9258-5
馆藏号：Guojiafz-8600002020552

舞钢市年鉴·2004
舞钢市地方史志编纂委员会编　主编范平　总纂于玲、王树延
方志出版社　2004 年 12 月
269 页　平装　26cm
ISBN7-80192-444-4
馆藏号：Guojiafz-8600002004979

舞钢市年鉴·2011
舞钢市人民政府主办　舞钢市地方史志办公室编
主编王振明
中州古籍出版社　2012 年 2 月
456 页　精装　29cm
ISBN978-7-5348-3791-3
馆藏号：Guojiafz-8600002015623

舞钢市年鉴·2014
舞钢市人民政府主办　舞钢市地方史志办公室编
主编王振明
中州古籍出版社　2014 年 7 月
444 页　精装　29cm
ISBN978-7-5348-4610-6
馆藏号：Guojiafz-8600002019405

舞钢市年鉴·2015
舞钢市人民政府主办　舞钢市地方史志办公室编
主编王振明
中州古籍出版社　2015 年 7 月
504 页　精装　29cm
ISBN978-7-80199-912-6
馆藏号：Guojiafz-8600002019466

舞钢市年鉴·2016
舞钢市人民政府主办　舞钢市地方史志办公室编
主编王振明
中州古籍出版社　2016 年 11 月
478 页　精装　29cm
ISBN978-7-93426-496-6
馆藏号：Guojiafz-8600002019463

舞钢市年鉴·2018
舞钢市人民政府主办　舞钢市地方史志办公室编
主编王振明
中州古籍出版社　2018 年 12 月
470 页　精装　29cm
ISBN978-7-5348-3916-3
馆藏号：Guojiafz-8600002019406

汝州年鉴·2012
汝州市人民政府主办　汝州市地方史志办公室编
主编张平怀、漫鸿义、陈建国
中州古籍出版社　2013 年 1 月
504 页　精装　29cm
ISBN978-7-5348-4128-6
馆藏号：Guojiafz-8600002019110

汝州年鉴·2013
汝州市人民政府主办　汝州市地方史志办公室编
主编张平怀、漫鸿义、陈建国
中州古籍出版社　2013 年 10 月
576 页　精装　29cm

ISBN978-7-5348-4464-5
馆藏号：Guojiafz-8600002020024

汝州年鉴·2014
汝州市人民政府主办　汝州市地方史志办公室编
主编张平怀、漫鸿义、陈建国
中州古籍出版社　2014年12月
396页　精装　29cm
ISBN978-7-5348-5074-5
馆藏号：Guojiafz-8600002015936

汝州年鉴·2015
汝州市人民政府主办　汝州市地方史志办公室编
主编鲁万军、漫鸿义　执行主编陈建国
中州古籍出版社　2015年8月
620页　精装　29cm
ISBN978-7-5348-5818-5
馆藏号：Guojiafz-8600002020021

汝州年鉴·2016
汝州市人民政府主办　汝州市地方史志办公室编
主编鲁万军、漫鸿义　执行主编陈建国
中州古籍出版社　2016年8月
598页　精装　29cm
ISBN978-7-5348-6642-5
馆藏号：Guojiafz-8600002014606

汝州年鉴·2017
汝州市人民政府主办　汝州市地方史志办公室编
主编杨兆华、于志峰　执行主编陈建国
中州古籍出版社　2018年5月
445页　精装　29cm
ISBN978-7-5348-7810-7
馆藏号：Guojiafz-8600002019113

汝州年鉴·2018
汝州市人民政府主办　汝州市地方史志办公室编
主编杨兆华、于志峰　执行主编贺艳蕾
中州古籍出版社　2019年4月
423页　精装　29cm
ISBN978-7-5348-8612-6
馆藏号：Guojiafz-8600002019291

汝州年鉴·2019
汝州市人民政府主办　汝州市地方史志办公室编
主编杨兆华、于志峰
中州古籍出版社　2020年2月
415页　精装　29cm
ISBN978-7-5348-9104-5
馆藏号：Guojiafz-8600002020259

汝州年鉴·2020
汝州市人民政府主办　汝州市地方史志办公室编
主编杨兆华、于志峰
中州古籍出版社　2020年8月
393页　精装　29cm
ISBN978-7-5348-9348-3
馆藏号：Guojiafz-8600002020028

宝丰年鉴·2009
宝丰县人民政府主办　宝丰县地方史志办公室编
主编郑永安、董国范
中州古籍出版社　2009年12月
503页　精装　29cm
ISBN978-7-5097-0019-8
馆藏号：Guojiafz-8600002002016

宝丰年鉴·2010
宝丰县人民政府主办　宝丰县地方史志办公室编
主编郑永安、杜建红
中州古籍出版社　2010年12月
336页　精装　29cm
ISBN978-7-5348-3534-6
馆藏号：Guojiafz-8600002000577

宝丰年鉴·2017
宝丰县人民政府主办　宝丰县地方史志办公室编
主编冯占伟　执行主编杜建红
中州古籍出版社　2017年12月
389页　精装　29cm

ISBN978-7-5348-7543-4
馆藏号：Guojiafz-8600002016247

叶县年鉴・2009
叶县人民政府主办　叶县人民政府、叶县地方史志办公室合编　主编王亚平
中州古籍出版社　2010 年 4 月
245 页　精装　29cm
ISBN978-7-5348-3343-4
馆藏号：Guojiafz-8600002002242

叶县年鉴・2010
叶县人民政府主办　叶县地方史志办公室编
主编王亚平
中州古籍出版社　2011 年 4 月
278 页　精装　29cm
ISBN978-7-5348-3557-5
馆藏号：Guojiafz-8600002021555

叶县年鉴・2011
叶县人民政府主办　叶县地方史志办公室编
主编王亚平
中州古籍出版社　2012 年 3 月
267 页　精装　29cm
ISBN978-7-5348-3819-4
馆藏号：Guojiafz-8600002021552

叶县年鉴・2012
叶县人民政府主办　叶县地方史志办公室编
主编王亚平　执行主编辛振强
中州古籍出版社　2013 年 3 月
253 页　精装　29cm
ISBN978-7-5348-4694-6
馆藏号：Guojiafz-8600002021547

叶县年鉴・2014
叶县人民政府主办　叶县地方史志办公室编
主编张秀英　执行主编王福成、辛振强
中州古籍出版社　2015 年 5 月
359 页　精装　29cm
ISBN978-7-5348-5122-3
馆藏号：Guojiafz-8600002021557

叶县年鉴・2015
叶县人民政府主办　叶县地方史志办公室编
主编张秀英
中州古籍出版社　2015 年 12 月
313 页　精装　29cm
ISBN978-7-5348-5652-5
馆藏号：Guojiafz-8600002021541

叶县年鉴・2018
叶县人民政府主办　叶县地方史志办公室编
主编张秀英
中州古籍出版社　2018 年 12 月
390 页　精装　29cm
ISBN978-7-5348-8534-1
馆藏号：Guojiafz-8600002021545

叶县年鉴・2019
叶县人民政府主办　叶县地方史志办公室编
主编张秀英
河南编史修志印务有限公司印刷　2019 年 11 月
412 页　精装　29cm
准印证号：(平)20190001
馆藏号：Guojiafz-8600002021565

叶县年鉴・2020
叶县人民政府主办　叶县地方史志办公室编
主编张秀英
中州古籍出版社　2020 年 7 月
438 页　精装　29cm
ISBN978-7-5348-9231-8
馆藏号：Guojiafz-8600002021562

郏县年鉴・2016
郏县人民政府主办　郏县地方史志办公室编
主编秦红伟　执行主编黄梦龙
中州古籍出版社　2016 年 12 月
308 页　精装　29cm

ISBN978-7-5348-6796-5
馆藏号：Guojiafz-8600002014164

安阳年鉴·1999
安阳市人民政府办公室主办　河南省《安阳年鉴》编纂委员会编　主编陈文道、王长生　执行主编高文德
方志出版社　1999年10月
472页　精装　27cm
ISBN7-80122-512-0
馆藏号：Guojiafz-8600002003069

安阳年鉴·2000
安阳市人民政府办公室主办　安阳年鉴编纂委员会编　主编陈文道、王长生　执行主编高文德
中州古籍出版社　2000年12月
623页　精装　27cm
ISBN7-5348-1974-1
馆藏号：Guojiafz-8600002002936

安阳年鉴·2001
安阳市人民政府办公室主办　河南省安阳年鉴编纂委员会编　主编陈文道、王长生　执行主编高文德
方志出版社　2001年11月
571页　精装　27cm
ISBN7-80122-621-6
馆藏号：Guojiafz-8600002002891

安阳年鉴·2002
安阳市人民政府办公室主办　安阳市地方史志办公室编　主编陈文道
方志出版社　2002年11月
316页　精装　29cm
ISBN7-80122-625-9
馆藏号：Guojiafz-8600002000618

安阳年鉴·2003
安阳市人民政府办公室主办　安阳市人民政府地方史志办公室编　主编陈文道
方志出版社　2003年12月
331页　精装　29cm
ISBN7-80192-102-X
馆藏号：Guojiafz-8600002000625

安阳年鉴·2004
安阳市人民政府办公室主办　《安阳年鉴》编辑部编　主编陈文道
中州古籍出版社　2004年10月
345页　精装　29cm
ISBN7-5348-2445-1
馆藏号：Guojiafz-8600002000202

安阳年鉴·2005
安阳市人民政府主办　《安阳年鉴》编辑部编　主编陈文道
中州古籍出版社　2005年10月
250页　精装　29cm
ISBN7-5348-2445-1
馆藏号：Guojiafz-8600002000090

安阳年鉴·2006
安阳市人民政府主办　《安阳年鉴》编辑部编　主编陈文道
中州古籍出版社　2006年10月
287页　精装　29cm
ISBN7-5348-2445-1
馆藏号：Guojiafz-8600002000335

安阳年鉴·2007
安阳市人民政府主办　《安阳年鉴》编纂委员会编　主编陈文道
中州古籍出版社　2007年11月
289页　精装　29cm
ISBN978-7-5348-2829-4
馆藏号：Guojiafz-8600002002228

安阳年鉴·2008
安阳市人民政府主办　《安阳年鉴》编纂委员会编　主编陈文道

中州古籍出版社　2008 年 11 月
273 页　精装　29cm
ISBN978-7-5348-2829-4
馆藏号：Guojiafz-8600002002517

安阳年鉴・2009
安阳市人民政府主办 《安阳年鉴》编纂委员会编
主编陈文道
中州古籍出版社　2009 年 11 月
286 页　精装　29cm
ISBN978-7-5348-2829-4
馆藏号：Guojiafz-8600002004088

安阳年鉴・2010
安阳市人民政府主办 《安阳年鉴》编纂委员会编
主编陈文道
中州古籍出版社　2010 年 10 月
294 页　精装　29cm
ISBN978-7-5348-2829-4
馆藏号：Guojiafz-8600002000056

安阳年鉴・2012
安阳市人民政府主办 《安阳年鉴》编纂委员会编
主编陈文道
中州古籍出版社　2012 年 12 月
343 页　精装　29cm
ISBN978-7-5348-3706-7
馆藏号：Guojiafz-8600002007357

安阳县年鉴・2003—2004
安阳县人民政府主办　安阳县地方史志办公室编
主编金静
中州古籍出版社　2005 年 11 月
369 页　精装　29cm
ISBN7-5348-2582-2
馆藏号：Guojiafz-8600002000087

安阳县年鉴・2005
安阳县人民政府主办　安阳县地方史志办公室编
主编金静
中州古籍出版社　2006 年 11 月
346 页　精装　29cm
ISBN7-5348-2582-2
馆藏号：Guojiafz-8600002004121

安阳县年鉴・2006
安阳县人民政府主办　安阳县地方史志办公室编
主编金静
中州古籍出版社　2007 年 11 月
369 页　精装　29cm
ISBN7-5348-2582-2
馆藏号：Guojiafz-8600002004081

安阳县年鉴・2007
安阳县人民政府主办　安阳县地方史志办公室编
主编金静
中州古籍出版社　2008 年 10 月
389 页　精装　29cm
ISBN7-5348-2582-2
馆藏号：Guojiafz-8600002000041

安阳县年鉴・2008
安阳县人民政府主办　安阳县地方史志办公室编
主编金静
中州古籍出版社　2009 年 10 月
385 页　精装　29cm
ISBN7-5348-2582-2
馆藏号：Guojiafz-8600002000361

安阳县年鉴・2009
安阳县人民政府主办　安阳县地方史志办公室编
主编金静
中州古籍出版社　2010 年 10 月
353 页　精装　29cm
ISBN7-5348-2582-2
馆藏号：Guojiafz-8600002002360

汤阴年鉴・2006
汤阴县人民政府主办 《汤阴年鉴》编委会编
主编庞敬国、曹瑞相

光明日报出版社　2006 年 9 月
272 页　精装　29cm
ISBN7-80145-841-9
馆藏号：Guojiafz-8600002000469

滑县年鉴・2012
滑县人民政府主办　滑县地方史志办公室编
主编张锡顺
中州古籍出版社　2014 年 1 月
375 页　精装　29cm
ISBN978-7-5348-4587-1
馆藏号：Guojiafz-8600002015404

滑县年鉴・2015
滑县人民政府主办　滑县地方史志编纂委员会编
主编齐素玲　执行主编郑玉章
中州古籍出版社　2015 年 11 月
403 页　精装　29cm
ISBN978-7-5348-5789-8
馆藏号：Guojiafz-8600002014602

滑县年鉴・2016
滑县人民政府主办　滑县地方史志办公室编
主编齐素玲　执行主编郑玉章
内部印刷
432 页　精装　29cm
馆藏号：Guojiafz-8600002020147

滑县年鉴・2020
滑县人民政府主办　滑县地方史志办公室编
主编张利民　执行主编郑佳佳
中州古籍出版社　2020 年 8 月
472 页　精装　29cm
ISBN978-7-5348-9405-3
馆藏号：Guojiafz-8600002020161

鹤壁年鉴・1992
鹤壁市地方史志编纂委员会编　主编张乐群
中州古籍出版社　1993 年 12 月
477 页　精装　27cm
ISBN7-5348-1223-2
馆藏号：Guojiafz-8600002010445

鹤壁年鉴・1993
鹤壁市地方史志编纂委员会编　主编张乐群
中州古籍出版社　1995 年 8 月
302 页　精装　27cm
ISBN7-5348-1389-1
馆藏号：Guojiafz-8600002003457

鹤壁年鉴・1994—1995
鹤壁市地方史志编纂委员会编　主编张乐群、和玉琢
中州古籍出版社　1996 年 9 月
630 页　精装　27cm
ISBN7-5348-1472-3
馆藏号：Guojiafz-8600002003356

鹤壁年鉴・1996
鹤壁市地方史志办公室编　主编张乐群、和玉琢
中州古籍出版社　1997 年 8 月
429 页　精装　27cm
ISBN7-5348-1637-8
馆藏号：Guojiafz-8600002009261

鹤壁年鉴・2003
鹤壁市人民政府办公室主管　鹤壁市人民政府主办
鹤壁市地方史志办公室编　主编申海庆
河南省郑州信息工程所印刷　2003 年 11 月
415 页　精装　27cm
准印证号：豫内资鹤新闻出发通字（2003）12 号
馆藏号：Guojiafz-8600002009374

鹤壁年鉴・2004
鹤壁市人民政府办公室主管　鹤壁市人民政府主办
鹤壁市地方史志办公室编　主编申海庆
中州古籍出版社　2004 年 10 月
279 页　精装　29cm
ISBN7-5348-2464-8
馆藏号：Guojiafz-8600002003139

鹤煤集团年鉴·2002
鹤煤（集团）公司史志编纂委员会编　主编冯瑞林、田野　执行主编张思恩
中华书局　2003 年 1 月
461 页　精装　27cm
ISBN7-101-03669-6
馆藏号：Guojiafz-8600002006171

淇滨年鉴·2017
鹤壁市淇滨区人民政府主办　鹤壁市淇滨区地方史志办公室编　主编赵瑞芬
中州古籍出版社　2018 年 2 月
342 页　精装　29cm
ISBN978-7-5348-7606-6
馆藏号：Guojiafz-8600002016246

新乡年鉴·2009
新乡市人民政府主办　新乡市地方史志局编
主编陈乃旗、高健、王兰泉
中州古籍出版社　2009 年 9 月
647 页　精装　29cm
ISBN978-7-5348-3107-2
馆藏号：Guojiafz-8600002000086

新乡年鉴·2010
新乡市人民政府主办　新乡市地方史志局编
主编陈乃旗、高健、王兰泉
中州古籍出版社　2010 年 12 月
699 页　精装　29cm
ISBN978-7-5348-3138-6
馆藏号：Guojiafz-8600002004089

红旗区年鉴·1987（创刊号）
新乡市红旗区史志编纂委员会编　主编张守义
内部印刷
249 页　精装　19cm
馆藏号：Guojiafz-8600002005376

红旗区年鉴·1988
新乡市红旗区史志办公室编　主编张守义
新乡市农牧局印刷厂印刷
222 页　精装　19cm
准印证号：豫内准新新 88 发第 018 号
馆藏号：Guojiafz-8600002006526

红旗区年鉴·1989
新乡市红旗区史志办公室编　主编张守义
新乡市农牧局印刷厂印刷
242 页　精装　19cm
准印证号：豫内资料准印新新 90 发第 027 号
馆藏号：Guojiafz-8600002006525

红旗区年鉴·1990
新乡市红旗区地方史志办公室编　主编张守义
新乡市农牧局编印刷厂印刷
220 页　精装　19cm
准印证号：豫内资料准印新新 91 发第 17 号
馆藏号：Guojiafz-8600002005372

红旗区年鉴·1991
新乡市红旗区史志编纂委员会主办　新乡市红旗区史志办公室编　主编张守义
华北石油地质局印刷一厂印刷
278 页　精装　19cm
准印证号：豫内资料新新 92 发第 12 号
馆藏号：Guojiafz-8600002009211

红旗区年鉴·1992
新乡市红旗区史志编纂委员会主办　新乡市红旗区史志办公室编　主编张守义
华北石油地质局印刷一厂印刷
226 页　精装　19cm
准印证号：豫内资料新 92 发第 37 号
馆藏号：Guojiafz-8600002009224

红旗区年鉴·1993
新乡市红旗区史志编纂委员会主办　新乡市红旗区史志办公室编　主编张守义
华北石油地质局印刷一厂印刷
228 页　精装　19cm

准印证号：豫内资料新新 93 发第 9 号
馆藏号：Guojiafz-8600002009227

红旗区年鉴·1994
新乡市红旗区史志编纂委员会主办　新乡市红旗区史志办公室编　主编张守义
华北石油地质局印刷一厂印刷
267 页　精装　19cm
准印证号：豫内资料准印通字新出 94 发第 020 号
馆藏号：Guojiafz-8600002009210

红旗区年鉴·1995
新乡市红旗区史志编纂委员会主办　新乡市红旗区史志办公室编　主编张守义
华北石油地质局印刷一厂印刷
237 页　精装　19cm
准印证号：豫内资料准印通字新出 95 发第 021 号
馆藏号：Guojiafz-8600002006622

红旗区年鉴·1997
新乡市红旗区史志编纂委员会主办　新乡市红旗区史志办公室编　主编张守义
华北石油地质局印刷一厂印刷
292 页　精装　19cm
准印证号：豫内资料准印通字新出 97 发第 035 号
馆藏号：Guojiafz-8600002006499

红旗区年鉴·2003
新乡市红旗区人民政府主办　新乡市红旗区史志编纂委员会编　主编段明升
华夏文化出版有限公司　2003 年 11 月
270 页　精装　21cm
ISBN962-5529-43-8
馆藏号：Guojiafz-8600002004551

新乡市凤泉区年鉴·2010—2012
新乡市凤泉区年鉴编纂委员会编　主编刘成云　执行主编李智勇
内部印刷　2014 年 6 月
367 页　精装　29cm
准印证号：豫内资新新出发审字 2014NZ-010 号
馆藏号：Guojiafz-8600002019869

新乡市凤泉区年鉴·2013—2015
新乡市凤泉区年鉴编纂委员会编　主编刘成云　执行主编李智勇
内部印刷　2018 年 4 月
337 页　精装　29cm
准印证号：豫内资新凤出发审字 2018NZ-001 号
馆藏号：Guojiafz-8600002019818

新乡市凤泉区年鉴·2016—2017
新乡市凤泉区年鉴编纂委员会编　主编刘成云　执行主编李智勇
内部印刷　2019 年 7 月
331 页　精装　29cm
准印证号：豫内资新凤出发审字 2019018 号
馆藏号：Guojiafz-8600002019870

新乡市凤泉区年鉴·2019
新乡市凤泉区年鉴编纂委员会编　主编刘成云　执行主编李智勇
内部印刷　2019 年 7 月
270 页　精装　29cm
准印证号：豫内资新凤出发审字 2019018 号
馆藏号：Guojiafz-8600002019951

新乡市凤泉区年鉴·2020
新乡市凤泉区党史研究和地方志编纂室编
总编刘成云、刘胜江　主编李智勇
中州古籍出版社　2020 年 7 月
334 页　精装　29cm
ISBN978-7-5348-9288-2
馆藏号：Guojiafz-8600002019950

辉县市年鉴·1990—1993
辉县市史志编纂委员会办公室编　主编张海、刘甫智
地矿部华北石油地质局印刷一厂印刷　1994 年 10 月
790 页　精装　27cm

CN11-2998
馆藏号：Guojiafz-8600002005861

辉县市年鉴·1994—1995
辉县市史志编纂委员会编　主编张海、刘甫智
中州古籍出版社　1995 年 12 月
823 页　精装　27cm
ISBN7-5348-1419-7
馆藏号：Guojiafz-8600002003419

辉县市年鉴·1996
辉县市史志编纂委员会编　主编张海、孟昭海
中州古籍出版社　1997 年 1 月
450 页　精装　27cm
ISBN7-5348-1483-9
馆藏号：Guojiafz-8600002003681

辉县市年鉴·1997
辉县市史志编纂委员会编　主编张海、孟昭海
燕山出版社　1997 年 10 月
474 页　精装　27cm
ISBN7-5402-0690-X
馆藏号：Guojiafz-8600002000063

辉县市年鉴·2009
辉县市人民政府主办　辉县市史志编纂委员会编
主编郭宇
中国文联出版社　2009 年 9 月
416 页　精装　27cm
ISBN7-5059-4213-4
馆藏号：Guojiafz-8600002002399

新乡县年鉴·2008
新乡县人民政府主办　新乡县地方史志办公室编
主编牛庆新
中国档案出版社　2009 年 11 月
376 页　精装　27cm
ISBN7-80166-667-4
馆藏号：Guojiafz-8600002000358

新乡县年鉴·2018
新乡县人民政府主办　新乡县地方史志办公室编
主编曹锦伟
中州古籍出版社　2019 年 1 月
287 页　精装　29cm
ISBN978-7-5348-8308-8
馆藏号：Guojiafz-8600002019444

新乡县年鉴·2019
新乡县人民政府主办　新乡县地方史志办公室编
主编曹锦伟
中州古籍出版社　2020 年 6 月
308 页　精装　29cm
ISBN978-7-5348-9178-6
馆藏号：Guojiafz-8600002021595

新乡县年鉴·2020
新乡县人民政府主办　新乡县党史研究和地方志编纂室编　主编曹锦伟
中州古籍出版社　2020 年 7 月
294 页　精装　29cm
ISBN978-7-5348-9237-0
馆藏号：Guojiafz-8600002019449

获嘉年鉴·2009—2011
获嘉县人民政府主办　获嘉县年鉴编辑委员会编
主编马万中
内部印刷　2017 年 7 月
651 页　精装　29cm
准印证号：豫内资获新出审［2017］NZ-002 号
馆藏号：Guojiafz-8600002020431

获嘉年鉴·2015
获嘉县人民政府主办　获嘉县年鉴编辑委员会编
主编马万中
内部印刷　2017 年 9 月
450 页　精装　29cm
准印证号：豫内资获新出审［2017］NZ-003 号
馆藏号：Guojiafz-8600002020370

获嘉年鉴 · 2016
获嘉县人民政府主办　获嘉县年鉴编辑委员会编
主编马万中
内部印刷　2017 年 12 月
523 页　精装　29cm
准印证号：豫内资获新出审［2017］NZ-004 号
馆藏号：Guojiafz-8600002020418

获嘉年鉴 · 2019
中共获嘉县委员会、获嘉县人民政府主管　获嘉县党史研究和地方志编纂室编　主编吕世伟、张丹
河北志晟印务有限公司印刷　2020 年 10 月
549 页　精装　29cm
准印证号:（新发）2020NZ-0015
馆藏号：Guojiafz-8600002020549

原阳年鉴 · 2017
原阳县人民政府主办　原阳县地方史志办公室编
主编李宜杰
中州古籍出版社　2017 年 12 月
476 页　精装　29cm
ISBN978-7-5348-7501-4
馆藏号：Guojiafz-8600002018398

原阳年鉴 · 2019
原阳县人民政府主办　原阳县地方史志办公室编
主编杨浩
中州古籍出版社　2019 年 12 月
464 页　精装　29cm
ISBN978-7-5348-8922-6
馆藏号：Guojiafz-8600002019427

延津年鉴 · 2007
延津县人民政府主办《延津年鉴》地方史志办公室编　主编陈廷芝
光明日报出版社　2008 年 9 月
361 页　精装　27cm
ISBN7-80145-841-9
馆藏号：Guojiafz-8600002002317

延津年鉴 · 2009
延津县人民政府主办　延津县地方史志办公室编
主编朱彬
河南人民出版社　2010 年 12 月
240 页　精装　29cm
ISBN978-7-215-06865-0
馆藏号：Guojiafz-8600002002466

延津年鉴 · 2013
延津县人民政府主办　延津县地方史志办公室编
主编朱彬
中州古籍出版社　2014 年 11 月
454 页　精装　29cm
ISBN978-7-5348-5102-5
馆藏号：Guojiafz-8600002015308

延津年鉴 · 2020
延津县人民政府主办　延津县地方史志办公室编
主编谭艳妮
中州古籍出版社　2020 年 5 月
405 页　精装　29cm
ISBN978-7-5348-9171-7
馆藏号：Guojiafz-8600002019327

封丘年鉴 · 2017
封丘县人民政府主办　封丘县地方史志办公室编
主编李艳萍、程远菊
中州古籍出版社　2018 年 4 月
373 页　精装　29cm
ISBN978-7-5348-7807-7
馆藏号：Guojiafz-8600002019326

封丘年鉴 · 2018
封丘县人民政府主办　封丘县地方史志办公室编
主编李艳萍
中州古籍出版社　2019 年 7 月
369 页　精装　29cm
ISBN978-7-5348-8767-3
馆藏号：Guojiafz-8600002019335

封丘年鉴·2019
封丘县人民政府主办　封丘县地方史志办公室编
主编李艳萍
中州古籍出版社　2020 年 3 月
381 页　精装　29cm
ISBN978-7-5348-9062-8
馆藏号：Guojiafz-8600002021500

封丘年鉴·2020
封丘县人民政府主办　封丘县地方史志办公室编
主编李艳萍
中州古籍出版社　2020 年 6 月
349 页　精装　29cm
ISBN978-7-5348-9179-3
馆藏号：Guojiafz-8600002019418

长垣年鉴·2020
长垣市人民政府主办　长垣市地方史志办公室编
主编陈一杰
中州古籍出版社　2020 年 7 月
354 页　精装　29cm
ISBN978-7-5348-9290-5
馆藏号：Guojiafz-8600002020620

焦作年鉴·1987—1991
焦作市地方史志编纂委员会编　主编刘志高
中州古籍出版社　1994 年 12 月
707 页　精装　27cm
ISBN7-5348-1391-3
馆藏号：Guojiafz-8600002020062

焦作年鉴·1992—1995
焦作市人民政府史志办公室编　主编刘志高
中州古籍出版社　1997 年 5 月
582 页　精装　27cm
ISBN7-5348-1490-1
馆藏号：Guojiafz-8600002020087

焦作年鉴·1997
焦作市人民政府史志办公室编　主编许迎春、刘志高
中州古籍出版社　1998 年 4 月
460 页　精装　27cm
ISBN7-5348-1683-3
馆藏号：Guojiafz-8600002020055-7

焦作年鉴·1998
焦作市人民政府史志办公室编　主编许迎春
中国人民解放军测绘学院印刷厂印刷　1998 年 12 月
443 页　精装　27cm
准印证号：(豫）焦新发第 98016 号
馆藏号：Guojiafz-8600002020093

焦作年鉴·1999
焦作市人民政府史志办公室编　主编许迎春
中州古籍出版社　1999 年 10 月
414 页　精装　27cm
ISBN7-5348-1867-2
馆藏号：Guojiafz-8600002020090

焦作年鉴·2000
焦作市地方史志办公室编　主编许迎春
中州古籍出版社　2000 年 10 月
475 页　精装　27cm
ISBN7-5348-1966-0
馆藏号：Guojiafz-8600002020096

焦作年鉴·2001
焦作市地方史志办公室编　主编许迎春
方志出版社　2001 年 10 月
492 页　精装　27cm
ISBN7-80122-694-1
馆藏号：Guojiafz-8600002012761

焦作年鉴·2002
焦作市人民政府主办　焦作市地方史志办公室编
主编许迎春
方志出版社　2002 年 10 月
482 页　精装　27cm

ISBN7-80122-694-1
馆藏号：Guojiafz-8600002020059

焦作年鉴·2003
焦作市人民政府主办　焦作市地方史志办公室编
主编许迎春
方志出版社　2003年9月
388页　精装　29cm
ISBN7-80192-018-X
馆藏号：Guojiafz-8600002000603

焦作年鉴·2004
焦作市人民政府主办　焦作市地方史志办公室编
主编许迎春
方志出版社　2004年9月
412页　精装　29cm
ISBN7-80192-018-X
馆藏号：Guojiafz-8600002020054

焦作年鉴·2005
焦作市人民政府主办　焦作市地方史志办公室编
主编韩平安、许迎春　执行主编王浩文
方志出版社　2005年9月
398页　精装　29cm
ISBN7-80192-018-X
馆藏号：Guojiafz-8600002020278

焦作年鉴·2006
焦作市人民政府主管焦作市地方史志办公室编
主编韩平安　执行主编王浩文
方志出版社　2006年9月
594页　精装　29cm
ISBN7-80192-018-X
馆藏号：Guojiafz-8600002020272

焦作年鉴·2007
焦作市人民政府主管　焦作市地方史志办公室编
主编赵卫国、韩平安　执行主编王浩文
方志出版社　2007年9月
537页　精装　29cm
ISBN978-7-80192-018-X
馆藏号：Guojiafz-8600002020275

焦作年鉴·2008
焦作市人民政府主办　焦作市地方史志办公室编
主编赵卫国、王浩文　执行主编原应战
方志出版社　2008年9月
572页　精装　29cm
ISBN7-80192-018-X
馆藏号：Guojiafz-8600002019076

焦作年鉴·2009
焦作市人民政府主办　焦作市地方史志办公室编
主编朱玉正、王浩文（执行）
方志出版社　2009年9月
569页　精装　29cm
ISBN7-80192-018-X
馆藏号：Guojiafz-8600002018990

焦作年鉴·2010
焦作市人民政府主办　焦作市地方史志办公室编
主编朱玉正
方志出版社　2010年11月
452页　精装　29cm
ISBN7-80192-018-X
馆藏号：Guojiafz-8600002020047

焦作年鉴·2011
焦作市人民政府主办　焦作市地方史志办公室编
主编卜庆正
方志出版社　2011年11月
516页　精装　29cm
ISBN7-80192-018-X
馆藏号：Guojiafz-8600002020068

焦作年鉴·2013
焦作市人民政府主办　焦作市地方史志办公室编
主编卜庆正
中州古籍出版社　2013年10月
538页　精装　29cm

ISBN978-7-5348-4423-2
馆藏号：Guojiafz-8600002020283

焦作年鉴·2014
焦作市人民政府主办　焦作市地方史志办公室编
主编卜庆正
中州古籍出版社　2014 年 11 月
536 页　精装　29cm
ISBN978-7-5348-4996-1
馆藏号：Guojiafz-8600002018938

焦作年鉴·2015
焦作市人民政府主办　焦作市地方史志办公室编
主编卜庆正
中州古籍出版社　2015 年 11 月
535 页　精装　29cm
ISBN978-7-5348-5736-2
馆藏号：Guojiafz-8600002010398

焦作年鉴·2018
焦作市人民政府主办　焦作市地方史志办公室编
主编付小文
中州古籍出版社　2019 年 6 月
653 页　精装　29cm
ISBN978-7-5348-8731-4
馆藏号：Guojiafz-8600002020050

焦作年鉴·2019
焦作市人民政府主办　焦作市地方史志办公室编
主编付小文
中州古籍出版社　2020 年 8 月
618 页　精装　29cm
ISBN978-7-5348-9330-8
馆藏号：Guojiafz-8600002020065

焦作市解放区年鉴·2010
焦作市解放区人民政府主办　焦作市解放区党史区志研究室编　主编崔家铭　执行主编宋爱兰
河南人民出版社　2011 年 10 月
359 页　精装　29cm
ISBN978-7-215-04323-7
馆藏号：Guojiafz-8600002019474

解放区年鉴·2011
焦作市解放区人民政府主办　焦作市解放区党史区志研究室编　主编崔家铭
河南人民出版社　2013 年 11 月
352 页　精装　29cm
ISBN978-7-215-04323-7
馆藏号：Guojiafz-8600002019484-6

焦作市解放区年鉴·2012—2013
焦作市解放区人民政府主办　焦作市解放区党史区志研究室编　主编宋爱兰
河南人民出版社　2017 年 12 月
532 页　精装　29cm
ISBN978-7-215-04323-7
馆藏号：Guojiafz-8600002019482

焦作市解放区年鉴·2018
焦作市解放区人民政府主办　焦作市解放区党史区志研究室编　主任原永宏
内部印刷
275 页　平装　29cm
馆藏号：Guojiafz-8600002020452

焦作市解放区年鉴·2019
焦作市解放区人民政府主办　焦作市解放区党史区志研究室编　主任原永宏
内部印刷
271 页　平装　29cm
馆藏号：Guojiafz-8600002020447

焦作市解放区年鉴·2020
焦作市解放区人民政府主办　焦作市解放区党史区志研究室编　主编李红波、孙永红
中州古籍出版社　2020 年 8 月
351 页　平装　29cm
ISBN978-7-5348-9398-8
馆藏号：Guojiafz-8600002020444

焦作市中站区年鉴·2020
中站区人民政府主办　中站区档案馆（党史区志研究室）编　主编王兰涛
中州古籍出版社　2020 年 8 月
379 页　精装　29cm
ISBN978-7-5348-9370-4
馆藏号：Guojiafz-8600002019151

马村区年鉴·2010—2011
马村区人民政府主办　焦作市马村区档案史志局编
主编王玉玲
中州古籍出版社　2013 年 3 月
536 页　精装　29cm
ISBN978-7-5348-2616-0
馆藏号：Guojiafz-8600002019438-40

焦作市马村区年鉴·2014
马村区人民政府主办　马村区档案史志局编
主编陈小平
中州古籍出版社　2016 年 12 月
273 页　精装　29cm
ISBN978-7-5348-6807-8
馆藏号：Guojiafz-8600002019443

焦作市马村区年鉴·2016
马村区人民政府主办　马村区档案史志局编
主编陈小平
中州古籍出版社　2019 年 6 月
287 页　精装　29cm
馆藏号：Guojiafz-8600002021598

焦作市马村区年鉴·2018
马村区人民政府主办　马村区档案史志局编
主编陈小平
中州古籍出版社　2019 年 12 月
309 页　精装　29cm
馆藏号：Guojiafz-8600002019479

焦作市马村区年鉴·2019
马村区人民政府主办　马村区史志馆编
主编陈小平
中州古籍出版社　2020 年 6 月
274 页　精装　29cm
馆藏号：Guojiafz-8600002019475-7

焦作市山阳区年鉴·2020
山阳区人民政府主办　山阳区档案史志馆编
主编卢建国
中州古籍出版社　2020 年 9 月
235 页　精装　29cm
ISBN978-7-5348-9408-4
馆藏号：Guojiafz-8600002021532

武陟年鉴·2004
中共武陟县委、县人民政府主办　武陟县档案史志局编　主编赵天依
方志出版社　2004 年 11 月
280 页　精装　29cm
ISBN7-80192-383-9
馆藏号：Guojiafz-8600002005195

濮阳年鉴·1998
濮阳市人民政府主办　河南省濮阳市地方史志办公室编　主编王豫北
方志出版社　1998 年 9 月
424 页　精装　27cm
ISBN7-80122-369-1
馆藏号：Guojiafz-8600002011029

濮阳年鉴·1999
濮阳市人民政府主办　濮阳市地方史志办公室编
主编王豫北
中州古籍出版社　1999 年 12 月
488 页　精装　27cm
ISBN7-5348-1875-3
馆藏号：Guojiafz-8600002004387

濮阳年鉴·2003
濮阳市人民政府主办　濮阳市地方史志办公室编
主编巩魁生

中州古籍出版社　2003 年 9 月
416 页　精装　27cm
ISBN7-5348-2328-5
馆藏号：Guojiafz-8600002004959

濮阳年鉴·2005
濮阳市地方史志办公室编　主编巩魁生
黄河水利出版社　2005 年 9 月
345 页　精装　29cm
ISBN7-80621-986-2
馆藏号：Guojiafz-8600002020525

濮阳年鉴·2006
濮阳市人民政府主办　濮阳市地方史志办公室编
主编巩魁生
黄河水利出版社　2006 年 11 月
382 页　精装　29cm
ISBN7-80734-159-9
馆藏号：Guojiafz-8600002020567

濮阳年鉴·2007
濮阳市人民政府主办　濮阳市地方史志办公室编
主编巩魁生
黄河水利出版社　2007 年 9 月
328 页　精装　29cm
ISBN978-7-80734-287-8
馆藏号：Guojiafz-8600002020562

濮阳年鉴·2008
濮阳市人民政府主办　濮阳市地方史志办公室编
主编巩魁生
中州古籍出版社　2008 年 10 月
362 页　精装　29cm
ISBN978-7-5348-2941-3
馆藏号：Guojiafz-8600002020538

濮阳年鉴·2009
濮阳市人民政府主办　濮阳市人民政府、濮阳市地方志办公室编　主编巩魁生
中州古籍出版社　2009 年 10 月
373 页　精装　29cm
ISBN978-7-5348-3115-7
馆藏号：Guojiafz-8600002000105

濮阳年鉴·2012
濮阳市人民政府主办　濮阳市地方史志办公室编
主编李运朝
中州古籍出版社　2012 年 9 月
438 页　精装　29cm
ISBN978-7-5348-3947-4
馆藏号：Guojiafz-8600002020536

濮阳年鉴·2014
濮阳市人民政府主办　濮阳市地方史志办公室编
主编李运朝
中州古籍出版社　2014 年 10 月
404 页　精装　29cm
ISBN978-7-5348-4997-8
馆藏号：Guojiafz-8600002015996

濮阳年鉴·2015
濮阳市人民政府主办　濮阳市地方史志办公室编
主编李运朝
中州古籍出版社　2015 年 10 月
344 页　精装　29cm
ISBN978-7-5348-5651-8
馆藏号：Guojiafz-8600002020533

濮阳年鉴·2016
濮阳市人民政府主办　濮阳市地方史志办公室编
主编李运朝
中州古籍出版社　2016 年 9 月
354 页　精装　29cm
ISBN978-7-5348-6309-7
馆藏号：Guojiafz-8600002020537

濮阳年鉴·2017
濮阳市人民政府主办　濮阳市地方史志办公室编
主编李振林
中州古籍出版社　2017 年 10 月

367 页　精装　29cm
ISBN978-7-5348-7426-0
馆藏号：Guojiafz-8600002020520

濮阳年鉴·2018
濮阳市人民政府主办　濮阳市地方史志办公室编
主编李振林
中州古籍出版社　2018 年 11 月
339 页　精装　29cm
ISBN978-7-5348-8167-1
馆藏号：Guojiafz-8600002020528

濮阳年鉴·2019
濮阳市人民政府主办　濮阳市地方史志办公室编
主编李振林
中州古籍出版社　2019 年 11 月
291 页　精装　29cm
ISBN978-7-5348-8890-8
馆藏号：Guojiafz-8600002020523

濮阳年鉴·2020
濮阳市人民政府主办　濮阳市地方史志办公室编
主编李振林
中州古籍出版社　2020 年 7 月
310 页　精装　29cm
ISBN978-7-5348-9008-6
馆藏号：Guojiafz-8600002020541

清丰年鉴·2012—2013
清丰县人民政府主办　清丰县地方史志办公室编
主编王宏伟
北京恒石彩印有限公司印刷　2014 年 12 月
589 页　精装　29cm
准印证号：豫内资濮阳审字［2014］036 号
馆藏号：Guojiafz-8600002019929

清丰年鉴·2014
清丰县人民政府主办　清丰县地方志办公室编
主编朱卫国
内部印刷　2015 年 8 月
340 页　精装　29cm
馆藏号：Guojiafz-8600002019042

清丰年鉴·2015
清丰县人民政府主办　清丰县地方志办公室编
主编朱卫国
内部印刷　2015 年 8 月
354 页　精装　29cm
馆藏号：Guojiafz-8600002019045

清丰年鉴·2016
清丰县人民政府主办　清丰县地方志办公室编
主编朱卫国
中州古籍出版社　2016 年 10 月
348 页　精装　29cm
ISBN978-7-5348-6539-8
馆藏号：Guojiafz-8600002019067

清丰年鉴·2017
清丰县人民政府主办　清丰县地方志办公室编
主编朱卫国
内部印刷　2017 年 11 月
376 页　精装　29cm
馆藏号：Guojiafz-8600002019066

清丰年鉴·2018
清丰县人民政府主办　清丰县地方史志办公室编
主编朱卫国
中州古籍出版社　2018 年 11 月
330 页　精装　29cm
ISBN978-7-5348-8123-7
馆藏号：Guojiafz-8600002020037

清丰年鉴·2019
清丰县人民政府主办　清丰县地方志办公室编
主编吴丽江
中州古籍出版社　2019 年 12 月
306 页　精装　29cm
ISBN978-7-5348-5031-8
馆藏号：Guojiafz-8600002019023

清丰年鉴·2020
清丰县人民政府主办　清丰县地方志办公室编
主编杨文轩
中州古籍出版社　2020 年 7 月
300 页　精装　29cm
ISBN978-7-5348-9260-8
馆藏号：Guojiafz-8600002020034

南乐年鉴·2018
南乐县人民政府主办　南乐县地方史志办公室编
主编刘电波
山东黄氏印务有限公司印刷　2019 年 7 月
295 页　平装　29cm
准印证号:（濮阳）2019014 号
馆藏号：Guojiafz-8600002019263

南乐年鉴·2019
南乐县人民政府主办　南乐县地方史志办公室编
主编刘电波
齐鲁电子音像出版社　2020 年 5 月
295 页　平装　29cm
ISBN978-7-89382-201-8
馆藏号：Guojiafz-8600002019265

南乐年鉴·2020
南乐县人民政府主办　南乐县地方史志办公室编
主编刘电波
中州古籍出版社　2020 年 7 月
312 页　平装　29cm
ISBN978-7-5348-9298-1
馆藏号：Guojiafz-8600002019261

范县年鉴·2010
范县人民政府主办　范县地方史志办公室编
主编王金明
郑州方志印务有限公司印刷
325 页　精装　27cm
准印证号：豫内资濮文广新审字［2010］051 号
馆藏号：Guojiafz-8600002019860

范县年鉴·2012—2013
范县人民政府主办　范县地方史志办公室编
主编王天强
中州古籍出版社　2013 年 12 月
538 页　精装　29cm
ISBN978-7-5348-4584-0
馆藏号：Guojiafz-8600002019013

范县年鉴·2014
范县人民政府主办　范县地方史志办公室编
主编王天强
中州古籍出版社　2014 年 9 月
360 页　精装　29cm
ISBN978-7-5348-4584-0
馆藏号：Guojiafz-8600002019854

范县年鉴·2015
范县人民政府主办　范县地方史志办公室编
主编王天强
中州古籍出版社　2015 年 10 月
430 页　精装　29cm
ISBN978-7-5348-5686-0
馆藏号：Guojiafz-8600002019858

范县年鉴·2016
范县人民政府主办　范县地方志办公室编
主编李率杰
中州古籍出版社　2016 年 12 月
440 页　精装　29cm
ISBN978-7-5348-6787-3
馆藏号：Guojiafz-8600002019012

范县年鉴·2017
中共范县县委、范县人民政府主办　范县地方史志办公室编　主编李率杰
中州古籍出版社　2017 年 12 月
566 页　精装　29cm
ISBN978-7-5348-7466-6
馆藏号：Guojiafz-8600002018953

范县年鉴・2018
中共范县县委、范县人民政府主办　范县地方史志办公室编　主编李率杰
中州古籍出版社　2019 年 1 月
520 页　精装　29cm
ISBN978-7-5348-8402-3
馆藏号：Guojiafz-8600002018956

范县年鉴・2019
中共范县县委、范县人民政府主办　范县地方史志办公室编　主任刘循财
郑州创维彩印制作有限公司印刷　2019 年 12 月
517 页　精装　29cm
馆藏号：Guojiafz-8600002019033

范县年鉴・2020
中共范县县委、范县人民政府主办　范县地方史志办公室编　主编李率杰
中州古籍出版社　2020 年 7 月
519 页　精装　29cm
ISBN978-7-5348-9239-4
馆藏号：Guojiafz-8600002019851

台前年鉴・2014
台前县人民政府主办　台前县地方史志办公室、中共台前县委党史研究室合编　主编岳耀喜
中州古籍出版社　2014 年 11 月
384 页　精装　29cm
ISBN978-7-5348-4942-8
馆藏号：Guojiafz-8600002015185

台前年鉴・2015
台前县人民政府主办　台前县地方史志办公室、中共台前县委党史研究室合编　主编岳耀喜
中州古籍出版社　2015 年 11 月
376 页　精装　29cm
ISBN978-7-5348-5638-9
馆藏号：Guojiafz-8600002014192

台前年鉴・2016
台前县人民政府主办　台前县地方史志办公室、台前县委党史研究室合编　主编岳耀喜
中州古籍出版社　2016 年 11 月
352 页　精装　29cm
ISBN978-7-5348-6645-6
馆藏号：Guojiafz-8600002047181

台前年鉴・2017
台前县人民政府主办　台前县地方史志办公室、中共台前县委党史研究室合编　主编岳耀喜
中州古籍出版社　2017 年 12 月
344 页　精装　29cm
ISBN978-7-5348-7242-6
馆藏号：Guojiafz-8600002016591

台前年鉴・2018
台前县人民政府主办　台前县地方史志办公室、中共台前县委党史研究室合编　主编岳耀喜
中州古籍出版社　2019 年 1 月
372 页　精装　29cm
ISBN978-7-5348-8304-0
馆藏号：Guojiafz-8600002019923

台前年鉴・2019
中共台前县委、台前县人民政府主办　台前县党史研究中心、台前县地方史志编纂中心合编
主编田开沐
中州古籍出版社　2019 年 12 月
378 页　精装　29cm
ISBN978-7-5402-5513-8
馆藏号：Guojiafz-8600002019939

台前年鉴・2020
中共台前县委、台前县人民政府主办　台前县党史研究中心、台前县地方史志编纂中心合编
主编田开沐　执行主编杜贵华
中州古籍出版社　2020 年 7 月
383 页　精装　29cm

ISBN978-7-5348-9310-0
馆藏号：Guojiafz-8600002019943

濮阳县年鉴·2016
濮阳县人民政府主办　濮阳县地方史志办公室编
主编化建华
中州古籍出版社　2017 年 3 月
382 页　精装　29cm
ISBN978-7-5348-6843-6
馆藏号：Guojiafz-8600002020073

濮阳县年鉴·2017
濮阳县人民政府主办　濮阳县地方史志办公室编
主编王燕燕
中州古籍出版社　2018 年 1 月
358 页　精装　29cm
ISBN978-7-5348-7661-5
馆藏号：Guojiafz-8600002020075

濮阳县年鉴·2018
濮阳县人民政府主办　濮阳县地方史志办公室编
主编王燕燕
中州古籍出版社　2019 年 5 月
346 页　精装　29cm
ISBN978-7-5348-8650-8
馆藏号：Guojiafz-8600002020081

濮阳县年鉴·2019
濮阳县人民政府主办　濮阳县地方史志办公室编
主编王燕燕
郑州汇通印刷有限公司印刷　2019 年 11 月
390 页　精装　29cm
准印证号:（濮阳）20190023 号
馆藏号：Guojiafz-8600002020070

濮阳县年鉴·2020
濮阳县人民政府主办　濮阳县地方史志办公室编
主编王燕燕
中州古籍出版社　2020 年 7 月
370 页　精装　29cm
ISBN978-7-5348-9248-6
馆藏号：Guojiafz-8600002020080

许昌年鉴·2001
许昌市人民政府主办　河南省许昌年鉴编纂委员会编　主编张同立
方志出版社　2001 年 11 月
432 页　精装　27cm
ISBN7-80122-646-1
馆藏号：Guojiafz-8600002012771

许昌年鉴·2015
许昌市人民政府主办　许昌市地方史志办公室编
主任武国定
中州古籍出版社　2015 年 12 月
486 页　精装　29cm
ISBN978-7-5348-5819-2
馆藏号：Guojiafz-8600002019144

许昌年鉴·2017
许昌市人民政府主办　许昌市地方史志办公室编
主任胡五岳
中州古籍出版社　2018 年 3 月
584 页　精装　29cm
ISBN978-7-5348-7743-8
馆藏号：Guojiafz-8600002019154

许昌年鉴·2020
许昌市人民政府办公室主管　许昌市地方史志编纂室编　主编白红超　执行主编金焕芝
中州古籍出版社　2020 年 7 月
325 页　精装　29cm
ISBN978-7-5348-9287-5
馆藏号：Guojiafz-8600002019120

许昌市魏都区年鉴·2017
许昌市魏都区人民政府主办　许昌市魏都区地方史志办公室编　主编王清安、耿军杰　执行主编王子杰、耿军杰　总纂苏凯强
中州古籍出版社　2018 年 1 月

394 页　精装　29cm
ISBN978-7-5348-7662-2
馆藏号：Guojiafz-8600002020139

许昌市魏都区年鉴·2018
许昌市魏都区人民政府主办　许昌市魏都区地方史志办公室编　主编王清安、耿军杰　执行主编王子杰、耿军杰　总纂苏凯强
中州古籍出版社　2018 年 11 月
530 页　精装　29cm
ISBN978-7-5348-8145-9
馆藏号：Guojiafz-8600002019051

许昌市魏都区年鉴·2019
许昌市魏都区人民政府主办　许昌市魏都区地方史志办公室编　主编朱玉仓　执行主编余晓广　总纂苏凯强
中州古籍出版社　2020 年 6 月
478 页　精装　29cm
ISBN978-7-5348-8981-3
馆藏号：Guojiafz-8600002019191

魏都年鉴·2020
许昌市魏都区人民政府主办　许昌市魏都区地方史志办公室编　主编朱云仓、余晓广
中州古籍出版社　2020 年 8 月
484 页　精装　29cm
ISBN978-7-5348-9269-1
馆藏号：Guojiafz-8600002019126-8

禹州年鉴·2017
禹州市人民政府主办　禹州市地方史志办公室编　主编孙彦春　总纂范晓东
中州古籍出版社　2018 年 9 月
484 页　精装　29cm
ISBN978-7-5348-3674-9
馆藏号：Guojiafz-8600002019119

禹州年鉴·2018
禹州市人民政府主办　禹州市地方史志办公室编　主编孙彦春　总纂范晓东
中州古籍出版社　2019 年 6 月
377 页　精装　29cm
ISBN978-7-5348-6980-8
馆藏号：Guojiafz-8600002019197

禹州年鉴·2020
禹州市人民政府主办　禹州市地方史志办公室编　主编孙彦春　总纂范晓东
中州古籍出版社　2020 年 7 月
393 页　精装　29cm
ISBN978-7-5348-9243-1
馆藏号：Guojiafz-8600002019052

中国钧瓷年鉴·2000—2008
中共禹州市委员会、禹州市人民政府主办　《中国钧瓷年鉴》编纂委员会、禹州市地方史志编纂委员会合编　主编孙彦春
河南美术出版社　2009 年 10 月
288 页　精装　30cm
ISBN978-7-5401-1936-2
馆藏号：Guojiafz-8600002006208

长葛年鉴·2017
长葛市人民政府主办　长葛市地方史志办公室编　主编刘水林　总纂张保伟
中州古籍出版社　2018 年 1 月
396 页　精装　29cm
ISBN978-7-5348-7608-0
馆藏号：Guojiafz-8600002022310

鄢陵年鉴·2019
鄢陵县人民政府主办　鄢陵县地方史志办公室编　主编韩宏涛　执行主编樊占领
中州古籍出版社　2019 年 12 月
343 页　精装　29cm
ISBN978-7-5348-7048-4
馆藏号：Guojiafz-8600002019357

襄城年鉴·2017
襄城县人民政府主办　襄城县地方史志办公室编
主编宋惊涛
中州古籍出版社　2018年6月
368页　精装　29cm
ISBN978-7-5348-7905-0
馆藏号：Guojiafz-8600002020675

襄城年鉴·2018
襄城县人民政府主办　襄城县地方史志办公室编
主编宋惊涛
中州古籍出版社　2018年12月
420页　精装　29cm
ISBN978-7-5348-8412-2
馆藏号：Guojiafz-8600002020672

襄城年鉴·2019
襄城县人民政府主办　襄城县地方史志办公室编
主编宋惊涛
中州古籍出版社　2020年3月
387页　精装　29cm
ISBN978-7-5348-9090-1
馆藏号：Guojiafz-8600002020504

襄城年鉴·2020
襄城县人民政府主办　襄城县地方史志办公室编
主编宋惊涛
中州古籍出版社　2020年7月
392页　精装　29cm
ISBN978-7-5348-9267-7
馆藏号：Guojiafz-8600002020669

漯河年鉴·2001
河南漯河市史志档案局编　主编李勇为
新华出版社　2002年1月
403页　精装　26cm
ISBN7-5011-5557-7
馆藏号：Guojiafz-8600002008526

漯河年鉴·2002
漯河年鉴编辑部编　主编李勇为　执行主编刘耀东、夏跃进
中国文联出版社　2003年1月
360页　精装　27cm
ISBN7-5059-3870-3
馆藏号：Guojiafz-8600002002467

漯河年鉴·2003
漯河市人民政府主办 《漯河年鉴》编辑部编
主编李勇为　执行主编李月娥
长城出版社　2004年3月
417页　精装　27cm
ISBN7-80017-673-8
馆藏号：Guojiafz-8600002004587

漯河年鉴·2005
漯河市人民政府主办　漯河市史志档案局编
主编姚朝康　执行主编李月娥
中国广播电视出版社　2006年2月
345页　精装　29cm
ISBN7-5043-4331-5
馆藏号：Guojiafz-8600002000876

漯河年鉴·2006
漯河市人民政府主办　漯河市史志档案局编
主编陈兆强　执行主编李月娥
光明日报出版社　2006年12月
307页　精装　29cm
ISBN7-80145-841-9
馆藏号：Guojiafz-8600002000263

漯河年鉴·2007
漯河市人民政府主办 《漯河年鉴》编委会编
主编李月娥
线装书局　2007年12月
344页　精装　29cm
ISBN7-80106-660-X
馆藏号：Guojiafz-8600002000384

漯河年鉴・2008
漯河市人民政府主办 《漯河年鉴》编委会编
主编李月娥
线装书局 2008年12月
331页 精装 29cm
ISBN7-80106-660-X
馆藏号：Guojiafz-8600002000605

漯河年鉴・2013
漯河市人民政府主办 漯河市史志档案局、漯河市档案馆合编 主编赵长行
中州古籍出版社 2014年3月
320页 精装 29cm
ISBN978-7-5348-4683-0
馆藏号：Guojiafz-8600002015227

漯河年鉴・2019
中共漯河市委、漯河市人民政府主办 中共漯河市委党史和地方志研究中心编 主编赵长行
中州古籍出版社 2020年8月
497页 精装 29cm
ISBN978-7-5348-9307-0
馆藏号：Guojiafz-8600002020570

漯河年鉴・2020
中共漯河市委、漯河市人民政府主办 中共漯河市委党史和地方志研究中心编 主编赵长行
中州古籍出版社 2020年8月
590页 精装 29cm
ISBN978-7-5348-9296-7
馆藏号：Guojiafz-8600002020438

召陵年鉴・2020
中共漯河市召陵区委党史和地方志研究中心编
主编薛红岩
中州古籍出版社 2020年8月
318页 精装 29cm
ISBN978-7-5348-9355-1
馆藏号：Guojiafz-8600002020547

舞阳年鉴・2019
中共舞阳县委、舞阳县人民政府主办 舞阳县史志档案局编 主编杨丽霞
舞阳县文博印务有限公司印刷 2020年6月
382页 精装 29cm
馆藏号：Guojiafz-8600002020360

舞阳年鉴・2020
中共舞阳县委、舞阳县人民政府主办 舞阳县史志档案局编 主编杨丽霞
中州古籍出版社 2020年8月
357页 精装 29cm
ISBN978-7-5348-9373-5
馆藏号：Guojiafz-8600002020482

临颍年鉴・2020
中共临颍县委党史和地方志研究中心编
主编轩志伟
中州古籍出版社 2020年8月
233页 精装 29cm
ISBN978-7-5348-9388-9
馆藏号：Guojiafz-8600002019365

三门峡年鉴・2001（创刊号）
中共三门峡市委、三门峡市人民政府主办 河南省三门峡市年鉴编纂委员会编 主编张孟军
方志出版社 2001年9月
320页 精装 29cm
ISBN7-80122-702-6
馆藏号：Guojiafz-8600002004402

三门峡年鉴・2002
三门峡市人民政府主办 三门峡年鉴编纂委员会编
主编张孟军
方志出版社 2002年10月
246页 精装 29cm
ISBN7-80122-789-1
馆藏号：Guojiafz-8600002007628

三门峡年鉴·2003
中共三门峡市委、三门峡市人民政府主办　中共三门峡市委党史地方史志办公室编　主编张孟军
方志出版社　2003 年 10 月
323 页　精装　29cm
ISBN7-80192-024-4
馆藏号：Guojiafz-8600002007629

三门峡年鉴·2004
中共三门峡市委、三门峡市人民政府主办　中共三门峡市委党史地方史志办公室编　主编张孟军
方志出版社　2004 年 9 月
305 页　精装　29cm
ISBN7-80192-308-1
馆藏号：Guojiafz-8600002004698

三门峡年鉴·2005
中共三门峡市委、三门峡市人民政府主办　中共三门峡市委党史地方史志办公室编　主编李健
方志出版社　2005 年 10 月
302 页　精装　29cm
ISBN7-80192-685-4
馆藏号：Guojiafz-8600002005101

三门峡年鉴·2006
中共三门峡市委、三门峡市人民政府主办　中共三门峡市委党史地方史志办公室编　主编李健
方志出版社　2006 年 11 月
306 页　精装　29cm
ISBN7-80192-935-7
馆藏号：Guojiafz-8600002000278

三门峡年鉴·2007
中共三门峡市委、三门峡市人民政府主办　中共三门峡市委党史地方史志办公室编　主编李健
方志出版社　2007 年 11 月
344 页　精装　29cm
ISBN978-7-80238-208-4
馆藏号：Guojiafz-8600002004845

三门峡年鉴·2008
中共三门峡市委、三门峡市人民政府主办　中共三门峡市委党史地方史志办公室编　主编李健
方志出版社　2008 年 11 月
354 页　精装　29cm
ISBN978-7-80238-441-5
馆藏号：Guojiafz-8600002004307

三门峡年鉴·2009
中共三门峡市委、三门峡市人民政府主办　中共三门峡市委党史地方史志办公室编　主编李健
方志出版社　2009 年 12 月
366 页　精装　29cm
ISBN978-7-80238-621-1
馆藏号：Guojiafz-8600002008429

三门峡年鉴·2010
中共三门峡市委、三门峡市人民政府主办　中共三门峡市委党史地方史志办公室编　主编李健
方志出版社　2010 年 12 月
408 页　精装　29cm
ISBN978-7-5144-0007-6
馆藏号：Guojiafz-8600002008109

三门峡年鉴·2011
中共三门峡市委、三门峡市人民政府主办　中共三门峡市委党史地方史志办公室编　主编李健
方志出版社　2011 年 12 月
394 页　精装　29cm
ISBN978-7-5144-0385-5
馆藏号：Guojiafz-8600002002699

三门峡年鉴·2012
中共三门峡市委、三门峡市人民政府主办　中共三门峡市委党史地方史志办公室编　主编李健
方志出版社　2012 年 12 月
380 页　精装　29cm
ISBN978-7-5144-0789-1
馆藏号：Guojiafz-8600002009973

三门峡年鉴·2013
中共三门峡市委、三门峡市人民政府主办　中共三门峡市委党史地方史志办公室编　主编杨献珺
方志出版社　2014年1月
364页　精装　29cm
ISBN978-7-5144-1192-8
馆藏号：Guojiafz-8600002003818

三门峡年鉴·2014
中共三门峡市委、三门峡市人民政府主办　中共三门峡市委党史地方史志办公室编　主编杨献珺
方志出版社　2014年12月
344页　精装　29cm
ISBN978-7-5144-1485-1
馆藏号：Guojiafz-8600002007146

三门峡年鉴·2015
中共三门峡市委、三门峡市人民政府主办　中共三门峡市委党史地方史志办公室编　主编杨献珺
方志出版社　2015年12月
339页　精装　29cm
ISBN978-7-5144-1900-9
馆藏号：Guojiafz-8600002002082

三门峡年鉴·2016
中共三门峡市委、三门峡市人民政府主办　中共三门峡市委党史地方史志办公室编　主编杨献珺
方志出版社　2016年12月
328页　精装　29cm
ISBN978-7-5144-2245-0
馆藏号：Guojiafz-8600002014017

三门峡年鉴·2017
中共三门峡市委、三门峡市人民政府主办　中共三门峡市委党史地方史志办公室编　主编乔继明
方志出版社　2017年12月
340页　精装　29cm
ISBN978-7-5144-2874-2
馆藏号：Guojiafz-8600002017114

三门峡年鉴·2018
中共三门峡市委、三门峡市人民政府主办　中共三门峡市委党史地方史志办公室编　主编郝建伟
中州古籍出版社　2019年1月
364页　精装　29cm
ISBN978-7-5348-8299-9
馆藏号：Guojiafz-8600002020455

三门峡年鉴·2019
中共三门峡市委、三门峡市人民政府主办　中共三门峡市委党史地方史志办公室编　主编郝建伟
中州古籍出版社　2020年1月
384页　精装　29cm
ISBN978-7-5348-8997-4
馆藏号：Guojiafz-8600002020467

三门峡年鉴·2020
中共三门峡市委、三门峡市人民政府主办　中共三门峡市委党史地方史志办公室编　主编郝建伟
中州古籍出版社　2020年6月
385页　精装　29cm
ISBN978-7-5348-9183-0
馆藏号：Guojiafz-8600002019415

三门峡市湖滨年鉴·2017
中共三门峡市湖滨区委员会、三门峡市湖滨区人民政府主办　三门峡市湖滨区党史地方史志办公室编　主编孟海港
内部印刷
300页　精装　29cm
馆藏号：Guojiafz-8600002020650

三门峡市湖滨年鉴·2018
中共三门峡市湖滨区委员会、三门峡市湖滨区人民政府主办　三门峡市湖滨区党史地方史志办公室编　主编孟海港
内部印刷
283页　精装　29cm
馆藏号：Guojiafz-8600002020646

三门峡市湖滨年鉴·2019
中共三门峡市湖滨区委员会、三门峡市湖滨区人民政府主办　三门峡市湖滨区党史地方史志办公室编　主编马红丽
内部印刷
275 页　精装　29cm
馆藏号：Guojiafz-8600002020643

三门峡市湖滨年鉴·2020
中共三门峡市湖滨区委员会、三门峡市湖滨区人民政府主办　三门峡市湖滨区党史地方史志办公室编　主编马红丽
中州古籍出版社　2020 年 6 月
295 页　精装　29cm
ISBN978-7-5348-9181-6
馆藏号：Guojiafz-8600002020639

三门峡市陕州年鉴·2017
中共陕州区委、三门峡市陕州区人民政府主办　陕州年鉴编纂委员会办公室编　主编王志建
当代中国出版社　2018 年 5 月
495 页　精装　29cm
ISBN7-80170-366-9
馆藏号：Guojiafz-8600002019394-6

陕州年鉴·2018
中共三门峡市峡州区委、三门峡市峡州区人民政府主办　陕州年鉴编纂委员会办公室编
主编王志建
中州古籍出版社　2019 年 4 月
505 页　精装　29cm
ISBN978-7-5348-8497-9
馆藏号：Guojiafz-8600002019390

陕州年鉴·2019
中共三门峡市陕州区委、三门峡市峡州区人民政府主办　中共三门峡市陕州区委党史地方史志编纂中心编　主编张英才
河南深港彩色印务有限公司印刷　2020 年 1 月
449 页　精装　29cm
馆藏号：Guojiafz-8600002019385

陕州年鉴·2020
中共三门峡市陕州区委、三门峡市峡州区人民政府主办　中共三门峡市陕州区委党史地方史志编纂中心编　主编张英才
中州古籍出版社　2020 年 7 月
451 页　精装　29cm
ISBN978-7-5348-9209-7
馆藏号：Guojiafz-8600002019383

陕县年鉴·2008
中共陕县委员会、陕县人民政府主办　陕县档案局编　主编田国军
中州古籍出版社　2009 年 6 月
368 页　精装　29cm
ISBN978-7-5348-2739-6
馆藏号：Guojiafz-8600002002356

陕县年鉴·2016
中共陕县县委、陕县人民政府主办　陕县年鉴编纂委员会办公室编　主编王志建
当代中国出版社　2017 年 1 月
438 页　精装　29cm
ISBN978-7-80170-366-9
馆藏号：Guojiafz-8600002019393

灵宝年鉴·2002
中共灵宝市委员会、灵宝市人民政府主办　中共灵宝市委党史地方志办公室编　主编薛仁礼　执行主编张海森
中央文献出版社　2003 年 3 月
426 页　精装　27cm
ISBN7-5073-0832-4
馆藏号：Guojiafz-8600002009666

灵宝年鉴·2003
中共灵宝市委员会、灵宝市人民政府主办　中共灵宝市委党史地方志办公室编　主编张海森
中央文献出版社　2003 年 12 月

434 页　精装　27cm
ISBN7-5073-0832-4
馆藏号：Guojiafz-8600002004090

灵宝年鉴·2004
中共灵宝市委员会、灵宝市人民政府主办　中共灵宝市委党史地方志办公室编　主编张海森
中央文献出版社　2004 年 12 月
483 页　精装　27cm
ISBN7-5073-0836-5
馆藏号：Guojiafz-8600002008025

灵宝年鉴·2005
中共灵宝市委员会、灵宝市人民政府主办　中共灵宝市委党史地方志办公室编　主编薛仁礼　执行主编张海森
中央文献出版社　2005 年 12 月
482 页　精装　27cm
ISBN7-5073-1825-8
馆藏号：Guojiafz-8600002000474

灵宝年鉴·2006
中共灵宝市委员会、灵宝市人民政府主办　中共灵宝市委党史地方志办公室编　主编薛仁礼　执行主编张海森
郑州主志印务有限公司印刷　2007 年 1 月
524 页　精装　27cm
准印证号：豫内资三新出发通字〔2006〕6064 号
馆藏号：Guojiafz-8600002006318

灵宝年鉴·2007
中共灵宝市委员会、灵宝市人民政府主办　灵宝市委党史地方志办公室编　主编薛仁礼　执行主编张海森
郑州方志印务有限公司印刷
640 页　精装　27cm
准印证号：豫内资三新通字（2007）7115 号
馆藏号：Guojiafz-8600002006424

灵宝年鉴·2008
中共灵宝市委员会、灵宝市人民政府主办　中共灵宝市委党史地方志办公室编　主编薛仁礼　执行主编张海森
郑州方志印务有限公司印刷　2008 年 12 月
547 页　精装　27cm
准印证号：豫内三新出发通字（2008）8159 号
馆藏号：Guojiafz-8600002006244

灵宝年鉴·2009
中共灵宝市委员会、灵宝市人民政府主办　灵宝市委党史地方志办公室编　主编薛仁礼　执行主编张海森
三门峡市多彩艺术设计有限公司印刷　2009 年 12 月
520 页　精装　27cm
准印证号：豫内资三新出通字（2009）9196 号
馆藏号：Guojiafz-8600002001258

灵宝年鉴·2010
中共灵宝市委员会、灵宝市人民政府主办　中共灵宝市委党史地方志办公室编　主编宋赟　执行主编张海森、张虎民
灵宝市凯乐商贸有限责任公司印刷
528 页　精装　27cm
准印证号：豫内资三新出通字（2011）009 号
馆藏号：Guojiafz-8600002001179

灵宝年鉴·2020
中共灵宝市委员会、灵宝市人民政府主办　中共灵宝市委党史地方志办公室编　主编张照祥　执行主编张虎民
中州古籍出版社　2020 年 6 月
292 页　精装　29cm
ISBN978-7-5348-9184-7
馆藏号：Guojiafz-8600002019497

渑池年鉴·2008
中共渑池县委、渑池县人民政府主办　中共渑池县委党史方志办公室编　主编贺笑宜、杜建成

三门峡市平瑞印刷厂印刷　2008 年 12 月
286 页　精装　29cm
准印证号：豫内资准印证三新出发通字（2009）9169 号
馆藏号：Guojiafz-8600002001858

渑池年鉴・2009
中共渑池县委、渑池县人民政府主办　中共渑池县委党史方志办公室编　主编贺笑宜、上官丛蓉
内部印刷　2009 年 12 月
322 页　精装　29cm
准印证号：豫内资三新出发通字（2009）9193 号
馆藏号：Guojiafz-8600002001805

渑池年鉴・2011
中共渑池县委、渑池县人民政府主办　中共渑池县委党史方志办公室编　主编贺笑宜、上官丛蓉
三门峡市昌顺印刷厂印刷　2011 年 12 月
337 页　精装　29cm
准印证号：豫内资三新出通字［2011］035 号
馆藏号：Guojiafz-8600002019161

渑池年鉴・2013
中共渑池县委员会、渑池县人民政府主办　中共渑池县委党史方志办公室编　主编贺笑宜、上官丛蓉
线装书局　2013 年 12 月
267 页　精装　29cm
ISBN978-7-5120-1229-5
馆藏号：Guojiafz-8600002019177

渑池年鉴・2014
中共渑池县委员会、渑池县人民政府主办　中共渑池县委党史方志办公室编　主编贺笑宜、上官丛蓉
线装书局　2014 年 11 月
254 页　精装　29cm
ISBN978-7-5120-1612-5
馆藏号：Guojiafz-8600002019170

渑池年鉴・2015
中共渑池县委员会、渑池县人民政府主办　中共渑池县委党史方志办公室编　主编贺笑宜
线装书局　2015 年 12 月
281 页　精装　29cm
ISBN978-7-5120-2084-9
馆藏号：Guojiafz-8600002019156

渑池年鉴・2016
中共渑池县委、渑池县人民政府主办　中共渑池县委党史方志办公室编　主编贺笑宜
线装书局　2016 年 12 月
285 页　精装　29cm
ISBN978-7-5120-2595-0
馆藏号：Guojiafz-8600002014600

渑池年鉴・2017
中共渑池县委党史方志办公室编　主编贺笑宜
线装书局　2017 年 12 月
304 页　精装　29cm
ISBN978-7-5120-3067-1
馆藏号：Guojiafz-8600002019162

渑池年鉴・2018
中共渑池县委党史方志办公室编　主编贺笑宜
中州古籍出版社　2019 年 3 月
282 页　精装　29cm
ISBN978-7-5348-8538-9
馆藏号：Guojiafz-8600002019173

渑池年鉴・2019
中共渑池县委、渑池县人民政府主办　中共渑池县委党史方志办公室编　主编钱萌、杜建成
内部印刷
258 页　精装　29cm
馆藏号：Guojiafz-8600002019167

渑池年鉴・2020
中共渑池县委、渑池县人民政府主办　中共渑池县委党史地方志办公室编　主编钱萌、杜建成
中州古籍出版社　2020 年 6 月
298 页　精装　29cm

ISBN978-7-5348-9208-0
馆藏号：Guojiafz-8600002019176

卢氏年鉴·2001—2006
卢氏县人民政府主办 《卢氏年鉴》编纂委员会编
主编李啸东
线装书局 2007 年 12 月
342 页 精装 29cm
ISBN978-7-80106-744-9
馆藏号：Guojiafz-8600002020623

卢氏年鉴·2007—2008
卢氏县人民政府主办 卢氏县地方史志办公室编
主编李啸东
线装书局 2010 年 3 月
476 页 精装 29cm
ISBN978-7-80106-744-15
馆藏号：Guojiafz-8600002019437

卢氏年鉴·2009—2010
卢氏县人民政府主办 卢氏县地方史志办公室编
主编王留正
洛阳市森美印刷有限公司印刷
417 页 精装 29cm
准印证号：豫内资三新出通字［2012］005 号
馆藏号：Guojiafz-8600002020443

卢氏年鉴·2011—2012
卢氏县人民政府主办 卢氏县地方史志办公室编
主编王留正 执行主编胡光君
内部印刷
430 页 精装 29cm
准印证号：豫内资三新出通字［2014］037 号
馆藏号：Guojiafz-8600002019320

卢氏年鉴·2013—2014
卢氏县人民政府主办 卢氏县地方史志办公室编
主编王留正 执行主编胡光君
周口市紫罗兰印务有限公司印刷
414 页 精装 29cm
准印证号：豫内资三新出通字 2015051 号
馆藏号：Guojiafz-8600002020625

卢氏年鉴·2015—2016
卢氏县人民政府主办 卢氏县地方史志办公室、卢氏县档案局合编 主编彭雯革 执行主编胡光君
周口市高威彩印工艺有限公司印刷
476 页 精装 29cm
准印证号：（三门峡）201801 号
馆藏号：Guojiafz-8600002019432

卢氏年鉴·2018
中共卢氏县委、卢氏县人民政府主办 卢氏县地方史志办公室、卢氏县档案局合编 主编彭雯革 执行主编胡光君
中州古籍出版社 2019 年 1 月
347 页 精装 29cm
ISBN978-7-5348-8286-9
馆藏号：Guojiafz-8600002020632

卢氏年鉴·2019
中共卢氏县委、卢氏县人民政府主办 卢氏县地方史志办公室、卢氏县档案局合编 主编陈伟 执行主编胡光君
周口市紫罗兰印务有限公司印刷
365 页 精装 29cm
馆藏号：Guojiafz-8600002020579

宛城区年鉴·2020
南阳市宛城区人民政府主办 宛城区地方史志办公室编 主编邢中延
中州古籍出版社 2020 年 8 月
356 页 精装 29cm
ISBN978-7-5348-9315-5
馆藏号：Guojiafz-8600002019352

邓州年鉴·2016
邓州市人民政府主办 邓州市地方史志办公室编
主编王彦锋
中州古籍出版社 2016 年 10 月

505 页　精装　29cm
ISBN978-7-5348-6290-8
馆藏号：Guojiafz-8600002014190

邓州年鉴·2017
邓州市人民政府主办　邓州市地方史志办公室编　主编李莎
中州古籍出版社　2017 年 12 月
593 页　精装　29cm
ISBN978-7-5348-7521-2
馆藏号：Guojiafz-8600002021391

南召年鉴·2020
南召县人民政府主办　南召县地方史志编辑室编　主编陈松林
中州古籍出版社　2020 年 9 月
339 页　精装　29cm
ISBN978-7-5348-9392-6
馆藏号：Guojiafz-8600002021517

方城年鉴·2020
中共方城县委员会、方城县人民政府主办　方城县地方史志办公室编　主编华云杰、熊君祥
中州古籍出版社　2020 年 8 月
608 页　精装　29cm
ISBN978-7-5348-9375-9
馆藏号：Guojiafz-8600002020354

内乡年鉴·2013
中共内乡县委、内乡县人民政府主办　内乡县地方史志办公室编　主编姚文书
中州古籍出版社　2013 年 12 月
400 页　精装　29cm
ISBN978-7-5348-4580-2
馆藏号：Guojiafz-8600002015001

内乡年鉴·2014
中共内乡县委、内乡县人民政府主办　内乡县史志编纂委员会编　主编姚文书
中州古籍出版社　2015 年 3 月
421 页　精装　29cm
ISBN978-7-5348-5185-8
馆藏号：Guojiafz-8600002014997

内乡年鉴·2015
中共内乡县委、内乡县人民政府主办　内乡县史志编纂委员会编　主编姚文书
中州古籍出版社　2016 年 3 月
384 页　精装　29cm
ISBN978-7-5348-6013-3
馆藏号：Guojiafz-8600002014999

内乡年鉴·2016
中共内乡县委、内乡县人民政府主办　内乡县史志编纂委员会编　主编姚文书
中州古籍出版社　2016 年 12 月
370 页　精装　29cm
ISBN978-7-5348-6173-4
馆藏号：Guojiafz-8600002014612

内乡年鉴·2017
中共内乡县委、内乡县人民政府主办　内乡县史志编纂委员会编　主编姚文书
中州古籍出版社　2018 年 3 月
444 页　精装　29cm
ISBN978-7-5348-7609-7
馆藏号：Guojiafz-8600002019488

内乡年鉴·2018
中共内乡县委、内乡县人民政府主办　内乡县史志编纂委员会编　主编姚文书
中州古籍出版社　2019 年 1 月
418 页　精装　29cm
ISBN978-7-5348-8368-2
馆藏号：Guojiafz-8600002019493

内乡年鉴·2019
中共内乡县委、内乡县人民政府主办　内乡县史志编纂委员会编　主编姚文书
北京燕山出版社　2019 年 11 月

462 页　精装　29cm
ISBN978-7-5402-5437-7
馆藏号：Guojiafz-8600002021592

内乡年鉴・2020
中共内乡县委、内乡县人民政府主办　内乡县史志编纂委员会编　主编姚文书
中州古籍出版社　2020 年 9 月
448 页　精装　29cm
ISBN978-7-5348-9354-4
馆藏号：Guojiafz-8600002019490

淅川年鉴・2005
中共淅川县委员会、淅川县人民政府主办　淅川年鉴编辑委员会编　主编吴云贵
南阳市风雅印务有限公司印刷　2005 年 12 月
223 页　精装　29cm
准印证号：豫内资宛新出通字（2005）A032 号
馆藏号：Guojiafz-8600002009691

社旗年鉴・2020
中共社旗县委社旗县人民政府主办　社旗县地方史志办公室编　主编邱应欣
中州古籍出版社　2020 年 8 月
407 页　精装　29cm
ISBN978-7-5348-9294-3
馆藏号：Guojiafz-8600002020514-6

新野年鉴・2000—2001
新野县人民政府主办　河南省新野县年鉴编纂委员会编　主编梁喜凤
方志出版社　2002 年 12 月
581 页　精装　27cm
ISBN7-80122-871-5
馆藏号：Guojiafz-8600002004460

新野年鉴・2020
新野县人民政府主办　新野县地方史志办公室编
主编李海连　执行主编王国炳
中州古籍出版社　2020 年 9 月

413 页　精装　29cm
ISBN978-7-5348-9347-6
馆藏号：Guojiafz-8600002020471-3

桐柏年鉴・2020
桐柏县人民政府主办　桐柏县地方史志办公室编
主编王其然　执行主编胡家洋
中州古籍出版社　2020 年 8 月
283 页　精装　29cm
ISBN978-7-5348-9342-1
馆藏号：Guojiafz-8600002020345

商丘年鉴・1999
商丘年鉴编辑委员会编　主编杨子建
中华书局　1999 年 10 月
342 页　精装　27cm
ISBN7-101-02403-3
馆藏号：Guojiafz-8600002003066

商丘年鉴・2002
商丘市人民政府主办《商丘年鉴》编辑委员会编
主编杨子建
方志出版社　2003 年 1 月
404 页　精装　27cm
ISBN7-80122-915-0
馆藏号：Guojiafz-8600002000343

商丘年鉴・2003
商丘市人民政府主办《商丘年鉴》编辑委员会编
主编杨子建
方志出版社　2003 年 12 月
417 页　精装　27cm
ISBN7-80122-915-0
馆藏号：Guojiafz-8600002002792

商丘年鉴・2004
商丘市人民政府主办　商丘年鉴编辑委员会编
主编杨子建
方志出版社　2004 年 9 月
475 页　精装　29cm

ISBN7-80192-333-2
馆藏号：Guojiafz-8600002000001

商丘年鉴·2005
商丘市人民政府主办　商丘年鉴编辑委员会编
主编杨子建
方志出版社　2005年9月
413页　精装　29cm
ISBN7-80192-333-2
馆藏号：Guojiafz-8600002004085

商丘年鉴·2006
商丘市人民政府主办　商丘年鉴编辑委员会编
主编刘广泉
光明日报出版社　2006年11月
408页　精装　29cm
ISBN7-80145-841-9
馆藏号：Guojiafz-8600002004099

商丘年鉴·2007
商丘市人民政府主办　商丘年鉴编辑委员会编
主编刘广泉　执行主编黄炜
中国广播电视出版社　2007年12月
475页　精装　28cm
ISBN978-7-5043-6108-9
馆藏号：Guojiafz-8600002004086

商丘年鉴·2008
商丘市人民政府主办《商丘年鉴》编纂委员会编
主编刘广泉　执行主编黄炜
中州古籍出版社　2008年12月
423页　精装　29cm
ISBN978-7-5348-3018-1
馆藏号：Guojiafz-8600002005741

商丘年鉴·2009
商丘市人民政府主办　商丘市地方史志办公室编
主编刘广泉　执行主编黄炜
中州古籍出版社　2009年12月
463页　精装　29cm
ISBN978-7-215-07117-9
馆藏号：Guojiafz-8600002002374

商丘年鉴·2010
商丘市人民政府主办　商丘市地方史志办公室编
主编刘广泉　执行主编黄炜
中州古籍出版社　2010年12月
435页　精装　29cm
ISBN978-7-5348-3506-3
馆藏号：Guojiafz-8600002000131

商丘年鉴·2019
商丘市人民政府主办　商丘市地方史志研究室编
主编马时全　执行主编黄炜
中州古籍出版社　2020年2月
580页　精装　29cm
ISBN978-7-5348-9058-1
馆藏号：Guojiafz-8600002020355

商丘年鉴·2020
商丘市人民政府主办　商丘市地方史志研究室编
主编马时全　执行主编黄炜
中州古籍出版社　2020年7月
454页　精装　29cm
ISBN978-7-5348-9293-6
馆藏号：Guojiafz-8600002020361

梁园年鉴·2020
梁园区人民政府主办　梁园区地方史志编研中心编
主编李明
中州古籍出版社　2020年8月
318页　精装　29cm
ISBN978-7-5348-9318-6
馆藏号：Guojiafz-8600002021529

睢阳年鉴·2020
商丘市睢阳区人民政府主办　商丘市睢阳区地方史志总编室编　主编陈士京
中州古籍出版社　2020年7月
500页　精装　29cm

ISBN978-7-5348-9295-0
馆藏号：Guojiafz-8600002020470

永城年鉴·2013
永城市人民政府主办　永城市地方史志办公室编
主编王绍杰
中州古籍出版社　2014年9月
345页　精装　29cm
ISBN978-7-5348-3482-0
馆藏号：Guojiafz-8600002020608

永城年鉴·2015
永城市人民政府主办　永城市地方志办公室编
主编王绍杰
中州古籍出版社　2016年3月
579页　精装　29cm
ISBN978-7-5348-5971-7
馆藏号：Guojiafz-8600002020609

永城年鉴·2016
永城市人民政府主办　永城市地方志办公室编
主编王绍杰
中州古籍出版社　2017年3月
428页　精装　29cm
ISBN978-7-5348-5971-7
馆藏号：Guojiafz-8600002020607

永城年鉴·2017
永城市人民政府主办　永城市地方志办公室编
主编王绍杰
中州古籍出版社　2018年4月
458页　精装　29cm
ISBN978-7-5348-5971-7
馆藏号：Guojiafz-8600002020604

永城年鉴·2018
永城市人民政府主办　永城市地方志办公室编
主编王绍杰
中州古籍出版社　2019年4月
470页　精装　29cm
ISBN978-7-5348-5971-7
馆藏号：Guojiafz-8600002020603

永城年鉴·2019
永城市人民政府主办　永城市地方史志编研中心编
主编王绍杰
中州古籍出版社　2020年4月
520页　精装　29cm
ISBN978-7-5348-5971-7
馆藏号：Guojiafz-8600002020606

永城年鉴·2020
永城市人民政府主办　永城市地方史志编研中心编
主编王绍杰
中州古籍出版社　2020年10月
619页　精装　29cm
ISBN978-7-5348-9367-4
馆藏号：Guojiafz-8600002020605

睢县年鉴·2001—2006
睢县人民政府主办　睢县地方史志办公室编
主编余宏献、罗杰性
中州古籍出版社　2008年12月
316页　精装　29cm
ISBN978-7-5348-3069-3
馆藏号：Guojiafz-8600002008070

睢县年鉴·2007—2008
睢县人民政府主办　睢县地方史志办公室编
主编余宏献、罗杰性
中州古籍出版社　2009年12月
451页　精装　29cm
ISBN978-7-5348-3069-3
馆藏号：Guojiafz-8600002000016

睢县年鉴·2009
睢县人民政府主办　睢县地方史志办公室编
主编余宏献、罗杰性
中州古籍出版社　2010年12月
272页　精装　29cm

ISBN978-7-5348-3069-3
馆藏号：Guojiafz-8600002008154

睢县年鉴·2013
睢县人民政府主办　睢县地方史志办公室编
主编余宏献、罗杰性
中州古籍出版社　2014 年 11 月
333 页　精装　29cm
ISBN978-7-5348-5005-9
馆藏号：Guojiafz-8600002015686

睢县年鉴·2017
睢县人民政府主办　睢县地方史志办公室编
主编余宏献
中州古籍出版社　2017 年 12 月
446 页　精装　29cm
ISBN978-7-5348-7390-4
馆藏号：Guojiafz-8600002016525

虞城年鉴·2016
虞城县人民政府主办　虞城县地方史志办公室编
主编杨保华
中州古籍出版社　2017 年 2 月
416 页　精装　29cm
ISBN978-7-5348-6880-1
馆藏号：Guojiafz-8600002017426

虞城年鉴·2020
虞城县人民政府主办　虞城县地方史志办公室编
主编贾文灿
中州古籍出版社　2020 年 8 月
410 页　精装　29cm
ISBN978-7-5348-9417-6
馆藏号：Guojiafz-8600002019099

夏邑年鉴·2020
中共夏邑县委员会、夏邑县人民政府主办　夏邑县地方史志编研中心编　主编班玉祥
中州古籍出版社　2020 年 10 月
327 页　精装　30cm

ISBN978-7-5348-9406-0
馆藏号：Guojiafz-8600002019918

信阳年鉴·2015
信阳市人民政府主办　信阳市地方史志办公室编
主编胡亚才、陈晓玲　执行主编陈晓玲
中州古籍出版社　2015 年 12 月
578 页　精装　29cm
ISBN978-7-5348-5920-5
馆藏号：Guojiafz-8600002018678

信阳年鉴·2016
信阳市人民政府主办　信阳市地方史志办公室编
主编胡亚才、陈晓玲　执行主编陈晓玲
中州古籍出版社　2016 年 12 月
572 页　精装　29cm
ISBN978-7-5348-6755-2
馆藏号：Guojiafz-8600002014604

信阳年鉴·2017
信阳市人民政府主办　信阳市地方史志办公室编
主编郑先明、陈晓玲　执行主编陈晓玲
中州古籍出版社　2018 年 1 月
693 页　精装　29cm
ISBN978-7-5348-7464-2
馆藏号：Guojiafz-8600002018637

信阳年鉴·2018
信阳市人民政府主办　信阳市地方史志办公室编
主编郑先明、陈晓玲　执行主编陈晓玲
中州古籍出版社　2019 年 4 月
652 页　精装　29cm
ISBN978-7-5348-8589-1
馆藏号：Guojiafz-8600002018679

信阳年鉴·2019
信阳市人民政府主办　信阳市地方史志办公室编
主编张全胜、陈晓玲　执行主编陈晓玲
中州古籍出版社　2020 年 2 月
609 页　精装　29cm

ISBN978-7-5348-9057-4
馆藏号：Guojiafz-8600002018673

信阳年鉴·2020
信阳市人民政府主办　信阳市地方史志办公室编
主编张全胜、陈晓玲　执行主编陈晓玲
中州古籍出版社　2020 年 7 月
538 页　精装　29cm
ISBN978-7-5348-9301-8
馆藏号：Guojiafz-8600002019673

浉河年鉴·2009
浉河区人民政府主办　信阳市浉河区地方史志办公室编　主编邵春杰
华夏出版社　2009 年 12 月
440 页　精装　29cm
ISBN978-7-5080-4686-3
馆藏号：Guojiafz-8600002000465

浉河年鉴·2016
信阳市浉河区人民政府主办　信阳市浉河区地方史志办公室编
中州古籍出版社　2016 年 12 月
533 页　精装　29cm
ISBN978-7-5348-6717-0
馆藏号：Guojiafz-8600002014174

平桥年鉴·2007
信阳市平桥区人民政府主办　信阳市平桥区地方史志办公室编　主编杨成智、赵安虎、扶林
中国文史出版社　2007 年 10 月
449 页　精装　29cm
ISBN978-7-5034-2236-2
馆藏号：Guojiafz-8600002000054

平桥年鉴·2009
信阳市平桥区人民政府主办　信阳市平桥区人民政府、信阳市平桥区地方史志办公室合编
主编杨成智、赵安虎、李以安
中州古籍出版社　2009 年 11 月
493 页　精装　29cm
ISBN978-7-5348-3237-6
馆藏号：Guojiafz-8600002004074

平桥年鉴·2010
信阳市平桥区人民政府主办　平桥区地方史志办公室编　主编杨成智、赵安虎、郭丽
中州古籍出版社　2010 年 12 月
443 页　精装　29cm
ISBN978-7-5348-3514-8
馆藏号：Guojiafz-8600002000386

信阳市平桥年鉴·2014
信阳市平桥区人民政府主办　信阳市平桥区地方史志办公室编　主编王豫湘
中州古籍出版社　2014 年 10 月
583 页　精装　29cm
ISBN978-7-5348-5001-1
馆藏号：Guojiafz-8600002015971

平桥年鉴·2017
信阳市平桥区人民政府主办　信阳市平桥区地方史志办公室编　主编王豫湘
中州古籍出版社　2017 年 12 月
557 页　精装　29cm
ISBN978-7-5348-7554-0
馆藏号：Guojiafz-8600002016508

固始年鉴·2013
固始县人民政府主办　固始县史志研究室编
主编杨培松、李涛、戴吉强
中州古籍出版社　2014 年 1 月
450 页　精装　29cm
ISBN978-7-5348-4648-9
馆藏号：Guojiafz-8600002015898

固始年鉴·2016
固始县人民政府主办　固始县史志研究室编
主编杨培松、李涛、戴吉强
中州古籍出版社　2017 年 2 月

398 页　精装　29cm
ISBN978-7-5348-6917-4
馆藏号：Guojiafz-8600002017708

固始年鉴·2017
固始县人民政府主办　固始县史志研究室编
主编杨培松、李涛、戴吉强
中州古籍出版社　2019 年 1 月
407 页　精装　29cm
ISBN978-7-5348-8343-9
馆藏号：Guojiafz-8600002018756

固始年鉴·2018
固始县人民政府主办　固始县史志研究室编
主编杨培松、李涛、戴吉强
郑州方志印务有限公司印刷
415 页　精装　29cm
馆藏号：Guojiafz-8600002018794

固始年鉴·2019
固始县人民政府主办　固始县史志研究室编
主编臧具文、夏明刚、赵家义
河南电子音像出版社　2020 年 7 月
421 页　精装　29cm
ISBN978-7-83009-367-9
馆藏号：Guojiafz-8600002018761

潢川年鉴·2010
潢川县人民政府主办　潢川县地方史志办公室编
主编周海文、田合印
中州古籍出版社　2010 年 12 月
410 页　精装　29cm
ISBN978-7-5348-3497-4
馆藏号：Guojiafz-8600002019522

潢川年鉴·2012
潢川县人民政府主办　潢川县地方史志办公室编
主编黄刚、扶林
中州古籍出版社　2012 年 12 月
391 页　精装　29cm
ISBN978-7-5348-3497-4
馆藏号：Guojiafz-8600002019518

潢川年鉴·2013
潢川县人民政府主办　潢川县地方史志办公室编
主编杨春丽、刘璇
中州古籍出版社　2013 年 12 月
412 页　精装　29cm
ISBN978-7-5348-3497-4
馆藏号：Guojiafz-8600002019517

潢川年鉴·2014
潢川县人民政府主办　潢川县地方史志办公室编
主编杨春丽、刘璇
中州古籍出版社　2014 年 12 月
411 页　精装　29cm
ISBN978-7-5348-3497-4
馆藏号：Guojiafz-8600002019514

潢川年鉴·2016
潢川县人民政府主办　潢川县地方史志办公室编
主编陈国太　执行主编徐疾
中州古籍出版社　2017 年 5 月
497 页　精装　29cm
ISBN978-7-5348-7100-9
馆藏号：Guojiafz-8600002019515

潢川年鉴·2017
潢川县人民政府主办　潢川县地方史志办公室编
主编陈国太　执行主编徐疾
中州古籍出版社　2018 年 4 月
440 页　精装　29cm
ISBN978-7-5348-7817-6
馆藏号：Guojiafz-8600002019519

潢川年鉴·2018
潢川县人民政府主办　潢川县地方史志办公室编
主编陈国太　执行主编徐疾
中州古籍出版社　2019 年 1 月
489 页　精装　29cm

ISBN978-7-5348-7816-9
馆藏号：Guojiafz-8600002019520

潢川年鉴·2019
潢川县人民政府主办　潢川县地方史志办公室编
主编陈功江、陈国太　执行主编陈国太
中州古籍出版社　2020 年 5 月
509 页　精装　29cm
ISBN978-7-5348-9092-5
馆藏号：Guojiafz-8600002019521

潢川年鉴·2020
中共潢川县委员会、潢川县人民政府主办　潢川县地方史志办公室编　主编陈功江、陈国太　执行主编陈国太
中州古籍出版社　2020 年 8 月
506 页　精装　29cm
ISBN978-7-5348-9383-4
馆藏号：Guojiafz-8600002019516

淮滨年鉴·2015
淮滨县人民政府主办　淮滨县史志研究室编　主编戴志恒、吕亚敏　执行主编程仁富、马妮、孙丽、符晓、陈秀云
中州古籍出版社　2016 年 1 月
387 页　精装　29cm
ISBN978-7-5348-5845-1
馆藏号：Guojiafz-8600002020576

淮滨年鉴·2016
淮滨县人民政府主办　淮滨县史志研究室编
主编张强、吕亚敏　执行主编刘家才、程仁富
中州古籍出版社　2017 年 2 月
432 页　精装　29cm
ISBN978-7-5348-6901-3
馆藏号：Guojiafz-8600002020583

淮滨年鉴·2017
淮滨县人民政府主办　淮滨县史志研究室编
主编吕亚敏、郑强　执行主编程仁富、刘家才、陈秀云
中州古籍出版社　2019 年 6 月
389 页　精装　29cm
ISBN978-7-5348-7945-6
馆藏号：Guojiafz-8600002020572

淮滨年鉴·2019
淮滨县人民政府主办　淮滨县史志研究室编
主编王继光、郑强　执行主编程仁富、马妮娜
河南永鸿印务有限公司印刷　2019 年 12 月
422 页　精装　29cm
准印证号：信阳 2019007 号
馆藏号：Guojiafz-8600002020586

息县年鉴·2010
息县人民政府主办　信阳市息县地方史志研究室编
主编李洪俊、张锦友
华夏出版社　2010 年 10 月
388 页　精装　29cm
ISBN978-7-5080-4686-0
馆藏号：Guojiafz-8600002019147

息县年鉴·2011
息县人民政府主办　信阳市息县地方史志研究室编
主编李洪俊、张锦友
华夏出版社　2011 年 11 月
420 页　精装　29cm
ISBN978-7-5080-4686-0
馆藏号：Guojiafz-8600002019131

息县年鉴·2012
息县人民政府主办　信阳市息县地方史志研究室编
主编李洪俊、张锦友
华夏出版社　2012 年 12 月
402 页　精装　29cm
ISBN978-7-5080-4686-0
馆藏号：Guojiafz-8600002019143

息县年鉴·2013
息县人民政府主办　信阳市息县地方史志研究室编

主编黄明、张锦友
华夏出版社　2013 年 12 月
395 页　精装　29cm
ISBN978-7-5080-4686-0
馆藏号：Guojiafz-8600002019138

息县年鉴 · 2014
息县人民政府主办　信阳市息县地方史志研究室编
主编黄明、张锦友
华夏出版社　2014 年 12 月
417 页　精装　29cm
ISBN978-7-5080-4686-0
馆藏号：Guojiafz-8600002019917

息县年鉴 · 2015
息县人民政府主办　信阳市息县地方史志研究室编
主编黄明、张锦友
中州古籍出版社　2015 年 12 月
393 页　精装　29cm
ISBN978-7-5080-4686-0
馆藏号：Guojiafz-8600002018935

息县年鉴 · 2016
息县人民政府主办　息县史志研究室编
主编黄明、张锦友
中州古籍出版社　2016 年 12 月
429 页　精装　29cm
ISBN978-7-5348-5851-2
馆藏号：Guojiafz-8600002018986

息县年鉴 · 2017
息县人民政府主办　息县地方史志办公室编
主编黄明、张锦友
中州古籍出版社　2018 年 6 月
446 页　精装　29cm
ISBN978-7-5348-7878-7
馆藏号：Guojiafz-8600002018889

息县年鉴 · 2018
息县人民政府主办　息县史志办公室编
主编黄明、张锦友
中州古籍出版社　2019 年 7 月
474 页　精装　29cm
ISBN978-7-5348-8709-3
馆藏号：Guojiafz-8600002018880

息县年鉴 · 2019
息县人民政府主办　息县史志研究室编
主编黄明、张锦友
中州古籍出版社　2020 年 7 月
456 页　精装　29cm
ISBN978-7-5348-9130-4
馆藏号：Guojiafz-8600002018885

息县年鉴 · 2020
息县人民政府主办　息县史志研究室编
主编徐鑫、金小莉
中州古籍出版社　2020 年 9 月
442 页　精装　29cm
ISBN978-7-5348-9407-7
馆藏号：Guojiafz-8600002018887

周口年鉴 · 2004
周口市人民政府办公室、周口市地方史志办公室合编　主编夏康健、王婷美
解放军信息工程学院印刷厂印刷
485 页　精装　29cm
准印证号：豫内资周新通字〔2006〕003 号
馆藏号：Guojiafz-8600002020495

周口年鉴 · 2007—2008
周口市人民政府办公室、周口市地方史志办公室编
主编霍廷营、夏康健、刘义民、傅学善　执行主编宣凤彩
郑州方志印务有限公司印刷
560 页　精装　29cm
准印证号：豫内资周新通字〔2009〕26 号
馆藏号：Guojiafz-8600002019360

周口年鉴·2009—2010
周口市人民政府办公室主办　周口市地方史志办公室编　主编季玉诺　执行主编夏康健、李兰英
郑州方志印务有限公司印刷
555 页　精装　29cm
准印证号：豫内资周新审字〔2011〕3 号
馆藏号：Guojiafz-8600002021513

周口年鉴·2011
周口市人民政府主办　周口市地方史志办公室编
主编徐光　执行主编李绍彬、季玉诺
中州古籍出版社　2011 年 11 月
418 页　精装　29cm
ISBN978-7-5348-3718-0
馆藏号：Guojiafz-8600002018512

周口年鉴·2012
周口市人民政府主办　周口市地方史志办公室编
主编季玉诺　执行主编李兰英、傅学善、宣凤彩、王汝印
中州古籍出版社　2012 年 12 月
416 页　精装　29cm
ISBN978-7-5348-4115-6
馆藏号：Guojiafz-8600002019362

周口年鉴·2013
周口市人民政府主办　周口市地方史志办公室编
主编季玉诺　执行主编李兰英、傅学善、宣凤彩、王汝印
中州古籍出版社　2013 年 12 月
452 页　精装　29cm
ISBN978-7-5348-4689-2
馆藏号：Guojiafz-8600002018517

周口年鉴·2016
周口市人民政府主办　周口市地方史志办公室编
主编李应权　执行主编李兰英、宣凤彩、傅学善、王汝印
中州古籍出版社　2016 年 12 月
552 页　精装　29cm
ISBN978-7-5348-6775-0
馆藏号：Guojiafz-8600002020596

周口年鉴·2017
周口市人民政府主办　周口市地方史志办公室编
主编李应权　执行主编李兰英、宣凤彩、傅学善、王汝印
中州古籍出版社　2017 年 12 月
576 页　精装　29cm
ISBN978-7-5348-7523-6
馆藏号：Guojiafz-8600002016248

周口年鉴·2018
周口市人民政府主办　周口市地方史志办公室编
主编李应权、宣凤彩　执行主编李兰英、陈秋菊
中州古籍出版社　2018 年 11 月
541 页　精装　29cm
ISBN978-7-5348-8115-2
馆藏号：Guojiafz-8600002018395

周口年鉴·2019
周口市人民政府主办　周口市地方史志办公室编
主编李应权、宣凤彩　执行主编周喜莲、郑娟娟
中州古籍出版社　2019 年 11 月
596 页　精装　29cm
ISBN978-7-5348-8887-8
馆藏号：Guojiafz-8600002020599

周口年鉴·2020
周口市人民政府主办　周口市地方史志办公室编
主编李应权、宣凤彩　执行主编周喜莲、郑娟娟、李建威
中州古籍出版社　2020 年 7 月
512 页　精装　29cm
ISBN978-7-5348-9244-8
馆藏号：Guojiafz-8600002020602

黄泛区农场年鉴·2005—2010
河南省黄泛区农场地方史志办公室编
主编段耀华

中州古籍出版社　2013 年 12 月
826 页　精装　29cm
ISBN978-7-5348-4572-7
馆藏号：Guojiafz-8600002020581

周口年鉴 · 2019（川汇卷）
周口市地方史志办公室主管　川汇区人民政府主办　川汇区地方史志编纂办公室编　主编杨红军、杨党振
周口市高威彩印工艺有限公司印刷
317 页　精装　29cm
准印证号：周豫（2019017）号
馆藏号：Guojiafz-8600002020392

川汇年鉴 · 2020
周口市川汇区人民政府主办　周口市川汇区地方史志编纂办公室编　主编杨党振
中州古籍出版社　2020 年 8 月
462 页　精装　29cm
ISBN978-7-5348-9371-1
馆藏号：Guojiafz-8600002020393

项城年鉴 · 2014
项城市人民政府主办　项城市地方史志编纂办公室编　主编齐元宝
周口市高威彩印工艺有限公司印刷　2015 年 1 月
452 页　精装　29cm
准印证号：豫内资周文广新审字［2015］001 号
馆藏号：Guojiafz-8600002021509

项城年鉴 · 2015
项城市人民政府主办　项城市地方史志编纂办公室编　主编齐元宝
周口市高威彩印工艺有限公司印刷　2015 年 11 月
507 页　精装　29cm
准印证号：豫内资周文广新审字［2015］020 号
馆藏号：Guojiafz-8600002021510

项城年鉴 · 2016
项城市人民政府主办　项城市地方史志编纂办公室编　主编齐元宝
周口市高威彩印工艺有限公司印刷　2016 年 11 月
438 页　精装　29cm
准印证号：豫内资周文广新审字（2016）003 号
馆藏号：Guojiafz-8600002021505

项城年鉴 · 2017
项城市人民政府主办　项城市地方史志编纂办公室编　主编齐元宝
周口市高威彩印工艺有限公司印刷　2017 年 12 月
462 页　精装　29cm
准印证号：豫内资周文广新审字（2017）021 号
馆藏号：Guojiafz-8600002021506

项城年鉴 · 2018
项城市人民政府主办　项城市地方史志编纂办公室编　主编齐元宝
周口市高威彩印工艺有限公司印刷　2018 年 12 月
469 页　精装　29cm
准印证号：（豫周）〔2018018〕
馆藏号：Guojiafz-8600002020505

周口年鉴 · 2019（项城卷）
项城市人民政府主办　项城市地方史志编纂办公室编　主编齐元宝
周口市高威彩印工艺有限公司印刷
472 页　精装　29cm
准印证号：（豫周）〔2019015〕
馆藏号：Guojiafz-8600002019470

项城年鉴 · 2020
项城市人民政府主办　项城市地方史志编纂办公室编　主编齐元宝
黄海数字出版社　2020 年 8 月
434 页　精装　29cm
ISBN978-7-89523-198-6
馆藏号：Guojiafz-8600002019499

西华年鉴 · 2018
西华县人民政府主办　西华县地方史志办公室编

主编赵建华　执行主编赵贺香
内部印刷　2018 年 12 月
346 页　精装　29cm
准印证号:（豫周）〔2018020〕
馆藏号：Guojiafz-8600002020513

周口年鉴・2019（西华卷）
周口市地方史志办公室主管　西华县人民政府主办
西华县地方史志办公室编　主编郑美琴
内部印刷　2019 年 10 月
506 页　精装　29cm
准印证号:（豫周）（2019022）
馆藏号：Guojiafz-8600002020618

西华年鉴・2020
西华县人民政府主办　西华县地方史志编纂委员会办公室编　主编郑美琴　执行主编张可
中州古籍出版社　2020 年 8 月
591 页　精装　29cm
ISBN978-7-5348-9286-8
馆藏号：Guojiafz-8600002020339

商水年鉴・2009—2010
商水县人民政府主办　商水县地方史志办公室编
主编赵鹏　执行主编李恒先
郑州百印通印刷制作有限公司印刷
506 页　精装　30cm
准印证号：豫内资周新审字（2012）26 号
馆藏号：Guojiafz-8600002018535

商水年鉴・2011—2012
商水县人民政府主办　商水县地方史志办公室编
主编赵鹏　执行主编何四良
河南博雅彩印有限公司印刷
504 页　精装　29cm
准印证号：豫内资周新审字（2013）050 号
馆藏号：Guojiafz-8600002018523

商水年鉴・2014
商水县人民政府主办　商水县地方史志办公室编
主编赵鹏　执行主编何四良
周口市高威彩印工艺有限公司印刷
384 页　精装　29cm
准印证号：豫内资周文广新审字（2014）032 号
馆藏号：Guojiafz-8600002018538

商水年鉴・2015
商水县人民政府主办　商水县地方史志办公室编
主编赵鹏　执行主编何四良
周口市高威彩印工艺有限公司印刷
436 页　精装　29cm
准印证号：豫内资周文广新审字（2015）026 号
馆藏号：Guojiafz-8600002018522

商水年鉴・2016
商水县人民政府主办　商水县地方史志办公室编
主编赵鹏　执行主编何四良
周口市高威彩印工艺有限公司印刷
390 页　精装　29cm
准印证号：豫内资周文广旅审字（2016）008 号
馆藏号：Guojiafz-8600002018540

商水年鉴・2017
商水县人民政府主办　商水县地方史志办公室编
主编何四良、马振华
周口市高威彩印工艺有限公司印刷
475 页　精装　29cm
准印证号：豫周内〔2017〕021 号
馆藏号：Guojiafz-8600002018532

商水年鉴・2018
商水县人民政府主办　商水县地方史志办公室编
主编马振华
河南金雅昌文化传媒有限公司印刷
558 页　精装　29cm
准印证号：豫周（201821）号
馆藏号：Guojiafz-8600002018539

周口年鉴・2019（商水卷）
周口市地方史志办公室主管　商水县人民政府主办

商水县地方史志办公室编　主编马振华
郑州方志印务有限公司印刷
569 页　精装　29cm
准印证号:(2019014)
馆藏号: Guojiafz-8600002018527

商水年鉴 · 2020
商水县人民政府主办　商水县地方史志办公室编
主编马振华
中州古籍出版社　2020 年 8 月
564 页　精装　29cm
ISBN978-7-5348-9397-1
馆藏号: Guojiafz-8600002018682

沈丘年鉴 · 2014—2015
沈丘县人民政府主办　沈丘县地方史志编纂办公室编　主编孙志敏　执行主编王爱美、李红岩
河南志鉴文化传媒有限公司印刷　2015 年 10 月
282 页　精装　29cm
馆藏号: Guojiafz-8600002020656

沈丘年鉴 · 2016
沈丘县人民政府主办　沈丘县地方史志编纂办公室编　主编孙志敏　执行主编王爱美、李红岩
河南志鉴文化传媒有限公司印刷　2016 年 10 月
290 页　精装　29cm
馆藏号: Guojiafz-8600002020517

沈丘年鉴 · 2017
沈丘县人民政府主办　沈丘县地方史志编纂办公室编　主编孙志敏　执行主编王爱美、李红岩、艾九龄
中州古籍出版社　2018 年 3 月
311 页　精装　29cm
ISBN978-7-5348-7703-2
馆藏号: Guojiafz-8600002020591

沈丘年鉴 · 2018
沈丘县人民政府主办　沈丘县地方史志编纂办公室编　主编孙志敏　执行主编王爱美、李红岩、艾九龄
周口市高威彩印工艺有限公司印刷　2018 年 12 月
276 页　精装　29cm
准印证号:(豫周)(2018019)
馆藏号: Guojiafz-8600002020479

周口年鉴 · 2019(沈丘卷)
沈丘县人民政府主办　沈丘县地方史志编纂办公室编　主编孙志敏　执行主编李红岩、艾九龄
周口市高威彩印工艺有限公司印刷　2019 年 12 月
285 页　精装　29cm
准印证号:(豫周)(2019015)
馆藏号: Guojiafz-8600002019426

沈丘年鉴 · 2020
沈丘县人民政府主办　沈丘县地方史志编纂办公室编　主编孙志敏
黄海数字出版社　2020 年 8 月
440 页　精装　29cm
ISBN978-7-89523-196-2
馆藏号: Guojiafz-8600002020686

淮阳年鉴 · 2015
淮阳县人民政府主办　淮阳县地方史志办公室编
主编尹建华
中州古籍出版社　2016 年 9 月
410 页　精装　29cm
ISBN978-7-5348-6288-5
馆藏号: Guojiafz-8600002014160

淮阳年鉴 · 2018
淮阳县人民政府主办　淮阳县地方史志办公室编
主编朱智慧、邵士浦　执行主编朱智慧、陈云、尹建华
中州古籍出版社　2019 年 1 月
376 页　精装　29cm
ISBN978-7-5348-8389-7
馆藏号: Guojiafz-8600002019450-2

淮阳年鉴·2020
淮阳区人民政府主办　淮阳区地方史志编纂馆编
主编朱智慧、邵士浦　执行主编朱智慧、陈云
中州古籍出版社　2020 年 9 月
367 页　精装　29cm
ISBN978-7-5348-9345-2
馆藏号：Guojiafz-8600002019423

太康年鉴·2013
太康县人民政府主办　太康县地方史志办公室编
主编曹海英　执行主编朱晓辉
中州古籍出版社　2013 年 10 月
318 页　精装　29cm
ISBN978-7-80199-912-2
馆藏号：Guojiafz-8600002022283

驻马店地区年鉴·1996
河南省驻马店地区行署办公室主办　《驻马店地区年鉴》编辑部编　主编温全记、赵荣霞
中州古籍出版社　1997 年 4 月
385 页　精装　27cm
ISBN7-5348-1488-X
馆藏号：Guojiafz-8600002005088

驻马店地区年鉴·1998
河南省驻马店地区行署办公室主办　河南省驻马店地区史志办公室编　主编温全记、赵荣霞
黄山书社　1999 年 4 月
406 页　精装　27cm
ISBN7-80630-290-5
馆藏号：Guojiafz-8600002020415

驻马店年鉴·2000
河南省驻马店市人民政府主办　河南省驻马店市地方史志办公室编　主编温全记、赵荣霞
新华出版社　2001 年 12 月
431 页　精装　27cm
ISBN7-5011-5528-3
馆藏号：Guojiafz-8600002020409

驻马店年鉴·2001
河南省驻马店市人民政府主办　河南省驻马店市地方史志办公室编　主编温全记、赵荣霞
新华出版社　2002 年 12 月
374 页　精装　27cm
ISBN7-5011-5528-3
馆藏号：Guojiafz-8600002020659

驻马店年鉴·2002
驻马店市人民政府主办　河南省驻马店市地方史志办公室编　主编温全记、赵荣霞
新华出版社　2003 年 4 月
416 页　精装　27cm
ISBN7-5011-5528-3
馆藏号：Guojiafz-8600002020660

驻马店年鉴·2003
驻马店市人民政府主办　河南省驻马店市地方史志办公室编　主编温全记、赵荣霞
新华出版社　2004 年 1 月
349 页　精装　27cm
ISBN7-5011-5528-3
馆藏号：Guojiafz-8600002020412

驻马店年鉴·2005
驻马店市人民政府主办　《驻马店年鉴》编委会编
主编温全记、赵荣霞
光明日报出版社　2006 年 6 月
429 页　精装　29cm
ISBN7-80145-841-9
馆藏号：Guojiafz-8600002000336

驻马店年鉴·2006
河南省驻马店市人民政府主办　驻马店市地方史志办公室编　主编赵荣霞
光明日报出版社　2007 年 4 月
300 页　精装　29cm
ISBN7-80145-841-9
馆藏号：Guojiafz-8600002020668

驻马店年鉴・2007
驻马店市人民政府主办　驻马店市地方史志办公室编　主编赵荣霞、赵心田
线装书局　2007 年 12 月
323 页　精装　29cm
ISBN978-7-80106-744-9
馆藏号：Guojiafz-8600002000620

驻马店年鉴・2008
驻马店市人民政府主办　驻马店市地方史志办公室编　主编赵荣霞
线装书局　2008 年 12 月
354 页　精装　29cm
ISBN978-7-80106-744-9
馆藏号：Guojiafz-8600002020326

驻马店年鉴・2009
驻马店市人民政府主办　驻马店市地方史志办公室编　主编赵荣霞
线装书局　2009 年 12 月
338 页　精装　29cm
ISBN978-7-80106-744-9
馆藏号：Guojiafz-8600002020333

驻马店年鉴・2010
驻马店市人民政府主办　驻马店市地方史志办公室编　主编赵荣霞
线装书局　2010 年 12 月
327 页　精装　29cm
ISBN978-7-80106-744-9
馆藏号：Guojiafz-8600002020374

驻马店年鉴・2011
驻马店市人民政府主办　驻马店市地方史志办公室编　主编赵荣霞
线装书局　2011 年 12 月
404 页　精装　29cm
ISBN978-7-80106-744-9
馆藏号：Guojiafz-8600002020387

驻马店年鉴・2012
驻马店市人民政府主办　驻马店市地方史志办公室编　主编赵心田
中州古籍出版社　2012 年 9 月
432 页　精装　29cm
ISBN978-7-5348-3974-0
馆藏号：Guojiafz-8600002020561

驻马店年鉴・2013
驻马店市人民政府主办　驻马店市地方史志办公室编　主编赵心田
中州古籍出版社　2014 年 1 月
513 页　精装　29cm
ISBN978-7-5348-4643-4
馆藏号：Guojiafz-8600002020384

驻马店年鉴・2014
驻马店市人民政府主办　驻马店市地方史志办公室编　主编赵心田
中州古籍出版社　2014 年 11 月
477 页　精装　29cm
ISBN978-7-5348-5082-0
馆藏号：Guojiafz-8600002015244

驻马店年鉴・2015
驻马店市人民政府主办　驻马店市地方史志办公室编　主编赵心田
中州古籍出版社　2016 年 6 月
729 页　精装　29cm
ISBN978-7-5348-6426-1
馆藏号：Guojiafz-8600002014924

驻马店年鉴・2016
驻马店市人民政府主办　驻马店市地方史志办公室编　主编赵心田
方志出版社　2016 年 12 月
663 页　精装　29cm
ISBN978-7-5144-2287-0
馆藏号：Guojiafz-8600002014041

驻马店年鉴·2017
驻马店市人民政府主办　驻马店市地方史志办公室编　主编赵心田
中州古籍出版社　2018年3月
588页　精装　29cm
ISBN978-7-5348-7775-9
馆藏号：Guojiafz-8600002020437

驻马店年鉴·2018
驻马店市人民政府主办　驻马店市地方史志办公室编　主编赵心田
方志出版社　2018年12月
450页　精装　29cm
ISBN978-7-5144-3529-0
馆藏号：Guojiafz-8600002018169

驻马店年鉴·2019
驻马店市人民政府主办　驻马店市地方史志研究所编　主编赵心田
中州古籍出版社　2020年2月
486页　精装　29cm
ISBN978-7-5348-9034-5
馆藏号：Guojiafz-8600002020329

驻马店年鉴·2020
驻马店市人民政府主办　驻马店市地方史志研究所编　主编赵心田
中州古籍出版社　2020年8月
476页　精装　29cm
ISBN978-7-5348-9356-8
馆藏号：Guojiafz-8600002020556

西平年鉴·2016
西平县人民政府主办　西平县地方史志办公室编　主编王全周
中州古籍出版社　2018年1月
308页　精装　29cm
ISBN978-7-5348-7607-3
馆藏号：Guojiafz-8600002016231

驻马店县区年鉴·2019（西平卷）
西平县人民政府主办　西平县地方史志研究所编　主编王全周
中州古籍出版社　2020年7月
387页　精装　29cm
ISBN978-7-5348-9233-2
馆藏号：Guojiafz-8600002020316

西平年鉴·2020
西平县人民政府主办　西平县地方史志办公室编　主编王全周
中州古籍出版社　2020年8月
350页　精装　29cm
ISBN978-7-5348-9396-4
馆藏号：Guojiafz-8600002020311

驻马店县区年鉴·2019（上蔡卷）
上蔡县人民政府主办　上蔡县地方史志办公室编　主编谢恭旭　执行主编王建华
中州古籍出版社　2020年9月
599页　精装　29cm
ISBN978-7-5348-9233-2
馆藏号：Guojiafz-8600002020993

确山年鉴·2020
确山县人民政府主办　确山县地方史志研究所编　主编赵安东
中州古籍出版社　2020年8月
382页　精装　29cm
ISBN978-7-5348-9363-6
馆藏号：Guojiafz-8600002020309

汝南年鉴·2020
汝南县人民政府主办　汝南县地方史志研究所编　主编韩崇江
中州古籍出版社　2020年8月
417页　精装　29cm
ISBN978-7-5348-9374-2
馆藏号：Guojiafz-8600002020434

遂平年鉴·2001—2006
遂平县人民政府主办　遂平县地方史志办公室编
主编吴玉冰
河南人民出版社　2010年6月
392页　精装　29cm
ISBN978-7-215-06862-9
馆藏号：Guojiafz-8600002020379

遂平年鉴·2011
遂平县人民政府主办　遂平县地方史志办公室编
主编杨欣宇　执行主编王剑
中州古籍出版社　2013年8月
286页　精装　29cm
ISBN978-7-80199-912-2
馆藏号：Guojiafz-8600002020689

济源年鉴·1998
河南省济源市地方志编纂委员会编　主编翟本会
方志出版社　1999年11月
525页　精装　27cm
ISBN7-80122-532-5
馆藏号：Guojiafz-8600002010005

济源年鉴·2001
济源市地方志办公室编　主编翟本会
方志出版社　2002年12月
442页　精装　27cm
ISBN7-80122-910-X
馆藏号：Guojiafz-8600002013180

济源年鉴·2013
济源市人民政府主办　济源市地方史志办公室编
主编李保国
中州古籍出版社　2014年2月
675页　精装　29cm
ISBN978-7-5348-4156-9
馆藏号：Guojiafz-8600002019008

济源年鉴·2015
济源市人民政府主办　济源市地方史办公室编
主编李保国
河南人民出版社　2016年1月
543页　精装　29cm
ISBN978-7-215-09404-8
馆藏号：Guojiafz-8600002014599

济源年鉴·2016
济源市人民政府主办　济源市地方史志办公室编
主编李保国
中州古籍出版社　2017年3月
567页　精装　29cm
ISBN978-7-5348-6960-0
馆藏号：Guojiafz-8600002019006

济源年鉴·2017
济源市人民政府主办　济源市地方史志办公室编
主编李保国
河南人民出版社　2018年4月
526页　精装　29cm
ISBN978-7-5348-7809-1
馆藏号：Guojiafz-8600002016266

济源年鉴·2018
济源市人民政府主办　济源市地方史办公室编
主编李保国
中州古籍出版社　2019年3月
533页　精装　29cm
ISBN978-7-5348-8526-6
馆藏号：Guojiafz-8600002018950

济源年鉴·2019
济源市人民政府主办　济源市地方史志办公室编
主编李保国
中州古籍出版社　2019年12月
599页　精装　29cm
ISBN978-7-5348-8927-1
馆藏号：Guojiafz-8600002018943

济源年鉴·2020
济源市人民政府主办　济源市地方史办公室编

主编马东海
中州古籍出版社　2020 年 6 月
450 页　精装　29cm

ISBN978-7-5348-9297-4
馆藏号：Guojiafz-8600002018946

湖北省

湖北年鉴·1989
湖北省地方志编纂委员会编　主编伍愉凝
湖北人民出版社　1989 年 10 月
734 页　精装　27cm
ISBN7-216-00384-5
馆藏号：Guojiafz-8600002017546

湖北年鉴·1990
《湖北年鉴编辑部》编　主编伍愉凝
湖北人民出版社　1990 年 11 月
627 页　精装　27cm
ISBN7-216-00632-1
馆藏号：Guojiafz-8600002005888

湖北年鉴·1991
湖北省地方志编纂委员会编　主编伍愉凝
湖北人民出版社　1991 年 9 月
540 页　精装　27cm
ISBN7-216-00799-9
馆藏号：Guojiafz-8600002017475

湖北年鉴·1992
湖北省地方志编纂委员会编　主编周坚卫
湖北人民出版社　1992 年 9 月
583 页　精装　27cm
ISBN7-216-00930-4
馆藏号：Guojiafz-8600002017581

湖北年鉴·1993
湖北地方志编纂委员会编　主编周坚卫
湖北年鉴社　1993 年 9 月
517 页　精装　27cm
ISSN1005-2585
馆藏号：Guojiafz-8600002017558

湖北年鉴·1994
湖北年鉴编辑委员会编　主编程运铁
湖北年鉴社　1994 年 9 月
505 页　精装　27cm
ISSN1005-2585
馆藏号：Guojiafz-8600002017553

湖北年鉴·1995
湖北年鉴编辑委员会编　主编程运铁
湖北省新华印刷厂印刷　1995 年 10 月
452 页　精装　27cm
ISSN1005-2585
馆藏号：Guojiafz-8600002013340

湖北年鉴·1996
湖北年鉴编辑委员会编　主编程运铁
湖北省新华印刷厂印刷　1996 年 10 月
632 页　精装　27cm
ISSN1005-2585
馆藏号：Guojiafz-8600002013207

湖北年鉴·1997
湖北年鉴编辑委员会编　主编邓道坤
湖北省新华印刷厂印刷　1997 年 11 月
624 页　精装　27cm
ISSN1005-2585
馆藏号：Guojiafz-8600002006293

湖北年鉴·1998
湖北年鉴编辑委员会编　主编贾天增
湖北省新华印刷厂印刷　1998年11月
631页　精装　29cm
ISSN1005-2585
馆藏号：Guojiafz-8600002009428

湖北年鉴·1999
湖北年鉴编辑委员会编　主编贾天增
湖北年鉴社　1999年9月
620页　精装　29cm
ISSN1005-2585
馆藏号：Guojiafz-8600002017559

湖北年鉴·2000
湖北省地方志编纂委员会办公室主办　湖北年鉴编辑委员会编　主编胡运钊
湖北年鉴社　2000年9月
619页　精装　29cm
ISSN1005-2585
馆藏号：Guojiafz-8600002017769

湖北年鉴·2001
湖北省人民政府主管　湖北省地方志办公室主办
湖北年鉴编辑委员会编　主编胡运钊
深圳市多伦美印刷有限公司印刷　2001年9月
694页　精装　29cm
ISSN1005-2585
馆藏号：Guojiafz-8600002017566

湖北年鉴·2002
湖北省人民政府主管　湖北省地方志办公室主办
湖北年鉴编辑委员会编　主编胡运钊
深圳市多伦美印刷有限公司印刷　2002年9月
628页　精装　29cm
ISSN1005-2585
馆藏号：Guojiafz-8600002017578

湖北年鉴·2003
湖北省人民政府主管　湖北省地方志办公室主办
湖北年鉴编辑委员会编　主编胡运钊
深圳市多伦美印刷有限公司印刷　2003年9月
652页　精装　29cm
ISSN1005-2585
馆藏号：Guojiafz-8600002017789

湖北年鉴·2004
湖北省人民政府主管　湖北省地方志办公室主办
湖北年鉴编辑委员会编　主编胡运钊
深圳市多伦美印刷有限公司印刷　2004年9月
616页　精装　29cm
ISSN1005-2585
馆藏号：Guojiafz-8600002004541

湖北年鉴·2005
湖北省人民政府主管　湖北省地方志办公室主办
湖北年鉴编辑委员会编　主编胡运钊
深圳市多伦美印刷有限公司印刷　2005年9月
688页　精装　29cm
ISSN1005-2585
馆藏号：Guojiafz-8600002002845

湖北年鉴·2006
湖北省人民政府主管　湖北省地方志编纂委员会办公室主办　湖北年鉴编辑委员会编
主编段轮一
湖北年鉴社　2006年9月
745页　精装　29cm
ISSN1005-2585
馆藏号：Guojiafz-8600002003485

湖北年鉴·2007
湖北省人民政府主管　湖北省地方志编纂委员会办公室主办　湖北年鉴编辑委员会编
主编段轮一
湖北年鉴社　2007年9月
668页　精装　29cm
ISSN1005-2585
馆藏号：Guojiafz-8600002017483

湖北年鉴·2008
湖北省人民政府主管　湖北省地方志编纂委员会办公室主办　主编尹汉宁
湖北年鉴社　2008年10月
689页　精装　29cm
ISSN1005-2585
馆藏号：Guojiafz-8600002003482

湖北年鉴·2009
湖北省人民政府主管　湖北省地方志编纂委员会办公室主办　湖北年鉴编辑委员会编
主编尹汉宁
湖北年鉴社　2009年9月
749页　精装　29cm
ISSN1005-2585
馆藏号：Guojiafz-8600002017858

湖北年鉴·2010
湖北省人民政府主管　湖北省地方志编纂委员会办公室主办　主编傅德辉
湖北年鉴社　2010年9月
754页　精装　29cm
ISSN1005-2585
馆藏号：Guojiafz-8600002013372

湖北年鉴·2011
湖北省人民政府主管　湖北省地方志编纂委员会办公室主办　主编傅德辉
湖北年鉴社　2011年9月
720页　精装　29cm
ISSN1005-2585
馆藏号：Guojiafz-8600002013396

湖北年鉴·2012
湖北省人民政府主管　湖北省地方志编纂委员会办公室主办　主编王祥喜
湖北年鉴社　2012年9月
720页　精装　29cm
ISSN1005-2585
馆藏号：Guojiafz-8600002013371

湖北年鉴·2013
湖北省人民政府主管　湖北省地方志编纂委员会办公室主办　主编王祥喜
湖北年鉴社　2013年9月
713页　精装　29cm
ISSN1005-2585
馆藏号：Guojiafz-8600002013370

湖北年鉴·2014
湖北省人民政府主管　湖北省地方志编纂委员会办公室主办　主编王祥喜
湖北年鉴社　2014年9月
653页　精装　29cm
ISSN1005-2585
馆藏号：Guojiafz-8600002003483

湖北年鉴·2015
湖北省人民政府主管　湖北省地方志编纂委员会办公室主办　主编王祥喜
湖北年鉴社　2015年9月
655页　精装　29cm
ISSN1005-2585
馆藏号：Guojiafz-8600002013395

湖北年鉴·2016
湖北省人民政府主管　湖北省地方志编纂委员会办公室主办　主编王祥喜
湖北年鉴社　2016年9月
669页　精装　29cm
ISSN1005-2585
馆藏号：Guojiafz-8600002014710

湖北年鉴·2017
湖北省人民政府主管　湖北省地方志编纂委员会办公室主办　湖北年鉴编辑委员会编
主编别必雄
湖北年鉴社　2017年10月
643页　精装　29cm
ISSN1005-2585
馆藏号：Guojiafz-8600002016398

湖北年鉴·2020
湖北省人民政府主管　湖北省文化和旅游厅主办
湖北年鉴编辑委员会编　主编王太晖
湖北年鉴社　2020 年 10 月
615 页　精装　29cm
ISSN1005-2585
馆藏号：Guojiafz-8600002020337

湖北农业年鉴·2003
《湖北农业年鉴》编委会编
湖北辞书出版社　2003 年 12 月
407 页　精装　29cm
ISBN7-5403-0708-0
馆藏号：Guojiafz-8600002004537

湖北农业年鉴·2008
《湖北农业年鉴》编辑委员会编　主编王敦胜
执行主编肖明军
崇文书局　2009 年 5 月
622 页　精装　29cm
ISBN978-7-5403-1489-7
馆藏号：Guojiafz-8600002002654

湖北农业年鉴·2012
《湖北农业年鉴》编辑委员会编　主编焦泰文
崇文书局　2014 年 7 月
460 页　精装　29cm
ISBN978-7-5403-3321-8
馆藏号：Guojiafz-8600002015214

江汉油田年鉴·2002
中国石化集团公司江汉石油管理局、中国石化股份有限公司江汉油田分公司主办　江汉油田年鉴编纂委员会编　主编袁欣　执行主编罗秋林
荆州市石地彩印厂印刷　2002 年 12 月
275 页　精装　26cm
准印证号：鄂潜图内字（2002）第 016 号
馆藏号：Guojiafz-8600002006288

江汉油田年鉴·2004
中国石化集团公司江汉石油管理局、中国石化股份有限公司江汉油田分公司主办　《江汉油田年鉴》编纂委员会编　主编袁欣　执行主编罗秋林
中国石化出版社　2004 年 10 月
266 页　精装　27cm
ISBN7-80164-696-7
馆藏号：Guojiafz-8600002004697

江汉油田年鉴·2008
中国石化集团公司江汉石油管理局、中国石油化工股份有限公司江汉油田分公司主办　《江汉油田年鉴》编纂委员会编　主编袁欣　执行主编罗秋林
长江出版社　2009 年 11 月
288 页　精装　27cm
ISBN978-7-80708-807-3
馆藏号：Guojiafz-8600002002209

江汉油田年鉴·2013
《江汉油田年鉴》编纂委员会编　主编龚武彦
执行主编罗秋林
长江出版社　2014 年 11 月
308 页　精装　27cm
ISBN978-7-5492-2996-3
馆藏号：Guojiafz-8600002015377

湖北省电力公司年鉴·2010
湖北省电力公司编　主编易旺青
湖北人民出版社　2010 年 7 月
419 页　精装　27cm
ISBN978-7-216-06458-3
馆藏号：Guojiafz-8600002008368

湖北建设年鉴·2009
湖北省住房和城乡建设厅主办　《湖北建设年鉴》编委会编　主编杨世元
湖北人民出版社　2009 年 11 月
490 页　精装　29cm

ISBN978-7-216-06180-3
馆藏号：Guojiafz-8600002002970

湖北建设年鉴·2014
《湖北建设年鉴》编委会编　主编金涛　总纂王绍明
湖北人民出版社　2014 年 10 月
541 页　精装　29cm
ISBN978-7-216-08369-0
馆藏号：Guojiafz-8600002030704

湖北建设年鉴·2015
湖北省住房和城乡建设厅主办　《湖北建设年鉴》编委会编　主编黄祥国　总纂王绍明
湖北人民出版社　2015 年 11 月
469 页　精装　29cm
ISBN978-7-216-08740-7
馆藏号：Guojiafz-8600002014667

湖北交通运输年鉴·2014
《湖北交通运输年鉴》编辑委员会编　主编周佑林
人民交通出版社股份有限公司　2014 年 10 月
422 页　精装　29cm
ISBN978-7-114-11734-3
馆藏号：Guojiafz-8600002045502

湖北交通运输年鉴·2015
《湖北交通运输年鉴》编辑委员会编　主编石斌
人民交通出版社股份有限公司　2015 年 12 月
448 页　精装　29cm
ISBN978-7-114-12597-3
馆藏号：Guojiafz-8600002014669

湖北科技年鉴·1986
湖北省科技志编辑室编　总编审何冠东
主编胡新发
阳新县印刷厂印刷
484 页　平装　26cm
馆藏号：Guojiafz-8600002009382

湖北科技年鉴·1988
湖北省科技志编辑室编　主编丰荣森
湖北省新华印刷厂印刷　1988 年
281 页　平装　26cm
准印证号：鄂图内 45 号
馆藏号：Guojiafz-8600002010109

湖北科技年鉴·1989
湖北省科技志编辑室编　主编丰荣森
湖北科学技术出版社　1989 年 7 月
282 页　平装　26cm
ISBN：7-5352-0485-6
馆藏号：Guojiafz-8600002009577

湖北科技年鉴·1990
湖北省科技志编辑室编　主编丰荣森
内部印刷　1990 年 5 月
250 页　平装　26cm
馆藏号：Guojiafz-8600002005865

湖北科技年鉴·1991
湖北省科技志编辑室编　主编丰荣森
湖北省科技情报研究所印刷厂印刷　1991 年
328 页　平装　26cm
馆藏号：Guojiafz-8600002006444

湖北科技年鉴·1992
湖北省科技志编辑室编　主编丰荣森
内部印刷
350 页　平装　26cm
馆藏号：Guojiafz-8600002006442

湖北科技年鉴·1993
湖北省科技志编辑室编　主编丰荣森
内部印刷
322 页　平装　26cm
馆藏号：Guojiafz-8600002006441

湖北科技年鉴·1994
湖北省科技志编辑室编　主编丰荣森

武汉测绘科技大学印刷厂印刷
327 页　平装　26cm
馆藏号：Guojiafz-8600002009574

湖北科技年鉴·1995
湖北省科学技术委员会编　主编石尚文
《数学物理学报》印刷厂印刷
385 页　平装　26cm
馆藏号：Guojiafz-8600002006443

湖北科技年鉴·1996
湖北省科学技术委员会编　主编石尚文
《数学物理学报》印刷厂印刷
394 页　平装　26cm
馆藏号：Guojiafz-8600002006440

湖北科技年鉴·1997
湖北省科学技术委员会编　主编石尚文
《数学物理学报》印刷厂印刷
389 页　平装　26cm
馆藏号：Guojiafz-8600002008300

湖北科技年鉴·1998
湖北省科学技术委员会编　主编石尚文
中科院武汉物数所《数学物理学报》印刷厂印刷
510 页　平装　26cm
馆藏号：Guojiafz-8600002009576

湖北统计年鉴·2014
湖北省统计局、国家统计局湖北调查总队合编
总编辑李团中、许晓红
中国统计出版社　2014 年 8 月
598 页　精装　30cm
ISBN978-7-5037-7197-2
馆藏号：Guojiafz-8600002015257

湖北统计年鉴·2017
湖北省统计局、国家统计局湖北调查总队合编
总编辑李团中、邓智红
中国统计出版社　2017 年 8 月
608 页　精装　30cm
ISBN978-7-5037-8206-0
馆藏号：Guojiafz-8600002016401

湖北教育年鉴·2003
湖北省教育厅编　主编郑年春
湖北人民出版社　2004 年 7 月
473 页　精装　30cm
ISBN7-216-03999-8
馆藏号：Guojiafz-8600002003192

湖北教育年鉴·2009
湖北省教育厅编　主编陈安丽
湖北人民出版社　2009 年 12 月
501 页　精装　30cm
ISBN978-7-216-06343-2
馆藏号：Guojiafz-8600002002225

湖北教育年鉴·2013
湖北省教育厅编　主编刘传铁
湖北人民出版社　2013 年 12 月
571 页　精装　30cm
ISBN978-7-216-08130-6
馆藏号：Guojiafz-8600002030684

湖北教育年鉴·2015
湖北教育厅编　主编刘传铁
湖北教育出版社　2015 年 12 月
547 页　精装　30cm
ISBN978-7-5564-1011-8
馆藏号：Guojiafz-8600002014665

武汉大学年鉴·2012
《武汉大学年鉴》编撰委员会编　主编骆郁廷
执行主编钱建国、涂上飙
武汉大学出版社　2014 年 11 月
564 页　精装　27cm
ISBN978-7-307-14400-2
馆藏号：Guojiafz-8600002015751

湖北卫生年鉴·2009
湖北卫生厅主办 《湖北卫生年鉴》编辑部编
主编姚云 执行主编谢正海
湖北人民出版社 2009年12月
541页 精装 29cm
ISBN978-7-216-06317-3
馆藏号：Guojiafz-8600002002653

湖北宣传年鉴·2012
中共湖北省委宣传部编 主编余立国
湖北人民出版社 2012年12月
424页 精装 27cm
ISBN978-7-216-07546-6
馆藏号：Guojiafz-8600002006961

湖北地税年鉴·2008
湖北地税年鉴编委会编 总编肖厚雄
湖北人民出版社 2009年12月
762页 精装 27cm
ISBN978-7-216-06399-9
馆藏号：Guojiafz-8600002001403

湖北发展改革年鉴·2009
湖北省发展和改革委员会主管 湖北发展和改革委员会编 主编许克振
湖北人民出版社 2009年10月
589页 精装 29cm
ISBN978-7-216-06179-7
馆藏号：Guojiafz-8600002010161

湖北发展改革年鉴·2012
湖北发展和改革委员会主管 湖北发展和改革委员会编 主编许克振
湖北人民出版社 2012年11月
678页 精装 30cm
ISBN978-7-216-07443-8
馆藏号：Guojiafz-8600002010160

湖北发展改革年鉴·2014
湖北发展和改革委员会编 主编李乐成
崇文书局 2014年11月
667页 精装 29cm
ISBN978-7-5403-3689-9
馆藏号：Guojiafz-8600002030685

武汉年鉴·1986
武汉年鉴编纂委员会编 主编陆天虹
湖北省浠水印刷厂印刷 1986年8月
647页 精装 27cm
准印证号：湖北省期刊登记证228号
馆藏号：Guojiafz-8600002005886

武汉年鉴·1987
武汉年鉴编纂委员会编 主编陆天虹
武汉出版社 1987年8月
578页 精装 27cm
ISBN7-5430-0007-5
馆藏号：Guojiafz-8600002003447

武汉年鉴·1988
武汉年鉴编纂委员会编 主编陆天虹
武汉出版社 1988年8月
663页 精装 27cm
ISBN7-5430-0133-0
馆藏号：Guojiafz-8600002003454

武汉年鉴·1989
武汉年鉴编纂委员会编 主编陆天虹
武汉大学出版社 1989年8月
615页 精装 27cm
ISBN7-307-00550-6
馆藏号：Guojiafz-8600002005456

武汉年鉴·1990
武汉年鉴编纂委员会编 主编陆天虹
武汉大学出版社 1990年9月
515页 精装 27cm
ISBN7-307-00828-9
馆藏号：Guojiafz-8600002001180

武汉年鉴·1991
武汉年鉴编纂委员会编　主编陆天虹
武汉大学出版社　1991 年 9 月
515 页　精装　27cm
ISBN7-307-01070-4
馆藏号：Guojiafz-8600002001211

武汉年鉴·1992
武汉年鉴编纂委员会编　主编陆天虹
武汉大学出版社　1992 年 9 月
540 页　精装　27cm
ISBN7-307-01343-6
馆藏号：Guojiafz-8600002003431

武汉年鉴·1993
武汉年鉴编纂委员会编　主编陆天虹
武汉年鉴社　1993 年 9 月
706 页　精装　27cm
CN42-1330
馆藏号：Guojiafz-8600002001167

武汉年鉴·1994
武汉年鉴编纂委员会编　主编陆天虹
武汉年鉴社　1994 年 8 月
367 页　精装　27cm
ISSN1005-9210
馆藏号：Guojiafz-8600002005192

武汉年鉴·1995
武汉市人民政府主办　武汉年鉴社编　主编陈华芳
武汉年鉴社　1995 年
371 页　精装　27cm
ISSN1005-9210
馆藏号：Guojiafz-8600002003210

武汉年鉴·1996
武汉市人民政府主办　武汉年鉴社编　主编陈华芳
武汉年鉴社　1996 年 8 月
388 页　精装　27cm
ISSN1005-9210
馆藏号：Guojiafz-8600002002876

武汉年鉴·1997
武汉地方志编纂委员会办公室主办　武汉年鉴社编
主编陈华芳
武汉年鉴社　1997 年 8 月
394 页　精装　27cm
ISSN1005-9210
馆藏号：Guojiafz-8600002003212

武汉年鉴·1998
武汉市人民政府、武汉地方志编纂委员会办公室主办　武汉年鉴社编　主编胡国璋
武汉年鉴社　1998 年 8 月
409 页　精装　29cm
ISSN1005-9210
馆藏号：Guojiafz-8600002000774

武汉年鉴·1999
武汉市人民政府、武汉地方志编纂委员会办公室主办　武汉年鉴社编　主编胡国璋
武汉年鉴社　1999 年 8 月
445 页　精装　29cm
ISSN1005-9210
馆藏号：Guojiafz-8600002002875

武汉年鉴·2000
武汉市人民政府、武汉地方志编纂委员会办公室主办　武汉年鉴社编　主编段轮一
武汉年鉴社　2000 年 8 月
503 页　精装　29cm
ISSN1005-9210
馆藏号：Guojiafz-8600002002889

武汉年鉴·2001
武汉市人民政府、武汉地方志编纂委员会办公室主办　武汉年鉴社编　主编段轮一
武汉年鉴社　2001 年 7 月
500 页　精装　29cm
ISSN1005-9210
馆藏号：Guojiafz-8600002002888

武汉年鉴·2003
武汉市人民政府、武汉地方志编纂委员会办公室主办　武汉年鉴社编　主编涂勇
武汉年鉴社　2003 年 7 月
499 页　精装　29cm
ISSN1005-9210
馆藏号：Guojiafz-8600002002935

武汉年鉴·2004
武汉市人民政府、武汉地方志编纂委员会办公室主办　武汉年鉴社编　主编涂勇
武汉年鉴社　2004 年 7 月
521 页　精装　29cm
ISSN1005-9210
馆藏号：Guojiafz-8600002002887

武汉年鉴·2005
武汉市人民政府、武汉地方志编纂委员会办公室主办　武汉年鉴社编　主编涂勇
武汉年鉴社　2005 年 7 月
550 页　精装　29cm
ISSN1005-9210
馆藏号：Guojiafz-8600002002890

武汉年鉴·2006
武汉市人民政府主管　武汉地方志编纂委员会办公室主办　武汉年鉴社编　主编涂勇
武汉年鉴社　2006 年 7 月
564 页　精装　29cm
ISSN1005-9210
馆藏号：Guojiafz-8600002002169

武汉年鉴·2007
武汉市人民政府主管　武汉地方志编纂委员会办公室主办　主编袁善腊
武汉年鉴社　2007 年 7 月
547 页　精装　29cm
ISSN1005-9210
馆藏号：Guojiafz-8600002002510

武汉年鉴·2008
武汉市人民政府主管　武汉地方志编纂委员会办公室主办　主编袁善腊
武汉年鉴社　2008 年 7 月
569 页　精装　29cm
ISSN1005-9210
馆藏号：Guojiafz-8600002002979

武汉年鉴·2009
武汉市人民政府主管　武汉地方志编纂委员会办公室编　主编袁善腊
武汉年鉴社　2009 年 7 月
588 页　精装　29cm
ISSN1005-9210
馆藏号：Guojiafz-8600002002512

武汉年鉴·2010
武汉市人民政府主管　武汉地方志编纂委员会办公室主办　主编袁善腊
武汉年鉴社　2010 年 7 月
586 页　精装　29cm
ISSN1005-9210
馆藏号：Guojiafz-8600002002975

武汉年鉴·2011
武汉市人民政府主管　武汉地方志编纂委员会办公室主办　主编袁善腊
武汉年鉴社　2011 年 8 月
608 页　精装　29cm
ISSN1005-9210
馆藏号：Guojiafz-8600002004756

武汉年鉴·2012
武汉市人民政府主管　武汉地方志编纂委员会办公室主办　主编贾耀斌
武汉年鉴社　2012 年 8 月
604 页　精装　29cm
ISSN1005-9210
馆藏号：Guojiafz-8600002004680

武汉年鉴·2013
武汉市人民政府主管　武汉地方志编纂委员会办公室主办　武汉年鉴社编　主编贾耀斌
武汉年鉴社　2013 年 8 月
600 页　精装　29cm
ISSN1005-9210
馆藏号：Guojiafz-8600002009905

武汉年鉴·2014
武汉市人民政府主管　武汉地方志编纂委员会办公室编　主编贾耀斌
武汉年鉴社　2014 年 9 月
588 页　精装　29cm
ISSN1005-9210
馆藏号：Guojiafz-8600002015661

武汉年鉴·2016
武汉市人民政府主管　武汉地方志编纂委员会办公室主办　主编龙正才
武汉年鉴社　2016 年 9 月
654 页　精装　29cm
ISSN1005-9210
馆藏号：Guojiafz-8600002013937

武汉年鉴·2017
武汉市人民政府主管　武汉地方志编纂委员会办公室编　主编龙良文
武汉年鉴社　2017 年 10 月
578 页　精装　29cm
ISSN1005-9210
馆藏号：Guojiafz-8600002016702

武汉城市圈年鉴·2008
武汉市地方志编纂委员会办公室编　主编蔡佑林
武汉出版社　2009 年 2 月
290 页　精装　29cm
ISBN978-7-5430-4127-1
馆藏号：Guojiafz-8600002002977

武汉城市圈年鉴·2009
武汉市地方志编纂委员会办公室编　主编蔡佑林
武汉出版社　2010 年 2 月
300 页　精装　29cm
ISBN978-7-5430-4720-4
馆藏号：Guojiafz-8600002002877

武汉城市圈年鉴·2010
武汉地方志编纂委员会办公室编　主编舒炼
武汉出版社　2011 年 3 月
323 页　精装　29cm
ISBN978-7-5430-5838-5
馆藏号：Guojiafz-8600002002974

武汉城市圈年鉴·2011
武汉地方志编纂委员会办公室编　主编舒炼
武汉出版社　2012 年 3 月
348 页　精装　29cm
ISBN978-7-5430-6642-7
馆藏号：Guojiafz-8600002004681

武汉城市圈年鉴·2012
武汉地方志编纂委员会办公室编　主编舒炼
武汉出版社　2013 年 3 月
348 页　精装　29cm
ISBN978-7-5430-7501-6
馆藏号：Guojiafz-8600002009851

武汉城市圈年鉴·2014
武汉地方志编纂委员会办公室编　主编舒炼
武汉出版社　2015 年 1 月
396 页　精装　29cm
ISBN978-7-5430-8965-5
馆藏号：Guojiafz-8600002017784

武汉工运年鉴·1995—1996
武汉市总工会工运史室、《武汉工运年鉴》编辑部合编　主编胡开国、徐祖武
方志出版社　1996 年 7 月
191 页　平装　20cm

ISBN7-80122-081-1
馆藏号：Guojiafz-8600002013112

武汉经济年鉴 · 1985
武汉年鉴编纂委员会编　主编陆天虹
湖北省浠水县印刷厂印刷　1985 年 7 月
558 页　精装　29cm
准印证号：湖北省报刊登记证第 228 号
馆藏号：Guojiafz-8600002001005

武钢年鉴 · 1987
武钢厂志办公室编　主编毕传淑
湖北省汉川县印刷厂印刷　1987 年 7 月
367 页　精装　27cm
馆藏号：Guojiafz-8600002006231

武钢年鉴 · 1988
武钢厂志办公室编　主编毕传淑
湖北省汉川县印刷厂印刷　1988 年 8 月
463 页　精装　27cm
馆藏号：Guojiafz-8600002009125

武钢年鉴 · 1989
武钢厂志办公室编　主编毕传淑
湖北省汉川县印刷厂印刷　1989 年 10 月
586 页　平装　26cm
准印证号：鄂 ·〈川文准印〉字第 0003 号
馆藏号：Guojiafz-8600002006294

武钢年鉴 · 1990
武钢厂志办公室编　主编朱祥麟
湖北省汉川县印刷厂印刷　1990 年 9 月
518 页　精装　27cm
准印证号:〈鄂孝川图内〉字第 2 号
馆藏号：Guojiafz-8600002010244

武钢年鉴 · 1991
主编朱祥麟
武汉出版社　1991 年 9 月
406 页　精装　27cm
ISBN7-5430-0572-7
馆藏号：Guojiafz-8600002008758

武钢年鉴 · 1992
武钢厂志办公室编　主编杜春贤
湖北省汉川县印刷厂印刷　1992 年 9 月
394 页　精装　27cm
准印证号:［1992］鄂孝川图内字第 007 号
馆藏号：Guojiafz-8600002009545

武汉建设年鉴 · 2009
《武汉建设年鉴》编委会编　主编王立
华中科技大学出版社　2009 年 12 月
330 页　平装　29cm
ISBN978-7-5609-5892-7
馆藏号：Guojiafz-8600002013438

武汉铁路分局年鉴 · 2002
武汉铁路分局主办　武汉铁路分局年鉴编纂委员会编　主编田新法
中国铁道出版社　2003 年 1 月
465 页　精装　27cm
统一书刊号：15113 · 1838
馆藏号：Guojiafz-8600002001142

东风汽车公司年鉴 · 2009
东风汽车公司主办　东风汽车公司年鉴编纂委员会编　主编周强
湖北人民出版社　2009 年 12 月
444 页　精装　29cm
ISBN978-7-216-06233-6
馆藏号：Guojiafz-8600002000899

东风汽车公司年鉴 · 2016
东风汽车公司编　主编竺延风、李绍烛
崇文书局　2016 年 12 月
536 页　精装　29cm
ISBN978-7-5403-4361-3
馆藏号：Guojiafz-8600002014670

武汉统计年鉴·2008
武汉市统计局编　总编苏建平
中国统计出版社　2008 年 8 月
365 页　精装　30cm
ISBN978-7-5037-5456-2
馆藏号：Guojiafz-8600002008179

武汉教育年鉴·2007
《武汉教育年鉴》编纂委员会编　主任谢世腰
武汉出版社　2008 年 8 月
324 页　精装　29cm
ISBN978-7-5430-1809-9
馆藏号：Guojiafz-8600002013435

武汉卫生年鉴·2002
武汉卫生年鉴编纂委员会编　主编张建华、林国生
武汉出版社　2004 年 4 月
443 页　精装　29cm
ISBN7-5430-3010-1
馆藏号：Guojiafz-8600002003178

武汉公安年鉴·2004
武汉市公安局主办《武汉公安年鉴》编辑部编　主编黄关春
武汉出版社　2004 年 7 月
438 页　精装　21cm
ISBN7-5430-3066-7
馆藏号：Guojiafz-8600002004197

武汉公安年鉴·2005
武汉市公安局主办《武汉公安年鉴》编辑部编　主编黄关春
武汉出版社　2005 年 9 月
508 页　精装　21cm
ISBN7-5430-3348-8
馆藏号：Guojiafz-8600002013409

江岸年鉴·2008
中共江岸区委、武汉市江岸区人民政府主管　武汉市江岸区地方志办公室编　主编熊红霞
长江出版社　2008 年 11 月
507 页　精装　27cm
ISBN978-7-80708-525-6
馆藏号：Guojiafz-8600002006667

江岸年鉴·2009
中共江岸区委、武汉市江岸区人民政府主管　武汉市江岸区地方志编纂委员会办公室编　主编龙宁　执行主编熊红霞
长江出版社　2009 年 11 月
311 页　精装　29cm
ISBN978-7-80708-757-1
馆藏号：Guojiafz-8600002000704

江岸年鉴·2012
武汉市江岸区人民政府主管　武汉市江岸区地方志编纂委员会办公室编　主编曾艳红　执行主编王钰
长江出版社　2012 年 10 月
382 页　精装　29cm
ISBN978-7-5492-1336-8
馆藏号：Guojiafz-8600002004760

江岸年鉴·2013
武汉市江岸区人民政府主管　武汉市江岸区地方志编纂委员会办公室编　主编曾艳红　执行主编王钰
长江出版社　2013 年 10 月
315 页　精装　29cm
ISBN978-7-5492-2178-3
馆藏号：Guojiafz-8600002009815

江岸年鉴·2014
武汉市江岸区人民政府主管　武汉市江岸区地方志编纂委员会办公室编　主编曾艳红　执行主编王珏
长江出版社　2014 年 11 月
312 页　精装　29cm
ISBN978-7-5492-2884-3
馆藏号：Guojiafz-8600002017562

江汉年鉴·2007
中共江汉区委、武汉市江汉区人民政府主管　江汉区地方志办公室编　主任郭华敏
长江出版社　2007 年 11 月
444 页　精装　30cm
ISBN978-7-80708-341-2
馆藏号：Guojiafz-8600002009740

江汉年鉴·2008
武汉市江汉区人民政府、中共江汉区委主管　江汉区地方志办公室编　主任曹美丽、郭华敏
长江出版社　2008 年 10 月
318 页　精装　29cm
ISBN978-7-80708-525-6
馆藏号：Guojiafz-8600002009732

江汉年鉴·2009
武汉市江汉区人民政府主管　江汉区地方志编纂委员会办公室编　主任曹美丽
长江出版社　2009 年 10 月
386 页　精装　29cm
ISBN978-7-80708-757-1
馆藏号：Guojiafz-8600002009736

江汉年鉴·2010
武汉市江汉区人民政府主管　武汉市江汉区地方志编纂委员会办公室编　主任曹美丽
长江出版社　2010 年 12 月
412 页　精装　29cm
ISBN978-7-5492-0243-0
馆藏号：Guojiafz-8600002009737

江汉年鉴·2011
武汉市江汉区人民政府主管　武汉市江汉区地方志编纂委员会办公室编　主编曹美丽
长江出版社　2011 年 11 月
386 页　精装　29cm
ISBN978-7-5492-0609-4
馆藏号：Guojiafz-8600002003450

江汉年鉴·2012
武汉市江汉区人民政府主管　武汉市江汉区地方志编纂委员会办公室编　主任周健韬
长江出版社　2012 年 11 月
418 页　精装　29cm
ISBN978-7-5492-1336-8
馆藏号：Guojiafz-8600002003524

江汉年鉴·2013
武汉市江汉区人民政府主管　武汉市江汉区地方志编纂委员会办公室编　主任周健韬
长江出版社　2013 年 12 月
460 页　精装　29cm
ISBN978-7-5492-2178-3
馆藏号：Guojiafz-8600002009830

江汉年鉴·2014
武汉市江汉区人民政府主管　武汉市江汉区地方志编纂委员会办公室编　主编周伟韬
长江出版社　2014 年 9 月
366 页　精装　29cm
ISBN978-7-5492-2884-3
馆藏号：Guojiafz-8600002015853

江汉年鉴·2016
武汉市江汉区人民政府主管　武汉市江汉区地方志编纂委员会办公室编　主任周健韬
长江出版社　2016 年 11 月
310 页　精装　29cm
ISBN978-7-5492-4648-9
馆藏号：Guojiafz-8600002014644

硚口年鉴·2009
武汉市硚口区人民政府主管　武汉市硚口区地方志编纂委员会办公室编　主编张汉桥
长江出版社　2009 年 9 月
254 页　精装　29cm
ISBN978-7-80708-757-1
馆藏号：Guojiafz-8600002000839

硚口年鉴·2010
武汉市硚口区人民政府主管　武汉市硚口区地方志编纂委员会办公室编　主编张汉桥
长江出版社　2010 年 10 月
266 页　精装　29cm
ISBN978-7-5492-0243-0
馆藏号：Guojiafz-8600002000565

硚口年鉴·2012
武汉市硚口区人民政府主管　武汉市硚口区地方志编纂委员会办公室编　主编李志安、张汉桥
长江出版社　2012 年 11 月
276 页　精装　29cm
ISBN978-7-5492-1336-8
馆藏号：Guojiafz-8600002004742

硚口年鉴·2014
武汉市硚口区人民政府主管　武汉市硚口区地方志编纂委员会办公室编　主编李志安
长江出版社　2014 年 9 月
250 页　精装　29cm
ISBN978-7-5492-2884-3
馆藏号：Guojiafz-8600002015683

硚口年鉴·2017
武汉市硚口区人民政府主管　武汉市硚口区地方志编纂委员会办公室编　主编毕成国
长江出版社　2017 年 11 月
350 页　精装　29cm
ISBN978-7-5492-5427-9
馆藏号：Guojiafz-8600002016482

汉阳年鉴·2006（首卷）
中共武汉市汉阳区委党史办公室、武汉市汉阳区地方志办公室、《汉阳年鉴》编辑部合编
主编方东平
武汉欧中设计制版有限公司印刷　2006 年 10 月
520 页　精装　27cm
馆藏号：Guojiafz-8600002001182

汉阳年鉴·2007
中共汉阳区委、武汉市汉阳区人民政府主管　汉阳区地方志办公室编　主编方东平
长江出版社　2007 年 10 月
474 页　精装　27cm
ISBN978-7-80708-341-2
馆藏号：Guojiafz-8600002002984

汉阳年鉴·2008
武汉市汉阳区人民政府主管　汉阳区地方志编纂委员会办公室编　主编方东平
长江出版社　2008 年 10 月
519 页　精装　27cm
ISBN978-7-80708-525-6
馆藏号：Guojiafz-8600002002983

汉阳年鉴·2009
武汉市汉阳区人民政府主管　武汉市汉阳区地方志编纂委员会办公室编　主编方东平
长江出版社　2009 年 10 月
422 页　精装　29cm
ISBN978-7-80708-757-1
馆藏号：Guojiafz-8600002002513

汉阳年鉴·2010
武汉市汉阳区人民政府主管　汉阳区地方志编纂委员会办公室编　主编方东平
长江出版社　2010 年 11 月
524 页　精装　29cm
ISBN978-7-5492-0243-0
馆藏号：Guojiafz-8600002002514

汉阳年鉴·2012
中国共产党武汉市汉阳区委员会主办　武汉市汉阳区地方志编纂委员会办公室编　主编冯辉
长江出版社　2012 年 11 月
476 页　精装　30cm
ISBN978-7-5492-1336-8
馆藏号：Guojiafz-8600002004683

汉阳年鉴·2014
武汉市汉阳区人民政府主管　武汉市汉阳区地方志编纂委员会办公室编　主编冯辉　执行主编熊婕
长江出版社　2014年10月
436页　精装　29cm
ISBN978-7-5492-2884-3
馆藏号：Guojiafz-8600002015615

汉阳年鉴·2016
武汉市汉阳区人民政府主管　武汉市汉阳区地方志编纂委员会办公室编　主编冯辉
长江出版社　2016年11月
345页　精装　29cm
ISBN978-7-5492-4648-9
馆藏号：Guojiafz-8600002014646

武昌年鉴·2004
武昌区人民政府主管　武昌区地方志办公室编
主编张光清
武汉出版社　2004年10月
385页　精装　27cm
ISBN7-5430-3139-6
馆藏号：Guojiafz-8600002004640

武昌年鉴·2005
武昌区人民政府主管　武昌区地方志办公室编
主编张光清
武汉欧中设计制版有限公司印刷　2005年10月
228页　精装　27cm
馆藏号：Guojiafz-8600002017594

武昌年鉴·2006
武昌区人民政府主管　武昌区地方志办公室编
主编彭俊
武汉欧中设计制版有限公司印刷　2006年8月
301页　精装　27cm
馆藏号：Guojiafz-8600002017576

武昌年鉴·2007
武汉市武昌区人民政府主管　武汉市武昌区地方志办公室编　主编吴志振
长江出版社　2007年10月
281页　精装　27cm
ISBN978-7-80708-341-2
馆藏号：Guojiafz-8600002017499

武昌年鉴·2008
武汉市武昌区人民政府主管　武汉市武昌区地方志办公室主办　武昌区地方编纂委员会办公室编
主编吴志振
长江出版社　2008年10月
394页　精装　27cm
ISBN978-7-80708-525-6
馆藏号：Guojiafz-8600002000561

武昌年鉴·2009
武汉市武昌区人民政府主管　武汉市武昌区地方志编纂委员会办公室编　主编吴志振
长江出版社　2009年10月
305页　精装　29cm
ISBN978-7-80708-757-1
馆藏号：Guojiafz-8600002008531

武昌年鉴·2010
武汉市武昌区人民政府主管　武汉市武昌区地方志编纂委员会办公室编　主编吴志振
长江出版社　2010年11月
326页　精装　29cm
ISBN978-7-5492-0243-0
馆藏号：Guojiafz-8600002000510

武昌年鉴·2011
武汉市武昌区人民政府主管　武汉市武昌区地方志编纂委员会办公室编　主编吴志振
长江出版社　2011年12月
324页　精装　29cm
ISBN978-7-5492-0609-4
馆藏号：Guojiafz-8600002017539

武昌年鉴·2012
武汉市武昌区人民政府主管　武汉市武昌区地方志编纂委员会办公室编　主编曹绍桥
长江出版社　2012 年 10 月
410 页　精装　29cm
ISBN978-7-5492-1336-8
馆藏号：Guojiafz-8600002004758

武昌年鉴·2013
武汉市武昌区人民政府主管　武汉市武昌区地方志编纂委员会办公室编　主编曹绍桥
长江出版社　2013 年 10 月
325 页　精装　29cm
ISBN978-7-5492-2178-3
馆藏号：Guojiafz-8600002009835

武昌年鉴·2014
武汉市武昌区人民政府主管　武汉市武昌区地方志编纂委员会办公室编　主编曹绍桥
长江出版社　2013 年 10 月
341 页　精装　29cm
ISBN978-7-5492-2884-3
馆藏号：Guojiafz-8600002017582

武昌年鉴·2015
武汉市武昌区人民政府主管　武汉市武昌区地方志编纂委员会办公室编　主编曹绍桥
长江出版社　2015 年 10 月
479 页　精装　29cm
ISBN978-7-5492-3786-9
馆藏号：Guojiafz-8600002017589

武昌年鉴·2017
武汉市武昌区人民政府主管　武汉市武昌区地方志编纂委员会办公室编　主编景萍
长江出版社　2017 年 11 月
334 页　精装　29cm
ISBN978-7-5492-5427-9
馆藏号：Guojiafz-8600002016400

青山年鉴·2009
武汉市青山区人民政府主管　武汉市青山区地方志编纂委员会办公室主办　武汉市青山区地方志编纂委员会办公室编　主编卢云舫
长江出版社　2009 年 10 月
342 页　精装　29cm
ISBN978-7-80708-757-1
馆藏号：Guojiafz-8600002002982

青山年鉴·2010
武汉市青山区人民政府主管　武汉市青山区地方志编纂委员会办公室编　主编卢云舫、王发兵
长江出版社　2010 年 11 月
323 页　精装　29cm
ISBN978-7-5492-0243-0
馆藏号：Guojiafz-8600002002980

青山年鉴·2012
武汉市青山区人民政府主管　武汉市青山区地方志编纂委员会办公室编　主编刘厚同
长江出版社　2012 年 10 月
378 页　精装　29cm
ISBN978-7-5492-1336-8
馆藏号：Guojiafz-8600002004738

青山年鉴·2013
武汉市青山区人民政府主管　武汉市青山区地方志编纂委员会办公室编　主编刘厚同
长江出版社　2013 年 11 月
347 页　精装　29cm
ISBN978-7-5492-2178-3
馆藏号：Guojiafz-8600002009836

青山年鉴·2014
武汉市青山区人民政府主管　武汉市青山区地方志编纂委员会办公室编　主编刘厚同
长江出版社　2014 年 10 月
347 页　精装　29cm
ISBN978-7-5492-2884-3
馆藏号：Guojiafz-8600002041972

洪山年鉴·2007
武汉市洪山区人民政府主管　武汉市洪山区地方志编纂委员会办公室主办　武汉市洪山区地方志编纂委员会办公室编　主编万磊
长江出版社　2007年12月
431页　精装　27cm
ISBN978-7-80708-341-2
馆藏号：Guojiafz-8600002004122

洪山年鉴·2008
武汉市洪山区人民政府主管　武汉市洪山区地方志编纂委员会办公室主办　武汉市洪山区地方志编纂委员会办公室编　主编万磊
长江出版社　2008年10月
456页　精装　27cm
ISBN978-7-80708-525-6
馆藏号：Guojiafz-8600002006740

洪山年鉴·2009
武汉市洪山区人民政府主管　武汉市洪山区地方志编纂委员会办公室编　主编陈邂馨
长江出版社　2009年12月
345页　精装　29cm
ISBN978-7-80708-757-1
馆藏号：Guojiafz-8600002006752

洪山年鉴·2010
武汉市洪山区人民政府主管　武汉市洪山区地方志编纂委员会办公室编　主编杨元宏
长江出版社　2010年11月
353页　精装　29cm
ISBN978-7-5492-0243-0
馆藏号：Guojiafz-8600002006755

洪山年鉴·2012
武汉市洪山区人民政府主管　武汉市洪山区地方志编纂委员会办公室编　主编张少林
长江出版社　2012年12月
439页　精装　29cm
ISBN978-7-5492-1336-8
馆藏号：Guojiafz-8600002004757

洪山年鉴·2013
武汉市洪山区人民政府主管　武汉市洪山区史志办公室编　主编张少林
长江出版社　2013年11月
338页　精装　29cm
ISBN978-7-5492-1336-8
馆藏号：Guojiafz-8600002017579

洪山年鉴·2014
武汉市洪山区人民政府主管　武汉市洪山区地方志办公室编　主编牧原
长江出版社　2014年11月
346页　精装　29cm
ISBN978-7-5492-2884-3
馆藏号：Guojiafz-8600002017568

东西湖年鉴·2009
武汉市东西湖区人民政府主管　武汉市东西湖区地方志编纂委员会办公室编　总编钟作平
主编高扬波
长江出版社　2009年11月
254页　精装　29cm
ISBN978-7-80708-757-1
馆藏号：Guojiafz-8600002002053

东西湖年鉴·2010
武汉市东西湖区人民政府主管　武汉市东西湖区地方志编纂委员会办公室编　主编高扬波
长江出版社　2010年10月
330页　精装　29cm
ISBN978-7-5492-0243-0
馆藏号：Guojiafz-8600002006731

东西湖年鉴·2012
武汉市东西湖区人民政府主管　武汉市东西湖区地方志编纂委员会办公室、武汉市东西湖区档案局合编　主编童锦群
长江出版社　2012年11月

346 页　精装　29cm
ISBN978-7-5492-1336-8
馆藏号：Guojiafz-8600002000738

东西湖年鉴·2013
武汉市东西湖区人民政府主管　武汉市东西湖区地方志编纂委员会办公室、武汉市东西湖区档案局合编　主编童锦群
长江出版社　2013 年 11 月
318 页　精装　29cm
ISBN978-7-5492-2178-3
馆藏号：Guojiafz-8600002009834

汉南年鉴·2007
武汉市汉南区人民政府主办　武汉市汉南区地方志办公室编　主编杨先鹏
长江出版社　2007 年 10 月
219 页　精装　29cm
ISBN978-7-80708-341-2
馆藏号：Guojiafz-8600002002981

汉南年鉴·2009
武汉市汉南区人民政府主管　汉南区地方志办公室主办　武汉市汉南区地方志编纂委员会办公室编　主编杨先鹏
长江出版社　2009 年 10 月
394 页　精装　29cm
ISBN978-7-80708-757-1
馆藏号：Guojiafz-8600002002985

汉南年鉴·2012
汉南区人民政府主管　武汉市汉南区地方志编纂委员会办公室编　主编杨先鹏、程万明
长江出版社　2012 年 10 月
259 页　精装　29cm
ISBN978-7-5492-1336-8
馆藏号：Guojiafz-8600002004737

蔡甸年鉴·2005
武汉市蔡甸区人民政府、《蔡甸年鉴》编纂委员会合编　主编姚传刚
武汉市精卫鸟广告有限公司印刷　2005 年 12 月
243 页　精装　27cm
馆藏号：Guojiafz-8600002001783

蔡甸年鉴·2007
武汉市蔡甸区人民政府主管　武汉市蔡甸区地方志编纂委员会办公室主办　《蔡甸年鉴》编纂委员会编　主编姚传刚
长江出版社　2007 年 10 月
349 页　精装　27cm
ISBN978-7-80708-341-2
馆藏号：Guojiafz-8600002001784

蔡甸年鉴·2008
蔡甸区人民政府主管　武汉市蔡甸区地方志编纂委员会办公室编　主编姚传刚
长江出版社　2008 年 10 月
312 页　精装　27cm
ISBN978-7-80708-525-6
馆藏号：Guojiafz-8600002002168

蔡甸年鉴·2009
武汉市蔡甸区人民政府主办　武汉市蔡甸区地方志编纂委员会办公室编　主编姚传刚
长江出版社　2009 年 10 月
268 页　精装　29cm
ISBN978-7-80708-757-1
馆藏号：Guojiafz-8600002005958

蔡甸年鉴·2010
蔡甸区人民政府主管　武汉市蔡甸区地方志编纂委员会办公室编　主编姚传刚
长江出版社　2010 年 10 月
258 页　精装　29cm
ISBN978-7-5492-0243-0
馆藏号：Guojiafz-8600002002164

蔡甸年鉴·2012
武汉市蔡甸人民政府主管　武汉市蔡甸区地方志

编纂委员会办公室编　主编姚传刚
长江出版社　2012 年 11 月
328 页　精装　29cm
ISBN978-7-5492-1336-8
馆藏号：Guojiafz-8600002006925

江夏年鉴·2008
武汉市江夏区人民政府主管　江夏区地方志编纂委员会编　主编舒斌
长江出版社　2008 年 12 月
360 页　精装　27cm
ISBN978-7-80708-525-6
馆藏号：Guojiafz-8600002002245

江夏年鉴·2009
武汉市江夏区人民政府主管　武汉市江夏区地方志编纂委员会办公室编　主编舒斌
长江出版社　2009 年 12 月
382 页　精装　29cm
ISBN978-7-80708-757-1
馆藏号：Guojiafz-8600002000026

江夏年鉴·2010
武汉市江夏区人民政府主管　武汉市江夏区史志办公室编　主编刘铭
长江出版社　2010 年 10 月
376 页　精装　29cm
ISBN978-7-80708-757-1
馆藏号：Guojiafz-8600002000676

江夏年鉴·2012
武汉市江夏区人民政府主管　武汉市江夏区史志办公室编　主编刘铭
长江出版社　2012 年 12 月
370 页　精装　29cm
ISBN978-7-5492-1336-8
馆藏号：Guojiafz-8600002007061

江夏年鉴·2013
武汉市江夏区人民政府主管　武汉市江夏区史志办公室编　主编刘铭
长江出版社　2013 年 10 月
368 页　精装　29cm
ISBN978-7-5492-2178-3
馆藏号：Guojiafz-8600002009829

黄陂年鉴·2007
武汉市黄陂区人民政府主办　中共武汉市黄陂区委员会、武汉市黄陂区人民政府合编
主编陈琪生、张品正
武汉盘龙彩印有限公司印刷　2007 年 8 月
554 页　精装　29cm
准印证号：鄂内图字（2007）第 07 号
馆藏号：Guojiafz-8600002000563

黄陂年鉴·2008
武汉市黄陂区人民政府主办　黄陂区地方志编纂委员会办公室编　主编胡庆华
长江出版社　2008 年 12 月
329 页　精装　29cm
ISBN978-7-80708-525-6
馆藏号：Guojiafz-8600002000564

黄陂年鉴·2009
武汉市黄陂区人民政府主管　武汉市黄陂区地方志编纂委员会办公室编　主编胡庆华
长江出版社　2009 年 12 月
291 页　精装　29cm
ISBN978-7-80708-757-1
馆藏号：Guojiafz-8600002006656

黄陂年鉴·2012
武汉市黄陂区人民政府主管　武汉市黄陂区地方志编纂委员会办公室编　主编胡庆华　执行主编谭继明
长江出版社　2012 年 12 月
302 页　精装　29cm
ISBN978-7-5492-1336-8
馆藏号：Guojiafz-8600002004364

黄陂年鉴·2013
武汉市黄陂区人民政府主管　武汉市黄陂区地方志编纂委员会办公室编　主编胡庆华　执行主编谭继明
长江出版社　2013 年 11 月
298 页　精装　29cm
ISBN978-7-5492-2178-3
馆藏号：Guojiafz-8600002009832

新洲年鉴·2006—2008
新洲区人民政府主管　武汉市新洲区地方志编纂委员会办公室编　主编胡志勇
长江出版社　2010 年 6 月
404 页　精装　29cm
ISBN978-7-80708-757-1
馆藏号：Guojiafz-8600002000567

新洲年鉴·2010
武汉市新洲区人民政府主管　武汉市新洲区地方志编纂委员会办公室编　主编王胜祥
长江出版社　2011 年 6 月
312 页　精装　30cm
ISBN978-7-80708-757-1
馆藏号：Guojiafz-8600002000508

新洲年鉴·2014
武汉市新洲区人民政府主管　武汉市新洲区地方志编纂委员会办公室编　主编王胜祥
长江出版社　2014 年 9 月
351 页　精装　29cm
ISBN978-7-5492-2884-3
馆藏号：Guojiafz-8600002017577

黄石年鉴·2006
黄石市人民政府主办　黄石市地方志编纂委员会编
主编张嗣义、胡超
黄石市缘泉印刷厂印刷　2006 年 11 月
272 页　精装　29cm
准印证号：[2006] 鄂石图内字 067 号
馆藏号：Guojiafz-8600002010151

黄石年鉴·2007
黄石市人民政府主办　黄石市地方志编纂委员会编
主编黄浩军、胡超
黄石市新华印务有限公司印刷　2007 年 11 月
269 页　精装　29cm
准印证号：[2007] 鄂石图内字 052 号
馆藏号：Guojiafz-8600002010054

黄石年鉴·2008
黄石市人民政府主办　黄石市地方志编纂委员会编
主编柯俊、罗光辉
黄石市缘泉印刷厂印刷　2008 年 11 月
278 页　精装　29cm
准印证号：鄂石图内字 [2008] 第 004 号
馆藏号：Guojiafz-8600002005343

黄石年鉴·2009
黄石市人民政府主办　黄石市地方志编纂委员会编
主编周蔚芬、成佳刚
黄石市精信彩印科技有限公司印刷　2009 年 11 月
283 页　精装　29cm
准印证号：鄂石内图字 [2009] 第 033 号
馆藏号：Guojiafz-8600002005313

黄石年鉴·2010
黄石市人民政府主办　黄石市地方志编纂委员会编
主编周蔚芬、成佳刚
黄石市精信彩印科技有限公司印刷　2010 年 11 月
298 页　精装　29cm
准印证号：鄂石内图字 [2010] 第 046 号
馆藏号：Guojiafz-8600002005342

黄石年鉴·2012
黄石市人民政府主办　黄石市地方志编纂委员会编
主编邓新华、孔凡新
黄石市智和彩印科技有限公司印刷　2012 年 11 月
296 页　精装　29cm
准印证号：鄂省内图字 [2012] 第 077 号
馆藏号：Guojiafz-8600002010260

黄石年鉴·2014
黄石市人民政府主办　黄石市地方志编纂委员会编
主编邓新华、徐继祥
湖北今智和印艺有限公司印刷　2014 年 11 月
370 页　精装　29cm
准印证号:［2014］鄂省图内字第 012 号
馆藏号：Guojiafz-8600002017485

黄石统计年鉴·2012
黄石市统计局、国家统计局黄石调查队合编
主编刘修华、余东碧
中国统计出版社　2012 年 8 月
383 页　精装　29cm
ISBN7-5037-1885-4
馆藏号：Guojiafz-8600002010053

大冶年鉴·1990—1992
大冶县地方志编纂委员会编　主编李尚荣
湖北人民出版社　1993 年 10 月
233 页　精装　27cm
ISBN7-216-01248-8
馆藏号：Guojiafz-8600002009425

大冶年鉴·2003—2006
大冶市人民政府主管　大冶市地方志编纂委员会编
主编童金波
中国文史出版社　2007 年 12 月
329 页　精装　29cm
ISBN978-7-5034-1258-5
馆藏号：Guojiafz-8600002008433

大冶年鉴·2007—2009
大冶市人民政府主管　大冶市地方志编纂委员会编
主编罗国胜
黄石市立信彩色印刷有限公司印刷　2011 年 6 月
322 页　精装　29cm
准印证号：鄂石内图字 2011 年第 033 号
馆藏号：Guojiafz-8600002008892

十堰年鉴·2003
十堰市人民政府主办　十堰市地方志办公室编
主编闵前发
中国文联出版社　2003 年 9 月
372 页　精装　29cm
ISBN7-5059-3870-3
馆藏号：Guojiafz-8600002010664

十堰年鉴·2004
十堰市人民政府主办　十堰市地方志办公室编
主编闵前发
崇文书局　2004 年 12 月
406 页　精装　29cm
ISBN7-5403-0837-0
馆藏号：Guojiafz-8600002010320

十堰年鉴·2005
十堰市人民政府主办　十堰市地方志办公室编
主编闵前发
长江出版社　2005 年 11 月
439 页　精装　29cm
ISBN7-80708-034-5
馆藏号：Guojiafz-8600002010666

十堰年鉴·2007
十堰市人民政府主办　十堰市地方志办公室编
主编闵前发
长江出版社　2007 年 10 月
448 页　精装　29cm
ISBN978-7-80708-342-9
馆藏号：Guojiafz-8600002010667

十堰年鉴·2008
十堰市人民政府主办　十堰市地方志办公室编
主编闵前发
长江出版社　2008 年 12 月
487 页　精装　29cm
ISBN978-7-80708-552-2
馆藏号：Guojiafz-8600002003033

十堰年鉴·2009
十堰市人民政府主办　十堰市地方志办公室编
主编闵前发
长江出版社　2009 年 12 月
510 页　精装　29cm
ISBN978-7-80708-820-2
馆藏号：Guojiafz-8600002010669

十堰年鉴·2010
十堰市人民政府主办　十堰市地方志办公室编
主编刘修俊
长江出版社　2010 年 12 月
491 页　精装　29cm
ISBN978-7-5492-0309-3
馆藏号：Guojiafz-8600002000025

十堰年鉴·2011
湖北省十堰市人民政府主办　十堰市地方志编纂委员会办公室编　主编刘修俊
长江出版社　2012 年 1 月
467 页　精装　29cm
ISBN978-7-5492-0691-9
馆藏号：Guojiafz-8600002000025

十堰年鉴·2012
十堰市人民政府主办　十堰市地方志编纂委员会办公室编　主编刘修俊
长江出版社　2012 年 12 月
533 页　精装　29cm
ISBN978-7-5492-1644-4
馆藏号：Guojiafz-8600002009878

十堰年鉴·2014
湖北省十堰市人民政府主管　十堰市地方志编纂委员会办公室编　主编程登明
长江出版社　2014 年 12 月
505 页　精装　29cm
ISBN978-7-5492-2944-4
馆藏号：Guojiafz-8600002022788

十堰年鉴·2018
湖北省十堰市人民政府主管　十堰市地方志编纂委员会办公室编　主编赵国平
长江出版社　2018 年 12 月
536 页　精装　29cm
ISBN978-7-5492-5549-8
馆藏号：Guojiafz-8600002048240

茅箭年鉴·2017
十堰市茅箭区人民政府主管　茅箭区地方志编纂委员会办公室编　主编顾衍波
长江出版社　2017 年 11 月
395 页　精装　29cm
ISBN978-7-5492-5521-4
馆藏号：Guojiafz-8600002016451

十堰市张湾年鉴·2011
中共张湾区委、张湾区人民政府主办　张湾区史志办公室编　主编张申清
十堰理想快速印务有限公司印刷　2012 年 11 月
347 页　精装　27cm
准印证号：鄂十图内字 2012 第 41 号
馆藏号：Guojiafz-8600002006136

郧县年鉴·2006—2007
郧县人民政府主办　郧县人民政府办公室、郧县地方志办公室合编　主编柳长毅
十堰市恒晖印务有限公司印刷　2009 年 3 月
406 页　精装　29cm
准印证号：鄂十图内字［2009］第 02 号
馆藏号：Guojiafz-8600002008708

郧县年鉴·2008
郧县人民政府主办　郧县地方志办公室编
主编胡玖明
十堰日报社印刷厂印刷　2009 年 12 月
422 页　精装　29cm
准印证号：鄂十图内字［2009］第 48 号
馆藏号：Guojiafz-8600002004067

郧县年鉴·2010
郧县人民政府主办　郧县人民政府办公室、郧县党史地方志办公室合编　主编胡玖明
长江出版社　2010年12月
499页　精装　29cm
ISBN978-7-5492-0242-3
馆藏号：Guojiafz-8600002000366

郧县年鉴·2012
中共郧县县委、郧县人民政府主办　郧县党史地方志办公室编　主编孙道军
十堰日报社印刷厂印刷　2012年12月
382页　精装　29cm
准印证号：鄂十内图字［2013］第5号
馆藏号：Guojiafz-8600002006131

丹江口年鉴·2009
丹江口市人民政府主办　丹江口市人民政府办公室、丹江口市史志办公室合编　主编肖培新
长江出版社　2009年12月
470页　精装　29cm
ISBN978-7-80708-856-1
馆藏号：Guojiafz-8600002006098

丹江口年鉴·2011
丹江口市人民政府主办　丹江口市人民政府办公室、丹江口市史志办公室合编　主编朱化波
武当杂志社印刷厂印刷　2012年3月
428页　精装　29cm
准印证号：鄂十内图字2012年第012号
馆藏号：Guojiafz-8600002006132

丹江口年鉴·2012
丹江口市人民政府主办　丹江口市人民政府办公室、丹江口市史志办公室合编　主编朱化波
懿祥文化传媒有限公司印刷　2012年12月
496页　精装　29cm
准印证号：鄂十内图字2012年第057号
馆藏号：Guojiafz-8600002006134

丹江口年鉴·2016
丹江口市人民政府办公室、丹江口市史志办公室合编　主编朱化波
湖北科学技术出版社　2017年4月
627页　精装　29cm
ISBN978-7-5352-9328-2
馆藏号：Guojiafz-8600002017068

武当山年鉴·2016
武当山旅游经济特区管理委员会主办　武当山旅游经济特区地方志编纂委员会办公室编
主编范学锋
中国地图出版社　2017年1月
374页　精装　29cm
ISBN978-7-5030-4035-1
馆藏号：Guojiafz-8600002014955

郧西年鉴·2009
郧西县人民政府主办　郧西县人民政府办公室、郧西县史志办公室合编　主编李柏青
内部印刷　2009年12月
383页　精装　29cm
准印证号：鄂十内图字［2009］第042号
馆藏号：Guojiafz-8600002000761

郧西年鉴·2010
中共郧西县委、郧西县人民政府主办　中共郧西县委办公室、郧西县人民政府办公室、郧西县史志办公室合编　主编李柏青
长江出版社　2010年12月
404页　精装　29cm
ISBN978-7-5492-0242-3
馆藏号：Guojiafz-8600002000024

郧西年鉴·2012
中共郧西县委、郧西县人民政府主办　中共郧西县委办公室、郧西县人民政府办公室、郧西县史志办公室合编　主编李仁喜
内部印刷　2012年8月
294页　精装　29cm

准印证号：鄂十内图字［2012］第 029 号
馆藏号：Guojiafz-8600002010141

郧西年鉴·2014
中共郧西县委、郧西县人民政府主办　中共郧西县委办公室、郧西县人民政府办公室、郧西县史志办公室合编　主编李仁喜
长江出版社　2014 年 12 月
382 页　精装　29cm
ISBN978-7-5492-2944-4
馆藏号：Guojiafz-8600002015329

竹溪年鉴·2008
竹溪县人民政府主办　竹溪县人民政府办公室、竹溪县史志办公室合编　主编郭国臣
竹溪县教育印刷厂印刷　2008 年 9 月
423 页　精装　29cm
准印证号：鄂十内图字［2008］第 15 号
馆藏号：Guojiafz-8600002000763

竹溪年鉴·2009
竹溪县人民政府主办　竹溪县人民政府办公室、竹溪县史志办公室合编　主编陈建平
竹溪县教育印刷厂印刷　2009 年 9 月
531 页　精装　29cm
准印证号：鄂十内图字［2009］
馆藏号：Guojiafz-8600002000765

竹溪年鉴·2010
竹溪县人民政府主办　竹溪县人民政府办公室、竹溪县史志办公室合编　主编蒋波
竹溪县教育印刷厂印刷　2010 年 9 月
507 页　精装　29cm
准印证号：鄂十内图字［2010］第（030）号
馆藏号：Guojiafz-8600002000762

房县年鉴·1986—1992
房县人民政府办公室、房县地方志办公室合编　主编朱正轩
十堰日报社印刷厂印刷　1996 年 12 月
277 页　精装　27cm
准印证号:［1996］鄂十图内字第 15 号
馆藏号：Guojiafz-8600002008767

房县年鉴·2010
中共房县县委、房县人民政府主办　房县史志办公室编　主编邹清斌
房县新华彩色包装印刷厂印刷　2010 年 12 月
200 页　精装　29cm
准印证号：鄂内图字 2011 第 00006 号
馆藏号：Guojiafz-8600002008930

房县年鉴·2018
房县史志研究中心编　主编邓勇刚
方志出版社　2019 年 12 月
316 页　平装　29cm
ISBN978-7-5144-3776-8
馆藏号：Guojiafz-8600002018350

宜昌年鉴·2004
中共宜昌市委、宜昌市人民政府主办　宜昌市地方志编纂委员会编　主编李亚隆
中华书局　2004 年 9 月
443 页　精装　29cm
ISBN7-101-04419-0
馆藏号：Guojiafz-8600002002849

宜昌年鉴·2008
中共宜昌市委、宜昌市人民政府主办　主编杨万贵
长江出版社　2008 年 10 月
452 页　精装　29cm
ISBN978-7-80708-532-4
馆藏号：Guojiafz-8600002007045

宜昌年鉴·2009
中共宜昌市委、宜昌市人民政府主办　主编马学军
长江出版社　2009 年 10 月
451 页　精装　29cm

ISBN978-7-80708-768-7
馆藏号：Guojiafz-8600002002290

宜昌年鉴 · 2014
中共宜昌市委员会、宜昌市人民政府主办　宜昌年鉴编纂委员会编　主编曹水兵
武汉出版社　2014年10月
536页　精装　29cm
ISBN978-7-5430-8744-6
馆藏号：Guojiafz-8600002040307

宜昌年鉴 · 2017
中共宜昌市委、市人民政府主办　宜昌市地方志编纂委员会办公室编　主编曹水兵
武汉出版社　2017年11月
508页　精装　29cm
ISBN978-7-5582-1769-2
馆藏号：Guojiafz-8600002041566

西陵年鉴 · 2004—2006
中共宜昌市西陵区委、宜昌市西陵区人民政府主办《西陵年鉴》编辑委员会编　主编张祖铭
宜昌市广鹏印业有限公司印刷　2010年6月
421页　精装　29cm
准印证号：鄂宜内图字2010年第37号
馆藏号：Guojiafz-8600002001497

西陵年鉴 · 2014
中共宜昌市西陵区委员会、宜昌市西陵区人民政府主办《西陵年鉴》编纂委员会编
主编江文君
三峡电子音像出版社　2014年11月
333页　精装　29cm
ISBN978-7-89503-088-6
馆藏号：Guojiafz-8600002024667

伍家岗年鉴 · 2009
中共宜昌市伍家岗区委、宜昌市伍家岗区人民政府主办《伍家岗年鉴》编纂委员会编
主编吕妮华
宜昌大公彩印有限责任公司印刷　2009年12月
384页　精装　29cm
准印证号：鄂宜内图字［2009］年第84号
馆藏号：Guojiafz-8600002001101

伍家岗年鉴 · 2010
中共宜昌市伍家岗区委、宜昌市伍家岗区人民政府主办《伍家岗年鉴》编纂委员会编
主编吕妮华
宜昌大公彩印有限责任公司印刷　2010年12月
333页　精装　29cm
准印证号：鄂宜内图字［2010］年第87号
馆藏号：Guojiafz-8600002001496

伍家岗年鉴 · 2013
中共宜昌市伍家岗区委员会、宜昌市伍家岗区人民政府主办《伍家岗年鉴 · 2013》编纂委员会编
主编陈荣　执行主编余治泉
三峡电子音像出版社　2013年12月
372页　精装　29cm
ISBN978-7-900534-74-3
馆藏号：Guojiafz-8600002015619

夷陵年鉴 · 2009
宜昌市夷陵区人民政府主办　宜昌市夷陵区地方志编纂委员会办公室编　主编唐皓　执行主编范家新
长江出版社　2009年11月
319页　精装　29cm
ISBN978-7-80708-802-8
馆藏号：Guojiafz-8600002000830

夷陵年鉴 · 2010
宜昌市夷陵区人民政府主办　宜昌市夷陵区地方志编纂委员会办公室编　主编唐皓
长江出版社　2010年10月
326页　精装　29cm
ISBN978-7-5492-0227-0
馆藏号：Guojiafz-8600002002241

夷陵年鉴・2012
宜昌市夷陵区人民政府主办　宜昌市夷陵区地方志编纂委员会办公室编　主编文家玲
长江出版社　2012 年 12 月
324 页　精装　29cm
ISBN978-7-5492-1600-0
馆藏号：Guojiafz-8600002007079

夷陵年鉴・2014
宜昌市夷陵区人民政府主办　宜昌市夷陵区地方志编纂委员会办公室编　主编宋俊雄
长江出版社　2014 年 11 月
302 页　精装　29cm
ISBN978-7-5492-2950-5
馆藏号：Guojiafz-8600002015324

夷陵年鉴・2016
宜昌市夷陵区人民政府主办　宜昌市夷陵区地方志编纂委员会办公室编　主编姚圣权
长江出版社　2016 年 12 月
326 页　精装　29cm
ISBN978-7-5492-4767-7
馆藏号：Guojiafz-8600002014661

宜都年鉴・2010
中共宜都市委、宜都市人民政府主办　宜都市党史地方志办公室编　主编夏友生
宜都市长青彩印有限公司印刷　2011 年 5 月
277 页　精装　29cm
准印证号：鄂宜内图字［2011］第 27 号
馆藏号：Guojiafz-8600002001610

宜都年鉴・2014
中共宜都市委、宜都市人民政府主办　宜都市党史地方志办公室编　主编夏友生
三峡电子音像出版社　2014 年 9 月
517 页　精装　29cm
ISBN978-7-89503-028-2
馆藏号：Guojiafz-8600002021310

宜都年鉴・2015
中共宜都市委、宜都市人民政府主办　宜都市党史地方志办公室编　主编夏友生
三峡电子音像出版社　2015 年 9 月
535 页　精装　29cm
ISBN978-7-89503-163-0
馆藏号：Guojiafz-8600002020118

宜都年鉴・2018
中共宜都市委、宜都市人民政府主办　宜都市党史地方志办公室编　主编夏友生
三峡电子音像出版社　2018 年 11 月
379 页　精装　29cm
ISBN978-7-89503-472-3
馆藏号：Guojiafz-8600002020116

当阳年鉴・2009
中共当阳市委、当阳市人民政府主办　《当阳年鉴》编纂委员会编　主编叶永清　总纂牛军
当阳市民兴福利印刷厂印刷　2009 年 12 月
287 页　精装　29cm
准印证号：鄂宜内图字 2010 年第 06 号
馆藏号：Guojiafz-8600002001495

当阳年鉴・2010
中共当阳市委、当阳市人民政府主办　《当阳年鉴》编委会编　主编叶永清　总纂牛军
三峡电子音像出版社　2010 年 11 月
297 页　精装　29cm
ISBN978-7-900484-37-6
馆藏号：Guojiafz-8600002002031

枝江年鉴・2011
中共枝江市委市人民政府主办　枝江市档案局（史志办）编　主编郑献忠
三峡电子音像出版社　2011 年 12 月
328 页　精装　29cm
ISBN978-7-900484-95-6
馆藏号：Guojiafz-8600002015627

枝江年鉴·2013
中共枝江市委、枝江市人民政府主办 《枝江年鉴·2013》编纂委员会编 主编刘卫东
三峡电子音像出版社 2013年12月
314页 精装 29cm
ISBN978-7-900534-72-9
馆藏号：Guojiafz-8600002013310

远安年鉴·2009
中共远安县委、远安县人民政府主办 《远安年鉴》编纂委员会编 主编杨卫华
三门峡顶点印务有限公司印刷 2009年12月
429页 精装 29cm
准印证号：鄂宜内图字2010年第001号
馆藏号：Guojiafz-8600002001493

远安年鉴·2010
中共远安县委、远安县人民政府主办 《远安年鉴》编委会编 主编袁正泉
三峡电子音像出版社 2010年12月
353页 精装 29cm
ISBN978-7-900484-38-3
馆藏号：Guojiafz-8600002002239

远安年鉴·2013
中共远安县委、远安县人民政府主办 《远安年鉴·2013》编委会编 主编袁正泉 执行主编向明德
三峡电子音像出版社 2013年10月
368页 精装 29cm
ISBN978-7-900534-59-0
馆藏号：Guojiafz-8600002009842

远安年鉴·2015
中共远安县委、远安县人民政府主办 《远安年鉴》编纂委员会编 主编袁正泉 执行主编向明德
三峡电子音像出版社 2015年11月
392页 精装 29cm
ISBN978-7-89503-158-6
馆藏号：Guojiafz-8600002020145

远安年鉴·2017
中共远安县委、远安县人民政府主办 《远安年鉴》编纂委员会编 主编温志刚 执行主编向明德
三峡电子音像出版社 2017年12月
374页 精装 29cm
ISBN978-7-89503-425-9
馆藏号：Guojiafz-8600002020129

秭归年鉴·2009
中共秭归县委、秭归县人民政府主办 《秭归年鉴》编纂委员会编 主编郑之彪 执行主编王进
秭归县永发印刷厂印刷 2010年1月
413页 精装 29cm
准印证号：鄂宜内图字2010年第05号
馆藏号：Guojiafz-8600002001100

秭归年鉴·2010
中共秭归县委、秭归县人民政府主办 《秭归年鉴》编撰委员会编 主编郑之彪 执行主编李莉
三峡电子音像出版社 2010年12月
406页 精装 29cm
ISBN978-7-900484-44-4
馆藏号：Guojiafz-8600002002291

长阳年鉴·2009
中共长阳土家族自治县委员会、长阳土家族自治县人民政府主办 《长阳年鉴》编纂委员会编 主编张国振
宜昌雅江印务有限公司印刷 2009年10月
257页 精装 29cm
准印证号：[2009]鄂省图内字第66号
馆藏号：Guojiafz-8600002001128

长阳年鉴·2010
中共长阳土家族自治县委、长阳土家族自治县人民政府主办 《长阳年鉴》编纂委员会编 主编张国振
三峡电子音像出版社 2010年10月
308页 精装 29cm
ISBN978-7-900484-32-1
馆藏号：Guojiafz-8600002002244

长阳年鉴・2013
中共长阳土家族自治县委、长阳土家族自治县人民政府主办 《长阳年鉴・2013》编委会编
主编王义铭
三峡电子音像出版社　2013 年 9 月
310 页　精装　29cm
ISBN978-7-900534-55-2
馆藏号：Guojiafz-8600002009817

长阳年鉴・2014
中共长阳土家族自治县委员会、长阳土家族自治县人民政府主办 《长阳年鉴・2014》编委会编
主编王义铭
三峡电子音像出版社　2014 年 10 月
340 页　精装　29cm
ISBN978-7-89503-077-0
馆藏号：Guojiafz-8600002040653

长阳年鉴・2016
中共长阳土家族自治县委、长阳土家族自治县人民政府主办 《长阳年鉴・2016》编委会编
主编覃俊兰
三峡电子音像出版社　2016 年 10 月
310 页　精装　29cm
ISBN978-7-89503-305-4
馆藏号：Guojiafz-8600002014620

长阳年鉴・2018
《长阳年鉴》编纂委员会编　主编谢远洲
方志出版社　2019 年 6 月
369 页　平装　29cm
ISBN978-7-5144-3787-4
馆藏号：Guojiafz-8600002040652

五峰年鉴・2010
中共五峰土家族自治县委、五峰土家族自治县人民政府主办　五峰土家族自治县史志办公室编
主编叶厚全
宜昌市黑马彩色包装印务有限责任公司印刷
2011 年
259 页　精装　29cm
准印证号：鄂宜内图字 2011 年第 11 号
馆藏号：Guojiafz-8600002001103

襄樊年鉴・1999
襄樊市地方志办公室编　主编郭光福、曹敬兰
方志出版社　1999 年 9 月
375 页　精装　27cm
ISBN7-80122-495-7
馆藏号：Guojiafz-8600002010040

襄樊年鉴・2000
湖北省襄樊市地方志编纂委员会编　主编郭光福、曹敬兰
方志出版社　2000 年 6 月
416 页　精装　27cm
ISBN7-80122-538-4
馆藏号：Guojiafz-8600002007864

襄樊年鉴・2001
湖北省襄樊市地方志编纂委员会编　主编刘德政
方志出版社　2001 年 6 月
431 页　精装　27cm
ISBN7-80122-682-8
馆藏号：Guojiafz-8600002013042

襄樊年鉴・2002
《襄樊年鉴》编纂委员会编　主编陈文海、刘德政
方志出版社　2002 年 11 月
421 页　精装　29cm
ISBN7-80122-886-3
馆藏号：Guojiafz-8600002012347

襄樊年鉴・2003
《襄樊年鉴》编纂委员会编　主编陈文海、刘德政
方志出版社　2003 年 12 月
363 页　精装　29cm
ISBN7-80192-128-3
馆藏号：Guojiafz-8600002007758

襄樊年鉴·2006
中共襄樊市委、襄樊市人民政府主管　襄樊市地方志办公室编　主编陈文海、李肃清
方志出版社　2007 年 3 月
302 页　精装　29cm
ISBN978-7-80238-009-7
馆藏号：Guojiafz-8600002002384

襄樊年鉴·2007
中共襄樊市委、襄樊市人民政府主管　襄樊市地方志办公室编　主编李肃清
方志出版社　2008 年 8 月
238 页　精装　29cm
ISBN978-7-80238-328-9
馆藏号：Guojiafz-8600002004877

襄樊年鉴·2008
中共襄樊市委、襄樊市人民政府主管　襄樊市地方志编纂委员会编　主编李肃清
湖北人民出版社　2009 年 4 月
221 页　精装　29cm
ISBN978-7-216-05876-6
馆藏号：Guojiafz-8600002000055

襄樊年鉴·2009
中共襄樊市委、襄樊市人民政府主管　襄樊市地方志编纂委员会编　主编李肃清
湖北人民出版社　2009 年 12 月
249 页　精装　29cm
ISBN978-7-216-06266-4
馆藏号：Guojiafz-8600002000057

襄阳年鉴·2010
中共襄阳市委、襄阳市人民政府主管　襄阳市地方志编纂委员会编　主编李肃清
湖北人民出版社　2010 年 12 月
312 页　精装　29cm
ISBN978-7-216-06589-4
馆藏号：Guojiafz-8600002000058

襄阳年鉴·2011
中共襄阳市委、襄阳市人民政府主管　襄阳市地方志编纂委员会编　主编李肃清
湖北人民出版社　2011 年 12 月
362 页　精装　29cm
ISBN978-7-216-07010-2
馆藏号：Guojiafz-8600002019105

襄阳年鉴·2012
中共襄阳市委、襄阳市人民政府主管　襄阳市地方志编纂委员会编　主编胡颐新
湖北人民出版社　2012 年 12 月
320 页　精装　29cm
ISBN978-7-216-07483-4
馆藏号：Guojiafz-8600002007186

襄阳年鉴·2013
中共襄阳市委、襄阳市人民政府主管　襄阳市地方志编纂委员会编　主编胡颐新
湖北科学技术出版社　2014 年 5 月
302 页　精装　29cm
ISBN978-7-5352-6701-6
馆藏号：Guojiafz-8600002020202

襄阳年鉴·2014
中共襄阳市委、襄阳市人民政府主管　襄阳市地方志编纂委员会编　主编江万丰
湖北科学技术出版社　2014 年 10 月
526 页　精装　29cm
ISBN978-7-5352-6996-6
馆藏号：Guojiafz-8600002015840

襄阳年鉴·2016
中共襄阳市委、襄阳市人民政府主管　襄阳市党史和地方志办公室编　主编江万丰
湖北科学技术出版社　2016 年 10 月
663 页　精装　29cm
ISBN978-7-5352-9062-5
馆藏号：Guojiafz-8600002014663

襄阳年鉴·2018
中共襄阳市委、襄阳市人民政府主管　襄阳市党史和地方志办公室编　主编江万丰
湖北科学技术出版社　2018年12月
551页　精装　29cm
ISBN978-7-5706-0309-1
馆藏号：Guojiafz-8600002019240

襄阳年鉴·2019
中共襄阳市委、襄阳市人民政府主管　襄阳市史志研究中心编　主编郝敬东
长江出版社　2019年12月
547页　精装　29cm
ISBN978-7-5492-6871-9
馆藏号：Guojiafz-8600002019925

樊城年鉴·2016
中共樊城区委、襄阳市樊城区人民政府主管　襄阳市樊城区地方志编纂委员会编　主编胡永红
湖北科学技术出版社　2016年12月
331页　精装　29cm
ISBN978-7-5352-9062-5
馆藏号：Guojiafz-8600002014657

襄州年鉴·2012
中共襄州区委、襄州区人民政府主管　襄州区党史地方志编研委员会办公室主办　主编金雁峰
老河口市教育印刷厂印刷　2013年5月
286页　精装　30cm
准印证号：鄂省图内字（2013）第096号
馆藏号：Guojiafz-8600002010239

老河口年鉴·2008
中共老河口市委办公室、老河口市人民政府办公室、中共老河口市委党史方志办公室合编
主编路学党
湖北省老河口市教育印刷厂印刷　2008年
240页　精装　29cm
准印证号：鄂襄内图字第056号
馆藏号：Guojiafz-8600002001980

枣阳年鉴·2007
中共枣阳市委、枣阳市人民政府主办　中共枣阳市委党史地方志办公室编　主编李明全、曲向阳
内部印刷　2008年11月
352页　精装　29cm
准印证号：鄂襄内图字2008年第047号
馆藏号：Guojiafz-8600002001831

枣阳年鉴·2008—2009
中共枣阳市委、枣阳市人民政府主办　中共枣阳市委党史地方志办公室编　主编李明全、邱荣霖
内部印刷　2010年12月
487页　精装　29cm
准印证号：鄂襄内图字2010年第047号
馆藏号：Guojiafz-8600002001769

枣阳年鉴·2014
中共枣阳市委、枣阳市人民政府主办　中共枣阳市委党史地方志办公室编　主编李明全
湖北科学技术出版社　2014年10月
310页　精装　29cm
ISBN978-7-5352-7228-7
馆藏号：Guojiafz-8600002015487

宜城年鉴·1997
宜城市党史地方志办公室编　主编江继才、朱守国、赵立功、邹光国、熊有功　执行主编佘晓春
中国县镇年鉴社　1997年
242页　精装　27cm
ISSN1004-812X
馆藏号：Guojiafz-8600002007967

南漳年鉴·2009
南漳县史志办公室编　主编冯祖刚
内部印刷　2010年4月
315页　精装　27cm
准印证号：鄂襄内图字2009年第29号
馆藏号：Guojiafz-8600002007813

谷城年鉴·1999
湖北省谷城县地方志编纂委员会办公室编
主编胡维启
深圳中润彩色印刷有限公司印刷　1998年12月
590页　精装　27cm
准印证号:［1998］鄂襄图内字第063号
馆藏号：Guojiafz-8600002001763

保康年鉴·2010
中共保康县委、保康县人民政府主管《保康年鉴》编纂委员会编　主编王君祥　执行主编马宗佑
内部印刷　2010年11月
289页　精装　29cm
准印证号：鄂襄内图字2010年第029号
馆藏号：Guojiafz-8600002001766

保康年鉴·2014
中共保康县委、保康县人民政府主管保康县史志办公室编　主编陈功立　执行主编冯君
湖北科学技术出版社　2014年10月
352页　精装　29cm
ISBN978-7-5352-6961-4
馆藏号：Guojiafz-8600002015838

保康年鉴·2017
中共保康县委、保康县人民政府主管保康县史志办公室编　主编陈功立　执行主编饶明佳
中州古籍出版社　2018年1月
328页　精装　29cm
ISBN978-7-5348-7613-4
馆藏号：Guojiafz-8600002016394

鄂州年鉴·2008
《鄂州年鉴》编辑委员会编　主编陈少杰、苏玉霞
中华书局　2008年12月
639页　精装　29cm
ISBN978-7-101-06521-3
馆藏号：Guojiafz-8600002006125

鄂州年鉴·2009
鄂州市人民政府主办　《鄂州年鉴》编辑委员会编
主编陈少杰、苏玉霞
中华书局　2009年12月
637页　精装　29cm
ISBN978-7-101-06521-3
馆藏号：Guojiafz-8600002008471

鄂州年鉴·2010
鄂州市人民政府主办　鄂州年鉴编辑部编
主编陈少杰、苏玉霞
鄂州市鸿达印务发展中心印刷　2010年12月
605页　精装　29cm
准印证号：鄂州内图字2010年第31号
馆藏号：Guojiafz-8600002010210

鄂州年鉴·2011
鄂州市人民政府主办　鄂州年鉴编委会编
主编陈少杰、苏玉霞
鄂州市鸿达印务发展中心印刷　2011年12月
605页　精装　30cm
准印证号：鄂州内图字2011年第23号
馆藏号：Guojiafz-8600002013231

鄂州年鉴·2012
鄂州市人民政府主办　鄂州年鉴编委会编
主编黄开如、苏玉霞
鄂州市鸿达印务发展中心印刷　2012年12月
455页　精装　29cm
准印证号：鄂州内图字2012年第17号
馆藏号：Guojiafz-8600002010213

荆门年鉴·2012
荆门市人民政府主管　荆门市地方志编纂委员会办公室主办　主编陈前华、刘福生
荆州市精彩印刷有限公司印刷　2012年12月
457页　精装　29cm
准印证号：鄂荆内图字［2012］第31号
馆藏号：Guojiafz-8600002005046

荆门统计年鉴·2012
荆门市统计局、国家统计局荆门调查队合编
主编鲁云才
中国统计出版社　2012 年 10 月
365 页　精装　29cm
ISBN978-7-5037-6694-7
馆藏号：Guojiafz-8600002007255

荆门卫生监督年鉴·2012
荆门市卫生监督局编　主编王官松
内部印刷
124 页　精装　29cm
馆藏号：Guojiafz-8600002010217

荆门地税年鉴·2012
荆门地税年鉴编委会编　主编杜江山
内部印刷
512 页　精装　27cm
馆藏号：Guojiafz-8600002010273

东宝年鉴·2011
中共东宝区委、东宝区人民政府主管　东宝年鉴编委会编　总编李荆龙、蒋丛贵　主编王国银
荆门市农经印刷厂印刷　2011 年 12 月
520 页　精装　29cm
准印证号：鄂荆内图字［2011］第 58 号
馆藏号：Guojiafz-8600002010017

东宝年鉴·2012
中共东宝区委、东宝区人民政府主管　东宝区人民政府主办　东宝年鉴编辑委员会编　总编李荆龙、常北方　主编王国银
荆州市金山彩印有限公司印刷　2012 年 12 月
400 页　精装　29cm
准印证号：鄂荆内图字［2012］第 42 号
馆藏号：Guojiafz-8600002010291

掇刀年鉴·2011
荆门市掇刀区人民政府主办　荆门市掇刀区地方志编纂委员会办公室编　主编包光华
武汉宏达盛印务有限公司印刷　2011 年 12 月
313 页　精装　29cm
准印证号：鄂荆内图字 2011 年第 54 号
馆藏号：Guojiafz-8600002010112

掇刀年鉴·2012
荆门市掇刀区人民政府主管　荆门市掇刀区地方志编纂委员会办公室主办　主编包光华
荆州市年鉴文化传媒有限公司印刷　2012 年 12 月
355 页　精装　29cm
准印证号：鄂荆内图字 2012 年第 28 号
馆藏号：Guojiafz-8600002010113

掇刀年鉴·2017
荆门高新区管委会、掇刀区人民政府主管　掇刀区地方志编纂委员会办公室编　主编包光华
中国文化出版社　2017 年 12 月
432 页　精装　29cm
ISBN978-988-13381-1-2
馆藏号：Guojiafz-8600002016633

钟祥年鉴·2009
中共钟祥市委员会、钟祥市人民政府主办　钟祥年鉴编辑委员会编　主编周明章
荆州市金山彩印有限公司印刷　2009 年 12 月
244 页　精装　29cm
准印证号：鄂钟内图字 2009 年第 11 号
馆藏号：Guojiafz-8600002001127

钟祥年鉴·2010
中共钟祥市委员会、钟祥市人民政府主办　钟祥年鉴编辑委员会编　主编周明章
荆州市金山彩印有限公司印刷　2010 年 11 月
268 页　精装　29cm
准印证号：鄂钟内图字 2010 年第 004 号
馆藏号：Guojiafz-8600002000764

京山年鉴·1986—1990
《京山年鉴》编辑部编　主编顾方旭
红旗出版社　1992 年 11 月

445 页　精装　27cm
ISBN7-80068-373-7
馆藏号：Guojiafz-8600002003456

京山年鉴·1991—1995
中国共产党京山县委员会主办　京山县党史县志办公室、《京山年鉴》编纂委员会合编
主编顾方旭
广州美嘉彩印有限公司印刷　1997 年 8 月
432 页　精装　27cm
准印证号：京图内字第 8 号
馆藏号：Guojiafz-8600002001130

京山年鉴·1996—2000
京山县党史县志办公室、《京山年鉴》编纂委员会合编　主编顾方旭
京山县金美印刷有限责任公司印刷　2001 年 10 月
469 页　精装　27cm
准印证号：[2001] 鄂荆图内字第 010 号
馆藏号：Guojiafz-8600002001102

京山年鉴·2012
京山县人民政府主管　京山年鉴编辑委员会、京山县党史县志办公室合编　主编倪平泽、李甫清
执行主编陈为标
京山县德兴印刷有限公司印刷　2013 年 6 月
629 页　精装　29cm
准印证号：鄂荆京内图字 2013 年第 014 号
馆藏号：Guojiafz-8600002010134

沙洋年鉴·2011
沙洋县人民政府主办　沙洋县地方志编纂委员会办公室编　主任陈国强
武汉宏达盛印务有限公司印刷　2011 年 12 月
351 页　精装　29cm
准印证号：鄂沙新出内图字 2011 年第 07 号
馆藏号：Guojiafz-8600002010183

沙洋年鉴·2012
沙洋县人民政府主办　沙洋县地方志编纂委员会办公室编　主任陈国强
武汉宏达盛印务有限公司印刷　2012 年 10 月
393 页　精装　29cm
准印证号：沙内图字 201207 号
馆藏号：Guojiafz-8600002010269

孝感年鉴·2009
孝感年鉴编纂委员会编　主编陈宽宏、张志敏、胡益荣、李子清
中国文史出版社　2010 年 2 月
403 页　精装　29cm
ISBN978-7-6062-2376-7
馆藏号：Guojiafz-8600002013430

孝感年鉴·2012
孝感市地方志编纂委员会办公室编　主编张志敏、肖建华、李明辉、李子清
社会科学文献出版社　2012 年 12 月
408 页　精装　29cm
ISBN978-7-5097-3567-1
馆藏号：Guojiafz-8600002007042

应城年鉴·1986—1992
《应城年鉴》编辑委员会编　主编甘永椿
应城市红旗塑料印刷厂印刷　1995 年 6 月
369 页　精装　27cm
准印证号：[1995] 鄂孝应图内字（03）号
馆藏号：Guojiafz-8600002006491

汉川年鉴·2011
中共汉川市委、汉川市人民政府主办　汉川市地方志编纂委员会办公室编　主编孙志刚、龙国银
执行主编余波
长江出版社　2012 年 5 月
294 页　精装　29cm
ISBN978-7-5492-0137-2
馆藏号：Guojiafz-8600002007254

汉川年鉴·2013
汉川市人民政府主管　汉川市地方志编纂委员会

办公室主办 《汉川年鉴》编辑委员会编
主编孙志刚、李宏兵 执行主编余波、孙四维
长江出版社 2014年7月
369页 精装 29cm
ISBN978-7-5492-0137-2
馆藏号：Guojiafz-8600002015254

孝昌年鉴·2011
孝昌县人民政府主办 孝昌县地方志编纂委员会
办公室编 主编胡柏桥
武汉宏达盛印务有限公司印刷 2012年6月
303页 精装 29cm
准印证号：鄂孝内图字2010年第07号
馆藏号：Guojiafz-8600002010214

孝昌年鉴·2017
孝昌县人民政府主管 孝昌县地方志编纂委员会
办公室主办 孝昌县党史地方志办公室编
主编杨运桥
长江出版社 2017年12月
342页 精装 29cm
ISBN978-7-5492-5503-0
馆藏号：Guojiafz-8600002016393

大悟年鉴·2012
大悟县人民政府主管 大悟县地方志编纂委员会
办公室主办《大悟年鉴》编委会编 主编吴东初
执行主编曹汉厚、张孝勇
武汉天雨时代文化传播公司印刷 2012年12月
327页 精装 29cm
准印证号：鄂孝内图字2012年68号
馆藏号：Guojiafz-8600002010111

云梦年鉴·1988—1995
《云梦年鉴》编纂委员会编 主编万新桥
云梦县印刷厂印刷 1997年10月
577页 精装 27cm
准印证号：[1997]鄂孝市图内字（37）号
馆藏号：Guojiafz-8600002000112

云梦年鉴·1996—2000
云梦县人民政府主管 云梦县党史方志资料编纂
领导小组编 主编秦友明
武汉市精伦达印刷有限公司印刷 2005年4月
410页 精装 27cm
准印证号：[2005]鄂孝内图字第2号
馆藏号：Guojiafz-8600002000113

荆州年鉴·2002
中共荆州市委员会、荆州市人民政府主办 荆州
年鉴编辑委员会编 主编周建国
方志出版社 2002年12月
361页 精装 29cm
ISBN7-80122-901-0
馆藏号：Guojiafz-8600002004784

荆州年鉴·2008
中共荆州市委员会、荆州市人民政府主办 荆州
年鉴编辑委员会编 主编李江汉
荆州市翔羚印刷有限公司印刷 2008年11月
309页 精装 29cm
准印证号：[2008]鄂荆图内字第21号
馆藏号：Guojiafz-8600002004003

荆州年鉴·2009
中共荆州市委、荆州市人民政府主办 荆州年鉴
编辑委员会编 主编李江汉 执行主编吴运祥
荆州市金山彩印有限公司印刷 2009年12月
401页 精装 29cm
准印证号：[2009]鄂荆图内字第62号
馆藏号：Guojiafz-8600002004040

荆州年鉴·2010
中共荆州市委员会、荆州市人民政府主办 荆州
市史志办公室编 主编李江汉 执行主编吴运祥
荆州市金山印务有限公司印刷 2010年11月
361页 精装 29cm
准印证号：（2010）鄂荆图内字第36号
馆藏号：Guojiafz-8600002004050

荆州年鉴·2011
中共荆州市委员会、荆州市人民政府主办　荆州市史志办公室编　主编李江汉　执行主编吴运祥
荆州市金山彩印有限公司印刷　2011 年 11 月
409 页　精装　29cm
准印证号:（2011）鄂荆图内字第 39 号
馆藏号：Guojiafz–8600002010290

荆州年鉴·2012
中共荆州市委员会、荆州市人民政府主办　荆州市史志办公室编　主编吴方军　执行主编吴运祥
荆州市金山印务有限公司印刷　2012 年 12 月
419 页　精装　29cm
准印证号:（2012）鄂荆图内字第 37 号
馆藏号：Guojiafz–8600002010055

荆州年鉴·2020
中共荆州市委、市人民政府主办　荆州市史志研究中心编　主编田传章　执行主编李木胜、刘平利
长江出版社　2020 年 11 月
411 页　精装　29cm
ISBN978–7–5492–7419–2
馆藏号：Guojiafz–8600002020837

荆州交通年鉴·2013
荆州市交通运输局编　主编李进山
荆州广通彩印科技有限公司印刷　2013 年 8 月
258 页　精装　27cm
准印证号:（2013）鄂荆图内字第 22 号
馆藏号：Guojiafz–8600002010023

沙市年鉴·2005—2009
中共荆州市沙市区委员会、荆州市沙市区人民政府主办　沙市年鉴编辑委员会编
执行主编陈家福
内部印刷　2010 年 12 月
465 页　精装　29cm
准印证号:（2010）鄂沙图内第 012 号
馆藏号：Guojiafz–8600002001765

荆州市沙市年鉴·2011
中共荆州市沙市区委员会、荆州市沙市区人民政府主办　沙市年鉴编辑委员会编
执行主编陈家福
荆州市金山彩印有限公司印刷　2011 年 12 月
348 页　精装　29cm
准印证号:（2011）鄂荆图内字第 37 号
馆藏号：Guojiafz–8600002010148

荆州市沙市年鉴·2012
中共荆州市沙市区委员会、荆州市沙市区人民政府主办　沙市年鉴编辑委员会编　主编宋贵华
执行主编陈家福
荆州市金山彩印有限公司印刷　2012 年 12 月
320 页　精装　29cm
准印证号:（2012）鄂荆图内字第 29 号
馆藏号：Guojiafz–8600002010132

石首年鉴·1992
湖北省石首市地方志编纂委员会编　主编张春芳
红旗出版社　1992 年 12 月
421 页　精装　27cm
ISBN7–80068–320–6
馆藏号：Guojiafz–8600002003553

石首年鉴·2004—2006
石首市人民政府、石首市地方志编纂委员会主办
石首市地方志办公室编　主编涂勤学
武汉三川印务有限公司印刷　2008 年 12 月
251 页　精装　29cm
准印证号：鄂石图内字第 015 号
馆藏号：Guojiafz–8600002004001

公安年鉴·2011
中共公安县委员会、公安县人民政府主办　公安县党史和地方志办公室编　主编陈立贵　执行主编夏左青
荆州市金山彩印有限公司印刷　2011 年 10 月
407 页　精装　29cm

准印证号:[2011]鄂荆公内图字第07号
馆藏号: Guojiafz-8600002010219

公安年鉴・2012

中共公安县委员会、公安县人民政府主办　公安县党史和地方志办公室编　主编袁军　执行主编夏左青
荆州市金山彩印有限公司印刷　2012年11月
343页　精装　29cm
准印证号:[2012]鄂荆公内图字第05号
馆藏号: Guojiafz-8600002010107

公安年鉴・2020

中共公安县委员会、公安县人民政府主办　公安县档案馆、公安县史志研究中心合编　主编陈万林　执行主编夏左青
长江出版社　2020年11月
308页　精装　29cm
ISBN978-7-5492-7420-8
馆藏号: Guojiafz-8600002020203

监利年鉴・2009

中共监利县委、监利县人民政府主办　监利年鉴编纂委员会编　主编杜光烈
荆州市金山彩印有限公司印刷　2009年12月
298页　精装　29cm
准印证号:[2009]鄂荆监内字第006号
馆藏号: Guojiafz-8600002004047

监利年鉴・2010

中共监利县委员会、监利县人民政府主办　监利县地方志办公室编　主编杜光烈
荆州市金山印务有限公司印刷　2010年12月
287页　精装　29cm
准印证号:[2010]鄂荆监图内字第010号
馆藏号: Guojiafz-8600002004049

监利年鉴・2012

中共监利县委员会、监利县人民政府主办　监利县地方志办公室编　主编杜光烈
荆州市金山彩印有限公司印刷　2012年12月
322页　精装　29cm
准印证号: 鄂监新内部图书准印证[2012]字第014号
馆藏号: Guojiafz-8600002010108

监利年鉴・2016

中共监利县委员会、监利县人民政府主办　监利年鉴编辑委员会编　主编杜光烈
荆州市金山彩印有限公司印刷　2017年1月
357页　精装　29cm
准印证号: 湖北省内部图书准印证〔2017〕鄂荆图内字第32号
馆藏号: Guojiafz-8600002018630

监利年鉴・2017

中共监利县委员会、监利县人民政府主办　监利年鉴编纂委员会编　主编王定坤
中国文化出版社　2018年3月
417页　精装　29cm
ISBN978-988-13388-5-3
馆藏号: Guojiafz-8600002016399

黄冈年鉴・2003

黄冈市人民政府主办　黄冈年鉴编纂委员会编　主编王体全
武汉福苑彩印包装设计有限公司印刷　2003年9月
289页　精装　29cm
准印证号: 鄂黄冈图内字(2003)第28号
馆藏号: Guojiafz-8600002009566

黄州年鉴・2014

黄冈市黄州区人民政府主办　黄冈市黄州区党史地方志办公室编　主编贾雪涛
内部印刷　2014年
232页　精装　29cm
准印证号: 鄂黄内图字2014年第73号
馆藏号: Guojiafz-8600002005349

麻城年鉴·1986—1997
麻城市人民政府主办　麻城年鉴编纂委员会编
总编章跃兵　主编凌礼潮
黄山书社　1998 年 11 月
471 页　精装　27cm
ISBN7-80630-325-1
馆藏号：Guojiafz-8600002001843

武穴年鉴·1998
武穴市人民政府主办　武穴市地方志编纂委员会编
主编郭平　总纂蓝和贵、劳补奎、张光锐
海天出版社　1998 年 10 月
290 页　精装　27cm
ISBN7-80615-813-8
馆藏号：Guojiafz-8600002002695

武穴年鉴·2003
武穴市人民政府主办　武穴市地方志编纂委员会编
主编张弛
湖北省林业勘探设计院印刷　2004 年 2 月
302 页　精装　29cm
准印证号：鄂黄冈图内字（2003）第 4034 号
馆藏号：Guojiafz-8600002006717

武穴年鉴·2003—2006
武穴市人民政府主办　武穴市地方志编纂委员会编
主编吕巨斌　执行主编张弛
湖北省武汉市江北制版印刷厂印刷　2008 年 1 月
261 页　精装　29cm
准印证号：鄂新出内图字（2007）第 10 号
馆藏号：Guojiafz-8600002001857

武穴年鉴·2007—2009
武穴市人民政府主办　武穴市地方志编纂委员会编
主编吕巨斌　执行主编张弛
武汉远浩彩色包装印务有限公司印刷　2011 年 4 月
258 页　精装　29cm
准印证号：武新出内图字（2011）第 03 号
馆藏号：Guojiafz-8600002001244

团风年鉴·2008—2012
湖北省团风县地方志编纂委员会编　主编李玲
总纂林利民
内部印刷
376 页　精装　29cm
准印证号：鄂黄内图字 2015 年第 06 号
馆藏号：Guojiafz-8600002042802

罗田年鉴·2012
罗田县人民政府主办　罗田县地方志办公室编
主编叶丛浩
武汉出版社　2012 年 12 月
351 页　精装　29cm
ISBN978-7-5430-7425-5
馆藏号：Guojiafz-8600002045542

罗田年鉴·2018
罗田县地方志编纂委员会编　主编邱亚林
方志出版社　2019 年 12 月
383 页　平装　29cm
ISBN978-7-5144-3832-1
馆藏号：Guojiafz-8600002047669

英山年鉴·2018
英山县地方志编纂委员会编　主编李文
方志出版社　2019 年 10 月
284 页　平装　29cm
ISBN978-7-5144-3830-7
馆藏号：Guojiafz-8600002018195

浠水年鉴·2012
浠水县人民政府主办　湖北省浠水县地方志编纂委员会办公室编　主编王志文　总纂周祖胜
武汉创新印刷有限公司印刷　2012 年 10 月
417 页　精装　29cm
准印证号：鄂黄内图字 2012 年第 46 号
馆藏号：Guojiafz-8600002010019

蕲春年鉴·1994—1998（首卷）
蕲春县人民政府主办　蕲春年鉴编委会编

总编吕梅森　主编周碧林　总纂徐美兰
海天出版社
350 页　精装　27cm
ISBN7-80654-079-2
馆藏号：Guojiafz-8600002002594

黄梅年鉴 · 2015（总第 1 卷）
黄梅县地方志编纂委员会编　主编马艳舟、屈凯军
执行主编陈峰
海豚出版社　2017 年 4 月
730 页　精装　29cm
ISBN978-7-5110-3503-5
馆藏号：Guojiafz-8600002041920

咸宁年鉴 · 2001（总第 1 卷）
咸宁市人民政府主管　咸宁年鉴编委会编
主编刘道明
湖北辞书出版社　2001 年 12 月
394 页　精装　29cm
ISBN7-5403-0510-X
馆藏号：Guojiafz-8600002004436

咸宁年鉴 · 2006
咸宁市人民政府主办　咸宁年鉴编纂委员会编
主编胡毓军
崇文书局　2006 年 12 月
402 页　精装　29cm
ISBN7-5403-1042-1
馆藏号：Guojiafz-8600002002829

咸宁年鉴 · 2008
咸宁市人民政府主办　咸宁年鉴编纂委员会编
主编李逸章
内部印刷　2008 年 12 月
384 页　精装　29cm
准印证号：鄂咸内图字［2008］第 31 号
馆藏号：Guojiafz-8600002001155

咸宁年鉴 · 2009
咸宁市人民政府主办　咸宁年鉴编纂委员会编
主编李逸章
内部印刷　2009 年 12 月
403 页　精装　29cm
准印证号：鄂咸内图字［2009］第 67 号
馆藏号：Guojiafz-8600002001564

咸宁年鉴 · 2010
咸宁市人民政府主办　湖北省咸宁市地方志办公室编　主编李逸章
崇文书局　2010 年 12 月
382 页　精装　29cm
ISBN978-7-5403-1912-0
馆藏号：Guojiafz-8600002002172

咸宁年鉴 · 2011
咸宁市人民政府主办　咸宁年鉴编纂委员会编
主编李逸章
内部印刷　2011 年 12 月
399 页　精装　29cm
准印证号：［2011］鄂咸图内字第 87 号
馆藏号：Guojiafz-8600002010025

咸宁年鉴 · 2012
咸宁市人民政府主办　咸宁年鉴编纂委员会编
主编夏福卿
内部印刷　2012 年 12 月
389 页　精装　29cm
准印证号：［2012］鄂咸图内字第 74 号
馆藏号：Guojiafz-8600002010252

咸宁年鉴 · 2013
咸宁市人民政府主办　咸宁年鉴编纂委员会编
主编夏福卿
内部印刷　2013 年 11 月
376 页　精装　29cm
准印证号：［2013］鄂省图内字第 173 号
馆藏号：Guojiafz-8600002010313

咸安年鉴 · 2008（总第 1 卷）
咸宁市咸安区人民政府主管　咸宁市咸安年鉴编

纂委员会编　主编章成才
内部印刷　2009 年 5 月
328 页　精装　29cm
准印证号：鄂咸内图字 2009 年第 15 号
馆藏号：Guojiafz–8600002001845

咸安年鉴·2009
咸宁市咸安区人民政府主管　咸宁市咸安区地方志编纂委员会编　主编章成才
内部印刷　2010 年 7 月
228 页　精装　29cm
准印证号：鄂咸内图字 2010 年第 36 号
馆藏号：Guojiafz–8600002001855

咸安年鉴·2010
咸宁市咸安区人民政府主管　咸宁市咸安区地方志编纂委员会编　主编章成才
内部印刷　2011 年 3 月
236 页　精装　29cm
准印证号：鄂咸内图字 2011 年第 15 号
馆藏号：Guojiafz–8600002001844

咸安年鉴·2012
咸宁市咸安区人民政府主管　咸宁市咸安区地方志编纂委员会编　主编陈伟
内部印刷　2013 年 4 月
304 页　精装　29cm
准印证号：[2013] 鄂咸图内字第 27 号
馆藏号：Guojiafz–8600002010130

蒲圻年鉴·1987
蒲圻市地方志办公室编　主编胡加运
蒲圻市第一印刷厂印刷　1987 年 12 月
283 页　精装　21cm
馆藏号：Guojiafz–8600002005377

蒲圻年鉴·1988
蒲圻市地方志办公室编　主编邓楚栋、胡嘉运
蒲圻市第一印刷厂印刷　1988 年 12 月
362 页　平装　21cm
准印证号：内部图书准印证（88）007 号
馆藏号：Guojiafz–8600002005375

蒲圻年鉴·1989
《蒲圻年鉴》编辑部编　主编邓楚栋、胡嘉运
中国文史出版社　1989 年 10 月
430 页　平装　21cm
ISBN7–5034–0118–4
馆藏号：Guojiafz–8600002018244

蒲圻年鉴·1990
《蒲圻年鉴》编辑部编　主编邓楚栋、胡嘉运
蒲圻市第一印刷厂印刷　1990 年 12 月
339 页　平装　21cm
准印证号：鄂咸地图内（90）08 号
馆藏号：Guojiafz–8600002018242

蒲圻年鉴·1991
《蒲圻年鉴》编辑部编　主编饶子平
蒲圻市第一印刷厂印刷　1991 年 12 月
291 页　平装　21cm
准印证号：鄂蒲新出字（1991）007 号
馆藏号：Guojiafz–8600002018241

蒲圻年鉴·1992—1993
《蒲圻年鉴》编辑部编　主编黄华元
蒲圻市第一印刷厂印刷　1994 年 2 月
438 页　平装　21cm
准印证号：鄂蒲新出字（1994）007 号
馆藏号：Guojiafz–8600002018243

赤壁年鉴·2001—2002
赤壁市人民政府主办　赤壁年鉴编辑部编　主编方木生、吴华金
深圳青果林印刷有限公司印刷　2002 年 12 月
434 页　精装　26cm
准印证号：（2002）赤图内字 020 号
馆藏号：Guojiafz–8600002018112

赤壁年鉴·2003
赤壁市人民政府主办　赤壁年鉴编纂委员会编
主编方保安、方木生
赤壁市教育印刷厂印刷　2003 年 12 月
488 页　精装　26cm
馆藏号：Guojiafz-8600002018111

赤壁年鉴·2004
赤壁市人民政府主办　赤壁年鉴编纂委员会编
主编方保安、方木生
华中师范大学出版社　2004 年 9 月
418 页　精装　27cm
ISBN7-5622-2856-6
馆藏号：Guojiafz-8600002003948

赤壁年鉴·2005
中共赤壁市委员会、赤壁市人民政府主办　赤壁年鉴编辑部编　主编方保安、方木生
内部印刷　2005 年 10 月
411 页　精装　26cm
馆藏号：Guojiafz-8600002018110

赤壁年鉴·2007
中共赤壁市委员会、赤壁市人民政府主办　赤壁年鉴编辑委员会编　主编方木生、徐仕新
内部印刷　2007 年 9 月
420 页　精装　26cm
准印证号：鄂咸内图字 2007 年第 29 号
馆藏号：Guojiafz-8600002018109

赤壁年鉴·2008
中共赤壁市委员会、赤壁市人民政府主办　赤壁年鉴编辑部编　主编方木生、徐仕新、李满林
赤壁市美立印社激光照排印刷　2008 年 11 月
417 页　精装　27cm
准印证号：鄂咸内图字 2008 年第 32 号
馆藏号：Guojiafz-8600002001836

赤壁年鉴·2009
中共赤壁市委员会、赤壁市人民政府主办
总编辑马宏益　主编方木生、吴华金（执行）
内部印刷　2009 年 11 月
226 页　精装　29cm
准印证号：鄂咸内图字 2009 第 55 号
馆藏号：Guojiafz-8600002001476

赤壁年鉴·2010
中共赤壁市委、赤壁市人民政府主办　《赤壁年鉴》编辑部编　主编方木生、吴华金
内部印刷　2010 年 11 月
323 页　精装　29cm
馆藏号：Guojiafz-8600002001154

赤壁年鉴·2011
中共赤壁市委员会、赤壁市人民政府主办　赤壁年鉴编辑委员会编　主编吴华金、杨龙文、吴云南　执行主编余以文
内部印刷　2011 年 11 月
248 页　精装　29cm
准印证号：鄂咸内图字 2011 年第 68 号
馆藏号：Guojiafz-8600002018108

赤壁年鉴·2012
中共赤壁市委员会、赤壁市人民政府主办　赤壁年鉴编辑委员会编　主编吴华金、杨龙文、吴云南　执行主编余以文
内部印刷　2012 年 11 月
286 页　精装　29cm
馆藏号：Guojiafz-8600002018105

赤壁年鉴·2013
中共赤壁市委员会、赤壁市人民政府主办　赤壁年鉴编纂委员会编　主编吴华金、杨龙文、吴云南　执行主编余以文
内部印刷　2013 年 12 月
307 页　精装　29cm
准印证号：［2013］鄂咸图内字第 86 号
馆藏号：Guojiafz-8600002018106

赤壁年鉴·2014
中共赤壁市委员会、赤壁市人民政府主办　赤壁市地方志编纂委员会编　主编叶文华　执行主编余以文
内部印刷　2014 年 10 月
300 页　精装　29cm
准印证号:［2014］鄂咸图内字第 76 号
馆藏号：Guojiafz-8600002018102

赤壁年鉴·2015
中共赤壁市委员会、赤壁市人民政府主办　赤壁市地方志编纂委员会编　主编叶文华、刘训林、吴云南　执行主编余以文
内部印刷　2015 年 12 月
347 页　精装　29cm
准印证号:［2015］鄂咸图内字第 78 号
馆藏号：Guojiafz-8600002018104

赤壁年鉴·2016
中共赤壁市委员会、赤壁市人民政府主办　赤壁市地方志编纂委员会编　主编刘训林、陈中山　执行主编余以文
内部印刷　2016 年 11 月
397 页　精装　29cm
准印证号:［2016］鄂咸图内字第 68 号
馆藏号：Guojiafz-8600002018103

赤壁年鉴·2017
中共赤壁市委员会、赤壁市人民政府主办　赤壁市地方志编纂委员会办公室编　主编刘训林、陈中山　执行主编余以文
内部印刷　2017 年 11 月
304 页　精装　29cm
准印证号:〔2017〕鄂咸图内字第 38 号
馆藏号：Guojiafz-8600002018100

赤壁年鉴·2018
赤壁市人民政府主办　赤壁市地方志编纂委员会办公室编　主编洪金虎、陈中山　执行主编余以文
长江出版社　2018 年 10 月
288 页　精装　29cm
ISBN978-7-5492-6111-6
馆藏号：Guojiafz-8600002018101

赤壁年鉴·2019
赤壁市人民政府主办　赤壁市地方志编纂委员会办公室编　主编洪金虎、吴云南　执行主编余以文
长江出版社　2019 年 11 月
267 页　精装　29cm
ISBN978-7-5492-6764-4
馆藏号：Guojiafz-8600002018099

嘉鱼年鉴·2009（总第 1 卷）
嘉鱼县人民政府主管　嘉鱼县地方志办公室编　主编熊道德
内部印刷　2010 年 12 月
289 页　精装　29cm
准印证号：鄂咸内图字 2010 第 75 号
馆藏号：Guojiafz-8600002001849

嘉鱼年鉴·2012
嘉鱼县人民政府主管　嘉鱼县地方志办公室编　主编徐峰
内部印刷　2013 年 2 月
324 页　精装　29cm
准印证号:［2013］鄂咸图内字第 11 号
馆藏号：Guojiafz-8600002010149

通城年鉴·1989
通城县地方年鉴编纂委员会编　主编胡珊鹏
中国文史出版社　1989 年 9 月
481 页　精装　27cm
ISBN7-5034-0113-3
馆藏号：Guojiafz-8600002009175

通城年鉴·2008
通城县人民政府主办　中共通城县委党史办公室、通城县方志局、通城县档案局、通城县年鉴

编辑部合编　主编程绪平
通城县伟业印刷厂印刷　2008 年 10 月
452 页　精装　19cm
准印证号：鄂咸内图字［2008］34 号
馆藏号：Guojiafz-8600002001981

通城年鉴・2009
通城县人民政府主办　通城县地方志编纂委员会编
主编廖四方　执行主编吴平波
内部印刷　2010 年 1 月
299 页　精装　29cm
准印证号：鄂咸内图字 2010 年第 07 号
馆藏号：Guojiafz-8600002001557

通城年鉴・2010
通城县人民政府主办　通城县地方志编纂委员会编
主编廖四方　执行主编吴平波
内部印刷　2011 年 3 月
327 页　精装　29cm
准印证号：鄂咸内图字 2011 第 17 号
馆藏号：Guojiafz-8600002001850

崇阳年鉴・2008
崇阳县人民政府主办　崇阳县地方志编纂委员会编
主编周协光、王崇琳
内部印刷　2009 年 4 月
326 页　精装　29cm
准印证号：鄂咸内图字 2009 年第 12 号
馆藏号：Guojiafz-8600002001611

崇阳年鉴・2009
崇阳县人民政府主办　崇阳县地方志编纂委员会编
主编王崇琳
内部印刷　2010 年 6 月
305 页　精装　29cm
准印证号：鄂咸内图字 2010 年第 29 号
馆藏号：Guojiafz-8600002001655

崇阳年鉴・2010
崇阳县人民政府主办　崇阳县地方志编纂委员会编
主编王崇琳
内部印刷　2011 年 7 月
343 页　精装　29cm
准印证号：鄂咸内图字 2011 年第 45 号
馆藏号：Guojiafz-8600002001605

通山年鉴・2008
通山县人民政府主管　通山县地方志办公室编
主编石聪
内部印刷　2008 年 12 月
388 页　精装　29cm
准印证号：鄂咸内图字 2008 年第 33 号
馆藏号：Guojiafz-8600002001567

通山年鉴・2009
通山县人民政府主管　通山县地方志办公室编
主编石聪
内部印刷　2010 年 1 月
360 页　精装　29cm
准印证号：鄂咸内图字 2010 年第 05 号
馆藏号：Guojiafz-8600002001559

通山年鉴・2010
通山县人民政府主管　通山县地方志办公室编
主编石聪
内部印刷　2010 年 12 月
386 页　精装　29cm
准印证号：鄂咸内图字 2010 年第 70 号
馆藏号：Guojiafz-8600002001837

通山年鉴・2012
通山县人民政府主管　通山县地方志办公室编
主编阮友功
内部印刷　2012 年 12 月
313 页　精装　29cm
准印证号：鄂咸内图字 2012 年第 82 号
馆藏号：Guojiafz-8600002010271

随州年鉴・2008
中共随州市委、随州市人民政府主办　随州市地

方志办公室、随州市档案局、中共随州市委党史研究室合编　主编文勇
郑州金秋彩色印务有限公司印刷　2008 年
254 页　精装　29cm
准印证号：鄂随内图字［2008］第 20 号
馆藏号：Guojiafz-8600002007502

随州年鉴・2009
中共随州市委、随州市人民政府主办　随州市地方志办公室、随州市档案局、中共随州市委党史研究室合编　主编文勇
内部印刷
288 页　精装　29cm
馆藏号：Guojiafz-8600002008837

随州年鉴・2010
中共随州市委、随州市人民政府主办　随州市地方志办公室、随州市档案局、中共随州市委党史研究室合编　主编文勇
武汉精一印刷有限公司印刷　2010 年 12 月
291 页　精装　29cm
准印证号：鄂随内图字 2010 年第 22 号
馆藏号：Guojiafz-8600002008713

广水年鉴・1997—2001
广水市地方志编纂委员会编　主编胡启华
北京东君印刷有限公司印刷　2003 年 3 月
248 页　精装　29cm
准印证号：［2003］鄂随图内字第 02 号
馆藏号：Guojiafz-8600002001768

广水年鉴・2002—2006
广水市人民政府主办　广水市地方志编纂委员会办公室编　主编何祖志
广水新闻印务有限公司印刷　2008 年 6 月
267 页　精装　29cm
准印证号：（2008）鄂随图内字第 07 号
馆藏号：Guojiafz-8600002001767

广水年鉴・2007—2011
广水市人民政府主办　广水市党史地方志办公室编　主编何祖志
广水新闻印务有限公司印刷　2008 年 6 月
268 页　精装　29cm
准印证号：鄂随内图字 2013 年第 39 号
馆藏号：Guojiafz-8600002005348

恩施州年鉴・2008
恩施土家族苗族自治州人民政府主办　恩施土家族苗族自治州史志办公室编　主编吕金施
恩施州佳艺文化发展公司印刷　2008 年 11 月
533 页　精装　29cm
准印证号：鄂恩内图字 2008 年第 82 号
馆藏号：Guojiafz-8600002008741

恩施州年鉴・2009
恩施州人民政府主办　恩施州史志办公室编　主编吕金施
恩施日报社印刷厂印刷
609 页　精装　29cm
准印证号：恩州新出印［2009］第 017 号
馆藏号：Guojiafz-8600002008740

恩施州年鉴・2012
恩施土家族苗族自治州人民政府主办　恩施土家族苗族自治州史志办公室编　主编张全榜
恩施州佳艺文化发展公司印刷　2012 年 11 月
493 页　精装　29cm
准印证号：鄂恩内图字 2012 年第 029 号
馆藏号：Guojiafz-8600002005092

恩施土家族苗族自治州年鉴・2018
《恩施土家族苗族自治州年鉴》编辑委员会编　主编黄敏
方志出版社　2019 年 10 月
529 页　精装　29cm
ISBN978-7-5144-3799-7
馆藏号：Guojiafz-8600002018339

恩施市年鉴·2004—2006
恩施市人民政府主办 《恩施市年鉴》编辑委员会编 主编张思楚 执行主编戴平
内部印刷 2010年8月
344页 精装 29cm
准印证号：恩州新出印［2010］第020号
馆藏号：Guojiafz-8600002001634

恩施市年鉴·2011
恩施市人民政府主办 恩施市史志办公室编
主编、总纂张思楚 执行主编刘武成
恩施州光明彩色印务有限公司印刷 2012年4月
498页 精装 29cm
准印证号：鄂恩内图字2012第004号
馆藏号：Guojiafz-8600002010256

利川年鉴·2008
中共利川市委、利川市人民政府主办 《利川年鉴》编辑委员会编 主编董兴培
武汉天一印刷装订有限公司印刷 2008年12月
509页 精装 29cm
准印证号：鄂恩内图字2008年第78号
馆藏号：Guojiafz-8600002008838

利川年鉴·2009
中共利川市委、利川市人民政府主办 《利川年鉴》编辑委员会编 主编董兴培
武汉天一印刷装订有限公司印刷 2009年12月
465页 精装 29cm
准印证号：［2009］恩州新出印第005号
馆藏号：Guojiafz-8600002008935

利川年鉴·2010
中共利川市委、利川市人民政府主办 《利川年鉴》编纂委员会编 主编董兴培
武汉天一印刷装订有限公司印刷 2010年12月
387页 精装 29cm
准印证号：恩州新出印［2010］字第034号
馆藏号：Guojiafz-8600002008695

利川年鉴·2012
中共利川市委、利川市人民政府主办 利川市地方史志编纂委员会编 主编卢智绘
恩施州献华印务有限公司印刷 2013年
483页 精装 29cm
准印证号：鄂恩内图字2013年第［001］号
馆藏号：Guojiafz-8600002010198

建始年鉴·2008
湖北省建始县人民政府主办 建始县年鉴编辑委员会、中共建始县委县人民政府史志办公室合编 主编陈先贵
湖北省武汉市天一印务有限公司印刷 2008年10月
303页 精装 29cm
准印证号：［2008］鄂恩内图字第67号
馆藏号：Guojiafz-8600002001648

建始年鉴·2009
湖北省建始县人民政府主办 建始县年鉴编辑委员会、中共建始县委县人民政府史志办公室合编 主编陈先贵
湖北省武汉市天一印务有限公司印刷 2009年10月
335页 精装 29cm
准印证号：恩州新出印［2009］第006号
馆藏号：Guojiafz-8600002001637

建始年鉴·2010
湖北省建始县人民政府主办 建始县年鉴编辑委员会、中共建始县委县人民政府史志办公室合编 主编陈先贵
武汉市天一印务有限公司印刷 2010年11月
339页 精装 29cm
准印证号：恩州新出印［2009］第029号
馆藏号：Guojiafz-8600002001647

建始年鉴·2012
湖北省建始县人民政府主办 建始县年鉴编辑委员会、中共建始县委县人民政府史志办公室合编

主编陈先贵
湖北省武汉市天一印务有限公司印刷　2012 年 12 月
381 页　精装　29cm
准印证号：鄂州新出印［2012］第 029 号
馆藏号：Guojiafz–8600002010145

巴东年鉴 · 2003
中共巴东县委、巴东县人民政府主办　巴东县史志办公室编　主编薛昌斗　执行主编黄世海
武汉第二印刷厂印刷　2003 年 12 月
326 页　精装　29cm
准印证号：(2003) 鄂恩巴图内字第 04 号
馆藏号：Guojiafz–8600002001632

巴东年鉴 · 2004
中共巴东县委、巴东县人民政府主办　巴东县史志办公室编　主编欧阳开平　执行主编傅瑞丰
武汉凯威印务有限公司印刷　2004 年 12 月
293 页　精装　29cm
准印证号：(2004) 鄂恩巴图内字第 04 号
馆藏号：Guojiafz–8600002001786

巴东年鉴 · 2006
中共巴东县委、巴东县人民政府主办　巴东县史志办公室编　主编欧阳开平
武汉第二印刷厂印刷　2006 年 12 月
291 页　精装　29cm
准印证号：(2006) 鄂恩巴图内字 4 号
馆藏号：Guojiafz–8600002001638

宣恩年鉴 · 2010
中共宣恩县委、宣恩县人民政府主办　宣恩县年鉴编辑委员会、宣恩县史志办公室合编
主编朱鹏程　执行主编周玉和
湖北省武汉市天一印务有限公司印刷　2010 年 10 月
363 页　精装　29cm
准印证号：恩州新出印［2010］第 022 号
馆藏号：Guojiafz–8600002001646

宣恩年鉴 · 2012
宣恩县人民政府主办　宣恩县史志办公室编
主编向建强　执行主编杨和平
湖北省武汉市天一印务有限公司印刷　2013 年 2 月
278 页　精装　29cm
准印证号：鄂恩内图字 2013 年第 65 号
馆藏号：Guojiafz–8600002010139

宣恩年鉴 · 2015
宣恩县人民政府主办　宣恩县史志办公室编
主编向建强
方志出版社　2016 年 7 月
412 页　精装　29cm
ISBN978–7–5144–2020–3
馆藏号：Guojiafz–8600002013801

宣恩年鉴 · 2016
宣恩县人民政府主办　宣恩县史志办公室编
主编向建强
方志出版社　2017 年 7 月
408 页　精装　29cm
ISBN978–7–5144–2447–8
馆藏号：Guojiafz–8600002014963

宣恩年鉴 · 2017
宣恩县人民政府主办　宣恩县史志办公室编
主编向建强
方志出版社　2019 年 8 月
383 页　精装　29cm
ISBN978–7–5144–3600–6
馆藏号：Guojiafz–8600002032193

咸丰年鉴 · 2008
湖北省咸丰县人民政府主办　咸丰县人民政府史志办公室、中共咸丰县委、咸丰县年鉴编辑委员会合编　主编陈学军　执行主编张大东
湖北省武汉市天一印务有限公司印刷　2008 年 12 月
511 页　精装　29cm
馆藏号：Guojiafz–8600002001620

咸丰年鉴·2009

湖北省咸丰县人民政府主办　咸丰县年鉴编纂委员会、中共咸丰县委、县人民政府地方史志办公室合编　主编张学军　执行主编张大东

湖北省武汉市天一印务有限公司印刷　2009年12月

535页　精装　29cm

馆藏号：Guojiafz-8600002001635

咸丰年鉴·2010

湖北省咸丰县人民政府主办　咸丰县年鉴编纂委员会、中共咸丰县委、县人民政府史志办公室合编　主编张学军　执行主编张大东

湖北省武汉市天一印务有限公司印刷　2010年12月

476页　精装　29cm

馆藏号：Guojiafz-8600002001636

咸丰年鉴·2012

湖北省咸丰县人民政府主办　咸丰县年鉴编纂委员会、中共咸丰县委、县人民政府史志办公室合编　主编陈学军

武汉市天一印刷装订有限公司印刷　2012年10月

375页　精装　29cm

准印证号：鄂恩内图字［2012］第015号

馆藏号：Guojiafz-8600002010221

咸丰县统计年鉴·2009

咸丰县统计局编　主编杨权

武汉市天一统计资料印刷厂印刷　2010年10月

433页　精装　22cm

馆藏号：Guojiafz-8600002001621

来凤年鉴·2000—2007

湖北省来凤县人民政府主办　中共来凤县委县人民政府史志办公室、来凤县年鉴编纂委员会合编　主编刘天林　执行主编李明

湖北省武汉市天一印务有限公司印刷　2009年6月

469页　精装　29cm

馆藏号：Guojiafz-8600002008745

来凤年鉴·2008—2009

湖北省来凤县人民政府主办　来凤县年鉴编纂委员会、中共来凤县委县人民政府史志办公室合编　主编刘天林　执行主编李明

湖北省武汉市天一印务有限公司印刷　2010年10月

520页　精装　29cm

馆藏号：Guojiafz-8600002008744

鹤峰年鉴·2006—2007

中共鹤峰县委、鹤峰县人民政府主办　鹤峰县史志办公室编　主编李永忠

恩施日报社印刷厂印刷　2009年10月

286页　精装　29cm

准印证号：鄂恩内图字2009年第053号

馆藏号：Guojiafz-8600002001622

鹤峰年鉴·2009

中共鹤峰县委、鹤峰县人民政府主办　鹤峰县史志办公室编　主编李永忠

恩施日报社印刷厂印刷　2010年1月

274页　精装　29cm

准印证号：恩州新出印［2010］第005号

馆藏号：Guojiafz-8600002001667

鹤峰年鉴·2011

中共鹤峰县委、鹤峰县人民政府主办　鹤峰县党史办公室（地方志办公室）编　主编丰远桥

恩施日报社印刷厂印刷　2012年5月

289页　精装　29cm

准印证号：鄂恩内图字［2012］第017号

馆藏号：Guojiafz-8600002009682

鹤峰年鉴·2012

中共鹤峰县委、鹤峰县人民政府主办　鹤峰县党史办公室（地方志办公室）编　主编丰远桥

恩施日报社印刷厂印刷　2013年3月

308 页　精装　29cm
准印证号：鄂恩内图字［2012］第 017 号
馆藏号：Guojiafz-8600002010200

仙桃年鉴·2009
中共仙桃市委、仙桃市人民政府主办　仙桃年鉴编辑委员会编　主编李爱红
荆州市金山彩印厂印刷　2009 年 11 月
241 页　精装　29cm
准印证号：鄂仙内图字 2009 年第 06 号
馆藏号：Guojiafz-8600002001972

仙桃年鉴·2010
中共仙桃市委、仙桃市人民政府主办　仙桃年鉴编辑委员会编　主编李爱红
荆州市金山彩印有限公司印刷　2010 年 11 月
298 页　精装　29cm
准印证号：鄂仙内图字 2010 年第 6 号
馆藏号：Guojiafz-8600002004052

仙桃年鉴·2012
中共仙桃市委、仙桃市人民政府主办　仙桃年鉴编辑委员会编　主编陈贤炎
内部印刷　2012 年 11 月
326 页　精装　29cm
准印证号：鄂仙内图字 2012 年第 05 号
馆藏号：Guojiafz-8600002010211

仙桃统计年鉴·2011
仙桃市统计局、国家统计局仙桃调查队合编　主任陈杰
301 页　精装　29cm
准印证号：鄂仙内图字 2012 年第 02 号
馆藏号：Guojiafz-8600002010212

仙桃国税年鉴·2012
《仙桃国税年鉴》编纂委员会编　主编李国栋
内部印刷
396 页　精装　27cm
馆藏号：Guojiafz-8600002005041

潜江年鉴·2006—2007
潜江市人民政府主办　潜江市地方志办公室编　主编徐联发
内部印刷　2008 年 12 月
267 页　精装　29cm
准印证号：鄂潜内图字 2008 年第 050 号
馆藏号：Guojiafz-8600002001259

潜江年鉴·2009
潜江市人民政府主办　潜江市地方志办公室编　主编庞大美
内部印刷　2010 年 12 月
251 页　精装　29cm
准印证号：鄂潜内图字 2010 年第 53 号
馆藏号：Guojiafz-8600002001233

潜江年鉴·2010
潜江市人民政府主办　潜江市地方志办公室编　主任庞大美
潜江市百乐印务有限公司印刷　2011 年 12 月
321 页　精装　29cm
准印证号：鄂潜内图字 2011 第 50 号
馆藏号：Guojiafz-8600002005666

潜江年鉴·2011
潜江市地方志办公室编　主任庞大美
内部印刷　2013 年 1 月
291 页　精装　29cm
准印证号：鄂潜内图字［2013］年第 2 号
馆藏号：Guojiafz-8600002003328

天门年鉴·1986—1989
天门市地方志办公室编　主编李玉华、文昌明
中国文史出版社　1991 年 12 月
451 页　精装　27cm
ISBN7-5034-0319-5
馆藏号：Guojiafz-8600002009524

神农架年鉴·2001—2005
《神农架年鉴》编辑委员会编　主编许贵卿

河南省三门峡市印刷厂印刷　2006 年 7 月
270 页　精装　27cm
准印证号：鄂神新内图字 2006 年第 18 号
馆藏号：Guojiafz-8600002001351

神农架年鉴·2006—2009
神农架林区人民政府主办　神农架林区地方志编纂委员会办公室编　主编许贵卿
神农架丰盛印刷有限公司印刷　2011 年 3 月
504 页　精装　27cm
准印证号：鄂神新内图字 2011 年第 004 号
馆藏号：Guojiafz-8600002001350

神农架年鉴·2013
神农架林区人民政府主办　神农架林区地方志办公室编　主编龚善芝
武汉海丰印刷　2015 年 3 月
362 页　精装　29cm
准印证号：2014 鄂神图内字第 2014010 号
馆藏号：Guojiafz-8600002005346

神农架年鉴·2014
神农架林区人民政府主办　神农架林区地方志办公室编　主编龚善芝
武汉海丰印刷　2015 年 6 月
328 页　精装　29cm
准印证号：2015 鄂神图内字第 2015004 号
馆藏号：Guojiafz-8600002017486

湖南省

湖南年鉴·2002
湖南省人民政府主办　湖南年鉴社编　主编刘献华
湖南年鉴社　2002 年 10 月
528 页　精装　29cm
ISSN1003-6806
馆藏号：Guojiafz-8600002019609

湖南年鉴·2003
湖南省人民政府主办　湖南年鉴社编　主编刘献华
湖南年鉴社　2003 年 9 月
510 页　精装　29cm
ISSN1003-6806
馆藏号：Guojiafz-8600002019612

湖南年鉴·2004
湖南省人民政府主办　湖南年鉴社编　主编刘献华
湖南年鉴社　2004 年 9 月
498 页　精装　29cm
ISSN1003-6806
馆藏号：Guojiafz-8600002005266

湖南年鉴·2006
湖南省人民政府主办　湖南年鉴社编　主编刘献华
湖南年鉴社　2006 年 10 月
507 页　精装　29cm
ISSN1003-6806
馆藏号：Guojiafz-8600002019610

湖南年鉴·2009
湖南省人民政府主办　湖南年鉴社编　主编王晓天
执行主编邓建平
湖南年鉴社　2009 年 11 月
532 页　精装　29cm
ISSN1003-6806
馆藏号：Guojiafz-8600002002674

湖南年鉴·2010
湖南省人民政府主办　湖南年鉴社编　主编王晓天
执行主编邓建平
湖南年鉴社　2010 年 12 月
576 页　精装　29cm
ISSN1003-6806
馆藏号：Guojiafz-8600002019602

湖南年鉴·2013
湖南省人民政府主办　湖南年鉴社编　主编易介南
执行主编邓建平
湖南年鉴社　2013 年 11 月
546 页　精装　29cm
ISSN1003-6806
馆藏号：Guojiafz-8600002019611

湖南年鉴·2015
湖南省人民政府主办　湖南年鉴社编　主编易介南
执行主编邓建平
湖南年鉴社　2015 年 11 月
673 页　精装　29cm
ISSN1003-6806
馆藏号：Guojiafz-8600002018633

湖南年鉴·2016
湖南省人民政府主办　湖南年鉴社编　主编易介南

执行主编邓建平
湖南年鉴社　2016 年 11 月
659 页　精装　29cm
ISSN1003-6806
馆藏号：Guojiafz-8600002014687

湖南年鉴·2017
湖南省人民政府主办　湖南年鉴社编　主编易介南
执行主编邓建平
湖南年鉴社　2017 年 11 月
558 页　精装　29cm
ISSN1003-6806
馆藏号：Guojiafz-8600002015516

湖南年鉴·2018
湖南省人民政府主办　湖南年鉴社编　主编邓建平
执行主编张征远
湖南年鉴社　2018 年 11 月
638 页　精装　29cm
ISSN1003-6806
馆藏号：Guojiafz-8600002031346

湖南年鉴·2019
湖南省人民政府主办　湖南年鉴社编
执行主编张征远
湖南年鉴社　2019 年 12 月
640 页　精装　29cm
ISSN1003-6806
馆藏号：Guojiafz-8600002019603

湖南年鉴·2020
湖南省人民政府主办　湖南年鉴社编　主编江涌
执行主编邓建平
湖南年鉴社　2020 年 12 月
752 页　精装　29cm
ISSN1003-6806
馆藏号：Guojiafz-8600002018493

湖南长株潭经济年鉴·2002
《湖南长株潭经济年鉴》编辑部编　主编方大鹏
方志出版社　2002 年 8 月
180 页　精装　29cm
ISBN978-7-80122-790-5
馆藏号：Guojiafz-8600002012687

湖南烟草工业年鉴·2011
湖南中烟工业有限责任公司编　主编李志华
湖南出版社　2013 年 10 月
263 页　精装　29cm
ISBN978-7-5438-9719-9
馆藏号：Guojiafz-8600002015318

湖南科技年鉴·2013
湖南省科学技术厅编　总编梁秋松　主编易春
湖南科学技术出版社　2014 年 2 月
336 页　精装　29cm
ISBN978-7-5357-8021-8
馆藏号：Guojiafz-8600002015759

湖南统计年鉴·2014
湖南省统计局编　总编辑张正
中国统计出版社　2014 年 9 月
742 页　精装　30cm
ISBN978-7-5037-7135-4
馆藏号：Guojiafz-8600002015819

湖南统计年鉴·2016
湖南省统计局编　总编辑张正
中国统计出版社　2016 年 9 月
762 页　精装　30cm
ISBN978-7-5037-7869-8
馆藏号：Guojiafz-8600002014696

湖南国土资源年鉴·2016
湖南省国土资源厅主办　湖南国土资源年鉴编辑部编　主编颜学毛
湖南地图出版社　2016 年 10 月
374 页　精装　29cm
ISBN978-7-5530-0378-8
馆藏号：Guojiafz-8600002014699

湖南教育年鉴·2002
湖南省教育厅编　主编张学军
长沙市精美彩色印刷有限公司印刷　2002 年 11 月
940 页　精装　29cm
ISSN1003-6806
馆藏号：Guojiafz-8600002004112

湖南教育年鉴·2003
湖南省教育厅主管　湖南教育年鉴编委会编
主编张学军
湖南众鑫印务有限公司印刷　2003 年 9 月
691 页　精装　29cm
ISSN1003-6806
馆藏号：Guojiafz-8600002009333

湖南教育年鉴·2008
湖南省教育厅编　主编张学军
教育科学出版社　2008 年 11 月
879 页　精装　29cm
ISBN978-7-5041-3895-7
馆藏号：Guojiafz-8600002000883

湖南教育年鉴·2009
湖南省教育厅编　主编张学军
社会科学文献出版社　2009 年 10 月
728 页　精装　29cm
ISBN978-7-5097-0475-8
馆藏号：Guojiafz-8600002000678

湖南教育年鉴·2010
湖南省教育厅编　主编石灯明
人民教育出版社　2010 年 11 月
692 页　精装　29cm
ISBN978-7-107-19843-7
馆藏号：Guojiafz-8600002000884

湖南教育年鉴·2013
湖南省教育厅编　主编肖国安
人民教育出版社　2013 年 9 月
752 页　精装　29cm
ISBN978-7-107-69899-0
馆藏号：Guojiafz-8600002015449

湖南教育年鉴·2017
湖南省教育厅编　主编肖国安
湖南地图出版社　2017 年 10 月
916 页　精装　29cm
ISBN978-7-5530-0467-9
馆藏号：Guojiafz-8600002016795

长沙年鉴·2005
长沙市人民政府主办　长沙年鉴编辑委员会编
主编姚兰
方志出版社　2005 年 9 月
428 页　精装　29cm
ISBN7-80192-645-5
馆藏号：Guojiafz-8600002004193

长沙年鉴·2006
长沙市人民政府主办《长沙年鉴》编辑委员会编
主编姚兰
方志出版社　2006 年 9 月
459 页　精装　29cm
ISBN7-80192-879-2
馆藏号：Guojiafz-8600002004306

长沙年鉴·2007
长沙市人民政府主办《长沙年鉴》编辑委员会编
主编赵祖翔
方志出版社　2007 年 9 月
501 页　精装　29cm
ISBN978-7-80238-135-3
馆藏号：Guojiafz-8600002004312

长沙年鉴·2008
长沙市人民政府主办《长沙年鉴》编辑委员会编
主编赵祖翔
方志出版社　2008 年 8 月
527 页　精装　29cm
ISBN978-7-80238-352-4
馆藏号：Guojiafz-8600002007546

长沙年鉴·2009
长沙市人民政府主办 《长沙年鉴》编辑部编
主编赵祖翔
方志出版社 2009年8月
494页 精装 29cm
ISBN978-7-80238-581-8
馆藏号：Guojiafz-8600002000415

长沙年鉴·2010
长沙市人民政府主办 长沙市地方志办公室编
主编赵祖翔
方志出版社 2010年8月
545页 精装 29cm
ISBN978-7-80238-835-2
馆藏号：Guojiafz-8600002012101

长沙年鉴·2011
长沙市人民政府主办 长沙市地方志办公室编
主编赵祖翔
方志出版社 2011年9月
501页 精装 29cm
ISBN978-7-5144-0256-8
馆藏号：Guojiafz-8600002004964

长沙年鉴·2012
长沙市地方志编纂委员会主办 长沙市地方志办公室编 主编黄磊
方志出版社 2012年9月
497页 精装 29cm
ISBN978-7-5144-0611-5
馆藏号：Guojiafz-8600002006899

长沙年鉴·2013
长沙市地方志编纂委员会主办 长沙市地方志办公室编 主编黄磊
方志出版社 2013年10月
509页 精装 29cm
ISBN978-7-5144-1002-0
馆藏号：Guojiafz-8600002007388

长沙年鉴·2014
长沙市地方志编纂委员会主办 长沙市地方志办公室编 主编陈晓红
方志出版社 2014年9月
541页 精装 29cm
ISBN978-7-5144-1368-7
馆藏号：Guojiafz-8600002010683

长沙年鉴·2015
长沙市地方志编纂委员会主办 长沙市地方志办公室编 主编陈晓红
方志出版社 2015年10月
588页 精装 29cm
ISBN978-7-5144-1730-2
馆藏号：Guojiafz-8600002010744

长沙年鉴·2016
长沙市地方志编纂委员会主办 长沙市地方志办公室编 主编陈晓红
方志出版社 2016年10月
547页 精装 29cm
ISBN978-7-5144-2141-5
馆藏号：Guojiafz-8600002013806

长沙年鉴·2017
长沙市地方志编纂委员会编 主编陈晓红
方志出版社 2017年11月
508页 精装 29cm
ISBN978-7-5144-2635-9
馆藏号：Guojiafz-8600002015520

长沙年鉴·2018
长沙市地方志编纂委员会编 主编陈晓红
方志出版社 2018年12月
565页 精装 29cm
ISBN978-7-5144-3466-8
馆藏号：Guojiafz-8600002031266

岳麓年鉴·2016
长沙市岳麓区史志档案局编 主编喻剑平

方志出版社　2017 年 10 月
203 页　精装　29cm
ISBN978-7-5144-2592-5
馆藏号：Guojiafz-8600002015146

岳麓年鉴 · 2017
长沙市岳麓区史志档案局编　主编喻剑平
方志出版社　2018 年 5 月
200 页　精装　29cm
ISBN978-7-5144-3089-9
馆藏号：Guojiafz-8600002017199

岳麓年鉴 · 2018
长沙市岳麓区史志档案局编　主编喻剑平
方志出版社　2019 年 3 月
242 页　精装　29cm
ISBN978-7-5144-3720-1
馆藏号：Guojiafz-8600002032510

芙蓉年鉴 · 2014
长沙市芙蓉区年鉴编纂委员会编　主编刘荣华
执行主编郭冰
湖南人民出版社　2014 年 11 月
335 页　精装　29cm
ISBN978-7-5561-0601-1
馆藏号：Guojiafz-8600002015420

芙蓉年鉴 · 2015
中共芙蓉区委员会、芙蓉区人民政府主办　长沙市芙蓉区年鉴编纂委员会编　主编刘荣华、谭永华
执行主编郭冰
方志出版社　2016 年 3 月
426 页　精装　29cm
ISBN978-7-5144-1953-5
馆藏号：Guojiafz-8600002013516

芙蓉年鉴 · 2016
中共芙蓉区委员会、芙蓉区人民政府主办　长沙市芙蓉区年鉴编纂委员会编　主编谭永华　执行主编郭冰
方志出版社　2016 年 11 月
407 页　精装　29cm
ISBN978-7-5144-2205-4
馆藏号：Guojiafz-8600002013798

芙蓉年鉴 · 2017
长沙市芙蓉区年鉴编纂委员会编　主编谭永华
执行主编郭冰
方志出版社　2017 年 11 月
413 页　精装　29cm
ISBN978-7-5144-2701-1
馆藏号：Guojiafz-8600002032612

芙蓉年鉴 · 2018
长沙市芙蓉区年鉴编纂委员会编　主编谭永华
执行主编郭冰
方志出版社　2019 年 1 月
404 页　精装　29cm
ISBN978-7-5144-3614-3
馆藏号：Guojiafz-8600002033072

开福年鉴 · 2016
中共长沙市开福区委、长沙市开福区人民政府主办
开福区史志档案局编　主编周立辉
方志出版社　2017 年 12 月
347 页　精装　29cm
ISBN978-7-5144-2860-5
馆藏号：Guojiafz-8600002016211

开福年鉴 · 2017
中共长沙市开福区委、长沙市开福区人民政府主办
开福区史志档案局编　主编周立辉
方志出版社　2018 年 3 月
350 页　精装　29cm
ISBN978-7-5144-3041-7
馆藏号：Guojiafz-8600002031765

开福年鉴 · 2018
开福区史志档案局编　主编周立辉
方志出版社　2019 年 1 月

411 页　精装　29cm
ISBN978-7-5144-3615-0
馆藏号：Guojiafz-8600002018033

雨花年鉴·2013
长沙市雨花区人民政府主办　长沙市雨花区年鉴编纂委员会编　主编李景明
方志出版社　2014 年 11 月
380 页　精装　29cm
ISBN978-7-5144-1452-3
馆藏号：Guojiafz-8600002007303

雨花年鉴·2014
长沙市雨花区人民政府主办　长沙市雨花区年鉴编纂委员会编　主编唐清明
方志出版社　2015 年 12 月
440 页　精装　29cm
ISBN978-7-5144-1850-7
馆藏号：Guojiafz-8600002003122

雨花年鉴·2015
长沙市雨花区人民政府主办　长沙市雨花区年鉴编纂委员会编　主编刘科明
方志出版社　2016 年 4 月
441 页　精装　29cm
ISBN978-7-5144-1988-7
馆藏号：Guojiafz-8600002013843

雨花年鉴·2016
长沙市雨花区年鉴编纂委员会编　主编刘科明
方志出版社　2017 年 10 月
510 页　精装　29cm
ISBN978-7-5144-2586-4
馆藏号：Guojiafz-8600002017126

雨花年鉴·2017
长沙市雨花区年鉴编纂委员会编　主编刘科明
方志出版社　2018 年 7 月
570 页　精装　29cm
ISBN978-7-5144-3132-2
馆藏号：Guojiafz-8600002017224

雨花年鉴·2018
长沙市雨花区年鉴编纂委员会编　主编唐清明
方志出版社　2019 年 2 月
568 页　精装　29cm
ISBN978-7-5144-3654-9
馆藏号：Guojiafz-8600002032781

望城年鉴·2004
中共望城县委、望城县人民政府主办《望城年鉴》编辑部编　主编徐志刚
方志出版社　2004 年 9 月
201 页　精装　29cm
ISBN7-80192-313-8
馆藏号：Guojiafz-8600002005118

望城年鉴·2005
中共望城县委、望城县人民政府主办　望城县县志办公室编　主编徐志刚
方志出版社　2005 年 10 月
197 页　精装　29cm
ISBN7-80192-659-5
馆藏号：Guojiafz-8600002004163

望城年鉴·2008
中共望城县委员会、望城县人民政府主办《望城年鉴》编辑委员会编　主编谭小平
方志出版社　2008 年 10 月
232 页　精装　29cm
ISBN978-7-80238-386-9
馆藏号：Guojiafz-8600002008119

望城年鉴·2010
中共望城县委员会、望城县人民政府主办　望城县史志档案局编　主编谭小平
方志出版社　2010 年 10 月
254 页　精装　29cm
ISBN978-7-80238-899-4
馆藏号：Guojiafz-8600002006102

望城年鉴·2013
中共望城区委员会、望城区人民政府主办　望城区史志档案局编　主编孔玉成
方志出版社　2013 年 8 月
279 页　精装　29cm
ISBN978-7-5144-0956-7
馆藏号：Guojiafz-8600002006728

望城年鉴·2014
中共长沙市望城区委、长沙市望城区人民政府主办　长沙市望城区史志档案局编　主编孔玉成
方志出版社　2014 年 9 月
296 页　精装　29cm
ISBN978-7-5144-1379-3
馆藏号：Guojiafz-8600002000852

望城年鉴·2015
中共长沙市望城区委、长沙市望城区人民政府主办　长沙市望城区史志档案局编　主编范焱斌
方志出版社　2015 年 10 月
285 页　精装　29cm
ISBN978-7-5144-1772-2
馆藏号：Guojiafz-8600002010628

望城年鉴·2016
中共长沙市望城区委员会、长沙市望城区人民政府主办　长沙市望城区史志档案局编　主编范焱斌
方志出版社　2016 年 9 月
262 页　精装　30cm
ISBN978-7-5144-2105-7
馆藏号：Guojiafz-8600002013802

望城年鉴·2017
中共长沙市望城区委、长沙市望城区人民政府主办　长沙市望城区史志档案局编　主编范焱斌
方志出版社　2017 年 10 月
263 页　精装　29cm
ISBN978-7-5144-2576-5
馆藏号：Guojiafz-8600002016597

望城年鉴·2018
中共长沙市望城区委、长沙市望城区人民政府主办　长沙市望城区史志档案局编　主编范焱斌
方志出版社　2019 年 1 月
287 页　精装　29cm
ISBN978-7-5144-3480-4
馆藏号：Guojiafz-8600002017284

望城年鉴·2019
长沙市望城区地方志编纂委员会编　主编范焱斌
方志出版社　2019 年 12 月
321 页　精装　29cm
ISBN978-7-5144-3910-6
馆藏号：Guojiafz-8600002032354

浏阳年鉴·2000
中共浏阳市委、浏阳市人民政府主办　浏阳年鉴编辑部编　主编黎政
湖南新华精品印务有限公司印刷
246 页　精装　27cm
准印证号：长新出准字（2000）第 047 号
馆藏号：Guojiafz-8600002009470

浏阳年鉴·2003
中共浏阳市委、浏阳市人民政府主办　浏阳市年鉴编辑部编　主编刘明理
深圳美光彩印股份有限公司印刷
276 页　精装　30cm
馆藏号：Guojiafz-8600002008715

浏阳年鉴·2004
中共浏阳市委、浏阳市人民政府主办　浏阳市年鉴编辑委员会编　主编刘明理
方志出版社　2004 年 9 月
278 页　精装　29cm
ISBN7-80192-336-7
馆藏号：Guojiafz-8600002005158

浏阳年鉴·2014
中共浏阳市委、浏阳市人民政府主办　浏阳市市

志档案局编　主编李兆佳
方志出版社　2014 年 12 月
422 页　精装　29cm
ISBN978-7-5144-1467-7
馆藏号：Guojiafz-8600002006850

浏阳年鉴·2015
中共浏阳市委、浏阳市人民政府主办　浏阳市市志档案局编　主编李兆佳
方志出版社　2015 年 12 月
451 页　精装　29cm
ISBN978-7-5144-1836-1
馆藏号：Guojiafz-8600002003116

浏阳年鉴·2016
中共浏阳市委、浏阳市人民政府主办　浏阳市市志档案局编　主编李兆佳
方志出版社　2016 年 12 月
423 页　精装　29cm
ISBN978-7-5144-2237-5
馆藏号：Guojiafz-8600002013920

浏阳年鉴·2017
中共浏阳市委、浏阳市人民政府主办　浏阳市市志档案局编　主编李兆佳
方志出版社　2017 年 10 月
477 页　精装　29cm
ISBN978-7-5144-2636-6
馆藏号：Guojiafz-8600002015062

浏阳年鉴·2018
中共浏阳市委、浏阳市人民政府主办　浏阳市市志档案局编　主编杨钢
方志出版社　2018 年 12 月
445 页　精装　29cm
ISBN978-7-5144-3465-1
馆藏号：Guojiafz-8600002016999

浏阳年鉴·2019
中共浏阳市委、浏阳市人民政府主办　浏阳市市志档案局编　主编杨钢
方志出版社　2019 年 12 月
472 页　精装　29cm
ISBN978-7-5144-4051-5
馆藏号：Guojiafz-8600002032116

长沙县年鉴·1998—2002
长沙县人民政府主办　长沙县年鉴编纂委员会编　主编孔国清
中华书局　2003 年 12 月
387 页　精装　27cm
ISBN7-101-03982-0
馆藏号：Guojiafz-8600002004678

长沙县年鉴·2008—2011
长沙县人民政府主办　长沙县史志档案局编　主编夏声朝
方志出版社　2013 年 7 月
392 页　精装　29cm
ISBN978-7-5144-0926-0
馆藏号：Guojiafz-8600002011493

长沙县年鉴·2013
长沙县人民政府主办　长沙县史志档案局编　主编夏声朝
方志出版社　2014 年 2 月
380 页　精装　29cm
ISBN978-7-5144-1194-2
馆藏号：Guojiafz-8600002007249

长沙县年鉴·2015
长沙县人民政府主办　长沙县史志档案局编　主编夏声朝、李勇
方志出版社　2016 年 1 月
374 页　精装　29cm
ISBN978-7-5144-1884-2
馆藏号：Guojiafz-8600002002083

长沙县年鉴·2016
长沙县人民政府主办　长沙县史志档案局编

主编李勇
方志出版社　2017 年 3 月
354 页　精装　29cm
ISBN978-7-5144-2391-4
馆藏号：Guojiafz-8600002016184

长沙县年鉴·2017
长沙县人民政府主办　长沙县史志档案局编
主编李勇
方志出版社　2017 年 11 月
342 页　精装　29cm
ISBN978-7-5144-2768-4
馆藏号：Guojiafz-8600002017125

长沙县年鉴·2018
长沙县人民政府主办　长沙县史志档案局编
主编李勇
方志出版社　2019 年 1 月
316 页　精装　29cm
ISBN978-7-5144-3612-9
馆藏号：Guojiafz-8600002018215

长沙县年鉴·2019
长沙县地方志编纂室编　主编马国军
方志出版社　2019 年 12 月
200 页　精装　29cm
ISBN978-7-5144-4028-7
馆藏号：Guojiafz-8600002030209

宁乡年鉴·2006
中共宁乡县委、宁乡市人民政府主办《宁乡年鉴》编辑委员会编　主编吴石平
方志出版社　2006 年 11 月
293 页　精装　29cm
ISBN7-80192-918-7
馆藏号：Guojiafz-8600002003794

宁乡年鉴·2010
中共宁乡县委、宁乡市人民政府主办《宁乡年鉴》编辑委员会编　主编吴石平
方志出版社　2010 年 12 月
293 页　精装　29cm
ISBN978-7-80238-960-1
馆藏号：Guojiafz-8600002011725

宁乡年鉴·2011
中共宁乡县委、宁乡市人民政府主办《宁乡年鉴》编辑委员会编　主编谢仲舒
方志出版社　2011 年 11 月
296 页　精装　29cm
ISBN978-7-5144-0338-1
馆藏号：Guojiafz-8600002000150

宁乡年鉴·2012
中共宁乡县委、宁乡县人民政府主办　宁乡县史志档案局编　主编谢仲舒
方志出版社　2013 年 1 月
300 页　精装　29cm
ISBN978-7-5144-0803-4
馆藏号：Guojiafz-8600002009764

宁乡年鉴·2013
中共宁乡县委、宁乡县人民政府主办　宁乡县史志档案局编　主编谢仲舒
方志出版社　2013 年 11 月
286 页　精装　29cm
ISBN978-7-5144-1036-5
馆藏号：Guojiafz-8600002007250

宁乡年鉴·2014
中共宁乡县委、宁乡县人民政府主办　宁乡县史志档案局编　主编谢仲舒
方志出版社　2014 年 12 月
285 页　精装　29cm
ISBN978-7-5144-1457-8
馆藏号：Guojiafz-8600002006843

宁乡年鉴·2015
中共宁乡县委、宁乡县人民政府主办　宁乡县史志档案局编　主编谢仲舒

方志出版社 2015 年 10 月
322 页 精装 29cm
ISBN978-7-5144-1743-2
馆藏号：Guojiafz-8600002013652

宁乡年鉴·2016
中共宁乡县委、宁乡县人民政府主办 宁乡县史志档案局编 主编谢仲舒
方志出版社 2016 年 11 月
324 页 精装 29cm
ISBN978-7-5144-2207-8
馆藏号：Guojiafz-8600002013995

宁乡年鉴·2017
中共宁乡市委、宁乡市人民政府主办 宁乡市史志档案局编 主编彭智勇
方志出版社 2017 年 12 月
331 页 精装 29cm
ISBN978-7-5144-2814-8
馆藏号：Guojiafz-8600002015455

宁乡年鉴·2018
中共宁乡市委、宁乡市人民政府主办 宁乡市史志档案局编 主编彭智勇
方志出版社 2019 年 1 月
264 页 精装 29cm
ISBN978-7-5144-3545-0
馆藏号：Guojiafz-8600002017954

宁乡年鉴·2019
中共宁乡市委、宁乡市人民政府主办 宁乡市档案馆（中共宁乡市委党史研究室、宁乡市地方志编纂室）编 主编彭智勇
方志出版社 2019 年 12 月
281 页 精装 29cm
ISBN978-7-5144-4045-4
馆藏号：Guojiafz-8600002032385

株洲年鉴·1999
株洲市人民政府主办 株洲年鉴编辑委员会编
主编程兴汉
方志出版社 1999 年 8 月
240 页 精装 27cm
ISBN7-80122-427-2
馆藏号：Guojiafz-8600002012862

株洲年鉴·2002
株洲市人民政府主办 株洲年鉴编辑委员会编
主编颜波平
方志出版社 2002 年 9 月
225 页 精装 29cm
ISBN7-80122-824-3
馆藏号：Guojiafz-8600002012527

株洲年鉴·2003
株洲市人民政府主办 株洲年鉴编辑委员会编
主编颜波平
方志出版社 2003 年 10 月
288 页 精装 29cm
ISBN7-80192-064-3
馆藏号：Guojiafz-8600002003467

株洲年鉴·2004
株洲市人民政府主办 株洲年鉴编辑委员会编
主编颜波平
方志出版社 2004 年 9 月
364 页 精装 29cm
ISBN7-80192-337-5
馆藏号：Guojiafz-8600002000990

株洲年鉴·2005
株洲市人民政府主办 株洲年鉴编辑委员会编
主编颜波平
方志出版社 2005 年 9 月
380 页 精装 29cm
ISBN7-80192-628-5
馆藏号：Guojiafz-8600002004156

株洲年鉴·2006
株洲市人民政府主办 《株洲年鉴》编辑委员会编

主编颜波平
方志出版社　2006 年 8 月
366 页　精装　29cm
ISBN7-80192-833-4
馆藏号：Guojiafz-8600002004816

株洲年鉴·2007
株洲市人民政府主办　《株洲年鉴》编辑委员会编
主编林小军
方志出版社　2007 年 9 月
351 页　精装　29cm
ISBN978-7-80238-104-9
馆藏号：Guojiafz-8600002012602

株洲年鉴·2008
株洲市人民政府主办　《株洲年鉴》编辑委员会编
主编林小军
方志出版社　2008 年 8 月
420 页　精装　29cm
ISBN978-7-80238-351-7
馆藏号：Guojiafz-8600002004885

株洲年鉴·2009
株洲市人民政府主办　《株洲年鉴》编辑委员会编
主编林小军
方志出版社　2009 年 9 月
434 页　精装　29cm
ISBN978-7-80238-609-9
馆藏号：Guojiafz-8600002004673

株洲年鉴·2010
株洲市人民政府主办　《株洲年鉴》编辑委员会编
主编林小军
方志出版社　2010 年 9 月
410 页　精装　29cm
ISBN978-7-80238-855-0
馆藏号：Guojiafz-8600002005161

株洲年鉴·2011
株洲市人民政府主办　《株洲年鉴》编辑委员会编
主编林小军
方志出版社　2011 年 9 月
396 页　精装　29cm
ISBN978-7-5144-0255-1
馆藏号：Guojiafz-8600002002848

株洲年鉴·2012
株洲市人民政府主办　《株洲年鉴》编辑委员会编
主编林小军
方志出版社　2012 年 9 月
409 页　精装　29cm
ISBN978-7-5144-0556-9
馆藏号：Guojiafz-8600002000013

株洲年鉴·2013
株洲市人民政府主办　《株洲年鉴》编辑委员会编
主编林小军
方志出版社　2013 年 10 月
385 页　精装　29cm
ISBN978-7-5144-1003-7
馆藏号：Guojiafz-8600002007203

株洲年鉴·2014
株洲市人民政府主办　《株洲年鉴》编辑委员会编
主编林小军
方志出版社　2014 年 9 月
360 页　精装　29cm
ISBN978-7-5144-1369-4
馆藏号：Guojiafz-8600002006860

株洲年鉴·2015
株洲市人民政府主办　《株洲年鉴》编辑委员会编
主编李一平
方志出版社　2015 年 10 月
363 页　精装　29cm
ISBN978-7-5144-1747-0
馆藏号：Guojiafz-8600002005139

株洲年鉴·2016
株洲市人民政府主办　株洲市地方志编纂委员会

办公室编　主编李一平
方志出版社　2016年9月
369页　精装　29cm
ISBN978-7-5144-2074-6
馆藏号：Guojiafz-8600002013799

株洲年鉴·2017
株洲市人民政府主办　株洲市地方志编纂委员会办公室编　主编李一平
方志出版社　2017年9月
397页　精装　29cm
ISBN978-7-5144-2546-8
馆藏号：Guojiafz-8600002015037

株洲年鉴·2018
株洲市人民政府主办　株洲市地方志编纂委员会办公室编　主编李一平
方志出版社　2018年9月
453页　精装　29cm
ISBN978-7-5144-3255-8
馆藏号：Guojiafz-8600002036631

中国南车集团株洲电力机车厂年鉴·2005
《中国南车集团株洲电力厂年鉴》编辑部编
主编刘宁
方志出版社　2005年10月
233页　精装　29cm
ISBN7-80192-680-3
馆藏号：Guojiafz-8600002004190

中国南车集团株洲电力机车有限公司年鉴·2006
中国南车集团株洲电力机车有限公司编
主编周军军
方志出版社　2006年10月
251页　精装　29cm
ISBN7-80192-899-7
馆藏号：Guojiafz-8600002009680

中国南车集团株洲电力机车有限公司年鉴·2007
中国南车集团株洲电力机车有限公司编
主编周军军
方志出版社　2007年9月
229页　精装　29cm
ISBN978-7-80238-150-6
馆藏号：Guojiafz-8600002012565

南车株洲电力机车有限公司年鉴·2008
南车株洲电力机车有限公司编　主编周军军
方志出版社　2008年9月
206页　精装　29cm
ISBN978-7-80238-353-1
馆藏号：Guojiafz-8600002004835

株洲高新区·天元区年鉴·2017
《株洲高新区·天元区年鉴》编辑委员会编
主编杨宇、蒋智　执行主编田江萍
方志出版社　2017年8月
338页　精装　29cm
ISBN978-7-5144-2481-2
馆藏号：Guojiafz-8600002015148

株洲高新区·天元区年鉴·2018
《株洲高新区·天元区年鉴》编辑委员会编
主编袁哲明、蒋智　执行主编田江萍
方志出版社　2018年9月
384页　精装　29cm
ISBN978-7-5144-3268-8
馆藏号：Guojiafz-8600002017197

荷塘年鉴·2017
荷塘区人民政府主办 《荷塘年鉴》编辑委员会编
总编刘必林　主编何爱辉
方志出版社　2017年9月
308页　精装　29cm
ISBN978-7-5144-2544-4
馆藏号：Guojiafz-8600002015064

荷塘年鉴·2018
荷塘区人民政府主办　荷塘年鉴编辑委员会编
总编程轶辉　主编何爱辉

方志出版社　2018 年 8 月
314 页　精装　29cm
ISBN978-7-5144-3185-8
馆藏号：Guojiafz-8600002017293

醴陵年鉴·2005
醴陵市人民政府主办　醴陵市档案史志局编
主编邝邹飞
方志出版社　2005 年 8 月
233 页　精装　29cm
ISBN7-80192-610-2
馆藏号：Guojiafz-8600002007676

醴陵年鉴·2006
醴陵市人民政府主办　醴陵市档案史志局编
主编邝邹飞
方志出版社　2006 年 8 月
324 页　精装　29cm
ISBN7-80192-824-5
馆藏号：Guojiafz-8600002005110

醴陵年鉴·2008
醴陵市人民政府主办　醴陵市档案史志局编
主编冯建湘
方志出版社　2008 年 9 月
380 页　精装　29cm
ISBN978-7-80238-381-4
馆藏号：Guojiafz-8600002005155

醴陵年鉴·2009
醴陵市人民政府主办　醴陵市档案史志局编
主编冯建湘
方志出版社　2009 年 10 月
300 页　精装　29cm
ISBN978-7-80238-625-9
馆藏号：Guojiafz-8600002004328

醴陵年鉴·2010
醴陵市人民政府主办　醴陵市档案史志局编
主编蒋永清
方志出版社　2010 年 9 月
338 页　精装　29cm
ISBN978-7-80238-883-3
馆藏号：Guojiafz-8600002006006

醴陵年鉴·2011
醴陵市人民政府主办　醴陵市档案史志局编
主编蒋永清
方志出版社　2011 年 11 月
335 页　精装　29cm
ISBN978-7-5144-0296-4
馆藏号：Guojiafz-8600002000479

醴陵年鉴·2012
醴陵市人民政府主办　醴陵市档案史志局编
主编蔡周良
方志出版社　2012 年 9 月
316 页　精装　29cm
ISBN978-7-5144-0613-9
馆藏号：Guojiafz-8600002007202

醴陵年鉴·2013
醴陵市人民政府主办　醴陵市档案史志局编
主编蔡周良
方志出版社　2013 年 10 月
279 页　精装　29cm
ISBN978-7-5144-0988-8
馆藏号：Guojiafz-8600002009914

醴陵年鉴·2015
醴陵市人民政府主办　醴陵市档案史志局编
主编康月林
方志出版社　2015 年 12 月
265 页　精装　29cm
ISBN978-7-5144-1815-6
馆藏号：Guojiafz-8600002010378

醴陵年鉴·2016
醴陵市人民政府主办　醴陵市档案史志局编
主编康月林

方志出版社　2016 年 9 月
282 页　精装　29cm
ISBN978-7-5144-2064-7
馆藏号：Guojiafz-8600002014084

醴陵年鉴·2017
醴陵市人民政府主办　醴陵市档案史志局编
主编康月林
方志出版社　2017 年 10 月
340 页　精装　29cm
ISBN978-7-5144-2619-9
馆藏号：Guojiafz-8600002016592

醴陵年鉴·2018
醴陵市人民政府主办　醴陵市档案史志局编
主编康月林
方志出版社　2018 年 12 月
320 页　精装　29cm
ISBN978-7-5144-3438-5
馆藏号：Guojiafz-8600002032817

株洲县年鉴·2017
株洲市人民政府主办　株洲县年鉴编辑委员会编
主编武挪强
方志出版社　2017 年 12 月
239 页　精装　29cm
ISBN978-7-5144-2901-5
馆藏号：Guojiafz-8600002036206

株洲县年鉴·2018
株洲县人民政府主办　株洲县年鉴编辑委员会编
主编武挪强
方志出版社　2019 年 2 月
264 页　精装　29cm
ISBN978-7-5144-3674-7
馆藏号：Guojiafz-8600002036488

渌口年鉴·2019
渌口区人民政府主办　渌口年鉴编辑委员会编
主编刘辉
方志出版社　2020 年 3 月
272 页　精装　29cm
ISBN978-7-5144-4136-9
馆藏号：Guojiafz-8600002018180

攸县年鉴·2019
攸县人民政府主办　攸县档案史志局编
主编杨辉球
方志出版社　2019 年 10 月
326 页　精装　29cm
ISBN978-7-5144-3983-0
馆藏号：Guojiafz-8600002032673

茶陵年鉴·2018
茶陵县人民政府主办　茶陵县档案史志局编
主编周聪文　总纂周聪文、颜石清
方志出版社　2019 年 1 月
392 页　精装　29cm
ISBN978-7-5144-3613-6
馆藏号：Guojiafz-8600002016953

炎陵年鉴·2018
炎陵县人民政府主办　炎陵县地方志编纂委员会编
主编文专文　总纂周雁辉
方志出版社　2019 年 2 月
434 页　精装　29cm
ISBN978-7-5144-3662-4
馆藏号：Guojiafz-8600002016998

炎陵年鉴·2019
炎陵县人民政府主办　炎陵县档案馆（炎陵县党史和县志研究室）编　主编周新桃　总纂周新桃
方志出版社　2019 年 11 月
476 页　精装　29cm
ISBN978-7-5144-3994-6
馆藏号：Guojiafz-8600002033260

湘潭年鉴·2006
湘潭市人民政府主办　中共湘潭市委党史研究室、湘潭市人民政府地方志办公室合编

主编颜向阳、朱明华
方志出版社　2006年11月
304页　精装　29cm
ISBN7-80192-945-4
馆藏号：Guojiafz-8600002004459

湘潭年鉴·2009
湘潭市人民政府主办　《湘潭年鉴》编辑委员会编
主编毛腾飞
湘潭大学出版社　2009年12月
312页　精装　29cm
ISBN978-7-81128-149-1
馆藏号：Guojiafz-8600002009642

湘乡年鉴·2007
中共湘乡市委、湘乡市人民政府主办　《湘乡年鉴》编纂委员会编　总编辑陈新文
方志出版社　2007年12月
294页　精装　29cm
ISBN978-7-80238-248-0
馆藏号：Guojiafz-8600002012629

湘乡年鉴·2008
中共湘乡市委、湘乡市人民政府主办　湘乡年鉴编纂委员会编　总编辑万飞
珠海出版社　2008年10月
291页　精装　29cm
ISBN978-7-5453-0002-4
馆藏号：Guojiafz-8600002006747

湘潭县年鉴·2015
湘潭县人民政府主办　湘潭县年鉴编纂委员会编
主编刘献忠、彭送来
方志出版社　2015年11月
263页　精装　29cm
ISBN978-7-5144-1763-0
馆藏号：Guojiafz-8600002006126

湘潭县年鉴·2016
湘潭县人民政府主办　湘潭县年鉴编纂委员会编
主编刘献忠
方志出版社　2016年11月
269页　精装　30cm
ISBN978-7-5144-2161-3
馆藏号：Guojiafz-8600002031938

湘潭县年鉴·2017
湘潭县人民政府主办　湘潭县年鉴编纂委员会编
主编胡建军
方志出版社　2017年10月
291页　精装　29cm
ISBN978-7-5144-2618-2
馆藏号：Guojiafz-8600002015106

湘潭县年鉴·2018
湘潭县人民政府主办　湘潭县年鉴编纂委员会编
主编胡建军
方志出版社　2018年10月
287页　精装　29cm
ISBN978-7-5144-3344-9
馆藏号：Guojiafz-8600002016922

衡阳年鉴·1994
衡阳市地方志编纂委员会编　主编钟名智
湖南文艺出版社　1994年11月
543页　精装　27cm
ISBN7-5404-1314-X
馆藏号：Guojiafz-8600002009537

衡阳年鉴·2003
衡阳市人民政府主办　衡阳年鉴编辑委员会编
主编曾恒华
湖南省地质测绘印刷厂印刷　2003年11月
587页　精装　27cm
准印证号：衡新出准字（2003）第024号
馆藏号：Guojiafz-8600002005890

衡阳年鉴·2004
衡阳市人民政府主办　衡阳年鉴编辑委员会编
主编曾恒华

湖南省地质测绘印刷厂印刷　2004 年 11 月
611 页　精装　27cm
准印证号：衡新出准字（2004）第 037 号
馆藏号：Guojiafz-8600002006391

衡阳年鉴・2015
衡阳市人民政府主办　衡阳市地方志编纂委员会办公室编　主编杨伟东
方志出版社　2015 年 12 月
565 页　精装　29cm
ISBN978-7-5144-1859-0
馆藏号：Guojiafz-8600002002124

衡阳年鉴・2016
衡阳市人民政府主办　衡阳市地方志编纂委员会办公室编　主编杨伟东
方志出版社　2016 年 11 月
589 页　精装　29cm
ISBN978-7-5144-2169-9
馆藏号：Guojiafz-8600002013803

衡阳年鉴・2017
衡阳市人民政府主办　衡阳市地方志编纂委员会办公室编　主编杨伟东
方志出版社　2017 年 12 月
720 页　精装　29cm
ISBN978-7-5144-2726-4
馆藏号：Guojiafz-8600002017115

衡阳年鉴・2018
衡阳市人民政府主办　衡阳市地方志编纂委员会办公室编　主编杨伟东
方志出版社　2018 年 12 月
630 页　精装　29cm
ISBN978-7-5144-3451-4
馆藏号：Guojiafz-8600002017173

石鼓年鉴・2017
石鼓区人民政府主办　石鼓区史志办公室编　主编刘珺
方志出版社　2018 年 6 月
273 页　精装　29cm
ISBN978-7-5144-3084-4
馆藏号：Guojiafz-8600002017207

石鼓年鉴・2018
衡阳市石鼓区人民政府主办　石鼓区史志办公室编　主编刘珺
方志出版社　2018 年 12 月
287 页　精装　29cm
ISBN978-7-5144-3524-5
馆藏号：Guojiafz-8600002032825

耒阳年鉴・1997
耒阳市人民政府主办　耒阳市方志编纂委员会编　主编贺辉才
湖南省娄底湘中地质印刷厂印刷　1997 年 11 月
340 页　精装　27cm
准印证号：湘耒准（1997）004 号
馆藏号：Guojiafz-8600002006560

耒阳年鉴・2003
耒阳市人民政府主办　耒阳市年鉴编委会编　主编郑久芳
湖南省娄底湘中地质印刷厂印刷　2002 年 12 月
328 页　精装　29cm
准印证号：湘耒文准字（2003）第 03 号
馆藏号：Guojiafz-8600002004644

耒阳年鉴・2018
中共耒阳市委 . 耒阳市人民政府主办　中共耒阳市委党史地方志办公室编　主编谢俊清
方志出版社　2018 年 12 月
272 页　精装　29cm
ISBN978-7-5144-3681-5
馆藏号：Guojiafz-8600002034848

常宁年鉴・2016
常宁市人民政府主办　常宁市史志办编
主编廖爱国

方志出版社　2016年10月
381页　精装　29cm
ISBN978-7-5144-2135-4
馆藏号：Guojiafz-8600002013930

常宁年鉴·2018
常宁市人民政府主办　《常宁年鉴》编委会编
主编吕晓毛　执行主编曹元生
方志出版社　2018年12月
479页　精装　29cm
ISBN978-7-5144-3652-5
馆藏号：Guojiafz-8600002036177

衡阳县年鉴·2017
衡阳县人民政府主办　衡阳县年鉴编纂委员会编
主编周海波、汤志春
方志出版社　2018年12月
322页　精装　29cm
ISBN978-7-5144-3668-6
馆藏号：Guojiafz-8600002018061

衡山年鉴·2018
衡山年鉴编纂委员会编　主编熊仲荣
方志出版社　2018年12月
424页　精装　29cm
ISBN978-7-5144-3527-6
馆藏号：Guojiafz-8600002032338

衡东年鉴·2010—2011
衡东县人民政府主办　《衡东年鉴》编辑委员会编
主编袁谷平、丁秋文　执行主编陈华良
云南人民出版社　2012年11月
547页　精装　29cm
ISBN978-7-222-10411-2
馆藏号：Guojiafz-8600002016004

衡东年鉴·2016—2017
衡东县史志办公室编　主编陈华良　执行主编胡青燕
方志出版社　2018年12月
538页　精装　29cm
ISBN978-7-5144-3530-6
馆藏号：Guojiafz-8600002032197

隆回年鉴·2011
隆回县人民政府主办　隆回县党史地方志办公室编
主编萧时珍　执行主编罗斌
中共党史出版社　2011年11月
468页　精装　29cm
ISBN978-7-5098-1486-4
馆藏号：Guojiafz-8600002015442

岳阳年鉴·2004
岳阳市人民政府主办　岳阳年鉴编辑委员会编
主编李湘岳
方志出版社　2004年10月
381页　精装　29cm
ISBN7-80192-359-6
馆藏号：Guojiafz-8600002000991

岳阳年鉴·2006
岳阳市人民政府主办　岳阳年鉴编辑委员会编
主编盛荣华
方志出版社　2006年10月
431页　精装　29cm
ISBN7-80192-891-1
馆藏号：Guojiafz-8600002003877

岳阳年鉴·2007
岳阳市人民政府主办　《岳阳年鉴》编辑委员会编
主编郭振斌
方志出版社　2007年11月
435页　精装　29cm
ISBN978-7-80238-218-3
馆藏号：Guojiafz-8600002012379

岳阳年鉴·2008
岳阳市人民政府主办　《岳阳年鉴》编辑部编
主编郭振斌
方志出版社　2008年9月

517 页　精装　29cm
ISBN978-7-80238-384-5
馆藏号：Guojiafz-8600002000401

岳阳年鉴·2009
岳阳市人民政府主办　《岳阳年鉴》编辑部编
主编郭振斌
方志出版社　2009 年 9 月
475 页　精装　29cm
ISBN978-7-80238-582-5
馆藏号：Guojiafz-8600002004333

岳阳年鉴·2010
岳阳市人民政府主办　中共岳阳市委史志办编
主编郭振斌
方志出版社　2010 年 9 月
400 页　精装　29cm
ISBN978-7-80238-894-9
馆藏号：Guojiafz-8600002004963

岳阳年鉴·2011
岳阳市人民政府主办　中共岳阳市委史志办编
主编陈奇达
方志出版社　2011 年 9 月
436 页　精装　29cm
ISBN978-7-5144-0245-2
馆藏号：Guojiafz-8600002002994

岳阳年鉴·2012
岳阳市人民政府主办　中共岳阳市委党史市志办公室编　主编陈奇达
方志出版社　2012 年 11 月
420 页　精装　29cm
ISBN978-7-5144-0635-1
馆藏号：Guojiafz-8600002006840

岳阳年鉴·2013
岳阳市人民政府主办　中共岳阳市委党史市志办公室编　主编陈奇达
方志出版社　2013 年 11 月
408 页　精装　29cm
ISBN978-7-5144-1065-5
馆藏号：Guojiafz-8600002004996

岳阳年鉴·2014
岳阳市人民政府主办　中共岳阳市委史志办编
主编陈奇达
方志出版社　2014 年 10 月
330 页　精装　29cm
ISBN978-7-5144-1425-7
馆藏号：Guojiafz-8600002006135

岳阳年鉴·2015
岳阳市人民政府主办　中共岳阳市委党史市志办公室编　主编陈奇达、苏耀辉
方志出版社　2015 年 9 月
348 页　精装　29cm
ISBN978-7-5144-1710-4
馆藏号：Guojiafz-8600002010611

岳阳年鉴·2016
岳阳市人民政府主办　中共岳阳市委党史市志办公室编　主编陈奇达、唐道明、苏耀辉
方志出版社　2016 年 9 月
348 页　精装　29cm
ISBN978-7-5144-2111-8
馆藏号：Guojiafz-8600002013919

岳阳年鉴·2017
岳阳市人民政府主办　中共岳阳市委史志办编
主编唐道明、苏耀辉
方志出版社　2017 年 9 月
400 页　精装　29cm
ISBN978-7-5144-2545-1
馆藏号：Guojiafz-8600002016577

岳阳年鉴·2018
岳阳市人民政府主办　中共岳阳市委党史市志办公室编　主编李为
方志出版社　2018 年 12 月

431 页　精装　29cm
ISBN978-7-5144-3437-8
馆藏号：Guojiafz-8600002032322

岳阳楼区年鉴·2017
岳阳楼区人民政府主办　岳阳市岳阳楼区史志档案局编　总编李峰、唐露尧　主编李星
方志出版社　2018 年 3 月
331 页　精装　29cm
ISBN978-7-5144-3011-0
馆藏号：Guojiafz-8600002031716

君山区年鉴·2018
中共岳阳市君山区委、岳阳市君山区人民政府主办　岳阳市君山区史志档案局编　主编王振华
总纂涂山河
方志出版社　2018 年 8 月
242 页　精装　29cm
ISBN978-7-5144-3275-6
馆藏号：Guojiafz-8600002032238

汨罗年鉴·2018
中共汨罗市委、汨罗市人民政府主办　中共汨罗市委史志办公室编　主编王三乐
方志出版社　2019 年 3 月
422 页　精装　29cm
ISBN978-7-5144-3703-4
馆藏号：Guojiafz-8600002018189

临湘年鉴·2018
中共临湘市委、临湘市人民政府主办　中共临湘市委党史研究室编　主编许定华
方志出版社　2019 年 6 月
256 页　精装　29cm
ISBN978-7-5144-3775-1
馆藏号：Guojiafz-8600002031724

岳阳县年鉴·2014
中共岳阳县委、岳阳县人民政府主办　中共岳阳县委党史地方志办公室编　主编余泽世
方志出版社　2014 年 10 月
287 页　精装　29cm
ISBN978-7-5144-1401-1
馆藏号：Guojiafz-8600002006815

岳阳县年鉴·2015
中共岳阳县委、岳阳县人民政府主办　岳阳县委党史地方志办公室编　主编余泽世
方志出版社　2015 年 9 月
278 页　精装　29cm
ISBN978-7-5144-1701-2
馆藏号：Guojiafz-8600002010520

岳阳县年鉴·2016
中共岳阳县委、岳阳县人民政府主办　岳阳县委党史地方志办公室编　主编余泽世
方志出版社　2016 年 8 月
296 页　精装　29cm
ISBN978-7-5144-2047-0
馆藏号：Guojiafz-8600002013849

岳阳县年鉴·2017
中共岳阳县委员会、岳阳县人民政府主办　岳阳县委党史地方志办公室编　主编易新岳
方志出版社　2017 年 8 月
312 页　精装　29cm
ISBN978-7-5144-2518-5
馆藏号：Guojiafz-8600002033298

岳阳县年鉴·2018
中共岳阳县委员会、岳阳县人民政府主办　岳阳县委党史地方志办公室编　主编易新岳　执行主编曹瑜
方志出版社　2018 年 8 月
344 页　精装　29cm
ISBN978-7-5144-3184-1
馆藏号：Guojiafz-8600002033020

华容年鉴·2003
《华容年鉴》编纂委员会编　主编蒋冰

华容县天地印务公司印刷　2003 年 11 月
283 页　精装　29cm
馆藏号：Guojiafz-8600002009388

湘阴年鉴·2016
中共湘阴县委、湘阴县人民政府主办　中共湘阴县委史志办公室编　主编刘正仁
团结出版社　2016 年 5 月
298 页　精装　29cm
ISBN978-7-5126-4135-8
馆藏号：Guojiafz-8600002014180

湘阴年鉴·2018
湘阴县人民政府主办　中共湘阴县委史志办公室编　主编林恒求
方志出版社　2018 年 8 月
340 页　精装　29cm
ISBN978-7-5144-3226-8
馆藏号：Guojiafz-8600002017216

常德年鉴·2007
常德市人民政府主办　常德市人民政府地方志办公室编　主编陈文浩　执行主编陈国华　总纂齐绍正
方志出版社　2008 年 9 月
452 页　精装　29cm
ISBN978-7-80238-357-9
馆藏号：Guojiafz-8600002004070

常德年鉴·2008
常德市人民政府主办　常德市人民政府地方志办公室编　主编陈文浩　执行主编陈国华　总纂齐绍正
方志出版社　2009 年 10 月
432 页　精装　29cm
ISBN978-7-80238-589-4
馆藏号：Guojiafz-8600002004612

常德年鉴·2009
常德市人民政府主办　常德市人民政府地方志办公室编　主编石谋军　执行主编陈国华　总纂齐绍正
方志出版社　2010 年 9 月
510 页　精装　29cm
ISBN978-7-80238-850-5
馆藏号：Guojiafz-8600002012544

常德年鉴·2010
常德市人民政府主办　常德市人民政府地方志办公室编　主编刘进能　执行主编陈国华　总纂刘飞
方志出版社　2011 年 8 月
499 页　精装　29cm
ISBN978-7-5144-0197-4
馆藏号：Guojiafz-8600002000599

常德年鉴·2011
常德市人民政府主办　常德市人民政府地方志办公室编　主编沈习淼　执行主编夏业清　总纂刘飞
方志出版社　2012 年 10 月
483 页　精装　29cm
ISBN978-7-5144-0554-5
馆藏号：Guojiafz-8600002007889

常德年鉴·2012
常德市人民政府主办　常德市人民政府地方志办公室编　主编陈华　执行主编夏业清　总纂王静
方志出版社　2013 年 9 月
461 页　精装　29cm
ISBN978-7-5144-0997-0
馆藏号：Guojiafz-8600002009972

常德年鉴·2013
常德市人民政府主办　常德市人民政府地方志办公室编　主编陈华　执行主编刘李波
方志出版社　2014 年 9 月
498 页　精装　29cm
ISBN978-7-5144-1371-7
馆藏号：Guojiafz-8600002007309

常德年鉴·2014
常德市人民政府主办　常德市人民政府地方志办公室编　主编陈华　执行主编刘李波
方志出版社　2015 年 9 月

526 页　精装　29cm
ISBN978-7-5144-1680-0
馆藏号：Guojiafz-8600002005444

常德年鉴·2015
常德市人民政府主办　常德市人民政府地方志办公室编　主编陈华　执行主编刘李波
方志出版社　2016 年 9 月
478 页　精装　29cm
ISBN978-7-5144-2106-4
馆藏号：Guojiafz-8600002013800

常德年鉴·2016
常德市人民政府主办　常德市人民政府地方志办公室编　主编曾艳阳　总纂周波
方志出版社　2017 年 10 月
481 页　精装　29cm
ISBN978-7-5144-2577-2
馆藏号：Guojiafz-8600002031942

常德年鉴·2018
常德市人民政府主办　常德市人民政府地方志办公室编　主编涂碧波　总纂周波
方志出版社　2019 年 1 月
450 页　精装　29cm
ISBN978-7-5144-3684-6
馆藏号：Guojiafz-8600002032837

武陵年鉴·2013
常德市武陵区人民政府主办　常德市武陵区史志档案局编　主编胡彬彬　执行主编梅小平
湖南人民出版社　2014 年 11 月
284 页　精装　29cm
ISBN978-7-5561-0588-5
馆藏号：Guojiafz-8600002015212

鼎城年鉴·2010
常德市鼎城区人民政府主办　鼎城区人民政府方志办编　主编陈德　执行主编高建良　总纂高建良
海南出版社　2012 年 3 月
390 页　精装　29cm
ISBN978-7-5443-4262-9
馆藏号：Guojiafz-8600002036619

鼎城年鉴·2015
常德市鼎城区人民政府主办　鼎城区人民政府方志办编　主编雷建国　执行主编曾世平
海南出版社　2016 年 11 月
324 页　精装　29cm
ISBN978-7-5443-6920-6
馆藏号：Guojiafz-8600002014089

鼎城年鉴·2016
常德市鼎城区人民政府主办　常德市鼎城区人民政府地方志办公室主编　主编雷建国　执行主编曾世平
方志出版社　2017 年 12 月
434 页　精装　29cm
ISBN978-7-5144-2848-3
馆藏号：Guojiafz-8600002016491

津市年鉴·2017
津市市人民政府主办　津市市地方志办公室编　总编熊斌　主编雷中武、向满华
方志出版社　2017 年 12 月
363 页　精装　29cm
ISBN978-7-5144-2802-5
馆藏号：Guojiafz-8600002016901

津市年鉴·2018
津市市人民政府主办　津市市地方志办公室编　主编熊斌
方志出版社　2019 年 1 月
352 页　精装　29cm
ISBN978-7-5144-3630-3
馆藏号：Guojiafz-8600002017983

汉寿年鉴·2017
汉寿县人民政府地方志办公室编　主编丁克刚

执行主编瞿群力
方志出版社　2018 年 7 月
348 页　精装　29cm
ISBN978-7-5144-3127-8
馆藏号：Guojiafz-8600002032659

临澧年鉴・2018
中共临澧县委党史资料征集办公室、临澧县人民政府地方志办公室编　主编蒋颖群　执行主编辛勤、颜爱军、李维
方志出版社　2019 年 3 月
274 页　精装　29cm
ISBN978-7-5144-3699-0
馆藏号：Guojiafz-8600002032293

石门年鉴・2018
中共石门县委、石门县人民政府主办　石门县人民政府地方志办公室编　主编李绍南、江毅
执行主编张吉全
方志出版社　2019 年 2 月
393 页　精装　29cm
ISBN978-7-5144-3655-6
馆藏号：Guojiafz-8600002032658

张家界年鉴・2012—2014
张家界市人民政府主办　张家界市地方志编纂委员会编　主编杜芳禄　执行主编杨慈安
方志出版社　2016 年 8 月
340 页　平装　29cm
ISBN978-7-5144-2060-9
馆藏号：Guojiafz-8600002013867

永定区年鉴・2017
张家界市永定区地方志编纂委员会办公室编
主编孟艾玲　执行主编张兵
方志出版社　2018 年 9 月
256 页　平装　29cm
ISBN978-7-5144-3361-6
馆藏号：Guojiafz-8600002033218

武陵源年鉴・2018
中共武陵源区委、武陵源区人民政府主办　张家界市武陵源区地方志编纂委员会办公室编
主编毛中平　执行主编孙超
方志出版社　2018 年 9 月
308 页　精装　29cm
ISBN978-7-5144-3348-7
馆藏号：Guojiafz-8600002017194

沅江年鉴・2017
沅江市人民政府主办　沅江市档案局编
主编罗必胜　总纂王友达
方志出版社　2019 年 1 月
374 页　精装　29cm
ISBN978-7-5144-3478-1
馆藏号：Guojiafz-8600002033252

桃江年鉴・2014
中共桃江县委、桃江县人民政府主办　桃江县史志档案局编　主编鲁复生、刘安军
方志出版社　2016 年 7 月
312 页　精装　29cm
ISBN978-7-5144-2025-8
馆藏号：Guojiafz-8600002013855

桃江年鉴・2015
中共桃江县委、桃江县人民政府主办　桃江县史志档案局编　主编刘安军
方志出版社　2017 年 12 月
313 页　精装　29cm
ISBN978-7-5144-2839-1
馆藏号：Guojiafz-8600002017153

桃江年鉴・2016
中共桃江县委、桃江县人民政府主办　桃江县史志档案局编　主编刘安军
方志出版社　2018 年 9 月
328 页　精装　29cm
ISBN978-7-5144-3272-5
馆藏号：Guojiafz-8600002017026

安化年鉴・2017
安化县人民政府主办　安化县档案局编
主编廖建和
方志出版社　2018 年 1 月
341 页　精装　29cm
ISBN978-7-5144-2963-3
馆藏号：Guojiafz-8600002017129

郴州年鉴・1998
郴州市人民政府主办　郴州年鉴编辑部编
主编王新福
方志出版社　1998 年 10 月
342 页　精装　27cm
ISBN7-80122-374-8
馆藏号：Guojiafz-8600002005918

郴州年鉴・2000
郴州市人民政府主办　《郴州年鉴》编辑部编
主编王新福
中国社会出版社　2000 年 9 月
365 页　精装　27cm
ISBN7-80088-759-6
馆藏号：Guojiafz-8600002003458

郴州年鉴・2001
郴州市人民政府主办　郴州年鉴编辑部编
主编王新福
方志出版社　2001 年 9 月
352 页　精装　27cm
ISBN7-80122-374-8
馆藏号：Guojiafz-8600002003442

郴州年鉴・2002
郴州市人民政府主办　《郴州年鉴》编辑部编
主编郑云淇
方志出版社　2002 年 12 月
404 页　精装　27cm
ISBN7-80122-892-8
馆藏号：Guojiafz-8600002012991

郴州年鉴・2003
郴州市人民政府主办　《郴州年鉴》编辑部编
主编郑云淇
方志出版社　2003 年 10 月
396 页　精装　27cm
ISBN7-80192-094-5
馆藏号：Guojiafz-8600002003787

郴州年鉴・2006
郴州市人民政府主办　《郴州年鉴》编辑部编
主编何柏保
团结出版社　2006 年 11 月
375 页　精装　29cm
ISBN7-80214-173-7
馆藏号：Guojiafz-8600002002324

郴州年鉴・2011
郴州市人民政府主办　《郴州年鉴》编辑部编
主编何柏保
方志出版社　2011 年 11 月
453 页　精装　29cm
ISBN978-7-5144-0322-0
馆藏号：Guojiafz-8600002002995

郴州年鉴・2014
郴州市人民政府主办　《郴州年鉴》编辑部编
主编唐璨
中州古籍出版社　2014 年 11 月
439 页　精装　29cm
ISBN978-7-5348-5058-5
馆藏号：Guojiafz-8600002015415

宜章年鉴・2017
《宜章年鉴》编辑部编　主编黄利华
方志出版社　2018 年 11 月
370 页　精装　29cm
ISBN978-7-5144-3360-9
馆藏号：Guojiafz-8600002018338

永州年鉴·2004
中共永州市委、永州市人民政府主办　永州年鉴编辑部编　主编张国权
方志出版社　2004 年 10 月
357 页　精装　29cm
ISBN7-80192-345-6
馆藏号：Guojiafz-8600002003247

永州年鉴·2015
中共永州市委、永州市人民政府主办《永州年鉴》编纂委员会编　主编敕中霖、李俊江
方志出版社　2015 年 11 月
508 页　精装　29cm
ISBN978-7-5144-1812-5
馆藏号：Guojiafz-8600002003121

永州年鉴·2016
中共永州市委、永州市人民政府主办　永州年鉴编纂委员会编　主编李俊江
方志出版社　2016 年 10 月
448 页　精装　29cm
ISBN978-7-5144-2159-0
馆藏号：Guojiafz-8600002013811

永州年鉴·2017
中共永州市委、永州市人民政府主办　永州年鉴编纂委员会编　主编李俊江
方志出版社　2017 年 12 月
488 页　精装　29cm
ISBN978-7-5144-2816-2
馆藏号：Guojiafz-8600002017116

永州年鉴·2018
中共永州市委、永州市人民政府主办　永州年鉴编纂委员会编　主编李俊江
方志出版社　2018 年 11 月
564 页　精装　29cm
ISBN978-7-5144-3426-2
馆藏号：Guojiafz-8600002016982

永州年鉴·2019
中共永州市委、永州市人民政府主办　永州年鉴编纂委员会编　主编李俊江
方志出版社　2019 年 10 月
554 页　精装　29cm
ISBN978-7-5144-3946-5
馆藏号：Guojiafz-8600002030244

永州市冷水滩区年鉴·2017
中共永州市冷水滩区委、永州市冷水滩区人民政府主办　永州市冷水滩区党史与地方志征集编纂办公室编　主编张风屏
方志出版社　2018 年 6 月
355 页　精装　29cm
ISBN978-7-5144-3106-3
馆藏号：Guojiafz-8600002033247

零陵年鉴·2017
中共永州市零陵区委、永州市零陵区人民政府主办　零陵年鉴编纂委员会编　主编黎忠广
方志出版社　2017 年 12 月
260 页　精装　29cm
ISBN978-7-5144-2844-5
馆藏号：Guojiafz-8600002016913

零陵年鉴·2018
中共永州市零陵区委、永州市零陵区人民政府主办　零陵年鉴编纂委员会编　主编黎忠广
方志出版社　2018 年 12 月
328 页　精装　29cm
ISBN978-7-5144-3521-4
馆藏号：Guojiafz-8600002018181

祁阳年鉴·2015
中国共产党祁阳县委、祁阳县人民政府主办　祁阳县党史地方志征集编纂办公室编　主编张平
方志出版社　2015 年 12 月
388 页　精装　29cm
ISBN978-7-5144-1918-4
馆藏号：Guojiafz-8600002013521

祁阳年鉴·2016
中共祁阳县委、祁阳县人民政府主办　祁阳县党史地方志征集编纂办公室编　主编张平
方志出版社　2016 年 12 月
406 页　精装　29cm
ISBN978-7-5144-2286-3
馆藏号：Guojiafz-8600002014987

祁阳年鉴·2017
中共祁阳县委、祁阳县人民政府主办　祁阳县党史地方志征集编纂办公室编　主编张平
方志出版社　2017 年 12 月
405 页　精装　29cm
ISBN978-7-5144-2846-9
馆藏号：Guojiafz-8600002033024

祁阳年鉴·2018
中共祁阳县委、祁阳县人民政府主办　祁阳县党史地方志征集编纂办公室编　主编张平
方志出版社　2018 年 12 月
393 页　精装　29cm
ISBN978-7-5144-3651-8
馆藏号：Guojiafz-8600002032856

东安年鉴·2017
中共东安县委、东安县人民政府主办　东安年鉴编纂委员会编　主编陈珍枚
方志出版社　2017 年 12 月
336 页　精装　29cm
ISBN978-7-5144-2864-3
馆藏号：Guojiafz-8600002017121

双牌年鉴·2017
中共双牌县委、双牌县人民政府主办　双牌县党史与地方志征集编纂办公室编　主编邹成春
方志出版社　2018 年 3 月
307 页　精装　29cm
ISBN978-7-5144-2979-4
馆藏号：Guojiafz-8600002033256

道县年鉴·2017
中共道县县委、道县人民政府主办　道县党史与地方志征集编纂办公室编　主编何江鸿
方志出版社　2018 年 3 月
262 页　精装　29cm
ISBN978-7-5144-3029-5
馆藏号：Guojiafz-8600002033283

江永年鉴·2017
中共江永县委、江永县人民政府主办　江永县党史与地方志征集编纂办公室编　主编杨利军
方志出版社　2018 年 3 月
285 页　精装　29cm
ISBN978-7-5144-3028-8
馆藏号：Guojiafz-8600002016888

宁远年鉴·2017
中共宁远县委、宁远县人民政府主办　宁远县党史与地方志征集编纂办公室编　主编周敬平
方志出版社　2017 年 12 月
303 页　精装　29cm
ISBN978-7-5144-2843-8
馆藏号：Guojiafz-8600002016900

宁远年鉴·2018
中共宁远县委、宁远县人民政府主办　宁远县党史与地方志征集编纂办公室编　主编周敬平
方志出版社　2018 年 12 月
402 页　精装　29cm
ISBN978-7-5144-3532-0
馆藏号：Guojiafz-8600002017271

蓝山年鉴·2017
中共蓝山县委、蓝山县人民政府主办　蓝山年鉴编纂委员会编　主编李嵩
方志出版社　2018 年 1 月
260 页　精装　29cm
ISBN978-7-5144-2971-8
馆藏号：Guojiafz-8600002032503

新田年鉴·2016
中共新田县委新田县人民政府主办　新田县年鉴编纂委员会编　主编刘宏林
方志出版社　2017 年 4 月
376 页　精装　29cm
ISBN978-7-5144-2404-1
馆藏号：Guojiafz-8600002014958

新田年鉴·2017
新田县年鉴编纂委员会编　主编刘宏林
方志出版社　2018 年 12 月
329 页　精装　29cm
ISBN978-7-5144-3215-2
馆藏号：Guojiafz-8600002033217

江华瑶族自治县年鉴·2017
中共江华瑶族自治县委、江华瑶族自治县人民政府主办　江华瑶族自治县年鉴编纂委员会编
主编蒋祖智
方志出版社　2018 年 2 月
326 页　精装　29cm
ISBN978-7-5144-3005-9
馆藏号：Guojiafz-8600002017205

怀化年鉴·2002
怀化市人民政府主办　《怀化年鉴》总编室编
主编潘柳成
光明日报出版社　2003 年 12 月
395 页　精装　29cm
ISBN7-80145-564-9
馆藏号：Guojiafz-8600002004488

怀化年鉴·2012
怀化市人民政府主办　《怀化年鉴》编辑部编
主编张征远
方志出版社　2012 年 12 月
464 页　精装　29cm
ISBN978-7-5144-0727-3
馆藏号：Guojiafz-8600002007430

洪江区年鉴·2018
怀化市洪江区管理委员会主办　怀化市洪江区史志档案局编　主编陈文胜
方志出版社　2018 年 12 月
180 页　精装　29cm
ISBN978-7-5144-3501-6
馆藏号：Guojiafz-8600002032950

沅陵年鉴·2005—2006
沅陵县人民政府主办　《沅陵年鉴》编纂委员会编
主编苗建辉
中国文化出版社　2008 年 12 月
294 页　精装　30cm
ISBN978-988-17468-3-2
馆藏号：Guojiafz-8600002003176

会同年鉴·2009—2010
湖南省会同县史志编纂委员会主编　主编张英洪
中国文化出版社　2013 年 1 月
346 页　精装　27cm
ISBN978-988-79410-1-9
馆藏号：Guojiafz-8600002015193

娄底年鉴·1993—1998
娄底市人民政府主办　湖南省娄底年鉴编辑委员会编　总编辑朱鹏涛
方志出版社　1999 年 10 月
376 页　精装　27cm
ISBN7-80122-521-X
馆藏号：Guojiafz-8600002011382

娄底年鉴·2017
娄底市地方志办公室编　主编胡忠威
方志出版社　2019 年 1 月
383 页　精装　29cm
ISBN978-7-5144-3596-2
馆藏号：Guojiafz-8600002017287

娄底年鉴·2018
娄底市地方志办公室编　主编胡忠威

方志出版社　2019 年 9 月
468 页　精装　29cm
ISBN978-7-5144-3935-9
馆藏号：Guojiafz-8600002032919

新化年鉴・2018
新化县史志办编　主编王抗扬　执行主编康瑞凡
方志出版社　2019 年 3 月
328 页　精装　29cm
ISBN978-7-5144-3712-6
馆藏号：Guojiafz-8600002018179

湘西州年鉴・2018
湘西土家族苗族自治州年鉴编纂委员会编
主编谢绍猛
方志出版社　2019 年 1 月
493 页　精装　29cm
ISBN978-7-5144-3591-7
馆藏号：Guojiafz-8600002031712

泸溪年鉴・2015
《泸溪年鉴》编委会编　主编向湖南　执行主编唐黎明
海南出版社　2015 年 12 月
440 页　精装　29cm
ISBN978-7-5443-6323-5
馆藏号：Guojiafz-8600002014693

龙山年鉴・2018
中共龙山县委员会、龙山县人民政府主办　龙山县委党史方志办公室编　主编田向阳
方志出版社　2018 年 12 月
419 页　精装　29cm
ISBN978-7-5144-3608-2
馆藏号：Guojiafz-8600002018223

龙山年鉴・2019
中共龙山县委员会、龙山县人民政府主办　中共龙山县委党史研究室（县地方志编纂室）编
主编田向阳
方志出版社　2019 年 12 月
428 页　精装　29cm
ISBN978-7-5144-4112-3
馆藏号：Guojiafz-8600002030174

广 东 省

广东年鉴・2008
广东省人民政府主管　广东年鉴社主办　广东年鉴编纂委员会编　主编黄华华
广东年鉴社　2008 年 10 月
800 页　精装　30cm
ISSN1007-9335
馆藏号：Guojiafz-8600002004091

广东年鉴・2009
广东省人民政府主管　广东年鉴社主办　广东年鉴编纂委员会编　主编黄华华
广东年鉴社　2009 年 9 月
854 页　精装　29cm
ISSN1007-9335
馆藏号：Guojiafz-8600002002621

广东年鉴・2011
广东省人民政府主管　广东年鉴社主办　广东年鉴编纂委员会编　主编黄华华
广东年鉴社　2011 年 9 月
812 页　精装　29cm
ISSN1007-9335
馆藏号：Guojiafz-8600002007867

广东年鉴・2013
广东省人民政府主管　广东年鉴社主办　广东年鉴社编　主编朱小丹
广东年鉴社　2013 年 9 月
724 页　精装　29cm
ISSN1007-9335
馆藏号：Guojiafz-8600002010768

广东年鉴・2014
广东省人民政府主管　广东年鉴社主办　广东年鉴编纂委员会编　主编朱小丹
广东年鉴社　2014 年 9 月
245 页　精装　29cm
ISSN1007-9335
馆藏号：Guojiafz-8600002016105

广东年鉴・2015
广东省人民政府主管　广东年鉴社主办　广东年鉴社编　主编朱小丹
广东年鉴社　2015 年 9 月
580 页　精装　29cm
ISSN1007-9335
馆藏号：Guojiafz-8600002010568

广东年鉴・2016
广东省人民政府主管　广东省人民政府地方志办公室主办　广东年鉴编纂委员会编　主编朱小丹
广东年鉴社　2016 年 9 月
592 页　精装　29cm
ISSN1007-9335
馆藏号：Guojiafz-8600002014301

广东年鉴・2017
广东省人民政府主管　广东省人民政府地方志办公室主办　广东年鉴编纂委员会编　主编马兴瑞
广东年鉴社　2017 年 10 月
616 页　精装　29cm
ISSN1007-9335
馆藏号：Guojiafz-8600002016376

珠江三角洲城市群年鉴·2010（创刊号）
珠江三角洲城市群年鉴编纂委员会编　主编王林生
广东人民出版社　2010 年 12 月
500 页　精装　25cm
ISBN978-7-218-06981-4
馆藏号：Guojiafz-8600002010420

珠江三角洲城市群年鉴·2011
《珠江三角洲城市群年鉴》编纂委员会编
主编王林生
广东人民出版社　2011 年 12 月
692 页　精装　25cm
ISBN978-7-218-07435-1
馆藏号：Guojiafz-8600002006745

珠江三角洲城市群年鉴·2012
《珠江三角洲城市群年鉴》编纂委员会编
主编王林生
广东人民出版社　2012 年 11 月
626 页　精装　25cm
ISBN978-7-218-08443-5
馆藏号：Guojiafz-8600002003343

珠江三角洲城市群年鉴·2013
珠江三角洲城市群年鉴编纂委员会编　主编王林生
广东人民出版社　2013 年 10 月
534 页　精装　24cm
ISBN978-7-218-09058-0
馆藏号：Guojiafz-8600002013223

珠江三角洲城市群年鉴·2014
珠江三角洲城市群年鉴编纂委员会编　主编陈建华
广东人民出版社　2014 年 11 月
580 页　精装　24cm
ISBN978-7-218-09689-6
馆藏号：Guojiafz-8600002015762

珠江三角洲城市群年鉴·2016
珠江三角洲城市群年鉴编纂委员会编　主编温国辉
方志出版社　2016 年 10 月
560 页　精装　24cm
ISBN978-7-5144-2153-8
馆藏号：Guojiafz-8600002014448

粤港澳大湾区城市群年鉴·2017
粤港澳大湾区城市群年鉴编纂委员会编
主编温国辉
方志出版社　2017 年 11 月
504 页　精装　24cm
ISBN978-7-5144-2752-3
馆藏号：Guojiafz-8600002016370

粤港澳大湾区年鉴·2018
粤港澳大湾区年鉴编纂委员会编　主编温国辉
方志出版社　2019 年 1 月
474 页　精装　24cm
ISBN978-7-5144-3557-3
馆藏号：Guojiafz-8600002018381

广东建设年鉴·2009
广东省建设厅主办　广东建设年鉴编纂委员会编
主编陈承旗
广东人民出版社　2010 年 2 月
617 页　精装　29cm
ISBN978-7-218-06602-8
馆藏号：Guojiafz-8600002006176

广东建设年鉴·2014
广东省住房和城乡建设厅主办　广东建设年鉴编纂委员会编　主编李台然
广东人民出版社　2014 年 11 月
664 页　精装　29cm
ISBN978-7-218-09651-3
馆藏号：Guojiafz-8600002015392

广东建设年鉴·2016
广东省住房和城乡建设厅主办　广东建设年鉴编纂委员会编　主编李台然
广东人民出版社　2016 年 12 月
660 页　精装　29cm

ISBN978-7-218-11313-5
馆藏号：Guojiafz-8600002014582

广东建设年鉴·2017
广东省住房和城乡建设厅主办　广东建设年鉴编纂委员会编　主编陈天翼
广东人民出版社　2017年12月
652页　精装　29cm
ISBN978-7-218-12206-9
馆藏号：Guojiafz-8600002016360

中国移动广东公司年鉴·2013
中国移动通信集团广东有限公司编　主编兰祝刚
广东人民出版社　2013年6月
402页　精装　29cm
ISBN978-7-218-09020-7
馆藏号：Guojiafz-8600002010452

广东科技年鉴·1992
广东省科学技术委员会编　主编梁湘
广东科技出版社　1993年12月
377页　精装　27cm
ISBN7-5359-1241-9
馆藏号：Guojiafz-8600002000254

广东科技年鉴·1993
广东省科学技术委员会编　主编梁湘
广东科技出版社　1995年6月
371页　精装　27cm
ISBN7-5359-1482-9
馆藏号：Guojiafz-8600002000253

广东科技年鉴·1994
广东省科学技术委员会编　主编梁湘
广东科技出版社　1996年7月
278页　精装　27cm
ISBN7-5359-1677-5
馆藏号：Guojiafz-8600002007683

广东科技年鉴·1995
广东省科学技术委员会编　主编梁湘
广东科技出版社　1997年6月
303页　精装　27cm
ISBN7-5359-1857-3
馆藏号：Guojiafz-8600002009197

广东科技年鉴·1996
广东省科学技术委员会编　主编梁湘
广东科技出版社　1998年7月
341页　精装　27cm
ISBN7-5359-2086-1
馆藏号：Guojiafz-8600002003678

广东科技年鉴·1997
广东省科学技术委员会编　主编梁湘、方旋
科学出版社　1999年3月
277页　精装　29cm
ISBN7-03-007455-6
馆藏号：Guojiafz-8600002000007

广东科技年鉴·2008
广东省科学技术厅编　主任李兴华、谢明权
广东人民出版社　2009年6月
433页　精装　30cm
ISBN978-7-218-06170-2
馆藏号：Guojiafz-8600002006174

广东科技年鉴·2013
广东省科学技术厅编　主编李荣华
广东人民出版社　2014年8月
533页　精装　29cm
ISBN978-7-218-09530-1
馆藏号：Guojiafz-8600002015385

广东知识产权年鉴·2014
广东省知识产权局编　主编唐毅
广东人民出版社　2014年8月
328页　精装　29cm

ISBN978-7-218-09547-9
馆藏号：Guojiafz-8600002016035

广东卫生年鉴·2007
广东省卫生厅主办 《广东卫生年鉴》编辑委员会编 主编姚志彬
广东人民出版社 2008年10月
254页 精装 29cm
ISBN978-7-218-05828-3
馆藏号：Guojiafz-8600002006146

广东卫生年鉴·2012
广东省卫生厅主办 《广东卫生年鉴》编辑委员会编 主编姚志彬
广东人民出版社 2014年12月
306页 精装 29cm
ISBN978-7-218-09919-4
馆藏号：Guojiafz-8600002016026

广东卫生和计划生育年鉴·2016
《广东卫生和计划生育年鉴》编辑委员会编 主编段宇飞
广东人民出版社 2016年12月
377页 精装 29cm
ISBN978-7-218-11453-8
馆藏号：Guojiafz-8600002014549

广东卫生和计划生育年鉴·2017
《广东卫生和计划生育年鉴》编辑委员会编 主编段宇飞
广东人民出版社 2017年12月
419页 精装 29cm
ISBN978-7-218-12272-4
馆藏号：Guojiafz-8600002016377

广东省防灾减灾年鉴·2014
广东省防灾减灾年鉴编纂委员会编 总编辑陈强
岭南美术出版社 2014年10月
225页 精装 29cm
ISBN978-7-5362-5563-0
馆藏号：Guojiafz-8600002015804

广州年鉴·2009
中共广州市委员会主管 广州年鉴社主办 广州年鉴编纂委员会编 主编谭惠全、甘詠贤
广州年鉴社 2009年9月
664页 精装 27cm
ISSN1006-8333
馆藏号：Guojiafz-8600002006056

广州年鉴·2011
中共广州市委员会主管 广州年鉴社主办 广州年鉴编纂委员会编 主编王林生
广州年鉴社 2011年12月
692页 精装 26cm
ISSN1006-8333
馆藏号：Guojiafz-8600002007345

广州年鉴·2012
广州市人民政府主管 广州市地方志办公室主办 广州年鉴编纂委员会编 主编王林生
广州年鉴社 2012年10月
658页 精装 27cm
ISSN1006-8333
馆藏号：Guojiafz-8600002000905

广州年鉴·2013
广州市人民政府主管 广州市人民政府地方志办公室主办 广州年鉴编纂委员会编 主编王林生
广州年鉴社 2013年10月
643页 精装 27cm
ISSN1006-8333
馆藏号：Guojiafz-8600002010534

广州年鉴·2014
广州市人民政府主管 广州市人民政府地方志办公室主办 广州年鉴编纂委员会编 主编陈建华
广州年鉴社 2014年10月
644页 精装 27cm

ISSN1006-8333
馆藏号：Guojiafz-8600002015299

广州年鉴·2015（简本）
广州市人民政府主管　广州市人民政府地方志办公室主办　广州年鉴编纂委员会编　主编陈建华
广州年鉴社　2015 年 11 月
342 页　平装　19cm
ISSN1006-8333
馆藏号：Guojiafz-8600002017788

广州年鉴·2016
广州市人民政府主管　广州市人民政府地方志办公室主办　广州年鉴编纂委员会编　主编温国辉
广州年鉴社　2016 年 10 月
722 页　精装　27cm
ISSN1006-8333
馆藏号：Guojiafz-8600002014532

广州年鉴·2017
广州市人民政府主管　广州市人民政府地方志办公室主办　广州年鉴编纂委员会编　主编温国辉
广州年鉴社　2017 年 12 月
718 页　精装　27cm
ISSN1006-8333
馆藏号：Guojiafz-8600002016373

广州铁路（集团）公司年鉴·2008
《广州铁路（集团）公司年鉴》编委会编
主编杨宇正
中国铁道出版社　2009 年 6 月
314 页　精装　27cm
ISBN978-7-113-10197-8
馆藏号：Guojiafz-8600002008454

广州远洋运输公司年鉴·2008
《广州远洋运输公司年鉴》编纂委员会编
主编林旭东　执行主编张莲芳、刘锐祥
广东人民出版社　2009 年 12 月
420 页　精装　29cm
ISBN978-7-218-06619-6
馆藏号：Guojiafz-8600002006147

暨南大学年鉴·2008
暨南大学年鉴编辑部编　主编林如鹏
暨南大学出版社　2009 年 12 月
323 页　精装　27cm
ISBN978-7-81135-431-7
馆藏号：Guojiafz-8600002002394

暨南大学年鉴·2012
《暨南大学年鉴》编辑部编　主编林如鹏
暨南大学出版社　2013 年 3 月
311 页　精装　27cm
ISBN978-7-5668-0406-8
馆藏号：Guojiafz-8600002015749

广府文化年鉴·2014
广州市社会科学界联合会、中共广州市越秀区委宣传部、广州市广府文化研究中心合编
主编顾涧清、陈晓丹、郭建基、陈泽泓（执行）
广州出版社　2014 年 12 月
328 页　精装　29cm
ISBN978-7-5462-1918-9
馆藏号：Guojiafz-8600002010426

越秀年鉴·1997
越秀年鉴编纂委员会编　主编赵雪芬
广东人民出版社　1998 年 2 月
241 页　精装　27cm
ISBN7-218-02696-6
馆藏号：Guojiafz-8600002003788

越秀年鉴·1998
越秀年鉴编纂委员会编　主编赵雪芬
广东人民出版社　1998 年 12 月
227 页　精装　27cm
ISBN7-218-02891-8
馆藏号：Guojiafz-8600002007116

越秀年鉴·1999
越秀年鉴编纂委员会编　主编赵雪芬
广东人民出版社　1999 年 12 月
222 页　精装　27cm
ISBN7-218-03285-0
馆藏号：Guojiafz-8600002003270

越秀年鉴·2000
越秀年鉴编纂委员会编　主编赵雪芬
广东人民出版社　2000 年 11 月
252 页　精装　27cm
ISBN7-218-03505-1
馆藏号：Guojiafz-8600002003229

越秀年鉴·2001
越秀年鉴编纂委员会编　主编赵雪芬
广东人民出版社　2001 年 12 月
260 页　精装　27cm
ISBN7-218-03876-X
馆藏号：Guojiafz-8600002003355

越秀年鉴·2002
越秀区年鉴编纂委员会编　主编杨松裕
广东人民出版社　2002 年 12 月
230 页　精装　27cm
ISBN7-218-04197-3
馆藏号：Guojiafz-8600002000498

越秀年鉴·2003
《越秀年鉴》编纂委员会编　主编杨松裕
中华书局　2003 年 9 月
262 页　精装　27cm
ISBN7-101-04074-8
馆藏号：Guojiafz-8600002005738

越秀年鉴·2004
《越秀年鉴》编纂委员会编　主编杨松裕
中华书局　2004 年 9 月
308 页　精装　27cm
ISBN7-101-04407-7
馆藏号：Guojiafz-8600002007924

越秀年鉴·2008
《越秀年鉴》编纂委员会编　主编杨松裕
中华书局　2008 年 9 月
322 页　精装　27cm
ISBN978-7-101-06301-1
馆藏号：Guojiafz-8600002005472

越秀年鉴·2012
越秀年鉴编纂委员会编　主编郭艳玲、蒙建
广东经济出版社　2012 年 12 月
366 页　精装　29cm
ISBN978-7-5454-1736-4
馆藏号：Guojiafz-8600002003053

广州市越秀年鉴·2014
越秀年鉴编纂委员会编　主编郭艳玲
广东经济出版社　2014 年 11 月
372 页　精装　27cm
ISBN978-7-5454-3550-4
馆藏号：Guojiafz-8600002015969

越秀年鉴·2015
越秀年鉴编纂委员会编　主编郭艳玲
广东经济出版社　2015 年 12 月
484 页　精装　27cm
ISBN978-7-5454-4210-6
馆藏号：Guojiafz-8600002014475

广州市越秀年鉴·2017
越秀年鉴编纂委员会编　主编郭艳玲
广东经济出版社　2017 年 12 月
396 页　精装　29cm
ISBN978-7-5454-5563-2
馆藏号：Guojiafz-8600002016364

芳村年鉴·1997
广州市芳村区地方志编纂委员会编　主编詹新孟
广东省地图出版社　1998 年 12 月

193 页　精装　27cm
ISBN7-80522-507-9
馆藏号：Guojiafz-8600002005011

芳村年鉴·1999
芳村区地方志编委会编　主编詹新孟
广东省地图出版社　1999 年 9 月
192 页　精装　27cm
ISBN7-80522-572-9
馆藏号：Guojiafz-8600002004842

芳村年鉴·2001
广州市芳村区地方志编纂委员会编　主编詹新孟
广东省地图出版社　2001 年 9 月
185 页　精装　27cm
ISBN7-80522-701-2
馆藏号：Guojiafz-8600002004850

芳村年鉴·2002
广州市芳村区地方志编纂委员会编　主编顾渊明
中华书局　2002 年 11 月
249 页　精装　27cm
ISBN7-101-03691-0
馆藏号：Guojiafz-8600002000497

芳村年鉴·2003
广州市芳村区地方志编纂委员会编　主编顾渊明
中华书局　2003 年 9 月
240 页　精装　27cm
ISBN7-101-04068-3
馆藏号：Guojiafz-8600002004487

芳村年鉴·2004
广州市芳村区地方志编纂委员会编　主编顾渊明
中华书局　2004 年 9 月
253 页　精装　27cm
ISBN7-101-04404-2
馆藏号：Guojiafz-8600002004647

芳村年鉴·2005
广州市芳村区地方志编纂委员会编　主编顾渊明
中华书局　2005 年 10 月
272 页　精装　27cm
ISBN7-101-04747-5
馆藏号：Guojiafz-8600002003749

荔湾年鉴·2009
中共荔湾区委、荔湾区人民政府主办　广州市荔湾区年鉴编纂委员会编　主编钟紫云
花城出版社　2010 年 1 月
289 页　精装　27cm
ISBN978-7-5360-5906-1
馆藏号：Guojiafz-8600002000641

荔湾年鉴·2012
中共荔湾区委、荔湾区人民政府主办　广州市荔湾区年鉴编纂委员会编　主编钟紫云
广东经济出版社　2012 年 12 月
330 页　精装　27cm
ISBN978-7-5454-1708-1
馆藏号：Guojiafz-8600002009955

广州市荔湾区经济社会事业发展年鉴·2006
中共荔湾区委、荔湾区人民政府主办　广州市荔湾区经济社会事业发展年鉴（2006）编纂委员会编
主编胡文中
华南理工大学出版社　2007 年 3 月
241 页　平装　29cm
ISBN978-7-5623-2575-8
馆藏号：Guojiafz-8600002010024

广州市荔湾区商贸文化旅游年鉴·2004
广州市荔湾区地方志编纂委员会编　主编胡文中
广东经济出版社　2004 年 9 月
267 页　平装　21cm
ISBN7-80677-855-1
馆藏号：Guojiafz-8600002002330

海珠年鉴·2011
中共广州市海珠区委、海珠区政府主办　海珠年鉴编纂委员会编　主编吴苑梨
广东人民出版社　2012年3月
353页　精装　27cm
ISBN978-7-218-07540-2
馆藏号：Guojiafz-8600002003305

海珠年鉴·2012
中共广州市海珠区委、海珠区人民政府主办　广州市海珠区年鉴编纂委员会编　主编吴苑梨
广东经济出版社　2012年12月
278页　精装　27cm
ISBN978-7-5454-1709-8
馆藏号：Guojiafz-8600002006896

海珠年鉴·2014
中共广州市海珠区委、区人民政府主办《海珠年鉴》编纂委员会编　主编吴苑梨
广东人民出版社　2014年10月
290页　精装　29cm
ISBN978-7-5454-3601-3
馆藏号：Guojiafz-8600002015952

广州市天河年鉴·2004
中共广州市天河区委、天河区人民政府主办《天河年鉴》编辑部编　主编林道良
中华书局　2004年9月
422页　精装　29cm
ISBN7-101-04402-6
馆藏号：Guojiafz-8600002004559

天河年鉴·2009
中共广州市天河区委员会、广州市天河区人民政府主办　天河年鉴编辑部编　主编林道良
中华书局　2009年11月
433页　精装　29cm
ISBN978-7-101-07103-0
馆藏号：Guojiafz-8600002002383

广州市天河年鉴·2012
中共广州市天河区委员会、广州市天河区人民政府主办　主编闵正文
广东人民出版社　2012年12月
452页　精装　29cm
ISBN978-7-218-08287-5
馆藏号：Guojiafz-8600002007460

天河年鉴·2015
广州市天河区地方志编纂委员会编　主编闵正文
广东人民出版社　2015年11月
278页　精装　29cm
ISBN978-7-218-10570-3
馆藏号：Guojiafz-8600002014546

白云年鉴·2011
广州市白云区地方志编纂委员会编　主编陈燕霞
广东人民出版社　2012年4月
395页　精装　27cm
ISBN978-7-218-07689-8
馆藏号：Guojiafz-8600002008004

白云年鉴·2012
广州市白云区地方志编纂委员会编　主编陈燕霞
广东人民出版社　2012年12月
386页　精装　27cm
ISBN978-7-218-07690-4
馆藏号：Guojiafz-8600002009808

黄埔年鉴·2003
《黄埔年鉴》编纂委员会编　主编陈华祥
中华书局　2003年12月
467页　精装　27cm
ISBN7-101-04155-8
馆藏号：Guojiafz-8600002007976

黄埔年鉴·2004
《黄埔年鉴》编纂委员会编　主编陈华祥
中华书局　2004年11月
478页　精装　27cm

ISBN7-101-04494-8
馆藏号：Guojiafz-8600002008262

黄埔年鉴·2011
《黄埔年鉴》编纂委员会编　主编吴凤鸣
中华书局　2012 年 7 月
400 页　精装　27cm
ISBN978-7-101-08765-9
馆藏号：Guojiafz-8600002010253

黄埔年鉴·2017
黄埔年鉴编纂委员会编　主编黎法平
广东人民出版社　2017 年 10 月
503 页　精装　29cm
ISBN978-7-218-12174-1
馆藏号：Guojiafz-8600002016361

萝岗年鉴·2009
广州开发区党工委、管委会，萝岗区委、区政府主办　广州市萝岗区地方志编纂委员会编
主编陈小华
中华书局　2009 年 12 月
520 页　精装　29cm
ISBN978-7-101-07124-5
馆藏号：Guojiafz-8600002002401

萝岗年鉴·2012
广州开发区党工委、管委会，萝岗区委、区政府主办　广州开发区、广州市萝岗区地方志编纂委员会合编　主编陈杰
广东人民出版社　2012 年 11 月
428 页　精装　29cm
ISBN978-7-218-08283-7
馆藏号：Guojiafz-8600002005169

萝岗年鉴·2014
广州开发区党工委、管委会，中共萝岗区委、区政府主办　广州开发区萝岗区地方志编纂委员会编
主编陈杰
广东人民出版社　2014 年 9 月
344 页　精装　29cm
ISBN978-7-218-09551-6
馆藏号：Guojiafz-8600002015466

番禺年鉴·1996
番禺市人民政府主办　番禺年鉴编辑部编
主编罗敬祥
广东人民出版社　1996 年 9 月
351 页　精装　27cm
ISBN7-218-02252-9
馆藏号：Guojiafz-8600002008332

番禺年鉴·1997
中共番禺市委、番禺市人民政府主办　番禺年鉴编辑部编　主编罗敬祥
广东人民出版社　1997 年 7 月
329 页　精装　27cm
ISBN7-218-02509-9
馆藏号：Guojiafz-8600002003931

番禺年鉴·2004
中共广州市番禺区委、番禺区人民政府主办　广州市番禺区地方志办公室编　主编胡家梁、杨达超、温喜祥
方志出版社　2004 年 8 月
402 页　精装　27cm
ISBN7-80192-306-5
馆藏号：Guojiafz-8600002003239

番禺年鉴·2005
广州市番禺区地方志办公室编　主编胡家梁、杨达超
当代中国出版社　2005 年 11 月
501 页　精装　27cm
ISBN7-80170-442-8
馆藏号：Guojiafz-8600002013246

番禺年鉴·2007
广州市番禺区地方志编纂委员会办公室编
主编何海宏、杨达超

方志出版社　2007 年 11 月
307 页　精装　27cm
ISBN978-7-80238-198-8
馆藏号：Guojiafz-8600002012480

番禺年鉴 · 2008
中共番禺区委、番禺区人民政府主办　广州市番禺区地方志编纂委员会办公室编　主编何海宏、杨达超
方志出版社　2008 年 11 月
456 页　精装　27cm
ISBN978-7-80238-449-1
馆藏号：Guojiafz-8600002002033

番禺年鉴 · 2009
中共广州市番禺区委、番禺区人民政府主办　广州市番禺区地方志编纂委员会办公室编
主编何海宏、杨达超
方志出版社　2009 年 11 月
496 页　精装　27cm
ISBN978-7-80238-669-3
馆藏号：Guojiafz-8600002011270

番禺年鉴 · 2010
中共广州市番禺区委、广州市番禺区人民政府主办
广州市番禺区地方志编纂委员会编
主编何海宏、杨达超
方志出版社　2010 年 9 月
372 页　精装　27cm
ISBN978-7-80238-849-9
馆藏号：Guojiafz-8600002011375

番禺年鉴 · 2011
中共广州市番禺区委、广州市番禺区人民政府主办
广州市番禺区地方志编纂委员会编
主编谭锦沛、杨达超
方志出版社　2011 年 10 月
396 页　精装　27cm
ISBN978-7-5144-0150-9
馆藏号：Guojiafz-8600002011680

番禺年鉴 · 2012
中共广州市番禺区委、广州市番禺区人民政府主办
广州市番禺区地方志编纂委员会编
主编谭锦沛、杨达超
方志出版社　2012 年 9 月
394 页　精装　27cm
ISBN978-7-5144-0612-2
馆藏号：Guojiafz-8600002000012

番禺年鉴 · 2013
中共广州市番禺区委、广州市番禺区人民政府主办
广州市番禺区地方志编纂委员会编
主编谭锦沛、杨达超
方志出版社　2013 年 12 月
266 页　精装　27cm
ISBN978-7-5144-1086-0
馆藏号：Guojiafz-8600002006968

番禺年鉴 · 2014
广州市番禺区地方志编纂委员会编
主编谭锦沛、杨达超
方志出版社　2014 年 10 月
284 页　精装　27cm
ISBN978-7-5144-1359-5
馆藏号：Guojiafz-8600002006780

番禺年鉴 · 2015
中共广州市番禺区委、广州市番禺区人民政府主办
广州市番禺区地方志编纂委员会编
主编谭锦沛
方志出版社　2015 年 10 月
338 页　精装　27cm
ISBN978-7-5144-1735-7
馆藏号：Guojiafz-8600002005596

番禺年鉴 · 2016
中共广州市番禺区委、广州市番禺区人民政府主办
广州市番禺区地方志编纂委员会编
主编谭锦沛
方志出版社　2016 年 11 月

268 页　精装　27cm
ISBN978-7-5144-2185-9
馆藏号：Guojiafz-8600002014968

番禺年鉴·2017
中共广州市番禺区委、广州市番禺区人民政府主办
广州市番禺区地方志编纂委员会
主编曾小原
方志出版社　2017 年 11 月
330 页　精装　27cm
ISBN978-7-5144-2729-5
馆藏号：Guojiafz-8600002017109

番禺年鉴·2018
广州市番禺区地方志编纂委员会编　主编曾小原
方志出版社　2018 年 11 月
377 页　精装　27cm
ISBN978-7-5144-3412-5
馆藏号：Guojiafz-8600002016971

番禺年鉴·2019
广州市番禺区地方志编纂委员会编　主编曾小原
方志出版社　2019 年 9 月
342 页　精装　27cm
ISBN978-7-5144-3843-7
馆藏号：Guojiafz-8600002018174

花都年鉴·2012
广州市花都区地方志编纂委员会办公室编
主编陈耀辉
中华书局　2012 年 11 月
407 页　精装　27cm
ISBN978-7-101-08934-9
馆藏号：Guojiafz-8600002007181

南沙年鉴·2011
中共南沙区委员会、南沙区人民政府主办　广州市南沙区地方志编纂委员会编　主编何世藻
广东经济出版社　2011 年 12 月
430 页　精装　27cm
ISBN978-7-5454-1147-1
馆藏号：Guojiafz-8600002000547

南沙年鉴·2014
中共广州市南沙区委员会、广州市南沙区人民政府主办　广州市南沙区地方志编纂委员会办公室编
主编邓卫民
广东人民出版社　2014 年 8 月
302 页　精装　27cm
ISBN978-7-218-09548-6
馆藏号：Guojiafz-8600002015787

从化年鉴·2003
从化市人民政府主办　从化市地方志编纂委员会、《从化年鉴》编辑部合编　主编赵郁兴
广东公安高等专科学校印刷厂印刷　2003 年 9 月
282 页　精装　27cm
准印证号：（2003）穗印准字第 0318 号
馆藏号：Guojiafz-8600002009060

从化年鉴·2012
中共从化市委员会、从化市人民政府主办《从化年鉴》编纂委员会编　主编徐惠贞
广东人民出版社　2012 年 12 月
608 页　精装　26cm
ISBN978-7-218-08496-1
馆藏号：Guojiafz-8600002002747

增城年鉴·2012
增城年鉴编纂委员会编　主编叶鸿　执行主编关劲、刘文斌
中国时代经济出版社　2012 年 12 月
296 页　精装　27cm
ISBN978-7-5119-1044-8
馆藏号：Guojiafz-8600002009954

韶关年鉴·2010
韶关年鉴编纂委员会编　主编吴土清　执行主编殷南光
方志出版社　2010 年 10 月

429 页　精装　29cm
ISBN978-7-80238-921-2
馆藏号：Guojiafz-8600002008226

韶关年鉴·2011
《韶关年鉴》编纂委员会编　主编吴土清
执行主编殷南光
方志出版社　2011 年 10 月
479 页　精装　29cm
ISBN978-7-5144-0270-4
馆藏号：Guojiafz-8600002002194

韶关年鉴·2012
《韶关年鉴》编纂委员会编　主编吴土清、丁伟志
执行主编殷南光
方志出版社　2012 年 10 月
584 页　精装　29cm
ISBN978-7-5144-0624-5
馆藏号：Guojiafz-8600002000635

韶关年鉴·2013
《韶关年鉴》编纂委员会编　主编丁伟志
执行主编殷南光
方志出版社　2013 年 10 月
518 页　精装　29cm
ISBN978-7-5144-1021-1
馆藏号：Guojiafz-8600002009913

韶关年鉴·2014
《韶关年鉴》编纂委员会编　主编丁伟志
执行主编殷南光
方志出版社　2014 年 9 月
539 页　精装　29cm
ISBN978-7-5144-1375-5
馆藏号：Guojiafz-8600002004632

韶关年鉴·2015
《韶关年鉴》编纂委员会编　主编丁伟志
执行主编邓培雄
方志出版社　2015 年 9 月
458 页　精装　29cm
ISBN978-7-5144-1733-3
馆藏号：Guojiafz-8600002010795

韶关年鉴·2016
韶关年鉴编纂委员会编　主编丁伟志　执行主编邓培雄
方志出版社　2016 年 9 月
446 页　精装　29cm
ISBN978-7-5144-2126-2
馆藏号：Guojiafz-8600002013873

韶关年鉴·2017
韶关年鉴编纂委员会编　主编丁伟志　执行主编邓培雄
方志出版社　2017 年 10 月
500 页　精装　29cm
ISBN978-7-5144-2679-3
馆藏号：Guojiafz-8600002015024

韶关年鉴·2018
韶关年鉴编纂委员会编　主编丁伟志　执行主编邓培雄
方志出版社　2018 年 9 月
506 页　精装　29cm
ISBN978-7-5144-3323-4
馆藏号：Guojiafz-8600002017218

浈江年鉴·2011
中共韶关市浈江区委、浈江区人民政府主办　韶关市浈江区综合年鉴编纂委员会编　主编黄哲锋
广东人民出版社　2011 年 12 月
598 页　精装　30cm
ISBN978-7-218-07524-2
馆藏号：Guojiafz-8600002005758

浈江年鉴·2018
韶关市浈江区综合年鉴编纂委员会编
主编谭绍文
方志出版社　2018 年 12 月

294页　精装　29cm
ISBN978-7-5144-3658-7
馆藏号：Guojiafz-8600002018074

浈江年鉴·2019
韶关市浈江区综合年鉴编纂委员会编
主编谭绍文
方志出版社　2019年12月
319页　精装　29cm
ISBN978-7-5144-4116-1
馆藏号：Guojiafz-8600002018168

武江年鉴·2011
中共武江区委、区政府主办　武江年鉴编纂委员会编　主编何笔生
韶关市新华宏达印务有限公司印刷　2012年3月
251页　精装　29cm
准印证号：韶新出准字第00227号
馆藏号：Guojiafz-8600002010230

武江年鉴·2012
中共武江区委、区政府主办《武江年鉴》编纂委员会编　主编何笔生
方志出版社　2013年2月
268页　精装　29cm
ISBN978-7-5144-0823-2
馆藏号：Guojiafz-8600002006979

武江年鉴·2013
中共武江区委、区政府主办《武江年鉴》编纂委员会编　主编何笔生
方志出版社　2013年8月
256页　精装　29cm
ISBN978-7-5144-0950-5
馆藏号：Guojiafz-8600002006802

武江年鉴·2015
《武江年鉴》编纂委员会编　主编欧阳征禄
方志出版社　2015年11月
342页　精装　29cm
ISBN978-7-5144-1819-4
馆藏号：Guojiafz-8600002002717

武江年鉴·2016
《武江年鉴》编纂委员会编　主编欧阳征禄
方志出版社　2016年10月
341页　精装　29cm
ISBN978-7-5144-2170-5
馆藏号：Guojiafz-8600002014039

武江年鉴·2018
武江年鉴编纂委员会编　主编欧阳征禄
方志出版社　2019年1月
304页　精装　29cm
ISBN978-7-5144-3568-9
馆藏号：Guojiafz-8600002017277

武江年鉴·2019
武江年鉴编纂委员会编　主编欧阳征禄
方志出版社　2019年9月
290页　精装　29cm
ISBN978-7-5144-3867-3
馆藏号：Guojiafz-8600002017991

曲江年鉴·2011
曲江年鉴编纂委员会编　主编伍海艳、余庆斌
方志出版社　2011年9月
338页　精装　29cm
ISBN978-7-5144-0216-2
馆藏号：Guojiafz-8600002002187

曲江年鉴·2012
曲江年鉴编纂委员会编　主编伍海艳、陈夏广、钟移明
方志出版社　2012年10月
322页　精装　29cm
ISBN978-7-5144-0609-2
馆藏号：Guojiafz-8600002000259

曲江年鉴·2017
曲江年鉴编纂委员会编　主编肖绍托、包玉兰
方志出版社　2017年11月
304页　精装　29cm
ISBN978-7-5144-2673-1
馆藏号：Guojiafz-8600002015039

乐昌年鉴·2010（创刊号）
中共乐昌市委、市政府主办《乐昌年鉴》编纂委员会编　主编华书斌
方志出版社　2010年12月
484页　精装　29cm
ISBN978-7-80238-999-1
馆藏号：Guojiafz-8600002007979

乐昌年鉴·2012
中共乐昌市委、市政府主办《乐昌年鉴》编纂委员会编　主编钟明
方志出版社　2012年12月
329页　精装　29cm
ISBN978-7-5144-0780-8
馆藏号：Guojiafz-8600002011995

乐昌年鉴·2013
《乐昌年鉴》编纂委员会编　主编钟明
方志出版社　2013年12月
297页　精装　29cm
ISBN978-7-5144-1115-7
馆藏号：Guojiafz-8600002004340

乐昌年鉴·2014
中共乐昌市委、市政府主办《乐昌年鉴》编纂委员会编　主编钟明
方志出版社　2016年1月
234页　精装　29cm
ISBN978-7-5144-1938-2
馆藏号：Guojiafz-8600002003094

乐昌年鉴·2015
中共乐昌市委、市政府主办《乐昌年鉴》编纂委员会编　主编钟明
方志出版社　2016年1月
254页　精装　29cm
ISBN978-7-5144-1888-0
馆藏号：Guojiafz-8600002002728

乐昌年鉴·2016
中共乐昌市委、市政府主办　乐昌年鉴编纂委员会编　主编陈懿茜
方志出版社　2016年7月
256页　精装　29cm
ISBN978-7-5144-2039-5
馆藏号：Guojiafz-8600002013860

乐昌年鉴·2017
乐昌年鉴编纂委员会编　主编陈懿茜
方志出版社　2017年9月
276页　精装　29cm
ISBN978-7-5144-2537-6
馆藏号：Guojiafz-8600002016186

乐昌年鉴·2018
乐昌年鉴编纂委员会编　主编陈懿茜
方志出版社　2018年8月
282页　精装　29cm
ISBN978-7-5144-3227-5
馆藏号：Guojiafz-8600002017217

始兴年鉴·2014
《始兴年鉴》编纂委员会编　主编单小红　执行主编陈永亮
方志出版社　2014年10月
292页　精装　29cm
ISBN978-7-5144-1412-7
馆藏号：Guojiafz-8600002004633

始兴年鉴·2015
《始兴年鉴》编纂委员会编　主编单小红　执行主编陈永亮
方志出版社　2015年10月

323 页　精装　29cm
ISBN978-7-5144-1738-8
馆藏号：Guojiafz-8600002009818

仁化年鉴·2009—2010
《仁化年鉴》编纂委员会编　主编徐诚林
方志出版社　2012 年 2 月
334 页　精装　29cm
ISBN978-7-5144-0438-8
馆藏号：Guojiafz-8600002011893

仁化年鉴·2013
仁化年鉴编纂委员会编　主编徐诚林
方志出版社　2013 年 10 月
437 页　精装　29cm
ISBN978-7-5144-1024-2
馆藏号：Guojiafz-8600002007246

仁化年鉴·2014
《仁化年鉴》编纂委员会编　主编徐诚林
方志出版社　2014 年 10 月
479 页　精装　29cm
ISBN978-7-5144-1436-3
馆藏号：Guojiafz-8600002006818

仁化年鉴·2015
《仁化年鉴》编纂委员会编　主编徐诚林
方志出版社　2015 年 11 月
560 页　精装　29cm
ISBN978-7-5144-1777-7
馆藏号：Guojiafz-8600002009804

仁化年鉴·2016
仁化年鉴编纂委员会编　主编徐诚林
方志出版社　2016 年 9 月
495 页　精装　29cm
ISBN978-7-5144-2090-6
馆藏号：Guojiafz-8600002013847

仁化年鉴·2017
仁化年鉴编纂委员会编　主编徐诚林
方志出版社　2017 年 11 月
567 页　精装　29cm
ISBN978-7-5144-2706-6
馆藏号：Guojiafz-8600002015030

仁化年鉴·2018
仁化年鉴编纂委员会编　主编徐诚林
方志出版社　2018 年 11 月
492 页　精装　29cm
ISBN978-7-5144-3401-9
馆藏号：Guojiafz-8600002017298

翁源年鉴·2018
翁源年鉴编纂委员会编　主编邓国伟　执行主编杨永其
方志出版社　2019 年 1 月
362 页　精装　29cm
ISBN978-7-5144-3560-3
馆藏号：Guojiafz-8600002018118

新丰年鉴·2016
中共新丰县委员会、新丰县人民政府主办　《新丰年鉴》编纂委员会编　主编张京泉　执行主编黄文武、李美通
广东人民出版社　2016 年 10 月
362 页　精装　29cm
ISBN978-7-218-11311-1
馆藏号：Guojiafz-8600002014550

新丰年鉴·2018
中共新丰县委员会、新丰县人民政府主办　《新丰年鉴》编纂委员会编　主编张京泉　执行主编黄文武
方志出版社　2018 年 12 月
378 页　精装　29cm
ISBN978-7-5144-3636-5
馆藏号：Guojiafz-8600002018065

乳源年鉴·2012
中共乳源瑶族自治县委、县人民政府主办　乳源年鉴编纂委员会编　主编赵天林
方志出版社　2013 年 1 月
278 页　精装　29cm
ISBN978-7-5144-0809-6
馆藏号：Guojiafz-8600002004992

乳源年鉴·2013
中共乳源瑶族自治县委、县人民政府主办　乳源年鉴编纂委员会编　主编赵天林　执行主编赵天养
方志出版社　2013 年 10 月
283 页　精装　29cm
ISBN978-7-5144-1048-8
馆藏号：Guojiafz-8600002007185

乳源年鉴·2014
中共乳源瑶族自治县委、乳源瑶族自治县人民政府主办　乳源年鉴编纂委员会编　主编赵天林　执行主编赵天养
方志出版社　2014 年 12 月
299 页　精装　29cm
ISBN978-7-5144-1428-8
馆藏号：Guojiafz-8600002004284

乳源年鉴·2015
中共乳源瑶族自治县委、乳源瑶族自治县人民政府主办《乳源年鉴》编纂委员会编　主编赵天林　执行主编赵天养
方志出版社　2015 年 11 月
299 页　精装　29cm
ISBN978-7-5144-1831-6
馆藏号：Guojiafz-8600002002729

乳源年鉴·2016
中共乳源瑶族自治县委、县人民政府主办《乳源年鉴》编纂委员会编　主编赵天林　执行主编赵天养
方志出版社　2016 年 9 月
306 页　精装　29cm
ISBN978-7-5144-2098-2
馆藏号：Guojiafz-8600002013913

乳源年鉴·2017
乳源年鉴编纂委员会编　主编赵天林　执行主编赵天养
方志出版社　2017 年 12 月
358 页　精装　29cm
ISBN978-7-5144-2898-8
馆藏号：Guojiafz-8600002015162

乳源年鉴·2018
乳源年鉴编纂委员会编　主编赵天林　执行主编赵天养
方志出版社　2018 年 11 月
351 页　精装　29cm
ISBN978-7-5144-3395-1
馆藏号：Guojiafz-8600002017007

乳源年鉴·2019
乳源年鉴编纂委员会编　主编赵天林　执行主编赵天养
方志出版社　2019 年 11 月
390 页　精装　29cm
ISBN978-7-5144-4021-8
馆藏号：Guojiafz-8600002018187

深圳年鉴·2008
中共深圳市委员会主管　深圳市史志办公室主办　深圳年鉴编辑委员会编　主编黄玲
深圳市佳信达印务有限公司印刷　2008 年 9 月
544 页　精装　29cm
ISSN1005-1996
馆藏号：Guojiafz-8600002005177

深圳年鉴·2009
中共深圳市委员会主管　深圳市史志办公室主办　深圳年鉴编辑委员会编　主编黄玲
深圳市佳信达印务有限公司印刷　2009 年 11 月

593 页 精装 29cm
ISSN1005-1996
馆藏号：Guojiafz-8600002002252

深圳年鉴·2010
中共深圳市委员会主管 深圳市史志办公室主办 深圳年鉴编辑委员会编 主编黄玲
深圳市佳信达印务有限公司印刷 2010 年 10 月
511 页 精装 29cm
ISSN1005-1996
馆藏号：Guojiafz-8600002003059

深圳年鉴·2011
中共深圳市委员会主管 深圳市史志办公室主办 深圳年鉴编辑委员会编 主编黄玲
深圳市佳信达印务有限公司印刷 2011 年 10 月
564 页 精装 29cm
ISSN1005-1996
馆藏号：Guojiafz-8600002002391

深圳年鉴·2012
中共深圳市委主管 深圳市史志办公室主办 深圳年鉴编辑委员会编 主编黄玲
深圳市佳信达印务有限公司印刷 2012 年 10 月
592 页 精装 29cm
ISSN1005-1996
馆藏号：Guojiafz-8600002013410

深圳年鉴·2012（简本）
中共深圳市委员会主管 深圳市史志办公室主办 深圳年鉴编辑委员会编 主编黄玲
深圳市佳信达印务有限公司印刷 2012 年 10 月
209 页 平装 19cm
ISSN1005-1996
馆藏号：Guojiafz-8600002009801

深圳年鉴·2013
中共深圳市委主管 深圳市史志办公室主办 深圳年鉴编辑委员会编 主编黄玲
深圳市佳信达印务有限公司印刷 2013 年 10 月
540 页 精装 29cm
ISSN1005-1996
馆藏号：Guojiafz-8600002010504

深圳年鉴·2014
中共深圳市委主管 深圳市史志办公室主办 深圳年鉴编辑委员会编 主编黄玲
深圳市佳信达印务有限公司印刷 2014 年 10 月
512 页 精装 29cm
ISSN1005-1996
馆藏号：Guojiafz-8600002013892

深圳年鉴·2015
中共深圳市委主管 深圳市史志办公室主办 深圳年鉴编辑委员会编 主编黄玲
深圳市佳信达印务有限公司印刷 2015 年 10 月
532 页 精装 29cm
ISSN1005-1996
馆藏号：Guojiafz-8600002014576

深圳年鉴·2016
中共深圳市委主管 深圳市史志办公室主办 深圳市史志办公室编 主编黄玲
深圳市佳信达印务有限公司印刷 2016 年 10 月
538 页 精装 29cm
ISSN1005-1996
馆藏号：Guojiafz-8600002017874

深圳年鉴·2017
中共深圳市委主管 深圳市史志办公室主办 深圳市史志办公室编 主编黄玲
深圳市佳信达印务有限公司印刷 2017 年 12 月
530 页 精装 29cm
ISSN1005-1996
馆藏号：Guojiafz-8600002016379

福田年鉴·2004—2008
深圳市福田区年鉴编纂委员会编 主编洪存伟 执行主编王永苗
海天出版社 2011 年 11 月

524 页　精装　29cm
ISBN978-7-5507-0162-5
馆藏号：Guojiafz-8600002008023

罗湖年鉴·2010
深圳市罗湖区年鉴编纂委员会编　主编黄瑞儒
执行主编戴明放
海天出版社　2011 年 8 月
312 页　精装　29cm
ISBN978-7-5507-0211-0
馆藏号：Guojiafz-8600002005750

南山年鉴·2010
南山区区志编纂委员会办公室编　主编林超金
执行主编田新舟、兰志平
海天出版社　2011 年 5 月
308 页　精装　29cm
ISBN978-7-5507-0122-9
馆藏号：Guojiafz-8600002008031

南山年鉴·2011
南山区委、区政府主管　南山区区志编纂委员会办公室编　主编廖澍华　执行主编田新舟、兰志平
海天出版社　2012 年 6 月
279 页　精装　29cm
ISBN978-7-5507-0419-0
馆藏号：Guojiafz-8600002007461

南山年鉴·2014
南山区委、区政府主管　南山区区志编纂委员会办公室编　主编尤江伟　执行主编兰志平
广东人民出版社　2014 年 10 月
286 页　精装　29cm
ISBN978-7-218-09626-1
馆藏号：Guojiafz-8600002016070

南山年鉴·2015
南山区委、区政府主管　南山区区志编纂委员会办公室编　主编王立德　执行主编田新舟
广东人民出版社　2015 年 9 月
268 页　精装　29cm
ISBN978-7-218-10400-3
馆藏号：Guojiafz-8600002014559

南山年鉴·2017
南山区委、区政府主办　南山区区志编纂委员会办公室编　主编邓飞波　执行主编田新舟
广东人民出版社　2017 年 7 月
252 页　精装　29cm
ISBN978-7-218-12123-9
馆藏号：Guojiafz-8600002016374

南山年鉴·2018
南山区委、区政府主办　南山区区志编纂委员会办公室编　主编胡芸　执行主编田新舟
方志出版社　2018 年 12 月
268 页　精装　29cm
ISBN978-7-5144-3558-0
馆藏号：Guojiafz-8600002017025

宝安年鉴·2011
深圳市宝安区档案局（馆）、深圳市宝安区史志办公室合编　主编袁钦
海天出版社　2012 年 1 月
268 页　精装　29cm
ISBN978-7-5507-0342-1
馆藏号：Guojiafz-8600002000182

宝安年鉴·2014
深圳市宝安区档案局（馆）、深圳市宝安区史志办公室合编　主编麦健鹏
深圳报业集团出版社　2014 年 11 月
269 页　精装　29cm
ISBN978-7-80709-626-9
馆藏号：Guojiafz-8600002015727

宝安年鉴·2016
深圳市宝安区档案局（馆）、深圳市宝安区史志办公室合编　主编王军
深圳报业集团出版社　2016 年 11 月

300页　精装　29cm
ISBN978-7-80709-751-8
馆藏号：Guojiafz-8600002014556

龙岗年鉴·2010
中共深圳市龙岗区委员会、龙岗区人民政府主管　深圳市龙岗区史志办公室、深圳市龙岗区档案局（馆）主办　深圳市龙岗区史志办公室、深圳市龙岗区档案局（馆）合编　主编陈少雄
海天出版社　2011年8月
290页　精装　29cm
ISBN978-7-5507-0230-1
馆藏号：Guojiafz-8600002007901

龙城街道年鉴·2017
深圳市龙岗区龙城街道办事处编　主编李顺恭
中国文史出版社　2017年11月
156页　精装　29cm
ISBN978-7-5034-9836-1
馆藏号：Guojiafz-8600002016371

盐田年鉴·2011
中共盐田区委、盐田区政府主管　盐田区年鉴编纂委员会编　主编梁景海
方志出版社　2011年10月
394页　精装　29cm
ISBN978-7-5144-0228-5
馆藏号：Guojiafz-8600002000136

盐田年鉴·2012
盐田区年鉴编纂委员会编　主编董秀
方志出版社　2012年11月
410页　精装　29cm
ISBN978-7-5507-0581-4
馆藏号：Guojiafz-8600002007454

盐田年鉴·2017
中共盐田区委、区政府主管　深圳市盐田区年鉴编纂委员会编　主编王琨
深圳报业集团出版社　2017年12月
300页　精装　29cm
ISBN978-7-80709-816-4
馆藏号：Guojiafz-8600002016357

坪山新区年鉴·2014
坪山新区党工委、坪山新区管委会主办　坪山新区综合办公室编　主编王伟雄
南海出版公司　2014年11月
263页　精装　29cm
ISBN978-7-5442-7490-6
馆藏号：Guojiafz-8600002015504

珠海年鉴·1998
珠海年鉴编纂委员会编　主编陈健雄
珠海出版社　1998年10月
490页　精装　27cm
ISBN7-80607-499-6
馆藏号：Guojiafz-8600002006012

珠海年鉴·2009
珠海市人民政府主办　珠海年鉴编纂委员会编　主编邓卓贤
珠海百年电子音像出版社　2011年12月
536页　精装　29cm
ISBN978-7-900408-30-3
馆藏号：Guojiafz-8600002007318

珠海统计年鉴·2011
珠海市统计局、国家统计局珠海调查队合编　主编吕红珍
内部印刷
513页　精装　29cm
馆藏号：Guojiafz-8600002009147

珠海统计年鉴·2012
珠海市统计局、国家统计局珠海调查队合编　主编吕红珍
内部印刷
514页　精装　30cm
馆藏号：Guojiafz-8600002009502

斗门年鉴·2012（创刊号）
珠海市斗门区人民政府主办　斗门区地方志编纂委员会、斗门区《斗门年鉴》编辑部合编
主编梁少华
中共党史出版社　2012年10月
422页　精装　29cm
ISBN978-7-5098-1879-4
馆藏号：Guojiafz-8600002003320

金湾年鉴·2014
珠海市金湾区年鉴编纂委员会编　主编吴育日
方志出版社　2016年7月
390页　精装　29cm
ISBN978-7-5144-2035-7
馆藏号：Guojiafz-8600002013815

汕头年鉴·2009
中共汕头市委、汕头市人民政府主办　《汕头年鉴》编纂委员会编　主编谢泽生
方志出版社　2009年12月
389页　精装　29cm
ISBN978-7-80675-656-0
馆藏号：Guojiafz-8600002003151

汕头年鉴·2011
中共汕头市委、汕头市人民政府主办　《汕头年鉴》编纂委员会编　主编谢泽生
新华出版社　2011年11月
426页　精装　29cm
ISBN978-7-5011-9812-2
馆藏号：Guojiafz-8600002007317

汕头年鉴·2015
中共汕头市委、汕头市人民政府主办　汕头年鉴编纂委员会编　主编孙光辉
方志出版社　2015年12月
426页　精装　29cm
ISBN978-7-5144-1887-3
馆藏号：Guojiafz-8600002003087

龙湖年鉴·2016
龙湖区人民政府主办　龙湖区地方志办公室编
主编王小辉
广东人民出版社　2016年12月
251页　精装　29cm
ISBN978-7-218-11393-7
馆藏号：Guojiafz-8600002014574

潮阳年鉴·2012（首卷）
中共汕头市潮阳区委、汕头市潮阳区人民政府主办《潮阳年鉴》编纂委员会编　主编姚佐雄
广东人民出版社　2012年8月
329页　精装　29cm
ISBN978-7-218-08103-8
馆藏号：Guojiafz-8600002003281

潮阳年鉴·2014
中共汕头市潮阳区委、汕头市潮阳区人民政府主办《潮阳年鉴》编纂委员会编　主编姚欣文、李绪明
广东人民出版社　2014年6月
385页　精装　29cm
ISBN978-7-218-09417-5
馆藏号：Guojiafz-8600002015965

澄海年鉴·2011
中共汕头市澄海区委、汕头市澄海区人民政府主办《澄海年鉴》编纂委员会编　主编陈少麟
方志出版社　2011年10月
337页　精装　29cm
ISBN978-7-5144-0387-9
馆藏号：Guojiafz-8600002000179

澄海年鉴·2012
中共汕头市澄海区委、汕头市澄海区人民政府主办澄海年鉴编纂委员会编　主编柯茂
方志出版社　2012年10月
303页　精装　29cm
ISBN978-7-5144-0663-4
馆藏号：Guojiafz-8600002009944

澄海年鉴·2013
中共汕头市澄海区委、汕头市澄海区人民政府主办
澄海年鉴编纂委员会编　主编柯茂
广东人民出版社　2013年12月
335页　精装　29cm
ISBN978-7-218-09221-8
馆藏号：Guojiafz-8600002015332

澄海年鉴·2018
澄海年鉴编纂委员会编　主编杨焕新
方志出版社　2018年12月
316页　精装　29cm
ISBN978-7-5144-3511-5
馆藏号：Guojiafz-8600002018170

南澳年鉴·2012
中共南澳县委、南澳县人民政府主办　南澳年鉴编委会编　主编陈映山
广东人民出版社　2012年10月
328页　精装　27cm
ISBN978-7-218-08201-1
馆藏号：Guojiafz-8600002003302

南澳年鉴·2013
中共南澳县委、南澳县人民政府主办　南澳年鉴编委会编　主编陈映山
广东人民出版社　2013年11月
386页　精装　27cm
ISBN978-7-218-09124-2
馆藏号：Guojiafz-8600002016010

禅城年鉴·2018
佛山市禅城区档案局、佛山市禅城区地方志办公室合编　主编李展华
方志出版社　2018年11月
480页　精装　27cm
ISBN978-7-5144-3396-8
馆藏号：Guojiafz-8600002016970

南海年鉴·2002
《南海年鉴》编委会编　主编陈渊
广东人民出版社　2002年8月
262页　精装　27cm
ISBN7-218-04049-7
馆藏号：Guojiafz-8600002008487

南海年鉴·2008
《南海年鉴》编纂委员会编　主编汪会洲
广东经济出版社　2008年9月
374页　精装　27cm
ISBN978-7-80728-999-9
馆藏号：Guojiafz-8600002002830

南海年鉴·2012
《南海年鉴》编纂委员会编　主编黎天赐
广东经济出版社　2012年9月
474页　精装　27cm
ISBN978-7-5454-1522-3
馆藏号：Guojiafz-8600002006954

南海年鉴·2014
《南海年鉴》编纂委员会编　主编黎天赐
广东经济出版社　2014年11月
422页　精装　27cm
ISBN978-7-5454-3650-1
馆藏号：Guojiafz-8600002016058

南海年鉴·2017
南海年鉴编纂委员会编　主编张颖雯
广东经济出版社　2017年11月
378页　精装　27cm
ISBN978-7-5454-5850-3
馆藏号：Guojiafz-8600002016369

顺德年鉴·2009
中共佛山市顺德区委、顺德区人民政府主办　佛山市顺德区地方志办公室、《顺德年鉴》编辑部合编　主编马洪胜
广东经济出版社　2010年3月

460 页　精装　27cm
ISBN978-7-5454-0401-2
馆藏号：Guojiafz-8600002005470

顺德年鉴·2014
中共佛山市顺德区委、顺德区人民政府主办　佛山市顺德区地方志办公室、《顺德年鉴》编辑部合编　主编周驭洪
方志出版社　2015 年 5 月
316 页　精装　27cm
ISBN978-7-5144-1614-5
馆藏号：Guojiafz-8600002002793

顺德年鉴·2015
中共佛山市顺德区委、顺德区人民政府主办　佛山市顺德区地方志编办公室编　主编叶卉时
方志出版社　2016 年 1 月
344 页　精装　27cm
ISBN978-7-5144-1939-9
馆藏号：Guojiafz-8600002013498

顺德年鉴·2017
中共佛山市顺德区委、顺德区人民政府主办　顺德区地方志办公室、《顺德年鉴》编辑部合编　主编叶卉时
光明日报出版社　2017 年 11 月
398 页　精装　27cm
ISBN978-7-5194-3569-1
馆藏号：Guojiafz-8600002016263

顺德年鉴·2018
中共佛山市顺德区委、顺德区人民政府主办　顺德区地方志办公室、《顺德年鉴》编辑部合编　主编叶卉时
方志出版社　2019 年 1 月
400 页　精装　27cm
ISBN978-7-5144-3475-0
馆藏号：Guojiafz-8600002018078

三水年鉴·1996
中共三水市委、三水市人民政府主办　三水市地方志办公室、《三水年鉴》编辑部合编
主编卜映芬
广东人民出版社　1996 年 11 月
326 页　精装　27cm
ISBN7-218-01967-6
馆藏号：Guojiafz-8600002005025

三水年鉴·1997
中共三水市委、三水市人民政府主办《三水年鉴》编辑部编　主编卜映芬
广东人民出版社　1997 年 9 月
353 页　精装　27cm
ISBN7-218-02568-4
馆藏号：Guojiafz-8600002003992

三水年鉴·2003
中共佛山市三水区委、三水区人民政府主办　三水地方志编纂委员会编　主编卜映芬
中华书局　2003 年 10 月
396 页　精装　27cm
ISBN7-101-04138-8
馆藏号：Guojiafz-8600002003234

三水年鉴·2005
中共佛山市三水区委、三水区人民政府主办　佛山市三水区地方志编纂委员会编　主编卜映芬
中华书局　2006 年 1 月
446 页　精装　26cm
ISBN7-101-05017-4
馆藏号：Guojiafz-8600002003433

三水年鉴·2008
中共佛山市三水区委、三水区人民政府主办　佛山市三水区地方志编纂委员会编　主编卜映芬
中华书局　2008 年 12 月
500 页　精装　27cm
ISBN978-7-101-06397-4
馆藏号：Guojiafz-8600002002832

三水年鉴·2014
佛山市三水区人民政府地方志办公室、佛山市三水区档案局、佛山市三水区《三水年鉴》编辑部合编　主编吴文芳　执行主编余燕良
广东人民出版社　2014 年 10 月
530 页　精装　27cm
ISBN978-7-218-09649-0
馆藏号：Guojiafz-8600002015914

三水年鉴·2016
佛山市三水区人民政府地方志办公室、佛山市三水区档案局、佛山市三水区《三水年鉴》编辑部合编　主编吴文芳　执行主编余燕良
广东人民出版社　2016 年 11 月
436 页　精装　27cm
ISBN978-7-218-11374-6
馆藏号：Guojiafz-8600002014472

高明年鉴·2002
高明市人民政府主办　高明市史志办公室、《高明年鉴》编辑部合编　主编陈仕金
中华书局　2002 年 11 月
394 页　精装　27cm
ISBN7-101-03673-2
馆藏号：Guojiafz-8600002005413

高明年鉴·2012
佛山市高明区人民政府主办　佛山市高明区档案局、《高明年鉴》编辑部、佛山市高明区地方志办公室合编　主编区广贤　执行主编徐玉业
中华书局　2012 年 12 月
402 页　精装　27cm
ISBN978-7-101-09001-7
馆藏号：Guojiafz-8600002002756

江门年鉴·2012
江门市地方志编纂委员会编　主任陈佳林
中国县镇年鉴社　2012 年 12 月
615 页　精装　27cm
ISSN1004-812X
馆藏号：Guojiafz-8600002005071

江门年鉴·2013
江门市地方志编纂委员会编　主任陈佳林
方志出版社　2013 年 12 月
569 页　精装　27cm
ISBN978-7-5144-1126-3
馆藏号：Guojiafz-8600002004622

江门年鉴·2015
江门市人民政府地方志办公室编　主任陈佳林、钟军
方志出版社　2015 年 11 月
650 页　精装　27cm
ISBN978-7-5144-1841-5
馆藏号：Guojiafz-8600002013841

江门年鉴·2016
江门市人民政府地方志办公室编　主任陈佳林、钟军、吴国杰
方志出版社　2016 年 11 月
627 页　精装　27cm
ISBN978-7-5144-2233-7
馆藏号：Guojiafz-8600002014966

江门年鉴·2017
江门市人民政府地方志办公室编　主任吴国杰、赖燕芬
方志出版社　2017 年 11 月
598 页　精装　29cm
ISBN978-7-5144-2775-2
馆藏号：Guojiafz-8600002015038

蓬江年鉴·2017
江门市蓬江区人民政府地方志办公室编
主编黄世斌
方志出版社　2017 年 11 月
239 页　精装　29cm
ISBN978-7-5144-2717-2
馆藏号：Guojiafz-8600002015011

江海年鉴·2009—2010
中共江门市江海区委、江海区人民政府主办
江门市江海区地方志编纂委员会编　主编吴旭
方志出版社　2013 年 11 月
276 页　精装　29cm
ISBN978-7-5144-1085-3
馆藏号：Guojiafz-8600002006813

江海年鉴·2011—2012
江门市江海区地方志编纂委员会编　主编吴旭
方志出版社　2015 年 4 月
296 页　精装　29cm
ISBN978-7-5144-1604-6
馆藏号：Guojiafz-8600002002720

江海年鉴·2014
江门市江海区地方志编纂委员会编　主编吴旭
方志出版社　2016 年 2 月
235 页　精装　29cm
ISBN978-7-5144-1945-0
馆藏号：Guojiafz-8600002013844

江海年鉴·2015
江门市江海区地方志编纂委员会编　主编李丹
方志出版社　2017 年 6 月
210 页　精装　29cm
ISBN978-7-5144-2444-7
馆藏号：Guojiafz-8600002015016

江海年鉴·2016
江门市江海区地方志编纂委员会编　主编李丹
方志出版社　2017 年 12 月
200 页　精装　29cm
ISBN978-7-5144-2894-0
馆藏号：Guojiafz-8600002017237

江海年鉴·2017
江门市江海区地方志编纂委员会编　主编李丹
方志出版社　2017 年 11 月
192 页　精装　29cm
ISBN978-7-5144-2716-5
馆藏号：Guojiafz-8600002017202

江海年鉴·2018
江门市江海区地方志编纂委员会编　主编李丹
方志出版社　2018 年 12 月
191 页　精装　29cm
ISBN978-7-5144-3519-1
馆藏号：Guojiafz-8600002017977

台山年鉴·1993
台山市地方志编辑部编　主编黄剑云
广东人民出版社　1993 年 12 月
288 页　精装　29cm
ISBN7-218-01380-5
馆藏号：Guojiafz-8600002000776

台山年鉴·2017
台山市人民政府地方志办公室编　主编余焕权
广东人民出版社　2017 年 12 月
379 页　精装　29cm
ISBN978-7-218-12176-5
馆藏号：Guojiafz-8600002016363

开平年鉴·2015
中共开平市委员会、开平市人民政府主办　开平市地方志编纂委员会编　主编黄力奔
广东人民出版社　2015 年 11 月
364 页　精装　29cm
ISBN978-7-218-10581-9
馆藏号：Guojiafz-8600002014538

开平年鉴·2018
中共开平市委员会、开平市人民政府主办　开平市地方志编纂委员会编　主编颜海娜、黄力奔
方志出版社　2018 年 11 月
342 页　精装　29cm
ISBN978-7-5144-3411-8
馆藏号：Guojiafz-8600002017034

鹤山年鉴·2003(创刊号)
中共鹤山市委、鹤山市人民政府主办　鹤山市党史地方志办公室、《鹤山年鉴》编辑部合编
主编韦成云
中国县镇年鉴社　2003年12月
484页　精装　27cm
ISSN1004-812X
馆藏号：Guojiafz-8600002007315

恩平年鉴·2004—2006
中共恩平市委员会、恩平市人民政府主办　恩平市委党史市志办公室、《恩平年鉴》编辑部合编
主编甄伟新
中国县镇年鉴社　2008年8月
579页　精装　27cm
ISSN1004-812X
馆藏号：Guojiafz-8600002004714

恩平年鉴·2016
恩平市人民政府主管　恩平年鉴编纂委员会编
主编梁玉树
方志出版社　2017年3月
264页　精装　29cm
ISBN978-7-5144-2392-1
馆藏号：Guojiafz-8600002015065

湛江年鉴·2003
湛江市年鉴编纂委员会编　执行主编陈仕明
时代出版社　2004年8月
394页　精装　27cm
ISBN7-80123-338-7
馆藏号：Guojiafz-8600002004597

湛江年鉴·2009
湛江市人民政府主办　《湛江年鉴》编辑部编
主编陈保民
经济科学出版社　2009年11月
544页　精装　29cm
ISBN978-7-5058-7900-3
馆藏号：Guojiafz-8600002003329

湛江年鉴·2011
湛江市人民政府主办　《湛江年鉴》编辑部编
主编陈保民
方志出版社　2011年10月
569页　精装　29cm
ISBN978-7-80238-913-7
馆藏号：Guojiafz-8600002000180

湛江年鉴·2012
湛江市年鉴编纂委员会主管　《湛江年鉴》编辑部编　主编王中丙
人民日报出版社　2012年12月
555页　精装　29cm
ISBN978-7-5115-0363-3
馆藏号：Guojiafz-8600002007367

湛江年鉴·2014
湛江市人民政府主办　湛江市年鉴编纂委员会编
主编王中丙　执行主编钟涓泓
广东人民出版社　2014年9月
472页　精装　29cm
ISBN978-7-218-09624-7
馆藏号：Guojiafz-8600002015279

湛江年鉴·2017
湛江市年鉴编纂委员会编　主编姜建军　执行主编钟涓泓
广东人民出版社　2017年10月
551页　精装　29cm
ISBN978-7-218-12179-6
馆藏号：Guojiafz-8600002016367

霞山年鉴·2015
中共湛江市霞山区委员会、霞山区人民政府主办
霞山区年鉴编纂委员会编　主编钟琼梅
广东人民出版社　2015年11月
334页　精装　29cm
ISBN978-7-218-10593-2
馆藏号：Guojiafz-8600002014544

坡头年鉴·2013（创刊号）
湛江市坡头区人民政府主办　湛江市坡头区地方志编纂委员会编　主编崔青
广东人民出版社　2013年12月
400页　精装　29cm
ISBN978-7-218-09225-6
馆藏号：Guojiafz-8600002017585

坡头年鉴·2014
坡头区人民政府主办　湛江市坡头区地方志编纂委员会编　主编崔青　执行主编徐信荣
广东人民出版社　2014年11月
392页　精装　29cm
ISBN978-7-218-09774-9
馆藏号：Guojiafz-8600002015890

廉江年鉴·2009—2011
中共廉江市委、廉江市人民政府主办　廉江市志编纂委员会办公室编　主编邓木友
中国文史出版社　2012年7月
434页　精装　29cm
ISBN978-7-5034-3348-1
馆藏号：Guojiafz-8600002006969

吴川年鉴·2001—2006
吴川市人民政府主办　《吴川年鉴》编辑部编　主编林彬
中华书局　2011年12月
665页　精装　27cm
ISBN978-7-101-08306-4
馆藏号：Guojiafz-8600002010240

遂溪年鉴·2011
中共遂溪县委、遂溪县人民政府主管主办　遂溪地方志编纂委员会办公室编　主编陈土旺、曾伟川　执行主编苏振华
人民日报出版社　2012年8月
482页　精装　27cm
ISBN978-7-5115-0365-7
馆藏号：Guojiafz-8600002007137

遂溪年鉴·2017
中共遂溪县委、遂溪县人民政府主管　遂溪年鉴编纂委员会编　主编陈政
广东人民出版社　2017年12月
411页　精装　29cm
ISBN978-7-218-12184-0
馆藏号：Guojiafz-8600002016362

茂名年鉴·2010
茂名市人民政府主管　茂名市党史地志办公室主办　茂名年鉴编纂委员会编　主编邓海光
广州天虹彩色印刷有限公司印刷　2011年9月
454页　精装　29cm
准印证号：茂南文内部印准字（2011）第044号
馆藏号：Guojiafz-8600002008998

电白年鉴·2010
中共电白县委、县人民政府主办　《电白年鉴》编辑部编　主编汪椿涛　执行主编吴兴旺
北京大学出版社　2010年12月
500页　精装　29cm
ISBN978-7-301-17132-5
馆藏号：Guojiafz-8600002000077

高州年鉴·2010
中共高州市委员会、高州市人民政府主办　高州年鉴编委会编　总编辑潘闻晓　主编张宁
中华书局　2011年11月
422页　精装　29cm
ISBN978-7-101-08255-5
馆藏号：Guojiafz-8600002000636

高州年鉴·2017
中共高州市委员会、高州市人民政府主办　高州年鉴编纂委员会编　总编辑朱春保　主编朱伟明　执行主编朱伟明
广东人民出版社　2017年12月
517页　精装　29cm
ISBN978-7-218-12173-4
馆藏号：Guojiafz-8600002016359

化州年鉴·2009
化州市人民政府主管　化州市地方志编纂委员会办公室主办　化州市地方志编纂委员会编
主编黄从南
中国县镇年鉴社　2009 年 12 月
647 页　精装　29cm
ISSN1004-812X
馆藏号：Guojiafz-8600002000541

化州年鉴·2015
中共化州市委员会、化州市人民政府主管　化州市地方志编纂委员会编　总编谭剑锋
主编陈刘雄
广东人民出版社　2016 年 6 月
480 页　精装　29cm
ISBN978-7-218-10910-7
馆藏号：Guojiafz-8600002014535

肇庆年鉴·1999
肇庆市地方志编纂委员会编　总编黄平方　执行主编王振华
肇庆市端州报社印刷厂印刷　1999 年 10 月
420 页　精装　27cm
准印证号：粤肇印准字第 9-11156 号
馆藏号：Guojiafz-8600002009253

肇庆年鉴·2011
肇庆市人民政府主办　肇庆市地方志编纂委员会编　主编黄方业、叶可道　执行主编叶可道
中华书局　2011 年 12 月
547 页　精装　29cm
ISBN978-7-101-08330-9
馆藏号：Guojiafz-8600002000488

肇庆年鉴·2012
肇庆市人民政府主办　肇庆市地方志编纂委员会编
总编辑陈宣群　主编黄涛
中华书局　2012 年 12 月
556 页　精装　29cm
ISBN978-7-101-09084-0
馆藏号：Guojiafz-8600002003282

鼎湖年鉴·2011
中共肇庆市鼎湖区委员会、肇庆市鼎湖区人民政府主办　肇庆市鼎湖区地方志办公室编
主编黄伟文
深圳市精典印务有限公司印刷　2012 年 1 月
340 页　精装　30cm
准印证号：粤肇准印字第 2011-12-018 号
馆藏号：Guojiafz-8600002010223

高要年鉴·2002（创刊号）
中共高要市委、高要市人民政府主办　高要年鉴编辑部编　主编黄敏青
中华书局　2003 年 1 月
304 页　精装　29cm
ISBN7-101-03848-4
馆藏号：Guojiafz-8600002005128

高要年鉴·2011
中共高要市委、高要市人民政府主办　高要市地方志办公室编　主编陈劭敏
中华书局　2011 年 10 月
451 页　精装　29cm
ISBN978-7-101-08274-6
馆藏号：Guojiafz-8600002007319

高要年鉴·2012
中共高要市委、高要市人民政府主办　高要市地方志编纂委员会办公室编　主编陈劭敏　执行主编陈益民
方志出版社　2012 年 11 月
504 页　精装　29cm
ISBN978-7-5144-0642-9
馆藏号：Guojiafz-8600002003401

高要年鉴·2014
中共高要市委、市人民政府主办　高要市人民政府地方志办公室编　总编辑陈劭敏　执行主编梁志球

广东人民出版社　2014 年 10 月
483 页　精装　29cm
ISBN978-7-218-09687-2
馆藏号：Guojiafz-8600002015465

高要年鉴·2016
肇庆市高要区人民政府主办　高要年鉴编纂委员会编　总编辑梁玉茹
广东人民出版社　2016 年 11 月
394 页　精装　29cm
ISBN978-7-218-11349-4
馆藏号：Guojiafz-8600002014464

封开年鉴·1996—1997（创刊号）
封开县委、县政府主办　封开县地方志编纂委员会办公室、《封开年鉴》编辑部合编　主编林志雄
封开县人民印刷厂印刷　1999 年 2 月
281 页　精装　26cm
准印证号：粤肇印准字第 9-04055 号
馆藏号：Guojiafz-8600002009057

肇庆高新区年鉴·2007—2010
中共肇庆高新区委员会、肇庆高新区管理委员会主办　肇庆市高新区地方志编纂委员会编
主编陈汉华
中华书局　2012 年 10 月
372 页　精装　29cm
ISBN978-7-101-08548-8
馆藏号：Guojiafz-8600002003300

惠州年鉴·1999
惠州市人民政府主办　惠州市地方志办公室编
主编杨奕青
中国经济出版社　1999 年 9 月
530 页　精装　27cm
ISBN7-5017-4789-X
馆藏号：Guojiafz-8600002004444

惠州年鉴·2005
中共惠州市委、惠州市人民政府主办　惠州市地方志编纂委员会办公室编　主编杨奕青、林惠群、张世开
中华书局　2005 年 6 月
453 页　精装　29cm
ISBN7-101-04733-5
馆藏号：Guojiafz-8600002002808

惠州年鉴·2011
中共惠州市委、惠州市人民政府主办　惠州市地方志编纂委员会办公室编　主编张世开
中央文献出版社　2011 年 10 月
490 页　精装　29cm
ISBN978-7-5073-3390-9
馆藏号：Guojiafz-8600002008582

惠州年鉴·2014
中共惠州市委员会、惠州市人民政府主办　惠州市地方志办公室编　主编张世开
广东人民出版社　2014 年 10 月
434 页　精装　29cm
ISBN978-7-218-09669-8
馆藏号：Guojiafz-8600002015202

惠城年鉴·2011
中共惠城区委、惠城区人民政府主办　惠城区地方志办编　主编傅茶生
中国文史出版社　2011 年 12 月
510 页　精装　27cm
ISBN978-7-5034-3693-2
馆藏号：Guojiafz-8600002006715

惠城年鉴·2014
中共惠州市惠城区委员会、惠州市惠城区人民政府主办　惠州市惠城区人民政府地方志办公室编
主编傅茶生
广东人民出版社　2014 年 10 月
384 页　精装　29cm
ISBN978-7-218-09746-6
馆藏号：Guojiafz-8600002015189

惠阳年鉴・2011—2012
中共惠阳区委、惠阳区人民政府主办　惠阳区地方志办编　主编黄小文
中国文史出版社　2013 年 1 月
501 页　精装　29cm
ISBN978-7-5034-3129-6
馆藏号：Guojiafz-8600002009958

博罗年鉴：2008—2010・2011
中共博罗县委、博罗县人民政府主办　博罗县地方志编纂委员会编　主编吴小明
中国文史出版社　2011 年 12 月
565 页　精装　29cm
ISBN978-7-5034-3889-8
馆藏号：Guojiafz-8600002000536

惠东年鉴・1997—2002
中共惠东县委、惠东县人民政府主办　惠东县地方志编纂委员会编　主编林丽华
中华书局　2002 年 10 月
454 页　精装　29cm
ISBN7-101-03633-3
馆藏号：Guojiafz-8600002000939

惠东年鉴・2015
中共惠东县委、惠东县人民政府主办　惠东县地方志办公室编　主编邱海权
广东人民出版社　2015 年 12 月
420 页　精装　29cm
ISBN978-7-218-10651-9
馆藏号：Guojiafz-8600002014580

惠东年鉴・2017
中共惠东县委、惠东县人民政府主办　惠东县地方志办公室编　主编邱海权
广东人民出版社　2017 年 12 月
396 页　精装　29cm
ISBN978-7-218-12260-1
馆藏号：Guojiafz-8600002016375

惠东年鉴・2018
中共惠东县委、惠东县人民政府主办　惠东县地方志办公室编　主编邱海权
岭南美术出版社　2018 年 12 月
368 页　精装　29cm
ISBN978-7-5362-6707-7
馆藏号：Guojiafz-8600002016375

梅州年鉴・2004
梅州年鉴编纂委员会编　主编何正拔
方志出版社　2004 年 11 月
425 页　精装　27cm
准印证号：（2004）梅市准印字第 83 号
馆藏号：Guojiafz-8600002006388

梅州年鉴・2011
中共梅州市委、梅州市人民政府主办　梅州市人民政府地方志办公室编
方志出版社　2011 年 11 月
410 页　精装　27cm
ISBN978-7-5144-0337-4
馆藏号：Guojiafz-8600002000365

梅州年鉴・2012
中共梅州市委、梅州市人民政府主办　梅州市人民政府地方志办公室编　主编丘洪松、张小冰
蕉岭县教育文用厂印刷　2012 年 12 月
368 页　精装　27cm
准印证号：［2012］梅市印准字第 66 号
馆藏号：Guojiafz-8600002005369

梅州年鉴・2016
中共梅州市委、梅州市人民政府主办　梅州市人民政府地方志办公室编
方志出版社　2016 年 11 月
356 页　精装　29cm
ISBN978-7-5144-2191-0
馆藏号：Guojiafz-8600002014008

梅州年鉴·2017
中共梅州市委、梅州市人民政府主办　梅州市人民政府地方志办公室编　主编钟伟基、张小冰
方志出版社　2017 年 11 月
404 页　精装　29cm
ISBN978-7-5144-2750-9
馆藏号：Guojiafz-8600002015164

梅州年鉴·2018
中共梅州市委、梅州市人民政府主办　梅州市人民政府地方志办公室编　主编钟伟基
方志出版社　2019 年 1 月
580 页　精装　29cm
ISBN978-7-5144-3474-3
馆藏号：Guojiafz-8600002017269

梅州年鉴·2019
中共梅州市委、梅州市人民政府主办　梅州市人民政府地方志办公室编　主编钟伟基
方志出版社　2019 年 12 月
548 页　精装　29cm
ISBN978-7-5144-4033-1
馆藏号：Guojiafz-8600002017966

梅江年鉴·2012
中共梅州市梅江区委、梅江区人民政府主办　梅江年鉴编辑部编　主编张浩源
内部印刷　2012 年 12 月
364 页　精装　27cm
准印证号：（2012）梅江准印字第 018 号
馆藏号：Guojiafz-8600002005367

梅江年鉴·2018
梅江年鉴编纂委员会编　主编林砝
方志出版社　2019 年 1 月
302 页　精装　29cm
ISBN978-7-5144-3482-8
馆藏号：Guojiafz-8600002017245

梅江年鉴·2019
梅江年鉴编纂委员会编　主编张峥奇
方志出版社　2019 年 12 月
334 页　精装　29cm
ISBN978-7-5144-4034-8
馆藏号：Guojiafz-8600002018005

梅县年鉴·1995
梅县年鉴编纂委员会编　主编王基荣
梅县印刷厂印刷　1995 年 10 月
296 页　平装　26cm
准印证号：梅社文管办（95）准印字第 015 号
馆藏号：Guojiafz-8600002010178

梅县年鉴·1996
梅县年鉴编纂委员会办公室编　主编王基荣
梅州市新华印刷厂印刷　1996 年 9 月
192 页　平装　27cm
准印证号：梅社文管办（96）准印字第 025 号
馆藏号：Guojiafz-8600002010181

梅县年鉴·1999
梅县年鉴编纂委员会、梅县年鉴编辑部合编　主编曾祥海
梅县印刷厂印刷　1999 年 8 月
266 页　平装　27cm
准印证号：梅县准印字［1999］第 019 号
馆藏号：Guojiafz-8600002010180

梅县年鉴·2000
梅县年鉴编纂委员会、梅县年鉴编辑部合编　主编曾祥海
梅县印刷厂印刷　2000 年 7 月
258 页　精装　27cm
准印证号：［2000］梅县准印字第 020 号
馆藏号：Guojiafz-8600002009065

梅县年鉴·2001
梅县年鉴编纂委员会、梅县年鉴编辑部合编　主编曾祥海

梅县印刷厂印刷　2001年8月
271页　精装　27cm
准印证号:［2001］梅县准印字第024号
馆藏号：Guojiafz-8600002006356

梅县年鉴·2002
梅县年鉴编纂委员会、梅县年鉴编辑部合编
主编曾祥海
梅县印刷厂印刷　2002年8月
285页　精装　27cm
准印证号:［2002］梅县准印字第027号
馆藏号：Guojiafz-8600002009521

梅县年鉴·2003
梅县年鉴编纂委员会、梅县年鉴编辑部合编
主编宋才华
梅县印刷厂印刷　2003年8月
272页　精装　27cm
准印证号:［2003］梅县准印字第033号
馆藏号：Guojiafz-8600002006257

梅县年鉴·2004
梅县年鉴编纂委员会、梅县年鉴编辑部合编
主编宋才华
梅县印刷厂有限公司印刷　2004年8月
298页　精装　27cm
准印证号:［2004］梅县准印字第036号
馆藏号：Guojiafz-8600002006337

梅县年鉴·2005
梅县年鉴编纂委员会、梅县年鉴编辑部合编
主编宋才华
梅县程江彩色印刷厂有限公司印刷　2005年8月
254页　精装　27cm
准印证号:［2005］梅县准印字第034号
馆藏号：Guojiafz-8600002012657

梅县年鉴·2006
梅县年鉴编纂委员会、梅县年鉴编辑部合编
主编宋才华
梅县程江彩色印刷厂有限公司印刷　2006年8月
232页　精装　27cm
准印证号:［2006］梅县准印字第019号
馆藏号：Guojiafz-8600002012658

梅县年鉴·2007
梅县年鉴编纂委员会、梅县年鉴编辑部合编
主编肖济邦
梅县强鑫印务有限公司印刷　2007年10月
253页　精装　27cm
准印证号:［2007］梅县印准字第026号
馆藏号：Guojiafz-8600002008592

梅县年鉴·2008
梅县年鉴编纂委员会、梅县年鉴编辑部合编
主编肖济邦
梅州市强鑫印务有限公司印刷　2008年11月
251页　精装　27cm
准印证号:［2008］梅县准印字第034号
馆藏号：Guojiafz-8600002010170

梅县年鉴·2009
梅县年鉴编纂委员会、梅县年鉴编辑部合编
主编洪国华
梅州市视嘉设计有限公司印刷　2009年11月
260页　精装　27cm
准印证号:［2009］梅县准印字第069号
馆藏号：Guojiafz-8600002006297

梅县年鉴·2015
中共梅州市梅县区委、梅县区人民政府主办　梅县年鉴编纂委员会、梅县年鉴编辑部合编
主编曾婉玲
方志出版社　2015年11月
316页　精装　27cm
ISBN978-7-5144-1820-0
馆藏号：Guojiafz-8600002002727

梅县年鉴·2016
中共梅州市梅县区委、梅县区人民政府主办　梅州

年鉴编纂委员会、梅县年鉴编辑部合编
主编曾婉玲
方志出版社　2016 年 11 月
378 页　精装　27cm
ISBN978-7-5144-2219-1
馆藏号：Guojiafz-8600002013902

梅县年鉴·2017
梅县区年鉴编纂委员会、梅县区年鉴编辑部合编
主编曾婉玲
方志出版社　2017 年 11 月
306 页　精装　27cm
ISBN978-7-5144-2731-8
馆藏号：Guojiafz-8600002015096

梅县年鉴·2018
梅县区年鉴编纂委员会、梅县区年鉴编辑部合编
主编曾婉玲
方志出版社　2018 年 9 月
378 页　精装　29cm
ISBN978-7-5144-3302-9
馆藏号：Guojiafz-8600002017232

梅县年鉴·2019
梅县区年鉴编纂委员会、梅县区年鉴编辑部合编
主编杨东梅
方志出版社　2019 年 10 月
338 页　精装　29cm
ISBN978-7-5144-3984-7
馆藏号：Guojiafz-8600002018004

兴宁年鉴·2012
兴宁年鉴编纂委员会编　主编陈远方
内部印刷　2012 年 10 月
461 页　精装　27cm
准印证号:(2012)兴市准印字第 012 号
馆藏号：Guojiafz-8600002009476

兴宁年鉴·2018
兴宁年鉴编纂委员会编　主编罗丽平
方志出版社　2019 年 1 月
382 页　精装　29cm
ISBN978-7-5144-3477-4
馆藏号：Guojiafz-8600002016944

兴宁年鉴·2019
兴宁年鉴编纂委员会编　主编罗丽平
方志出版社　2019 年 12 月
414 页　精装　29cm
ISBN978-7-5144-4027-0
馆藏号：Guojiafz-8600002017972

大埔年鉴·2007
大埔县地方志编纂委员会编　主编李钢
广东省梅州市强鑫印务有限公司印刷　2007 年 11 月
381 页　精装　27cm
准印证号：埔准印字［2007］第 038 号
馆藏号：Guojiafz-8600002010137

大埔年鉴·2008
大埔县地方志编纂委员会编　主编谢志云
广东省梅州市强鑫印务有限公司印刷　2008 年 11 月
348 页　精装　27cm
准印证号：埔准印字［2008］第 030 号
馆藏号：Guojiafz-8600002004838

大埔年鉴·2009
大埔县地方志编纂委员会编　主编谢志云
广东省梅州市强鑫印务有限公司印刷　2009 年 12 月
357 页　精装　27cm
准印证号：埔准印字［2009］第 047 号
馆藏号：Guojiafz-8600002009107

大埔年鉴·2010
大埔县地方志编纂委员会编　主编谢志云
广东省梅县程江彩色印刷厂有限公司印刷　2010 年 12 月

398 页　精装　27cm
准印证号：埔准印字［2010］第 040 号
馆藏号：Guojiafz-8600002001652

大埔年鉴·2011
大埔县地方志编纂委员会编　主编谢志云
广东省梅县程江彩色印刷厂印刷　2011 年 11 月
386 页　精装　27cm
准印证号：埔准印字［2011］第 33 号
馆藏号：Guojiafz-8600002001751

大埔年鉴·2012
大埔县地方志编纂委员会编　主编朱汉东　执行主编黄建辉
广东省梅县程江彩色印刷厂有限公司印刷　2012 年 11 月
456 页　精装　27cm
准印证号：埔准印字［2012］第 032 号
馆藏号：Guojiafz-8600002010300

大埔年鉴·2014
大埔县地方志编纂委员会编　主编朱汉东　执行主编张国华
广东省梅县程江彩色印刷厂有限公司印刷　2014 年 12 月
451 页　精装　27cm
准印证号：梅准印字［2014］第 064 号
馆藏号：Guojiafz-8600002010932

大埔年鉴·2018
大埔年鉴编纂委员会编　主编熊锋松　执行主编张建新
方志出版社　2019 年 2 月
432 页　精装　27cm
ISBN978-7-5144-3701-0
馆藏号：Guojiafz-8600002018054

大埔年鉴·2019
大埔年鉴编纂委员会编　主编熊锋松　执行主编曾令根
方志出版社　2019 年 10 月
422 页　精装　27cm
ISBN978-7-5144-3993-9
馆藏号：Guojiafz-8600002018171

丰顺年鉴·2016
丰顺年鉴编纂委员会编　主编张镇有
方志出版社　2016 年 12 月
358 页　精装　29cm
ISBN978-7-5144-2265-8
馆藏号：Guojiafz-8600002014015

丰顺年鉴·2018
丰顺年鉴编纂委员会编　主编张镇有
方志出版社　2018 年 9 月
345 页　精装　29cm
ISBN978-7-5144-3269-5
馆藏号：Guojiafz-8600002017281

丰顺年鉴·2019
丰顺年鉴编纂委员会编　主编卢胜文
方志出版社　2019 年 12 月
377 页　精装　29cm
ISBN978-7-5144-3926-7
馆藏号：Guojiafz-8600002017971

五华年鉴·2016
中共五华县委、五华县人民政府主办　《五华年鉴》编纂委员会编　主编温燕玲
方志出版社　2016 年 12 月
392 页　精装　27cm
ISBN978-7-5144-2246-7
馆藏号：Guojiafz-8600002013923

五华年鉴·2017
《五华年鉴》编纂委员会编　主编温燕玲
方志出版社　2017 年 12 月
501 页　精装　27cm
ISBN978-7-5144-2906-0
馆藏号：Guojiafz-8600002016885

五华年鉴·2018
《五华年鉴》编纂委员会编　主编温燕玲
方志出版社　2019 年 1 月
337 页　精装　26cm
ISBN978-7-5144-3493-4
馆藏号：Guojiafz-8600002018077

五华年鉴·2019
《五华年鉴》编纂委员会编　主编曾繁泼
方志出版社　2019 年 12 月
370 页　精装　27cm
ISBN978-7-5144-4026-3
馆藏号：Guojiafz-8600002017984

平远年鉴·1993
平远县地方志办公室编　主编刘奖兴
平远县印刷厂印刷　1994 年 8 月
129 页　平装　27cm
准印证号：平社文准印字第 003 号
馆藏号：Guojiafz-8600002006489

平远年鉴·2011
广东省平远年鉴编纂委员会编　主编肖新民、韩园德
方志出版社　2011 年 11 月
409 页　精装　27cm
ISBN978-7-5144-0347-3
馆藏号：Guojiafz-8600002000073

平远年鉴·2012
广东省平远年鉴编纂委员会编　主编韩园德
广东人民出版社　2012 年 10 月
301 页　精装　27cm
ISBN978-7-218-08359-9
馆藏号：Guojiafz-8600002003280

平远年鉴·2014
平远年鉴编纂委员会编　主编韩园德
广东人民出版社　2014 年 9 月
292 页　精装　27cm
ISBN978-7-218-09646-9
馆藏号：Guojiafz-8600002015270

平远年鉴·2016
平远年鉴编纂委员会编　主编韩园德
广东人民出版社　2016 年 12 月
366 页　精装　27cm
ISBN978-7-218-11431-6
馆藏号：Guojiafz-8600002014479

平远年鉴·2017
平远年鉴编纂委员会编　主编韩园德
方志出版社　2017 年 11 月
378 页　精装　27cm
ISBN978-7-5144-2748-6
馆藏号：Guojiafz-8600002015517

平远年鉴·2018
平远年鉴编纂委员会编　主编韩园德
方志出版社　2018 年 9 月
341 页　精装　27cm
ISBN978-7-5144-3287-9
馆藏号：Guojiafz-8600002017167

蕉岭年鉴·1993
蕉岭县年鉴编纂委员会编　主编赖雨桐
广东省蕉岭县印刷厂印刷　1993 年 11 月
208 页　平装　26cm
准印证号：（1993）蕉社文准字第 004 号
馆藏号：Guojiafz-8600002009379

蕉岭年鉴·1994
蕉岭县年鉴编纂委员会编　主编赖雨桐
广东省蕉岭县印刷厂印刷　1994 年 11 月
205 页　平装　26cm
准印证号：（1994）蕉新准印字第 001 号
馆藏号：Guojiafz-8600002009378

蕉岭年鉴·1995
蕉岭县年鉴编纂委员会编　主编赖雨桐

广东省蕉岭县印刷厂印刷　1995 年 11 月
213 页　平装　26cm
准印证号:（1995）蕉新准字第 005 号
馆藏号：Guojiafz–8600002009609

蕉岭年鉴·1996
蕉岭县年鉴编纂委员会编　主编赖雨桐
广东省蕉岭县印刷厂印刷　1996 年 10 月
229 页　平装　26cm
准印证号:（1996）蕉新准字第 004 号
馆藏号：Guojiafz–8600002009606

蕉岭年鉴·1998
蕉岭县地方志编纂委员会、《蕉岭年鉴》编辑部合编　主编谢茂平
嘉华印刷厂印刷　1998 年 8 月
240 页　平装　27cm
准印证号:（1998）蕉新准字第 0007 号
馆藏号：Guojiafz–8600002009494

蕉岭年鉴·1999
广东省蕉岭县地方志编纂委员会、《蕉岭年鉴》编辑部合编　主编谢茂平
梅州市金利彩印厂印刷　1999 年 11 月
240 页　精装　27cm
准印证号:（1999）蕉新准字第 012 号
馆藏号：Guojiafz–8600002006141

蕉岭年鉴·2001
广东省蕉岭县地方志编纂委员会、《蕉岭年鉴》编辑部合编　主编谢茂平
梅州市东联彩色印刷厂印刷　2001 年 11 月
334 页　精装　27cm
准印证号:（2001）蕉新准字第 11 号
馆藏号：Guojiafz–8600002009468

蕉岭年鉴·2011
蕉岭年鉴编纂委员会、蕉岭年鉴编辑部合编
主编肖培彬
蕉岭县教育文用厂印刷　2011 年 12 月
283 页　精装　27cm
准印证号:（2011）蕉新准印字第 09 号
馆藏号：Guojiafz–8600002006290

蕉岭年鉴·2016
蕉岭年鉴编纂委员会、蕉岭年鉴编辑部合编
主编张福
方志出版社　2016 年 11 月
255 页　精装　27cm
ISBN978–7–5144–2218–4
馆藏号：Guojiafz–8600002013901

蕉岭年鉴·2017
蕉岭年鉴编纂委员会、蕉岭年鉴编辑部合编
主编张福
方志出版社　2017 年 10 月
262 页　精装　27cm
ISBN978–7–5144–2620–5
馆藏号：Guojiafz–8600002015095

蕉岭年鉴·2018
蕉岭年鉴编纂委员会、蕉岭年鉴编辑部合编
主编张福
方志出版社　2018 年 11 月
258 页　精装　27cm
ISBN978–7–5144–2935–0
馆藏号：Guojiafz–8600002016969

汕尾年鉴·2011
中共汕尾市委员会、汕尾市人民政府主办　汕尾市人民政府地方志办公室编　主编邱伟南
汕尾市粤秀印务有限公司印刷　2011 年 12 月
348 页　精装　29cm
准印证号：汕准印字（2011）08 号
馆藏号：Guojiafz–8600002004059

汕尾年鉴·2015
中共汕尾市委员会、汕尾市人民政府主管汕尾市人民政府地方志办公室主办　汕尾市人民政府地方志办公室编　主编叶佐义

北京大学出版社　2015 年 9 月
400 页　精装　29cm
ISBN978-7-301-256484-4
馆藏号：Guojiafz-8600002010509

汕尾年鉴 · 2020
中共汕尾市委员会、汕尾市人民政府主管汕尾市人民政府地方志工作办公室主办　汕尾市人民政府地方志工作办公室编　主编黄荣超
天津人民出版社、天津古籍出版社　2020 年 12 月
340 页　精装　29cm
ISBN978-7-201-17019-0
馆藏号：Guojiafz-8600002018918-9

汕尾市城区年鉴 · 2014
汕尾市城区地方史志编纂委员会办公室编
主编刘泽扬
方志出版社　2015 年 1 月
269 页　精装　29cm
ISBN978-7-5144-1551-3
馆藏号：Guojiafz-8600002010484

汕尾市城区年鉴 · 2015
汕尾市城区地方史志编纂委员会办公室编
主编刘泽扬
方志出版社　2015 年 12 月
294 页　精装　29cm
ISBN978-7-5144-1905-4
馆藏号：Guojiafz-8600002013674

汕尾市城区年鉴 · 2016
汕尾市城区地方史志编纂委员会办公室编
主编刘泽扬　执行主编许争荣、周富然
方志出版社　2016 年 12 月
301 页　精装　29cm
ISBN978-7-5144-2327-3
馆藏号：Guojiafz-8600002014032

汕尾市城区年鉴 · 2017
汕尾市城区地方史志编纂委员会办公室编
主编余少杰　执行主编许争荣、周富然
方志出版社　2017 年 11 月
321 页　精装　29cm
ISBN978-7-5144-2757-8
馆藏号：Guojiafz-8600002015012

海丰年鉴 · 2012
中共海丰县委、海丰县人民政府主办　海丰县人民政府地方志办公室编　主编许信咏　执行主编蔡忠　总纂赵辉
方志出版社　2012 年 11 月
528 页　精装　29cm
ISBN978-7-5144-0679-5
馆藏号：Guojiafz-8600002006796

海丰年鉴 · 2013
中共海丰县委、海丰县人民政府主办　海丰县人民政府地方志办公室编　主编许信咏　执行主编蔡忠　总纂赵辉
方志出版社　2013 年 10 月
509 页　精装　29cm
ISBN978-7-5144-1004-4
馆藏号：Guojiafz-8600002009902

海丰年鉴 · 2014
中共海丰县委、海丰县人民政府主办　海丰县人民政府地方志办公室编　主编许信咏　执行主编蔡忠　总纂赵辉
方志出版社　2014 年 9 月
465 页　精装　29cm
ISBN978-7-5144-1378-6
馆藏号：Guojiafz-8600002005515

海丰年鉴 · 2015
中共海丰县委、海丰县人民政府主办　海丰县人民政府地方志办公室编　主编许信咏　执行主编蔡忠
方志出版社　2015 年 11 月
489 页　精装　29cm
ISBN978-7-5144-1787-6
馆藏号：Guojiafz-8600002013505

海丰年鉴·2016
中共海丰县委、海丰县人民政府主办　海丰县人民政府地方志办公室编　主编许信咏　执行主编蔡忠
广东人民出版社　2016年11月
425页　精装　29cm
ISBN978-7-218-11394-4
馆藏号：Guojiafz-8600002013960

海丰年鉴·2017
中共海丰县委、海丰县人民政府主办　海丰县人民政府地方志办公室编　主编卓凛波　执行主编蔡忠
广东人民出版社　2017年10月
425页　精装　29cm
ISBN978-7-218-12029-4
馆藏号：Guojiafz-8600002021659-61

海丰年鉴·2018
中共海丰县委、海丰县人民政府主办　海丰县人民政府地方志办公室编　主编卓凛波　执行主编蔡忠
方志出版社　2019年1月
440页　精装　29cm
ISBN978-7-5144-3644-0
馆藏号：Guojiafz-8600002018044

河源年鉴·2011
中共河源市委员会、河源市人民政府主办《河源年鉴》编纂委员会编　主编刘路红
岭南美术出版社　2011年10月
534页　精装　29cm
ISBN978-7-5362-4784-0
馆藏号：Guojiafz-8600002008033

河源年鉴·2012
中共河源市委、河源市人民政府主办《河源年鉴》编纂委员会编　主编刘路红
岭南美术出版社　2012年10月
510页　精装　29cm
ISBN978-7-5362-5046-8
馆藏号：Guojiafz-8600002004508

河源年鉴·2013
中共河源市委、河源市人民政府主办　河源年鉴编纂委员会编　主编刘路红
岭南美术出版社　2013年11月
478页　精装　29cm
ISBN978-7-5362-5363-6
馆藏号：Guojiafz-8600002004558

紫金年鉴·1989—1998
中共紫金县委、紫金县人民政府主办　紫金年鉴编辑部编　主编李云开
中华书局　2000年10月
582页　精装　27cm
ISBN7-101-02718-0
馆藏号：Guojiafz-8600002004420

紫金年鉴·1998—2002
中共紫金县委、紫金县人民政府主办《紫金年鉴》编辑部编　主编龚火生
中华书局　2003年12月
621页　精装　27cm
ISBN7-101-04137-X
馆藏号：Guojiafz-8600002004258

紫金年鉴·2005（简编）
中共紫金县委、紫金县人民政府主办　紫金县地方志编纂委员会、紫金县档案局合编　主编龚火生
紫金县蓝塘工艺印刷厂印刷　2005年8月
398页　精装　27cm
准印证号：紫内刊第113号
馆藏号：Guojiafz-8600002006291

紫金年鉴·2008
中共紫金县委、紫金县人民政府主办　紫金县地方志编纂委员会、紫金县档案局合编　主编龚火生
广东人民出版社　2008年12月
420页　精装　27cm

ISBN978-7-218-06049-1
馆藏号：Guojiafz-8600002005760

紫金年鉴·2009
中共紫金县委、紫金县人民政府主办　紫金县地方志编纂委员会、紫金县档案局合编　主编龚火生
紫金县蓝塘文锋工艺印刷厂印刷　2009 年 10 月
497 页　精装　27cm
准印证号：粤紫内刊准字第 183 号
馆藏号：Guojiafz-8600002011006

东源年鉴·2013
中共东源县委、东源县人民政府主办　东源县地方志编纂委员会编　主编刘志平
广东人民出版社　2014 年 3 月
290 页　精装　29cm
ISBN978-7-218-09311-6
馆藏号：Guojiafz-8600002015468

阳东年鉴·2013
阳东年鉴编纂委员会编　主编李迎　执行主编钟宇文
广东人民出版社　2014 年 6 月
394 页　精装　29cm
ISBN978-7-218-09377-2
馆藏号：Guojiafz-8600002015236

阳东年鉴·2016
阳江市阳东区委、区人民政府主办　阳东年鉴编纂委员会编　主编邹莹　执行主编钟宇文
广东人民出版社　2016 年 12 月
254 页　精装　29cm
ISBN978-7-218-11528-3
馆藏号：Guojiafz-8600002014469

清远年鉴·1999
中共清远市委、清远市人民政府主办　清远年鉴编纂委员会编　主编刘运标
浙江省温州市腾飞印务公司印刷　1999 年 8 月
358 页　精装　27cm
准印证号:（1999）粤清准印字第 220 号
馆藏号：Guojiafz-8600002009431

清远年鉴·2011
中共清远市委、清远市人民政府主办　清远年鉴编纂委员会编　主编邓翠萍
中华书局　2011 年 10 月
372 页　精装　29cm
ISBN978-7-101-08347-7
馆藏号：Guojiafz-8600002000569

清远年鉴·2012
中共清远市委、清远市人民政府主办　清远年鉴编纂委员会编　主编邓翠萍
广东人民出版社　2012 年 10 月
411 页　精装　29cm
ISBN978-7-218-08298-1
馆藏号：Guojiafz-8600002007712

清远年鉴·2014
中共清远市委、清远市人民政府主办　清远年鉴编纂委员会编　主编邓翠萍
广东人民出版社　2014 年 10 月
328 页　精装　29cm
ISBN978-7-218-09566-0
馆藏号：Guojiafz-8600002010769

清远年鉴·2018
中共清远市委、清远市人民政府主办　清远年鉴编纂委员会编　主编邓翠萍
武汉大学出版社　2018 年 10 月
404 页　精装　29cm
ISBN978-7-307-20582-6
馆藏号：Guojiafz-8600002017469

清远年鉴·2019
中共清远市委、清远市人民政府主办 《清远年鉴》编纂委员会编　主编邓翠萍
中国文史出版社　2019 年 10 月
394 页　精装　29cm

ISBN978-7-5205-1331-9
馆藏号：Guojiafz-8600002017918

清远统计年鉴·2012
清远市统计局、国家统计局清远调查队合编
总编张国柱　执行主编黎忠佐
内部印刷
362页　精装　30cm
馆藏号：Guojiafz-8600002009561

清城年鉴·2017
中共清远市清城区委员会、清远市清城区人民政府主办　清远市清城区清城年鉴编纂委员会编　主编郭桂荣
广东人民出版社　2017年9月
316页　精装　29cm
ISBN978-7-218-12064-5
馆藏号：Guojiafz-8600002016372

清新年鉴·2011
中共清新县委员会、清新县人民政府主办　清新年鉴编纂委员会编　主任彭浩
韶关市典经社彩印有限公司印刷　2012年
311页　精装　29cm
准印证号：粤内准字清［2012］第3号
馆藏号：Guojiafz-8600002008911

英德年鉴·2012
中共英德市委员会、英德市人民政府主办《英德年鉴》编纂委员会编　主编陈亦康
方志出版社　2012年10月
354页　精装　29cm
ISBN978-7-5144-0621-4
馆藏号：Guojiafz-8600002007881

英德年鉴·2014
中共英德市委员会、英德市人民政府主办　英德年鉴编纂委员会编　主编陈亦康
广东人民出版社　2014年11月
512页　精装　29cm
ISBN978-7-218-09783-1
馆藏号：Guojiafz-8600002015823

英德年鉴·2016
中共英德市委员会、英德市人民政府主办　英德年鉴编纂委员会编　主编吴小清　执行主编林仙营
广东人民出版社　2016年11月
376页　精装　29cm
ISBN978-7-218-11385-2
馆藏号：Guojiafz-8600002014476

英德年鉴·2017
中共英德市委员会、英德市人民政府主办　英德年鉴编纂委员会编　主编郑中重　执行主编曹亮
广东人民出版社　2017年11月
344页　精装　29cm
ISBN978-7-218-12291-5
馆藏号：Guojiafz-8600002016358

佛冈年鉴·2012
中共佛冈县委、佛冈县人民政府主办　佛冈年鉴编纂委员会编　主编黄丽　执行主编谢国球
广东人民出版社　2012年12月
379页　精装　27cm
ISBN978-7-218-08457-2
馆藏号：Guojiafz-8600002004755

佛冈年鉴·2013
中共佛冈县委、佛冈县人民政府主办　佛冈年鉴编纂委员会编　主编黄丽　执行主编谢国球
广东人民出版社　2013年11月
417页　精装　27cm
ISBN978-7-218-09123-5
馆藏号：Guojiafz-8600002015371

阳山年鉴·2011
中共阳山县委、阳山县人民政府主办　阳山年鉴编纂委员会编　主编谭兵
广东人民出版社　2011年12月
270页　精装　29cm

ISBN978-7-218-07539-6
馆藏号：Guojiafz-8600002007898

连南年鉴·2006—2008（创刊号）
中共连南瑶族自治县委、连南瑶族自治县人民政府主办　连南瑶族自治县年鉴编纂委员会编　执行主编李国兴
韶关二九〇研究所地图彩印厂印刷　2011年6月
375页　精装　30cm
馆藏号：Guojiafz-8600002004057

东莞年鉴·2004
中共东莞市委、东莞市人民政府主办　东莞年鉴编纂委员会编　主编吴道闻　执行主编潘朝明、刘念宇
中华书局　2004年9月
679页　精装　29cm
ISBN7-101-04397-6
馆藏号：Guojiafz-8600002007962

东莞年鉴·2009
中共东莞市委、东莞市人民政府主办《东莞年鉴》编委会编　主编吴道闻　执行主编潘朝明、刘念宇
岭南美术出版社　2009年7月
633页　精装　29cm
ISBN978-7-5362-4130-5
馆藏号：Guojiafz-8600002002809

东莞年鉴·2011
中共东莞市委员会、东莞市人民政府主办　东莞年鉴编委会编　主编吴道闻　执行主编潘朝明、刘念宇
广东人民出版社　2011年9月
728页　精装　29cm
ISBN978-7-218-07313-2
馆藏号：Guojiafz-8600002000570

东莞年鉴·2014
中共东莞市委员会、东莞市人民政府主管　东莞年鉴编委会主办　主编张科　执行主编潘朝明、刘念宇
广东人民出版社　2014年9月
534页　精装　29cm
ISBN978-7-218-09590-5
馆藏号：Guojiafz-8600002010798

东莞年鉴·2015
中共东莞市委员会、东莞市人民政府主管　东莞年鉴编委会主办　主编张科　执行主编潘朝明、刘念宇
广东人民出版社　2015年9月
680页　精装　29cm
ISBN978-7-218-10327-3
馆藏号：Guojiafz-8600002010801

东莞年鉴·2016
中共东莞市委员会、东莞市人民政府主管　东莞年鉴编委会主办　主编张科　执行主编刘念宇
广东人民出版社　2016年9月
642页　精装　29cm
ISBN978-7-218-11193-3
馆藏号：Guojiafz-8600002014543

东莞年鉴·2017
中共东莞市委员会、东莞市人民政府主管　东莞年鉴编委会主办　主编白涛　执行主编李文涛、刘念宇
广东人民出版社　2017年9月
648页　精装　27cm
ISBN978-7-218-11993-9
馆藏号：Guojiafz-8600002016264

大朗年鉴·2014
中共大朗镇委员会、大朗镇人民政府主管　大朗年鉴编纂委员会编　主编韩暖渠　执行主编曾悦
广东人民出版社　2014年8月
275页　精装　29cm
ISBN978-7-218-09616-2
馆藏号：Guojiafz-8600002015785

巷头年鉴·2015（创刊号）
东莞市大朗镇巷头社区编　主编陈柱权　执行主编陈金华、陈杰芬、刘丹
方志出版社　2015 年 12 月
152 页　精装　27cm
ISBN978-7-5144-1894-1
馆藏号：Guojiafz-8600002002794

长安年鉴·2016
中共长安镇委、镇人民政府主办　东莞市长安镇人民政府编　主编叶庆祥　执行主编李燕琴
广东人民出版社　2016 年 12 月
231 页　精装　27cm
ISBN978-7-218-11331-9
馆藏号：Guojiafz-8600002014584

长安年鉴·2017
东莞市长安镇人民政府编　主编李燕琴
广东人民出版社　2017 年 10 月
238 页　精装　27cm
ISBN978-7-218-12199-4
馆藏号：Guojiafz-8600002016368

中山年鉴·2003
中山年鉴编辑部编　主编吴锐成
广东人民出版社　2003 年 8 月
341 页　精装　29cm
ISBN7-218-04354-2
馆藏号：Guojiafz-8600002004978

中山年鉴·2009
中山年鉴编纂委员会编　主编谢中凡
岭南美术出版社　2009 年 10 月
579 页　精装　27cm
ISBN978-7-5362-4188-6
馆藏号：Guojiafz-8600002002316

中山年鉴·2011
中山年鉴编纂委员会编　主编王彦静、冯荣球
广东人民出版社　2011 年 10 月
503 页　精装　29cm
ISBN978-7-218-07309-5
馆藏号：Guojiafz-8600002000542

中山年鉴·2014
中山年鉴编纂委员会编　主编吴月霞　执行主编陈岚
广东人民出版社　2014 年 10 月
402 页　精装　29cm
ISBN978-7-218-09676-6
馆藏号：Guojiafz-8600002015948

中山年鉴·2016
中山年鉴编纂委员会编　主编吴月霞　执行主编陈岚
广东人民出版社　2016 年 10 月
520 页　精装　29cm
ISBN978-7-218-11271-8
馆藏号：Guojiafz-8600002014470

潮州年鉴·1997
潮州市年鉴编纂委员会编　主编黄继澍
广东人民出版社　1997 年 10 月
419 页　精装　27cm
ISBN7-218-02574-9
馆藏号：Guojiafz-8600002009683

潮州年鉴·1999
潮州市年鉴编纂委员会编　主编黄继澍
潮州市湘桥文星印刷厂印刷　1999 年 9 月
341 页　精装　27cm
准印证号：潮出准字第 100 号
馆藏号：Guojiafz-8600002006608

潮州年鉴·2000
潮州市年鉴编纂委员会编　主编黄继澍
潮州市湘桥文星印刷厂印刷　2000 年 9 月
306 页　精装　27cm
准印证号：潮内资出准字第 120 号
馆藏号：Guojiafz-8600002009446

潮州年鉴·2001
中国共产党潮州市委员会主办　潮州市地方史志办公室编　主编黄继澍
潮州市湘桥文星印刷厂印刷　2001 年 9 月
316 页　平装　27cm
准印证号：潮新图内出准字（2001）第 120 号
馆藏号：Guojiafz-8600002009448

潮州年鉴·2002
潮州市年鉴编纂委员会编　主编黄继澍
潮州市湘桥文星印刷厂印刷　2002 年 10 月
320 页　精装　27cm
准印证号：潮内资出准字第 172 号
馆藏号：Guojiafz-8600002009447

潮州年鉴·2007
潮州市年鉴编纂委员会编　主编陈子新
潮州市湘桥文星印刷厂印刷　2007 年 10 月
369 页　精装　27cm
准印证号：潮内资出准字第 331 号
馆藏号：Guojiafz-8600002009563

潮州年鉴·2008
潮州市年鉴编纂委员会编　主编陈子新
潮州市湘桥文星印刷厂印刷　2008 年 11 月
359 页　精装　27cm
准印证号：潮内资出准字第 367 号
馆藏号：Guojiafz-8600002010294

潮州年鉴·2011
潮州市年鉴编纂委员会编　主编陈子新
潮州市湘桥文星印刷厂印刷　2011 年 12 月
407 页　精装　27cm
准印证号：潮内资出准字第 458 号
馆藏号：Guojiafz-8600002006236

潮州年鉴·2012
潮州市年鉴编纂委员会编　主编陈子新
潮州市湘桥文星印刷厂印刷　2012 年 12 月
388 页　精装　27cm
准印证号：潮内资出准字第 486 号
馆藏号：Guojiafz-8600002010282

潮州年鉴·2018
潮州市地方志编纂委员会编　主编陈子新
方志出版社　2018 年 12 月
378 页　精装　29cm
ISBN978-7-5144-3531-3
馆藏号：Guojiafz-8600002017257

潮安年鉴·2016
中共潮安区委、潮安区人民政府主办　潮州市潮安区年鉴编纂委员会编　主编吴绍锦　执行主编廖泽远
方志出版社　2017 年 7 月
389 页　精装　27cm
ISBN978-7-5144-2464-5
馆藏号：Guojiafz-8600002015115

潮安年鉴·2017
中共潮安区委、潮安区人民政府主办　潮州市潮安区年鉴编纂委员会编　主编吴绍锦　执行主编廖泽远
方志出版社　2018 年 7 月
392 页　精装　29cm
ISBN978-7-5144-3103-2
馆藏号：Guojiafz-8600002016868

潮安年鉴·2018
中共潮安区委、潮安区人民政府主办　潮州市潮安区年鉴编纂委员会编　主编洪辉彬　执行主编廖泽远
方志出版社　2019 年 3 月
377 页　精装　29cm
ISBN978-7-5144-3781-2
馆藏号：Guojiafz-8600002018204

揭阳年鉴·1997
《揭阳年鉴》编纂委员会编　主编蔡文强
揭阳市新华印刷厂印刷　1997 年

349 页　精装　27cm
准印证号：揭非出字第 97022 号
馆藏号：Guojiafz-8600002006226

揭阳年鉴·1999
《揭阳年鉴》编纂委员会编　主编林炳祥
揭阳市新华印刷厂印刷　1999 年
316 页　精装　27cm
准印证号：揭非出字第 98010 号
馆藏号：Guojiafz-8600002005796

揭阳年鉴·2011
《揭阳年鉴》编纂委员会编　主编高晓娟
揭阳市榕城区教育文化用品厂印刷
559 页　精装　27cm
准印证号：(2011) 揭市印准字第 12 号
馆藏号：Guojiafz-8600002006462

揭阳年鉴·2012
《揭阳年鉴》编纂委员会编　主编姚佑雄、高晓娟
揭阳市榕城区教育文化用品厂印刷
517 页　精装　27cm
准印证号：(2012) 揭市印准证字第 14 号
馆藏号：Guojiafz-8600002006289

揭阳年鉴·2018
揭阳年鉴编纂委员会编　主编姚佑雄
方志出版社　2018 年 12 月
330 页　精装　29cm
ISBN978-7-5144-3650-1
馆藏号：Guojiafz-8600002016955

揭阳统计年鉴·2011
揭阳市统计局、国家统计局揭阳调查队合编
主编胡焕华
揭阳市统计局印刷　2012 年
456 页　平装　29cm
馆藏号：Guojiafz-8600002008982

揭阳统计年鉴·2012
揭阳市统计局、国家统计局揭阳调查队合编
主编胡焕华
揭阳市统计局印刷　2012 年 7 月
438 页　平装　29cm
馆藏号：Guojiafz-8600002010224

榕城年鉴·2018
中共揭阳市榕城区委员会、揭阳市榕城区人民政府主办　榕城年鉴编纂委员会编　主编林静美
执行主编周璇
方志出版社　2018 年 12 月
266 页　精装　29cm
ISBN978-7-5144-3528-3
馆藏号：Guojiafz-8600002018014

揭东年鉴·2018
中共揭阳市揭东区委、揭阳市揭东区人民政府主办 《揭东年鉴》编纂委员会编　主编陈有德
执行主编陈楚鹏
方志出版社　2018 年 12 月
332 页　精装　29cm
ISBN978-7-5144-3525-2
馆藏号：Guojiafz-8600002017249

普宁年鉴·2012（创刊号）
中共普宁市委、普宁市人民政府主办 《普宁年鉴》编纂委员会编　主编陈木泳
广东人民出版社　2012 年 11 月
399 页　精装　29cm
ISBN978-7-218-08383-4
馆藏号：Guojiafz-8600002007360

普宁年鉴·2014
中共普宁市委员会、普宁市人民政府主办 《普宁年鉴》编纂委员会编　主编郭晓滨　总纂王史风
广东人民出版社　2014 年 1 月
354 页　精装　29cm
ISBN978-7-218-09709-1
馆藏号：Guojiafz-8600002015238

普宁年鉴·2016
中共普宁市委、普宁市人民政府主办 《普宁年鉴》编纂委员会编 主编郭晓滨
广东人民出版社 2016 年 12 月
390 页 精装 29cm
ISBN978-7-218-11441-5
馆藏号：Guojiafz-8600002014480

普宁年鉴·2018
中共普宁市委员会、普宁市人民政府主办 《普宁年鉴》编纂委员会编 主编郭晓滨 总纂王史风
方志出版社 2018 年 12 月
416 页 精装 29cm
ISBN978-7-5144-3680-8
馆藏号：Guojiafz-8600002018212

揭西年鉴·2009—2010
中国共产党揭西县委员会主办 揭西县地方志编纂委员会编 主编刘小电
揭阳市佳梓印刷有限公司印刷 2010 年 11 月
320 页 平装 26cm
准印证号：揭新图内出准字（2010）第 11001 号
馆藏号：Guojiafz-8600002006284

揭西年鉴·2012
中共揭西县委员会、揭西县人民政府主办 《揭西年鉴》编纂委员会编 主编庄淑英
广东人民出版社 2012 年 12 月
274 页 精装 27cm
ISBN978-7-218-08466-4
馆藏号：Guojiafz-8600002004735

揭西年鉴·2017
中共揭西县委员会、揭西县人民政府主办 《揭西年鉴》编纂委员会编 主编庄淑英
广东人民出版社 2017 年 12 月
380 页 精装 29cm
ISBN978-7-218-12067-6
馆藏号：Guojiafz-8600002016366

揭西年鉴·2018
中共揭西县委员会、揭西县人民政府主办 《揭西年鉴》编纂委员会编 主编庄淑英
方志出版社 2018 年 12 月
380 页 精装 29cm
ISBN978-7-5144-3522-1
馆藏号：Guojiafz-8600002017226

揭西年鉴·2020
《揭西年鉴》编纂委员会办公室编 主编林少红
方志出版社 2020 年 9 月
388 页 精装 29cm
ISBN978-7-5144-4422-3
馆藏号：Guojiafz-8600002020364-6

惠来年鉴·2012
中共惠来县委、惠来县人民政府主办 惠来年鉴编纂委员会编 主编唐宝胜
新世纪出版社 2012 年 12 月
376 页 精装 26cm
ISBN978-7-5405-7417-8
馆藏号：Guojiafz-8600002004753

惠来年鉴·2018
中共惠来县委、惠来县人民政府主办 惠来年鉴编纂委员会编 主编唐宝胜
方志出版社 2018 年 9 月
292 页 精装 29cm
ISBN978-7-5144-3336-4
馆藏号：Guojiafz-8600002017262

云浮年鉴·2003
云浮年鉴编纂委员会编 主编郑利平
深圳市福田区东亚印刷厂印刷 2003 年 12 月
370 页 精装 29cm
准印证号：粤云印准字第 01188 号
馆藏号：Guojiafz-8600002009462

云浮年鉴·2012
中共云浮市委、云浮市人民政府主办 《云浮年

鉴》编纂委员会编　主编卓志强
中华书局　2012 年 12 月
429 页　精装　29cm
ISBN978-7-113-07506-5
馆藏号：Guojiafz-8600002007452

云浮市云城区年鉴·2011
云城区人民政府主办　云城区年鉴编纂委员会编　主编欧皓
高要市广通彩色印刷包装有限公司印刷　2012 年 11 月
371 页　精装　29cm
准印证号：粤云区印出准字第 2012003 号
馆藏号：Guojiafz-8600002010192

云浮市云城区年鉴·2012
中共云浮市云城区委员会、云浮市云城区人民政府主办《云浮年鉴》编纂委员会编　主编欧皓
高要市广通彩色印刷包装有限公司印刷　2012 年 12 月
390 页　精装　30cm
准印证号：粤云区印准字第 2012004 号
馆藏号：Guojiafz-8600002010229

云安年鉴·2012
中共云安县委员会、云安县人民政府主办　云安年鉴编纂委员会编　主编谢子超　执行主编赖来生
方志出版社　2012 年 11 月
371 页　精装　29cm
ISBN978-7-5144-0703-7
馆藏号：Guojiafz-8600002005513

云安年鉴·2016
中共云浮市云安区委、云浮市云安区人民政府主办　云安年鉴编纂委员会编　主编谢子超　执行主编赖来生
广东人民出版社　2016 年 10 月
288 页　精装　29cm
ISBN978-7-218-11302-9
馆藏号：Guojiafz-8600002014541

新兴年鉴·2011
中共新兴县委员会、新兴县人民政府主办《新兴年鉴》编辑部编　主编江壮宏　执行主编练小杰
深圳市裕华兴印刷制品有限公司印刷
305 页　精装　29cm
准印证号：(粤)新内印准字(2011)第 02 号
馆藏号：Guojiafz-8600002001649

郁南年鉴·2001—2006(创刊号)
中共郁南县委员会、郁南县人民政府主办　郁南县人民政府地方志办公室编　主编郑灿新
中华书局　2011 年 7 月
708 页　精装　29cm
ISBN978-7-101-08029-2
馆藏号：Guojiafz-8600002000155

郁南年鉴·2017
中共郁南县委、郁南县人民政府主办　郁南年鉴编纂委员会编　主编黄黎明
广东人民出版社　2017 年 11 月
412 页　精装　29cm
ISBN978-7-218-12183-3
馆藏号：Guojiafz-8600002016365

广西壮族自治区

广西年鉴·1987
广西年鉴编辑部编　主编谢之雄
广西年鉴社　1987年10月
1032页　精装　27cm
准印证号：广西报刊登记证：306号
馆藏号：Guojiafz-8600002001961

广西年鉴·1988
广西年鉴编辑部编　主编谢之雄
广西年鉴社　1988年10月
916页　精装　27cm
CN45-1003
馆藏号：Guojiafz-8600002001944

广西年鉴·1989
广西年鉴编辑部编　主编谢之雄
广西民族印刷厂印刷　1989年9月
832页　精装　27cm
CN45-1175
馆藏号：Guojiafz-8600002001942

广西年鉴·1990
广西年鉴编辑部编　主编谢之雄
广西民族印刷厂印刷　1990年9月
679页　精装　27cm
CN45-1175
馆藏号：Guojiafz-8600002001943

广西年鉴·1991
广西年鉴编辑部编　主编谢之雄
广西民族印刷厂印刷　1991年9月
764页　精装　27cm
CN45-1175
馆藏号：Guojiafz-8600002001252

广西年鉴·1992
广西年鉴编辑部编　主编谢之雄
广西民族印刷厂印刷　1992年8月
752页　精装　27cm
CN45-1175
馆藏号：Guojiafz-8600002001251

广西年鉴·1993
广西壮族自治区人民政府主办　广西年鉴社编
主编谢之雄
广西年鉴社　1993年8月
720页　精装　27cm
CN45-1175
馆藏号：Guojiafz-8600002001253

广西年鉴·1994
广西壮族自治区人民政府主办　广西年鉴社编
主编谢之雄
广西年鉴社　1994年9月
816页　精装　27cm
ISSN1006-2998
馆藏号：Guojiafz-8600002000299

广西年鉴·1995
广西壮族自治区人民政府主办　广西年鉴社编
主编谢之雄
广西年鉴社　1995年8月

737 页　精装　27cm
ISSN1006-2998
馆藏号：Guojiafz-8600002000298

广西年鉴·1996
广西壮族自治区人民政府主办　广西年鉴社编
主编许家康
广西年鉴社　1996 年 8 月
702 页　精装　27cm
ISSN1006-2998
馆藏号：Guojiafz-8600002000297

广西年鉴·1997
广西壮族自治区人民政府主办　广西年鉴社编
主编许家康
广西年鉴社　1997 年 8 月
694 页　精装　27cm
ISSN1006-2998
馆藏号：Guojiafz-8600002000301

广西年鉴·1998
广西壮族自治区人民政府主办　广西年鉴社编
主编许家康
广西年鉴社　1998 年 8 月
727 页　精装　27cm
ISSN1006-2998
馆藏号：Guojiafz-8600002000302

广西年鉴·1999
广西壮族自治区人民政府主办　广西年鉴社编
主编许家康
广西年鉴社　1999 年 8 月
658 页　精装　27cm
ISSN1006-2998
馆藏号：Guojiafz-8600002000300

广西年鉴·2000
广西壮族自治区人民政府主办　广西年鉴社编
主编许家康
广西年鉴社　2000 年 9 月
600 页　精装　27cm
ISSN1006-2998
馆藏号：Guojiafz-8600002002862

广西年鉴·2001
广西壮族自治区人民政府主办　广西年鉴社编
主编许家康
广西年鉴社　2001 年 8 月
641 页　精装　27cm
ISSN1006-2998
馆藏号：Guojiafz-8600002002861

广西年鉴·2002
广西壮族自治区人民政府主办　广西年鉴社编
主编许家康
广西年鉴社　2002 年 9 月
630 页　精装　27cm
ISSN1006-2998
馆藏号：Guojiafz-8600002002860

广西年鉴·2003
广西壮族自治区人民政府主办　广西年鉴社编
主编许家康
广西年鉴社　2003 年 9 月
728 页　精装　27cm
ISSN1006-2998
馆藏号：Guojiafz-8600002000296

广西年鉴·2004
广西壮族自治区人民政府主办　广西年鉴社编
主编许家康
广西年鉴社　2004 年 9 月
760 页　精装　27cm
ISSN1006-2998
馆藏号：Guojiafz-8600002000471

广西年鉴·2005
广西壮族自治区人民政府主办　广西年鉴社编
主编许家康
广西年鉴社　2005 年 10 月

648 页　精装　30cm
ISSN1006-2998
馆藏号：Guojiafz-8600002003208

广西年鉴·2006
广西壮族自治区人民政府主办　广西年鉴社编
主编许家康
广西年鉴社　2006 年 11 月
684 页　精装　30cm
ISSN1006-2998
馆藏号：Guojiafz-8600002002647

广西年鉴·2007
广西壮族自治区人民政府主办　广西年鉴社编
主编许家康
广西年鉴社　2007 年 11 月
700 页　精装　30cm
ISSN1006-2998
馆藏号：Guojiafz-8600002002646

广西年鉴·2008
广西壮族自治区人民政府主办　广西年鉴社编
主编李秋红、蓝日基　执行主编许家康
广西年鉴社　2008 年 12 月
724 页　精装　30cm
ISSN1006-2998
馆藏号：Guojiafz-8600002003064

广西年鉴·2009
广西壮族自治区人民政府主办　广西年鉴社编
主编李秋红　执行主编许家康
广西年鉴社　2009 年 11 月
688 页　精装　30cm
ISSN1006-2998
馆藏号：Guojiafz-8600002003065

广西年鉴·2010
广西壮族自治区人民政府主办　广西年鉴社编
主编李秋洪　执行主编许家康
广西年鉴社　2010 年 12 月
740 页　精装　30cm
ISSN1006-2998
馆藏号：Guojiafz-8600002003063

广西年鉴·2011
广西壮族自治区人民政府主办　广西年鉴社编
主编李秋洪
广西年鉴社　2011 年 12 月
558 页　精装　30cm
ISSN1006-2998
馆藏号：Guojiafz-8600002003062

广西年鉴·2012
广西壮族自治区地方志编纂委员会办公室主办
广西年鉴社编　主编李秋洪
广西年鉴社　2012 年 12 月
572 页　精装　30cm
ISSN1006-2998
馆藏号：Guojiafz-8600002010759

广西年鉴·2013
广西壮族自治区地方志编纂委员会办公室主办
广西年鉴社编　主编李秋洪
广西年鉴社　2013 年 12 月
482 页　精装　30cm
ISSN1006-2998
馆藏号：Guojiafz-8600002010416

广西年鉴·2014
广西壮族自治区地方志编纂委员会办公室主办
广西壮族自治区地方志编纂委员会编　主编李秋洪
广西年鉴社　2014 年 10 月
478 页　精装　30cm
ISSN1006-2998
馆藏号：Guojiafz-8600002013658

广西年鉴·2015
广西壮族自治区地方志编纂委员会办公室主办
广西壮族自治区地方志编纂委员会编　主编李秋洪
广西年鉴社　2015 年 12 月

474 页 精装 30cm
ISSN1006-2998
馆藏号：Guojiafz-8600002013656

广西年鉴·2017
广西壮族自治区地方志编纂委员会办公室主办
广西壮族自治区地方志编纂委员会编 主编李秋洪
广西年鉴社 2017 年 12 月
562 页 精装 30cm
ISSN1006-2998
馆藏号：Guojiafz-8600002016201

广西政法年鉴·2014
中共广西壮族自治区委员会政法委员会主管主办
中共广西壮族自治区委员会政法委员会编
主编陈延国
广西人民出版社 2014 年 10 月
260 页 精装 30cm
ISBN978-7-219-09134-0
馆藏号：Guojiafz-8600002015709

广西经济年鉴·1985
广西经济年鉴编辑部编 主编谢之雄
内部印刷 1985 年 11 月
773 页 精装 27cm
准印证号：广西报刊登记证：137 号
馆藏号：Guojiafz-8600002001941

广西经济年鉴·1986
广西经济年鉴编辑部编 主编谢之雄
内部印刷 1986 年 10 月
1054 页 精装 27cm
准印证号：广西报刊登记证：306 号
馆藏号：Guojiafz-8600002001940

广西建设年鉴·2011
《广西建设年鉴》编辑委员会编 主编吴伟权
广西人民出版社 2012 年 9 月
684 页 精装 29cm
ISBN978-7-219-08100-6
馆藏号：Guojiafz-8600002013697

广西建设年鉴·2012
《广西建设年鉴》编辑委员会编 主编吴伟权
广西人民出版社 2013 年 8 月
692 页 精装 29cm
ISBN978-7-219-08469-4
馆藏号：Guojiafz-8600002013698

广西建设年鉴·2013
《广西建设年鉴》编辑委员会编 主编吴伟权
广西师范大学出版社 2014 年 7 月
651 页 精装 29cm
ISBN978-7-5495-5598-7
馆藏号：Guojiafz-8600002013706

广西建设年鉴·2014
广西建设年鉴编辑委员会编 主编吴伟权
广西师范大学出版社 2015 年 10 月
623 页 精装 29cm
ISBN978-7-5495-7295-3
馆藏号：Guojiafz-8600002013708

广西交通年鉴·2006
广西壮族自治区交通运输厅主办 广西交通年鉴编纂委员会编辑部编 主编符茂清
深圳市佳信达印务有限公司印刷 2006 年 11 月
527 页 精装 27cm
准印证号：0025630
馆藏号：Guojiafz-8600002009480

广西交通年鉴·2007
广西壮族自治区交通运输厅主办 广西交通年鉴编纂委员会编辑部编 主编符茂清
深圳市佳信达印务有限公司印刷 2007 年 11 月
544 页 精装 27cm
准印证号：0028856
馆藏号：Guojiafz-8600002006606

广西交通年鉴·2012
广西壮族自治区交通运输厅主办　广西交通年鉴编纂委员会编辑部编　主编陆晓明
深圳市佳信达印务有限公司印刷　2013年4月
575页　精装　27cm
准印证号：2000340
馆藏号：Guojiafz-8600002013725

广西交通年鉴·2013
广西壮族自治区交通运输厅主办　广西交通年鉴编纂委员会编辑部编　主编陆晓明
深圳市佳信达印务有限公司印刷　2014年4月
590页　精装　27cm
准印证号：2000828
馆藏号：Guojiafz-8600002013723

广西交通年鉴·2014
广西壮族自治区交通厅主办　广西交通年鉴编纂委员会编辑部编　主编陆晓明
深圳市佳信达印务有限公司印刷　2015年5月
618页　精装　27cm
准印证号：2001845
馆藏号：Guojiafz-8600002013721

广西金融年鉴·2013
《广西金融年鉴》编委会编　总纂彭强华
广西人民出版社　2014年3月
465页　精装　30cm
ISBN978-7-219-08861-6
馆藏号：Guojiafz-8600002013584

广西金融年鉴·2014
《广西金融年鉴》编委会编　总纂彭强华
广西人民出版社　2015年3月
502页　精装　30cm
ISBN978-7-219-09346-7
馆藏号：Guojiafz-8600002013582

广西金融年鉴·2015
《广西金融年鉴》编委会编　总纂彭强华
广西人民出版社　2016年2月
518页　精装　30cm
ISBN978-7-219-09806-6
馆藏号：Guojiafz-8600002013580

广西金融年鉴·2016
《广西金融年鉴》编委会编　总纂彭强华
广西人民出版社　2017年3月
514页　精装　30cm
ISBN978-7-219-10228-2
馆藏号：Guojiafz-8600002016199

广西科技年鉴·1995
广西壮族自治区科学技术委员会编　主编苏仁方
广西人民出版社　1995年12月
600页　精装　27cm
ISBN7-219-03193-9
馆藏号：Guojiafz-8600002003905

广西科技年鉴·1996
广西壮族自治区科学技术委员会编　主编苏仁芳
广西人民出版社　1997年7月
421页　精装　27cm
ISBN7-219-03565-9
馆藏号：Guojiafz-8600002007699

广西统计年鉴·2017：汉英对照
广西壮族自治区统计局编　主任吴建新
中国统计出版社　2017年10月
666页　精装　30cm
ISBN978-7-5037-8257-2
馆藏号：Guojiafz-8600002016200

广西环境年鉴·2007—2008
广西壮族自治区环境保护局编　主编杨晓安、黎敏
广西人民出版社　2009年9月
532页　精装　27cm
ISBN978-7-219-06752-9
馆藏号：Guojiafz-8600002008195

广西环境年鉴·2012
广西壮族自治区环境保护厅主办　广西壮族自治区环境保护厅编　主编宋红军、李群　执行主编安忠芳
广西人民出版社　2013年9月
283页　精装　30cm
ISBN978-7-219-08513-4
馆藏号：Guojiafz-8600002013532

广西环境年鉴·2013
广西壮族自治区环境保护厅主办　广西壮族自治区环境保护厅编　主编郭建强、宋洪涛、宋红军　执行主编安忠芳
广西人民出版社　2014年9月
370页　精装　30cm
ISBN978-7-219-09060-2
馆藏号：Guojiafz-8600002013534

广西环境年鉴·2014
广西壮族自治区环境保护厅主办　广西壮族自治区环境保护厅编　主编梁雅丽、宋洪涛　执行主编韦建华、安忠芳
广西人民出版社　2015年9月
350页　精装　30cm
ISBN978-7-219-09565-2
馆藏号：Guojiafz-8600002013530

广西环境年鉴·2015
广西壮族自治区环境保护厅主办　广西壮族自治区环境保护厅编　主编梁雅丽　执行主编韦建华
广西人民出版社　2016年9月
426页　精装　30cm
ISBN978-7-219-09781-6
馆藏号：Guojiafz-8600002014798

广西国土资源年鉴·2010（创刊号）
广西壮族自治区国土资源厅主办　广西壮族自治区国土资源厅年鉴编纂委员会编　主编梁兵
广西人民出版社　2011年6月
325页　精装　30cm
ISBN978-7-219-07389-6
馆藏号：Guojiafz-8600002013586

广西国土资源年鉴·2011
广西壮族自治区国土资源厅主办　《广西国土资源年鉴》编纂委员会编　主编梁兵
广西人民出版社　2012年5月
636页　精装　30cm
ISBN978-7-219-07927-0
馆藏号：Guojiafz-8600002013592

广西国土资源年鉴·2012
广西壮族自治区国土资源厅主办　《广西国土资源年鉴》编纂委员会编　主编梁兵
广西人民出版社　2013年6月
524页　精装　30cm
ISBN978-7-219-08408-3
馆藏号：Guojiafz-8600002013590

广西国土资源年鉴·2013
广西壮族自治区国土资源厅主办　《广西国土资源年鉴》编纂委员会编　主编梁兵
广西人民出版社　2014年10月
647页　精装　30cm
ISBN978-7-219-09010-7
馆藏号：Guojiafz-8600002013588

广西国土资源年鉴·2014
广西壮族自治区国土资源厅主办　《广西国土资源年鉴》编纂委员会编　主编梁兵
广西人民出版社　2015年6月
348页　精装　30cm
ISBN978-7-219-09467-9
馆藏号：Guojiafz-8600002013594

广西教育年鉴·2005
广西壮族自治区教育厅主办　广西壮族自治区教育厅编　主编余益中
广西师范大学出版社　2005年9月
593页　精装　29cm

ISBN7-5633-2516-6
馆藏号：Guojiafz-8600002008474

广西文化年鉴·2009
广西壮族自治区文化厅编　主编余益中
南海出版公司　2009年12月
416页　精装　29cm
ISBN978-7-5442-4626-2
馆藏号：Guojiafz-8600002005981

广西社会科学年鉴·2003
中共广西壮族自治区委员会宣传部主管　广西壮族自治区科学界联合会主办《广西社会科学年鉴》编辑部编　主编许家康
方志出版社　2003年11月
248页　精装　27cm
ISBN7-80192-083-X
馆藏号：Guojiafz-8600002004476

广西社会科学年鉴·2012
中共广西壮族自治区委员会宣传部主管　广西壮族自治区科学界联合会主办　主编汤竹庭
广西人民出版社　2012年12月
650页　精装　30cm
ISBN978-7-219-08224-9
馆藏号：Guojiafz-8600002013538

广西社会科学年鉴·2013
中共广西壮族自治区委员会宣传部主管　广西壮族自治区科学界联合会主办　主编汤竹庭
广西人民出版社　2013年12月
693页　精装　30cm
ISBN978-7-219-08742-8
馆藏号：Guojiafz-8600002013528

广西社会科学年鉴·2014
中共广西壮族自治区委员会宣传部主管　广西壮族自治区科学界联合会主办　主编姚兵
广西人民出版社　2014年12月
673页　精装　30cm
ISBN978-7-219-09276-7
馆藏号：Guojiafz-8600002013524

广西社会科学年鉴·2015
中共广西壮族自治区委员会宣传部主管　广西壮族自治区科学界联合会主办　主编姚兵
线装书局　2016年3月
658页　精装　30cm
ISBN978-7-5120-2207-2
馆藏号：Guojiafz-8600002013527

广西财政年鉴·2013
广西壮族自治区财政厅主管　广西壮族自治区财政厅政策研究室、广西财政学会主办　主编刘进
广西人民出版社　2013年11月
406页　精装　29cm
ISBN978-7-219-08621-6
馆藏号：Guojiafz-8600002015297

广西地税年鉴·2012
广西地方税收研究会编　总编辑汪星明
广西教育出版社　2013年9月
472页　精装　29cm
ISBN978-7-5435-6741-2
馆藏号：Guojiafz-8600002013639

广西地税年鉴·2013
《广西地税年鉴》编委会编　总编辑汪星明、张星强
广西教育出版社　2014年12月
343页　精装　29cm
ISBN978-7-5435-7747-3
馆藏号：Guojiafz-8600002013641

中国—东盟年鉴·2016
广西社会科学院主办《中国—东盟年鉴》编辑部编　主编李海荣　执行主编谢林城、徐远征
线装书局　2016年12月
465页　精装　30cm
ISBN978-7-5120-2541-7
馆藏号：Guojiafz-8600002014883

南宁地区年鉴·2000
南宁地区行政公署主办 （南宁地区年鉴）编辑部编 主编龙万嵩
广西人民出版社 2001年10月
468页 精装 27cm
ISBN7-219-04435-6
馆藏号：Guojiafz-8600002005398

南宁年鉴·2000
南宁市人民政府主办 南宁年鉴编纂委员会编
主编杨德辉
广西人民出版社 2000年9月
567页 精装 27cm
ISBN7-219-04074-1
馆藏号：Guojiafz-8600002003720

南宁年鉴·2003
南宁市人民政府主办 南宁年鉴编纂委员会编
主编杨德辉
方志出版社 2003年10月
595页 精装 29cm
ISBN7-80192-009-0
馆藏号：Guojiafz-8600002007688

南宁年鉴·2004
南宁市人民政府主办 《南宁年鉴》编纂委员会编
主编杨德辉、林小静
方志出版社 2004年9月
830页 精装 29cm
ISBN7-80192-321-9
馆藏号：Guojiafz-8600002003960

南宁年鉴·2007
南宁市人民政府主办 《南宁年鉴》编纂委员会编
主编林小静 总纂林小静、梁新莲
广西人民出版社 2007年9月
739页 精装 29cm
ISBN978-7-219-05919-7
馆藏号：Guojiafz-8600002004863

南宁年鉴·2009
南宁市人民政府主办 《南宁年鉴》编纂委员会编
主编林小静 总纂林小静
广西人民出版社 2009年9月
596页 精装 30cm
ISBN978-7-219-06737-6
馆藏号：Guojiafz-8600002003145

南宁年鉴·2012
南宁市人民政府主办 《南宁年鉴》编纂委员会编
主编王德宾 总纂王德宾
广西人民出版社 2012年8月
608页 精装 30cm
ISBN978-7-219-08064-1
馆藏号：Guojiafz-8600002013568

南宁年鉴·2013
南宁市人民政府主办 《南宁年鉴》编纂委员会编
主编王德宾 总纂王德宾
广西人民出版社 2013年8月
628页 精装 30cm
ISBN978-7-219-08515-8
馆藏号：Guojiafz-8600002013597

南宁年鉴·2014
南宁市人民政府主办 《南宁年鉴》编纂委员会编
主编王德宾
广西人民出版社 2014年9月
592页 精装 30cm
ISBN978-7-219-09063-3
馆藏号：Guojiafz-8600002013564

南宁年鉴·2015
南宁市人民政府主办 《南宁年鉴》编纂委员会编
主编王德宾
广西人民出版社 2015年8月
612页 精装 30cm
ISBN978-7-219-09564-5
馆藏号：Guojiafz-8600002013566

南宁年鉴·2016
南宁市人民政府主办　南宁市地方志编纂委员会编
主编王德宾
广西人民出版社　2016年8月
496页　精装　30cm
ISBN978-7-219-10015-8
馆藏号：Guojiafz-8600002014289

南宁年鉴·2017
南宁市人民政府主办　南宁市地方志编纂委员会编
主编王德宾
广西人民出版社　2017年9月
482页　精装　30cm
ISBN978-7-219-10362-3
馆藏号：Guojiafz-8600002016207

南宁年鉴·2018
南宁市人民政府主办　南宁市地方志编纂委员会编
主编王德宾
方志出版社　2018年9月
500页　精装　29cm
ISBN978-7-5144-3273-2
馆藏号：Guojiafz-8600002017011

南宁年鉴·2019
南宁市人民政府主办　南宁市地方志编纂委员会编
主编王德宾
方志出版社　2019年12月
481精装　30cm
ISBN978-7-5144-4108-6
馆藏号：Guojiafz-8600002017993

南宁铁路局年鉴·2009
铁道部主管　南宁铁路局主办《南宁铁路局年鉴》编辑部编　主编范海波
柳州铁路天元文化传媒印务公司印刷　2009年12月
404页　精装　29cm
ISSN1674-7623
馆藏号：Guojiafz-8600002005997

南宁铁路局年鉴·2014
南宁铁路局主管　南宁铁路局主办《南宁铁路局年鉴》编辑部编　主编黄玮
柳州铁路天元文化传媒印务公司印刷　2014年12月
335页　精装　29cm
ISSN1674-7623
馆藏号：Guojiafz-8600002015252

南宁铁路局年鉴·2015
南宁铁路局主管　南宁铁路局主办《南宁铁路局年鉴》编辑部编　主编黄玮
柳州铁路天元文化传媒印务公司印刷　2015年12月
342页　精装　29cm
ISSN1674-7623
馆藏号：Guojiafz-8600002014797

青秀年鉴·2013
中共南宁市青秀区委员会、青秀区人民政府主办
南宁市青秀区地方志编纂委员会编　主编钱健、张自英　总纂蔡光粲
广西人民出版社　2013年12月
380页　精装　27cm
ISBN978-7-219-08638-4
馆藏号：Guojiafz-8600002015984

青秀年鉴·2016
中共南宁市青秀区委员会、青秀区人民政府主办
南宁市青秀区地方志编纂委员会编　主编王永超、李建华　总纂蔡光粲
广西人民出版社　2016年12月
386页　精装　27cm
ISBN978-7-219-10135-3
馆藏号：Guojiafz-8600002014182

兴宁区年鉴·2012
南宁市兴宁区人民政府主办　南宁市兴宁区年鉴编纂委员会编　主编林涛　执行主编庞庆玉、黄飞宇　总纂庞庆玉

广西人民出版社　2013 年 5 月
486 页　精装　27cm
ISBN978-7-219-08358-1
馆藏号：Guojiafz-8600002013717

兴宁区年鉴·2013
南宁市兴宁区人民政府主办　南宁市兴宁区年鉴编纂委员会编　主编林涛　执行主编庞庆玉　总纂庞庆玉
广西人民出版社　2014 年 5 月
432 页　精装　27cm
ISBN978-7-219-08961-3
馆藏号：Guojiafz-8600002013713

兴宁区年鉴·2014
南宁市兴宁区人民政府主办　南宁市兴宁区年鉴编纂委员会编　主编林涛　执行主编雷耀胜、庞庆玉　总纂庞庆玉
广西人民出版社　2015 年 9 月
431 页　精装　27cm
ISBN978-7-219-09569-0
馆藏号：Guojiafz-8600002013693

西乡塘区年鉴·2013
南宁市西乡塘区人民政府主办　南宁市西乡塘区年鉴编纂委员会编　主编廖伟福　总纂张增清
广西人民出版社　2014 年 5 月
580 页　精装　27cm
ISBN978-7-219-08855-5
馆藏号：Guojiafz-8600002015977

西乡塘区年鉴·2015
南宁市西乡塘区人民政府主办　南宁市西乡塘区年鉴编纂委员会编　主编廖伟福、陆广平　总纂张增清
广西人民出版社　2016 年 5 月
600 页　精装　27cm
ISBN978-7-219-09883-7
馆藏号：Guojiafz-8600002014210

良庆年鉴·2008
南宁市良庆区人民政府主办　良庆年鉴编纂委员会编　主编杨作民
广西人民出版社　2008 年 10 月
324 页　精装　27cm
ISBN978-7-219-06381-1
馆藏号：Guojiafz-8600002005878

良庆年鉴·2013
南宁市良庆区人民政府主办　《良庆年鉴》编纂委员会编　主编陈庆登
广西人民出版社　2014 年 6 月
386 页　精装　27cm
ISBN978-7-219-08962-0
馆藏号：Guojiafz-8600002015692

良庆年鉴·2015
南宁市良庆区人民政府主办　《良庆年鉴》编纂委员会编　主编陈庆登
广西人民出版社　2016 年 4 月
524 页　精装　27cm
ISBN978-7-219-09814-1
馆藏号：Guojiafz-8600002014184

邕宁年鉴·2012
南宁市邕宁区人民政府主办　南宁市邕宁区年鉴编纂委员会编　主编滕永杰　总纂滕永杰、玉鼎艾
广西人民出版社　2013 年 10 月
546 页　精装　27cm
ISBN978-7-219-08611-7
馆藏号：Guojiafz-8600002015908

邕宁年鉴·2013
南宁市邕宁区人民政府主办　南宁市邕宁区年鉴编纂委员会编　主编滕永杰　总纂滕永杰
广西人民出版社　2015 年 9 月
522 页　精装　27cm
ISBN978-7-219-09596-6
馆藏号：Guojiafz-8600002013715

邕宁年鉴·2017
南宁市邕宁区人民政府主办　南宁市邕宁区年鉴编纂委员会编　主编滕永杰　总纂滕永杰
方志出版社　2019 年 1 月
600 页　精装　27cm
ISBN978-7-5144-3498-9
馆藏号：Guojiafz-8600002018051

武鸣年鉴·2009
武鸣县人民政府主办《武鸣年鉴》编纂委员会编
主编梁立英
中国文史出版社　2009 年 7 月
389 页　精装　29cm
ISBN978-7-5034-2465-6
馆藏号：Guojiafz-8600002008388

武鸣年鉴·2018
南宁市武鸣区地方志编纂委员会编　主编韦振宇
总纂刘颖儒
方志出版社　2019 年 1 月
396 页　精装　29cm
ISBN978-7-5144-3626-6
馆藏号：Guojiafz-8600002018069

马山年鉴·2015
马山县人民政府主办《马山年鉴》编纂委员会编
主编潘于锋　总纂陆惠华
广西人民出版社　2016 年 10 月
559 页　精装　27cm
ISBN978-7-219-10157-5
馆藏号：Guojiafz-8600002014228

柳州年鉴·2014
中共柳州市委、柳州市人民政府主办　柳州市地方志办公室编　主编吴玛霞
广西人民出版社　2014 年 10 月
381 页　精装　30cm
ISBN978-7-219-09112-8
馆藏号：Guojiafz-8600002015620

柳州年鉴·2015
中共柳州市委、柳州市人民政府主办　柳州市地方志办公室编　主编罗方贵
广西人民出版社　2015 年 12 月
420 页　精装　30cm
ISBN978-7-219-09691-8
馆藏号：Guojiafz-8600002014297

柳州年鉴·2017
柳州市地方志编纂委员会办公室编　主编罗方贵
线装书局　2017 年 12 月
470 页　精装　30cm
ISBN978-7-5120-2963-7
馆藏号：Guojiafz-8600002016206

柳北年鉴·2011
中共柳州市柳北区委员会、柳州市柳北区人民政府主办《柳北年鉴》编辑部编　主编周思泉、李梅　执行主编李萍
广西人民出版社　2012 年 7 月
369 页　精装　29cm
ISBN978-7-219-07965-2
馆藏号：Guojiafz-8600002013562

柳北年鉴·2012
柳州市柳北区人民政府、柳州市柳北区人民政府主办《柳北年鉴》编纂委员会编　主编周思泉、李梅　执行主编李萍　总纂李萍
广西人民出版社　2013 年 8 月
342 页　精装　29cm
ISBN978-7-219-08546-2
馆藏号：Guojiafz-8600002013560

柳北年鉴·2013
中共柳州市柳北区委员会、柳州市柳北区人民政府主办《柳北年鉴》编纂委员会编
主编周思泉、李梅　执行主编李萍　总纂李萍
广西人民出版社　2014 年 6 月
298 页　精装　29cm

ISBN978-7-219-08975-0
馆藏号：Guojiafz-8600002013558

柳北年鉴·2014
中共柳州市柳北区委员会、柳州市柳北区人民政府主办 《柳北年鉴》编纂委员会编
主编周思泉、李梅、左崖　总编纂李萍
广西人民出版社　2015年7月
326页　精装　29cm
ISBN978-7-219-09517-1
馆藏号：Guojiafz-8600002013556

柳北年鉴·2015
中共柳州市柳北区委员会、柳州市柳北区人民政府主办 《柳北年鉴》编纂委员会编
主编周思泉、左崖　执行主编李萍
广西人民出版社　2016年6月
322页　精装　29cm
ISBN978-7-219-09936-0
馆藏号：Guojiafz-8600002014291

柳北年鉴·2017
中共柳州市柳北区委员会、柳州市柳北区人民政府合编　主编周思泉、左崖　执行主编李萍
线装书局　2017年12月
363页　精装　29cm
ISBN978-7-5120-2947-7
馆藏号：Guojiafz-8600002016205

城中年鉴·2011
城中区地方志编纂委员会办公室编　主编平海峰
执行主编平海峰
内部印刷
197页　平装　28cm
馆藏号：Guojiafz-8600002004061

城中年鉴·2015
柳州市城中区地方志编纂委员会编　主编赵涛涛
执行主编韦冰　总纂韦冰
中国时代经济出版社　2016年3月
288页　精装　29cm
ISBN978-7-5119-2551-0
馆藏号：Guojiafz-8600002013637

城中年鉴·2018
柳州市城中区地方志编纂委员会编　主编唐伟
执行主编韦冰　总纂韦冰
方志出版社　2018年12月
350页　精装　29cm
ISBN978-7-5144-3677-8
馆藏号：Guojiafz-8600002018135

鱼峰年鉴·2014
中共鱼峰区委、鱼峰区人民政府主办　柳州市鱼峰区地方志编纂委员会编　主编朱继清
广西人民出版社　2014年7月
312页　精装　29cm
ISBN978-7-219-09030-5
馆藏号：Guojiafz-8600002015698

柳江年鉴·2018
柳州市柳江区地方志编纂委员会办公室编
主编杨贵坤
方志出版社　2018年12月
344页　精装　29cm
ISBN978-7-5144-3647-1
馆藏号：Guojiafz-8600002018089

融水年鉴·2012
中共融水苗族自治县委员会、融水苗族自治县人民政府主办　《融水年鉴》编辑部编
主编杨贵宣
中州古籍出版社　2013年3月
402页　精装　29cm
ISBN978-7-5037-6693-2
馆藏号：Guojiafz-8600002013680

融水年鉴·2013
中共融水苗族自治县委员会、融水苗族自治县人民政府主办　《融水年鉴》编辑部编

主编覃长辉
中州古籍出版社　2015年5月
456页　精装　29cm
ISBN978-7-5037-6693-2
馆藏号：Guojiafz-8600002013682

三江年鉴·2013
中共三江侗族自治县委员会、三江侗族自治县人民政府主办　《三江年鉴》编辑部编
主编张道元
广西人民出版社　2014年4月
324页　精装　29cm
ISBN978-7-219-08906-4
馆藏号：Guojiafz-8600002013709

桂林市年鉴·2002
中共桂林市委员会、桂林市人民政府主办　桂林市地方志编纂委员会编　主编唐群森
方志出版社　2002年9月
568页　精装　29cm
ISBN7-80122-835-9
馆藏号：Guojiafz-8600002006164

桂林市年鉴·2003
中共桂林市委员会、桂林市人民政府主办　桂林市地方志编纂委员会编　主编唐群森
方志出版社　2003年10月
532页　精装　29cm
ISBN7-80192-053-8
馆藏号：Guojiafz-8600002000589

桂林市年鉴·2004
中共桂林市委员会、桂林市人民政府主办　桂林市地方志编纂委员会编　主编唐群森
方志出版社　2004年9月
560页　精装　29cm
ISBN7-80192-318-9
馆藏号：Guojiafz-8600002003796

桂林年鉴·2005
中共桂林市委员会、桂林市人民政府主办　桂林市地方志编纂委员会编　主编唐群森
方志出版社　2005年11月
600页　精装　29cm
ISBN7-80192-667-6
馆藏号：Guojiafz-8600002005156

桂林年鉴·2006
中共桂林市委员会、桂林市人民政府主办　桂林市地方志编纂委员会编　主编唐群森
方志出版社　2006年11月
624页　精装　29cm
ISBN7-80192-920-9
馆藏号：Guojiafz-8600002002321

桂林年鉴·2007
中共桂林市委员会、桂林市人民政府主办　桂林市地方志编纂委员会编　主编唐群森
方志出版社　2007年10月
592页　精装　29cm
ISBN978-7-80238-175-9
馆藏号：Guojiafz-8600002004370

桂林年鉴·2008
中共桂林市委员会、桂林市人民政府主办　桂林市地方志编纂委员会编　主编唐群森
方志出版社　2008年10月
520页　精装　29cm
ISBN978-7-80238-400-2
馆藏号：Guojiafz-8600002003804

桂林年鉴·2009
中共桂林市委、桂林市人民政府主办　桂林市地方志编纂委员会编　主编唐群森
方志出版社　2009年12月
512页　精装　29cm
ISBN978-7-80238-676-1
馆藏号：Guojiafz-8600002002006

桂林年鉴·2010
中共桂林市委、桂林市人民政府主办　桂林市地方志编纂委员会编　主编唐群森
方志出版社　2010 年 11 月
482 页　精装　30cm
ISBN978-7-80238-950-2
馆藏号：Guojiafz-8600002005912

桂林年鉴·2013
中共桂林市委、桂林市人民政府主办　桂林市地方志编纂委员会编　主编徐朝凯
广西师范大学出版社　2013 年 11 月
490 页　精装　30cm
ISBN978-7-5495-4567-4
馆藏号：Guojiafz-8600002013673

桂林年鉴·2014
中共桂林市委、桂林市人民政府主办　桂林市地方志编纂委员会编　主编徐朝凯
广西师范大学出版社　2014 年 10 月
380 页　精装　30cm
ISBN978-7-5495-5927-5
馆藏号：Guojiafz-8600002013760

桂林年鉴·2015
中共桂林市委、桂林市人民政府主办　桂林市地方志编纂委员会编　主编徐朝凯
广西师范大学出版社　2015 年 11 月
446 页　精装　30cm
ISBN978-7-5495-7351-6
馆藏号：Guojiafz-8600002013755

桂林年鉴·2016
中共桂林市委、桂林市人民政府主办　桂林市地方志编纂委员会编　主编徐朝凯
广西师范大学出版社　2016 年 12 月
410 页　精装　30cm
ISBN978-7-5495-9278-4
馆藏号：Guojiafz-8600002014224

桂林年鉴·2017
中共桂林市委、桂林市人民政府主办　桂林市地方志编纂委员会编　主编徐朝凯
广西师范大学出版社　2017 年 12 月
418 页　精装　30cm
ISBN978-7-5598-0410-5
馆藏号：Guojiafz-8600002015513

临桂年鉴·2013
中共临桂县委、县人民政府主办　临桂县地方志编纂委员会编　主编王玉才
广西师范大学出版社　2014 年 9 月
299 页　精装　29cm
ISBN978-7-5495-5697-7
馆藏号：Guojiafz-8600002013540

临桂年鉴·2014
中共临桂县委、县人民政府主办　广西桂林市临桂区志编纂委员会办公室编　主编王玉才
方志出版社　2015 年 11 月
264 页　精装　29cm
ISBN978-7-5144-1846-0
馆藏号：Guojiafz-8600002008599

临桂年鉴·2015
中共临桂县（区）委、县（区）人民政府主办
广西桂林市临桂区志编纂委员会办公室编
主编王玉才
方志出版社　2016 年 5 月
248 页　精装　29cm
ISBN978-7-5144-2004-3
馆藏号：Guojiafz-8600002013864

临桂年鉴·2018
桂林市临桂区地方志编纂委员会编　主编王玉才
方志出版社　2018 年 12 月
300 页　精装　29cm
ISBN978-7-5144-3534-4
馆藏号：Guojiafz-8600002018119

秀峰年鉴·2012
中共桂林市秀峰区委、桂林市秀峰区人民政府主办
秀峰区地方志编纂委员会编　主编徐小平
方志出版社　2012 年 12 月
260 页　精装　27cm
ISBN978-7-5144-0758-7
馆藏号：Guojiafz-8600002002752

秀峰年鉴·2013
中共桂林市秀峰区委、桂林市秀峰区人民政府主办
桂林市秀峰区地方志编纂委员会编　主编徐小平
中国时代经济出版社　2013 年 12 月
320 页　精装　27cm
ISBN978-7-5119-1824-6
馆藏号：Guojiafz-8600002015396

秀峰年鉴·2015
桂林市秀峰区地方志编纂委员会编　主编马成勇
执行主编刘波宁
中国时代经济出版社　2015 年 10 月
320 页　精装　27cm
ISBN978-7-5119-2476-6
馆藏号：Guojiafz-8600002013554

秀峰年鉴·2017
桂林市秀峰区地方志编纂委员会编　主编马成勇
执行主编雷鸣
线装书局　2017 年 12 月
372 页　精装　27cm
ISBN978-7-5120-2894-4
馆藏号：Guojiafz-8600002016208

象山区年鉴·2013
中共象山区委、区人民政府主办　桂林市象山区地方志编纂委员会编　主编刘琴、经翠艳
广西人民出版社　2015 年 1 月
236 页　精装　29cm
ISBN978-7-219-09303-0
馆藏号：Guojiafz-8600002013672

象山区年鉴·2014
区人民政府主办　桂林市象山区地方志编纂委员会编　主编经翠艳
广西人民出版社　2015 年 10 月
272 页　精装　29cm
ISBN978-7-219-09610-9
馆藏号：Guojiafz-8600002013770

桂林市象山年鉴·2018
桂林市象山区地方志编纂委员会编　主编梁红
总纂甘鸿文
方志出版社　2018 年 12 月
262 页　精装　29cm
ISBN978-7-5144-3553-5
馆藏号：Guojiafz-8600002017247

阳朔年鉴·1991—1995
阳朔县地方志编纂委员会编　主编莫连旺
方志出版社　2003 年 7 月
203 页　精装　30cm
ISBN7-80122-969-X
馆藏号：Guojiafz-8600002008633

阳朔年鉴·2010
中共阳朔县委、阳朔县人民政府主办　阳朔县地方志编纂委员会编　主编戴雪梅
方志出版社　2011 年 8 月
360 页　精装　27cm
ISBN978-7-5144-0179-0
馆藏号：Guojiafz-8600002000407

阳朔年鉴·2015
阳朔县地方志编纂委员会编　主编戴雪梅
中国时代经济出版社　2015 年 12 月
394 页　精装　27cm
ISBN978-7-5119-2484-1
馆藏号：Guojiafz-8600002014141

全州年鉴·2013—2014
中共全州县委、全州县人民政府主办　全州县地

方志编纂委员会办公室编　主编陈晓峰
中州古籍出版社　2015 年 3 月
421 页　精装　29cm
ISBN978-7-5348-5252-7
馆藏号：Guojiafz-8600002013757

兴安年鉴·2013
中共兴安县委兴安县人民政府主办　兴安县地方志编纂委员会编　主编谭常平
中州古籍出版社　2014 年 12 月
344 页　精装　29cm
ISBN978-7-5348-5075-2
馆藏号：Guojiafz-8600002015430

兴安年鉴·2019
兴安县地方志编纂委员会编　主编阳旭
方志出版社　2019 年 12 月
336 页　精装　29cm
ISBN978-7-5144-4093-5
馆藏号：Guojiafz-8600002018026

永福年鉴·2015
永福县地方志编纂委员会编　主编秦建发
中国时代经济出版社　2015 年 12 月
369 页　精装　29cm
ISBN978-7-5119-2496-4
馆藏号：Guojiafz-8600002013631

灌阳年鉴·2017
灌阳县地方志编纂委员会编　主编史秋莹
方志出版社　2018 年 9 月
394 页　精装　29cm
ISBN978-7-5144-3183-4
馆藏号：Guojiafz-8600002017030

灌阳年鉴·2018
灌阳县地方志编纂委员会编　主编史秋莹
方志出版社　2018 年 12 月
340 页　精装　29cm
ISBN978-7-5144-3546-7
馆藏号：Guojiafz-8600002017242

灌阳年鉴·2019
灌阳县地方志编纂委员会编　主编史秋莹
方志出版社　2019 年 10 月
348 页　精装　29cm
ISBN978-7-5144-3909-0
馆藏号：Guojiafz-8600002018163

资源年鉴·2013
中共资源县委、资源县人民政府主办　资源县地方志编纂委员会编　主编潘泽文　总纂曾周森
广西师范大学出版社　2014 年 2 月
260 页　精装　30cm
ISBN978-7-5495-4853-8
馆藏号：Guojiafz-8600002013647

资源年鉴·2014
中共资源县委、资源县人民政府主办　资源县地方志编纂委员会编　主编杨根华　总纂曾周森
中州古籍出版社　2015 年 4 月
272 页　精装　30cm
ISBN978-7-5348-5280-0
馆藏号：Guojiafz-8600002013648

龙胜年鉴·2013
中共龙胜县委、县人民政府主办　龙胜各族自治县地方志编纂委员会编　主编杨进朝
中国时代经济出版社　2014 年 9 月
328 页　精装　29cm
ISBN978-7-5119-2171-0
馆藏号：Guojiafz-8600002013643

龙胜年鉴·2014
中共龙胜各族自治县委员会、龙胜各族自治县人民政府主办　龙胜各族自治县地方志编纂委员会编　主编杨进朝
中国时代经济出版社　2015 年 9 月
328 页　精装　29cm
ISBN978-7-5119-2454-4
馆藏号：Guojiafz-8600002013645

龙胜年鉴·2018
龙胜各族自治县地方志编纂委员会编
主编杨进朝
方志出版社　2018 年 12 月
388 页　精装　29cm
ISBN978-7-5144-3523-8
馆藏号：Guojiafz-8600002017961

恭城年鉴·2013
中共恭城瑶族自治县委、恭城瑶族自治县人民政府主办　恭城瑶族自治县地方志编纂委员会办公室编　主编田绍勇
中州古籍出版社　2014 年 2 月
265 页　精装　29cm
ISBN978-7-5348-4619-9
馆藏号：Guojiafz-8600002013780

恭城年鉴·2014
中共恭城瑶族自治县委、恭城瑶族自治县人民政府主办　恭城瑶族自治县地方志编纂委员会编
主编田绍勇
中州古籍出版社　2014 年 12 月
271 页　精装　29cm
ISBN978-7-5348-5125-4
馆藏号：Guojiafz-8600002013778

恭城年鉴·2015
中共恭城瑶族自治县委、恭城瑶族自治县人民政府主办　恭城瑶族自治县地方志编纂委员会编
主编田绍勇
中州古籍出版社　2015 年 11 月
298 页　精装　29cm
ISBN978-7-5348-5748-5
馆藏号：Guojiafz-8600002013772

岑溪年鉴·2018
岑溪市人民政府主办　岑溪市市志编纂委员会办公室编　主编陈剑辉
方志出版社　2019 年 3 月
318 页　精装　29cm
ISBN978-7-5144-3777-5
馆藏号：Guojiafz-8600002018009

藤县年鉴·2009—2010
藤县人民政府主办　藤县地方志编纂委员会编
主编黄东明　总纂梁杰荣
广西人民出版社　2012 年 9 月
320 页　精装　29cm
ISBN978-7-219-08107-5
馆藏号：Guojiafz-8600002013707

藤县年鉴·2011—2012
藤县人民政府主办　藤县地方志编纂委员会编
主编黄东明　总纂黄寿凤
广西人民出版社　2015 年 10 月
361 页　精装　29cm
ISBN978-7-219-09615-4
馆藏号：Guojiafz-8600002013705

藤县年鉴·2017
藤县地方志编纂委员会编　主编石踏征
总纂欧定锋
线装书局　2017 年 11 月
316 页　精装　29cm
ISBN978-7-5120-2890-6
馆藏号：Guojiafz-8600002016210

蒙山年鉴·2016
蒙山县人民政府主办　蒙山县史志办公室编
主编黄胜林
方志出版社　2018 年 7 月
333 页　精装　29cm
ISBN978-7-5144-3097-4
馆藏号：Guojiafz-8600002018346

北海年鉴·2004
北海市人民政府主办《北海年鉴》编纂委员会编
主编史璠　总纂陈锡谋
方志出版社　2004 年 9 月
424 页　精装　30cm

ISBN7-80192-341-3
馆藏号：Guojiafz-8600002003225

北海年鉴·2005
北海市人民政府主办　广西北海市地方志办公室编
主编史璠　总纂陈锡谋
方志出版社　2005年10月
455页　精装　30cm
ISBN7-80192-671-4
馆藏号：Guojiafz-8600002004380

铁山港年鉴·2019
北海市铁山港区地方志编纂委员会编　主编周芳
总纂周芳、陈小军
方志出版社　2019年12月
334页　精装　30cm
ISBN978-7-5144-4024-9
馆藏号：Guojiafz-8600002018081

合浦年鉴·1996
合浦年鉴编纂委员会编　总编李贻彬
主编潘乐远
北京燕山出版社　1996年12月
235页　精装　27cm
ISBN7-5402-0760-4
馆藏号：Guojiafz-8600002003893

合浦年鉴·2019
合浦县人民政府主管　合浦县志编纂委员会编
总编李安洪　主编卢繁初　总纂卢繁初、陈家宽
方志出版社　2019年12月
404页　精装　29cm
ISBN978-7-5144-4043-0
馆藏号：Guojiafz-8600002018080

防城港市年鉴·1993—1998
防城港市人民政府主办　防城港市年鉴编辑部编
主编颜有贵
广西人民出版社　1999年12月
541页　精装　27cm
ISBN7-219-04142-X
馆藏号：Guojiafz-8600002005098

防城港市年鉴·2002
防城港市人民政府主办　防城港市年鉴编辑部编
主编邓朝和
广西人民出版社　2004年7月
375页　精装　27cm
ISBN7-219-05100-X
馆藏号：Guojiafz-8600002005415

防城港年鉴·2017
防城港市人民政府主办　防城港市地方志编纂委员会办公室编　主编黄有第　执行主编文远玉
方志出版社　2018年9月
434页　精装　29cm
ISBN978-7-5144-3311-1
馆藏号：Guojiafz-8600002016924

港口年鉴·2012（创刊号）
防城港市港口区人民政府主办　防城港市港口区地方志编纂委员会编　主编莫玉梅　执行主编陈华轲
广西人民出版社　2014年1月
161页　精装　29cm
ISBN978-7-219-08793-0
馆藏号：Guojiafz-8600002013684

港口年鉴·2013
防城港市港口区人民政府主办　防城港市港口区地方志编纂委员会编　主编莫玉梅
广西人民出版社　2015年5月
176页　精装　29cm
ISBN978-7-219-09424-2
馆藏号：Guojiafz-8600002013686

港口年鉴·2014
防城港市港口区人民政府主办　防城港市港口区地方志编纂委员会编　主编莫玉梅
广西人民出版社　2015年5月

164 页　精装　29cm
ISBN978-7-219-09406-8
馆藏号：Guojiafz-8600002013733

东兴年鉴·2015
东兴市人民政府主办　东兴市地方志编纂委员会编
主编杨孙东
广西人民出版社　2016 年 2 月
484 页　精装　27cm
ISBN978-7-219-09813-4
馆藏号：Guojiafz-8600002014155

钦州年鉴·2008
钦州市人民政府主办　钦州市地方志编纂委员会编
主编韦杰
广西美术出版社　2009 年 3 月
401 页　精装　29cm
ISBN978-7-80746-648-2
馆藏号：Guojiafz-8600002003130

钦州年鉴·2013
钦州市人民政府主办　钦州市地方志编纂委员会办公室编　主编韦杰　总纂韦杰、罗家桂
广西人民出版社　2013 年 12 月
565 页　精装　29cm
ISBN978-7-219-08750-3
馆藏号：Guojiafz-8600002015651

钦南年鉴·2019
钦州市钦南区地方志编纂委员会办公室编
主编曹传德　总纂曹传德
方志出版社　2019 年 12 月
354 页　精装　29cm
ISBN978-7-5144-4126-0
馆藏号：Guojiafz-8600002018165

钦北年鉴·2017
钦州市钦北区地方志编纂委员会办公室编
主编马丽琼
线装书局　2017 年 12 月
392 页　精装　29cm
ISBN978-7-5120-3031-2
馆藏号：Guojiafz-8600002016209

浦北年鉴·1991—1995
浦北县志办编　主编龙文学
广西民族出版社　1997 年 1 月
319 页　精装　27cm
ISBN7-5363-3212-2
馆藏号：Guojiafz-8600002003767

浦北年鉴·2018
浦北县人民政府主办　浦北县地方志编纂委员会办公室编　主编黄镜天
方志出版社　2018 年 12 月
290 页　精装　29cm
ISBN978-7-5144-3552-8
馆藏号：Guojiafz-8600002018040

浦北年鉴·2019
浦北县人民政府主办　浦北县地方志编纂委员会办公室编　主编黄镜天　执行主编陈碧莹
方志出版社　2019 年 12 月
314 页　精装　29cm
ISBN978-7-5144-4019-5
馆藏号：Guojiafz-8600002017997

贵港年鉴·2012
贵港市人民政府主办　贵港市地方志编纂委员会编
主编甘德富　总纂周朝宁
广西人民出版社　2012 年 12 月
397 页　29cm
ISBN978-7-219-08227-0
馆藏号：Guojiafz-8600002013768

贵港年鉴·2013
贵港市人民政府主办　贵港市地方志编纂委员会编
主编甘德富、韦芬萍　总纂周朝宁
广西人民出版社　2014 年 1 月
365 页　精装　29cm

ISBN978-7-219-08782-4
馆藏号：Guojiafz-8600002013766

贵港年鉴·2014
贵港市人民政府主办　贵港市地方志编纂委员会编
主编韦芬萍　总纂周朝宁
广西人民出版社　2014年10月
304页　精装　29cm
ISBN978-7-219-09125-8
馆藏号：Guojiafz-8600002013764

贵港年鉴·2015
贵港市人民政府主办　贵港市地方志编纂委员会编
主编韦芬萍　总纂周朝宁
广西人民出版社　2015年12月
371页　精装　29cm
ISBN978-7-219-09750-2
馆藏号：Guojiafz-8600002013762

贵港年鉴·2018
贵港市人民政府主办　贵港市地方志编纂委员会办公室编　主编张金生
方志出版社　2018年11月
372页　精装　29cm
ISBN978-7-5144-3424-8
馆藏号：Guojiafz-8600002017263

贵港年鉴·2019
贵港市人民政府主办　贵港市地方志编纂委员会办公室编　主编莫松坚
方志出版社　2019年12月
380页　精装　29cm
ISBN978-7-5144-4044-7
馆藏号：Guojiafz-8600002018222

桂平年鉴·1988—1994
桂平市地方志编纂委员会编　主编杨以常
广西人民出版社　1998年5月
463页　精装　27cm
ISBN7-219-03659-0
馆藏号：Guojiafz-8600002005412

桂平年鉴·2016
桂平市人民政府主办　桂平市地方志编纂委员会编
主编李小勇
方志出版社　2018年9月
297页　精装　29cm
ISBN978-7-5144-3245-9
馆藏号：Guojiafz-8600002018345

平南年鉴·2013
平南县人民政府主办　平南县地方志编纂委员会编
主编欧权广　总纂覃永
广西人民出版社　2014年3月
252页　精装　29cm
ISBN978-7-219-08873-9
馆藏号：Guojiafz-8600002013629

平南年鉴·2014
平南县人民政府主办　平南县地方志编纂委员会编
主编欧权广　总纂覃永
广西人民出版社　2015年3月
278页　精装　29cm
ISBN978-7-219-09364-1
馆藏号：Guojiafz-8600002013604

平南年鉴·2015
平南县人民政府主办　平南县地方志编纂委员会编
主编欧权广　总纂覃永
广西人民出版社　2015年12月
300页　精装　29cm
ISBN978-7-219-09709-0
馆藏号：Guojiafz-8600002013601

平南年鉴·2017
平南县人民政府主办　平南县地方志编纂委员会编
主编覃翠萍
广西人民出版社　2017年11月
284页　精装　29cm
ISBN978-7-219-10470-5
馆藏号：Guojiafz-8600002016204

玉林市年鉴·1991—1994
玉林市年鉴编纂委员会编　主编黄国安
广西人民出版社　1996 年 11 月
340 页　精装　29cm
ISBN7-219-03426-1
馆藏号：Guojiafz-8600002007742

玉林年鉴·2008
玉林市人民政府主办　玉林市地方志编纂委员会编　总编刘向群、马雄光　主编廖哲　执行主编刘慧
广西人民出版社　2009 年 10 月
568 页　精装　30cm
ISBN978-7-219-06784-0
馆藏号：Guojiafz-8600002002253

玉林年鉴·2011
玉林市人民政府主办　玉林年鉴编纂委员会编
总编丘德奎、李松明　主编黎成　执行主编刘慧
广西人民出版社　2012 年 10 月
616 页　精装　30cm
ISBN978-7-219-08129-7
馆藏号：Guojiafz-8600002013595

玉林年鉴·2012
玉林市人民政府主办　玉林年鉴编纂委员会编
总编丘德奎、李松明　主编黎成　执行主编刘慧
总纂黎成
广西人民出版社　2013 年 10 月
596 页　精装　29cm
ISBN978-7-219-08543-1
馆藏号：Guojiafz-8600002013570

玉林年鉴·2013
玉林市人民政府主办　玉林年鉴编纂委员会编
总编李振品、李松明　主编黎成　执行主编刘慧
总纂黎成
广西人民出版社　2014 年 9 月
544 页　精装　29cm
ISBN978-7-219-09077-0
馆藏号：Guojiafz-8600002013573

玉林年鉴·2014
玉林市人民政府主办　玉林市地方志编纂委员会编
总编李振品、李松明、李岗　主编韦忠云
执行主编刘慧　总纂韦忠云
广西人民出版社　2015 年 7 月
467 页　精装　29cm
ISBN978-7-219-09506-5
馆藏号：Guojiafz-8600002013774

玉林年鉴·2016
玉林市人民政府主办　玉林市地方志编纂委员会编
总编何文格、招展　主编韦忠云　执行主编刘慧
总纂韦忠云
广西人民出版社　2016 年 12 月
388 页　精装　29cm
ISBN978-7-219-10163-6
馆藏号：Guojiafz-8600002014287

北流年鉴·2013
北流市人民政府主办　北流市地方志编纂委员会编
总编吕剑枫、招展　主编顾昭旺　总纂顾昭旺、顾军武、杨恒光
中州古籍出版社　2014 年 11 月
411 页　精装　29cm
ISBN978-7-5348-5173-5
馆藏号：Guojiafz-8600002013689

北流年鉴·2015
北流市人民政府主办　北流市地方志编纂委员会编
总编朱富庭、李岗　主编顾昭旺　总纂顾昭旺、顾军武、杨恒光
中州古籍出版社　2016 年 7 月
456 页　精装　29cm
ISBN978-7-5348-5975-5
馆藏号：Guojiafz-8600002014087

容县年鉴·2012
容县人民政府主办　容县地方志编纂委员会办公

室编　总编吕剑枫　主编梁庆文　总纂梁庆文
广西人民出版社　2013 年 11 月
565 页　精装　29cm
ISBN978-7-219-08676-6
馆藏号：Guojiafz-8600002013666

容县年鉴·2013
容县人民政府主办　容县地方志编纂委员会办公室编　总编赵翔　主编高戈　总纂梁庆文
广西人民出版社　2014 年 10 月
540 页　精装　29cm
ISBN978-7-219-09131-9
馆藏号：Guojiafz-8600002013664

容县年鉴·2014
容县人民政府主办　容县地方志编纂委员会办公室编　总编赵翔　主编高戈　总纂李传森
广西人民出版社　2015 年 10 月
514 页　精装　29cm
ISBN978-7-219-09611-6
馆藏号：Guojiafz-8600002013776

容县年鉴·2015
容县人民政府主办　容县地方志编纂委员会办公室编　总编赵翔　主编高戈、彭如森　总纂李传森
广西人民出版社　2016 年 10 月
406 页　精装　29cm
ISBN978-7-219-10063-9
馆藏号：Guojiafz-8600002014792

陆川年鉴·2009
陆川县地方志编纂委员会主办　陆川县地方志办公室编　总编禤甲军、莫荣新　主编俞伟汉、姚紫燕　总纂俞伟汉、姚紫燕
广西人民出版社　2010 年 3 月
526 页　精装　29cm
ISBN978-7-219-06905-9
馆藏号：Guojiafz-8600002003135

陆川年鉴·2011
陆川县人民政府主办　陆川县地方志编纂委员会编　总编黄少明、陈杰　主编俞伟汉、姚紫燕
广西民族出版社　2012 年 6 月
473 页　精装　29cm
ISBN978-7-5363-6406-6
馆藏号：Guojiafz-8600002013749

陆川年鉴·2012
中共陆川县委员会、陆川县人民政府主办　陆川县地方志编纂委员会编　总编黄少明、陈杰　主编姚紫燕　总纂姚紫燕
中国时代经济出版社　2013 年 12 月
440 页　精装　29cm
ISBN978-7-5119-1851-2
馆藏号：Guojiafz-8600002013747

陆川年鉴·2013
陆川县人民政府主办　陆川县地方志编纂委员会编　总编黄少明、陈杰　主编姚紫燕　总纂姚紫燕
中国时代经济出版社　2014 年 12 月
432 页　精装　29cm
ISBN978-7-5119-2254-0
馆藏号：Guojiafz-8600002013745

博白年鉴·2012
博白县人民政府主办 《博白年鉴》编纂委员会编　总编温达勤、李俊　主编黄坚　总纂黄坚
广西人民出版社　2013 年 4 月
526 页　精装　30cm
ISBN978-7-219-08355-0
馆藏号：Guojiafz-8600002013790

博白年鉴·2013
博白县人民政府主办　博白年鉴编纂委员会编　总编禤甲军、李俊　主编黄坚　总纂黄坚
广西人民出版社　2014 年 6 月
562 页　精装　30cm

ISBN978-7-219-08938-5
馆藏号：Guojiafz-8600002013789

博白年鉴·2014
博白县人民政府主办　博白年鉴编纂委员会办公室编　总编禤甲军、李俊　主编黄坚　总纂黄坚
广西人民出版社　2014 年 11 月
562 页　精装　30cm
ISBN978-7-219-09190-6
馆藏号：Guojiafz-8600002015729

博白年鉴·2017
博白县人民政府主办　博白县地方志编纂委员会办公室编　总编罗崇光、罗培球　主编黄坚　总纂黄坚
广西人民出版社　2017 年 11 月
504 页　精装　30cm
ISBN978-7-219-10357-9
馆藏号：Guojiafz-8600002016202

兴业年鉴·2013
兴业县人民政府主办 《兴业年鉴》编纂委员会编　总编孔建忠　主编杨耿　总纂杨耿
广西人民出版社　2014 年 1 月
476 页　精装　29cm
ISBN978-7-219-08745-9
馆藏号：Guojiafz-8600002013662

兴业年鉴·2014
兴业县人民政府主办　兴业县年鉴编纂委员会编　总编孔建忠　主编杨耿　总纂杨耿
中州古籍出版社　2015 年 7 月
572 页　精装　29cm
ISBN978-7-5348-5354-8
馆藏号：Guojiafz-8600002013660

右江区年鉴·2008
右江区人民政府主办　右江区地方志编纂委员会编　主编黎显忠
广西人民出版社　2009 年 7 月
316 页　精装　29cm
ISBN978-7-219-06662-1
馆藏号：Guojiafz-8600002002954

右江区年鉴·2009—2010
百色市右江区人民政府主办　百色市右江区地方志办编　主编梁大仲　总纂李元收
广西美术出版社　2011 年 12 月
410 页　精装　29cm
ISBN978-7-5494-0431-5
馆藏号：Guojiafz-8600002013576

右江区年鉴·2011—2012
百色市右江区人民政府主办　百色市右江区地方志编纂委员会编　主编梁大仲
广西人民出版社　2015 年 4 月
344 页　精装　29cm
ISBN978-7-219-09260-6
馆藏号：Guojiafz-8600002013615

田东年鉴·1989—1992
田东县志编纂委员会办公室编　主编卢伟
广西人民出版社　1996 年 4 月
536 页　平装　19cm
ISBN7-219-03294-3
馆藏号：Guojiafz-8600002005003

德保年鉴·2010—2011
德保县人民政府主办　德保县地方志编纂委员会编　主编农魏平
广西人民出版社　2013 年 1 月
458 页　精装　29cm
ISBN978-7-219-08298-0
馆藏号：Guojiafz-8600002013605

德保年鉴·2013
德保县人民政府主办　德保县党史县志办公室编　主编农魏平
广西人民出版社　2014 年 1 月
328 页　精装　27cm

ISBN978-7-219-08812-8
馆藏号：Guojiafz-8600002013607

德保年鉴·2014
德保县人民政府主办　德保县地方志编纂委员会编
主编黄剑锋
广西人民出版社　2015年10月
336页　精装　27cm
ISBN978-7-219-09514-0
馆藏号：Guojiafz-8600002013609

乐业年鉴·2009—2010
乐业县人民政府主办　乐业县年鉴编纂委员会编
主编黎启顺、李卓航
广西人民出版社　2014年7月
420页　精装　29cm
ISBN978-7-219-09008-4
馆藏号：Guojiafz-8600002013691

乐业年鉴·2011—2012
乐业县地方志编纂委员会编　主编黎启顺
广西人民出版社　2015年8月
322页　精装　29cm
ISBN978-7-219-09429-7
馆藏号：Guojiafz-8600002013699

田林年鉴·2007—2009
田林县人民政府主办　田林年鉴编纂委员会编
主编黄晋强
广西人民出版社　2011年1月
364页　精装　29cm
ISBN978-7-219-07251-6
馆藏号：Guojiafz-8600002013627

田林年鉴·2010—2011
田林县人民政府主办　田林县地方志编纂委员会编
主编黄晋强　执行主编罗炳生
广西南宁华侨印务有限责任公司印刷　2013年12月
604页　精装　29cm
准印证号：NO：2008304
馆藏号：Guojiafz-8600002013785

西林年鉴·2017
西林县地方志编纂委员会编　主编黄怀毅
方志出版社　2018年2月
431页　精装　29cm
ISBN978-7-5144-2968-8
馆藏号：Guojiafz-8600002017180

隆林年鉴·2007—2008
中共隆林各族自治县委员会、隆林各族自治县人民政府主办　隆林各族自治县年鉴编纂委员会编
主编杨寿光
北京图文印刷厂印刷　2009年12月
413页　精装　29cm
准印证号：内资号：豫内资三新出通字［2009］3548
馆藏号：Guojiafz-8600002013783

隆林年鉴·2009—2010
隆林各族自治县人民政府主办　隆林年鉴编纂委员会编　主编班旭虹
广西人民出版社　2012年12月
330页　精装　29cm
ISBN978-7-219-08278-2
馆藏号：Guojiafz-8600002013623

隆林年鉴·2011—2012
隆林各族自治县人民政府主办　隆林年鉴编纂委员会编　主编班旭虹
广西人民出版社　2014年10月
301页　精装　29cm
ISBN978-7-219-08278-2
馆藏号：Guojiafz-8600002013625

隆林年鉴·2018
隆林各族自治县县志编纂委员会编　主编陈琦
方志出版社　2018年12月
300页　精装　29cm

ISBN978-7-5144-3542-9
馆藏号：Guojiafz-8600002017008

贺州年鉴·2011—2012
中共贺州市委员会、贺州市人民政府主办　贺州市地方志编纂委员会编　主编黄观壮　总纂黄观壮
广西人民出版社　2013 年 10 月
423 页　精装　30cm
ISBN978-7-219-08598-1
馆藏号：Guojiafz-8600002013619

贺州年鉴·2013
中共贺州市委、贺州市人民政府主办　贺州市地方志编纂委员会编　主编黄观壮　总纂黄观壮
广西人民出版社　2014 年 10 月
260 页　精装　29cm
ISBN978-7-219-09162-3
馆藏号：Guojiafz-8600002013621

贺州年鉴·2017
贺州市地方志编纂委员会编　主编钟来全　执行主编陈敏兰　总纂黄观壮、张江帆
方志出版社　2018 年 12 月
310 页　精装　29cm
ISBN978-7-5144-3548-1
馆藏号：Guojiafz-8600002017241

河池年鉴·2008—2009
河池市人民政府主办　河池市年鉴编纂委员会编　主编陈刚　执行主编蓝启章　总纂蓝启章
广西人民出版社　2009 年 11 月
484 页　精装　29cm
ISBN978-7-219-06812-0
馆藏号：Guojiafz-8600002003133

河池年鉴·2018
河池市地方志编纂委员会编　主编蓝蔚锽　总纂檀江河
方志出版社　2018 年 12 月
336 页　精装　29cm
ISBN978-7-5144-3544-3
馆藏号：Guojiafz-8600002016985

天峨年鉴·2014
天峨县人民政府主办　天峨县年鉴编纂委员会编　主编宁昌波
广西人民出版社　2015 年 3 月
456 页　精装　29cm
ISBN978-7-219-09352-8
馆藏号：Guojiafz-8600002013653

天峨年鉴·2015
天峨县人民政府主办　天峨县年鉴编纂委员会编　主编宁昌波
广西人民出版社　2015 年 12 月
396 页　精装　29cm
ISBN978-7-219-09661-1
馆藏号：Guojiafz-8600002013711

东兰年鉴·2014
东兰县人民政府主办　东兰县地方志编纂委员会编　主编杨建峰
广西人民出版社　2014 年 12 月
213 页　精装　29cm
ISBN978-7-219-09279-8
馆藏号：Guojiafz-8600002013574

东兰年鉴·2015
东兰县人民政府主办　东兰县地方志编纂委员会编　主编杨建峰
广西人民出版社　2015 年 8 月
272 页　精装　29cm
ISBN978-7-219-09566-9
馆藏号：Guojiafz-8600002013578

东兰年鉴·2017
东兰县人民政府主办　东兰县地方志编纂委员会编　主编徐景灵
广西人民出版社　2017 年 10 月

401 页　精装　29cm
ISBN978-7-219-10438-5
馆藏号：Guojiafz-8600002016203

来宾年鉴·2013
中共来宾市委员会、来宾市人民政府主办 《来宾年鉴》编纂委员会编　主编李勇
广西人民出版社　2014 年 8 月
536 页　精装　27cm
ISBN978-7-219-09026-8
馆藏号：Guojiafz-8600002013552

来宾年鉴·2014
中共来宾市委员会、来宾市人民政府主办 《来宾年鉴》编纂委员会编　主编李勇
广西人民出版社　2015 年 7 月
500 页　精装　27cm
ISBN978-7-219-09356-6
馆藏号：Guojiafz-8600002013536

合山年鉴·2013
合山市人民政府主办 《合山年鉴》编纂委员会编
主编徐忠文
广西人民出版社　2014 年 11 月
358 页　精装　27cm
ISBN978-7-219-09115-9
馆藏号：Guojiafz-8600002013741

合山年鉴·2014—2015
合山市人民政府主办 《合山年鉴》编纂委员会编
主编徐忠文
广西人民出版社　2015 年 12 月
424 页　精装　29cm
ISBN978-7-219-09758-8
馆藏号：Guojiafz-8600002013743

象州年鉴·1996—2000
象州县人民政府编　主编韦敏
中国文联出版社　2003 年 6 月
458 页　精装　27cm
ISBN7-5059-4273-5
馆藏号：Guojiafz-8600002004943

象州年鉴·2001—2005
象州县人民政府主办 《象州年鉴》编委会编
主编李贵双　执行主编韦敏、邹凤屏
冶金工业出版社　2013 年 6 月
616 页　精装　27cm
ISBN978-7-5024-6163-8
馆藏号：Guojiafz-8600002013544

崇左年鉴·2012
崇左市人民政府主办　崇左市地方志编纂委员会编
主编陆德宁
广西民族出版社　2012 年 9 月
633 页　精装　29cm
ISBN978-7-5363-6474-5
馆藏号：Guojiafz-8600002013751

崇左年鉴·2013
崇左市人民政府主办　崇左市地方志编纂委员会编
主编陆德宁
广西人民出版社　2013 年 9 月
526 页　精装　29cm
ISBN978-7-219-08556-1
馆藏号：Guojiafz-8600002013753

崇左年鉴·2014
崇左市人民政府主办　崇左市地方志编纂委员会编
主编陆德宁
广西人民出版社　2014 年 10 月
551 页　精装　29cm
ISBN978-7-219-09119-7
馆藏号：Guojiafz-8600002013703

崇左年鉴·2015
崇左市人民政府主办　崇左市地方志编纂委员会编
主编陆德宁
广西人民出版社　2015 年 9 月
534 页　精装　29cm

ISBN978-7-219-09577-5
馆藏号：Guojiafz-8600002013701

崇左年鉴·2019
崇左市地方志编纂委员会编　主编梁甫山
方志出版社　2019 年 10 月
500 页　精装　29cm
ISBN978-7-5144-3912-0
馆藏号：Guojiafz-8600002018184

扶绥年鉴·2012
扶绥县人民政府主办　扶绥县地方志编纂委员会办公室编　主编何耀杰
南宁市桂川印务有限责任公司印刷　2012 年 12 月
410 页　精装　29cm
准印证号：2009653
馆藏号：Guojiafz-8600002013739

扶绥年鉴·2013
扶绥县人民政府主办　扶绥县地方志编纂委员会办公室编　主编何耀杰
南宁市桂川印务有限责任公司印刷　2014 年 1 月
422 页　精装　29cm
准印证号：2009653
馆藏号：Guojiafz-8600002013737

扶绥年鉴·2014
扶绥县人民政府主办　扶绥县地方志编纂委员会办公室编　主编何耀杰
广西人民出版社　2015 年 6 月
399 页　精装　29cm
ISBN978-7-219-09497-6
馆藏号：Guojiafz-8600002013735

宁明年鉴·2012
宁明县人民政府主办　宁明县地方志编纂委员会办公室编　主编吕吉波
广西人民出版社　2012 年 12 月
328 页　精装　29cm
ISBN978-7-219-08229-4
馆藏号：Guojiafz-8600002013633

宁明年鉴·2013
宁明县人民政府主办　宁明县地方志编纂委员会办公室编　主编吕吉波
广西人民出版社　2014 年 5 月
336 页　精装　29cm
ISBN978-7-219-08867-8
馆藏号：Guojiafz-8600002013636

宁明年鉴·2014
宁明县人民政府主办　宁明县地方志编纂委员会办公室编　主编吕吉波
广西人民出版社　2015 年 9 月
312 页　精装　29cm
ISBN978-7-219-09560-7
馆藏号：Guojiafz-8600002013635

龙州年鉴·2013
龙州县人民政府主办　龙州县地方志编纂委员会编　主编闭兴才
广西人民出版社　2014 年 1 月
402 页　精装　27cm
ISBN978-7-219-08811-1
馆藏号：Guojiafz-8600002013617

龙州年鉴·2014
龙州县人民政府主办　龙州县年鉴编纂委员会编　主编闭兴才
广西人民出版社　2014 年 9 月
308 页　精装　29cm
ISBN978-7-219-09088-6
馆藏号：Guojiafz-8600002013613

龙州年鉴·2015
龙州县人民政府主办　龙州县年鉴编纂委员会编　主编闭兴才
广西人民出版社　2015 年 8 月
316 页　精装　29cm
ISBN978-7-219-09512-6
馆藏号：Guojiafz-8600002013611

大新年鉴·1987
大新年鉴编辑部编　主编黄忠源
广西民族语文印刷厂印刷　1987 年 11 月
192 页　平装　26cm
准印证号：广西图书报刊登记证：292 号
馆藏号：Guojiafz-8600002009191

大新年鉴·2009
大新县人民政府主办　《大新年鉴》编纂委员会编
主编李有权
广西美术出版社　2010 年 5 月
342 页　精装　27cm
ISBN978-7-80746-963-6
馆藏号：Guojiafz-8600002002839

大新年鉴·2010—2011
大新县人民政府主办　大新年鉴编纂委员会编
主编颜勤显
广西民族出版社　2012 年 4 月
440 页　精装　29cm
ISBN978-7-5363-6378-6
馆藏号：Guojiafz-8600002013678

大新年鉴·2012
大新县人民政府主办　大新县地方志编纂委员会编
主编农忠波
广西人民出版社　2012 年 12 月
304 页　精装　29cm
ISBN978-7-219-08230-0
馆藏号：Guojiafz-8600002013731

大新年鉴·2013
大新县人民政府主办　大新县地方志编纂委员会编
主编农忠波
广西人民出版社　2013 年 12 月
314 页　精装　29cm
ISBN978-7-219-08713-8
馆藏号：Guojiafz-8600002013729

大新年鉴·2014
大新县人民政府主办　大新县地方志编纂委员会编
主编农忠波
广西人民出版社　2014 年 11 月
306 页　精装　29cm
ISBN978-7-219-09173-9
馆藏号：Guojiafz-8600002013727

大新年鉴·2015
大新县人民政府主办　大新县地方志编纂委员会编
主编农忠波
广西人民出版社　2015 年 12 月
288 页　精装　29cm
ISBN978-7-219-09672-7
馆藏号：Guojiafz-8600002013791

大新年鉴·2018
大新县地方志编纂委员会编　主编覃文学
方志出版社　2018 年 11 月
332 页　精装　29cm
ISBN978-7-5144-3432-3
馆藏号：Guojiafz-8600002017299

天等年鉴·2012
中共天等县委员会、天等县人民政府主办　天等县地方志编纂委员会编　主编张奇勋
广西人民出版社　2013 年 8 月
378 页　精装　29cm
ISBN978-7-219-08493-9
馆藏号：Guojiafz-8600002013670

天等年鉴·2013
中共天等县委员会、天等县人民政府主办　天等县地方志编纂委员会编　主编张奇勋
广西人民出版社　2014 年 1 月
376 页　精装　29cm
ISBN978-7-219-08783-1
馆藏号：Guojiafz-8600002013546

天等年鉴·2014
中共天等县委员会、天等县人民政府主办　天等县地方志编纂委员会编　主编张奇勋
广西人民出版社　2015 年 1 月
364 页　精装　29cm
ISBN978-7-219-09327-6
馆藏号：Guojiafz-8600002013550

天等年鉴·2015
中共天等县委员会、天等县人民政府主办　天等县地方志编纂委员会编　主编张奇勋
广西人民出版社　2015 年 12 月
348 页　精装　29cm
ISBN978-7-219-09701-4
馆藏号：Guojiafz-8600002013549

海南省

海南年鉴·2009
海南省人民政府主办　海南年鉴社编　主编梁振球
海南年鉴社　2009 年 12 月
544 页　精装　29cm
ISSN1006-2351
馆藏号：Guojiafz-8600002008281

海南年鉴·2012
海南省人民政府主办　海南年鉴社编　主编梁振球
海南年鉴社　2012 年 12 月
728 页　精装　29cm
ISSN1006-2351
馆藏号：Guojiafz-8600002007156

海南年鉴·2015
海南省人民政府主管　《海南年鉴》编辑委员会编
主编毛志华
海南年鉴社　2015 年 11 月
596 页　精装　29cm
ISSN1006-2351
馆藏号：Guojiafz-8600002004661

海南年鉴·2017
海南省人民政府主管　《海南年鉴》编辑委员会编
主编毛志华
海南年鉴社　2017 年 12 月
688 页　精装　29cm
ISSN1006-2351
馆藏号：Guojiafz-8600002016721

海南年鉴·2018
海南省人民政府主管　《海南年鉴》编辑委员会编
主编毛志华
海南年鉴社　2018 年 12 月
704 页　精装　29cm
ISSN1006-2351
馆藏号：Guojiafz-8600002017938

海南年鉴·2020
海南省人民政府主管　《海南年鉴》编辑委员会编
主编毛志华
海南年鉴社　2020 年 11 月
648 页　精装　29cm
ISSN1006-2351
馆藏号：Guojiafz-8600002019665-7

海南农业年鉴·2015
海南省农业厅主办　《海南农业年鉴》编辑委员会编　主编周燕华
南方出版社　2016 年 4 月
351 页　精装　29cm
ISBN978-7-5501-2850-7
馆藏号：Guojiafz-8600002014832

海南农业年鉴·2017
海南省农业厅主办　海南农业年鉴编辑部编
主编周燕华
南方出版社　2018 年 3 月
338 页　精装　29cm
ISBN978-7-5501-4362-3
馆藏号：Guojiafz-8600002016808

海南大学年鉴·2014
海南大学年鉴编辑部编　主编李建保、胡新文
海南出版社　2014年9月
235页　精装　29cm
ISBN978-7-5443-4638-2
馆藏号：Guojiafz-8600002015283

海口年鉴·1997
海口市人民政府主办　海口年鉴编纂委员会、海口年鉴社合编　主编符福永、娄东风
海南出版社　1997年9月
235页　精装　29cm
ISBN7-80617-318-8
馆藏号：Guojiafz-8600002018701

海口年鉴·1998
海口市人民政府主办　海口年鉴编纂委员会编　主编娄东风
吉林人民出版社　1998年11月
275页　精装　29cm
ISBN7-206-03083-1
馆藏号：Guojiafz-8600002018703

海口年鉴·2001
海口市人民政府主办《海口年鉴》编纂委员会编　主编程国林、郑保祥
中华书局　2001年10月
307页　精装　29cm
ISBN7-101-03105-6
馆藏号：Guojiafz-8600002018698

海口年鉴·2004
海口市人民政府主办《海口年鉴》编纂委员会编　主编欧阳卉然
海天出版社　2004年9月
380页　精装　29cm
ISBN7-80654-931-5
馆藏号：Guojiafz-8600002018699

海口年鉴·2005
海口市人民政府主办《海口年鉴》编纂委员会编　主编欧阳卉然
海南出版社　2005年9月
467页　精装　29cm
ISBN7-5443-1576-2
馆藏号：Guojiafz-8600002018694

海口年鉴·2007
海口市人民政府主管　海口市政府研究室主办《海口年鉴》编纂委员会编　主编王善来
海天出版社　2007年11月
384页　精装　29cm
ISBN978-7-5443-2310-9
馆藏号：Guojiafz-8600002018700

海口年鉴·2008
海口市人民政府主管　海口市政府研究室主办《海口年鉴》编纂委员会编　主编王善来
海南出版社　2008年11月
379页　精装　29cm
ISBN978-7-5443-2597-4
馆藏号：Guojiafz-8600002018629

海口市年鉴·2009
海口市人民政府主办　海口市地方史志办公室编　主编陈泽汉
南方出版社　2009年11月
447页　精装　29cm
ISBN978-7-80760-366-5
馆藏号：Guojiafz-8600002005848

海口市年鉴·2013
海口市人民政府主办　海口市地方史志办公室编　主编陈泽汉
南海出版公司　2013年11月
558页　精装　29m
ISBN978-7-5442-6902-5
馆藏号：Guojiafz-8600002018695

海口年鉴·2014
海口市人民政府主办　海口市地方史志办公室编
主编欧少珍
南海出版公司　2014 年 11 月
474 页　精装　29cm
ISBN978-7-5442-7491-3
馆藏号：Guojiafz-8600002015606

海口年鉴·2015
海口市人民政府主办　海口市地方史志办公室编
主编欧少珍
南海出版公司　2015 年 11 月
592 页　精装　29cm
ISBN978-7-5442-8179-9
馆藏号：Guojiafz-8600002018697

海口年鉴·2016
海口市人民政府主办　海口市地方史志办公室编
主编欧少珍
南海出版公司　2016 年 11 月
574 页　精装　29cm
ISBN978-7-5442-8584-1
馆藏号：Guojiafz-8600002014121

海口年鉴·2017
海口市人民政府主办　海口市地方史志办公室编
主编欧少珍
南海出版公司　2017 年 12 月
556 页　精装　29cm
ISBN978-7-5442-6408-2
馆藏号：Guojiafz-8600002015586

海口年鉴·2018
海口市人民政府主办　海口市地方史志办公室编
主编欧少珍
南海出版公司　2018 年 9 月
552 页　精装　29cm
ISBN978-7-5442-9425-6
馆藏号：Guojiafz-8600002017773-4

海口年鉴·2019
海口市人民政府主管　海口市地方史志办公室编
主编欧少珍
南海出版公司　2019 年 11 月
453 页　精装　29cm
ISBN978-7-5442-9707-3
馆藏号：Guojiafz-8600002018693

秀英年鉴·2016
海口市秀英区人民政府主办　秀英区人民政府办公室编　主编韩涛
南海出版公司　2017 年 11 月
303 页　精装　29cm
ISBN978-7-5442-6516-4
馆藏号：Guojiafz-8600002015595

秀英年鉴·2020
海口市秀英区人民政府主办　海口市秀英区人民政府办公室编　主编陈大强
南海出版公司　2020 年 10 月
508 页　精装　29cm
ISBN978-7-5442-7563-7
馆藏号：Guojiafz-8600002019016-8

三亚市年鉴·2011
中共三亚市委、三亚市人民政府主办　三亚市史志工作办公室编　主编蔡衍宗　执行主编陈一夫
南方出版社　2011 年 12 月
482 页　精装　29cm
ISBN978-7-5501-0634-5
馆藏号：Guojiafz-8600002010417

三亚年鉴·2020
中共三亚市委、三亚市人民政府主办　三亚市史志工作办公室编　主编谢月林　执行主编陈一夫
南方出版社　2020 年 10 月
390 页　精装　29cm
ISBN978-7-5501-5845-0
馆藏号：Guojiafz-8600002020106

海棠区年鉴·2020
中共三亚市海棠区委、三亚市海棠区人民政府主办　三亚市海棠区人民政府办公室编　主编丁舰　执行主编张晓娟
南方出版社　2020 年 12 月
336 页　精装　29cm
ISBN978-7-5501-6356-0
馆藏号：Guojiafz-8600002020260

崖州年鉴·2020
中共三亚市崖州区委、三亚市崖州区人民政府主办　三亚市崖州区人民政府办公室编　主编黎伟
南方出版社　2020 年 11 月
435 页　精装　29cm
ISBN978-7-5501-6472-7
馆藏号：Guojiafz-8600002019268

儋州市年鉴·2010
中共儋州市委、儋州市人民政府主办　儋州市委史志办公室编　主编杜建心
南方出版社　2011 年 8 月
413 页　精装　29cm
ISBN978-7-5501-0311-5
馆藏号：Guojiafz-8600002007340

儋州年鉴·2020
中共儋州市委、儋州市人民政府主办　儋州市地方志研究室编　主编陈良荣
南海出版公司　2020 年 10 月
470 页　精装　29cm
ISBN978-7-5442-8740-1
馆藏号：Guojiafz-8600002019057

五指山市年鉴·2011
中共五指山市委、五指山市人民政府主办　五指山市史志办公室编　主编陈佳彦
南海出版公司　2012 年 3 月
469 页　精装　29cm
ISBN978-7-5442-5748-0
馆藏号：Guojiafz-8600002007120

五指山市年鉴·2013
中共五指山市委、五指山市人民政府主办　五指山市史志办公室编　主编陈佳彦
南海出版公司　2013 年 12 月
507 页　精装　29cm
ISBN978-7-5442-6964-3
馆藏号：Guojiafz-8600002015896

琼海市年鉴·2011
中共琼海市委、琼海市人民政府主办　琼海市地方志办公室编　主编谢才雄
海南出版社　2012 年 6 月
293 页　精装　29cm
ISBN978-7-5443-3733-5
馆藏号：Guojiafz-8600002007013

琼海市年鉴·2013
中共琼海市委、琼海市人民政府主办　琼海市地方志办公室编　主编谢才雄
海南出版社　2014 年 5 月
294 页　精装　29cm
ISBN978-7-5443-5360-1
馆藏号：Guojiafz-8600002015231

东方市年鉴·2011
中共东方市委、东方市人民政府主办　东方市史志办公室编　主编黄成
南海出版公司　2012 年 4 月
294 页　精装　29cm
ISBN978-7-5442-5867-8
馆藏号：Guojiafz-8600002007346

东方年鉴·2020
中共东方市委、东方市人民政府主办　东方市史志研究室编　主编裴振美
南海出版公司　2020 年 10 月
288 页　精装　29cm
ISBN978-7-5442-7519-4
馆藏号：Guojiafz-8600002019294-6

定安年鉴·2020
中共定安县委、定安县人民政府主办　中共定安县委党史研究中心编　主编王诗海
南海出版公司　2020 年 12 月
434 页　精装　29cm
ISBN978-7-5442-7344-2
馆藏号：Guojiafz-8600002018980

屯昌县年鉴·2011
中共屯昌县委、屯昌县人民政府主办　屯昌县史志工作办公室编　主编许秋江
南方出版社　2012 年 11 月
382 页　精装　29cm
ISBN978-7-5501-1258-2
馆藏号：Guojiafz-8600002009664

屯昌年鉴·2020
中共屯昌县委、屯昌县人民政府主办　屯昌县史志编纂中心编　主编吴小辉
南方出版社　2020 年 12 月
420 页　精装　29cm
ISBN978-7-5501-5385-1
馆藏号：Guojiafz-8600002020135-7

临高县年鉴·2010
中共临高县委员会、临高县人民政府主办　临高县地方志编纂委员会办公室编　主编王琳
南方出版社　2011 年 11 月
326 页　精装　29cm
ISBN978-7-5501-0610-9
馆藏号：Guojiafz-8600002009987

临高县年鉴·2011
中共临高县委员会、临高县人民政府主办　临高县地方志编纂委员会办公室编　主编王琳
南方出版社　2012 年 12 月
354 页　精装　29cm
ISBN978-7-5501-1236-0
馆藏号：Guojiafz-8600002007341

临高县年鉴·2012
临高县人民政府主办　临高县地方志编纂委员会办公室编　主编王琳
南方出版社　2012 年 12 月
387 页　精装　29cm
ISBN978-7-5501-1675-7
馆藏号：Guojiafz-8600002013393

白沙黎族自治县年鉴·2010
中共白沙黎族自治县委、白沙黎族自治县人民政府主办　白沙黎族自治县委史志办公室编
主编刘新光
南方出版社　2012 年 3 月
349 页　精装　29cm
ISBN978-7-5501-0744-1
馆藏号：Guojiafz-8600002007133

昌江黎族自治县年鉴·2011
昌江黎族自治县人民政府主办　昌江黎族自治县地方志编纂委员会办公室编　主编符明雄　执行主编孙唐康
南海出版公司　2012 年 8 月
361 页　精装　29cm
ISBN978-7-5442-6222-4
馆藏号：Guojiafz-8600002007154

昌江黎族自治县年鉴·2017
昌江黎族自治县人民政府主办　昌江黎族自治县地方志编纂委员会办公室编　主编谢志勇
方志出版社　2018 年 2 月
462 页　精装　29cm
ISBN978-7-5144-3001-1
馆藏号：Guojiafz-8600002016907

昌江年鉴·2020
昌江黎族自治县人民政府主办　昌江黎族自治县地方志编纂中心编　主编谢志勇
南海出版公司　2020 年 12 月
412 页　精装　29cm

ISBN978-7-5442-7945-1
馆藏号：Guojiafz-8600002019194-6

乐东黎族自治县年鉴·2011
乐东黎族自治县人民政府主办　乐东黎族自治县地方志办公室编　主编白丽华
南海出版公司　2012 年 9 月
316 页　精装　29cm
ISBN978-7-5442-6245-3
馆藏号：Guojiafz-8600002007155

陵水黎族自治县年鉴·2011
中共陵水黎族自治县委、陵水黎族自治县人民政府主办　陵水黎族自治县史志办公室编
主编陈文萍
南海出版公司　2012 年 9 月
426 页　精装　29cm
ISBN978-7-5442-6077-0
馆藏号：Guojiafz-8600002009929

陵水黎族自治县年鉴·2012
中共陵水黎族自治县委员会、陵水黎族自治县人民政府主办　陵水黎族自治县史志办公室编
主编陈文萍
南海出版公司　2013 年 8 月
287 页　精装　29cm
ISBN978-7-5442-6273-6
馆藏号：Guojiafz-8600002015233

陵水年鉴·2015
中共陵水黎族自治县委、陵水黎族自治县人民政府主办　陵水黎族自治县史志办公室编
主编陈文萍
南海出版公司　2015 年 12 月
616 页　精装　29cm
ISBN978-7-5442-6284-2
馆藏号：Guojiafz-8600002014834

保亭黎族苗族自治县年鉴·2011
保亭黎族苗族自治县人民政府主办　中共保亭黎族苗族自治县委党史县志办公室编　主编符开勇
南方出版社　2012 年 12 月
442 页　精装　29cm
ISBN978-7-5501-1148-6
馆藏号：Guojiafz-8600002009986

琼中黎族苗族自治县年鉴·2010
中共琼中黎族苗族自治县委、琼中黎族苗族自治县人民政府主办　琼中黎族苗族自治县党史县志办公室编　主编王振雄、王应江　执行主编叶传雄
南海出版公司　2012 年 9 月
402 页　精装　29cm
ISBN978-7-5442-6064-0
馆藏号：Guojiafz-8600002009995

琼中年鉴·2020
中共琼中黎族苗族自治县委员会、琼中黎族苗族自治县人民政府主办　中共琼中黎族苗族自治县委党史县志研究室编　主编张东安
南海出版公司　2020 年 10 月
416 页　精装　29cm
ISBN978-7-5442-7525-5
馆藏号：Guojiafz-8600002019132-4

重庆市

重庆年鉴·1987
重庆市地方志编纂委员会主办 《重庆年鉴》编辑部编　主编陶维全
科学技术文献出版社重庆分社　1987 年 11 月
522 页　精装　27cm
ISBN7-5023-0139-9
馆藏号：Guojiafz-8600002003550

重庆年鉴·1988
《重庆年鉴》编辑部编　主编陶维全
科学技术文献出版社重庆分社　1988 年 11 月
537 页　精装　27cm
ISBN7-5023-0303-0
馆藏号：Guojiafz-8600002003593

重庆年鉴·1989
《重庆年鉴》编辑部编　主编陶维全
科学技术文献出版社重庆分社　1989 年 9 月
506 页　精装　27cm
ISBN7-5023-0470-3
馆藏号：Guojiafz-8600002003551

重庆年鉴·1991
《重庆年鉴》编辑部编　主编罗传勖
重庆出版社　1991 年 9 月
431 页　精装　27cm
ISBN7-5366-1803-4
馆藏号：Guojiafz-8600002009432

重庆年鉴·1992
重庆市人民政府办公厅主管　重庆市地方志编纂委员会主办 《重庆年鉴》编辑部编　主编罗传勖
重庆年鉴社 1992 年 9 月
396 页　精装　27cm
CN51-1416
馆藏号：Guojiafz-8600002006531

重庆年鉴·1993
重庆市人民政府办公厅主管　重庆市地方志编纂委员会主办 《重庆年鉴》编辑部编　主编罗传勖
重庆市市中区实验印刷厂印刷　1993 年 8 月
413 页　精装　27cm
ISSN1004-8383
馆藏号：Guojiafz-8600002009155

重庆年鉴·1994
重庆市人民政府办公厅主管　重庆市地方志编纂委员会主办 《重庆年鉴》编辑部编　主编罗传勖
中国人民解放军七二三四工厂印刷　1994 年 8 月
415 页　精装　27cm
ISSN1004-8383
馆藏号：Guojiafz-8600002007757

重庆年鉴·1995
重庆市人民政府办公厅主办 《重庆年鉴》编辑部编　主编张文周
重庆创意印务公司印刷　1995 年 7 月
456 页　精装　27cm
ISSN1004-8383
馆藏号：Guojiafz-8600002000914

重庆年鉴 · 1996
重庆市人民政府主管　重庆市人民政府办公厅主办
重庆年鉴社编　主编章麒
重庆年鉴社　1996 年 8 月
428 页　精装　27cm
ISSN1004-8383
馆藏号：Guojiafz-8600002004260

重庆年鉴 · 1997
重庆市人民政府主管　重庆市人民政府办公厅主办
重庆年鉴社编　主编刘成义
重庆年鉴社　1997 年 9 月
476 页　精装　27cm
ISSN1004-8383
馆藏号：Guojiafz-8600002004223

重庆年鉴 · 1998
重庆市人民政府主管　重庆市人民政府办公厅主办
重庆年鉴社编　主编刘成义
重庆年鉴社　1998 年 9 月
576 页　精装　27cm
ISSN1004-8383
馆藏号：Guojiafz-8600002004293

重庆年鉴 · 1999
重庆市人民政府主管　重庆市人民政府办公厅主办
重庆年鉴社编　主编刘成义
重庆年鉴社　1999 年 9 月
494 页　精装　27cm
ISSN1004-8383
馆藏号：Guojiafz-8600002004239

重庆年鉴 · 2003
重庆市人民政府主管　重庆市人民政府办公厅主办
重庆市地方志编纂委员会编　主编周慕冰　执行主编夏小平、张凌、李光荣
重庆年鉴社　2003 年 9 月
470 页　精装　29cm
ISSN1004-8383
馆藏号：Guojiafz-8600002008051

重庆年鉴 · 2009
重庆市人民政府主管　重庆市人民政府办公厅主办
重庆市地方志编纂委员会编　主编陈和平　执行主编夏小平、张凌、李光荣
重庆年鉴社　2009 年 9 月
522 页　精装　29cm
ISSN1004-8383
馆藏号：Guojiafz-8600002009773

重庆年鉴 · 2014
重庆市人民政府主管　重庆市人民政府办公厅主办
重庆市地方志办公室、重庆年鉴社合编
主编欧顺清　执行主编夏小平
重庆年鉴社　2014 年 10 月
750 页　精装　29cm
ISSN1004-8383
馆藏号：Guojiafz-8600002016064

重庆年鉴 · 2016
重庆市人民政府主管　重庆市人民政府办公厅主办
重庆市地方志办公室、重庆年鉴社合编
主编欧顺清　执行主编刘明海
重庆年鉴社　2016 年 10 月
782 页　精装　29cm
ISSN1004-8383
馆藏号：Guojiafz-8600002014380

重庆人大年鉴 · 2003—2007
重庆市人大常委会办公厅编　主任刘成义
重庆出版社　2008 年 1 月
685 页　精装　29cm
ISBN978-7-5366-9379-1
馆藏号：Guojiafz-8600002002336

松藻矿务局年鉴 · 1987
《松藻矿务局年鉴》编辑委员会编　主编文安清、罗昭和
重庆新华印刷厂印刷
140 页　平装　26cm
馆藏号：Guojiafz-8600002009359

松藻矿务局年鉴·1988
《松藻矿务局年鉴》编辑委员会编　主编文安清、罗昭和
重庆印制二厂印刷
174 页　平装　26cm
馆藏号：Guojiafz-8600002009445

四川石油管理局川东开发公司年鉴·1997
川东开发公司史志编纂委员会编　主任王科荣
内部印刷　1999 年 9 月
225 页　精装　27cm
馆藏号：Guojiafz-8600002006484

四川石油管理局川东开发公司年鉴·1999
川东开发公司史志编纂委员会编　主任屈建平
内部印刷
249 页　平装　27cm
馆藏号：Guojiafz-8600002000714

重钢年鉴·2007
重庆钢铁（集团）有限责任公司主办　《重钢年鉴》编辑委员会编　主编黄二卫
四川科学技术出版社　2007 年 8 月
354 页　精装　29cm
ISBN978-7-5364-6324-0
馆藏号：Guojiafz-8600002003639

重钢年鉴·2009
重钢年鉴编辑委员会编　主编黄二卫
四川科学技术出版社　2009 年 9 月
345 页　精装　30cm
ISBN978-7-5364-6879-5
馆藏号：Guojiafz-8600002001432

重钢年鉴·2017
重庆钢铁（集团）有限责任公司主办　重钢年鉴编辑委员会编　主编温勇耀
四川科学技术出版社　2017 年 9 月
286 页　精装　29cm
ISBN978-7-5364-8780-2
馆藏号：Guojiafz-8600002016509

重庆统计年鉴·2009
重庆市统计局、国家统计局重庆调查总队合编
主编郑子彬、李涛明
中国统计出版社　2009 年 7 月
548 页　精装　30cm
ISBN978-7-5037-5674-0
馆藏号：Guojiafz-8600002002057

重庆教育年鉴·2015
重庆市教育委员会编　主编周旭　执行主编周光启
重庆出版社　2016 年 12 月
650 页　精装　29cm
ISBN978-7-229-11518-0
馆藏号：Guojiafz-8600002014376

渝中年鉴·1995—1996
重庆市渝中区人民政府地方志编纂委员会编
主编黎明德
重庆出版社　1998 年 8 月
365 页　精装　27cm
ISBN7-5366-4051-X
馆藏号：Guojiafz-8600002008177

万县地区年鉴·1991
万县地区地方志办公室编　主编周帆
成都科技大学出版社　1991 年 9 月
290 页　精装　27cm
ISBN7-5616-0974-4
馆藏号：Guojiafz-8600002006469

万县市年鉴·1994
万县市地方志编纂委员会办公室编　主编林成仁、周帆
四川科学技术出版社　1995 年 1 月
314 页　精装　27cm
ISBN7-5364-1290-8
馆藏号：Guojiafz-8600002008138

万县市年鉴·1995

万县市地方志编纂委员会办公室编　主编林成仁、周帆
成都科技大学出版社　1995年10月
296页　精装　27cm
ISBN7-5616-3157-X
馆藏号：Guojiafz-8600002005564

南岸区年鉴·1998—2002

重庆市南岸区人民政府主办　重庆市南岸区年鉴编辑委员会编　总编林登华
重庆建新印务有限公司印刷　2004年4月
317页　精装　29cm
准印证号：渝内字（2003）019468号
馆藏号：Guojiafz-8600002010080

渝北年鉴·2000

重庆市渝北区人民政府主办　渝北年鉴总编室编　总编傅恒模、刘世勇
重庆巴南彩印厂印刷　2000年10月
251页　精装　27cm
准印证号：渝内字（2000）093号
馆藏号：Guojiafz-8600002006591

巴南年鉴·2014

巴南区人民政府主办　重庆市巴南区人民政府编　主编潘亚利　执行主编李富立
方志出版社　2014年12月
580页　精装　29cm
ISBN978-7-5144-1510-0
馆藏号：Guojiafz-8600002005719

巴南年鉴·2015

巴南区人民政府主办　重庆市巴南区人民政府编　主编潘亚利　执行主编耿钱
方志出版社　2015年12月
574页　精装　29cm
ISBN978-7-5144-1893-4
馆藏号：Guojiafz-8600002003095

黔江年鉴·1996

黔江土家族苗族自治县人民政府主办　黔江年鉴编纂委员会编　总编辑黄宗福
深圳雅昌彩色印刷有限公司印刷　1997年3月
331页　平装　26cm
准印证号：渝新出报（专、增）刊（1997）字第025号
馆藏号：Guojiafz-8600002005435

长寿年鉴·2014

重庆市长寿区人民政府编　主编游江
方志出版社　2014年12月
531页　精装　29cm
ISBN978-7-5144-1543-8
馆藏号：Guojiafz-8600002010806

长寿年鉴·2015

重庆市长寿区人民政府编　主编游江
方志出版社　2016年2月
596页　精装　29cm
ISBN978-7-5144-1956-6
馆藏号：Guojiafz-8600002013501

长寿年鉴·2016

重庆市长寿区人民政府编　主编游江
方志出版社　2016年12月
548页　精装　29cm
ISBN978-7-5144-2278-8
馆藏号：Guojiafz-8600002014013

长寿年鉴·2017

重庆市长寿区人民政府编　主编游江
方志出版社　2018年1月
568页　精装　29cm
ISBN978-7-5144-2942-8
馆藏号：Guojiafz-8600002017211

长寿年鉴·2018

重庆市长寿区人民政府编　主编游江
方志出版社　2018年12月

482 页　精装　29cm
ISBN978-7-5144-3554-2
馆藏号：Guojiafz-8600002018038

永川年鉴·2018
重庆市永川区人民政府编　主编袁心常　执行主编林长明
方志出版社　2018 年 12 月
253 页　精装　29cm
ISBN978-7-5144-3503-0
馆藏号：Guojiafz-8600002017266

璧山年鉴·2016
重庆市璧山区人民政府主管　璧山区政府办公室主办　《璧山年鉴》编纂委员会、《璧山年鉴》编辑部合编　主编董奕锋
方志出版社　2016 年 9 月
387 页　精装　29cm
ISBN978-7-5144-2132-3
馆藏号：Guojiafz-8600002013813

璧山年鉴·2017
《璧山年鉴》编纂委员会编　主编董奕锋
方志出版社　2017 年 10 月
437 页　精装　29cm
ISBN978-7-5144-2591-8
馆藏号：Guojiafz-8600002016881

璧山年鉴·2018
《璧山年鉴》编纂委员会编　主编董奕锋　执行主编刘静
方志出版社　2018 年 12 月
436 页　精装　29cm
ISBN978-7-5144-3513-9
馆藏号：Guojiafz-8600002017289

铜梁年鉴·2018
重庆市铜梁区人民政府办公室主办　重庆市铜梁区党史地方志办公室编　主编任建平　执行主编朱纯清
方志出版社　2019 年 1 月
543 页　精装　29cm
ISBN978-7-5144-3606-8
馆藏号：Guojiafz-8600002018056

荣昌年鉴·1986
荣昌年鉴编辑委员会编　主编阚洪涛
内部印刷　1989 年 6 月
166 页　平装　26cm
馆藏号：Guojiafz-8600002004690

荣昌年鉴·1987
荣昌县年鉴编辑委员会编　主编阚洪涛
荣昌县文教印刷厂印刷　1989 年 9 月
172 页　平装　26cm
馆藏号：Guojiafz-8600002004688

荣昌年鉴·1988
荣昌县年鉴编辑委员会编　主编阚洪涛
荣昌县文教印刷厂印刷　1991 年 6 月
178 页　平装　26cm
准印证：荣字第 038074 号
馆藏号：Guojiafz-8600002004684

荣昌年鉴·1989
荣昌县人民政府办公室、荣昌年鉴编辑委员会合编　主编阚洪涛
荣昌县文教印刷厂印刷　1991 年 1 月
205 页　平装　26cm
准印证：荣内字第 038074
馆藏号：Guojiafz-8600002004689

荣昌年鉴·2018
《荣昌年鉴》编纂委员会编　主编陈朝权
方志出版社　2018 年 12 月
317 页　精装　29cm
ISBN978-7-5144-3500-9
馆藏号：Guojiafz-8600002016968

梁平年鉴·2015
梁平县人民政府主办　重庆市梁平县人民政府编
主编胡立　执行主编文小琴
方志出版社　2015年11月
346页　精装　29cm
ISBN978-7-5144-1803-3
馆藏号：Guojiafz-8600002005676

梁平年鉴·2017
重庆市梁平区人民政府主管　梁平区政府办公室主办　重庆市梁平区人民政府编　主编胡立
执行主编文小琴
方志出版社　2017年11月
364页　精装　29cm
ISBN978-7-5144-2723-3
馆藏号：Guojiafz-8600002016898

梁平年鉴·2018
重庆市梁平区人民政府编　主编胡立　执行主编聂月红
方志出版社　2018年12月
369页　精装　29cm
ISBN978-7-5144-3520-7
馆藏号：Guojiafz-8600002017264

丰都年鉴·2004（首卷）
丰都县人民政府主管　丰都县人民政府办公室、丰都县档案局主办　丰都年鉴编辑部编
主编熊应林、甘联君
重庆唯美广告彩印设计有限公司印刷　2004年10月
331页　精装　29cm
准印证号：渝内字（2004）106号
馆藏号：Guojiafz-8600002000699

垫江年鉴·2018
垫江县人民政府编　主编陈维平
方志出版社　2019年1月
211页　精装　29cm
ISBN978-7-5144-3589-4
馆藏号：Guojiafz-8600002016997

武隆年鉴·2017
中共重庆市武隆区委、重庆市武隆区人民政府主办
重庆市武隆区地方志办公室编　主编邓文光
中国文史出版社　2017年12月
507页　精装　29cm
ISBN978-7-5034-9701-8
馆藏号：Guojiafz-8600002016496

武隆年鉴·2018
重庆市武隆区人民政府主办　《武隆年鉴》编纂委员会编　主编邓文光　执行主编熊波
方志出版社　2018年12月
520页　精装　29cm
ISBN978-7-5144-3505-4
馆藏号：Guojiafz-8600002017033

忠县年鉴·2018
忠县党史研究与地方志编纂办公室编
主编田玉峰
方志出版社　2018年12月
449页　精装　29cm
ISBN978-7-5144-3457-6
馆藏号：Guojiafz-8600002017182

巫山年鉴·2002
巫山县人民政府办公室主办　中共巫山县委党史研究室编　主编邓元良
贵州人民出版社　2003年2月
168页　精装　29cm
ISBN7-221-06142-4
馆藏号：Guojiafz-8600002004602

巫山年鉴·2009
中共巫山县委、巫山县人民政府主办　中共巫山县委党史研究室、巫山县地方志编纂委员会办公室、《巫山年鉴》编辑部合编　主编蔡剑侠
远方出版社　2009年10月
330页　精装　29cm

ISBN7-80595-951-X
馆藏号：Guojiafz-8600002000098

彭水年鉴·1986—1987
彭水苗族土家族自治县县志编纂委员会编
主编蔡盛炽
内部印刷　1988 年 11 月
314 页　平装　26cm
馆藏号：Guojiafz-8600002010988

彭水年鉴·2017
《彭水年鉴》编辑部编　主编任孝云
方志出版社　2018 年 1 月
243 页　精装　29cm
ISBN978-7-5144-2941-1
馆藏号：Guojiafz-8600002017210

彭水年鉴·2018
《彭水年鉴》编辑部编　主编任孝云
方志出版社　2018 年 12 月
242 页　精装　29cm
ISBN978-7-5144-3516-0
馆藏号：Guojiafz-8600002018088

四川省

四川年鉴·1991
四川省人民政府主管　四川省人民政府主办　四川年鉴编辑委员会编　总编辑姜泽亭
成都市老年事业印刷厂印刷　1991 年 10 月
767 页　精装　27cm
ISSN1003-6814
馆藏号：Guojiafz-8600002007567

四川年鉴·1992
四川省人民政府主管　四川省人民政府主办　四川年鉴编辑委员会编　总编辑姜泽亭
成都市老年事业印刷厂印刷　1992 年 10 月
816 页　精装　27cm
ISSN1003-6814
馆藏号：Guojiafz-8600002007566

四川年鉴·1993
四川省人民政府主管　四川省人民政府主办　四川年鉴编辑委员会编　总编辑雷喻义
成都市老年事业印刷厂印刷　1993 年 10 月
778 页　精装　27cm
ISSN1003-6814
馆藏号：Guojiafz-8600002007565

四川年鉴·1994
四川省人民政府主管　四川省人民政府主办　四川年鉴编辑委员会编　总编辑雷喻义
成都市老年事业印刷厂印刷　1994 年 11 月
794 页　精装　27cm
ISSN1003-6814
馆藏号：Guojiafz-8600002007833

四川年鉴·1996
四川省人民政府主管　四川省人民政府主办　四川年鉴编辑委员会编　总编辑雷喻义
成都市老年事业印刷厂印刷　1996 年 10 月
671 页　精装　27cm
ISSN1003-6814
馆藏号：Guojiafz-8600002007857

四川年鉴·1998
四川省人民政府主管　四川省人民政府主办　四川年鉴编辑委员会编　总编辑雷喻义
四川年鉴社　1998 年 11 月
676 页　精装　29cm
ISSN1003-6814
馆藏号：Guojiafz-8600002002024

四川年鉴·1999
四川省人民政府主管　四川省人民政府主办　四川年鉴编辑委员会编　总编辑雷喻义
四川年鉴社　1999 年 10 月
628 页　精装　29cm
ISSN1003-6814
馆藏号：Guojiafz-8600002002004

四川年鉴·2001
四川省人民政府主管主办　四川年鉴社编
总编辑李洪仁
四川年鉴社　2001 年 11 月
626 页　精装　29cm
ISSN1003-6814
馆藏号：Guojiafz-8600002002099

四川年鉴·2003
四川省人民政府主管主办　四川年鉴社编　总编辑李洪仁
四川年鉴社　2003年11月
686页　精装　29cm
ISSN1003-6814
馆藏号：Guojiafz-8600002002166;

四川年鉴·2004
四川省人民政府主管　四川年鉴社编　总编辑雷喻义
四川年鉴社　2004年11月
750页　精装　29cm
ISSN1003-6814
馆藏号：Guojiafz-8600002002025

四川年鉴·2005
四川省人民政府主管主办　四川年鉴社编　总编辑李洪仁　执行总编辑雷喻义
四川年鉴社　2005年12月
762页　精装　29cm
ISSN1003-6814
馆藏号：Guojiafz-8600002002003

四川年鉴·2009
四川省人民政府办公厅主管主办　四川年鉴社编　总编辑薛康　执行总编辑雷喻义
四川年鉴社　2009年12月
767页　精装　29cm
ISSN1003-6814
馆藏号：Guojiafz-8600002006026

四川年鉴·2014
四川省人民政府办公厅主管　四川省地方志编纂委员会主办　四川年鉴社编　总编马小彬
四川年鉴社　2014年12月
872页　精装　29cm
ISSN1003-6814
馆藏号：Guojiafz-8600002016074

四川年鉴·2016
四川省人民政府办公厅主管　四川省地方志工作办公室主办　四川年鉴社编　总编辑马小彬
四川年鉴社　2016年12月
788页　精装　29cm
ISSN1003-6814
馆藏号：Guojiafz-8600002014337

四川年鉴·2017
四川省人民政府办公厅主管　四川省地方志工作办公室主办　四川年鉴社编　总编辑马小彬
四川年鉴社　2017年12月
662页　精装　29cm
ISSN1003-6814
馆藏号：Guojiafz-8600002016175

四川青少年年鉴·2003
共青团四川省委主办　四川青少年年鉴编委会编　总编辑罗强
四川科学技术出版社　2004年9月
718页　29cm
ISBN7-5364-5603-4
馆藏号：Guojiafz-8600002002902

四川青少年年鉴·2006
共青团四川省委编　总编辑李佳
四川科学技术出版社　2007年6月
756页　精装　29cm
ISBN978-7-5364-6274-8
馆藏号：Guojiafz-8600002007547

四川经济年鉴·1987
四川经济年鉴编辑委员会编　总编辑姜泽亭
四川省社会科学院出版社　1987年12月
766页　精装　27cm
ISBN7-80524-064-7
馆藏号：Guojiafz-8600002007569

四川经济年鉴·1988
四川经济年鉴编辑委员会编　总编辑姜泽亭

成都现代印刷厂印刷　1988 年 12 月
943 页　精装　27cm
CN51-1308
馆藏号：Guojiafz-8600002007568

四川农村年鉴·2010
四川省人民政府主办　四川省人民政府办公厅编　总编辑赵学谦
四川师范大学电子出版社　2011 年 3 月
615 页　精装　29cm
ISBN978-7-89449-298-2
馆藏号：Guojiafz-8600002000142

四川石油管理局年鉴·1996
四川石油管理局史志编纂委员会编　主编戴崇超
内部印刷　1997 年
308 页　精装　27cm
馆藏号：Guojiafz-8600002007584

四川石油管理局年鉴·1998
四川石油管理局史志编纂委员会编　主编戴崇超
内部印刷　1999 年
379 页　精装　27cm
馆藏号：Guojiafz-8600002001890

四川石油管理局年鉴·1999
四川石油管理局史志编纂委员会编　主编戴崇超
内部印刷　2000 年
410 页　精装　27cm
馆藏号：Guojiafz-8600002001889

四川石油管理局年鉴·2001
四川石油管理局史志编纂委员会编　主编戴崇超
内部印刷　2002 年
326 页　精装　27cm
馆藏号：Guojiafz-8600002001697

四川石油管理局年鉴·2002
四川石油管理局史志编纂委员会编　主编任树森
内部印刷
301 页　精装　27cm
准印证号：川新出内（2004）067 号
馆藏号：Guojiafz-8600002006380

四川石油管理局川西北矿区年鉴·1991—1995
川西北矿区矿志·年鉴编纂委员会编　总编辑白华、陈德元
内部印刷　2002 年
210 页　精装　27cm
馆藏号：Guojiafz-8600002001720

四川石油管理局川西北矿区年鉴·1996—1999
川西北石油矿区矿志·年鉴编纂委员会主管　川西北石油矿区办公室主办 《川西北石油矿区年鉴》编辑部编　主编贾兴福
江油市汇文印刷厂印刷　2004 年 6 月
325 页　精装　27cm
准印证号：绵新出内（2004）字第 177 号
馆藏号：Guojiafz-8600002010906

四川石油管理局川西北矿区年鉴·2000
川西北石油矿区矿志·年鉴编纂委员会主管　川西北石油矿区办公室主办 《川西北石油矿区年鉴》编辑部编　主编贾兴福
江油新华印务有限公司印刷　2002 年 10 月
186 页　精装　27cm
馆藏号：Guojiafz-8600002001825

四川石油管理局川西北矿区年鉴·2001
川西北石油矿区矿志·年鉴编纂委员会主管　川西北石油矿区办公室主办 《川西北石油矿区年鉴》编辑部编　主编贾兴福
江油新华印务有限公司印刷　2003 年 4 月
202 页　精装　27cm
准印证号：绵新出内（2003）字第 68 号
馆藏号：Guojiafz-8600002001283

四川石油管理局川西北矿区年鉴·2002
川西北石油矿区矿志·年鉴编纂委员会主管　川西北石油矿区办公室主办 《川西北石油矿区年

鉴》编辑部编　主编贾兴福
江油市汇文印刷厂印刷　2003年11月
205页　精装　27cm
准印证号：绵新出内（2003）字第347号
馆藏号：Guojiafz-8600002001888

四川石油管理局川西北矿区年鉴·2003
川西北石油矿区矿志·年鉴编纂委员会主管　川西北石油矿区办公室主办　《川西北矿区年鉴》编辑部编　主编贾兴福
江油市汇文印刷厂印刷　2004年10月
280页　精装　27cm
准印证号：绵新出内（2004）字第288号
馆藏号：Guojiafz-8600002010975

四川石油管理局川西北矿区年鉴·2004
川西北石油矿区矿志·年鉴编纂委员会主管　编志办公室主办　《年鉴》编辑部编　主编贾兴福
江油市汇文印刷厂印刷　2005年7月
268页　精装　27cm
准印证号：绵新出内（2005）字第225号
馆藏号：Guojiafz-8600002010935

四川石油管理局川西北公共事务管理中心年鉴·2006
《志书》《年鉴》编纂委员会主管　编志办公室主办　《年鉴》编辑部编　主编贾兴福
江油市汇文印刷厂印刷　2006年12月
190页　精装　27cm
准印证号：绵新出内（2007）字第08号
馆藏号：Guojiafz-8600002001824

四川石油管理局川西北公共事务管理中心年鉴·2007
《志书》《年鉴》编纂委员会主管　编史办公室主办　《年鉴》编辑部编　总编辑贾兴福
江油川西北众益公司印刷厂印刷　2007年8月
247页　精装　27cm
准印证号：绵新出内字（2007）第112号
馆藏号：Guojiafz-8600002001584

四川石油管理局川西北公共事务管理中心年鉴·2008
《志书》《年鉴》编纂委员会主管　编史办公室主办　《年鉴》编辑部编　总编辑贾兴福
江油市汇文印刷厂印刷　2009年5月
203页　精装　27cm
准印证号：江新出内字（2009）第011号
馆藏号：Guojiafz-8600002010976

四川油气田年鉴·2005
《四川油气田年鉴》编纂委员会编　主编胡小力、徐华仿
内部印刷
432页　精装　29cm
准印证号：川新出内（2006）第243号
馆藏号：Guojiafz-8600002001594

四川油气田年鉴·2006
《四川油气田年鉴》编纂委员会编　主编徐发龙、徐华仿
内部印刷
481页　精装　29cm
准印证号：川新出内（2007）第225号
馆藏号：Guojiafz-8600002001395

四川油气田年鉴·2008
《四川油气田年鉴》编纂委员会编　主编徐发龙、徐华仿
四川科学技术出版社　2008年11月
437页　精装　29cm
ISBN978-7-5364-6661-6
馆藏号：Guojiafz-8600002008191

四川油气田年鉴·2009
《四川油气田年鉴》编纂委员会编　主编徐华仿、徐发龙
四川科学技术出版社　2009年12月
556页　精装　29cm
ISBN978-7-5364-6962-4
馆藏号：Guojiafz-8600002002173

四川油气田年鉴·2010
《四川油气田年鉴》编纂委员会编　主编王显金、陈博
四川科学技术出版社　2010 年 12 月
450 页　精装　29cm
ISBN978-7-5364-7129-0
馆藏号：Guojiafz-8600002005805

四川油气田年鉴·2014
西南油气田编志办公室编　主编王显金、陈博
四川科学技术出版社　2014 年 10 月
448 页　精装　29cm
ISBN978-7-5364-7982-1
馆藏号：Guojiafz-8600002016113

四川油气田年鉴·2016
西南油气田编志办公室编　主编王显金、卢尚勇
四川科学技术出版社　2016 年 12 月
488 页　精装　29cm
ISBN978-7-5364-8502-0
馆藏号：Guojiafz-8600002017777

四川油气田年鉴·2017
西南油气田编志办公室编　主编赵伟、卢尚勇
四川科学技术出版社　2017 年 11 月
480 页　精装　29cm
ISBN978-7-5364-8882-3
馆藏号：Guojiafz-8600002016178

西南油气田分公司年鉴·2000
西南油气田分公司地方志编纂委员会编
主编徐华仿
内部印刷
271 页　精装　27cm
馆藏号：Guojiafz-8600002001666

中国石油天然气股份有限公司西南油气田分公司年鉴·2002
中国石油西南油气田分公司主办　西南油气田分公司年鉴编纂委员会编　主编徐华仿
内部印刷
247 页　精装　27cm
馆藏号：Guojiafz-8600002001684

中国石油西南油气田分公司信息中心年鉴·2000—2002
西南油气田分公司信息中心年鉴编纂委员会编
主编鲍自翔
内部印刷　2003 年 12 月
185 页　精装　27cm
馆藏号：Guojiafz-8600002000715

西南油气田川西北公共事务管理中心年鉴·2009
《石油志书》《石油年鉴》编纂委员会主管　石油志办公室主办　《年鉴》编辑部编　总编辑贾兴福
绵阳教育印刷厂印刷　2010 年 9 月
274 页　精装　26cm
准印证号：绵新出内字（2010）第 203 号
馆藏号：Guojiafz-8600002007805

西南油气田川西北公共事务管理中心年鉴·2010
石油志办公室主办　《年鉴》编辑部编　总编辑贾兴福
绵阳教育印刷厂印刷　2012 年 1 月
279 页　精装　27cm
准印证号：绵新出内字 2012019 号
馆藏号：Guojiafz-8600002010972

西南油气田川西北公共事务管理中心年鉴·2011
《石油志书》《石油年鉴》编纂委员会主管　石油志办公室主办　《年鉴》编辑部编　总编辑贾兴福
绵阳教育印刷厂印刷　2013 年 9 月
231 页　精装　27cm
准印证号：绵新出内字 2013288 号
馆藏号：Guojiafz-8600002010881

西南油气田川西北公共事务管理中心年鉴·2012
《石油志书》《石油年鉴》编纂委员会主管　石油志办公室主办　《年鉴》编辑部编　总编辑贾兴福
绵阳教育印刷厂印刷　2013 年 11 月

255 页　精装　27cm
准印证号：绵新出内字 2013356 号
馆藏号：Guojiafz-8600002010885

西南油气田川西北公共事务管理中心年鉴·2013
《石油志书》《石油年鉴》编纂委员会主管　石油志办公室主办 《年鉴》编辑部编　总编辑贾兴福
绵阳教育印刷厂印刷　2014 年 6 月
217 页　精装　27cm
准印证号：绵新出内字（2014242）号
馆藏号：Guojiafz-8600002010911

西南油气田川西北公共事务管理中心年鉴·2014
《石油志书》《石油年鉴》编纂委员会主管　石油志办公室主办 《年鉴》编辑部编　总编辑贾兴福
绵阳教育印刷厂印刷　2015 年 6 月
213 页　精装　27cm
准印证号：绵文广新内 2015（187）号
馆藏号：Guojiafz-8600002010861

西南油气田川西北公共事务管理中心年鉴·2015
《石油志书》《石油年鉴》编纂委员会主管　石油志办公室主办 《年鉴》编辑部编　总编辑贾兴福
绵阳教育印刷厂印刷　2015 年 9 月
332 页　精装　27cm
准印证号：江文广新旅出内 2015013 号
馆藏号：Guojiafz-8600002010973

西南油气田销售分公司年鉴·2006
《西南油气田川销售分公司年鉴》编纂委员会编
主任陈和平
内部印刷
151 页　精装　29cm
馆藏号：Guojiafz-8600002001435

西南油气田销售分公司年鉴·2010
《西南油气田销售分公司年鉴》编纂委员会编
主编陈雷川
内部印刷
172 页　精装　29cm
馆藏号：Guojiafz-8600002008709

四川电力年鉴·2004
四川电力年鉴编纂委员会编　主编吕道斌
方志出版社　2005 年 3 月
626 页　精装　29cm
ISBN7-80192-480-0
馆藏号：Guojiafz-8600002007656

四川电力年鉴·2005
四川电力年鉴编纂委员会编　主编吕道斌
方志出版社　2006 年 6 月
572 页　精装　30cm
ISBN7-80192-785-0
馆藏号：Guojiafz-8600002003842

四川电力年鉴·2006
《四川电力年鉴》编纂委员会编　主编左宇龙
方志出版社　2007 年 5 月
542 页　精装　29cm
ISBN978-7-80238-039-4
馆藏号：Guojiafz-8600002004876

四川电力年鉴·2007—2009
四川电力年鉴编纂委员会编　主编黄正平
方志出版社　2010 年 7 月
678 页　精装　29cm
ISBN978-7-80238-812-3
馆藏号：Guojiafz-8600002008338

四川电力年鉴·2010—2011
四川电力年鉴编纂委员会编　主编黄正平
方志出版社　2011 年 9 月
572 页　精装　29cm
ISBN978-7-5144-0248-3
馆藏号：Guojiafz-8600002000351

四川电力年鉴·2012
《四川电力年鉴》编纂委会编　主编黄正平
方志出版社　2012 年 10 月

618 页　精装　29cm
ISBN978-7-5144-0585-9
馆藏号：Guojiafz-8600002007316

四川电力年鉴·2013
《四川电力年鉴》编纂委员会编　主编黄正平
方志出版社　2013 年 10 月
566 页　精装　29cm
ISBN978-7-5144-1001-3
馆藏号：Guojiafz-8600002005683

四川电力年鉴·2014
《四川电力年鉴》编纂委员会编　主编黄正平
方志出版社　2014 年 11 月
634 页　精装　29cm
ISBN978-7-5144-1443-1
馆藏号：Guojiafz-8600002006831

四川电力年鉴·2015
《四川电力年鉴》编纂委员会编　主编黄正平
方志出版社　2015 年 9 月
716 页　精装　29cm
ISBN978-7-5144-1697-8
馆藏号：Guojiafz-8600002010572

四川电力年鉴·2016
四川电力年鉴编纂委员会编　主编黄正平
方志出版社　2016 年 10 月
710 页　精装　29cm
ISBN978-7-5144-2122-4
馆藏号：Guojiafz-8600002013863

四川电力年鉴·2017
四川电力年鉴编纂委员会编　主编黄正平
方志出版社　2017 年 9 月
718 页　精装　29cm
ISBN978-7-5144-2541-3
馆藏号：Guojiafz-8600002015166

四川电力年鉴·2018
四川电力年鉴编纂委员会编　主编黄正平
方志出版社　2018 年 11 月
670 页　精装　29cm
ISBN978-7-5144-3232-9
馆藏号：Guojiafz-8600002017279

四川省电力公司年鉴·2007
四川省电力公司年鉴编纂委员会编　主编左宇龙
方志出版社　2008 年 6 月
498 页　精装　29cm
ISBN978-7-80238-308-1
馆藏号：Guojiafz-8600002000439

四川省电力公司年鉴·2008
《四川省电力公司年鉴》编纂委员会编
主编金富怀
方志出版社　2009 年 10 月
649 页　精装　29cm
ISBN978-7-80238-624-2
馆藏号：Guojiafz-8600002000648

四川省电力公司年鉴·2009
四川省电力公司年鉴编纂委员会编　主编张帆
方志出版社　2010 年 11 月
552 页　精装　29cm
ISBN978-7-80238-941-0
馆藏号：Guojiafz-8600002002362

四川省电力公司年鉴·2010
四川省电力公司年鉴编纂委员会编　主编张帆
方志出版社　2011 年 5 月
526 页　精装　29cm
ISBN978-7-5144-0119-6
馆藏号：Guojiafz-8600002008248

四川省电力公司年鉴·2011
《四川省电力公司》年鉴编纂委员会编
主编张帆
方志出版社　2011 年 12 月

500 页　精装　29cm
ISBN978-7-5144-0369-5
馆藏号：Guojiafz-8600002002189

四川省电力公司年鉴·2012
《四川省电力公司年鉴》编纂委员会编
主编王文周、黄兴勇
方志出版社　2012 年 10 月
441 页　精装　29cm
ISBN978-7-5144-0637-5
馆藏号：Guojiafz-8600002007006

四川省电力公司年鉴·2013
《四川省电力公司年鉴》编纂委员会编
主编王文周、黄兴勇
方志出版社　2013 年 11 月
424 页　精装　29cm
ISBN978-7-5144-1050-1
馆藏号：Guojiafz-8600002006994

国网四川省电力公司年鉴·2014
国网四川省电力公司年鉴编纂委员会编
主编王文周、黄兴勇
方志出版社　2014 年 12 月
404 页　精装　30cm
ISBN978-7-5144-1537-7
馆藏号：Guojiafz-8600002007151

国网四川省电力公司年鉴·2015
国网四川省电力公司年鉴编纂委员会编
主编王文周、黄兴勇
方志出版社　2015 年 12 月
454 页　精装　29cm
ISBN978-7-5144-1871-2
馆藏号：Guojiafz-8600002013848

国网四川省电力公司年鉴·2016
国网四川省电力公司年鉴编纂委员会编
主编向波、黄兴勇
方志出版社　2016 年 12 月
409 页　精装　29cm
ISBN978-7-5144-2277-1
馆藏号：Guojiafz-8600002014994

国网四川省电力公司年鉴·2017
国网四川省电力公司年鉴编纂委员会编
主编向波、黄兴勇
方志出版社　2017 年 12 月
406 页　精装　29cm
ISBN978-7-5144-2903-9
馆藏号：Guojiafz-8600002017097

国网四川省电力公司年鉴·2018
国网四川省电力公司年鉴编纂委员会编
主编向波、黄兴勇
方志出版社　2019 年 2 月
421 页　精装　29cm
ISBN978-7-5144-3682-2
馆藏号：Guojiafz-8600002018059

四川建设年鉴·2007
四川省建设厅主管主办　《四川建设年鉴》编辑委员会编　总编辑方怀南
四川川林印刷有限公司印刷
477 页　精装　29cm
准印证号：川新出内（2007）227
馆藏号：Guojiafz-8600002009023

四川交通年鉴·1987
四川省交通厅主办　四川省交通厅史志编委会编
主编何元钊
四川省交通厅印刷所印刷　1988 年 5 月
272 页　精装　27cm
准印证号：川新出字第 220 号
馆藏号：Guojiafz-8600002006535

四川交通年鉴·1988
四川省交通厅主办　四川省交通厅史志编委会编
主编何元钊、黄登明
四川省交通厅印刷所印刷　1989 年 3 月

320 页　精装　27cm
准印证号：川新出字第 220 号

四川交通年鉴·1989
四川省交通厅主办　四川省交通厅年鉴编委会编
主编何元钊、黄登明
四川人民出版社　1990 年 2 月
352 页　精装　27cm
ISBN7-220-00952-6

四川交通年鉴·1990
四川省交通厅主办　四川省交通厅年鉴编委会编
主编何元钊、黄登明
四川人民出版社　1990 年 12 月
448 页　精装　27cm
ISBN7-220-01198-9

四川交通年鉴·1991
四川省交通厅主办　四川省交通厅年鉴编委会编
主编何元钊、黄登明
四川人民出版社　1991 年 12 月
447 页　精装　27cm
ISBN7-220-01566-6

四川交通年鉴·1992
四川省交通厅主办　四川省交通厅年鉴编委会编
主编何元钊、黄登明
四川人民出版社　1992 年 12 月
405 页　精装　27cm
ISBN7-220-01991-2

四川交通年鉴·1993
四川省交通厅主办　四川省交通厅年鉴编委会编
主编何元钊、黄登明
四川人民出版社　1993 年 12 月
352 页　精装　27cm
ISBN7-220-02340-5

四川交通年鉴·1995
四川省交通厅主办　四川省交通厅年鉴编委会编
主编李德义、何元钊、黄登明（常务）
四川人民出版社　1995 年 11 月
485 页　精装　27cm
ISBN7-220-03048-7

四川交通年鉴·1996
四川省交通厅主办　四川省交通厅年鉴编委会编
主编李德义、何元钊、黄登明（常务）
四川人民出版社　1996 年 12 月
416 页　精装　27cm
ISBN7-220-03502-0

四川交通年鉴·1997
四川省交通厅主办　四川省交通厅年鉴编委会编
主编李德义、何元钊、黄登明（常务）
四川人民出版社　1997 年 12 月
424 页　精装　27cm
ISBN7-220-03870-4

四川交通年鉴·1998
四川省交通厅主办　四川省交通厅年鉴编委会编
主编李德义
四川人民出版社　1998 年 12 月
463 页　精装　27cm
ISBN7-220-04301-5

四川交通年鉴·1999
四川省交通厅主办　四川省交通厅年鉴编委会编
主编李德义
四川人民出版社　1999 年 12 月

416 页　精装　27cm
ISBN7-220-04742-8
馆藏号：Guojiafz-8600002004795

四川交通年鉴·2000
四川省交通厅主办　四川省交通厅年鉴编委会编
主编李德义
四川科学技术出版社　2000 年 12 月
424 页　精装　27cm
ISBN7-5364-4640-3
馆藏号：Guojiafz-8600002000425

四川交通年鉴·2001
四川省交通厅主办　四川省交通厅年鉴编委会编
主编黄兴棣、黄丽
四川科学技术出版社　2001 年 11 月
330 页　精装　27cm
ISBN7-5364-4832-5
馆藏号：Guojiafz-8600002008142

四川交通年鉴·2003
四川省交通厅主办　四川省交通厅年鉴编委会编
主编黄兴棣、黄丽
四川科学技术出版社　2003 年 11 月
320 页　精装　29cm
ISBN7-5364-5426-0
馆藏号：Guojiafz-8600002007751

四川交通年鉴·2004
四川省交通厅年鉴编委会编　主编邱小发、黄丽
四川科学技术出版社　2004 年 10 月
308 页　精装　29cm
ISBN978-7-5364-5638-7
馆藏号：Guojiafz-8600002006713

四川交通年鉴·2006
四川省交通厅主办　四川省交通厅交通史志总编室编　主编黄丽
四川科学技术出版社　2006 年 10 月
292 页　精装　29cm
ISBN978-7-5364-6113-0
馆藏号：Guojiafz-8600002005477

四川交通年鉴·2007
四川省交通厅主办　四川省交通厅交通史志总编室编　主编黄丽
四川科学技术出版社　2007 年 11 月
292 页　精装　29cm
ISBN978-7-5364-6395-0
馆藏号：Guojiafz-8600002002208

四川交通年鉴·2008
四川省交通厅主办　四川省交通厅史志总编室编
主编黄丽
四川科学技术出版社　2008 年 12 月
328 页　精装　29cm
ISBN978-7-5364-6707-1
馆藏号：Guojiafz-8600002000505

四川交通年鉴·2009
四川省交通厅主办　四川省交通厅史志总编室编
主编黄丽
四川科学技术出版社　2009 年 12 月
320 页　精装　29cm
ISBN978-7-5364-6956-3
馆藏号：Guojiafz-8600002000615

四川交通年鉴·2010
四川省交通运输厅交通史志总编室编　主编黄丽
四川科学技术出版社　2011 年 1 月
364 页　精装　29cm
ISBN978-7-5364-7153-5
馆藏号：Guojiafz-8600002010431

四川交通年鉴·2011
四川省交通厅主办　四川省交通运输厅交通史志总编室编　主编黄丽
四川科学技术出版社　2011 年 12 月
304 页　精装　29cm
ISBN978-7-5364-7316-4
馆藏号：Guojiafz-8600002003405

四川交通年鉴·2014
四川省交通厅主办　四川省交通运输厅交通史志总编室编　主编黄丽
四川科学技术出版社　2014 年 10 月
528 页　精装　29cm
ISBN978-7-5364-7981-4
馆藏号：Guojiafz-8600002010571

四川交通年鉴·2016
四川省交通厅主办　四川省交通运输厅交通史志总编室编　主编黄丽
四川科学技术出版社　2016 年 12 月
510 页　精装　29cm
ISBN978-7-5364-8515-0
馆藏号：Guojiafz-8600002014373

四川交通年鉴·2017
四川省交通运输厅交通史志总编室编　主编黄丽
四川科学技术出版社　2017 年 12 月
430 页　精装　29cm
ISBN978-7-5364-8901-1
馆藏号：Guojiafz-8600002015208

四川交通年鉴·2018
四川省交通运输厅交通史志总编室编　主编黄丽
四川科学技术出版社　2018 年 11 月
418 页　精装　29cm
ISBN978-7-5364-9234-9
馆藏号：Guojiafz-8600002017828

四川交通年鉴·2019
四川省交通运输厅交通史志总编室编　主编黄丽
四川科学技术出版社　2019 年 12 月
430 页　精装　29cm
ISBN978-7-5364-9113-7
馆藏号：Guojiafz-8600002017909

四川工业年鉴·2007
四川省经委主办　四川省经济委员会编
主编陈日、袁冰、周世勇、黄朝阳、李顺睿
四川科学技术出版社　2007 年 12 月
485 页　精装　29cm
ISBN978-7-5364-6406-3
馆藏号：Guojiafz-8600002000532

四川工业年鉴·2011
四川省经信委主办　四川省经济和信息化委员会编
主编黄朝阳
四川科学技术出版社　2011 年 12 月
303 页　精装　29cm
ISBN978-7-5364-7353-9
馆藏号：Guojiafz-8600002006768

中国农业银行四川省分行年鉴·2005
《中国农业银行四川省分行年鉴》编辑部编
主编阿卓哈布
四川省印刷制版中心有限公司印刷　2005 年 9 月
571 页　精装　29cm
准印证号：川新内出字（2005）第 191 号
馆藏号：Guojiafz-8600002001884

四川旅游年鉴·2012
四川省旅游局主管主办　四川旅游年鉴编委会编
总编郝康理
四川科学技术出版社　2013 年 9 月
404 页　精装　29cm
ISBN978-7-5364-7743-8
馆藏号：Guojiafz-8600002015445

四川旅游年鉴·2015
四川省旅游局主办　《四川旅游年鉴》编辑委员会编　总编郝康理
四川科学技术出版社　2016 年 3 月
750 页　精装　29cm
ISBN978-7-5364-8322-4
馆藏号：Guojiafz-8600002014398

四川科技年鉴·2000
四川省科学技术厅主办　四川省科学技术厅编
主编张勇

巴蜀书社　2000 年 11 月
461 页　精装　27cm
ISBN7-80659-137-0
馆藏号：Guojiafz-8600002000292

四川科技年鉴·2006
四川省科学技术厅主办　四川省科技厅科史志办公室编　主编张勇
内部印刷　2007 年 1 月
509 页　精装　29cm
准印证号：川新书内（2007）084 号
馆藏号：Guojiafz-8600002009234

四川科技年鉴·2007
四川省科学技术厅主办　四川省科技厅史志办公室编　主编张勇
内部印刷　2007 年 12 月
594 页　精装　29cm
准印证号：川新书内（2007）233 号
馆藏号：Guojiafz-8600002009130

四川科技年鉴·2011
四川省科学技术厅主办　四川省科技厅史志办公室编　主编赵毅峰
四川省科学技术史志办公室印刷　2011 年 12 月
420 页　精装　29cm
准印证号：川新出内（2011）108 号
馆藏号：Guojiafz-8600002001939

四川地震年鉴·1983
四川地震局主办　《四川地震年鉴》编辑组编
四川省地震局编印刷厂印刷　1984 年 11 月
299 页　平装　26cm
馆藏号：Guojiafz-8600002007784

四川环境年鉴·2006
《四川环境年鉴》编委会编　主编黄崇祥
内部印刷
410 页　精装　27cm
馆藏号：Guojiafz-8600002008803

四川教育年鉴·2010
四川省教育厅《四川教育年鉴》编辑部编
主编吉文昌
四川教育出版社　2010 年 12 月
698 页　精装　29cm
ISBN978-7-5408-5399-0
馆藏号：Guojiafz-8600002000338

四川教育年鉴·2015
四川省教育厅编　主编刘涛
四川教育出版社　2017 年 2 月
836 页　精装　29cm
ISBN978-7-5408-6711-9
馆藏号：Guojiafz-8600002014378

四川卫生年鉴·2001
四川省卫生厅主办　《四川卫生年鉴》编辑委员会编　主编颜丙约、陈朝烈
四川人民出版社　2001 年 12 月
318 页　精装　27cm
ISBN7-220-05706-7
馆藏号：Guojiafz-8600002008326

四川卫生年鉴·2002
四川省卫生厅主办　《四川卫生年鉴》编纂委员会编　主编颜丙约、陈朝烈
四川科学技术出版社　2002 年 10 月
476 页　精装　27cm
ISBN7-5364-5080-X
馆藏号：Guojiafz-8600002010067

四川卫生年鉴·2006
四川省卫生厅主办　《四川卫生年鉴》编纂委员会编　主编沈骥
西南交通大学出版社　2007 年 5 月
336 页　精装　27cm
ISBN978-7-81104-582-6
馆藏号：Guojiafz-8600002008139

四川卫生年鉴·2007
四川省卫生厅主办 《四川卫生年鉴》编纂委员会编 主编颜丙约
西南交通大学出版社 2008年6月
343页 精装 27cm
ISBN978-7-81104-931-2
馆藏号：Guojiafz-8600002008140

四川卫生年鉴·2008
四川省卫生厅主办 《四川卫生年鉴》编纂委员会编 主编颜丙约
电子科技大学出版社 2009年4月
363页 精装 27cm
ISBN978-7-5647-0164-2
馆藏号：Guojiafz-8600002000291

四川卫生年鉴·2011
四川省卫生厅主办 《四川卫生年鉴》编纂委员会编 主编颜丙约
中国铁道出版社 2011年12月
412页 精装 27cm
ISBN978-7-113-13736-6
馆藏号：Guojiafz-8600002006057

四川体育年鉴·1995
四川省体育运动委员会编 主编邱祥伦
成都经纬测绘印刷新技术公司印刷 1997年11月
146页 平装 26cm
馆藏号：Guojiafz-8600002006387

四川体育年鉴·1996
四川省体育运动委员会编 主编邱祥伦
成都经纬测绘印刷新技术公司印刷 1997年11月
230页 平装 26cm
馆藏号：Guojiafz-8600002007787

四川体育年鉴·2005
四川省体育局编 主编赵德辉
内部印刷
409页 精装 27cm
馆藏号：Guojiafz-8600002005184

四川体育年鉴·2007
四川省体育博物馆编
内部印刷 2008年7月
424页 精装 27cm
馆藏号：Guojiafz-8600002008801

四川体育年鉴·2008
四川省体育局编 主编赵德辉
四川美术出版社 2009年12月
405页 精装 27cm
ISBN978-7-5410-4092-4
馆藏号：Guojiafz-8600002008396

四川体育年鉴·2009
四川省体育局编 主编赵德辉
四川人民出版社 2010年11月
334页 精装 27cm
ISBN978-7-220-08209-2
馆藏号：Guojiafz-8600002002365

四川体育年鉴·2010
四川省体育局编 主编赵德辉
四川人民出版社 2011年12月
339页 精装 27cm
ISBN978-7-220-08452-2
馆藏号：Guojiafz-8600002008052

四川武警年鉴·2000
中国人民武装警察部队四川省总队编史办公室编 主编谭国棋
四川建筑印刷厂印刷 2001年11月
347页 精装 27cm
馆藏号：Guojiafz-8600002001665

成都年鉴·1993
成都市人民政府主办 《成都年鉴社》编 总编苏培玮 总纂冯俊豪
成都年鉴社 1993年9月

622 页　精装　27cm
ISSN1004-9959
馆藏号：Guojiafz-8600002001089

成都年鉴 · 1998
成都市人民政府主办　《成都年鉴社》编　总编张应举　总纂冯俊豪、马兵、姜学里、李英
成都年鉴社　1998 年 9 月
596 页　精装　27cm
ISSN1004-9959
馆藏号：Guojiafz-8600002009708

成都年鉴 · 1999
成都市人民政府主办　《成都年鉴社》编　总编徐立新　总纂冯俊豪、马兵、许建平、李英
成都年鉴社　1999 年 9 月
606 页　精装　27cm
ISSN1004-9959
馆藏号：Guojiafz-8600002006679

成都年鉴 · 2000
成都市人民政府主办　《成都年鉴社》编　总编徐立新　总纂马兵、许建平、李英
成都年鉴社　2000 年 9 月
612 页　精装　27cm
ISSN1004-9959
馆藏号：Guojiafz-8600002009709

成都年鉴 · 2001
成都市人民政府主办　《成都年鉴社》编　总编徐季桢　总纂马兵、许建平、李英
成都年鉴社　2001 年 9 月
424 页　精装　29cm
ISSN1004-9959
馆藏号：Guojiafz-8600002002762

成都年鉴 · 2002
成都市人民政府主办　《成都年鉴社》编　总编徐季桢　总纂马兵、许建平
成都年鉴社　2002 年 9 月
440 页　精装　29cm
ISSN1004-9959
馆藏号：Guojiafz-8600002008508

成都年鉴 · 2003
成都市人民政府主办　《成都年鉴社》编　总纂马兵、许建平　总编徐季桢
成都年鉴社　2003 年 10 月
484 页　精装　29cm
ISSN1004-9959
馆藏号：Guojiafz-8600002002760

成都年鉴 · 2004
成都市人民政府主管　成都市人民政府编　总纂许建平　总编毛志雄
成都年鉴社　2004 年 10 月
528 页　精装　29cm
ISSN1004-9959
馆藏号：Guojiafz-8600002002759

成都年鉴 · 2005
成都市地方志编纂委员会编　总编毛志雄
成都年鉴社　2005 年 10 月
512 页　精装　29cm
ISSN1004-9959
馆藏号：Guojiafz-8600002002758

成都年鉴 · 2006
成都市人民政府主管　成都市地方志编纂委员会编　总编辑毛志雄
成都年鉴社　2006 年 11 月
588 页　精装　29cm
ISSN1004-9959
馆藏号：Guojiafz-8600002000798

成都年鉴 · 2007
成都市人民政府主管　成都市地方志编纂委员会编　总编辑毛志雄
成都年鉴社　2007 年 10 月
564 页　精装　29cm

ISSN1004-9959
馆藏号：Guojiafz-8600002000797

成都年鉴·2008
成都市人民政府主管　成都市地方志编纂委员会编
主编马兵
成都年鉴社　2008 年 10 月
532 页　精装　29cm
ISSN1004-9959
馆藏号：Guojiafz-8600002006651

成都年鉴·2009
成都市人民政府主管　成都市地方志编纂委员会编
主编马兵
成都年鉴社　2009 年 11 月
624 页　精装　29cm
ISSN1004-9959
馆藏号：Guojiafz-8600002000887

成都年鉴·2010
成都市人民政府主管　成都市地方志编纂委员会编
主编马兵
成都年鉴社　2010 年 11 月
656 页　精装　29cm
ISSN1004-9959
馆藏号：Guojiafz-8600002006653

成都年鉴·2011
成都市人民政府主管　成都市地方志编纂委员会编
主编马兵
成都年鉴社　2011 年 11 月
670 页　精装　29cm
ISSN1004-9959
馆藏号：Guojiafz-8600002008157

成都年鉴·2014
成都市人民政府主管　成都市地方志编纂委员会
办公室主办　成都年鉴社编　总编高志刚
主编马兵
成都年鉴社　2014 年 11 月
707 页　精装　29cm
ISSN1004-9959
馆藏号：Guojiafz-8600002016073

成都年鉴·2016
成都市人民政府主管　成都市地方志编纂委员会
办公室主办　成都市地方志编纂委员会编
主编熊勇　执行主编许建平
成都年鉴社　2016 年 10 月
759 页　精装　29cm
ISSN1004-9959
馆藏号：Guojiafz-8600002014334

成都年鉴·2016（简本）
成都市人民政府主管　成都市地方志编纂委员会
办公室主办　成都年鉴社编　主编熊勇　执行主
编许建平
成都年鉴社　2016 年 12 月
350 页　平装　21cm
ISSN1004-9959
馆藏号：Guojiafz-8600002019599

成都年鉴·2017
成都市人民政府主管　成都市地方志编纂委员会
办公室主办　成都年鉴社编　主编熊勇
成都年鉴社　2017 年 10 月
720 页　精装　29cm
ISSN1004-9959
馆藏号：Guojiafz-8600002016174

成都铁路局年鉴·1996
成都铁路局志编纂委员会编　主编樊克敬
中国铁道出版社　1996 年 8 月
481 页　精装　27cm
ISBN7-113-02456-4
馆藏号：Guojiafz-8600002007984

成都铁路局年鉴·1997
成都铁路局志编纂委员会编　主编樊克敬
中国铁道出版社　1997 年 9 月

489 页　精装　27cm
ISBN7-113-02820-9
馆藏号：Guojiafz-8600002008330

成都铁路局年鉴·1999
成都铁路局年鉴编纂委员会编　主编唐应才
中国铁道出版社　1999 年 9 月
407 页　精装　27cm
ISBN7-113-03360-1
馆藏号：Guojiafz-8600002008951

成都铁路局年鉴·2000
成都铁路局年鉴编纂委员会编　主编唐应才
中国铁道出版社　2000 年 9 月
392 页　精装　27cm
ISBN7-113-03910-3
馆藏号：Guojiafz-8600002009761

成都铁路局年鉴·2001
成都铁路局年鉴编纂委员会编　主编齐文超
中国铁道出版社　2001 年 9 月
392 页　精装　27cm
ISBN7-113-04382-8
馆藏号：Guojiafz-8600002008141

成都铁路局年鉴·2003
成都铁路局年鉴编纂委员会编　主编齐文超
西南交通大学出版社　2003 年 9 月
420 页　精装　27cm
ISBN7-81057-776-X
馆藏号：Guojiafz-8600002005777

成都铁路局年鉴·2005
成都铁路局史志办公室编　主编齐文超
中国铁道出版社　2005 年 10 月
428 页　精装　27cm
ISBN7-113-06472-8
馆藏号：Guojiafz-8600002005776

成都铁路局年鉴·2007
成都铁路局史志办公室编　主编齐文超
中国铁道出版社　2007 年 12 月
350 页　精装　27cm
ISBN978-7-113-08092-1
馆藏号：Guojiafz-8600002009705

成都铁路局年鉴·2008
成都铁路局史志办公室编　主编安路生
中国铁道出版社　2008 年 12 月
358 页　精装　27cm
ISBN978-7-113-09565-9
馆藏号：Guojiafz-8600002009707

武侯年鉴·2009
成都市武侯区人民政府主办　成都市武侯区地方志编纂委员会办公室编　总编辑杨青林
新华出版社　2009 年 11 月
322 页　精装　29cm
ISBN978-7-5011-9014-0
馆藏号：Guojiafz-8600002002561

武侯年鉴·2010
成都市武侯区人民政府主办　成都市武侯区地方志编纂委员会办公室编　总编辑杨青林
新华出版社　2010 年 11 月
320 页　精装　29cm
ISBN978-7-5011-9433-9
馆藏号：Guojiafz-8600002005631

武侯年鉴·2014
成都市武侯区人民政府主办　成都市武侯区地方志编纂委员会办公室编　主编杨青林
新华出版社　2014 年 10 月
348 页　精装　29cm
ISBN978-7-5166-1233-0
馆藏号：Guojiafz-8600002015883

武侯年鉴·2015
成都市武侯区人民政府主办　成都市武侯区地方

志编纂委员会办公室编　主编杨青林
新华出版社　2015 年 11 月
362 页　精装　29cm
ISBN978-7-5166-2099-1
馆藏号：Guojiafz-8600002013222

武侯年鉴·2016
成都市武侯区人民政府主办　成都市武侯区地方志编纂委员会办公室编　主编杨青林
新华出版社　2016 年 11 月
384 页　精装　29cm
ISBN978-7-5166-2985-7
馆藏号：Guojiafz-8600002014642

武侯年鉴·2017
成都市武侯区人民政府主办　成都市武侯区地方志编纂委员会办公室编　主编杨青林
新华出版社　2017 年 12 月
418 页　精装　29cm
ISBN978-7-5166-3722-7
馆藏号：Guojiafz-8600002016168

锦江年鉴·1991—1997
成都市锦江区人民政府主办　成都市锦江区地方志编纂委员会编　主编邓庆书
成都飞机工业（集团）公司印刷厂印刷　1999 年 12 月
510 页　精装　27cm
准印证号：川成新出内字（99）0683 号
馆藏号：Guojiafz-8600002005185

锦江年鉴·1998—2002
成都市锦江区人民政府主办 《锦江年鉴》编辑部编　主编陈姝　总纂刘绍桢
方志出版社　2003 年 11 月
394 页　精装　29cm
ISBN7-80192-046-5
馆藏号：Guojiafz-8600002002641

锦江年鉴·2008
成都市锦江区人民政府主办　成都市锦江区地方志编纂委员会办公室编　主编潘捷、杨建德
执行主编张敏
新华出版社　2008 年 10 月
334 页　精装　29cm
ISBN978-7-5011-8398-2
馆藏号：Guojiafz-8600002000513

锦江年鉴·2009
成都市锦江区人民政府主办　成都市锦江区地方志编纂委员会办公室编　总编潘捷、杨建德
总纂张敏、彭厚齐、苏栋深、吴智刚、罗形俞、刘丽
新华出版社　2009 年 9 月
394 页　精装　29cm
ISBN978-7-5011-8907-6
馆藏号：Guojiafz-8600002000519

锦江年鉴·2010
成都市锦江区人民政府主办　成都市锦江区地方志编纂委员会办公室编　总编潘捷、杨建德
总纂张敏、苏栋深、韩旭、刘丽、张锦玥、汪霞
新华出版社　2010 年 9 月
406 页　精装　29cm
ISBN978-7-5011-9257-1
馆藏号：Guojiafz-8600002000520

锦江年鉴·2011
成都市锦江区人民政府主办　成都市锦江区地方志编纂委员会办公室编　总编潘捷
方志出版社　2011 年 10 月
356 页　精装　29cm
ISBN978-7-5144-0269-8
馆藏号：Guojiafz-8600002000147

锦江年鉴·2012
成都市锦江区人民政府主办　成都市锦江区地方志编纂委员会办公室编　总编刘晓博、张敏
总纂张敏、苏栋深、韩旭、朱萌

方志出版社　2012 年 9 月
414 页　精装　29cm
ISBN978-7-5144-0557-6
馆藏号：Guojiafz-8600002007905

成都市锦江区年鉴·2014
成都市锦江区人民政府主办　成都市锦江区地方志编纂委员会办公室编　总编林旭、张敏
新华出版社　2014 年 9 月
331 页　精装　29cm
ISBN978-7-5166-1196-8
馆藏号：Guojiafz-8600002016072

青羊年鉴·1991—1997
成都市青羊区地方志编纂委员会编　主编刘宜平
内部印刷
580 页　精装　27cm
馆藏号：Guojiafz-8600002001700

青羊年鉴·1998—2002
成都市青羊区人民政府主办　成都市青羊区地方志编纂委员会编　总编辑严育学　总纂蒋秀文、付强
方志出版社　2004 年 10 月
314 页　精装　29cm
ISBN7-80192-357-X
馆藏号：Guojiafz-8600002000514

青羊年鉴·2006
成都市青羊区人民政府主办　成都市青羊区地方志编纂委员会编　主编严育学　执行主编吴世先
成都普瑞特彩印有限公司印刷　2007 年 8 月
415 页　精装　29cm
馆藏号：Guojiafz-8600002001791

青羊年鉴·2008
成都市青阳区人民政府主办　成都市青羊区地方志编纂委员会编　主编严育学　执行主编吴世先
方志出版社　2008 年 8 月
504 页　精装　29cm
ISBN7-80192-257-X
馆藏号：Guojiafz-8600002006213

青羊年鉴·2009
成都市青羊区人民政府主办　成都市青羊区地方志编纂委员会办公室编　主编严育学　执行主编吴世先
方志出版社　2009 年 8 月
479 页　精装　29cm
ISBN7-80192-357-X
馆藏号：Guojiafz-8600002008160

青羊年鉴·2010
成都市青羊区人民政府主办　成都市青羊区地方志编纂委员会办公室编　主编严育学　执行主编吴世先
方志出版社　2010 年 8 月
466 页　精装　29cm
ISBN7-80192-357-X
馆藏号：Guojiafz-8600002005794

金牛年鉴·2004
成都市金牛区人民政府编　主编张新宇　总纂贾迎霜
四川辞书出版社　2004 年 8 月
306 页　精装　29cm
ISBN7-80682-094-9
馆藏号：Guojiafz-8600002003813

金牛年鉴·2005
成都市金牛区人民政府主办　成都市金牛区地方志编纂委员会办公室编　主编张新宇　总纂贾迎霜、王堰宜
四川辞书出版社　2005 年 11 月
324 页　精装　29cm
ISBN7-80682-200-3
馆藏号：Guojiafz-8600002007563

金牛年鉴·2006
成都市金牛区人民政府主办　成都市金牛区地

方志编纂委员会办公室编　主编张新宇　总纂贾迎霜
四川辞书出版社　2006年6月
338页　精装　29cm
ISBN7-80682-231-3
馆藏号：Guojiafz-8600002005791

金牛年鉴·2007
成都市金牛区人民政府主办　成都市金牛区地方志编纂委员会办公室编　主编张新宇　总纂贾迎霜
新华出版社　2007年10月
286页　精装　29cm
ISBN978-7-5011-8138-4
馆藏号：Guojiafz-8600002005504

金牛年鉴·2008
成都市金牛区人民政府主办　成都市金牛区地方志编纂委员会办公室编　主编张新宇　总纂贾迎霜
新华出版社　2008年10月
276页　精装　29cm
ISBN978-7-5011-8524-5
馆藏号：Guojiafz-8600002005505

金牛年鉴·2009
成都市金牛区人民政府主办　成都市金牛区地方志编纂委员会办公室编　主编张新宇　总纂贾迎霜
新华出版社　2009年9月
301页　精装　29cm
ISBN978-7-5011-8971-7
馆藏号：Guojiafz-8600002008048

金牛年鉴·2011
成都市金牛区人民政府主办　成都市金牛区地方志编纂委员会办公室编　主编张新宇　总纂贾迎霜
新华出版社　2011年11月
341页　精装　29cm
ISBN978-7-5011-9769-9
馆藏号：Guojiafz-8600002000392

金牛年鉴·2017
成都市金牛区人民政府主办　成都市金牛区地方志编纂委员会办公室编　主编范家堂　总纂贾迎霜
新华出版社　2017年11月
419页　精装　27cm
ISBN978-7-5166-3695-4
馆藏号：Guojiafz-8600002016407

成华年鉴·1991—1998
成华区人民政府主办《成华年鉴》编辑部编　主编席洪斌
四川科学技术出版社　2000年5月
554页　精装　27cm
ISBN7-5364-3880-X
馆藏号：Guojiafz-8600002002102

成华年鉴·1999—2000
成都市成华区人民政府主办　成华区地方志办公室编　主编席洪斌
四川科学技术出版社　2001年8月
428页　精装　29cm
ISBN7-5364-4783-3
馆藏号：Guojiafz-8600002002205

成华年鉴·2009
成都市成华区人民政府主办　成都市成华区地方志办公室编　总编齐彦民、赵炳荣　主编巫华　执行主编杨宗学
成都市新都华兴印务有限公司印刷
252页　精装　29cm
准印证号：川成新出内字（2010）023
馆藏号：Guojiafz-8600002001733

成华年鉴·2010
成都市成华区人民政府主办　成都市成华区地方志办公室编　总编齐彦民、赵炳荣　主编周勤

执行主编杨宗学
内部印刷
260 页　精装　29cm
准印证号：川成新出内字（2011）060 号
馆藏号：Guojiafz-8600002001935

成华年鉴·2016
成都市成华区人民政府主办　成都市成华区地方志办公室编　总编曹晓琼　主编周孝明　执行主编杨宗学
新华出版社　2016 年 11 月
511 页　精装　29cm
ISBN978-7-5166-2958-1
馆藏号：Guojiafz-8600002014641

成华年鉴·2017
成都市成华区人民政府主办　成都市成华区地方志办公室编　总编万琳　主编周孝明　执行主编杨宗学
新华出版社　2017 年 11 月
613 页　精装　29cm
ISBN978-7-5166-3698-5
馆藏号：Guojiafz-8600002016176

成华年鉴·2019
成都市成华区人民政府主办　成都市成华区地方志办公室编　主编周孝明　执行主编杨宗学
新华出版社　2019 年 11 月
510 页　精装　29cm
ISBN978-7-5166-4992-3
馆藏号：Guojiafz-8600002017920

龙泉驿年鉴·1989—1998（创刊号）
成都市龙泉驿区人民政府主办　成都市龙泉驿区年鉴编辑委员会编　总编吴正妮、唐荣新　总纂黄峰
郫县犀浦印刷厂印刷　2000 年 5 月
634 页　精装　27cm
准印证号：川成新出内字（99）第 0626 号
馆藏号：Guojiafz-8600002007599

龙泉驿年鉴·2000
成都市龙泉驿区人民政府主办　成都市龙泉驿区人民政府编　总编唐荣新、陈光厚　总纂黄峰
成都市龙泉教育印刷厂印刷
373 页　精装　27cm
准印证号：川成新出内字（2004）第 119 号
馆藏号：Guojiafz-8600002008813

龙泉驿年鉴·2001
成都市龙泉驿区人民政府编　总编唐荣新、陈光厚　总纂黄峰
巴蜀书社　2001 年 11 月
381 页　精装　27cm
ISBN7-80659-304-7
馆藏号：Guojiafz-8600002009787

龙泉驿年鉴·2002
成都市龙泉驿区人民政府编　总编陈光厚　总纂黄峰
四川电子音像出版中心　2002 年 10 月
461 页　精装　27cm
ISBN7-900364-03-X
馆藏号：Guojiafz-8600002007928

龙泉驿年鉴·2003
成都市龙泉驿区人民政府编　总编付毅　总纂江泽祥
四川电子音像出版中心　2003 年 10 月
515 页　精装　29cm
ISBN7-900371-45-1
馆藏号：Guojiafz-8600002005630

龙泉驿年鉴·2004
龙泉驿区人民政府主办　《龙泉驿年鉴》编辑部编　总编丁小平　总纂江泽祥
方志出版社　2004 年 11 月
380 页　精装　29cm
ISBN7-80192-400-2
馆藏号：Guojiafz-8600002008158

龙泉驿年鉴·2006
成都市龙泉驿区人民政府主办 《龙泉驿年鉴》编辑部编 总编丁小平 总纂江泽祥
方志出版社 2006年12月
335页 精装 29cm
ISBN7-80192-973-X
馆藏号：Guojiafz-8600002005220

龙泉驿年鉴·2007
成都市龙泉驿区人民政府主办 《龙泉驿年鉴》编辑部编 总编王天刚 总纂江泽祥
中国文化出版社 2007年12月
302页 精装 29cm
ISBN978-988-99428-6-1
馆藏号：Guojiafz-8600002000257

龙泉驿年鉴·2008
成都市龙泉驿区人民政府主办 《龙泉驿年鉴》编辑部编 总编王天刚 总纂江泽祥
旅游教育出版社 2008年12月
378页 精装 29cm
ISBN978-7-69782-196-1
馆藏号：Guojiafz-8600002007564

龙泉驿年鉴·2009
成都市龙泉驿区人民政府主办 《龙泉驿年鉴》编辑部编 总编敬正友 总纂江泽祥
成都市龙泉教育印刷厂印刷 2009年11月
382页 精装 29cm
准印证号：川成新出内字（2009）092
馆藏号：Guojiafz-8600002008970

龙泉驿年鉴·2010
《龙泉驿年鉴》编辑部编 总编敬正友
主编江泽祥
四川师范大学电子出版社 2010年12月
440页 精装 29cm
ISBN978-7-89449-251-7
馆藏号：Guojiafz-8600002005578

成都市青白江年鉴·1991—1994
成都市青白江区年鉴编纂领导小组编
主编王化中
四川星宝彩色印刷公司新都华兴印务有限公司印刷 1997年1月
451页 精装 27cm
准印证号：成都字第2708号
馆藏号：Guojiafz-8600002001874

青白江年鉴·2007
成都市青白江区人民政府主办 成都市青白江区地方志编纂委员会办公室编 主编陈先铧
成都市新都华兴印务有限公司印刷 2007年12月
400页 精装 29cm
准印证号：川新出内字（2007）年第711号
馆藏号：Guojiafz-8600002007595

青白江年鉴·2008
成都市青白江区人民政府主办 成都市青白江区地方志编纂委员会办公室编 主编陈先铧
四川省印刷制版中心有限公司印刷 2008年12月
383页 精装 29cm
准印证号：川新出内（2008）146号
馆藏号：Guojiafz-8600002008877

青白江年鉴·2009
成都市青白江区人民政府主办 成都市青白江区地方志编纂委员会办公室编 主编陈先铧
成都市新都华兴印务有限公司印刷 2009年11月
420页 精装 29cm
准印证号：川成新出内字（2009）082号
馆藏号：Guojiafz-8600002009329

青白江年鉴·2010
成都市青白江区人民政府主办 成都市青白江区地方志编纂委员会办公室编 主编陈先铧
四川科学技术出版社 2011年3月
338页 精装 29cm
ISBN978-7-5364-7154-2
馆藏号：Guojiafz-8600002009739

新都年鉴·2002
成都市新都区人民政府主办　成都市新都区地方志编纂委员会办公室编　主编屈建宏
四川新都华兴印务公司印刷　2003 年 7 月
292 页　精装　29cm
准印证号：川成新出内字（2003）第 517 号
馆藏号：Guojiafz-8600002000736

新都年鉴·2010
成都市新都区人民政府主办　成都市新都区地方志编纂委员会办公室编　主编钟建宏
四川科学技术出版社　2011 年 1 月
416 页　精装　29cm
ISBN978-7-5364-7120-7
馆藏号：Guojiafz-8600002008472

新都年鉴·2018
成都市新都区人民政府主办　成都市新都区地方志编纂委员会办公室编　主编刘清
方志出版社　2019 年 9 月
345 页　精装　29cm
ISBN978-7-5144-3764-5
馆藏号：Guojiafz-8600002017999

温江年鉴·1986—1989
温江县志编纂委员会办公室编　总纂郑华钰
温江人民印刷厂印刷　1991 年 11 月
352 页　精装　27cm
准印证号：成字第 392 号
馆藏号：Guojiafz-8600002010584

温江年鉴·1990—1993
中共温江县史志办公室编　主编李应泉
温江人民印刷厂印刷　1995 年 9 月
398 页　平装　26cm
准印证号：成字第 1749 号
馆藏号：Guojiafz-8600002010586

温江年鉴·1994—1996
中共温江县史志办公室编　主编李应泉
温江精华包装印刷公司印刷　1997 年 12 月
314 页　精装　27cm
准印证号：成字第 3590 号
馆藏号：Guojiafz-8600002007786

温江年鉴·1997—1999
温江县志办公室编　主编赵露长
温江耀麟印刷厂印刷　2000 年 12 月
418 页　平装　26cm
准印证号：川成新出内字（2000）第 0643 号
馆藏号：Guojiafz-8600002001678

温江年鉴·2003—2004
中共成都市温江区委员会、成都市温江区人民政府主办　成都市温江区地方志编纂委员会办公室编　主编刘国根
成都普瑞特彩印有限公司印刷　2005 年 8 月
557 页　精装　29cm
准印证号：川成新出内字（2005）第 097 号
馆藏号：Guojiafz-8600002009314

温江年鉴·2010
成都市温江区人民政府主办　成都市温江区地方志办公室编　总编辑肖永奎
成都市新都华兴印务有限公司印刷
452 页　精装　29cm
准印证号：川成新出内字（2011）065 号
馆藏号：Guojiafz-8600002008999

温江年鉴·2017
成都市温江区人民政府主办　成都市温江区地方志办公室编　总编曾康华
方志出版社　2018 年 3 月
232 页　精装　29cm
ISBN978-7-5144-3030-1
馆藏号：Guojiafz-8600002016906

双流年鉴·1986—1990
双流县人民政府年鉴编写委员会编　总编蒋云溪
冶金部西南勘查局测绘制印厂印刷　1997 年 12 月

683 页　平装　27cm
准印证号：成都市内部资料性图书准印证 2662 号
馆藏号：Guojiafz-8600002001022

双流年鉴・1991
双流县人民政府年鉴编写委员会编　主编罗朝金
电子科技大学出版社　1993 年 6 月
156 页　平装　26cm
ISBN7-81016-626-3
馆藏号：Guojiafz-8600002001192

双流年鉴・1992
双流县人民政府年鉴编写委员会编　总编李蜀
双流县印刷一厂印刷　1994 年 10 月
174 页　平装　26cm
准印证号：成都市内部资料性图书准印证 2046 号
馆藏号：Guojiafz-8600002001188

双流年鉴・1993
双流县人民政府年鉴编写委员会编　总编黄庚
双流县印刷一厂印刷　1995 年 7 月
158 页　平装　26cm
准印证号：成都市内部资料性图书准印证 2246 号
馆藏号：Guojiafz-8600002001037

双流年鉴・1994
双流县人民政府年鉴编写委员会编　总编黄庚
双流县印刷一厂印刷　1995 年 12 月
127 页　平装　26cm
准印证号：成都市内部资料性图书准印证第 2438 号
馆藏号：Guojiafz-8600002001189

双流年鉴・1995
双流县人民政府年鉴编写委员会编　总编蒋云溪
双流县印刷一厂印刷　1996 年 7 月
192 页　平装　26cm
准印证号：成都字第 2662 号
馆藏号：Guojiafz-8600002001032

双流年鉴・1996
双流县人民政府年鉴编写委员会编　总编蒋云溪
冶金部西南勘查局编测绘制印厂印刷　1996 年 8 月
297 页　平装　26cm
准印证号：成都市内部资料性图书准印证 3260 号
馆藏号：Guojiafz-8600002001038

双流年鉴・1997
中共双流县委史志办公室编　总编朱朝远
双流县印刷一厂印刷　1998 年 10 月
280 页　精装　27cm
准印证号：成新字第 4229 号
馆藏号：Guojiafz-8600002010933

双流年鉴・1998
中共双流县委史志办公室编　总编朱朝远
冶金部西南勘查局编测绘制印厂印刷　1999 年 10 月
282 页　精装　27cm
准印证号：成新出内字第 0429 号
馆藏号：Guojiafz-8600002001193

双流年鉴・1999
中共双流县委史志办公室编　总编朱朝远
成都金龙印务有限责任公司印刷　2000 年 10 月
254 页　精装　27cm
准印证号：成新出内字第 0429 号
馆藏号：Guojiafz-8600002001191

双流年鉴・2000
中共双流县委史志办公室编　总编朱朝远
成都金龙印务有限责任公司印刷　2001 年 11 月
447 页　精装　27cm
准印证号：川成新出内字第 0091 号
馆藏号：Guojiafz-8600002001031

双流年鉴・2001
中共双流县委史志办公室编　总编刘敬良
成都金龙印务有限责任公司印刷　2002 年 11 月

511 页　精装　27cm
准印证号：川成新出内字第 00911 号
馆藏号：Guojiafz-8600002001190

双流年鉴·2002
中共双流县委史志办公室编　总编石小林
成都金龙印务有限责任公司印刷　2003 年 9 月
377 页　精装　27cm
准印证号：川成新出内字（2003）541 号
馆藏号：Guojiafz-8600002001186

双流年鉴·2003
中共双流县委史志办公室主编　总编石小林
成都市双流现代办公服务商行印刷　2004 年 10 月
446 页　精装　27cm
准印证号：川成新出内字（2004）第 545 号
馆藏号：Guojiafz-8600002001187

双流年鉴·2005
中共双流县委史志办公室编　总编石小林
成都市双流现代办公服务商行印刷
580 页　精装　27cm
准印证号：川成新出内字（2006）第 137 号
馆藏号：Guojiafz-8600002001185

双流年鉴·2006
中共双流县委史志办公室编　总编朱成荣
内部印刷
542 页　精装　27cm
馆藏号：Guojiafz-8600002001039

双流年鉴·2008
中共双流县委史志办公室编　总编朱成荣
内部印刷
433 页　精装　29cm
馆藏号：Guojiafz-8600002008910

双流年鉴·2009
中共双流县委史志办公室编　总编朱成荣
四川师范大学电子出版社　2009 年 10 月
392 页　精装　29cm
ISBN978-7-900777-67-6
馆藏号：Guojiafz-8600002005632

双流年鉴·2010
双流县人民政府主办　中共双流县委史志办公室编
总编刘泽夫
四川嘉馨印务有限公司印刷
432 页　精装　29cm
馆藏号：Guojiafz-8600002008948

双流年鉴·2011
中共双流县委、双流县人民政府主办　中共双流县委史志办公室编　总编刘泽夫
四川科学技术出版社　2012 年 4 月
268 页　精装　29cm
ISBN978-7-5364-7394-2
馆藏号：Guojiafz-8600002008341

双流年鉴·2016
成都市双流区人民政府主办　中共成都市双流区委史志办公室编　主编吴文全
四川科学技术出版社　2017 年 1 月
258 页　精装　29cm
ISBN978-7-5364-8550-1
馆藏号：Guojiafz-8600002017768

都江堰年鉴·2000
都江堰市人民政府主办　都江堰市地方志编纂委员会编　主编张宁生
四川新华彩印厂印刷　2000 年 11 月
328 页　精装　27cm
准印证号：川成新出内字（2000）第 0664 号
馆藏号：Guojiafz-8600002007573

都江堰市年鉴·2001
都江堰市人民政府主办　都江堰市地方志编纂委员会编　主编李必超
郫县唐昌印刷厂印刷　2002 年 3 月
332 页　精装　27cm

准印证号：川成新出内字（2002）第 105 号
馆藏号：Guojiafz-8600002008812

都江堰市年鉴·2002
都江堰市人民政府主办　都江堰市地方志编纂委员会编　主编汪晓光
郫县唐昌印制厂印刷　2003 年 5 月
273 页　精装　27cm
准印证号：川成新出内字（2003）第 228 号
馆藏号：Guojiafz-8600002008856

都江堰市年鉴·2003
都江堰市人民政府主办　都江堰市地方志编纂委员会编　主编杨灿智
郫县科技书印刷厂印刷　2003 年 12 月
295 页　精装　27cm
准印证号：川成新出内字（2004）第 59 号
馆藏号：Guojiafz-8600002006368

都江堰市年鉴·2004
都江堰市人民政府主办　都江堰市地方志编纂委员会编　主编刘俊林
成都宁强印务有限责任公司印刷　2004 年 12 月
344 页　精装　27cm
准印证号：川成新出内字（2004）第 577 号
馆藏号：Guojiafz-8600002006261

都江堰市年鉴·2005
都江堰市人民政府主办　都江堰市地方志编纂委员会编　主编刘俊林
成都宁强印务有限责任公司印刷　2006 年 2 月
368 页　精装　27cm
准印证号：川成新出内字（2006）第 17 号
馆藏号：Guojiafz-8600002007598

都江堰市年鉴·2006
都江堰市人民政府主办　都江堰市地方志编纂委员会编　主编刘俊林
成都宁强印务有限责任公司印刷　2007 年 6 月
346 页　精装　27cm
准印证号：川新出内（2007）第 115 号
馆藏号：Guojiafz-8600002006259

都江堰市年鉴·2007
都江堰市人民政府主办　都江堰市地方志编纂委员会编　主编森林
都江堰市怡都印刷厂印刷　2008 年 8 月
386 页　精装　27cm
准印证号：川新出内（2008）第 332 号
馆藏号：Guojiafz-8600002009136

都江堰市年鉴·2008
都江堰市人民政府主办　都江堰市地方志编纂委员会编　主编邹文
都江堰市怡都印刷厂印刷　2008 年 8 月
348 页　精装　27cm
准印证号：川新出内（2008）第 334 号
馆藏号：Guojiafz-8600002006259

都江堰市年鉴·2009
都江堰市人民政府主办　都江堰市地方志编纂委员会编　主编邹文
都江堰市怡都印刷厂印刷　2009 年 12 月
515 页　精装　27cm
准印证号：川新出内（2009）第 116 号
馆藏号：Guojiafz-8600002007583

彭州年鉴·1998
彭州市地方志编纂委员会办公室编　主编张思冰
彭州市国有印刷厂印刷　1999 年 11 月
463 页　精装　27cm
准印证号：川成新出内字（99）第 0265 号
馆藏号：Guojiafz-8600002001745

彭州年鉴·1999
四川省彭州市人民政府主管主办　彭州市地方志编纂委员会办公室编　主编张思冰　总纂白厚德
彭州市国有印刷厂印刷　2000 年 11 月
453 页　精装　27cm
准印证号：川成新出内字（2000）第 0581 号
馆藏号：Guojiafz-8600002001814

彭州年鉴·2000
彭州市人民政府主管主办　彭州市地方志编纂委员会办公室编　主编叶浪　总纂白厚德
彭州市国有印刷厂印刷　2001 年 11 月
457 页　精装　27cm
准印证号：川成新出内字（2001）第 0527 号
馆藏号：Guojiafz-8600002001809

彭州年鉴·2003
彭州市人民政府主管主办　彭州市地方志编纂委员会办公室编　主编陈提超　总纂蒋铭
郫县民政印刷厂印刷　2003 年 9 月
498 页　精装　27cm
准印证号：川成新出内字（2003）第 501 号
馆藏号：Guojiafz-8600002006480

彭州年鉴·2004
彭州市人民政府主管主办　彭州市地方志编纂委员会办公室编　主编陈提超　总纂蒋铭
郫县民政印刷厂印刷　2004 年 10 月
439 页　精装　27cm
准印证号：川成新出内字（2004）第 437 号
馆藏号：Guojiafz-8600002001947

彭州年鉴·2005
彭州市人民政府主管主办　彭州市地方志编纂委员会办公室编　主编陈提超　总纂蒋铭
成都福利印务有限公司印刷　2005 年 9 月
343 页　精装　27cm
准印证号：川成新出内字（2005）第 103 号
馆藏号：Guojiafz-8600002001017

彭州年鉴·2006
彭州市人民政府主管主办　彭州市地方志编纂委员会办公室编　主编陈提超　总纂蒋铭
成都福利印务公司印刷　2006 年 9 月
395 页　精装　27cm
准印证号：川成新出内字（2006）第 123 号
馆藏号：Guojiafz-8600002001036

彭州年鉴·2007
彭州市人民政府主管主办　彭州市地方志编纂委员会办公室编　主编徐伟　总纂蒋铭
内部印刷　2007 年 10 月
334 页　精装　27cm
馆藏号：Guojiafz-8600002007809

彭州年鉴·2008
彭州市人民政府主管主办　彭州市地方志编纂委员会办公室编　主编蓝瑾　总纂蒋铭
彭州市盛发印务有限公司印刷　2008 年 12 月
310 页　精装　27cm
馆藏号：Guojiafz-8600002007810

彭州年鉴·2009
彭州市人民政府主管主办　彭州市地方志编纂委员会办公室编　主编易晓峰　总纂蒋铭
彭州市盛发印务有限公司印刷　2009 年 12 月
298 页　精装　27cm
馆藏号：Guojiafz-8600002001806

彭州年鉴·2010
彭州市人民政府主管主办　彭州市地方志编纂委员会办公室编　主编易晓峰　总纂蒋铭
彭州市盛发印务有限责任公司印刷　2010 年 12 月
270 页　精装　27cm
馆藏号：Guojiafz-8600002001732

彭州年鉴·2018
彭州市人民政府主办　彭州市地方志编纂委员会办公室编　主编刘兰考
方志出版社　2018 年 11 月
378 页　精装　29cm
ISBN978-7-5144-3421-7
馆藏号：Guojiafz-8600002016984

邛崃年鉴·1999—2003
中共邛崃市委、邛崃市人民政府主办　邛崃市地方志编纂委员会编　主编王渝蓉　总纂曾毅
方志出版社　2005 年 5 月

314 页　精装　29cm
ISBN7-80192-491-6
馆藏号：Guojiafz-8600002000211

邛崃年鉴・2006—2007
中共邛崃市委、邛崃市人民政府主办　邛崃市地方志编纂委员会编　总编王琰　主编曾毅
方志出版社　2008 年 12 月
266 页　精装　29cm
ISBN7-80192-491-6
馆藏号：Guojiafz-8600002002104

邛崃年鉴・2009
中共邛崃市委、邛崃市人民政府主办　邛崃市地方志编纂委员会编　总编李显军　主编曾毅
方志出版社　2010 年 9 月
349 页　精装　29cm
ISBN978-7-80192-840-6
馆藏号：Guojiafz-8600002002103

邛崃年鉴・2010
中共邛崃市委、邛崃市人民政府主管主办　邛崃市地方志编纂委员会编　总编李显军　主编曾毅
方志出版社　2011 年 6 月
336 页　精装　29cm
ISBN978-7-5144-0072-4
馆藏号：Guojiafz-8600002002105

崇庆年鉴・1986—1990
崇庆县人民政府县志办公室编　主编郑世淋
崇庆县印刷厂印刷　1993 年 9 月
334 页　平装　26cm
准印证号：内部资料性图书报刊准印证崇字第 13 号
馆藏号：Guojiafz-8600002001469

崇州年鉴・2014
崇州市人民政府主办　崇州市地方志办公室编　主编雷庆龄
方志出版社　2015 年 11 月
271 页　精装　29cm
ISBN978-7-5144-1598-8
馆藏号：Guojiafz-8600002006200

崇州年鉴・2016
崇州市人民政府主办　崇州市地方志办公室编　主编雷庆龄
方志出版社　2016 年 10 月
300 页　精装　29cm
ISBN978-7-5144-2143-9
馆藏号：Guojiafz-8600002013805

崇州年鉴・2017
崇州市人民政府主办　崇州市地方志办公室编　主编雷庆龄
方志出版社　2017 年 11 月
309 页　精装　29cm
ISBN978-7-5144-2773-8
馆藏号：Guojiafz-8600002016886

崇州年鉴・2018
崇州市人民政府主办　崇州市地方志办公室编　主编雷庆龄、李建刚
方志出版社　2019 年 2 月
384 页　精装　29cm
ISBN978-7-5144-3670-9
馆藏号：Guojiafz-8600002018209

金堂年鉴・1998—1999
金堂县人民政府主办　金堂县地方志办公室编　总编辑薛昌
成都新兴印刷厂印刷　2000 年 10 月
439 页　精装　27cm
准印证号：川成新出内字（2000）第 0658 号
馆藏号：Guojiafz-8600002008800

金堂年鉴・2006
金堂县人民政府主办　金堂县地方志办公室编　总编辑陈元霓
内部印刷　2007 年 12 月

284 页　精装　29cm
馆藏号：Guojiafz-8600002001885

金堂年鉴·2010
金堂县人民政府主办　金堂县地方志办公室编
总编辑陈元霓
西南交通大学印刷厂印刷
284 页　精装　29cm
准印证号：川成新出内字（2011）012 号
馆藏号：Guojiafz-8600002001303

金堂年鉴·2011
金堂县人民政府主办　金堂县地方志办公室编
总编辑陈元霓
西南交通大学印刷厂印刷
261 页　精装　29cm
准印证号：川成新出内字（2012）010 号
馆藏号：Guojiafz-8600002001304

郫县年鉴·1990
郫县人民政府地方志办公室编　主编曾祥麟
郫县蜀都财务印刷厂印刷　1990 年 12 月
273 页　精装　27cm
准印证号：郫字第 72 号
馆藏号：Guojiafz-8600002001512

郫县年鉴·2008
中国共产党郫县县委员会主办　郫县地方志编纂委员会编　总编何敏彰
电子科技大学出版社　2009 年 12 月
318 页　精装　29cm
ISBN978-7-5647-0414-8
馆藏号：Guojiafz-8600002000868

大邑年鉴·1998
四川省大邑县地方志编纂委员会编　总编辑刘仁慰
大邑县教育装潢印刷厂印刷　1999 年 11 月
178 页　平装　26cm
准印证号：川成新出内字（99）第 0629 号
馆藏号：Guojiafz-8600002001695

大邑年鉴·1999
四川省大邑县地方志编纂委员会编　总编辑刘仁慰
大邑县教育装璜印刷厂印刷　2000 年 11 月
238 页　平装　26cm
准印证号：川成新出内字（2000）第 0603 号
馆藏号：Guojiafz-8600002001696

大邑年鉴·2000
四川省大邑县地方志编纂委员会编　总编辑刘仁慰
大邑县教育装璜印刷厂印刷　2001 年 12 月
246 页　平装　26cm
准印证号：川成新出内字（2001）第 0668 号
馆藏号：Guojiafz-8600002001661

大邑年鉴·2002
大邑县人民政府主办　成都市大邑县地方志编委会编　主任徐松华
大邑县教育装璜印刷厂印刷　2002 年 11 月
163 页　平装　26cm
准印证号：川成新出内字（2002）第 584 号
馆藏号：Guojiafz-8600002001541

大邑年鉴·2003
大邑县人民政府主办　成都市大邑县地方志编委会编　主任何志章
大邑县教育装璜印刷厂印刷　2003 年 12 月
165 页　平装　26cm
准印证号：川成新出内字（2003）第 0940 号
馆藏号：Guojiafz-8600002001542

大邑年鉴·2004
大邑县人民政府主办　成都市大邑县地方志编委会编　主任何志章
大邑县教育装璜印刷厂印刷　2004 年 12 月
174 页　平装　26cm
准印证号：川成新出内字（2004）第 604 号
馆藏号：Guojiafz-8600002001547

大邑年鉴·2005
大邑县人民政府主办　成都市大邑县地方志编委

会编　主任何志章
大邑县教育装璜印刷厂印刷　2005 年 12 月
137 页　平装　26cm
准印证号：川成新出内字（2005）第 180 号
馆藏号：Guojiafz-8600002001546

大邑年鉴・2006
大邑县人民政府主办　成都市大邑县地方志编委会编　主任袁旭
大邑县教育装璜印刷厂印刷　2006 年 11 月
187 页　平装　26cm
准印证号：川成新出内字（2006 第 161 号）
馆藏号：Guojiafz-8600002009095

大邑年鉴・2007
大邑县人民政府主办　成都市大邑县地方志编纂委员会编　主任袁旭
四川五洲彩印有限责任公司印刷　2007 年 12 月
208 页　平装　26cm
馆藏号：Guojiafz-8600002006237

大邑年鉴・2008
大邑县人民政府主办　成都市大邑县地方志编纂委员会编　主任袁旭
四川五洲彩印有限责任公司印刷　2008 年 12 月
226 页　平装　26cm
馆藏号：Guojiafz-8600002009096

大邑年鉴・2009
大邑县人民政府主办　成都市大邑县地方志编纂委员会编　主任陈历章
四川五洲彩印有限责任公司印刷　2009 年 11 月
321 页　平装　26cm
馆藏号：Guojiafz-8600002006239

大邑年鉴・2010
大邑县人民政府主办　成都市大邑县地方志编纂委员会编　主任陈历章
四川洲立印务有限公司印刷　2010 年 11 月
307 页　平装　26cm
馆藏号：Guojiafz-8600002006243

蒲江年鉴・1986—1992
蒲江县人民政府主办　蒲江县县志编纂委员会编　主编杨晓杰
成都市蒲江新华彩印厂印刷　1998 年 1 月
412 页　精装　27cm
准印证号：蒲字第（97）07 号
馆藏号：Guojiafz-8600002001827

蒲江年鉴・2009
中共蒲江县委、蒲江县人民政府主办　蒲江县史志办公室编　主编王银华
成都现代印务有限公司印刷　2009 年 12 月
231 页　精装　29cm
准印证号：川成新出内字（2009）第 115 号
馆藏号：Guojiafz-8600002009325

蒲江年鉴・2011
中共蒲江县委、蒲江县人民政府主办　蒲江县史志办公室编　主编王银华
中央民族大学出版社　2011 年 12 月
316 页　精装　29cm
ISBN978-7-5660-0108-5
馆藏号：Guojiafz-8600002005903

新津年鉴・1986—1989
中国共产党新津县委员会主办　新津县志编纂委员会编　主编张德明
四川省地矿局编测绘队印刷厂印刷　1991 年 11 月
322 页　平装　26cm
准印证号：内部资料性图书准印证新文字 1 号
馆藏号：Guojiafz-8600002010848

新津年鉴・1990—1992
新津县人民政府主办　新津县志编纂委员会编　主编张德明
四川省地矿局测绘队印刷厂印刷　1993 年 12 月
400 页　平装　26cm
准印证号：内部资料性图书准印证成字第 1689 号
馆藏号：Guojiafz-8600002001626

新津年鉴·1993—1995
新津县人民政府主办　新津县志编纂委员会编　主编张德明
四川省地勘局测绘队印刷厂印刷　1996年12月
342页　平装　26cm
准印证号：内部资料性图书准印证成字第3025号
馆藏号：Guojiafz-8600002001470

新津年鉴·1996—1998
新津县人民政府主办　新津县志编纂委员会编　主编曾德明
四川省地勘局编测绘队印刷厂印刷　1999年12月
390页　精装　27cm
准印证号：内部资料性图书准印证成字第0015号
馆藏号：Guojiafz-8600002001510

新津年鉴·1999—2001
新津县人民政府主办　四川省新津县地方志编纂委员会编　主编曾德明
四川省地矿局编测绘队印刷厂印刷　2002年8月
495页　精装　27cm
准印证号：川成新出内字（2002）第493号
馆藏号：Guojiafz-8600002001563

新津年鉴·2002—2005
中共新津县委新津县人民政府主办　新津县地方志编纂委员会办公室编　主编周小毛
四川五洲彩印有限责任公司印刷　2007年6月
577页　精装　29cm
准印证号：川成新出内字（2007）第011号
馆藏号：Guojiafz-8600002001633

新津年鉴·2006—2007
中共新津县委、新津县人民政府主办　新津县地方志编纂委员会办公室编　总编潘夕潮
四川五洲彩印有限责任公司印刷　2008年7月
411页　精装　29cm
准印证号：川成新出内字（2008）第072号
馆藏号：Guojiafz-8600002001706

新津年鉴·2008
中共新津县委、新津县人民政府主办　新津县地方志编纂委员会办公室编　总编潘夕潮
成都市标点制版印务有限责任公司印刷　2009年9月
388页　精装　29cm
准印证号：川成新出内字（2009）077号
馆藏号：Guojiafz-8600002001740

新津年鉴·2009
中共新津县委、新津县人民政府主办　新津县地方志编纂委员会办公室编　总编潘夕潮
成都现代印务有限公司印刷　2010年9月
401页　精装　29cm
准印证号：川成新出内字（2010）089号
馆藏号：Guojiafz-8600002001734

成都高新技术产业开发区年鉴·2007
成都高新技术产业开发区管理委员会主办　成都高新区地方志编纂委员会办公室编　主编谭伯祥
方志出版社　2008年4月
318页　精装　29cm
ISBN978-7-80238-287-9
馆藏号：Guojiafz-8600002000226

成都高新技术产业开发区年鉴·2008
成都高新技术产业开发区管理委员会主办　成都高新区地方志编纂委员会办公室编　主编谭伯祥
四川科学技术出版社　2008年11月
348页　精装　29cm
ISBN978-7-5364-6636-4
馆藏号：Guojiafz-8600002008515

成都高新技术产业开发区年鉴·2009
成都高新技术产业开发区管理委员会主办　成都高新区地方志编纂委会办公室编　主编汤继强　执行主编谭伯祥
四川科学技术出版社　2009年12月
452页　精装　29cm

ISBN978-7-5364-6949-5
馆藏号：Guojiafz-8600002000377

成都高新区年鉴·2011
成都高新技术产业开发区管理委员会主办　成都高新区地方志编纂委员会办公室编　主编汤继强
光明日报出版社　2011年12月
295页　精装　29cm
ISBN978-7-5112-1926-8
馆藏号：Guojiafz-8600002005579

肖家河街道年鉴·2007
中共成都高新区肖家河街道工作委员会、成都高新区肖家河街道办事处合编　主任王平
内部印刷　2007年11月
146页　精装　27cm
馆藏号：Guojiafz-8600002007594

自贡年鉴·1991—1994（创刊号）
自贡市年鉴编辑委员会编　主编刘佑林
四川大学出版社　1996年3月
382页　精装　27cm
ISBN7-5614-1306-8
馆藏号：Guojiafz-8600002008166

自贡年鉴·1995
自贡市人民政府主办　自贡市年鉴编辑委员会编
主编刘佑林
四川大学出版社　1996年12月
391页　精装　27cm
ISBN7-5614-1523-0
馆藏号：Guojiafz-8600002005451

自贡年鉴·1997
自贡市人民政府主办　自贡市年鉴编辑委员会编
主编刘佑林
四川科学技术出版社　1997年12月
433页　精装　27cm
ISBN7-5364-3731-5
馆藏号：Guojiafz-8600002002020

自贡年鉴·1998
自贡市人民政府主办　自贡市年鉴编辑委员会编
主编肖德如
四川科学技术出版社　1998年10月
467页　精装　27cm
ISBN7-5364-4106-1
馆藏号：Guojiafz-8600002003512

自贡年鉴·2000
自贡市人民政府主办　自贡市年鉴编辑委员会编
主编肖德如
巴蜀书社　2000年10月
625页　精装　27cm
ISBN7-80659-127-3
馆藏号：Guojiafz-8600002008132

自贡年鉴·2001
自贡市人民政府主办　自贡市年鉴编委会编
主编陈吉明
四川科学技术出版社　2001年11月
517页　精装　27cm
ISBN7-5364-4831-7
馆藏号：Guojiafz-8600002002063

自贡年鉴·2002
自贡市人民政府主办　四川省自贡市年鉴编纂委员会编　主编陈吉明
方志出版社　2002年11月
411页　精装　29cm
ISBN7-80122-833-2
馆藏号：Guojiafz-8600002005702

自贡年鉴·2003
自贡市人民政府主办　自贡年鉴编辑委员会编
主编侍俊
方志出版社　2003年9月
389页　精装　29cm
ISBN7-80192-045-7
馆藏号：Guojiafz-8600002000528

自贡年鉴·2004
自贡市人民政府主办 《自贡年鉴》编辑部编
主编侍俊
方志出版社 2004年10月
378页 精装 29cm
ISBN7-80192-339-1
馆藏号：Guojiafz-8600002004660

自贡年鉴·2005
自贡市人民政府主办 《自贡年鉴》编辑委员会编
主编王川红
方志出版社 2005年12月
397页 精装 29cm
ISBN7-80192-709-5
馆藏号：Guojiafz-8600002003852

自贡年鉴·2006
自贡市人民政府主办 《自贡年鉴》编辑委员会编
主编王川红
四川人民出版社 2006年10月
379页 精装 29cm
ISBN7-220-07237-6
馆藏号：Guojiafz-8600002008185

自贡年鉴·2007
自贡市人民政府主办 《自贡年鉴》编委会编
主编黄昌明
四川人民出版社 2007年11月
432页 精装 29cm
ISBN978-7-220-07471-4
馆藏号：Guojiafz-8600002000867

自贡年鉴·2008
自贡市人民政府主办 《自贡年鉴》编辑委员会编
主编黄昌明
四川人民出版社 2008年11月
436页 精装 29cm
ISBN978-7-220-07692-3
馆藏号：Guojiafz-8600002005701

自贡年鉴·2009
自贡市人民政府主办 自贡市人民政府编
主编陈思禄
四川科学技术出版社 2009年10月
506页 精装 29cm
ISBN978-7-5364-6913-6
馆藏号：Guojiafz-8600002000420

自贡年鉴·2010
自贡市人民政府主办 自贡市人民政府编
主编陈吉明 执行主编陈思禄
四川科学技术出版社 2010年9月
509页 精装 29cm
ISBN978-7-5364-7076-7
馆藏号：Guojiafz-8600002007847

自贡年鉴·2011
自贡市人民政府主办 自贡市人民政府编
主编陈吉明 执行主编陈思禄
四川科学技术出版社 2011年9月
495页 精装 29cm
ISBN978-7-5364-7286-0
馆藏号：Guojiafz-8600002000047

自贡年鉴·2013
自贡市人民政府主办 《自贡年鉴》编辑委员会编
主编陈吉明
方志出版社 2013年9月
508页 精装 29cm
ISBN978-7-5144-0966-6
馆藏号：Guojiafz-8600002008576

自贡年鉴·2014
自贡市人民政府主办 《自贡年鉴》编辑委员会编
主编陈吉明 执行主编陈思禄
方志出版社 2014年9月
491页 精装 29cm
ISBN978-7-5144-1362-5
馆藏号：Guojiafz-8600002006832

自贡年鉴·2015
自贡市人民政府主办 《自贡年鉴》编辑委员会编
主编项晓峰 执行主编陈思禄
方志出版社 2015年10月
554页 精装 29cm
ISBN978-7-5144-1741-8
馆藏号：Guojiafz-8600002002858

自贡年鉴·2016
自贡市人民政府主办 《自贡年鉴》编纂委员会编
主编王猛 执行主编陈思禄
方志出版社 2016年9月
514页 精装 29cm
ISBN978-7-5144-2104-0
馆藏号：Guojiafz-8600002014371

自贡年鉴·2017
自贡市人民政府主办 主编王猛 执行主编陈思禄
方志出版社 2017年10月
463页 精装 29cm
ISBN978-7-5144-2567-3
馆藏号：Guojiafz-8600002017127

自贡年鉴·2018
自贡市地方志办公室编 主编王猛 执行主编陈思禄
方志出版社 2018年9月
513页 平装 29cm
ISBN978-7-5144-3271-8
馆藏号：Guojiafz-8600002016889

自流井区年鉴·2007
自贡市自流井区人民政府主办 自贡市自流井区地方志编纂委员会编 总编余仲全
自贡市华华广告印务有限公司印刷 2008年2月
217页 精装 29cm
准印证号：自新图资准印证（2007）第000200号
馆藏号：Guojiafz-8600002008752

自流井区年鉴·2008
自贡市自流井区人民政府主办 自贡市自流井区地方志编纂委员会编 总编余仲全
自贡市华华广告印务有限公司印刷 2009年2月
245页 精装 29cm
准印证号：自新图资准印证（2009）第47号
馆藏号：Guojiafz-8600002008753

自流井区年鉴·2009
自贡市自流井区人民政府主办 自贡市自流井区地方志编纂委员会编 总编余仲全
自贡市华华广告印务有限公司印刷 2010年8月
375页 精装 29cm
准印证号：自井新图资准印证（2010）第01号
馆藏号：Guojiafz-8600002007766

自流井年鉴·2013
自流井区人民政府主办 自流井区地方志办公室编
主编杨元姜
中央民族大学出版社 2013年10月
508页 精装 29cm
ISBN978-7-5660-0510-6
馆藏号：Guojiafz-8600002016112

自流井年鉴·2015
自贡市自流井区人民政府主办 自贡市自流井区地方志办公室编 主编杨元姜
电子科技大学出版社 2015年8月
414页 精装 29cm
ISBN978-7-5647-3235-6
馆藏号：Guojiafz-8600002014382

贡井年鉴·2017
贡井区人民政府主办 贡井区地方志办公室编
主编胡红宇 执行主编曾新
四川科学技术出版社 2017年12月
448页 精装 29cm
ISBN978-7-5364-8883-0
馆藏号：Guojiafz-8600002016237

大安年鉴·1989—1992
自贡市大安区人民政府主办　自贡市大安区地方志办公室编　主编彭邦友
自贡市长征印刷厂印刷　1993年12月
233页　精装　27cm
准印证号：自新图资准印证（1993）第148号
馆藏号：Guojiafz-8600002006282

荥县年鉴·1995—1996
荥县人民政府主办　《荥县年鉴》编辑部编
主编王剑明
成都市老年事业印刷厂印刷　1998年2月
300页　精装　27cm
准印证号：荥文体局印字第NO 0000010号
馆藏号：Guojiafz-8600002006296

荥县年鉴·1997—1998
荥县人民政府主办　荥县史志编纂研究室编
主编邱扬禄　总纂谢旭
成都老年事业印刷厂印刷　1999年12月
384页　精装　27cm
准印证号：荥文体局印字第NO 0000017号
馆藏号：Guojiafz-8600002006392

荥县年鉴·2008
荥县人民政府主办　《荥县年鉴》编辑部编
主编吴志平
成都蜀雅印务有限公司印刷　2009年11月
312页　精装　29cm
准印证号：川荥图内（2009）01号
馆藏号：Guojiafz-8600002009404

荥县年鉴·2009
荥县人民政府主办　《荥县年鉴》编辑部编
主编吴志平
成都现代印务有限公司印刷　2010年10月
263页　精装　29cm
准印证号：川荥图内（2010）004号
馆藏号：Guojiafz-8600002008751

富顺年鉴·2005
富顺县人民政府主办　富顺县地方志办公室编
主编王孝谦
贵州人民出版社　2005年12月
496页　精装　29cm
ISBN7-221-07204-3
馆藏号：Guojiafz-8600002005565

富顺年鉴·2006
富顺县人民政府主办　富顺县地方志办公室编
主编王孝谦
贵州人民出版社　2006年12月
446页　精装　29cm
ISBN7-221-07483-6
馆藏号：Guojiafz-8600002008168

富顺年鉴·2007
富顺县人民政府主办　四川省富顺县地方志办公室编　主编汪晓东
贵州人民出版社　2007年12月
408页　精装　29cm
ISBN978-221-07483-6
馆藏号：Guojiafz-8600002000031

富顺年鉴·2008
富顺县人民政府主办　富顺县地方志办公室编
主编汪晓东
四川科学技术出版社　2008年12月
443页　精装　29cm
ISBN978-7-5364-6440-7
馆藏号：Guojiafz-8600002007846

富顺年鉴·2009
富顺县人民政府主办　富顺县地方志办公室编
主编汪晓东
四川科学技术出版社　2010年1月
387页　精装　29cm
ISBN978-7-5364-6984-6
馆藏号：Guojiafz-8600002008164

富顺年鉴·2010
富顺县人民政府主办　富顺县地方志办公室编
主编汪晓东
四川科学技术出版社　2010 年 12 月
379 页　精装　29cm
ISBN978-7-5364-7117-7
馆藏号：Guojiafz-8600002008165

富顺年鉴·2013
富顺县人民政府主办　富顺县地方志办公室编
主编郭洁
四川科学技术出版社　2013 年 12 月
472 页　精装　29cm
ISBN978-7-5364-7821-3
馆藏号：Guojiafz-8600002016041

自贡高新技术产业开发区年鉴·2017·2018
自贡高新技术产业开发区管理委员会主办　自贡高新技术产业开发区管理委员会编　主编朱建英
执行主编华树祥
方志出版社　2019 年 1 月
317 页　精装　29cm
ISBN978-7-5144-3481-1
馆藏号：Guojiafz-8600002017024

攀枝花年鉴·1994
攀枝花市地方志办公室编　主编张崇功
四川科学技术出版社　1994 年 9 月
303 页　精装　27cm
ISBN7-5364-3001-9
馆藏号：Guojiafz-8600002000720

攀枝花年鉴·1995
攀枝花市人民政府主办　攀枝花市年鉴编辑委员会编　主编张崇功
四川科学技术出版社　1995 年 8 月
341 页　精装　27cm
ISBN7-5364-3171-6
馆藏号：Guojiafz-8600002001278

攀枝花年鉴·1996
攀枝花市人民政府主办 《攀枝花年鉴》编纂委员会编　主编张崇功
四川科学技术出版社　1996 年 8 月
386 页　精装　27cm
ISBN7-5364-3428-6
馆藏号：Guojiafz-8600002000186

攀枝花年鉴·1998
攀枝花市人民政府主办　主编张崇功
四川科学技术出版社　1998 年 9 月
472 页　精装　27cm
ISBN7-5364-4013-8
馆藏号：Guojiafz-8600002003589

攀枝花年鉴·1999
攀枝花市人民政府主办　攀枝花市人民政府、《攀枝花年鉴》编辑部合编　主编张崇功
四川科学技术出版社　1999 年 9 月
380 页　精装　29cm
ISBN7-5364-4412-5
馆藏号：Guojiafz-8600002000330

攀枝花年鉴·2000
攀枝花市人民政府主办　攀枝花市人民政府、《攀枝花年鉴》编辑部合编　主编张崇功
四川科学技术出版社　2000 年 9 月
340 页　精装　29cm
ISBN7-5364-4593-8
馆藏号：Guojiafz-8600002000272

攀枝花年鉴·2001
攀枝花市人民政府主办　攀枝花市人民政府、《攀枝花年鉴》编辑部合编　主编张崇功
四川科学技术出版社　2001 年 10 月
332 页　精装　29cm
ISBN7-5364-4815-5
馆藏号：Guojiafz-8600002000424

攀枝花年鉴・2002
攀枝花市人民政府主办 《攀枝花年鉴》编辑部编
主编张崇功
方志出版社 2002年8月
341页 精装 29cm
ISBN7-80122-765-4
馆藏号：Guojiafz-8600002013172

攀枝花年鉴・2003
攀枝花市人民政府主办 《攀枝花年鉴》编辑部编
主编张崇功
方志出版社 2003年8月
367页 精装 29cm
ISBN-80122-997-5
馆藏号：Guojiafz-8600002005142

攀枝花年鉴・2004
攀枝花市人民政府主办 《攀枝花年鉴》编辑部编
主编张崇功
方志出版社 2004年7月
398页 精装 29cm
ISBN7-80192-230-1
馆藏号：Guojiafz-8600002000815

攀枝花年鉴・2005
攀枝花市人民政府主办 《攀枝花年鉴》编辑部编
主编周世开
方志出版社 2005年8月
330页 精装 29cm
ISBN7-80192-582-3
馆藏号：Guojiafz-8600002000957

攀枝花年鉴・2006
攀枝花市人民政府主办 攀枝花市地方志办公室编
主编周世开
方志出版社 2006年9月
358页 精装 29cm
ISBN7-80192-861-X
馆藏号：Guojiafz-8600002005188

攀枝花年鉴・2007
攀枝花市人民政府主办 《攀枝花年鉴》编委会编
主编周世开
方志出版社 2007年8月
374页 精装 29cm
ISBN978-7-80238-103-2
馆藏号：Guojiafz-8600002004862

攀枝花年鉴・2008
攀枝花市人民政府主办 《攀枝花年鉴》编委会编
主编周世开
方志出版社 2008年8月
392页 精装 29cm
ISBN978-7-80238-350-0
馆藏号：Guojiafz-8600002002028

攀枝花年鉴・2009
攀枝花市人民政府主办 攀枝花年鉴编纂委员会编
主编周世开
方志出版社 2009年8月
430页 精装 29cm
ISBN978-7-80238-563-4
馆藏号：Guojiafz-8600002005211

攀枝花年鉴・2010
攀枝花市人民政府主办 攀枝花市地方志办公室编
主编周世开
方志出版社 2010年9月
422页 精装 29cm
ISBN978-7-80238-834-5
馆藏号：Guojiafz-8600002006119

攀枝花年鉴・2011
攀枝花市人民政府主办 攀枝花市地方志办公室编
主编周世开
方志出版社 2011年9月
410页 精装 29cm
ISBN978-7-5144-0247-6
馆藏号：Guojiafz-8600002000140

攀枝花年鉴·2012
攀枝花市人民政府主办　攀枝花市地方志办公室编
主编李冠华
方志出版社　2012 年 9 月
482 页　精装　29cm
ISBN978-7-5144-0573-6
馆藏号：Guojiafz-8600002007411

攀枝花年鉴·2013
攀枝花市人民政府主办　攀枝花市地方志办公室编
主编李冠华
方志出版社　2013 年 10 月
452 页　精装　29cm
ISBN978-7-5144-1000-6
馆藏号：Guojiafz-8600002009774

攀枝花年鉴·2014
攀枝花市人民政府主办　攀枝花市地方志办公室编
主编李冠华
方志出版社　2014 年 11 月
436 页　精装　29cm
ISBN978-7-5144-1442-4
馆藏号：Guojiafz-8600002006803

攀枝花年鉴·2016
攀枝花市人民政府主办　攀枝花市地方志办公室编
总编李冠华　执行主编吉春蓉
方志出版社　2016 年 11 月
468 页　精装　29cm
ISBN978-7-5144-2176-7
馆藏号：Guojiafz-8600002013906

攀枝花年鉴·2017
攀枝花市人民政府主办　攀枝花市地方志办公室编
总编李冠华　执行主编吉春蓉
方志出版社　2017 年 11 月
445 页　精装　29cm
ISBN978-7-5144-2539-0
馆藏号：Guojiafz-8600002015049

攀枝花年鉴·2018
攀枝花市人民政府主办　攀枝花市地方志办公室编
总编李冠华　执行主编吉春蓉
方志出版社　2018 年 11 月
436 页　精装　30cm
ISBN978-7-5144-3334-0
馆藏号：Guojiafz-8600002016958

攀钢集团钢城企业总公司年鉴·1998
攀钢集团钢城企业总公司编　主编李坚
攀钢集团钢城企业总公司印刷工业公司印刷　1998 年 7 月
380 页　精装　27cm
准印证号：攀文内字（1998）第 23 号
馆藏号：Guojiafz-8600002008857

攀枝花市东区年鉴·2006
攀枝花市东区人民政府主办　攀枝花市东区地方志办公室编　主编周智勇
方志出版社　2006 年 9 月
381 页　精装　29cm
ISBN7-80192-846-6
馆藏号：Guojiafz-8600002004435

攀枝花市东区年鉴·2007
攀枝花市东区人民政府主管　区政府办公室主办
攀枝花市东区地方志办公室编　主编秦一军
方志出版社　2007 年 8 月
421 页　精装　29cm
ISBN978-7-80238-102-5
馆藏号：Guojiafz-8600002012671

攀枝花市东区年鉴·2008
攀枝花市东区人民政府主办 《攀枝花市东区年鉴》编纂委员会编　主编赵路
方志出版社　2008 年 8 月
369 页　精装　29cm
ISBN978-7-80238-340-1
馆藏号：Guojiafz-8600002003755

攀枝花市东区年鉴·2009
攀枝花市东区人民政府主办　攀枝花市东区年鉴编纂委员会编　主编赵路
四川科学技术出版社　2009年11月
358页　精装　29cm
ISBN978-7-5364-6917-4
馆藏号：Guojiafz-8600002000796

攀枝花市东区年鉴·2010
攀枝花市东区人民政府主办　攀枝花市东区地方志办公室编　主编赵路
四川科学技术出版社　2010年10月
332页　精装　29cm
ISBN978-7-5364-7090-3
馆藏号：Guojiafz-8600002002694

攀枝花市东区年鉴·2012
攀枝花市东区人民政府主办　攀枝花市东区地方志办公室编　主编张忠庆
方志出版社　2012年11月
406页　精装　29cm
ISBN978-7-5144-0688-7
馆藏号：Guojiafz-8600002000009

攀枝花市东区年鉴·2013
攀枝花市东区人民政府主办　攀枝花市东区地方志办公室编　主编张忠庆
方志出版社　2013年12月
411页　精装　29cm
ISBN978-7-5144-1166-9
馆藏号：Guojiafz-8600002006975

攀枝花市东区年鉴·2014
攀枝花市东区人民政府主办　攀枝花市东区地方志办公室编　主编张忠庆
方志出版社　2014年10月
450页　精装　29cm
ISBN978-7-5144-1407-3
馆藏号：Guojiafz-8600002006801

西区年鉴·2007
攀枝花市西区人民政府主办　攀枝花市西区年鉴编纂委员会编　主编罗文玉
方志出版社　2007年7月
341页　精装　29cm
ISBN978-7-80238-086-8
馆藏号：Guojiafz-8600002003213

攀枝花市西区年鉴·2011
攀枝花市西区年鉴编纂委员会编　主编邱小平
中央民族大学出版社　2011年10月
386页　精装　29cm
ISBN978-7-5660-0055-2
馆藏号：Guojiafz-8600002002657

攀枝花市西区年鉴·2012
攀枝花市西区人民政府主办　攀枝花市西区年鉴编纂委员会编　主编邱小平
方志出版社　2012年9月
388页　精装　29cm
ISBN978-7-5144-0574-3
馆藏号：Guojiafz-8600002000011

攀枝花市西区年鉴·2013
攀枝花市西区人民政府主办　攀枝花市西区地方志办公室编　主编邱小平
方志出版社　2013年11月
338页　精装　29cm
ISBN978-7-5144-1018-1
馆藏号：Guojiafz-8600002007231

攀枝花市西区年鉴·2016
攀枝花市西区人民政府主办　攀枝花市西区地方志办公室编　主编张林
开明出版社　2016年11月
355页　精装　29cm
ISBN978-7-5131-2844-5
馆藏号：Guojiafz-8600002014362

仁和年鉴·2006
攀枝花市仁和区人民政府主办　攀枝花市仁和区地方志办公室编　主编周兴明　执行主编马尚平
四川大自然印刷有限公司印刷　2006年10月
261页　精装　29cm
准印证号：川新出内（2006）252号
馆藏号：Guojiafz-8600002008971

米易年鉴·2011
米易县人民政府主办　米易县地方志编纂委员会编
主编周在元
哈尔滨工程大学出版社　2011年11月
230页　精装　29cm
ISBN978-7-5661-0223-2
馆藏号：Guojiafz-8600002000111

盐边年鉴·2007
盐边县人民政府主办　盐边县人民政府编
主编刘贵云
四川科学技术出版社　2007年12月
280页　精装　29cm
ISBN978-7-5364-6404-9
馆藏号：Guojiafz-8600002007516

盐边年鉴·2010
盐边县人民政府主办　盐边县人民政府编
主编刘贵云
四川科学技术出版社　2010年10月
334页　精装　29cm
ISBN978-7-5364-7080-4
馆藏号：Guojiafz-8600002000440

泸州年鉴·1997
泸州市人民政府地方志办公室编　主编王一平
成都科技大学出版社　1997年8月
302页　精装　27cm
ISBN7-5616-3463-3
馆藏号：Guojiafz-8600002002627

泸州年鉴·1998
泸州市人民政府地方志办公室编　主编王一平
成都科技大学出版社　1998年8月
319页　精装　27cm
ISBN7-5616-3757-8
馆藏号：Guojiafz-8600002002628

泸州年鉴·1999
泸州市人民政府主办　泸州市人民政府地方志办公室编　主编王一平
四川科学技术出版社　1999年6月
333页　精装　27cm
ISBN7-5364-2957-6
馆藏号：Guojiafz-8600002002508

泸州年鉴·2000
泸州市人民政府主办　泸州市地方志办公室编
主编王一平
巴蜀书社　2000年11月
386页　精装　29cm
ISBN7-80659-142-7
馆藏号：Guojiafz-8600002002064

泸州年鉴·2001
泸州市人民政府主办　泸州市地方志办公室编
主编倪晓慧
方志出版社　2001年9月
422页　精装　29cm
ISBN7-80122-715-8
馆藏号：Guojiafz-8600002002777

泸州年鉴·2002
泸州市人民政府主办　泸州市地方志办公室编
主编倪晓慧
方志出版社　2002年10月
343页　精装　29cm
ISBN7-80122-807-3
馆藏号：Guojiafz-8600002000238

泸州年鉴·2003
泸州市人民政府主办　泸州市地方志办公室编
主编倪晓慧
方志出版社　2003 年 9 月
400 页　精装　29cm
ISBN7-80192-000-7
馆藏号：Guojiafz-8600002002070

泸州年鉴·2004
泸州市人民政府主办　泸州市地方志办公室编
主编倪晓慧
方志出版社　2004 年 8 月
408 页　精装　29cm
ISBN7-80192-237-9
馆藏号：Guojiafz-8600002002778

泸州年鉴·2005
泸州市人民政府主办　泸州市地方志办公室编
主编倪晓慧
方志出版社　2005 年 10 月
396 页　精装　29cm
ISBN7-80192-658-7
馆藏号：Guojiafz-8600002002770

泸州年鉴·2006
泸州市人民政府主办　泸州市地方志办公室编
主编倪晓慧
方志出版社　2006 年 9 月
372 页　精装　29cm
ISBN7-80192-865-2
馆藏号：Guojiafz-8600002000354

泸州年鉴·2007
泸州市人民政府主办　泸州市地方志办公室编
主编刘树舟
方志出版社　2007 年 10 月
412 页　精装　29cm
ISBN978-7-80238-156-8
馆藏号：Guojiafz-8600002002060

泸州年鉴·2008
泸州市人民政府主办　泸州市地方志办公室编
主编刘树舟
四川科学技术出版社　2008 年 10 月
410 页　精装　29cm
ISBN978-7-5364-6586-2
馆藏号：Guojiafz-8600002002781

泸州年鉴·2009
泸州市人民政府主办　泸州市地方志办公室编
主编刘树舟
四川科学技术出版社　2009 年 11 月
379 页　精装　29cm
ISBN978-7-5364-6931-0
馆藏号：Guojiafz-8600002002767

泸州年鉴·2010
泸州市人民政府主办　泸州市地方志办公室编
主编蒋德修
四川师范大学电子出版社　2011 年 1 月
460 页　精装　29cm
ISBN978-7-89449-285-2
馆藏号：Guojiafz-8600002000457

泸州年鉴·2012
泸州市人民政府主办　泸州市地方志办公室编
主编邱俊
方志出版社　2012 年 12 月
434 页　精装　29cm
ISBN978-7-5144-0729-7
馆藏号：Guojiafz-8600002006930

泸州年鉴·2013
泸州市人民政府主办　泸州市地方志办公室编
主编邱俊
方志出版社　2013 年 10 月
361 页　精装　29cm
ISBN978-7-5144-1015-0
馆藏号：Guojiafz-8600002005717

泸州年鉴·2014
泸州市人民政府主办　泸州市地方志办公室编
主编邱俊
方志出版社　2014 年 8 月
323 页　精装　29cm
ISBN978-7-5144-1344-1
馆藏号：Guojiafz-8600002007487

泸州年鉴·2015
泸州市人民政府主办　泸州市地方志办公室编
主编邱俊
方志出版社　2015 年 9 月
321 页　精装　29cm
ISBN978-7-5144-1690-9
馆藏号：Guojiafz-8600002003093

泸州年鉴·2016
泸州市人民政府主办　泸州市地方志办公室编
主编邱俊
方志出版社　2016 年 10 月
404 页　精装　29cm
ISBN978-7-5144-2138-5
馆藏号：Guojiafz-8600002013828

泸州年鉴·2017
泸州市人民政府主办　泸州市地方志办公室编
主编邱俊
方志出版社　2017 年 11 月
418 页　精装　29cm
ISBN978-7-5144-2638-0
馆藏号：Guojiafz-8600002017154

泸州年鉴·2018
泸州市人民政府主办　泸州市地方志办公室编
主编邱俊
方志出版社　2018 年 9 月
414 页　精装　29cm
ISBN978-7-5144-3327-2
馆藏号：Guojiafz-8600002017294

泸州交通年鉴·1999
四川省泸州交通年鉴编辑部编　总编李元一
光华工艺美术塑料厂印刷　1999 年 10 月
348 页　精装　27cm
馆藏号：Guojiafz-8600002001285

江阳年鉴·2003
泸州市江阳区人民政府主办　泸州市江阳区地方志办公室编　主编刘超
四川省印刷制版中心有限公司印刷　2003 年 10 月
308 页　精装　29cm
准印证号：泸新出内（2003 年）字第 123 号
馆藏号：Guojiafz-8600002008903

江阳年鉴·2006
泸州市江阳区人民政府主办　泸州市江阳区地方志办公室编　主编刘超
四川大自然印刷有限公司印刷　2006 年 12 月
374 页　精装　29cm
准印证号：川新出内（2007）字第 20 号
馆藏号：Guojiafz-8600002002000

江阳年鉴·2007
泸州市江阳区人民政府主办　四川省泸州市江阳区地方志办公室编　主编刘超
四川大自然印刷有限公司印刷　2007 年 12 月
360 页　精装　29cm
准印证号：川新出内［2008］字第 16 号
馆藏号：Guojiafz-8600002001035

江阳年鉴·2009
泸州市江阳区人民政府主办　泸州市江阳区地方志办公室编　主编刘超
四川省印刷制版中心有限公司印刷　2009 年 12 月
426 页　精装　29cm
准印证号：川新出内（2009）字第 281 号
馆藏号：Guojiafz-8600002004008

江阳年鉴·2010
泸州市江阳区人民政府主办　泸州市江阳区地方

志办公室编　主编刘超
四川省印刷制版中心印刷有限公司印刷　2010年12月
401页　精装　29cm
准印证号：川新出内（2010）字第268号
馆藏号：Guojiafz-8600002004007

江阳年鉴·2016
泸州市江阳区人民政府主办　泸州市江阳区地方志编纂委员会办公室编　主编冯克会
线装书局　2016年12月
337页　精装　29cm
ISBN978-7-5120-2574-5
馆藏号：Guojiafz-8600002014590

纳溪年鉴·2003
泸州市纳溪区人民政府主办　泸州市纳溪区区志办公室编　主编张平元
四川省印刷制版中心有限公司印刷　2003年9月
277页　精装　29cm
准印证号：泸新出内（2003）字092号
馆藏号：Guojiafz-8600002009016

纳溪年鉴·2011
泸州市纳溪区人民政府主办　泸州市纳溪区志办公室编　主编郭彤
内部印刷　2011年10月
346页　精装　29cm
准印证号：泸新出内（2011）235号
馆藏号：Guojiafz-8600002001242

纳溪年鉴·2014
泸州市纳溪区人民政府主办　泸州市纳溪区区志办公室编　主编张明顺
中国文史出版社　2014年12月
326页　精装　29cm
ISBN978-7-5034-5393-9
馆藏号：Guojiafz-8600002015688

纳溪年鉴·2017
泸州市纳溪区人民政府主办　泸州市纳溪区人民政府、泸州市纳溪区区志办公室合编
主编陈小平
线装书局　2017年11月
344页　精装　29cm
ISBN978-7-5120-2944-6
馆藏号：Guojiafz-8600002016160

龙马潭年鉴·2010
泸州市龙马潭区人民政府主办　泸州市龙马潭区地方志办公室编　主编王秋梅
四川邮电印制有限责任公司印刷　2011年4月
300页　精装　29cm
馆藏号：Guojiafz-8600002001929

泸县年鉴·2010
泸县人民政府主办　四川省泸县地方志办公室编
主编熊霞
四川省印刷制版中心有限公司印刷
280页　精装　29cm
准印证号：泸州新出内（2010）248号
馆藏号：Guojiafz-8600002001246

泸县年鉴·2014
泸县人民政府主办　泸县地方志办公室编
主编周波
方志出版社　2014年10月
290页　精装　29cm
ISBN978-7-5144-1404-2
馆藏号：Guojiafz-8600002010406

泸县年鉴·2015
泸县人民政府主办　泸县地方志办公室编
主编熊敏
方志出版社　2015年11月
265页　精装　29cm
ISBN978-7-5144-1840-8
馆藏号：Guojiafz-8600002003118

泸县年鉴·2016
泸县人民政府主办　泸县地方志办公室编
主编熊敏
方志出版社　2016年11月
248页　精装　29cm
ISBN978-7-5144-2190-3
馆藏号：Guojiafz-8600002014003

泸县年鉴·2017
泸县人民政府主办　泸县地方志办公室编
主编高翔
方志出版社　2017年11月
338页　精装　29cm
ISBN978-7-5144-2675-5
馆藏号：Guojiafz-8600002015048

泸县年鉴·2018
泸县人民政府主办　泸县地方志办公室编
主编高翔
方志出版社　2019年1月
402页　精装　29cm
ISBN978-7-5144-3484-2
馆藏号：Guojiafz-8600002017028

合江年鉴·2011
合江县人民政府主办　合江县县志办公室编
主编杜元高
四川煤田地质制图印刷厂印刷
376页　精装　29cm
馆藏号：Guojiafz-8600002001302

叙永年鉴·2010
叙永县人民政府主办　叙永年鉴编辑部编
主编刘竞涛
成都市天金浩印务有限公司印刷　2011年9月
251页　精装　29cm
准印证号：泸州新出内（2010）字第14号
馆藏号：Guojiafz-8600002001249

叙永年鉴·2016
叙永县档案史志局编　主编韦超　执行主编黄永红
方志出版社　2018年11月
303页　平装　29cm
ISBN978-7-5144-3095-0
馆藏号：Guojiafz-8600002018332

古蔺年鉴·2003—2006
古蔺县人民政府主办　古蔺县地方志办公室编
主编高逊
泸州第一印刷厂印刷　2009年11月
429页　精装　29cm
准印证号：泸新出内（2009）字第224号
馆藏号：Guojiafz-8600002001571

古蔺年鉴·2008
古蔺县人民政府主办　古蔺县地方志办公室编
主编高逊
泸州一帆印刷厂印刷
266页　精装　29cm
准印证号：泸新出内（2010）字第79号
馆藏号：Guojiafz-8600002004022

古蔺年鉴·2009
古蔺县人民政府主办　古蔺县地方志办公室编
主编高逊
泸州一帆印刷厂印刷
334页　精装　29cm
准印证号：泸县新出内（2010）字第037号
馆藏号：Guojiafz-8600002004004

古蔺年鉴·2010
古蔺县人民政府主办　古蔺县地方志办公室编
主编高逊
泸州一帆印刷厂印刷
369页　精装　29cm
准印证号：泸新出内（2011）字第207号
馆藏号：Guojiafz-8600002008953

古蔺年鉴·2017
古蔺县地方志办公室编　主编刘义勇
方志出版社　2018 年 12 月
300 页　平装　29cm
ISBN978-7-5144-3359-3
馆藏号：Guojiafz-8600002018329

德阳年鉴·1999
德阳市人民政府主办　德阳年鉴编辑委员会编
主编张正坤
四川科学技术出版社　1999 年 9 月
379 页　精装　27cm
ISBN7-5364-4418-4
馆藏号：Guojiafz-8600002002333

德阳年鉴·2000
德阳市人民政府主办　德阳年鉴编辑委员会编
主编张正坤
巴蜀书社出版　2000 年 10 月
411 页　精装　27cm
ISBN7-80659-126-5
馆藏号：Guojiafz-8600002001332

德阳年鉴·2001
德阳市人民政府主办　德阳市政府地方志办公室编
主编李开元
四川大学出版社　2001 年 10 月
361 页　精装　29cm
ISBN7-5614-2222-9
馆藏号：Guojiafz-8600002003181

德阳年鉴·2002
德阳市人民政府主办　德阳年鉴编辑部编
主编李开元
四川辞书出版社　2002 年 12 月
321 页　精装　29cm
ISBN7-80682-010-8
馆藏号：Guojiafz-8600002002492

德阳年鉴·2003
德阳市人民政府主办　德阳年鉴编纂委员会编
总编刘哲
四川人民出版社　2003 年 12 月
333 页　精装　29cm
ISBN7-220-06617-1
馆藏号：Guojiafz-8600002000287

德阳年鉴·2005
德阳市人民政府主办　德阳市地方志暨《德阳年鉴》编纂委员会编　总编刘哲
方志出版社　2005 年 9 月
299 页　精装　29cm
ISBN7-80192-581-5
馆藏号：Guojiafz-8600002004949

德阳年鉴·2006
德阳市人民政府主办　德阳市地方志暨《德阳年鉴》编纂委员会编　总编刘哲
方志出版社　2006 年 9 月
305 页　精装　29cm
ISBN7-80192-849-0
馆藏号：Guojiafz-8600002002068

德阳年鉴·2007
德阳市人民政府主办　《德阳年鉴》编委会编
总编张金明
四川科学技术出版社　2007 年 9 月
296 页　精装　29cm
ISBN978-7-5364-6291-5
馆藏号：Guojiafz-8600002000421

德阳年鉴·2008
德阳市人民政府主办　《德阳年鉴》编委会编
总编张金明
四川科学技术出版社　2008 年 11 月
277 页　精装　29cm
ISBN978-7-5364-6608-1
馆藏号：Guojiafz-8600002003183

德阳年鉴·2009
德阳市人民政府主办　德阳市地方志暨《德阳年鉴》编纂委员会编　总编张金明
四川科学技术出版社　2009年12月
350页　精装　29cm
ISBN978-7-5364-6961-7
馆藏号：Guojiafz-8600002000701

德阳年鉴·2010
德阳市人民政府主办　《德阳年鉴》编委会编　总编邓国建
四川科学技术出版社　2010年12月
314页　精装　29cm
ISBN978-7-5364-7119-1
馆藏号：Guojiafz-8600002000141

德阳年鉴·2014
德阳市人民政府主办　德阳市地方志暨《德阳年鉴》编纂委员会编　总编易杰
电子科技大学出版社　2014年12月
397页　精装　29cm
ISBN978-7-5647-2731-4
馆藏号：Guojiafz-8600002015732

德阳年鉴·2016
德阳市人民政府主办　德阳市地方志暨《德阳年鉴》编纂委员会编　总编杨震
新华出版社　2016年12月
446页　精装　29cm
ISBN978-7-5166-2957-4
馆藏号：Guojiafz-8600002014374

旌阳年鉴·2006
德阳市旌阳区人民政府主办　《旌阳年鉴》编纂委员会编　总编钱书模
中国文史出版社　2007年3月
366页　精装　29cm
ISBN7-5034-1854-0
馆藏号：Guojiafz-8600002005613

旌阳年鉴·2007
德阳市旌阳区人民政府主办　《旌阳年鉴》编纂委员会编　总编王明英
中国文史出版社　2007年12月
372页　精装　29cm
ISBN978-7-5034-1921-4
馆藏号：Guojiafz-8600002000446

旌阳年鉴·2008
德阳市旌阳区人民政府主办　《旌阳年鉴》编纂委员会编　主编王明英
中国文史出版社　2008年11月
361页　精装　29cm
ISBN978-7-5034-2195-2
馆藏号：Guojiafz-8600002002029

旌阳年鉴·2009
德阳市旌阳区人民政府主办　《旌阳年鉴》编纂委员会编　总编王明英、彭志刚
四川科学技术出版社　2009年12月
364页　精装　29cm
ISBN978-7-5364-6959-4
馆藏号：Guojiafz-8600002005614

旌阳年鉴·2010
德阳市旌阳区人民政府主办　《旌阳年鉴》编纂委员会编　总编王明英、肖静
四川科学技术出版社　2010年12月
303页　精装　29cm
ISBN978-7-5364-7109-2
馆藏号：Guojiafz-8600002000459

德阳市旌阳区年鉴·2013
德阳市旌阳区人民政府主办　《德阳市旌阳年鉴》编纂委员会编　总编王锐、龚军
科学技术文献出版社　2013年12月
318页　精装　29cm
ISBN978-7-5023-8516-3
馆藏号：Guojiafz-8600002015976

广汉年鉴·2006
广汉市地方志办公室《广汉年鉴》编辑部编
主编徐斌
广汉市核地印刷厂印刷　2006年10月
376页　平装　26cm
准印证号：德新出内（2005）第089号
馆藏号：Guojiafz-8600002001719

广汉年鉴·2010—2011
广汉市人民政府主办　广汉市地方志编纂委员会编
总编胡元培　主编徐斌
方志出版社　2013年7月
294页　精装　29cm
ISBN978-7-5144-0923-9
馆藏号：Guojiafz-8600002007158

什邡年鉴·2009
什邡市人民政府主办　什邡市地方志编纂委员会编
主编李卓　执行主编唐平、黄剑
中国文史出版社　2010年1月
376页　精装　29cm
ISBN978-7-5034-2530-1
馆藏号：Guojiafz-8600002002026

什邡年鉴·2010
什邡市人民政府主办　什邡市地方志编纂委员会编
主编李卓　执行主编余治安、郑金昌
中国文史出版社　2010年12月
398页　精装　29cm
ISBN978-7-5034-2846-3
馆藏号：Guojiafz-8600002002174

什邡年鉴·2011
什邡市人民政府主办　什邡市地方志编纂委员会编
主编李卓　执行主编余治安、郑金昌
中央民族大学出版社　2012年3月
468页　精装　29cm
ISBN978-7-5660-0192-4
馆藏号：Guojiafz-8600002016111

绵竹年鉴·1998
绵竹市人民政府主办　《绵竹年鉴》编辑委员会编
总编兰开驰
四川科学技术出版社　1998年11月
215页　精装　27cm
ISBN7-5364-4105-3
馆藏号：Guojiafz-8600002001618

绵竹年鉴·1999
绵竹市人民政府主办　绵竹市人民政府、《绵竹年鉴》编辑委员会合编　总编兰开驰
巴蜀书社　1999年12月
211页　精装　27cm
ISBN7-80659-028-5
馆藏号：Guojiafz-8600002002001

绵竹年鉴·2000
绵竹市人民政府主办　绵竹年鉴编辑委员会编
总编车明全
巴蜀书社　2000年12月
260页　精装　27cm
ISBN7-80659-158-3
馆藏号：Guojiafz-8600002000205

绵竹年鉴·2001
绵竹市人民政府主办　绵竹市人民政府编
总编蒋国华
四川科学技术出版社　2001年12月
285页　精装　29cm
ISBN7-5364-4899-6
馆藏号：Guojiafz-8600002005638

绵竹年鉴·2002
绵竹市人民政府主办　绵竹年鉴编辑部编
总编蒋国华
方志出版社　2002年12月
283页　精装　29cm
ISBN7-80122-641-0
馆藏号：Guojiafz-8600002005711

绵竹年鉴·2003
绵竹市人民政府主办　绵竹年鉴编辑部编
总编杨兆华
方志出版社　2003年11月
324页　精装　29cm
ISBN7-80192-095-3
馆藏号：Guojiafz-8600002000437

绵竹年鉴·2004
绵竹市人民政府主办　《绵竹年鉴》编辑部编
总编蒋国华
方志出版社　2004年12月
319页　精装　29cm
ISBN7-80192-412-6
馆藏号：Guojiafz-8600002004363

绵竹年鉴·2005
绵竹市人民政府主办　绵竹年鉴编辑部编
总编李友成
方志出版社　2006年2月
305页　精装　29cm
ISBN7-80192-725-7
馆藏号：Guojiafz-8600002000702

绵竹年鉴·2006
绵竹市人民政府主办　《绵竹年鉴》编委会编
总编李友成
四川科学技术出版社　2007年1月
294页　精装　29cm
ISBN978-7-5364-6158-1
馆藏号：Guojiafz-8600002000236

绵竹年鉴·2007
绵竹市人民政府主办《绵竹年鉴》编辑委员会编
主编许飞地
四川科学技术出版社　2007年12月
272页　精装　29cm
ISBN978-7-5364-6409-4
馆藏号：Guojiafz-8600002002067

绵竹年鉴·2008
绵竹市人民政府主办《绵竹年鉴》编辑委员会编
总编李友成
四川科学技术出版社　2010年5月
264页　精装　29cm
ISBN978-7-5364-7028-6
馆藏号：Guojiafz-8600002000219

绵竹年鉴·2009
绵竹市人民政府主办《绵竹年鉴》编辑委员会编
总编冯军
哈尔滨工程大学出版社　2010年5月
358页　精装　29cm
ISBN978-7-81133-797-6
馆藏号：Guojiafz-8600002000093

绵竹年鉴·2010
绵竹市人民政府主办《绵竹年鉴》编辑委员会编
总编冯军
四川师范大学电子出版社　2011年6月
328页　精装　29cm
ISBN978-7-89449-374-3
馆藏号：Guojiafz-8600002000220

罗江年鉴·2010
罗江县人民政府主办　《罗江年鉴》编辑部编
主编林永成
方志出版社　2011年2月
282页　精装　29cm
ISBN978-7-5144-0062-5
馆藏号：Guojiafz-8600002000398

罗江年鉴·2011
罗江县人民政府主办　罗江县地方志编纂委员会编
主编林永成、陈天航
方志出版社　2012年4月
221页　精装　29cm
ISBN978-7-5144-0465-4
馆藏号：Guojiafz-8600002000082

罗江年鉴·2012
罗江县人民政府主办　罗江县地方志编纂委员会编
主编陈天航
方志出版社　2012 年 12 月
289 页　精装　29cm
ISBN978-7-5144-0731-0
馆藏号：Guojiafz-8600002007016

罗江年鉴·2013
罗江县人民政府主办　罗江县地方志编纂委员会编
主编陈天航、张胜虎
方志出版社　2014 年 1 月
350 页　精装　29cm
ISBN978-7-5144-1177-5
馆藏号：Guojiafz-8600002009839

中江年鉴·1996
中江县地方志编纂委员会办公室编　主编周英
中江县印刷厂印刷　1997 年 12 月
154 页　平装　26cm
准印证号：德内准（97）118 号
馆藏号：Guojiafz-8600002001275

中江年鉴·1997
中江县地方志编纂委员会办公室编　主编周英
中江县印刷厂印刷　1999 年 1 月
157 页　平装　26cm
准印证号：德内准（97）118 号
馆藏号：Guojiafz-8600002001274

绵阳年鉴·1996
绵阳市人民政府主办　《绵阳年鉴》编纂委员会编
主编王志强
四川辞书出版社　1996 年 10 月
251 页　精装　27cm
ISBN7-80543-548-0
馆藏号：Guojiafz-8600002000689

绵阳年鉴·1997
绵阳市人民政府主管　绵阳市地方志编纂办公室
主办　《绵阳年鉴》编辑部编　主编王志强
四川科学技术出版社　1997 年 9 月
258 页　精装　27cm
ISBN7-5364-3669-6
馆藏号：Guojiafz-8600002000690

绵阳年鉴·1998
绵阳市地方志办公室主办　《绵阳年鉴》编辑委员会编　主编王志强
四川民族出版社　1998 年 9 月
254 页　精装　27cm
ISBN7-5409-2075-0
馆藏号：Guojiafz-8600002000688

绵阳年鉴·1999
绵阳市人民政府主管　绵阳市地方志编纂办公室
主办　《绵阳年鉴》编辑部编　主编王志强
四川科学技术出版社　1999 年 9 月
343 页　精装　27cm
ISBN7-5364-3090-6
馆藏号：Guojiafz-8600002000687

绵阳年鉴·2000
绵阳市人民政府主管　绵阳市地方志编纂办公室
主办　《绵阳年鉴》编辑部编　主编王志强
巴蜀书社　2000 年 9 月
409 页　精装　27cm
ISBN7-80659-116-8
馆藏号：Guojiafz-8600002002176

绵阳年鉴·2001
绵阳市地方志编纂办公室主办　《绵阳年鉴》编辑部编　主编王志强
四川科学技术出版社　2001 年 9 月
391 页　精装　29cm
ISBN7-5364-4800-7
馆藏号：Guojiafz-8600002002143

绵阳年鉴·2002
绵阳市人民政府主管　绵阳市地方志编纂办公室

主办 《绵阳年鉴·2002》编委会编 主编王志强
四川科学技术出版社 2002年10月
399页 精装 29cm
ISBN7-5364-5083-4
馆藏号：Guojiafz-8600002002100

绵阳年鉴·2003
绵阳市人民政府主管 绵阳市地方志编纂办公室主办 《绵阳年鉴》编辑部编 主编王志强
四川科学技术出版社 2003年10月
429页 精装 29cm
ISBN7-5364-5361-2
馆藏号：Guojiafz-8600002002101

绵阳年鉴·2004
绵阳市人民政府主管 绵阳市地方志编纂办公室主办 《绵阳年鉴》编辑部编 主编王志强
四川科学技术出版社 2004年11月
320页 精装 29cm
ISBN7-5364-5629-8
馆藏号：Guojiafz-8600002009645

绵阳年鉴·2005
绵阳市人民政府主管 绵阳市地方志编纂办公室主办 《绵阳年鉴》编辑部编 主编石鉴明
四川科学技术出版社 2005年12月
319页 精装 29cm
ISBN7-5364-5874-6
馆藏号：Guojiafz-8600002005772

绵阳年鉴·2006
绵阳市地方志编纂办公室主办 《绵阳年鉴》编辑部编 主编石鉴明
四川科学技术出版社 2007年2月
344页 精装 29cm
ISBN978-7-5364-6130-7
馆藏号：Guojiafz-8600002006719

绵阳年鉴·2007
绵阳市人民政府主管 绵阳市地方志编纂办公室主办 《绵阳年鉴》编辑部编 主编许登义
四川科学技术出版社 2007年12月
268页 精装 29cm
ISBN978-7-5364-6434-6
馆藏号：Guojiafz-8600002008496

绵阳年鉴·2008
绵阳市人民政府主办 绵阳市地方志编纂办公室编 主编许登义
经济日报出版社 2008年11月
342页 精装 29cm
ISBN978-7-80180-922-3
馆藏号：Guojiafz-8600002008105

绵阳年鉴·2009
绵阳市人民政府主管 绵阳市地方志编纂办公室主办 绵阳市地方志编纂办公室编 主编许登义
方志出版社 2009年10月
471页 精装 29cm
ISBN978-7-80238-622-8
馆藏号：Guojiafz-8600002004329

绵阳年鉴·2010
绵阳市人民政府主办 绵阳市地方志编纂办公室编 主编许登义
方志出版社 2010年10月
512页 精装 29cm
ISBN978-7-80238-853-6
馆藏号：Guojiafz-8600002000341

绵阳年鉴·2011
绵阳市人民政府主办 绵阳市地方志办公室编 主编许登义
方志出版社 2011年11月
583页 精装 29cm
ISBN978-7-5144-0282-7
馆藏号：Guojiafz-8600002000500

绵阳年鉴·2012
绵阳市人民政府主办 绵阳市地方志办公室编

主编许登义
方志出版社　2012 年 9 月
453 页　精装　29cm
ISBN978-7-5144-0555-2
馆藏号：Guojiafz-8600002007003

绵阳年鉴·2013
绵阳市人民政府主办　绵阳市地方志办公室编
主编许登义
方志出版社　2013 年 10 月
398 页　精装　29cm
ISBN978-7-5144-0999-4
馆藏号：Guojiafz-8600002007189

绵阳年鉴·2014
绵阳市人民政府主办　绵阳市地方志办公室编
主编许登义
方志出版社　2014 年 9 月
422 页　精装　29cm
ISBN978-7-5144-1355-7
馆藏号：Guojiafz-8600002006792

绵阳年鉴·2015
绵阳市人民政府主办　绵阳市地方志办公室编
主编余正道
方志出版社　2015 年 10 月
489 页　精装　29cm
ISBN978-7-5144-1729-6
馆藏号：Guojiafz-8600002007670

绵阳年鉴·2017
绵阳市人民政府主办　绵阳市地方志办公室编
主编余正道
方志出版社　2017 年 12 月
525 页　精装　29cm
ISBN978-7-5144-2840-7
馆藏号：Guojiafz-8600002016173

绵阳年鉴·2018
绵阳市人民政府主办　绵阳市地方志办公室编
主编余正道
方志出版社　2018 年 11 月
551 页　精装　29cm
ISBN978-7-5144-3428-6
馆藏号：Guojiafz-8600002017250

涪城年鉴·1997
绵阳市涪城区人民政府办公室主办　绵阳市涪城区人民政府编　主编贾万俭
四川民族出版社　1998 年 7 月
136 页　精装　27cm
ISBN7-5409-2078-5
馆藏号：Guojiafz-8600002001604

涪城年鉴·1998
绵阳市涪城区人民政府办公室主办　绵阳市涪城区人民政府编　主编贾万俭
四川科学技术出版社　1999 年 1 月
161 页　精装　27cm
ISBN7-5364-4130-4
馆藏号：Guojiafz-8600002001603

涪城年鉴·1999
绵阳市涪城区人民政府办公室主办　绵阳市涪城区人民政府编　主编贾万俭
巴蜀书社　1999 年 12 月
179 页　精装　27cm
ISBN7-80659-056-0
馆藏号：Guojiafz-8600002003105

涪城年鉴·2001
涪城区人民政府办公室主办　绵阳市涪城区人民政府编　主编贾万俭
巴蜀书社　2001 年 11 月
225 页　精装　27cm
ISBN7-80659-307-1
馆藏号：Guojiafz-8600002001601

涪城年鉴·2002
涪城区人民政府办公室主办　绵阳市涪城区人民

政府编　主编贾万俭
巴蜀书社　2002年11月
245页　精装　27cm
ISBN7-80659-422-1
馆藏号：Guojiafz-8600002000711

涪城年鉴·2003
涪城区人民政府办公室主办　绵阳市涪城区人民政府编　主编贾万俭
四川美术出版社　2003年10月
260页　精装　27cm
ISBN7-5410-2305-1
馆藏号：Guojiafz-8600002000322

涪城年鉴·2004
涪城区人民政府办公室主办　绵阳市涪城区人民政府编　主编贾万俭
四川科学技术出版社　2004年11月
274页　精装　27cm
ISBN7-5364-5630-1
馆藏号：Guojiafz-8600002000712

涪城年鉴·2005
涪城区人民政府办公室主办　绵阳市涪城区人民政府编　主编贾万俭
四川科学技术出版社　2005年10月
294页　精装　27cm
ISBN7-5364-5852-5
馆藏号：Guojiafz-8600002000713

涪城年鉴·2006
绵阳市涪城区人民政府主办　绵阳市涪城区地方志办公室编　主编王奕
四川省印刷制版中心有限公司印刷　2006年11月
371页　精装　27cm
准印证号：川新出内（2006）213号
馆藏号：Guojiafz-8600002001591

涪城年鉴·2007
绵阳市涪城区人民政府主办　绵阳市涪城区地方志办公室编　主编王奕
四川省印刷制版中心有限公司印刷　2007年11月
268页　精装　27cm
准印证号：川新出内（2007）196号
馆藏号：Guojiafz-8600002001673

涪城年鉴·2008
绵阳市涪城区人民政府主办　绵阳市涪城区地方志办公室编　主编王奕
内部印刷　2008年12月
223页　精装　27cm
准印证号：绵新出内（08293）
馆藏号：Guojiafz-8600002001674

涪城年鉴·2009
绵阳市涪城区人民政府主办　绵阳市涪城区地方志办公室编　主编王奕
绵阳九彩印务有限公司印刷　2009年12月
270页　精装　27cm
准印证号：绵新出内（2010）第53号
馆藏号：Guojiafz-8600002001675

涪城年鉴·2010
绵阳市涪城区人民政府主办　绵阳市涪城区地方志办公室编　主编王奕
绵阳九彩印务有限公司印刷　2010年9月
204页　精装　29cm
准印证号：绵新出内（2010）260号
馆藏号：Guojiafz-8600002001588

涪城年鉴·2011
绵阳市涪城区人民政府主办　绵阳市涪城区地方志办公室编　主编王奕
四川省印刷制版中心有限公司印刷　2011年12月
235页　精装　29cm
准印证号：绵新出内（2011）303号
馆藏号：Guojiafz-8600002008909

仙海年鉴·2018
绵阳市仙海水利风景区年鉴编纂委员会编

主编魏魁
方志出版社　2019 年 3 月
299 页　精装　26cm
ISBN978-7-5144-3711-9
馆藏号：Guojiafz-8600002018015

江油年鉴·2001（创刊号）
江油市人民政府主管　江油市地方志编纂委员会办公室主办 《江油年鉴》编辑部编　主编易可情
江油新华印务有限公司印刷　2001 年 10 月
340 页　精装　27cm
准印证号：绵新字第 4977 号
馆藏号：Guojiafz-8600002001321

江油年鉴·2002
江油市人民政府主管　江油市地方志办公室主办
《江油年鉴》编辑部编　主编易可情
江油新华印务有限公司印刷　2002 年 10 月
296 页　精装　27cm
准印证号：绵新出内（2003）字第 16 号
馆藏号：Guojiafz-8600002006399

江油年鉴·2003
江油市人民政府主管　江油市地方志办公室主办
《江油年鉴》编辑部编　主编易可情
绵阳市吉兴彩印厂印刷　2003 年 10 月
312 页　精装　27cm
准印证号：绵新出内（2004）字第 10 号
馆藏号：Guojiafz-8600002006398

江油年鉴·2005
江油市人民政府主管　江油市地方志办公室主办
《江油年鉴》编辑部编　主编易可情
江油市文星印务有限公司印刷　2005 年 11 月
326 页　精装　27cm
准印证号：绵新出内（2006）字第 018 号
馆藏号：Guojiafz-8600002006400

江油年鉴·2006
江油市人民政府主管　江油市地方志办公室主办
《江油年鉴》编辑部编　主编刘怡
江油市文星印务有限公司印刷　2006 年 12 月
298 页　精装　27cm
准印证号：绵新出内（2007）字第 052 号
馆藏号：Guojiafz-8600002001614

江油年鉴·2007
江油市人民政府主管　江油市地方志办公室主办
《江油年鉴》编辑部编　主编刘怡
四川大自然印刷有限公司印刷　2008 年 2 月
326 页　精装　29cm
准印证号：川新出内（2008）15 号
馆藏号：Guojiafz-8600002004065

江油年鉴·2008
江油市人民政府主管　江油市地方志办公室主办
《江油年鉴》编辑部编　主编刘怡
四川大自然印刷有限公司印刷　2008 年 12 月
333 页　精装　29cm
准印证号：川新出内（2009）18 号
馆藏号：Guojiafz-8600002004066

江油年鉴·2009
江油市地方志办公室主办 《江油年鉴》编辑部编
主编刘怡
成都盛世德堡彩色印刷新技术有限公司印刷　2009 年 12 月
418 页　精装　29cm
准印证号：江新出内（2010）004 号
馆藏号：Guojiafz-8600002001612

江油年鉴·2010
江油市人民政府主管　江油市地方志办公室主办
《江油年鉴》编辑部编　主编刘怡
成都盛世德堡彩色印刷新技术有限公司印刷
2010 年 12 月
317 页　精装　29cm
准印证号：江新出内（2010）031 号
馆藏号：Guojiafz-8600002001613

江油年鉴 · 2011
江油市人民政府主办 《江油年鉴》编辑部编
主编刘怡
成都盛世德堡彩色印刷新技术有限公司印刷 2011年12月
323页 精装 29cm
准印证号：江新出内（2011）022号
馆藏号：Guojiafz-8600002005355

江油年鉴 · 2012
江油市人民政府主办 江油市地方志办公室编
主编文震
方志出版社 2012年12月
374页 精装 29cm
ISBN978-7-5144-0710-5
馆藏号：Guojiafz-8600002003523

江油年鉴 · 2013
江油市人民政府主办 江油市地方志办公室编
主编文震
方志出版社 2013年11月
354页 精装 29cm
ISBN978-7-5144-1084-6
馆藏号：Guojiafz-8600002010311

江油年鉴 · 2016
江油市人民政府主办 江油市地方志办公室编
主编余淼
方志出版社 2016年12月
453页 精装 29cm
ISBN978-7-5144-2244-3
馆藏号：Guojiafz-8600002014023

江油年鉴 · 2017
江油市地方志办公室编 主编管宏光
方志出版社 2017年11月
442页 精装 29cm
ISBN978-7-5144-2751-6
馆藏号：Guojiafz-8600002016163

江油年鉴 · 2018
江油市地方志办公室编 主编管宏光
方志出版社 2018年12月
488页 精装 29cm
ISBN978-7-5144-3479-8
馆藏号：Guojiafz-8600002016991

三台年鉴 · 1993—1996
三台县人民政府主办 三台年鉴编辑部编
主编刁光辉
四川人民出版社 1997年12月
429页 精装 27cm
ISBN7-220-03975-1
馆藏号：Guojiafz-8600002004332

三台年鉴 · 1998
三台县人民政府主管 三台县地方志办公室主办
三台县地方志编纂办公室编 主编任燚
绵阳市教科印业有限责任公司印刷 1998年12月
384页 精装 27cm
准印证号：绵新出字第4123号
馆藏号：Guojiafz-8600002006446

三台年鉴 · 2002
三台县人民政府主管 三台县地方志编纂办公室
主办 三台年鉴编辑部编 主编何向东
三台永安印制有限责任公司印刷
429页 精装 27cm
准印证号：绵新出字5223号
馆藏号：Guojiafz-8600002001323

三台年鉴 · 2004
三台县人民政府主管 三台县地方志办公室主办
台县地方志办公室编 主编古良禄
四川伟信印业有限责任公司印刷
300页 精装 27cm
准印证号：绵新出字第289号
馆藏号：Guojiafz-8600002001585

三台年鉴·2005
三台县人民政府主管　三台县地方志编纂办公室主办　三台年鉴编辑部编　主编古良禄
四川伟信印业有限责任公司印刷
292 页　精装　27cm
准印证号：绵新出字第 356 号
馆藏号：Guojiafz-8600002008760

三台年鉴·2006
三台县人民政府主管　三台县地方志编纂办公室主办　三台年鉴编辑部编　主编古良禄
四川伟信印业有限责任公司印刷
281 页　精装　27cm
准印证号：绵新出内（2007）字第 36 号
馆藏号：Guojiafz-8600002008762

三台年鉴·2007
三台县人民政府主管　三台县地方志编纂办公室主办　三台年鉴编辑部编　主编古良禄
四川伟信印业有限责任公司印刷
321 页　精装　27cm
准印证号：三新出内（2007）字第 06 号
馆藏号：Guojiafz-8600002001587

三台年鉴·2008
三台县人民政府主管　三台县地方志编纂办公室主办　三台年鉴编辑部编　主编古良禄
四川伟信印业有限责任公司印刷
353 页　精装　27cm
准印证号：三新出内（2008）字第 25 号
馆藏号：Guojiafz-8600002001592

三台年鉴·2010
三台县人民政府主管　三台县地方志编纂办公室主办　三台年鉴编辑部编　主编古良禄
四川伟信印业有限责任公司印刷　2010 年
321 页　精装　29cm
准印证号：三新出内（2010）字第 009 号
馆藏号：Guojiafz-8600002001676

盐亭县年鉴·1995
四川省盐亭县地方志办公室编　主编何元康、赵均中
盐亭县印刷厂印刷　1997 年 2 月
333 页　精装　21cm
准印证号：绵新出字第 3230 号
馆藏号：Guojiafz-8600002009208

盐亭年鉴·1999
四川省盐亭县地方志办公室编　主编金朝远
内部印刷　1999 年 6 月
414 页　精装　21cm
准印证号：绵新出字第 2513 号
馆藏号：Guojiafz-8600002000723

盐亭年鉴·2001
盐亭县人民政府主管　四川省盐亭县地方志办公室编　主编金朝远
四川星宝彩色制版印刷有限公司印刷　2001 年 8 月
381 页　精装　21cm
准印证号：绵阳市新闻出字第 4891 号
馆藏号：Guojiafz-8600002001577

安县年鉴·1993
四川省安县史志办公室编　主编陈兴荣
四川省北川彩印厂印刷　1994 年 8 月
333 页　精装　19cm
准印证号：绵市文字 21848 号
馆藏号：Guojiafz-8600002008995

安县年鉴·1995
中共安县县委党史研究室、安县地方志办公室合编　主编陈兴荣
四川省北川彩印厂印刷　1996 年 8 月
287 页　精装　19cm
准印证号：绵新出字第 3068 号
馆藏号：Guojiafz-8600002006504

安县年鉴·1996
中共安县县委党史研究室、安县地方志办公室合编

主编陈兴荣
四川省安县印刷厂印刷　1997 年 8 月
269 页　精装　19cm
准印证号：绵新出字第 3526 号
馆藏号：Guojiafz-8600002006503

安县年鉴·1997
中共安县县委党史研究室、安县地方志办公室合编
主编陈兴荣
四川省安县印刷厂印刷　1998 年 8 月
303 页　精装　19cm
准印证号：绵新出字第 3944 号
馆藏号：Guojiafz-8600002006505

安县年鉴·2000
中共安县县委党史研究室、安县地方志办公室合编
主编陈兴荣
四川省安县印刷厂印刷　2000 年 8 月
280 页　精装　19cm
准印证号：绵新出字第 4600 号
馆藏号：Guojiafz-8600002006506

安县年鉴·2001
中共安县县委党史研究室、安县地方志办公室合编
主编陈兴荣
四川省安县印刷厂印刷　2001 年 8 月
314 页　精装　19cm
准印证号：绵新出字第 4963 号
馆藏号：Guojiafz-8600002006507

安县年鉴·2002
中共安县县委党史研究室、安县地方志办公室合编
主编陈兴荣
四川省安县印刷厂印刷　2002 年 11 月
301 页　精装　19cm
准印证号：绵新出内（2003）字第 9 号
馆藏号：Guojiafz-8600002006508

安县年鉴·2004
中国共产党安县县委员会主办　安县地方志办公室、安县县委党史研究室合编　主编陈兴荣
绵阳市远大包装彩印厂印刷　2004 年 12 月
286 页　精装　21cm
准印证号：绵新出内（2004）字第 290 号
馆藏号：Guojiafz-8600002006502

安县年鉴·2006
中国共产党安县县委员会主办　安县地方志办公室、中共安县县委党史研究室合编　主编张清儒
绵阳市远大包装彩印厂印刷　2006 年 12 月
422 页　精装　21cm
准印证号：绵新出内（2007）字第 62 号
馆藏号：Guojiafz-8600002001468

安县年鉴·2007
安县人民政府主办　中共安县县委党史研究室、安县人民政府地方志办公室合编　主编张清儒
中国文史出版社　2007 年 12 月
224 页　精装　29cm
ISBN978-7-5034-1939-3
馆藏号：Guojiafz-8600002008143

安县年鉴·2008
安县人民政府主办　安县地方志办公室编
主编张清儒
四川大自然印刷有限公司印刷　2008 年 12 月
214 页　精装　29cm
准印证号：川新出内（2009）24 号
馆藏号：Guojiafz-8600002001515

安县年鉴·2009
安县人民政府主办　安县地方志办公室编
主编张清儒
成都盛世德堡彩色印刷新技术有限公司印刷　2009 年 9 月
295 页　精装　29cm
准印证号：安新出内（0901）
馆藏号：Guojiafz-8600002005324

安县年鉴・2010
四川省安县人民政府主办　安县地方志办公室编
主编张加军　执行主编张清儒
四川大自然印刷有限公司印刷　2010年12月
245页　精装　29cm
准印证号：安新出内（2010）02号
馆藏号：Guojiafz-8600002007585

安县年鉴・2011
四川省安县人民政府主办　安县地方志办公室编
主编刘胜军、许红　执行主编张加军、何超
四川量度方志广告策划有限公司印刷　2011年12月
210页　精装　29cm
准印证号：绵新出内（2011）03
馆藏号：Guojiafz-8600002000109

安县年鉴・2015
安县人民政府主办　《安县年鉴》编纂委员会编
主编徐长法　执行主编张加林
方志出版社　2016年2月
274页　精装　29cm
ISBN978-7-5144-1959-7
馆藏号：Guojiafz-8600002013507

安州年鉴・2016
绵阳市安州区人民政府主办　绵阳市安州区地方志办公室编　主编张加林、李昌鸿
方志出版社　2016年12月
292页　精装　29cm
ISBN978-7-5144-2276-4
馆藏号：Guojiafz-8600002014002

梓潼年鉴・2010
梓潼县人民政府主办　梓潼年鉴编纂委员会编
主编胥树发
绵阳市精典彩印厂印刷
423页　精装　29cm
准印证号：绵新出内字第（2011 032）号
馆藏号：Guojiafz-8600002008906

平武年鉴・2006
平武县人民政府主办　平武县地方志办公室编
主编何代华
内部印刷　2007年7月
395页　精装　29cm
准印证号：川新出内（2007）字第155号
馆藏号：Guojiafz-8600002001507

北川年鉴・1988—1997
北川县人民政府主办　北川县人民政府编
主编谢兴鹏
巴蜀书社　1999年10月
438页　精装　27cm
ISBN7-80659-009-9
馆藏号：Guojiafz-8600002003106

北川年鉴・1998—1999
北川县人民政府主办　北川县人民政府、《北川年鉴》编纂委员会合编　主编谢兴鹏
四川毕生印刷实业有限公司印刷　2000年10月
616页　精装　21cm
准印证号：绵新出字第4653号
馆藏号：Guojiafz-8600002008235

北川年鉴・2001
北川县人民政府主办　北川县人民政府编
主编谢兴鹏
成都市华兴印务有限公司印刷　2001年11月
469页　精装　22cm
准印证号：绵新字4971号
馆藏号：Guojiafz-8600002008238

北川羌族自治县年鉴・2005
北川羌族自治县人民政府主办　北川羌族自治县地方志办公室编　主编谢兴鹏
绵阳教育印刷厂印刷　2005年11月
542页　精装　22cm
准印证号：绵新出内（2005）451号
馆藏号：Guojiafz-8600002000724

北川羌族自治县年鉴·2006
北川羌族自治县人民政府主办　北川羌族自治县年鉴编纂委员会编　主编谢兴鹏
四川省绵阳市教科印业有限责任公司印刷　2007年4月
374页　精装　29cm
准印证号：绵新出内（2007）119号
馆藏号：Guojiafz-8600002008845

中国（绵阳）科技城年鉴·2018
中共绵阳市委、绵阳市人民政府主办　绵阳市地方志办公室编　主编余正道
方志出版社　2019年2月
358页　精装　29cm
ISBN978-7-5144-3690-7
馆藏号：Guojiafz-8600002018309

绵阳经济技术开发区年鉴·2016
中共绵阳经济技术开发区工作委员会、绵阳经济技术开发区管理委员会主办　绵阳经济技术开发区年鉴编纂委员会编　主编朱林
方志出版社　2017年4月
266页　精装　29cm
ISBN978-7-5144-2405-8
馆藏号：Guojiafz-8600002014995

绵阳经济技术开发区年鉴·2017
中共绵阳经济技术开发区工作委员会、绵阳经济技术开发区管理委员会主办　绵阳经济技术开发区年鉴编纂委员会编　主编陈鼎
方志出版社　2018年4月
300页　精装　27cm
ISBN978-7-5144-3050-9
馆藏号：Guojiafz-8600002018308

绵阳高新技术产业开发区年鉴·2017
中共绵阳高新技术产业开发区工作委员会、绵阳高新技术产业开发区管理委员会主办《绵阳高新经济技术产业开发区年鉴》编纂委员会编　主编杨昆
方志出版社　2018年5月
307页　精装　29cm
ISBN978-7-5144-3092-9
馆藏号：Guojiafz-8600002017146

绵阳科技城科教创业园区年鉴·2018
绵阳科技城科教创业园区年鉴编纂委员会编　主编李哲
方志出版社　2019年10月
281页　精装　27cm
ISBN978-7-5144-3876-5
馆藏号：Guojiafz-8600002018326

广元年鉴·1985—1994
广元市地方志办公室编　主编唐全林　执行主编马自笃
广元市印刷厂印刷　1995年9月
455页　精装　27cm
准印证号：川广（1995）字第36号
馆藏号：Guojiafz-8600002001705

广元年鉴·2003
广元市地方志办公室主办　广元市地方志编纂委员会办公室编　主编梁道聪　执行主编王少卿
四川广元新华印制公司印刷　2003年10月
262页　精装　29cm
准印证号：川广内2003字第109号
馆藏号：Guojiafz-8600002001471

广元年鉴·2004
广元市地方志办公室主办　广元市地方志编纂委员会办公室编　主编梁道聪　执行主编王少卿
四川广元新华印制公司印刷　2004年10月
290页　精装　29cm
准印证号：川广内2004字第99号
馆藏号：Guojiafz-8600002001685

广元年鉴·2005
广元市地方志编纂委员会办公室编　主编王少卿
四川广元新华印制公司印刷　2005年7月

285 页　精装　29cm
准印证号：川广内 2005 字第 92 号
馆藏号：Guojiafz-8600002001472

广元年鉴·2006
广元市地方志办公室编　主编王少卿
四川广元新华印制公司印刷　2006 年 11 月
282 页　精装　29cm
准印证号：川广内 2007 字第 05 号
馆藏号：Guojiafz-8600002000760

广元年鉴·2007
广元市人民政府地方志办公室编　主编王少卿
四川广元新华印制公司印刷　2008 年 1 月
287 页　精装　29cm
准印证号：川广内 2008 字第 13 号
馆藏号：Guojiafz-8600002000759

广元年鉴·2008
广元市人民政府地方志办公室编　主编王少卿
四川广元新华印制公司印刷　2009 年 1 月
293 页　精装　29cm
准印证号：川广内 2009 字第 16 号
馆藏号：Guojiafz-8600002000758

广元年鉴·2009
广元市人民政府地方志办公室编　主编王少卿
广元市万顺印制有限责任公司印刷　2010 年 1 月
300 页　精装　29cm
准印证号：川广内 2010 字第 02 号
馆藏号：Guojiafz-8600002000755

广元年鉴·2010
广元市人民政府地方志办公室编　主编王少卿
郑州金秋彩色印务有限公司印刷　2011 年 1 月
336 页　精装　29cm
准印证号：川广内 2010 字第 55 号
馆藏号：Guojiafz-8600002000754

广元年鉴·2011
广元市人民政府地方志办公室编　主编王少卿
内部印刷　2012 年 1 月
300 页　精装　29cm
准印证号：川广内 2012 字第 007 号
馆藏号：Guojiafz-8600002001934

广元年鉴·2015
广元市人民政府主管　广元年鉴编委会编
主编王少卿
红旗出版社　2016 年 3 月
415 页　精装　29cm
ISBN978-7-5051-3745-5
馆藏号：Guojiafz-8600002014316

利州年鉴·2010
广元市利州区人民政府主办　广元市利州区人民政府地方志办公室编　主编戴鹏
内部印刷
325 页　精装　29cm
准印证号：川广内准印号：2011-011
馆藏号：Guojiafz-8600002001392

元坝年鉴·2008
元坝区地方志编纂委员会办公室主办　广元市元坝区人民政府编　主编范永昌
内部印刷
277 页　精装　29cm
准印证号：川广内准印号：2010-22
馆藏号：Guojiafz-8600002001394

元坝年鉴·2009
广元市元坝区地方志编纂委员会办公室主办《元坝年鉴》编辑部编　主编范永昌
内部印刷
322 页　精装　29cm
准印证号：川广内准印号：2011-010
馆藏号：Guojiafz-8600002001393

朝天年鉴·2006—2007
广元市朝天区人民政府主办　广元市朝天区地方志编纂委员会办公室编　主编李国建
四川西南建筑印务有限公司印刷
222 页　精装　29cm
准印证号：川广内准印号：2009-28
馆藏号：Guojiafz-8600002001473

朝天年鉴·2010
朝天区人民政府主办　广元市朝天区地方志办公室《朝天年鉴》编辑部编　主编付正文
内部印刷
184 页　精装　29cm
准印证号：川广内准印号：2010-53
馆藏号：Guojiafz-8600002001436

旺苍年鉴·2006
旺苍县人民政府主办　旺苍县地方志编纂委员会办公室编　主编王茂
成都力扬文化传播有限公司印刷　2008 年 10 月
316 页　精装　29cm
准印证号：川出新内字（2008）47 号
馆藏号：Guojiafz-8600002000770

旺苍年鉴·2007
旺苍县人民政府主办　旺苍县地方志编纂委员会办公室编　主编伍春华
四川省科鹏文化传播有限公司印刷　2009 年 11 月
467 页　精装　29cm
准印证号：川出新内字（2009）193 号
馆藏号：Guojiafz-8600002000771

旺苍年鉴·2009
旺苍县人民政府主办　旺苍县地方志编纂委员会办公室编　主编伍春华
成都卓尔文化传媒有限公司印刷　2010 年 11 月
565 页　精装　29cm
准印证号：川出新内字（2010）83 号
馆藏号：Guojiafz-8600002000773

旺苍年鉴·2014
旺苍县人民政府主办　旺苍县地方志编纂委员会编
主编伍春华
四川科学技术出版社　2014 年 11 月
436 页　精装　29cm
ISBN978-7-5364-8010-0
馆藏号：Guojiafz-8600002015439

旺苍年鉴·2016
旺苍县人民政府主办　旺苍县地方志编纂委员会编
主编何艾琼
四川科学技术出版社　2016 年 12 月
430 页　精装　29cm
ISBN978-7-5364-8062-9
馆藏号：Guojiafz-8600002014354

旺苍年鉴·2017
旺苍县人民政府主办　旺苍县地方志编纂委员会编
主编何艾琼
四川科学技术出版社　2017 年 12 月
382 页　精装　29cm
ISBN978-7-5364-8942-4
馆藏号：Guojiafz-8600002016167

青川年鉴·2005—2006
青川县地方志编纂委员会办公室主办　青川年鉴编辑部编　主编杨剑　执行主编柳仁义
广元市蜀北印刷厂印刷　2008 年 12 月
373 页　精装　29cm
准印证号：川广内 2008 字第 98 号
馆藏号：Guojiafz-8600002008950

青川年鉴·2007—2008
青川县地方志办公室（《青川年鉴》编纂委员会）主办　青川年鉴编辑部编　主编张利民　执行主编柳仁义
广元市蜀北印刷厂印刷　2010 年 8 月
555 页　精装　29cm
准印证号：川广内 2010 字第 31 号
馆藏号：Guojiafz-8600002001589

剑阁年鉴·2005
剑阁县人民政府编　主编王全斌
广元新华印制公司印刷　2005年7月
228页　精装　29cm
准印证号：川广内2005字第151号
馆藏号：Guojiafz-8600002001439

剑阁年鉴·2008
剑阁县人民政府编　主编杨明学
内部印刷　2009年3月
173页　精装　29cm
准印证号：川广内准印证：2009-14号
馆藏号：Guojiafz-8600002001440

剑阁年鉴·2009
剑阁县人民政府主办　《剑阁年鉴》编辑部编　主编杜中贵
内部印刷
343页　精装　29cm
准印证号：川广内准印号：2010-12
馆藏号：Guojiafz-8600002001391

剑阁年鉴·2010
剑阁县人民政府主办　剑阁县地方志办公室《剑阁年鉴》编辑部编　主编杜中贵
内部印刷
358页　精装　29cm
准印证号：川广内准印号：2011-036
馆藏号：Guojiafz-8600002001437

遂宁年鉴·1985—1995
遂宁市年鉴编辑委员编　主编何成炳　执行主编曾立林
遂宁市印刷厂印刷　1996年10月
462页　精装　27cm
准印证号：川遂内图准印96字第29号
馆藏号：Guojiafz-8600002006416

遂宁年鉴·1999—2000
中共遂宁市委、遂宁市人民政府主办　遂宁市年鉴编辑委员会编　主编翟义仲　执行主编谢志成
内部印刷　2001年8月
369页　精装　27cm
馆藏号：Guojiafz-8600002006240

遂宁年鉴·2001
中共遂宁市委、遂宁市人民政府主办　遂宁市年鉴编辑委员会编　主编翟义仲　执行主编谢志成
四川省成都市白马印刷厂印刷　2002年9月
333页　精装　27cm
准印证号：遂市新出内（2002）字第52号
馆藏号：Guojiafz-8600002006482

遂宁年鉴·2002
遂宁市人民政府主办　遂宁市地方志办公室编
主编翟义仲　执行主编谢志成
成飞大雁企业公司印刷厂印刷　2003年11月
261页　精装　29cm
准印证号：遂市新出内（2003）字第42号
馆藏号：Guojiafz-8600002009025

遂宁年鉴·2004
遂宁市人民政府主办　遂宁市地方志办公室编
主编翟义仲　执行主编谢志成
成都市新都华兴印务有限公司印刷　2004年11月
326页　精装　29cm
准印证号：遂市新出内（2004）字第24号
馆藏号：Guojiafz-8600002008979

遂宁年鉴·2006
遂宁市人民政府主办　遂宁市地方志办公室编
主编赵洪武　执行主编谢志成
内部印刷　2006年12月
309页　精装　29cm
准印证号：遂市新出内（2006）字第63号
馆藏号：Guojiafz-8600002001596

遂宁年鉴·2007
遂宁市人民政府主办　遂宁市地方志办公室编
主编赵洪武　执行主编谢志成

内部印刷　2007 年 10 月
355 页　精装　29cm
准印证号：遂市新出内（2007）字第 53 号
馆藏号：Guojiafz-8600002004012

遂宁年鉴・2008
遂宁市人民政府主办　遂宁市地方志办公室编
主编赵洪武　执行主编马兴隆
内部印刷　2008 年 10 月
363 页　精装　29cm
准印证号：川新出内（2008）字第 087 号
馆藏号：Guojiafz-8600002009342

遂宁年鉴・2009
遂宁市人民政府主办　遂宁市地方志办公室编
主编赵洪武　执行主编马兴隆
成都力扬文化传播有限公司印刷　2009 年 10 月
373 页　精装　29cm
准印证号：遂新出内（2009）45 号
馆藏号：Guojiafz-8600002009138

遂宁年鉴・2010
遂宁市人民政府主办　遂宁市地方志办公室编
主编赵洪武　执行主编马兴隆
中国戏剧出版社　2010 年 12 月
384 页　精装　29cm
ISBN978-7-104-03359-2
馆藏号：Guojiafz-8600002008186

遂宁年鉴・2011
遂宁市人民政府主办　遂宁市地方志办公室编
主编邓为　执行主编马兴隆
中国戏剧出版社　2011 年 11 月
412 页　精装　29cm
ISBN978-7-104-03599-2
馆藏号：Guojiafz-8600002000376

遂宁年鉴・2016
遂宁市人民政府主办　遂宁市地方志办公室编
主编向此德　执行主编周正琴
中国文史出版社　2016 年 12 月
487 页　精装　29cm
ISBN978-7-5034-8853-5
馆藏号：Guojiafz-8600002014326

船山年鉴・2008
船山区人民政府主办　船山区地志办编　主编蒲岸、王勇　执行主编米强、聂华
内部印刷
215 页　精装　29cm
馆藏号：Guojiafz-8600002008914

船山年鉴・2009
船山区人民政府主办　船山区地志办编　主编蒲岸、王勇　执行主编米强、聂华
内部印刷
192 页　精装　29cm
馆藏号：Guojiafz-8600002009019

蓬溪年鉴・2003
蓬溪县人民政府主办　蓬溪年鉴编辑委员会编
主编李国文
蓬溪县全新印刷厂印刷　2003 年 12 月
309 页　精装　27cm
馆藏号：Guojiafz-8600002006238

射洪年鉴・1986—1990
射洪县人民政府主办　四川省射洪县地方志编纂委员会编　主编陈隆准
郫县犀浦印刷厂印刷　1993 年 10 月
293 页　平装　26cm
准印证号：射文准印（93）字第 013 号
馆藏号：Guojiafz-8600002009172

大英年鉴・1997—2001
中共大英县委员会、大英县人民政府主办　大英县人民政府地方志办公室编　主编蒋纯良
成都飞机工业公司印刷厂印刷　2002 年 10 月

466 页　精装　27cm
准印证号：遂市新出内（2002）字第 48 号
馆藏号：Guojiafz-8600002009074

大英年鉴·2002—2005
中共大英县委员会大英县人民政府主办　大英县地方志办公室编　主编蒋纯良
成都蓉兴印刷有限公司印刷　2007 年 10 月
361 页　精装　29cm
准印证号：遂新出内（2006）57 号
馆藏号：Guojiafz-8600002008997

内江年鉴·1996
《内江年鉴》编辑部编　主编张忠鑫
内江市龙华档案用品印刷厂印刷
339 页　精装　27cm
准印证号：内市（98）字第 056 号
馆藏号：Guojiafz-8600002009084

内江年鉴·1997
《内江年鉴》编辑部编　主编张忠鑫
内江市龙华档案用品印刷厂印刷
341 页　精装　27cm
准印证号：内市（98）第 057 号
馆藏号：Guojiafz-8600002009085

内江年鉴·1998
《内江年鉴》编辑部编　主编张忠鑫
内江市龙华档案用品印刷厂印刷
232 页　精装　27cm
准印证号：内市（99）字第 32 号
馆藏号：Guojiafz-8600002009086

内江年鉴·2000
内江市人民政府主办　《内江年鉴》编辑部编　主编罗再学
资中兼升印务有限公司印刷　2001 年 4 月
269 页　精装　27cm
准印证号：内市新（2001）字第 94 号
馆藏号：Guojiafz-8600002006242

内江年鉴·2003
内江市人民政府主办　内江市地方志办公室编　主编罗再学
内江市龙华档案用品印刷厂印刷　2004 年 1 月
187 页　精装　29cm
准印证号：内市新（2004）179 号
馆藏号：Guojiafz-8600002001595

内江年鉴·2009
内江市人民政府主办　内江市地方志办公室编　主编谢志
内江日报印刷厂印刷　2010 年 9 月
272 页　精装　29cm
准印证号：内新出内（2010）53 号
馆藏号：Guojiafz-8600002006215

内江年鉴·2010
内江市人民政府主办　内江市地方志办公室编　主编谢志
内江市龙华档案印务公司印刷　2011 年 9 月
199 页　精装　29cm
准印证号：内新出内（2001）033 号
馆藏号：Guojiafz-8600002005315

内江市市中区年鉴·2013
内江市市中区人民政府主办　内江市市中区地方志办公室编　主编尹绍万
中国文史出版社　2014 年 10 月
438 页　精装　29cm
ISBN978-7-5034-5298-7
馆藏号：Guojiafz-8600002015992

内江市东兴区年鉴·2015
内江市东兴区人民政府主办　内江市东兴区地方志编纂委员会办公室编　主编陈巨硬
中国文史出版社　2015 年 10 月
358 页　精装　29cm
ISBN978-7-5034-6730-1
馆藏号：Guojiafz-8600002014350

威远年鉴 · 2011
威远县人民政府主办　威远县史志办公室编
主编冷国文
中国戏剧出版社　2012 年 4 月
521 页　精装　29cm
ISBN978-7-104-03717-0
馆藏号：Guojiafz-8600002000050

威远年鉴 · 2013
威远县人民政府主办　威远县史志办公室编
主编冷国文
光明日报出版社　2013 年 8 月
314 页　精装　29cm
ISBN978-7-5112-5222-7
馆藏号：Guojiafz-8600002015390

威远年鉴 · 2015
威远县人民政府主办　威远县史志办公室编
主编冷国文
中国文史出版社　2015 年 12 月
352 页　精装　29cm
ISBN978-7-5034-7312-8
馆藏号：Guojiafz-8600002014331

威远年鉴 · 2016
威远县人民政府主办　威远县史志办公室编纂
主编冷国文
方志出版社　2016 年 12 月
342 页　精装　29cm
ISBN978-7-5144-2282-5
馆藏号：Guojiafz-8600002014984

威远年鉴 · 2017
威远县史志办公室编　主编冷国文　执行主编樊壁贞
方志出版社　2017 年 12 月
346 页　精装　29cm
ISBN978-7-5144-2893-3
馆藏号：Guojiafz-8600002016162

乐山年鉴 · 1995
乐山市地方志编纂委员会编　主编伍孔湘
成都科技大学出版社　1995 年 8 月
242 页　精装　27cm
ISBN7-5616-3053-0
馆藏号：Guojiafz-8600002005735

乐山年鉴 · 1998
乐山市人民政府主办　乐山市地方志办公室编
主编雷有成
成都科技大学出版社　1998 年 9 月
227 页　精装　27cm
ISBN7-5616-3759-4
馆藏号：Guojiafz-8600002001699

乐山年鉴 · 1999
乐山市人民政府主办　乐山市地方志办公室编
主编雷有成
巴蜀书社　1999 年 12 月
200 页　精装　27cm
ISBN7-80659-055-2
馆藏号：Guojiafz-8600002000675

乐山年鉴 · 2000
乐山市政府主办　乐山市人民政府编　主编黄学文
巴蜀书社　2000 年 11 月
334 页　精装　27cm
ISBN7-80659-148-6
馆藏号：Guojiafz-8600002000228

乐山年鉴 · 2001
乐山市政府主办　乐山市人民政府编　主编傅宪惠
巴蜀书社　2001 年 10 月
326 页　精装　27cm
ISBN7-80659-311-X
馆藏号：Guojiafz-8600002000649

乐山年鉴 · 2003
乐山市地方志编纂委员会办公室主办　乐山市地方志办公室编　主编傅宪惠

方志出版社　2003 年 12 月
374 页　精装　29cm
ISBN7-80192-100-3
馆藏号：Guojiafz-8600002000239

乐山年鉴·2004
乐山市地方志编纂委员会办公室主办　乐山市人民政府编　主编曾明建
四川科学技术出版社　2004 年 11 月
406 页　精装　29cm
ISBN7-5364-5639-5
馆藏号：Guojiafz-8600002006684

乐山年鉴·2006
乐山市地方志编纂委员会办公室主办　乐山市人民政府编　主编雷定伯
西南交通大学出版社　2006 年 9 月
421 页　精装　29cm
ISBN7-81104-398-X
馆藏号：Guojiafz-8600002000659

乐山年鉴·2007
乐山市地方志编纂委员会办公室主办　乐山市人民政府编　主编雷定伯
四川科学技术出版社　2007 年 11 月
410 页　精装　29cm
ISBN978-7-5364-6367-7
馆藏号：Guojiafz-8600002000706

乐山年鉴·2008
乐山市地方志编纂委员会办公室主办　乐山市人民政府编　主编雷定伯、汪树槐
西南交通大学出版社　2008 年 10 月
386 页　精装　29cm
ISBN978-7-5643-0037-1
馆藏号：Guojiafz-8600002000429

乐山年鉴·2009
乐山市地方志编纂委员会编　主编汪树槐
西南交通大学出版社　2009 年 10 月
357 页　精装　29cm
ISBN978-7-5643-0461-4
馆藏号：Guojiafz-8600002000430

乐山年鉴·2011
乐山市地方志编纂委员会办公室主办　乐山市地方志编纂委员会编　主编徐建群
九州出版社　2011 年 10 月
391 页　精装　29cm
ISBN978-7-5108-1271-2
馆藏号：Guojiafz-8600002000048

乐山年鉴·2013
乐山市地方志编纂委员会编　主编邓力群
中央民族大学出版社　2013 年 10 月
446 页　精装　29cm
ISBN978-7-5660-0508-3
馆藏号：Guojiafz-8600002015921

乐山年鉴·2016
乐山市地方志工作办公室主办　乐山市地方志编纂委员会编　主编邓力群
新华出版社　2016 年 8 月
540 页　精装　29cm
ISBN978-7-5166-2789-1
馆藏号：Guojiafz-8600002014385

乐山年鉴·2017
乐山区人民政府主管　乐山市地方志工作办公室主办　乐山市地方志工作办公室编　主编秦伟民
新华出版社　2017 年 11 月
518 页　精装　29cm
ISBN978-7-5166-3614-5
馆藏号：Guojiafz-8600002016169

乐山市中区年鉴·1985—1986
乐山市市中区编史修志办公室编　主编周文华
乐山市市中区印刷厂印刷
185 页　平装　26cm
馆藏号：Guojiafz-8600002000716

乐山市市中区年鉴·2001
四川省乐山市市中区人民政府主办　四川省乐山市市中区地方志办公室编　主编张碧秀
乐山市城西印刷有限公司印刷　2003年11月
192页　平装　26cm
准印证号：乐内印（2003）字第376号
馆藏号：Guojiafz-8600002005824

乐山市市中区年鉴·2006
四川省乐山市市中区人民政府主办　四川省乐山市市中区地方志办公室编　主编秦会林
乐山市城西印刷厂印刷　2007年12月
231页　平装　26cm
准印证号：乐内印（2007）260号
馆藏号：Guojiafz-8600002001726

乐山市市中区年鉴·2014
乐山市市中区人民政府主管　四川省乐山市市中区地方志办公室编　主编刘英
四川科学技术出版社　2014年12月
204页　精装　29cm
ISBN978-7-5364-8003-2
馆藏号：Guojiafz-8600002016024

乐山市市中区年鉴·2017
四川省乐山市市中区人民政府主办　乐山市市中区地方志工作办公室编　主编熊必俊
开明出版社　2017年9月
259页　精装　29cm
ISBN978-7-5131-3434-7
馆藏号：Guojiafz-8600002016165

五通桥区年鉴·1998
五通桥区人民政府主办　五通桥区地方志办公室编
主编王和平
井研县研城教育印刷厂印刷　1999年10月
210页　精装　27cm
准印证号：乐内印（1999）第335号
馆藏号：Guojiafz-8600002000722

五通桥区年鉴·2002
五通桥区人民政府主办　五通桥区地方志办公室编
主编王和平
乐山市五通桥朝峨彩印厂印刷　2004年1月
263页　精装　27cm
准印证号：乐内印（2003）字第018号
馆藏号：Guojiafz-8600002005365

五通桥区年鉴·2004
五通桥区人民政府主办　五通桥区地方志办公室编
主编梁杰鸿
乐山市五通桥朝峨彩印厂印刷　2005年11月
252页　精装　27cm
准印证号：乐内印（2005）字第218号
馆藏号：Guojiafz-8600002001948

五通桥区年鉴·2005
五通桥区人民政府主办　五通桥区地方志办公室编
主编梁杰鸿
乐山市五通桥朝峨彩印厂印刷　2006年12月
268页　精装　27cm
准印证号：乐内印（2006）字第315号
馆藏号：Guojiafz-8600002007812

五通桥区年鉴·2007
五通桥区人民政府主办　五通桥区地方志办公室编
主编梁杰鸿、王策鸿
乐山市五通桥朝峨彩印厂印刷　2008年12月
191页　精装　27cm
准印证号：乐内印（2008）字第259号
馆藏号：Guojiafz-8600002001561

五通桥区年鉴·2009
五通桥区人民政府主办　五通桥区地方志办公室编
主编王策鸿
乐山市五通桥朝峨彩印厂印刷　2011年12月
257页　精装　29cm
准印证号：乐内印2011字第58号
馆藏号：Guojiafz-8600002008844

金口河区年鉴・2000
乐山市金口河区人民政府主办　乐山市金口河区人民政府办公室编
乐山市佩德印务有限责任公司印刷
142 页　精装　27cm
准印证号：乐内印（2001）字第 181 号
馆藏号：Guojiafz-8600002001419

金口河区年鉴・2001
乐山市金口河区人民政府主办　乐山市金口河区人民政府办公室编
乐山市市中区城西印刷厂印刷　2002 年 5 月
154 页　精装　27cm
准印证号：乐内印（2002）字第 127 号
馆藏号：Guojiafz-8600002001418

金口河区年鉴・2002
乐山市金口河区人民政府主办　乐山市金口河区人民政府办公室、金口河区地方志办公室合编
主编简先林
乐山市五通桥朝峨彩印厂印刷　2003 年 6 月
172 页　精装　27cm
准印证号：乐内印（2003）字第 484 号
馆藏号：Guojiafz-8600002001417

金口河区年鉴・2003
乐山市金口河区人民政府主办　乐山市金口河区人民政府办公室、金口河区地方志办公室合编
主编简先林
乐山市五通桥朝峨彩印厂印刷　2004 年 10 月
177 页　精装　29cm
准印证号：乐内印（2004）字第 188 号
馆藏号：Guojiafz-8600002001364

金口河区年鉴・2004
乐山市金口河区人民政府主办　乐山市金口河区人民政府办公室、金口河区地方志办公室合编
主编简先林
乐山市五通桥朝峨彩印厂印刷　2005 年 11 月
197 页　精装　29cm
准印证号：乐内印（2005）字第 201 号
馆藏号：Guojiafz-8600002001363

金口河区年鉴・2006
乐山市金口河区人民政府主办　乐山市金口河区人民政府办公室、金口河区地方志办公室合编
主编张永林
乐山市五通桥朝峨彩印厂印刷　2007 年 12 月
190 页　精装　29cm
准印证号：乐内印（2007）字第 288 号
馆藏号：Guojiafz-8600002001842

金口河区年鉴・2007
金口河区人民政府主办　乐山市金口河区人民政府办公室、金口河区地方志办公室合编
主编张永林
乐山市五通桥朝峨彩印厂印刷　2008 年
208 页　精装　29cm
准印证号：乐内印（2008）字第 208 号
馆藏号：Guojiafz-8600002008790

金口河区年鉴・2008
乐山市金口河区人民政府主办　乐山市金口河区人民政府办公室、金口河区地方志办公室合编
主编张永林、陈建川
乐山市五通桥朝峨彩印厂印刷　2009 年 9 月
235 页　精装　29cm
准印证号：乐内印（2009）字第 284 号
馆藏号：Guojiafz-8600002001361

金口河区年鉴・2009
乐山市金口河区人民政府主办　乐山市金口河区人民政府办公室、金口河区地方志办公室合编
主编陈建川
乐山市五通桥朝峨彩印厂印刷　2011 年 4 月
236 页　精装　29cm
准印证号：乐内印（2011）字第 68 号
馆藏号：Guojiafz-8600002001365

金口河区年鉴・2010
乐山市金口河区人民政府主办　乐山市金口河区人民政府办公室、金口河区地方志办公室合编
主编陈建川
乐山市五通桥朝峨彩印厂印刷　2012年3月
226页　精装　29cm
准印证号：乐内印（2012）字第33号
馆藏号：Guojiafz-8600002008692

峨眉山市年鉴・2003
峨眉山市人民政府主办　峨眉山市人民政府办公室、峨眉山市地方志编纂委员会办公室合编
主编邹小平
乐山市好利获得彩印有限责任公司印刷
233页　精装　27cm
准印证号：乐内印（2003）字第475号
馆藏号：Guojiafz-8600002009079

峨眉山市年鉴・2004
峨眉山市人民政府主办　峨眉山市人民政府办公室、峨眉山市地方志编纂委员会办公室合编
主编邹小平
乐山市好利获得彩印有限责任公司印刷
273页　精装　27cm
准印证号：乐内印（2004）字第218号
馆藏号：Guojiafz-8600002009080

峨眉山市年鉴・2005
峨眉山市人民政府主办　峨眉山市地方志编纂委员会办公室编　主编邹小平
内部印刷
328页　精装　27cm
准印证号：乐新内印（2006）字第030号
馆藏号：Guojiafz-8600002006386

峨眉山市年鉴・2007
峨眉山市人民政府主办　峨眉山市人民政府编
主编徐晓彦
内部印刷
210页　精装　29cm
馆藏号：Guojiafz-8600002009241

峨眉山市年鉴・2008
峨眉山市人民政府编　主编徐晓彦
乐山市好利获得彩印有限责任公司印刷
215页　精装　29cm
准印证号：乐内印（2008）字第266号
馆藏号：Guojiafz-8600002009242

峨眉山市年鉴・2009
峨眉山市人民政府主办　峨眉山市人民政府编
主编徐晓彦
乐山市好利获得彩印有限责任公司印刷
218页　精装　29cm
准印证号：峨新出内（2009）25号
馆藏号：Guojiafz-8600002006214

峨眉山市年鉴・2010
峨眉山市人民政府主办　峨眉山市人民政府编
主编徐晓彦
乐山市好利获得彩印有限责任公司印刷
274页　精装　29cm
准印证号：峨新出内（2010）52号
馆藏号：Guojiafz-8600002008905

峨眉山市年鉴・2016
峨眉山市人民政府主管　峨眉山市地方志编纂委员会编　主编姜宣敏
开明出版社　2016年11月
383页　精装　29cm
ISBN978-7-5131-2861-2
馆藏号：Guojiafz-8600002020704-6

犍为年鉴・1986—1989（创刊号）
四川省犍为县地方志办公室编　总编王宗正
犍为县教育印刷厂印刷　1992年5月
400页　平装　26cm
准印证号：乐内印（1992）字第329号
馆藏号：Guojiafz-8600002001336

犍为年鉴・1991
四川省犍为县地方志办公室编　主编余仲骥
犍为县印刷厂印刷　1992 年
179 页　平装　26cm
准印证号：乐内印（1992）字第 204 号
馆藏号：Guojiafz–8600002009076

犍为年鉴・1992
四川省犍为县地方志办公室编　主编余仲骥
犍为县康平印刷厂印刷　1993 年 3 月
276 页　平装　26cm
准印证号：乐内印（1993）字第 167 号
馆藏号：Guojiafz–8600002009077

犍为年鉴・1993
犍为县人民政府主办　四川省犍为县地方志办公室编　主编余仲骥
犍为县印刷厂印刷　1994 年 3 月
236 页　平装　26cm
准印证号：乐内印（1994）字第 143 号
馆藏号：Guojiafz–8600002009077

犍为年鉴・1994
四川省犍为县地方志办公室编　主编余仲骥
犍为印刷装璜有限公司印刷　1995 年 4 月
223 页　平装　26cm
准印证号：乐内印（1995）字第 245 号
馆藏号：Guojiafz–8600002006573

犍为年鉴・1995
四川省犍为县人民政府主办　四川省犍为县地方志办公室编　主编余仲骥
犍为县文化印刷厂印刷　1996 年 7 月
212 页　平装　26cm
准印证号：乐内印（1996）字第 226 号
馆藏号：Guojiafz–8600002006574

犍为年鉴・1996
四川省犍为县人民政府主办　四川省犍为县地方志办公室编　总编李永贵
犍为县文化印刷厂印刷　1997 年 7 月
224 页　平装　26cm
准印证号：乐内印（1997）第 228 号
馆藏号：Guojiafz–8600002006575

犍为年鉴・1997
四川省犍为县人民政府主办　四川省犍为县地方志办公室编　总编陈立金
犍为县教育印刷厂印刷　1997 年 7 月
213 页　平装　26cm
准印证号：乐内印（1998）字第 223 号
馆藏号：Guojiafz–8600002006576

犍为年鉴・1998
四川省犍为县人民政府主办　四川省犍为县地方志办公室编　总编徐立金
犍为县教育印刷厂印刷　1999 年 11 月
262 页　平装　26cm
准印证号：乐内印（1999）字第 421 号
馆藏号：Guojiafz–8600002006281

犍为年鉴・1999—2000
四川省犍为县人民政府主办　四川省犍为县地方志办公室编　总编陈立金
犍为县教育印刷厂印刷　2000 年 10 月
213 页　平装　26cm
准印证号：乐内印（2000）字第 284 号
馆藏号：Guojiafz–8600002009040

犍为年鉴・2001
四川省犍为县人民政府主办　四川省犍为县地方志办公室编　总编陈立金
犍为县教育印刷厂印刷　2001 年 10 月
240 页　平装　26cm
准印证号：乐内印（2001）字第 331 号
馆藏号：Guojiafz–8600002007497

犍为年鉴・2002—2003
四川省犍为县人民政府主办　四川省犍为县地方志办公室编　总编李宏川

乐山市五通桥朝峨彩印厂印刷　2003 年 10 月
238 页　精装　27cm
准印证号：乐内印（2003）字第 483 号
馆藏号：Guojiafz–8600002006402

犍为年鉴·2004
四川省犍为县人民政府主办　四川省犍为县地方志办公室编　总编李宏川
乐山市五通桥朝峨彩印厂印刷　2004 年 8 月
204 页　精装　27cm
准印证号：乐内印（2004）字第 179 号
馆藏号：Guojiafz–8600002006415

犍为年鉴·2005
四川省犍为县人民政府主办　四川省犍为县地方志办公室编　总编李宏川
乐山市五通桥朝峨彩印厂印刷　2005 年 10 月
221 页　精装　27cm
准印证号：乐内印（2005）字第 172 号
馆藏号：Guojiafz–8600002006485

犍为年鉴·2006
四川省犍为县人民政府主办　四川省犍为县地方志办公室编　总编李宏川
乐山市五通桥朝峨彩印厂印刷　2006 年 10 月
213 页　精装　27cm
准印证号：乐内印（2006）字第 293 号
馆藏号：Guojiafz–8600002006478

犍为年鉴·2007
四川省犍为县人民政府主办　四川省犍为县地方志办公室编　总编李宏川
乐山市五通桥朝峨彩印厂印刷　2007 年 9 月
247 页　精装　27cm
准印证号：乐内印（2007）字第 201 号
馆藏号：Guojiafz–8600002001694

犍为年鉴·2008
四川省犍为县人民政府主办　四川省犍为县地方志办公室编　总编李宏川
乐山市五通桥朝峨彩印厂印刷　2008 年 10 月
256 页　精装　27cm
准印证号：乐内印（2008）字第 215 号
馆藏号：Guojiafz–8600002006467

犍为年鉴·2009
四川省犍为县人民政府主办　四川省犍为县地方志办公室编　总编李宏川
乐山市五通桥朝峨彩印厂印刷　2009 年 9 月
341 页　精装　29cm
准印证号：乐内印（2009）字第 221 号
馆藏号：Guojiafz–8600002006220

犍为年鉴·2010
四川省犍为县人民政府主办　四川省犍为县地方志办公室编　总编李宏川
乐山市五通桥朝峨彩印厂印刷　2010 年 8 月
338 页　精装　29cm
准印证号：乐内印（2010）字第 193 号
馆藏号：Guojiafz–8600002009238

犍为年鉴·2011
四川省犍为县人民政府主办　四川省犍为县地方志办公室编　总编李宏川
乐山市五通桥朝峨彩印厂印刷　2011 年 8 月
293 页　精装　29cm
准印证号：乐内印（2011）字第 171 号
馆藏号：Guojiafz–8600002008963

井研县年鉴·1988
井研县县志办公室编
内部印刷　1990 年 12 月
235 页　平装　26cm
馆藏号：Guojiafz–8600002006247

井研县年鉴·1989
井研县地方志办公室编
内部印刷　1991 年 6 月
230 页　平装　25cm
馆藏号：Guojiafz–8600002006250

井研县年鉴·1990
井研县地方志办公室编
内部印刷　1991年11月
266页　平装　25cm
馆藏号：Guojiafz-8600002006249

井研县年鉴·1991
井研县人民政府办公室编
内部印刷　1993年5月
261页　平装　26cm
馆藏号：Guojiafz-8600002006248

井研年鉴·1992
人民政府办公室编
内部印刷　1993年11月
135页　平装　26cm
馆藏号：Guojiafz-8600002013466

井研年鉴·1994
井研县人民政府办公室编
内部印刷　1995年6月
100页　平装　26cm
馆藏号：Guojiafz-8600002013467

井研年鉴·1995
井研县人民政府办公室编
井研县教育印刷厂印刷　1996年10月
122页　平装　26cm
准印证号：乐内印（96）字第326号
馆藏号：Guojiafz-8600002013468

井研年鉴·1996
井研县人民政府办公室编
井研县教育印刷厂印刷　1997年8月
152页　平装　26cm
准印证号：乐内印（97）字第286号
馆藏号：Guojiafz-8600002013469

井研年鉴·1997
井研县人民政府办公室编
井研县教育印刷厂印刷　1998年8月
154页　平装　26cm
准印证号：乐内印（98）字第286号
馆藏号：Guojiafz-8600002013471

井研年鉴·1998
井研县人民政府主办　井研县人民政府办公室编
主编彭贵华
内部印刷　1999年7月
171页　精装　27cm
馆藏号：Guojiafz-8600002006403

井研县年鉴·1999
井研县人民政府主办　井研县人民政府办公室编
主编彭贵华
井研县教育印刷厂印刷　2000年7月
164页　精装　27cm
馆藏号：Guojiafz-8600002006401

井研县年鉴·2000
井研县人民政府主办　井研县人民政府办公室编
主编彭贵华
井研县教育印刷厂印刷　2001年7月
179页　精装　29cm
馆藏号：Guojiafz-8600002009240

井研县年鉴·2001
井研县人民政府主办　井研县人民政府办公室编
主编彭贵华
井研县教育印刷厂印刷　2002年4月
170页　精装　29cm
准印证号：乐内印（2002）字第206号
馆藏号：Guojiafz-8600002008901

井研县年鉴·2002
井研县人民政府主办　井研县人民政府办公室编
主编何应清
井研县教育印刷厂印刷　2003年9月
177页　平装　29cm
准印证号：乐内印（2003）字第449号
馆藏号：Guojiafz-8600002008902

井研年鉴·2003
井研县人民政府主办　井研县人民政府办公室编
主编何应清
井研县教育印刷厂印刷　2004年7月
246页　精装　29cm
准印证号：乐内印（2004）字第195号
馆藏号：Guojiafz-8600002005338

井研县年鉴·2004
井研县人民政府主办　井研县人民政府办公室编
主编何应清、黄荣刚　执行主编邹智勇
井研县教育印刷厂印刷　2005年8月
262页　精装　29cm
准印证号：乐内印（2005）字第189号
馆藏号：Guojiafz-8600002005339

井研县年鉴·2005
井研县人民政府主办　井研县地方志人民政府办公室编　主编黄荣刚
乐山市五通桥朝峨彩印厂印刷　2006年8月
270页　精装　29cm
准印证号：乐内印（2006）字第237号
馆藏号：Guojiafz-8600002008968

井研县年鉴·2006
井研县人民政府主办　井研县人民政府办公室、井研县地方志办公室合编　主编黄荣刚　执行主编张志军
乐山市五通桥朝峨彩印厂印刷　2007年8月
282页　精装　29cm
准印证号：乐内印（2007）字第237号
馆藏号：Guojiafz-8600002008878

井研县年鉴·2007
井研县人民政府主办　井研县人民政府办公室、井研县地方志办公室合编　主编陈力军　执行主编张志军
乐山市五通桥朝峨彩印厂印刷　2008年7月
260页　精装　29cm
准印证号：乐内印（2008）字第273号
馆藏号：Guojiafz-8600002005347

井研县年鉴·2008
井研县人民政府主办　井研县人民政府办公室、井研县地方志办公室合编　主编陈力军　执行主编张志军
乐山市五通桥朝峨彩印厂印刷　2009年9月
281页　精装　29cm
准印证号：乐内印（2010）字第4号
馆藏号：Guojiafz-8600002008954

井研县年鉴·2009
井研县人民政府主办　井研县人民政府办公室、井研县地方志办公室合编　主编陈力军　执行主编张志军
乐山市五通桥朝峨彩印厂印刷　2010年8月
319页　精装　29cm
准印证号：乐内印（2011）字第117号
馆藏号：Guojiafz-8600002008947

夹江县年鉴·1987
四川省夹江县编史修志委员会办公室编
主编王树功
夹江县工艺印刷厂印刷
207页　平装　26cm
馆藏号：Guojiafz-8600002005277

夹江县年鉴·1989
四川省夹江县编史修志委员会办公室编
主编陈光表
夹江县工艺印刷厂印刷
218页　平装　26cm
馆藏号：Guojiafz-8600002005278

夹江县年鉴·1990
四川省夹江县地方志办公室编　主编陈光表
四川省夹江县印刷厂印刷　1991年6月
141页　精装　27cm
准印证号：乐山市印刷准印证（1991）字第132号
馆藏号：Guojiafz-8600002001992

夹江县年鉴·1991
四川省夹江县地方志办公室编　主编陈光表
四川省夹江县印刷厂印刷　1992 年 6 月
162 页　精装　27cm
准印证号：乐内印（1992）字第 293 号
馆藏号：Guojiafz-8600002001993

夹江县年鉴·1992
四川省夹江县人民政府办公室、四川省夹江县地方志编纂委员会办公室合编　主编陈光表
四川省夹江县印刷厂印刷　1993 年 10 月
144 页　精装　27cm
准印证号：乐内印（1993）字第 226 号
馆藏号：Guojiafz-8600002001987

夹江县年鉴·1993
夹江县人民政府办公室、夹江县地方志编纂委员会办公室合编　主编陈光表
夹江县印刷厂印刷　1994 年 5 月
154 页　精装　27cm
准印证号：乐内印（1994）字第 151 号
馆藏号：Guojiafz-8600002001988

夹江县年鉴·1994
夹江县人民政府办公室、夹江县地方志编纂委员会办公室合编　主编王世体
夹江县印刷厂印刷　1995 年 5 月
178 页　精装　27cm
准印证号：乐内印（1995）字第 152 号
馆藏号：Guojiafz-8600002001989

夹江县年鉴·1995
夹江县人民政府办公室、夹江县地方志编纂委员会办公室合编　主编王仕体
夹江县印刷厂印刷　1996 年 8 月
134 页　精装　27cm
准印证号：乐内印（1996）字第 257 号
馆藏号：Guojiafz-8600002001990

夹江县年鉴·1996
夹江县人民政府主办　夹江县人民政府办公室、夹江县地方志编纂委员会办公室合编　主编王仕体
夹江县印刷厂印刷　1997 年 8 月
165 页　精装　27cm
准印证号：乐内印（1997）字第 407 号
馆藏号：Guojiafz-8600002008789

夹江县年鉴·1997
夹江县人民政府主办　夹江县人民政府办公室、夹江县地方志编纂委员会办公室合编　主编王仕体
井研县教育印刷厂印刷　1998 年 8 月
163 页　精装　27cm
准印证号：乐内印（1998）字第 226 号
馆藏号：Guojiafz-8600002007601

夹江县年鉴·1998
夹江县人民政府主办　夹江县人民政府办公室、夹江县地方志编纂委员会办公室合编　主编王仕体
乐山市弘达印刷厂印刷　1999 年 9 月
168 页　精装　27cm
准印证号：乐内印（1999）字第 325 号
馆藏号：Guojiafz-8600002001991

夹江县年鉴·1999
夹江县人民政府主办　夹江县人民政府办公室、夹江县地方志编纂委员会办公室合编　主编王仕体
乐山市弘达印刷厂印刷　2000 年 8 月
154 页　精装　27cm
准印证号：乐内印（2000）字第 250 号
馆藏号：Guojiafz-8600002005279

夹江县年鉴·2000
夹江县人民政府主办　夹江县人民政府办公室、夹江县地方志编纂委员会办公室合编　主编王仕体
乐山市佩德印务有限公司印刷　2001 年 8 月
162 页　精装　27cm
准印证号：乐内印（2001）字第 329 号
馆藏号：Guojiafz-8600002005280

夹江县年鉴·2001
夹江县人民政府主办　夹江县人民政府办公室、夹江县地方志编纂委员会办公室合编　主编王仕体
乐山市好利获得彩印有限责任公司印刷　2002年8月
161页　精装　27cm
准印证号：乐内印（2002）字第323号
馆藏号：Guojiafz-8600002005281

夹江县年鉴·2002
夹江县人民政府主办　夹江县人民政府办公室、夹江县地方志编纂委员会办公室合编　主编王仕体
乐山市好利获得彩印有限责任公司印刷　2003年8月
160页　精装　27cm
准印证号：乐内印（2003）字第388号
馆藏号：Guojiafz-8600002001337

夹江县年鉴·2003
夹江县人民政府主办　夹江县人民政府办公室、夹江县地方志编纂委员会办公室合编　主编王仕体
内部印刷　2004年8月
160页　精装　27cm
馆藏号：Guojiafz-8600002007600

夹江县年鉴·2004
夹江县人民政府主办　夹江县人民政府办公室、夹江县地方志编纂委员会办公室合编　主编王仕体
乐山市好利获得彩印有限责任公司印刷　2005年8月
158页　精装　27cm
准印证号：乐内印（2005）字第141号
馆藏号：Guojiafz-8600002007604

夹江县年鉴·2005
夹江县人民政府主办　夹江县人民政府办公室、夹江县地方志编纂委员会办公室合编　主编王仕体
乐山市好利获得彩印有限责任公司印刷　2006年11月
157页　精装　27cm
准印证号：乐内印（2006）字第202号
馆藏号：Guojiafz-8600002007603

夹江县年鉴·2006
夹江县人民政府主办　夹江县人民政府办公室、夹江县地方志编纂委员会办公室合编　主编王仕体
乐山市好利获得彩印有限责任公司印刷　2007年11月
162页　精装　27cm
准印证号：乐内印（2007）字第160号
馆藏号：Guojiafz-8600002007602

夹江县年鉴·2007
夹江县人民政府主办　夹江县人民政府办公室、夹江县地方志编纂委员会办公室合编　主编王仕体
乐山市五通桥区朝峨彩印厂印刷　2008年10月
160页　精装　27cm
准印证号：乐内印（2008）字第181号
馆藏号：Guojiafz-8600002005283

夹江县年鉴·2008
夹江县人民政府主办　夹江县人民政府办公室、夹江县地方志编纂委员会办公室合编　主编金志强
乐山市五通桥区朝峨彩印厂印刷　2009年10月
163页　精装　27cm
准印证号：川乐夹新出内（2009）字第2号
馆藏号：Guojiafz-8600002005284

夹江县年鉴·2009
夹江县人民政府主办　夹江县人民政府办公室、夹江县地方志编纂委员会办公室合编　主编金志强
五通桥区朝峨彩印厂印刷　2010年10月
161页　精装　29cm
准印证号：川乐夹新出内（2010）字第3号
馆藏号：Guojiafz-8600002008788

沐川年鉴·2006
沐川县人民政府主办　沐川县地方志办公室编　总编唐文波
乐山市五通桥朝峨彩印厂印刷　2007年10月

235 页　精装　27cm
准印证号：乐内印 2007 第 200 号
馆藏号：Guojiafz-8600002009087

沐川年鉴·2009
沐川县人民政府主办　沐川县地方志办公室编
总编唐文波
乐山市五通桥朝峨彩印厂印刷　2010 年 9 月
195 页　精装　29cm
准印证号：乐内印 2010 第 215 号
馆藏号：Guojiafz-8600002008949

峨边彝族自治县年鉴·2004—2006
中共峨边彝族自治县委、峨边彝族自治县人民政府主办　峨边彝族自治县地方志编纂委员会编
主编苟德义
乐山市城西印刷有限公司印刷　2007 年 10 月
355 页　精装　29cm
准印证号：乐内印（2007）字第 233 号
馆藏号：Guojiafz-8600002001609

峨边彝族自治县年鉴·2008
峨边彝族自治县地方志编纂委员会编　主任王春平
中国文化出版社　2009 年 12 月
293 页　精装　29cm
ISBN978-988-61258-4-7
馆藏号：Guojiafz-8600002007821

峨边彝族自治县年鉴·2009
峨边彝族自治县人民政府主办　峨边彝族自治县地方志编纂委员会编　主任王春平
中国文化出版社　2010 年 12 月
288 页　精装　29cm
ISBN978-988-95620-5-8
馆藏号：Guojiafz-8600002007554

峨边彝族自治县年鉴·2010
峨边彝族自治县地方志编纂委员会编　主任王春平
中国文化出版社　2011 年 12 月
306 页　精装　29cm
ISBN978-988-72568-3-0
馆藏号：Guojiafz-8600002005782

峨边彝族自治县年鉴·2014
峨边彝族自治县地方志编纂委员会编　主任王春平
中国文史出版社　2014 年 7 月
311 页　精装　29cm
ISBN978-7-5034-5108-9
馆藏号：Guojiafz-8600002015973

马边彝族自治县年鉴·1994—2003
马边彝族自治县人民政府主办　马边彝族自治县档案局编　主编吴林章
乐山日报社印刷厂印刷　2004 年 9 月
498 页　精装　29cm
准印证号：乐内印（2004）字第 152 号
馆藏号：Guojiafz-8600002009345

南充年鉴·1995
南充市地方志办公室编　总编王正忠
四川科技出版社　1996 年 9 月
287 页　精装　27cm
ISBN7-5364-3441-3
馆藏号：Guojiafz-8600002000194

南充年鉴·1996—1997
南充市人民政府主办　南充年鉴编辑委员会编
总编罗月华
南充日报社印刷厂印刷　1997 年 12 月
430 页　精装　27cm
准印证号：川南新出内图准字（98）49 号
馆藏号：Guojiafz-8600002001878

南充年鉴·1998
南充市人民政府主管　南充市人民政府地方志办公室主办　南充年鉴编辑委员会编　总编罗月华
成都文华彩印制版厂印刷　1999 年 6 月
324 页　精装　27cm
准印证号：川南新出内图准字（99）第 60 号
馆藏号：Guojiafz-8600002001619

南充年鉴·1999
南充市人民政府主办　南充市地方志办公室编
总编杜光辉
三门峡日报印刷厂印刷　1999 年 12 月
258 页　精装　27cm
准印证号：川新出内（99）字第 181 号
馆藏号：Guojiafz-8600002006347

南充年鉴·2002
南充市人民政府主办　南充年鉴编辑委员会编
总编伏文超
炎黄印务有限公司印刷　2002 年 12 月
377 页　精装　27cm
准印证号：南市新内（2002）字第 190 号
馆藏号：Guojiafz-8600002007592

南充年鉴·2006
南充市人民政府主办　南充年鉴编辑委员会编
总编向东
成都市普瑞特彩印有限公司印刷　2007 年 2 月
374 页　精装　27cm
准印证号：川成新内（2007）字第 56 号
馆藏号：Guojiafz-8600002008804

南充年鉴·2007
南充市人民政府主办　南充年鉴编辑委员会编
总编向东
四川西南建筑印务有限公司印刷　2008 年 2 月
360 页　精装　27cm
准印证号：南市新出内（2008）27 号
馆藏号：Guojiafz-8600002008821

南充年鉴·2008
南充市人民政府主办　南充年鉴编辑委员会编
总编向东
成都蓉军广告印务有限责任公司印刷　2009 年 8 月
293 页　精装　27cm
准印证号：南市新出内（2009）55 号
馆藏号：Guojiafz-8600002010924

南充年鉴·2010
南充市人民政府主办　南充年鉴编辑委员会编
总编向东
南充天泽印刷厂印刷　2010 年 12 月
347 页　精装　27cm
准印证号：南市新出内（2010）59 号
馆藏号：Guojiafz-8600002007806

南充年鉴·2016
南充市人民政府主管　南充市地方志办公室主办
南充市地方志办公室编　总编单木真
重庆出版社　2016 年 12 月
444 页　精装　29cm
ISBN978-7-229-11894-5
馆藏号：Guojiafz-8600002014588

四川石油管理局南充炼油厂年鉴·1991—1995
四川石油管理局南充炼油厂厂志·年鉴编纂委员会编　主编杜发明
内部印刷
209 页　精装　27cm
馆藏号：Guojiafz-8600002001325

南充市顺庆年鉴·1995
四川省南充市《顺庆年鉴》编纂委员会编
主编潘大德
四川辞书出版社　1995 年 9 月
287 页　精装　27cm
ISBN7-80543-488-3
馆藏号：Guojiafz-8600002000658

南充市顺庆年鉴·1996
四川省南充市《顺庆年鉴》编纂委员会编
主编潘大德
巴蜀书社　1996 年 8 月
326 页　精装　27cm
ISBN7-80523-764-6
馆藏号：Guojiafz-8600002003888

顺庆年鉴·2007
南充市顺庆区人民政府主办　顺庆年鉴编辑委员会编　主编卿远明、青维鹄
南充兴屹印务有限公司印刷　2007年10月
612页　精装　27cm
准印证号：南市新出内（2007）80号
馆藏号：Guojiafz-8600002000732

顺庆年鉴·2009—2010
南充市顺庆区人民政府主办　顺庆年鉴编辑委员会编　主任尹光明
四川省印刷制版中心有限公司印刷　2011年11月
652页　精装　29cm
准印证号：南市新出内（2011）74号
馆藏号：Guojiafz-8600002001245

顺庆年鉴·2011
南充市顺庆区人民政府主办　《顺庆年鉴》编纂委员会编　主编卿远明、青维鹄
方志出版社　2012年10月
362页　精装　29cm
ISBN978-7-5144-0641-2
馆藏号：Guojiafz-8600002006966

顺庆年鉴·2013
南充市顺庆区人民政府主办　《顺庆年鉴》编纂委员会编　主编卿远明、青维鹄
方志出版社　2013年10月
352页　精装　29cm
ISBN978-7-5144-1016-7
馆藏号：Guojiafz-8600002006726

顺庆年鉴·2018
南充市顺庆区人民政府主管　南充市顺庆区地方志办公室编　主编青维鹄、文义泽
方志出版社　2019年1月
423页　精装　29cm
ISBN978-7-5144-3487-3
馆藏号：Guojiafz-8600002017288

高坪年鉴·2013
高坪区人民政府主办　南充市高坪区地方志办公室编　总编王体刚　主编唐文雄
九州出版社　2014年3月
236页　精装　29cm
ISBN978-7-5108-2830-0
馆藏号：Guojiafz-8600002016014

阆中年鉴·2002—2003
阆中市人民政府主办　《阆中年鉴》编辑部编　总编罗毅
四川阆中东昇印务有限公司印刷　2003年11月
369页　精装　27cm
准印证号：川南市新出内图准字（2003）第165号
馆藏号：Guojiafz-8600002009101

阆中年鉴·2011
阆中市人民政府主办　《阆中年鉴》编辑部编　总编杨朝志
四川阆中鸿源印务有限公司印刷　2011年12月
504页　精装　27cm
准印证号：阆中新出内（2011）第09号
馆藏号：Guojiafz-8600002006233

南部年鉴·2005
南部县人民政府主办　《南部年鉴》编辑部编　总编杨建华
四川南部弘扬印刷厂印刷　2006年3月
491页　精装　27cm
准印证号：南市新出内（2006）21号
馆藏号：Guojiafz-8600002004002

南部年鉴·2009—2010
四川省南部县人民政府主办　四川省南部县年鉴编纂委员会编　总编陈正泽
成都蓉军广告印务有限公司印刷　2011年6月
431页　精装　29cm
准印证号：南市新出内（2011）25号
馆藏号：Guojiafz-8600002004056

南部年鉴·2013
四川省南部县人民政府主办　四川省南部县年鉴编纂委员会编　总编陈正泽
方志出版社　2013 年 12 月
277 页　精装　29cm
ISBN978-7-5144-1170-6
馆藏号：Guojiafz-8600002003520

营山县年鉴·1986—1993
营山县地方志办公室编　主编邓淑清
四川省印刷技术协会印刷厂印刷　1995 年 1 月
237 页　精装　27cm
准印证号：营新化印字第 110 号
馆藏号：Guojiafz-8600002001693

蓬安年鉴·2003
蓬安县人民政府主办　蓬安年鉴编辑委员会编　总编邹平
成都市富生实业有限公司印刷　2005 年 3 月
296 页　精装　29cm
馆藏号：Guojiafz-8600002001008

蓬安年鉴·2004
四川省蓬安县人民政府主办　四川省蓬安县地方志办公室编　总编邹平
成都市新都华兴印务有限公司印刷
438 页　精装　29cm
馆藏号：Guojiafz-8600002001195

蓬安年鉴·2005
四川省蓬安县人民政府主办主管　四川省蓬安县地方志办公室编　总编邹平
四川大自然印刷服务有限公司印刷
504 页　精装　29cm
准印证号：川新出内（2006）183 号
馆藏号：Guojiafz-8600002001196

蓬安年鉴·2006
四川省蓬安县人民政府主管主办　四川省蓬安县地方志办公室编　总编袁菱
四川大自然印刷有限公司印刷　2007 年 6 月
233 页　精装　29cm
准印证号：川新出内（2007）188 号
馆藏号：Guojiafz-8600002001025

蓬安年鉴·2007
四川省蓬安县人民政府主管主办　四川省蓬安县地方志办公室编　总编袁菱
四川省印刷制版中心印刷有限公司印刷　2008 年 7 月
355 页　精装　29cm
准印证号：川新出内（2008）135 号
馆藏号：Guojiafz-8600002001033

蓬安年鉴·2008—2009
四川省蓬安县人民政府主管主办　四川省蓬安县地方志办公室编　总编袁菱
四川大自然印刷有限公司印刷
644 页　精装　29cm
准印证号：蓬新出内（2011）030 号
馆藏号：Guojiafz-8600002005389

仪陇年鉴·2008
中共仪陇县委、仪陇县人民政府主管、主办　仪陇年鉴编纂委员会编　主编任明　执行主编伍正荣
仪陇县新政镇小印刷厂印刷　2009 年 1 月
461 页　精装　30cm
准印证号：川仪新内准字（2009）002 号
馆藏号：Guojiafz-8600002004055

仪陇年鉴·2009
中共仪陇县委、仪陇县人民政府主办　仪陇县人民政府主管　仪陇县年鉴编纂委员会编
主编任明　执行主编伍正荣、王轩
成都蓉军广告印务有限责任公司印刷　2010 年 10 月
435 页　精装　30cm
准印证号：川仪新出内准 2010（03）号
馆藏号：Guojiafz-8600002004054

仪陇年鉴·2010
四川省仪陇县人民政府主管、主办　仪陇县志办公室编　主编任明　执行主编王轩
成都蓉军广告印务有限公司印刷　2011 年 10 月
428 页　精装　29cm
准印证号：川仪新出内准 2011（006）号
馆藏号：Guojiafz-8600002008736

西充年鉴·2000—2002
西充县人民政府主办 《西充年鉴》编辑部编
总编陈正泽
阆中市教育印刷厂印刷　2003 年 7 月
269 页　精装　27cm
准印证号：川南新出内图准字 2003（91）号
馆藏号：Guojiafz-8600002007811

西充年鉴·2016
西充县人民政府主办　西充县地方志办公室编
主编李光涛
中国国际广播出版社　2016 年 12 月
300 页　精装　29cm
ISBN978-7-5078-3753-7
馆藏号：Guojiafz-8600002014314

西充年鉴·2017
西充县人民政府主办　西充县地方志办公室主编
主编李光涛
电子科技大学出版社　2017 年 8 月
311 页　精装　29cm
ISBN978-7-5647-5049-7
馆藏号：Guojiafz-8600002016171

眉山年鉴·1988—1989
四川省眉山县地方志办公室编　总编刘宗和
内部印刷　1996 年 7 月
278 页　平装　27cm
准印证号：乐内印（1996 年）字第 147 号
馆藏号：Guojiafz-8600002001331

眉山年鉴·1990
眉山县地方志办公室编　总编王致修
四川省国营眉山县印刷厂印刷　1992 年 12 月
203 页　平装　26cm
准印证号：乐内印（1993）465 号
馆藏号：Guojiafz-8600002001330

眉山年鉴·1991
四川省眉山县地方志办公室编　总编王致修
眉山县万胜装璜印刷厂印刷　1994 年 12 月
186 页　平装　26cm
准印证号：乐内印（1994 年）字第 226 号
馆藏号：Guojiafz-8600002001329

眉山年鉴·1992
眉山县地方志办公室编　总编辑王致修
四川省国营眉山县印刷厂
339 页　精装　27cm
准印证号：乐内印（1993）字第 175 号
馆藏号：Guojiafz-8600002001328

眉山年鉴·1993
眉山县地方志办公室编　总编王致修
彭山彩印厂印刷　1994 年 6 月
217 页　精装　27cm
准印证号：内印（1994）字第 150 号
馆藏号：Guojiafz-8600002001327

眉山年鉴·1994
四川省眉山县地方志办公室编　总编王致修
眉山县万胜装璜印刷厂印刷　1995 年 10 月
219 页　精装　27cm
准印证号：乐内印（1994 年）字第 227 号
馆藏号：Guojiafz-8600002010923

眉山年鉴·1995
四川省眉山县地方志办公室编　主编刘宗和
彭山仁德彩印厂印刷　1996 年 11 月
215 页　精装　27cm

准印证号：乐内印（1996）字第 148 号
馆藏号：Guojiafz-8600002001343

眉山年鉴·1996
四川省眉山县人民政府主办　四川省眉山县地方志办公室编　主编刘宗和
眉山新华彩印厂印刷
238 页　精装　27cm
准印证号：乐内印（1997）字第 308 号
馆藏号：Guojiafz-8600002001342

眉山年鉴·1997
四川省眉山县人民政府主办　眉山县地方志办公室编　主编陈云山
眉山县万胜装璜印刷厂印刷　1998 年 10 月
475 页　精装　27cm
准印证号：眉内印（1998）字第 107 号
馆藏号：Guojiafz-8600002001702

眉山年鉴·1998
四川省眉山县人民政府主办　眉山县地方志办公室编　主编陈云山
眉山报社印刷厂印刷　1999 年 11 月
539 页　平装　27cm
准印证号：眉内印（1999）字第 125 号
馆藏号：Guojiafz-8600002001348

眉山年鉴·1999
四川省眉山县人民政府主办　眉山县地方志办公室编　主编陈云山
眉山报社印刷厂印刷　2000 年 9 月
402 页　精装　27cm
准印证号：眉内印（2000）字第 112 号
馆藏号：Guojiafz-8600002001347

眉山年鉴·2000
四川省眉山县人民政府主办　眉山县地方志办公室编　主编陈云山
眉山县万胜装璜印刷厂印刷　2001 年 9 月
429 页　精装　27cm
准印证号：眉内印（2001）字第 077 号
馆藏号：Guojiafz-8600002001346

眉山年鉴·2003
眉山市人民政府主办 《眉山年鉴》编辑委员会编
主编黎兵、宋思彬、李后强
方志出版社　2003 年 12 月
313 页　精装　29cm
ISBN7-80192-118-6
馆藏号：Guojiafz-8600002004750

眉山年鉴·2004
眉山市人民政府主办 《眉山年鉴》编辑委员会编
主编余明鑫、潘耘
方志出版社　2004 年 11 月
343 页　精装　29cm
ISBN7-80192-401-0
馆藏号：Guojiafz-8600002004659

眉山年鉴·2005
眉山市人民政府主办 《眉山年鉴》编辑委员会编
主编余明鑫、潘耘
方志出版社　2005 年 12 月
333 页　精装　29cm
ISBN7-80192-629-3
馆藏号：Guojiafz-8600002003751

眉山年鉴·2006
眉山市人民政府主办 《眉山年鉴》编辑委员会编
主编余明鑫、潘耘
方志出版社　2006 年 10 月
324 页　精装　30cm
ISBN7-80192-974-8
馆藏号：Guojiafz-8600002005149

眉山年鉴·2007
眉山市人民政府主办 《眉山年鉴》编辑委员会编
主编徐成良
中央文献出版社　2007 年 12 月
320 页　精装　30cm

ISBN978-7-5073-2394-8
馆藏号：Guojiafz-8600002008169

眉山年鉴·2013
眉山市人民政府主办　眉山市地方志办公室编
主编杨文
方志出版社　2013年11月
303页　精装　29cm
ISBN978-7-5144-1132-4
馆藏号：Guojiafz-8600002004282

眉山年鉴·2014
眉山市人民政府主办　眉山市地方志办公室编
主编杨文
方志出版社　2014年9月
353页　精装　29cm
ISBN978-7-5144-1393-9
馆藏号：Guojiafz-8600002004288

眉山年鉴·2015
眉山市人民政府主办　《眉山年鉴》编辑部编
主编杨文
方志出版社　2015年12月
337页　精装　29cm
ISBN978-7-5144-1895-8
馆藏号：Guojiafz-8600002002859

眉山年鉴·2016
眉山市人民政府主办　眉山市地方志工作办公室编
主编杨文
方志出版社　2016年10月
403页　精装　29cm
ISBN978-7-5144-2164-4
馆藏号：Guojiafz-8600002014004

眉山年鉴·2017
眉山市人民政府主办　眉山市地方志工作办公室编
主编杨文
方志出版社　2017年12月
421页　精装　29cm
ISBN978-7-5144-2910-7
馆藏号：Guojiafz-8600002017255

中国南车集团眉山车辆厂年鉴·2003
眉山车辆厂年鉴编纂委员会编　主编孟庆远
执行主编李继鸥
成都金龙印务有限责任公司印刷　2003年7月
306页　精装　27cm
准印证号：眉内印（2003）字第96号
馆藏号：Guojiafz-8600002009035

眉山市东坡区年鉴·2001
四川省眉山市东坡区人民政府主办　眉山市东坡区地方志办公室编　主编陈云山
邮电部五〇五厂印刷厂印刷　2003年5月
394页　精装　27cm
准印证号：眉山印（2003）字第30号
馆藏号：Guojiafz-8600002001345

眉山市东坡区年鉴·2002
四川省眉山市东坡区人民政府主办　眉山市东坡区地方志办公室编　主编陈云山
成都邮电通信设备厂三泉印刷厂印刷　2003年12月
405页　精装　29cm
准印证号：眉内印（2003）字第138号
馆藏号：Guojiafz-8600002001333

眉山市东坡区年鉴·2003
四川省眉山市东坡区人民政府主办　眉山市东坡区地方志办公室编　主编陈云山
内部印刷　2005年5月
345页　精装　29cm
准印证号：眉内印（2004）字第134号
馆藏号：Guojiafz-8600002001339

眉山市东坡区年鉴·2004
四川省眉山市东坡区人民政府主办　眉山市东坡区地方志办公室编　主编陈云山
内部印刷　2006年4月

289 页　精装　29cm
准印证号：眉内印（2006）字第 036 号
馆藏号：Guojiafz-8600002001086

眉山市东坡区年鉴·2005
四川省眉山市东坡区人民政府主办　眉山市东坡区地方志办公室编　主编陈云山
内部印刷　2007 年 2 月
331 页　精装　29cm
准印证号：眉内印（2006）字第 036 号
馆藏号：Guojiafz-8600002001085

眉山市东坡区年鉴·2007
眉山市东坡区人民政府主办　眉山市东坡区地方志办公室编　主编黄志强
内部印刷　2008 年 7 月
293 页　精装　29cm
准印证号：眉内印（2006）字第 036 号
馆藏号：Guojiafz-8600002001335

眉山市东坡区年鉴·2008
眉山市东坡区人民政府主办　眉山市东坡区党史方志办公室编　主编谢敬源
仁寿县福利印刷厂印刷　2009 年 6 月
332 页　精装　29cm
准印证号：眉内印（2006）字第 036 号
馆藏号：Guojiafz-8600002001341

眉山市东坡区年鉴·2009
眉山市东坡区人民政府主办　眉山市东坡区党史方志办公室编　主编谢敬源
眉山市东坡区崇礼印刷厂印刷　2010 年 1 月
355 页　精装　29cm
准印证号：眉内印（2010）字第 016 号
馆藏号：Guojiafz-8600002001367

眉山市东坡区年鉴·2010
眉山市东坡区人民政府主办　眉山市东坡区党史方志办公室编　主编熊锡忠
眉山市翔龙印务有限公司印刷　2010 年 12 月
389 页　精装　29cm
准印证号：眉内印（2011）字第 040 号
馆藏号：Guojiafz-8600002001366

眉山市东坡区年鉴·2011
眉山市东坡区人民政府主办　眉山市东坡区党史方志办公室编　主编熊锡忠
眉山市翔龙印务有限公司印刷　2012 年 2 月
404 页　精装　29cm
准印证号：眉内印（2012）字第 068 号
馆藏号：Guojiafz-8600002001932

彭山县年鉴·1998
彭山县地方志办公室编　主编马永前
内部印刷　1999 年 7 月
175 页　精装　27cm
准印证号：眉内印（1999）字第 123 号
馆藏号：Guojiafz-8600002001875

彭山年鉴·2010
彭山县人民政府主办　彭山县党史地方志办公室编　主编张华林
成都春晓印务有限公司印刷　2012 年 2 月
383 页　精装　29cm
准印证号：眉彭新出内（2012）02 号
馆藏号：Guojiafz-8600002009020

彭山年鉴·2013
彭山县人民政府主办　彭山县党史地方志办公室编　主编许德英
方志出版社　2015 年 6 月
286 页　精装　29cm
ISBN978-7-5144-1609-1
馆藏号：Guojiafz-8600002007623

彭山年鉴·2015
眉山市彭山区人民政府主办　彭山区党史地方志办公室编　主编许德英
方志出版社　2016 年 11 月
317 页　精装　29cm

ISBN978-7-5144-2056-2
馆藏号：Guojiafz-8600002013993

彭山年鉴·2017
眉山市彭山区人民政府主办　眉山市彭山区党史地方志办公室编　主编蔡贵明　总纂刘黔玲
方志出版社　2017 年 11 月
375 页　精装　29cm
ISBN978-7-5144-2734-9
馆藏号：Guojiafz-8600002016158

彭山年鉴·2018
眉山市彭山区人民政府主办　眉山市彭山区党史地方志办公室编　主编蔡贵明　总纂蔡贵明、刘黔玲
方志出版社　2018 年 11 月
341 页　精装　29cm
ISBN978-7-5144-3320-3
馆藏号：Guojiafz-8600002017145

仁寿年鉴·1987
仁寿县志办公室主管　仁寿年鉴编辑部编
主编李有成
仁寿县印刷厂印刷　1990 年 2 月
86 页　平装　27cm
准印证号：乐内印（89）字第 110 号
馆藏号：Guojiafz-8600002006579

仁寿年鉴·1988
仁寿县志办公室主管　仁寿年鉴编辑部编
主编李有成
仁寿县印刷厂印刷　1990 年 12 月
92 页　平装　27cm
准印证号：乐内印（90）字第 201 号
馆藏号：Guojiafz-8600002006580

仁寿年鉴·1989
仁寿县地方志办公室主办　仁寿年鉴编辑部编
主编李有成
仁寿县印刷厂印刷　1991 年 12 月
113 页　平装　27cm
准印证号：乐内印（91）字第 244 号
馆藏号：Guojiafz-8600002006581

仁寿年鉴·1990
仁寿县地方志办公室主管　仁寿年鉴编辑部编
主编李有成
仁寿县印刷厂印刷　1992 年 10 月
115 页　平装　27cm
准印证号：乐内印（92）字第 318 号
馆藏号：Guojiafz-8600002006582

仁寿年鉴·1994
仁寿县地方志办公室主管《仁寿年鉴》编辑部编
主编梅昌文
四川仁寿县印刷厂印刷　1995 年 8 月
124 页　平装　27cm
准印证号：乐内印（1995）字第 142 号
馆藏号：Guojiafz-8600002006273

仁寿年鉴·1995
仁寿县地方志办公室主管《仁寿年鉴》编辑部编
主编梅昌文
四川仁寿县印刷厂印刷　1996 年 5 月
135 页　平装　27cm
准印证号：乐内印（1996）字第 079 号
馆藏号：Guojiafz-8600002006275

仁寿年鉴·1996
仁寿县地方志办公室主管《仁寿年鉴》编辑部编
主编梅昌文
四川仁寿县印刷厂印刷　1997 年 5 月
152 页　平装　27cm
准印证号：乐内印（1997）字第 029 号
馆藏号：Guojiafz-8600002006274

仁寿年鉴·1997
仁寿县地方志办公室主管《仁寿年鉴》编辑部编
主编梅昌文
四川仁寿县东方红印刷厂印刷　2002 年 12 月

156 页　平装　27cm
准印证号：眉内印（2003）字第 01 号
馆藏号：Guojiafz-8600002006577

仁寿年鉴·1998
仁寿县地方志办公室主管 《仁寿年鉴》编辑部编　主编梅昌文
四川仁寿县东方红印刷厂印刷　2002 年 12 月
158 页　平装　26cm
准印证号：眉内印（2003）字第 02 号
馆藏号：Guojiafz-8600002001725

仁寿年鉴·1999
仁寿县地方志办公室主管 《仁寿年鉴》编辑部编　主编梅昌文
四川仁寿县东方红印刷厂印刷　2002 年 12 月
126 页　平装　27cm
准印证号：眉内印（2003）字第 03 号
馆藏号：Guojiafz-8600002006578

仁寿年鉴·2000
仁寿县地方志办公室主管 《仁寿年鉴》编辑部编　主编段正权
四川仁寿县东方红印刷厂印刷　2002 年 12 月
126 页　平装　26cm
准印证号：眉内印（2003）字第 04 号
馆藏号：Guojiafz-8600002001724

仁寿年鉴·2004
仁寿县人民政府主管、主办 《仁寿年鉴》编辑部编　主编段正权
四川省仁寿县创业印刷厂印刷　2004 年 12 月
217 页　精装　29cm
准印证号：眉内印 2004（字第）118 号
馆藏号：Guojiafz-8600002008945

仁寿年鉴·2005
仁寿县人民政府主管、主办　仁寿年鉴编纂委员会编　主编段正权
仁寿县福利印刷厂印刷
257 页　平装　27cm
准印证号：眉内印（2006）字第 006 号
馆藏号：Guojiafz-8600002001688

仁寿年鉴·2006
仁寿县人民政府主管、主办　仁寿年鉴编辑委员会编　主编段正权
仁寿县福利印刷厂印刷
317 页　平装　26cm
准印证号：眉内印（2007）字第 23 号
馆藏号：Guojiafz-8600002006279

仁寿年鉴·2014
仁寿县人民政府主办　仁寿县地方志办公室、仁寿县档案局合编　主编周国如
中国文化出版社　2014 年 12 月
381 页　精装　29cm
ISBN978-988-13306-1-1
馆藏号：Guojiafz-8600002015379

洪雅年鉴·2008
洪雅县人民政府主办　洪雅县地方志办公室编
成都新千年印制有限公司印刷　2008 年 12 月
206 页　精装　29cm
准印证号：眉新出内［2008-96］
馆藏号：Guojiafz-8600002004006

洪雅年鉴·2009
洪雅县人民政府主办　洪雅县地方志办公室编
总编尹鸿　执行主编李丹
成都新千年印制有限公司印刷　2008 年 12 月
208 页　精装　29cm
准印证号：眉新出内（2009-122）
馆藏号：Guojiafz-8600002004005

洪雅年鉴·2010
洪雅县人民政府主办　洪雅县地方志办公室编
总编尹鸿
内部印刷　2011 年 4 月
317 页　精装　29cm

准印证号：川新出内:（2011）第98号
馆藏号：Guojiafz-8600002001034

洪雅年鉴·2011
洪雅县人民政府主办　洪雅县地方志编纂委员会编
主编王军
成都现代印务有限公司印刷　2011年12月
276页　精装　29cm
准印证号：眉新出内（2011-90）
馆藏号：Guojiafz-8600002001938

洪雅年鉴·2016
洪雅县人民政府主办　洪雅县地方志编纂委员会办公室编　主编张川　总纂白银福
四川大学出版社　2016年12月
306页　精装　29cm
ISBN978-7-5614-9984-9
馆藏号：Guojiafz-8600002014387

青神年鉴·1996
青神县人民政府主办　青神县县志编纂委员会编
主编何久伦
青神县商业印刷厂印刷　1996年8月
181页　平装　26cm
馆藏号：Guojiafz-8600002001273

青神年鉴·1997
青神县人民政府主办　青神县县志办公室编
主编何久伦
青神县商业印刷厂印刷　1997年8月
234页　平装　26cm
馆藏号：Guojiafz-8600002001338

青神年鉴·2007
青神县人民政府主办　青神县党史县志办公室编
主编李志国
成都新千年印制有限公司印刷　2007年11月
230页　平装　26cm
准印证号：眉新出内（2007-74）
馆藏号：Guojiafz-8600002001727

青神年鉴·2011
青神县人民政府主办　青神县党史县志办编
主编李志国
四川泰吉印刷有限公司印刷　2011年11月
264页　精装　29cm
准印证号：眉新出内（2011-61）
馆藏号：Guojiafz-8600002001933

宜宾市年鉴·1994—1996
四川省宜宾市翠屏区地方志办公室编
芙蓉矿务局印刷厂印刷
561页　精装　21cm
准印证号：川宜内图准（98）字第71号
馆藏号：Guojiafz-8600002009266

宜宾年鉴·1998
宜宾市人民政府主办 《宜宾年鉴》编辑委员会编
主编刘捷
四川科学技术出版社　1998年10月
320页　精装　27cm
ISBN7-5364-4070-7
馆藏号：Guojiafz-8600002003884

宜宾年鉴·1999
宜宾市人民政府主办 《宜宾年鉴》编委会编
主编刘捷
四川科学技术出版社　1999年8月
371页　精装　27cm
ISBN7-5364-4356-0
馆藏号：Guojiafz-8600002000911

宜宾年鉴·2000
宜宾市人民政府主办 《宜宾年鉴》编辑部编
主编刘捷
四川人民出版社　2000年10月
376页　精装　27cm
ISBN7-220-05203-0
馆藏号：Guojiafz-8600002005493

宜宾年鉴·2001
宜宾市人民政府主办　宜宾年鉴编辑部编
主编刘捷
四川科学技术出版社　2001 年 10 月
385 页　精装　29cm
ISBN7-5364-4824-4
馆藏号：Guojiafz-8600002000271

宜宾年鉴·2002
宜宾市人民政府主办　宜宾年鉴编辑部编
主编闻光源
方志出版社　2002 年 8 月
380 页　精装　29cm
ISBN7-80122-780-8
馆藏号：Guojiafz-8600002005608

宜宾年鉴·2003
宜宾市人民政府主办　宜宾年鉴编辑部编
主编闻光源
方志出版社　2003 年 6 月
393 页　精装　29cm
ISBN7-80122-977-0
馆藏号：Guojiafz-8600002000321

宜宾年鉴·2004
宜宾市人民政府主办　宜宾年鉴编辑部编
主编闻光源
方志出版社　2004 年 7 月
397 页　精装　30cm
ISBN7-80192-228-X
馆藏号：Guojiafz-8600002005123

宜宾年鉴·2005
宜宾市人民政府主办　《宜宾年鉴》编辑部编
主编焦伟侠
方志出版社　2005 年 7 月
417 页　精装　29cm
ISBN7-80192-558-0
馆藏号：Guojiafz-8600002002339

宜宾年鉴·2006
宜宾市人民政府主办　宜宾市人民政府编
主编刘成鸣
方志出版社　2006 年 9 月
499 页　精装　30cm
ISBN7-80192-878-4
馆藏号：Guojiafz-8600002004848

宜宾年鉴·2007
宜宾市人民政府主办　宜宾年鉴编辑委员会编
主编徐进
四川科学技术出版社　2007 年 11 月
488 页　精装　29cm
ISBN978-7-5364-6370-7
馆藏号：Guojiafz-8600002005709

宜宾年鉴·2008
宜宾市人民政府主办　宜宾年鉴编辑委员会编
主编徐进
四川科学技术出版社　2008 年 9 月
405 页　精装　29cm
ISBN978-7-5364-6475-9
馆藏号：Guojiafz-8600002000432

宜宾年鉴·2009
宜宾市人民政府主办　宜宾市人民政府编
主编徐进
四川科学技术出版社　2009 年 9 月
402 页　精装　29cm
ISBN978-7-5364-6678-1
馆藏号：Guojiafz-8600002005627

宜宾年鉴·2010
宜宾市人民政府主办　宜宾年鉴编辑委员会编
主编徐进
吉林出版集团有限责任公司　2010 年 9 月
380 页　精装　29cm
ISBN978-7-5463-3679-4
馆藏号：Guojiafz-8600002005445

宜宾年鉴·2011
宜宾市人民政府主办 宜宾年鉴编纂委员会编
主编徐进
中央民族大学出版社 2011 年 8 月
330 页 精装 29cm
ISBN978-7-5660-0042-2
馆藏号：Guojiafz-8600002000094

宜宾市年鉴·2014
宜宾市人民政府主办 《宜宾市年鉴》编纂委员会编 主编于滨
电子科技大学出版社 2014 年 9 月
440 页 精装 29cm
ISBN978-7-5647-2636-2
馆藏号：Guojiafz-8600002016020

宜宾市年鉴·2016
宜宾市人民政府主办 《宜宾市年鉴》编纂委员会编 主编于滨
电子科技大学出版社 2016 年 11 月
428 页 精装 29cm
ISBN978-7-5647-3967-6
馆藏号：Guojiafz-8600002014318

翠屏区年鉴·1997—1998
宜宾市翠屏区人民政府主办 《翠屏区年鉴》编辑委员会 总编温遥路
芙蓉矿务局印刷厂印刷
280 页 精装 28cm
准印证号：川宜内图准（99）字第 182 号
馆藏号：Guojiafz-8600002001597

翠屏区年鉴·2006
宜宾市翠屏区人民政府主办 《翠屏区年鉴》编辑部编 主编李戎
成都标点制版印务中心印刷 2007 年 11 月
401 页 精装 29cm
准印证号：宜新出内（2007）128 号
馆藏号：Guojiafz-8600002001390

翠屏区年鉴·2010
翠屏区人民政府主办 《翠屏区年鉴》编辑部编
主编张永红 责任主编李华蓉
四川墨池印务有限公司印刷 2011 年 11 月
527 页 精装 29cm
准印证号：宜文广新出内（2011）158 号
馆藏号：Guojiafz-8600002009024

南溪年鉴·1993—1997
南溪县人民政府办公室主管 《南溪年鉴》编辑委员会办公室、南溪县志编纂委员会办公室合编
主编叶维君
成都飞机工业公司印刷厂印刷 1999 年 11 月
301 页 精装 27cm
准印证号：川宜内图准（2000）字第 163 号
馆藏号：Guojiafz-8600002006395

宜宾县年鉴·2005
宜宾县人民政府主管、主办 《宜宾县年鉴》编辑部编 总纂刘运平 主编何峰
四川宜宾金地印务有限公司印刷 2006 年 8 月
293 页 精装 30cm
准印证号：宜县新出内（2006）第 6 号
馆藏号：Guojiafz-8600002009028

宜宾县年鉴·2006
宜宾县人民政府主办 《宜宾县年鉴》编辑部编
总纂段柯村 主编何峰
成都四时教育印务有限责任公司印刷 2007 年 7 月
251 页 精装 30cm
准印证号：宜县新出内（2007）1 号
馆藏号：Guojiafz-8600002009320

江安年鉴·2001
江安县人民政府主办 江安县人民政府编
主编黄德生
江安县江城印刷厂印刷 2001 年 8 月
257 页 精装 29cm
准印证号：川宜内图准（2001）字第 346 号
馆藏号：Guojiafz-8600002001716

长宁年鉴·2007
长宁县人民政府主办　长宁县地方志编纂委员会编
主编曾从钦
四川西南建筑印务有限公司印刷　2007 年 9 月
374 页　精装　29cm
准印证号：宜长新内出（2007）第 113 号
馆藏号：Guojiafz-8600002001717

长宁年鉴·2009
长宁县人民政府主办　《长宁年鉴》编辑部编
主编曾从钦
成都力扬文化传播有限公司印刷　2009 年 9 月
341 页　精装　29cm
准印证号：宜新内出（2009）77 号
馆藏号：Guojiafz-8600002001960

长宁年鉴·2011
长宁县人民政府主办　《长宁年鉴》编辑部编
主编盛小平
成都蓉军广告印务有限公司印刷　2011 年 9 月
363 页　精装　30cm
准印证号：长新内出［2011］03 号
馆藏号：Guojiafz-8600002001243

长宁县年鉴·2017
长宁县人民政府主办　《长宁县年鉴》编辑部编
主编兰宏彬
开明出版社　2017 年 10 月
415 页　精装　29cm
ISBN978-7-5131-3625-9
馆藏号：Guojiafz-8600002020700-1

长宁县年鉴·2018
长宁县人民政府主办　《长宁县年鉴》编辑部编
主编华涛
开明出版社　2018 年 9 月
416 页　精装　29cm
ISBN978-7-5131-4661-6
馆藏号：Guojiafz-8600002020826-8

长宁县年鉴·2020
长宁县人民政府主办　《长宁县年鉴》编辑部编
主编罗昕
开明出版社　2020 年 10 月
392 页　精装　29cm
ISBN978-7-5131-6231-9
馆藏号：Guojiafz-8600002020702-3

高县年鉴·2010
高县人民政府主办　高县地方志编纂委员会编
主编孙洪
四川科学技术出版社　2010 年 11 月
302 页　精装　29cm
ISBN978-7-5364-6821-4
馆藏号：Guojiafz-8600002005626

珙县年鉴·1999—2001
珙县人民政府主办　《珙县年鉴》编辑部编
总编陶学周　总纂黄淑云
芙蓉矿务印刷厂印刷　2003 年 1 月
278 页　精装　29cm
准印证号：川宜图准（2003）第 29 号
馆藏号：Guojiafz-8600002001608

珙县年鉴·2006
珙县人民政府主办　《珙县年鉴》编辑部编
总纂王孝友
珙县芙蓉印刷厂印刷　2006 年 11 月
326 页　精装　29cm
准印证号：宜珙新出内（2006）第 09 号
馆藏号：Guojiafz-8600002008904

筠连年鉴·2011
筠连县人民政府主办　筠连县人民政府编
总编胡波
方志出版社　2011 年 12 月
388 页　精装　29cm
ISBN978-7-5144-0362-6
馆藏号：Guojiafz-8600002000391

筠连县年鉴·2012
筠连县人民政府主办　筠连县方志办公室编
总编伍永富
方志出版社　2012年12月
377页　精装　30cm
ISBN978-7-5144-0707-5
馆藏号：Guojiafz-8600002003220

筠连县年鉴·2013
筠连县人民政府主办　筠连县年鉴编辑部编
总编伍永富
方志出版社　2013年12月
337页　精装　29cm
ISBN978-7-5144-1092-1
馆藏号：Guojiafz-8600002005674

筠连县年鉴·2014
筠连县人民政府主办《筠连县年鉴》编辑部编
总编伍永富
方志出版社　2014年12月
356页　精装　29cm
ISBN978-7-5144-1487-5
馆藏号：Guojiafz-8600002010337

筠连县年鉴·2015
筠连县人民政府主办《筠连县年鉴》编辑部编
总编甘华锋
方志出版社　2015年12月
328页　精装　29cm
ISBN978-7-5144-1856-9
馆藏号：Guojiafz-8600002014310

筠连县年鉴·2016
筠连县人民政府主办《筠连县年鉴》编辑部编
总编李小林
方志出版社　2016年12月
312页　精装　29cm
ISBN978-7-5144-2262-7
馆藏号：Guojiafz-8600002014016

筠连县年鉴·2017
《筠连县年鉴》编辑部编　总编郭创锋
方志出版社　2017年12月
383页　精装　29cm
ISBN978-7-5144-2690-8
馆藏号：Guojiafz-8600002015050

筠连县年鉴·2018
筠连县人民政府主办《筠连县年鉴》编辑部编
总编李勇
方志出版社　2018年9月
405页　精装　29cm
ISBN978-7-5144-3310-4
馆藏号：Guojiafz-8600002018011

兴文年鉴·1996—1997
兴文县人民政府主办　总编兰祥义
四川人民出版社　1999年4月
336页　精装　27cm
ISBN7-220-04414-3
馆藏号：Guojiafz-8600002000222

兴文年鉴·1998
兴文县人民政府主办　总编兰祥义
四川人民出版社　1999年9月
387页　精装　27cm
ISBN7-220-04663-4
馆藏号：Guojiafz-8600002000877

兴文年鉴·2000
兴文县人民政府主办　兴文县人民政府编
总编兰祥义
巴蜀书社　2000年10月
354页　精装　27cm
ISBN7-80659-125-7
馆藏号：Guojiafz-8600002000878

兴文年鉴·2001
兴文县人民政府主办　兴文县人民政府编
主编李泽泉

四川科学技术出版社　2001年12月
331页　精装　27cm
ISBN7-5364-4847-3
馆藏号：Guojiafz-8600002000647

兴文年鉴·2003
兴文县人民政府主办　《兴文年鉴》编辑部编
主编钟生贵
成都飞机公司印刷厂印刷　2003年12月
326页　精装　27cm
准印证号：川宜内出准（2003）字第562号
馆藏号：Guojiafz-8600002001467

兴文年鉴·2009
兴文县人民政府主办　《兴文年鉴》编委会编
主编贾利华
宜宾万旭印务有限公司印刷　2009年11月
396页　精装　27cm
准印证号：宜新出内（2009）153号
馆藏号：Guojiafz-8600002006422

兴文年鉴·2010
兴文县人民政府主办　《兴文年鉴》编委会编
主编贾利华
宜宾万旭印务有限公司印刷　2010年11月
378页　精装　27cm
准印证号：宜广广新出内（2010）098号
馆藏号：Guojiafz-8600002006276

兴文年鉴·2011
兴文县人民政府主办　《兴文年鉴》编委会编
主编贾利华
宜宾万旭印务有限公司印刷　2011年12月
309页　精装　29cm
准印证号：宜文广新出内2011169号
馆藏号：Guojiafz-8600002008839

屏山年鉴·1999
屏山县人民政府主办　屏山县人民政府编
主编周朝康
巴蜀书社　1999年12月
201页　精装　27cm
ISBN7-80659-029-3
馆藏号：Guojiafz-8600002002511

屏山年鉴·2000
屏山县人民政府主办　屏山县人民政府编
主编周朝康
巴蜀书社　2000年10月
278页　精装　27cm
ISBN7-80659-141-9
馆藏号：Guojiafz-8600002005625

屏山年鉴·2001
屏山县人民政府主办　四川省屏山年鉴编纂委员会编　主编周朝康
方志出版社　2001年12月
312页　精装　27cm
ISBN7-80122-729-8
馆藏号：Guojiafz-8600002005484

屏山年鉴·2002—2003
屏山县人民政府主办　《屏山年鉴》编辑部编
主编陈剑英
宜宾飞马印务有限公司印刷　2004年7月
225页　精装　27cm
馆藏号：Guojiafz-8600002007586

屏山年鉴·2004
屏山县人民政府主办　《屏山年鉴》编辑部编
主编陈剑英
宜宾飞马印务有限公司印刷　2004年10月
221页　精装　29cm
馆藏号：Guojiafz-8600002008977

屏山年鉴·2005
屏山县人民政府主办　《屏山年鉴》编辑部编
主编邱东林
宜宾市珙县芙蓉印刷厂印刷　2005年8月
278页　精装　29cm

准印证号：宜新出内（2005）第72号
馆藏号：Guojiafz-8600002005387

屏山年鉴·2006
屏山县人民政府主办 《屏山年鉴》编辑部编
主编邱东林
宜宾市珙县芙蓉印刷厂印刷 2006年10月
287页 精装 29cm
准印证号：宜屏新出内（2006）第1号
馆藏号：Guojiafz-8600002006374

屏山年鉴·2007
屏山县人民政府主办 《屏山年鉴》编辑部编
主编邱东林
宜宾市珙县芙蓉印刷厂印刷 2007年10月
402页 精装 29cm
准印证号：宜新出内（2007）第103号
馆藏号：Guojiafz-8600002007588

屏山年鉴·2008
屏山县人民政府主办 《屏山年鉴》编辑部编
主编邱东林
珙县芙蓉印刷厂印刷 2008年10月
352页 精装 29cm
准印证号：宜新出内（2008）第121号
馆藏号：Guojiafz-8600002008898

屏山年鉴·2009
屏山县人民政府主办 《屏山年鉴》编辑部编
主编邱东林
宜宾市珙县芙蓉印刷厂印刷 2009年10月
332页 精装 29cm
准印证号：宜新出内（2009）第144号
馆藏号：Guojiafz-8600002008895

屏山年鉴·2010
屏山人民政府主办 《屏山年鉴》编辑部编
主编邱东林
成都现代印务有限公司印刷 2010年10月
325页 精装 29cm
准印证号：宜文广新出内2010（099）号
馆藏号：Guojiafz-8600002006302

屏山年鉴·2011
屏山县人民政府主办 《屏山年鉴》编辑部编
主编石进
中央民族大学出版社 2011年12月
364页 精装 29cm
ISBN978-7-5660-0110-8
馆藏号：Guojiafz-8600002002696

屏山县年鉴·2016
屏山县人民政府主办 屏山县年鉴编辑部编
主编李川
开明出版社 2016年10月
425页 精装 29cm
ISBN978-7-5131-2774-5
馆藏号：Guojiafz-8600002014324

屏山县年鉴·2017
屏山县人民政府主办 屏山县年鉴编辑部编
主编李川
开明出版社 2017年10月
414页 精装 29cm
ISBN978-7-5131-3537-5
馆藏号：Guojiafz-8600002016161

广安年鉴·2007
中共广安市委、广安市人民政府合编
主编钟再原
四川西南建筑印务有限公司印刷 2008年2月
313页 精装 29cm
准印证号：川广新出内（2008）字第3号
馆藏号：Guojiafz-8600002001872

广安年鉴·2008
广安市委、市政府主办 中共广安市委、广安市人民政府合编 主编钟再原
四川科学技术出版社 2009年1月
343页 精装 29cm

ISBN978-7-5364-6744-6
馆藏号：Guojiafz-8600002000423

广安年鉴·2009
广安市委、市政府主办　中共广安市委、广安市人民政府合编　主编钟再原
中国文史出版社　2009年9月
370页　精装　29cm
ISBN978-7-5034-2547-9
馆藏号：Guojiafz-8600002005745

广安年鉴·2011
中共广安市委、广安市人民政府合编　主编钟再原
中央民族大学出版社　2011年11月
461页　精装　29cm
ISBN978-7-5660-0092-7
馆藏号：Guojiafz-8600002000399

广安年鉴·2013
中共广安市委、广安市人民政府主办　广安市地方志办公室编　主编何斌
方志出版社　2014年3月
428页　精装　29cm
ISBN978-7-5144-1207-9
馆藏号：Guojiafz-8600002005657

广安年鉴·2014
中共广安市委、广安市人民政府主办　广安市地方志办公室编　主编何斌
方志出版社　2014年11月
472页　精装　29cm
ISBN978-7-5144-1408-0
馆藏号：Guojiafz-8600002007148

广安年鉴·2015
中共广安市委、广安市人民政府主办　广安市地方志办公室编　主编谯小松
方志出版社　2015年12月
566页　精装　29cm
ISBN978-7-5144-1881-1
馆藏号：Guojiafz-8600002013514

广安年鉴·2016
中共广安市委、广安市人民政府主办　广安年鉴编纂委员会编　主编谯小松
线装书局　2016年12月
486页　精装　29cm
ISBN978-7-5120-2560-8
馆藏号：Guojiafz-8600002014343

广安市广安区年鉴·2011
中共广安市广安区委、广安市广安区人民政府合编　主编邓搏
中国文史出版社　2012年2月
422页　精装　30cm
ISBN978-7-5034-3889-9
馆藏号：Guojiafz-8600002000046

华蓥年鉴·1998—2002
华蓥市人民政府主管　华蓥史志办公室主办　《华蓥年鉴》编辑部编　总编杨贵德　执行主编张昌均、陈克艰
四川唯信印务有限责任公司印刷
339页　精装　27cm
准印证号：川广新出内（2006）字第44号
馆藏号：Guojiafz-8600002000721

华蓥年鉴·2009
华蓥市人民政府主办　华蓥市史志办公室编　总编王小兵　主编陈克艰　执行主编李果
四川师范大学电子出版社　2010年12月
296页　精装　29cm
ISBN978-7-89449-284-5
馆藏号：Guojiafz-8600002008159

华蓥年鉴·2016
华蓥市人民政府主办　华蓥市史志办公室编　总编李中友、陈克艰
开明出版社　2016年12月
432页　精装　29cm

ISBN978-7-5131-3009-7
馆藏号：Guojiafz-8600002014332

岳池年鉴·2006
岳池县人民政府编　主编蔡勤忠
四川省岳池县精艺斋印刷厂印刷　2006年12月
385页　平装　27cm
准印证号：川广新出内（2006）字第91号
馆藏号：Guojiafz-8600002001680

岳池年鉴·2014
中共岳池县委、岳池县人民政府主办　《岳池年鉴》编纂委员会编　主编刘明富
方志出版社　2014年11月
374页　精装　29cm
ISBN978-7-5144-1441-7
馆藏号：Guojiafz-8600002009923

岳池年鉴·2015
中共岳池县委、岳池县人民政府主办　《岳池年鉴》编纂委员会编　主编刘明富
方志出版社　2015年12月
402页　精装　30cm
ISBN978-7-5144-1882-8
馆藏号：Guojiafz-8600002002723

岳池年鉴·2017
中共岳池县委、岳池县人民政府主办　《岳池年鉴》编纂委员会编　主编魏海军
方志出版社　2018年5月
419页　精装　29cm
ISBN978-7-5144-3068-4
馆藏号：Guojiafz-8600002017165

岳池年鉴·2019
岳池县人民政府主办　岳池县党史县志办公室编　主编魏海军
开明出版社　2019年10月
524页　精装　29cm
ISBN978-7-5131-5363-8
馆藏号：Guojiafz-8600002021744-5

武胜年鉴·2005
武胜县人民政府编　主编袁顺安
龙海印务有限责任公司印刷
246页　精装　29cm
准印证号：川广新出内2006字第70号
馆藏号：Guojiafz-8600002008926

武胜年鉴·2007
武胜县人民政府编　主编徐敏　执行主编袁顺安、李贤臣
武胜龙海印务有限责任公司印刷
317页　精装　29cm
准印证号：川广新出内（2008）字第041号
馆藏号：Guojiafz-8600002001838

武胜年鉴·2008
武胜县人民政府编　主编易传享　执行主编袁顺安
武胜龙海印务有限责任公司印刷
282页　精装　29cm
准印证号：川武新出内（2009）字第010号
馆藏号：Guojiafz-8600002001474

武胜年鉴·2009
武胜县人民政府编　主编易传享　执行主编袁顺安
武胜龙海印务有限责任公司印刷
338页　精装　29cm
准印证号：川武新出内（2009）字第015号
馆藏号：Guojiafz-8600002001475

武胜年鉴·2010
武胜县人民政府主办　中共武胜县委、武胜县人民政府合编　主编易传享　执行主编袁顺安
社会科学文献出版社　2010年12月
377页　精装　29cm
ISBN978-7-5097-0749-4
馆藏号：Guojiafz-8600002002463

武胜年鉴·2011
武胜县人民政府主办　武胜县史志办公室编
主编易传享　执行主编袁顺安
四川师范大学电子出版社　2011 年 12 月
416 页　精装　29cm
ISBN978-7-89449-480-1
馆藏号：Guojiafz-8600002000461

武胜年鉴·2014
武胜县史志办公室编　主编谭松柏
电子科技大学出版社　2014 年 11 月
419 页　精装　29cm
ISBN978-7-5647-2671-3
馆藏号：Guojiafz-8600002016002

邻水年鉴·1993—1997
邻水县人民政府编　主编陈仲质
四川科学技术出版社　1998 年 12 月
223 页　精装　27cm
ISBN7-5364-4119-3
馆藏号：Guojiafz-8600002000018

邻水年鉴·1998—2002
中共邻水县委员会、邻水县人民政府编　主编李瑜
新疆人民出版社　2003 年 12 月
272 页　精装　26cm
ISBN7-228-08297-4
馆藏号：Guojiafz-8600002000427

邻水年鉴·2010
邻水县人民政府主办　邻水县党史地方志办公室编
主编丁禹强
四川师范大学电子出版社　2010 年 11 月
295 页　精装　30cm
ISBN978-7-89449-232-6
馆藏号：Guojiafz-8600002000308

达州年鉴·2002
达州市人民政府主办　达州市地方志办公室编
主编曾庆固
方志出版社　2003 年 5 月
323 页　精装　30cm
ISBN7-80122-963-0
馆藏号：Guojiafz-8600002004354

达州年鉴·2003
达州市人民政府主办　达州市地方志办公室编
主编曾庆固
方志出版社　2004 年 8 月
314 页　精装　29cm
ISBN7-80192-257-3
馆藏号：Guojiafz-8600002002567

达州年鉴·2004
达州市人民政府主办　达州市地方志办公室编
主编曾庆固
方志出版社　2005 年 8 月
336 页　精装　29cm
ISBN7-80192-620-X
馆藏号：Guojiafz-8600002000546

达州年鉴·2008
达州市人民政府主管　达州市人民政府地方志办公室主办　达州年鉴编纂委员会编　主编冉炬
四川科学技术出版社　2010 年 2 月
569 页　精装　29cm
ISBN978-7-5364-6986-0
馆藏号：Guojiafz-8600002007973

达州年鉴·2010
达州市人民政府主办　《达州年鉴》编辑部编
主编冉炬
四川科学技术出版社　2011 年 2 月
467 页　精装　29cm
ISBN978-7-5364-7137-5
馆藏号：Guojiafz-8600002008170

达州年鉴·2011
达州市人民政府主管主办　主编冉炬
四川科学技术出版社　2011 年 12 月

430 页　精装　29cm
ISBN978-7-5364-7307-2
馆藏号：Guojiafz-8600002000107

达州年鉴·2016
达州市人民政府主办 《达州年鉴》编纂委员会编　主编冉炬
四川科学技术出版社　2016 年 12 月
490 页　精装　29cm
ISBN978-7-5364-8539-6
馆藏号：Guojiafz-8600002014639

通川年鉴·1996—1999
达州市通川区人民政府主办　达州市通川区人民政府编　主编王兴全
达州市南方印务有限公司印刷　2000 年 11 月
417 页　精装　27cm
准印证号:（2000）达市新出字第 071 号
馆藏号：Guojiafz-8600002000737

通川年鉴·2003
达州市通川区人民政府主办　达州市通川区地方志办公室编　主编李晓忠
达州市南方印务有限公司印刷　2003 年 9 月
244 页　精装　29cm
准印证号:（2003）达市新出准印字第 165 号
馆藏号：Guojiafz-8600002005682

通川年鉴·2004
达州市通川区人民政府主办 《通川年鉴》编辑部编　主编李晓忠
达州市南方印务有限公司印刷　2004 年 8 月
331 页　精装　29cm
准印证号:（2004）达市新出字第 0144 号
馆藏号：Guojiafz-8600002008840

通川年鉴·2006
达州市通川区人民政府主办　达州市通川区地方志办公室编　主编洪小平
达州市现代印刷有限公司印刷　2006 年 8 月
340 页　精装　27cm
准印证号:（2005）达市新出字第 188 号
馆藏号：Guojiafz-8600002004068

通川年鉴·2010
达州市通川区人民政府主办　达州市通川区地方志办公室编　主编洪小平
达州市现代印刷有限公司印刷　2011 年 2 月
272 页　精装　30cm
准印证号:（2011）达市新出字第 26 号
馆藏号：Guojiafz-8600002001248

万源年鉴·2010
万源市人民政府主管、主办　万源市地方志办公室编　主编唐艺
四川师范大学电子出版社　2010 年 12 月
431 页　精装　30cm
ISBN978-7-89449-243-2
馆藏号：Guojiafz-8600002002658

万源年鉴·2012
万源市人民政府主管、主办　万源市地方志办公室编　主编胡显强
四川科学技术出版社　2013 年 3 月
356 页　精装　29cm
ISBN978-7-5364-7586-1
馆藏号：Guojiafz-8600002015195

万源年鉴·2016
万源市人民政府主办　万源市地方志办公室编　主编李显权
电子科技大学出版社　2016 年 12 月
310 页　精装　29cm
ISBN978-7-5647-4109-9
馆藏号：Guojiafz-8600002014328

宣汉年鉴·2002
宣汉县人民政府主管、主办 《宣汉年鉴》编辑室编　主编李锐
达州市文顺彩印厂印刷　2004 年 10 月

275 页　精装　29cm
准印证号:(2003)达市新出准印字第 199 号
馆藏号：Guojiafz-8600002001841

宣汉年鉴 · 2002—2003
宣汉县人民政府主管、主办 《宣汉年鉴》编辑室编　主编李锐
达州市文顺彩印厂印刷　2007 年 9 月
256 页　精装　29cm
准印证号:(2007)达市新出准印字第 251 号
馆藏号：Guojiafz-8600002001840

宣汉年鉴 · 2017
宣汉县人民政府主办　宣汉县地方志办公室编
主编冉奎
电子科技大学出版社　2017 年 12 月
374 页　精装　29cm
ISBN978-7-5647-5507-2
馆藏号：Guojiafz-8600002016170

开江年鉴 · 1991
四川省开江县地方志编纂委员会编　主编严顺贵
通川日报社印刷厂印刷　1992 年 12 月
238 页　平装　26cm
准印证号：开准印（92）字第 12 号
馆藏号：Guojiafz-8600002006474

开江年鉴 · 2006—2007
开江县人民政府主办　开江县地方志办公室编
主编孙律均
内部印刷　2009 年 9 月
320 页　精装　29cm
馆藏号：Guojiafz-8600002001153

大竹年鉴 · 2005
大竹县人民政府主管、主办　大竹县地方志编纂委员会编　主编赖信文
成都普瑞特彩印有限公司印刷　2007 年 8 月
324 页　精装　30cm
馆藏号：Guojiafz-8600002001149

大竹年鉴 · 2016
大竹县人民政府主办　大竹县地方志办公室编
总编刘开乾、郝玲玲
方志出版社　2019 年 5 月
455 页　精装　29cm
ISBN978-7-5144-3683-9
馆藏号：Guojiafz-8600002018017

渠县年鉴 · 2010
渠县人民政府主管　渠县地方志办公室主办
渠县年鉴编纂委员会编　总编张运伟
四川师范大学电子出版社　2010 年 12 月
327 页　精装　29cm
ISBN978-7-89449-247-0
馆藏号：Guojiafz-8600002006063

渠县年鉴 · 2013
四川省渠县人民政府主管、主办　渠县地方志办公室编　总编刘渠
中国文史出版社　2014 年 2 月
431 页　精装　29cm
ISBN978-7-5034-4681-8
馆藏号：Guojiafz-8600002015690

雅安年鉴 · 1998
中共雅安地委、雅安地区行政公署主办　雅安地区行政公署编　主编李超凡
四川科学技术出版社　1998 年 11 月
252 页　精装　27cm
ISBN7-5364-4104-5
馆藏号：Guojiafz-8600002001284

雅安年鉴 · 1999
雅安地区行政公署编　主编李超凡
成都飞机工业集团公司印刷厂印刷　1999 年 12 月
415 页　精装　29cm
准印证号：雅内印（99）字第 50 号
馆藏号：Guojiafz-8600002000756

雅安年鉴·2000
雅安地区行政公署编　主编李超凡
成都飞机工业集团公司印刷厂印刷　2000年10月
408页　精装　29cm
准印证号：雅内印（2000）字第21号
馆藏号：Guojiafz-8600002000757

雅安年鉴·2001
雅安市人民政府编　主编杨昌明
四川省印刷制版中心印刷　2001年10月
409页　精装　29cm
准印证号：雅内印（2001）字第044号
馆藏号：Guojiafz-8600002001438

雅安年鉴·2002
雅安市人民政府编　主编杨昌明
四川省印刷制版中心印刷　2002年10月
347页　精装　29cm
准印证号：雅内印（2002）字第56号
馆藏号：Guojiafz-8600002004013

雅安年鉴·2003
雅安市人民政府编　主编杨昌明
四川省印刷制版中心印刷　2003年10月
350页　精装　29cm
准印证号：雅内印（2003）字第55号
馆藏号：Guojiafz-8600002000766

雅安年鉴·2004
雅安市人民政府编　主编李伊林
四川省印刷制版中心印刷　2004年10月
391页　精装　29cm
准印证号：雅内印（2004）字第61号
馆藏号：Guojiafz-8600002000769

雅安年鉴·2005
雅安市人民政府编　主编李伊林
四川省印刷制版中心印刷　2005年10月
397页　精装　29cm
准印证号：雅内印（2005）字第076号
馆藏号：Guojiafz-8600002001509

雅安年鉴·2006
雅安市人民政府编　主编李伊林
四川大自然印刷有限公司印刷　2007年9月
432页　精装　29cm
准印证号：雅内印（2006）第166号
馆藏号：Guojiafz-8600002001431

雅安年鉴·2007
四川省雅安市人民政府主办　四川省雅安市地方志办公室编　主编李伊林
四川大自然印刷有限公司印刷
376页　精装　30cm
准印证号：川新出内［2008］11号
馆藏号：Guojiafz-8600002007593

雅安年鉴·2008
雅安市人民政府主办　雅安市地方志办公室编　主编李伊林
四川大自然印刷有限公司印刷　2009年
482页　精装　29cm
准印证号：川新出内（2009）3号
馆藏号：Guojiafz-8600002008749

雅安年鉴·2009
雅安市人民政府主办　雅安市地方志编纂委员会编　主编李伊林
四川师范大学电子出版社　2009年12月
460页　精装　29cm
ISBN978-7-900777-65-2
馆藏号：Guojiafz-8600002000879

雅安年鉴·2010
雅安市人民政府主办　雅安市地方志编纂委员会编　主编孙建军
四川师范大学电子出版社　2011年3月
440页　精装　29cm
ISBN978-7-89449-306-4
馆藏号：Guojiafz-8600002005556

雅安年鉴·2011
雅安市人民政府主办　雅安市地方志编纂委员会编
主编刘光远
中央民族大学出版社　2012 年 2 月
408 页　精装　29cm
ISBN978-7-5660-0114-6
馆藏号：Guojiafz-8600002005911

雅安市年鉴·2015
雅安市人民政府主办　雅安市地方志办公室编
主编师伟
开明出版社　2016 年 11 月
460 页　精装　29cm
ISBN978-7-5131-2496-6
馆藏号：Guojiafz-8600002014592

雨城年鉴·2005
雨城区人民政府主办　雅安市雨城区人民政府编
主编王才洪
成都翔川印务有限责任公司印刷　2006 年 9 月
191 页　精装　29cm
准印证号：雅内印（2006）字第 51 号
馆藏号：Guojiafz-8600002000768

雨城年鉴·2006
雅安市雨城区人民政府编　主编王才洪
成都彩宏达印务有限责任公司印刷　2007 年 6 月
209 页　精装　29cm
准印证号：雅内印（2007）字第 037 号
馆藏号：Guojiafz-8600002000767

雨城年鉴·2007
雅安市雨城区人民政府编　主编赵志雷
雅安凌丰印务有限责任公司印刷　2008 年 8 月
236 页　精装　29cm
准印证号：雅内印（08）字第 68 号
馆藏号：Guojiafz-8600002000772

雨城年鉴·2008
雅安市雨城区人民政府主办　雅安市雨城区人民政府编　主编赵志雷
四川科学技术出版社　2009 年 9 月
420 页　精装　29cm
ISBN978-7-5364-6888-7
馆藏号：Guojiafz-8600002000022

雨城年鉴·2010
雅安市雨城区人民政府主办　雅安市雨城区人民政府编　主编赵志雷
四川师范大学电子出版社　2010 年 8 月
372 页　精装　29cm
ISBN978-7-89449-283-8
馆藏号：Guojiafz-8600002000021

雨城年鉴·2011
雅安市雨城区人民政府主办　雅安市雨城区人民政府编　主任苟乙权
中央民族大学出版社　2011 年 12 月
378 页　精装　29cm
ISBN978-7-5660-0111-5
馆藏号：Guojiafz-8600002000397

名山年鉴·2006
名山县人民政府主办　名山县地方志办公室编
总编徐其斌　执行主编李德益
内部印刷　2007 年 5 月
392 页　精装　29cm
准印证号：川新出内（2007）字第 156 号
馆藏号：Guojiafz-8600002001565

名山年鉴·2007
名山县人民政府主办　名山县地方志办公室编
总编徐其斌　执行主编李德益
四川大自然印刷有限公司印刷　2008 年 6 月
367 页　精装　29cm
准印证号：川新出内（2008）50 号
馆藏号：Guojiafz-8600002008698

名山年鉴·2008
名山县人民政府主办　名山县地方志办公室编

总编徐其斌　执行主编李德益
哈尔滨工程大学出版社　2009 年 7 月
378 页　精装　29cm
ISBN978-7-81133-490-6
馆藏号：Guojiafz-8600002005655

名山年鉴·2009
名山县人民政府主办　名山县地方志办公室编
主编杨忠
四川师范大学电子出版社　2010 年 12 月
314 页　精装　29cm
ISBN978-7-89449-249-4
馆藏号：Guojiafz-8600002000110

名山年鉴·2010
名山县人民政府主办　名山县地方志办公室编
主编杨忠
中央民族大学出版社　2012 年 3 月
344 页　精装　29cm
ISBN978-7-5660-0154-2
馆藏号：Guojiafz-8600002005793

雅安市名山区年鉴·2016
雅安市名山区人民政府主办　雅安市名山区地方志办公室编　总编余力　执行主编高波
开明出版社　2016 年 11 月
462 页　精装　29cm
ISBN978-7-5131-2642-7
馆藏号：Guojiafz-8600002014347

荥经年鉴·2001
荥经县人民政府主办　荥经年鉴编辑委员会编
主编毛昌龙
新都新宇美术印刷厂印刷　2002 年
520 页　精装　27cm
准印证号：雅内印（2002）字第 042 号
馆藏号：Guojiafz-8600002001276

荥经年鉴·2002
荥经县人民政府主办　荥经年鉴编辑委员会编
主编毛昌龙
新都新宇美术印刷厂印刷　2003 年
490 页　精装　27cm
准印证号：雅内印（2003）字第 90 号
馆藏号：Guojiafz-8600002001721

荥经年鉴·2011
荥经县人民政府主办　荥经县人民政府编
主编冯有坤
四川师范大学电子出版社　2011 年 12 月
315 页　精装　29cm
ISBN978-7-89449-619-5
馆藏号：Guojiafz-8600002000460

荥经年鉴·2014
荥经县人民政府主办　荥经县县志编纂委员会办公室编　主编梁华
中央民族大学出版社　2014 年 6 月
504 页　精装　29cm
ISBN978-7-5660-0718-6
馆藏号：Guojiafz-8600002015605

荥经年鉴·2018
荥经县地方志办公室编　主编甘文祥
方志出版社　2019 年 12 月
268 页　平装　29cm
ISBN978-7-5144-3861-1
馆藏号：Guojiafz-8600002018330

汉源年鉴·2005
汉源县人民政府主办　汉源县县志编纂委员会办公室编　主任刘树君
汉源县顺和印刷公司印刷　2006 年 7 月
286 页　精装　29cm
准印证号：雅内印（2006）字第 44 号
馆藏号：Guojiafz-8600002001011

汉源年鉴·2006
汉源县人民政府主办　汉源县县志编纂委员会办公室编　主编刘树君

内部印刷　2007年9月
302页　精装　29cm
准印证号：雅内印（07）字第047号
馆藏号：Guojiafz-8600002001012

汉源年鉴·2007
汉源县人民政府主管　汉源县县志编纂委员会办公室编　主编刘树君
石棉县锡康印刷厂印刷　2008年3月
299页　精装　29cm
准印证号：雅内印（2008）018号
馆藏号：Guojiafz-8600002001013

汉源年鉴·2009
汉源县人民政府主管　汉源县县志编纂委员会编
主任张桥
汉源县顺和印刷有限责任公司印刷
380页　精装　29cm
准印证号：雅内印（2010）字第084号
馆藏号：Guojiafz-8600002001014

汉源年鉴·2011
汉源县人民政府主办　汉源县县志编纂委员会编
主编董必忠
汉源县顺和印刷有限责任公司印刷
240页　精装　29cm
准印证号：雅内印（2012）字第020号
馆藏号：Guojiafz-8600002001305

石棉年鉴·2002
石棉县委、县政府主办　石棉县人民政府编
主编李江
石棉县青牛印刷厂印刷　2003年11月
246页　精装　29cm
准印证号：雅内印（2003）字第70号
馆藏号：Guojiafz-8600002001389

石棉年鉴·2007
石棉县人民政府主办　四川省石棉县人民政府编
主编石松
石棉县锡康印刷厂印刷
334页　精装　29cm
准印证号：雅内印（2007）061号
馆藏号：Guojiafz-8600002001147

石棉年鉴·2009
石棉县委、县政府主办　四川省石棉县人民政府编
主编周建华
汉源县顺和印刷公司印刷　2009年10月
315页　精装　29cm
准印证号：雅内印（2009）84号
馆藏号：Guojiafz-8600002005382

石棉年鉴·2011
石棉县人民政府主办　四川省石棉县人民政府编
主编周建华
哈尔滨工程大学出版社　2011年9月
322页　精装　29cm
ISBN978-7-5661-0224-9
馆藏号：Guojiafz-8600002000373

天全年鉴·2003
天全县人民政府主办　天全县人民政府编
总编江汉平　主编胡锡彭、杨贤斌、刘桢祥、王泽宏
四川省印刷制版中心有限公司印刷　2003年9月
381页　精装　29cm
准印证号：雅内印（2003）字第48号
馆藏号：Guojiafz-8600002009145

天全年鉴·2004
天全县人民政府主办　天全县人民政府编
总编江汉平
成都市新都华兴印务有限公司印刷　2004年12月
260页　精装　29cm
准印证号：雅内印（2004）字第56号
馆藏号：Guojiafz-8600002004037

天全年鉴·2007
天全县人民政府主办　天全县地方志办公室编

总编江汉平
成都力扬文化传播有限公司印刷　2007 年 12 月
310 页　精装　29cm
准印证号：雅内印（07）字第 066 号
馆藏号：Guojiafz-8600002001177

天全年鉴·2008
天全县人民政府主办　天全县地方志办公室编
总编江汉平
成都力扬文化传播有限公司印刷　2008 年 10 月
308 页　精装　29cm
准印证号：雅内印（08）字第 066 号
馆藏号：Guojiafz-8600002001016

天全年鉴·2009
天全县委、县政府主办　天全县地方志办公室编
总编江汉平
成都力扬文化传播有限公司印刷　2009 年 10 月
333 页　精装　29cm
准印证号：雅内印（09）字第 066 号
馆藏号：Guojiafz-8600002001015

天全年鉴·2010
天全县人民政府主办　天全县地方志办公室编
总编陈世忠
哈尔滨工程大学出版社　2010 年 11 月
304 页　精装　29cm
ISBN978-7-81133-736-5
馆藏号：Guojiafz-8600002002688

天全年鉴·2014
天全县人民政府主管主办　天全县地方志办公室编
总编冯黎
九州出版社　2014 年 10 月
453 页　精装　29cm
ISBN978-7-5108-3321-2
馆藏号：Guojiafz-8600002016109

宝兴年鉴·2008
宝兴县人民政府主办　宝兴县地方志办公室编
主编张顺昌　执行主编李崇刚
成都现代印务有限公司印刷　2009 年 12 月
328 页　精装　29cm
准印证号：雅内印（2009）字第 068 号
馆藏号：Guojiafz-8600002001009

宝兴年鉴·2009
宝兴县人民政府主办　宝兴县年鉴编纂委员会编
主编田孟良　执行主编李崇刚
中央民族大学出版社　2011 年 7 月
328 页　精装　29cm
ISBN978-7-5660-0017-0
馆藏号：Guojiafz-8600002002976

巴中年鉴·1999
巴中地区行政公署主办　巴中年鉴编纂委员会编
主编范瑞亭
通江县印刷厂印刷
382 页　精装　27cm
准印证号：川新出内巴地（1999）字第 20 号
馆藏号：Guojiafz-8600002001598

巴中年鉴·2000
巴中地区行政公署主办　巴中年鉴编纂委员会编
主编范瑞亭
巴中粮油装潢印制厂印刷　2000 年 7 月
301 页　精装　27cm
准印证号：川新出内巴地（1999）字第 20 号
馆藏号：Guojiafz-8600002001951

巴中年鉴·2001
巴中市人民政府主办　巴中年鉴编纂委员会编
主编范瑞亭
巴中粮油装潢印制厂印刷
323 页　精装　27cm
准印证号：川新出内巴地（1999）字第 20 号
馆藏号：Guojiafz-8600002001623

巴中年鉴·2006
巴中市人民政府主办　巴中年鉴编纂委员会编

主编王敏
成都锦瑞印刷有限责任公司印刷　2006 年
437 页　精装　29cm
准印证号：川新出内巴市（2006）19 号
馆藏号：Guojiafz-8600002001148

巴中年鉴・2007
巴中市人民政府主办　巴中年鉴编纂委员会编
主编王敏　执行主编鲜圣
内部印刷　2007 年 11 月
324 页　精装　29cm
准印证号：川新出内巴市［2007］36 号
馆藏号：Guojiafz-8600002009316

巴中年鉴・2008
巴中市人民政府主办　巴中年鉴编纂委员会编
主编王闵　执行主编鲜圣
成都蓉军广告印务有限公司印刷　2009 年
229 页　精装　29cm
准印证号：川新出内巴市（2009）038 号
馆藏号：Guojiafz-8600002009139

巴中年鉴・2009
巴中市人民政府主办　巴中年鉴编纂委员会编
主编王闵
四川省印刷制版中心有限公司印刷
271 页　精装　29cm
准印证号：川新出内巴市（2010）046 号
馆藏号：Guojiafz-8600002001146

巴中年鉴・2011
巴中市人民政府主办　巴中年鉴编纂委员会编
主编王闵
方志出版社　2011 年 12 月
235 页　精装　29cm
ISBN978-7-5144-0375-6
馆藏号：Guojiafz-8600002000337

巴中年鉴・2016
巴中市人民政府主办　巴中市地方志办公室编
主编罗之聪
中国文史出版社　2017 年 3 月
391 页　精装　29cm
ISBN978-7-5034-9138-2
馆藏号：Guojiafz-8600002014344

巴中市巴州区年鉴・2013
巴中市巴州区人民政府主办　巴中市巴州区地方志办公室编　总编杨波　主编李祥　执行主编邓尚贵
中国文史出版社　2014 年 10 月
288 页　精装　29cm
ISBN978-7-5034-7731-4
馆藏号：Guojiafz-8600002015696

通江年鉴・1999
通江县人民政府主办　通江年鉴编纂委员会编
主编熊忠明
通江县印刷厂印刷　1999 年 9 月
325 页　精装　27cm
准印证号：川新出内（1999）字第 14 号
馆藏号：Guojiafz-8600002001452

通江年鉴・2003
通江县人民政府主办　通江年鉴编辑委员会编
主编刘凯
达州市供销干校印刷厂印刷　2003 年 12 月
266 页　精装　27cm
准印证号：川新出内（2003）字第 07 号
馆藏号：Guojiafz-8600002001326

通江年鉴・2004
通江县人民政府主办　通江年鉴编辑委员会编
主编刘凯
达州市宏源印务有限公司印刷　2004 年 9 月
260 页　精装　27cm
准印证号：川新出内（2004）字第 08 号
馆藏号：Guojiafz-8600002001453

通江年鉴·2005
通江县人民政府主办　通江年鉴编辑委员会编
主编刘凯
达州市宏源印务有限公司印刷　2005年12月
315页　精装　27cm
准印证号：川新出内（2005）字第025号
馆藏号：Guojiafz-8600002001454

通江年鉴·2006
通江县人民政府主办　通江年鉴编辑委员会编
主编刘凯
达州市宏源印务有限公司印刷　2006年11月
305页　精装　27cm
准印证号：川新出内（2006）字第006号
馆藏号：Guojiafz-8600002001449

通江年鉴·2007
通江县人民政府主办　通江县地方志办公室编
主编张根生
达州市宏源印务有限公司印刷　2007年12月
343页　精装　27cm
准印证号：（2007）达市新出准印字第（311）号
馆藏号：Guojiafz-8600002001447

通江年鉴·2008
通江县人民政府主办　通江县地方志办公室编
主编邱锋承
达州市宏源印务有限公司印刷　2008年12月
246页　精装　27cm
准印证号：（2009）达市新出准印字第（60）号
馆藏号：Guojiafz-8600002001448

通江年鉴·2009
通江县人民政府主办　通江县地方志办公室编
主编邱锋承
达州市宏源印务有限公司印刷　2009年12月
246页　精装　27cm
准印证号：（2010）达市新出准印字第（16）号
馆藏号：Guojiafz-8600002001451

通江年鉴·2010
通江县人民政府主办　通江县地方志办公室编
主编邱锋承
成都品诚文化传播有限公司印刷　2010年12月
252页　精装　27cm
准印证号：（通）新出内（2010）字第02号
馆藏号：Guojiafz-8600002001450

通江年鉴·2011
通江县人民政府主办　通江县年鉴编纂委员会编
主编岳映兵
成都品诚文化传播有限公司印刷　2011年11月
316页　精装　27cm
准印证号：（通）新出内（2011）字第01号
馆藏号：Guojiafz-8600002007807

通江年鉴·2016
通江县人民政府主办　通江县地方志办公室编
主编何奎
中国言实出版社　2016年12月
323页　精装　27cm
ISBN978-7-5171-2081-0
馆藏号：Guojiafz-8600002014322

平昌年鉴·1993—1998
平昌县人民政府主办　四川省平昌县地方志编纂委员会编　主编姚义贤
平昌县印刷厂印刷　2000年9月
738页　精装　27cm
准印证号：川新出内（2000）巴地平文字第03号
馆藏号：Guojiafz-8600002001949

资阳地区年鉴·1998—2000
资阳市人民政府主办　资阳市地方志办公室编
主编庞明
方志出版社　2003年5月
256页　精装　29cm
ISBN7-80122-950-9
馆藏号：Guojiafz-8600002004350

资阳年鉴·2001—2002
资阳市人民政府主办　资阳市地方志办公室编
主编庞明
四川科学技术出版社　2006年10月
265页　精装　29cm
ISBN978-7-5364-6105-4
馆藏号：Guojiafz-8600002005771

资阳年鉴·2003—2005
资阳市政府主办　资阳市地方志办公室编
主编庞明
四川科学技术出版社　2009年9月
372页　精装　29cm
ISBN978-7-5364-6900-6
馆藏号：Guojiafz-8600002005540

资阳年鉴·2006—2008
资阳市人民政府主办　资阳市地方志办公室编
主编庞明
吉林出版集团有限责任公司　2011年1月
482页　精装　29cm
ISBN978-7-5463-4462-1
馆藏号：Guojiafz-8600002009781

资阳市年鉴·2016
资阳市人民政府主办　资阳市地方志办公室编
主编李卫东
光明日报出版社　2016年10月
303页　精装　29cm
ISBN978-7-5194-2077-2
馆藏号：Guojiafz-8600002014320

雁江年鉴·2001
雁江区人民政府主办　雁江区地方志办公室编
主编徐明辉
四川省内江市兼升印务有限公司印刷　2003年12月
176页　精装　29cm
准印证号：内新出（2004）174号
馆藏号：Guojiafz-8600002008768

雁江年鉴·2008
资阳市雁江区人民政府主办　资阳市雁江区地方志办公室编　总编詹刚
四川师范大学电子出版社　2010年7月
279页　精装　29cm
ISBN978-7-89449-110-7
馆藏号：Guojiafz-8600002006870

简阳年鉴·2003
简阳市人民政府主管主办　简阳市地方志办公室编
主编甘立德
简阳市正阳印务有限公司印刷　2004年11月
367页　精装　29cm
准印证号：资市内资准印号（04）年第33号
馆藏号：Guojiafz-8600002001568

简阳年鉴·2006
简阳市人民政府主办　简阳市地方志办公室编
主编甘立德
内部印刷
315页　精装　29cm
馆藏号：Guojiafz-8600002001387

安岳年鉴·2006
中共安岳县委、安岳县人民政府主办　安岳县年鉴编纂委员会编　主编荣红艳、龙永红（执行）
哈尔滨工程大学出版社　2008年7月
304页　精装　29cm
ISBN978-7-81133-346-6
馆藏号：Guojiafz-8600002002361

安岳年鉴·2007
中共安岳县委、安岳县人民政府主办　安岳县地方志办公室编　主编荣红艳、龙永红（执行）
哈尔滨工程大学出版社　2009年9月
312页　精装　29cm
ISBN978-7-81133-555-2
馆藏号：Guojiafz-8600002005562

安岳年鉴·2008
中共安岳县委、安岳县人民政府主办　安岳县地方志办公室编　主编荣红艳、龙永红（执行）
电子科技大学出版社　2010年10月
411页　精装　29cm
ISBN978-7-5647-0596-1
馆藏号：Guojiafz-8600002005563

安岳年鉴·2009
安岳县年鉴编纂委员会编　主编荣红艳、龙永红（执行）
四川师范大学电子出版社　2011年4月
330页　精装　29cm
ISBN978-7-89449-342-2
馆藏号：Guojiafz-8600002005561

安岳县年鉴·2017
安岳县人民政府主管、主办　安岳县地方志办公室编　主编李青春
北京燕山出版社　2017年12月
366页　精装　29cm
ISBN978-7-5402-4886-4
馆藏号：Guojiafz-8600002016405

阿坝州年鉴·1991—1996
阿坝州人民政府主办　阿坝州地方志编纂委员会编　主编李茂
成都经纬测绘印刷新技术公司印刷　1998年8月
1132页　精装　27cm
准印证号：阿临（1997）字第1号
馆藏号：Guojiafz-8600002005296

阿坝州年鉴·1998
阿坝州地方志编纂委员会编　主编达尔基
郫县唐昌印刷厂印刷　1999年8月
401页　精装　27cm
准印证号：阿临（1999）字第34号
馆藏号：Guojiafz-8600002006283

阿坝州年鉴·2000
阿坝州地方志编纂委员会编　总编达尔基
郫县唐昌印制厂印刷　2000年8月
675页　精装　27cm
准印证号：阿临（2000）字第017号
馆藏号：Guojiafz-8600002001690

阿坝州年鉴·2002
阿坝州人民政府主办　阿坝州地方志编纂委员会编　总编达尔基
郫县唐昌印制厂印刷　2002年7月
407页　精装　27cm
准印证号：阿新出内（2002）字第10号
馆藏号：Guojiafz-8600002009527

阿坝州年鉴·2003
阿坝州人民政府主办　阿坝州地方志编纂委员会编　总编达尔基
电子科技大学出版社　2003年9月
361页　精装　29cm
ISBN7-81094-252-2
馆藏号：Guojiafz-8600002000227

阿坝州年鉴·2005
阿坝州人民政府主办　阿坝州地方志编纂委员会编　总编尕让他
电子科技大学出版社　2005年12月
511页　精装　29cm
ISBN7-81114-024-1
馆藏号：Guojiafz-8600002000270

阿坝州年鉴·2006
阿坝州人民政府主办　阿坝州地方志编纂委员会编　总编尕让他
巴蜀书社　2006年12月
431页　精装　29cm
ISBN978-7-80659-960-0
馆藏号：Guojiafz-8600002006711

阿坝州年鉴·2007
阿坝州人民政府主办　《阿坝州年鉴》阿坝州地方志编纂委员会　总编尕让他
巴蜀书社　2007年12月
461页　精装　29cm
ISBN978-7-80752-084-9
馆藏号：Guojiafz-8600002000422

阿坝州年鉴·2008
阿坝州人民政府主办　《阿坝州年鉴》阿坝州地方志编纂委员会编　总编尕让他
巴蜀书社　2008年12月
449页　精装　29cm
ISBN978-7-80752-292-8
馆藏号：Guojiafz-8600002005494

阿坝州年鉴·2009
阿坝州人民政府主办　《阿坝州年鉴》编委会编　总编尕让他
巴蜀书社　2009年12月
567页　精装　29cm
ISBN978-7-80752-535-6
馆藏号：Guojiafz-8600002005799

阿坝州年鉴·2010
阿坝州人民政府主办　《阿坝州年鉴》编委会编　总编尕让他
巴蜀书社　2011年3月
536页　精装　29cm
ISBN978-7-80752-780-0
馆藏号：Guojiafz-8600002005965

阿坝州年鉴·2015
阿坝州人民政府主办　阿坝藏族羌族自治州人民政府地方志编纂委员会编　总编李学全、任真　执行主编卓林、尼美
巴蜀书社　2016年6月
410页　精装　29cm
ISBN978-7-5531-0713-4
馆藏号：Guojiafz-8600002014338

马尔康县年鉴·1991—1995
马尔康县人民政府主办　马尔康县年鉴编辑委员会编　主编胡贵寿
内部印刷
458页　精装　27cm
馆藏号：Guojiafz-8600002001277

马尔康市年鉴·2018
马尔康市人民政府主办　马尔康市党史地方志办公室编　主编李兵
开明出版社　2018年12月
363页　精装　29cm
ISBN978-7-5092-1764-1
馆藏号：Guojiafz-8600002020741-3

马尔康市年鉴·2019
马尔康市人民政府主办　马尔康市党史地方志办公室编　主编李兵
中国市场出版社　2019年12月
346页　精装　29cm
ISBN978-7-5131-5583-0
馆藏号：Guojiafz-8600002021710-2

汶川县年鉴·2005—2008
汶川县人民政府主办　汶川县人民政府编
总编兰玉蓉
巴蜀书社　2009年12月
485页　精装　29cm
ISBN978-7-80752-643-8
馆藏号：Guojiafz-8600002002771

汶川县年鉴·2009
汶川县人民政府主办　汶川县人民政府编
总编兰玉蓉
巴蜀书社　2011年6月
307页　精装　29cm
ISBN978-7-80752-821-0
馆藏号：Guojiafz-8600002002772

汶川县年鉴·2010
汶川县主办　汶川县人民政府编　总编兰玉蓉
巴蜀书社　2012 年 3 月
367 页　精装　29cm
ISBN978-7-80752-997-2
馆藏号：Guojiafz-8600002008187

理县年鉴·2010
理县人民政府主管、主办　理县地方志办公室编
总编蔡清礼　主编于江涛
中央民族大学出版社　2013 年 4 月
221 页　精装　29cm
ISBN978-7-5660-0404-8
馆藏号：Guojiafz-8600002020773-5

理县年鉴·2019
理县人民政府主办　理县地方志办公室编
主编岳云刚
开明出版社　2019 年 12 月
246 页　精装　29cm
ISBN978-7-5131-5548-9
馆藏号：Guojiafz-8600002021746-8

松潘年鉴·2017
松潘县人民政府主办　松潘县党史和地方志办公室编　主任李建军
开明出版社　2017 年 8 月
244 页　精装　29cm
ISBN978-7-5131-3563-4
馆藏号：Guojiafz-8600002016159

九寨沟县年鉴·2014
九寨沟县人民政府主办　九寨沟县史志办公室编
主编米慧
方志出版社　2018 年 8 月
331 页　精装　29cm
ISBN978-7-5144-3194-0
馆藏号：Guojiafz-8600002016957

黑水年鉴·1998
黑水县地方志办公室编　主编苏朗格西
黑水县印刷厂印刷　1999 年 9 月
165 页　平装　26cm
准印证号：阿临 99 字第 33 号
馆藏号：Guojiafz-8600002009129

黑水县年鉴·2000
黑水县人民政府主办　黑水县地方志编纂委员会编
主编苏朗格西
成都市青羊区长虹印刷厂印刷　2001 年 8 月
395 页　平装　26cm
准印证号：阿临 2000 字第 035 号
馆藏号：Guojiafz-8600002006464

黑水县年鉴·2003
黑水县人民政府主办　黑水县地方志编纂委员会编
总纂阿曲、孟英
成都市青羊区长虹印刷厂印刷　2003 年 12 月
283 页　精装　27cm
准印证号：阿新出内（2003）字第 20 号
馆藏号：Guojiafz-8600002006410

黑水县年鉴·2005
黑水县人民政府主办　黑水县史志编纂委员会编
主编陈福生　执行主编雷明香、王保生
成都市金牛区瑞强印刷包装装潢厂印刷　2005 年 11 月
328 页　精装　29cm
准印证号：阿新出内（2005）字第 014 号
馆藏号：Guojiafz-8600002006210

黑水县年鉴·2008
黑水县人民政府主办　黑水县史志编纂委员会编
主编周志康　执行主编孟英
中国文化出版社　2008 年 12 月
441 页　精装　29cm
ISBN978-988-17468-1-8
馆藏号：Guojiafz-8600002008074

黑水县年鉴·2009
黑水县人民政府主办　黑水县史志编纂委员会编
主编周志康　执行主编孟英
中国文化出版社　2009年12月
336页　精装　29cm
ISBN978-988-61258-7-8
馆藏号：Guojiafz-8600002008073

黑水县年鉴·2010
黑水县人民政府主办　黑水县史志编纂委员会编
主编周志康　执行主编孟英
方志出版社　2011年2月
354页　精装　29cm
ISBN978-7-5144-0072-4
馆藏号：Guojiafz-8600002005559

黑水县年鉴·2014
黑水县人民政府主办　黑水县史志编纂委员会编
主编田庆稷　执行主编邹红梅
电子科技大学出版社　2014年12月
292页　精装　29cm
ISBN978-7-5647-2767-3
馆藏号：Guojiafz-8600002015603

壤塘县年鉴·2001—2002
壤塘县人民政府主办　壤塘县地方志编纂委员会编
主编索朗彭措
成都宁强印务有限责任公司印刷　2005年11月
295页　精装　27cm
准印证号：川新出内（2005）205号
馆藏号：Guojiafz-8600002001018

红原年鉴·2012
红原县人民政府主办　红原县党史地方志办公室编
总编嘉央罗萨　主编杨文明
中央民族大学出版社　2014年5月
204页　精装　29cm
ISBN978-7-5660-0709-4
馆藏号：Guojiafz-8600002015678

甘孜藏族自治州年鉴·2002
甘孜州年鉴编纂委员会编　主编俄邛　执行主编孙林
成都市忠烈光明福利印刷厂印刷
570页　精装　27cm
准印证号：甘孜字第2003-50号
馆藏号：Guojiafz-8600002001152

甘孜州年鉴·2004
甘孜州人民政府主管 《甘孜州年鉴》编辑委员会编　主编俄邛
成都彩富印务设计有限公司印刷
316页　精装　27cm
准印证号：甘孜字第2004-26号
馆藏号：Guojiafz-8600002001642

甘孜州年鉴·2005
甘孜州人民政府主管 《甘孜州年鉴》编辑部编
主编俄邛
成都彩富印务设计有限公司印刷
268页　精装　29cm
准印证号：甘孜字第2005-36号
馆藏号：Guojiafz-8600002001514

甘孜州年鉴·2006
甘孜州地方志编纂委员会办公室主办 《甘孜州年鉴》编辑部编　主编俄邛
成都华兴印务有限公司印刷
348页　精装　29cm
准印证号：甘孜字第2006-43号
馆藏号：Guojiafz-8600002001569

甘孜州年鉴·2007
《甘孜州年鉴》编辑部编　主编俄邛
四川省印刷中心印刷
317页　精装　29cm
准印证号：甘孜内字第2007-42号
馆藏号：Guojiafz-8600002001506

甘孜州年鉴·2008
甘孜州人民政府主办　甘孜州地方志办公室编
主编刘启蓉、俄邛
四川省印刷中心印刷　2008 年 11 月
349 页　精装　29cm
准印证号：甘孜内字第 2008-38 号
馆藏号：Guojiafz-8600002001570

甘孜州年鉴·2009
甘孜州人民政府主办　甘孜州年鉴编辑委员会编
主编刘启蓉、俄邛
成都现代印务有限公司印刷　2009 年 11 月
288 页　精装　29cm
准印证号：甘孜内字第 2009-45 号
馆藏号：Guojiafz-8600002001629

甘孜州年鉴·2010
甘孜藏族自治州人民政府主办　甘孜州年鉴编辑委员会编　主编刘启蓉
方志出版社　2011 年 4 月
254 页　精装　29cm
ISBN978-7-5144-0068-7
馆藏号：Guojiafz-8600002000295

甘孜州年鉴·2011
甘孜藏族自治州人民政府主办　甘孜州年鉴编纂委员会编　主编刘启蓉
方志出版社　2012 年 4 月
244 页　精装　29cm
ISBN978-7-5144-0455-5
馆藏号：Guojiafz-8600002006184

甘孜州年鉴·2012
甘孜藏族自治州人民政府主办　甘孜州年鉴编纂委员会编　主编刘启蓉
方志出版社　2013 年 1 月
244 页　精装　29cm
ISBN978-7-5144-0800-3
馆藏号：Guojiafz-8600002006797

甘孜州年鉴·2013
甘孜藏族自治州人民政府主办　甘孜州年鉴编纂委员会编　主编刘启蓉
方志出版社　2014 年 4 月
193 页　精装　29cm
ISBN978-7-5144-1231-4
馆藏号：Guojiafz-8600002007217

甘孜州年鉴·2014
甘孜藏族自治州人民政府主办　甘孜州年鉴编纂委员会编　主编刘启蓉
方志出版社　2015 年 5 月
210 页　精装　29cm
ISBN978-7-5144-1600-8
馆藏号：Guojiafz-8600002010409

甘孜州年鉴·2015
甘孜藏族自治州人民政府主办　甘孜州年鉴编纂委员会编　主编刘启蓉
方志出版社　2016 年 3 月
229 页　精装　29cm
ISBN978-7-5144-1961-0
馆藏号：Guojiafz-8600002013506

甘孜州年鉴·2016
甘孜藏族自治州人民政府主办　甘孜州地方志办公室编　主编刘启蓉
方志出版社　2017 年 1 月
255 页　精装　29cm
ISBN978-7-5144-2345-7
馆藏号：Guojiafz-8600002014980

甘孜州年鉴·2017
甘孜藏族自治州人民政府主办　甘孜州地方志办公室编　主编韩广富、孙义英
方志出版社　2018 年 2 月
270 页　精装　29cm
ISBN978-7-5144-2998-5
馆藏号：Guojiafz-8600002016960

康定年鉴·2006

康定县人民政府主办　康定县年鉴编纂委员会编　主编龚宁忠

四川九宏印刷厂印刷　2006 年

264 页　精装　29cm

准印证号：甘孜字第（2006）39 号

馆藏号：Guojiafz–8600002009148

康定年鉴·2007

康定县人民政府主办　康定县年鉴编纂委员会编　主编龚宁忠

四川九宏印刷厂印刷

280 页　精装　29cm

准印证号：甘孜内字第（2007）35 号

馆藏号：Guojiafz–8600002005384

康定年鉴·2011

康定县人民政府主办　康定县年鉴编纂委员会编　主编龚宁忠

光明日报出版社　2011 年 12 月

308 页　精装　29cm

ISBN978–7–5112–1987–9

馆藏号：Guojiafz–8600002000149

康定年鉴·2017

康定市人民政府主管　康定市人民政府、康定市地方志编纂委员会编　主编刘康　执行主编龚宁忠、姜莉

线装书局　2017 年 11 月

299 页　精装　29cm

ISBN978–7–5120–2950–7

馆藏号：Guojiafz–8600002016164

泸定年鉴·2005

泸定县人民政府主办　泸定县县志办编　主编周建萍

泸定县新星印刷厂印刷　2006 年

199 页　精装　27cm

准印证号：甘孜字第 2006–02 号

馆藏号：Guojiafz–8600002001689

泸定年鉴·2006

泸定县人民政府主管　泸定县县志编纂委员会办公室编　主编周建萍

内江市龙华档案印务有限公司印刷

243 页　精装　27cm

准印证号：甘孜字第 2006–53 号

馆藏号：Guojiafz–8600002000717

泸定年鉴·2007

泸定县人民政府主管　泸定县县志编纂委员会主办《泸定年鉴》编辑部编　主编周建萍

成都万得隆印务有限公司印刷

233 页　精装　29cm

准印证号：甘孜字第 49 号

馆藏号：Guojiafz–8600002001513

泸定年鉴·2008

泸定县县志编纂委员会办公室主办《泸定年鉴》编辑部编　主编周建萍

成都万得隆印务有限公司印刷

256 页　精装　29cm

准印证号：甘孜内字第 2008–33 号

馆藏号：Guojiafz–8600002001593

泸定年鉴·2009

泸定县人民政府主办　泸定县县志编纂委员会办公室编　主编周建萍

成都现代印务有限公司印刷　2009 年 12 月

295 页　精装　29cm

准印证号：甘孜内字第 2009–64 号

馆藏号：Guojiafz–8600002008836

泸定年鉴·2010

泸定县人民政府主办　泸定县县志编纂委员会办公室编　主编周建萍

成都万得隆印务有限公司印刷　2011 年 4 月

291 页　精装　29cm

准印证号：甘孜内字第 2010–72 号

馆藏号：Guojiafz–8600002008879

泸定年鉴·2011
泸定县人民政府主办　泸定县县志编纂委员会办公室编　主编周建萍
成都万得隆印务有限公司印刷　2011 年 12 月
289 页　精装　29cm
准印证号：甘孜内字第 2011-75 号
馆藏号：Guojiafz-8600002001229

丹巴年鉴·1989—1998
丹巴县地方志编纂办公室主办　四川省丹巴县地方志编纂委员会办公室编　主编杨兴兰
成都科教印刷厂印刷　2002 年 12 月
302 页　平装　26cm
准印证号：甘孜字第 2002-47 号
馆藏号：Guojiafz-8600002006396

丹巴年鉴·1999—2002
丹巴县人民政府主管　丹巴县地方志编纂办公室编　主编赵贵友　执行主编杨兴兰
泸定县新星印刷厂印刷　2005 年 4 月
326 页　精装　27cm
准印证号：甘孜字第 2005-15 号
馆藏号：Guojiafz-8600002009033

丹巴年鉴·2003
四川省丹巴县人民政府主管　丹巴县地方志编纂办公室编　主编赵贵友　执行主编杨兴兰
成都力扬文化传播有限公司印刷　2006 年 12 月
317 页　精装　27cm
准印证号：甘孜字第 2006-38 号
馆藏号：Guojiafz-8600002007572

丹巴年鉴·2004
丹巴县人民政府主办　丹巴县地方志编纂办公室编　主编赵贵友　执行主编杨兴兰
内江市龙华档案印务有限公司印刷　2007 年 6 月
186 页　精装　29cm
准印证号：甘孜字第 2007-09 号
馆藏号：Guojiafz-8600002007587

丹巴年鉴·2006—2008
四川省丹巴县人民政府主办　丹巴县地方志编纂办公室编　主编杨兴兰
成都蓉军广告印务有限公司印刷　2010 年 10 月
426 页　精装　29cm
准印证号：甘孜内字第 2010-26 号
馆藏号：Guojiafz-8600002005290

丹巴年鉴·2010
丹巴县人民政府主办　丹巴县地方志编纂办公室编　主编杨兴兰
成都蓉军广告印务有限公司印刷　2010 年 10 月
284 页　精装　29cm
准印证号：甘孜内字第 2010-42 号
馆藏号：Guojiafz-8600002008899

丹巴年鉴·2011
四川省丹巴县人民政府主办　丹巴县地方志编纂办公室编　主编杨兴兰
成都蓉军广告印务有限公司印刷　2011 年 9 月
332 页　精装　29cm
准印证号：甘孜内字第 2011-31 号
馆藏号：Guojiafz-8600002001247

九龙年鉴·2001—2004
九龙县人民政府主管　九龙县档案县志局编　主编李跃龙
雅安西城包装印刷厂印刷
377 页　精装　27cm
准印证号：川甘字第 2006-45 号
馆藏号：Guojiafz-8600002006225

九龙年鉴·2005—2006
九龙县人民政府主办　九龙县档案县志局编　主编李跃龙
成都新千年印制有限公司印刷　2009 年 12 月
390 页　精装　27cm
准印证号：甘孜内字第 2009-53 号
馆藏号：Guojiafz-8600002008769

九龙年鉴·2007—2008
九龙县人民政府主办 《九龙年鉴》编纂委员会编
主编蒋敏花、余有清
方志出版社 2013年7月
283页 精装 29cm
ISBN978-7-5144-0523-1
馆藏号：Guojiafz-8600002004991

九龙年鉴·2013
九龙县人民政府主办 《九龙年鉴》编纂委员会编
主编余有清
方志出版社 2014年9月
203页 精装 29cm
ISBN978-7-5144-1134-8
馆藏号：Guojiafz-8600002009778

雅江年鉴·2007
雅江县人民政府主管 甘孜藏族自治州雅江县人民政府年鉴编纂委员会编 主编蒋元春
内部印刷 2007年
264页 精装 27cm
准印证号：甘孜字第2007-21
馆藏号：Guojiafz-8600002001946

雅江年鉴·2011
雅江县人民政府主办 雅江县年鉴编纂委员会编
主编蒋元春
中央民族大学出版社 2011年11月
305页 精装 29cm
ISBN978-7-5660-0053-8
馆藏号：Guojiafz-8600002000400

雅江年鉴·2016
雅江县人民政府主办 雅江县地方志办公室编
主编周晋康 执行主编周晋康、周宇
中国文史出版社 2016年7月
291页 精装 29cm
ISBN978-7-5034-7874-1
馆藏号：Guojiafz-8600002014352

炉霍年鉴·2007
炉霍县人民政府主办 《炉霍年鉴》编辑部编
主编邱文莉
内部印刷
288页 精装 27cm
准印证号：甘孜字第2007-48号
馆藏号：Guojiafz-8600002001511

甘孜县年鉴·2001—2002
甘孜县人民政府主办 甘孜县地方志办公室编
主任马国忠
成都华新印务有限公司印刷 2006年2月
171页 精装 29cm
准印证号：甘孜字第2006-06号
馆藏号：Guojiafz-8600002006304

新龙年鉴·1988—2000
四川省甘孜藏族自治州新龙年鉴编纂委员会编
总编奉正爵
四川人民出版社 2001年7月
604页 精装 27cm
ISBN7-220-05551-X
馆藏号：Guojiafz-8600002000195

新龙年鉴·2001—2002
新龙年鉴编纂委员会编 主编奉正爵
重庆出版社 2004年3月
157页 平装 29cm
ISBN7-5366-6049-9
馆藏号：Guojiafz-8600002002065

新龙年鉴·2004
新龙县人民政府主管 新龙县地方志办公室编
总编奉正爵
内部印刷 2006年
241页 精装 27cm
准印证号：甘孜字第2006-04号
馆藏号：Guojiafz-8600002001159

新龙年鉴・2005
新龙县人民政府主管　新龙县地方志办公室编
总编奉正爵
内部印刷
272 页　精装　27cm
准印证号：甘孜字第 2006-69 号
馆藏号：Guojiafz-8600002001524

新龙年鉴・2006
新龙县人民政府主管　新龙县地方志办公室编
总编奉正爵
内部印刷
260 页　精装　27cm
准印证号：甘孜字第 2007-51 号
馆藏号：Guojiafz-8600002001161

新龙年鉴・2007
新龙县人民政府主办　新龙县地方志办公室编
主编蒋秀芳　执行主编蒋秀芳、胡勇
成都华兴印务有限公司印刷　2009 年 2 月
234 页　精装　27cm
准印证号：甘孜内字第 2009-04 号
馆藏号：Guojiafz-8600002001525

新龙年鉴・2008
新龙县人民政府主办　新龙县地方志办公室编
总编蒋秀芳
成都现代印务有限公司印刷　2010 年 1 月
199 页　精装　29cm
准印证号：甘孜内字第 2010-03 号
馆藏号：Guojiafz-8600002001526

新龙年鉴・2009
新龙县人民政府主办　新龙县地方志办公室编
主编蒋秀芳
四川墨池印务有限公司印刷　2011 年 2 月
205 页　精装　29cm
准印证号：甘孜内（2011）字第 0021 号
馆藏号：Guojiafz-8600002001527

新龙年鉴・2010
新龙县人民政府主办　新龙县地方志办公室编
总编蒋秀芳
中央民族大学出版社　2012 年 2 月
255 页　精装　29cm
ISBN978-7-5660-0109-2
馆藏号：Guojiafz-8600002000294

德格年鉴・2006—2008
德格县人民政府主办　德格县地方志办公室编
主编陈朝伟
成都现代印务有限公司印刷　2010 年 1 月
271 页　精装　29cm
准印证号：甘孜内字第 2009-44 号
馆藏号：Guojiafz-8600002001465

德格年鉴・2009
德格县人民政府主办　德格县地方志办公室编
主编陈朝伟
成都市标点制版印务有限责任公司印刷　2010 年 10 月
252 页　精装　29cm
准印证号：甘孜内字第 2010-56 号
馆藏号：Guojiafz-8600002001464

色达年鉴・2006—2008
色达县人民政府主办　色达县地方志公室编
主编高单
成都市标点制版印务有限责任公司印刷　2010 年 10 月
282 页　精装　29cm
准印证号：甘孜内字第 2010-38 号
馆藏号：Guojiafz-8600002008755

巴塘年鉴・1991—1997
中共巴塘县委、巴塘县人民政府主管　巴塘年鉴编辑委员会编　主编黄德权
成都教育印刷厂印刷　1999 年 1 月
380 页　平装　26cm

准印证号：甘孜字第 98-25 号
馆藏号：Guojiafz-8600002001466

巴塘年鉴·2001—2006
巴塘县人民政府主办　巴塘年鉴编委会编
主编梁斌
新千年印刷有限公司印刷　2008 年 5 月
289 页　精装　29cm
准印证号：内甘孜字第（2008-08）号
馆藏号：Guojiafz-8600002001718

乡城年鉴·1998—1999
乡城县人民政府主办　乡城县地方志办公室编
总编谭孝成
成都市忠烈光明福利印刷厂印刷　2002 年
266 页　精装　27cm
准印证号：甘孜字第 2002-06 号
馆藏号：Guojiafz-8600002001945

得荣年鉴·1991—1999
中共得荣县委、县人民政府主办　四川省得荣县地方志编纂委员会编　主编何瑞松
郫县唐昌印制厂印刷　2003 年 7 月
497 页　精装　27cm
准印证号：川新出内字（2003）27 号
馆藏号：Guojiafz-8600002007803

凉山年鉴·1999
凉山州人民政府地方志办公室编　总编陈其中、王文远　执行总编毛德忠
四川人民出版社　2000 年 2 月
312 页　精装　29cm
ISBN7-220-04855-6
馆藏号：Guojiafz-8600002002515

凉山年鉴·2000
凉山彝族自治州人民政府主办　凉山州人民政府地方志办公室编　总编王文远
科技出版社　2001 年 3 月
262 页　精装　29cm
ISBN7-81065-599-X
馆藏号：Guojiafz-8600002000206

凉山年鉴·2001
凉山彝族自治州人民政府主办　四川省凉山年鉴编纂委员会编　总编杨朝波
方志出版社　2001 年 12 月
323 页　精装　27cm
ISBN7-80122-728-X
馆藏号：Guojiafz-8600002013048

凉山年鉴·2003
凉山彝族自治州人民政府主办　《凉山年鉴》编辑部编　主任李志华
电子科技大学出版社　2003 年 12 月
358 页　精装　29cm
ISBN7-81094-268-9
馆藏号：Guojiafz-8600002000207

凉山年鉴·2004
凉山彝族自治州人民政府主办　凉山州史志办公室编　主任李志华
方志出版社　2005 年 1 月
338 页　精装　29cm
ISBN7-80192-458-4
馆藏号：Guojiafz-8600002010065

凉山年鉴·2005
凉山彝族自治州人民政府主办　凉山彝族自治州人民政府编　主编李志华
四川科学技术出版社　2006 年 2 月
354 页　精装　29cm
ISBN7-5364-5917-3
馆藏号：Guojiafz-8600002006680

凉山年鉴·2006
凉山彝族自治州人民政府主办　凉山彝族自治州人民政府编　主编李志华
四川科学技术出版社　2007 年 3 月
338 页　精装　29cm

ISBN978-7-5364-3189-5
馆藏号：Guojiafz-8600002000881

凉山年鉴·2007
凉山彝族自治州人民政府主办　凉山彝族自治州人民政府编　主编李志华
四川科学技术出版社　2008 年 3 月
346 页　精装　29cm
ISBN978-7-5364-6441-4
馆藏号：Guojiafz-8600002000331

凉山年鉴·2008
凉山彝族自治州人民政府主办　凉山州人民政府编　主编李志华
中国文史出版社　2008 年 11 月
348 页　精装　29cm
ISBN978-7-5034-1940-9
馆藏号：Guojiafz-8600002008144

凉山年鉴·2010
凉山彝族自治州人民政府主办　凉山彝族自治州人民政府编　主编李志华
四川科学技术出版社　2011 年 3 月
352 页　精装　29cm
ISBN978-7-5364-7160-3
馆藏号：Guojiafz-8600002000458

凉山年鉴·2012
凉山彝族自治州人民政府主办　凉山彝族自治州史志办公室编　主编尹克发
方志出版社　2013 年 2 月
402 页　精装　29cm
ISBN978-7-5144-0785-3
馆藏号：Guojiafz-8600002009783

凉山年鉴·2013
凉山彝族自治州人民政府主办　凉山彝族自治州史志办公室编　主编尹克发
方志出版社　2014 年 4 月
426 页　精装　29cm
ISBN978-7-5144-1228-4
馆藏号：Guojiafz-8600002007394

凉山年鉴·2014
凉山彝族自治州人民政府主办　凉山彝族自治州史志办公室编　主编尹克发
方志出版社　2015 年 5 月
450 页　精装　29cm
ISBN978-7-5144-1601-5
馆藏号：Guojiafz-8600002010365

凉山年鉴·2015
凉山彝族自治州人民政府主办　凉山彝族自治州史志办公室编　主编尹克发
方志出版社　2016 年 2 月
516 页　精装　29cm
ISBN978-7-5144-1960-3
馆藏号：Guojiafz-8600002013515

凉山年鉴·2017
凉山彝族自治州人民政府主办　凉山彝族自治州史志办公室编　主编罗瑾
方志出版社　2018 年 9 月
460 页　精装　29cm
ISBN978-7-5144-3291-6
馆藏号：Guojiafz-8600002016942

西昌年鉴·1991—1998
西昌市人民政府主办　西昌市地方志办公室编　总编郑康
四川人民出版社　1999 年 12 月
476 页　精装　27cm
ISBN7-220-04755-X
馆藏号：Guojiafz-8600002000019

西昌年鉴·1999
西昌市人民政府主办　总编郑康
四川人民出版社　2000 年 11 月
286 页　精装　27cm
ISBN7-220-05226-X
馆藏号：Guojiafz-8600002000017

西昌年鉴·2001
西昌市人民政府主办　西昌市地方志编纂委员会编
总编郑康
攀钢集团钢城企业总公司印刷　2002年9月
270页　精装　29cm
准印证号：凉新出图2002第84号
馆藏号：Guojiafz-8600002010874

西昌年鉴·2010
西昌市人民政府主办　《西昌年鉴》编辑部编
总编任吉鑫
四川省摄影家广告印务有限公司印刷　2011年12月
308页　精装　29cm
馆藏号：Guojiafz-8600002008969

德昌年鉴·2008
德昌县人民政府主办　《德昌年鉴》编辑部编
主编周雯
内部印刷
158页　精装　29cm
馆藏号：Guojiafz-8600002001024

德昌年鉴·2009
德昌县人民政府主办　《德昌年鉴》编辑部编
主编周雯
内部印刷
197页　精装　29cm
馆藏号：Guojiafz-8600002001027

德昌年鉴·2010
德昌县人民政府主办　《德昌年鉴》编辑部编
主编周雯
内部印刷
289页　精装　29cm
馆藏号：Guojiafz-8600002001028

德昌年鉴·2011
德昌县人民政府主办　德昌年鉴编纂委员会编
主编周雯
西昌人民印刷有限公司印刷
320页　精装　29cm
准印证号：凉新出图2012第55号
馆藏号：Guojiafz-8600002001928

宁南年鉴·2006—2008
宁南县人民政府主办　宁南县年鉴编纂委员会编
总编赵朝富　主编朱正英
四川省印刷制版中心有限公司印刷　2009年11月
246页　精装　29cm
馆藏号：Guojiafz-8600002001160

宁南年鉴·2009
宁南县人民政府主办　宁南县年鉴编纂委员会编
总编赵朝富、张茂清　主编朱正英
四川大自然印刷有限公司印刷　2010年9月
236页　精装　29cm
馆藏号：Guojiafz-8600002001157

普格年鉴·2007—2010
普格县人民政府主办　普格县史志办公室编
主编刘长猛
方志出版社　2014年10月
298页　精装　29cm
ISBN978-7-5144-1322-9
馆藏号：Guojiafz-8600002006769

普格年鉴·2012
普格县人民政府主办　普格县史志办公室编
主编王莉
方志出版社　2015年9月
247页　精装　29cm
ISBN978-7-5144-1612-1
馆藏号：Guojiafz-8600002010621

金阳年鉴·1998—2002
金阳县人民政府主办　金阳县史志办公室编
主编张毓且
人民日报出版社　2005年8月
222页　精装　29cm

ISBN7-80153-365-4
馆藏号：Guojiafz-8600002002027

冕宁年鉴·1996—2000

冕宁县人民政府主办　冕宁县史志办公室编
总编邓激
内部印刷
336 页　精装　27cm
馆藏号：Guojiafz-8600002001920

冕宁年鉴·2006—2009

冕宁县史志办公室编　主编刘庆红、汪凯
攀西地质印刷厂印刷
278 页　精装　29cm
准印证号：凉新出图 2010 第 124 号
馆藏号：Guojiafz-8600002001158

越西年鉴·2013

越西县人民政府主办　越西县史志办公室编
总编张杰
中国文化出版社　2013 年 11 月
344 页　精装　29cm
ISBN978-988-13270-3-1
馆藏号：Guojiafz-8600002015994

美姑年鉴·1991—2000

美姑县人民政府主办　美姑县地方志办公室编
总编曹泉　执行总编卢万发
新华出版社　2002 年 3 月
526 页　精装　27cm
ISBN7-5011-5557-7
馆藏号：Guojiafz-8600002008201

木里藏族自治县年鉴·2014

木里藏族自治县年鉴编纂委员会编　总编熊帷茗、高晓　主编曾英奎
方志出版社　2014 年 10 月
373 页　精装　29cm
ISBN978-7-82871-536-1
馆藏号：Guojiafz-8600002016082

贵州省

贵州年鉴·1985
贵州省地方志编纂委员会贵州年鉴编辑部编
主编张向阳
贵州人民出版社　1985年12月
926页　精装　27cm
统一书号：17115·75
馆藏号：Guojiafz–8600002005898

贵州年鉴·1986
贵州省地方志编纂委员会贵州年鉴编辑部编
主编张向阳
贵州人民出版社　1986年2月
784页　精装　27cm
统一书刊号：17115·81
馆藏号：Guojiafz–8600002006379

贵州年鉴·2009
贵州省人民政府办公厅主管　贵州年鉴社主办
贵州年鉴社编　总编罗征文
贵州年鉴社　2009年11月
636页　精装　29cm
ISSN1005–7900
馆藏号：Guojiafz–8600002001428

贵州年鉴·2012
贵州省人民政府办公厅主管　贵州年鉴社编
总编罗征文　执行总编周端敏
贵州年鉴社　2012年11月
740页　精装　29cm
ISSN1005–7900
馆藏号：Guojiafz–8600002013376

贵州年鉴·2013
贵州省人民政府办公厅主管　贵州年鉴社编
总编梁贵钢　执行主编周端敏
贵州年鉴社　2013年11月
720页　精装　29cm
ISSN1005–7900
馆藏号：Guojiafz–8600002013343

贵州年鉴·2014
贵州省档案局（贵州省地方志编纂委员会办公室、贵州省档案馆）主管主办　《贵州年鉴》编辑部编　总编归然
贵阳德堡业务有限公司印刷　2014年11月
714页　精装　29cm
ISSN1005–7900
馆藏号：Guojiafz–8600002010837

贵州年鉴·2015
贵州省档案局（贵州省地方志编纂委员会办公室、贵州省档案馆）主管主办　《贵州年鉴》编辑部编　总编归然
成都国图广告印务有限公司印刷　2015年11月
804页　精装　29cm
ISSN1005–7900
馆藏号：Guojiafz–8600002013302

贵州年鉴·2016
贵州省档案局（贵州省地方志编纂委员会办公室、贵州省档案馆）主管　贵州省档案局主办
贵州年鉴社编　总编归然、周端敏
贵州年鉴社　2016年11月

852 页　平装　29cm
ISSN1005-7900
馆藏号：Guojiafz-8600002013980

贵州年鉴·2017
贵州省档案局（贵州省地方志编纂委员会办公室、贵州省档案馆）主管主办　《贵州年鉴》编辑部编　总编归然　执行总编周端敏
成都市标点制版印务有限公司印刷　2017 年 12 月
900 页　精装　29cm
ISSN1005-7900
馆藏号：Guojiafz-8600002016338

贵州年鉴·2018
贵州省档案局（贵州省地方志编纂委员会办公室、贵州省档案馆）主管主办　贵州年鉴编辑部编　总编归然　执行总编周端敏
成都市标点制版印务有限公司印刷　2018 年 11 月
926 页　精装　29cm
ISSN1005-7900
馆藏号：Guojiafz-8600002018299

贵州年鉴·2019
贵州省档案馆（贵州省地方志编纂委员会办公室）主管主办　《贵州年鉴》编辑部编
总编梁贵钢　执行总编周端敏
成都市标点制版印务有限公司印刷　2019 年 12 月
934 页　精装　29cm
ISSN1005-7900
馆藏号：Guojiafz-8600002017911

贵州年鉴·2020
贵州省档案馆（贵州省地方志编纂委员会办公室）主管主办　贵州年鉴编辑部编　总编梁贵钢
执行总编周端敏
成都市标点制版印务有限公司印刷　2020 年 12 月
878 页　精装　29cm
ISSN1005-7900
馆藏号：Guojiafz-8600002018391

贵州交通运输年鉴·2015
贵州省交通运输厅编　主编姜凯
九州出版社　2017 年 3 月
425 页　精装　29cm
ISBN978-7-5108-5105-6
馆藏号：Guojiafz-8600002014778

贵州交通运输年鉴·2016
贵州省交通运输厅编　主编姜凯
九州出版社　2018 年 1 月
558 页　精装　29cm
ISBN978-7-5108-6504-6
馆藏号：Guojiafz-8600002016349

贵州统计年鉴·2014
贵州省统计局、国家统计局贵州调查总队合编
主编任湘生、钟赛梅
中国统计出版社　2014 年 9 月
532 页　精装　30cm
ISBN978-7-5037-7294-8
馆藏号：Guojiafz-8600002015262

贵州师范大学年鉴·2008
贵州师范大学档案馆编　主编蒲芝权、伍鹏程
方志出版社　2009 年 12 月
444 页　平装　21cm
ISBN978-7-80238-686-0
馆藏号：Guojiafz-8600002012697

贵州师范大学年鉴·2009
贵州师范大学档案馆编　主编蒲芝权、伍鹏程
方志出版社　2010 年 12 月
473 页　平装　21cm
ISBN978-7-80238-980-9
馆藏号：Guojiafz-8600002009713

贵州卫生年鉴·2010
贵州省卫生厅主办　《贵州卫生年鉴》编纂委员会编　执行主编戴崇光、黄文谦
方志出版社　2011 年 1 月

383 页　精装　29cm
ISBN978-7-5144-0080-9
馆藏号：Guojiafz-8600002005904

贵州卫生年鉴·2012
贵州省卫生厅主办　《贵州卫生年鉴》编纂委员会编　执行主编戴崇光、黄文谦
方志出版社　2013 年 1 月
493 页　精装　29cm
ISBN978-7-5144-0808-9
馆藏号：Guojiafz-8600002012277

贵州卫生年鉴·2014
贵州省卫生厅主办　《贵州卫生年鉴》编纂委员会编　执行主编戴崇光、黄文谦
方志出版社　2014 年 12 月
474 页　精装　29cm
ISBN978-7-5144-1530-8
馆藏号：Guojiafz-8600002004341

贵州卫生和计划生育年鉴·2017
贵州省卫生和计划生育委员会主办　贵州省卫生和计划生育委员会编　主任黄平　执行主编肖泽国、许建平
方志出版社　2017 年 12 月
575 页　精装　29cm
ISBN978-7-5144-2869-8
馆藏号：Guojiafz-8600002016878

贵阳年鉴·1993
贵阳市志编纂委员会贵阳年鉴编辑部编
主编秦家伦
贵州人民出版社　1993 年 11 月
547 页　精装　27cm
ISBN7-221-03285-8
馆藏号：Guojiafz-8600002009455

贵阳年鉴·1994
贵阳市地方志编纂委员会办公室主办　贵阳市志编纂委员会贵阳年鉴编辑部编　主编薛常澄
贵州人民出版社　1994 年 12 月
586 页　精装　27cm
ISBN7-221-03824-4
馆藏号：Guojiafz-8600002003861

贵阳年鉴·1995
贵阳市志编纂委员会贵阳年鉴编辑部编
主编薛常澄
贵州人民出版社　1995 年 12 月
583 页　精装　27cm
ISBN7-221-03999-2
馆藏号：Guojiafz-8600002003789

贵阳年鉴·1996
贵阳市志编纂委员会贵阳年鉴编辑部编
主编薛常澄
贵州人民出版社　1996 年 9 月
644 页　精装　27cm
ISBN7-221-04268-3
馆藏号：Guojiafz-8600002005419

贵阳年鉴·2001
贵阳市地方志编纂委员会办公室主办　《贵阳年鉴》编辑部编　主编许朗、陈鲁西
深圳市佳信达印务有限公司印刷　2001 年 9 月
529 页　精装　30cm
ISSN1009-5942
馆藏号：Guojiafz-8600002004975

贵阳年鉴·2009
贵阳市地方志编纂委员会办公室主办主管　《贵阳年鉴》编辑部编　主编王保建、董兰杵
深州市佳信达印务有限公司印刷　2009 年 11 月
485 页　精装　30cm
ISSN1009-5942
馆藏号：Guojiafz-8600002002037

贵阳年鉴·2014
贵阳市地方志编纂委员会办公室主办主管　《贵阳年鉴》编辑部编　主编聂雪松、安九熊　执行

主编邓忠元
深圳市佳信达印务有限公司印刷　2014年10月
639页　精装　29cm
ISSN1009-5942
馆藏号：Guojiafz-8600002017487

贵阳年鉴·2015
贵阳市地方志编纂委员会办公室主办主管　《贵阳年鉴》编辑部编　主编聂雪松、安九熊　执行主编邓忠元
深圳市佳信达印务有限公司印刷　2015年10月
706页　精装　29cm
ISSN1009-5942
馆藏号：Guojiafz-8600002014726

贵阳年鉴·2017
贵阳市地方志编纂委员会办公室主办　《贵阳年鉴》编辑部编　主编聂雪松、刘本立　执行主编邓忠元
深圳市佳信达印务有限公司印刷　2017年11月
616页　精装　29cm
ISSN1009-5942
馆藏号：Guojiafz-8600002016344

贵阳年鉴·2018
贵阳市地方志编纂委员会办公室主办主管　《贵阳年鉴》编辑部编　主编刘本立　执行主编邓忠元
深圳市金丽彩印刷有限公司印刷　2018年10月
508页　精装　29cm
ISSN1009-5942
馆藏号：Guojiafz-8600002017495

观山湖区年鉴·2014
《观山湖区年鉴》编辑部编　主编蔡永、胡传富　执行主编马良美
贵州人民出版社　2014年11月
348页　精装　29cm
ISBN978-7-221-12275-9
馆藏号：Guojiafz-8600002015806

观山湖年鉴·2016
贵阳市观山湖区地方志编纂委员会办公室、《观山湖年鉴》编辑部合编　主编赵砚飞、耿立波　执行主编马良美
贵州人民出版社　2016年12月
352页　精装　29cm
ISBN978-7-221-13799-9
馆藏号：Guojiafz-8600002014240

观山湖年鉴·2017
贵阳市观山湖区地方志编纂委员会办公室、《观山湖年鉴》编辑部合编　主编耿立波、赵砚飞　执行主编吕天鹏、苏海青
贵州人民出版社　2017年10月
370页　精装　29cm
ISBN978-7-221-14465-2
馆藏号：Guojiafz-8600002016347

南明年鉴·2014
南明区地方志办公室主管主办　南明区地方志编纂委员会办公室、《南明年鉴》编辑部合编
主编仲维钢、胡向群　执行主编熊永华
贵州人民出版社　2014年10月
313页　精装　29cm
ISBN978-7-221-12276-6
馆藏号：Guojiafz-8600002016044

南明年鉴·2015
南明区地方志办公室主管主办　南明区地方志编纂委员会办公室、《南明年鉴》编辑部合编
主编仲维钢、张奕　执行主编熊永华
贵州人民出版社　2015年12月
355页　精装　29cm
ISBN978-7-221-12842-3
馆藏号：Guojiafz-8600002018440

南明年鉴·2016
南明区地方志编纂委员会办公室主管主办　南明区地方志编纂委员会办公室、《南明年鉴》编辑部合编　主编仲维钢、张奕　执行主编熊永华

贵州人民出版社　2016 年 11 月
321 页　精装　29cm
ISBN978-7-221-13797-5
馆藏号：Guojiafz-8600002018441

南明年鉴 · 2017
南明区地方志编纂委员会办公室主管主办　南明区地方志编纂委员会办公室、《南明年鉴》编辑部合编　主编陈本云、张奕　执行主编龙尚学、刘恭懋　总纂黄仕凤
贵州人民出版社　2017 年 12 月
366 页　精装　29cm
ISBN978-7-221-11466-2
馆藏号：Guojiafz-8600002018444

南明年鉴 · 2018
南明区地方志编纂委员会办公室主管主办　南明区地方志编纂委员会办公室、《南明年鉴》编辑部合编　主编陈本云、张奕　执行主编龙尚学、刘恭懋　总纂涂云岭
贵州人民出版社　2018 年 12 月
348 页　精装　29cm
ISBN978-7-221-14973-2
馆藏号：Guojiafz-8600002018447

南明年鉴 · 2019
南明区地方志编纂委员会办公室主管主办　南明区地方志编纂委员会办公室、《南明年鉴》编辑部合编　主编陈本云、张奕　总纂龙尚学、刘恭懋
贵州人民出版社　2019 年 12 月
296 页　精装　29cm
ISBN978-7-221-15765-2
馆藏号：Guojiafz-8600002018450

南明年鉴 · 2020
南明区地方志编纂委员会办公室主管主办　贵阳市南明区地方志编纂委员会办公室、《南明年鉴》编辑部合编　主编陈本云、翁磊　总纂龙尚学、刘恭懋
贵州人民出版社　2020 年 10 月
353 页　精装　29cm
ISBN978-7-221-16318-9
馆藏号：Guojiafz-8600002018453

白云年鉴 · 2007
白云区地方志办公室主管　中共白云区委、白云区人民政府主办　贵阳市《白云年鉴》编辑部编　主编赵靖
方志出版社　2007 年 12 月
343 页　精装　29cm
ISBN978-7-80238-230-5
馆藏号：Guojiafz-8600002002022

贵阳白云年鉴 · 2012
白云区地方志编纂委员会办公室主管主办　贵阳白云年鉴编辑部编　主编况鹏飞、刘千方、张向希　执行主编徐炯明
新华出版社　2014 年 10 月
318 页　精装　29cm
ISBN978-7-5166-1272-9
馆藏号：Guojiafz-8600002015931

贵阳白云年鉴 · 2013
白云区地方志编纂委员会办公室主管主办　贵阳白云年鉴编辑部编　主编况鹏飞、刘千方、张向希　执行主编徐炯明
新华出版社　2014 年 6 月
313 页　精装　29cm
ISBN978-7-5166-1011-4
馆藏号：Guojiafz-8600002015868

贵阳白云年鉴 · 2015
白云区地方志编纂委员会办公室主管主办　《贵阳白云年鉴》编辑部编　主编刘千方、王絮飞、张向希　执行主编徐炯明
新华出版社　2015 年 12 月
432 页　精装　29cm
ISBN978-7-5166-2191-2
馆藏号：Guojiafz-8600002014248

贵阳白云年鉴·2017

白云区地方志编纂委员会办公室主管主办　贵阳白云年鉴编辑部编　主编王絮飞、黄锋、张向希　执行主编徐炯明
新华出版社　2017年12月
456页　精装　29cm
ISBN978-7-5166-3591-9
馆藏号：Guojiafz-8600002016348

花溪年鉴·2014（创刊号）

花溪区人民政府主办　花溪区地方志编纂委员会办公室编　主编杨忠、杨琴　执行主编徐开新
方志出版社　2014年12月
476页　精装　29cm
ISBN978-7-5144-1516-2
馆藏号：Guojiafz-8600002005720

花溪年鉴·2015

花溪区人民政府主办　贵阳市花溪区地方志编纂委员会办公室编　主编杨忠、杨琴　执行主编徐开新
方志出版社　2015年11月
481页　精装　29cm
ISBN978-7-5144-1714-2
馆藏号：Guojiafz-8600002010557

花溪年鉴·2017

花溪区人民政府主办　贵阳市花溪区地方志编纂委员会办公室编　主编杨忠、杨琴　执行主编徐开新
方志出版社　2017年9月
454页　精装　29cm
ISBN978-7-5144-2542-0
馆藏号：Guojiafz-8600002015026

花溪年鉴·2018

花溪人民政府主办　贵阳市花溪区地方志编纂委员会办公室编　主编杨忠、杨琴　执行主编徐开新
方志出版社　2018年12月
378页　精装　29cm
ISBN978-7-5144-3413-2
馆藏号：Guojiafz-8600002018068

息烽年鉴·2014

息烽县地方志编纂委员会办公室主管主办　息烽县地方志编纂委员会办公室、《息烽年鉴》编辑部合编　主编陈邦毅、龙泽琴　执行主编刘涛
中国文史出版社　2014年12月
364页　精装　29cm
ISBN978-7-5034-5536-0
馆藏号：Guojiafz-8600002019209-11

息烽年鉴·2015

中共息烽县委、息烽县人民政府主办　息烽县地方志编纂委员会办公室、《息烽年鉴》编辑部合编　主编陈邦毅、龙泽琴　执行主编刘涛
开明出版社　2015年12月
462页　精装　29cm
ISBN978-7-5131-2443-0
馆藏号：Guojiafz-8600002019212-4

息烽年鉴·2016

中共息烽县委、息烽县人民政府主办　息烽县地方志编纂委员会《息烽年鉴》编辑部编
主编陈邦毅、龙泽琴　执行主编杨明仙
开明出版社　2016年11月
432页　精装　29cm
ISBN978-7-5131-2800-1
馆藏号：Guojiafz-8600002020043

息烽年鉴·2017

中共息烽县委、息烽县人民政府主办　息烽县地方志编纂委员会《息烽年鉴》编辑部编　主编陈邦毅、龙泽琴、罗绪祥　执行主编杨明仙、曾元媛
开明出版社　2017年12月
417页　精装　29cm
ISBN978-7-5131-3385-2
馆藏号：Guojiafz-8600002019897

息烽年鉴·2018
中共息烽县委、息烽县人民政府主办　息烽县地方志编纂委员会办公室编　主编陈邦毅、罗绪祥　执行主编曾元媛
开明出版社　2018年11月
376页　精装　29cm
ISBN978-7-5131-2515-4
馆藏号：Guojiafz-8600002019828-30

息烽年鉴·2019
中共息烽县委、息烽县人民政府主办　息烽县地方志编纂委员会办公室、《息烽年鉴》编辑部合编　主编刘光阳、石忠益　执行主编曾元媛、黄兵
贵州人民出版社　2020年5月
294页　精装　29cm
ISBN978-7-221-15972-4
馆藏号：Guojiafz-8600002019891

息烽年鉴·2020
息烽县地方志编纂委员会办公室、《息烽年鉴》编辑部合编　主编刘光阳、石忠益　执行主编黄兵
贵州人民出版社　2020年11月
308页　精装　29cm
ISBN978-7-221-16326-4
馆藏号：Guojiafz-8600002019931-3

六盘水年鉴·2000（创刊号）
六盘水市地方志编纂委员会主办　《六盘水年鉴编辑部》编　主编斯信强
贵州人民出版社　2000年12月
568页　精装　26cm
ISBN7-221-05125-9
馆藏号：Guojiafz-8600002004366

六盘水年鉴·2008
中共六盘水市委员会主办　六盘水市地方志编纂委员会编　主编余朝林
方志出版社　2010年9月
435页　精装　29cm
ISBN978-7-80238-806-2
馆藏号：Guojiafz-8600002003079

六盘水年鉴·2009
中共六盘水市委、六盘水市人民政府主办　六盘水市地方志编纂委员会编　主编余朝林
方志出版社　2011年6月
434页　精装　29cm
ISBN978-7-5144-0408-1
馆藏号：Guojiafz-8600002000533

六盘水年鉴·2010
中共六盘水市委、六盘水市人民政府主办　六盘水市地方志编纂委员会编　主编余朝林
方志出版社　2012年12月
411页　精装　29cm
ISBN978-7-5144-0739-6
馆藏号：Guojiafz-8600002007463

六盘水年鉴·2012
中共六盘水市委、六盘水市人民政府主办　六盘水市地方志编纂委员会编　主编余朝林
方志出版社　2013年3月
453页　精装　29cm
ISBN978-7-5144-0844-7
馆藏号：Guojiafz-8600002009926

六盘水年鉴·2013
中共六盘水市委、六盘水市人民政府主办　六盘水市地方志编纂委员会编　主编余朝林
方志出版社　2013年12月
481页　精装　29cm
ISBN978-7-5144-1142-3
馆藏号：Guojiafz-8600002007159

六盘水年鉴·2014
中共六盘水市委、六盘水市人民政府主办　六盘水市地方志编纂委员会编　主编余朝林
方志出版社　2014年12月

511页　精装　29cm
ISBN978-7-5144-1491-2
馆藏号：Guojiafz-8600002006800

六盘水年鉴·2015
中共六盘水市委、六盘水市人民政府主办　六盘水市地方志编纂委员会编　主编余朝林
方志出版社　2015年12月
484页　精装　29cm
ISBN978-7-5144-1908-5
馆藏号：Guojiafz-8600002003119

六盘水年鉴·2016
中共六盘水市委、六盘水市人民政府主办　六盘水市地方志编纂委员会编　主编余朝林
方志出版社　2016年10月
492页　精装　29cm
ISBN978-7-5144-2167-5
馆藏号：Guojiafz-8600002013933

六盘水年鉴·2017
中共六盘水市委、六盘水市人民政府主办　六盘水市地方志编纂委员会编　主编余朝林
方志出版社　2017年12月
480页　精装　29cm
ISBN978-7-5144-2806-3
馆藏号：Guojiafz-8600002016921

钟山年鉴·2015
中共六盘水市钟山区委史志办公室编
主编马永超
德宏民族出版社　2015年12月
592页　精装　29cm
ISBN978-7-5558-0393-5
馆藏号：Guojiafz-8600002014242

盘州市年鉴·2017
中共盘州市委、盘州市人民政府主办　盘州市地方志编纂委员会办公室编　主编胡玲　执行主编李招尚
云南美术出版社　2017年11月
394页　精装　29cm
ISBN978-7-5489-3069-3
馆藏号：Guojiafz-8600002016341

六枝年鉴·2015
六枝特区史志办公室编　主编焦兴敏
方志出版社　2015年12月
273页　精装　29cm
ISBN978-7-5144-2012-8
馆藏号：Guojiafz-8600002014028

六枝年鉴·2016
中共六枝特区委、六枝特区人民政府主办　六枝特区史志办公室编　主编焦兴敏
方志出版社　2017年11月
313页　精装　29cm
ISBN978-7-5144-2446-1
馆藏号：Guojiafz-8600002015109

六枝年鉴·2017
六枝特区史志办公室编　主编焦兴敏
方志出版社　2018年5月
269页　精装　29cm
ISBN978-7-5144-3077-6
馆藏号：Guojiafz-8600002017223

六枝年鉴·2018
中共六枝特区委、六枝特区人民政府主办　六枝特区史志办公室编　主编焦兴敏
方志出版社　2019年7月
350页　精装　29cm
ISBN978-7-5144-3742-3
馆藏号：Guojiafz-8600002017998

遵义市年鉴·2004
中共遵义市委办公室、遵义市人民政府办公室主办
遵义市地方志编纂委员会编　主编刘作会
贵州人民出版社　2004年10月
390页　精装　29cm

ISBN7-221-06715-5
馆藏号：Guojiafz-8600002006299

遵义年鉴·2009
中共遵义市委办公室、遵义市人民政府办公室主办
《遵义年鉴》编辑部编　主编刘作会
中国文化出版社　2009年10月
470页　精装　29cm
ISBN978-988-21637-0-6
馆藏号：Guojiafz-8600002002023

遵义年鉴·2014
中共遵义市委办公室、遵义市人民政府办公室主办
《遵义年鉴》编辑部编　主编刘作会
中国文化出版社　2014年10月
713页　精装　29cm
ISBN978-988-13297-0-7
馆藏号：Guojiafz-8600002015924

遵义年鉴·2016
中共遵义市委办公室、遵义市人民政府办公室主管
《遵义年鉴》编辑部编　主编刘作会
中国文化出版社　2016年9月
616页　精装　29cm
ISBN978-988-13358-1-4
馆藏号：Guojiafz-8600002014702

遵义年鉴·2017
中共遵义市委办公室、遵义市人民政府办公室主办
《遵义年鉴》编辑部编　主编陈灼
中国文化出版社　2017年8月
646页　精装　29cm
ISBN978-988-13371-2-2
馆藏号：Guojiafz-8600002016345

仁怀年鉴·1989—1992
贵州省仁怀县地方志办公室编　主编吴仕品
贵州省地矿局测绘大队测绘印刷厂印刷　1994年12月
419页　精装　27cm
准印证号：黔新出（94）内图资准字第2-012号
馆藏号：Guojiafz-8600002009168

仁怀年鉴·1993—1994
贵州省仁怀县地方志办公室编　总编陈坤、张安定
贵州省遵义市包装彩印厂印刷　1996年3月
292页　精装　26cm
准印证号：黔新出（95）内图资准字第2-07字（06）号
馆藏号：Guojiafz-8600002009063

正安年鉴·2016
中共正安县委办公室、正安县人民政府办公室主管主办　正安县档案局（史志办）、正安年鉴编纂委员会合编　主编谢劲松
中国文化出版社　2016年10月
403页　精装　29cm
ISBN978-988-13359-3-7
馆藏号：Guojiafz-8600002014186

凤冈年鉴·2014
凤冈县人民政府主办　凤冈县地方志编纂委员会编
主编安朝江　执行主编肖平义
中国文化出版社　2014年12月
301页　精装　29cm
ISBN978-988-13308-9-5
馆藏号：Guojiafz-8600002015958

道真年鉴·2016
道真仡佬族苗族自治县编纂委员会编　主编陈永强
中国文化出版社　2016年11月
331页　精装　29cm
ISBN978-988-13359-4-4
馆藏号：Guojiafz-8600002014238

安顺年鉴·2011
安顺市地方志（年鉴）编纂委员会编　主编王元国
昆明鹰达印刷有限公司印刷　2012年7月
425页　精装　29cm
馆藏号：Guojiafz-8600002017813

安顺年鉴·2019

安顺市地方志（年鉴）编纂委员会编　主编唐佐英
贵州人民出版社　2020年6月
389页　精装　29cm
ISBN978-7-221-16019-5
馆藏号：Guojiafz-8600002018596

安顺年鉴·2020

安顺市人民政府主办　安顺市地方志（年鉴）编纂委员会编　主编唐佐英
四川科学技术出版社　2020年9月
424页　精装　29cm
ISBN978-7-5364-9908-9
馆藏号：Guojiafz-8600002018593

平坝年鉴·2020

安顺市平坝区地方志编纂委员会编　主编陈先春
中国文化出版社　2020年8月
359页　精装　29cm
ISBN978-988-8623-71-6
馆藏号：Guojiafz-8600002018488

普定年鉴·2005

中共普定县委员会、普定县人民政府主办　普定年鉴编辑部编　主编陈波
重庆引见文化传播有限公司印刷　2005年11月
396页　精装　27cm
馆藏号：Guojiafz-8600002009167

普定年鉴·2006

中共普定县委员会、普定县人民政府主办　中共普定县委党史研究室、普定县人民政府地方志办公室合编　主编陈波
成都新千年印刷有限公司印刷　2007年8月
347页　精装　29cm
馆藏号：Guojiafz-8600002009000

普定年鉴·2007

中共普定县委员会、普定县人民政府主办　中共普定县委党史研究室、普定县人民政府地方志办公室合编　主编陈波
中国文化出版社　2008年12月
368页　精装　29cm
ISBN978-988-17969-2-9
馆藏号：Guojiafz-8600002005172

普定年鉴·2008

中共普定县委员会、普定县人民政府主办　中共普定县委党史研究室、普定县人民政府地方志办公室合编　主编刘欣聿
中国文化出版社　2009年12月
368页　精装　29cm
ISBN978-988-61258-5-4
馆藏号：Guojiafz-8600002003377

镇宁年鉴·2010

《镇宁年鉴》编辑部编　主编伍忠仕
方志出版社　2010年12月
324页　精装　29cm
ISBN978-7-5144-0042-7
馆藏号：Guojiafz-8600002000117

镇宁年鉴·2011

《镇宁年鉴》编辑部编　主编伍忠仕
方志出版社　2013年3月
337页　精装　29cm
ISBN978-7-5144-0704-4
馆藏号：Guojiafz-8600002006817

镇宁年鉴·2012

《镇宁年鉴》编辑部编　主编伍忠仕
方志出版社　2013年11月
386页　精装　29cm
ISBN978-7-5144-1083-9
馆藏号：Guojiafz-8600002009838

关岭年鉴·2017

关岭自治县人民政府主办　关岭自治县档案局编　主编刘力
电子科技大学出版社　2017年12月

341 页　精装　29cm
ISBN978-7-5647-5224-8
馆藏号：Guojiafz-8600002016536

毕节地区年鉴・2009
毕节地区行政公署主办　毕节地区年鉴编辑部编　主编杨新江
方志出版社　2009 年 12 月
624 页　精装　29cm
ISBN978-7-80238-668-6
馆藏号：Guojiafz-8600002002223

毕节地区年鉴・2010
毕节地区行政公署主办　毕节地区年鉴编辑部编　主编金国藩
方志出版社　2010 年 11 月
545 页　精装　29cm
ISBN978-7-80238-927-4
馆藏号：Guojiafz-8600002005856

毕节年鉴・2013
毕节市人民政府主办　中共毕节市委党史研究室（毕节地方志编纂委员会办公室）编　主编金国藩
方志出版社　2013 年 12 月
540 页　精装　29cm
ISBN978-7-5144-1077-8
馆藏号：Guojiafz-8600002006981

毕节年鉴・2014
毕节市人民政府主办　中共毕节市委党史研究室（毕节市地方志编纂委员会办公室）编　主编潘圣群
方志出版社　2014 年 12 月
530 页　精装　29cm
ISBN978-7-5144-1507-0
馆藏号：Guojiafz-8600002007468

毕节年鉴・2015
毕节市人民政府主办　中共毕节市委党史研究室（毕节市地方志编纂委员会办公室）编　主编潘圣群
方志出版社　2015 年 11 月
533 页　精装　29cm
ISBN978-7-5144-1781-4
馆藏号：Guojiafz-8600002002718

毕节年鉴・2016
毕节市人民政府主办　中共毕节市委党史研究室（毕节市地方志编纂委员会办公室）编　主编潘圣群
方志出版社　2016 年 10 月
542 页　精装　29cm
ISBN978-7-5144-2113-2
馆藏号：Guojiafz-8600002013932

毕节年鉴・2017
毕节市人民政府主办　中共毕节市委党史研究室、毕节市地方志编纂委员会办公室合编
主编潘圣群
方志出版社　2017 年 10 月
574 页　精装　29cm
ISBN978-7-5144-2633-5
馆藏号：Guojiafz-8600002016880

毕节年鉴・2018
毕节市人民政府主办　中共毕节市委党史研究室（毕节市地方志编纂委员会办公室）编　主编吴南剑
方志出版社　2018 年 12 月
492 页　精装　29cm
ISBN978-7-5144-3533-7
馆藏号：Guojiafz-8600002018053

毕节地区税务年鉴・1993—1994
毕节地区国家税务局编　主编王明灯
贵州省赫章印刷厂印刷　1995 年 9 月
287 页　精装　20cm
准印证号：黔新出（95）内图资准字第 7-43 号
馆藏号：Guojiafz-8600002006621

毕节市七星关区五年鉴・2012—2016
七星关区人民政府主办　毕节市七星关区地方志编纂委员会办公室编　主编唐光启
方志出版社　2019 年 2 月

515 页　精装　29cm
ISBN978-7-5144-3656-3
馆藏号：Guojiafz-8600002018190

毕节市七星关区年鉴・2017
中共毕节市七星关区委党史研究室（毕节市七星关区地方志编纂委员会办公室）编　主编唐光启
方志出版社　2017 年 11 月
487 页　精装　29cm
ISBN978-7-5144-2774-5
馆藏号：Guojiafz-8600002017128

毕节市七星关区年鉴・2018
七星关区人民政府主办　毕节市七星关区地方志合编纂委员会办公室编　主编唐光启
方志出版社　2018 年 12 月
482 页　精装　29cm
ISBN978-7-5144-3430-9
馆藏号：Guojiafz-8600002017015

大方县年鉴・2008
中共大方县委、大方县人民政府主办《大方县年鉴》编纂委员会编　主编王布丰
贵州人民出版社　2009 年 6 月
637 页　精装　29cm
ISBN978-7-221-08565-8
馆藏号：Guojiafz-8600002002030

大方县年鉴・2009
中共大方县委、大方县人民政府主办《大方县年鉴》编辑部编　主编朱建明
贵州大学出版社　2013 年 6 月
753 页　精装　29cm
ISBN978-7-81126-594-1
馆藏号：Guojiafz-8600002019668

大方县年鉴・2010
中共大方县委、大方县人民政府主办《大方县年鉴》编纂部编　主编朱建明
中州古籍出版社　2012 年 9 月
698 页　精装　29cm
ISBN978-7-5348-3917-7
馆藏号：Guojiafz-8600002019644

大方县年鉴・2011
大方县人民政府主办《大方县年鉴》编辑部编
主编朱建明
中州古籍出版社　2014 年 4 月
728 页　精装　29cm
ISBN978-7-5348-4677-9
馆藏号：Guojiafz-8600002019726-8

大方县年鉴・2012
大方县人民政府主办　中共大方县委党史研究室、大方县地方志编纂委员会办公室合编
主编朱建明、赵凤英
成都市标点制版印务有限责任公司印刷　2018 年 3 月
613 页　精装　29cm
准印证号：黔新出（图书）2018 年一次性内资准字（毕节市）第 15 号
馆藏号：Guojiafz-8600002019715

大方年鉴・2013
大方县人民政府主办　中共大方县委党史研究室、大方县地方志编纂委员会办公室合编
主编朱建明、赵凤英
成都市标点制版印务有限责任公司印刷　2018 年 3 月
635 页　精装　29cm
准印证号：黔新出（图书）2018 年一次性内资准字（毕节市）第 16 号
馆藏号：Guojiafz-8600002019720

大方年鉴・2014
大方县人民政府主办　中共大方县委党史研究室、大方县地方志编纂委员会办公室合编
主编朱建明、赵凤英
成都市标点制版印务有限责任公司印刷　2018 年 3 月

749 页　精装　29cm
准印证号：黔新出（图书）2018 年一次性内资准字（毕节市）第 17 号
馆藏号：Guojiafz–8600002018765–7

大方年鉴 · 2015
大方县人民政府主办　中共大方县委党史研究室、大方县地方志编纂委员会办公室合编
主编朱建明、赵凤英
成都市标点制版印务有限责任公司印刷　2018 年 3 月
677 页　精装　29cm
准印证号：黔新出（图书）2018 年一次性内资准字（毕节市）第 18 号
馆藏号：Guojiafz–8600002019723

大方年鉴 · 2017
大方县人民政府主办　中共大方县委党史研究室、大方县地方志编纂委员会办公室合编
主编赵凤英
开明出版社　2018 年 12 月
606 页　精装　29cm
ISBN978–7–5131–4659–3
馆藏号：Guojiafz–8600002019717

大方年鉴 · 2020
中共大方县委党史研究室、大方县地方志编纂委员会办公室合编　主编赵凤英　执行主编蒋劲松、陈娟、李兴远
开明出版社　2020 年 11 月
480 页　精装　29cm
ISBN978–7–5131–6392–7
馆藏号：Guojiafz–8600002019716

威宁彝族回族苗族自治县年鉴 · 2017
中共威宁彝族回族苗族自治县委、自治县人民政府主办　中共威宁彝族回族苗族自治县委党史研究室（县志办公室）编　主编陈进
光明日报出版社　2017 年 11 月
435 页　精装　29cm
ISBN978–7–5194–3650–6
馆藏号：Guojiafz–8600002016498

铜仁年鉴 · 2002—2003
铜仁地区行政公署办公室主管　铜仁地区行政公署主办　《铜仁年鉴》编委会编　主编杜宏胜
贵州人民出版社　2003 年 12 月
830 页　精装　27cm
ISBN7–221–0639–1
馆藏号：Guojiafz–8600002005993

铜仁年鉴 · 2016
中共铜仁市委市人民政府主办　铜仁市地方志编纂委员会编　主编安婵娟　执行主编滕继承
方志出版社　2017 年 2 月
455 页　精装　29cm
ISBN978–7–5144–2343–3
馆藏号：Guojiafz–8600002014975

铜仁年鉴 · 2017
中共铜仁市委市人民政府主办　铜仁市地方志编纂委员会编　主编安婵娟　执行主编滕继承
方志出版社　2018 年 3 月
385 页　精装　29cm
ISBN978–7–5144–3039–4
馆藏号：Guojiafz–8600002017122

铜仁年鉴 · 2018
中共铜仁市委、铜仁市人民政府主办　铜仁市地方志编纂委员会编　主编安婵娟　执行主编滕继承、杨妮
方志出版社　2019 年 3 月
378 页　精装　29cm
ISBN978–7–5144–3735–5
馆藏号：Guojiafz–8600002017995

德江年鉴 · 2017
《德江年鉴》编辑部编　主编彭娅　执行主编李飞
方志出版社　2017 年 10 月

501 页　精装　29cm
ISBN978-7-5144-2614-4
馆藏号：Guojiafz-8600002016423

玉屏年鉴·2015
玉屏侗族自治县人民政府主办　玉屏侗族自治县档案局编　主任徐红梅
中国文化出版社　2016 年 12 月
280 页　精装　29cm
ISBN978-988-13363-1-6
馆藏号：Guojiafz-8600002019685

玉屏年鉴·2016
玉屏侗族自治县人民政府主办　玉屏侗族自治县档案局编　主任徐红梅
北京燕山出版社　2017 年 12 月
266 页　精装　29cm
ISBN978-7-5402-4883-3
馆藏号：Guojiafz-8600002019688-90

玉屏年鉴·2017
玉屏侗族自治县地方志编纂委员会办公室编
主编徐红梅、李竹梅　执行主编吴娅、姚茂成
贵州人民出版社　2019 年 12 月
350 页　精装　29cm
ISBN978-7-221-15847-5
馆藏号：Guojiafz-8600002018456

玉屏年鉴·2018
中共玉屏侗族自治县委员会、玉屏侗族自治县人民政府主办　玉屏侗族自治县地方志编纂委员会办公室编　主编徐红梅、李竹梅　执行主编吴娅、姚茂成
德宏民族出版社　2019 年 10 月
452 页　精装　29cm
ISBN978-7-5558-1331-6
馆藏号：Guojiafz-8600002018459

玉屏年鉴·2019
中共玉屏侗族自治县委员会、玉屏侗族自治县人民政府主办　玉屏侗族自治县地方志编纂委员会办公室编　主编李竹梅　执行主编吴娅、姚茂成
中国文史出版社　2020 年 8 月
320 页　精装　29cm
ISBN978-7-5205-2079-9
馆藏号：Guojiafz-8600002018462

玉屏年鉴·2020
玉屏侗族自治县地方志编纂委员会办公室编
主编李竹梅
陕西科学技术出版社　2020 年 12 月
334 页　精装　29cm
ISBN978-7-5369-7882-9
馆藏号：Guojiafz-8600002018465

沿河年鉴·2017
沿河土家族自治县委、县人民政府主办 《沿河年鉴》编辑部编　主编张沿
方志出版社　2018 年 8 月
487 页　精装　29cm
ISBN978-7-5144-3221-3
馆藏号：Guojiafz-8600002018220

松桃年鉴·2012
松桃苗族自治县人民政府主办 《松桃年鉴》编辑部编　主编秦梅英
中国文化出版社　2013 年 9 月
451 页　精装　29cm
ISBN978-988-13239-4-1
馆藏号：Guojiafz-8600002013312

松桃年鉴·2015
中共松桃苗族自治县委员会、松桃苗族自治县人民政府主办 《松桃年鉴》编辑部编　主编秦梅英　总纂卿尚雄
线装书局　2017 年 5 月
558 页　精装　29cm
ISBN978-7-5120-2768-8
馆藏号：Guojiafz-8600002016711

黔西南年鉴·2016
黔西南州史志编纂委员会主办　黔西南州史志办公室编　主编王淑芳
云南人民出版社　2016年12月
471页　精装　29cm
ISBN978-7-222-15539-8
馆藏号：Guojiafz-8600002019561

黔西南年鉴·2017
黔西南州年鉴编纂委员会主办　黔西南州史志办公室编　主编王淑芳
云南人民出版社　2017年12月
522页　精装　29cm
ISBN978-7-222-16800-8
馆藏号：Guojiafz-8600002019606-8

黔西南年鉴·2018
黔西南州年鉴编纂委员会主办　黔西南州史志办公室编　主编王淑芳
方志出版社　2018年12月
615页　精装　29cm
ISBN978-7-5144-3535-1
馆藏号：Guojiafz-8600002019604

黔西南年鉴·2019
黔西南州年鉴编纂委员会主办　黔西南州史志办公室编　主编王淑芳　执行主编覃徐
方志出版社　2019年12月
502页　精装　29cm
ISBN978-7-5144-4053-9
馆藏号：Guojiafz-8600002019564

兴义年鉴·2006（创刊号）
兴义年鉴编纂委员会编　主编李正江
贵州人民出版社　2007年7月
330页　精装　29cm
ISBN978-7-221-07797-4
馆藏号：Guojiafz-8600002004821

兴义年鉴·2009
兴义年鉴编纂委员会编　主编李正江
中国文化出版社　2009年12月
345页　精装　29cm
ISBN978-988-71261-5-7
馆藏号：Guojiafz-8600002008392

兴义年鉴·2014
中国共产党兴义市委员会、兴义市人民政府主办　兴义市史志办公室编　主编丁洪
中国文化出版社　2014年12月
436页　精装　29cm
ISBN978-988-13308-3-3
馆藏号：Guojiafz-8600002013354

兴义年鉴·2016
中国共产党兴义市委员会、兴义市人民政府主办　兴义市史志办公室编　主编丁洪
云南科技出版社　2016年12月
487页　精装　29cm
ISBN978-7-5587-0133-7
馆藏号：Guojiafz-8600002014148

兴义年鉴·2017
中共兴义市委主管　兴义市人民政府主办　兴义市史志办公室编　总编王仕学
云南人民出版社　2018年5月
553页　精装　29cm
ISBN978-7-222-17198-5
馆藏号：Guojiafz-8600002016492

普安年鉴·2016
普安县史志编纂委员会编　主编田有才
云南人民出版社　2016年11月
475页　精装　29cm
ISBN978-7-222-15382-0
馆藏号：Guojiafz-8600002014234

普安年鉴·2017
普安县史志办公室编　主编田有才

云南人民出版社　2017 年 12 月
431 页　精装　29cm
ISBN978-7-222-17182-4
馆藏号：Guojiafz-8600002016493

普安年鉴·2018
中共普安县委、普安县人民政府主办　普安县史志办公室编　主编田有才
贵州人民出版社　2018 年 12 月
526 页　精装　29cm
ISBN978-7-222-18108-3
馆藏号：Guojiafz-8600002020419

普安年鉴·2019
中共普安县委、普安县人民政府主办　普安县史志办公室编　主编田有才
云南人民出版社　2019 年 12 月
492 页　精装　29cm
ISBN978-7-222-19111-2
馆藏号：Guojiafz-8600002020426-8

普安年鉴·2020
中共普安县委、普安县人民政府主办　普安县史志办公室编　主编田有才
贵州人民出版社　2020 年 10 月
564 页　精装　29cm
ISBN978-7-221-16319-6
馆藏号：Guojiafz-8600002020422-4

黔东南年鉴·2014
黔东南年鉴编纂委员会编　主编吴寿昌
线装书局　2014 年 10 月
483 页　精装　29cm
ISBN978-7-5120-1561-6
馆藏号：Guojiafz-8600002015864

凯里年鉴·2007
贵州省凯里市年鉴编纂委员会办公室编
主编李志兴
方志出版社　2008 年 2 月
317 页　精装　27cm
ISBN978-7-80238-276-3
馆藏号：Guojiafz-8600002007733

凯里年鉴·2016
凯里市地方志编纂委员会办公室编　主编熊绍鹏
执行主编顾先文
云南人民出版社　2017 年 1 月
320 页　精装　29cm
ISBN978-7-222-15731-6
馆藏号：Guojiafz-8600002014244

镇远年鉴·2015
镇远县史志办编　主编段文浩
云南人民出版社　2016 年 3 月
469 页　精装　29cm
ISBN978-7-222-14573-3
馆藏号：Guojiafz-8600002020612

镇远年鉴·2016
镇远县史志办编　主编段文浩
云南人民出版社　2017 年 5 月
396 页　精装　29cm
ISBN978-7-222-16140-5
馆藏号：Guojiafz-8600002020611

镇远年鉴·2017
镇远县史志办编　主编部湘梅、段文浩
云南人民出版社　2017 年 12 月
424 页　精装　29cm
ISBN978-7-222-17133-6
馆藏号：Guojiafz-8600002020610

镇远年鉴·2018
镇远县史志办公室编　主编部湘梅、段文浩
执行主编付晓翡
德宏民族出版社　2018 年 12 月
525 页　精装　29cm
ISBN978-7-5558-1120-6
馆藏号：Guojiafz-8600002020615

镇远年鉴·2019
镇远县史志办公室编　主编邰湘梅　执行主编付晓翡
德宏民族出版社　2019 年 12 月
462 页　精装　29cm
ISBN978-7-5558-1330-9
馆藏号：Guojiafz-8600002020614

镇远年鉴·2020
镇远县档案馆（镇远县地方志编纂委员会办公室）编　主编吴秀文　执行主编付晓翡
中国文史出版社　2020 年 11 月
412 页　精装　29cm
ISBN978-7-5205-2300-4
馆藏号：Guojiafz-8600002020613

天柱年鉴·2017
天柱县人民政府主办 《天柱年鉴》编纂委员会编　主编杨仁江
中国文化出版社　2017 年 10 月
303 页　精装　29cm
ISBN978-988-13373-7-5
馆藏号：Guojiafz-8600002021519

天柱年鉴·2019
天柱县人民政府主办 《天柱年鉴》编纂委员会编　主编杨仁江
中国文化出版社　2019 年 11 月
540 页　精装　29cm
ISBN978-988-8621-61-3
馆藏号：Guojiafz-8600002020367

锦屏年鉴·2015
《锦屏年鉴》编纂委员会编　主编王宗勋
天津科学技术出版社　2015 年 12 月
424 页　精装　29cm
ISBN978-7-5576-0639-8
馆藏号：Guojiafz-8600002019458

锦屏年鉴·2016
锦屏县史志办公室编　主编王宗勋
云南科技出版社　2017 年 3 月
403 页　精装　29cm
ISBN978-7-5587-0413-0
馆藏号：Guojiafz-8600002019460

锦屏年鉴·2017
锦屏年鉴编纂委员会编　主编王宗勋
云南科技出版社　2017 年 12 月
444 页　精装　29cm
ISBN978-7-5587-1081-0
馆藏号：Guojiafz-8600002016346

锦屏年鉴·2018
《锦屏年鉴》编纂委员会编　主编王宗勋
云南人民出版社　2019 年 3 月
380 页　精装　29cm
ISBN978-7-222-18264-6
馆藏号：Guojiafz-8600002019454

锦屏年鉴·2019
《锦屏年鉴》编纂委员会编　主编王宗勋
成都地图出版社　2019 年 12 月
283 页　精装　29cm
ISBN978-7-5557-1344-9
馆藏号：Guojiafz-8600002019456

黎平年鉴·2016
黎平县人民政府主办　黎平年鉴编纂委员会编　主编罗永明　执行主编杨秀灼
方志出版社　2017 年 2 月
320 页　精装　29cm
ISBN978-7-5144-2374-7
馆藏号：Guojiafz-8600002014990

黎平年鉴·2017
中共黎平县委员会、黎平县人民政府主办 《黎平年鉴》编纂委员会编　主编罗永明
中国文史出版社　2017 年 9 月

382 页　精装　29cm
ISBN978-7-5034-9615-8
馆藏号：Guojiafz-8600002016265

从江年鉴·2015
从江县人民政府主办　从江县志编纂委员会编
主编石晓
中国文化出版社　2016 年 9 月
274 页　精装　29cm
ISBN978-988-8398-28-7
馆藏号：Guojiafz-8600002018497

从江年鉴·2016
从江县人民政府主办　从江县志编纂委员会办公室编　主编石晓
中国文史出版社　2016 年 11 月
406 页　精装　29cm
ISBN978-7-5034-8512-1
馆藏号：Guojiafz-8600002018503

从江年鉴·2017
从江县人民政府主办　从江县地方志编纂委员会办公室编　主编石晓
中国文化出版社　2019 年 1 月
404 页　精装　29cm
ISBN978-988-13395-4-6
馆藏号：Guojiafz-8600002018494-96

从江年鉴·2018
从江县人民政府主办　从江县地方志编纂委员会办公室编　主编石晓
德宏民族出版社　2019 年 1 月
330 页　精装　29cm
ISBN978-7-5558-1170-1
馆藏号：Guojiafz-8600002018500-502

从江年鉴·2020
从江县人民政府主办　从江县地方志编纂委员会办公室编　主编石晓
中国文史出版社　2020 年 12 月
494 页　精装　29cm
ISBN978-7-5205-2300-4
馆藏号：Guojiafz-8600002018506-8

雷山年鉴·2016
雷山县人民政府主办　雷山年鉴编纂委员会编
主编吴学农
方志出版社　2017 年 10 月
528 页　精装　29cm
ISBN978-7-5144-2578-9
馆藏号：Guojiafz-8600002015092

麻江年鉴·2015
麻江县年鉴编纂委员会编　主编鲍登家
内部印刷
316 页　精装　29cm
馆藏号：Guojiafz-8600002021614

麻江年鉴·2016
麻江县年鉴编纂委员会编　主编鲍登家
德宏民族出版社　2017 年 11 月
340 页　精装　29cm
ISBN978-7-5558-0663-9
馆藏号：Guojiafz-8600002021602

麻江年鉴·2017
麻江县年鉴编纂委员会编　主编鲍登家
德宏民族出版社　2018 年 11 月
382 页　精装　29cm
ISBN978-7-5558-1135-0
馆藏号：Guojiafz-8600002021605

麻江年鉴·2018
麻江县年鉴编纂委员会编　主编鲍登家
云南民族出版社　2019 年 12 月
320 页　精装　29cm
ISBN978-7-5367-8336-2
馆藏号：Guojiafz-8600002021599

麻江年鉴·2019
麻江县年鉴编纂委员会编　主编鲍登家
云南民族出版社　2020 年 1 月
292 页　精装　29cm
ISBN978-7-221-16317-2
馆藏号：Guojiafz-8600002021611

麻江年鉴·2020
麻江县年鉴编纂委员会编　主编鲍登家
贵州人民出版社　2020 年 10 月
307 页　精装　29cm
ISBN978-7-221-16309-7
馆藏号：Guojiafz-8600002021608

黔南年鉴·2012
中共黔南州委办公室、州人民政府办公室主管主办　黔南年鉴编辑部编　主编韦武昌
中国文化出版社　2013 年 10 月
425 页　精装　27cm
ISBN978-988-13267-3-3
馆藏号：Guojiafz-8600002013379

黔南年鉴·2017
黔南州史志编纂委员会办公室编　主编胡智勇
执行主编张永淑
方志出版社　2017 年 12 月
581 页　精装　29cm
ISBN978-7-5144-2756-1
馆藏号：Guojiafz-8600002015111

黔南年鉴·2018
黔南州史志编纂委员会办公室编　主编胡智勇
执行主编张永淑
方志出版社　2019 年 1 月
572 页　精装　29cm
ISBN978-7-5144-3599-3
馆藏号：Guojiafz-8600002018050

福泉年鉴·2016
福泉年鉴编纂委员会、福泉市档案史志局合编
主编邓英
云南人民出版社　2016 年 12 月
408 页　精装　29cm
ISBN978-7-222-14438-5
馆藏号：Guojiafz-8600002014246

荔波年鉴·2017
中共荔波县委员会、县人民政府主办　荔波县地方志编纂委员会办公室编　主编陆桂清
云南人民出版社　2018 年 2 月
318 页　精装　29cm
ISBN978-7-222-17183-1
馆藏号：Guojiafz-8600002016497

贵定年鉴·2017
中共贵定县委办公室、贵定县人民政府办公室主管主办 《贵定年鉴》编辑部编　主编史迪燕
执行主编赵启华
中国文化出版社　2017 年 12 月
431 页　精装　29cm
ISBN978-988-13380-7-5
馆藏号：Guojiafz-8600002016324

瓮安年鉴·2016
瓮安县地方志编纂委员会办公室编　主编范祖贵
方志出版社　2017 年 12 月
370 页　精装　29cm
ISBN978-7-5144-2853-7
馆藏号：Guojiafz-8600002016887

龙里年鉴·2016
中共龙里县委、龙里县人民政府主办　龙里县地方志编纂委员会办公室、《龙里年鉴》编辑部合编
主任陆永辉
方志出版社　2017 年 11 月
494 页　精装　29cm
ISBN978-7-5144-2677-9
馆藏号：Guojiafz-8600002015060

龙里年鉴・2017
中共龙里县委、龙里县人民政府主办　龙里县地方志编纂委员会办公室、《龙里年鉴》编辑部合编
主编陈有富

方志出版社　2018 年 7 月
424 页　精装　29cm
ISBN978-7-5144-3150-6
馆藏号：Guojiafz-8600002018136

云南省

云南年鉴·2009
云南省人民政府研究室主管　云南省人民政府主办
云南年鉴社编　主编童志云、李崇仁、杨士吉
执行主编普永宏
云南年鉴社　2009年9月
600页　精装　29cm
ISSN1007-4988
馆藏号：Guojiafz-8600002002553

云南年鉴·2014
云南省人民政府研究室主管　云南省人民政府主办
云南年鉴社编　主编王兴明、杨士吉、张懋功
执行主编普永宏
云南年鉴社　2014年9月
572页　精装　29cm
ISSN1007-4988
馆藏号：Guojiafz-8600002015922

云南年鉴·2015
云南省人民政府研究室主管　云南省人民政府主办　云南年鉴社编　主编杨士吉、张懋功
执行主编普永宏
云南年鉴社　2015年9月
584页　精装　29cm
ISSN1007-4988
馆藏号：Guojiafz-8600002014487

云南统计年鉴·2016
云南省统计局编　总编辑李赪
中国统计出版社　2016年9月
605页　精装　30cm
ISBN978-7-5037-7903-9
馆藏号：Guojiafz-8600002014530

云南生态年鉴·2014
云南生态年鉴编辑委员会编　主编何宣、杨士吉
执行主编许太琴
德宏民族出版社　2014年12月
295页　精装　29cm
ISBN978-7-5558-0199-3
馆藏号：Guojiafz-8600002016352

云南小康年鉴·2005（创刊号）
云南省地方志编纂委员会主办　云南省地方志编纂委员会编　主编杨福泉、李一是、李成鼎、田文桢、李文彦　执行主编李成鼎
云南人民出版社　2006年7月
551页　精装　29cm
ISBN7-222-04748-4
馆藏号：Guojiafz-8600002002071

云南小康年鉴·2006
云南省地方志编纂委员会主办　云南省地方志编纂委员会编　主编杨福泉、李一是、李成鼎、田文桢、李文彦　执行主编李成鼎
云南人民出版社　2006年12月
598页　精装　29cm
ISBN978-7-222-04974-1
馆藏号：Guojiafz-8600002005521

云南小康年鉴·2007
云南省地方志编纂委员会主办　云南省地方志编

纂委员会编　总编丁绍祥　主编杨福泉、李一是、李成鼎、田文桢、李文彦　执行主编李成鼎
云南人民出版社　2007 年 12 月
484 页　精装　29cm
ISBN978-7-222-05310-6
馆藏号：Guojiafz-8600002000108

云南小康年鉴・2008
云南省地方志编纂委员会主办　云南省地方志编纂委员会编　总编丁绍祥　主编李一是、李成鼎、田文桢、刘艾林、李文彦　执行主编李成鼎
云南人民出版社　2008 年 12 月
560 页　精装　29cm
ISBN978-7-222-05738-8
馆藏号：Guojiafz-8600002000499

云南小康年鉴・2009
云南省地方志编纂委员会主办　云南省地方志编纂委员会编　总编丁绍祥　主编李一是、李成鼎、田文桢、刘艾林、李文彦　执行主编李成鼎
云南人民出版社　2009 年 12 月
550 页　精装　29cm
ISBN978-7-222-06318-1
馆藏号：Guojiafz-8600002003380

云南小康年鉴・2012
云南省地方志编纂委员会主办　云南省地方志编纂委员会编　总编卯稳国　主编李一是
云南人民出版社　2012 年 12 月
603 页　精装　29cm
ISBN978-7-222-10526-3
馆藏号：Guojiafz-8600002009931

云南小康年鉴・2014
云南省地方志编纂委员会编　总编卯稳国
云南人民出版社　2014 年 12 月
530 页　精装　29cm
ISBN978-7-222-12430-1
馆藏号：Guojiafz-8600002015711

云南小康年鉴・2015
云南省地方志编纂委员会主办　云南省地方志编纂委员会编　总编卯稳国　主编任玉华　执行主编陈天武
云南人民出版社　2016 年 1 月
493 页　精装　29cm
ISBN978-7-222-14142-1
馆藏号：Guojiafz-8600002014490

云南工商年鉴・2009
云南省工商行政管理局主办　云南省工商局编
主编李向
德宏民族出版社　2009 年 9 月
590 页　精装　29cm
ISBN978-7-80750-210-4
馆藏号：Guojiafz-8600002000403

昆明年鉴・1993
昆明市人民政府主办　《昆明年鉴》编辑部编
主编李江
云南年鉴杂志社
458 页　精装　27cm
CN53-1072
馆藏号：Guojiafz-8600002010701

昆明年鉴・1994
昆明市人民政府主办　《昆明年鉴》编辑部编
主编李江
云南年鉴杂志社　1994 年 10 月
465 页　精装　27cm
CN53-1072
馆藏号：Guojiafz-8600002009611

昆明年鉴・1995
昆明年鉴编辑委员会主办《昆明年鉴》编辑部编
总编李江
云南年鉴杂志社　1995 年 11 月
547 页　精装　27cm
CN53-1072
馆藏号：Guojiafz-8600002009549

昆明年鉴·1996
昆明年鉴编辑委员会主办 《昆明年鉴》编辑部编
总编李江
云南年鉴杂志社 1996 年 8 月
559 页 精装 27cm
CN53-1072
馆藏号：Guojiafz-8600002010805

昆明年鉴·2001
昆明市人民政府主办 《昆明年鉴》编辑部编
主编朱宝琛、李峰
云南科技出版社 2001 年 7 月
498 页 精装 29cm
ISBN7-5416-1402-5
馆藏号：Guojiafz-8600002005268

昆明年鉴·2003
昆明市人民政府主办 《昆明年鉴》编辑部编
总编李峰
云南民族出版社 2003 年 10 月
503 页 精装 29cm
ISBN7-5367-2741-0
馆藏号：Guojiafz-8600002005120

昆明年鉴·2005
昆明市人民政府主办 《昆明年鉴》编辑部编
总编陈勇
云南民族出版社 2005 年 11 月
467 页 精装 29cm
ISBN7-5367-3325-9
馆藏号：Guojiafz-8600002000282

昆明年鉴·2006
昆明市人民政府主办 《昆明年鉴》编辑部编
总编王奇英、陈勇
云南民族出版社 2006 年 11 月
480 页 精装 29cm
ISBN7-5367-3407-7
馆藏号：Guojiafz-8600002012344

昆明年鉴·2017
昆明市人民政府主办 昆明市地方志编纂委员会办公室编 总编郭希林 执行总编母正荣
云南民族出版社 2017 年 10 月
510 页 精装 29cm
ISBN978-7-5367-7618-0
馆藏号：Guojiafz-8600002016354

呈贡年鉴·2003
呈贡县人民政府主办 呈贡县人民政府编
主编刘昌良
德宏民族出版社 2003 年 12 月
393 页 精装 29cm
ISBN7-80525-713-2
馆藏号：Guojiafz-8600002004500

五华年鉴·1996
五华年鉴编辑委员会编 主编何兴庚
云南年鉴杂志社
251 页 精装 27cm
CN53-1072
馆藏号：Guojiafz-8600002009532

五华年鉴·2015
中共五华县委、五华县人民政府主办 《五华年鉴》编纂委员会编 主编邓秋香
方志出版社 2015 年 11 月
360 页 精装 27cm
ISBN978-7-5144-1818-7
馆藏号：Guojiafz-8600002003117

五华年鉴·2018
五华区人民政府主办 五华区地方志编纂委员会办公室编 主编张劲 执行主编范丹
云南人民出版社 2019 年 10 月
417 页 精装 29cm
ISBN978-7-222-18591-3
馆藏号：Guojiafz-8600002020778

五华年鉴・2019
五华区人民政府主办　五华区地方志编纂委员会办公室编　主编张劲　执行主编范丹
云南人民出版社　2020 年 5 月
406 页　精装　29cm
ISBN978-7-2221-9331-4
馆藏号：Guojiafz-8600002020782

五华年鉴・2020
五华区人民政府主办　五华区地方志编纂委员会办公室编　主编张劲　执行主编范丹
云南人民出版社　2020 年 10 月
404 页　精装　29cm
ISBN978-7-222-19830-2
馆藏号：Guojiafz-8600002020779

盘龙年鉴・2003
昆明市盘龙区地方志编纂委员会主办　昆明市盘龙区地方志编纂委员会编　主编彭磊
云南美术出版社　2003 年 12 月
370 页　精装　29cm
ISBN7-80695-059-1
馆藏号：Guojiafz-8600002004797

东川年鉴・2003
东川年鉴编辑委员会主办　东川年鉴编辑委员会编　主编白方云
德宏民族出版社　2003 年 9 月
415 页　精装　29cm
ISBN7-80525-773-6
馆藏号：Guojiafz-8600002007734

东川年鉴・2009
昆明市东川区人民政府主办　东川区年鉴编纂委员会编　主编詹应璋
德宏民族出版社　2009 年 10 月
432 页　精装　29cm
ISBN978-7-80750-258-6
馆藏号：Guojiafz-8600002002556

东川年鉴・2014
昆明市东川区人民政府编　主编刘荣
德宏民族出版社　2014 年 10 月
442 页　精装　29cm
ISBN978-7-5558-0107-8
馆藏号：Guojiafz-8600002052708

东川年鉴・2016
东川区人民政府主办　昆明市东川区人民政府编　主编刘荣
德宏民族出版社　2016 年 10 月
421 页　精装　29cm
ISBN978-7-5558-0518-2
馆藏号：Guojiafz-8600002014509

安宁市年鉴・2003
安宁市人民政府主办　2003 年安宁市年鉴编辑委员会编　总编刘燕琨
云南民族出版社　2003 年 10 月
403 页　精装　27cm
ISBN7-5367-2800-X
馆藏号：Guojiafz-8600002008615

安宁年鉴・2008
安宁市人民政府主办　安宁市党史地方志编纂委员会办公室编　主编张丽华　总纂戴彬
云南民族出版社　2008 年 12 月
503 页　精装　27cm
ISBN978-7-5367-4306-9
馆藏号：Guojiafz-8600002002116

安宁年鉴・2013
安宁市人民政府主办　安宁市党史地方志编纂委员会办公室编　总纂刀福东　主编俞学云
云南科技出版社　2013 年 12 月
498 页　精装　29cm
ISBN978-7-5416-7803-5
馆藏号：Guojiafz-8600002015889

安宁年鉴 · 2015
安宁市人民政府主办　安宁市党史地方志编纂委员会办公室编　主编俞学云　总纂刀福东
云南科技出版社　2015 年 12 月
435 页　精装　29cm
ISBN978-7-5416-9414-1
馆藏号：Guojiafz-8600002014505

安宁年鉴 · 2017
安宁市人民政府主办　安宁市党史地方志编纂委员会办公室编　总纂王梅　主编俞学云
云南科技出版社　2017 年 12 月
430 页　精装　29cm
ISBN978-7-5587-1195-4
馆藏号：Guojiafz-8600002016443

晋宁年鉴 · 2011
晋宁县人民政府主办　晋宁县地方志编纂委员会办公室编　主编李光勇　执行主编吴永华
德宏民族出版社　2011 年 10 月
518 页　精装　29cm
ISBN978-7-80750-528-0
馆藏号：Guojiafz-8600002020802

晋宁年鉴 · 2012
晋宁县人民政府主办　晋宁县地方志编纂委员会办公室编　主编李光勇　执行主编吴永华
德宏民族出版社　2012 年 10 月
519 页　精装　29cm
ISBN978-7-80750-723-9
馆藏号：Guojiafz-8600002020796

晋宁年鉴 · 2015
晋宁县人民政府主办　晋宁县地方志编纂委员会办公室编　主编夏丹　执行主编吴永华
德宏民族出版社　2015 年 11 月
479 页　精装　29cm
ISBN978-7-5558-0335-5
馆藏号：Guojiafz-8600002020771

晋宁年鉴 · 2020
昆明市晋宁区人民政府主办　昆明市晋宁区委地方志编纂委员会办公室编　主编吕丰　执行主编王丽
德宏民族出版社　2020 年 12 月
480 页　精装　29cm
ISBN978-7-5558-1442-9
馆藏号：Guojiafz-8600002020800

富民年鉴 · 2013
富民县人民政府主办　富民县地方志办公室编　主编徐玫娟
云南美术出版社　2013 年 8 月
424 页　精装　29cm
ISBN978-7-5489-1369-6
馆藏号：Guojiafz-8600002015866

宜良年鉴 · 2016
宜良县人民政府主办　宜良县县志编纂委员会办公室编　主编代兴辉　执行主编徐守云
德宏民族出版社　2016 年 12 月
420 页　精装　29cm
ISBN978-7-5558-0635-6
馆藏号：Guojiafz-8600002019970

宜良年鉴 · 2017
宜良县人民政府主办　宜良县县志编纂委员会办公室编　主编李坤乾　执行主编徐守云
德宏民族出版社　2017 年 12 月
432 页　精装　29cm
ISBN978-7-5558-0829-9
馆藏号：Guojiafz-8600002019983

宜良年鉴 · 2018
宜良县人民政府主办　宜良县县志编纂委员会办公室编　主编李坤乾
德宏民族出版社　2019 年 1 月
519 页　精装　29cm
ISBN978-7-5558-1166-4
馆藏号：Guojiafz-8600002019249

宜良年鉴·2019
宜良县人民政府主办　宜良县县志编纂委员会办公室编　主编李坤乾
德宏民族出版社　2019 年 12 月
484 页　精装　29cm
ISBN978-7-5558-1385-9
馆藏号：Guojiafz-8600002019975

宜良年鉴·2020
宜良县人民政府主办　宜良县县志编纂委员会办公室编　主编张勤华　执行主编徐守云
云南美术出版社　2020 年 10 月
467 页　精装　29cm
ISBN978-7-5489-4156-9
馆藏号：Guojiafz-8600002019972

嵩明年鉴·2013
嵩明县人民政府主办　嵩明县地方志编纂委员会编　主编严萧
德宏民族出版社　2013 年 11 月
424 页　精装　29cm
ISBN978-7-80750-946-2
馆藏号：Guojiafz-8600002015315

石林年鉴·2004
石林彝族自治县人民政府主办　石林彝族自治县人民政府编　主编昂智灵、刘世生
德宏民族出版社　2004 年 9 月
290 页　精装　29cm
ISBN7-80525-842-2
馆藏号：Guojiafz-8600002004421

石林年鉴·2009
石林彝族自治县人民政府主办　石林彝族自治县史志办公室编　主编刘世生
云南美术出版社　2009 年 12 月
531 页　精装　30cm
ISBN978-7-80695-971-8
馆藏号：Guojiafz-8600002000811

石林年鉴·2014
石林彝族自治县人民政府主办　石林彝族自治县史志办公室编　主编刘世生
云南民族出版社　2014 年 10 月
362 页　精装　29cm
ISBN978-7-5367-6282-4
馆藏号：Guojiafz-8600002015292

石林年鉴·2016
石林彝族自治县人民政府主办　石林彝族自治县史志办公室编　主编刘世生
云南民族出版社　2016 年 11 月
466 页　精装　29cm
ISBN978-7-5367-7261-8
馆藏号：Guojiafz-8600002014525

石林年鉴·2017
石林彝族自治县人民政府主办　石林彝族自治县史志办公室编　主编刘世生
云南民族出版社　2017 年 9 月
455 页　精装　29cm
ISBN978-7-5367-7599-2
馆藏号：Guojiafz-8600002050544

禄劝年鉴·2009
禄劝彝族苗族自治县人民政府主办　禄劝彝族苗族自治县地方志办公室编　主编张映华、马责
云南人民出版社　2009 年 9 月
447 页　精装　27cm
ISBN978-7-222-06156-9
馆藏号：Guojiafz-8600002002385

曲靖地区年鉴·1991
中共曲靖地委史志工作委员会编　主编孙周远、车光杰
云南民族出版社　1991 年 12 月
664 页　精装　27cm
ISBN7-5367-0447-X
馆藏号：Guojiafz-8600002003417

曲靖地区年鉴·1993
中共曲靖地委主管　中共曲靖地委史志委主办
曲靖地区年鉴编辑室编　主编孙周远、车光杰
云南年鉴杂志社　1993年9月
528页　精装　27cm
CN53-1072
馆藏号：Guojiafz-8600002011037

曲靖地区年鉴·1994
中共曲靖地委主管　中共曲靖地委史志委主办
曲靖地区年鉴编辑室编　总编孙周远、车光杰
云南年鉴杂志社　1993年9月
540页　精装　27cm
CN53-1072
馆藏号：Guojiafz-8600002009385

曲靖地区年鉴·1995
中共曲靖地委主管　中共曲靖地委史志委主办
曲靖地区年鉴编辑室编　总编孙周远、车光杰
云南年鉴杂志社　1995年9月
544页　精装　27cm
CN53-1072
馆藏号：Guojiafz-8600002006536

曲靖年鉴·1993
中共曲靖地委主管　中共曲靖地委史志委主办
中共曲靖地委史志工作委员会编　主编孙周远、车光杰
云南年鉴杂志社　1993年9月
528页　精装　27cm
CN53-1072
馆藏号：Guojiafz-8600002011037

曲靖年鉴·1996
中共曲靖地委主管　中共曲靖地委史志委主办
曲靖年鉴编辑室编　总编孙周远、车光杰
云南年鉴杂志社　1996年9月
519页　精装　27cm
CN52-1072
馆藏号：Guojiafz-8600002006477

曲靖年鉴·2004
中共曲靖市委、曲靖市人民政府主办　曲靖市人民政府地方志办公室编　总编李熙烈
德宏民族出版社　2004年8月
407页　精装　29cm
ISBN7-80525-831-7
馆藏号：Guojiafz-8600002004669

曲靖年鉴·2009
中共曲靖市委、曲靖市人民政府主办　曲靖市人民政府地方志办公室编　总编杨光彦
德宏民族出版社　2009年8月
461页　精装　29cm
ISBN978-7-80750-187-9
馆藏号：Guojiafz-8600002002673

曲靖年鉴·2014
中共曲靖市委、曲靖市人民政府主办　曲靖市人民政府地方志办公室编　主编范利军
云南人民出版社　2014年11月
629页　精装　29cm
ISBN978-7-222-12371-7
馆藏号：Guojiafz-8600002015622

曲靖年鉴·2016
中共曲靖市委、曲靖市人民政府主办　曲靖市人民政府地方志办公室编　主编范利军
云南出版社　2016年9月
461页　精装　29cm
ISBN978-7-222-15228-1
馆藏号：Guojiafz-8600002014492

曲靖年鉴·2019
中共曲靖市委、曲靖市人民政府主办　曲靖市人民政府地方志办公室编　主编陈发成　执行主编赵腾龙
云南人民出版社　2019年11月
426页　精装　29cm
ISBN978-7-222-18490-9
馆藏号：Guojiafz-8600002019886

曲靖年鉴·2020
中共曲靖市委、曲靖市人民政府主办　曲靖市人民政府地方志办公室编　主编陈发成　执行主编林茂楠
云南人民出版社　2020 年 10 月
392 页　精装　29cm
ISBN978-7-222-19519-6
馆藏号：Guojiafz-8600002019894

麒麟区年鉴·2003
中共曲靖市麒麟区委、区人民政府主办　中共麒麟区委史志办公室编　总编吴乔贵
德宏民族出版社　2003 年 10 月
455 页　精装　29cm
ISBN7-80525-789-2
馆藏号：Guojiafz-8600002000942

麒麟区年鉴·2009
中共曲靖市麒麟区委、曲靖市麒麟区人民政府主办
麒麟区地方志办公室编　总编吴乔贵
德宏民族出版社　2009 年 9 月
450 页　精装　29cm
ISBN978-7-80750-208-1
馆藏号：Guojiafz-8600002002687

麒麟区年鉴·2015
中共曲靖市麒麟区委、曲靖市麒麟区人民政府主办
曲靖市麒麟区人民政府地方志办公室编
主编冯绍贤
德宏民族出版社　2015 年 9 月
497 页　精装　29cm
ISBN978-7-5558-0306-5
馆藏号：Guojiafz-8600002014498

麒麟区年鉴·2019
中共曲靖市麒麟区委、曲靖市麒麟区人民政府主办
曲靖市麒麟区人民政府地方志办公室编
主任朱开荣
德宏民族出版社　2019 年 10 月
422 页　精装　29cm
ISBN978-7-5558-1338-5
馆藏号：Guojiafz-8600002019311

麒麟区年鉴·2020
中共曲靖市麒麟区委、曲靖市麒麟区人民政府主办
曲靖市麒麟区人民政府地方志办公室编
主编曹海斌
云南人民出版社　2020 年 10 月
426 页　精装　29cm
ISBN978-7-222-19722-0
馆藏号：Guojiafz-8600002019256

宣威年鉴·1989—1990
中共宣威县委史志委员会编　主编邱学明
云南民族出版社　1993 年 12 月
528 页　精装　27cm
ISBN7-5367-0766-6
馆藏号：Guojiafz-8600002009546

宣威年鉴·1994
中共宣威市委史志委员会编　主编孟德刚
云南年鉴杂志社
460 页　精装　27cm
CN53-1072
馆藏号：Guojiafz-8600002006538

宣威年鉴·2009
中共宣威市委、宣威市人民政府主办　宣威市地方志办公室编　主编何道勋
德宏民族出版社　2009 年 9 月
309 页　精装　29cm
ISBN978-7-80750-259-3
馆藏号：Guojiafz-8600002002182

宣威年鉴·2016
中共宣威市委、宣威市人民政府主办　宣威市地方志办公室编　主编何道勋
德宏民族出版社　2016 年 9 月
410 页　精装　29cm
ISBN978-7-5558-0459-8
馆藏号：Guojiafz-8600002014517

马龙年鉴·1995
马龙县史志编纂室编　主编高加明
云南年鉴杂志社　1995年12月
541页　精装　27cm
CN53-1072
馆藏号：Guojiafz-8600002009501

马龙年鉴·1996
马龙县史志编纂室编　主编高加明
德宏民族出版社　1996年11月
407页　精装　27cm
ISBN7-80525-305-6
馆藏号：Guojiafz-8600002009307

陆良年鉴·2003
中共陆良县委史志办公室编　主编张云
德宏民族出版社　2004年1月
284页　精装　29cm
ISBN7-80525-808-2
馆藏号：Guojiafz-8600002004817

陆良年鉴·2018
陆良县地方志编纂委员会办公室编　主编滕文武
云南民族出版社　2018年10月
432页　精装　29cm
ISBN978-7-5367-8025-5
馆藏号：Guojiafz-8600002019230-2

陆良年鉴·2019
陆良县地方志编纂委员会办公室编　主编滕文武
昆明鹰达印刷有限公司印刷　2019年12月
402页　精装　29cm
准印证号：曲新出（2019）准印字第Q047号
馆藏号：Guojiafz-8600002019237

陆良年鉴·2020
陆良县地方志编纂委员会办公室编　主编滕文武
云南科技出版社　2020年10月
366页　精装　29cm
ISBN978-7-5587-3106-8
馆藏号：Guojiafz-8600002019873

师宗年鉴·2015
中共师宗县委、县人民政府主办　师宗县地方志编纂委员会办公室编　主编董定有
云南人民出版社　2015年9月
395页　精装　29cm
ISBN978-7-222-13717-2
馆藏号：Guojiafz-8600002014566

罗平年鉴·2002
中共罗平县委、县人民政府主办　中共罗平县委史志办公室编　总编赵英祥
五华区教委印刷厂印刷　2002年12月
405页　精装　27cm
准印证号：曲市文准印字第（2002）063号
馆藏号：Guojiafz-8600002009126

罗平年鉴·2014
中共罗平县委党史研究室、罗平县人民政府地方志办公室编　主编姚家宽
德宏民族出版社　2014年8月
408页　精装　29cm
ISBN978-7-5558-0114-6
馆藏号：Guojiafz-8600002016023

罗平年鉴·2019
中共罗平县委党史研究室、罗平县人民政府地方志办公室编　主编李树芳
云南人民出版社　2019年12月
445页　精装　29cm
ISBN978-7-222-18817-4
馆藏号：Guojiafz-8600002019281

罗平年鉴·2020
中共罗平县委党史研究室、罗平县人民政府地方志办公室编　总编李书芳　执行主编庞亚萍
云南科技出版社　2020年8月
465页　精装　29cm
ISBN978-7-5587-2966-9
馆藏号：Guojiafz-8600002019280

富源年鉴·1993
中共富源县委史志工作委员会编　主编何金圣
昆明市春城印刷厂印刷
291页　精装　27cm
准印证号：云南省新闻出版局准印证（1994）29号
馆藏号：Guojiafz-8600002009535

富源年鉴·1994
富源县史志委主办　中共富源县委史志工作委员会编　主编何金圣
云南省电子计算中心科技彩印厂印刷
330页　精装　27cm
CN53-1072
馆藏号：Guojiafz-8600002009534

富源年鉴·1995
富源县史志编纂室主办　富源县史志编纂室编　主编何金圣
云南年鉴杂志社
319页　精装　27cm
CN53-1072
馆藏号：Guojiafz-8600002006605

富源年鉴·1996
富源县史志编纂室主办　富源县史志编纂室编　主编何金圣
云南科技出版社　1996年12月
351页　精装　27cm
ISBN7-5416-0929-3
馆藏号：Guojiafz-8600002005428

富源年鉴·2000
中共富源县委史志办公室编　主编何金圣
德宏民族出版社　2000年10月
395页　精装　27cm
ISBN7-80525-560-1
馆藏号：Guojiafz-8600002003531

富源年鉴·2013
中共富源县委、富源县人民政府主办　富源县人民政府地方志办公室编　主编吴耀强
深圳市美嘉美印刷有限公司印刷　2013年8月
371页　精装　29cm
准印证号：云新出（2013）准印字第0189号
馆藏号：Guojiafz-8600002009688

富源年鉴·2017
中共富源县委、富源县人民政府主办　富源县人民政府地方志办公室编　主编吴耀强
德宏民族出版社　2017年8月
422页　精装　29cm
ISBN978-7-5558-0728-5
馆藏号：Guojiafz-8600002018898

富源年鉴·2018
中共富源县委、富源县人民政府主办　富源县人民政府地方志办公室编　主编吴耀强
德宏民族出版社　2018年9月
426页　精装　29cm
ISBN978-7-5558-0939-5
馆藏号：Guojiafz-8600002018899

富源年鉴·2019
中共富源县委、富源县人民政府主办　富源县人民政府地方志办公室编　主编吴耀强
云南人民出版社　2019年12月
364页　精装　29cm
ISBN978-7-222-19278-2
馆藏号：Guojiafz-8600002018900

富源年鉴·2020
中共富源县委、富源县人民政府主办　富源县人民政府地方志办公室编　主编吴耀强
云南人民出版社　2020年10月
362页　精装　29cm
ISBN978-7-222-19646-9
馆藏号：Guojiafz-8600002018901

会泽年鉴·1993
中国会泽县委史志工作委员会编　主编李建军、朱培文、李萌发、包勇
昆明市春城印刷厂印刷　1994 年 1 月
276 页　精装　27cm
准印证号：云南省新闻出版局准印证（94）第 8 号
馆藏号：Guojiafz-8600002010124

会泽年鉴·1994
中共会泽县委主管　中共会泽县史志委主办　会泽县年鉴编辑室编　主编李建军、朱培文、李萌发、包勇、李春义
云南年鉴杂志社　1994 年 12 月
296 页　精装　27cm
CN53-1072
馆藏号：Guojiafz-8600002010122

会泽年鉴·1995
中共会泽县委主管　中共会泽县委史志委主办　会泽县年鉴编辑室编　主编王朝欢
云南年鉴杂志社　1995 年 12 月
395 页　精装　27cm
CN53-1072
馆藏号：Guojiafz-8600002010123

会泽年鉴·2004
中共会泽县委、会泽县人民政府主办　会泽县人民政府地方志办公室编　总编顾琨　主编李生云
德宏民族出版社　2004 年 9 月
316 页　精装　29cm
ISBN7-80525-844-9
馆藏号：Guojiafz-8600002002852

会泽年鉴·2009
中共会泽县委、会泽县人民政府主办　会泽县地方志办编　主编李生云
德宏民族出版社　2009 年 8 月
334 页　精装　29cm
ISBN978-7-80750-197-8
馆藏号：Guojiafz-8600002002046

会泽年鉴·2016
中共会泽县委、会泽县人民政府主办　会泽县人民政府地方志办公室编　总编余馨　主编李鹏
德宏民族出版社　2016 年 8 月
316 页　精装　29cm
ISBN978-7-5558-0467-3
馆藏号：Guojiafz-8600002014568

会泽年鉴·2017
中共会泽县委、会泽县人民政府主办　会泽县人民政府地方志办公室编　主编李鹏
云南人民出版社　2017 年 8 月
368 页　精装　29cm
ISBN978-7-222-16429-1
馆藏号：Guojiafz-8600002016437

沾益年鉴·2004
中共沾益县委、沾益县人民政府主办　沾益县史志办公室编　主编孙国才
德宏民族出版社　2004 年 8 月
326 页　精装　29cm
ISBN7-80525-843-0
馆藏号：Guojiafz-8600002007533

沾益年鉴·2019
中共曲靖市沾益区委、曲靖市沾益区人民政府主办　曲靖市沾益区人民政府地方志办公室编　主编段汝立
德宏民族出版社　2019 年 10 月
434 页　精装　30cm
ISBN978-7-5558-1337-8
馆藏号：Guojiafz-8600002019751

玉溪市年鉴·1989
玉溪市人民政府办公室、玉溪市地方志办公室主办　《玉溪市年鉴》编辑室编　主编王曰义
云南省玉溪印刷厂印刷
691 页　精装　19cm
馆藏号：Guojiafz-8600002005378

玉溪市年鉴・1991
玉溪市人民政府办公室、玉溪市地方志办公室编
主编王曰义　执行主编李文彦
云南民族出版社　1991 年 9 月
246 页　精装　27cm
ISBN7-5367-0426-7
馆藏号：Guojiafz-8600002013455

玉溪年鉴・2004
玉溪市人民政府主办　玉溪年鉴编辑部编　主编吴建森　执行主编李亚平
德宏民族出版社　2004 年 9 月
412 页　精装　29cm
ISBN7-80525-845-7
馆藏号：Guojiafz-8600002019747

玉溪年鉴・2006
玉溪市人民政府主办　玉溪年鉴编辑部编　主编吴建森　执行主编李亚平
德宏民族出版社　2006 年 9 月
470 页　精装　29cm
ISBN7-80525-975-5
馆藏号：Guojiafz-8600002019741

玉溪年鉴・2008
玉溪市人民政府主办 《玉溪年鉴》编辑部编
主编孙会强　执行主编李亚平
云南民族出版社　2008 年 9 月
458 页　精装　29cm
ISBN978-7-5367-4112-6
馆藏号：Guojiafz-8600002018870

玉溪年鉴・2009
玉溪市人民政府主办　玉溪市地方志办编
主编孙会强　执行主编李亚平
云南民族出版社　2009 年 9 月
450 页　精装　29cm
ISBN978-7-5367-4428-8
馆藏号：Guojiafz-8600002000404

玉溪年鉴・2012
玉溪市人民政府主办　玉溪市地方志办公室编
主编孙会强　执行主编李亚平
德宏民族出版社　2012 年 11 月
474 页　精装　29cm
ISBN978-7-80750-738-3
馆藏号：Guojiafz-8600002019744

玉溪年鉴・2014
玉溪市人民政府主办　玉溪市地方志办公室编
主编李毅昆　执行主编李亚平
德宏民族出版社　2014 年 9 月
506 页　精装　29cm
ISBN978-7-5558-0054-5
馆藏号：Guojiafz-8600002015373

玉溪年鉴・2015
玉溪市人民政府主办　玉溪市地方志办公室编
主编孙金会　执行主编李亚平
德宏民族出版社　2015 年 9 月
534 页　精装　29cm
ISBN978-7-5558-0307-2
馆藏号：Guojiafz-8600002019732

玉溪年鉴・2017
玉溪市人民政府主办　玉溪市地方志编纂委员会办公室编　主编孙金会　执行主编李海明
云南人民出版社　2017 年 9 月
578 页　精装　29cm
ISBN978-7-222-16414-7
馆藏号：Guojiafz-8600002019736

玉溪年鉴・2018
玉溪市人民政府主办　玉溪市地方志编纂委员会办公室编　主编张亚辉　执行主编李海明
云南人民出版社　2018 年 12 月
550 页　精装　29cm
ISBN978-7-222-17841-0
馆藏号：Guojiafz-8600002018865

玉溪年鉴·2019
中共玉溪市委、玉溪市人民政府主办　中共玉溪市委党史研究和地方志编纂办公室编　主编官朝弼
云南人民出版社　2019 年 11 月
542 页　精装　29cm
ISBN978-7-222-18775-7
馆藏号：Guojiafz-8600002019739

玉溪年鉴·2020
中共玉溪市委、玉溪市人民政府主办　中共玉溪市委党史研究和地方志编纂办公室编　主编官朝弼
云南人民出版社　2020 年 9 月
522 页　精装　29cm
ISBN978-7-222-19697-1
馆藏号：Guojiafz-8600002018863

红塔年鉴·2003
中共玉溪市红塔区委、区人民政府、中共玉溪红塔集团委员会主办　玉溪市红塔区史志编纂办公室编　主编黄朝茂
德宏民族出版社　2003 年 9 月
368 页　精装　29cm
ISBN7-80525-750-7
馆藏号：Guojiafz-8600002002568

红塔年鉴·2005
中共玉溪市红塔区委、区人民政府、中共玉溪红塔集团委员会、中共玉溪市烟草专卖局委员会主办　玉溪市红塔区史志编纂办公室编　主编黄朝茂
德宏民族出版社　2005 年 8 月
388 页　精装　29cm
ISBN7-80525-895-3
馆藏号：Guojiafz-8600002020840

红塔年鉴·2006
中共玉溪市红塔区委、区人民政府、中共红塔集团委员会、中共玉溪市烟草专卖局委员会主办　玉溪市红塔区史志编纂办公室编　主编黄朝茂
德宏民族出版社　2006 年 9 月
376 页　精装　29cm
ISBN7-80525-964-X
馆藏号：Guojiafz-8600002003188

红塔年鉴·2007
中共玉溪市红塔区委、区人民政府、中共红塔集团委员会、中共玉溪市烟草专卖局委员会主办　玉溪市红塔区史志编纂办公室编　主编黄朝茂
德宏民族出版社　2007 年 8 月
344 页　精装　29cm
ISBN978-7-80750-018-6
馆藏号：Guojiafz-8600002020768

红塔年鉴·2008
中共玉溪市红塔区委、区人民政府、中共红塔集团委员会、中共玉溪市烟草专卖局委员会主办　玉溪市红塔区史志编纂办公室编　主编肖振宇
德宏民族出版社　2008 年 8 月
400 页　精装　29cm
ISBN978-7-80750-105-3
馆藏号：Guojiafz-8600002004073

红塔年鉴·2010
中共玉溪市红塔区委、玉溪市红塔区人民政府、中共玉溪市烟草专卖局委员会主办　玉溪市红塔区史志编纂办公室编　主编肖振宇
德宏民族出版社　2010 年 9 月
428 页　精装　29cm
ISBN978-7-80750-358-3
馆藏号：Guojiafz-8600002020731

红塔年鉴·2011
中共玉溪市红塔区委、玉溪市红塔区人民政府、中共玉溪市烟草专卖局委员会主办　玉溪市红塔区史志编纂办公室编　主编肖振宇
德宏民族出版社　2011 年 9 月
395 页　精装　29cm
ISBN978-7-80750-495-5
馆藏号：Guojiafz-8600002020721

红塔年鉴·2012
中共玉溪市红塔区委、玉溪市红塔区人民政府主办　玉溪市红塔区史志编纂办公室编
主编肖振宇
德宏民族出版社　2012 年 8 月
387 页　精装　29cm
ISBN978-7-80750-714-7
馆藏号：Guojiafz-8600002020726

红塔年鉴·2013
中共玉溪市红塔区委员会、玉溪市红塔区人民政府主办　玉溪市红塔区史志编纂办公室编
主编刘云川
德宏民族出版社　2013 年 10 月
485 页　精装　29cm
ISBN978-7-80750-904-2
馆藏号：Guojiafz-8600002020724

红塔年鉴·2014
中共玉溪市红塔区委、玉溪市红塔区人民政府主办　玉溪市红塔区史志编纂办公室编
主编刘云川
德宏民族出版社　2014 年 10 月
495 页　精装　29cm
ISBN978-7-5558-0055-2
馆藏号：Guojiafz-8600002020736

红塔年鉴·2015
中共玉溪市红塔区委、玉溪市红塔区人民政府主办　玉溪市红塔区史志编纂办公室编
主编刘云川
德宏民族出版社　2015 年 8 月
560 页　精装　29cm
ISBN978-7-5558-0300-3
馆藏号：Guojiafz-8600002020739

红塔年鉴·2016
中共玉溪市红塔区委、玉溪市红塔区人民政府主办　玉溪市红塔区史志编纂办公室编
主编刘云川
德宏民族出版社　2016 年 11 月
480 页　精装　29cm
ISBN978-7-5558-0572-4
馆藏号：Guojiafz-8600002014529

红塔年鉴·2017
中共玉溪市红塔区委、玉溪市红塔区人民政府主办　玉溪市红塔区史志编纂办公室编　主编刘云川
执行主编蒯学庆
德宏民族出版社　2017 年 7 月
484 页　精装　29cm
ISBN978-7-5558-0681-3
馆藏号：Guojiafz-8600002016317

红塔年鉴·2020
中共玉溪市红塔区委、玉溪市红塔区人民政府主办　中共玉溪市红塔区委党史研究和地方志编纂办公室编　主编王宏　执行主编蒯学庆
云南人民出版社　2020 年 8 月
418 页　精装　29cm
ISBN978-7-222-19488-5
馆藏号：Guojiafz-8600002020734

红塔集团年鉴·2009
红塔烟草（集团）有限责任公司编　主编柳万东
云南人民出版社　2009 年 12 月
266 页　精装　29cm
ISBN978-7-222-06225-2
馆藏号：Guojiafz-8600002008218

红塔集团年鉴·2010
红塔烟草（集团）有限责任公司编　主编柳万东
云南人民出版社　2010 年 11 月
264 页　精装　29cm
ISBN978-7-222-06796-7
馆藏号：Guojiafz-8600002008340

红塔集团年鉴·2015
红塔烟草（集团）有限责任公司编　主编夏开元
云南人民出版社　2015 年 11 月

248 页　精装　29cm
ISBN978-7-222-13759-2
馆藏号：Guojiafz-8600002014527

红塔集团年鉴·2017
红塔烟草（集团）有限责任公司编　主编夏开元
云南人民出版社　2017 年 11 月
274 页　精装　29cm
ISBN978-7-222-16622-6
馆藏号：Guojiafz-8600002016754

江川县年鉴·2001
江川县委办公室、江川年鉴编辑部合编
主编黄满德、陈树华
云南美术出版社　2001 年 10 月
254 页　精装　27cm
ISBN7-80586-821-2
馆藏号：Guojiafz-8600002005257

澂江年鉴·1993（创刊号）
澂江县人民政府主管《澂江年鉴》编辑委员会主办　澄江年鉴编辑部编　主编秦鸿图
云南年鉴杂志社
503 页　精装　27cm
CN53-1072
馆藏号：Guojiafz-8600002005875

澄江年鉴·1994
云南省澄江年鉴编辑委员会主办　云南省澄江年鉴编辑部编　总编辑秦鸿图
云南年鉴杂志社　1994 年
379 页　精装　27cm
CN53-1072
馆藏号：Guojiafz-8600002006382

澂江年鉴·1995
云南省澂江年鉴编辑委员会主办　云南省澂江年鉴编辑部编　总编辑秦鸿图
云南年鉴杂志社
462 页　精装　27cm
CN53-1072
馆藏号：Guojiafz-8600002009165

澂江年鉴·1996
云南省澂江年鉴编辑委员会主办　云南省澂江年鉴编辑部编　总编辑秦鸿图
云南年鉴杂志社　1996 年 9 月
711 页　精装　27cm
CN53-1072
馆藏号：Guojiafz-8600002005438

澂江年鉴·2008
澂江县史志办公室编　主编王基宇
德宏民族出版社　2008 年 10 月
324 页　精装　29cm
ISBN978-7-80750-121-3
馆藏号：Guojiafz-8600002003098

澄江年鉴·2016
中共澄江县委、澄江县人民政府主办　澄江县史志办公室编　主编王基宇
德宏民族出版社　2016 年 9 月
457 页　精装　29cm
ISBN978-7-5558-0515-1
馆藏号：Guojiafz-8600002014496

澄江年鉴·2017
中共澄江县委、澄江县人民政府主办　中共澄江县委史志办公室编　主编李玉华
德宏民族出版社　2017 年 12 月
488 页　精装　29cm
ISBN978-7-5558-0844-2
馆藏号：Guojiafz-8600002016441

峨山年鉴·2001
云南省峨山彝族自治县人民政府主办《峨山县年鉴》编辑部编　主编方起勇
北京燕山出版社　2001 年 12 月
367 页　精装　27cm
ISBN7-5402-1430-9
馆藏号：Guojiafz-8600002004142

峨山年鉴·2004
云南中共峨山县委员会、峨山县人民政府主办
峨山县史志办编　主编方起勇
德宏民族出版社　2004 年 11 月
339 页　精装　27cm
ISBN7-80525-836-8
馆藏号：Guojiafz-8600002005150

峨山年鉴·2005
云南中共峨山县委员会、峨山县人民政府主办
中共峨山县委史志编纂办公室编　主编方起勇
德宏民族出版社　2005 年 11 月
365 页　精装　27cm
ISBN7-80525-926-7
馆藏号：Guojiafz-8600002008647

峨山年鉴·2006
中共峨山县委县人民政府主办　峨山县史志办编
主编方起勇
德宏民族出版社　2006 年 9 月
312 页　精装　29cm
ISBN7-80525-971-2
馆藏号：Guojiafz-8600002004880

峨山年鉴·2007
中国共产党峨山县委县人民政府主办　中共峨山县委史志编纂办公室编　主编方起勇
云南民族出版社　2007 年 8 月
311 页　精装　29cm
ISBN978-7-5367-3788-4
馆藏号：Guojiafz-8600002004144

峨山年鉴·2016
中共峨山彝族自治县委员会、峨山彝族自治县人民政府主办　峨山县史志编纂办公室编
总编宋绍伟、方起勇
德宏民族出版社　2016 年 11 月
401 页　精装　29cm
ISBN978-7-5558-0516-8
馆藏号：Guojiafz-8600002014489

保山地区年鉴·1993
保山地区年鉴编纂委员会主办　保山地区年鉴编辑部编　主编张培光、刘建中
云南省年鉴杂志社　1993 年 11 月
310 页　精装　27cm
CN53-1072
馆藏号：Guojiafz-8600002009483

保山地区年鉴·1994
保山地区年鉴编辑部编　主编张培光、刘建中
云南民族出版社　1994 年 11 月
349 页　精装　27cm
ISBN7-5367-0935-8
馆藏号：Guojiafz-8600002004221

保山地区年鉴·1995
保山地区年鉴编辑部编　主编张培光、刘建中
云南年鉴杂志社　1995 年 11 月
357 页　精装　27cm
CN53-1072
馆藏号：Guojiafz-8600002005870

保山地区年鉴·1996
保山地区年鉴编辑部编　主编张培光、刘建中
云南年鉴杂志社　1996 年 11 月
331 页　精装　27cm
CN53-1072
馆藏号：Guojiafz-8600002007921

保山地区年鉴·2000
保山地区年鉴编辑委员会编　主编祝骐
德宏民族出版社　2000 年 8 月
389 页　精装　27cm
ISBN7-80525-538-5
馆藏号：Guojiafz-8600002005067

保山年鉴·2017（概况）
中共保山市委、保山市人民政府主办　中共保山市委党史地方志工作委员会编　主编于绍伟
云南人民出版社　2017 年 11 月

230 页　平装　24cm
ISBN978-7-222-16586-1
馆藏号：Guojiafz-8600002020818

保山年鉴·2017（经济、社会）
中共保山市委、保山市人民政府主办　中共保山市委党史地方志工作委员会编　主编于绍伟
云南人民出版社　2017 年 11 月
291 页　平装　24cm
ISBN978-7-222-16588-5
馆藏号：Guojiafz-8600002020821

保山年鉴·2017（政治）
中共保山市委、保山市人民政府主办　中共保山市委党史地方志工作委员会编　主编于绍伟
云南人民出版社　2017 年 11 月
324 页　平装　24cm
ISBN978-7-222-16587-8
馆藏号：Guojiafz-8600002020820

保山年鉴·2019
中共保山市委、保山市人民政府主办　中共保山市委党史地方志办公室编　主编于绍伟
云南人民出版社　2019 年 12 月
1071 页　平装　24cm
ISBN978-7-222-18843-3
馆藏号：Guojiafz-8600002020814-6

腾冲年鉴·2013
中共腾冲县委党史地方志工作委员会编
主编廖宁昌
云南人民出版社　2014 年 12 月
441 页　精装　29cm
ISBN978-7-222-12359-5
馆藏号：Guojiafz-8600002020833

龙陵年鉴·2013（总第 1 卷）
中共龙陵县委、龙陵县人民政府主办　中共龙陵县委党史地方志工作委员会编　主编杨波
云南民族出版社　2013 年 12 月
441 页　精装　29cm
ISBN978-7-5367-5949-7
馆藏号：Guojiafz-8600002020692

龙陵年鉴·2014
中共龙陵县委、龙陵县人民政府主办　中共龙陵县委党史地方志工作委员会编　主编杨波
云南民族出版社　2014 年 11 月
486 页　精装　29cm
ISBN978-7-5367-6328-9
馆藏号：Guojiafz-8600002015339

龙陵年鉴·2015
中共龙陵县委、龙陵县人民政府主办　中共龙陵县委党史地方志工作委员会编　主编滕开平
云南民族出版社　2015 年 11 月
448 页　精装　29cm
ISBN978-7-5367-6862-8
馆藏号：Guojiafz-8600002020697

龙陵年鉴·2016
中共龙陵县委、龙陵县人民政府主办　中共龙陵县委党史地方志工作委员会编　主编滕开平
云南人民出版社　2017 年 1 月
482 页　精装　29cm
ISBN978-7-222-15885-6
馆藏号：Guojiafz-8600002020695

龙陵年鉴·2020
中共龙陵县委、龙陵县人民政府主办　中共龙陵县委党史地方志办公室编　主编安艳华
云南人民出版社　2020 年 9 月
547 页　精装　29cm
ISBN978-7-222-19568-4
馆藏号：Guojiafz-8600002020696

昭通地区年鉴·1986
中共昭通地委办公室、昭通行政公署办公室、昭通行政公署地方志办公室主办　昭通行政公署地方志办公室编

《昭通报》印刷厂印刷　1986 年 12 月
546 页　精装　19cm
馆藏号：Guojiafz-8600002009418

昭通地区年鉴·1987
中共昭通地委办公室、昭通行政公署办公室、昭通行政公署地方志办公室主办　昭通行政公署地方志办公室编
《昭通报》印刷厂印刷　1987 年 12 月
559 页　精装　19cm
馆藏号：Guojiafz-8600002009419

昭通地区年鉴·1991
云南省昭通地区地方志编纂委员会编　主编张荣才
云南民族出版社　1992 年 1 月
309 页　精装　27cm
ISBN7-5367-0491-7
馆藏号：Guojiafz-8600002005819

昭通地区年鉴·1992
云南省昭通地区地方志编纂委员会编　主编张荣才
云南民族出版社　1992 年 12 月
355 页　精装　27cm
ISBN7-5367-0664-2
馆藏号：Guojiafz-8600002006609

昭通地区年鉴·1993
云南省昭通地区地方志编纂委员会主办　云南省昭通地区年鉴编辑委员会编　主编张荣才
云南年鉴杂志社　1993 年 10 月
378 页　精装　27cm
CN53-1072
馆藏号：Guojiafz-8600002010127

昭通地区年鉴·1994
云南省昭通地区地方志编纂委员会主办　云南省昭通地区年鉴编辑委员会编　主编张荣才
云南年鉴杂志社　1994 年 10 月
414 页　精装　27cm
CN53-1072
馆藏号：Guojiafz-8600002007782

昭通地区年鉴·1995
云南省昭通地区地方志编纂委员会主办　云南省昭通地区年鉴编辑委员会编　主编张荣才、杨孝全
云南年鉴杂志社　1995 年 10 月
415 页　精装　27cm
CN53-1072
馆藏号：Guojiafz-8600002007781

昭通地区年鉴·1996
云南省昭通地区地方志编纂委员会主办　云南省昭通地区年鉴编辑委员会编　主编张荣才、杨孝全
云南年鉴杂志社　1996 年 10 月
380 页　精装　26cm
CN52-1072
馆藏号：Guojiafz-8600002009337

昭阳年鉴·2010
云南省昭通市昭阳区《昭阳年鉴》编辑委员会编　主编张宁
德宏民族出版社　2013 年 9 月
438 页　精装　29cm
ISBN978-7-80750-923-3
馆藏号：Guojiafz-8600002020111

昭阳年鉴·2011
云南省昭通市昭阳区《昭阳年鉴》编辑委员会编　主编张宁
德宏民族出版社　2013 年 9 月
374 页　精装　29cm
ISBN978-7-80750-924-0
馆藏号：Guojiafz-8600002020114

鲁甸年鉴·2013
鲁甸县人民政府主办　鲁甸县地方志办公室编　主编晏权
德宏民族出版社　2013 年 9 月

477 页　精装　29cm
ISBN978-7-80750-956-1
馆藏号：Guojiafz-8600002015599

鲁甸年鉴·2016
鲁甸县人民政府主办　鲁甸县地方志编纂委员会办公室编　主编雷文武
德宏民族出版社　2016 年 12 月
449 页　精装　29cm
ISBN978-7-5558-0464-2
馆藏号：Guojiafz-8600002014510

鲁甸年鉴·2017
鲁甸县人民政府主办　鲁甸县地方志编纂委员会办公室编　主编雷文武
德宏民族出版社　2017 年 11 月
472 页　精装　29cm
ISBN978-7-5558-0737-7
馆藏号：Guojiafz-8600002050581

盐津年鉴·2019
盐津县地方志编纂委员会办公室编　主编梁祖奇
德宏民族出版社　2020 年 8 月
462 页　精装　29cm
ISBN978-7-5558-1431-3
馆藏号：Guojiafz-8600002019834

盐津年鉴·2020
盐津县地方志编纂委员会编　主编梁祖奇
云南美术出版社　2020 年 10 月
451 页　精装　29cm
ISBN978-7-5489-4179-8
馆藏号：Guojiafz-8600002019836

永善县年鉴·1990—1994
云南省永善县人民政府编　主编刘万品
云南年鉴杂志社　1995 年 12 月
460 页　精装　27cm
CN53-1072
馆藏号：Guojiafz-8600002009499

永善县年鉴·2007
云南省永善县人民政府编　主编刘万品
云南民族印刷厂印刷　2007 年 11 月
342 页　精装　27cm
准印证号：云新出（2007）准印字 271 号
馆藏号：Guojiafz-8600002019866

永善县年鉴·2008
云南省永善县人民政府编　主编邹宏
深圳市美嘉美印刷有限公司印刷　2009 年 3 月
313 页　精装　29cm
准印证号：云新出（2009）准印字 050 号
馆藏号：Guojiafz-8600002020236

永善县年鉴·2009
云南省永善县人民政府编　主编邹宏
深圳市美嘉美印刷有限公司印刷　2010 年 2 月
294 页　精装　29cm
准印证号：云新出（2010）准印字 050 号
馆藏号：Guojiafz-8600002019985

永善县年鉴·2010
云南省永善县人民政府编　主编邹宏
云南民族印刷厂印刷　2010 年 10 月
278 页　精装　29cm
准印证号：云新出（2010）准印字 249 号
馆藏号：Guojiafz-8600002020213

永善县年鉴·2011
云南省永善县人民政府编　主编邹宏
云南民族印刷厂印刷　2011 年 10 月
277 页　精装　29cm
准印证号：云新出（2011）准印字 0188 号
馆藏号：Guojiafz-8600002024427

永善县年鉴·2012
永善县地方志办公室编　主编邹宏
云南民族印刷厂印刷　2012 年 10 月
279 页　精装　29cm
准印证号：云新出（2012）准印字 0202 号
馆藏号：Guojiafz-8600002020218

永善县年鉴·2013
永善县地方志办公室编　主编邹宏
云南民族印刷厂印刷　2013 年 10 月
277 页　精装　29cm
准印证号：云新出（2013）准印字 0252 号
馆藏号：Guojiafz-8600002020233

永善县年鉴·2014
永善县地方志办公室编　主编邹宏
昆明龙昇印务有限公司印刷　2014 年 10 月
287 页　精装　29cm
准印证号：云新出（2014）准印字 0281 号
馆藏号：Guojiafz-8600002020228

永善县年鉴·2015
永善县地方志办公室编　主编邹宏
昆明龙昇印务有限公司印刷　2015 年 10 月
322 页　精装　29cm
准印证号：云新出（2015）准印字 0401 号
馆藏号：Guojiafz-8600002048492

永善县年鉴·2017
永善县地方志办公室编　主编刘官康
昆明龙昇印务有限公司印刷　2017 年 11 月
301 页　精装　29cm
准印证号：云新广（2017）准印字 0457 号
馆藏号：Guojiafz-8600002020225

永善县年鉴·2018
永善县地方志编纂委员会办公室编　主编刘官康
德宏民族出版社　2019 年 1 月
309 页　精装　29cm
ISBN978-7-5558-1162-6
馆藏号：Guojiafz-8600002019991

永善县年鉴·2019
永善县地方志编纂委员会办公室编　主编刘官康
德宏民族出版社　2019 年 12 月
321 页　精装　29cm
ISBN978-7-5558-1383-5
馆藏号：Guojiafz-8600002020033

永善县年鉴·2020
永善县地方志编纂委员会办公室编　主编刘官康
云南科技出版社　2020 年 8 月
291 页　精装　29cm
ISBN978-7-5587-2984-3
馆藏号：Guojiafz-8600002019989

绥江县年鉴·1994
绥江县地方志编纂委员会编　主编苟悦梁
四川辞书出版社　1994 年 12 月
176 页　精装　27cm
ISBN7-80543-432-8
馆藏号：Guojiafz-8600002006384

绥江县年鉴·1995
中国共产党绥江县委员会主办　绥江县地方志编纂委员会编　主编李兴禄
四川辞书出版社　1995 年 12 月
193 页　精装　27cm
ISBN7-80543-507-3
馆藏号：Guojiafz-8600002009525

绥江县年鉴·2003
绥江县人民政府主办　绥江县地方志编纂委员会编
主编李兴禄
海南旅游出版社　2003 年 12 月
293 页　精装　27cm
ISBN7-81019-468-2
馆藏号：Guojiafz-8600002008395

绥江县年鉴·2009
绥江县人民政府主办　绥江县地方志编纂委员会编
主编杨坤
海南旅游出版社　2009 年 9 月
301 页　精装　27cm
ISBN978-7-801-84248-0
馆藏号：Guojiafz-8600002002610

水富年鉴·2019
水富市地方志编纂委员会编　主编白祖康
德宏民族出版社　2019 年 12 月
322 页　精装　29cm
ISBN978-7-5558-1378-1
馆藏号：Guojiafz-8600002019911

水富年鉴·2020
水富市地方志编纂委员会编　主编白祖康
德宏民族出版社　2020 年 10 月
376 页　精装　29cm
ISBN978-7-5558-1467-2
馆藏号：Guojiafz-8600002019912

丽江年鉴·1997
云南省丽江地区行政公署主办　云南省丽江地区地方志办公室编　主编王洪富
云南民族出版社　1997 年 7 月
512 页　精装　27cm
ISBN7-5367-1422-X
馆藏号：Guojiafz-8600002005245

丽江年鉴·2009
丽江市人民政府主办　丽江市地方志办公室编
主编杨树高　执行主编张文英
云南民族出版社　2009 年 11 月
460 页　精装　30cm
ISBN978-7-5367-4487-5
馆藏号：Guojiafz-8600002010503

丽江市古城区年鉴·2014
丽江市古城区年鉴编纂委员会编　主编李文
云南民族出版社　2016 年 1 月
360 页　精装　29cm
ISBN978-7-5367-6978-6
馆藏号：Guojiafz-8600002014518

永胜年鉴·2016
永胜县人民政府主办　永胜县地方志编纂委员会编
主编季正团
德宏民族出版社　2017 年 1 月
449 页　精装　29cm
ISBN978-7-5558-0672-1
馆藏号：Guojiafz-8600002018763

永胜年鉴·2017
永胜县人民政府主办　永胜县史志委员会办公室编
主编季正团
德宏民族出版社　2018 年 2 月
441 页　精装　29cm
ISBN978-7-5558-0925-8
馆藏号：Guojiafz-8600002047002

永胜年鉴·2018
永胜县人民政府主办　永胜县史志委员会办公室编
主编季正团
德宏民族出版社　2019 年 5 月
441 页　精装　29cm
ISBN978-7-5558-1270-8
馆藏号：Guojiafz-8600002047003

永胜年鉴·2019
永胜县人民政府主办　中共永胜县委史志办编
主编季正团
德宏民族出版社　2020 年 8 月
326 页　精装　29cm
ISBN978-7-5558-1435-1
馆藏号：Guojiafz-8600002047004

永胜年鉴·2020
永胜县人民政府主办　中共永胜县委史志办编
主编季正团
云南人民出版社　2020 年 9 月
388 页　精装　29cm
ISBN978-7-222-19619-3
馆藏号：Guojiafz-8600002018762

华坪年鉴·2002
华坪县人民政府主办　华坪县史志办编
总编辑江渊清

德宏民族出版社　2002 年 11 月
259 页　精装　29cm
ISBN7-80525-685-3
馆藏号：Guojiafz-8600002004687

华坪年鉴·2003
华坪县人民政府主办　云南省华坪年鉴编辑委员会编　总编辑江渊清
云南民族出版社　2003 年 12 月
264 页　精装　29cm
ISBN7-5367-2445-4
馆藏号：Guojiafz-8600002003619

华坪年鉴·2016
华坪县年鉴编辑委员会编　主编杨志斌
云南人民出版社　2017 年 1 月
346 页　精装　29cm
ISBN978-7-222-15814-6
馆藏号：Guojiafz-8600002014521

华坪年鉴·2017
华坪县年鉴编辑委员会编　主编杨志斌
云南人民出版社　2017 年 12 月
410 页　精装　29cm
ISBN978-7-222-17149-7
馆藏号：Guojiafz-8600002016313

宁蒗年鉴·2019
中国共产党宁蒗彝族自治县委员会、宁蒗彝族自治县人民政府主办　中共宁蒗县委党史研究和地方志编纂办公室编　主编和万祥
云南人民出版社　2020 年 7 月
256 页　精装　29cm
ISBN978-7-222-19390-1
馆藏号：Guojiafz-8600002018773

宁蒗年鉴·2020
中国共产党宁蒗彝族自治县委员会、宁蒗彝族自治县人民政府主办　中共宁蒗县委党史研究和地方志编纂办公室编　主编陈智宏　执行主编和万祥
云南人民出版社　2020 年 10 月
304 页　精装　29cm
ISBN978-7-222-19503-5
馆藏号：Guojiafz-8600002018838

普洱年鉴·2014
普洱市人民政府办公室主办　普洱市地方志编纂委员会编　主编王鸿彬　执行主编龙垂东
云南人民出版社　2014 年 10 月
484 页　精装　29cm
ISBN978-7-222-12262-8
馆藏号：Guojiafz-8600002051481

普洱年鉴·2017
普洱市人民政府办公室主办　普洱市地方志编纂委员会编　主编杨彬　执行主编程汝明
云南人民出版社　2017 年 12 月
335 页　精装　29cm
ISBN978-7-222-16859-6
馆藏号：Guojiafz-8600002019780

普洱年鉴·2018
普洱市人民政府主办　普洱市地方志编纂委员会编　主编杨若雨　执行主编程汝明
云南人民出版社　2018 年 11 月
361 页　精装　29cm
ISBN978-7-222-17682-9
馆藏号：Guojiafz-8600002020808

普洱年鉴·2019
普洱市人民政府办公室主办　普洱市地方志编纂委员会编　主编杨若雨　执行主编杨嘉才
云南人民出版社　2019 年 12 月
418 页　精装　29cm
ISBN978-7-222-18813-6
馆藏号：Guojiafz-8600002020805

普洱年鉴·2020
中国共产党普洱市委员会办公室、普洱市人民政

府办公室主办　普洱市地方志编纂委员会编
主编罗景锋　执行主编杨嘉才
云南人民出版社　2020 年 10 月
397 页　精装　29cm
ISBN978-7-222-19723-7
馆藏号：Guojiafz-8600002019777

思茅年鉴・2002
思茅地区行政公署办公室主办　思茅地区行政公署地方志办公室编　主编王其明
云南科技出版社　2002 年 11 月
379 页　精装　27cm
ISBN7-5416-1066-6
馆藏号：Guojiafz-8600002007500

墨江年鉴・2014
墨江哈尼族自治县人民政府主办　墨江哈尼族自治县地方志编纂委员会办公室编　主编李翔
德宏民族出版社　2014 年 12 月
263 页　精装　29cm
ISBN978-7-5558-0185-6
馆藏号：Guojiafz-8600002015497

墨江年鉴・2015
墨江哈尼族自治县人民政府主办　墨江哈尼族自治县地方志编纂委员会办公室编　主编李翔
德宏民族出版社　2015 年 11 月
294 页　精装　29cm
ISBN978-7-5558-0365-2
馆藏号：Guojiafz-8600002014500

墨江年鉴・2017
墨江哈尼族自治县人民政府主办　墨江哈尼族自治县地方志编纂委员会办公室编　主编李翔
德宏民族出版社　2017 年 12 月
278 页　精装　29cm
ISBN978-7-5558-0898-5
馆藏号：Guojiafz-8600002016318

景谷年鉴・2013
景谷傣族彝族自治县人民政府办公室主办　景谷傣族彝族自治县地方志编纂委员会办公室编
主编姚富成　执行主编苏光民
云南人民出版社　2014 年 12 月
333 页　精装　29cm
ISBN978-7-222-12434-9
馆藏号：Guojiafz-8600002050750

景谷年鉴・2017
景谷傣族彝族自治县人民政府办公室主办　景谷傣族彝族自治县地方志编纂委员会办公室编
主编王瑾　执行主编陶成良、刘少昆
云南人民出版社　2018 年 1 月
410 页　精装　29cm
ISBN978-7-222-16908-1
馆藏号：Guojiafz-8600002019781

景谷年鉴・2018
景谷傣族彝族自治县人民政府办公室主办　景谷傣族彝族自治县地方志编纂委员会办公室编
主编王瑾　执行主编陶成良
云南人民出版社　2019 年 2 月
474 页　精装　29cm
ISBN978-7-222-17888-5
馆藏号：Guojiafz-8600002019789

景谷年鉴・2019
景谷傣族彝族自治县人民政府办公室主办　景谷傣族彝族自治县地方志编纂委员会办公室编
主编王瑾　执行主编陶成良
德宏民族出版社　2019 年 12 月
451 页　精装　29cm
ISBN978-7-5558-1387-3
馆藏号：Guojiafz-8600002019785

景谷年鉴・2020
景谷傣族彝族自治县人民政府办公室主办　景谷傣族彝族自治县地方志编纂委员会办公室编
主编王瑾　执行主编陶成良

云南美术出版社　2020年9月
382页　精装　29cm
ISBN978-7-5489-4138-5
馆藏号：Guojiafz-8600002019790

镇沅年鉴·1990—1997
镇沅彝族哈尼族拉祜族自治县人民政府主办　镇沅彝族哈尼族拉祜族自治县地方志编纂委员会编
主编苏明星
云南民族出版社　1999年6月
425页　精装　27cm
ISBN7-5367-1859-4
馆藏号：Guojiafz-8600002003214

江城年鉴·2018
江城哈尼族彝族自治县人民政府主办　江城哈尼族彝族自治县地方志编纂委员会办公室编
主编刀丽华
德宏民族出版社　2019年5月
335页　精装　29cm
ISBN978-7-5558-1198-5
馆藏号：Guojiafz-8600002018872

孟连年鉴·2020
中共孟连傣族拉祜族佤族自治县委员会办公室、孟连傣族拉祜族佤族自治县人民政府主办　孟连傣族拉祜族佤族自治县委党史研究室编
主编王德军　执行主编陆继秋
德宏民族出版社　2020年9月
365页　精装　29cm
ISBN978-7-5489-4133-0
馆藏号：Guojiafz-8600002019046

西盟年鉴·2020
西盟佤族自治县人民政府主管　西盟佤族自治县人民政府主办　西盟佤族自治县地方志编纂委员会办公室编　主编钟磊
云南美术出版社　2020年9月
507页　精装　29cm
ISBN978-7-5489-4132-3
馆藏号：Guojiafz-8600002018844

临沧地区年鉴·2003
临沧地区年鉴编辑部编　主编萧德虎
德宏民族出版社　2004年6月
439页　精装　27cm
ISBN7-80525-813-9
馆藏号：Guojiafz-8600002007099

临沧市年鉴·2008
中共临沧市委、临沧市人民政府主办　临沧市地方志办公室编　主编毕定龙
云南人民出版社　2008年12月
418页　精装　29cm
ISBN978-7-222-05737-1
馆藏号：Guojiafz-8600002018835

临沧市年鉴·2010
中共临沧市委、临沧市人民政府主办　临沧市地方志办公室编　主编庞云
云南人民出版社　2011年4月
388页　精装　29cm
ISBN978-7-222-07399-9
馆藏号：Guojiafz-8600002018813

临沧市年鉴·2011
中共临沧市委、临沧市人民政府主办　临沧市地方志办公室编　主编庞云
云南人民出版社　2012年3月
433页　精装　29cm
ISBN978-7-222-08888-7
馆藏号：Guojiafz-8600002018820

临沧市年鉴·2012
中共临沧市委、临沧市人民政府主办　临沧市地方志办公室编　主编庞云
云南人民出版社　2012年12月
446页　精装　29cm
ISBN978-7-222-10604-8
馆藏号：Guojiafz-8600002018825

临沧市年鉴·2013
中共临沧市委、临沧市人民政府主办　临沧市地方志办公室编　主编庞云
云南人民出版社　2014 年 1 月
438 页　精装　29cm
ISBN978-7-222-11791-4
馆藏号：Guojiafz-8600002018823

临沧市年鉴·2014
中共临沧市委、临沧市人民政府主办　临沧市地方志办公室编　主编辉志仁
云南人民出版社　2014 年 12 月
417 页　精装　29cm
ISBN978-7-222-12324-3
馆藏号：Guojiafz-8600002019753

临沧年鉴·2015
中共临沧市委、临沧市人民政府主办　临沧市地方志办公室编　主编辉志仁
云南人民出版社　2016 年 3 月
422 页　精装　30cm
ISBN978-7-222-14236-7
馆藏号：Guojiafz-8600002018854

临沧年鉴·2017
中共临沧市委、临沧市人民政府主办　临沧市地方志办公室编　主编辉志仁
云南人民出版社　2017 年 12 月
546 页　精装　29cm
ISBN978-7-222-16845-9
馆藏号：Guojiafz-8600002019760

临沧年鉴·2018
中共临沧市委、临沧市人民政府主办　临沧市地方志编纂委员会办公室编　主编辉志仁
云南人民出版社　2018 年 11 月
612 页　精装　29cm
ISBN978-7-222-17739-0
馆藏号：Guojiafz-8600002018829

临沧年鉴·2019
中共临沧市委、临沧市人民政府主办　临沧市地方志编纂委员会办公室编　主编辉志仁
云南人民出版社　2019 年 11 月
607 页　精装　29cm
ISBN978-7-222-18726-9
馆藏号：Guojiafz-8600002018812

临沧年鉴·2020
中共临沧市委、临沧市人民政府主办　临沧市地方志编纂委员会办公室编　主编辉志仁
云南人民出版社　2020 年 9 月
475 页　精装　29cm
ISBN978-7-222-19501-1
馆藏号：Guojiafz-8600002019755

临翔区年鉴·2012
临翔区人民政府、临翔区地方志编纂委员会办公室编　主编胡荣莉
云南人民出版社　2013 年 5 月
209 页　精装　29cm
ISBN978-7-222-10860-8
馆藏号：Guojiafz-8600002018768

临翔区年鉴·2013
临翔区人民政府、临翔区地方志编纂委员会办公室编　主编胡荣莉
云南人民出版社　2014 年 8 月
209 页　精装　29cm
ISBN978-7-222-07177-3
馆藏号：Guojiafz-8600002016079

临翔年鉴·2018
临沧市临翔区人民政府主办　临翔区地方志编纂委员会办公室编　主编胡荣莉、唐永旺
云南人民出版社　2018 年 11 月
287 页　精装　29cm
ISBN978-7-222-17768-0
馆藏号：Guojiafz-8600002018856

临翔年鉴·2020
中国共产党临沧市临翔区委员会、临沧市临翔区人民政府主办　中国共产党临沧市临翔区委员会党史研究室（临沧市临翔区地方志编纂委员会办公室）编　主编胡荣莉
云南民族出版社　2020 年 12 月
246 页　精装　29cm
ISBN978-7-5367-8601-1
馆藏号：Guojiafz-8600002018921

凤庆年鉴·2016
凤庆县人民政府主办　凤庆县史志办公室编
主编李义山　执行主编鲁天娥
云南速盈印刷有限公司印刷　2017 年 2 月
484 页　精装　29cm
准印证号：云新广（2017）准印字第 0039 号
馆藏号：Guojiafz-8600002019226

凤庆年鉴·2017
凤庆县人民政府主办　凤庆县史志办公室编
主编李义山
云南速盈印刷有限公司印刷　2017 年 12 月
386 页　精装　29cm
准印证号：云新广（2017）准印字号第 0559 号
馆藏号：Guojiafz-8600002019225

凤庆年鉴·2018
凤庆县人民政府主办　凤庆县史志办公室编
主编李义山　执行主编鲁天娥
德宏民族出版社　2019 年 1 月
435 页　精装　29cm
ISBN978-7-5558-1169-5
馆藏号：Guojiafz-8600002019228

凤庆年鉴·2019
凤庆县人民政府主办　中共凤庆县委党史研究室编
主编李义山　执行主编鲁天娥
云南科技出版社　2019 年 12 月
498 页　精装　29cm
ISBN978-7-5587-2526-5
馆藏号：Guojiafz-8600002019227

凤庆年鉴·2020
凤庆县人民政府主办　凤庆县地方志编纂委员会办公室编　主编李义山　执行主编杨振华
云南科技出版社　2020 年 8 月
347 页　精装　29cm
ISBN978-7-5587-3004-7
馆藏号：Guojiafz-8600002019229

云县年鉴·1994
云县人民政府主办　云县地方志编纂办公室编
主编高进农
云南年鉴杂志社　1994 年 8 月
258 页　平装　19cm
CN53-1072
馆藏号：Guojiafz-8600002006518

云县年鉴·1995
云县人民政府主办　云县地方志编纂委员会办公室编　主编高进农
云南年鉴杂志社　1995 年 12 月
298 页　平装　19cm
CN53-1072
馆藏号：Guojiafz-8600002006511

云县年鉴·2003
云县人民政府主办　云县地方志办编　主编陈体林
德宏民族出版社　2003 年 12 月
298 页　精装　20cm
ISBN7-80525-806-6
馆藏号：Guojiafz-8600002004198

云县年鉴·2009
中共云县县委、云县人民政府主办　云县地方志编纂办公室编　主编陈体林
云南美术出版社　2009 年 12 月
335 页　精装　29cm
ISBN978-7-80695-953-4
馆藏号：Guojiafz-8600002002543

云县年鉴·2013
云县地方志编纂办公室编　主编陈体林
云南美术出版社　2013 年 11 月
389 页　精装　29cm
ISBN978-7-5489-1479-2
馆藏号：Guojiafz-8600002019849

云县年鉴·2015
中共云县县委、云县人民政府主办　云县地方志编纂办公室编　主编陈体林
云南美术出版社　2015 年 10 月
388 页　精装　29cm
ISBN978-7-5489-2113-4
馆藏号：Guojiafz-8600002019850

云县年鉴·2016
中共云县县委、云县人民政府主办　云县地方志编纂委员会办公室编　主编陈体林
云南美术出版社　2016 年 11 月
402 页　精装　29cm
ISBN978-7-5489-2596-5
馆藏号：Guojiafz-8600002014522

云县年鉴·2017
中共云县县委、云县人民政府主办　云县地方志编纂委员会办公室编　主编陈体林
云南美术出版社　2017 年 10 月
416 页　精装　29cm
ISBN978-7-5489-3012-9
馆藏号：Guojiafz-8600002019993

云县年鉴·2019
云县地方志编纂委员会办公室编　主编吕芸
云南人民出版社　2019 年 12 月
487 页　精装　29cm
ISBN978-7-222-19060-3
馆藏号：Guojiafz-8600002019848

镇康县年鉴·2012
镇康县地方志编纂委员会办公室编　主编尹华峰
镇康县巨人电脑印刷厂印刷　2012 年 12 月
356 页　精装　29cm
准印证号：临文新出准字（2012）第 175 号
馆藏号：Guojiafz-8600002051956

镇康县年鉴·2013
镇康县地方志编纂委员会办公室编　主编字凌
镇康县巨人电脑印刷厂印刷　2013 年 7 月
349 页　精装　29cm
准印证号：临文新出准字（2013）第 142 号
馆藏号：Guojiafz-8600002020189

镇康年鉴·2016
中共镇康县委、镇康县人民政府主办　镇康县地方志编纂委员会办公室编　主编吴志强
云南人民出版社　2016 年 11 月
427 页　精装　29cm
ISBN978-7-222-15391-2
馆藏号：Guojiafz-8600002050614

镇康年鉴·2017
镇康县人民政府主办　镇康县地方志编纂委员会办公室编　主编李必香
云南人民出版社　2017 年 12 月
426 页　精装　29cm
ISBN978-7-222-16516-8
馆藏号：Guojiafz-8600002050615

镇康年鉴·2019
镇康县人民政府主办　中共镇康县委党史研究室（镇康县地方志编纂委员会办公室）编
主编李文娟　执行主编王东梅
云南民族出版社　2020 年 8 月
404 页　精装　29cm
ISBN978-7-5367-8372-0
馆藏号：Guojiafz-8600002020186

楚雄州年鉴·1989
楚雄彝族自治州人民政府地方志编纂委员会主办
《楚雄州年鉴》编辑部编　主编杨春茂

云南年鉴杂志社　1989年
303页　精装　27cm
CN53-1072
馆藏号：Guojiafz-8600002008289

楚雄州年鉴·1993
楚雄州年鉴编辑委员会主办　《楚雄州年鉴》编辑部编　主编钱成润
云南年鉴杂志社　1993年12月
556页　精装　27cm
CN53-1072
馆藏号：Guojiafz-8600002009613

楚雄州年鉴·1994
楚雄州年鉴编辑委员会主办　《楚雄州年鉴》编辑部编　主编杨长富
云南年鉴杂志社　1994年11月
544页　精装　27cm
CN53-1072
馆藏号：Guojiafz-8600002003705

楚雄州年鉴·1995
楚雄州年鉴编辑委员会主办　《楚雄州年鉴》编辑部编　主编杨长富
云南年鉴杂志社　1995年11月
632页　精装　27cm
CN53-1072
馆藏号：Guojiafz-8600002005872

楚雄州年鉴·1996
楚雄州年鉴编辑委员会主办　《楚雄州年鉴》编辑部编　主编杨长富
云南科技出版社　1996年10月
622页　精装　27cm
馆藏号：Guojiafz-8600002009547

楚雄州年鉴·2003
楚雄彝族自治州人民政府主办　楚雄州年鉴编辑部编　主编李发登
德宏民族出版社　2003年8月
448页　精装　30cm
ISBN7-80525-786-8
馆藏号：Guojiafz-8600002000910

楚雄州年鉴·2004
楚雄彝族自治州人民政府主办　楚雄州年鉴编辑部编　主编李发登
德宏民族出版社　2004年8月
487页　精装　30cm
ISBN7-80525-840-6
馆藏号：Guojiafz-8600002000039

楚雄州年鉴·2005
楚雄彝族自治州人民政府主办　楚雄州年鉴编辑部编　主编李发登
德宏民族出版社　2005年10月
401页　精装　30cm
ISBN7-80525-891-0
馆藏号：Guojiafz-8600002006710

楚雄州年鉴·2006
楚雄彝族自治州人民政府主办　楚雄州地方志办公室编　主编李发登、郭孟贤　执行主编杜晋宏
德宏民族出版社　2006年11月
432页　精装　30cm
ISBN7-80525-981-X
馆藏号：Guojiafz-8600002008517

楚雄州年鉴·2008
楚雄彝族自治州人民政府主办　楚雄州地方志办公室编　主编李发登　执行主编杜晋宏
德宏民族出版社　2008年9月
448页　精装　30cm
ISBN978-7-80750-114-5
馆藏号：Guojiafz-8600002005179

楚雄州年鉴·2009
楚雄彝族自治州人民政府主办　楚雄州地方志办公室编　主编郭孟贤　执行主编白云鹏
云南科技出版社　2009年9月

392 页　精装　30cm
ISBN978-7-5416-3429-1
馆藏号：Guojiafz-8600002000305

楚雄州年鉴・2014
楚雄彝族自治州人民政府主办　楚雄州地方志办公室编　主编郭孟贤　执行主编白云鹏
云南科技出版社　2014 年 10 月
398 页　精装　29cm
ISBN978-7-5416-8529-3
馆藏号：Guojiafz-8600002015941

楚雄州年鉴・2015
楚雄彝族自治州人民政府主办　楚雄州地方志办公室编　主编郭孟贤　执行主编白云鹏
云南科技出版社　2015 年 9 月
398 页　精装　29cm
ISBN978-7-5416-9190-4
馆藏号：Guojiafz-8600002018260

楚雄州年鉴・2016
楚雄彝族自治州人民政府主办　楚雄州地方志办公室编　主编郭孟贤　执行主编白云鹏
云南科技出版社　2016 年 9 月
528 页　精装　29cm
ISBN978-7-5587-0132-0
馆藏号：Guojiafz-8600002014515

楚雄州年鉴・2017
楚雄彝族自治州人民政府主办　楚雄州地方志办公室编　主编郭孟贤　执行主编何志猛
云南科技出版社　2017 年 9 月
546 页　精装　29cm
ISBN978-7-5587-0825-1
馆藏号：Guojiafz-8600002018257

楚雄州年鉴・2018
楚雄彝族自治州地方志办公室编　主编郭孟贤、周有方　执行主编何志猛
方志出版社　2019 年 3 月
440 页　精装　29cm
ISBN978-7-5144-3768-3
馆藏号：Guojiafz-8600002018130

楚雄市年鉴・1995
楚雄市年鉴编辑委员会主办　楚雄年鉴编辑部编　主编熊次宪
云南年鉴杂志社　1995 年 12 月
315 页　精装　27cm
CN53-1072
馆藏号：Guojiafz-8600002009610

楚雄市年鉴・2013
楚雄市人民政府主办　楚雄市地方志办公室编　主编张明力
德宏民族出版社　2013 年 11 月
419 页　精装　29cm
ISBN978-7-80750-887-8
馆藏号：Guojiafz-8600002015205

楚雄市年鉴・2015
楚雄市人民政府主办　楚雄市地方志办公室编　主编张明力
德宏民族出版社　2015 年 11 月
437 页　精装　29cm
ISBN978-7-5558-0319-5
馆藏号：Guojiafz-8600002018207

楚雄市年鉴・2016
楚雄市人民政府主办　楚雄市地方志办公室编　主编张明力
德宏民族出版社　2016 年 11 月
471 页　精装　29cm
ISBN978-7-5558-0461-1
馆藏号：Guojiafz-8600002014507

楚雄市年鉴・2017
楚雄市人民政府主办　楚雄市地方志办公室编　主编张明力
德宏民族出版社　2017 年 11 月

448 页　精装　29cm
ISBN978-7-5558-0685-1
馆藏号：Guojiafz-8600002018202

双柏县年鉴·2015
云南省双柏县人民政府主办　双柏县地方志编纂委员会办公室编　主编苏燕
德宏民族出版社　2015 年 12 月
412 页　精装　29cm
ISBN978-7-5558-0392-8
馆藏号：Guojiafz-8600002018275

双柏县年鉴·2016
云南省双柏县年鉴编辑委员会编　主编李建元
德宏民族出版社　2016 年 11 月
422 页　精装　29cm
ISBN978-7-5558-0552-6
馆藏号：Guojiafz-8600002018277

双柏县年鉴·2017
云南省双柏县年鉴编辑委员会编　主编李建元
云南民族出版社　2017 年 11 月
513 页　精装　29cm
ISBN978-7-5367-7678-4
馆藏号：Guojiafz-8600002018279

牟定年鉴·1994
牟定县人民政府主办　牟定县年鉴编辑委员会编
主编张承龙
云南年鉴杂志社　1994 年 4 月
347 页　精装　21cm
CN53-1072
馆藏号：Guojiafz-8600002006640

牟定年鉴·1995
牟定县人民政府主管　牟定县年鉴编辑委员会编
主编张承龙
云南年鉴杂志社　1995 年 4 月
361 页　精装　21cm
CN53-1072
馆藏号：Guojiafz-8600002006514

牟定年鉴·1996
牟定县人民政府主管　牟定县年鉴编辑委员会编
主编张承龙
云南年鉴杂志社　1996 年 4 月
400 页　精装　21cm
CN53-1072
馆藏号：Guojiafz-8600002006512

牟定年鉴·1998
牟定县史志编纂委员会编　主编张承龙
德宏民族出版社　1998 年 5 月
277 页　精装　27cm
ISBN7-80525-387-0
馆藏号：Guojiafz-8600002004218

牟定年鉴·1999
牟定县史志编纂委员会编　主编起兆文
德宏民族出版社　1999 年 10 月
300 页　精装　27cm
ISBN7-80525-497-4
馆藏号：Guojiafz-8600002003528

牟定年鉴·2000
牟定县史志编纂委员会编　主编起兆文
德宏民族出版社　2000 年 10 月
319 页　精装　27cm
ISBN7-80525-556-3
馆藏号：Guojiafz-8600002003288

牟定年鉴·2015
中共牟定县委、牟定县人民政府主办　中共牟定县委党史研究室、牟定县地方志办公室合编
主编柳文跃、戴斌
昆明龙昇印务有限公司印刷　2015 年 10 月
273 页　精装　29cm
准印证号：云新广（2015）准印字第 0380 号
馆藏号：Guojiafz-8600002018376

牟定年鉴·2016
中共牟定县委、牟定县人民政府主办　中共牟定县委党史研究室、牟定县地方志办公室合编
主编戴斌
昆明龙昇印务有限公司印刷　2016 年 11 月
275 页　精装　29cm
准印证号：云新广（2016）准印字第 0457 号
馆藏号：Guojiafz-8600002018262

牟定年鉴·2017
中共牟定县委、牟定县人民政府主办　牟定县地方志办公室编　主编普顺尧
昆明龙昇印务有限公司印刷　2017 年 12 月
329 页　精装　29cm
准印证号：云新广（2017）准印字第 0462 号
馆藏号：Guojiafz-8600002018263

南华年鉴·2015
南华县年鉴编辑委员会编　主编陈之昌
楚雄日报传媒有限公司印务中心印刷　2015 年 7 月
404 页　精装　29cm
准印证号：楚市新出（2015）准印字 182 号
馆藏号：Guojiafz-8600002018290

南华年鉴·2016
南华县年鉴编辑委员会编　主编李成荣、陈之昌
楚雄日报传媒有限公司印务中心印刷　2016 年 8 月
377 页　精装　29cm
准印证号：楚市新出（2016）准印字 161 号
馆藏号：Guojiafz-8600002018236

南华年鉴·2017
南华县年鉴编辑委员会编　主编李成荣
楚雄日报传媒有限公司印务中心印刷　2017 年 8 月
441 页　精装　29cm
准印证号：楚开出（2017）准印字 5 号
馆藏号：Guojiafz-8600002018238

姚安县年鉴·2016
姚安县人民政府主办　姚安县地方志编纂委员会办公室编　主编李志华
云南美嘉美印刷包装有限公司印刷　2016 年 12 月
279 页　精装　29cm
准印证号：云新广（2016）准印字第 0508 号
馆藏号：Guojiafz-8600002018267

姚安县年鉴·2017
姚安县人民政府主办　姚安县地方志编纂委员会办公室编　主编李志华、钮丽
德宏民族出版社　2017 年 8 月
334 页　精装　29cm
ISBN978-7-5558-0729-2
馆藏号：Guojiafz-8600002018226

大姚县年鉴·2004
中共大姚县委、大姚县人民政府主办　大姚县志及年鉴编纂委员会办公室编　主编李祥
楚雄日报社印刷厂印刷　2004 年 11 月
393 页　精装　29cm
准印证号：楚新出（2004）准印字 147 号
馆藏号：Guojiafz-8600002018848

大姚县年鉴·2005
中共大姚县委、大姚县人民政府主办　大姚县年鉴编纂委员会办公室编　主编李祥
云南民族印刷厂印刷　2005 年 11 月
312 页　精装　29cm
准印证号：云新出（2005）准印字 277 号
馆藏号：Guojiafz-8600002018830

大姚县年鉴·2006
中共大姚县委、大姚县人民政府主办　大姚县年鉴编纂委员会办公室编　主编李祥
云南新华印制二厂印刷　2006 年 12 月
305 页　精装　29cm
准印证号：楚新出（2006）准印字第 177 号
馆藏号：Guojiafz-8600002018914

大姚县年鉴·2007
中共大姚县委、大姚县人民政府主办　大姚县地

方志编纂委员会办公室编　主编李祥
深圳市美嘉美印刷有限公司印刷　2007 年 12 月
272 页　精装　29cm
准印证号：云新出（2007）准印字 273 号
馆藏号：Guojiafz-8600002018807

大姚县年鉴·2008
中共大姚县委、大姚县人民政府主办　大姚县年鉴编纂委员会办公室编　主编李祥
云南新华印刷二厂印刷　2008 年 12 月
372 页　精装　29cm
准印证号：楚新出（2008）准印字第 268 号
馆藏号：Guojiafz-8600002018843

大姚县年鉴·2009
中共大姚县委、大姚县人民政府主办　大姚县地方志编纂委员会办公室编　主编李祥
云南新华印刷二厂印刷　2010 年 1 月
313 页　精装　29cm
准印证号：楚新出（2010）准印字第 15 号
馆藏号：Guojiafz-8600002018774

大姚县年鉴·2010
中共大姚县委、大姚县人民政府主办　大姚县地方志编纂委员会办公室编　主编曾罂
楚雄日报社印刷厂印刷　2010 年 12 月
339 页　精装　29cm
准印证号：楚新出（2010）准印字 350 号
馆藏号：Guojiafz-8600002018915

大姚县年鉴·2011
中共大姚县委、大姚县人民政府主办　大姚县地方志编纂委员会办公室编　主编起云志
楚雄日报传媒有限公司印务中心印刷　2011 年 10 月
299 页　精装　29cm
准印证号：楚新出（2011）准印字第 288 号
馆藏号：Guojiafz-8600002018787

大姚县年鉴·2012
中共大姚县委、大姚县人民政府主办　大姚县地方志编纂委员会办公室编　主编起云志
云南民族印刷厂印刷　2012 年 10 月
349 页　精装　29cm
准印证号：云新出（2012）准印字第 0197 号
馆藏号：Guojiafz-8600002018909

大姚县年鉴·2013
中共大姚县委、大姚县人民政府主办　大姚县地方志编纂委员会办公室编　主编起云志
云南民族印刷厂印刷　2013 年 10 月
351 页　精装　29cm
准印证号：云新出（2013）准印字第 0254 号
馆藏号：Guojiafz-8600002018783

大姚县年鉴·2014
中共大姚县委、大姚县人民政府主办　大姚县地方志编纂委员会办公室编　主编起云志
昆明龙昇印务有限公司印刷　2014 年 10 月
349 页　精装　29cm
准印证号：云新出（2014）准印字第 0246 号
馆藏号：Guojiafz-8600002018782

大姚县年鉴·2015
中共大姚县委、大姚县人民政府主办　大姚县地方志编纂委员会办公室编　主编起云志
昆明龙昇印务有限公司印刷　2015 年 10 月
369 页　精装　29cm
准印证号：云新出（2015）准印字第 0400 号
馆藏号：Guojiafz-8600002018274

大姚县年鉴·2016
中共大姚县委、大姚县人民政府主办　大姚县地方志编纂委员会办公室编　主编起云志
昆明龙昇印务有限公司印刷　2016 年 11 月
343 页　精装　29cm
准印证号：云新广（2016）准印字第 0528 号
馆藏号：Guojiafz-8600002018271

大姚县年鉴·2017
大姚县地方志编纂委员会办公室编　主编起云志
云南民族出版社　2018 年 3 月
392 页　精装　29cm
ISBN978-7-5367-7816-0
馆藏号：Guojiafz-8600002018851

大姚县年鉴·2018
大姚县地方志编纂委员会办公室编　主编起云志
云南人民出版社　2018 年 12 月
417 页　精装　29cm
ISBN978-7-222-17833-5
馆藏号：Guojiafz-8600002018777

大姚县年鉴·2019
大姚县地方志编纂委员会办公室编　主编起云志
云南人民出版社　2019 年 11 月
395 页　精装　29cm
ISBN978-7-222-18772-6
馆藏号：Guojiafz-8600002018905

大姚县年鉴·2020
大姚县地方志编纂委员会办公室编　主编起云志
云南科技出版社　2020 年 7 月
368 页　精装　29cm
ISBN978-7-5587-2935-5
馆藏号：Guojiafz-8600002018906

永仁年鉴·2014
永仁县人民政府主办　永仁县县志编纂委员会办公室编　主编石永祥
云南民族出版社　2015 年 12 月
404 页　精装　29cm
ISBN978-7-5367-6877-2
馆藏号：Guojiafz-8600002018307

永仁年鉴·2015
永仁县人民政府主办　永仁县县志编纂委员会办公室编　主编石永祥
云南民族出版社　2016 年 10 月
427 页　精装　29cm
ISBN978-7-5367-7245-8
馆藏号：Guojiafz-8600002018379

永仁年鉴·2016
永仁县人民政府主办　永仁县县志编纂委员会办公室编　主编石永祥
云南民族出版社　2017 年 10 月
476 页　精装　29cm
ISBN978-7-5367-7596-1
馆藏号：Guojiafz-8600002018378

元谋年鉴·1994
元谋县志编纂委员会编　总编李在营
云南年鉴杂志社　1994 年 11 月
290 页　平装　19cm
CN53-1072
馆藏号：Guojiafz-8600002006641

元谋年鉴·1995
元谋年鉴编辑部编　主编屈建能
云南年鉴杂志社
319 页　平装　19cm
CN53-1072
馆藏号：Guojiafz-8600002006510

元谋年鉴·1996
《元谋年鉴》编辑部编　主编屈建能
云南科技出版社　1996 年 10 月
455 页　精装　19cm
ISBN7-5416-0893-9
馆藏号：Guojiafz-8600002006516

元谋年鉴·2015
元谋县人民政府主办　元谋县人民政府编
主编施宗明
德宏民族出版社　2015 年 8 月
438 页　精装　29cm
ISBN978-7-5558-0298-3
馆藏号：Guojiafz-8600002018369

元谋年鉴·2016
元谋县人民政府主办　元谋县地方志编纂委员会办公室编　主编施宗明　执行主编文光才
德宏民族出版社　2017年4月
424页　精装　29cm
ISBN978-7-5558-0462-8
馆藏号：Guojiafz-8600002018371

武定年鉴·1995
武定县年鉴编辑委员会编　主编刘绍明
云南人民出版社　1996年12月
374页　平装　20cm
ISBN7-222-02081-0
馆藏号：Guojiafz-8600002005001

武定年鉴·1999
武定县年鉴编辑委员会编　主编杨文杰
云南民族出版社　2000年4月
264页　精装　27cm
ISBN7-5367-1968-X
馆藏号：Guojiafz-8600002008607

武定年鉴·2000
武定县年鉴编辑委员会编　主编张祚彬
云南民族出版社　2000年12月
274页　精装　27cm
ISBN7-5367-2102-1
馆藏号：Guojiafz-8600002004394

武定年鉴·2015
武定县人民政府主办　武定县地方志编纂委员会办公室编　主编胡显文
德宏民族出版社　2015年8月
395页　精装　29cm
ISBN978-7-5558-0290-7
馆藏号：Guojiafz-8600002018373

武定年鉴·2016
武定县人民政府主办　武定县地方志编纂委员会办公室编　主编杨晓艳
德宏民族出版社　2016年9月
403页　精装　29cm
ISBN978-7-5558-0555-7
馆藏号：Guojiafz-8600002018374

武定年鉴·2017
武定县人民政府主办　武定县地方志编纂委员会办公室编　主编杨晓艳
德宏民族出版社　2017年8月
501页　精装　29cm
ISBN978-7-5558-0787-2
馆藏号：Guojiafz-8600002018375

禄丰县年鉴·2015
禄丰县地方志办公室编　主编张祖武
昆明鹰达印刷有限公司印刷
330页　精装　29cm
准印证号：云新出［2015］准印字第0365号
馆藏号：Guojiafz-8600002018235

禄丰县年鉴·2016
禄丰县人民政府主办　禄丰县地方志办公室编　主编李正阳
昆明鹰达印刷有限公司印刷　2016年11月
424页　精装　29cm
准印证号：云新广（2016）准印字第0440号
馆藏号：Guojiafz-8600002018233

禄丰县年鉴·2017
禄丰县人民政府主办　禄丰县地方志办公室编　主编李正阳
昆明鹰达印刷有限公司印刷　2017年11月
318页　精装　29cm
准印证号：云新广（2017）准印字第0498号
馆藏号：Guojiafz-8600002018231

红河州年鉴·2002
云南省红河哈尼族彝族自治州人民政府主办　红河州年鉴编辑部编　总编苗羊宝　执行主编范正保

德宏民族出版社　2002 年 9 月
576 页　精装　30cm
ISBN7-80525-659-4
馆藏号：Guojiafz-8600002004672

红河州年鉴 · 2007
云南省红河哈尼族彝族自治州人民政府主办　红河州地方志办公室编　主编洪丹平　执行主编冯云
云南大学出版社　2007 年 9 月
458 页　精装　29cm
ISBN978-7-81112-360-9
馆藏号：Guojiafz-8600002002472

蒙自年鉴 · 1996
云南省红河州蒙自县志办公室编　总编辑李家义
德宏民族出版社　1996 年 7 月
234 页　精装　27cm
ISBN7-80525-298-X
馆藏号：Guojiafz-8600002009498

蒙自年鉴 · 2002
蒙自县人民政府主办　蒙自年鉴编辑部编　主编孙文杰　执行主编缪琨
德宏民族出版社　2002 年 10 月
310 页　精装　29cm
ISBN7-80525-664-0
馆藏号：Guojiafz-8600002005446

蒙自年鉴 · 2009
蒙自县人民政府主办　中共蒙自县委党史研究室、蒙自县地方志编纂委员会办公室合编　主编宗继伟　执行主编王必昆
云南人民出版社　2009 年 11 月
325 页　精装　29cm
ISBN978-7-222-06245-0
馆藏号：Guojiafz-8600002002684

蒙自年鉴 · 2010
蒙自县人民政府主办　中共蒙自县委党史研究室、蒙自县地方志编纂委员会办公室合编
主编宗继伟　执行主编王必昆
德宏民族出版社　2010 年 11 月
323 页　精装　29cm
ISBN978-7-80750-345-3
馆藏号：Guojiafz-8600002015610

蒙自年鉴 · 2016
蒙自市人民政府主办　中共蒙自市委党史研究室、蒙自市地方志编纂委员会办公室合编
主编汪永安　执行主编杨树学
德宏民族出版社　2016 年 12 月
343 页　精装　29cm
ISBN978-7-5558-0469-7
馆藏号：Guojiafz-8600002014553

蒙自年鉴 · 2017
蒙自市人民政府主办　中共蒙自市委党史研究室、蒙自市地方志编纂委员会办公室合编
主编汪永安　执行主编杨树学
德宏民族出版社　2017 年 11 月
311 页　精装　29cm
ISBN978-7-5558-0736-0
馆藏号：Guojiafz-8600002016312

个旧年鉴 · 2012
中共个旧市委、个旧市人民政府主办　个旧市地方志编纂委员会办公室编　主编戴劲松　执行主编蔡军
云南美术出版社　2012 年 11 月
483 页　精装　29cm
ISBN978-7-5489-0972-9
馆藏号：Guojiafz-8600002015813

个旧年鉴 · 2015
中共个旧市委、个旧市人民政府主办　个旧市地方志编纂委员会办公室编　主编毛宗晦　执行主编蔡军
云南美术出版社　2015 年 12 月
525 页　精装　29cm

ISBN978-7-5489-2258-2
馆藏号：Guojiafz-8600002014926

弥勒年鉴·2016
中共弥勒市委、弥勒市人民政府主办　弥勒市地方志办公室编　主编赵艳红　执行主编张新华
德宏民族出版社　2016年9月
442页　精装　29cm
ISBN978-7-5558-0546-5
馆藏号：Guojiafz-8600002021738-40

弥勒年鉴·2017
中共弥勒市委、弥勒市人民政府主办　弥勒市地方志办公室编　主编赵艳红　执行主编张新华
德宏民族出版社　2017年12月
506页　精装　29cm
ISBN978-7-5558-0837-4
馆藏号：Guojiafz-8600002021741

弥勒年鉴·2018
中共弥勒市委、弥勒市人民政府主办　弥勒市地方志办公室编　主编张爱萍　执行主编张新华
德宏民族出版社　2019年1月
530页　精装　29cm
ISBN978-7-5558-1055-1
馆藏号：Guojiafz-8600002020791-2

弥勒年鉴·2019
中共弥勒市委、弥勒市人民政府主办　弥勒市地方志办公室编　主编田红梅　执行主编龙春兰
德宏民族出版社　2019年12月
401页　精装　29cm
ISBN978-7-5558-1372-9
馆藏号：Guojiafz-8600002020785

弥勒年鉴·2020
中共弥勒市委、弥勒市人民政府主办　弥勒市地方志办公室编　主编汪永安　执行主编郭云龙
云南人民出版社　2020年9月
373页　精装　29cm
ISBN978-7-222-19618-6
馆藏号：Guojiafz-8600002020788

石屏年鉴·2009
中共石屏县委、石屏县人民政府主办　石屏县地方志办公室编　总编喻波　执行总编孙增富、张学明
德宏民族出版社　2009年9月
345页　精装　29cm
ISBN978-7-80750-211-1
馆藏号：Guojiafz-8600002002683

石屏年鉴·2016
中共石屏县委、石屏县人民政府主办　石屏县地方志办公室编　总编苏海琳　主编孙增富　执行主编张学明
德宏民族出版社　2016年7月
343页　精装　29cm
ISBN978-7-5558-0466-6
馆藏号：Guojiafz-8600002014494

泸西年鉴·2016
泸西县人民政府主办　泸西县地方志办公室编　主编马怀良
德宏民族出版社　2016年7月
460页　精装　29cm
ISBN978-7-5558-0468-0
馆藏号：Guojiafz-8600002014570

元阳年鉴·2009
中共元阳县委、元阳县人民政府主办　元阳县地方志办公室编　主编卢艳芬
德宏民族出版社　2009年11月
364页　精装　29cm
ISBN978-7-80750-261-6
馆藏号：Guojiafz-8600002002256

红河县年鉴·2008
中共红河县委、红河县人民政府主办《红河县年鉴》编辑部编　主编沈俊伟　执行主编陈有明

云南民族出版社　2008年10月
291页　精装　29cm
ISBN978-7-5367-4302-1
馆藏号：Guojiafz-8600002000364

绿春年鉴·2016
绿春县人民政府主办　绿春县地方志办公室编
主编白迷诺　执行主编李应斗
德宏民族出版社　2016年7月
391页　精装　29cm
ISBN978-7-5558-0470-3
馆藏号：Guojiafz-8600002014554

屏边年鉴·2009（创刊号）
屏边苗族自治县人民政府主办　屏边苗族自治县地方志办公室编　主编吴显贵　执行主编陆永奎
德宏民族出版社　2009年12月
256页　精装　29cm
ISBN978-7-80750-268-5
馆藏号：Guojiafz-8600002002973

西畴年鉴·2017
西畴县人民政府主办　西畴县地方志编纂委员会编
主编孙斌
德宏民族出版社　2017年8月
354页　精装　29cm
ISBN978-7-5558-0764-3
馆藏号：Guojiafz-8600002016172

富宁年鉴·2010
富宁县地方志编纂委员会办公室编　主编马正坤
总纂卢新琦
德宏民族出版社　2011年1月
409页　精装　29cm
ISBN978-7-80750-438-2
馆藏号：Guojiafz-8600002015695

西双版纳年鉴·2002
西双版纳傣族自治州人民政府主办　《西双版纳年鉴》编辑委员会编　总编辑樊高潮
北京燕山出版社　2003年2月
605页　精装　29cm
ISBN7-5402-1453-8
馆藏号：Guojiafz-8600002003382

景洪年鉴·2013
中共景洪市委、景洪市人民政府主办　景洪市地方志办公室编　主编陈巧云
德宏民族出版社　2013年12月
492页　精装　29cm
ISBN978-7-5558-0017-0
馆藏号：Guojiafz-8600002015222

景洪年鉴·2016
中国景洪市委、景洪市人民政府主办　景洪市地方志办公室编　主编陈巧云
德宏民族出版社　2017年1月
542页　精装　29cm
ISBN978-7-5558-0664-6
馆藏号：Guojiafz-8600002014502

大理州年鉴·1993
大理白族自治州地方志编纂委员会编　主编杨镜
云南民族出版社　1993年10月
421页　精装　27cm
ISBN7-5367-0753-3
馆藏号：Guojiafz-8600002008203

大理州年鉴·1994
大理白族自治州地方志编纂委员会编　主编杨镜
云南民族出版社　1994年10月
378页　精装　27cm
ISBN7-5367-0928-5
馆藏号：Guojiafz-8600002009469

大理州年鉴·1995
大理白族自治州地方志编纂委员会编　总编杨镜
云南年鉴杂志社　1995年9月
371页　精装　27cm
CN53-1072
馆藏号：Guojiafz-8600002008819

大理州年鉴·1996
大理白族自治州地方志编纂委员会编　总编杨镜
云南民族出版社　1996年10月
333页　精装　27cm
ISBN7-5367-1283-9
馆藏号：Guojiafz-8600002003890

大理州年鉴·1997
大理白族自治州地方志编纂委员会编　总编杨镜
云南民族出版社　1997年9月
347页　精装　27cm
ISBN7-5367-1438-6
馆藏号：Guojiafz-8600002004483

大理州年鉴·2003
大理白族自治州人民政府主办　大理白族自治州地方志编纂委员会办公室编　主编赵秀元
云南民族出版社　2003年8月
460页　精装　29cm
ISBN7-5367-2716-X
馆藏号：Guojiafz-8600002003298

大理州年鉴·2006
大理白族自治州人民政府主办　大理白族自治州地方志编纂委员会办公室编　主编赵秀元
云南民族出版社　2006年10月
504页　精装　29cm
ISBN7-5367-3452-2
馆藏号：Guojiafz-8600002005258

大理州年鉴·2013
大理白族自治州人民政府主办　大理白族自治州地方志编纂委员会编　主编王超英
云南民族出版社　2013年10月
634页　精装　29cm
ISBN978-7-5367-5865-0
馆藏号：Guojiafz-8600002004712

大理州年鉴·2014
大理白族自治州人民政府主办　大理白族自治州地方志编纂委员会编　主编王超英
云南民族出版社　2014年12月
636页　精装　29cm
ISBN978-7-5367-6404-0
馆藏号：Guojiafz-8600002030731

大理州年鉴·2015
大理白族自治州人民政府主办　大理白族自治州地方志编纂委员会编　主编王超英
云南民族出版社　2015年12月
636页　精装　29cm
ISBN978-7-5367-6917-5
馆藏号：Guojiafz-8600002014512

大理州年鉴·2016
大理白族自治州人民政府主办　大理白族自治州地方志编纂委员会编　主编王超英
云南民族出版社　2016年12月
640页　精装　29cm
ISBN978-7-5367-7296-0
馆藏号：Guojiafz-8600002014957

大理州年鉴·2017
大理白族自治州人民政府主办　大理白族自治州地方志编纂委员会编　主编王超英
云南民族出版社　2017年12月
624页　精装　29cm
ISBN978-7-5367-7783-5
馆藏号：Guojiafz-8600002030434

大理州年鉴·2018
大理白族自治州人民政府主办　大理白族自治州地方志编纂委员会编　主编王超英
云南民族出版社　2018年11月
532页　精装　29cm
ISBN978-7-5367-8054-5
馆藏号：Guojiafz-8600002046999

大理市年鉴·2003
大理市人民政府主办　大理市史志编纂委员会办

公室、大理市年鉴编辑部合编　主编彭红云
云南民族出版社　2003 年 10 月
361 页　精装　29cm
ISBN7-5367-2745-3
馆藏号：Guojiafz-8600002003911

大理市年鉴·2009
大理市人民政府主办　大理市地方志编纂办公室编
主编陈爱国
云南民族出版社　2009 年 9 月
366 页　精装　29cm
ISBN978-7-5367-4482-0
馆藏号：Guojiafz-8600002003147

大理市年鉴·2015
大理市人民政府主办　大理市地方志编纂委员会、大理市年鉴编辑部合编　主编罗群辉
云南民族出版社　2015 年 11 月
496 页　精装　29cm
ISBN978-7-5367-6751-5
馆藏号：Guojiafz-8600002014573

祥云年鉴·2009
祥云县人民政府主办　祥云县地方志编纂委员会办公室编　主编赵基
云南人民出版社　2009 年 9 月
452 页　精装　29cm
ISBN978-7-222-06124-8
馆藏号：Guojiafz-8600002000360

宾川县年鉴·1992—1993
宾川县志编纂委员会编　主编罗朝良
云南年鉴杂志出版社　1995 年 12 月
268 页　平装　20cm
CN53-1072
馆藏号：Guojiafz-8600002009216

宾川年鉴·2009
宾川县地方志编纂委员会编　主编罗朝良
德宏民族出版社　2009 年 12 月
297 页　精装　29cm
ISBN978-7-80750-269-2
馆藏号：Guojiafz-8600002000357

弥渡年鉴·2003
弥渡县人民政府主办　弥渡县地方志编纂委员会编
主编杨华
德宏民族出版社　2003 年 10 月
352 页　精装　29cm
ISBN7-80525-793-0
馆藏号：Guojiafz-8600002004605

云龙年鉴·1994
云龙县地方志编纂委员会办公室编　主编杨红光
云南年鉴杂志社　1994 年 11 月
412 页　精装　21cm
CN53-1072
馆藏号：Guojiafz-8600002006427

云龙年鉴·1995
云龙县地方志编纂委员会办公室编　总编杨红光
云南年鉴杂志社　1995 年 10 月
275 页　精装　21cm
CN53-1072
馆藏号：Guojiafz-8600002006426

南涧县年鉴·1990—1993
南涧县人民政府主管　南涧县年鉴编辑部编
主编杨国璠
德宏民族出版社　1995 年 9 月
422 页　精装　21cm
CN53-1072
馆藏号：Guojiafz-8600002008236

南涧年鉴·1994—1995
南涧县志办编　主编杨繁昌　执行主编杨国璠
德宏民族出版社　1996 年 11 月
438 页　精装　21cm
ISBN7-80525-316-1
馆藏号：Guojiafz-8600002006623

南涧年鉴·2012
南涧彝族自治县人民政府主办　南涧彝族自治县地方志编纂委员会办公室编　主编潘建祥　执行主编袁登雁
云南美术出版社　2012年12月
470页　精装　29cm
ISBN978-7-5489-1056-5
馆藏号：Guojiafz-8600002015991

南涧年鉴·2017
南涧彝族自治县人民政府主办　南涧彝族自治县地方志编纂委员会办公室编　主编潘建祥　执行主编袁登雁
云南美术出版社　2017年10月
552页　精装　29cm
ISBN978-7-5489-3001-3
馆藏号：Guojiafz-8600002055982

巍山年鉴·1991—1994
巍山彝族回族自治县人民政府主管　巍山彝族回族自治县地方志编委会办公室主办　巍山彝族回族自治县年鉴编辑部编　主编张庆华　执行主编陈永俊
德宏民族出版社　1996年1月
610页　精装　21cm
CN53-1072
馆藏号：Guojiafz-8600002006517

巍山年鉴·1995
巍山彝族回族自治县地方志办公室编　主编张庆华　执行主编陈永俊
德宏民族出版社　1996年9月
304页　精装　21cm
ISBN7-80525-297-1
馆藏号：Guojiafz-8600002004204

巍山年鉴·2006
巍山县地方志办公室主办　巍山彝族回族自治县地方志编纂委员会办公室编　总编茶崇亮
德宏民族出版社　2006年8月
370页　精装　29cm
ISBN7-80525-963-1
馆藏号：Guojiafz-8600002002431

德宏年鉴·1994
德宏傣族景颇族自治州人民政府主办　德宏年鉴编辑部编　主编匡大一
德宏民族出版社　1994年11月
410页　精装　27cm
ISBN7-80525-246-7
馆藏号：Guojiafz-8600002011822

德宏年鉴·1995
德宏傣族景颇族自治州人民政府主办　德宏年鉴编辑部编　主编匡大一
德宏民族出版社　1995年8月
383页　精装　27cm
ISBN7-80525-264-5
馆藏号：Guojiafz-8600002008149

德宏年鉴·1996
德宏傣族景颇族自治州人民政府主办　德宏年鉴编辑部编　主编张建章
德宏民族出版社　1996年11月
357页　精装　27cm
ISBN7-80525-309-9
馆藏号：Guojiafz-8600002009137

德宏年鉴·2003
德宏州人民政府主办　德宏年鉴编辑部编　总编张建章
德宏年鉴社　2003年10月
382页　精装　29cm
准印证号：德新出准印证第NO·0000118号
馆藏号：Guojiafz-8600002005352

德宏年鉴·2009
德宏州人民政府主办　德宏州史志办公室编　总编陈德寿　执行主编田启云
德宏民族出版社　2009年10月

527 页　精装　30cm
ISBN978-7-80750-256-2
馆藏号：Guojiafz-8600002002396

怒江傈僳族自治州年鉴·2017
怒江傈僳族自治州人民政府主办　怒江州地方志编纂委员会办公室编　主编熊泰河　执行主编李桂花
云南民族出版社　2017 年 12 月
421 页　平装　29cm
ISBN978-7-5367-7765-1
馆藏号：Guojiafz-8600002021752

怒江傈僳族自治州年鉴·2018
怒江傈僳族自治州人民政府主办　怒江州地方志编纂委员会办公室编　主编熊泰河　执行主编李桂花
云南人民出版社　2019 年 1 月
450 页　精装　29cm
ISBN978-7-222-18307-0
馆藏号：Guojiafz-8600002021751

怒江傈僳族自治州年鉴·2019
怒江傈僳族自治州人民政府主办　怒江州地方志编纂委员会办公室编　主编熊泰河　执行主编李桂花
云南人民出版社　2019 年 10 月
450 页　精装　29cm
ISBN978-7-222-18552-4
馆藏号：Guojiafz-8600002021749

怒江傈僳族自治州年鉴·2020
怒江傈僳族自治州人民政府主办　怒江州地方志编纂委员会办公室编　主编熊泰河　执行主编李桂花
云南科技出版社　2020 年 7 月
462 页　精装　29cm
ISBN978-7-5587-2933-1
馆藏号：Guojiafz-8600002021750

兰坪年鉴·2001
兰坪白族普米族自治县人民政府主办　兰坪县地方志编纂委员会办公室编　总编罗德胜
北京燕山出版社　2001 年 5 月
348 页　精装　27cm
ISBN7-5402-1270-5
馆藏号：Guojiafz-8600002007704

西藏自治区

西藏年鉴·2003
西藏自治区人民政府办公厅主办 《西藏年鉴》编委会编 主编李映洲
西藏人民出版社 2004 年 2 月
507 页 精装 30cm
ISBN978-7-223-01669-8
馆藏号：Guojiafz-8600002005103

西藏年鉴·2009
西藏自治区人民政府办公厅和地方志办公室主办 西藏年鉴编辑委员会编 总编辑李映洲
西藏人民出版社 2010 年 3 月
500 页 精装 29cm
ISBN978-7-223-02807-3
馆藏号：Guojiafz-8600002005908

西藏年鉴·2010
西藏自治区人民政府办公厅、西藏自治区地方志办公室主办 《西藏年鉴》编委会编 总编李映洲
西藏人民出版社 2011 年 3 月
480 页 精装 29cm
ISBN978-7-223-02807-3
馆藏号：Guojiafz-8600002015757

西藏年鉴·2015
西藏自治区人民政府主管 西藏自治区地方志办公室主办 《西藏年鉴》编辑部编 主编汪德军
西藏人民出版社 2015 年 12 月
560 页 精装 29cm
ISBN978-7-223-04927-6
馆藏号：Guojiafz-8600002014839

西藏年鉴·2017
西藏自治区人民政府主管 西藏自治区地方志办公室编 主编汪德军
西藏人民出版社 2018 年 1 月
512 页 精装 29cm
ISBN978-7-223-05869-8
馆藏号：Guojiafz-8600002016719

拉萨年鉴·2012
拉萨市人民政府主办 拉萨市地方志编纂委员会办公室编 主编多吉次珠
方志出版社 2012 年 11 月
356 页 精装 30cm
ISBN978-7-5144-0689-4
馆藏号：Guojiafz-8600002003242

拉萨年鉴·2013
拉萨市人民政府主办 拉萨市地方志编纂委员会办公室编 主编张延清
方志出版社 2013 年 11 月
294 页 精装 29cm
ISBN978-7-5144-1073-0
馆藏号：Guojiafz-8600002004630

拉萨年鉴·2014
拉萨市人民政府主办 拉萨市地方志编纂委员会办公室编 主编张延清
方志出版社 2014 年 9 月
362 页 精装 30cm
ISBN978-7-5144-1365-6
馆藏号：Guojiafz-8600002005572

拉萨年鉴·2015
拉萨市人民政府主办　拉萨市地方志编纂委员会办公室编　主编张延清
方志出版社　2015 年 9 月
484 页　精装　29cm
ISBN978-7-5144-1670-1
馆藏号：Guojiafz-8600002010763

拉萨年鉴·2016
拉萨市人民政府主办　拉萨市地方志编纂委员会办公室编　主编和平志
方志出版社　2016 年 8 月
548 页　精装　29cm
ISBN978-7-5144-2070-8
馆藏号：Guojiafz-8600002014965

拉萨年鉴·2017
拉萨市人民政府主办　拉萨市地方志编纂委员会办公室编　主编廖波
方志出版社　2017 年 12 月
470 页　精装　29cm
ISBN978-7-5144-2911-4
馆藏号：Guojiafz-8600002017227

拉萨年鉴·2018
拉萨市人民政府主办　拉萨市地方志编纂委员会办公室编　主编廖波
方志出版社　2019 年 1 月
468 页　精装　29cm
ISBN978-7-5144-3638-9
馆藏号：Guojiafz-8600002018166

拉萨城关年鉴·2017
拉萨市城关区人民政府主办　拉萨市城关区地方志办公室编　主编尼玛仓决
方志出版社　2017 年 10 月
386 页　精装　29cm
ISBN978-7-5144-2582-6
馆藏号：Guojiafz-8600002015120

拉萨城关年鉴·2018
拉萨市城关区人民政府主办　拉萨市城关区地方志办公室编　主编尼玛仓决
方志出版社　2018 年 7 月
366 页　精装　29cm
ISBN978-7-5144-3120-9
馆藏号：Guojiafz-8600002016936

拉萨堆龙德庆年鉴·2017
拉萨市堆龙德庆区人民政府主办　拉萨市堆龙德庆区地方志办公室编　主编杜江
方志出版社　2017 年 10 月
446 页　精装　29cm
ISBN978-7-5144-2488-1
馆藏号：Guojiafz-8600002015035

拉萨堆龙德庆年鉴·2018
拉萨市堆龙德庆区人民政府主办　拉萨市堆龙德庆区地方志办公室编　主编杜江
方志出版社　2018 年 6 月
439 页　精装　29cm
ISBN978-7-5144-3119-3
馆藏号：Guojiafz-8600002017168

林周年鉴·2017
林周县人民政府主办　林周县地方志办公室编　主编卢智杰、张凯
方志出版社　2017 年 8 月
386 页　精装　29cm
ISBN978-7-5144-2528-4
馆藏号：Guojiafz-8600002015123

林周年鉴·2018
林周县人民政府主办　林周县地方志办公室编　主编卢智杰
方志出版社　2018 年 7 月
331 页　精装　29cm
ISBN978-7-5144-3197-1
馆藏号：Guojiafz-8600002017147

当雄年鉴·2017
当雄县人民政府主办　当雄县编译局编
主编杨忠泽
方志出版社　2017年9月
332页　精装　29cm
ISBN978-7-5144-2552-9
馆藏号：Guojiafz-8600002015059

当雄年鉴·2018
当雄县人民政府主办　当雄县编译局编
主编文林
方志出版社　2018年6月
266页　精装　29cm
ISBN978-7-5144-3121-6
馆藏号：Guojiafz-8600002017185

尼木年鉴·2017
尼木县人民政府主办　尼木县人民政府办公室编
主编颜泽伦
方志出版社　2017年8月
370页　精装　29cm
ISBN978-7-5144-2489-8
馆藏号：Guojiafz-8600002015118

尼木年鉴·2018
尼木县人民政府主办　尼木县人民政府办公室编
主编颜泽伦
方志出版社　2018年7月
345页　精装　29cm
ISBN978-7-5144-3136-0
馆藏号：Guojiafz-8600002017135

曲水年鉴·2017
曲水县人民政府主办　曲水县人民政府办公室编
主编尼玛次仁
方志出版社　2017年9月
250页　精装　29cm
ISBN978-7-5144-2554-3
馆藏号：Guojiafz-8600002015119

曲水年鉴·2018
曲水县人民政府主办　曲水县人民政府办公室编
主编尼玛次仁
方志出版社　2018年6月
256页　精装　29cm
ISBN978-7-5144-3122-3
馆藏号：Guojiafz-8600002017236

达孜年鉴·2012
达孜县人民政府主办　达孜县地方志编纂委员会办公室编　主编白珍
郑州中方印刷有限公司印刷　2012年7月
176页　精装　29cm
准印证号：ZXCZZD-2012-NBZL-033H
馆藏号：Guojiafz-8600002009573

达孜年鉴·2017
达孜县人民政府主办　达孜县地方志办公室编
主编张永祥
方志出版社　2017年10月
336页　精装　29cm
ISBN978-7-5144-2583-3
馆藏号：Guojiafz-8600002015058

达孜年鉴·2018
达孜县人民政府主办　达孜县地方志办公室编
主编次仁央宗
方志出版社　2018年6月
274页　精装　29cm
ISBN978-7-5144-3138-4
馆藏号：Guojiafz-8600002017150

墨竹工卡年鉴·2012
墨竹工卡县人民政府主办　墨竹工卡县人民政府办公室编　主编邹玉明
方志出版社　2012年7月
225页　精装　29cm
ISBN978-7-5144-0537-8
馆藏号：Guojiafz-8600002000157

墨竹工卡年鉴·2013
墨竹工卡县人民政府主办　墨竹工卡县人民政府办公室编　主编龙刚
方志出版社　2013 年 9 月
219 页　精装　29cm
ISBN978-7-5144-0983-3
馆藏号：Guojiafz-8600002009917

墨竹工卡年鉴·2014
墨竹工卡县人民政府主办　墨竹工卡县人民政府办公室编　主编张屹
方志出版社　2014 年 7 月
212 页　精装　29cm
ISBN978-7-5144-1320-5
馆藏号：Guojiafz-8600002007395

墨竹工卡年鉴·2015
墨竹工卡县人民政府主办　墨竹工卡县人民政府办公室编　主编张屹
方志出版社　2015 年 7 月
199 页　精装　29cm
ISBN978-7-5144-1661-9
馆藏号：Guojiafz-8600002010521

墨竹工卡年鉴·2016
墨竹工卡县人民政府主办　墨竹工卡县人民政府办公室编　主编谢雪梅
方志出版社　2016 年 7 月
312 页　精装　29cm
ISBN978-7-5144-2036-4
馆藏号：Guojiafz-8600002014037

墨竹工卡年鉴·2017
墨竹工卡县人民政府主办　墨竹工卡县人民政府办公室编　主编郭昌标
方志出版社　2017 年 8 月
346 页　精装　29cm
ISBN978-7-5144-2490-4
馆藏号：Guojiafz-8600002015057

墨竹工卡年鉴·2018
墨竹工卡县人民政府主办　墨竹工卡县人民政府办公室编　主编郭昌标
方志出版社　2018 年 7 月
312 页　精装　29cm
ISBN978-7-5144-3146-9
馆藏号：Guojiafz-8600002017225

日喀则年鉴·2017
中共日喀则市委、日喀则人民政府主办　日喀则市地方志编纂委员会编　主编汲广树
方志出版社　2017 年 12 月
436 页　精装　29cm
ISBN978-7-5144-2870-4
馆藏号：Guojiafz-8600002017274

日喀则桑珠孜年鉴·2017
中共日喀则市桑珠孜区委员会、桑珠孜区人民政府主办　日喀则桑珠孜区地方志办公室编
主编卢阳
方志出版社　2017 年 12 月
351 页　精装　29cm
ISBN978-7-5144-2871-1
馆藏号：Guojiafz-8600002015122

江孜年鉴·2017
中共江孜县委员会、江孜县人民政府主办　江孜县地方志办公室编　主编王高安
方志出版社　2017 年 10 月
486 页　精装　29cm
ISBN978-7-5144-2685-4
馆藏号：Guojiafz-8600002015032

拉孜年鉴·2018
中共拉孜县委员会、拉孜县人民政府主办　拉孜县地方志办公室编　主编边巴旺堆
方志出版社　2018 年 9 月
292 页　精装　29cm
ISBN978-7-5144-3322-7
馆藏号：Guojiafz-8600002016903

昂仁年鉴·2017
中共昂仁县委员会、昂仁县人民政府主办 中共昂仁县委办公室编 主编索旦
方志出版社 2017年10月
364页 精装 29cm
ISBN978-7-5144-2599-4
馆藏号：Guojiafz-8600002015117

昂仁年鉴·2018
中共昂仁县委员会、昂仁县人民政府主办 中共昂仁县委办公室编 主编拉欧
方志出版社 2018年8月
283页 精装 29cm
ISBN978-7-5144-3219-0
馆藏号：Guojiafz-8600002017276

谢通门年鉴·2018
谢通门县地方志办公室编 主编郭利顷
方志出版社 2018年12月
356页 精装 29cm
ISBN978-7-5144-3643-3
馆藏号：Guojiafz-8600002018143

白朗年鉴·2017
中共白朗县委员会、白朗县人民政府主办 中共白朗县委办公室编 主编黄晓广
方志出版社 2017年10月
325页 精装 29cm
ISBN978-7-5144-2730-1
馆藏号：Guojiafz-8600002017228

白朗年鉴·2018
中共白朗县委员会、白朗县人民政府主办 中共白朗县委办公室编 主编黄晓广
方志出版社 2018年7月
320页 精装 29cm
ISBN978-7-5144-3145-2
馆藏号：Guojiafz-8600002016890

仁布年鉴·2017
中共仁布县委员会、仁布县人民政府主办 仁布县地方志办公室编 主编张晓培
方志出版社 2017年10月
284页 精装 29cm
ISBN978-7-5144-2598-7
馆藏号：Guojiafz-8600002015116

仁布年鉴·2018
中共仁布县委员会、仁布县人民政府主办 仁布县地方志办公室编 主编张晓培
方志出版社 2018年12月
247页 精装 29cm
ISBN978-7-5144-3739-3
馆藏号：Guojiafz-8600002018144

萨嘎年鉴·2017
中共萨嘎县委员会、萨嘎县人民政府主办 萨嘎县地方志办公室编 主编卢百超
方志出版社 2017年8月
307页 精装 29cm
ISBN978-7-5144-2491-1
馆藏号：Guojiafz-8600002015034

萨嘎年鉴·2018
中共萨嘎县委员会、萨嘎县人民政府主办 萨嘎县地方志办公室编 主编卢百超
方志出版社 2018年12月
283页 精装 29cm
ISBN978-7-5144-3431-6
馆藏号：Guojiafz-8600002017270

林芝年鉴·2016
中共林芝市委办公室、林芝市人民政府办公室、林芝市地方志办公室合编 总编辑王纯丁
主编徐斌
方志出版社 2016年12月
568页 精装 29cm
ISBN978-7-5144-2239-9
馆藏号：Guojiafz-8600002014993

林芝年鉴·2017
中共林芝市委办公室、林芝市人民政府主办
林芝市地方志办公室编　主编徐斌
中州古籍出版社　2017年11月
638页　精装　29cm
ISBN978-7-5348-7280-8
馆藏号：Guojiafz-8600002015525

墨脱年鉴·2017
中共墨脱县委员会、墨脱县人民政府主办　中共墨脱县委办公室编　主编旺东　执行主编郭晓峰、欧珠江村
方志出版社　2017年11月
378页　精装　29cm
ISBN978-7-5144-2753-0
馆藏号：Guojiafz-8600002017230

墨脱年鉴·2018
中共墨脱县委员会、墨脱县人民政府主办　中共墨脱县委办公室编　主编旺东　执行主编尹建华、布穷
方志出版社　2018年7月
394页　精装　29cm
ISBN978-7-5144-3174-2
馆藏号：Guojiafz-8600002018141

波密年鉴·2017
中共波密县委员会、波密县人民政府主办　中共波密县委办公室编　主编朱正辉　执行主编李锋、张斌
方志出版社　2017年11月
426页　精装　29cm
ISBN978-7-5144-2705-9
馆藏号：Guojiafz-8600002017296

山南年鉴·2016
山南地区行政公署主办　山南地区地方志编纂委员会办公室编　主编赫沛
方志出版社　2016年9月
400页　精装　29cm
ISBN978-7-5144-2094-4
馆藏号：Guojiafz-8600002014836

山南年鉴·2017
山南市人民政府主办　山南地区地方志编纂委员会办公室编　主编赫沛
方志出版社　2017年10月
416页　精装　29cm
ISBN978-7-5144-2622-9
馆藏号：Guojiafz-8600002016350

山南年鉴·2018
山南市人民政府主办　山南市地方志编纂委员会办公室编　主编赫沛
方志出版社　2018年9月
442页　精装　29cm
ISBN978-7-5144-3308-1
馆藏号：Guojiafz-8600002018129

贡嘎年鉴·2017
贡嘎县人民政府主办　贡嘎县地方志办公室编　主编次仁
中州古籍出版社　2017年11月
368页　精装　29cm
ISBN978-7-5348-7233-4
馆藏号：Guojiafz-8600002016731

桑日年鉴·2016
中共桑日县委员会主办　《桑日年鉴》编纂委员会编　主编吾金
西藏人民出版社　2016年10月
276页　精装　29cm
ISBN978-7-223-05274-0
馆藏号：Guojiafz-8600002014877

桑日年鉴·2017
中共桑日县委员会办公室主办　桑日县党史（地方志）办公室编　主编吾金
中州古籍出版社　2018年3月
330页　精装　29cm

ISBN978-7-5348-7675-2
馆藏号：Guojiafz-8600002016728

加查年鉴·2017
加查县人民政府主办　加查县地方志编纂委员会编
主编西洛次仁
方志出版社　2017年11月
236页　精装　29cm
ISBN978-7-5144-2798-1
馆藏号：Guojiafz-8600002015033

那曲县年鉴·2016
那曲县人民政府编　主编李俊斌
方志出版社　2018年11月
226页　精装　29cm
ISBN978-7-5144-3351-7
馆藏号：Guojiafz-8600002017136

比如县年鉴·2017
比如县年鉴编纂委员会、比如县地方志办公室合编
主编边巴次仁
方志出版社　2018年9月
338页　精装　29cm
ISBN978-7-5144-3304-3
馆藏号：Guojiafz-8600002017139

革吉年鉴·2017
革吉县人民政府主办　中共革吉县委员会党史办公室编　主编束志勇
方志出版社　2017年8月
315页　精装　29cm
ISBN978-7-5144-2519-2
馆藏号：Guojiafz-8600002015121

革吉年鉴·2018
革吉县人民政府主办　中共革吉县委员会党史办公室编　主编桑杰巴珠
方志出版社　2019年1月
302页　精装　29cm
ISBN978-7-5144-3561-0
馆藏号：Guojiafz-8600002017004

陕 西 省

陕西年鉴·1987（创刊号）
《陕西年鉴》编辑部编　主编张正路
陕西人民出版社　1988 年 10 月
567 页　精装　27cm
ISBN7-224-00487-1
馆藏号：Guojiafz-8600002003368

陕西年鉴·1988
《陕西年鉴》编辑部编　主编夏宇、张正路
陕西人民出版社　1989 年 4 月
477 页　精装　27cm
ISBN7-224-00791-9
馆藏号：Guojiafz-8600002009542

陕西年鉴·1989
《陕西年鉴》编辑部编　主编夏宇、张正路
陕西人民出版社　1990 年 4 月
446 页　精装　27cm
ISBN7-224-01217-3
馆藏号：Guojiafz-8600002005545

陕西年鉴·1990
《陕西年鉴》编辑部编　主编夏宇、张正路
陕西人民出版社　1990 年 12 月
496 页　精装　27cm
ISBN7-224-01498-2
馆藏号：Guojiafz-8600002003426

陕西年鉴·1991
陕西年鉴社编　主编夏宇、张正路
陕西年鉴社　1991 年 11 月
590 页　精装　27cm
CN61-1217
馆藏号：Guojiafz-8600002001952

陕西年鉴·1992
陕西年鉴社编　主编夏宇、张正路
陕西年鉴社　1992 年 11 月
558 页　精装　27cm
ISSN1004-4272
馆藏号：Guojiafz-8600002009032

陕西年鉴·1993
陕西年鉴社编　主编蔡肇发、夏宇、张正路
陕西年鉴社　1993 年 10 月
529 页　精装　27cm
ISSN1004-4272
馆藏号：Guojiafz-8600002008306

陕西年鉴·1994
陕西年鉴社编　主编蔡肇发
陕西年鉴社　1994 年 10 月
473 页　精装　27cm
ISSN1004-4272
馆藏号：Guojiafz-8600002000726

陕西年鉴·1995
陕西省人民政府办公厅主管主办　陕西年鉴社编
主编蔡肇发
陕西年鉴出版社　1995 年 9 月
561 页　精装　27cm
ISSN1004-4272
馆藏号：Guojiafz-8600002005034

陕西年鉴·1996
陕西省人民政府办公厅主管主办　陕西年鉴社编　主编蔡肇发
陕西年鉴社　1996 年 10 月
638 页　精装　27cm
ISSN1004-4272
馆藏号：Guojiafz-8600002003216

陕西年鉴·1997
陕西省人民政府办公厅主管　陕西省地方志办公室主办　陕西年鉴社编　主编陈嘉桢、滕云
陕西年鉴社　1997 年 11 月
529 页　精装　29cm
ISSN1004-4272
馆藏号：Guojiafz-8600002005823

陕西年鉴·1998
陕西省人民政府办公厅主管　陕西省地方志办公室主办　陕西年鉴社编　主编陈嘉桢、滕云
陕西年鉴社　1998 年 10 月
463 页　精装　29cm
ISSN1004-4272
馆藏号：Guojiafz-8600002006143

陕西年鉴·1999
陕西省人民政府办公厅主管　陕西省人民政府主办　陕西年鉴社编　主编陈嘉桢、滕云
陕西年鉴社　1999 年 10 月
530 页　精装　29cm
ISSN1004-4272
馆藏号：Guojiafz-8600002008724

陕西年鉴·2000
陕西省人民政府主办　陕西年鉴社编　主编陈嘉桢、滕云
陕西年鉴社　2000 年 10 月
537 页　精装　29cm
ISSN1004-4272
馆藏号：Guojiafz-8600002008351

陕西年鉴·2001
陕西省人民政府主办　陕西年鉴社编　主编周伯光
陕西年鉴社　2001 年 10 月
584 页　精装　29cm
ISSN1004-4272
馆藏号：Guojiafz-8600002008352

陕西年鉴·2002
陕西省人民政府主办　陕西年鉴社编　主编周伯光
陕西年鉴社　2002 年 11 月
646 页　精装　29cm
ISSN1004-4272
馆藏号：Guojiafz-8600002004419

陕西年鉴·2003
陕西省人民政府主办　陕西年鉴社编　主编周伯光
陕西年鉴出版社　2003 年 12 月
720 页　精装　29cm
ISSN1004-4272
馆藏号：Guojiafz-8600002005122

陕西年鉴·2004
陕西省人民政府主办　陕西年鉴社编　主编周伯光
陕西年鉴社　2004 年 11 月
660 页　精装　29cm
ISSN1004-4272
馆藏号：Guojiafz-8600002008426

陕西年鉴·2005
陕西省人民政府主办　陕西年鉴社编　主编刘培仓
陕西年鉴社　2005 年 11 月
581 页　精装　29cm
ISSN1004-4272
馆藏号：Guojiafz-8600002008425

陕西年鉴·2006
陕西省人民政府办公厅主管　陕西省人民政府主办　陕西年鉴社编　主编刘培仓
陕西年鉴社　2006 年 11 月
593 页　精装　29cm

ISSN1004-4272
馆藏号：Guojiafz-8600002008424

陕西年鉴·2007
陕西省人民政府办公厅主管　陕西省人民政府主办
陕西年鉴社编　主编刘培仓
陕西年鉴社　2007 年 11 月
585 页　精装　29cm
ISSN1004-4272
馆藏号：Guojiafz-8600002005934

陕西年鉴·2008
陕西省人民政府办公厅主管　陕西省人民政府主办
陕西年鉴社编　主编刘培仓
陕西年鉴社　2008 年 11 月
582 页　精装　29cm
ISSN1004-4272
馆藏号：Guojiafz-8600002008228

陕西年鉴·2009
陕西省人民政府主办　陕西年鉴社编　主编刘培仓
陕西年鉴出版社　2009 年 11 月
574 页　精装　29cm
ISSN1004-4272
馆藏号：Guojiafz-8600002000203

陕西年鉴·2010
陕西省人民政府主办　陕西年鉴社编　主编刘培仓
陕西年鉴社　2010 年 10 月
541 页　精装　29cm
ISSN1004-4272
馆藏号：Guojiafz-8600002005466

陕西年鉴·2011
陕西省人民政府主办　陕西年鉴社编　主编刘培仓
陕西年鉴社　2011 年 10 月
678 页　精装　29cm
ISSN1004-4272
馆藏号：Guojiafz-8600002005933

陕西年鉴·2014
陕西省人民政府主办　陕西年鉴社编　主编王锦春
陕西年鉴社　2014 年 10 月
470 页　精装　29cm
ISSN1004-4272
馆藏号：Guojiafz-8600002016039

陕西年鉴·2016
陕西省人民政府主办　陕西年鉴社编　主编秦向东
陕西年鉴社　2016 年 10 月
428 页　精装　29cm
ISSN1004-4272
馆藏号：Guojiafz-8600002014701

陕西年鉴·2017
陕西省人民政府主办　陕西年鉴社编　主编秦向东
陕西年鉴社　2017 年 10 月
418 页　精装　29cm
ISSN1004-4272
馆藏号：Guojiafz-8600002016291

陕西交通运输年鉴·2016
陕西省交通运输厅主办　陕西省交通史志编纂委员会办公室编　主编杨育生
陕西人民出版社　2017 年 7 月
378 页　精装　29cm
ISBN978-7-224-12389-0
馆藏号：Guojiafz-8600002016275

陕西科技年鉴·2007（创始卷）
陕西省科学技术厅编　主编方贤友
陕西人民出版社　2007 年 12 月
491 页　精装　29cm
ISBN978-7-224-08264-7
馆藏号：Guojiafz-8600002000522

陕西科技年鉴·2008
陕西省科学技术厅编　主编方贤友
陕西科学技术出版社　2008 年 12 月
486 页　精装　29cm

ISBN978-7-5369-4555-5
馆藏号：Guojiafz-8600002005448

陕西科技年鉴·2009
陕西省科学技术厅编　主编方贤友
陕西科学技术出版社　2009年12月
396页　精装　29cm
ISBN978-7-5369-4736-8
馆藏号：Guojiafz-8600002005447

陕西科技年鉴·2010
陕西省科学技术厅编　主编方贤友
陕西科学技术出版社　2010年12月
413页　精装　29cm
ISBN978-7-5369-4955-3
馆藏号：Guojiafz-8600002000333

陕西科技年鉴·2014
陕西省科学技术厅主办　陕西省科学技术厅编
主编孙科
陕西科学技术出版社　2014年11月
451页　精装　29cm
ISBN978-7-5369-6286-6
馆藏号：Guojiafz-8600002015322

陕西科技年鉴·2016
陕西省科学技术厅主办　陕西省科学技术厅编
主编张宝利
陕西科学技术出版社　2016年12月
377页　精装　29cm
ISBN978-7-5369-6833-2
馆藏号：Guojiafz-8600002014705

陕西统计年鉴·2014
陕西省统计局、国家统计局陕西调查总队合编
总编辑张晓光
中国统计出版社　2014年7月
547页　精装　29cm
ISBN978-7-5037-7182-8
馆藏号：Guojiafz-8600002015842

陕西统计年鉴·2016
陕西省统计局、国家统计局陕西调查总队合编
总编辑张晓光
中国统计出版社　2016年8月
569页　精装　30cm
ISBN978-7-5037-7918-3
馆藏号：Guojiafz-8600002014707

陕西教育年鉴·1998
陕西省教育厅编　主编魏天纬
三秦出版社　2001年12月
510页　精装　27cm
ISBN7-80628-570-9
馆藏号：Guojiafz-8600002000523

陕西教育年鉴·2005
陕西省教育厅编　主编陈晓福、魏天纬
三秦出版社　2006年1月
421页　精装　29cm
ISBN7-80736-000-3
馆藏号：Guojiafz-8600002000521

陕西教育年鉴·2006
陕西省教育厅编　主编陈晓福、魏天纬
三秦出版社　2006年12月
595页　精装　29cm
ISBN7-80736-141-7
馆藏号：Guojiafz-8600002000444

陕西教育年鉴·2007
陕西省教育厅编　主编陈晓福、魏天纬
三秦出版社　2008年1月
624页　精装　29cm
ISBN978-7-80736-308-8
馆藏号：Guojiafz-8600002000443

陕西教育年鉴·2008
陕西省教育厅编　主编陈晓福、魏天纬
三秦出版社　2009年1月
602页　精装　29cm

ISBN978-7-80736-496-2
馆藏号：Guojiafz-8600002000334

陕西教育年鉴·2009
陕西省教育厅编　主编陈晓福、魏天纬
三秦出版社　2009年12月
593页　精装　29cm
ISBN978-7-80736-742-0
馆藏号：Guojiafz-8600002000175

陕西教育年鉴·2010
陕西省教育厅编　主编陈晓福、魏天纬
三秦出版社　2010年12月
800页　精装　29cm
ISBN978-7-80736-742-0
馆藏号：Guojiafz-8600002000174

陕西卫生年鉴·2006
《陕西卫生年鉴》编辑委员会编　主编梁宝林
执行主编葛云峰、崔晖
陕西科学技术出版社　2007年4月
502页　精装　29cm
ISBN978-7-5369-4210-3
馆藏号：Guojiafz-8600002000435

陕西卫生年鉴·2008
陕西省卫生厅主管　陕西卫生年鉴编辑委员会主办
陕西卫生年鉴编委会编　主编梁宝林　执行主编
葛云峰、崔晖
西安西正印制有限公司印刷　2009年3月
356页　精装　29cm
准印证号：陕内资图批字（2009）年第14号
馆藏号：Guojiafz-8600002001741

陕西卫生年鉴·2009
陕西省卫生厅主管　陕西卫生年鉴编辑委员会主办
陕西卫生年鉴编委会编　主编梁宝林　执行主编
葛云峰、崔晖
西安西正印制有限公司印刷　2010年7月
330页　精装　29cm
准印证号：陕内资图批字（2010）年第16号
馆藏号：Guojiafz-8600002001742

陕西文物年鉴·2013
陕西省文物局编　主编吴晓丛
陕西人民出版社　2014年12月
406页　精装　29cm
ISBN978-7-224-11377-8
馆藏号：Guojiafz-8600002015210

西安年鉴·1993
《西安年鉴》编纂委员会编　主编王志强、赵璧
陕西人民出版社　1993年8月
437页　精装　27cm
ISBN7-224-03128-3
馆藏号：Guojiafz-8600002003232

西安年鉴·1997
西安市人民政府主办　西安市地方志编纂委员会编
主编张德华
西安出版社　1997年7月
422页　精装　27cm
ISBN7-80594-402-4
馆藏号：Guojiafz-8600002006205

西安年鉴·1998
西安市人民政府主办　西安市地方志编纂委员会编
主编张德华
西安出版社　1998年6月
408页　精装　27cm
ISBN7-80594-496-2
馆藏号：Guojiafz-8600002008571

西安年鉴·1999
西安市人民政府主办　西安市地方志编纂委员会编
主编张德华
西安出版社　1999年7月
430页　精装　27cm
ISBN7-80594-563-2
馆藏号：Guojiafz-8600002006733

西安年鉴·2000
西安市人民政府主办　西安市地方志编纂委员会编
主编王启文、孙亚伟
西安出版社　2000年7月
423页　精装　27cm
ISBN7-80594-659-0
馆藏号：Guojiafz-8600002000419

西安年鉴·2001
西安市人民政府主办　西安市地方志编纂委员会编
主编王启文、孙亚伟
西安出版社　2001年7月
474页　精装　27cm
ISBN7-80594-752-X
馆藏号：Guojiafz-8600002000417

西安年鉴·2002
西安市人民政府主办　西安市地方志编纂委员会编
主编张建国、孙亚伟
西安出版社　2002年8月
490页　精装　27cm
ISBN7-80594-819-4
馆藏号：Guojiafz-8600002000418

西安年鉴·2003
西安市人民政府主办　西安市地方志办公室编
主编孙亚伟
西安出版社　2003年8月
512页　精装　30cm
ISBN7-80594-931-X
馆藏号：Guojiafz-8600002003330

西安年鉴·2004
西安市人民政府主办　西安市地方志办公室编
主编孙亚伟
西安出版社　2004年8月
471页　精装　30cm
ISBN7-80712-028-2
馆藏号：Guojiafz-8600002006149

西安年鉴·2005
西安市人民政府主办　西安市地方志办公室编
主编孙亚伟
西安出版社　2005年8月
450页　精装　29cm
ISBN7-80712-171-8
馆藏号：Guojiafz-8600002006150

西安年鉴·2006
西安市人民政府主办　西安市地方志办公室编
主编孙亚伟
西安出版社　2006年8月
524页　精装　29cm
ISBN7-80712-185-8
馆藏号：Guojiafz-8600002013366

西安年鉴·2007
西安市人民政府主办　西安市地方志办公室编
主编孙亚伟
西安出版社　2007年8月
568页　精装　29cm
ISBN978-7-80172-171-8
馆藏号：Guojiafz-8600002006151

西安年鉴·2008
西安市人民政府主办　西安市地方志办公室编
主编孙亚伟
西安出版社　2008年8月
567页　精装　29cm
ISBN978-7-80712-434-4
馆藏号：Guojiafz-8600002006160

西安年鉴·2009
西安市人民政府主办　西安市地方志办公室编
主编孙亚伟
西安出版社　2009年9月
639页　精装　29cm
ISBN978-7-80712-185-5
馆藏号：Guojiafz-8600002000132

西安年鉴·2010
西安市人民政府主办　西安市地方志办公室编
主编冯艳阳
西安出版社　2010 年 9 月
726 页　精装　29cm
ISBN978-7-80712-690-4
馆藏号：Guojiafz-8600002006877

西安年鉴·2011
西安市人民政府主办　西安市地方志办公室编
主编冯艳阳
西安出版社　2011 年 10 月
902 页　精装　29cm
ISBN978-7-80712-690-4
馆藏号：Guojiafz-8600002013313

西安年鉴·2014
西安市人民政府主办　西安市地方志办公室编
主编冯艳阳
世界图书出版西安有限公司　2014 年 10 月
343 页　精装　30cm
ISBN978-7-5100-7955-9
馆藏号：Guojiafz-8600002015792

西安年鉴·2016
西安市人民政府主办　西安市地方志办公室编
主编曹永辉
世界图书出版西安有限公司　2016 年 11 月
395 页　精装　30cm
ISBN978-7-5192-1947-5
馆藏号：Guojiafz-8600002014709

碑林年鉴·2013
碑林区人民政府主办　碑林区地方志办公室编
主编聂新华
三秦出版社　2014 年 10 月
454 页　精装　27cm
ISBN978-7-5518-0922-1
馆藏号：Guojiafz-8600002015376

长安年鉴·2007
中共西安市长安区委员会、西安市长安区人民政府主办　西安市长安区地方志办公室编　主编宗峰
西安出版社　2008 年 11 月
339 页　精装　29cm
ISBN978-7-80712-387-3
馆藏号：Guojiafz-8600002000020

长安年鉴·2017
西安市长安区人民政府主办　西安市长安区地方志办公室编　主编白雅君
陕西人民出版社　2017 年 11 月
424 页　精装　29cm
ISBN978-7-224-12467-5
馆藏号：Guojiafz-8600002016268

高陵年鉴·2008
高陵县地方志编纂委员会编　主编杨泉应
三秦出版社　2008 年 12 月
516 页　精装　29cm
ISBN978-7-80736-484-9
馆藏号：Guojiafz-8600002000518

高陵县社会经济统计年鉴·2000
高陵县统计局编　主编王有宏
西安市统计局印刷厂印刷　2001 年 4 月
119 页　精装　20cm
馆藏号：Guojiafz-8600002006521

高陵县社会经济统计年鉴·2001
高陵县统计局编　主编王有宏
西安合鑫统计资料印刷厂印刷　2002 年 4 月
125 页　精装　20cm
馆藏号：Guojiafz-8600002006522

高陵县社会经济统计年鉴·2002
高陵县统计局编　主编吴建瑞
西安高甲印务有限公司印刷　2003 年 6 月
147 页　平装　18cm

馆藏号：Guojiafz-8600002008996

高陵县社会经济统计年鉴·2003
高陵县统计局编　主编吴建瑞
西安市高甲印务有限公司印刷　2004 年 6 月
147 页　平装　18cm
馆藏号：Guojiafz-8600002006523

高陵县社会经济统计年鉴·2004
高陵县统计局编　主编张护安
内部印刷　2005 年 12 月
159 页　平装　18cm
馆藏号：Guojiafz-8600002006520

高陵统计年鉴·2010
高陵县统计局编　总编辑张护安
内部印刷
353 页　精装　29cm
馆藏号：Guojiafz-8600002008846

铜川年鉴·2000
陕西省铜川市人民政府主办《铜川年鉴》编纂委员会编　主编梁均社、张立
耀县鸿达印务公司印刷　2000 年 12 月
232 页　精装　27cm
准印证号：陕铜出批（2000）字第 2014 号
馆藏号：Guojiafz-8600002004104

铜川年鉴·2001
铜川市人民政府主办　铜川年鉴编委会编
主编顾斌、张立
陕西省印刷厂印刷　2001 年 10 月
335 页　精装　27cm
准印证号：陕内资图批字第 006 号
馆藏号：Guojiafz-8600002010958

铜川年鉴·2002
陕西省铜川市人民政府主办　铜川年鉴编委会编
主编顾斌、谢常山
耀县鸿达印务公司印刷　2002 年 12 月
363 页　精装　27cm
准印证号：陕内资图批字铜第 024 号
馆藏号：Guojiafz-8600002001108

铜川年鉴·2003
陕西省铜川市人民政府主办《铜川年鉴》编纂委员会编　主编顾斌、谢常山
内部印刷
385 页　精装　27cm
准印证号：陕内资图批字（2004）BT.04 号
馆藏号：Guojiafz-8600002001117

铜川年鉴·2005
陕西省铜川市人民政府主办《铜川年鉴》编纂委员会编　主编顾斌、谢常山
郑州深港彩印有限公司印刷　2006 年 2 月
440 页　精装　27cm
准印证号：豫内资三新出发通字［2006］6051 号
馆藏号：Guojiafz-8600002001109

铜川年鉴·2006
陕西省铜川市人民政府主办《铜川年鉴》编纂委员会编　主编贺文涛、谢常山
重庆新生代彩印技术有限公司印刷　2007 年 1 月
396 页　精装　27cm
准印证号：陕内资图批字（2007）008 号
馆藏号：Guojiafz-8600002001110

铜川年鉴·2007
陕西省铜川市人民政府主办《铜川年鉴》编纂委员会编　主编贺文涛、谢常山　总纂王尚义
耀州区信达印务有限责任公司印刷　2007 年 12 月
405 页　精装　27cm
准印证号：陕内资图批字（2007）BT.15 号
馆藏号：Guojiafz-8600002001107

铜川年鉴·2008
陕西省铜川市人民政府主办《铜川年鉴》编纂委员会编　主编贺文涛、谢常山　总纂王尚义
耀州区信达印务有限责任公司印刷　2009 年 1 月

425 页　精装　27cm
准印证号：陕内资图批字（2009）BT.01 号
馆藏号：Guojiafz-8600002001119

铜川年鉴 · 2009
陕西省铜川市人民政府主办 《铜川年鉴》编纂委员会编　主编贺文涛、谢常山　总纂王尚义
耀州区信达印务有限责任公司印刷　2009 年 11 月
500 页　精装　27cm
准印证号：陕内资图批字（2009）BT.15 号
馆藏号：Guojiafz-8600002001115

铜川年鉴 · 2010
陕西省铜川市人民政府主办 《铜川年鉴》编纂委员会编　主编贺文涛、谢常山　总纂王尚义
耀州区信达印务有限责任公司印刷　2010 年 10 月
439 页　精装　27cm
准印证号：陕内资图批字（2010）BT.19 号
馆藏号：Guojiafz-8600002001120

耀州年鉴 · 2006
铜川市耀州区人民政府主办 《耀州年鉴》编纂委员会编　主编程晓儒、董秉坤
陕西至尊集团有限公司西安文化传播分公司印刷 2006 年 9 月
476 页　精装　27cm
准印证号：豫内资三新出发通字（2006）6072 号
馆藏号：Guojiafz-8600002006404

耀州年鉴 · 2007
铜川市耀州区人民政府主办 《耀州年鉴》编纂委员会编　主编焦毅、董秉坤
铜川市耀州区信达印务有限责任公司印刷　2007 年 12 月
475 页　精装　27cm
准印证号：陕内资图批字（2007）BT · 14 号
馆藏号：Guojiafz-8600002006406

耀州年鉴 · 2008
铜川市耀州区人民政府主办 《耀州年鉴》编纂委员会编　主编焦毅、董秉坤
陕西乾兴印务公司印刷　2008 年 11 月
457 页　精装　27cm
准印证号：陕内资图批字（2008）068 号
馆藏号：Guojiafz-8600002006405

耀州年鉴 · 2009
铜川市耀州区人民政府主办 《耀州年鉴》编纂委员会编　主编焦毅、董秉坤
铜州市耀州区信达印务有限责任公司印刷　2009 年 11 月
394 页　精装　27cm
准印证号：陕内资图批字（2009）BT · 17 号
馆藏号：Guojiafz-8600002006393

耀州年鉴 · 2010
铜川市耀州区人民政府主办 《耀州年鉴》编纂委员会编　主编郝峰、董秉坤
耀州区信达印务有限责任公司印刷　2010 年 12 月
363 页　精装　27cm
准印证号：陕内资图批字（2010）BT.23 号
馆藏号：Guojiafz-8600002008759

宝鸡年鉴 · 2000
陕西省宝鸡市人民政府主办 《宝鸡年鉴》编纂委员会编　主编赵忠虎、王达山
深圳中华商务联合印刷有限公司印刷　2000 年 9 月
415 页　精装　27cm
准印证号：陕内资图批字（2000）CB044 号
馆藏号：Guojiafz-8600002008681

宝鸡年鉴 · 2001
陕西省宝鸡市人民政府主办 《宝鸡年鉴》编纂委员会编　主编赵忠虎、刘改荣
深圳中华商务联合印刷有限公司印刷　2001 年 9 月
439 页　精装　27cm
准印证号：陕内资图批字（2001）CB043 号
馆藏号：Guojiafz-8600002008680

宝鸡年鉴·2002
陕西省宝鸡市人民政府主办 《宝鸡年鉴》编纂委员会编 主编赵忠虎、刘改荣
陕西人民出版社 2002年8月
400页 精装 27cm
ISBN7-224-06230-8
馆藏号：Guojiafz-8600002005705

宝鸡年鉴·2003
陕西省宝鸡市人民政府主办 《宝鸡年鉴》编纂委员会编 主编刘改荣
陕西人民出版社 2003年7月
416页 精装 27cm
ISBN7-224-06655-9
馆藏号：Guojiafz-8600002004986

宝鸡年鉴·2005
宝鸡市人民政府主办 《宝鸡年鉴》编纂委员会编 主编亢兰斌、刘改荣
西安市建明工贸有限责任公司印刷 2005年9月
473页 精装 27cm
准印证号：陕内资图批字（2005）CB31号
馆藏号：Guojiafz-8600002008718

宝鸡年鉴·2006
宝鸡市人民政府主办 《宝鸡年鉴》编纂委员会编 主编亢兰斌、刘改荣
宝鸡东方彩色印刷有限公司印刷 2006年9月
479页 精装 27cm
准印证号：陕内资图批字（2006）CB32号
馆藏号：Guojiafz-8600002008849

宝鸡年鉴·2007
宝鸡市人民政府主办 《宝鸡年鉴》编纂委员会编 主编亢兰斌、刘改荣
陕西省岐山彩色印刷厂印刷 2007年9月
489页 精装 27cm
准印证号：陕内资图批字（2007）CB31号
馆藏号：Guojiafz-8600002008683

宝鸡年鉴·2008
宝鸡市人民政府主办 《宝鸡年鉴》编纂委员会编 主编刘改荣
三秦出版社 2008年9月
502页 精装 29cm
ISBN978-7-80736-430-6
馆藏号：Guojiafz-8600002000387

宝鸡年鉴·2009
宝鸡市人民政府主办 《宝鸡年鉴》编纂委员会编 主编刘改荣
三秦出版社 2009年9月
517页 精装 29cm
ISBN978-7-80736-668-3
馆藏号：Guojiafz-8600002008565

宝鸡年鉴·2010
宝鸡市人民政府主办 《宝鸡年鉴》编纂委员会编 主编刘改荣
三秦出版社 2010年8月
563页 精装 29cm
ISBN978-7-80736-815-1
馆藏号：Guojiafz-8600002005594

宝鸡年鉴·2017
宝鸡市人民政府主办 《宝鸡年鉴》编纂委员会编 主编任小康
三秦出版社 2017年10月
494页 精装 29cm
ISBN978-7-5518-1643-4
馆藏号：Guojiafz-8600002016292

金台年鉴·2017（创刊）
宝鸡市金台区人民政府主办 宝鸡市金台区地方志办公室编 总编王若鹏、严佳鑫 主编张宝良
三秦出版社 2017年12月
350页 精装 29cm
ISBN978-7-5518-1702-8
馆藏号：Guojiafz-8600002016269

宝鸡县年鉴·1998—2001
《宝鸡县年鉴》编纂委员会编　主编刘玉海
内部印刷
300页　精装　27cm
馆藏号：Guojiafz-8600002001709

岐山年鉴·1998—1999（创刊号）
陕西省岐山县人民政府主办　《岐山年鉴》编纂委员会编　主编苏怀录
陕西省岐山彩色印刷厂印刷　2001年9月
295页　精装　27cm
准印证号：陕内资图批字（2001）CB048号
馆藏号：Guojiafz-8600002008688

岐山年鉴·2003
岐山县人民政府主办　《岐山年鉴》编纂委员会编
主编李荣武
陕西省岐山彩色印刷厂印刷　2003年12月
316页　精装　27cm
准印证号：陕内资图批字（2003）CB54号
馆藏号：Guojiafz-8600002008730

岐山年鉴·2004
陕西省岐山县人民政府主办　《岐山年鉴》编纂委员会编　主编李荣武
陕西省岐山彩色印刷厂印刷　2004年9月
288页　精装　27cm
准印证号：陕内资图批字（2004）CB043号
馆藏号：Guojiafz-8600002006342

岐山年鉴·2005
岐山县人民政府主办　《岐山年鉴》编纂委员会编
主编李荣武
陕西省岐山彩色印刷厂印刷　2005年12月
257页　精装　27cm
准印证号：陕内资图批字（2005）CB048号
馆藏号：Guojiafz-8600002008729

眉县年鉴·2000—2001
眉县人民政府主办　《眉县年鉴》编纂委员会编
主编王之栋
内部印刷
269页　平装　26cm
馆藏号：Guojiafz-8600002001797

眉县年鉴·2002—2004
眉县人民政府主办　《眉县年鉴》编纂委员会编
主编樊怀军
河南省三门峡日报印刷厂印刷　2005年11月
300页　精装　27cm
馆藏号：Guojiafz-8600002001708

眉县年鉴·2005—2008
眉县人民政府主办　《眉县年鉴》编纂委员会编
主编樊怀军
河南省三门峡平瑞印刷厂印刷　2009年11月
531页　精装　27cm
馆藏号：Guojiafz-8600002001743

凤县年鉴·2000—2004
《凤县年鉴》编纂委员会编　主编文尤才
内部印刷　2006年5月
343页　精装　27cm
馆藏号：Guojiafz-8600002001707

咸阳年鉴·2000（创刊号）
咸阳市人民政府主办　咸阳年鉴编纂委员会编
主编尹学成
陕西人民出版社　2000年8月
320页　精装　27cm
ISBN7-5419-7965-1
馆藏号：Guojiafz-8600002000436

咸阳年鉴·2002
咸阳市人民政府主办　《咸阳年鉴》编纂委员会编
主编尹学成
三秦出版社　2002年8月
430页　精装　29cm
ISBN7-80628-624-1
馆藏号：Guojiafz-8600002000173

咸阳年鉴·2003
咸阳市人民政府主办 《咸阳年鉴》编纂委员会编
主编尹学成
三秦出版社 2003年5月
418页 精装 29cm
ISBN7-80628-700-0
馆藏号：Guojiafz-8600002008702

咸阳年鉴·2006
咸阳市人民政府主办 咸阳年鉴编纂委员会编
主编张英民
三秦出版社 2006年10月
467页 精装 29cm
ISBN7-80736-099-2
馆藏号：Guojiafz-8600002000509

咸阳年鉴·2007
咸阳市人民政府主办 《咸阳年鉴》编纂委员会编
主编张英民
三秦出版社 2007年10月
436页 精装 29cm
ISBN978-7-80736-270-8
馆藏号：Guojiafz-8600002000172

咸阳年鉴·2008
咸阳市人民政府主办 咸阳年鉴编纂委员会编
主编张英民
三秦出版社 2008年10月
444页 精装 29cm
ISBN978-7-80736-459-7
馆藏号：Guojiafz-8600002000829

咸阳年鉴·2009
咸阳市人民政府主办 咸阳年鉴编纂委员会编
主编张英民
三秦出版社 2009年9月
444页 精装 29cm
ISBN978-7-80736-689-8
馆藏号：Guojiafz-8600002000088

咸阳年鉴·2010
咸阳市人民政府主办 咸阳市地方志办公室编
主编张英民
三秦出版社 2010年10月
454页 精装 29cm
ISBN978-7-80736-848-9
馆藏号：Guojiafz-8600002000512

咸阳年鉴·2011
咸阳市人民政府主办 咸阳市地方志办公室编
主编张英民
陕西人民出版社 2011年10月
438页 精装 29cm
ISBN978-7-224-09947-8
馆藏号：Guojiafz-8600002009980

咸阳年鉴·2012
咸阳市人民政府主办 咸阳市地方志办公室编
主编杜建儒
陕西人民出版社 2012年8月
466页 精装 29cm
ISBN978-7-224-10261-1
馆藏号：Guojiafz-8600002009800

咸阳年鉴·2014
咸阳市人民政府主办 咸阳市地方志编纂委员会办公室编 主编杜建儒
陕西人民出版社 2014年10月
380页 精装 29cm
ISBN978-7-224-11359-4
馆藏号：Guojiafz-8600002010559

咸阳年鉴·2016
咸阳市人民政府主办 咸阳市地方志编纂委员会办公室编 主编杜建儒
陕西人民出版社 2016年11月
400页 精装 29cm
ISBN978-7-224-12093-6
馆藏号：Guojiafz-8600002016983

咸阳年鉴·2017
咸阳市人民政府主办　咸阳市地方志编纂委员会办公室编　主编杜建儒
陕西人民出版社　2017 年 9 月
374 页　精装　29cm
ISBN978-7-224-12423-1
馆藏号：Guojiafz-8600002016270

咸阳年鉴·2018
咸阳市人民政府主办　咸阳市地方志编纂委员会办公室编　主编杜建儒
陕西人民出版社　2018 年 10 月
522 页　精装　29cm
ISBN978-7-224-12967-0
馆藏号：Guojiafz-8600002017314

咸阳年鉴·2019
咸阳市人民政府主办　咸阳市地方志编纂委员会办公室编　主编杜建儒
陕西人民出版社　2019 年 12 月
514 页　精装　29cm
ISBN978-7-224-13450-6
馆藏号：Guojiafz-8600002018397

陕西咸阳化学工业有限公司年鉴·2009
陕西咸阳化学工业有限公司年鉴编纂委员会编
主编吴聚斌、梁军军
陕西画报社印刷厂印刷
490 页　精装　29cm
馆藏号：Guojiafz-8600002001713

秦都年鉴·2009（创刊号）
咸阳市秦都区人民政府主办　咸阳市秦都区地方志办公室编　主编边长利
咸阳日报社印刷厂印刷　2009 年 12 月
373 页　精装　29cm
准印证号：陕内资图批字（2009）DX-44-1
馆藏号：Guojiafz-8600002001711

杨陵年鉴·2010（创刊号）
杨陵区人民政府主办　《杨陵年鉴》编委会编
主编李亚利
咸阳日报社印刷厂印刷　2010 年 12 月
228 页　精装　29cm
准印证号：陕内资图批字（2010）DX-63-26 号
馆藏号：Guojiafz-8600002007581

杨陵国税年鉴·1999—2005
杨凌农业高新技术产业示范区国家税务局主办
杨凌农业高新技术产业示范区国家税务局编
主编马锋钢
内部印刷
133 页　平装　25cm
馆藏号：Guojiafz-8600002001385

兴平年鉴·2010（创刊号）
兴平市人民政府主办　兴平年鉴编纂委员会编
主编张录选
咸阳日报社印刷厂印刷　2010 年 12 月
275 页　精装　29cm
准印证号：陕内资图批字（2010）DX-63-21
馆藏号：Guojiafz-8600002001710

长武年鉴·2016
长武县人民政府主办　长武县地方志编纂委员会办公室编　主编洪刚
三秦出版社　2016 年 12 月
269 页　精装　29cm
ISBN978-7-5518-1434-8
馆藏号：Guojiafz-8600002014200

旬邑年鉴·2004—2006
旬邑县人民政府主办　旬邑县地方志办公室编
主编刘敏卓
深州市东亚彩色印刷包装有限公司印刷　2006 年 10 月
286 页　精装　29cm
准印证号：（陕出批）字第 00622 号
馆藏号：Guojiafz-8600002001715

旬邑年鉴·2007—2008
旬邑县人民政府主办　旬邑县地方志办公室编
主编刘敏卓
咸阳卓雅印务有限公司印刷　2009年7月
229页　精装　29cm
准印证号：陕内图资批字（2009）DX41-5号
馆藏号：Guojiafz-8600002010857

淳化年鉴·2007（创刊号）
淳化县人民政府主办《淳化年鉴》编委会编
主编赵云平
咸阳日报社印刷厂印刷　2006年12月
232页　精装　29cm
准印证号：陕内图资批字（2007）DX18号
馆藏号：Guojiafz-8600002001093

淳化年鉴·2008
淳化县人民政府主办《淳化年鉴》编委会编
主编常满朝
咸阳日报社印刷厂印刷　2008年9月
214页　精装　29cm
准印证号：陕内图资批字（2008）第DX18号
馆藏号：Guojiafz-8600002001092

淳化年鉴·2009—2010
淳化县人民政府主办《淳化年鉴》编委会编
主编赵东
咸阳日报社印刷厂印刷　2010年7月
325页　精装　29cm
准印证号：陕内图资批字（2010）DX18号
馆藏号：Guojiafz-8600002001412

武功年鉴·2009
武功县人民政府主办　武功年鉴编纂委员会编
主编王秋霞
内部印刷
244页　精装　29cm
准印证号：陕内图资批（2009）DX-43-6
馆藏号：Guojiafz-8600002001712

渭南年鉴·1999
渭南市人民政府编　主编陈雪民、杨树民
三秦出版社　1999年11月
348页　精装　27cm
ISBN7-80628-355-2
馆藏号：Guojiafz-8600002006080

渭南年鉴·2000
渭南市人民政府编　主编陈雪民、杨树民
西安出版社　2000年12月
367页　精装　27cm
ISBN7-80594-720-1
馆藏号：Guojiafz-8600002006079

渭南年鉴·2001
渭南市人民政府编　主编陈雪民、杨树民
三秦出版社　2001年11月
365页　精装　27cm
ISBN7-80628-550-4
馆藏号：Guojiafz-8600002006083

渭南年鉴·2002
渭南市人民政府编　主编陈雪民、杨树民
三秦出版社　2002年10月
393页　精装　27cm
ISBN7-80628-652-7
馆藏号：Guojiafz-8600002006007

渭南年鉴·2003
渭南市人民政府编　主编陈雪民、杨树民、刘百宽
三秦出版社　2003年10月
402页　精装　27cm
ISBN7-80628-767-1
馆藏号：Guojiafz-8600002006051

渭南年鉴·2004
渭南市人民政府编　主编陈雪民、杨树民、刘百宽
三秦出版社　2004年8月
389页　精装　27cm

ISBN7-80628-878-3
馆藏号：Guojiafz-8600002005019

渭南年鉴·2005
渭南市人民政府编　主编杨树民、刘百宽
三秦出版社　2005年10月
411页　精装　27cm
ISBN7-80628-990-9
馆藏号：Guojiafz-8600002006081

渭南年鉴·2006
渭南市人民政府编　主编杨树民、刘百宽
三秦出版社　2006年9月
401页　精装　27cm
ISBN7-80736-109-3
馆藏号：Guojiafz-8600002006078

渭南年鉴·2008
渭南市人民政府编　主编杨树民、刘百宽
三秦出版社　2008年9月
400页　精装　27cm
ISBN978-7-80736-456-6
馆藏号：Guojiafz-8600002006052

渭南年鉴·2009
渭南市方志办编　主编杨树民、刘百宽
三秦出版社　2009年9月
405页　精装　27cm
ISBN978-7-80736-686-7
馆藏号：Guojiafz-8600002000126

渭南年鉴·2010
渭南市地方志办公室编　主编杨树民、刘百宽
三秦出版社　2010年9月
417页　精装　27cm
ISBN978-7-80736-838-0
馆藏号：Guojiafz-8600002006082

华县年鉴·2007—2008
华县人民政府主办　华县地方志办公室编
主编车宏伟、侯新强　执行主编余忠民
内部印刷　2008年12月
436页　精装　27cm
准印证号：陕内资图批字GW（2008）051号
馆藏号：Guojiafz-8600002007773

华县年鉴·2009—2010
华县人民政府主办　华县地方志办公室承编
主编车宏伟、侯新强　执行主编余忠民
渭南市彩佳印刷厂印刷　2010年12月
496页　精装　29cm
准印证号：陕内资图批字GW（2011）01号
馆藏号：Guojiafz-8600002008672

潼关年鉴·2008
潼关县人民政府主办　潼关年鉴编纂委员会编
主编管和平
永昌印刷有限公司印刷　2008年10月
297页　精装　27cm
准印证号：内部资料（2008）第052号
馆藏号：Guojiafz-8600002001494

潼关年鉴·2010
潼关县人民政府主办　潼关年鉴编纂委员会编
主编管和平
西安万景彩印包装有限公司印刷　2010年12月
491页　精装　27cm
准印证号：内部资料（2010）第012号
馆藏号：Guojiafz-8600002001097

大荔年鉴·2009
大荔县人民政府主办　大荔县地方志办公室编
主编王小民
大荔天虹印务有限公司印刷　2009年12月
307页　精装　27cm
准印证号：渭内资图批字GW（2009）035号
馆藏号：Guojiafz-8600002001099

大荔年鉴·2010
大荔县人民政府主办　大荔县地方志办公室编

主编王小民
大荔天虹印务有限责任公司印刷　2010 年 10 月
268 页　精装　27cm
准印证号：陕内资图批字 GW（2010）027 号
馆藏号：Guojiafz-8600002001098

合阳年鉴·1992—1996
合阳县地方志编纂委员会编　主编党群
陕西人民出版社　2001 年 4 月
295 页　精装　26cm
ISBN7-224-05615-4
馆藏号：Guojiafz-8600002002292

合阳年鉴·2017
合阳县地方志编纂委员会办公室编　主编贾蕊萍
西安出版社　2018 年 2 月
491 页　精装　27cm
ISBN978-7-5541-2957-9
馆藏号：Guojiafz-8600002016294

澄城年鉴·2010
澄城县人民政府主办　澄城县县志编纂办公室编
主编宋顺锁
澄城县润芝印刷厂印刷　2010 年 8 月
347 页　精装　27cm
馆藏号：Guojiafz-8600002007799

富平年鉴·2006
富平县地方志办公室主办　富平县人民政府编
主编刘亚雄、张铁民
富平县人民政府印刷厂印刷　2006 年 12 月
249 页　精装　27cm
准印证号：陕内资图批字 GW（2006）039 号
馆藏号：Guojiafz-8600002001381

富平年鉴·2007
富平县地方志办公室主办　富平县人民政府编
主编刘亚雄
富平县人民政府印刷厂印刷　2007 年 12 月
259 页　精装　27cm
馆藏号：Guojiafz-8600002001380

富平年鉴·2008—2009
富平县地方志办公室主办　富平县人民政府编
主编刘亚雄
西安金鼎包装设计制作印务有限公司印刷　2009 年 11 月
315 页　精装　27cm
馆藏号：Guojiafz-8600002001382

延安年鉴·2002
延安市人民政府主办 《延安年鉴》编纂委员会编
主编董钢
深州市彩帝印刷实业有限公司印刷　2002 年 12 月
383 页　精装　27cm
准印证号：陕内资图批字（2002）FY·021 号
馆藏号：Guojiafz-8600002005508

延安年鉴·2008
延安市人民政府主办 《延安年鉴》编纂委员会编
主编刘亚那
中华商务联合印刷（广东）有限公司印刷　2008 年 9 月
389 页　精装　27cm
准印证号：陕内资图批字（2008）FY·008 号
馆藏号：Guojiafz-8600002001135

延安年鉴·2009
延安市人民政府主办 《延安年鉴》编纂委员会编
主编刘亚那
深圳大公印刷有限公司印刷　2009 年 11 月
406 页　精装　29cm
准印证号：陕内资图批字（2009）FY·006 号
馆藏号：Guojiafz-8600002006223

延安年鉴·2010
延安市人民政府主办 《延安年鉴》编纂委员会编
主编刘亚那
深圳大公印刷有限公司印刷　2010 年 12 月
402 页　精装　29cm

准印证号：陕内资图批字（2010）FY·010号
馆藏号：Guojiafz-8600002006222

延安年鉴·2014
延安市人民政府主办 《延安年鉴》编纂委员会编
主编刘占平
中国文化出版社 2014年8月
456页 精装 29cm
ISBN978-988-13292-1-9
馆藏号：Guojiafz-8600002015394

宝塔年鉴·2009
宝塔区人民政府主办 《宝塔年鉴》编纂委员会编
主编张玉军 执行主编焦文
宁夏华地彩色印刷厂印刷 2009年11月
405页 精装 27cm
准印证号：陕内资图批字（2009）第08号
馆藏号：Guojiafz-8600002001139

宝塔年鉴·2010
宝塔区人民政府主办 《宝塔年鉴》编纂委员会编
主任张玉军
运城市凯达印刷包装有限公司印刷 2010年12月
336页 精装 29cm
准印证号：陕内资图批字（2010）FY.014号
馆藏号：Guojiafz-8600002001104

延长年鉴·2009
延长县人民政府主办 延长县方志办编
主编李世心
西安建明工贸有限责任公司印刷 2009年9月
437页 平装 26cm
准印证号：陕内资图批字（2009）FY·019号
馆藏号：Guojiafz-8600002008737

延长年鉴·2010
延长县方志办编 主编李世心
深圳市金豪毅彩色印刷有限公司印刷
348页 精装 27cm
准印证号：陕内资图批字（2011）FY·089号
馆藏号：Guojiafz-8600002007798

子长年鉴·2006
子长县人民政府主办 《子长年鉴》编纂委员会编
主编薛海涛、兰孟偃 执行主编强彩峰
深圳市富达泰包装印刷有限公司印刷 2007年6月
293页 精装 27cm
准印证号：陕内资图批字（2007）FY·054号
馆藏号：Guojiafz-8600002008766

子长年鉴·2006—2007
子长县人民政府主办 《子长年鉴》编纂委员会编
主编薛海涛、兰孟偃 执行主编强彩峰
内部印刷 2009年2月
391页 精装 27cm
准印证号：宁新出管字（2009）第60号
馆藏号：Guojiafz-8600002007797

安塞年鉴·2006
安塞县人民政府主办 《安塞年鉴》编纂委员会编
主编冯生刚
天翰视野印务有限公司印刷 2006年7月
404页 精装 27cm
准印证号：陕内资图批字（2006）FY012号
馆藏号：Guojiafz-8600002001378

安塞年鉴·2007
安塞县人民政府主办 安塞县地方志编纂委员会编
主编冯生刚
宁夏华地彩色印刷厂印刷 2007年10月
274页 精装 27cm
准印证号：宁新出管字（2008）第303号
馆藏号：Guojiafz-8600002001414

安塞年鉴·2008
安塞县人民政府主办 《安塞年鉴》编纂委员会编
主编冯生刚
宁夏华地彩色印刷厂印刷 2008年10月
355页 精装 27cm
准印证号：陕内资图批字（2008）FY·003号
馆藏号：Guojiafz-8600002001377

安塞年鉴·2009
安塞县人民政府主办　安塞县地方志编纂委员会编
主编冯生刚
宁夏华地彩色印刷厂印刷　2009年10月
332页　精装　27cm
准印证号：陕内资图批字（2009）06号
馆藏号：Guojiafz-8600002001415

安塞年鉴·2010
安塞县人民政府主办 《安塞年鉴》编纂委员会编
主编冯生刚
运城市凯达印刷包装有限公司印刷　2010年10月
332页　精装　27cm
准印证号：陕内资图批字（2011）FY·001号
馆藏号：Guojiafz-8600002001376

志丹年鉴·1996—2007
志丹县人民政府主办 《志丹年鉴》编纂委员会编
主编陈进虎
宁夏华地彩色印刷厂印刷　2010年6月
453页　精装　27cm
准印证号：陕内资图批字（2010）FY.004号
馆藏号：Guojiafz-8600002001141

志丹年鉴·2005
志丹县人民政府主办 《志丹年鉴》编纂委员会编
主编陈进虎　执行主编鲁世国
西安古特图文设计有限公司印刷　2005年12月
347页　精装　27cm
准印证号：陕内资图批字（2005）FY.022号
馆藏号：Guojiafz-8600002001138

志丹年鉴·2006
志丹县人民政府主办 《志丹年鉴》编纂委员会编
主编陈进虎　执行主编鲁世国
深圳市福威智印务有限公司印刷　2006年12月
387页　精装　27cm
准印证号：陕内资图批字（2006）FY.030号
馆藏号：Guojiafz-8600002001140

志丹年鉴·2007
志丹县人民政府主办 《志丹年鉴》编纂委员会编
主编陈进虎　执行主编鲁世国
深圳市富达泰包装印刷有限公司印刷　2008年4月
409页　精装　27cm
准印证号：陕内资图批字（2008）FY.001号
馆藏号：Guojiafz-8600002001137

志丹年鉴·2008
志丹县人民政府主办 《志丹年鉴》编纂委员会编
主编陈进虎
宁夏华地彩色印刷厂印刷　2009年4月
452页　精装　27cm
准印证号：陕内资图批字（2009）FY.003号
馆藏号：Guojiafz-8600002001136

志丹年鉴·2009
志丹县人民政府主办 《志丹年鉴》编纂委员会编
主编陈进虎
宁夏华地彩色印刷厂印刷　2010年3月
428页　精装　27cm
准印证号：陕内资图批字（2010）FY.003号
馆藏号：Guojiafz-8600002001498

志丹年鉴·2010
志丹县人民政府主办 《志丹年鉴》编纂委员会编
主编陈进虎
运城市凯达印刷包装有限公司印刷　2010年12月
348页　精装　27cm
准印证号：陕内资图批字（2010）FY.012号
馆藏号：Guojiafz-8600002001499

富县年鉴·2006（创刊号）
富县人民政府主办 《富县年鉴》编纂委员会编
主编冯保学、惠振和　执行主编张北琳
宁夏施尔福印刷有限公司印刷　2007年6月
315页　精装　27cm
准印证号：宁新出管字（2007）第487号
馆藏号：Guojiafz-8600002007800

富县年鉴·2007
富县人民政府主办 《富县年鉴》编纂委员会编
主编惠振和 执行主编张北琳
河南三门峡昌顺印刷厂印刷 2008 年 8 月
407 页 精装 27cm
准印证号：豫内资三新出发通字（2008）8158 号
馆藏号：Guojiafz–8600002007610

富县年鉴·2008—2009
富县人民政府主办 《富县年鉴》编纂委员会编
主编惠振和 执行主编张北琳
宁夏华地彩色印刷厂印刷 2009 年 7 月
451 页 精装 27cm
准印证号：宁新出管字（2009）第 743 号
馆藏号：Guojiafz–8600002007578

富县年鉴·2010
富县人民政府主办 《富县年鉴》编纂委员会编
主编惠振和 执行主编张北琳
西安煤航信息产业有限公司印刷 2010 年 7 月
345 页 精装 27cm
准印证号：陕内资图批字（2010）FY·009 号
馆藏号：Guojiafz–8600002007613

富县年鉴·2016
富县人民政府主办 《富县年鉴》编纂委员会编
主编缑万虎
三秦出版社 2016 年 12 月
359 页 精装 29cm
ISBN978–7–5518–1442–3
馆藏号：Guojiafz–8600002014156

洛川年鉴·2000—2003
洛川县人民政府主办 《洛川年鉴》编纂委员会编
主编刘亚仁 执行主编贾广宏 总纂王榜文
内部印刷
357 页 精装 27cm
准印证号：陕内资图批字（2005）FY002 号
馆藏号：Guojiafz–8600002007574

洛川年鉴·2004—2005
洛川县人民政府主办 《洛川年鉴》编纂委员会编
主编贾广宏 总纂雷忠昌
宁夏施尔福印刷有限公司印刷 2007 年 9 月
346 页 精装 27cm
准印证号：宁新出管字［2007］第 714 号
馆藏号：Guojiafz–8600002007496

洛川年鉴·2006—2008
洛川县人民政府主办 《洛川年鉴》编纂委员会编
主编王俊才 总纂成云
山西省运城市凯达印刷包装有限公司印刷 2009 年 11 月
476 页 精装 27cm
馆藏号：Guojiafz–8600002007609

洛川年鉴·2009—2010
洛川县人民政府主办 《洛川年鉴》编纂委员会编
主编王俊才 总纂成云
山西省运城市凯达印刷包装有限公司印刷 2011 年 5 月
468 页 精装 27cm
馆藏号：Guojiafz–8600002007793

黄陵年鉴·1998
黄陵县人民政府主办 黄陵县志办编
主编崔文瑞、王延生、赵辉远 执行主编李玉宝
三秦出版社 2001 年 1 月
371 页 精装 27cm
ISBN7–80628–476–1
馆藏号：Guojiafz–8600002002341

黄陵年鉴·2001
黄陵县人民政府主办 黄陵县县志办编
主编赵辉远 执行主编李玉宝
西安出版社 2002 年 2 月
499 页 精装 27cm
ISBN7–80594–165–3
馆藏号：Guojiafz–8600002002496

黄陵年鉴·2003
黄陵县人民政府主办　黄陵县县志办编　主编赵辉远　执行主编李玉宝
西安建明工贸有限公司印刷　2006年10月
615页　精装　27cm
准印证号：陕内资图批字（2006）064号
馆藏号：Guojiafz-8600002001411

黄陵年鉴·2004
黄陵县人民政府主办　《黄陵年鉴》编委会编
主编姜文华　执行主编白志峰
西安市建明印务有限责任公司印刷　2004年9月
379页　精装　27cm
准印证号：陕内资图批字（2004）114号
馆藏号：Guojiafz-8600002006584

黄陵年鉴·2005
黄陵县人民政府主办　《黄陵年鉴》编委会编
主编姜文华　执行主编白志峰
西安市建明工贸有限责任公司印刷　2005年12月
357页　精装　27cm
准印证号：陕内资图批字（2005）098号
馆藏号：Guojiafz-8600002001386

黄陵年鉴·2006
黄陵县人民政府主办　《黄陵年鉴》编委会编
主编姜文华　执行主编白志峰
西安市建明工贸有限责任公司印刷　2006年12月
449页　精装　27cm
准印证号：陕内资图批字（2006）120号
馆藏号：Guojiafz-8600002001501

黄陵年鉴·2008
黄陵县人民政府主办　《黄陵年鉴》编委会编
主编白建平　执行主编白志峰
西安华新彩印有限责任公司印刷　2008年12月
425页　精装　27cm
准印证号：陕内资图批字（2008）FY·018号
馆藏号：Guojiafz-8600002001502

黄陵年鉴·2009
黄陵县人民政府主办　《黄陵年鉴》编委会编
主编白建平　执行主编白志峰
西安市建明工贸有限责任公司印刷　2009年12月
439页　精装　27cm
准印证号：陕内资图批字（2009）FY.007号
馆藏号：Guojiafz-8600002001413

黄陵年鉴·2010
黄陵县人民政府主办　《黄陵年鉴》编委会编
主编姜润虎　执行主编白志峰
西安华新彩印有限责任公司印刷　2010年12月
438页　精装　27cm
准印证号：陕内资图批字（2010）FY.011号
馆藏号：Guojiafz-8600002001500

汉中年鉴·1999
汉中市人民政府主办　汉中市地方志办公室编
主编张运　执行主编郭鹏
中国县镇年鉴社　2000年3月
529页　精装　27cm
ISSN1004-812X
馆藏号：Guojiafz-8600002000168

汉中年鉴·2000
汉中市人民政府主办　汉中市地方志办公室编
主编郭鹏
西安市建明印务有限责任公司印刷　2001年5月
502页　精装　27cm
准印证号：陕内资图批字（2001）006号
馆藏号：Guojiafz-8600002001880

汉中年鉴·2002
汉中市人民政府主办　汉中市地方志办公室编
主编郭鹏
陕西汉中印刷厂印刷　2003年2月
450页　精装　27cm
准印证号：陕内资图批字（2003）JH003号
馆藏号：Guojiafz-8600002001883

汉中年鉴·2003
汉中市人民政府主办　汉中市地方志办公室编
主编郭鹏
汉中市阳光印务有限责任公司印刷　2004年4月
486页　精装　27cm
准印证号：陕内资图批字（2004）JH006号
馆藏号：Guojiafz-8600002001879

汉中年鉴·2004
汉中市人民政府主办　汉中市地方志办公室编
主编郭鹏
陕西省勉县智达彩色印刷厂印刷　2005年3月
424页　精装　27cm
准印证号：陕内资图批字（2005）JH001号
馆藏号：Guojiafz-8600002001882

汉中年鉴·2005
汉中市人民政府主办　汉中市地方志办公室编
主编郭鹏
陕西省汉中智达彩印有限公司印刷　2006年3月
461页　精装　27cm
准印证号：陕内资图批字（2006）JH02号
馆藏号：Guojiafz-8600002001881

汉中年鉴·2006
汉中市人民政府主办　汉中市地方志办公室编
主编郭鹏、姜发贵
陕西省汉中智达彩印有限公司印刷　2007年3月
411页　精装　29cm
准印证号：陕内资图批字（2007）JH07号
馆藏号：Guojiafz-8600002001897

汉中年鉴·2007
汉中市人民政府主办　汉中市地方志办公室编
主编姜发贵
陕西省汉中智达彩印有限公司印刷　2008年3月
403页　精装　29cm
准印证号：陕内资图批字（2008）JH003号
馆藏号：Guojiafz-8600002001895

汉中年鉴·2008
汉中市人民政府主办　汉中市地方志办公室编
主编姜发贵
陕西省汉中智达彩印有限公司印刷　2009年2月
445页　精装　29cm
准印证号：陕内资图批字（2009）JH003号
馆藏号：Guojiafz-8600002001896

汉中年鉴·2009
汉中市人民政府主办　汉中市地方志办公室编
主编姜发贵
汉中市人民印刷厂印刷　2009年9月
359页　精装　29cm
准印证号：陕内资图批字（2009）JH015号
馆藏号：Guojiafz-8600002001877

汉中年鉴·2010
汉中市人民政府主办　汉中市地方志办公室编
主编姜发贵
陕西省汉中智达彩印有限公司印刷　2010年9月
353页　平装　29cm
准印证号：陕内资图批字（2010）JH010号
馆藏号：Guojiafz-8600002001876

汉台年鉴·2010
中共汉中市汉台区委员会、汉中市汉台区人民政府合编　主编冯文柯　执行主编崔俊武
红旗出版社　2010年7月
345页　精装　27cm
ISBN978-7-5051-1859-1
馆藏号：Guojiafz-8600002000169

汉台年鉴·2014
中共汉中市汉台区委、汉台区人民政府主办　汉台年鉴编纂委员会编　主编冯文柯　执行主编刘艳平
红旗出版社　2014年9月
289页　精装　27cm
ISBN978-7-5051-1859-1
馆藏号：Guojiafz-8600002015219

南郑年鉴·1993
陕西省南郑县地方志办公室编
主编赵斌、朱林枫
中国人民公安大学出版社　1993 年 12 月
152 页　平装　26cm
ISBN7-81011-617-7
馆藏号：Guojiafz-8600002003409

南郑年鉴·1994
陕西省南郑县地方志办公室编
主编赵斌、朱林枫
中国县镇年鉴社　1994 年 10 月
185 页　平装　26cm
ISSN1004-812X
馆藏号：Guojiafz-8600002005892

南郑年鉴·1995
陕西省南郑县地方志办公室编
主编李荣祥、赵斌　执行主编朱林枫
中国县镇年鉴社　1995 年 10 月
311 页　平装　26cm
ISSN1004-812X
馆藏号：Guojiafz-8600002007790

南郑年鉴·1996
陕西省南郑县地方志办公室编
主编彭晓新、朱林枫
中国县镇年鉴社　1996 年 8 月
346 页　精装　27cm
ISSN1004-812X
馆藏号：Guojiafz-8600002008269

南郑年鉴·1997
中共南郑县委、南郑县人民政府主办　陕西省南郑县地方志办公室编　主编李荣祥、蒋文寿　执行主编朱林枫
中国县镇年鉴社　1997 年 7 月
344 页　精装　27cm
CN11-2998
馆藏号：Guojiafz-8600002005843

南郑年鉴·1998
南郑县人民政府主办　陕西省南郑县地方志办公室编　主编庞明星、蒋文寿　执行主编朱林枫
中国县镇年鉴社　1998 年 8 月
472 页　精装　27cm
CN11-2998
馆藏号：Guojiafz-8600002005844

南郑年鉴·1999
南郑县人民政府主办　陕西省南郑县地方志办公室编　主编王耀、张文忠　执行主编朱林枫
中国县镇年鉴社　1999 年 10 月
428 页　精装　27cm
CN11-2998
馆藏号：Guojiafz-8600002005926

南郑年鉴·2000
南郑县人民政府主办　陕西省南郑县地方志办公室编　主编王耀　执行主编朱林枫
中国县镇年鉴社　2000 年 8 月
343 页　精装　27cm
ISSN1004-812X
馆藏号：Guojiafz-8600002005927

南郑年鉴·2001
南郑县人民政府主办　陕西省南郑县地方志办公室编　主编王耀　执行主编谭继华
中国县镇年鉴社　2001 年 10 月
297 页　精装　27cm
ISSN1004-812X
馆藏号：Guojiafz-8600002008358

南郑年鉴·2002
南郑县人民政府主办　陕西省南郑县地方志办公室编　主编王耀、张晓光　执行主编瞿正安
中国县镇年鉴社　2002 年 10 月
315 页　精装　27cm
ISSN1004-812X
馆藏号：Guojiafz-8600002008359

南郑年鉴·2003
南郑县人民政府主办　陕西省南郑县地方志办公室编　主编王耀、郭兴汉　执行主编吴兆平
内部印刷　2003 年 11 月
303 页　精装　27cm
准印证号：陕内资图批字（2003）JH024 号
馆藏号：Guojiafz-8600002007576

南郑年鉴·2004—2005
南郑县人民政府主办　陕西省南郑县地方志办公室编　主编高大鹏、赵勇健　执行主编吴兆平
内部印刷　2005 年 12 月
499 页　精装　27cm
馆藏号：Guojiafz-8600002007772

南郑年鉴·2006
中共南郑县委、南郑县人民政府主管　南郑县人民政府主办　陕西省南郑县地方志办公室编
主编高大鹏、王晓亚　执行主编吴兆平
内部印刷　2006 年 12 月
328 页　精装　29cm
馆藏号：Guojiafz-8600002007580

南郑年鉴·2007
中共南郑县委、南郑县人民政府主管　南郑县人民政府主办　陕西省南郑县地方志办公室编
主编王晓亚、高大鹏　执行主编吴兆平
陕西汉中智达彩印有限公司印刷　2007 年 12 月
337 页　精装　30cm
准印证号：陕内资图批字（2008）JH001 号
馆藏号：Guojiafz-8600002008756

南郑年鉴·2008
中共南郑县委、南郑县人民政府主管　南郑县人民政府主办　陕西省南郑县地方志办公室编
主编王晓亚、高大鹏　执行主编吴兆平
南郑县亨通实业有限公司印刷　2008 年 12 月
342 页　精装　30cm
准印证号：陕内资图批字（2008）JH001 号
馆藏号：Guojiafz-8600002008795

南郑年鉴·2009
中共南郑县委、南郑县人民政府主管　南郑县人民政府主办　陕西省南郑县地方志办公室编
主编王晓亚、高大鹏　执行主编吴兆平
南郑县亨通实业有限公司印刷　2009 年 12 月
377 页　精装　30cm
馆藏号：Guojiafz-8600002008743

南郑年鉴·2010
中共南郑县委、南郑县人民政府主管　南郑县人民政府主办　陕西省南郑县地方志办公室编
主编王晓亚、粟财富、高大鹏　执行主编吴兆平
南郑县裕兴印务有限公司印刷　2010 年 11 月
351 页　精装　30cm
馆藏号：Guojiafz-8600002008742

城固年鉴·1991—1996
中共城固县委、城固县人民政府主办　城固县地方志办公室编　主编沈春生
中国县镇年鉴社　1998 年 12 月
772 页　精装　27cm
统一书号：CN11-2998
馆藏号：Guojiafz-8600002000809

城固年鉴·1997—2002
城固县人民政府主办　中共城固县委党史研究室（县志办）编　主编程道全、张建军、蒋艾栋、李腾　执行主编杜新建
陕西省汉中市印刷厂印刷　2004 年 5 月
936 页　精装　27cm
准印证号：陕内资图批字（2004）JH004 号
馆藏号：Guojiafz-8600002001481

城固年鉴·2003—2007
城固县人民政府主办　中共城固县委党史研究室（县志办）编　主编陈剑彬、李永春　执行主编田继良
大龙广告印务公司印刷
720 页　精装　29cm
准印证号：陕内资图批字（2010）JH15 号
馆藏号：Guojiafz-8600002001523

洋县年鉴·2002—2003（创刊号）
中共洋县县委、洋县人民政府主办　陕西省洋县县委党史研究室、陕西省洋县地方志办公室合编
主编田万友　执行主编任谢华
河南省洛阳市华中包装印刷发展有限公司印刷
2004年12月
440页　精装　27cm
准印证号：陕内资图批字（2004）JH015号
馆藏号：Guojiafz-8600002001529

洋县年鉴·2004—2005
中共洋县县委、洋县人民政府主办　陕西省洋县县委党史研究室、陕西省洋县地方志办公室合编
主编田万友　执行主编任谢华
汉中智达彩印有限公司印刷　2006年9月
402页　精装　27cm
准印证号：陕内资图批字（2006）JH09号
馆藏号：Guojiafz-8600002001530

洋县年鉴·2006—2007
中共洋县县委、洋县人民政府主办　中共洋县县委党史研究室、陕西省洋县地方志办公室合编
主编卢兆强
汉中智达彩印有限公司印刷　2008年10月
370页　精装　29cm
准印证号：陕内资图批字（2008）JH016号
馆藏号：Guojiafz-8600002001516

洋县年鉴·2008—2009
中共洋县县委、洋县人民政府主办　中共洋县县委党史研究室、陕西省洋县地方志办公室合编
主编张辉　执行主编卢兆强
内部印刷　2010年12月
446页　精装　29cm
准印证号：陕内资批书（2010）JH13号
馆藏号：Guojiafz-8600002001480

西乡年鉴·1992
《西乡年鉴》编纂委员会编
陕西省西乡二中文印部印刷　1993年11月
121页　平装　26cm
馆藏号：Guojiafz-8600002007612

西乡年鉴·1993
《西乡年鉴》编委会编　主编李耀荣
陕西省西乡县印刷厂印刷　1994年12月
150页　平装　26cm
馆藏号：Guojiafz-8600002007615

西乡年鉴·1995
《西乡年鉴》编委会编　主编王成发
陕西省西乡县印刷厂印刷　1997年5月
184页　平装　26cm
馆藏号：Guojiafz-8600002007611

西乡年鉴·2001—2003
中共西乡县委、西乡县人民政府主办　中共西乡县委党史研究室、西乡县地方志办公室合编
主编熊明　执行主编余庆荣
陕西省汉中印刷厂印刷　2004年10月
660页　精装　27cm
准印证号：陕内资图批字（2004）JH013号
馆藏号：Guojiafz-8600002007616

西乡年鉴·2004—2005
中共西乡县委、西乡县人民政府主办　中共西乡县委党史研究室、西乡县地方志办公室合编
主编余庆荣
汉中天汉印务有限责任公司印刷　2006年10月
668页　精装　27cm
准印证号：陕内资图批字（2006）JH03号
馆藏号：Guojiafz-8600002005276

西乡年鉴·2006—2007
中共西乡县委西乡县人民政府主办　中共西乡县委党史研究室、西乡县地方志办公室合编
主编李贵强
汉中智达彩印有限公司印刷　2009年9月
463页　精装　29cm
准印证号：陕内资图批字（2009）JH014号
馆藏号：Guojiafz-8600002008757

勉县年鉴·1999
中共勉县县委、勉县人民政府主办　陕西省勉县史志办公室编　主编杨志刚　执行主编程爱华
中国县镇年鉴社　1999年10月
399页　精装　27cm
CN11-2998
馆藏号：Guojiafz-8600002000841

勉县年鉴·2000
中共勉县县委主办　陕西省勉县史志办公室编　主编杨乾坤、杨志刚　执行主编程爱华
南郑县裕兴印刷厂印刷　2001年10月
333页　精装　27cm
准印证号：陕内资图批字（2001）JH017
馆藏号：Guojiafz-8600002001486

勉县年鉴·2001—2002
中共勉县县委、勉县人民政府主办　陕西省勉县史志办公室编　主编杨乾坤、王隆庆　执行主编程爱华
勉县智达彩色印刷厂印刷　2003年10月
381页　精装　27cm
准印证号：陕内资图批字（2003）JH012号
馆藏号：Guojiafz-8600002001485

勉县年鉴·2003—2004
中国共产党勉县县委员会主办　勉县地方志办公室编　主编杨乾坤、吴凤强　执行主编程爱华
勉县智达彩色印刷厂印刷　2005年5月
406页　精装　27cm
准印证号：陕内资图批字［2004］JH019号
馆藏号：Guojiafz-8600002001532

勉县年鉴·2005—2006
中共勉县县委、勉县人民政府主办　中共勉县县委党史研究室、勉县地方志办公室合编　主编程爱华
汉中智达彩印有限公司印刷　2007年11月
411页　精装　27cm
准印证号：陕内资图批字（2007）JH017号
馆藏号：Guojiafz-8600002001531

勉县年鉴·2007—2008
中共勉县县委、勉县人民政府主办　中共勉县县委党史研究室、勉县地方志办公室合编　主编程爱华
汉中智达彩印有限公司印刷　2009年5月
459页　精装　27cm
准印证号：陕内资图批字（2009）JH004号
馆藏号：Guojiafz-8600002001522

宁强年鉴·1993—2002
中共宁强县委、宁强县人民政府主办　陕西省宁强县史志办公室编　主编杨明瑞
洛阳华中包装印刷发展有限公司印刷　2004年12月
406页　精装　27cm
馆藏号：Guojiafz-8600002001900

宁强年鉴·2003—2007
中共宁强县委、宁强县人民政府主办　陕西省宁强县史志办公室编　主编陈英文　执行主编黄喜强
汉中聚兴印务有限责任公司印刷　2009年6月
404页　精装　27cm
准印证号：陕内资图批字（2009）JH007号
馆藏号：Guojiafz-8600002001898

宁强年鉴·2008—2009
中共宁强县委、宁强县人民政府主办　宁强县史志办公室编　主编陈英文　执行主编黄喜强
内部印刷
392页　精装　27cm
准印证号：陕内资图批字（2010）JH19号
馆藏号：Guojiafz-8600002001899

略阳年鉴·1996
略阳县地方志办公室、中共略阳县委党史研究室合编　主编段明亮、高丽　执行主编葛春林、翟备军

成都地图出版社印刷厂印刷　1996 年 9 月
293 页　平装　26cm
准印证号：陕（汉）出批（1996 年）字第 016 号
馆藏号：Guojiafz-8600002001484

略阳年鉴·2000
中共略阳县委党史研究室、略阳县地方志办公室合编　主编陈鹏、唐勇　执行主编江才忠、秦小军
陕西省略阳县金鑫印刷有限公司印刷　2004 年 12 月
287 页　精装　27cm
准印证号：陕（汉）出版（1996 年）字第 016 号
馆藏号：Guojiafz-8600002001528

略阳年鉴·2001—2005
中共略阳县委党史研究室、略阳县地方志办公室合编　主编张正荣、杨瑞良、彭义成　执行主编裴世裕、高淑琴
内部印刷　2009 年 7 月
340 页　精装　29cm
准印证号：陕内资图批字（2009）JH010 号
馆藏号：Guojiafz-8600002001517

镇巴年鉴·1991—2000
镇巴县人民政府主办　镇巴县史志办公室编
主编胡瑞安、程正银　执行主编李元益
陕西省汉中印刷厂印刷　2004 年 9 月
443 页　精装　27cm
准印证号：陕内资图批字（2004）JH016 号
馆藏号：Guojiafz-8600002001482

留坝年鉴·1997—2001（创刊号）
陕西省汉中市留坝县地方志编纂委员会办公室编
主编苏建忠
三秦出版社　2002 年 3 月
231 页　精装　27cm
ISBN7-80628-585-7
馆藏号：Guojiafz-8600002004461

留坝年鉴·2002—2006
陕西省汉中市留坝县地方志编纂委员会办公室编
主编赖平安、李荣斌、唐婧
内部印刷
437 页　精装　27cm
准印证号：陕内资图批字（2007）JH036 号
馆藏号：Guojiafz-8600002001483

榆林年鉴·2000（创刊号）
榆林市人民政府主办　榆林市地方志编纂委员会编
主编王峰存
西安地图出版社　2001 年 3 月
406 页　精装　27cm
ISBN7-80670-044-7
馆藏号：Guojiafz-8600002013240

靖边年鉴·2000—2004（创刊号）
靖边县人民政府主办　靖边县史志办公室编
主编王智仁
内部印刷　2005 年 11 月
82 页　精装　29cm
馆藏号：Guojiafz-8600002001687

靖边年鉴·2006
靖边县人民政府主办　靖边县史志办公室编
主编王智仁
内部印刷
189 页　精装　29cm
馆藏号：Guojiafz-8600002001822

靖边年鉴·2008
靖边县人民政府主办　中共靖边县委史志办公室编
主编冯雄
榆林健民印刷有限责任公司印刷　2008 年 12 月
241 页　精装　29cm
准印证号：陕内资图批字（2008）EY68 号
馆藏号：Guojiafz-8600002001686

靖边年鉴·2009
靖边县人民政府主办　中共靖边县委史志办公室编

主编冯雄
西安建明工贸有限责任公司印刷　2009 年 10 月
277 页　精装　29cm
准印证号：陕内资图批字（2009）EY53 号
馆藏号：Guojiafz-8600002001823

靖边年鉴 · 2010
靖边县人民政府主办　中共靖边县委史志办公室编
主编冯雄
西安建明工贸有限责任公司印刷　2010 年 7 月
430 页　精装　29cm
准印证号：陕内资图批字（2010）EY24 号
馆藏号：Guojiafz-8600002001820

定边年鉴 · 2001—2006
定边县人民政府主办 《定边年鉴》编辑部编
主编杨志先
西安建明工贸有限责任公司印刷　2009 年 8 月
445 页　精装　27cm
准印证号：陕内资图批字（2008）EY53 号
馆藏号：Guojiafz-8600002001091

米脂年鉴 · 2013
米脂县人民政府主办　中共米脂县委史志办公室编
主编艾有为
三秦出版社　2014 年 10 月
312 页　精装　29cm
ISBN978-7-5518-0930-6
馆藏号：Guojiafz-8600002015925

安康年鉴 · 2018
安康市人民政府主办　安康市地方志办公室编
主编柯晓明
方志出版社　2018 年 11 月
404 页　精装　29cm
ISBN978-7-5144-3443-9
馆藏号：Guojiafz-8600002017268

汉阴年鉴 · 2001
汉阴县人民政府办公室、汉阴县地方志办公室合编
主编王兴友
安康东风印刷厂印刷　2001 年 10 月
248 页　精装　29cm
准印证号：陕安出批字第 043 号
馆藏号：Guojiafz-8600002005295

紫阳年鉴 · 2016
中共紫阳县委、紫阳县人民政府主办　紫阳县档案史志局编　主编焦家燕
方志出版社　2016 年 10 月
395 页　精装　27cm
ISBN978-7-5144-2173-6
馆藏号：Guojiafz-8600002013884

紫阳年鉴 · 2017
中共紫阳县委、紫阳县人民政府主办　紫阳县档案史志局编　主编焦家燕
方志出版社　2017 年 10 月
335 页　精装　27cm
ISBN978-7-5144-2593-2
馆藏号：Guojiafz-8600002015093

紫阳年鉴 · 2018
中共紫阳县委、紫阳县人民政府主办　紫阳县档案史志局编　主编焦家燕
方志出版社　2018 年 9 月
365 页　精装　27cm
ISBN978-7-5144-3345-6
馆藏号：Guojiafz-8600002017156

岚皋年鉴 · 2009
岚皋县人民政府主办　岚皋县档案史志局编
主编卢峙兵、王安中　执行主编王福荣
内部印刷
454 页　精装　27cm
馆藏号：Guojiafz-8600002000734

旬阳年鉴 · 2017
中共旬阳县委、旬阳县人民政府主办　旬阳县档案史志局编　主编唐世军、王芳

西安地图出版社　2017 年 11 月
403 页　精装　27cm
ISBN978-7-5556-0383-2
馆藏号：Guojiafz-8600002016293

商洛年鉴·2004
商洛市人民政府主办　商洛年鉴编辑委员会编
主编陈继先　执行主编杨建国
陕西省印刷厂印刷　2005 年 2 月
264 页　精装　29cm
准印证号：陕内资图批字（2004）HS·039 号
馆藏号：Guojiafz-8600002000789

商洛年鉴·2005
商洛市人民政府主办　商洛市人民政府地方志办公室编　主编陈煜、杨建国
重庆新生代彩印技术有限公司印刷　2006 年 2 月
243 页　精装　29cm
准印证号：陕内资图批字（2005）HS·42 号
馆藏号：Guojiafz-8600002000788

商洛年鉴·2006—2007
商洛市人民政府主办　商洛市人民政府地方志办公室编　主编杨建国
重庆新生代彩印技术有限公司印刷　2008 年 11 月
556 页　精装　29cm
准印证号：陕内资图批字（2007）HS·42 号
馆藏号：Guojiafz-8600002000790

商洛年鉴·2008
商洛市人民政府主办　商洛市人民政府地方志办公室编　主编陈璇、杨建国
商南县顺意印务有限责任公司印刷　2009 年 11 月
277 页　精装　29cm
准印证号：陕内资图批字（2009）HS·64 号
馆藏号：Guojiafz-8600002000791

商洛年鉴·2009
商洛市人民政府主办　商洛市人民政府地方志办公室编　主编陈璇、杨建国
商南县顺意印务有限责任公司印刷　2010 年 7 月
290 页　精装　29cm
准印证号：陕内资图批字（2010）HS.26 号
馆藏号：Guojiafz-8600002004015

商州年鉴·2002—2004
商洛市商州区人民政府主办　商州年鉴编纂委员会编　主编张建军
商南县顺意印务有限责任公司印刷　2005 年 12 月
251 页　精装　27cm
准印证号：陕内资图批字（2005）HS·12 号
馆藏号：Guojiafz-8600002000735

商州年鉴·2005—2007
商洛市商州区人民政府主办　商州区人民政府地方志办公室编　主编刘文革
重庆新生代彩印技术有限公司印刷　2009 年 12 月
309 页　精装　27cm
准印证号：陕内资图批字（2009）HS·39 号
馆藏号：Guojiafz-8600002000786

洛南年鉴·2014
洛南县人民政府主办　中共洛南县委党史县志办公室编　主编李武计
西北大学出版社　2014 年 9 月
441 页　精装　29cm
ISBN978-7-5604-3473-5
馆藏号：Guojiafz-8600002015764

丹凤年鉴·1991—2000
丹凤县人民政府主办　丹凤县年鉴编纂委员会编
主编贺云龙
西安美术学院印刷厂印刷　2004 年 5 月
531 页　精装　27cm
准印证号：陕内资图批字（2004）HS·05 号
馆藏号：Guojiafz-8600002000785

丹凤年鉴·2001—2008
丹凤县人民政府主办　中共丹凤县委史志办公室编
主编刘建军　执行主编师虹

丹凤县教育印刷厂印刷　2010 年 6 月
483 页　精装　29cm
准印证号：陕内资图批字（2010）HS.25 号
馆藏号：Guojiafz-8600002001112

商南年鉴·2007—2008
商南县人民政府主办　商南县党史县志研究室编
主编王军
商南顺意印务有限责任公司印刷　2009 年 11 月
294 页　精装　29cm
准印证号：陕内资图批字（2009）HS·073 号
馆藏号：Guojiafz-8600002001113

商南年鉴·2009—2010
商南县人民政府主办　商南县党史县志研究室编
主编田光庆
商南顺意印务有限责任公司印刷　2010 年 12 月
315 页　精装　29cm
准印证号：陕内资图批字（2010）HS·081 号
馆藏号：Guojiafz-8600002001114

山阳年鉴·2000—2004
中共山阳县委、山阳县人民政府主办　中共山阳县委党史县志研究室编　主编武卫宁
山阳县印业发展有限公司印刷　2006 年 6 月
251 页　精装　29cm
馆藏号：Guojiafz-8600002001111

山阳年鉴·2005—2006
中共山阳县委、山阳县人民政府主办　山阳县党史县志研究室编　主编武卫宁
山阳县印业发展有限公司印刷　2008 年 8 月
302 页　精装　29cm
准印证号：陕内资图批字（2007）HS.52 号
馆藏号：Guojiafz-8600002001118

山阳年鉴·2007—2008
山阳县人民政府主办　山阳县党史县志研究室编
主编武卫宁
商洛日报社印刷厂印刷　2010 年 10 月
322 页　精装　29cm
准印证号：陕内资图批字（2010）HS.69 号
馆藏号：Guojiafz-8600002001105

镇安年鉴·2002—2004（创刊号）
镇安县人民政府主办　中共镇安县委史志研究办公室编　主编谢红云
陕西思达柯式印刷有限公司印刷　2007 年 1 月
348 页　精装　29cm
准印证号：陕内资图批字（2006）HS·25 号
馆藏号：Guojiafz-8600002003200

镇安年鉴·2005—2006
镇安县人民政府主办　中共镇安县委史志研究办公室编　主编谢红云
陕西思达柯式印刷有限公司印刷　2007 年 12 月
303 页　精装　29cm
准印证号：陕内资图批字（2007）HS.31 号
馆藏号：Guojiafz-8600002001172

镇安年鉴·2007—2008
镇安县人民政府主办　中共镇安县委史志研究办公室编　主编谢红云
陕西思达柯式印刷有限公司印刷　2009 年 9 月
331 页　精装　29cm
准印证号：陕内资图批字（2009）HS.31 号
馆藏号：Guojiafz-8600002001215

柞水年鉴·1998—2002
柞水县人民政府主办　柞水县地方志编纂委员会编
主编王华中
商南县顺意印务有限责任公司印刷　2005 年 3 月
279 页　精装　27cm
准印证号：陕内资图批字（2004）HS.35 号
馆藏号：Guojiafz-8600002004016

柞水年鉴·2003
柞水县人民政府主办　柞水县地方志编纂委员会编
主编王华中
商南县顺意印务有限责任公司印刷　2005 年 11 月

167 页　精装　27cm
准印证号：陕内资图批字（2005）HS·37 号
馆藏号：Guojiafz-8600002000787

柞水年鉴·2004
柞水县人民政府主办　柞水县地方志编纂委员会编
主编王华中
陕西思达柯式印刷有限公司印刷　2007 年 1 月
249 页　精装　28cm
准印证号：陕内资图批字（2006）HS·45 号
馆藏号：Guojiafz-8600002001175

柞水年鉴·2006
柞水县人民政府主办　柞水县地方志编纂委员会编
主编王华中、张成富
商南县顺意印务有限责任公司印刷　2008 年 11 月
243 页　精装　27cm
准印证号：陕内资图批字（2008）HS·63 号
馆藏号：Guojiafz-8600002001174

柞水年鉴·2007—2008
柞水县人民政府主办　中共柞水县委史志办公室编
主编张成富
内部印刷　2009 年 11 月
282 页　精装　29cm
准印证号：陕内资图批字（2009）HS·29 号
馆藏号：Guojiafz-8600002001173

甘肃省

甘肃年鉴·2009
甘肃省人民政府主管　甘肃省地方史志办公室编
主编金庆礼
甘肃文化出版社　2010年6月
654页　精装　29cm
ISBN978-7-5490-0014-2

甘肃年鉴·2010
甘肃省人民政府主管　甘肃省地方史志办公室编
主编金庆礼
甘肃文化出版社　2010年12月
672页　精装　30cm
ISBN978-7-80714-714-5

甘肃年鉴·2011
甘肃省人民政府主管　甘肃省地方史志办公室编
主编金庆礼
甘肃文化出版社　2011年12月
678页　精装　29cm
ISBN978-7-80714-755-8

甘肃年鉴·2013
甘肃省人民政府主管　甘肃省地方史志办公室编
主编李虎
甘肃文化出版社　2013年12月
610页　精装　29cm
ISBN978-7-5490-0543-7

甘肃年鉴·2015
甘肃省人民政府主管　甘肃省地方史志办公室编
主编张军利
甘肃文化出版社　2016年6月
578页　精装　29cm
ISBN978-7-5490-1066-0

甘肃年鉴·2017
甘肃省人民政府主管　甘肃省地方史志办公室编
总编张军利　主编王文生
中国文史出版社　2017年10月
554页　精装　29cm
ISBN978-7-5034-9569-4

甘肃年鉴·2018
甘肃省人民政府主管　甘肃省地方史志办公室编
总编张军利　主编王文生
甘肃民族出版社　2018年10月
477页　精装　29cm
ISBN978-7-5421-4454-6

甘肃交通年鉴·2003
甘肃省交通史志年鉴编写委员会主办　甘肃省交通史志年鉴编写委员会编辑部编　主编刘波
兰州大学出版社　2003年7月
472页　精装　27cm
ISBN7-311-02213-4

甘肃交通年鉴·2009
甘肃省交通史志年鉴编写委员会主办　甘肃省交通史志年鉴编写委员会编辑部编　主编刘波
兰州大学出版社　2009 年 10 月
560 页　精装　29cm
ISBN978-7-311-03493-1
馆藏号：Guojiafz-8600002000795

甘肃交通年鉴·2012
甘肃省交通史志年鉴编写委员会主办　甘肃省交通史志年鉴编写委员会编辑部编　主编刘波
兰州大学出版社　2012 年 10 月
535 页　精装　29cm
ISBN978-7-311-03982-0
馆藏号：Guojiafz-8600002007434

甘肃交通年鉴·2014
甘肃省交通史志年鉴编写委员会编　主编段兰芬
中国文史出版社　2014 年 11 月
665 页　精装　29cm
ISBN978-7-5034-5351-9
馆藏号：Guojiafz-8600002007555

甘肃交通年鉴·2015
甘肃省交通史志年鉴编写委员会编　主编段兰芬
中国文史出版社　2015 年 11 月
732 页　精装　29cm
ISBN978-7-5034-6897-1
馆藏号：Guojiafz-8600002010436

甘肃交通年鉴·2016
甘肃省交通史志年鉴编写委员会编　主编段兰芬
中国文史出版社　2017 年 2 月
481 页　精装　29cm
ISBN978-7-5034-8844-3
馆藏号：Guojiafz-8600002013979

甘肃交通年鉴·2018
甘肃省交通史志年鉴编写委员会编　主编段兰芬
甘肃文化出版社　2019 年 4 月
474 页　精装　29cm
ISBN978-7-5490-1787-4
馆藏号：Guojiafz-8600002017948

甘肃信息化年鉴·2005
甘肃省发展和改革委员会、甘肃省信息中心、甘肃省经济研究院合编　主编邵克文　执行主编魏立桥
甘肃文化出版社　2005 年 12 月
308 页　精装　29cm
ISBN7-80714-107-7
馆藏号：Guojiafz-8600002002565

甘肃金融年鉴·2006
《甘肃金融年鉴》编委会编　主编陶君道
甘肃人民出版社　2006 年 12 月
426 页　精装　29cm
ISBN7-226-03529-4
馆藏号：Guojiafz-8600002002376

甘肃金融年鉴·2007
甘肃金融年鉴编委会编　主编陶君道
甘肃人民出版社　2007 年 12 月
437 页　精装　29cm
ISBN978-7-226-03634-1
馆藏号：Guojiafz-8600002000813

甘肃金融年鉴·2008
甘肃金融年鉴编委会编　主编陶君道
甘肃人民出版社　2008 年 12 月
429 页　精装　29cm
ISBN978-7-226-03757-7
馆藏号：Guojiafz-8600002002563

甘肃科技年鉴·1987
甘肃省科技史志编辑部编　主编芦开文、胡延清
甘肃科学技术出版社　1990 年 2 月
287 页　平装　26cm
ISBN7-5424-0267-6
馆藏号：Guojiafz-8600002005866

甘肃水利年鉴·2015
甘肃省水利厅主办 《甘肃水利年鉴》编纂委员会编 主编何春三
甘肃文化出版社 2016年6月
420页 精装 29cm
ISBN978-7-5490-1120-9
馆藏号：Guojiafz-8600002014272

甘肃教育年鉴·2009
甘肃省教育厅办公室、甘肃省教育科学研究所合编 主编张兴江 执行主编李波、王志年
甘肃教育出版社 2009年12月
563页 精装 27cm
ISBN978-7-5423-2147-3
馆藏号：Guojiafz-8600002000799

甘肃教育年鉴·2011
甘肃省教育厅办公室、甘肃省教育科学研究所合编 主编张兴江 执行主编李波、齐志勇
甘肃教育出版社 2011年11月
622页 平装 26cm
ISBN978-7-5423-2543-3
馆藏号：Guojiafz-8600002000591

甘肃财政年鉴·2007
甘肃财政年鉴编辑委员会编 主编李堋
中国财政经济出版社 2008年10月
782页 精装 29cm
ISBN978-7-5095-0882-4
馆藏号：Guojiafz-8600002002949

兰州年鉴·2007
兰州市人民政府主办 兰州市地方志办公室编 主编陈茂林
兰州大学出版社 2008年1月
422页 精装 29cm
ISBN978-7-311-03048-3
馆藏号：Guojiafz-8600002002774

兰州年鉴·2008
兰州市人民政府主办 兰州市地方志办公室编 主编陈茂林
兰州大学出版社 2008年11月
365页 精装 29cm
ISBN978-7-311-03153-4
馆藏号：Guojiafz-8600002002775

兰州年鉴·2009
兰州市人民政府主办 兰州市地方志办公室编 主编陈茂林
兰州大学出版社 2009年11月
403页 精装 29cm
ISBN978-7-311-03502-0
馆藏号：Guojiafz-8600002002765

兰州年鉴·2013
兰州市人民政府主办 兰州市地方志办公室编 主编米琳
兰州大学出版社 2014年6月
383页 精装 29cm
ISBN978-7-311-04438-1
馆藏号：Guojiafz-8600002015904

兰州年鉴·2018
兰州市人民政府主办 兰州市地方志编纂委员会办公室编 主编米琳
甘肃民族出版社 2018年10月
358页 精装 29cm
ISBN978-7-5421-4511-6
馆藏号：Guojiafz-8600002018566

兰州年鉴·2019
兰州市人民政府主办 兰州市地方志编纂委员会办公室编 主编高生军
甘肃民族出版社 2019年11月
412页 精装 29cm
ISBN978-7-5421-4814-8
馆藏号：Guojiafz-8600002018625

兰州石化公司年鉴·2011
兰州石化公司主办　兰州石化公司编
主任杨清亮
甘肃文化出版社　2012 年 1 月
390 页　精装　29cm
ISBN978-7-80714-759-6
馆藏号：Guojiafz-8600002007911

兰州石化公司年鉴·2013
兰州石化公司主办　兰州石化公司编
主任陈爱忠
甘肃人民出版社　2013 年 12 月
392 页　精装　29cm
ISBN978-7-226-04531-2
馆藏号：Guojiafz-8600002015741

兰州石化公司年鉴·2016
兰州石化公司编　主任李家民、贾鸿武
石油工业出版社　2017 年 4 月
487 页　精装　29cm
ISBN978-7-5183-1845-2
馆藏号：Guojiafz-8600002018554

兰州石化公司年鉴·2017
兰州石化公司编　主任李家民、贾鸿武
石油工业出版社　2018 年 12 月
461 页　精装　29cm
ISBN978-7-5183-3027-0
馆藏号：Guojiafz-8600002018553

兰州石化公司年鉴·2018
兰州石化公司主办　兰州石化公司年鉴编纂委员会编　主任陈爱忠
甘肃文化出版社　2019 年 9 月
379 页　精装　29cm
ISBN978-7-5490-1878-9
馆藏号：Guojiafz-8600002018552

兰州石化公司年鉴·2019
《兰州石化公司年鉴》编纂委员会编
主任李家民、贾鸿武
石油出版社　2020 年 4 月
326 页　精装　29cm
ISBN978-7-5183-3919-8
馆藏号：Guojiafz-8600002018565

兰州铁路局年鉴·1989—1990
兰州铁路局史志编纂委员会编　主编张立燕
甘肃省张掖地区河西印刷厂印刷　1992 年 10 月
574 页　精装　27cm
准印证号：甘新出 059 字总 061 号（92）19 号
馆藏号：Guojiafz-8600002019591

兰州铁路局年鉴·1991—1992
兰州铁路局年鉴编纂委员会编　主编张立燕
甘肃省张掖地区河西印刷厂印刷　1993 年 9 月
554 页　平装　27cm
准印证号：甘新出 059 字总 061 号（93）18 号
馆藏号：Guojiafz-8600002019618

兰州铁路局年鉴·1993
兰州铁路局史志编纂委员会编　主编张立燕
甘肃省张掖地区河西印刷厂印刷　1994 年 8 月
342 页　精装　27cm
准印证号：甘新出 059 字总 061 号（94）020 号
馆藏号：Guojiafz-8600002019595

兰州铁路局年鉴·1994
兰州铁路局年鉴编纂委员会编　主编董炜
兰州铁路局印刷厂印刷　1995 年 8 月
413 页　精装　27cm
准印证号：甘新出 001 字总 1183 号（95）068 号
馆藏号：Guojiafz-8600002019619

兰州铁路局年鉴·1999
兰州铁路局史志编纂委员会编　主编谢永杰
中国铁道出版社　1999 年 10 月
364 页　精装　27cm
ISBN7-113-03371-7
馆藏号：Guojiafz-8600002019700

兰州铁路局年鉴·2000
兰州铁路局史志编纂委员会编　主编谢永杰
中国铁道出版社　2000年11月
371页　精装　27cm
ISBN7-113-03818-2
馆藏号：Guojiafz-8600002019593

兰州铁路局年鉴·2001
兰州铁路局史志编纂委员会编　主编谢永杰、贺峥安
中国铁道出版社　2001年12月
388页　精装　27cm
ISBN7-113-04334-8
馆藏号：Guojiafz-8600002019592

兰州铁路局年鉴·2002
兰州铁路局史志编纂委员会编　主编谢永杰、王旺斌、贺峥安
中国铁道出版社　2002年12月
379页　精装　27cm
ISBN7-113-04668-1
馆藏号：Guojiafz-8600002019615

兰州铁路局年鉴·2004
兰州铁路局史志编纂委员会编　主编李来杰、贺峥安
中国铁道出版社　2004年11月
415页　精装　27cm
ISBN7-113-06008-0
馆藏号：Guojiafz-8600002019594

兰州铁路局年鉴·2006
兰州铁路局史志编纂委员会编　主编李鹏里
中国铁道出版社　2006年10月
425页　精装　27cm
ISBN978-7-113-08403-5
馆藏号：Guojiafz-8600002019701

兰州铁路局年鉴·2007
兰州铁路局史志编纂委员会编　主编李鹏里
中国铁道出版社　2007年12月
396页　精装　27cm
ISBN978-7-113-08456-1
馆藏号：Guojiafz-8600002019617

兰州铁路局年鉴·2013
兰州铁路局年鉴编委会编　主编王旺斌
中国铁道出版社　2013年12月
508页　精装　30cm
ISBN978-7-113-17789-8
馆藏号：Guojiafz-8600002018639

兰州铁路局年鉴·2014
《兰州铁路局年鉴》编委会编　主编王旺斌
中国铁道出版社　2014年12月
646页　精装　29cm
ISBN978-7-113-19637-0
馆藏号：Guojiafz-8600002018549

兰州铁路局年鉴·2015
《兰州铁路局年鉴》编委会编　主编王旺斌
中国铁道出版社　2015年12月
687页　精装　29cm
ISBN978-7-113-21020-5
馆藏号：Guojiafz-8600002018642

兰州铁路局年鉴·2016
《兰州铁路局年鉴》编委会编　主编王旺斌
中国铁道出版社　2016年12月
606页　精装　29cm
ISBN978-7-113-22489-9
馆藏号：Guojiafz-8600002018644

兰州铁路局年鉴·2017
《兰州铁路局年鉴》编委会编　主编王旺斌
中国铁道出版社　2017年11月
701页　精装　29cm
ISBN978-7-113-24122-3
馆藏号：Guojiafz-8600002016339

中华之最年鉴·2010
西北民族大学主管　西北民族大学中华之最研究院主办　中华之最研究院编　主编尹伟先、罗文擘
方志出版社　2011年6月
491页　精装　30cm
ISBN978-7-5144-0132-5
馆藏号：Guojiafz-8600002000628

兰州市城关区年鉴·2015
兰州市城关区人民政府主办　兰州市城关区地方志编纂委员会编　主编韩春梅
兰州大学出版社　2016年4月
338页　精装　29cm
ISBN978-7-311-04901-0
馆藏号：Guojiafz-8600002014773

兰州市城关区年鉴·2018
兰州市城关区人民政府主办　兰州市城关区地方志编纂委员会编　主编韩春梅
兰州大学出版社　2018年9月
344页　精装　29cm
ISBN978-7-311-05469-4
馆藏号：Guojiafz-8600002018557

兰州市城关区年鉴·2019
兰州市城关区人民政府主办　兰州市城关区地方志编纂委员会编　主编韩春梅
兰州大学出版社　2019年9月
349页　精装　29cm
ISBN978-7-311-05696-4
馆藏号：Guojiafz-8600002018558

七里河年鉴·2016
兰州市七里河区委、兰州市七里河区人民政府主办
兰州市七里河区地方志编纂委员会编　主任童娟桃
光明日报出版社　2016年12月
269页　精装　29cm
ISBN978-7-5194-2549-4
馆藏号：Guojiafz-8600002014774

七里河年鉴·2017
中共七里河区委、七里河区人民政府主办　兰州市七里河区地方志编纂委员会办公室编
主编童娟桃
中州古籍出版社　2017年12月
213页　精装　29cm
ISBN978-7-5348-7240-2
馆藏号：Guojiafz-8600002016452

七里河年鉴·2018
中共七里河区委、七里河区人民政府主办　兰州市七里河区地方志编纂委员会办公室编
主编童娟桃　总纂李莉
中州古籍出版社　2018年10月
208页　精装　29cm
ISBN978-7-5348-8108-4
馆藏号：Guojiafz-8600002019549-51

七里河区年鉴·2019
中共七里河区委、兰州市七里河区人民政府主办
兰州市七里河区地方志编纂委员会办公室编
主编徐晓光
甘肃文化出版社　2019年11月
264页　精装　29cm
ISBN978-7-5490-1921-2
馆藏号：Guojiafz-8600002019552-4

西固年鉴·2018
兰州市西固区人民政府主办　兰州市西固区地方志编纂委员会办公室编　主编毛祖军
甘肃文化出版社　2018年9月
280页　精装　30cm
ISBN978-7-5490-1620-4
馆藏号：Guojiafz-8600002019524

兰州市安宁区年鉴·2011—2013
中共兰州市安宁区委、兰州市安宁区人民政府主办　兰州市安宁区地方志编纂委员会办公室编
主编王梅
中国文史出版社　2016年7月

483 页　精装　29cm
ISBN978-7-5034-7439-2
馆藏号：Guojiafz-8600002018551

安宁区年鉴·2019
兰州市安宁区人民政府主办　兰州市安宁区地方志编纂委员会办公室编　主编王梅
甘肃民族出版社　2019 年 11 月
294 页　精装　29cm
ISBN978-7-5421-4793-6
馆藏号：Guojiafz-8600002018564

红古年鉴·2018
中共兰州市红古区委、兰州市红古区人民政府主办
兰州市红古区地方志编纂委员会办公室编
主编王永国
中国言实出版社　2018 年 12 月
386 页　精装　30cm
ISBN978-7-5171-2530-3
馆藏号：Guojiafz-8600002018628

红古年鉴·2019
兰州市红古区人民政府主办　兰州市红古区地方志编纂委员会办公室编　主编彭红民
甘肃文化出版社　2019 年 9 月
351 页　精装　30cm
ISBN978-7-5490-1892-5
馆藏号：Guojiafz-8600002018626

永登年鉴·2018
中共永登县委、永登县人民政府主办　永登县党史资料征集和地方史志编纂办公室编　主编火泽东
甘肃民族出版社　2018 年 12 月
325 页　精装　29cm
ISBN978-7-5421-4523-9
馆藏号：Guojiafz-8600002018624

永登年鉴·2019
中共永登县委、永登县人民政府主管　永登县党史资料征集和地方史志编纂办公室编　主编火泽东
甘肃民族出版社　2019 年 11 月
348 页　精装　29cm
ISBN978-7-5421-4767-7
馆藏号：Guojiafz-8600002018623

皋兰年鉴·2019
皋兰县人民政府主办　皋兰县党史研究和县志编纂办公室编　主编魏周延
甘肃文化出版社　2019 年 9 月
346 页　精装　29cm
ISBN978-7-5490-1883-3
馆藏号：Guojiafz-8600002018555

榆中年鉴·2018
榆中县人民政府主办　榆中县地方志编纂委员会办公室编　主编周学海
甘肃民族出版社　2018 年 11 月
374 页　精装　29cm
ISBN978-7-5421-4486-7
馆藏号：Guojiafz-8600002018627

榆中年鉴·2019
榆中县人民政府主办　榆中县地方志编纂委员会办公室编　主编周学海
甘肃文化出版社　2019 年 9 月
362 页　精装　29cm
ISBN978-7-5490-1869-7
馆藏号：Guojiafz-8600002018550

嘉峪关年鉴·2007
嘉峪关市人民政府、酒钢（集团）公司主办　嘉峪关年鉴编纂委员会编　主编吴生贵
新疆人民出版社　2007 年 12 月
612 页　精装　27cm
ISBN978-7-228-11426-9
馆藏号：Guojiafz-8600002001983

嘉峪关年鉴·2008
嘉峪关市人民政府、酒钢（集团）公司主办　嘉峪关年鉴编纂委员会编　主编杨生宝　执行主编

吴生贵
新疆人民出版社　2007 年 10 月
634 页　精装　27cm
ISBN978-7-228-12270-7
馆藏号：Guojiafz-8600002005187

嘉峪关年鉴·2009
嘉峪关市人民政府、酒钢（集团）公司主办　嘉峪关年鉴编纂委员会编　主编杨生宝
新疆人民出版社　2010 年 2 月
509 页　精装　27cm
ISBN978-7-228-13256-0
馆藏号：Guojiafz-8600002007495

嘉峪关年鉴·2011
嘉峪关市人民政府主办　嘉峪关年鉴编纂委员会编　主编杨生宝
甘肃文化出版社　2011 年 12 月
546 页　精装　29cm
ISBN978-7-80714-754-1
馆藏号：Guojiafz-8600002002375

嘉峪关年鉴·2012
嘉峪关市人民政府主办　嘉峪关年鉴编纂委员会编　主编杨生宝
甘肃文化出版社　2012 年 11 月
637 页　精装　29cm
ISBN978-7-5490-0376-1
馆藏号：Guojiafz-8600002007416

嘉峪关年鉴·2013
嘉峪关市人民政府主办《嘉峪关年鉴》编纂委员会编　主编杨生宝
甘肃文化出版社　2013 年 12 月
560 页　精装　29cm
ISBN978-7-5490-0541-3
馆藏号：Guojiafz-8600002013251

嘉峪关年鉴·2014
嘉峪关市人民政府主办《嘉峪关年鉴》编纂委员会编　主编杨生宝
甘肃人民出版社　2014 年 12 月
647 页　精装　29cm
ISBN978-7-226-04675-3
馆藏号：Guojiafz-8600002015492

嘉峪关年鉴·2015
嘉峪关市人民政府主办《嘉峪关年鉴》编纂委员会编　主编杨生宝
甘肃人民出版社　2015 年 12 月
654 页　精装　29cm
ISBN978-7-226-04835-1
馆藏号：Guojiafz-8600002020488

嘉峪关年鉴·2016
嘉峪关市人民政府主办《嘉峪关年鉴》编纂委员会编　主编杨生宝
甘肃人民出版社　2016 年 12 月
732 页　精装　29cm
ISBN978-7-226-05092-7
馆藏号：Guojiafz-8600002020489-90

嘉峪关年鉴·2017
嘉峪关市人民政府主办《嘉峪关年鉴》编纂委员会编　主编杨生宝
甘肃人民出版社　2017 年 12 月
684 页　精装　29cm
ISBN978-7-226-05125-2
馆藏号：Guojiafz-8600002020493-4

嘉峪关年鉴·2018
嘉峪关市人民政府主办《嘉峪关年鉴》编纂委员会编　主编杨生宝
甘肃人民出版社　2018 年 10 月
579 页　精装　29cm
ISBN978-7-226-05332-4
馆藏号：Guojiafz-8600002020491-2

嘉峪关年鉴·2020
中共嘉峪关市委、嘉峪关市人民政府主办　嘉峪

关市党史和市志研究院编　主编雷丽
中华书局　2020 年 9 月
371 页　精装　29cm
ISBN978-7-101-14740-7
馆藏号：Guojiafz-8600002019073

嘉峪关统计年鉴·2013
甘肃省嘉峪关市统计局编　主编于永梅
嘉峪关市方圆印业有限责任公司印刷　2013 年 8 月
236 页　精装　29cm
准印证号：甘出准 018 字总 203 号（2013）13 号
馆藏号：Guojiafz-8600002009690

金昌年鉴·1992—2000
金昌市地方志办公室编　主编亢万柏
甘肃人民出版社　2002 年 4 月
596 页　精装　26cm
ISBN7-226-02524-8
馆藏号：Guojiafz-8600002000686

金昌年鉴·2007
金昌市人民政府主办　金昌市地方志办公室编
主编郑天水
甘肃兴万泰印刷有限公司印刷　2008 年 10 月
428 页　精装　29cm
准印证号：甘出准 016 字总 0207 号（2008）067 号
馆藏号：Guojiafz-8600002001600

金昌年鉴·2008
金昌市人民政府主办　金昌市地方志办公室编
主编郑天水
兰州瑞昌印务有限公司印刷　2009 年 11 月
393 页　精装　29cm
准印证号：甘出准 016 字总 0215 号（2009）075 号
馆藏号：Guojiafz-8600002001624

金昌年鉴·2009
金昌市人民政府主办　金昌市地方志办公室编
主编郑天水
兰州瑞昌印务有限责任公司印刷　2010 年 9 月
445 页　精装　29cm
准印证号：甘出准 016 字总 0223 号（2010）008 号
馆藏号：Guojiafz-8600002001625

金川区年鉴·2020
金川区人民政府主办　金川区地方志编纂中心编
主编周怀鹏
甘肃文化出版社　2020 年 10 月
325 页　精装　29cm
ISBN978-7-5490-2077-5
馆藏号：Guojiafz-8600002020221

白银年鉴·2005
白银市人民政府主办　白银市地方志办公室编
主编李金财
白银兴银贵印务有限公司印刷　2006 年 7 月
352 页　精装　29cm
准印证号：甘出准 012 字总 324 号（2006）006 号
馆藏号：Guojiafz-8600002001020

白银年鉴·2006
白银市人民政府主办　白银市地方志办公室编
主编李金财
郑州方志印务有限公司印刷　2007 年 8 月
346 页　精装　29cm
准印证号：甘出准 012 字总 355 号（2007）010 号
馆藏号：Guojiafz-8600002010948

白银年鉴·2007
白银市人民政府主办　白银市地方志办公室编
主编李金财
郑州方志印务有限公司印刷　2008 年 8 月
404 页　精装　29cm
准印证号：甘出准 012 字总 373 号（2008）008 号
馆藏号：Guojiafz-8600002001818

白银市年鉴·2010
白银市人民政府主办　白银市地方志编纂委员会
办公室编　主编王平、张美泉
方志出版社　2011 年 12 月

363 页　精装　29cm
ISBN978-7-5144-0399-2
馆藏号：Guojiafz-8600002000650

白银市年鉴·2012
中共白银市委、白银市人民政府主办　白银市地方志编纂委员会办公室编　主编王平、张美泉
当代中国出版社　2013 年 12 月
334 页　精装　29cm
ISBN978-7-5154-0351-9
馆藏号：Guojiafz-8600002015228

白银市年鉴·2013
中共白银市委主管　白银市人民政府主办　白银市地方志编纂委员会办公室编　主编王平、冉彩霞
方志出版社　2014 年 12 月
385 页　精装　29cm
ISBN978-7-5144-1528-5
馆藏号：Guojiafz-8600002006949

白银市年鉴·2014
中共白银市委主管　白银市人民政府主办　白银市地方志编纂委员会办公室编　主编王平、高中
方志出版社　2016 年 2 月
494 页　精装　29cm
ISBN978-7-5144-1950-4
馆藏号：Guojiafz-8600002013504

白银市年鉴·2018
白银市人民政府主办　白银市地方志编纂委员会办公室编　主编高中
中州古籍出版社　2018 年 10 月
391 页　精装　29cm
ISBN978-7-5348-8085-8
馆藏号：Guojiafz-8600002019068

天水年鉴·1987
甘肃省天水市地方志办公室主办《天水年鉴》编辑部编　总编辑汪都
辽宁省阜新市铅印印刷厂印刷　1987 年 7 月
449 页　精装　27cm
准印证号：甘刊证第 029 号
馆藏号：Guojiafz-8600002005328

天水年鉴·2011
天水市人民政府主办　天水市地方志办公室编　主编李宽余
中国文史出版社　2011 年 12 月
557 页　精装　29cm
ISBN978-7-5034-3266-8
馆藏号：Guojiafz-8600002015216

天水年鉴·2017
天水市人民政府主管　天水市地方志办公室主办　天水市地方志办公室编　主编李宽余
中国文史出版社　2017 年 12 月
465 页　精装　29cm
ISBN978-7-5034-9863-3
馆藏号：Guojiafz-8600002016336

麦积区年鉴·2018
天水市麦积区人民政府主管　天水市麦积区地方志办公室编　主编阎小鹏、成红梅
方志出版社　2018 年 9 月
429 页　精装　29cm
ISBN978-7-5144-3301-2
馆藏号：Guojiafz-8600002016952

武山年鉴·2019
武山县人民政府主管　武山县地方志编纂委员会办公室编　主编丁维忠
甘肃文化出版社　2019 年 10 月
355 页　精装　29cm
ISBN978-7-5490-1929-8
馆藏号：Guojiafz-8600002020219

武威年鉴·2003
武威市人民政府主办　武威年鉴编辑部编
主编袁森年　执行主编刘开柱

甘肃欧亚印刷有限公司印刷　2003 年 12 月
364 页　精装　29cm
准印证号：甘出准 063 字总 564 号（2003）046 号
馆藏号：Guojiafz–8600002009417

武威年鉴·2005
武威市人民政府主办　武威年鉴编辑部编
主编罗文擘
甘肃武威华文印刷有限公司印刷　2005 年 12 月
389 页　精装　29cm
准印证号：甘出准 063 字总 054 号（2006）001 号
馆藏号：Guojiafz–8600002001272

武威年鉴·2010
武威市人民政府主办　武威年鉴编辑部编
主编罗文擘
武威市华文印刷公司印刷
395 页　精装　29cm
准印证号：甘出准 063 字总 700 号（2011）003 号
馆藏号：Guojiafz–8600002001599

武威年鉴·2011
武威市人民政府主办　武威年鉴编辑部
主编罗文擘
甘肃省武威华文印刷有限公司印刷
541 页　精装　29cm
准印证号：甘出准 063 字总 746 号（2012）001 号
馆藏号：Guojiafz–8600002010231

天祝年鉴·2008—2009
天祝藏族自治县人民政府主办《天祝年鉴》编纂委员会编　主编李占忠
武威市华文印刷有限责任公司印刷　2012 年 5 月
368 页　精装　29cm
准印证号：甘出准 063 字总 752 号（2012）007 号
馆藏号：Guojiafz–8600002010173

张掖年鉴·1998
张掖市人民政府主办　张掖市地方志办公室编
主编王国华
兰州大学出版社　1999 年 12 月
411 页　精装　27cm
ISBN7–311–01616–9
馆藏号：Guojiafz–8600002004381

张掖年鉴·1999
张掖市人民政府主办　张掖市地方志办公室编
主编王国华
兰州大学出版社　2000 年 7 月
363 页　精装　27cm
ISBN7–311–01616–9–01
馆藏号：Guojiafz–8600002005065

张掖年鉴·2000
张掖市人民政府主办　张掖市地方志办公室编
主编谭茂衡
兰州大学出版社　2002 年 2 月
362 页　精装　27cm
ISBN7–311–01950–8
馆藏号：Guojiafz–8600002018742

张掖综合年鉴·1996—2003
中共张掖市委员会、张掖市人民政府主办　张掖综合年鉴编纂委员会编　主编何成才、张志纯
甘肃文化出版社　2005 年 10 月
831 页　精装　29cm
ISBN7–80714–171–9
馆藏号：Guojiafz–8600002002773

张掖综合年鉴·2004—2005
中共张掖市委、张掖市人民政府主办　张掖市地方史志办公室编　主编何成才、张志纯
甘肃文化出版社　2007 年 6 月
873 页　精装　29cm
ISBN978–7–80714–427–4
馆藏号：Guojiafz–8600002002763

张掖综合年鉴·2006
中共张掖市委员会、张掖市人民政府主办　张掖市地方史志办公室编　主编何成才、张志纯

甘肃文化出版社　2009年1月
686页　精装　29cm
ISBN978-7-80714-651-3
馆藏号：Guojiafz-8600002000800

张掖综合年鉴·2007—2008
中共张掖市委员会、张掖市人民政府主办　张掖市地方史志办公室编　主编何成才、张志纯
兰州大众彩印包装有限公司印刷　2011年5月
796页　精装　29cm
准印证号：甘出准059字总1486号（2011）3号
馆藏号：Guojiafz-8600002001815

甘州区年鉴·2001—2002
甘州区人民政府主办　甘州区地方志办公室编　主编张勇
甘肃文化出版社　2004年3月
336页　精装　29cm
ISBN7-80608-924-1
馆藏号：Guojiafz-8600002003408

甘州区年鉴·2003
甘州区人民政府主办　甘州区地方志办公室编　主编张勇
广州市航天影视广告有限公司印刷　2004年12月
298页　精装　29cm
准印证号：甘出准059字总973号（2005）1号
馆藏号：Guojiafz-8600002001803

甘州区年鉴·2006—2007
甘州区人民政府主办　甘州区史志办公室编　主编黄杰
张掖奥林印务中心印刷
388页　精装　30cm
准印证号：甘出准059字总1344号（2009）50号
馆藏号：Guojiafz-8600002018751

甘州区年鉴·2008—2009
甘州区人民政府主办　甘州区地方志编纂委员会办公室编　主编黄杰
张掖奥林印务中心印刷
360页　精装　29cm
准印证号：甘出准059字总1488号（2011）5号
馆藏号：Guojiafz-8600002001817

甘州区年鉴·2012—2013
甘州区人民政府主办　甘州区地方志编纂委员会办公室编　主编黄杰
兰州大众彩印包装有限责任公司印刷
462页　平装　28cm
准印证号：甘出准059字总1000号（2014）005号
馆藏号：Guojiafz-8600002018749

甘州区年鉴·2014—2015
甘州区人民政府主办　甘州区地方志编纂委员会办公室编　主编黄杰
兰州大众彩印包装有限责任公司印刷　2016年5月
562页　平装　29cm
准印证号：甘出准059字总甘1000号（2016）040号
馆藏号：Guojiafz-8600002018750

甘州区年鉴·2016
甘州区人民政府主办　甘州区地方志编纂委员会办公室编　主编张兰
甘肃澳翔印业有限公司印刷
365页　精装　29cm
准印证号：甘Y070066
馆藏号：Guojiafz-8600002018752

甘州区年鉴·2018
甘州区人民政府主办　甘州区地方志编纂委员会办公室编　主编张兰
甘肃文化出版社　2018年10月
347页　精装　29cm
ISBN978-7-5490-1672-3
馆藏号：Guojiafz-8600002018753-5

甘州年鉴·2020
甘州区人民政府主办　甘州区地方志编纂委员会

办公室编　主编张兰
甘肃文化出版社　2020年9月
526页　精装　29cm
ISBN978-7-5490-2076-8
馆藏号：Guojiafz-8600002019069

临泽年鉴·2003
临泽县人民政府主办　临泽县档案局编
主编沈文
甘肃文化出版社　2004年11月
202页　精装　29cm
ISBN7-80714-041-0
馆藏号：Guojiafz-8600002000543

临泽年鉴·2009
中共临泽县委、临泽县人民政府主办　临泽县档案局、临泽县县志办公室编　主编沈文
临泽县文正印刷厂印刷　2010年10月
315页　平装　26cm
准印证号：甘出准059字总1462号（2010）87号
馆藏号：Guojiafz-8600002001851

山丹综合年鉴·1989—2004
山丹县人民政府主办　山丹县地方史志编纂办公室编　主编杨争山
张掖市新曙印刷厂印刷　2008年12月
565页　精装　29cm
准印证号：甘出准059字总1290号（2008）102号
馆藏号：Guojiafz-8600002001852

山丹年鉴·2005
山丹县人民政府主办　山丹县地方志编纂办公室编
主编王继虎
甘肃文化出版社　2006年6月
225页　精装　29cm
ISBN7-80714-255-3
馆藏号：Guojiafz-8600002000540

山丹年鉴·2015
中共山丹县委、山丹县人民政府主办　山丹县地方史志编纂办公室编　主编杨争山
中国文史出版社　2017年3月
568页　精装　29cm
ISBN978-7-5034-9110-8
馆藏号：Guojiafz-8600002014178

平凉市年鉴·2000—2001
平凉市人民政府主办　平凉市政府年鉴办公室编
主编朱凤英
甘肃文化出版社　2002年6月
404页　精装　26cm
ISBN7-80608-643-9
馆藏号：Guojiafz-8600002003432

灵台年鉴·2008
灵台县人民政府主办　灵台县地方史志办公室编
主编王文辉
甘肃鑫统印务有限责任公司印刷　2009年9月
348页　精装　27cm
准印证号：甘出准001字总2800号（2009）066号
馆藏号：Guojiafz-8600002001607

灵台年鉴·2009
灵台县人民政府主办　灵台县地方史志办公室编
主编王文辉
平凉红旗印刷有限责任公司印刷　2010年12月
270页　精装　27cm
准印证号：甘出准028字总850号（2011）03号
馆藏号：Guojiafz-8600002001606

崇信年鉴·2013
崇信县人民政府主管　中共崇信县委党史资料征集办公室、崇信县地方志编纂委员会办公室合编
主编朱鸿鹏
平凉红旗印刷有限责任公司印刷　2014年10月
326页　精装　29cm
准印证号：甘出准028字总1029号（2014）50号
馆藏号：Guojiafz-8600002010850

崇信年鉴 · 2018

崇信县人民政府主管　中共崇信县委党史资料征集办公室、崇信县地方志编纂委员会办公室合编

主编梁步广

方志出版社　2018 年 8 月

436 页　精装　29cm

ISBN978-7-5144-3231-2

馆藏号：Guojiafz-8600002017186

华亭年鉴 · 2001—2002

华亭县人民政府主办　华亭县地方志办公室编

主编张凤银

甘肃平凉市政府机关印刷厂印刷　2003 年 12 月

294 页　精装　27cm

准印证号：甘出准 028 字总 598 号（2003）18 号

馆藏号：Guojiafz-8600002005442

庄浪县综合年鉴 · 1991—2000

庄浪县综合年鉴编纂委员会编　主编谢东

中国书店　2006 年 12 月

602 页　精装　31cm

ISBN7-80663-377-4

馆藏号：Guojiafz-8600002005693

静宁综合年鉴 · 2003—2006

静宁县地方志编纂委员会编　主编侯立文

兰州大众彩印包装有限公司印刷　2008 年 12 月

938 页　精装　27cm

准印证号：甘出准 028 字总 779 号（2008）42 号

馆藏号：Guojiafz-8600002001834

酒泉年鉴 · 2004（综合版）

酒泉市人民政府主办《酒泉年鉴》编辑委员会编

主编孙占鳌

内部印刷　2004 年 8 月

364 页　精装　29cm

准印证号：甘出准 066 字总 491 号（2004）15 号

馆藏号：Guojiafz-8600002008884

酒泉年鉴 · 2005（综合卷）

酒泉市人民政府主办《酒泉年鉴》编辑委员会编

主编孙占鳌

酒泉市汇丰彩色印刷厂印刷　2005 年 10 月

363 页　精装　29cm

准印证号：甘出准 066 字总 500 号（2005）23 号

馆藏号：Guojiafz-8600002001019

酒泉年鉴 · 2006（综合卷）

酒泉市人民政府主办《酒泉年鉴》编辑委员会编

主编孙占鳌

酒泉市汇丰彩色印刷厂印刷　2006 年 10 月

459 页　精装　29cm

准印证号：甘出准 066 字总 536 号（2006）27 号

馆藏号：Guojiafz-8600002001040

酒泉年鉴 · 2007（综合卷）

酒泉市人民政府主办《酒泉年鉴》编辑委员会编

主编孙占鳌

酒泉市汇丰彩色印刷厂印刷　2007 年 11 月

337 页　精装　29cm

准印证号：甘出准 066 字总 540 号（2007）15 号

馆藏号：Guojiafz-8600002018708

酒泉年鉴 · 2009（综合卷）

酒泉市人民政府主办《酒泉年鉴》编辑委员会编

主编孙占鳌

酒泉市汇丰彩色印刷厂印刷　2009 年 11 月

399 页　精装　29cm

准印证号：甘出准 066 字总 594 号（2009）27 号

馆藏号：Guojiafz-8600002018709

酒泉年鉴 · 2011（综合卷）

酒泉市人民政府主办　酒泉年鉴编纂委员会编

主编孙占鳌

甘肃文化出版社　2011 年 8 月

444 页　精装　29cm

ISBN978-7-5490-0268-9

馆藏号：Guojiafz-8600002018710

酒泉年鉴·2012（综合卷）
酒泉市人民政府主办　酒泉年鉴编纂委员会编
主编孙占鳌
甘肃文化出版社　2012年9月
445页　精装　29cm
ISBN978-7-5490-0291-7
馆藏号：Guojiafz-8600002018711

酒泉年鉴·2013（综合卷）
酒泉市人民政府主办　酒泉年鉴编纂委员会编
主编孙占鳌
甘肃文化出版社　2013年10月
470页　精装　29cm
ISBN978-7-5490-0489-8
馆藏号：Guojiafz-8600002018712

酒泉年鉴·2014（综合卷）
酒泉市人民政府主办　《酒泉年鉴》编辑委员会编
主编孙占鳌
甘肃人民出版社　2014年11月
392页　精装　29cm
ISBN978-7-226-04642-5
馆藏号：Guojiafz-8600002010546

酒泉年鉴·2015（综合卷）
酒泉市人民政府主办　酒泉年鉴编纂委员会编
主编孙占鳌
甘肃人民出版社　2014年11月
407页　精装　29cm
ISBN978-7-226-04870-2
馆藏号：Guojiafz-8600002018713

酒泉年鉴·2016（综合卷）
酒泉市人民政府主办　酒泉年鉴编纂委员会编
主编孙占鳌
甘肃文化出版社　2016年11月
468页　精装　29cm
ISBN978-7-5490-1213-8
馆藏号：Guojiafz-8600002018714

酒泉年鉴·2017（综合卷）
酒泉市人民政府主办　酒泉市地方史志办公室编
主编孙占鳌
酒泉市汇丰彩色印刷广告有限公司印刷
437页　精装　29cm
准印证号：甘Y0600032号
馆藏号：Guojiafz-8600002018715

酒泉年鉴·2018
酒泉市人民政府主管　酒泉市地方史志办公室编
主编孙占鳌
甘肃文化出版社　2018年11月
323页　精装　29cm
ISBN978-7-5490-1711-9
馆藏号：Guojiafz-8600002018716

酒泉年鉴·2019
酒泉市人民政府主办　酒泉市地方史志办公室编
主编赵存福
陕西人民教育出版社　2019年10月
384页　精装　29cm
ISBN978-7-5450-6339-4
馆藏号：Guojiafz-8600002018717

酒钢年鉴·2013
《酒钢年鉴》编辑委员会编　主编阎超
金印集团（深州市龙辉印刷有限公司）印刷
2013年10月
391页　精装　29cm
馆藏号：Guojiafz-8600002010818

酒泉统计年鉴·2012
酒泉统计年鉴编辑委员会编　主编张录仁
酒泉市汇丰彩色印刷广告公司印刷　2012年11月
717页　精装　29cm
准印证号：甘出准066字总712号（2012）35号
馆藏号：Guojiafz-8600002010188

肃州年鉴·2014
肃州区人民政府主办　肃州区地方史志办公室编

主编刘荣
酒泉市汇丰彩色印刷广告有限公司印刷　2014 年
317 页　精装　30cm
准印证号：甘出准 066 字总 772 号（2014）41 号
馆藏号：Guojiafz-8600002010901

金塔年鉴·2009—2011（综合卷）
金塔县人民政府主办　金塔县地方史志办公室编
主编桂发荣、裴永生
内部印刷
464 页　精装　29cm
馆藏号：Guojiafz-8600002018675

金塔年鉴·2013（综合卷）
金塔县人民政府主办　金塔县地方史志办公室编
主编裴永生
酒泉市汇丰彩色印刷广告有限公司印刷　2013 年 10 月
391 页　精装　29cm
准印证号：甘出准 066 字总 720 号（2013）09 号
馆藏号：Guojiafz-8600002018665

金塔年鉴·2014（综合卷）
金塔县人民政府主办　金塔县地方史志办公室编
主编裴永生
酒泉市汇丰彩色印刷广告有限公司印刷　2014 年 9 月
368 页　精装　29cm
准印证号：甘出准 066 字总 769 号（2014）38 号
馆藏号：Guojiafz-8600002018704

金塔年鉴·2015（综合卷）
金塔县人民政府主办　金塔县地方史志办公室编
主编裴永生
酒泉市汇丰彩色印刷广告有限公司印刷　2015 年 10 月
400 页　精装　29cm
准印证号：甘出准 066 字总 813 号（2015）32 号
馆藏号：Guojiafz-8600002018667

金塔年鉴·2016（综合卷）
金塔县人民政府主办　金塔县地方史志办公室编
主编裴永生
酒泉市汇丰彩色印刷广告有限公司印刷　2016 年 11 月
441 页　精装　29cm
准印证号：甘出准 066 字总 873 号（2016）41 号
馆藏号：Guojiafz-8600002018706

金塔年鉴·2017（综合卷）
金塔县人民政府主办　金塔县地方史志办公室编
主编陶玉乐
酒泉市汇丰彩色印刷广告有限公司印刷
441 页　精装　29cm
准印证号：甘 Y0600033 号
馆藏号：Guojiafz-8600002018705

金塔年鉴·2018
金塔县人民政府主办　金塔县地方史志办公室编
主编陶玉乐
中州古籍出版社　2018 年 9 月
352 页　精装　29cm
ISBN978-7-5348-7958-6
馆藏号：Guojiafz-8600002018669

金塔年鉴·2019
金塔县人民政府主办　金塔县地方史志办公室编
主编陶玉乐
陕西人民教育出版社　2019 年 10 月
344 页　精装　29cm
ISBN978-7-5450-6337-0
馆藏号：Guojiafz-8600002018666

金塔年鉴·2020
金塔县人民政府主办　金塔县地方史志办公室编
主编陶玉乐
陕西人民教育出版社　2020 年 9 月
276 页　精装　29cm
ISBN978-7-5450-7685-1
馆藏号：Guojiafz-8600002018668

瓜州年鉴·2014
瓜州县人民政府主办　瓜州县地方史志办公室编　主编李春斌
酒泉市汇丰彩色印刷广告有限公司印刷　2014年10月
407页　精装　29cm
准印证号：甘出准066字总775号（2014）44号
馆藏号：Guojiafz-8600002011024

庆阳综合年鉴·2008
中共庆阳市委员会、庆阳市人民政府主办　庆阳市地方志办公室编　主编王剑英
黄河出版社　2008年12月
487页　精装　29cm
ISBN978-7-5460-0013-8
馆藏号：Guojiafz-8600002000539

庆阳综合年鉴·2009
中共庆阳市委员会、庆阳市人民政府主办　庆阳市地方志办公室编　主编张玺
三秦出版社
492页　精装　29cm
ISBN978-7-80736-667-6
馆藏号：Guojiafz-8600002002506

庆阳综合年鉴·2010
中共庆阳市委员会、庆阳市人民政府主办　庆阳市地方志办公室编　主编张玺
三秦出版社　2010年11月
515页　精装　29cm
ISBN978-7-80736-840-3
馆藏号：Guojiafz-8600002002461

西峰年鉴·2014
西峰区人民政府主管　西峰区地方志办公室编　主编周忠宏、刘强
方志出版社　2015年7月
303页　精装　30cm
ISBN978-7-5144-1657-2
馆藏号：Guojiafz-8600002010608

西峰年鉴·2015
西峰区人民政府主管　西峰区地方志办公室编　主编周忠宏、刘强　执行主编刘小智
方志出版社　2016年4月
321页　精装　29cm
ISBN978-7-5144-1991-7
馆藏号：Guojiafz-8600002013857

西峰年鉴·2016
西峰区人民政府主管　西峰区地方志办公室、西峰区档案局合编　主编刘强、王原平
方志出版社　2016年12月
349页　精装　29cm
ISBN978-7-5144-2253-5
馆藏号：Guojiafz-8600002013927

西峰年鉴·2017
西峰区人民政府主管　西峰区地方志办公室、西峰区档案局合编　主编孙守谋、刘强、王原平
方志出版社　2017年9月
310页　精装　29cm
ISBN978-7-5144-2557-4
馆藏号：Guojiafz-8600002015161

西峰年鉴·2018
西峰区人民政府主管　西峰区地方志办公室、西峰区档案局合编　主编孙守谋、刘强、王原平
方志出版社　2018年7月
326页　精装　29cm
ISBN978-7-5144-3173-5
馆藏号：Guojiafz-8600002017179

西峰年鉴·2019
西峰区人民政府主管　西峰区地方志办公室、西峰区档案局合编　主编孙守谋、刘强、王原平
三秦出版社　2019年12月
318页　精装　29cm
ISBN978-7-5518-2026-4
馆藏号：Guojiafz-8600002019072

庆城年鉴·2007
庆城县地方志办公室编　主编贺长庆　执行主编高文耀、魏全胜
内部印刷
358页　精装　29cm
馆藏号：Guojiafz-8600002001856

庆城综合年鉴·2008
中共庆城县委、庆城县人民政府主办　庆城县地方志办公室编　主编贺长庆　执行主编魏全胜
内部印刷
383页　精装　29cm
馆藏号：Guojiafz-8600002001368

庆城综合年鉴·2009
中共庆城县委、庆城县人民政府主办　庆城县地方志办公室编　主编贺长庆
内部印刷
499页　精装　29cm
馆藏号：Guojiafz-8600002001816

华池综合年鉴·2012
中共华池县委、华池县人民政府主办　华池县地方志编纂委员会办公室编　主编盖彩凤
甘肃文化出版社　2014年1月
242页　精装　29cm
ISBN978-7-5490-0578-9
馆藏号：Guojiafz-8600002015289

正宁年鉴·2007—2009
正宁县人民政府主管　正宁县地方史志办公室编　主编王立明
重庆新生代印易数码印刷有限公司印刷　2010年12月
340页　精装　29cm
馆藏号：Guojiafz-8600002001854

宁县年鉴·2015
宁县人民政府主管　宁县地方志编纂委员会办公室编　主编于波平
线装书局　2016年6月
459页　精装　29cm
ISBN978-7-5120-2301-7
馆藏号：Guojiafz-8600002014256

宁县年鉴·2016
宁县地方志编纂委员会办公室编　主编于波平
线装书局　2017年8月
392页　精装　29cm
ISBN978-7-5120-2842-5
馆藏号：Guojiafz-8600002016340

宁县年鉴·2017
宁县地方志编纂委员会办公室编　主编于波平
线装书局　2018年9月
321页　精装　29cm
ISBN978-7-5120-3367-2
馆藏号：Guojiafz-8600002019319

镇原综合年鉴·2009—2010
中共镇原县委员会、镇原县人民政府主办　镇原县地方志办公室编　主编包正刚
河南省周口市天宇印刷有限责任公司印刷　2011年1月
313页　精装　29cm
准印证号：甘出准019字总1452号（2010）050号
馆藏号：Guojiafz-8600002001853

镇原综合年鉴·2011
中共镇原县委员会、镇原县人民政府主管　镇原县地方志办公室编　主编包正刚
重庆新生代印易数码印刷有限公司印刷　2011年12月
323页　精装　29cm
准印证号：甘出准019字总1505号（2011）051号
馆藏号：Guojiafz-8600002008915

定西年鉴·2016
定西市人民政府主管　定西市地方志办公室编　主编杨浩武、王建中

甘肃民族出版社　2016 年 12 月
453 页　精装　29cm
ISBN978-7-5421-3554-4
馆藏号：Guojiafz-8600002014776

漳县年鉴·2018
漳县人民政府主管　漳县地方志编纂委员会办公室编　主编杨彦平
陕西人民出版社　2018 年 12 月
317 页　平装　29cm
ISBN978-7-224-13013-3
馆藏号：Guojiafz-8600002019070

陇南年鉴·2007
《陇南年鉴》编纂委员会编　主编张庆武
天水新华印刷厂印刷　2007 年
324 页　精装　29cm
准印证号：甘出准 036 字总 294 号（200）031 号
馆藏号：Guojiafz-8600002001030

陇南综合年鉴·2008
陇南市地方志办公室编　主编张庆武
天水新华印刷厂印刷　2008 年 1 月
342 页　精装　29cm
准印证号：甘出准 036 字总 294 号（2007）031 号
馆藏号：Guojiafz-8600002001026

陇南年鉴·2010
陇南市人民政府主管　陇南市地方志办公室主办　主编罗卫东
421 页　精装　29cm
ISBN7-5037-3581-3
馆藏号：Guojiafz-8600002000237

宕昌年鉴·2020
宕昌县县志编纂委员会办公室编　主编马奋云
天津古籍出版社　2020 年 7 月
414 页　精装　29cm
ISBN978-7-5528-0958-9
馆藏号：Guojiafz-8600002020224

康县年鉴·2017
康县人民政府主管　康县地方志办公室主办《康县年鉴》编辑委员会编　主编石正杰
内部印刷
410 页　精装　29cm
馆藏号：Guojiafz-8600002020267

康县年鉴·2020
中共康县县委、康县人民政府主管　康县地方志编纂委员会办公室编　主编石正杰、王世文
天津古籍出版社　2020 年 6 月
384 页　精装　29cm
ISBN978-7-5528-0953-4
馆藏号：Guojiafz-8600002019075

西和年鉴·2017
西和县人民政府主管　西和县志编纂委员会办公室主办《西和年鉴》编审委员会编　主编袁智慧
甘肃金田印刷有限责任公司印刷　2017 年 8 月
397 页　精装　29cm
准印证号:（甘）Y1000061
馆藏号：Guojiafz-8600002018731-2

西和年鉴·2018
中共西和县委、西和县人民政府主管　西和县地方志编纂委员会办公室编　主编袁智慧
中州古籍出版社　2018 年 10 月
353 页　精装　29cm
ISBN978-7-5348-8091-9
馆藏号：Guojiafz-8600002018733-4

西和年鉴·2019
西和县地方志编纂委员会办公室编　主编袁智慧
甘肃文化出版社　2019 年 9 月
314 页　精装　29cm
ISBN978-7-5490-1889-5
馆藏号：Guojiafz-8600002018727-8

西和年鉴·2020
西和县志编纂委员会办公室编　主编袁智慧

中国书籍出版社　2020 年 6 月
366 页　精装　29cm
ISBN978-7-5068-7854-8
馆藏号：Guojiafz-8600002018729-30

两当年鉴・2020
两当县人民政府主管　两当县地方志编纂委员会办公室编　主编曹建国
天津古籍出版社　2020 年 6 月
374 页　精装　29cm
ISBN978-7-5528-0955-8
馆藏号：Guojiafz-8600002019071

临夏回族自治州年鉴・2001—2002
临夏回族自治州人民政府主办　临夏回族自治州地方史志办公室编　主编马文兴
天水新华印刷厂印刷　2004 年 5 月
316 页　精装　29cm
准印证号：甘出准 074 字总 191 号（2004）08 号
馆藏号：Guojiafz-8600002001821

临夏回族自治州综合年鉴・2001—2002
临夏回族自治州人民政府主办　临夏回族自治州地方史志办公室编　主编马文兴
天水新华印刷厂印刷　2004 年 5 月
737 页　精装　26cm
准印证号：甘出准 074 字总 191 号（2004）08 号
馆藏号：Guojiafz-8600002001029

临夏回族自治州年鉴・2003—2004
临夏回族自治州人民政府主办　临夏回族自治州地方史志办公室编　主编王增元
天水新华印刷厂印刷　2006 年 6 月
514 页　精装　30cm
准印证号：甘出准 074 字总 229 号（2006）10 号
馆藏号：Guojiafz-8600002001819

临夏市年鉴・1986—1995
临夏市地方志编纂委员会编　主编徐龙
兰州大学出版社　1996 年 8 月
359 页　精装　27cm
ISBN7-311-00948-0
馆藏号：Guojiafz-8600002001796

永靖县年鉴・2003
永靖县地方史志编纂委会编　主编李国辉
兰州大学出版社　2004 年 7 月
218 页　精装　29cm
ISBN7-311-02442-0
馆藏号：Guojiafz-8600002000083

永靖县年鉴・2004
永靖县年鉴编纂委员会编　主编常全光
人民日报出版社　2005 年 10 月
261 页　精装　29cm
ISBN7-80153-382-1
馆藏号：Guojiafz-8600002002378

永靖县年鉴・2006
永靖县地方史志办公室编　主编常全光
238 页　精装　29cm
ISBN7-311-02697-0
馆藏号：Guojiafz-8600002001800

永靖年鉴・2009
永靖县人民政府主办　甘肃省永靖县地方史志办公室编　主编常全光
成都春晓印务有限公司印刷　2010 年 8 月
242 页　精装　29cm
馆藏号：Guojiafz-8600002001801

永靖年鉴・2010
永靖县地方史志办公室编　主编常全光
内部印刷
243 页　精装　29cm
馆藏号：Guojiafz-8600002005358

积石山保安族东乡族撒拉族自治县年鉴・2006—2007
积石山保安族东乡族撒拉族自治县志编辑部编

主编董克义
郑州方志印务有限公司印刷　2009年4月
396页　精装　29cm
准印证号：甘出准074字总290号（2009）3号
馆藏号：Guojiafz-8600002001804

甘南州年鉴·1991—1995
甘南藏族自治州人民政府主办　甘南州地方史志办公室编　主编石为怀
甘肃人民出版社
415页　精装　27cm
ISBN7-226-02828-X
馆藏号：Guojiafz-8600002006894

甘南州年鉴·1996—2000
甘南藏族自治州人民政府主办　甘南州地方史志办公室编　主编石为怀
甘肃人民出版社　2003年9月
463页　精装　27cm
ISBN7-226-02828-X
馆藏号：Guojiafz-8600002001353

甘南州年鉴·2001—2003
甘南藏族自治州人民政府主办　甘南州地方史志办公室编　主编石为怀
兰州华彩印务有限公司印刷　2004年12月
254页　精装　30cm
准印证号：甘出准082字总155号（2004）18号
馆藏号：Guojiafz-8600002001271

甘南州年鉴·2005
甘南藏族自治州人民政府主办　甘南州地方史志办公室编　主编石为怀
兰州华彩印务有限公司印刷　2005年9月
244页　精装　30cm
准印证号：甘新出82字总168号（2005）第10号
馆藏号：Guojiafz-8600002001400

甘南州年鉴·2006
甘南藏族自治州人民政府主办　甘南州地方史志办公室编　主编石为怀
兰州市残联福利印刷厂印刷　2006年11月
413页　精装　29cm
准印证号：甘出准080字总193号（2006）14号
馆藏号：Guojiafz-8600002001312

甘南州年鉴·2017
甘南藏族自治州人民政府主管　甘南藏族自治州地方史志办公室编　主编牛述林
甘肃文化出版社　2017年11月
491页　精装　29cm
ISBN978-7-5490-1486-6
馆藏号：Guojiafz-8600002016343

青海省

青海年鉴·1997
青海省地方志编纂委员会编　主编蔡巨乐、于敬尧、谢佐
青海人民出版社　1997年12月
616页　精装　27cm
ISBN7-225-01431-5

青海年鉴·1999
青海省地方志编纂委员会主办　青海省地方志编纂委员会编　主编管雷、蔡巨乐、于敬尧、寻兴才、谢佐
西安市建明印务有限责任公司印刷　2000年9月
489页　精装　27cm
ISSN1009-1408

青海年鉴·2000
青海省地方志编纂委员会主办　青海年鉴编辑部编　主编谭奇
青海年鉴社　2000年12月
486页　精装　29cm
ISSN1009-1408

青海年鉴·2001
青海省地方志编纂委员会主办　青海年鉴编辑部编　主编谭奇
青海年鉴社　2001年12月
475页　精装　29cm
ISSN1009-1408

青海年鉴·2002
青海省地方志编纂委员会主办　青海年鉴编辑部编　主编谭奇
青海年鉴社　2002年12月
619页　精装　29cm
ISSN1009-1408

青海年鉴·2003
青海省地方志编纂委员会主办　青海年鉴社编　主编谭奇
青海年鉴社　2003年10月
647页　精装　29cm
ISSN1009-1408

青海年鉴·2004
青海省地方志编纂委员会主办　青海年鉴社编　主编谭奇
青海年鉴社　2004年11月
615页　精装　30cm
ISSN1009-1408

青海年鉴·2005
青海省地方志编纂委员会主办　青海年鉴社编　主编谭奇
青海年鉴社　2005年10月
587页　精装　29cm

ISSN1009-1408
馆藏号：Guojiafz-8600002008873

青海年鉴·2006
青海省地方志编纂委员会主办　青海年鉴社编
主编刘德然
青海年鉴社　2006年10月
496页　精装　29cm
ISSN1009-1408
馆藏号：Guojiafz-8600002005394

青海年鉴·2007
青海省人民政府主管　青海省地方志编纂委员会主办　青海年鉴社编　主编刘德然
青海年鉴社　2007年10月
550页　精装　29cm
ISSN1009-1408
馆藏号：Guojiafz-8600002000317

青海年鉴·2008
青海省人民政府主管　青海省地方志编纂委员会主办　青海年鉴社编　主编刘德然
青海年鉴社　2008年10月
531页　精装　30cm
ISSN1009-1408
馆藏号：Guojiafz-8600002000318

青海年鉴·2009
青海省地方志编纂委员会主办　青海年鉴社编
主编刘德然
青海年鉴社　2010年3月
528页　精装　30cm
ISSN1009-1408
馆藏号：Guojiafz-8600002009407

青海年鉴·2010
青海省地方志编纂委员会主办　青海年鉴社编
主编刘德然
青海年鉴社　2011年1月
634页　精装　30cm
ISSN1009-1408
馆藏号：Guojiafz-8600002009326

青海年鉴·2011
青海省地方志编纂委员会主办　青海年鉴社编
主编刘德然
青海年鉴社　2011年10月
793页　精装　29cm
ISSN1009-1408
馆藏号：Guojiafz-8600002010208

青海年鉴·2012
青海省地方志编纂委员会主办　青海年鉴社编
主编、总纂王振青
青海年鉴社　2012年10月
597页　精装　29cm
ISSN1009-1408
馆藏号：Guojiafz-8600002010205

青海年鉴·2013
青海省地方志编纂委员会主办　青海年鉴社编
主编、总纂王振青
青海年鉴社　2013年9月
579页　精装　29cm
ISSN1009-1408
馆藏号：Guojiafz-8600002010827

青海年鉴·2014
青海省地方志编纂委员会主办　青海年鉴社编
主编、总纂王振青
青海年鉴社　2014年9月
585页　精装　29cm
ISSN1009-1408
馆藏号：Guojiafz-8600002010826

青海年鉴·2015
青海省地方志编纂委员会主管　青海省地方志编纂委员会办公室主办　青海年鉴社编　主编高煜
青海年鉴社　2015年12月
472页　精装　29cm

ISSN1009-1408
馆藏号：Guojiafz-8600002003701

青海年鉴·2016
青海省地方志编纂委员会主管　青海省地方志编纂委员会办公室主办　青海年鉴社编　主编高煜
青海年鉴社　2016年12月
527页　精装　29cm
ISSN1009-1408
馆藏号：Guojiafz-8600002014891

青海年鉴·2017
青海省地方志编纂委员会办公室主办　青海年鉴社编　主编高煜
青海年鉴社　2017年12月
522页　精装　29cm
ISSN1009-1408
馆藏号：Guojiafz-8600002016403

青海年鉴·2018
青海省地方志编纂委员会主办　青海年鉴社编　主编杨松义
青海年鉴社　2018年12月
521页　精装　29cm
ISSN1009-1408
馆藏号：Guojiafz-8600002017776

青海省高级人民法院年鉴·2015
青海省高级人民法院编　主编马晓军
青海天和地矿印刷有限公司印刷　2017年12月
412页　精装　29cm
准印证号：青文新出（2017）准字第A54号
馆藏号：Guojiafz-8600002018367

青海省高级人民法院年鉴·2016
青海省高级人民法院编　主编马晓军
青海天和地矿印刷有限公司印刷　2018年8月
550页　精装　29cm
准印证号：青文新出（2018）准字第101号
馆藏号：Guojiafz-8600002018300

青海经济年鉴·2011
青海省地方志办公室编　主编刘德然
青海雅丰彩色印刷有限责任公司印刷　2012年3月
380页　精装　29cm
ISSN1009-1408
馆藏号：Guojiafz-8600002010306

青海经济年鉴·2012
青海省地方志办公室编　主编刘德然
青海雅丰彩色印刷有限责任公司印刷　2013年3月
472页　精装　29cm
ISSN1009-1408
馆藏号：Guojiafz-8600002010914

中国石油青海油田公司年鉴·2006—2007
中国石油天然气股份有限公司青海油田分公司编　主编刘国友、王宝军
同心出版社　2010年12月
681页　精装　27cm
ISBN978-7-5477-0067-9
馆藏号：Guojiafz-8600002000408

中国石油青海油田公司年鉴·2008—2009
中国石油天然气股份有限公司青海油田分公司编　主编刘国友、王宝军
同心出版社　2010年12月
691页　精装　27cm
ISBN978-7-5477-0068-6
馆藏号：Guojiafz-8600002000412

中国石油青海油田公司年鉴·2010
中国石油天然气股份有限公司青海油田分公司编　主编周和生、王宝军
兰州大学出版社　2011年12月
629页　精装　27cm
ISBN978-7-311-03413-9
馆藏号：Guojiafz-8600002000411

中国石油青海油田公司年鉴·2011—2012
中国石油天然气股份有限公司青海油田分公司编

主编周和生、谷晓峰、王宝军
敦煌文艺出版社　2012 年 12 月
491 页　精装　27cm
ISBN978-7-5468-0445-3
馆藏号：Guojiafz-8600002010641

中国石油青海油田公司年鉴·2016
中国石油天然气股份有限公司青海油田分公司编
主编马达德、黄生远、刘义发
甘肃民族出版社　2016 年 12 月
369 页　精装　27cm
ISBN978-7-5421-3702-9
馆藏号：Guojiafz-8600002016532

青海交通年鉴·2010
青海公路交通史志编审委员会办公室编
主编李生禄
青海人民出版社　2011 年 12 月
482 页　精装　29cm
ISBN978-7-225-04164-3
馆藏号：Guojiafz-8600002000310

青海交通年鉴·2011
青海公路交通史志编审委员会办公室编
主编李生禄
青海人民出版社　2012 年 12 月
572 页　精装　29cm
ISBN978-7-225-04492-7
馆藏号：Guojiafz-8600002009822

青海交通年鉴·2012
青海公路交通史志编审委员会办公室编
主编李生禄
青海人民出版社　2013 年 12 月
557 页　精装　29cm
ISBN978-7-225-04686-0
馆藏号：Guojiafz-8600002007470

青海交通年鉴·2015
青海公路交通史志编审委员会办公室编
主编林才让
青海人民出版社　2016 年 12 月
426 页　精装　29cm
ISBN978-7-225-05241-0
馆藏号：Guojiafz-8600002014917

青藏铁路公司年鉴·2008
《青藏铁路公司年鉴》编纂委员会编　主编王建华
执行主编梁明道
青海人民出版社　2008 年 12 月
264 页　精装　29cm
ISBN978-7-225-03307-5
馆藏号：Guojiafz-8600002008931

青藏铁路公司年鉴·2010
《青藏铁路公司年鉴》编纂委员会编　主编贾军
执行主编梁明道
内部印刷　2010 年
390 页　精装　29cm
准印证号：青新出（2010）准字第 092 号
馆藏号：Guojiafz-8600002008716

青藏铁路公司年鉴·2011
《青藏铁路公司年鉴》编纂委员会编　主编王多吉
执行主编梁明道
内部印刷　2011 年
370 页　精装　29cm
准印证号：青新出（2011）准字第 65 号
馆藏号：Guojiafz-8600002001081

青藏铁路公司年鉴·2012
《青藏铁路公司年鉴》编纂委员会编　主编王多吉
执行主编梁明道
内部印刷　2012 年
387 页　精装　29cm
准印证号：青文新出（2012）准字第 219 号
馆藏号：Guojiafz-8600002010307

青藏铁路公司年鉴·2013
《青藏铁路公司年鉴》编纂委员会编　主编王多吉

青海人民出版社　2013年12月
406页　精装　29cm
ISBN978-7-225-04672-3
馆藏号：Guojiafz-8600002010724

青藏铁路公司年鉴·2016
青藏铁路公司主办　青藏铁路公司史志编纂委员会编　主编王多吉
西安国彩印刷有限公司印刷　2016年12月
392页　精装　29cm
准印证号：青文新出（2016）准字第147号
馆藏号：Guojiafz-8600002016130

中国铁路青藏集团有限公司年鉴·2017
青藏集团公司主办　青藏集团公司史志编纂委员会编　主编王多吉
西安国彩印刷有限公司印刷　2017年12月
385页　精装　29cm
准印证号：青文新出（2017）准字第A9号
馆藏号：Guojiafz-8600002018302

青海统计年鉴·2009
青海省统计局、国家统计局青海调查总队合编　总编辑康玲、沈宏
中国统计出版社　2009年8月
630页　精装　30cm
ISBN978-7-5037-5681-8
馆藏号：Guojiafz-8600002003096

青海民政统计年鉴·2012
青海省民政厅编　总编刘明
西宁罗兰印务有限公司印刷　2012年
727页　精装　30cm
准印证号：青文新出（2012）准字第286号
馆藏号：Guojiafz-8600002006303

青海民政统计年鉴·2013
青海省民政厅编　总编刘明
西宁罗兰印务有限公司印刷　2013年
795页　精装　30cm
准印证号：青文新出（2013）准字第340号
馆藏号：Guojiafz-8600002010835

西宁年鉴·2011—2012
《西宁年鉴》编纂委员会编　主任王予波
青海人民出版社　2014年10月
417页　精装　29cm
ISBN978-7-225-04706-5
馆藏号：Guojiafz-8600002004867

西宁年鉴·2015
西宁年鉴编纂委员会编　主任张晓容
青海民族出版社　2016年10月
406页　精装　29cm
ISBN978-7-5420-2688-0
馆藏号：Guojiafz-8600002014107

城东年鉴·2016
西宁市城东区地方志编纂委员会主管　西宁市城东区地方志编纂委员会办公室主办　西宁市城东区地方志编纂委员会编　主编李振南
青海人民出版社　2016年12月
296页　精装　29cm
ISBN978-7-225-05259-5
馆藏号：Guojiafz-8600002016138

城东年鉴·2017
西宁市城东区地方志编纂委员会主管　西宁市城东区地方志编纂委员会办公室主办　西宁市城东区地方志编纂委员会编　主编李志坚
青海人民出版社　2018年11月
338页　精装　29cm
ISBN978-7-225-05704-0
馆藏号：Guojiafz-8600002018282

城东年鉴·2018
西宁市城东区人民政府主办　西宁市城东区地方志编纂委员会编　主编李志坚
四川科学技术出版社　2019年2月
322页　精装　29cm

ISBN978-7-5364-9332-2
馆藏号：Guojiafz-8600002018281

城西区年鉴·2010
西宁市城西区人民政府主办　西宁市城西区地方志编纂委员会办公室编　主编常振安、张智
兰州华峰印刷有限公司印刷　2011 年
195 页　精装　29cm
准印证号：青新出（2011）准字第 160 号
馆藏号：Guojiafz-8600002009239

西宁市城西年鉴·2011
西宁市城西区地方志编纂委员会办公室编
主编雷桂英
甘肃新华印刷厂印刷
413 页　精装　29cm
准印证号：青新出（2012）准字第 34 号
馆藏号：Guojiafz-8600002007915

西宁市城西区年鉴·2012
西宁市城西区地方志编纂委员会办公室编
主编雷桂英、魏成王
甘肃新华印刷厂印刷　2012 年 1 月
432 页　精装　29cm
准印证号：青新出内印字（2012）第 12 号
馆藏号：Guojiafz-8600002010884

西宁市城西年鉴·2017
西宁市城西区地方志编纂委员会编　主编陈忠义
青海民族出版社　2018 年 11 月
381 页　精装　29cm
ISBN978-7-5420-3197-6
馆藏号：Guojiafz-8600002018284

湟中年鉴·2016
湟中县人民政府办公室编　主任赵冬
青海人民出版社　2018 年 3 月
236 页　精装　29cm
ISBN978-7-225-05553-4
馆藏号：Guojiafz-8600002018357

大通年鉴·2001—2005
大通回族土族自治县人民政府主办　大通回族土族自治县地方志编纂委员会编　主编刘海云
北京金彩印刷有限公司印刷
332 页　精装　29cm
馆藏号：Guojiafz-8600002001839

大通年鉴·2008—2010
大通回族土族自治县人民政府主办　大通回族土族自治县地方志编纂委员会办公室编
主编米占良
三门峡日报印刷厂印刷　2012 年 12 月
350 页　精装　29cm
馆藏号：Guojiafz-8600002010886

海东年鉴·2010
海东地区地方志编纂委员主办　海东地区地方志编纂委员会编　主编曾植俊　总纂杨玉英
青海民族出版社　2013 年 11 月
353 页　精装　29cm
ISBN978-7-5420-2025-3
馆藏号：Guojiafz-8600002016142

乐都年鉴·2010
乐都县志编纂委员会主办　乐都县地方志编纂委员会编　主编尉宝山　总纂陈华民
西宁睿博彩印设计制作有限公司印刷　2015 年 12 月
465 页　精装　29cm
准印证号：东文新出（2016）准字第 001 号
馆藏号：Guojiafz-8600002016147

民和回族土族自治县年鉴·2006—2011
民和回族土族自治县地方志编纂委员会编
主编任春光　执行主编张国强
青海民族出版社　2013 年 8 月
551 页　精装　29cm
ISBN978-7-5420-1964-6
馆藏号：Guojiafz-8600002013831

民和回族土族自治县年鉴·2014
民和回族土族自治县地方志编纂委员会编
主编曹良泰　总纂张国强
中州古籍出版社　2016 年 7 月
345 页　精装　30cm
ISBN978-7-5348-6297-7
馆藏号：Guojiafz-8600002014898

化隆回族自治县综合年鉴·2010—2011
化隆回族自治县地方志编纂委员会主办　化隆回族自治县县志编纂委员会办公室编　主编张胜源
青海民族出版社　2012 年 11 月
322 页　精装　29cm
ISBN978-7-5420-1842-7
馆藏号：Guojiafz-8600002003518

化隆回族自治县年鉴·2014
化隆县地方志办公室主办　化隆回族自治县地方志办公室编　主编安项加　总纂昂果
青海民族出版社　2016 年 6 月
314 页　精装　29cm
ISBN978-7-5420-2633-0
馆藏号：Guojiafz-8600002016150

循化撒拉族自治县年鉴·2016
循化撒拉族自治县地方志编纂委员会主办　循化撒拉族自治县地方志编纂委员会编　主编马海龙　总纂马海龙
青海民族出版社　2017 年 8 月
368 页　精装　29cm
ISBN978-7-5420-2903-4
馆藏号：Guojiafz-8600002018305

海北年鉴·2007
海北州人民政府主办　海北藏族自治州地方志编纂委员会编　主编卫五福
青海人民出版社　2008 年 12 月
482 页　精装　28cm
ISBN978-7-225-03302-0
馆藏号：Guojiafz-8600002003016

海北年鉴·2008
海北州人民政府主办　海北藏族自治州地方志编纂委员会编　主编卫五福
青海人民出版社　2009 年 12 月
447 页　精装　27cm
ISBN978-7-225-03525-3
馆藏号：Guojiafz-8600002002734

海北年鉴·2009
海北州人民政府主办　海北藏族自治州地方志编纂委员会编　主编卫五福
青海人民出版社　2010 年 12 月
449 页　精装　28cm
ISBN978-7-225-03732-5
馆藏号：Guojiafz-8600002003017

海北年鉴·2013
海北州人民政府主办　海北藏族自治州地方志编纂委员会编　主编祁兴福
青海民族出版社　2014 年 12 月
428 页　精装　27cm
ISBN978-7-5420-2353-7
馆藏号：Guojiafz-8600002015413

海北年鉴·2014
海北州人民政府主办　海北州地方志编纂委员会编　主编祁兴福
青海民族出版社　2015 年 12 月
397 页　精装　29cm
ISBN978-7-5420-2514-2
馆藏号：Guojiafz-8600002016132

海北年鉴·2015
海北藏族自治州地方志编纂委员会编　主编祁兴福
青海民族出版社　2017 年 2 月
362 页　精装　29cm
ISBN978-7-5420-2870-9
馆藏号：Guojiafz-8600002016140

祁连年鉴·1986—1994
祁连县人民政府主办　祁连县地方志编纂委员会编　主编海显仑
甘肃省张掖河西印刷厂印刷　1996 年 5 月
359 页　精装　27cm
准印证号：甘新出 059 字总 061 号（96）079 号
馆藏号：Guojiafz–8600002010129

祁连年鉴·1995—2003
祁连县人民政府主办　祁连县地方志编纂委员会编　主编马文军
张掖市河西印刷厂印刷　2004 年 11 月
378 页　精装　27cm
准印证号：甘出准 059 字总 968 号（2004）第 47 号
馆藏号：Guojiafz–8600002001396

祁连年鉴·2014
祁连县人民政府主办　祁连县地方志编纂委员会编　主编马文军
青海民族出版社　2016 年 4 月
289 页　精装　29cm
ISBN978–7–5420–2626–2
馆藏号：Guojiafz–8600002016129

刚察县综合年鉴·2006—2010
刚察县人民政府主办　刚察县地方志编纂委员会编　主编陈生贵
内部印刷
554 页　精装　29cm
馆藏号：Guojiafz–8600002001171

门源年鉴·2006
门源人民政府主办　门源回族自治县地方志编纂委员会编　主编马成云
青海人民出版社　2008 年 12 月
304 页　精装　27cm
ISBN978–7–225–03309–9
馆藏号：Guojiafz–8600002002732

门源年鉴·2007
门源人民政府主办　门源回族自治县地方志编纂委员会编　主编马成云
青海人民出版社　2010 年 4 月
375 页　精装　27cm
ISBN978–7–225–03565–9
馆藏号：Guojiafz–8600002003102

门源年鉴·2008
门源县人民政府主办　门源回族自治县地方志编纂委员会编　主编马成云
青海人民出版社　2010 年 12 月
388 页　精装　27cm
ISBN978–7–225–03737–0
馆藏号：Guojiafz–8600002002636

门源年鉴·2010
门源回族自治县地方志编纂委员会主办　门源回族自治县地方志编纂委员会编　主编马成云
青海人民出版社　2012 年 12 月
423 页　精装　27cm
ISBN978–7–225–04503–0
馆藏号：Guojiafz–8600002015774

门源年鉴·2015
门源回族自治县人民政府主管　门源回族自治县地方志编纂委员会主办　门源回族自治县地方志编纂委员会编　主编马安邦
青海人民出版社　2016 年 12 月
294 页　精装　29cm
ISBN978–7–225–05248–9
馆藏号：Guojiafz–8600002016144

同仁年鉴·2018
同仁县地方志编纂委员会编　主任辛世俊
四川科学技术出版社　2018 年 12 月
379 页　精装　29cm
ISBN978–7–5364–9311–7
馆藏号：Guojiafz–8600002018286

海南州年鉴·2008
海南藏族自治州人民政府、海南藏族自治州地方志编纂委员会主办　海南州年鉴编辑部编
主编王长安　总纂张正祥
郑州深港印刷有限责任公司印刷　2009年9月
266页　精装　29cm
准印证号：青内资K-082
馆藏号：Guojiafz-8600002001964

海南州年鉴·2010
海南藏族自治州人民政府、海南藏族自治州地方志编纂委员会主办　海南州年鉴编辑部编
总编李录　主编王建民
郑州深港印刷有限责任公司印刷　2011年9月
380页　精装　29cm
准印证号：青内资K-082号
馆藏号：Guojiafz-8600002008782

海南年鉴·2011
海南藏族自治州人民政府、海南藏族自治州地方志编纂委员会主办　海南年鉴编辑部编
总编李录　主编王建民
郑州深港印刷有限责任公司印刷　2012年11月
313页　精装　29cm
准印证号：青内资K-082号
馆藏号：Guojiafz-8600002005040

海南年鉴·2012
海南藏族自治州人民政府、海南藏族自治州地方志编纂委员会主办　总编李录　主编王建民
郑州深港印刷有限责任公司印刷　2013年9月
334页　精装　30cm
准印证号：青内资K-082号
馆藏号：Guojiafz-8600002010896

海南年鉴·2013
海南州人民政府、州地方志编纂委员会主办　海南藏族自治州地方志编纂委员会编　总编李录
主编王建民
中州古籍出版社　2015年3月
331页　精装　29cm
ISBN978-7-5348-5232-9
馆藏号：Guojiafz-8600002013830

海南年鉴·2016
海南州人民政府、州地方志编纂委员会主办　海南藏族自治州地方志编纂委员会办公室编
主编李廷祥
九州出版社　2018年1月
326页　精装　29cm
ISBN978-7-5108-6424-7
馆藏号：Guojiafz-8600002016402

海南年鉴·2018
海南藏族自治州地方志编纂委员会办公室编
主编李清明　总纂李继云
青海人民出版社　2019年1月
332页　精装　29cm
ISBN978-7-225-05713-2
馆藏号：Guojiafz-8600002018258

同德年鉴·2016
同德县地方志编纂委员会主办　同德县地方志编纂委员会办公室编　主编彭毛才让、苑丹坚措
九州出版社　2017年10月
273页　精装　29cm
ISBN978-7-5108-6214-4
馆藏号：Guojiafz-8600002016274

果洛藏族自治州年鉴·1996
果洛州地方志编委会编　主编华贡杰
青海民族出版社　2003年3月
435页　精装　22cm
ISBN7-5420-0995-8
馆藏号：Guojiafz-8600002002332

果洛藏族自治州年鉴·1997
果洛州地方志编委会编　主编华贡杰
青海民族出版社　2003年3月
520页　精装　23cm

ISBN7-5420-1003-4
馆藏号：Guojiafz-8600002002331

果洛藏族自治州年鉴·2008
果洛藏族自治州地方志编纂委员会编
主编华贡杰
青海民族出版社　2009 年 10 月
447 页　精装　30cm
ISBN978-7-5420-1459-7
馆藏号：Guojiafz-8600002006048

果洛藏族自治州年鉴·2010
果洛藏族自治州地方志编纂委员会编
主编梅贤春
青海民族出版社　2011 年 11 月
528 页　精装　31cm
ISBN978-7-5420-1625-6
馆藏号：Guojiafz-8600002005996

果洛藏族自治州年鉴·2011
果洛藏族自治州地方志编纂委员会编
主编薛东曲
青海民族出版社　2012 年 11 月
487 页　精装　29cm
ISBN978-7-5420-1839-7
馆藏号：Guojiafz-8600002000948

果洛藏族自治州年鉴·2013
果洛藏族自治州地方志编纂委员会编
主编薛东曲
青海民族出版社　2014 年 11 月
419 页　精装　29cm
ISBN978-7-5420-2301-8
馆藏号：Guojiafz-8600002015293

果洛年鉴·2014
果洛藏族自治州地方志编纂委员会编
青海民族出版社　2015 年 12 月
433 页　精装　29cm
ISBN978-7-5420-2510-4
馆藏号：Guojiafz-8600002016152

玉树藏族自治州年鉴·2012
玉树藏族自治州地方志编纂委员会编
主编朱学义
洛阳市天彩印刷有限公司印刷　2013 年 3 月
282 页　精装　29cm
准印证号：青文新出（2013）准字第 81 号
馆藏号：Guojiafz-8600002010916

玉树藏族自治州年鉴·2013
玉树藏族自治州地方志编纂委员会编
主编朱学义
洛阳天彩印刷有限公司印刷　2013 年 12 月
402 页　精装　29cm
准印证号：青文新出（2013）准字第 316 号
馆藏号：Guojiafz-8600002010917

玉树藏族自治州年鉴·2014
玉树藏族自治州地方志编纂委员会编
主编朱学义
洛阳市天彩印刷有限公司印刷　2014 年 12 月
330 页　精装　29cm
准印证号：青文新出（2014）准字第 279 号
馆藏号：Guojiafz-8600002010867

玉树藏族自治州年鉴·2019
玉树州人民政府主办　玉树藏族自治州地方志办公室编　主编朱学义
青海民族出版社　2020 年 7 月
267 页　精装　29cm
ISBN978-7-5420-3525-7
馆藏号：Guojiafz-8600002018387

曲麻莱年鉴·2016
曲麻莱县人民政府主办　曲麻莱县地方志编纂委员会办公室编　主编索南扎西
中国文史出版社　2016 年 6 月
235 页　精装　29cm
ISBN978-7-5034-7782-9
馆藏号：Guojiafz-8600002016149

海西年鉴·2003—2007
海西蒙古族藏族自治州地方志编纂委员会编
主编沈俊杰
青海人民出版社　2008 年 3 月
620 页　精装　29cm
ISBN978-7-225-03150-7
馆藏号：Guojiafz-8600002008207

海西年鉴·2009
海西蒙古族藏族自治州地方志编纂委员会编
主编沈俊杰　总纂沈俊杰
青海人民出版社　2010 年 6 月
538 页　精装　29cm
ISBN978-7-225-03646-5
馆藏号：Guojiafz-8600002005884

海西年鉴·2010
海西蒙古族藏族自治州地方志编纂委员会编
主编刘树军
青海人民出版社　2011 年 12 月
492 页　精装　29cm
ISBN978-7-225-04026-4
馆藏号：Guojiafz-8600002000919

海西年鉴·2011
海西蒙古族藏族自治州地方志编纂委员会编
主编费永刚
青海民族出版社　2012 年 11 月
479 页　精装　29cm
ISBN978-7-5420-1840-3
馆藏号：Guojiafz-8600002006915

海西年鉴·2012
海西蒙古族藏族自治州地方志编纂委员会编
主编贺忠祥
青海民族出版社　2013 年 11 月
456 页　精装　29cm
ISBN978-7-5420-2030-7
馆藏号：Guojiafz-8600002015735

海西年鉴·2014—2015
海西蒙古族藏族自治州地方志编纂委员会编
主编贺忠祥
青海民族出版社　2015 年 12 月
384 页　精装　29cm
ISBN978-7-5420-2587-6
馆藏号：Guojiafz-8600002016134

德令哈年鉴·2007—2009
中国共产党德令哈市委员会主办　德令哈市地方志编纂委员会编　主编蒋苍祯
郑州金秋彩色印务有限公司印刷　2010 年 7 月
429 页　精装　29cm
准印证号：青文新出（2010）准字第 86 号
馆藏号：Guojiafz-8600002009459

大柴旦年鉴·2001—2008
大柴旦行委地方志编纂委员会编　主编张富泽
青海人民出版社　2009 年 11 月
421 页　精装　29cm
ISBN978-7-225-03498-0
馆藏号：Guojiafz-8600002003100

大柴旦年鉴·2009—2012
大柴旦行委地方志编纂委员会编　主编伊峰烨
郑州金秋彩色印刷有限公司印刷　2013 年 6 月
378 页　精装　29cm
准印证号：青文新出（2013）准字第 51 号
馆藏号：Guojiafz-8600002010843

宁夏回族自治区

宁夏年鉴·2001（创刊号）
宁夏回族自治区人民政府主办　宁夏回族自治区年鉴编辑委员会编　主编冯炯华　总纂吴忠礼
方志出版社　2001年10月
484页　精装　29cm
ISBN7-80122-714-X
馆藏号：Guojiafz-8600002004707

宁夏年鉴·2002
宁夏回族自治区人民政府主办　宁夏年鉴编辑委员会编　主编冯炯华　总纂吴忠礼
方志出版社　2002年10月
449页　精装　29cm
ISBN7-80122-843-X
馆藏号：Guojiafz-8600002002932

宁夏年鉴·2003
宁夏回族自治区人民政府主办　宁夏年鉴编辑委员会编　主编冯炯华　总纂吴忠礼
方志出版社　2003年11月
435页　精装　29cm
ISBN7-80192-081-3
馆藏号：Guojiafz-8600002000501

宁夏年鉴·2004
宁夏回族自治区人民政府主办　宁夏年鉴编辑委员会编　主编冯炯华　总纂张万寿、吴忠礼
方志出版社　2004年10月
457页　精装　29cm
ISBN7-80192-335-9
馆藏号：Guojiafz-8600002004593

宁夏年鉴·2005
宁夏回族自治区人民政府主办　宁夏年鉴编辑委员会编　主编冯炯华　总纂张万寿、吴忠礼
方志出版社　2005年11月
491页　精装　29cm
ISBN7-80192-662-5
馆藏号：Guojiafz-8600002004892

宁夏年鉴·2006
宁夏回族自治区人民政府主办　宁夏年鉴编辑委员会编　主编冯炯华　总纂张锋、张万寿、吴忠礼
方志出版社　2006年11月
492页　精装　29cm
ISBN7-80192-941-1
馆藏号：Guojiafz-8600002013976

宁夏年鉴·2007
宁夏回族自治区人民政府主办　宁夏年鉴编辑委员会编　主编冯炯华　总纂张锋、张万寿、吴忠礼
宁夏人民出版社　2007年11月
563页　精装　29cm
ISBN978-7-227-03619-7
馆藏号：Guojiafz-8600002013975

宁夏年鉴·2008
宁夏回族自治区人民政府主办　宁夏年鉴编辑委员会编　主编李堂堂　总纂张进海、吴忠礼
宁夏人民出版社　2008年12月
587页　精装　29cm

ISBN978-7-227-03993-8
馆藏号：Guojiafz-8600002000812

宁夏年鉴·2009
宁夏回族自治区人民政府主办　宁夏年鉴编辑委员会编　主编齐同生　总纂张进海、吴忠礼
宁夏人民出版社　2009年12月
437页　精装　29cm
ISBN978-7-227-04352-2
馆藏号：Guojiafz-8600002005909

宁夏年鉴·2010
宁夏回族自治区人民政府主办《宁夏年鉴》编辑委员会编　主编屈冬玉　总纂张进海、吴忠礼
宁夏人民出版社　2010年11月
440页　精装　29cm
ISBN978-7-227-04595-3
馆藏号：Guojiafz-8600002017106

宁夏年鉴·2011
宁夏回族自治区人民政府主办　宁夏年鉴编辑委员会编　主编屈冬玉　总纂张进海、吴忠礼
宁夏人民出版社　2011年11月
506页　精装　29cm
ISBN978-7-227-04845-9
馆藏号：Guojiafz-8600002016122

宁夏年鉴·2012
宁夏回族自治区人民政府主办　宁夏年鉴编辑委员会、宁夏回族自治区地方志办公室合编
主编屈冬玉　总纂张进海、吴忠礼
宁夏人民出版社　2012年12月
521页　精装　29cm
ISBN978-7-227-05327-9
馆藏号：Guojiafz-8600002007095

宁夏年鉴·2013
宁夏回族自治区人民政府主办　宁夏年鉴编辑委员会、宁夏回族自治区地方志办公室合编
主编姚爱兴　总纂张进海、吴忠礼
宁夏人民出版社　2013年12月
472页　精装　29cm
ISBN978-7-227-05623-2
馆藏号：Guojiafz-8600002013303

宁夏年鉴·2014
宁夏回族自治区人民政府主办　宁夏地方志编审委员会、宁夏回族自治区地方志办公室合编
主编姚爱兴　总纂张进海、吴忠礼
宁夏人民出版社　2014年12月
514页　精装　29cm
ISBN978-7-227-05947-9
馆藏号：Guojiafz-8600002015816

宁夏年鉴·2015
宁夏回族自治区人民政府主办　宁夏地方志编审委员会、宁夏回族自治区地方志办公室合编
主编姚爱兴　总纂张进海、张廉、吴忠礼
宁夏人民出版社　2016年1月
552页　精装　29cm
ISBN978-7-227-06236-3
馆藏号：Guojiafz-8600002017107

宁夏年鉴·2016
宁夏回族自治区人民政府主办　宁夏地方志编审委员会、宁夏回族自治区地方志办公室合编
主编姚爱兴　总纂张进海、张廉、吴忠礼
宁夏人民出版社　2016年12月
440页　精装　29cm
ISBN978-7-227-06546-3
馆藏号：Guojiafz-8600002013981

宁夏年鉴·2017
宁夏回族自治区人民政府主办　宁夏地方志编审委员会、宁夏回族自治区地方志办公室合编
主编姚爱兴　总纂张廉、吴忠礼
方志出版社　2017年10月
542页　精装　29cm
ISBN978-7-5144-2563-5
馆藏号：Guojiafz-8600002015144

宁夏年鉴·2018
宁夏回族自治区人民政府主办　宁夏地方志编审委员会、宁夏回族自治区地方志办公室合编
主编杨培君　总纂张廉、吴忠礼
方志出版社　2018年11月
492页　精装　29cm
ISBN978-7-5144-3409-5
馆藏号：Guojiafz-8600002019705

宁夏能源年鉴
《宁夏能源年鉴》编辑委员会编　主编王玉和
宁夏人民出版社　2008年9月
758页　精装　27cm
ISBN978-7-227-03978-5
馆藏号：Guojiafz-8600002009763

宁夏回族自治区科学技术年鉴·1987
宁夏回族自治区科学技术委员会《科学技术年鉴》编辑组编　组长陈和妹
宁夏人民出版社　1989年10月
298页　平装　26cm
ISBN7-227-00628-2
馆藏号：Guojiafz-8600002004406

宁夏回族自治区科学技术年鉴·1988
宁夏回族自治区科学技术委员会《科学技术年鉴》编辑组编　组长陈和妹
宁夏人民出版社　1989年9月
377页　平装　26cm
ISBN7-227-00523-2
馆藏号：Guojiafz-8600002004408

宁夏回族自治区科学技术年鉴·1989
宁夏回族自治区科学技术委员会《科学技术年鉴》编辑组编　组长陈和妹
宁夏人民出版社　1991年5月
431页　平装　26cm
ISBN7-227-00688-3
馆藏号：Guojiafz-8600002004409

宁夏回族自治区科学技术年鉴·1990
宁夏回族自治区科学技术委员会《科学技术年鉴》编辑部编　主编王永昌
宁夏人民教育出版社　1994年8月
229页　平装　26cm
ISBN7-80596-093-3
馆藏号：Guojiafz-8600002004411

宁夏回族自治区科学技术年鉴·1991
宁夏回族自治区科学技术委员会《科学技术年鉴》编辑部编　主编王永昌
宁夏人民出版社　1994年11月
251页　平装　26cm
ISBN7-227-01430-0
馆藏号：Guojiafz-8600002004538

宁夏科技统计年鉴·2003
宁夏回族自治区统计局、宁夏回族自治区科学技术厅、宁夏回族自治区教育厅合编
主编朱尼、张新君、王亚多
宁夏科信印制公司印刷　2003年9月
148页　平装　29cm
馆藏号：Guojiafz-8600002010264

宁夏水利年鉴·2012
《宁夏水利年鉴》编委会编　主编周京梅　执行主编任福
宁夏人民教育出版社　2012年12月
375页　精装　29cm
ISBN978-7-227-05349-1
馆藏号：Guojiafz-8600002015713

宁夏水利年鉴·2014
《宁夏水利年鉴》编纂委员会编　主编周京梅
宁夏人民教育出版社　2015年12月
357页　精装　29cm
ISBN978-7-5544-1399-9
馆藏号：Guojiafz-8600002014270

宁夏财政年鉴·2009
《宁夏财政年鉴》编纂委员会编　主编路芳
宁夏人民出版社　2009 年 12 月
486 页　精装　26cm
ISBN978-7-227-04388-1
馆藏号：Guojiafz-8600002005529

银川年鉴·2000（创刊号）
银川市志编纂委员会编　主编曹维新
宁夏人民出版社　2000 年 11 月
301 页　精装　29cm
ISBN7-227-02208-0
馆藏号：Guojiafz-8600002010618

银川年鉴·2001
银川年鉴编纂委员会编　主编曹维新
中国统计出版社　2001 年 8 月
310 页　精装　29cm
ISBN7-5037-3610-0
馆藏号：Guojiafz-8600002010090

银川年鉴·2002
银川市人民政府主办　银川年鉴编辑部编
主编曹维新
北京国彩印刷有限公司印刷　2002 年 6 月
351 页　平装　29cm
CN64-1048
馆藏号：Guojiafz-8600002010087

银川年鉴·2003
银川市人民政府主办　银川年鉴编辑部编
主编白雪山　执行主编翟新军
宁夏昊博彩色印刷有限公司印刷　2003 年 8 月
335 页　平装　29cm
ISSN1671-9735
馆藏号：Guojiafz-8600002003267

银川年鉴·2004
银川市人民政府主管　银川市志编纂委员会办公室主办　银川年鉴编辑部编　主编翟新军
宁夏昊博彩色印刷有限公司印刷　2004 年 8 月
387 页　平装　29cm
ISSN1671-9735
馆藏号：Guojiafz-8600002013339

银川年鉴·2006
银川市人民政府主管　银川市志编纂委员会办公室主办　银川年鉴编辑部编　主编翟新军
银川宁峰彩色印务有限公司印刷　2006 年 9 月
366 页　平装　29cm
ISSN1671-9735
馆藏号：Guojiafz-8600002010619

银川年鉴·2007
银川市人民政府主管　银川市地方志编纂委员会办公室主办　银川年鉴编辑部编　主编翟新军
银川宁峰彩色印务有限公司印刷　2007 年 9 月
373 页　平装　29cm
ISSN1671-9735
馆藏号：Guojiafz-8600002010495

银川年鉴·2008
银川市人民政府主管　银川市地方志编纂委员会办公室主办　银川年鉴编辑部编　主编张厚贵
宁夏世纪信通安全印务有限公司印刷　2008 年 9 月
374 页　平装　29cm
ISSN1671-9735
馆藏号：Guojiafz-8600002006758

银川年鉴·2009
银川市人民政府主管　银川市地方志编纂委员会办公室主办　银川年鉴编辑部编　主编张厚贵
银川宁峰彩色印务有限公司印刷　2009 年 9 月
401 页　平装　29cm
ISSN1671-9735
馆藏号：Guojiafz-8600002010538

银川年鉴·2010
银川市人民政府主管　银川市地方志编纂委员会办公室主办　银川年鉴编辑部编　主编张厚贵

银川市昊博彩色印刷有限公司印刷　2010年11月
416页　平装　29cm
ISSN1671-9735
馆藏号：Guojiafz-8600002010451

银川年鉴·2011
银川市人民政府主管　银川市地方志编纂委员会办公室主办　银川年鉴编辑部编　主编张厚贵
银川市昊博彩色印刷有限公司印刷　2011年11月
461页　平装　29cm
ISSN1671-9735
馆藏号：Guojiafz-8600002010648

银川年鉴·2012
银川市人民政府主管　银川市地方志编纂委员会办公室主办　银川年鉴编辑部编　主编张厚贵
银川市昊博彩色印刷有限公司印刷　2012年12月
415页　平装　29cm
ISSN1671-9735
馆藏号：Guojiafz-8600002007088

银川年鉴·2013
银川市人民政府主管　银川市地方志编纂委员会办公室主办　银川年鉴编辑部编　主编戴亮
银川市昊博彩色印刷有限公司印刷　2013年12月
381页　平装　29cm
ISSN1671-9735
馆藏号：Guojiafz-8600002010558

银川年鉴·2014
银川市人民政府主管　银川市地方志编纂委员会办公室主办　银川年鉴编辑部编　主编戴亮
银川市昊博彩色印刷有限公司印刷　2014年12月
428页　平装　29cm
ISSN1671-9735
馆藏号：Guojiafz-8600002010540

银川年鉴·2015
银川市人民政府主管　银川市地方志编纂委员会办公室主办　银川年鉴编辑部编　主编戴亮
宁夏凤鸣彩印广告有限公司印刷　2015年12月
517页　平装　29cm
ISSN1671-9735
馆藏号：Guojiafz-8600002009971

银川年鉴·2016
银川市人民政府主管　银川市地方志编纂委员会办公室主办　银川年鉴编辑部编　主编戴亮
宁夏凤鸣彩印广告有限公司印刷　2016年11月
452页　平装　29cm
ISSN1671-9735
馆藏号：Guojiafz-8600002014252

银川年鉴·2017
银川市人民政府主管　银川市地方志编纂委员会办公室主办　《银川年鉴》编辑部编
主编张雪芹
宁夏凤鸣彩印广告有限公司印刷　2017年11月
416页　精装　29cm
ISSN1671-9735
馆藏号：Guojiafz-8600002016732

银川年鉴·2018
银川市人民政府主管　银川市地方志编纂委员会办公室主办　《银川年鉴》编辑部编
主编张雪芹
宁夏凤鸣彩印广告有限公司印刷　2018年12月
393页　精装　29cm
ISSN1671-9735
馆藏号：Guojiafz-8600002018133

银川年鉴·2019
银川市地方志研究室主办　《银川年鉴》编辑部编
主编张雪芹
宁夏凤鸣彩印广告有限公司印刷　2019年12月
350页　精装　29cm
ISSN1671-9735
馆藏号：Guojiafz-8600002018131

银川生活年鉴・2003
银川市地方志办公室、银川年鉴编辑部合编
主编翟新军
方志出版社　2003 年 8 月
241 页　精装　20cm
ISBN7-80192-008-2
馆藏号：Guojiafz-8600002013145

金凤区综合年鉴・2002—2006
金凤区人民政府主办　金凤区地方志编纂委员会办公室编　主编袁京平　总纂徐鸿杰、郭继周
银川宁峰彩色印务有限公司印刷　2007 年 10 月
401 页　平装　29cm
准印证号：宁新出管字（2007）第 763 号
馆藏号：Guojiafz-8600002010815

兴庆年鉴・2012
银川市兴庆区人民政府主办　银川市兴庆区地方志编审委员会办公室编　主编郝峰
三秦出版社　2013 年 5 月
344 页　精装　30cm
ISBN978-7-5518-0443-1
馆藏号：Guojiafz-8600002013367

兴庆年鉴・2014
兴庆区人民政府主管　银川市兴庆区地方志编审委员会办公室编　主编郝峰
宁夏人民教育出版社　2015 年 6 月
328 页　精装　30cm
ISBN978-7-5544-1229-9
馆藏号：Guojiafz-8600002010450

兴庆年鉴・2015
兴庆区人民政府主管　兴庆区地方志编审委员会主办　银川市兴庆区地方志编审委员会办公室编
主编郝峰
方志出版社　2017 年 5 月
365 页　精装　29cm
ISBN978-7-5144-2433-1
馆藏号：Guojiafz-8600002016337

兴庆年鉴・2016
银川市兴庆区地方志编审委员会办公室编
主编郝峰
方志出版社　2018 年 5 月
423 页　精装　29cm
ISBN978-7-5144-3087-5
馆藏号：Guojiafz-8600002016929

西夏区年鉴・2014
西夏区区委、区政府主办　《西夏区年鉴》编纂委员会编　主编李维国　执行主编金玲　总纂范宗兴
宁夏人民出版社　2015 年 8 月
422 页　精装　29cm
ISBN978-7-227-06081-9
馆藏号：Guojiafz-8600002010640

灵武年鉴・2012
灵武市人民政府主办　《灵武年鉴》编纂委员会编
主编陈淑惠　执行主编马学海　总纂张明鹏
宁夏人民出版社　2012 年 12 月
306 页　精装　30cm
ISBN978-7-227-05336-1
馆藏号：Guojiafz-8600002009940

灵武年鉴・2014
灵武市人民政府主办　《灵武年鉴》编纂委员会编　主编陈淑惠　执行主编马学海　总纂张明鹏
宁夏人民出版社　2014 年 12 月
341 页　精装　30cm
ISBN978-7-227-05930-1
馆藏号：Guojiafz-8600002010624

永宁县年鉴・1986—1992
永宁县地方志编审委员会编　主编姜自力
内部印刷
436 页　平装　26cm
馆藏号：Guojiafz-8600002010126

贺兰年鉴·2011
贺兰县人民政府主办　贺兰县史志编纂委员会办公室编　主编罗昀　总纂张明鹏
阳光出版社　2013 年 3 月
305 页　精装　29cm
ISBN978-7-5525-0711-9
馆藏号：Guojiafz-8600002009959

贺兰年鉴·2014
贺兰县人民政府主办　贺兰县史志编纂委员会办公室编　主编罗昀　总纂李玉春
阳光出版社　2015 年 3 月
539 页　精装　31cm
ISBN978-7-5525-1751-4
馆藏号：Guojiafz-8600002010046

惠农年鉴·2017
惠农区地方志编纂委员会办公室编　主编马国桢　执行主编樊月凤
方志出版社　2019 年 6 月
293 页　平装　29cm
ISBN978-7-5144-3769-0
馆藏号：Guojiafz-8600002018198

平罗年鉴·2009
平罗县人民政府主办　平罗县志编审委员会办公室编　主编邢宏亮
宁夏人民出版社　2009 年 12 月
410 页　精装　29cm
ISBN978-7-227-04366-9
馆藏号：Guojiafz-8600002005524

平罗年鉴·2016
平罗县人民政府主办　平罗县志编纂委员会办公室编　主编邢宏亮
宁夏人民出版社　2016 年 12 月
533 页　精装　29cm
ISBN978-7-227-06533-3
馆藏号：Guojiafz-8600002014096

吴忠年鉴·2015（创刊号）
中共吴忠市委员会、吴忠市人民政府主办　吴忠市地方志办公室编　主编喜清江　执行主编、总纂胡建东
宁夏人民出版社　2016 年 4 月
358 页　精装　29cm
ISBN978-7-227-06307-0
馆藏号：Guojiafz-8600002014812

红寺堡区年鉴·2015
红寺堡区人民政府主办《红寺堡区年鉴》编辑委员会编　主编杨爱琴
宁夏人民出版社　2015 年 11 月
333 页　精装　29cm
ISBN978-7-2270-6145-8
馆藏号：Guojiafz-8600002020712-4

红寺堡区年鉴·2016
红寺堡区人民政府主办　红寺堡区年鉴编辑委员会编　总编尚自刚　主编陈永康
宁夏人民出版社　2016 年 12 月
306 页　精装　29cm
ISBN978-7-2270-6538-8
馆藏号：Guojiafz-8600002020715-7

红寺堡年鉴·2017
吴忠市红寺堡区党史地方志编纂委员会编　主编陈永康
宁夏人民出版社　2017 年 12 月
329 页　精装　29cm
ISBN978-7-227-06802-0
馆藏号：Guojiafz-8600002020709-11

红寺堡年鉴·2018
吴忠市红寺堡区党史地方志编纂委员会编　主编陈永康
方志出版社　2019 年 4 月
250 页　精装　29cm
ISBN978-7-5144-3719-5
馆藏号：Guojiafz-8600002018188

红寺堡年鉴·2019
吴忠市红寺堡区地方志编纂委员会编
主编陈永康
方志出版社　2020 年 6 月
280 页　精装　29cm
ISBN978-7-5144-4228-1
馆藏号：Guojiafz-8600002021665-7

红寺堡年鉴·2020
吴忠市红寺堡区地方志编纂委员会编
主编陈永康　执行主编王小玲
宁夏人民出版社　2020 年 10 月
297 页　精装　29cm
ISBN978-7-227-07303-1
馆藏号：Guojiafz-8600002020823-5

青铜峡年鉴·2001
青铜峡市志编纂委员会编　主编李忠山
宁夏人民出版社　2002 年 12 月
429 页　精装　27cm
ISBN7-227-02524-1
馆藏号：Guojiafz-8600002003734

青铜峡年鉴·2006
青铜峡市人民政府主办　青铜峡市志办公室编
主编张吉胜、何旭东　总纂张韶华
宁夏人民出版社　2006 年 9 月
418 页　精装　29cm
ISBN7-227-03272-8
馆藏号：Guojiafz-8600002002475

青铜峡年鉴·2013
青铜峡市人民政府主办　青铜峡市党史地方志编纂委员会办公室编　主编冀晓翀　总纂乔才山
宁夏人民出版社　2013 年 11 月
460 页　精装　29cm
ISBN978-7-227-05552-5
馆藏号：Guojiafz-8600002015225

青铜峡年鉴·2017
青铜峡市人民政府主办　青铜峡市党史地方志编纂委员会办公室编　总纂陈瑞龙
方志出版社　2018 年 2 月
388 页　精装　29cm
ISBN978-7-5144-2967-1
馆藏号：Guojiafz-8600002016917

青铜峡年鉴·2018
青铜峡市党史地方志编纂委员会主办　青铜峡市党史地方志编纂委员会办公室编　主编郭恒君
方志出版社　2019 年 2 月
496 页　精装　29cm
ISBN978-7-5144-3653-2
馆藏号：Guojiafz-8600002018176

盐池年鉴·2012
中共盐池县委、盐池县人民政府主办　《盐池年鉴》编纂委员会编　主编赵涛
宁夏人民出版社　2012 年 12 月
385 页　平装　29cm
ISBN978-7-227-05340-8
馆藏号：Guojiafz-8600002007361

盐池年鉴·2018
中共盐池县委盐池县人民政府主办　《盐池年鉴》编纂委员会编　主编戴培吉
方志出版社　2019 年 2 月
468 页　精装　29cm
ISBN978-7-5144-3666-2
馆藏号：Guojiafz-8600002018138

同心年鉴·2018
同心县地方志编审委员会办公室编　主编丁立军
方志出版社　2019 年 10 月
344 页　平装　29cm
ISBN978-7-5144-3831-4
馆藏号：Guojiafz-8600002018344

固原年鉴·2007
中共固原市委员会、固原市人民政府主办　固原市地方志办公室编　主编马平恩
中国文史出版社　2007年2月
443页　精装　29cm
ISBN978-7-5034-2236-2
馆藏号：Guojiafz-8600002005853

固原年鉴·2008
中共固原市委、固原市人民政府主办　固原市地方志编审委员会编　主编马平恩　总纂郭勤华
宁夏人民出版社　2009年7月
448页　精装　29cm
ISBN978-7-227-04205-1
馆藏号：Guojiafz-8600002018998-9000

固原年鉴·2010
中共固原市委、固原市人民政府主办　固原市地方志办公室编　主编马平恩
三秦出版社　2010年7月
594页　精装　29cm
ISBN978-7-80736-826-7
馆藏号：Guojiafz-8600002018992-4

固原年鉴·2011
固原市人民政府主办　固原市地方志编纂委员会办公室编　主编马平恩
甘肃文化出版社　2011年11月
674页　精装　29cm
ISBN978-7-80714-747-3
馆藏号：Guojiafz-8600002018995-7

固原年鉴·2012
固原市人民政府主办　固原市地方志办公室编　主编马平恩
甘肃文化出版社　2012年11月
670页　精装　29cm
ISBN978-7-5490-0374-7
馆藏号：Guojiafz-8600002007066

固原年鉴·2016
固原市人民政府主办　固原市地方志编纂委员会办公室编　主编马平恩　总纂苏明珠
中国时代经济出版社　2016年12月
482页　精装　29cm
ISBN978-7-5119-2638-8
馆藏号：Guojiafz-8600002019001-3

固原年鉴·2017
固原市人民政府主办　固原市地方志编纂委员会办公室编　主编马平恩　总纂苏明珠
陕西人民出版社　2017年11月
496页　精装　29cm
ISBN978-7-224-12547-4
馆藏号：Guojiafz-8600002019123-5

固原年鉴·2020
中共固原市委、固原市人民政府主办　固原市地方志研究室编　主编张志海
陕西人民出版社　2020年12月
511页　精装　29cm
ISBN978-7-224-13865-8
馆藏号：Guojiafz-8600002019206-8

原州年鉴·2005
中共固原市原州区委、固原市原州区人民政府主办　原州年鉴编辑部编　主编白新华
方志出版社　2006年4月
334页　精装　29cm
ISBN7-80192-773-7
馆藏号：Guojiafz-8600002003732

原州年鉴·2012
中共固原市原州区委员会、固原市原州区人民政府主办　固原市原州区党史区志编纂委员会办公室编　主编刘万恩
宁夏人民出版社　2012年12月
320页　精装　29cm
ISBN978-7-227-05347-7
馆藏号：Guojiafz-8600002013304

原州年鉴·2013
中共固原市原州区委员会、固原市原州区人民政府主办　固原市原州区党史区志编纂委员会办公室编　主编刘万恩
宁夏人民出版社　2013年11月
330页　精装　29cm
ISBN978-7-227-05537-2
馆藏号：Guojiafz-8600002013335

西吉年鉴·2007
西吉县县委、县人民政府主办　西吉年鉴编纂委员会、西吉县县志办公室编　主编、总纂韩彦童
方志出版社　2007年11月
507页　精装　27cm
ISBN978-7-80238-185-8
馆藏号：Guojiafz-8600002008588

西吉年鉴·2009
中共西吉县委员会、西吉县人民政府主办　西吉县县志编审委员会编　主编刘文强
宁夏人民出版社　2009年12月
455页　精装　30cm
ISBN978-7-227-04341-6
馆藏号：Guojiafz-8600002003168

泾源年鉴·2001—2008
泾源县人民政府主办《泾源年鉴》编审委员会编　主编杨友桐
陕西人民出版社　2010年3月
283页　精装　29cm
ISBN978-7224-09265-3
馆藏号：Guojiafz-8600002003167

彭阳年鉴·2012
彭阳县人民政府主办　彭阳县党史地方志编纂委员会办公室编　主编张文明
宁夏人民出版社　2012年8月
402页　精装　29cm
ISBN978-7-227-05256-2
馆藏号：Guojiafz-8600002009941

彭阳年鉴·2014
彭阳县人民政府主办　彭阳县党史地方志编纂委员会办公室编　总编辑祁悦章　主编张文明
宁夏人民出版社　2014年11月
398页　精装　29cm
ISBN978-7-227-05859-5
馆藏号：Guojiafz-8600002016000

中卫年鉴·2008
中卫市人民政府主办　中卫市地方志办公室编　主编吴汉宝
宁夏人民出版社　2009年8月
418页　精装　30cm
ISBN978-7-227-04222-8
馆藏号：Guojiafz-8600002003171

中卫年鉴·2012
中卫市人民政府主办　中卫市地方志办公室编　主编吴汉宝　总纂李福祥
阳光出版社　2013年1月
332页　精装　29cm
ISBN978-7-5525-0676-1
馆藏号：Guojiafz-8600002007096

中卫年鉴·2013
中卫市人民政府主办　中卫市地方志办公室编　主编左新波
阳光出版社　2013年12月
328页　精装　29cm
ISBN978-7-5525-1144-4
馆藏号：Guojiafz-8600002015906

海原年鉴·2011
海原县人民政府主办　海原县地方志编审委员会办公室编　主编徐海宁　总纂田玉龙
宁夏人民教育出版社　2013年7月
414页　精装　29cm
ISBN978-7-5544-0291-7
馆藏号：Guojiafz-8600002013229

新疆维吾尔自治区

新疆年鉴·1985
新疆维吾尔自治区地方志编纂委员会编
主任司马义·艾买提
杭州余杭人民印刷厂印刷　1985 年 8 月
708 页　精装　27cm
准印证号：新疆期刊登记证 837 号
馆藏号：Guojiafz-8600002006331

新疆年鉴·1986
新疆维吾尔自治区地方志编纂委员会编
主编锺英
新疆人民出版社　1986 年 10 月
731 页　精装　27cm
统一书号 17098.16
馆藏号：Guojiafz-8600002006352

新疆年鉴·1993
新疆维吾尔自治区地方志编纂委员会编
主编马子健
新疆人民出版社　1993 年 8 月
461 页　精装　27cm
ISBN7-228-02651-9
馆藏号：Guojiafz-8600002005606

新疆年鉴·1994
新疆维吾尔自治区地方志编纂委员会编
主编何炳济
新疆人民出版社　1994 年 8 月
482 页　精装　27cm
ISBN7-228-03039-7
馆藏号：Guojiafz-8600002009519

新疆年鉴·1995
新疆维吾尔自治区人民政府主办　新疆维吾尔自治区地方志编纂委员会编　主编武星斗
新疆人民出版社　1995 年 8 月
518 页　精装　27cm
ISBN7-228-03608-5
馆藏号：Guojiafz-8600002002940

新疆年鉴·1996
新疆维吾尔自治区人民政府主办　新疆维吾尔自治区地方志编纂委员会编　主编武星斗
新疆人民出版社　1996 年 8 月
494 页　精装　27cm
ISBN7-228-04044-9
馆藏号：Guojiafz-8600002002741

新疆年鉴·1997
新疆维吾尔自治区人民政府主办　新疆维吾尔自治区地方志编纂委员会编　主编武星斗
新疆人民出版社　1997 年 8 月
510 页　精装　27cm
ISBN7-228-04382-0
馆藏号：Guojiafz-8600002002941

新疆年鉴·1998
新疆维吾尔自治区人民政府主办　新疆维吾尔自治区地方志编纂委员会编　主编武星斗
新疆人民出版社　1998 年 8 月
522 页　精装　27cm
ISBN7-228-04758-3
馆藏号：Guojiafz-8600002002743

新疆年鉴·1999
新疆维吾尔自治区人民政府主办　新疆维吾尔自治区地方志编纂委员会编　主编武星斗
新疆年鉴社　1999 年 8 月
562 页　精装　27cm
ISSN1009-0711
馆藏号：Guojiafz-8600002002938

新疆年鉴·2000
新疆维吾尔自治区人民政府主办　新疆维吾尔自治区地方志编纂委员会编　主编武星斗
新疆年鉴社　2000 年 8 月
544 页　精装　27cm
ISSN1009-0711
馆藏号：Guojiafz-8600002002744

新疆年鉴·2001
新疆维吾尔自治区人民政府主办　新疆维吾尔自治区地方志编纂委员会编　主编武星斗
新疆年鉴社　2001 年 8 月
512 页　精装　27cm
ISSN1009-0711
馆藏号：Guojiafz-8600002002742

新疆年鉴·2002
新疆维吾尔自治区人民政府主办　新疆维吾尔自治区地方志编纂委员会编　主编武星斗
新疆年鉴社　2002 年 8 月
529 页　精装　27cm
ISSN1009-0711
馆藏号：Guojiafz-8600002002748

新疆年鉴·2003
新疆维吾尔自治区人民政府主办　新疆维吾尔自治区地方志编纂委员会编　主编武星斗
新疆年鉴社　2003 年 9 月
571 页　精装　27cm
ISSN1009-0711
馆藏号：Guojiafz-8600002002937

新疆年鉴·2004
新疆维吾尔自治区人民政府主办　新疆维吾尔自治区地方志编纂委员会编　主编武星斗
新疆年鉴社　2004 年 9 月
543 页　精装　27cm
ISSN1009-0711
馆藏号：Guojiafz-8600002002749

新疆年鉴·2005
新疆维吾尔自治区人民政府主办　新疆维吾尔自治区地方志编纂委员会编　主编武星斗
新疆年鉴社　2005 年 9 月
598 页　精装　27cm
ISSN1009-0711
馆藏号：Guojiafz-8600002002740

新疆年鉴·2006
新疆维吾尔自治区人民政府主办　新疆维吾尔自治区地方志编纂委员会编　主编武星斗
新疆年鉴社　2006 年 10 月
578 页　精装　27cm
ISSN1009-0711
馆藏号：Guojiafz-8600002002751

新疆年鉴·2007
新疆维吾尔自治区人民政府主办　新疆维吾尔自治区地方志编纂委员会编　主编武星斗
新疆年鉴社　2007 年 10 月
603 页　精装　27cm
ISSN1009-0711
馆藏号：Guojiafz-8600002002930

新疆年鉴·2008
新疆维吾尔自治区人民政府主办　新疆维吾尔自治区地方志编纂委员会编　主编武星斗
新疆年鉴社　2008 年 10 月
583 页　精装　27cm
ISSN1009-0711
馆藏号：Guojiafz-8600002007237

新疆年鉴·2009
新疆维吾尔自治区人民政府主办　新疆维吾尔自治区地方志编纂委员会编　主编武星斗
新疆年鉴社　2009 年 11 月
602 页　精装　27cm
ISSN1009-0711
馆藏号：Guojiafz-8600002002524

新疆年鉴·2010
新疆维吾尔自治区人民政府主办　新疆维吾尔自治区地方志编纂委员会编　主编武星斗
新疆年鉴社　2010 年 11 月
558 页　精装　29cm
ISSN1009-0711
馆藏号：Guojiafz-8600002007238

新疆年鉴·2010（维吾尔文）
新疆维吾尔自治区人民政府主办　新疆维吾尔自治区地方志编纂委员会编　主审迪木拉提·木沙
新疆年鉴社　2011 年 6 月
1506 页　精装　29cm
ISSN1009-072X
馆藏号：Guojiafz-8600002013955

新疆年鉴·2011
新疆维吾尔自治区人民政府主办　新疆维吾尔自治区地方志编纂委员会编　主编武星斗
新疆年鉴社　2011 年 12 月
547 页　精装　29cm
ISSN1009-0711
馆藏号：Guojiafz-8600002007239

新疆年鉴·2011（维吾尔文）
新疆维吾尔自治区人民政府主办　新疆维吾尔自治区地方志编纂委员会编　主审迪木拉提·木沙
新疆年鉴社　2012 年 9 月
1344 页　平装　29cm
ISSN1009-072X
馆藏号：Guojiafz-8600002013956

新疆年鉴·2012
新疆维吾尔自治区人民政府主办　新疆维吾尔自治区地方志编纂委员会编　主编廖运建　执行主编刘星
新疆年鉴社　2012 年 12 月
547 页　精装　29cm
ISSN1009-0711
馆藏号：Guojiafz-8600002007244

新疆年鉴·2012（维吾尔文）
新疆维吾尔自治区人民政府主办　新疆维吾尔自治区地方志编纂委员会编
新疆年鉴社　2013 年 9 月
1160 页　精装　29cm
ISSN1009-072X
馆藏号：Guojiafz-8600002013957

新疆年鉴·2013
新疆维吾尔自治区人民政府主办　新疆维吾尔自治区地方志编纂委员会编　主编廖运建
执行主编刘星
新疆年鉴社　2013 年 12 月
508 页　精装　29cm
ISSN1009-0711
馆藏号：Guojiafz-8600002013954

新疆年鉴·2013（维吾尔文）
新疆维吾尔自治区人民政府主办　新疆维吾尔自治区地方志编纂委员会编　主审阿不都拉·阿吾提
新疆年鉴社　2015 年 4 月
1140 页　精装　29cm
ISSN1009-072X
馆藏号：Guojiafz-8600002013958

新疆年鉴·2014
新疆维吾尔自治区人民政府主办　新疆维吾尔自治区地方志编纂委员会编　主编廖运建　执行主编刘星
新疆年鉴社　2014 年 12 月
488 页　精装　29cm

ISSN1009-0711
馆藏号：Guojiafz-8600002013953

新疆年鉴·2014（维吾尔文）
新疆维吾尔自治区人民政府主办　新疆维吾尔自治区地方志编纂委员会编　主审阿不都拉·阿吾提
新疆年鉴社　2016年1月
1160页　精装　29cm
ISSN1009-072X
馆藏号：Guojiafz-8600002013959

新疆年鉴·2015
新疆维吾尔自治区人民政府主办　新疆维吾尔自治区地方志编纂委员会编　主编廖运建　执行主编刘星
新疆年鉴社　2015年12月
564页　精装　29cm
ISSN1009-0711
馆藏号：Guojiafz-8600002013952

新疆年鉴·2016
新疆维吾尔自治区人民政府主办　新疆维吾尔自治区地方志编纂委员会编　主编廖运建　执行主编刘星
新疆年鉴社　2016年12月
512页　精装　29cm
ISSN1009-0711
馆藏号：Guojiafz-8600002014728

新疆年鉴·2016（维吾尔文）
新疆维吾尔自治区人民政府主办　新疆维吾尔自治区地方志编纂委员会编
新疆年鉴社　2018年10月
1076页　精装　29cm
ISSN1009-0711
馆藏号：Guojiafz-8600002017583

新疆年鉴·2017
新疆维吾尔自治区人民政府主办　新疆维吾尔自治区地方志编纂委员会编　主编廖运建　执行主编刘星
新疆年鉴社　2018年4月
556页　精装　29cm
ISSN1009-0711
馆藏号：Guojiafz-8600002017304

新疆年鉴·2017（维吾尔文）
新疆维吾尔自治区人民政府主管　新疆维吾尔自治区地方志编纂委员会主办
新疆金版印务有限公司印刷　2019年12月
1239页　精装　29cm
ISSN1009-072X
馆藏号：Guojiafz-8600002017914

新疆年鉴·2018
新疆维吾尔自治区人民政府主办　新疆维吾尔自治区地方志编纂委员会编　主编廖运建　执行主编刘星
新疆年鉴社　2019年4月
494页　精装　29cm
ISSN1009-0711
馆藏号：Guojiafz-8600002017919

西北石油年鉴·2003
中国石油化工集团西北石油局、中国石油化工股份有限公司西北分公司主办　西北石油局、西北分公司合编　主编徐向荣　执行主编元涛、陈兰凤
新疆人民出版社　2004年1月
436页　精装　27cm
ISBN7-228-08454-3
馆藏号：Guojiafz-8600002002851

西北石油年鉴·2005
中国石油化工集团西北石油局、中国石油化工股份有限公司西北分公司主办　西北石油局、西北分公司合编　主编焦方正　执行主编元涛、陈兰凤
新疆人民出版社　2005年11月
613页　精装　27cm
ISBN7-228-09274-0
馆藏号：Guojiafz-8600002013402

西北石油年鉴·2006

中国石油化工集团西北石油局、中国石油化工股份有限公司西北分公司主办　西北石油局、西北分公司合编　主任焦方正　执行主编付德明、陈兰凤

新疆人民出版社　2006 年 10 月

627 页　精装　28cm

ISBN7-228-10539-7

馆藏号：Guojiafz-8600002005795

西北石油年鉴·2007

中国石油化工集团西北石油局、中国石油化工股份有限公司西北油田分公司主办　西北石油局、西北油田分公司合编　主任焦方正

新疆人民出版社　2007 年 11 月

507 页　精装　27cm

ISBN978-7-228-11287-6

馆藏号：Guojiafz-8600002010049

西北石油年鉴·2009

中国石油化工集团西北石油局、中国石油化工股份有限公司西北油田分公司主办　西北石油局、西北油田分公司合编　主任焦方正　执行主编陈兰凤

新疆人民出版社　2009 年 12 月

576 页　精装　27cm

ISBN978-7-228-12922-5

馆藏号：Guojiafz-8600002002263

西北石油年鉴·2013

中国石油化工集团西北石油局、中国石油化工股份有限公司西北分公司主办　西北石油局、西北油田分公司合编　主编刘中云　执行主编付德明、陈兰凤

新疆人民出版社　2013 年 12 月

510 页　精装　29cm

ISBN978-7-228-17206-1

馆藏号：Guojiafz-8600002015221

吐哈石油年鉴·2001

吐哈石油编辑部编　主编翟红国

新疆人民出版社　2001 年 11 月

432 页　精装　27cm

ISBN7-228-06758-4

馆藏号：Guojiafz-8600002000231

新疆钢铁年鉴·1996

《新疆钢铁年鉴》编辑编委会编　主编李汉中

冶金工业出版社　1996 年 9 月

410 页　精装　27cm

ISBN7-5024-1930-6

馆藏号：Guojiafz-8600002003863

新疆钢铁年鉴·1997

《新疆钢铁年鉴》编辑委员会编　主编李汉中

冶金工业出版社　1997 年 10 月

451 页　精装　27cm

ISBN7-5024-2109-2

馆藏号：Guojiafz-8600002008614

新疆钢铁年鉴·1998

《新疆钢铁年鉴》编辑委员会编　主编李汉中

冶金工业出版社　1998 年 10 月

337 页　精装　27cm

ISBN7-5024-2257-9

馆藏号：Guojiafz-8600002003556

新疆钢铁年鉴·2000

新疆八一钢铁（集团）有限责任公司主办　《新疆钢铁年鉴》编辑委员会编　主编赵峡

冶金工业出版社　2001 年 4 月

231 页　精装　27cm

ISBN7-5024-2731-7

馆藏号：Guojiafz-8600002000326

新疆邮电年鉴·1998

新疆邮政电信局编　主编张学仁

新疆新华印刷三厂印刷　1998 年 12 月

290 页　精装　27cm

准印证号：新疆维吾尔自治区内部资料准印证（1998）第615号
馆藏号：Guojiafz-8600002006550

玛纳斯河流域管理处年鉴·2012（创刊号）
石河子年鉴编纂委员会主办　石河子年鉴编纂委员会办公室编　总纂王飞
新建生产建设兵团出版社　2012年12月
109页　平装　27cm
ISBN978-7-80756-489-8
馆藏号：Guojiafz-8600002004321

乌鲁木齐年鉴·1996
乌鲁木齐市委、市政府主办　乌鲁木齐市党史地方志编纂委员会编　主编买买提明·扎克尔
新疆人民出版社　1996年11月
323页　精装　27cm
ISBN7-228-04164-X
馆藏号：Guojiafz-8600002008174

乌鲁木齐年鉴·1997
乌鲁木齐市委、市政府主办　乌鲁木齐市党史地方志编纂委员会编　主编买买提明·扎克尔
新疆人民出版社　1997年11月
377页　精装　27cm
ISBN7-228-04497-5
馆藏号：Guojiafz-8600002003655

乌鲁木齐年鉴·1998
乌鲁木齐市委、市政府主办　乌鲁木齐市党史地方志编纂委员会编　主编努尔·白克力
新疆人民出版社　1998年11月
428页　精装　27cm
ISBN7-228-04901-2
馆藏号：Guojiafz-8600002006958

乌鲁木齐年鉴·1999
乌鲁木齐市委、市政府主办　乌鲁木齐市党史地方志编纂委员会办公室编　主编努尔·白克力
新疆人民出版社　1999年11月
336页　精装　29cm
ISBN7-228-05523-3
馆藏号：Guojiafz-8600002003715

乌鲁木齐年鉴·2003
乌鲁木齐市委、市政府主办　乌鲁木齐市党史地方志编委会办公室编　主编雪克莱提·扎克尔
新疆人民出版社　2003年10月
413页　精装　29cm
ISBN7-228-08349-0
馆藏号：Guojiafz-8600002000230

乌鲁木齐年鉴·2004
乌鲁木齐市委、市政府主办　乌鲁木齐市党史地方志编委会办公室编　主编雪克莱提·扎克尔
新疆人民出版社　2004年9月
381页　精装　29cm
ISBN7-228-09219-8
馆藏号：Guojiafz-8600002000241

乌鲁木齐年鉴·2005
乌鲁木齐市委、市政府主办　乌鲁木齐市党史地方志编委会办公室编　主编雪克莱提·扎克尔
新疆人民出版社　2005年9月
414页　精装　29cm
ISBN7-228-09271-6
馆藏号：Guojiafz-8600002007638

乌鲁木齐年鉴·2009
乌鲁木齐市委、市政府主办　乌鲁木齐市党史地方志编委会办公室编　主编吉尔拉·依沙木丁
新疆人民出版社　2009年12月
375页　精装　29cm
ISBN978-7-228-12964-5
馆藏号：Guojiafz-8600002004125

乌鲁木齐年鉴·2013
乌鲁木齐市委、市政府主办　乌鲁木齐市党史地方志编委会办公室编　主编吉尔拉·衣沙木丁
新疆人民出版社　2014年3月

408 页　精装　29cm
ISBN978-7-228-15062-5
馆藏号：Guojiafz-8600002015616

乌鲁木齐年鉴 · 2015
乌鲁木齐市委、市政府主办　乌鲁木齐市党史地方志编委会办公室编　主编朱海仑
新疆人民出版社　2016 年 8 月
448 页　精装　29cm
ISBN978-7-228-19166-6
馆藏号：Guojiafz-8600002014738

头屯河区年鉴 · 1999
头屯河区委、区人民政府主办　乌鲁木齐市头屯河区党史地方志办公室编　主编焦重炳
新疆人民出版社　2000 年 3 月
245 页　精装　27cm
ISBN7-228-05643-4
馆藏号：Guojiafz-8600002005797

米泉年鉴 · 2002
中共米泉市委、市人民政府主办　中共米泉市委党史研究室编　主编张伟
新疆金版印务有限公司印刷　2002 年 12 月
266 页　精装　27cm
准印证号：新疆维吾尔自治区内部资料准印证（2002）第 503 号
馆藏号：Guojiafz-8600002001808

乌鲁木齐高新技术产业开发区 · 2013
中共乌鲁木齐高新技术产业开发区（乌鲁木齐市新市区）委员会主办　乌鲁木齐高新技术产业开发区（新市区）党史地方志编委会办公室编　主编廖伟健、热娜 · 沙的克
新疆人民出版社　2014 年 8 月
374 页　精装　29cm
ISBN978-7-228-17525-3
馆藏号：Guojiafz-8600002015945

克拉玛依年鉴 · 2002
中共克拉玛依市新疆石油管理局委员会史志办公室编　主编秦娟
新疆人民出版社　2002 年 10 月
720 页　精装　27cm
ISBN7-228-07619-2
馆藏号：Guojiafz-8600002005574

克拉玛依年鉴 · 2006
中共克拉玛依市新疆石油管理局委员会史志办公室编　主编秦娟
新疆人民出版社　2006 年 11 月
749 页　精装　27cm
ISBN7-228-10538-9
馆藏号：Guojiafz-8600002005585

克拉玛依年鉴 · 2009
中共克拉玛依市新疆油田公司委员会史志办公室编　主编陈根法
新疆人民出版社　2009 年 11 月
591 页　精装　29cm
ISBN978-7-228-12849-5
馆藏号：Guojiafz-8600002002282

克拉玛依年鉴 · 2013
中共克拉玛依市新疆油田公司委员会史志办公室编　主编陈根法
新疆人民出版社　2013 年 12 月
561 页　精装　29cm
ISBN978-7-228-17136-1
馆藏号：Guojiafz-8600002015638

克拉玛依年鉴 · 2015
中共克拉玛依市新疆油田公司委员会史志办公室编　主编陈根法
新疆人民出版社　2015 年 12 月
526 页　精装　29cm
ISBN978-7-228-18929-8
馆藏号：Guojiafz-8600002014730

克拉玛拉市克拉玛依区年鉴·2009
中共克拉玛依区委员会史志办公室编
主编张国栋
新疆人民出版社　2009 年 11 月
304 页　精装　29cm
ISBN978-7-228-12958-4
馆藏号：Guojiafz-8600002002265

克拉玛依市克拉玛依区年鉴·2014
中共克拉玛依区委员会史志办公室编
主编严新萍
新疆人民出版社　2014 年 11 月
408 页　精装　29cm
ISBN978-7-228-17791-2
馆藏号：Guojiafz-8600002015745

克拉玛依市克拉玛依区年鉴·2016
中共克拉玛依区委员会史志办公室编
主编严新萍
新疆人民出版社　2016 年 11 月
322 页　精装　29cm
ISBN978-7-228-19548-0
馆藏号：Guojiafz-8600002014733

独山子年鉴·2013
独山子区地方志编纂委员会办公室编　主编徐华
新疆青少年出版社　2013 年 11 月
350 页　精装　29cm
ISBN978-7-5515-4596-9
馆藏号：Guojiafz-8600002015409

独山子年鉴·2017
独山子区地方志编纂委员会办公室编　主编徐华
新疆生产建设兵团出版社　2017 年 12 月
348 页　精装　29cm
ISBN978-7-5574-0788-9
馆藏号：Guojiafz-8600002016299

克拉玛依市白碱滩区年鉴·2015
中共克拉玛依市白碱滩区委员会史志办公室编
主编杨述军、郭桦
新疆人民出版社　2016 年 1 月
440 页　精装　29cm
ISBN978-7-228-19193-2
馆藏号：Guojiafz-8600002014735

鄯善年鉴·2013
中共鄯善县委员会、鄯善县人民政府主办　中共鄯善县委党史地方志办公室编　主编刘江涛
新疆生产建设兵团出版社　2013 年 12 月
349 页　精装　27cm
ISBN978-7-80756-691-5
馆藏号：Guojiafz-8600002015798

哈密年鉴·2009
中共哈密地委、哈密地区行署主办　哈密地区地方志编纂委员会办公室编　主编张新胜
新疆人民出版社　2009 年 10 月
500 页　精装　30cm
ISBN978-7-228-12920-1
馆藏号：Guojiafz-8600002003165

哈密市年鉴·2014
中共哈密市委员会、哈密市人民政府主办　哈密市地方志编纂委员会编　主编王林
中州古籍出版社　2014 年 10 月
422 页　精装　29cm
ISBN978-7-5348-4988-6
馆藏号：Guojiafz-8600002015198

哈密市年鉴·2015
中共哈密市委员会、哈密市人民政府主办　哈密市地方志编纂委员会编　主编王林
中州古籍出版社　2015 年 12 月
468 页　精装　29cm
ISBN978-7-5348-5808-6
馆藏号：Guojiafz-8600002014747

阿克苏年鉴·2002
阿克苏地委史志办主办　新疆阿克苏地委史志办编

主编李黔南　执行主编华发号
方志出版社　2002 年 12 月
326 页　精装　29cm
ISBN7-80122-878-2
馆藏号：Guojiafz-8600002013139

阿克苏年鉴·2009
中共阿克苏地委、阿克苏地区行署主办　中共阿克苏地委史志办公室编　主编董向军　执行主编王建赟、徐永贝
新疆人民出版社　2009 年 9 月
421 页　精装　29cm
ISBN978-7-228-12851-8
馆藏号：Guojiafz-8600002002272

阿克苏市年鉴·2009
中共阿克苏市委员会、阿克苏市人民政府主办　阿克苏市史志编纂委员会办公室编　主编牛学兴　执行主编穆塔里甫·肉孜徐谨
新疆人民出版社　2009 年 11 月
396 页　精装　29cm
ISBN978-7-228-12956-0
馆藏号：Guojiafz-8600002002412

温宿年鉴·2016
中共温宿县委员会、温宿县人民政府主办　温宿县地方志办公室编　主编鲁福贵
中国文史出版社　2017 年 4 月
299 页　精装　29cm
ISBN978-7-5034-9021-7
馆藏号：Guojiafz-8600002016297

库车年鉴·2007
中共库车县委、库车县人民政府主办　库车县党史地方志编纂委员会办公室编　主编李刚
新疆人民出版社　2007 年 12 月
370 页　精装　29cm
ISBN978-7-228-11435-1
馆藏号：Guojiafz-8600002000247

新和年鉴·2006
中共新和县委、县人民政府主办　中共新和县委史志办公室编　主编刘宝升　执行主编艾合买提·买买提、黄晓平、努尔尼沙·提力甫
新疆人民出版社　2006 年 9 月
373 页　精装　27cm
ISBN7-228-10499-4
馆藏号：Guojiafz-8600002000229

拜城年鉴·2008
《拜城年鉴》编纂委员会编　主编郭太军　执行主编任克良、何文辉
新疆人民出版社　2008 年 12 月
281 页　精装　29cm
ISBN978-7-228-12087-1
馆藏号：Guojiafz-8600002002264

阿瓦提年鉴·2009
阿瓦提县党史地方志领导小组编　主编曾曦
新疆人民出版社　2009 年 11 月
285 页　精装　27cm
ISBN978-7-228-12937-9
馆藏号：Guojiafz-8600002002534

喀什年鉴·1985
喀什地区地方志编辑委员会主办　《喀什年鉴》编辑部编　主编吕培天
河北新华印刷三厂印刷　1985 年 8 月
406 页　精装　27cm
准印证号：新疆维吾尔自治区期刊登记证第 852 号
馆藏号：Guojiafz-8600002005807

喀什年鉴·1986
喀什地区地方志编辑委员会主办　《喀什年鉴》编辑部编　主编吕培天
河北新华印刷三厂印刷　1986 年 10 月
589 页　精装　27cm
准印证号：新疆维吾尔自治区期刊登记证第 852 号
馆藏号：Guojiafz-8600002006353

喀什年鉴·1987
喀什地区地方志编纂委员会编　主编梁昌松
新疆人民出版社　1988 年 5 月
461 页　精装　27cm
ISBN7-228-00475-2
馆藏号：Guojiafz-8600002006543

喀什市年鉴·2009
中共喀什市委、喀什市人民政府主办　喀什市史志编纂委员会办公室编　主编侯瑞杰
喀什维吾尔文出版社　2009 年 10 月
276 页　精装　27cm
ISBN978-7-5373-1851-8
馆藏号：Guojiafz-8600002002600

和田年鉴·2013
中共和田地委、和田地区行署主办　《和田年鉴》编委会编　主编刘景钟
新疆人民出版社　2014 年 5 月
512 页　精装　29cm
ISBN978-7-228-17454-6
馆藏号：Guojiafz-8600002015342

和田市年鉴·2016
中共和田市委、市人民政府主办　中共和田市委史志办编　主编刘旭
新疆人民出版社　2016 年 9 月
410 页　精装　29cm
ISBN978-7-228-19549-7
馆藏号：Guojiafz-8600002014737

昌吉年鉴·2006
中共昌吉回族自治州委员会、昌吉回族自治州人民政府主办 《昌吉年鉴》编纂委员会编
主编聂智生
新疆人民出版社　2006 年 12 月
506 页　精装　27cm
ISBN7-228-10616-4
馆藏号：Guojiafz-8600002005582

昌吉年鉴·2009
昌吉州党委、州人民政府主办 《昌吉年鉴》编纂委员会编　主编康江东
新疆人民出版社　2009 年 11 月
500 页　精装　27cm
ISBN978-7-228-12931-7
馆藏号：Guojiafz-8600002002387

昌吉市年鉴·2003（创刊号）
中共昌吉市委、市人民政府主办　昌吉市委党史地方志办公室编　主编马雄成
新疆人民出版社　2003 年 8 月
278 页　精装　28cm
ISBN7-228-08226-5
馆藏号：Guojiafz-8600002005787

昌吉市年鉴·2006
中共昌吉市委员会、昌吉市人民政府主办　中共昌吉市委党史地方志办公室编　主编刘建春
新疆金版印务有限公司印刷　2006 年 11 月
319 页　精装　27cm
准印证号：新疆维吾尔自治区内部资料性出版物准印证（2006）年 286 号总第 897 号
馆藏号：Guojiafz-8600002001668

阜康年鉴·2009
中共阜康市委、市人民政府主办 《阜康年鉴》编纂委员会编　主编周建南
新疆人民出版社　2009 年 11 月
547 页　精装　27cm
ISBN978-7-228-12954-6
馆藏号：Guojiafz-8600002002583

阜康年鉴·2011
中共阜康市委、市人民政府主办 《阜康年鉴》编纂委员会编　主编刘文军
新疆人民出版社　2012 年 1 月
540 页　精装　27cm
ISBN978-7-228-14957-5
馆藏号：Guojiafz-8600002016008

呼图壁年鉴·2006（创刊号）
中共呼图壁县委员会、县人民政府主办　呼图壁年鉴编纂委员会编　主编宋振迪
新疆金版印务有限公司印刷　2006年12月
341页　精装　27cm
准印证号：新疆维吾尔自治区内部资料性出版物准印证（2006）年166号总第778号
馆藏号：Guojiafz-8600002001669

玛纳斯年鉴·2013
中共玛纳斯县委员会、玛纳斯县人民政府主办　玛纳斯县地方志编纂委员会办公室编　主编叶峰
新疆生产建设兵团出版社　2013年10月
466页　精装　27cm
ISBN978-7-80756-627-4
馆藏号：Guojiafz-8600002015796

奇台年鉴·2013
中共奇台县委员会、县人民政府主办　奇台县党史地方志办公室编　主编袁益斌
新疆生产建设兵团出版社　2013年11月
407页　精装　27cm
ISBN978-7-80756-679-3
馆藏号：Guojiafz-8600002015800

吉木萨尔年鉴·2016
中共吉木萨尔县委员会、吉木萨尔县人民政府主办　《吉木萨尔县年鉴》编纂委员会编
主编刘宏
新疆生产建设兵团出版社　2016年12月
413页　精装　27cm
ISBN978-7-5574-0549-6
馆藏号：Guojiafz-8600002014873

木垒年鉴·2009
木垒县党委、县人民政府主办　木垒县委史志办编　主编乔玉寿
新疆人民出版社　2009年10月
459页　精装　27cm
ISBN978-7-228-12870-9
馆藏号：Guojiafz-8600002003194

博尔塔拉年鉴·2003（创刊号）
中共博尔塔拉蒙古自治州委员会、博尔塔拉蒙古自治州人民政府主办　博州史志办公室编
主编乔吉甫　执行主编程鹏
新疆人民出版社　2003年11月
327页　精装　29cm
ISBN7-228-08337-7
馆藏号：Guojiafz-8600002000244

巴音郭楞年鉴·2007
中共巴音郭楞蒙古自治州委员会、巴音郭楞蒙古自治州人民政府主办　巴音郭楞蒙古自治州地方志编纂委会编　主编朱水涛
新疆人民出版社　2008年3月
455页　精装　29cm
ISBN978-7-228-11577-8
馆藏号：Guojiafz-8600002000245

巴音郭楞年鉴·2016
中共巴音郭楞蒙古自治州委员会、巴音郭楞蒙古自治州人民政府主办　中共巴音郭楞蒙古自治州委员会党史地方志办公室编　主编侯波涛
新疆人民出版社　2018年9月
532页　精装　29cm
ISBN978-7-228-20254-6
馆藏号：Guojiafz-8600002014745

库尔勒年鉴·2008
中国共产党库尔勒市委员会、库尔勒市人民政府主办　库尔勒市档案史志局编　主编汤卉、朱峰
新疆人民出版社　2009年8月
384页　精装　29cm
ISBN978-7-228-11779-6
馆藏号：Guojiafz-8600002002266

塔里木石油年鉴·2001
塔里木石油史志编纂委员会编
新疆人民出版社　2001年11月

473 页　精装　27cm
ISBN7-228-06717-7
馆藏号：Guojiafz-8600002005584

塔里木石油年鉴・2007
塔里木石油史志编纂委员会编　主编冯忠田
新疆人民出版社　2008 年 1 月
458 页　精装　27cm
ISBN978-7-228-11571-6
馆藏号：Guojiafz-8600002005583

塔里木石油年鉴・2009
塔里木石油史志编纂委员会编　主编冯忠田
新疆人民出版社　2009 年 12 月
522 页　精装　27cm
ISBN978-7-228-12962-1
馆藏号：Guojiafz-8600002002613

若羌年鉴・2013
中共若羌县委员会、若羌县人民政府主办　若羌县档案史志局编　主编张志全
喀什维吾尔文出版社　2013 年 12 月
294 页　精装　29cm
ISBN978-7-5373-3066-4
馆藏号：Guojiafz-8600002015858

和硕年鉴・2013
中共和硕县委员会、和硕县人民政府主办　和硕县档案史志局编　主编莫・桑加拉
喀什维吾尔文出版社　2014 年 1 月
318 页　精装　27cm
ISBN978-7-5373-3302-3
馆藏号：Guojiafz-8600002015926

和硕年鉴・2015
中共和硕县委员会、和硕县人民政府主办　和硕县档案史志局编　主编莫・桑加拉
喀什维吾尔文出版社　2016 年 5 月
252 页　精装　29cm
ISBN978-7-5373-4467-8
馆藏号：Guojiafz-8600002014254

焉耆年鉴・2010
中共焉耆回族自治县委员会、焉耆回族自治县人民政府主办　焉耆县档案史志局编　主编唐安全、马明花
新疆人民出版社　2010 年 12 月
304 页　精装　27cm
ISBN978-7-228-14005-3
馆藏号：Guojiafz-8600002015862

克孜勒苏年鉴・2005
克孜勒苏柯尔克孜自治州史志编委会编
主编程海序　执行主编栗显昆
克孜勒苏柯尔克孜文出版社　2006 年 4 月
239 页　精装　29cm
ISBN7-5374-0473-9
馆藏号：Guojiafz-8600002007844

伊犁年鉴・2006（创刊号）
伊犁哈萨克自治州人民政府主办　伊犁州地方志编纂委员会编　主编崔松龄
新疆人民出版社　2007 年 3 月
280 页　精装　27cm
ISBN978-7-228-10877-0
馆藏号：Guojiafz-8600002005786

伊犁年鉴・2009
伊犁哈萨克自治州人民政府主办　伊犁州地方志编纂委员会编　主编崔松龄
新疆人民出版社　2009 年 11 月
393 页　精装　27cm
ISBN978-7-228-12936-2
馆藏号：Guojiafz-8600002002482

伊犁年鉴・2016
伊犁哈萨克自治州人民政府主办　伊犁州地方志编纂委员会编　主编赵钧
新疆人民出版社　2016 年 12 月
346 页　精装　29cm

ISBN978-7-228-19943-3
馆藏号：Guojiafz-8600002014742

奎屯年鉴·2009
中共奎屯市委、市人民政府主办　中共奎屯市委史志工作领导小组办公室编　主编樊世春
新疆人民出版社　2009 年 11 月
211 页　精装　27cm
ISBN978-7-228-12911-9
馆藏号：Guojiafz-8600002002581

塔城年鉴·2005（创刊号）
中共新疆塔城地委塔城行署、中共新疆塔城市委市人民政府主办　塔城地区史志办编
主编蔺茂奎
新疆电子音像出版社　2006 年 1 月
248 页　精装　29cm
ISBN7-900424-32-6
馆藏号：Guojiafz-8600002007843

乌苏年鉴·2006（创刊号）
中共乌苏市委、市人民政府主办　中共乌苏市委史志工作委员会办公室编　主编张长洲
新疆金版印务有限公司印制　2006 年 9 月
382 页　精装　27cm
准印证号：新疆维吾尔自治区内部资料性出版物准印证（2006）年 185 号总第 797 号
馆藏号：Guojiafz-8600002006235

乌苏年鉴·2008
中共乌苏市委、市人民政府主办　中共乌苏市委史志工作委员会办公室编　主编张长洲
中国国际出版社　2009 年 4 月
400 页　精装　27cm
ISBN978-988-18013-9-5
馆藏号：Guojiafz-8600002005798

沙湾年鉴·2011
中共沙湾县委、县人民政府主办　沙湾县委史志办编　主编吴隋良
新疆生产建设兵团出版社　2011 年 8 月
258 页　精装　27cm
ISBN978-7-80756-326-6
馆藏号：Guojiafz-8600002016075

阿勒泰年鉴·2013
阿勒泰地区行政公署主办　阿勒泰地区地方志编纂委员会编　主编皮彬　执行主编梁百川、曾英
新疆生产建设兵团出版社　2014 年 1 月
483 页　精装　27cm
ISBN978-7-80756-742-4
馆藏号：Guojiafz-8600002015802

石河子年鉴·2003
农八师石河子市党委、市人民政府主办　石河子年鉴编纂委员会编　主编王飞
新疆科学技术出版社　2003 年 9 月
488 页　精装　29cm
ISBN7-80693-306-9
馆藏号：Guojiafz-8600002002146

石河子年鉴·2012
农八师石河子市党委、市人民政府主办 《石河子年鉴》编纂委员会编　主编王飞
新疆生产建设兵团出版社　2012 年 10 月
282 页　精装　29cm
ISBN978-7-80756-502-4
馆藏号：Guojiafz-8600002004446

石河子年鉴·2016
第八师石河子市人民政府主办 《石河子年鉴》编纂委员会编　主编李维建
新疆大学出版社　2017 年 1 月
264 页　精装　29cm
ISBN978-7-5631-3006-1
馆藏号：Guojiafz-8600002014740

石河子年鉴·2017
第八师石河子市人民政府主办　石河子年鉴编纂委员会编　主编李维建

方志出版社　2018 年 10 月
286 页　精装　29cm
ISBN978-7-5144-3262-6
馆藏号：Guojiafz-8600002017018

石河子经济技术开发区年鉴·2012（创刊号）
石河子年鉴编纂委员会主办　石河子年鉴编纂委员会编　总纂王飞
新建生产建设兵团出版社　2012 年 12 月
139 页　平装　27cm
ISBN978-7-80756-489-8
馆藏号：Guojiafz-8600002005062

北屯年鉴·2017
第十师北屯市人民政府主办　北屯年鉴编纂委员会编　主编赵美成
新疆大学出版社　2017 年 12 月
372 页　精装　29cm
ISBN978-7-5631-3090-0
馆藏号：Guojiafz-8600002016296

新疆生产建设兵团

新疆生产建设兵团年鉴·1986
新疆生产建设兵团办公厅主办　新疆生产建设兵团史志编纂委员会编　主编胡秉中
杭州余杭人民印刷厂印刷　1986年8月
324页　精装　27cm
准印证号：新疆维吾尔自治区期刊登记第869号
馆藏号：Guojiafz-8600002010234

新疆生产建设兵团年鉴·1988
新疆生产建设兵团史志编纂委员会主办　新疆生产建设兵团史志编纂委员会、《新疆生产建设兵团年鉴》编辑部合编　主编胡秉中
新疆生产建设兵团机关印刷厂印刷　1988年8月
438页　精装　27cm
准印证号：新疆维吾尔自治区期刊登记证第869号
馆藏号：Guojiafz-8600002009123

兵团年鉴·2002
兵团史志编纂委员会、兵团办公厅主办　新疆生产建设兵团史志编纂委员会、新疆生产建设兵团年鉴编辑部合编　主编刘和鸣
新疆生产建设兵团年鉴社　2002年10月
498页　精装　29cm
ISSN1671-3338
馆藏号：Guojiafz-8600002006140

兵团年鉴·2004
新疆生产建设兵团办公厅主办　新疆生产建设兵团史志编纂委员会、新疆生产建设兵团年鉴编辑社合编　主编刘和鸣
新疆生产建设兵团年鉴社　2004年9月
444页　精装　29cm
ISSN1671-3338
馆藏号：Guojiafz-8600002004846

兵团年鉴·2006
新疆生产建设兵团办公厅主办　新疆生产建设兵团年鉴社编　主编刘和鸣
新疆生产建设兵团年鉴社　2006年9月
829页　精装　29cm
ISSN1671-3338
馆藏号：Guojiafz-8600002013390

兵团年鉴·2007
新疆生产建设兵团办公厅主办　新疆生产建设兵团年鉴社编　主编刘和鸣
新疆生产建设兵团年鉴社　2007年9月
694页　精装　29cm
ISSN1671-3338
馆藏号：Guojiafz-8600002007259

兵团年鉴·2009
新疆生产建设兵团办公厅主办　新疆生产建设兵团年鉴社编　主编刘和鸣
新疆生产建设兵团年鉴社　2009年9月
878页　精装　29cm
ISSN1671-3338
馆藏号：Guojiafz-8600002003085

兵团年鉴·2016
新疆生产建设兵团办公厅主办　新疆生产建设兵团年鉴社编　执行主编曹宇

新疆生产建设兵团年鉴社　2016年10月
626页　精装　29cm
ISSN1671-3338
馆藏号：Guojiafz-8600002014811

兵团年鉴·2017
新疆生产建设兵团办公厅主办　新疆生产建设兵团年鉴社编　主编何喜清　执行主编曹宇
新疆生产建设兵团年鉴社　2017年11月
644页　精装　29cm
ISSN1671-3338
馆藏号：Guojiafz-8600002016507

兵团年鉴·2018
新疆生产建设兵团办公厅主办　新疆生产建设兵团年鉴社编　主编陈旭　执行主编曹宇
新疆生产建设兵团年鉴社　2018年12月
608页　精装　29cm
ISSN1671-3338
馆藏号：Guojiafz-8600002017306

农六师五家渠市年鉴·2008
农六师五家渠市人民政府主办　农六师五家渠市史志办编　主编韩新、文定讴
新疆生产建设兵团出版社　2008年12月
403页　精装　27cm
ISBN978-7-80756-074-6
馆藏号：Guojiafz-8600002006099

农六师五家渠市年鉴·2012
农六师五家渠市人民政府主办　农六师五家渠市史志办编　主编皇甫志辉、文定讴
新疆生产建设兵团出版社　2012年12月
406页　精装　27cm
ISBN978-7-80756-512-3
馆藏号：Guojiafz-8600002005069

六师五家渠市年鉴·2013
六师五家渠市人民政府主办　新疆生产建设兵团第六师五家渠市史志办编　主编皇甫志辉
新疆生产建设兵团出版社　2014年1月
468页　精装　27cm
ISBN978-7-80756-780-6
馆藏号：Guojiafz-8600002015196

农七师年鉴·2001
农七师史志编纂委员会编　主编梁德元
中华书局　2002年12月
465页　精装　30cm
ISBN7-101-03741-0
馆藏号：Guojiafz-8600002004576

新疆生产建设兵团农七师年鉴·2002
农七师主办　农七师史志编纂委员会编　主编梁德元
中华书局　2003年11月
482页　精装　30cm
ISBN7-101-04082-9
馆藏号：Guojiafz-8600002010004

农七师年鉴·2003
农七师史志编纂委员会编　主编梁德元
中华书局　2004年10月
500页　精装　30cm
ISBN7-101-04453-0
馆藏号：Guojiafz-8600002003336

农七师年鉴·2004
农七师史志编纂委员会编　主编梁德元
中华书局　2006年1月
605页　精装　30cm
ISBN7-101-05013-1
馆藏号：Guojiafz-8600002010000

新疆生产建设兵团农七师一二九团年鉴·2001
一二九团史志办编　主编马战胜
新疆地矿彩印厂印刷　2003年1月
429页　精装　27cm
准印证号：新疆维吾尔自治区准印证（2003）年第020号
馆藏号：Guojiafz-8600002008264

新疆生产建设兵团农七师一三〇团年鉴·2001
一三〇团史志办编　主编朱玉涵
新疆地矿彩印厂印刷　2003 年 3 月
287 页　精装　27cm
准印证号：新疆维吾尔自治区准印证 2003 年第 019 号
馆藏号：Guojiafz-8600002008263

一三三团年鉴·2012（创刊号）
石河子年鉴编纂委员会主办　石河子年鉴编纂委员会编　总纂王飞
新建生产建设兵团出版社　2012 年 12 月
312 页　平装　27cm
ISBN978-7-80756-489-8
馆藏号：Guojiafz-8600002005063

建工师年鉴·2009
建工师史志办编　主编邓廷成
新疆生产建设兵团出版社　2009 年 10 月
422 页　精装　29cm
ISBN978-7-80756-127-9
馆藏号：Guojiafz-8600002003082

建工师年鉴·2012
新疆生产建设兵团建工师史志编纂委员会主办
兵团建工师史志办编　主编陈远芳
新疆生产建设兵团出版社　2012 年 12 月
472 页　精装　29cm
ISBN978-7-80756-513-0
馆藏号：Guojiafz-8600002003394

建工师年鉴·2014
新疆生产建设兵团建工师史志编纂委员会主办
建工师党史地方志办公室编　主编陈远芳
新疆生产建设兵团出版社　2014 年 10 月
328 页　精装　29cm
ISBN978-7-80756-898-8
馆藏号：Guojiafz-8600002015489

索　引

B

C

D

E

F

G

H

J

K

L

M

O

P

Q

R

S

T

W

X

Y

Z